SOCIALE LANDKAART

Sociale Landkaart ®

Informatiewijzer federale en Vlaamse voorzieningen

Editie 2009

Karine Rochtus
Regina Pongers
Bernadette Schalenbourg
Claude Vicca

Kopij afgesloten op 31 januari 2009.

Sociale Landkaart
1077 pag.
ISBN 97 890 4960 008 2
Depot D/2009/0783/34
Druk: Grafische Groep Vanden Broele

Uuitgeverij Vanden Broele, Stationslaan 23, 8200 Brugge
www.uitgeverij.vandenbroele.be

VOORWOORD

Oog hebben voor de specifieke problemen die (chronische) ziekte, handicap en verlies van zelfredzaamheid met zich meebrengen, is essentieel binnen de werking van ons ziekenfonds.

Als ziekenfonds moeten wij ervoor zorgen aanwezig te zijn op die momenten dat de zorgbehoevenden echt nood hebben aan onze bijstand en informatie.

Vooral de personen die geconfronteerd worden met de thuisverzorging van een ziek of gehandicapt gezinslid hebben behoefte aan ondersteuning. Via de "solidariteitsbijdrage" (lidgelden) van alle leden neemt de CM heel wat initiatieven om deze thuiszorg gemakkelijker en draagbaar te maken.

Door middel van goede en gerichte informatie mensen helpen hun rechten uit te putten, hen helpen de weg te vinden in de doolhof van de sociale voorzieningen is eveneens een opdracht van de ziekenfondsen. Ik ben dan ook blij dat de nieuwe editie van de "Sociale Landkaart" U ook bereikt.

De auteurs van de "Sociale Landkaart", medewerkers van de Landsbond der Christelijke Mutualiteiten, zijn erin geslaagd om vanuit hun ervaring een duidelijk beeld te geven voor alle gebruikers van de ruime waaier van sociale voorzieningen.

De Sociale Landkaart heeft een logische opbouw, waardoor ook personen die minder vertrouwd zijn met het welzijnsveld gemakkelijk hun weg vinden.

Uit ervaring weten we dat ook de eerstelijns-zorgenverstrekkers en de andere eerstelijnshulpverleners grote vragers zijn naar informatie, die vlot raadpleegbaar en up-to-date is. Een behoefte waaraan deze gids eveneens tegemoetkomt.

We zijn ervan overtuigd dat deze bundeling van de belangrijkste onderwerpen waarmee zieken, gehandicapten en zorgbehoevende bejaarden geconfronteerd worden, een aanzet tot een oplossing betekent voor heel wat praktische problemen.

M. JUSTAERT
Voorzitter Landsbond der Christelijke Mutualiteiten

Ten geleide

Het "sociale landschap" in België is zodanig versnipperd en verspreid over zoveel diverse instanties dat velen het moeilijk hebben :

- om op de hoogte te blijven van hun rechten (of de rechten van hun naaste familie).
  De gebruikers : ze weten niet welke voorzieningen er bestaan en nog minder waar zij terecht kunnen voor inlichtingen,
- om mensen te informeren en/of juist door te verwijzen (**Professionele hulpverleners :** ik denk hier voornamelijk aan al diegenen die een sociaal beroep uitoefenen op de eerste lijn zoals huisartsen, verplegenden, personeelsverantwoordelijken, maatschappelijke werkers, priesters, ...)

Al de bestaande sociale voorzieningen duidelijk in kaart brengen, zodat de gebruikers op een vlugge en eenvoudige wijze een antwoord vinden op hun vragen, is de reden waarom dit boek is geschreven.

Alle voorzieningen voor "**zieken**", "**gehandicapten**" ,"**bejaarden**" en "**mensen met lage inkomens**" worden *per doelgroep* behandeld op een duidelijk gestructureerde, eenvoudige en overzichtelijke wijze.

STRUCTUUR

A) Opbouw van het boek

Het boek is ingedeeld in "**4 delen**" :

1. **chronisch zieke personen**
2. **personen met een handicap**
3. **bejaarden / ouderen**
4. **inkomensverhogende en uitgavenverlagende voorzieningen** (specifiek voor de 3 hierboven opgesomde categorieën).
   (Iedere categorie heeft nog eens zijn eigen inhoudstafel op het schutblad)

Per categorie vind je alle van toepassing zijnde voorzieningen duidelijk gegroepeerd volgens functie. Zo vind je per categorie alles gegroepeerd rond :

- inkomensvervangende (-verhogende) voorzieningen,
- financiële voorzieningen,
- thuiszorg-voorzieningen,
- opname-mogelijkheden,
- ondersteunende maatregelen inzake tewerkstelling (zieken, personen met een handicap),
- revalidatieverstrekkingen (ziekenfonds),
- (verzorgings-) hulpmiddelen (Vlaams Agentschap voor Personen met een Handicap en Ziekenfonds),
- ...

Iedere voorziening in het boek wordt gestructureerd beschreven :
"Wat" geeft de betekenis van het gekozen item ?
"Wie" kan er gebruik van maken ?
"Hoe" dient men het aan te vragen ?
Op "hoeveel" kan ik recht hebben ? (berekening)

Is er een "beroep" mogelijk tegen een genomen beslissing (en hoe) ?
"Waar" kan men terecht voor verdere inlichtingen, om bijstand te krijgen voor een complex probleem, of om een aanvraag te doen ?

B) Hoe opzoeken?

Eerst zoek je de desbetreffende categorie (zieken, personen met een handicap, bejaarden of lage inkomensgroepen). Nadien zoek je het item dat te maken heeft met het gestelde probleem (Is het een inkomens-probleem, een opnameprobleem, een thuiszorgprobleem, ... ?).
Dit kan je o.a. aan de hand van de inhoudstafel die terug te vinden is op het schutblad voor iedere categorie.
Je kan uiteraard ook opzoeken via de uitgebreide trefwoordenlijst.

Alle essentiële gegevens zijn opgenomen, zodat het boek eveneens bruikbaar is voor professionele hulpverleners (zie nieuwigheden - editie 2008).

In deze uitgave is het onderscheid van voorzieningen voor de specifieke groepen nog beter afgebakend. Het deel "zieken" bevat in het bijzonder alle ziekenfondsvoorzieningen en voordelen, die afgeleid zijn van een statuut chronisch zieke en 66 % arbeidsongeschiktheid. Het deel "personen met een handicap" focust specifiek op mensen met functiebeperkingen. Het onderdeel "bejaarden" behandelt pensioenregelingen en afgeleide rechten. Het onderdeel "inkomensverhogende en uitgavenverlagende voorzieningen" behandelt specifiek de bijstandsuitkeringen en afgeleide rechten. Personen die tot meerdere categorieën behoren zullen in meerdere delen onderzoeken welke rechten voor hen van toepassing zijn.

Sociale Landkaart editie 2009

Nieuwigheden en belangrijke aanpassingen

Wij danken al de lezers en de gebruikers van de Sociale Landkaart voor de positieve en opbouwende reacties die we mochten ontvangen. Met jullie voorstellen hebben we ook dit jaar in de mate van het mogelijke rekening gehouden.

Naast het up-to-date maken van de gegevens, wordt er in de editie 2009 uitgebreid ingegaan op recente begrippen of ingrijpende wijzigingen zoals:

- bijkomende welvaartsaanpassingen van de ziekte-uitkeringen;
- het recht op onvoorwaardelijk verhoogde tegemoetkoming voor kinderen met een handicap;
- het project persoonsgebonden budget;
- de aangepaste rolstoelwetgeving bij het Vlaams Agentscap;
- de hervorming van ondersteuningsmaatregelen voor tewerkstelling;
- de gewijzigde cumulmogelijkheden bij de zorgverzekering;
- de vernieuwde antidiscriminatiewet, inclusief Vlaamse regelgeving;
- de verhoogde cumulbedragen voor tewerkstelling bij overlevingspensioen
- automatisch toekennen van sociaal tarief gas en elektriciteit (het zogenaamde sociale maximumtarief);
- verhoging tegemoetkoming van het sociaal verwarmingsfonds;
- de verbeterde cumulregel in de zorgverzekering;
- de nieuwe verzekering gewaarborgd wonen.

Ten behoeve van het groot aantal *professionele gebruikers* (**huisartsen, maatschappelijk werkers, verpleegkundigen, sociale diensten,** CLB e.a.) maar ook ten behoeve van **politici, bedrijven,...** worden alle voorzieningen in detail uitgewerkt, daar waar nodig met voorbeelden. Alle beïnvloedende factoren zoals gezinssituatie, inkomen, categorieën en bedragen, ... worden opgenomen (samen met de berekeningswijze, bv. tegemoetkoming aan personen met een handicap) zonder de leesbaarheid te schaden.

Daarnaast wordt er ook rekening gehouden met de belangrijkste gerechtelijke uitspraken; de belangrijkste **jurisprudentie** is opgenomen! Ook de mogelijke beroepsprocedures (aangepast aan het Handvest van de Sociaal Verzekerde) worden mee opgenomen.

Wij hopen dan ook dat dit boek een (begin van) oplossing biedt voor een aantal problemen en zodoende zal bijdragen tot een betere kwalitatieve hulpverlening.

Claude VICCA

INHOUD

I. Zieken

(Vervangingsinkomen of voorzieningen voor zieken)

I.1. Arbeidsongevallen

(Privésector: Wet 10.04.71 - B.S. 24.04.71, recente wijzigingen bij de Koninklijke Besluiten van 03.07.2005; 30.09.2005; 05.03.2006 en Wetten van 27.12.2004; 11.07.2005; 13.07.2006;
Openbare sector: Wet 03.07.67)

Wat ?

Werknemers in loonverband welke een erkend arbeidsongeval of een ongeval op de weg van en naar het werk (Wet 20.05.98 - B.S. 01.08.98) hebben opgelopen, kunnen hiervoor een schadevergoeding ontvangen. Een ongeval is een plotse gebeurtenis die een kwetsuur, een arbeidsongeschiktheid of de dood heeft veroorzaakt.

Arbeidsongeschiktheid wordt erkend indien betrokkene niet meer of niet meer op dezelfde wijze zijn werk als vóór het ongeval kan uitvoeren, dus niet meer hetzelfde verdienvermogen heeft. (1)

Vanaf 2006 zijn alle letsels, die aanvaard worden als arbeidsongeval, in een codelijst beschreven (KB 24.02.2005, gewijzigd bij KB 30.09.2005). Andere letsels wijzen op een beroepsziekte.

De uitkeringen voor arbeidsongevallen worden berekend op basis van het gemiddelde dagelijkse loon dat overeenstemt met 1/365ste van het basissalaris (= complete salaris waarop de werknemer recht heeft tijdens het jaar dat de dag van het arbeidsongeval voorafgaat). Het basisloon is beperkt tot een maximumbedrag (2).

Voor de berekening van het basisloon zijn er specifieke bepalingen voor slachtoffers die nog geen jaar in dienst of in dezelfde functie zijn, en voor gepensioneerden die nog bijverdienen. Het basisloon voor tijdelijke arbeidsongeschiktheid verschilt van dat voor vergoeding van de blijvende ongeschiktheid. Het vakantiegeld is er niet in opgenomen. Daarnaast kunnen beide basislonen van elkaar verschillen in geval van deeltijdse arbeid en/of minderjarige slachtoffers en leerlingen.

Overzicht van de uitkeringen:

a) Bij overlijden:

- begrafeniskosten (30 x gemiddeld dagloon)
- rente aan:
  - de overlevende echtgeno(o)t(e) = 30% basisloon (2);
  - kinderen:

(1) Opgelet: de 'arbeidsongevallenvergoeding' is belastingsvrij, indien ze geen daadwerkelijk verlies van inkomsten vergoedt (Wet 19/07/2000 - B.S. 04/08/2000)

(2) Basisloon = loon van de laatste 12 maanden vóór het ongeval (beperkt tot 36.809,73 euro) per jaar (vanaf 01.01.2009). Voor leerlingen of minderjarige werknemers mag het echter niet minder bedragen dan 5.948,76 euro.)

- erkende of geadopteerde kinderen van de getroffene of van de echtgenoot, wees van vader of moeder = elk 15% basisloon (tezamen max. 45% van het basisloon);
- erkende of geadopteerde kinderen van de getroffene of van de echtgenoot, wees van vader én moeder = elk 20% basisloon (tezamen max. 60% van het basisloon);
  (niet erkende kinderen hebben ook recht wanneer de gerechtelijke vaststelling van de afstamming vaststaat)
- In bepaalde gevallen (onder hetzelfde dak wonen of geen andere rechthebbenden, ...) kunnen eventueel ook andere personen aanspraak maken op een rente (van 15-20%), met name:
  - de vader en de moeder van de getroffene (zonder echtgenoot of kinderen) = elk 20% van het basisloon; indien de getroffene een echtgenoot nalaat wordt de rente voor deze personen beperkt tot 15% van het basisloon; indien vader en moeder overleden: bloedverwanten in de opgaande lijn van de overleden ouder)
  - de kleinkinderen;
  - de broers en de zusters. (indien geen andere rechthebbenden)

b) Bij arbeidsongeschiktheid:

- tijdelijke volledige ongeschiktheid:
  - dag van het ongeval: het volledig dagloon wordt gewaarborgd;
  - vanaf tweede dag: 90% van gemiddeld dagloon;
- tijdelijke gedeeltelijke ongeschiktheid: vergoeding volgens percentage ongeschiktheid of verschil tussen het loon vóór het ongeval en het loon na de wedertewerkstelling;
- blijvende ongeschiktheid; (vastgelegd door consolidatie)
  - vergoeding volgens toegekend percentage (medische + economisch %) ongeschiktheid van 1 tot 100%. Het toegekende percentage wordt vermenigvuldigd met het basissalaris. (1)
    Opmerking: de vergoeding wordt verminderd met de helft indien het percentage tussen 1% en 5% ligt en met 1/4e indien het percentage tussen 5% en 10% ligt. De vergoeding kan reeds ingaan 120 dagen voor datum VOLLEDIGE aanvraag!!);
    Vanaf de pensioenleeftijd (65 jaar of vanaf de datum van aanvaarding van het pensioen) valt het economisch % weg. Men krijgt dan een vast % of bedrag i.p.v. een berekening op basis van het loon. Indien de blijvende arbeidsongeschiktheid meer dan 19% bedraagt en de herzieningstermijn verstreken is, dan kan men vragen dat maximum een derde van de waarde van de rente in kapitaal wordt uitbetaald. Men moet die aanvraag rechtvaardigen (het geld moet bv. dienen om een handelszaak te kopen of om de eigen woning in te richten). Men kan die aanvraag indienen op om het even welk ogenblik na het verstrijken van de herzieningstermijn.
  - eventueel bijkomende forfaitaire vergoeding voor hulp van derden: wie hulp van een andere persoon nodig heeft bij het verrichten van de gewone handelingen uit het dagelijkse leven (toilet maken, eten, zich verplaatsen, enz.), kan

(1) Er wordt geen indexering meer toegepast indien het een vergoeding betreft voor een blijvende arbeidsongeschiktheid tot 19% (Programmawet 22.12.2003, art. 57-61).

een aanvullende vergoeding aanvragen, namelijk de zogenoemde vergoeding voor hulp van derden. Het jaarlijks maximumbedrag van deze vergoeding is gelijk aan 12 maal het gewaarborgd gemiddeld minimum maandinkomen. Dit inkomen wordt door de Nationale Arbeidsraad vastgesteld (bij collectieve arbeidsovereenkomst op 01.01.2009 een maandbedrag van 1.387,49 euro).
Deze vergoeding voor hulp van derden wordt niet meer betaald vanaf de 91ste dag ononderbroken opneming in een ziekenhuis.
Deze vergoeding is geen belastbaar inkomen.

- er bestaat ook een recht op een bijkomende vergoeding bij tijdelijke verergeringen. Het ongeschiktheidspercentage moet vóór de tijdelijke verergering wel minstens 10% bedragen.

Geneeskundige verstrekkingen

In principe worden de terugbetalingen, voor kosten die te maken hebben met het arbeidsongeval, gebaseerd op de terugbetaling binnen het RIZIV (de ziekenfondsen).

Voor langdurige kine-behandelingen wordt er een specifieke regeling uitgewerkt.

- Geneesmiddelen worden volledig terugbetaald; Er is een gemotiveerd voorschrift nodig voor magistrale bereidingen en specialiteiten.
  Sommige geneesmiddelen, die nog niet zijn geregistreerd of die niet worden terugbetaald door het ziekenfonds, worden enkel terugbetaald op basis van een motivatie van de behandelende geneesheer.
- Verblijf in een RVT, ROB of PVT wordt op dezelfde wijze ('tegemoetkoming voor verzorging en bijstand in het dagelijks leven') als die van de ZIV vergoed;
- Bij niet in die nomenclatuur opgenomen geneeskundige verstrekkingen is de vergoeding gelijk aan de werkelijke kost. De prijs moet redelijk en vergelijkbaar zijn met in de nomenclatuur voorziene zorgen; voorafgaandelijke toestemming is dan vereist;
- Gebruik van prothese, orthopedisch toestel of hulpmiddelen;
- Voorafgaandelijke toestemming is niet vereist:
  - voor dringende medische hulp;
  - als reeds vaststaat dat de nood van die zorg noodzakelijk is en het gevolg is van het ongeval.

Er zijn ook specifieke regels van het ogenblik dat de ongeschiktheid een bestendig karakter vertoont en vanaf de kennisgeving, door de verzekeraar of het FAO, van de bewezenverklaring .

Alle reiskosten in functie van behandeling of onderzoek worden door de verzekeraar vergoed.

Aanvullende toelagen: deze hebben als doel om in zekere mate de waardevermindering van de renten/vergoedingen te compenseren (en zodoende de normale loonstijgingen te volgen); de renten/vergoedingen worden vergeleken met een norm die ieder jaar opnieuw wordt bepaald.

Werkhervatting:

In 2006 zijn de wetteksten aangepast om maatregelen uit te werken die de werkhervatting stimuleren, hetzij door herscholing te ondersteunen, hetzij door mogelijkheden voor aangepast werk of werkpostaanpassingen te laten onderzoeken

door de raadsgeneesheer van de verzekering. Bovendien worden mogelijkheden uitgewerkt om te voorkomen dat een mislukte werkhervatting tot inkomensverlies leidt (zonder die maatregelen verliest men voordelen en inkomsten als men hervalt nadat men een minder goed betaald werk aanvaard heeft). Deze maatregelen moeten nog concrete uitvoeringsbesluiten krijgen.

Wie ?

- Werknemers onderworpen aan de sociale zekerheid (1):
  - werknemers met een arbeidsovereenkomst (ook de betaalde sportbeoefenaars)
  - leerlingen onder leercontract
  - diverse categorieën van personen die geen arbeidsovereenkomst hebben, maar wel prestaties verrichten tegen bezoldiging, onder gezag van een persoon of die arbeid verrichten in omstandigheden vergelijkbaar met een arbeidsovereenkomst.
- Gelijkgestelden:
  - werknemers met occasionele arbeid;
  - huispersoneel dat niet inwoont;
  - bepaalde personen met een bijberoep;
  - fruit- en groenteplukkers (max. 25 arbeidsdagen/jaar)
  - onbezoldigde stagiairs, leerlingen en studenten (cfr. schoolopleiding) (2), ingevoerd bij KB 13.06.2007

Hoe?

De werknemer dient zijn werkgever onmiddellijk op de hoogte te brengen.

Indien het ongeval aanleiding kan geven tot toepassing van de arbeidsongevallenwet, dient de werkgever hiervan binnen vastgestelde termijn aangifte te doen:

- Aan de inspecteur arbeidsveiligheid:
  - binnen 10 werkdagen vanaf de dag die volgt op die van het ongeval, of
  - binnen de twee dagen vanaf de dag die volgt op die van het ongeval, bij zeer ernstig (arbeidsongeschiktheid van vermoedelijk minstens 30 dagen) of dodelijk ongeval op de arbeidsplaats zelf. Bij dodelijk ongeval of met te voorziene bestendige AO van minstens 25% onmiddellijk telefonisch of elektronisch contact opnemen.
- Aan de verzekeraar (of via het portaal sociale zekerheid): binnen 8 kalenderdagen, en onmiddellijk bij een ernstig ongeval met dodelijke afloop of bij abnormale omstandigheden (explosie, brand of elektriciteitspanne);
- Aan de bedrijfsgeneeskundige dienst: binnen 10 werkdagen.

---

(1) Militairen, rijkswachters en personen in dienst van de NMBS vallen niet onder de toepassing van deze regeling!

(2) Uitgezonderd ongevallen van en naar het werk en tijdelijke arbeidsongeschiktheid

Wanneer iemand een ongeval overkomt en letsels zich pas later manifesteren, dan kan er nog steeds een aangifte gebeuren. Het oorzakelijk verband moet echter bewezen worden. Getuigen zijn hier dus zeker belangrijk.

Indien een werkgever weigert een ongeval aan te geven, of hij is niet verzekerd tegen arbeidsongevallen, dan verwittigt men zo snel mogelijk het Fonds voor Arbeidsongevallen, opdat het een onderzoek zou kunnen instellen.

Werknemers uit de openbare sector (provinciale en gemeentelijke diensten inbegrepen) doen hun aanvraag bij hun directe werkgever.

Medisch onderzoek en consolidering:

In principe kiest betrokkene zelf een behandelend geneesheer, behalve wanneer de werkgever of zijn verzekeraar een georganiseerde geneeskundige dienst heeft.

De beslissing van de verzekeraar:

Bij aanvaarding van het arbeidsongeval gaat de verzekeraar eerst tijdelijke arbeidsongeschiktheid vergoeden. Wanneer de letsels niet meer evolueren 'consolideert' men het arbeidsongeval. Men bepaalt of er al dan niet blijvende letsels aanwezig zijn en men bepaalt in voorkomend geval de fysische en sociaal- economische ongeschiktheid.

Het resultaat is
- Volledige genezing, dus geen blijvende letsels; of
- Blijvende letsels, dus blijvende ongeschiktheid.

De beslissing wordt per brief meegedeeld indien de arbeidsongeschiktheid langer duurt dan 7 dagen. Indien de tijdelijke arbeidsongeschiktheid meer dan 30 dagen duurt, dan bevestigt men de genezing door een medisch attest.

'Consolidering' van blijvende letsels gebeurt in een bekrachtigingsprocedure waarbij de verzekeraar een voorstel doet aan betrokkene en zijn behandelend geneesheer en waarbij beide partijen eventueel discussiëren over de eindbeslissing. Sinds 01.09.2006 kan men bij onenigheid beroep doen op een dokter van het Fonds voor Arbeidsongevallen om bemiddelend op te treden, indien de geëiste graad van arbeidsongeschiktheid minstens 25% bedraagt.

Herziening:

Na de consolidering begint de herzieningstermijn, die gedurende 3 jaar loopt. Men kan zowel tijdelijke verergering als blijvende verergering aanvragen. Na de herzieningstermijn wordt de vastgestelde arbeidsongeschiktheid definitief . Toch is het later nog mogelijk om een herziening te vragen voor tijdelijke of blijvende verergering indien de letsels ernstiger worden dan 10% arbeidsongeschiktheid. Aan te vragen bij de verzekeraar, behalve voor de ongevallen die gebeurd zijn voor 01.01.1988 (dan dient men de aanvraag te richten aan het Fonds voor arbeidsongevallen).

Beroep:

Wie niet akkoord gaat met de beslissing van de verzekeraar, en zijn standpunt bevestigd ziet door een behandelend geneesheer, kan het geschil bij de arbeidsrechtbank aanhangig maken. Dit kan door middel van een dagvaarding of met akkoord van de verzekeraar om op vrijwillige basis te verschijnen.

De rechtbank zal dan, eventueel na een medische expertise, het arbeidsongeval bij vonnis regelen.

Wie bij een vakbond aangesloten is kan zich laten bijstaan door de juridische dienst van de vakbond.

Aandacht:

- De werkgevers genieten van de zogenaamde 'immuniteit' (dat wil zeggen: hij kan in principe niet verantwoordelijk gesteld worden voor een ongeval), behalve wanneer hij nalatig is door een zwaarwichtige overtreding te begaan door wettelijke en reglementaire overtredingen betreffende het welzijn van de werknemers te negeren en wanneer hij zelfs na waarschuwing en opgelegde passende maatregelen van de arbeidsinspectie toch nog de werknemers aan de risico's van een arbeidsongeval heeft blootgesteld.
- Bij twijfel over de tenlasteneming zal de verzekering of het FAO (Fonds voor Arbeidsongevallen) het ziekenfonds binnen 30 dagen hiervan op de hoogte brengen zodat deze de nodige vergoedingen als voorschot kan uitkeren. Het is geraadzaam om als rechthebbende zelf contact op te nemen met het ziekenfonds voor het einde van het gewaarborgd loon (d.i. 14 dagen voor arbeiders en 28 dagen voor bedienden) om eventuele ongemakken (bv. laattijdige aangifte, ...) en/of achterstallige betalingen te vermijden.

RSZ-afhoudingen en belastingen

- RSZ wordt afgehouden (niet op de vergoeding 'hulp van derden')
- Op de wettelijke vergoedingen wegens blijvende ongeschiktheid wordt een bedrijfsvoorheffing afgehouden op het gedeelte van de rente dat belastbaar is. Die voorheffing is 11,22%.
- De tijdelijke arbeidsongevallenvergoeding is altijd belastbaar.
- De arbeidsongevallenvergoeding voor blijvende arbeidsongeschiktheid is belastingsvrij indien ze geen daadwerkelijk verlies van inkomsten vergoedt (Wet 19/07/2000 - BS 04/08/2000). De wet gaat ervan uit dat er geen inkomstenverlies is wanneer de invaliditeitsgraad niet hoger is dan 20%.

De vergoeding voor het gedeelte boven 20%, kan geheel of gedeeltelijk belastingsvrij zijn op voorwaarde dat men kan aantonen dat er geen inkomstenverlies was (men heeft bv. zijn functie terug opgenomen zonder loonverlies), en de uitkering dus ook niet diende ter compensatie van een geleden inkomstenverlies. Ook als men een rust- of overlevingspensioen geniet of als men ouder is dan 65 jaar zijn de uitkeringen belastingvrij.

Vergoedingen voor hulp aan derden zijn altijd volledig vrijgesteld.

Waar?

- Fonds voor Arbeidsongevallen - IDALIE
  Troonstraat 100, 1050 Brussel
  tel.: (02) 506 84 11
  fax.: (02) 506 84 15
  www.fao.fgov.be

- Ziekenfonds - dienst maatschappelijk werk (inlichtingen + bijstand) (Gouden Gids nr. 6990, www.cm.be; e-mail: dmw@cm.be)
- Gemeente - sociale dienst (inlichtingen + bijstand) (telefoongids: OCMW ofwel Gouden Gids nr. 7620)
- In de meeste grootsteden houdt het Fonds voor arbeidsongevallen een maandelijkse zitdag. Gegevens op te vragen bij de stadsdiensten of te raadplegen op de website.

I.2. Beroepsziekten

(Wet 03.06.70 - B.S. 27.08.70, laatst gewijzigd bij Wetten 13.07.2006 & 19.07.2006; KB 17.07.1974; KB 28.03.1969; KB 26.09.1996; ...; KB 04.05.2006)

Wat?

Werknemers in loonverband (of zelfstandigen die het bewijs leveren dat zij hun ziekte opliepen tijdens een periode als werknemer in loonverband) welke een erkende beroepsziekte hebben opgelopen ten gevolge van de door hen uitgeoefende functie, kunnen hiervoor een schadevergoeding (1) ontvangen .

De publieke sector (ambtenaren, provinciale en plaatselijke overheidsdiensten) hebben een ander stelsel voor beroepsziekteverzekering. Men heeft in 2006 de principiële beslissing genomen om de mogelijkheid te onderzoeken om beide sectoren te harmoniseren. Bovendien onderzoekt men een piste om zelfstandigen, mits een beperkte bijdrage, eveneens toe te laten in het systeem.

Een beroepsziekte wordt soms zeer lang na de blootstelling aan het risico duidelijk. Men hanteert een lijstsysteem (een lijst met vergoedbare beroepsziekten) (2) en een 'open' systeem (andere beroepsziekten, die niet vermeld staan in de lijst).

Er bestaat een fundamenteel verschil tussen het lijstsysteem en het open systeem. In het lijstsysteem geldt er een wettelijk vermoeden van oorzakelijk verband tussen de ziekte en de blootstelling aan het beroepsrisico van die ziekte. In het open systeem rust de bewijslast met betrekking tot het oorzakelijk verband volledig op de aanvrager. Men erkent slechts een beroepsrisico in het open systeem indien de blootstelling aan de schadelijke invloed inherent is aan de beroepsuitoefening en 'beduidend groter' is dan de blootstelling van de bevolking in het algemeen, en, indien deze blootstelling volgens algemeen aanvaarde medische inzichten, van aard is om de ziekte te veroorzaken (de blootstelling is dus ernstiger dan bij de arbeidsgerelateerde ziekten, zie verder).

Nieuw, de arbeidsgerelateerde ziekten:

Een rugletsel bij verpleegkundigen werd in principe niet als beroepsziekte aanvaard omdat er onvoldoende wetenschappelijke argumenten zijn om rugpijn en degeneratief ruglijden in het algemeen (met inbegrip van discushernia en ischias) te beschouwen als ziekten, veroorzaakt door dynamische en/of statische belasting van de wervelzuil. Derhalve werd de aandoening niet opgenomen in het lijstsysteem en was het in de praktijk vrijwel onmogelijk om in het open systeem te laten besluiten tot een rechtstreeks en determinerend oorzakelijk verband tussen de beroepsuitoefening en de ziekte.

---

(1) De vergoedingen beroepsziekte en uitkeringen verleend door andere sociale zekerheids- en voorzorgsregelingen (behalve pensioenen) worden, behoudens de in die regelingen voorziene beperkingen (bv. ziekteuitkeringen) of uitsluitingen (bv. tegemoetkomingen aan personen met een handicap) onbeperkt gecumuleerd.

(2) Lijst der beroepsziekten: zie K.B. 06.02.2007 – BS 27.02.2007 ter vervanging van K.B. 28.03.69 - B.S. 04.04.69, aan te vragen bij het Fonds voor Beroepsziekten of te consulteren http://www.fbz.fgov.be

Voor dit soort aandoeningen is nu de mogelijkheid tot erkenning van arbeidsgerelateerde ziekten ingevoerd (Wet houdende diverse bepalingen 13.07.2006, van toepassing sinds 01.03.2007). Dit zijn ziekten waarvan het oorzakelijk verband slechts gedeeltelijk aantoonbaar is, de blootstelling moet slechts 'groter zijn' dan die van de bevolking in het algemeen. In een K.B. van 17.05.2007, BS 07.03.2007 voorziet men een preventieprogramma voor mensen met lage rugpijn ten gevolge van het manueel hanteren van lasten of mechanische trillingen op het werk, waarbij de nadruk ligt op revalidatie en reïntegratie in het werkmilieu (eventueel na werkverwijdering). Men voorziet slechts beperkte schadevergoeding door tussenkomst bij geneeskundige verstrekkingen en vergoeding van verplaatsingen naar het revalidatiecentrum. De aanvraag dient te gebeuren door de preventieadviseur-arbeidsgeneesheer, tussen 4 weken en maximum 3 maanden arbeidsongeschiktheid ten gevolge van de aandoening of na een chirurgische ingreep (zelfde aanvraagperiode). Wie gedurende het laatste jaar in totaal 4 weken arbeidsongeschikt was om dezelfde redden kan al na 1 week de aanvraag starten.

Het recht op een beroepsherinschakelingsprogramma:

Het Fonds heeft sinds de Wet van 13.07.2006 de uitdrukkelijke opdracht om de werkhervattingmogelijkheden te (laten) onderzoeken en te begeleiden. Er worden ook allerlei beschermende maatregelen onderzocht om werkhervatting aan te moedigen, vb. door behoud van loon te waarborgen bij de aanvaarding van aangepast werk. Hiervoor moeten nog nieuwe uitvoeringsbesluiten verschijnen.

Wanneer een persoon met een beroepsziekte de beroepsactiviteit, die aanleiding tot de ziekte was, definitief moet stopzetten, dan

- onderzoekt men –indien gewenst- de mogelijkheden tot beroepsherscholing, waarvan de kosten voor onderzoek en de eventuele herscholing ten laste komt van het Fonds;
- is betrokkene verplicht om bij elke gezondheidsbeoordeling door een preventieadviseur- arbeidsgeneesheer of in het kader van een herscholingsonderzoek melding te maken van de te mijden beroepsrisico's (op straf van eventueel verlies van vergoedingen bij verergering of herval);
- is elke werkgever verplicht om rekening te houden met de te mijden risico's (op straf van betaling van de schadeloosstellingen ten gevolge van verergering, herval of overlijden) (KB 01.07.2006).
- Het Fonds voor Beroepsziekten vervult ook een preventieve opdracht op de werkvloer door middel van:
- het voorkomen van ziekten of van de verergering ervan (vb. het revalidatieprogramma dat tot februari 2007 verlengd werd ten gunste van verzorgend personeel met lage rugpijn)
- verwijdering uit het schadelijk milieu (tijdelijk of blijvend, vb. zwangere vrouwen)
- het vaccineren van bedreigde groepen (Het F.B.Z. vergoedt de vaccinatie tegen hepatitis B bij het verplegend personeel; de vaccinatie tegen griep bij de personen die door het Fonds schadeloos gesteld worden voor respiratoire of hartaandoeningen)
- onderzoek van beroepsrisico's
- studie van (nieuwe) beroepsziekten
- informatieverstrekking over de beroepsziekten

De uitkeringen voor beroepsziekten worden berekend op basis van het gemiddelde dagelijkse loon dat overeenstemt met 1/365ste van het basissalaris (= complete salaris waarop de werknemer recht heeft tijdens de 4 trimesters voor het trimester van de dag van de erkenning van de beroepsziekte). Het basisloon is beperkt tot een maximumbedrag (1).

Overzicht van de uitkeringen:

a) Bij overlijden

- begrafeniskosten aan wie de kosten van de begrafenis heeft gedragen: (30 x gemiddeld dagloon MIN de tussenkomst van het ziekenfonds (zie I.18.) en de overbrengingskosten naar de begraafplaats
- rente aan de overlevende echtgeno(o)t(e) (forfaitair bedrag van 3.901,82 euro/ jaar op 01.01.2009 indien genieter van overlevings- of rustpensioen (2), 30% basisloon indien niet pensioengerechtigd)
- De overlevende echtgenoot die uit de echt of van tafel en bed gescheiden is en die een onderhoudsgeld genoot ten laste van de overledene, heeft ook recht op een jaarlijkse vergoeding, die maximaal het onderhoudsgeld bedraagt.
- rente aan kinderen (zolang er recht is op kinderbijslag (3)):
  - wettelijke (erkende/geadopteerde) kinderen (1 ouder leeft nog), (15% basisloon per kind met een max. van 45% voor alle kinderen samen)
  - wettelijke (erkende/geadopteerde) kinderen (beide ouders overleden), natuurlijke kinderen (niet erkend door overleden moeder), (20% basisloon per kind met een max. van 60% voor alle kinderen samen)
- in bepaalde uitzonderlijke gevallen (onder hetzelfde dak wonen, geen andere rechthebbenden, voordeel halen uit het loon van de overledene, ...) kunnen eventueel ook andere personen aanspraak maken op een rente (van 15-20% basisloon), met name:
  - de ouders (adoptanten),
  - de kleinkinderen,
  - broers en zusters.

b) Bij arbeidsongeschiktheid

- Uitkeringen;
  - tijdelijke ongeschiktheid (minstens 15 dagen):
    - bij volledige tijdelijke ongeschiktheid: dagelijkse vergoeding, berekent op 90% van het basisloon,
    - bij gedeeltelijke tijdelijke ongeschiktheid, bv. bij een gedeeltelijke werkhervatting na een volledige tijdelijke ongeschiktheid, wordt een vergoeding (eventueel geplafonneerd) toegekend voor het geleden loonverlies.
      Wanneer een getroffene omwille van een beroepsziekte in een verplegings-

(1) Basisloon = loon van de laatste 4 trimesters vóór de medische vaststelling van de beroepsziekte beperkt tot 36.809,73 euro per jaar (bedrag 01.01.2009). Voor leerlingen of minderjarige werknemers mag het echter niet minder bedragen dan 5.948,76 euro.

(2) K.B. 13.01.83 (B.S. 20.01.83) - laatst gewijzigd bij K.B. 02.09.91 (B.S. 22.10.91)

(3) Kinderen met een handicap behouden eventueel deze rente, ook al ontvangen zij geen kinderbijslag meer.

of verzorgingsinstelling wordt opgenomen, kan hij, voor de periode van opneming, vragen de hem voor deze ziekte toegekende graad van ongeschiktheid te brengen tot 100% tijdelijke of blijvende arbeidongeschiktheid. Op het einde van de opneming wordt, hetzij een nieuwe beslissing van het Fonds het anders bepaalt, de oorspronkelijke graad van ongeschiktheid automatisch terug toegekend. (Wet houdende sociale bepalingen 22.02.98 - B.S. 03.03.98)

- blijvende ongeschiktheid:
  - vergoeding volgens toegekend percentage ongeschiktheid (medisch + economisch %) (1) van 1 tot 100% (deze vergoeding kan reeds ingaan 120 dagen voor datum VOLLEDIGE aanvraag!!). De vergoeding wordt verminderd met 50% bij een ongeschiktheidspercentage beneden de 5%, en met 25% bij een ongeschiktheid van 5 tot 9%. Vanaf de pensioenleeftijd (65 jaar of vanaf de datum van aanvaarding van het pensioen) valt het economisch % weg. Men krijgt dan een vast % of een bedrag i.p.v. een berekening op basis van het loon. Opgelet: het economische % valt evenwel niet weg als er een % van 100% was toegekend.
  - eventueel bijkomende vergoeding voor hulp van derde (2). De vergoeding is voltijds (forfaitair bedrag: 18.785,32 euro per jaar op 01.01.2009) of halftijds (halve bedrag) naargelang de ernst van de zorgafhankelijkheid.

- Tussenkomst in het remgeld voor geneeskundige verzorging (niet voor medicatie categorie D) (3);
- Aanvullende toelagen: deze hebben als doel om in zekere mate de waardevermindering van de renten/vergoedingen te compenseren (en zodoende de normale loonstijgingen te volgen); de renten/vergoedingen worden vergeleken met een norm die ieder jaar opnieuw wordt bepaald; (4)
- Tussenkomst in de kosten en vergoedingen voor het volgen van een beroepsherscholing (indien het Fonds het nuttig acht, betaalt gedurende de herscholingsperiode de voordelen voor volledige blijvende arbeidsongeschiktheid.
- Tussenkomst in verplaatsingsonkosten bij de behandeling van de beroepsziekte voor vervoer met de ziekenwagen als de geneesheer van het Fonds vooraf zijn akkoord gaf. Voor ander vervoer betaalt het Fonds een forfaitair bedrag van 0,70 € per dag bij tijdelijke lichamelijke arbeidsongeschiktheid. Bij definitieve arbeidsongeschiktheid betaalt het Fonds 20 € per maand aan wie minstens 66% arbeidsongeschikt is (KB 22.06.2006).

c) Bij tijdelijke verwijdering

Heeft men recht op de vergoeding als tijdelijke volledig arbeidsongeschikte (= 90% van het basisloon). Het recht gaat ten vroegste 365 dagen vóór de datum van de aanvraag in.

---

(1) Dit percentage wordt eventueel verhoogd met 1 tot 3% op 65-jarige leeftijd

(2) De 'hulp van derde' is niet belastbaar en er gebeuren geen inhoudingen voor de sociale zekerheid

(3) De gezondheidszorgen bij slachtoffers van een in België wettelijk erkende beroepsziekte, worden door de ziekteverzekering ten laste genomen tot beloop van het ZIV-tarief. Enkel het persoonlijk aandeel van de zieke (remgelden en tenlasteneming van personen die niet gerechtigd zijn op de ZIV) wordt door het Fonds voor Beroepsziekten vergoed. Voor verstrekkingen van geneeskundige verzorging die niet voorzien zijn in de regeling van de ZIV werd voor het Fonds voor Beroepsziekten een specifieke nomenclatuur (terugbetalingsnormen) opgesteld (K.B. 28.06.83 - B.S. 30.06.83).

(4) Wet van 16.07.74 - K.B. 17.07.74 (B.S. 24.07.74)

Voor zwangere werkneemsters is de retroactiviteit beperkt tot de periode tussen het begin van de zwangerschap en het begin van de 7 weken (= 9 weken indien een meerling verwacht wordt) die voorafgaan aan de vermoedelijke datum van bevalling, dat zij aanspraak kunnen maken op de vergoeding als tijdelijk volledig ongeschikte (m.a.w. op 90% van het basisloon). Nadien worden zij vergoed door het ziekenfonds (zie I.4.).

RSZ-afhoudingen en belastingen

- RSZ wordt afgehouden (niet op de vergoeding 'hulp van derden')
- Op de wettelijke vergoedingen wegens blijvende ongeschiktheid wordt een bedrijfsvoorheffing afgehouden op het gedeelte van de rente dat belastbaar is. Die voorheffing bedraagt 11,22%.
- De beroepsziekteverzekering is belastingsvrij indien ze geen daadwerkelijk verlies van inkomsten vergoedt (Wet 19/07/2000 - BS 04/08/2000).

De wet gaat ervan uit dat er geen inkomstenverlies is wanneer de invaliditeitsgraad niet hoger is dan 20%.

Indien het percentage hoger is dan 20%, dan kan de uitkering toch geheel of gedeeltelijk belastingsvrij zijn op voorwaarde dat men kan aantonen dat er geen inkomstenverlies was (men heeft bv. zijn functie terug opgenomen zonder loonverlies), en de uitkering dus ook niet diende ter compensatie van een geleden inkomstenverlies.

De bepalingen van de Wet van 19 juli 2000 traden in werking vanaf het aanslagjaar 1999, inkomsten 1998.

Wie?

1. werknemers onderworpen aan de sociale zekerheid
2. personen werkzaam in een familie-onderneming voor zover zij door een arbeidsovereenkomst zijn verbonden
3. personen die ingevolge lichamelijke arbeidsongeschiktheid of werkloosheid een vakherscholing of scholing volgen, die krachtens een wet werd opgericht
4. leerjongens, leermeisjes en stagiairs, ook als zij geen loon ontvangen welke blootgesteld (1) geweest zijn aan het beroepsrisico van een beroepsziekte die voorkomt op de lijst der beroepsziekten EN door deze beroepsziekte zijn aangetast.

Personen uit de openbare sector vallen niet onder de toepassing van deze regeling.

Hoe?

Bij arbeidsongeschiktheid moet in elk geval ook tijdig een aangifte van ziekte gebeuren bij het ziekenfonds!! (zie I.3.)

(1) Op schriftelijk verzoek van de arbeidsgeneesheer of van het Comité voor preventie en bescherming op het werk kan het Fonds advies verstrekken in verband met de blootstelling

De betrokkene kan dan zijn aanvraag tot schadeloosstelling (volledig en correct samengesteld, m.a.w. de aanvraag is volledig vanaf het ogenblik dat de formulieren 501 en 503 volledig ingevuld bij beroepsziekten zijn toegekomen - ook bij een herzieningsaanvraag!!) aangetekend richten aan het Fonds voor Beroepsziekten. De aanvraag kan ook gebeuren via de adviserend geneesheer van het ziekenfonds of via de bedrijfsgeneeskundige dienst.

Het Fonds beperkt het onderzoek tot de aandoening waarvoor de aanvraag werd ingediend (KB 04.05.2006).

N.B.: werknemers uit de openbare sector (provinciale en plaatselijke overheidsdiensten) dienen hun aanvraag rechtstreeks in bij hun directe werkgever.

Opmerking:

1) De volledige beroepsloopbaan (zowel binnen- als buitenland) dient altijd opgegeven;
2) De erkenning beroepsziekte kan ook nog worden aangevraagd na de pensioenleeftijd;
3) De eerste betaling na de betekening van een beslissing gebeurt binnen 60 dagen (achterstallige bedragen binnen 120 dagen);
4) Bij overlijden start de overlevingsrente voor de weduwe de eerstvolgende maand na overlijden, de gewone vergoeding loopt tot het einde van de maand van overlijden.

Waar?

De betrokkene dient zijn aanvraag tot schadeloosstelling aangetekend te richten aan het Fonds voor Beroepsziekten (of via de medisch adviseur van het ziekenfonds of bedrijfsgeneeskundige dienst)
Sterrenkundelaan 1, 1210 Brussel
tel.: (02) 226 62 11 - fax (02) 219 19 33.

Ziekenfonds - dienst maatschappelijk werk of adviserend geneesheer (inlichtingen + bijstand) (Gouden Gids nr. 6990, www.cm.be; e-mail: dmw@cm.be).

Aandachtspunten voor de arts:

(M.B. 06.12.96 - B.S. 07.02.97).

Aanvraag en herziening

– Bij arbeidsongeschiktheid moet in elk geval ook tijdig een aangifte van ziekte gebeuren bij het ziekenfonds!! (zie I.4.)
  De aanvragen om schadeloosstelling en de aanvragen om herziening moeten bij het Fonds voor de beroepsziekten ingediend worden door middel van het wit formulier dat samengesteld is uit een administratief (501) en uit een medisch deel (503). Het recht begint maar te lopen vanaf het moment dat de aanvraag volledig is!
  Wanneer een getroffene omwille van een beroepsziekte in een verplegings- of verzorgingsinstelling wordt opgenomen, kan hij, voor de periode van opne-

ming, vragen de hem voor deze ziekte toegekende graad van ongeschiktheid te brengen tot 100% tijdelijke of blijvende arbeidsongeschiktheid. Op het einde van de opneming wordt, hetzij een nieuwe beslissing van het Fonds het anders bepaald, de oorspronkelijke graad van ongeschiktheid automatisch terug toegekend. (Wet houdende sociale bepalingen 22.02.98 - B.S. 03.03.98).

Tussenkomst voor geneeskundige verzorging

- Tussenkomst in het remgeld voor geneeskundige verzorging (niet voor medicatie categorie D)
- Voor de honoraria van de geneesheer wordt een 'getuigschrift G.Z.2' ingevuld door de arts zelf. Hij duidt er de nomenclatuurnummers en datum van de verstrekking op aan, aangevuld met een verklaring dat de verleende verzorging specifiek is voor de behandeling van de B.Z.
- Voor de geneesmiddelen dienen zowel de behandelende arts als de apotheker een 'getuigschrift G.Z.1' in te vullen naast het gebruikelijke voorschrift. Hierbij dient een specifieke verklaring gevoegd dat de verleende verzorging de behandeling van de B.Z. betreft.
- Voor paramedische verzorging (verpleging, kiné) dienen zowel de voorschrijvende arts als de zorgverstrekker een 'getuigschrift G.Z.3' in te vullen, zodat de betrokkene het persoonlijk aandeel bij het FBZ terug kan vorderen.
- De kosten van sommige vaccins en gammaglobulines De aanvragen voor terugbetaling van de kosten voor verstrekkingen van geneeskundige verzorging, opgenomen in het Koninklijk Besluit van 28 juni 1983 tot vaststelling van een specifieke nomenclatuur voor verstrekkingen van geneeskundige verzorging inzake beroepsziekteverzekering (sommige vaccins en gammaglobulines), kunnen bij het Fonds voor de beroepsziekten ingediend worden door middel van het geel formulier dat samengesteld is uit een administratief (511) en uit een medisch deel (513).

Tijdelijke verwijdering wegens zwangerschap

De aanvragen om tijdelijke verwijdering uit het risico van beroepsziekte wegens zwangerschap worden bij het Fonds voor de beroepsziekten ingediend door middel van het roze formulier dat samengesteld is uit een administratief (521) en uit een medisch deel (523).

I.3. Uitkeringen wegens arbeidsongeschiktheid

(ziekte- en invaliditeitsverzekering)
(Verordening van 16.4.97 - B.S. 26.11.97, 1e editie)
(OPENBARE DIENST - VASTBENOEMDE AMBTENAREN
(K.B. 18.01.74, art. 15 + K.B. 13.11.67, artikel 11)

Eveneens behandeling van volgende onderwerpen:

- Laattijdige ziekteaangifte (zie primaire arbeidsongeschiktheid, ,,Hoe ?'')
- Verzaking terugvordering 'ten onrechte uitgekeerde uitkeringen' (MB 20.04.99 - BS 08.07.99)
- Hulp van derden ziekteverzekering (zie primaire arbeidsongeschiktheid en invaliditeit)
- Toegelaten arbeid voor arbeidsongeschikte werknemers en zelfstandigen + financiële cumulregeling
- Voor zelfstandigen:
  - Mindervalide zelfstandigen: recht op kleine risico's
  - Gelijkstelling van 'ziekteperiodes' met 'periodes beroepsbezigheid'
  - Vrijstelling van bijdragen voor zelfstandigen
  - Faillissementsverzekering en behoud van rechten inzake sociale zekerheid
- Inhoudingen op de ziektevergoedingen
- Grenzen loonbeslag en loonsoverdracht

1. De primaire arbeidsongeschiktheid = 1e jaar (+ hulp van derden ziekteverzekering)

Wat? Wie?

Wie zijn beroepsinkomen of zijn werkloosheidsuitkeringen verliest wegens ziekte of ongeval, heeft onder strikte voorwaarden recht op ziekteuitkeringen.

Werknemers en zelfstandigen die arbeidsongeschikt worden, en alle beroepsactiviteiten stopzetten, kunnen door de adviserend geneesheer van het ziekenfonds in staat van primaire arbeidsongeschiktheid (1e jaar arbeidsongeschiktheid) erkend worden. De adviserend geneesheer stelt tevens de duur ervan vast.

Werknemers hun verdienvermogen is verminderd met twee derde of meer (1).

Zelfstandigen zijn arbeidsongeschikt als ze hun beroepsbezigheid niet meer kunnen uitoefenen en bovendien geen andere beroepsbezigheid uitoefenen.

Door deze erkenning krijgt men recht op uitkeringen ter vervanging van het loon of inkomen.

Werknemers ontvangen een dagbedrag, (in de 6-dagenweek is dit een vergoeding voor elke dag van maandag tot en met zaterdag) onmiddellijk na het gewaarborgd loon van de werkgever.

---

(1) Tussen de 1ste en 6de maand wordt gekeken naar de mogelijkheden inzake het eigenlijke beroep. Vanaf de 7de maand wordt vergeleken met personen met dezelfde opleiding op de algemene arbeidsmarkt.

Voor zelfstandigen gaat het recht op dagvergoedingen (6-dagenstelsel) in vanaf de 2° maand ziekte .
(zie ook progressieve tewerkstelling; tewerkstellingsmaatregelen I.6.).

Bedrag uitkeringen
(01.09.2008 laatste indexaanpassing):

Opgelet: Bij de primaire arbeidsongeschiktheid (1° jaar uitkering) geldt een automatische inhouding van 11,11 procent inzake de 'bedrijfsvoorheffing', bij invaliditeitsuitkeringen (= vanaf het 2e jaar) wordt nooit bedrijfsvoorheffing ingehouden.

A. WERKNEMERS

Voor **werknemers** bedragen de uitkeringen wegens primaire arbeidsongeschiktheid 60 % van het brutoloon voor een arbeidsongeschiktheid die aanvat na 01.01.2007 max. 70,46 euro per dag. Ze zijn afhankelijk van het loon waarop sociale zekerheid werd betaald. Vanaf de 7° ziektemaand gelden de minimumuitkeringen, die eveneens van toepassing zijn voor de invaliditeitsuitkeringen (zie verder in dit hoofdstuk).
Een werkloze, die arbeidsongeschikt wordt ontvangt gedurende de eerste 6 maanden arbeidsongeschiktheid het bedrag van zijn werkloosheidsuitkering.

Opgelet: Sinds 01.01.2009 worden ook samenwonenden uitbetaald aan 60 % bij primaire arbeidsongeschiktheid(max. uitkering = 71,02 euro/dag voor primaire arbeidsongeschiktheid die start na 01.01.2009 – 70,46 euro/dag voor primaire ongeschiktheid die eerder begon).

Gedurende de periode van moederschapsbescherming (zie I.5.), d.w.z.;

- periode van moederschapsrust (15 weken, 16 weken na een moeilijke zwangerschap of 17 weken voor een meerling), 82% van het onbegrensd brutoloon tot de 31e dag, 75% van het begrensd brutoloon na 31 kalenderdagen;
- periode van borstvoeding (tot max. 5 maanden na de bevalling), geldt volgende regeling:
  - bij volledige arbeidsongeschiktheid of werkverwijdering = 60% van het verloren loon
  - bij aangepast werk met loonverlies = bijpassing loon tot max. 75% van het verloren loon
  - bij het volledig stopzetten van 1 van de 2 verschillende activiteiten in loondienst = 60% van het verloren loon in de stopgezette activiteit met een maximum van '75 % van het vroegere loon (beide activiteiten) MIN het loon van de verdergezette activiteit'.
- Periode van vaderschapsverlof (3 dagen klein verlet + 7 dagen vergoed door de Z.I.V., op te nemen binnen de 30 dagen na bevalling, 82 % van het begrensd gederfde loon).
- Periode van adoptieverlof (3 dagen gewaarborgd loon + periode vergoed door Z.I.V.)
- Er kan ook op voorafgaand verzoek bij de adviserende geneesheer een toelating bekomen worden om het werk deeltijds te mogen hervatten (zie hiervoor onder 'invaliditeit').

Overzicht van de primaire uitkeringen voor werknemers

(index 01.09.2008)

	% van het verloren brutoloon	minimum/dag (*)		maximum/dag (*)	
		Regelmatig werknemer	Niet regelmatig werknemer (***)	Arbeidsongeschikt ...	
				voor 01.01.2009	Vanaf 01.01.2009
- met personen ten laste	60 %	46,89 euro	36,49 euro	70,46 euro	71,02 euro
- alleenstaanden (**)	60 %	37,52 euro	27,37 euro	70,46 euro	71,02 euro
- samenwonenden	60 % (*)	31,85 euro	27,37 euro	70,46 euro	71,02 euro

(*) Maxima geldig na 30 dagen arbeidsongeschiktheid, minima vanaf de 7e maand arbeidsongeschiktheid en indien men al of niet voldoet aan de criteria van regelmatig werknemer
(**) Is gelijkgesteld met alleenstaande: de samenwonende persoon waarvan de partner een inkomen heeft dat geheel of gedeeltelijk uit beroepsinkomen bestaat dat hoger is dan 805,06 euro per maand en niet hoger is dan 1.362,49 euro per maand bruto (bedragen index 01.09.2008)
(***) Een niet regelmatig werknemer is een werknemer die onvoldoende werkvolume en/of onvoldoende loon kan aantonen bij aanvang van de arbeidsongeschiktheid (voorwaarden zie invaliditeitsuitkeringen)

B. ZELFSTANDIGEN

Voor **zelfstandigen** zijn de uitkeringen forfaitair maar variëren de uitkeringen

volgens gezinslast:
- met gezinslast 44,54 euro per dag
- alleenstaande 33,61 euro per dag (nieuwe categorie op 01.01.2007)
- samenwonende 28,92 euro per dag

Het bedrag van de uitkeringen is afhankelijk van het feit of de gerechtigde al dan niet gezinshoofd is, m.a.w. of de samenwonende persoon een inkomen heeft hoger of lager dan 805,06 euro per maand.

Tijdens de periode van moederschapsbescherming geldt een specifieke regeling (zie I.4.).

Een zelfstandige kan onder bepaalde voorwaarden toelating krijgen van de adviserend geneesheer om het werk deeltijds te hervatten (zie hiervoor onder 'invaliditeit').

Overzicht van de primaire uitkeringen voor zelfstandigen
(bedragen index 01.09.2008, toepassing vanaf 01.10.2008)

	forfaitair bedrag, per dag	Ten vroegste ...
primaire arbeidsongeschiktheid		
– met personen ten laste – alleenstaande – samenwonende	44,54 euro 33,61 euro 28,92 euro	na 1 maand arbeidsongeschiktheid

Hulp van derden ZIV tijdens de primaire arbeidsongeschiktheid (2 KB's 11/07/2000 - B.S. 24/08/2000)

Er wordt een forfaitaire verhoging van de uitkering, nl. 12,73 euro per dag (index 01.09.2008) toegekend vanaf de 4e maand arbeidsongeschiktheid. Dit geldt zowel voor loontrekkende als voor zelfstandigen.

De uitbetaling van de hulp van derden wordt echter geschorst in perioden van:

Gevangenschap of internering (uitgezonderd wie onder elektronisch toezicht is geplaatst - parlementaire vraag 03.01.2005)

Vanaf de 1e dag van de 3e maand ziekenhuisverpleging indien de hospitalisatie plaatsvindt gedurende een ononderbroken periode van meer dan 2 maanden (weekendontslag in het kader van thuisverzorging wordt niet beschouwd als onderbreking; ontslagen van minder dan 30 dagen onderbreken de schorsingen niet). Gelijkgesteld met hospitalisatie: dag-/nachthospitalisatie, RVT, PVT, revalidatiecentrum met ZIV-overeenkomst.

Om in aanmerking te kunnen komen voor deze verhoogde uitkering moet de gerechtigde minstens 11 punten scoren op de zelfredzaamheidsschaal (M.B. 30.07.87 - B.S. 06.08.87). De meting gebeurt als volgt: 6 items (verplaatsing, eten en bereiding van maaltijden, persoonlijke hygiëne en kleding, onderhoud van de woning - huishoudelijke taken, toezicht, sociaal contact) worden onderzocht, waarbij voor elk item van 0 (geen moeilijkheden) tot 3 punten (onmogelijk zonder hulp van derde of aangepaste omgeving) worden gegeven (max. = 18 punten) naargelang de graad van afhankelijkheid.

De hulp van derden is niet belastbaar. De hulp van derden kan, mits de nodige medische motivering, met twee jaar terugwerkende kracht worden aangevraagd.

Overzicht van de uitkeringen 'hulp van derden' gedurende het eerste jaar ziekte (index 01.09.2008)

voor werknemers en zelfstandigen

	forfaitair bedrag, per dag	**vanaf**
gedurende de periode van de primair arbeidsongeschiktheid		
– voor alle gerechtigden (met of zonder personen ten laste)	12,73 euro	4e maand

Hoe?

1. aangifte (+ laattijdige ziekteaangifte),
2. kennisgeving van de beslissing van de adviserend geneesheer (erkenning van arbeidsongeschiktheid),
3. controle door adviserend geneesheer (geneeskundig onderzoek),
4. betaling
5. einde arbeidsongeschiktheid.

1. aangifte

Om erkend te kunnen worden, moet het ziekenfonds van de arbeidsongeschiktheid verwittigd worden door middel van een formulier 'getuigschrift van arbeidsongeschiktheid'. (1)

Dit moet per post (datumstempel is bewijs) gebeuren binnen volgende gestelde termijnen (zie ook laattijdige aangifte): algemene regel binnen de 48 uur maar in geval men gewaarborgd loon ontvangt:
- 14 dagen voor wie een contract heeft als arbeider
- 28 dagen voor wie een contract heeft als bediende
- 28 dagen voor wie als zelfstandige werkt

Wie niet (meer) aan het werk is bij aanvang van de arbeidsongeschiktheid heeft slechts 48 uur de tijd voor de aangifte. Dit geldt bv. voor
- werklozen;
- interimarissen op het einde van het contract;
- personen in proefperiode;
- aangiften na ziekenhuisopname;
- bij hervalling na een werkhervatting!

Uitzonderingen:

1. een aangifte van arbeidsongeval geldt tevens als aangifte voor het ziekenfonds;
2. indien de werkgever beroep doet op een 'erkende dienst voor geneeskundige controle', gebeurt de aangifte (indien nodig) door de controlerend geneesheer (komt heel weinig voor).
   Betrokkene moet dus zelf geen aangifte doen;
3. tijdens de ganse duur van een opname in een verplegingsinrichting (ziekenhuis) en tijdens de periode van moederschapsbescherming is men automatisch, zonder aangifte, erkend als arbeidsongeschikt (indien men na deze periode nog arbeidsongeschikt blijft moet men uiteraard wel een aangifte doen - binnen de 2 dagen !!);
4. de adviserend geneesheer kan individueel beslissen dat een aangifte reeds moet gebeuren op de eerste dag van de ongeschiktheid (in principe wanneer iemand 4 keer uitkeringsgerechtigde was in een periode van 6 maanden).

Belangrijk:

Van zodra de aangifte van arbeidsongeschiktheid is verstuurd, mag betrokkene het huis niet meer verlaten (m.a.w. hij of zij moet ter beschikking blijven op het opgegeven adres) tot aan de ontvangst van de 'kennisgeving van de beslissing van de adviserend geneesheer' (max. 5 kalenderdagen na de aangifte van arbeidsongeschiktheid - 7 dagen in geval van laattijdige aangifte).

---

(1) In een periode van moederschapsbescherming is er vrijstelling van aangifte (een attest van de werkgever is wel nodig (zie I.5.)).

Laattijdige ziekteaangifte (werknemers: Verordening 20 juni 2001, BS 18 juli 2001; zelfstandigen: KB 29.05.2002, BS 29.06.2002)

1. Er geldt voor iedere werknemer die, bij de aanvang van zijn arbeidsongeschiktheid, verbonden is door een arbeidsovereenkomst voor arbeider of bediende, een termijn van aangifte tot de veertiende, respectievelijk de achtentwintigste kalenderdag, te rekenen vanaf de aanvang van de arbeidsongeschiktheid. Voor zelfstandigen bestaat dezelfde regeling, voor hen geldt een termijn van 28 dagen.
2. Bij een laattijdige ziekteaangifte worden de uitkeringen volledig toegekend vanaf de eerste werkdag die volgt op de dag van toezending van het getuigschrift van arbeidsongeschiktheid.
   De uitkeringen voor de periode laattijdigheid worden uitbetaald, echter met een sanctie van 10 procent vermindering op deze laattijdige uitkeringen.
   In behartigenswaardige situaties kan deze sanctie echter worden opgeheven voor zover het bedrag van de sanctie minstens 25,00 euro bedraagt.

Onder behartigenswaardige situaties moet worden verstaan:

- de situaties waarin de gerechtigde zijn arbeidsongeschiktheid niet kon aangeven ten gevolge van overmacht,
- de situaties waarin de sociale en financiële toestand van het gezin van de gerechtigde als moeilijk kan worden beschouwd, met andere woorden, de gezinnen met een inkomen dat lager ligt dan de inkomensgrens die van toepassing is voor de 'verhoogde tegemoetkoming' (14.624,70 euro, te verhogen met 2.707,42 euro per samenwonend persoon, bedrag 01.09.2008).

2. *kennisgeving van de beslissing van de adviserend geneesheer (erkenning van arbeidsongeschiktheid)*

Enkele dagen na de aangifte stuurt het ziekenfonds een pakketje formulieren op met:

- een erkenning van arbeidsongeschiktheid (kennisgeving van de beslissing van de adviserende geneesheer);
- een inlichtingsblad (in te vullen door betrokkene);
- een nieuw formulier van arbeidsongeschiktheid te gebruiken bij een volgende ziekte.

Vanaf 01.01.2007 worden alle gegevens, die de werkgever of werkloosheidsinstelling moet aanbrengen, elektronisch en rechtstreeks tussen beide partijen doorgegeven.

3. *controle door adviserend geneesheer (geneeskundig onderzoek)*

De betrokkene kan ter controle worden opgeroepen.

Indien hij/zij zich niet kan verplaatsen moeten de redenen hiervoor onmiddellijk worden overgemaakt aan de adviserend geneesheer EN moet betrokkene zich gedurende 5 kalenderdagen op het opgegeven adres ter beschikking houden. Verandering van woonst, gedurende een periode van arbeidsongeschiktheid, moet binnen de 2 dagen worden gemeld aan de adviserend geneesheer (ziekenfonds).

Opgelet: Na 6 maanden arbeidsongeschiktheid is de adviserend geneesheer verplicht om rekening houden met de mogelijkheden die betrokkene nog heeft - op de algemene arbeidsmarkt - om te werken (rekening houdende met de vooropleiding en vroegere werkervaringen - de eerste 6 maanden wordt enkel gekeken naar het laatste werk van betrokkene en niet naar de algemene arbeidsmarkt).

Hierdoor gebeurt het vaak dat personen na 6 maanden ziekte terug arbeidsgeschikt worden bevonden, alhoewel de reden van arbeidsongeschiktheid nog steeds bestaat (bv. verpleegster met rugklachten die haar job als verzorgende niet meer kan uitoefenen, maar eventueel wel administratief werk zou kunnen doen).

4. *Betaling*

De primaire ongeschiktheidsuitkering wordt, in zoverre de uitkering reeds verschuldigd is, voor de eerste maal uitbetaald binnen 30 dagen na ontvangst van de aangifte van arbeidsongeschiktheid. Daarna betaalt men uiterlijk binnen de eerste 5 dagen van de maand, volgend op de maand waarvan een uitkering verschuldigd is (KB 22.10.2006). In praktijk wordt de primaire arbeidsongeschiktheid halfmaandelijks betaald.

Verzaking terugvordering 'ten onrechte uitgekeerde uitkeringen' (MB 20.04.99 - BS 08.07.99)

De sociaal verzekerde in een behartenswaardige toestand, aan wie een beslissing tot terugvordering van het onverschuldigde bedrag werd betekend, kan een verzoek tot verzaking indienen bij de verzekeringsinstelling.

Het dossier moet alle nuttige aanwijzingen bevatten waarmee de goede of kwade trouw van de sociaal verzekerde kan worden aangetoond. De behartigenswaardigheid wordt bepaald op basis van het gezinsinkomen van de gerechtigde.

Onder gezinsinkomen moet het geheel van de belastbare bruto-inkomsten worden verstaan, vóór elke aftrek of vermindering, van iedere persoon die deel uitmaakt van het gezin van de gerechtigde.

Wanneer het gezinsinkomen de bovendrempel overschrijdt, die gelijk is aan 150 % van de inkomensgrenzen om aanspraak te kunnen maken op de 'verhoogde tegemoetkoming', wordt er geen enkele verzaking aan terugvordering toegekend.

Om in aanmerking genomen te kunnen worden, moet de aanvraag tot verzaking ingediend zijn binnen de drie maanden te rekenen vanaf de dag die volgt op het verstrijken van de beroepstermijn of vanaf de dag waarop de rechterlijke beslissing in kracht van gewijsde is getreden en mag er geen 'kwade trouw' zijn vanwege de betrokkene.

De procedure tot verzaking is evenwel niet van toepassing voor de volgende categorieën van onverschuldigde bedragen:
1° de bedragen van minder dan - of gelijk aan 248 euro;
2° de bedragen die overeenstemmen met de uitkeringen, die werden betaald na de werkhervatting of na de hervatting van de gecontroleerde werkloosheid, en dit te rekenen vanaf de datum van de hervatting of van het einde van de ongeschiktheid.
3° de bedragen die betrekking hebben op een niet toegelaten activiteit,

4° de bedragen voor de terugvordering waarvan het ziekenfonds gesubrogeerd is in de rechten van de sociaal verzekerde (schuld bij een andere instelling van de sociale zekerheid, die gerecupereerd wordt via het ziekenfonds).

In 2008 werd bepaald dat verzaking wordt toegekend wanneer het gezinsinkomen lager is dan de inkomensgrens van de verhoogd tegemoetkoming (VT - zie II.12), bij een inkomen > 150% VT-grens wordt verzaking nooit toegestaan (MB 17.07.2008 – BS 22.08.2008, goedkeuring verordening 17.03.1999).

5. einde arbeidsongeschiktheid.

Indien bij een geneeskundig onderzoek de adviserend geneesheer of de controlegeneesheer beslist om een einde te stellen aan de arbeidsongeschiktheid (zie ook punt 3 'opgelet'), geven zij aan betrokkene - tegen bewijs van ontvangst (1) - een formulier 'einde arbeidsongeschiktheid' (2) af.

Wie zelf initiatief neemt om het werk te hervatten laat zijn werkgever (of de werkloosheidsuitkeringsinstelling) aan het ziekenfonds melden dat hij terug aan het werk gaat. Om terugbetalingen te voorkomen kan betrokkene zelf telefonisch of via de website van de christelijke mutualiteit zijn werkhervatting aangeven.

2. De invaliditeit = vanaf 2e jaar (+ 'hulp van derden' ziekteverzekering)

Wat? Wie?

Na een erkende periode van primaire arbeidsongeschiktheid (twaalf maanden) kan de Geneeskundige Raad voor Invaliditeit van het RIZIV, op voorstel van de adviserend geneesheer, de arbeidsongeschikte erkennen als invalide en hem op invaliditeit plaatsen (3). De geneeskundige raad bepaalt de duur ervan. Door deze erkenning heeft betrokkene recht op invaliditeitsuitkeringen.

Het bedrag van de uitkeringen is afhankelijk van het feit of de gerechtigde al dan niet gezinshoofd is en men al dan niet de hoedanigheid heeft van regelmatig werknemer of in aanmerking komt voor hulp van derde.

Voor het bepalen of er gezinslast is, kan er volgend schema gebruikt worden. (zie schema volgende blz.)

---

(1) De betrokkene tekent enkel voor ontvangst en NIET 'voor akkoord' !! Indien betrokkene weigert te tekenen, wordt hem dit formulier aangetekend opgestuurd, met hetzelfde resultaat.

(2) Tegen een beslissing van de adviserend geneesheer kan men in beroep gaan (ook indien men het formulier 'einde arbeidsongeschiktheid' tekent voor ontvangst).

(3) Voor zelfstandigen wordt gekeken naar eender welke beroepsbezigheid (in het eerste jaar werd rekening gehouden met zijn laatste beroepsbezigheid als zelfstandige)

Voor het bepalen of er gezinslast is, kan er volgend schema gebruikt worden.
Heeft de arbeidsongeschikte een ... (1)

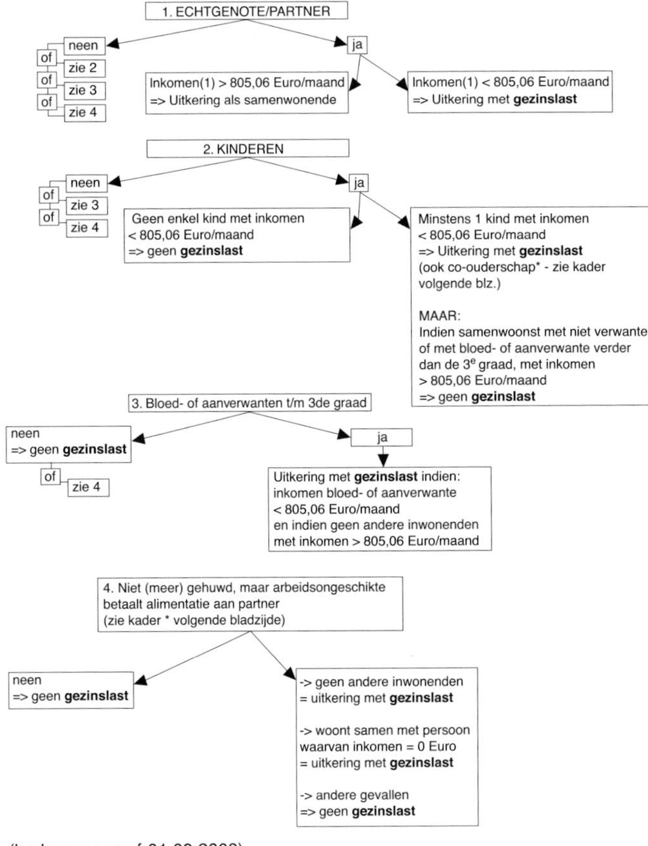

(bedragen vanaf 01.09.2008)

(1) Het gaat steeds om bruto belastbare inkomsten voor werknemers. Voor zelfstandigen neemt men de netto-winst, vermenigvuldigd met 100 / 80

* Opmerking bij het schema
Ofwel:
- **onderhoudsgeld voor partner** (KB 19/04/1999 - BS 29/04/1999) betalen volgens
  - gerechtelijke akte
  - notariële akte
  - onderhandse akte die neergelegd is bij de Griffie
  - gemachtigd zijn om sommen te innen.

  Het moet om minstens 111,60 euro per maand gaan

Ofwel:
- **co-ouderschap:** de periode waarover het kind samenwoont met de titularis moet een gemiddelde van 2 kalenderdagen per week bereiken. Dit gemiddelde kan bepaald worden op maandbasis, tot zelfs jaarbasis, naargelang de verblijfscyclus die door de rechter beslist werd of die in de notariële akte terug te vinden is (kind aanwezig in de woning, ook al is het kind niet de gehele dag daadwerkelijk aanwezig). Het statuut 'met personen ten laste' geldt dan voor alle dagen van de week (Arrest Hof van cassatie 07.10.2002, overgenomen door RIZIV).

Uitzondering bij de hoedanigheid 'met gezinslast', geldig tot uiterlijk 31.12.2008:

Bij wijze van overgangsmaatregel blijft de hoedanigheid 'met gezinslast' bestaan voor arbeidsongeschikte personen, waarvan de persoon ten laste de inkomensgrens overschreden heeft naar aanleiding van de verhoging van de ZIV-uitkering voor zelfstandigen, in zoverre hun situatie verder volledig dezelfde blijft. Op 01.01.2006 werd de inkomenssituatie van arbeidsongeschikte zelfstandigen, die hun zaak hebben stopgezet, verbeterd. Hierdoor werd de inkomensgrens voor personen ten laste overschreden. In situaties waar beide partners arbeidsongeschikt zijn leidde dit tot een inkomensvermindering in plaats van een inkomensverhoging. Vandaar deze overgangsmaatregel. (KB 23.12.2005)

Eens bepaald is of betrokkene met gezinslast, als alleenwonende of als samenwonende zal vergoed worden, kunnen we aan de hand van het volgende schema de grootte van de ziektevergoeding gaan bepalen.
Let wel, dit schema geeft percentages weer.

De alleenwonende (of hiermee gelijkgestelde*) personen krijgen vanaf 01.01.2008 een vergoeding van 53 % in plaats van 50 %.

Overzicht van de invaliditeitsuitkering voor werknemers volgens de gezinstoestand:

Met gezinslast	65%
Alleenwonend (*)	53%
Samenwonend	40%

(*) Is gelijkgesteld met alleenstaande: de samenwonende persoon waarvan de partner een inkomen heeft dat geheel of gedeeltelijk uit beroepsinkomen bestaat dat hoger is dan 805,06 euro per maand en niet hoger is dan 1.362,49 euro per maand bruto (bedragen index 01.09.2008)

Er moet echter steeds rekening gehouden een aantal voorafgaande opmerkingen:
- er zijn vastgelegde minima en maxima grenzen;
- er zijn regelmatige werknemers en niet-regelmatige werknemers (zie verder)

Minimum- en maximumbedragen van de invaliditeitsuitkeringen voor werknemers (vanaf het tweede jaar arbeidsongeschiktheid) (bedragen index 01.09.2008).

Regelmatige werknemers hebben recht op:

Maximum.-daguitkering invaliditeit:

Regelmatige werknemers hebben recht op:

Maximum.-daguitkering invaliditeit:

– met gezinslast en arbeidsongeschikt voor 01.10.1974	48,69 euro
– met gezinslast en arbeidsongeschikt vanaf 01.10.1974 en voor 01.09.1993	71,15 euro
– met gezinslast en arbeidsongeschikt vanaf 01.09.1993 en voor 01.09.2002	69,76 euro
– met gezinslast en arbeidsongeschikt vanaf 01.09.2002 en invalide geworden voor 01.04.2004	68,39 euro
– met gezinslast en invalide geworden vanaf 01.04.2004 en voor 01.01.2005	74,09 euro
– met gezinslast en invalide geworden vanaf 01.01.2005 en voor 01.01.2007	75,57 euro
– met gezinslast en invalide geworden vanaf 01.01.2007 en voor 01.01.2009	76,33 euro
– met gezinslast en invalide geworden vanaf 01.01.2009	76,94 euro
– zonder gezinslast en arbeidsongeschikt voor 01.10.1974	32,58 euro
– zonder gezinslast en arbeidsongeschikt vanaf 01.10.1974 en voor 01.09.1993	47,44 euro
– zonder gezinslast en arbeidsongeschikt vanaf 01.09.1993 en voor 01.09.2002	46,51 euro
– zonder gezinslast en arbeidsongeschikt vanaf 01.09.2002 en invalide geworden voor 01.04.2004	45,59 euro
– alleenstaande en invalide geworden vanaf 01.04.2004 en voor 01.01.2005	60,41 euro
– alleenstaande en invalide geworden vanaf 01.01.2005 en voor 01.01.2007	61,62 euro
– alleenstaande en invalide geworden vanaf 01.01.2007 en voor 01.01.2009	62,24 euro
– alleenstaande en invalide geworden vanaf 01.01.2009	62,73 euro
– samenwonende en invalide geworden vanaf 01.04.2004 en voor 01.01.2005	45,59 euro
– samenwonende en invalide geworden vanaf 01.01.2005 en voor 01.01.2007	46,51 euro
– samenwonende en invalide geworden vanaf 01.01.2007 en voor 01.01.2009	46,97 euro
– samenwonende en invalide geworden vanaf 01.01.2009	47,35 euro

Minimumdaguitkeringen invaliditeit:

- 46,89 euro per dag of 1.219,19 euro per maand voor personen met gezinslast;
- 37,52 euro per dag of 975,52 euro per maand voor alleenstaanden;
- 31,85 euro per dag of 828,10 euro per maand voor samenwonenden.

'Regelmatige' werknemers zijn werknemers die gelijktijdig voldoen aan de volgende voorwaarden:

- bij de aanvang van de invaliditeit ten minste 21 jaar zijn of, indien jonger, gerechtigde zijn met personen ten laste;
- bij de aanvang van de arbeidsongeschiktheid ten minste 6 maand uitkeringsgerechtigde zijn en een voldoende beroepsloopbaan hebben (ten minste 120 arbeids- of gelijkgestelde dagen of 400 uren)
- met uitsluiting van gecontroleerde onvrijwillige werkloosheid;
- in het kalenderjaar voor de aanvang van de arbeidsongeschiktheid ten minste 34 arbeids- of gelijkgestelde dagen of uren bewijzen. (Voor diegenen die nog geen volledig kalenderjaar uitkeringsgerechtigd zijn, begint de referteperiode de dag waarop ze uitkeringsgerechtigde worden en stopt het de dag voor de aanvang van de arbeidsongeschiktheid);
- gedurende de referteperiode een voldoende hoog dagloon bereiken. (Dit bedrag wordt jaarlijks bepaalt en varieert volgens leeftijd. Het bedraagt 53,36 euro per dag vanaf 21 jaar).

'Niet-regelmatige' werknemers hebben recht op:

Minimum-daguitkering invaliditeit aan gerechtigden die NIET de hoedanigheid van regelmatig werknemer hebben

Meer concreet kan hierbij gedacht worden aan de volgende personen:
- schoolverlaters;
- personen die enkel werkloos geweest zijn;
- personen die geen voldoende werkvolume en of geen voldoende loon kunnen aantonen:
  - met gezinslast en arbeidsongeschikt 36,49 euro
  - zonder gezinslast en arbeidsongeschikt 27,37 euro

Overzicht van de uitkeringen invaliditeit voor werknemers (op 01.09.2008)

	% van het verloren brutoloon	Maximum/dag in euro								minimum/dag in euro
		Invaliditeit aangevat...				Arbeidsongeschikt...				
		Voor 01.10.1974	Vanaf 01.10.1974 + voor 01.09.1993	Vanaf 01.09.1993 + voor 01.09.2002	Vanaf 01.09.2002 + voor 01.04.2004	Vanaf 01.04.2004 + voor 01.01.2005	Vanaf 01.01.2005 + voor 01.01.2007	Vanaf 01.01.2007 + voor 01.01.2009	Vanaf 01.01.2009	
regelmatige werknemers										
- met personen ten laste	65%	48,69	71,15	69,76	68,39	74,09	75,57	76,33	76,94	46,89
- alleenstaanden	53%	32,58	47,44	46,51	45,59	60,41	61,62	62,24	62,73	37,52
- samenwonenden	40%	32,58	47,44	46,51	45,59	45,59	46,51	46,97	47,35	31,85
niet-regelmatige werknemers										
- met personen ten laste	65%	48,69	71,15	69,76	68,39	74,09	75,57	76,33	76,94	36,49
- alleenstaanden	53%	32,58	47,44	46,51	45,59	60,41	61,62	62,24	62,73	27,37
- samenwonenden	40%	32,58	47,44	46,51	45,59	45,59	46,51	46,97	47,35	27,37

Bedragen van de invaliditeitsuitkeringen voor zelfstandigen (vanaf het tweede jaar arbeidsongeschiktheid) (bedragen index 01.09.2008).

Op 01.01.2007 werd de hoedanigheid 'zonder gezinslast' opgesplitst in 'alleenstaanden' en 'samenwonenden'.

Overzicht:

	forfaitair bedrag, per dag	vanaf
zonder stopzetting bedrijf		
- met personen ten laste - alleenstaande - samenwonende	44,54 euro 33,64 euro 28,92 euro	na 12 maanden
met stopzetting bedrijf		
- met personen ten laste - alleenstaande - samenwonende	46,89 euro 33,64 euro 31,85 euro	na 12 maanden

Hulp van derden ZIV vanaf invaliditeit

(K.B. 04.11.63, art. 48, 8ste + art. 229, § 1, 5de):

Uitkeringsgerechtigden kunnen een aanvraag voor hulp van derden indienen (niet tijdens hospitalisatie!!). *Het bedrag van de uitkering is in 2006-2007 hervormd.*

Indien deze hulp van derden wordt toegekend:

Krijgen alle gerechtigden een forfaitaire vergoeding van 12,73 euro per dag 330,98 euro/maand (index 01.09.2008).

Overgangsmaatregel voor de gerechtigden die nadeel hebben door het nieuwe systeem: voor hen blijft voorlopig de oude regeling van toepassing (dit zijn de samenwonende en alleenstaande invaliden, waarvan het verschil tussen 65% uitkering en 40 of 53% uitkering groter is dan 12,73 euro, zij behouden hun oude recht hulp van derden). Dit is een uitkering van een gerechtigde met gezinslast in plaats van 12,73 euro/dag)

De uitbetaling van de hulp van derden wordt echter geschorst in perioden van:

Gevangenschap of internering (uitgezonderd wie onder elektronisch toezicht is geplaatst - parlementaire vraag 03.01.2005)

Vanaf de 1e dag van de 3e maand ziekenhuisverpleging indien de hospitalisatie plaatsvindt gedurende een ononderbroken periode van meer dan 2 maanden (weekendontslag in het kader van thuisverzorging wordt niet beschouwd als onderbreking; ontslagen van minder dan 30 dagen onderbreken de schorsingen niet).

Gelijkgesteld met hospitalisatie: dag-/nachthospitalisatie, RVT, PVT, revalidatiecentrum met ZIV- overeenkomst.

Om in aanmerking te kunnen komen voor deze verhoogde uitkering moet de gerechtigde minstens 11 punten scoren op de zelfredzaamheidsschaal (M.B. 30.07.87 - B.S. 06.08.87).

De meting gebeurt als volgt: 6 items (verplaatsing, eten en bereiding van maaltijden, persoonlijke hygiëne en kleding, onderhoud van de woning - huishoudelijke taken, toezicht, sociaal contact) worden onderzocht waarbij voor elk item van 0 (geen moeilijkheden) tot 3 punten (onmogelijk zonder hulp van derde of aangepaste omgeving) worden gegeven (max. = 18 punten) naargelang de graad van afhankelijkheid.

De hulp van derden is niet belastbaar. De hulp van derden kan, mits de nodige medische motivering, met terugwerkende kracht van ten hoogste twee jaar worden toegekend.

Uitkeringen 'hulp van derden' vanaf het tweede jaar van de arbeidsongeschiktheid

(index 01.09.2008)

	Vergoeding, per maand	**Na**
Werknemers		
- met personen ten laste	330,98 euro	12 maanden
- alleenstaanden (*) - samenwonenden (*)	Uitkering van 53 naar 65 % (*) of 330,98 euro Uitkering van 40 naar 65 % (*) of 330,98 euro	12 maanden
Zelfstandigen, met of zonder stopzetting bedrijf		
Alle invaliden	330,98 euro	12 maanden

(*) Alleenstaanden en samenwonenden hebben een forfaitaire verhoging of ontvangen hetzelfde vergoedingspercentage als deze van een gezinshoofd indien dat voordeliger is (zie overgangsmaatregel hierboven).

Toegelaten arbeid

(GEDEELTELIJKE TOESTAAN CUMUL LOON MET ZIEKTEUITKERING)
(ook vaak progressieve tewerkstelling of deeltijdse tewerkstelling genoemd)
(Wet 14.07.94, art. 100 § 2) (zelfst.: K.B. 17-11-2000; BS 7-12-2000)

Wat ?

Arbeidsongeschikte werknemers en zelfstandigen kunnen van de adviserend geneesheer (van het ziekenfonds) toelating krijgen om een beroepsbezigheid (deeltijds of aangepast aan de ziekte) uit te oefenen met behoud van hun erkenning als arbeidsongeschikte en met (gedeeltelijk) behoud van hun ziekteuitkering om zich op termijn terug volledig te kunnen inschakelen in het normale arbeidscircuit.

Iedere activiteit met een economische meerwaarde wordt beschouwd als tewerkstelling. Daarom moet voor onbezoldigde activiteit vaak ook een toelating gevraagd worden.

Gewone huishoudelijke taken, gewone deelname aan verenigingsleven en sociale contacten buiten georganiseerd verband worden niet beschouwd als tewerkstelling. Bij twijfel altijd eerst de adviserend geneesheer raadplegen om na te gaan of een toestemming vereist is.

Vrijwilligerswerk:

Voor vrijwilligerswerk moet in principe geen toelating gevraagd worden in zoverre de adviserend geneesheer oordeelt dat het werk verenigbaar is met de aandoening en in zoverre aan alle voorwaarden uit de wet op vrijwilligerswerk is voldaan (onder meer een maximum vergoeding 30,22 euro per dag en 1.208,72 euro per jaar in 2009).
Het is aan te raden om ook voor vrijwilligerswerk overleg te plegen met de adviserend gneesheer zodat hij tijdig kan reageren indien hij het uitgevoerde werk niet als vrijwilligerswerk beschouwt. In dat geval beschouwt men de activiteit immers als niet toegelaten arbeid.

De gevolgen bij het verrichten van niet toegelaten arbeid zijn fenomenaal groot.
Men is verplicht om alle vergoedingen van de dagen, waarin men niet toegelaten arbeid heeft verricht, terug te betalen. Bovendien riskeert men vanaf de vaststelling arbeidsgeschikt te worden beschouwd, zodat men niet langer arbeidsongeschikt erkend blijft

Wie ? Voorwaarden ?

Arbeidsongeschikte werknemers of zelfstandigen

- die een beroepsbezigheid willen uitoefenen (deeltijds of aangepast aan de ziekte) en zodoende terug op de arbeidsmarkt willen komen
- met een voorafgaandelijke toelating van de adviserend geneesheer (ziekenfonds) en
- uit geneeskundig oogpunt een vermindering van het verdienvermogen behouden voor tenminste 50 %

Hoe ?

De arbeidsongeschikte gerechtigde doet een (mondelinge) aanvraag bij de adviserend geneesheer (van het ziekenfonds) welke de duur, de periode en de toegelaten arbeid zal bepalen.

Werknemers: De werkgever neemt contact op met de sociale inspectie, zeker bij onregelmatige uren die niet op voorhand kunnen vastgelegd worden.

Zelfstandigen: De adviserend geneesheer mag aan de zelfstandige de toelating geven de beroepsbezigheid - die hij uitoefende op het ogenblik waarop de arbeidsongeschiktheid een aanvang nam - deeltijds te hervatten na het verstrijken van het tijdvak van niet vergoedbare arbeidsongeschiktheid (1° maand ziekte). Deze toelating mag niet slaan op een tijdvak langer dan 6 maanden, met maximale verlenging tot 18 maanden.

Indien betrokkene de toelating krijgt van de Geneeskundige Raad voor Invaliditeit (GRI – RIZIV) kan sinds 21.05.2007 het werk hervatten voor onbepaalde tijd (in plaats van maximum 18 maanden).

Voor een hervatting van **andere activiteiten** is de maximumperiode van 6 maanden één maal verlengbaar met 6 maanden zodat men meer tijd krijgt om zich te heroriënteren op de arbeidsmarkt. (toepassing vanaf 21.05.2007)

Binnen eenzelfde arbeidsongeschiktheid kan men slechts één maal beroep doen op deze maatregel.

Cumul met de uitkeringen ?

De inkomsten uit 'toegelaten arbeid' kunnen gedeeltelijk gecumuleerd worden met de uitkeringen.

- De werknemers:
  Het maandloon wordt omgerekend naar een dagbedrag in de zesdagenweek. Een eerste schijf van dit dagbedrag kan volledig gecumuleerd worden (11,04 euro/dag), een 2° schijf slechts voor 75% (van 11,0401 tot 22,08 euro/dag), een 3° schijf voor 50% (van 22,0801 tot 33,12 euro/dag) en een 4° schijf voor 25% (vanaf 33,1201 euro/dag). De rest wordt in mindering gebracht van het dagbedrag ziekte- of invaliditeitsvergoeding waarop betrokkene recht heeft indien hij niet werkt.
  Voorbeeld:
  Maandloon omgezet in een dagbedrag voor deeltijdse tewerkstelling = 50,19 euro
  Dagbedrag invaliditeitsuitkering = 44,70 euro
  Berekening cumul:
  Vrijstelling 1e, 2e, 3e en 4e schijf van 50,19 euro = 11,04 + 8,28 + 5,52 + 4,27 = 29,11 euro
  Rest arbeidsinkomen: 50,19 – 29,11 = 21,08 euro
  Rest invaliditeitsuitkering: 44,70– 21,08 = 23,62 euro
  Te vermeerderen met het verdiende loon (dagelijks totaal 73,81 euro in plaats van 44,70 euro)
  Besluit:
  Met een dagloon van 50,19 euro wint men dagelijks 29,11 euro
  Bovendien is progressieve tewerkstelling een veilige manier om de (resterende) arbeidsmogelijkheden te verkennen indien hierover onzekerheid bestaat.
- De zelfstandigen:
  Wie eender welke werkzaamheid hervat:
  - eerste 6 maanden: behoud van uitkering

– de volgende 6 maanden: de uitkering wordt met 10 % verminderd.

Wie dezelfde werkzaamheid hervat als zelfstandige:

– eerste 6 maanden: behoud van uitkering
– van 7 tot 18 maanden (of indien toelating GRI tot 31.12 van het 3e jaar dat volgt op jet jaar waarin de werkhervatting gestart is): de uitkering wordt met 10 % verminderd
– na 31.12 van het 3e jaar na het jaar van werkhervatting: de beroepsinkomsten worden in aanmerking genomen. Wie meer dan 19.721,56 euro beroepsinkomsten verwerft krijgt geen invaliditeitsuitkering meer. Wie meer dan 17.149,19 euro aan beroepsinkomsten verwerft, maar minder dan 19.721,56 euro, ziet de invaliditeitsuitkering verminderen met het % dat 17.149,19 euro overschrijdt.

Opmerking:

Inkomsten uit tewerkstelling in het kader van sociale en beroepsreclassering, uitbetaald door de Fondsen voor personen met een handicap (Vlaams Agentschap, AWIPH en het Duitse Fonds) zijn volledig cumuleerbaar met ZIV-uitkeringen.

Arbeidsongeschikte zelfstandigen: recht op kleine risico's

Nieuwe zelfstandigen en gepensioneerde zelfstandigen met een inkomensgarantie voor ouderen genoten al sinds 01.07.2006 altijd van de kleine risico's (ook als ze niet arbeidsongeschikt zijn). De andere zelfstandigen kregen vanaf 01.01.2008 ook dezelfde rechten als de werknemers. Vanaf dan worden de kleine risico's aan zelfstandigen eveneens automatisch toegekend, waarbij het onderscheid in rechten op geneeskundige verstrekkingen verdwijnt tussen gewoon verzekerden en zelfstandigen.

Arbeidsongeschikte zelfstandigen: sociale zekerheidsbijdragen:

- Gelijkstelling van ziekteperiodes met beroepsbezigheidsperiodes
- Vrijstelling van bijdragen - zelfstandigen (in hoofdberoep) wegens financiële moeilijkheden

a) Gelijkstelling van ziekteperiodes met beroepsbezigheidsperiodes

De zelfstandige (deze hoedanigheid > 90 dagen) die zijn activiteit volledig stopzet (ook geen verderzetting van de activiteit door een derde op zijn naam!), kan op basis van een erkende arbeidsongeschiktheid (>66%) een tijdelijke of definitieve gelijkstelling bekomen wegens ziekte.
Betrokkene blijft dan in regel voor de sociale zekerheid zonder betaling van bijdragen aan zijn sociaal verzekeringfonds.
De periodes van gelijkstelling tellen mee voor het verwerven van pensioenrechten.

De aanvraag dient gericht aan de sociale verzekeringskas, of aan de Rijksdienst Sociale Verzekeringskas voor Zelfstandigen, samen met het bewijs van de erkenning van de arbeidsongeschiktheid (> 66%).

Het BTW nr. + het handelsregister op eigen naam moeten geschrapt worden (bij aanvraag definitieve gelijkstelling). Voor een tijdelijke gelijkstelling volstaat het om een nul-aangifte per kwartaal te doen bij het sociaal verzekeringsfonds.

b) Vrijstelling van bijdragen - zelfstandigen (in hoofdberoep) wegens financiële moeilijkheden

Zelfstandigen die wegens ernstige financiële moeilijkheden vrijstelling van het betalen van hun sociale bijdragen willen bekomen, kunnen daarvoor een aanvraag indienen.
Dit gebeurt aangetekend (of door het ter plaatse neerleggen van een verzoekschrift) bij de sociale verzekeringskas waaraan de bijdragen waarvoor de vrijstelling wordt gevraagd, verschuldigd zijn (K.B. 09.12.94 - B.S. 08.02.95).
De sociale verzekeringskas registreert de aanvraag en stuurt deze automatisch door naar de RSVZ.

De commissie voor vrijstelling van sociale bijdragen zal, via het aan betrokkene toegestuurde inlichtingenformulier, de behoeftigheid onderzoeken. Het is dan ook belangrijk om zoveel mogelijk bewijsstukken mee te sturen om de noodzaak te staven (leningen, schulden, gezondheidstoestand, ...) van betrokkene en van de andere gezinsleden.

De commissie kan zowel vrijstelling verlenen van de bijdragen als voor de intresten en kosten van het jaar vóór de aanvraag tot en met het jaar na de datum van beslissing.

Opgelet: door deze vrijstelling vervallen de pensioenrechten voor de periode van vrijstelling. De rechten inzake ziekteverzekering en de kinderbijslagrechten blijven daarentegen behouden.

Tegen de uitspraak van de commissie is geen beroep mogelijk.

Faillissementsverzekering (K.B. 18.11.96; K.B. 06.07.97; M.B. 23.07.97 - B.S. 02.08.97)

Zelfstandigen zijn via hun wettelijk verplichte bijdragen verzekerd in geval van faillissement.

Voorwaarden:
- de gefailleerde zelfstandige, zaakvoerder, bestuurder of werkende vennoot van een handelsvennootschap, die niet geniet van eigen of afgeleide sociale zekerheidsrechten als persoon ten laste, dient een aanvraag in (per aangetekend schrijven of door een ter plaatse neer te leggen verzoekschrift) bij de sociale verzekeringskas waar hij het laatst was aangesloten;
- de gefailleerde was minimum 1 jaar zelfstandige in hoofdberoep;
- hij heeft geen beroepsactiviteit en geen recht op rustpensioen of andere vervangingsuitkeringen;
- hij is niet veroordeeld wegens bankbreuk.

Welke rechten ?

Eénmaal in de loopbaan kan de verzekering volgende rechten openen op:

- een financiële uitkering (1.158,09 euro met personen ten laste, 873,81 euro zonder ptl) gedurende maximaal 12 maanden (bedragen 01.09.2008).
- behoud van recht op kinderbijslag en gezondheidszorgen gedurende maximaal één jaar, mits de aanvraag wordt ingediend bij het sociaal verzekeringsfonds voor het einde van het kwartaal dat op het faillissement volgt.

Inhoudingen op de ziektevergoedingen

- pensioeninhoudingen
- bedrijfsvoorheffing

Pensioeninhoudingen

Er wordt op de hogere ziektevergoedingen een inhouding ten bedrage van 3,5 % verricht. Er gebeurt geen inhouding indien de uitkering niet hoger is dan 53,00 euro per dag voor gerechtigden met gezinslast en 44,00 euro voor gerechtigden zonder gezinslast. Vanaf een dagbedrag van 53,01euro voor gezinshoofden en 44,01euro voor niet-gezinshoofden gebeurt de inhouding volledig. Indien het dagbedrag tussen de voornoemde bedragen ligt gebeurt een gedeeltelijke inhouding die echter nooit het dagbedrag onder de 54,92 euro voor gezinshoofden en 45,60 euro voor niet-gezinshoofden mag doen dalen.

Bedrijfsvoorheffing

Op de primaire arbeidsongeschiktheid (1e jaar ziekte-uitkering) wordt een bedrijfsvoorheffing van 11,11 % ingehouden. Op de invaliditeitsuitkeringen wordt geen bedrijfsvoorheffing ingehouden.

Grenzen loonbeslag en loonsoverdracht

(Wet 24/03/2000 - BS 04/05/2000; KB 06/12/2000 - 14/12/2000)

Bij eventuele schuldvorderingen van derden (bank, ...) kan maar een gedeelte van het inkomen worden opgeëist om de schuldeisers terug te betalen. Leefloon, gezinsbijslagen, wezenpensioenen, tegemoetkomingen aan personen met een handicap, het gewaarborgd inkomen voor bejaarden, inkomensgarantie voor ouderen en bedragen die worden uitgekeerd als vergoeding voor de behoefte aan andermands hulp komen echter niet voor beslag in aanmerking. Opmerking: Wat betreft onderhoudsgeld zijn er GEEN grenzen. Het volledige loon komt in aanmerking voor loonsoverdracht.

Er wordt een onderscheid gemaakt tussen inkomen uit arbeid en vervangingsinkomen. Indien de inkomens gedeeltelijk bestaan uit vervangingsinkomen en gedeeltelijk uit inkomen uit arbeid, worden de bedragen toegepast die geldig zijn voor "inkomen uit arbeid".

Inkomen uit arbeid ofinkomen uit arbeid + vervangingsinkomen	
Maandelijks nettoinkomen:	**Maximaal loonbeslag** Bedragen te verminderen met 58 euro per kind ten laste (1).
< 981 euro	Niets
Van 981,01 euro tot 1.054 euro	20% van deze schijf (of max. 14,60 euro)
Van 1.054,01 euro tot 1.162 euro	30% van deze schijf (of max. 32,40 euro)
Van 1.162,01 euro tot 1.271 euro	40% van deze schijf (of max. 43,60 euro)
> 1.271,01 euro	Volledig

(bedragen op 01.01.2009) (1)

Enkel vervangingsinkomen	
Maandelijks nettoinkomen	**Maximaal loonbeslag**
< 981 euro	Niets
Van 981,01 euro tot 1.054 euro	20% van deze schijf (of max. 14,60 euro)
Van 1.054,01 euro tot 1.271 euro	40% van deze schijf (of max. 86,80 euro)
> 1.271,01 euro	Volledig

(bedragen op 01.01.2009)

Waar?

Uitkeringen: ziekenfonds - loket of adviserend geneesheer (inlichtingen + bijstand) (Gouden Gids nr 6990, www.cm.be; e-mail: dmw@cm.be).

Vrijstelling van bijdragen zelfstandigen: de Sociale Verzekeringskas.

Aandachtspunten voor de arts:

- Laattijdige ziekteaangifte (zie supra)
- Toegelaten arbeid (zie II.11.B)
- Werkhervatting tijdens een periode van erkende arbeidsongeschiktheid zonder toelating van de adviserend geneesheer tijdens een periode van erkende arbeidsongeschiktheid; *Beperken van de terugvordering* en behoud van recht in alle takken van de sociale zekerheid:

(1) kind ten laste is elke persoon, jonger dan 25 jaar, of een verlengd minderjarig persoon met verwantschap in de eerste graad of met een band als zorgouder, en, waarvan de nettobestaansmiddelen een bepaalde grens niet overschrijden (in aanslagjaar 2009 respectievelijk € 2.700, € 3.910 + € 4.960 bij een samenwonende ouder, een alleenstaande ouder of een alleenstaande ouder met een handicap). Kind ten laste moet men met een aangifteformulier melden bij de beslaglegger en kan onder meer aangetoond worden met een bewijs van het ziekenfonds waaruit blijkt dat het kind bij betrokkene als persoon ten laste is ingeschreven; een bewijs van domiciliëring waaruit blijkt dat het kind op hetzelfde adres is ingeschreven; een gerechtelijk stuk waaruit blijkt dat betrokkene zijn onderhoudsverplichtingen nakomt tegenover het kind; rekeninguittreksels waaruit blijkt dat betrokkene op regelmatige basis stortingen uitvoert voor de bijdrage in het onderhoud van het kind voor een bedrag dat hoger is dan de gevraagde verhoging van het niet voor beslag vatbare bedrag. (KB 27.12.2004 - BS 31.12.2004)

- Artikel 100, §2 van de Gecoördineerde Wet van 14.07.94 bepaalt dat de werknemer die een vooraf toegelaten arbeid hervat onder bepaalde voorwaarden arbeidsongeschikt erkend wordt als hij vanuit een geneeskundig oogpunt een vermindering van zijn vermogen van ten minste 50% behoudt.
- Artikel 101, eerste lid bepaalt dat de als arbeidsongeschikt erkende werknemer, die arbeid heeft verricht zonder de in artikel 100, §2 bedoelde voorafgaandelijk toelating, maar die vanuit een geneeskundig oogpunt een vermindering van zijn vermogen van ten minste 50% behouden heeft, en op voorwaarde dat de uitgeoefende activiteit verenigbaar is met zijn gezondheidstoestand, de uitkeringen die hij ontving voor de dagen of de periode tijdens welke hij niet toegelaten arbeid heeft verricht, moet terugbetalen.
- Artikel 101, tweede lid bepaalt dat hij nochtans wordt geacht arbeidsongeschikt te zijn gebleven en de dagen, waarvoor de uitkeringen wegens arbeidsongeschiktheid worden teruggevorderd ingevolge het eerste lid, worden aanzien als dagen waarop een uitkering is toegekend om de rechten van de gerechtigde en van de personen te zijnen laste op de prestaties van de sociale zekerheid te bepalen.
- Artikel 101, derde lid bepaalt:
  "Behoudens in geval van bedrieglijk opzet, kan het Beheerscomité van de Dienst voor Uitkeringen **in behartigenswaardige gevallen** geheel of gedeeltelijk afzien van de in het eerste lid vermelde terugvordering".

I.4. Ouderschapsbescherming

* moederschapsrust - moederschapsbescherming
* vaderschapsverlof (door omzetting van moederschapsverlof)
* vaderschapsverlof
* adoptieverlof
* lactatieverlof

Wet 04.08.96 (B.S. 26.09.96), K.B. 13.04.97 (B.S. 03.07.97), K.B. 04.02.2000 (B.S. 11.03.2000), Programmawet 09.07.2004 (B.S. 15.07.2004), K.B. 21.09.2004 (B.S. 18.10.2004), Programmawet 22.12.2008 (B.S. 30.12.2008)

Moederschapsbescherming

Wat?

(Toekomstige) moeders zijn in moederschapsbescherming gedurende:
de periode van moederschapsrust (15, 16 of 17 weken),

de periode van borstvoeding (**lactatieverlof**) (tot max. 5 maanden na de bevalling), tijdens dewelke de uitvoering van de arbeidsovereenkomst volledig geschorst is of tijdens dewelke zij van alle arbeid zijn vrijgesteld (= werkverwijdering omdat er geen andere aangepaste - risicoloze tewerkstelling mogelijk is binnen het bedrijf).

Gedurende deze periode worden zij geacht arbeidsongeschikt te zijn.

Werkneemsters hebben recht op moederschapsrust van:

- 15 weken in normale omstandigheden (6 weken prenataal en 9 weken postnataal);
- 16 weken bij een zogenaamde 'moeilijke zwangerschap'(1). Dit is wanneer betrokkene gedurende de volledige periode van 6 weken (8 weken bij een meerling) voor de vermoedelijke bevallingsdatum arbeidsongeschikt is (6/8 weken prenataal, 10 weken postnataal);
- 17 weken voor een meerling (8 weken prenataal, 9 weken postnataal of 10 weken postnataal bij een moeilijke zwangerschap).

In principe kunnen de niet opgenomen prenatale weken na de geboorte opgenomen worden, behalve 1 week. Na de bevalling moeten minimaal 9 weken genomen worden.

Vanaf 01.04.2009 is het bovendien mogelijk om de laatste 2 weken van de postnatale rust om te zetten in 'verlofdagen van postnatale rust'. Dit kan enkel als men de verplichte postnatale rustperiode van 9 weken doorlopen heeft. Men moet dus minimaal 2 weken facultatieve prenatale rust overgedragen hebben naar de postnatale rustperiode. De werkgever is verplicht deze verlofdagen te aanvaarden en de werkneemster mag zelf bepalen wanneer ze deze dagen inzet.

Zowel aan de vrouw-**zelfstandige**, als aan de **meewerkende echtgenote** die zich vrijwillig onderworpen heeft aan de uitkeringsverzekering voor zelfstandigen, wordt een moederschapsuitkering van maximaal 8 weken (vermeerderd met één

(1) Van toepassing sinds 01.09.2006 (Wet houdende diverse bepalingen 20.07.2006, art. 149)

week in geval van een meerling) toegekend indien de zelfstandige activiteit volledig wordt stopgezet. . Sinds 01.01.2009 zijn echter nog maar 3 weken verplichte moederschapsrust (1 week voor de vermoedelijke bevallingsdatum en 2 weken postnatale rust). De overige weken kunnen in periodes van 7 kalenderdagen dagen tot 21 weken na het einde van de 2 weken verplichte postnatale rust. De uitkering wordt voortaan ook in 2 keer uitbetaald: na de verplichte rustperiode van 3 weken en voor de 2^{e} maal na de definitieve hervatting van de werkzaamheden. Het is wel van belang om de weken facultatieve postnatale rust aan te geven op de uiteringsaanvraag. Zo niet dan gaat het ziekenfonds er vanuit dat enkel de 3 verplichte weken worden opgenomen.

Opgelet

a. Werkneemsters kunnen tijdens de periode van moederschapsbescherming verder een andere activiteit uitoefenen (KB van 4 februari 2000). Ze mogen mits uitdrukkelijke toestemming van de adviserend geneesheer van het ziekenfonds, op basis van een geneeskundig getuigschrift dat er geen risico is voor de gezondheid van de moeder en het kind, een zelfstandige activiteit voortzetten die ze onmiddellijk voorafgaand aan de periode van moederschapsbescherming reeds uitoefenden. Deze activiteit mag echter NIET gebeuren tijdens de dagen of uren dat men normaal in loondienst zou zijn geweest!
(Voor de cumul met de ziekteuitkeringen - zie verder: 'uitkeringen tijdens moederschapsbescherming')

b. Zwangere werkneemsters kunnen, ter voorkoming van een beroepsziekte ((1)), vragen om tijdelijk verwijderd te worden uit het beroepsrisico ((2)). Bij goedkeuring door het Fonds voor Beroepsziekten zal de werkneemster in de periode tussen het begin van de zwangerschap en het begin van de 6 weken (8 weken bij een meerling) die voorafgaan aan de vermoedelijke datum van bevalling, aanspraak kunnen maken op de vergoeding als tijdelijk volledig ongeschikte (m.a.w. op 90% van het verloren basisloon). Nadien worden zij vergoed door het ziekenfonds.

Hoe ?

Vrouwen moeten geen aangifte doen van arbeidsongeschiktheid in het begin van de periode van moederschapsbescherming. Zij moeten wel aan het ziekenfonds volgende getuigschriften voorleggen van de werkgever(s):

Formulier 1: verklaring van de werkgever i.v.m. genomen maatregelen (aanpassing arbeidspost, schorsing overeenkomst, ...)

Formulier 2: verklaring i.v.m. het geleden loonverlies (voor berekening van ziekteuitkering)

Formulier 3: verklaring 2de werkgever (indien 2 werkgevers).

---

(1) Zie ook I.2. 'Beroepsziekten'

(2) "Er is een beroepsrisico, ..., indien de blootstelling aan de schadelijke invloed inherent is aan de beroepsuitoefening en beduidend groter is dan de blootstelling van de bevolking in het algemeen, en indien deze blootstelling volgens algemeen aanvaarde medische inzichten, van aard is om de ziekte te veroorzaken." (Wet houdende sociale bepalingen 21.12.94 - B.S. 23.12.94)

De extra rustweken naar aanleiding van een tweeling worden automatisch toegekend door het ziekenfonds indien betrokkene de rust effectief opneemt (blijkt uit het bewijs van werkhervatting).

De extra nabevallingsrust naar aanleiding van een moeilijke bevallling wordt aangevraagd door aflevering van een geneeskundig attest van de behandelend geneesheer waaruit de arbeidsongeschiktheid blijkt.

Uitkering tijdens moederschapsbescherming / lactatieverlof.

A) WERKNEEMSTERS

Opgelet: De uitkering bedraagt 75% (gewone arbeidsongeschiktheid = 60%) voor de periode buiten de normale periode van moederschapsbescherming, m.a.w. periode >15 weken (16 of 17 weken in geval van een moeilijke zwangerschap of geboorte van een meerling). Maximumuitkering van 01.09.2008 is 88,77 euro.

Gedurende de periode van moederschapsbescherming kunnen zich drie situaties voordoen:

1. *volledige arbeidsongeschiktheid of werkverwijdering* (K.B. 03.07.96 art. 219bis): men heeft recht op een uitkering, gelijk aan 60 % van het begrensd verloren brutoloon (= max. 71,02 euro),

2. *aangepast werk met loonverlies* (aanpassing arbeidspost/werkplaats, dag- i.p.v. nachtarbeid) (K.B. 03.07.96, art. 219ter, § 1): men heeft recht op een max. uitkering, gelijk aan 60 % van het begrensd oorspronkelijke brutoloon (= max. 71,02 euro), beperkt tot de cumulberekening inzake progressieve werkhervatting van het nieuwe dagloon (zie 'toegelaten arbeid', deel 1.3 punt 2)

3. bij stopzetting van de activiteit in loondienst, maar de zelfstandige activiteit wordt verder gezet: Men verliest 10% van de uitkering die men zou gehad hebben als loontrekkende zonder zelfstandige activiteit; m.a.w. '60% van het brutoloon (dagbedrag) min 10%', ongeacht de hoogte van het inkomen uit de zelfstandige activiteit.

4. bij *volledige stopzetting van één activiteit in loondienst, indien er twee activiteiten zijn in loondienst* (K.B. 03.07.96 art. 219ter § 2), heeft men recht op 60 % van het begrensd verloren brutoloon van de stopgezette activiteit (max. 71,02 euro); er wordt geen rekening gehouden met de inkomsten uit de verder uitgevoerde activiteit, er wordt wel rekening gehouden met de cumulregel inzake progressieve werkhervatting (zie 'toegelaten arbeid', deel 1.3 punt 2)

Opmerking:

1. enkel de inkomens die vallen onder de sociale zekerheid worden meegeteld;

2. men spreekt altijd over het bruto-inkomen;

3. de bedragen worden omgerekend per werkdag. Ze moeten dus gedeeld door 6, 26, 78 of 312 indien het respectievelijk gaat om wekelijkse, maandelijkse, trimestriële of jaarlijkse bedragen !!
   Eénmalige jaarlijkse premies, die rechtstreeks te maken hebben met de arbeids-

prestaties, worden gedeeld door 78. Dit resultaat (dagbedrag) wordt telkens bijgeteld bij het dagloon van het kwartaal dat volgt op het kwartaal waarin de premie(s) werd(en) verworven.

B) MOEDERSCHAPSUITKERING ZELFSTANDIGEN OF MEEWERKENDE ECHTGENOTEN

Zowel aan de vrouw-zelfstandige als aan de meewerkende echtgenote wordt een moederschapsuitkering toegekend. Er zijn 8 weken na de bevalling voor moederschapsrust voorzien (vermeerderd met één week in geval van een meerling). Men vraagt dit aan bij het ziekenfonds door afgifte van een uittreksel uit de geboorteakte. De moederschapsuitkering bedraagt 368,36 euro per week (index 01.09.2008).

Moederschapshulp voor zelfstandigen:

Sinds 01.01.2006 krijgen zelfstandige moeders in hoofdberoep (of in bijberoep met bijdragen hoger dan deze op het minimuminkomen) of meewerkende echtgenotes in het maxistatuut na hun bevallingsrust moederschapshulp in de vorm van 105 dienstencheques waarmee ze even veel uren huishoudhulp inkopen (geen kinderopvang). Zij wonen in België, het kind moet bij hen gedomicilieerd zijn en sociale bijdragen moeten in orde zijn en minstens lopend sinds 2 kwartalen voor dat van de bevallingsrust.

De dienstencheques zijn gedurende 8 maanden geldig, nadien eventueel tegen onkostenvergoeding in te ruilen voor nieuwe cheques met een latere geldigheidsdatum. Uiteraard kunnen deze cheques niet ingeruild worden voor geld en krijgt u geen fiscaal attest voor deze cheques (u heeft ze immers niet zelf betaald).

De dienstencheques worden aangevraagd bij het verzekeringsfonds, ten vroegste vanaf de 6e zwangerschapsmaand en ten laatste de dag voor de zestiende week na de bevalling. Betrokkene dient zich in te schrijven bij de firma Sodexo (www.dienstencheques-rva.be of via het plaatselijk werkgelegenheidsagentschap).

Omzetting van moederschapsverlof in vaderschapsverlof

Wat?

In omstandigheden waar de moeder de pasgeborene niet kan verzorgen, heeft de wetgever voorzien dat de vader het overblijvende moederschapsverlof kan opnemen om de verzorging van het kind op zich te kunnen nemen.

Wie? Hoe?

a) Bij het overlijden van de moeder:

De duur van het vaderschapsverlof bedraagt ten hoogste het resterende deel van het moederschapsverlof dat de moeder nog niet had opgenomen. De werknemer die dit verlof wenst op te nemen, brengt er zijn werkgever schriftelijk van op de hoogte binnen de zeven dagen te rekenen vanaf het overlijden van de moeder. Dit geschrift vermeldt de aanvangsdatum van het vaderschapsverlof en de vermoedelijke duur van de afwezigheid.

b) Bij hospitalisatie van de moeder:

Volgende voorwaarden dienen vervuld te zijn:

1. het vaderschapsverlof kan geen aanvang nemen vóór de zevende dag na de geboorte van het kind,
2. de pasgeborene moet het ziekenhuis verlaten hebben, en
3. de hospitalisatie van de moeder moet langer duren dan zeven dagen.

Het vaderschapsverlof neemt automatisch een einde op het ogenblik dat de ziekenhuisopname van de moeder wordt beëindigd en uiterlijk bij het verstrijken van het resterende deel van het moederschapsverlof dat de moeder nog niet had opgenomen.
Een medisch getuigschrift dat een hospitalisatie van meer dan zeven dagen van de moeder bevestigt, moet eveneens zo vlug mogelijk aan de werkgever worden overhandigd.

Vanaf het ogenblik van de melding van de omzetting van het moederschapsverlof mag de werknemer niet worden ontslagen door de werkgever, behalve om redenen die vreemd zijn aan het vaderschapsverlof.

De vader ontvangt 60% van het begrensd verloren brutoloon (voor de werkloze is dit bedrag begrensd tot het bedrag van zijn werkloosheidsvergoeding) met een maximum van 71,02 euro per dag. De moeder ontvangt verder haar moederschapsuitkering.

Waar?

Ziekenfonds - loket (informatie + bijstand + aanvraag) (Gouden Gids nr 6990, www.cm.be; e-mail: dmw@cm.be)

Verlenging van moederschapsrust in geval van ononderbroken hospitalisatie van de baby

Wat?

Een moeder, wiens baby langer dan de eerste 7 dagen na de geboorte ononderbroken gehospitaliseerd bleef, kan **op eigen verzoek** een verlenging van maximum 24 weken achter de volledige moederschapsrust krijgen. Deze verlenging moet aansluiten bij de normale bevallingsrust en moet in 1 periode opgenomen worden.

De verlenging is gelijk aan de ononderbroken hospitalisatieperiode van het kind, die de eerste 7 dagen, te tellen vanaf de geboorte, overschrijdt.

Voorbeeld: als het kindje vanaf de geboorte gedurende 10 weken in het ziekenhuis blijft, dan kan de moeder, op eigen aanvraag, haar recht op bevallingsrust laten verlengen met 9 weken. Mocht een baby gedurende 30 weken in het ziekenhuis blijven, dan kan de moeder haar recht op rust slechts verlengen met 24 weken (cfr. de maximale verlengingstermijn).

Hoe?

Bij het einde van de nabevallingsrust zal betrokkene een attest van hospitalisatie voorleggen aan het ziekenfonds waarin het ziekenhuis verklaart gedurende welke duurtijd de pasgeborene langer dan 7 dagen na de geboorte in het ziekenhuis verbleef. Zonodig dient later een nieuw attest voorgelegd te worden waaruit blijkt tot welke datum het kind in het ziekenhuis verbleef (of nog verbleef toen de maximumduur van 24 extra weken afliep).

Waar?

Ziekenfonds - loket (informatie + bijstand + aanvraag) (Gouden Gids nr 6990, www.cm.be; e-mail: dmw@cm.be)

Vaderschapsverlof
(Wet van 10.08.2001; BS 15.09.2001)

Wat?

Mannen die vader worden krijgen het recht om gedurende 10 dagen afwezig te zijn op het werk naar aanleiding van een geboorte of een adoptie.

De 10 verlofdagen zijn vrij te kiezen binnen de 30 dagen vanaf de dag van de bevalling of inschrijving in de bevolkings- of vreemdelingenregister van de gemeente. Vanaf 1 april 2009 wordt de termijn van het opnemen van het vaderschapsverlof verlengd tot 4 maanden ipv 30 dagen.

Wie?

Dezelfde voorwaarden als die van de toekenning van de moederschapsuitkering zijn van toepassing. M.a.w. moet de vader uitkeringsgerechtigd zijn en de wachttijd volbracht hebben.

De uitkeringsregeling:
- Berekening:
  Eerste 3 dagen: behoud van het loon
  Resterende 7 dagen: 82% op het begrensd loon (max. 97,06 euro, index 01.09.2008)
- Toepassing:
  Enkel voor de verlofdagen die samenvallen met de werkdagen.

Hoe?

Het vaderschapsverlof wordt aangevraagd door indiening van de geboorteakte van het kind waaruit de afstamming blijkt.

Bij ontvangst van die aanvraag bezorgt het ziekenfonds een formulier 'mod. 731N' met de vereiste bijlage aan betrokkene. Op het einde van het vaderschapsverlof bezorgt de gerechtigde de documenten terug aan het ziekenfonds.
De ZIV-uitkeringen kunnen berekend en uitbetaald worden.

Waar?

Ziekenfonds - loket (informatie + bijstand + aanvraag) (Gouden Gids nr 6990, www.cm.be; e-mail: dmw@cm.be)

Adoptieverlof
(Wet van 10.08.2001/BS 15.09.2001; Programmawet 09.07.2004/ BS 15.07.2004; KB 21.09.2004/BS 18.10.2004)

Wat?

Zowel de adoptiemoeder als de adoptievader die een kind adopteert van maximum 8 jaar krijgt het recht om een tijdje afwezig te zijn op het werk. De werknemer heeft gedurende de eerste 3 dagen behoud van het normale loon ten laste van de werkgever. Hij geniet vanaf de 4e dag een uitkering in het raam van de ziekte- en invaliditeitsverzekering (82% van het begrensde loon met een maximum van 97,06 euro per dag).

Het adoptieverlof moet aanvangen in de loop van 2 maanden die volgen op de inschrijving van het kind in het bevolkings- of vreemdelingenregister van de gemeente, als deel uitmakend van het gezin.

Het adoptieverlof duurt 6 weken voor een kind dat bij aanvang van het verlof maximum 3 jaar is en duurt 4 weken voor een kind dat ouder dan 3 en jonger dan 8 jaar is bij aanvang van het verlof. De voorziene duurtijd wordt verdubbeld bij een kind met een 'zware handicap' (meer dan 66% arbeidsongeschiktheid).

Sinds 01.02.2007 is het adoptieverlof ook voor zelfstandigen ingevoerd. Voor hen duurt het adoptieverlof 6 tot 12 weken, naargelang de leeftijd van het geadopteerde kind. Zij verkrijgen 368,36 euro per week (index 01.09.2008).

Wie?

Dezelfde voorwaarden als die van de toekenning van de moederschapsuitkering zijn van toepassing. M.a.w. moet de ouder uitkeringsgerechtigd zijn en de wachttijd volbracht hebben.

De uitkeringsregeling:

- Berekening werknemers:
  Eerste 3 dagen: behoud van het loon
  Resterende 7 dagen: 82% op het begrensd loon (max. 97,06 euro)
  Toepassing:
  Enkel voor de verlofdagen die samenvallen met de werkdagen.

– Berekening zelfstandigen:
  368,36 euro per week, uitbetaald na het opnemen van de volledige periode.

Hoe?

Het adoptieverlof wordt aangevraagd door indiening van een document dat de inschrijving in de bevolkings- of vreemdelingenregister bewijst.

Bij ontvangst van die aanvraag bezorgt het ziekenfonds een formulier 'mod. 731N' met de vereiste bijlage aan betrokkene. Op het einde van het adoptieverlof bezorgt de gerechtigde de documenten terug aan het ziekenfonds.

De ZIV-uitkeringen kunnen berekend en uitbetaald worden.

Waar?

Ziekenfonds - loket (informatie + bijstand + aanvraag) (Gouden Gids nr 6990, www.cm.be; e-mail: dmw@cm.be)

Overzicht van de maximale ouderschapsvergoedingen:
(bedragen index 01.09.2008)

Zelfstandigen	**Werknemers**		
Weekbedrag in euro	**Dagbedrag in euro**		
	82%	79,5%	75%
368,36	97,06	94,10	88,77

82 % van het loon is de uitkering de eerste 30 dagen moederschapsverlof aan loontrekkenden en voor vaderschaps- of adoptieverlof
79,5 % is de vergoeding voor de eerste 30 dagen moederschapsverlof voor werklozen en invaliden
75 % is de vergoeding vanaf de 31e dag moederschapsverlof en voor de supplementaire weken moederschapsrust bij een moeilijke zwangerschap of een meerling of ten gevolge van hospitalisatie van een pasgeborene

I.5. Verhoogde kinderbijslag voor kinderen van arbeidsongeschikte werknemers/zelfstandigen

Wat?

Arbeidsongeschikte werknemers en zelfstandigen (chronisch ziek of persoon met een handicap) hebben onder bepaalde voorwaarden recht op hogere kinderbijslagen.

Bedragen vanaf: 01.09.2008:
1ste kind = 174,75 euro + leeftijdsbijslag
2de kind = 180,65 euro + leeftijdsbijslag
3de + volgende = 235,04 euro + leeftijdsbijslag
3de + volgende van éénoudergezin (1) = 251,64 euro + leeftijdsbijslag

Wie?

- De werknemers/zelfstandigen dienen 66 % arbeidsongeschikt te zijn door:
  - ziekte
  - arbeidsongeval
  - beroepsziekte
  - bevallingsrust met moederschapsuitkering
  - ongeval zonder recht op uitkeringen.

De **personen met een handicap** (met integratietegemoetkoming categorie II of hoger, ofwel erkend als invalide mijnwerker) kunnen **vanaf de eerste maand** arbeidsongeschiktheid recht hebben op een hogere kinderbijslag.

Andere arbeidsongeschikte werknemers kunnen **vanaf de 7de maand** arbeidsongeschiktheid aanspraak maken op een hogere kinderbijslag.

Het totaal bedrag van vervangingsinkomsten en inkomsten uit arbeid (toegelaten activiteit en/of activiteit van de echtgenoot of partner) mag niet hoger liggen dan (index 01.09.2008):
- 2.060,91 euro indien de rechthebbende of bijslagtrekkende alleen woont met kinderen (éénoudergezin)
- 2.131,19 euro indien de rechthebbende en partner samenwonen met kinderen.

Alle inkomens tellen mee!!
De inkomsten uit zelfstandige arbeid: netto winst vermenigvuldigd met 100/80

Hoe?

De aanvraag gebeurt in principe automatisch.

---

(1) Sommige specifieke gezinssituaties worden gelijkgesteld met een éénoudergezin, vb. éénouder, kind en een inwonende grootvader

Waar?

- RKW (Rijksdienst voor Kinderbijslag) (inlichtingen)
  Trierstraat 70, 1040 Brussel
  tel.: (02) 237 21 11 www.rkw.be
- Kinderbijslagkassen (inlichtingen + aanvraag) (Gouden Gids nr. 7470)
- Ziekenfonds - dienst maatschappelijk werk (inlichtingen + bijstand) (Gouden Gids nr. 6990, www.cm.be; e-mail: dmw@cm.be)
- Gemeente - sociale dienst (inlichtingen + bijstand) (telefoongids: OCMW of Gouden Gids nr. 7620)
- Verenigingen voor personen met een handicap (inlichtingen + bijstand)
  bvb. KVG, A. Goemaerelei 66, 2018 Antwerpen, tel.: (03) 216 29 90; post@kvg.be

I.6. Overzicht tewerkstellingsmaatregelen personen met een handicap / moeilijk te plaatsen werklozen

Wat?

Tewerkstellingsmaatregelen willen enerzijds de mogelijkheden van de persoon met een handicap vergroten om zich op de arbeidsmarkt te begeven (bv. door opleiding), en anderzijds de tewerkstellingsdrempel voor de werkgevers ten overstaan van personen met een handicap verlagen door middel van diverse maatregelen. Elke maatregel is bedoeld ter compensatie van de mogelijke problemen die zich bij de tewerkstelling van een persoon met een handicap kunnen voordoen. We onderscheiden zes groepen tewerkstellingsmaatregelen voor:

1. zieken
2. personen met een handicap
3. genieters van het leefloon en personen die ermee worden gelijkgesteld.

(2 en 3 behoren tot de zogenaamde risicogroepen in de werkloosheid.)

OVERZICHT MAATREGELEN:

A. Begeleiding en opleidingen (zie II.11 A)
B. Financiële tegemoetkomingen aan personen met een handicap (zie II.11 B)
C. Financiële tegemoetkomingen aan werkgever (zie II.11 C)
D. Beschermde werkplaatsen (zie II.11 D)
E. Tewerkstelling + OCMW - PWA's (zie II.11 E)
F. Wettelijke verplichtingen voor werkgevers (zie II.11 F)

De werkbank voor personen met een handicap

De werkbank (www.werkbank.be) is een initiatief van de jongerendienst van de Katholieke Vereniging voor Gehandicapten (http://www.kvg.be). Het initiatief ondersteunt werkzoekende personen met een handicap evenals de werkgevers die een persoon met een handicap in dienst nemen. Aan personen met een handicap biedt zij individuele begeleiding bij het zoeken naar werk en bij sollicitatie- en sociale vaardigheidstraining. Aan werkgevers biedt zij administratieve en praktische ondersteuning.

In elke provincie (behalve in Brabant) vindt u een Werkbank secretariaat. U kan er terecht indien u als persoon met handicap op zoek bent naar werk, als u vragen hebt ivm werk en tegemoetkomingen, ...:

- **Antwerpen:**
  Didier Pieters
  Schoenstraat 61 - 2140 Borgerhout
  tel 03-235 85 57
  Brecht Provoost en Didier Pieters
  Van Vaerenberghstraat 6
  2600 Berchem
  Tel 03-609 54 48
- **Turnhout:**
  Jan Frederickx
  Korte Begijnenstraat 18 - 2300 Turnhout
  tel 014-40 33 60

- **Geel:**
  Jan Frederickx
  Diesteseweg 144 - 2440 Geel
  tel 014-56 40 02
- **Limburg:**
  Jo Hermans en Patricia Bielen
  Rederijkersstraat 53 - 3500 Hasselt
  tel 011-23 22 05
- **Oost-Vlaanderen - coördinatie**
  Patrick Vandeweerd
  Oudstrijderslaan 1 (wijk Malem) - 9000 Gent
  tel 09-227 34 41
- **West-Vlaanderen:**
  Nancy Lootens
  Sint Jorisstraat 1 -8800 Roeselare
  tel 051-24 88 06

Wie?

Vanaf 1 april 2006 (BVR 17/11/2006) nam het Vlaams Agentschap voor Personen met een Handicap alle bevoegdheden van het vroegere Vlaams Fonds voor Sociale reclassering van Personen met een handicap over, behalve datgene wat te maken heeft met de tewerkstelling van personen met een handicap. Alles wat te maken heeft met tewerkstelling van personen met een handicap ging naar het beleidsdomein "Werk en Sociale Economie (WSE) van de Vlaamse Gemeenschap".

Sinds april 2006 heeft de VDAB met andere woorden de bevoegdheden van het Vlaams Fonds (nu Vlaams Agentschap) overgenomen betreffende 'tewerkstelling van personen met een handicap' (met uitzondering van de Beschutte werkplaatsen).

Sinds 1 oktober 2008 is de gehele bevoegdheid van de sector werk van het Vlaams Agentschap voor Personen met een Handicap overgedragen aan de VDAB. Dit betekent dat alles wat met arbeidshandicap te maken heeft onder de bevoegdheid van de VDAB valt.

Om na te gaan wie de werkzoekenden met een arbeidshandicap zijn en om een passende begeleiding te kunnen aanbieden, schenkt VDAB vanaf de inschrijving aandacht aan signalen, die aangeven dat gespecialiseerde hulp kan nodig zijn. Betrokkene kan zelf aangegeven dat hij hulp wenst, maar ook (medische) attesten of opleidingsgetuigschriften die duiden op een mogelijke handicap zijn aanleiding om een specifieke aanpak te overwegen.

Inzake arbeidshandicap hanteert de VDAB volgende definitie "Elk langdurig en belangrijk probleem van deelname aan het arbeidsleven dat te wijten is aan het samenspel tussen functiestoornissen van mentale, psychische, lichamelijke of zintuiglijke aard, beperkingen bij het uitvoeren van activiteiten en persoonlijke en externe factoren".

In haar beheersovereenkomst met de Vlaamse Regering kreeg de VDAB de opdracht om trajectwerking voor deze doelgroep te realiseren. Zij wil dit realiseren door beroep te doen op de eigen diensten als actor en op de gespecialiseerde partners zoals ATB (Arbeidstrajectbegeleidingsdiensten), CBO's (Centra voor beroepsopleiding) en CGVB's (Centra voor Gespecialiseerde Voorlichting bij Beroepskeuze).

De gespecialiseerde partners (ATB's, CBO's en CGVB's) en VDAB willen samen via overleg, dialoog en ervaringsuitwisseling komen tot een door het beleid, het sociale werkveld en de vertegenwoordiging van de doelgroep gedragen model van trajectbegeleiding. Hierbij zijn de medewerkers van ATB als de VDAB- consulenten gelijkwaardig.

Het doel van de gespecialiseerde diensten voor personen met een (arbeids)handicap is kansen op tewerkstelling in het normaal of sociaal economisch circuit creëren voor personen met een arbeidshandicap in het algemeen en personen met een (erkende) handicap in het bijzonder.

A. BEGELEIDING EN OPLEIDINGEN Vlaamse Dienst voor Arbeidsbemiddeling (VDAB): (II.11.A)

0. Centra voor Gespecialiseerde Voorlichting bij Beroepskeuze (C.G.V.B.'s)
1. Schoolopleiding, gelijkgesteld met een beroepsopleiding
2. Opleiding in een VDAB-centrum
3. Individuele beroepsopleiding in een onderneming (IBO & IBO-interim)

B. FINANCIELE TEGEMOETKOMINGEN AAN BETROKKENE; VDAB, OCMW, ziekenfonds (ter ondersteuning van een mogelijke tewerkstelling (II.11.B)

a) VDAB

1. Tussenkomst in de kosten van arbeidsgereedschap en arbeidskledij
2. Tussenkomst in de verplaatsingskosten

b) OCMW

1. Geïndividualiseerd project voor sociale integratie

c) Ziekenfonds

1. Beroepsherscholing (ten laste nemen van kosten)
2. Toegelaten arbeid (gedeeltelijk toestaan cumul loon & ziekteuitkering)
3. Renteloze leningen

1. BEROEPSHERSCHOLING: VERSTREKKINGEN IN HET KADER VAN EEN HERSCHOLING

Wat?

Om aan zieken en personen met een handicap die niet meer in hun oude beroep kunnen tewerkgesteld worden om medische redenen, toch kansen op tewerkstelling te bieden, kunnen zij herscholen/omscholen via de ZIV (ziekteverzekering). Het gaat hier om vak-, beroepsherscholing, omscholing via:

- scholen, instituten, patroons of werkgevers, VDAB, centra met ZIV-overeenkomst (kosten ten laste van de ZIV);

Mits akkoord van het college van geneesheren-directeurs van het RIZIV kunnen volgende kosten door de ZIV ten laste genomen worden:

- materiaal en hulpmiddelen:
  - Braille schrijfmachine
  - Brailledec
  - computercursussen
  - computer met brailleaanpassing
  - didactisch materiaal
  - leerboeken
  - rekenmachine/sprekende
  - materiaal (divers)

Verder:
- examengeld (inschrijvingsgeld)
- internaatskosten
- cursusgeld (inschrijvingsgeld)
- kosten van psycho-technisch onderzoek
- reiskosten (dagelijkse, naar internaat, naar psycho-technisch onderzoek)
- renteloze leningen (na een herscholing om zich als zelfstandige te vestigen)
- verblijfskosten
- verzekeringspremie (tegen arbeidsongevallen)

Andere dan de hiervoor vermelde kosten kunnen ook aan de Geneeskundige Raad voor Invaliditeit (GRI) voorgelegd worden. Alle kosten worden in een prijsofferte bij de aanvraag gevoegd. Ze worden individueel onderzocht.

Wie?

Men moet arbeidsongeschikt erkend zijn (in primaire, invaliditeit of met statuut mindervaliden voor geneeskundige verstrekkingen).

Hoe?

De aanvraag dient ingeleid bij de adviserend geneesheer van het ziekenfonds.

Opgelet: Het programma dient bepaald én goedgekeurd door het college van geneesheren-directeurs van het RIZIV (binnenkort door de GRI, die herscholing als nieuwe bevoegdheid krijgt). Dit moet in principe vóór de herscholing, omscholing, beroepsopleiding aanvangt (dit geldt ook voor herscholingen via het Vlaams Agentschap, VDAB of arbeidstrajectbegeleiding). Indien deze goedkeuring niet verleend wordt, al dan niet vóór de aanvang, riskeert de zieke persoon of de persoon met een handicap zijn statuut (erkenning) van arbeidsongeschikte te verliezen. Wie toelating tot herscholing heeft verkregen kan immers gedurende de periode van herscholing niet arbeidsgeschikt verklaard worden.

Opmerking:

In de programmawet van augustus 2006 verschenen de voorbereidende wetteksten om de procedure voor herscholingsaanvragen te vereenvoudigen en aantrekkelijker te maken. Men hevelt de beslissingsbevoegdheid over naar de GRI (Ge-

neeskundige Raad voor Invaliditeit), die eventueel bijkomende bevoegdheden aan de adviserend geneesheer kan geven. We verwachten in 2007 nieuwe uitvoeringsbesluiten, onder meer wat betreft de bepalingen voor tenlasteneming van onkosten voor herscholing.

Bovendien overweegt men om bij wijze van overgangsmaatregel de herschoolde arbeidsongeschikte niet meteen arbeidsgeschikt te verklaren zodat men tijd krijgt om gepast werk te zoeken. Tot nu toe wordt men 'per definitie' arbeidsgeschikt verklaard wanneer een herscholing afgewerkt is. Doel van de herscholing is immers terug klaar te zijn voor de arbeidsmarkt. Uit onderzoek bleek dat het vooruitzicht om direct afgeschreven te worden na een afgewerkte herscholing velen afschrikt om een herscholing aan te vatten.

Waar?

Ziekenfonds - adviserend geneesheer
Ziekenfonds - dienst maatschappelijk werk

2. TOEGELATEN ARBEID VOOR ARBEIDSONGESCHIKTEN (GEDEELTELIJKE TOESTAAN CUMUL LOON met ZIEKTEUITKERING)

(ook progressieve tewerkstelling of deeltijdse tewerkstelling genoemd)
(Wet 14.07.94, art. 100 § 2) (zelfst.: K.B. 20.07.71; K.B. 17.07.89)

Wat?

Arbeidsongeschikte werknemers en zelfstandigen kunnen van de adviserend geneesheer (van het ziekenfonds) toelating krijgen om een beroepsbezigheid (deeltijds of aangepast aan de ziekte) uit te oefenen met behoud van hun erkenning als arbeidsongeschikte en met (gedeeltelijk) behoud van hun ziekteuitkering om zich voldoende op termijn terug te kunnen inschakelen in het normale arbeidscircuit.

Wie? Voorwaarden?

Arbeidsongeschikte werknemers of zelfstandigen

- die een beroepsbezigheid willen uitoefenen (deeltijds of aangepast aan die ziekte) en zodoende terug op de arbeidsmarkt willen komen en
- uit geneeskundig oogpunt een vermindering van het verdienvermogen behouden voor tenminste 50 % en
- waarvan de adviserend geneesheer oordeelt dat de werkhervatting verenigbaar is met de betrokken aandoening
- met een voorafgaandelijke toelating van de adviserend geneesheer (ziekenfonds).

Hoe?

De arbeidsongeschikte gerechtigde doet een (mondelinge) aanvraag bij de adviserend geneesheer (van het ziekenfonds) welke de duur, de periode en de toegelaten arbeid zal bepalen.

Werknemers:

Voor werknemers is een veelheid aan mogelijkheden toegestaan. De progressieve tewerkstelling beoogt in principe een volledige werkhervatting op termijn, maar verhindert niet dat de deeltijdse werkhervatting met goedkeuring van de adviserend geneesheer blijft voortduren zolang betrokkene 50% arbeidsongeschikt blijft, desnoods voor altijd. Bovendien aanvaart men vele werkpatronen. Dit kan gaan van enkele uren per dag of per week tot een deeltijdse tewerkstelling.

Aangezien tewerkstelling in een beschermde werkplaats per definitie 'aangepast werk' is, kan men er – onbeperkt in tijd – voltijds werken met toelating van de adviserend geneesheer.

Hoewel de wetgever enkel aangeeft dat betrokkene 50% arbeidsongeschikt moet zijn, vertaalt het RIZIV deze maatregel in maximaal 50% tewerkstelling. Toch kan men met een bijzondere motivering de toelating verkrijgen om meer dan 50% te werken in deze maatregel.

De werkgever neemt contact op met de sociale inspectie, zeker bij onregelmatige uren die niet op voorhand kunnen vastgelegd worden. De adviserend geneesheer noteert de exacte uren en dagen van tewerkstelling en geeft hiervoor een expliciete toelating.

Zelfstandigen:

De adviserend geneesheer mag aan de zelfstandige de toelating geven **de beroepsbezigheid, - die hij uitoefende op het ogenblik waarop de arbeidsongeschiktheid een aanvang nam**, deeltijds te hervatten na het verstrijken van het tijdvak van niet vergoedbare arbeidsongeschiktheid (1° maand ziekte). Deze toelating mag niet slaan op een tijdvak langer dan 6 maanden, met maximale verlenging tot 18 maanden. Indien de Geneeskundige Raad voor Invaliditeit (GRI van het RIZIV) toelating geeft kan men deze activiteit uitvoeren voor onbepaalde duur, in zoverre de beroepsinkomsten de maximumgrens niet overschrijden.

Voor een hervatting van **andere activiteiten** is de maximumperiode van 6 maanden slechts 1 keer verlengbaar met 6 maanden.

Binnen eenzelfde arbeidsongeschiktheid kan men slechts één maal beroep doen op deze maatregel.

Vrijwilligerswerk:

Wie geen werkhervatting aankan, maar een nuttige bezigheid vindt in vrijwilligerswerk, kan deze bezigheid uitvoeren tijdens een periode van arbeidsongeschiktheid of invaliditeit.

De wet op het vrijwilligerswerk stelt dat de adviserend geneesheer hiervoor geen toelating moet geven, maar dat hij bezwaar kan uiten indien hij oordeelt dat het vrijwilligerswerk niet verenigbaar is met de betrokken aandoening. In dat geval moet betrokkene het vrijwilligerswerk stopzetten.

Vrijwilligerswerk kan ook ernstige problemen opleveren wanneer men vaststelt dat het vrijwilligerswerk niet voldoet aan alle voorwaarden, die voorgeschreven zijn in de wet op het vrijwilligerswerk, vb. wanneer vergoed vrijwilligerswerk meer vergoeding oplevert dan het jaarlijks maximumbedrag. In dat geval is de bezigheid niet meer gecatalogeerd onder 'vrijwilligerswerk' en heeft men volgens de ziekteverzekeringswetgeving een niet toegelaten activiteit gecumuleerd met ziektevergoeding. Er komen dan sancties waardoor men de ziekteuitkering moet terugbetalen en wellicht een einde aan de erkenning van arbeidsongeschiktheid krijgt.

Tip: om ernstige problemen uit te sluiten adviseren we om de activiteit mee te delen aan de adviserend geneesheer zodat hij tijdig kan reageren indien hij oordeelt dat het werk niet verenigbaar is met de aandoening of indien hij oordeelt dat het opgegeven vrijwilligerswerk niet voldoet aan de voorwaarden van de wet op vrijwilligerswerk.

Cumul met de uitkeringen?

De inkomsten uit 'toegelaten arbeid' kunnen gedeeltelijk gecumuleerd worden met de uitkeringen.

- De werknemers:
  Het maandloon wordt omgerekend naar een dagbedrag in de zesdagenweek. Een eerste schijf van dit dagbedrag kan volledig gecumuleerd worden (11,04 euro/dag), een 2° schijf slechts voor 75% (van 11,0401 tot 22,08 euro/dag), een 3° schijf voor 50% (van 22,0801 tot 33,12 euro/dag) en een 4° schijf voor 25% (vanaf 33,1201 euro/dag). De rest wordt in mindering gebracht van het dagbedrag ziekte- of invaliditeitsvergoeding waarop betrokkene recht heeft indien hij niet werkt.

  Voorbeeld:

  Maandloon omgezet in een dagbedrag voor deeltijdse tewerkstelling = € 50,19
  Dagbedrag invaliditeitsuitkering = € 44,70

  Berekening cumul:
  Vrijstelling 1e, 2e, 3e en 4e schijf van € 50,19 = 11,04 + 8,28 + 5,52 + 4,27 = € 29,11
  Rest arbeidsinkomen: 50,19 – 29,11 = € 21,08
  Rest invaliditeitsuitkering: 44,70 – 21,08 = € 23,62
  Te vermeerderen met het verdiende loon (dagelijks totaal € 73,81 in plaats van € 44,70)

  Besluit:
  Met een dagloon van € 50,19 wint men dagelijks € 29,11
  Bovendien is progressieve tewerkstelling een veilige manier om de (resterende) arbeidsmogelijkheden te verkennen indien hierover onzekerheid bestaat.

- De zelfstandigen:
  Wie eender welke werkzaamheid hervat:
  - eerste 6 maanden: behoud van uitkering
  - de volgende 6 maanden: de uitkering wordt met 10 % verminderd.

  Wie dezelfde werkzaamheid hervat:
  - eerste 6 maanden: behoud van uitkering
  - van 7 tot 18 maanden (of indien toelating GRI tot 31.12 van het 3e jaar dat volgt op jet jaar waarin de werkhervatting gestart is): de uitkering wordt met 10 % verminderd
  - na 31.12 van het 3e jaar na het jaar van werkhervatting: de beroepsinkomsten worden in aanmerking genomen. Wie meer dan 19.721,56 euro beroepsinkomsten verwerft krijgt geen invaliditeitsuitkering meer. Wie meer dan 17.149,19 euro aan beroepsinkomsten verwerft, maar minder dan 19.721,56 euro, ziet de invaliditeitsuitkering verminderen met het % dat 17.149,19 euro overschrijdt.

Opmerking:

Inkomsten uit tewerkstelling in het kader van sociale en beroepsreclassering, uitbetaald door de Fondsen voor personen met een handicap (Vlaams Agentschap, AWIPH en het Duitse Fonds) zijn volledig cumuleerbaar met ZIV-uitkeringen.

Waar?

- Ziekenfonds - adviserend geneesheer (aanvraag + inlichtingen)
- Ziekenfonds - dienst maatschappelijk werk (inlichtingen)

3. RENTELOZE LENINGEN IN DE ZIV-WETGEVING (ARBEIDSONGESCHIKTEN ZIEKENFONDS) (K.B. 03.07.96, art. 146, § 6)

Wat?

Binnen het kader van een beroepsherscholing (zie beroepsherscholing gedurende een periode van arbeidsongeschiktheid) kan de ziekteverzekering (het college van geneesheren-directeurs) beslissen om een renteloze lening toe te staan en betrokkene zo de mogelijkheid geven zich als zelfstandige te vestigen na de beroepsherscholing.

Wie?

Werknemers en zelfstandigen die:
- erkend arbeidsongeschikt zijn en
- een toelating hebben verkregen (via de adviserend geneesheer van het ziekenfonds) van het college van geneesheren-directeurs.

Hoe?

Het aanvraagbundel voor de renteloze lening dient volgende documenten te bevatten:
1. medisch verslag + advies adviserend geneesheer ziekenfonds betreffende de mogelijkheid (en wenselijkheid) van betrokkene om zich als zelfstandige te vestigen,
2. een uitgebreid sociaal verslag met vermelding van de gezinssamenstelling, de financiële situatie, het bedrag en het doel van de lening, de vestigingsmogelijkheden, de beroepsbekwaamheid van betrokkene en de resultaten van de herscholing,
3. een prijsopgave,
4. een verzekeringsformulier.

Waar?

- Ziekenfonds - adviserend geneesheer (aanvraag + inlichtingen)
- Ziekenfonds - dienst maatschappelijk werk (inlichtingen + bijstand)

C. FINANCIELE TEGEMOETKOMINGEN AAN (MOGELIJKE) WERKGEVER (premies) (ter ondersteuning van een mogelijke tewerkstelling) (II.11.C)

a) VDAB

1. Subsidiëring van diversiteitsplannen op de werkvloer
2. Individuele beroepsopleiding in de onderneming-interim
3. Activa Start

4. Loonpremie in invoegbedrijven
5. Vlaamse ondersteuningspremie (VOP)
6. Aanpassing arbeidspost
7. Bijstand door doventolken in arbeidssituaties

b) Federale overheid

De programmawetten van 24 december 2002, 8 april 2003 en het KB van 16 mei 2003 hebben op radicale wijze de 27 bestaande tewerkstellingsmaatregelen vereenvoudigd. Vanaf 1 januari 2004 worden een aantal patronale verminderingen van de sociale zekerheidsbijdragen geïntegreerd in een unieke maatregel die bestaat uit twee delen:

- een algemene vermindering van de sociale zekerheidsbijdragen in functie van het referteloon van de werknemer;
- een bijkomende vermindering, doelgroepvermindering genoemd die afhangt van de doelgroep waar de werknemer behoort en in functie van verschillende criteria waaraan de werkgever en/of de werknemer, moet beantwoorden.

c) Sectoriële premies (premies per sector (bijvoorbeeld wasserijen) overeengekomen per CAO)

D. AANGEPASTE WERKGELEGENHEID VOOR PERSONEN MET EEN HANDICAP (tewerkstelling) (II.11.D)

1. Beschutte werkplaatsen
2. Sociale werkplaatsen
3. Inschakelingsbedrijven / Invoegbedrijven
4. Arbeidszorg
5. Centra voor loopbaandienstverlening voor werkenden

E.1. TEWERKSTELLING + OCMW (zie II.11)

Het OCMW als werkgever (art. 60, § 7 en art. 61, OCMW-wetgeving)

Wie?

Wanneer een genieter van het leefloon (al dan niet meteen handicap) het bewijs moet leveren van een periode van tewerkstelling **om het volledig voordeel van bepaalde sociale uitkeringen te bekomen**, dan dient het OCMW alle maatregelen te nemen om betrokkene een betrekking te bezorgen. In voorkomend geval treden zijzelf op als werkgever voor de bedoelde periode zonder dat er een vacante betrekking hoeft te zijn. Het OCMW kan eventueel ook een beroep doen op andere OCMW's, het openbaar bestuur (gemeente), instellingen van openbaar nut, of op privé-personen (ondernemingen) waarmee zij een overeenkomst afsluiten en ook op privé-ondernemingen. Concreet heeft die persoon dan een arbeidsovereenkomst met het OCMW dat op zijn beurt de betrokken werknemer ter beschikking stelt van de privé- onderneming (= gebruiker). Bovendien kan de privé-werkgever de opleidings- + omkaderingskosten die hij maakt voor de nieuwe werknemer via het OCMW terugbetaald krijgen tot 250 EUR/maand en dit gedurende max 1 jaar. Het OCMW komt dan eventueel tussen voor het loon of voor een deel van de sociale zekerheidsbijdragen in ruil voor de tewerkstelling van betrokkene.

Het OCMW kan vrijstelling krijgen voor deze sociale zekerheidsbijdragen indien er kan aangetoond worden dat het om een nettoverhoging gaat van het aantal arbeidsplaatsen.

Naast de genieters van een leefloon komen ook personen die gerechtigd zijn op maatschappelijke integratie in aanmerking voor een tewerkstelling. Als er na onderzoek blijkt dat er recht is op een leefloon, wordt dit soms niet toegekend en wordt er onmiddellijk een activerende tewerkstelling opgestart.
(K.B. 28.05.96 - B.S. 16.07.96; M.O. 20.06.96 - B.S. 16.07.96)

Wat?

De reden om te starten met een art. 60 was vroeger inderdaad 'het in regel brengen van iemand', maar op vandaag ligt de invulling enigszins anders en heeft ze twee doelstellingen. Namelijk het terug inschakelen van mensen die uit de arbeidsmarkt zijn gestapt of 'gevallen' in zowel het stelsel van de sociale zekerheid als in het arbeidsproces (!!). Het accent ligt dus veel meer dan vroeger op het aanbieden van werkervaring, het nauwgezet begeleiden en eventueel opleiden en nauwgezet opvolgen naar doorstroming in de arbeidsmarkt toe.

OCMW als bemiddelaar:

Iedere persoon die in aanmerking komt voor het recht op maatschappelijke integratie (lees: leefloongerechtigd), kan dit recht worden toegekend in de vorm van een tewerkstelling. Hiertoe kan het OCMW zelf optreden als werkgever (zie supra), maar ook als bemiddelaar optreden t.a.v. het reguliere arbeidscircuit. Hiertoe kan het OCMW alvast gebruik maken van diverse tewerkstellingsmaatregelen waarbij het OCMW **financieel tussenkomt in de loonkost van de werkgever**, en waardoor op die manier de kansen op aanwerving voor een bepaalde persoon vergroten (want minder zware loonkost voor de werkgever).

Een aantal van deze tewerkstellingsmaatregelen zijn het Activaplan, invoeginterim, doorstromingsprogramma's en SINE- tewerkstelling.

Voorwaarden

Nood hebben aan een periode van tewerkstelling om recht te kunnen openen op de sociale zekerheid, gerechtigd zijn op het bestaansminimum.

Hoe?

Betrokkene richt zijn vraag aan het OCMW.

E.2. PLAATSELIJKE WERKGELEGENHEIDSAGENTSCHAPPEN

Plaatselijke werkgelegenheidsagentschappen (PWA's)
(zie II.11 E 2)

F. WETTELIJKE OPGELEGDE VERPLICHTINGEN inzake tewerkstelling risicogroepen en andere maatregelen (zie II.11. F)

a) Privé ondernemingen
b) Rijksbesturen
c) Federale openbare instellingen
d) De diensten van Gemeenschaps- en gewestregeringen en van de publiekrechtelijke rechtspersonen die ervan afhangen
e) Belgacom
f) De Post
g) Provincies en gemeenten
h) OCMW

I.7. Fiscale voordelen

- Vermindering van belastingen op inkomens
- Vermindering van onroerende voorheffing
- Vermindering van successierechten

Vermindering van personenbelasting

Wat?

De belastingplichtige waarvan het gezin op 1 januari van het aanslagjaar één of meer personen met een handicap (de belastingplichtige zelf, zijn kinderen ten laste of andere personen ten laste) telt, kan genieten van een bijkomende vrijstelling van belasting op een deel van zijn belastbaar inkomen(1):

- voor de volwassen personen met een handicap wordt 1.280 euro per persoon met een handicap vrijgesteld;
- elk kind ten laste dat gehandicapt is, telt voor 2 kinderen ten laste (om het aantal kinderen ten laste te berekenen - vrijstelling 1e kind tot 4e kind respectievelijke 1.310 euro, 3.370 euro, 7.540 euro, 12.200 euro; elk volgend kind + 4.660 euro per kind);
- een ouder, broer of zus ten laste van ten minste 65 jaar: een vrijstelling van 2.610 euro. (2)

(Bedragen voor aanslagjaar 2009, inkomsten 2008)

Opmerking:

Leefloon en de inkomensvervangende tegemoetkoming worden door de wetgever niet beschouwd als belastbaar inkomen bij de vaststelling van personen ten laste. Met andere woorden, deze inkomsten tellen niet mee om de inkomensgrens te bepalen van een eventueel inwonende persoon ten laste.

Het Arbitragehof heeft in een arrest van 24.05.2006 bepaald dat inkomsten uit de ziekteverzekering, die niet hoger zijn dan de grenzen van de inkomensvervangende tegemoetkoming, eveneens moeten beschouwd worden als vrijgesteld inkomen voor de bepaling van persoon ten laste omdat de wetgever wou voorkomen dat gehandicapten met een minimuminkomen zouden worden uitgesloten als persoon ten laste. De bron van dat inkomen heeft dan geen belang, wel de oorsprong, die te maken heeft met arbeidsongeschiktheid.

---

(1) Persoon ten laste is de persoon waarvan het belastbaar jaarinkomen lager is dan 2.700 euro. Dit bedrag wordt gebracht op 3.910 euro of 4.960 euro wanneer de belastingplichtige een alleenstaande, respectievelijk een alleenstaande met een handicap is.

(2) Vanaf AJ 2006: een ouder, broer of zus is ten laste als hij minder bestaansmiddelen heeft dan 2.700 euro/jaar, NA vrijstelling van pensioenen en renten ten bedrage van 21.790 euro! Met andere woorden ouder, broer of zus, die ouder is dan 65 jaar en inwoont kan persoon ten laste zijn, ook al heeft hij een inkomen uit rente of pensioen tot 24.490 euro/jaar.

Wie?

De vrijstelling wordt verleend voor de personen waarvan:
- ofwel de lichamelijke of psychische toestand het vermogen om een inkomen te verwerven verminderd heeft tot 1/3 (d.w.z. een arbeidsongeschiktheid van minstens 66 %) van wat een gezond persoon kan verdienen door de uitoefening van een beroep (niet noodzakelijk het eigen beroep) op de algemene arbeidsmarkt
- ofwel de gezondheidstoestand een vermindering van zelfredzaamheid veroorzaakt van minstens 9 punten
- ofwel ingevolge een administratieve of gerechtelijke beslissing voor tenminste 66 % blijvend fysisch of psychisch gehandicapt of arbeidsongeschikt erkend worden.

De handicap waarmee rekening wordt gehouden, is deze die, onafgezien van de leeftijd waarop hij wordt vastgesteld, het gevolg is van de feiten die gebeurd zijn en feiten die vastgesteld werden voor de leeftijd van 65 jaar. Om te kunnen genieten van het belastingvoordeel moet de handicap zijn vastgesteld voor 1 januari van het aanslagjaar.

Vaststelling van handicap

A) Voor de volwassenen kan de handicap vastgesteld worden door:

- het Fonds voor Arbeidsongevallen (blijvende arbeidsongeschiktheid);
- de verzekering tegen arbeidsongevallen
  (tijdelijke arbeidsongeschiktheid ten laatste op 1 januari van het aanslagjaar);
- het Fonds voor Beroepsziekten;
- het afschrift van een gerechtelijk vonnis;
- de Voorzorgskas van de mijnwerkers;
- voor personeelsleden van de openbare diensten:
  - bij arbeidsongeval of beroepsziekte: de overheid die de schade uitkeert;
  - bij ziekteverlof of disponibiliteit: de overheid waarvan het personeelslid afhangt;
  - bij voortijdige op pensioenstelling wegens lichamelijke ongeschiktheid: de administratieve gezondheidsdienst;
- de dienst voor tegemoetkomingen aan personen met een handicap (Federale Overheidsdienst Sociale Zekerheid);
- een aanvraag tot medisch onderzoek te doen bij de medische dienst van het Ministerie van Sociale Zaken (dit is de te volgen procedure indien men nog niet over een geldig attest kan beschikken maar men toch aan de voorwaarden voldoet); de formulieren voor een aanvraag zijn te verkrijgen bij de controleur der belastingen.
- het ziekenfonds indien men langer dan één jaar ziek is en uitkeringen ontvangt.

B) Voor de kinderen ten laste kan de handicap worden vastgesteld door:

- een attest van het organisme dat de verhoogde kinderbijslag uitbetaalt;
- een attest van de medische dienst van het Ministerie van Sociale Zaken.

Hoe?

De belastingplichtige die een perso(o)n(en) met een handicap ten laste heeft en/of die zelf gehandicapt is, moet op de daarvoor bestemde plaats in zijn belastingaangifte vermelden welke personen van zijn gezin gehandicapt zijn.

Eén van de officiële attesten, hierboven opgesomd, dient als bewijs bij de aangifte gevoegd te worden.

Indien men nog niet over een geldig attest beschikt, dan kan men een aanvraagformulier bekomen bij de controleur van de belastingen, waarmee een onderzoek kan worden aangevraagd bij de medische dienst van de Federale Overheidsdienst Sociale Zekerheid. Bij gunstige beslissing zal deze dienst het nodige attest afleveren.

Beroepsprocedure voor het attest van de handicap (Programmawet 24.12.2002)

Er is een beroepsprocedure mogelijk tegen de beslissing van de Federale Overheidsdienst Sociale Zekerheid waarin geen handicap, of een onvoldoende handicap werd toegekend bij de arbeidsrechtbank.

Betrokkene laat, binnen de drie maanden, schriftelijk aan de bevoegde arbeidsrechtbank weten dat hij niet akkoord gaat met de genomen beslissing en om welke redenen.
Men voegt bij het beroepsschrift een door de behandelend geneesheer ingevuld formulier 3 en 4 (zoals bij de oorspronkelijke aanvraag), eventueel aangevuld met recente medische verslagen die de handicap aantonen.

Waar?

- Administratie Ministerie van Financiën - directe belastingen (aanvraag + inlichtingen) (zie telefoongids Ministeries-Financiën, directe belastingen) www.fisconet.fgov.be
- Ziekenfonds - dienst maatschappelijk werk (inlichtingen + bijstand) (Gouden Gids nr 6990, www.cm.be; e-mail: dmw@cm.be)
- Gemeente - sociale dienst (inlichtingen + bijstand) Gouden Gids infopagina's publieke instellingen
- Vakbond (Gouden Gids nr. 35)

Vermindering van de onroerende voorheffing

(Decreet 09.06.1998 - B.S. 18.07.1998)

Wat?

1. Bescheiden woning.

Er kan 25% vermindering van de onroerende voorheffing bekomen worden indien de belastingsplichtige die woning volledig betrekt en indien het totaal van alle KI's van de in Vlaanderen gelegen eigendommen =745,00 euro. (Voor woningen zonder bouwpremie, kan op aanvraag een vermindering worden toegepast van 50% gedurende de eerste vijf jaren.)

2. Gezinslast

- voor kinderen met recht op kinderbijslag (1) wordt een vermindering toegepast. Men moet minstens 2 kinderen hebben om recht te hebben op de vermindering omwille van kinderlast
- volgende kinderen met een handicap worden dubbel geteld (tellen mee voor twee kinderen):
  - de kinderen met verhoogde bijslag (kind met een handicap) tot leeftijd van 21 jaar;
  - kinderen die minstens 66% ongeschikt zijn en recht hebben op kinderbijslag tot de leeftijd van 25 jaar;
  - kinderen, minstens 66% arbeidsongeschikt, die recht hebben op de verlengde kinderbijslag.

Voor volwassen personen met een handicap, die onder hetzelfde dak wonen en waarbij de handicap officieel werd vastgesteld vóór de leeftijd van '65 jaar'. Deze personen tellen, voor de berekening, mee als 2 kinderen ten laste.

Aantal in aanmerking komende kinderen *Opgelet:* ***tellen mee voor 2 kinderen*** * kinderen met een handicap * andere inwonende personen met een handicap	**Totaal bedrag van de vermindering op het *'basisbedrag'**** (* = 2,5 % van het K.I.!!) (Bedragen aanslagjaar 2008, MB 03.03.08 – BS 12.03.2008)
2	6,61 euro
3	10,46 euro
4	14,65 euro
5	19,21 euro
6	24,09 euro
7	29,34 euro
8	34,96 euro
9	40,91 euro
10	47,26 euro
Ieder kind boven de 10	+ 6,61 euro

$$\text{Totale vermindering} = \text{basisbedrag (geïndexeerd)} + \frac{\text{basisbedrag (geïndexeerd) X (opcentiemen gemeente + provincie)}}{100}$$

3. Oorlogsinvaliden

Een groot-oorlogsverminkte met recht op een vergoedingspensioen krijgt een vermindering van 20%.

(1) Een kind dat als oorlogsslachtoffer 14-18 of 40-45 overleden of vermist is, wordt hiermee gelijkgesteld.

4. Opgelet: "huurders"

De vermindering van de onroerende voorheffing kan zowel door de eigenaar als door de huurder (o.a. sociale woningen) worden bekomen.

Deze vermindering moet in principe niet meer zelf aangevraagd worden (zie Hoe?), behalve voor huurders (te regelen met de eigenaar)!!

Hoe?

De Vlaamse administratie kent de verminderingen uit hoofde van handicap, recht op kinderbijslag en recht op het vergoedingspensioen, automatisch toe.
Daartoe consulteren ze de Kruispuntbank.

Wanneer dit niet zou gebeurd zijn, kan betrokkene steeds een bezwaarschrift indienen.

Bezwaarschrift

Het bezwaarschrift moet binnen de termijn van drie maanden bij de administratie (Agentschap Vlaamse Belastingdienst, Dienst onroerende voorheffing, Bauwensplein 13/bus 2 te 9300 Aalst) aankomen (Dit kan schriftelijk of on-line). Het vertrekpunt is de datum van verzending van het aanslagbiljet (vermeld op het aanslagbiljet).

Voorbeeld : het aanslagbiljet voor aanslagjaar 2009 wordt verstuurd op 28 mei 2009. Normaalgezien beschikt de belastingplichtige over een termijn van 3 maanden om een bezwaarschrift in te dienen (dus tot 31 augustus 2009).

De bewijslast voor het insturen van een bezwaarschrift, ligt volledig bij de belastingplichtige.

Een bezwaarschrift moet gemotiveerd zijn. Dit betekent dat u duidelijk moet aangeven waarom u de aanslag precies betwist. Wanneer u een elektronisch bezwaarschrift indient, helpen de verschillende stappen die u moet doorlopen u hierbij.

Indien u gebruik wil maken van uw recht om gehoord te worden, vermeld dit dan duidelijk in uw bezwaarschrift.

Opgelet: het indienen van een bezwaar schorst in geen geval de opeisbaarheid van het onbetwist gedeelte van de belasting.

Eens het bezwaarschrift ingediend, mag de belastingplichtige het bezwaarschrift schriftelijk aanvullen met nieuwe argumenten en zelfs nieuwe bezwaren tot zolang er geen beslissing is i.v.m. zijn bezwaar.

Indien men een bezwaarschrift indient, is men eraan gehouden om de voorheffing te betalen. Personen met ernstige financiële problemen kunnen echter voorstellen om de te betalen som te verminderen met de vermindering waarop ze normaal recht zouden gehad hebben (Agentschap Vlaamse Belastingdienst - dienst Onroerende Voorheffing 053/ 72.23.70).

Waar?

- Agentschap Vlaamse Belastingdienst
  Dienst 'Onroerende voorheffing'
  Hoofdzetel:

Phoenixgebouw
Koning Albert II laan 19 bus 7, 1210 Brussel
Bijzetel:
Mercuriusgebouw
Bauwensplaats 13 bus 2, 9300 Aalst (bezwaarschrift)
Fax.: 053 / 72.23.75 (informatie)
www.belastingen.vlaanderen.be

- Vlaamse belastinglijn 078/15.30.15
- Ziekenfonds - dienst maatschappelijk werk (inlichtingen + bijstand) (Gouden Gids nr 6990, www.cm.be; e-mail: dmw@cm.be)
- Gemeente - sociale dienst (inlichtingen + bijstand) Gouden Gids infopagina's publieke instellingen

Vermindering van successierechten

(Decreet 20.12.2002 - BS 31.12.2002)

Wat?

Sinds 01.01.2003 wordt er voor personen met een handicap een voetvrijstelling voorzien bij de aanrekening van successierechten (d.w.z. te beginnen bij de laagste belastingsschijf), en dit in verhouding tot de leeftijd.

Hoe jonger de persoon met een handicap (en hoe langer er dus nog een verminderd verdienvermogen zal zijn), hoe groter de vrijstelling.

De vrijstelling wordt eerst toegepast op het netto onroerend gedeelte. Het eventueel restant van de vrijstelling wordt dan toegepast (aan de voet) op het netto roerend gedeelte.

Wie?

Alle personen die voor de belastingwetgeving beschouwd worden als 'zwaar gehandicapte persoon'. Het zijn personen, die hun handicap verworven hebben voor de leeftijd van 65 jaar en die op 1/1 van het aanslagjaar voldoen aan de voorwaarden om belastingvermindering te genieten.

De handicap kan aangetoond worden met:

- Een attest van verminderde zelfredzaamheid van tenminste 9 punten of categorie 2 van de integratietegemoetkoming *(geen THAB want vaststelling moet voor 65 jaar zijn!)*
- Een attest van 66% arbeidsongeschiktheid (invaliditeitsuitkering RIZIV, FOD Sociale Zekerheid, vonnis, enz.)
- Een attest voor kinderen met minstens 66% ontoereikende of verminderde lichamelijke of geestelijke geschiktheid wegens één of meerdere aandoeningen (bijkomende kinderbijslag)

Berekening:
De vermindering bedraagt:

- 3.000 euro voor een erfenis in rechte lijn (tussen echtgenoten en samenwonenden)
- 1.000 euro voor een erfenis tussen andere personen dan in rechte lijn (niet tussen echtgenoten en samenwonenden).
- Dit basisbedrag wordt vermenigvuldigd met een cijfer, afhankelijk van de leeftijd van de verkrijger (zie tabel).

Leeftijdsgroep	Vermenigvuldigingsfactor	Vrijstelling erfenis in rechte lijn	Vrijstelling andere erfenis dan in rechte lijn
		EUR	EUR
0 - 20 jaar	18	54.000	18.000
21 - 30 jaar	17	51.000	17.000
31 - 40 jaar	16	48.000	16.000
41 - 50 jaar	14	42.000	14.000
51 - 55 jaar	13	39.000	13.000
56 - 60 jaar	11	33.000	11.000
61 - 65 jaar	9,5	28.500	9.500
66 - 70 jaar	8	24.000	8.000
71 - 75 jaar	6	18.000	6.000
76 - 80 jaar	4	12.000	4.000
80 jaar en meer	2	6.000	2.000

Er wordt een voetvrijstelling voorzien (d.w.z. te beginnen bij de laagste belastingsschijf). Zie onderstaand voorbeeld.

De vrijstelling wordt eerst toegepast op het netto onroerend gedeelte. Het eventueel restant van de vrijstelling wordt dan toegepast (aan de voet) op het netto roerend gedeelte.

Voorbeeld:

Ter informatie: de aanslagvoet voor een erfenis in rechte lijn is 3% voor bedragen tot 50.000 euro; 9% voor bedragen tussen 50.000 en 250.000 euro; 27% voor bedragen boven 250.000 euro. Roerende en onroerende goederen worden afzonderlijk belast en niet meer samengeteld. Dit is voordeliger omdat men voor beide delen aan het laagste tarief begint te belasten.
Marieke is 30 jaar en zwaar gehandicapt. Ze erft in rechte lijn 200.000 euro, verdeeld in 60.000 euro netto- onroerende goederen en 140.000 euro netto-roerende goederen.

Gewone erfenisberekening		Erfenisberekening bij handicap	
Roerende goederen		Roerende goederen	
3% op 50.000	1.500	Vrijstelling: 3.000 X 17 = 51.000 rest 1.000	0
9% op 10.000	900	9% op (10.000 – 1.000)	810
Onroerende goederen		Onroerende goederen	
3% op 50.000	1.500	3% op 50.000	1500

9% op 90.000	8.100	9% op 90.000	8.100
TOTAAL	12.000	TOTAAL	10.410
Opmerking; Op deze totalen moet nog de algemene belastingsvermindering worden toegepast!			

Hoe?

Het recht op de vrijstelling moet bewezen worden door middel van een attest of een verklaring uitgaande van een instelling of dienst die in het kader van de personenbelasting ook bevoegd is om de toestand als gehandicapte vast te stellen.

Het attest of de verklaring wordt bij de aangifte gevoegd of aan het bevoegde kantoor overgemaakt voordat de rechten opeisbaar zijn.
Is het attest niet bij de aangifte gevoegd of niet-tijdig op het bevoegde kantoor toegekomen dan worden de rechten berekend zonder toepassing van de vrijstelling, behoudens teruggave wanneer het voor de toepassing van de vrijstelling vereiste attest wordt neergelegd bij de ontvanger binnen 2 jaar na betaling van de belasting.

Waar?

- Notariskantoor (Gouden Gids nr 6000)
- Agentschap Vlaamse Belastingdienst
  Mercuriusgebouw
  Bauwensplaats 13 bus 2, 9300 Aalst
  Fax.: 053 / 72.23.75 (informatie)
  www.belastingen.vlaanderen.be
- Vlaamse belastinglijn 078/153015
- Ziekenfonds - dienst maatschappelijk werk (inlichtingen + bijstand) (Gouden Gids nr 6990, www.cm.be; e-mail: dmw@cm.be)
- Gemeente - sociale dienst (inlichtingen + bijstand) Gouden Gids infopagina's publieke instellingen

I.8. Het sociaal verwarmingsfonds

(Programmawet 27.12.2004 - BS 31.12.2004;
KB 09.01.2005 - BS 13.01.2005; *progr.wet 12.2008, art 249 e.v.; KB 12.2008 reeds vertaald in een omzendbrief aan de OCMW's, die de vernieuwde regelgeving toepassen vanaf 01.01.2009*)

Wat?

De maatregel wil aan personen met een laag inkomen een verwarmingstoelage toekennen als compensatie voor de opeenvolgende prijsverhogingen van de huisbrandolie. De uitgekeerde toelagen worden gefinancierd door het sociaal verwarmingsfonds, dat gespijsd wordt door een bijdrage op alle petroleumproducten voor de verwarming, ten laste van de verbruikers van deze producten.

Sinds 1 januari 2009 gaat het om een tussenkomst in de aankoop van huisbrandolie (bulk of pomp), verwarmingspetroleum of bulkpropaangas die aangekocht zijn tijdens het gehele jaar. De brandstof wordt uitsluitend gebruikt om de individuele of gezinswoning te verwarmen, waar men zijn hoofdverblijf heeft. De maximumtussenkomst is beperkt naargelang de overschrijding van de drempelwaarde. Er is geen interventiedrempel meer om te voorkomen dat er maanden zijn dat de prijs onder de interventiedrempel zakt en de doelgroep geen aanspraak meer kan maken op de verwarmingstoelage.

Er wordt slechts één verwarmingstoelage toegekend voor éénzelfde huishouden.

De toekenning van een verwarmingstoelage voor stookolie in bulk, sluit de toekenning van een toelage voor stookolie aan de pomp uit, en omgekeerd.

Er wordt geen cumul toegestaan met de forfaitaire vermindering voor verwarming.

huisbrandolie in bulk of bulkpropaangas		
Prijs per liter, vermeld op factuur: in euro	Toelage per liter:	Max. toelage in euro*:
lager dan 0,930	14 cent	210
Vanaf 0,9300 en < 0,9550	15 cent	225
Vanaf 0,9550 en < 0,9800	16 cent	240
Vanaf 0,9800 en < 1,005	17 cent	255
Vanaf 1,005 en < 1,030	18 cent	270
Vanaf 1,030 en < 1,055	19 cent	285
Vanaf 1,055	20 cent	300
Voor huisbrandolie of verwarmingspetroleum aan de pomp:		
Er geldt een forfaitaire toelage van 210 euro. Één aankoopbewijs is voldoende om de forfaitaire toelage uitgekeerd te krijgen.		

* De maximumtoelage geldt per jaar en het totale bedrag van de toelage is gebonden aan een maximumgrens van 1500 liter per jaar en voor een totaalbedrag van 300 euro per jaar en per gezin.

Appartementen: wanneer de factuur meerdere woonsten betreft, worden de per woonst aan te reken liters berekend met de volgende formule:

Het totaal aantal liter in aanmerking komende brandstof, vermeld op de factuur	X	1 / Het aantal woonsten in het gebouw waar de factuur betrekking op heeft

Wie?

- Categorie 1: personen met recht op de verhoogde tegemoetkoming (inclusief deze met Omniostatuut) maar waarvan het totaal jaarlijks bruto belastbaar inkomen niet hoger is dan 14.624,70 euro, verhoogd met 2.707,42 euro per persoon ten laste.
- Categorie 2: personen met een laag inkomen, d.w.z. mensen waarvan het totaal jaarlijks bruto belastbaar inkomen niet hoger is dan 14.624,70 euro, verhoogd met 2.707,42 euro per persoon ten laste.
- Categorie 3: personen met schuldenoverlast, d.w.z. mensen met een schuldbemiddeling in het kader van de wet op het consumentenkrediet of een gerechtelijke collectieve schuldenregeling, en die de verwarmingsfactuur niet kunnen betalen.
- *De facturen van de periode van 01.09.2008 tot 31.12.2008 kunnen nog ingediend worden door de voormalige categorie 4: Personen met een jaarlijks belastbaar gezinsinkomen dat lager of gelijk was aan 23.281,93 euro (mechanisme maximum-factuur).*
  Deze groep, die sinds 2008 was toegevoegd als 'bovencategorie' met een nog redelijk bescheiden inkomen en een lagere toelage, is sinds 01.01.2009 geschrapt van de doelgroepen die via deze procedure geholpen worden. Deze 4e categorie is sindsdien overgeheveld naar de FOD Economie.

Hoe?

De openbare centra voor maatschappelijk welzijn hebben de taak het recht op de verwarmingstoelage te onderzoeken en toe te kennen.

Betrokkene levert zijn factu(u)r(en) binnen 60 dagen na factuurdatum af bij het OCMW dat voor zijn woonplaats bevoegd is.
Het gaat op basis van een sociaal onderzoek na of alle voorwaarden vervuld zijn (inkomsten of VT- gerechtigde, brandstof voor individueel gebruik, prijs is hoger dan de drempelwaarde, leveringsadres is de hoofdverblijfplaats).
Het OCMW neemt zijn beslissing binnen 30 dagen vanaf de aanvraagdatum en betaalt de toelage binnen 15 dagen, te rekenen vanaf de beslissing.

Bewijsstukken bij de aanvraag:

- voor alle aanvragen: De factuur van de brandstof (bij meerdere woongelegenheden in één gebouw een bewijs van de beheerder dat het aantal huishoudens vermeldt waarop de factuur betrekking heeft) en de identiteitskaart;
- voor gerechtigden met verhoogde tegemoetkoming: Het OCMW gaat via een informaticatoepassing na of er recht is op de verhoogde tegemoetkoming of het OMNIO-statuut. Het kan ook zijn dat de gegevens bij de FOD Financiën opgevraagd zullen worden. Bij gebrek aan gegevens over het inkomen wordt er aan de aanvrager gevraagd zelf het bewijs te leveren;

- voor andere gerechtigden: De inkomensgegevens worden rechtstreeks opgevraagd bij de FOD Financiën. Indien dit niet mogelijk is, wordt er aan de aanvrager gevraagd het bewijs te leveren van het inkomen.
- voor de gerechtigden met een schuldbemiddelingsregel: bewijs van schuldbemiddeling volgens wet 12.06.1991 of van collectieve schuldbemiddeling en het OCMW onderzoekt of betrokken gezin inderdaad de verwarmingsfactuur niet kan betalen.

Opmerking:

Bij KB van 20.01.2006, aangepast bij KB 05.10.2006, is een wettelijk kader gecreëerd om leveranciers toe te laten om binnen de aangegeven grenzen huisbrandolie op afbetaling te leveren. Het is de bedoeling van de overheid dat voldoende leveranciers (en goed verspreid in het land) deze mogelijkheid aanbieden, maar het is geen verplichting.
Alle klanten kunnen desgewenst gebruik maken van die mogelijkheid.

Beroep

Er is binnen 30 dagen na beslissing of na antwoordtermijn beroep mogelijk:

- wanneer men niet akkoord gaat met de beslissing
- wanneer één der organen van het OCMW één maand, te rekenen van de ontvangst van het verzoek, heeft laten verstrijken zonder een beslissing te nemen.

Waar?

- Informatie: gratis telefoonnummer: 0800/90.929
- www.verwarmingsfonds.be
- OCMW van de woonplaats van de aanvrager (Gouden Gids infopagina's publieke instellingen)
- Dienst maatschappelijk werk van het ziekenfonds (Gouden Gids nr 6990, www.cm.be; e-mail: dmw@cm.be)

I.9. Sociaal telefoontarief - Sociaal GSM-tarief

Wet 13/06/2005 (BS 20/06/2005) KB 20.07.2006, aanvraagprocedure (BS 08.08.2006)

Wat?

Tariefverminderingen die door alle operatoren moeten toegepast worden op het standaardtarief.

De begunstigde van het sociaal tarief mag slechts over één telefoon- of GSM-aansluiting met sociaal tarief beschikken en er mag maar één begunstigde zijn per huishouden.

1. Tariefvermindering voor bejaarde begunstigden, begunstigden met een handicap, gehoorgestoorde personen en de personen bij wie een laryngectomie werd uitgevoerd en de militaire oorlogsblinden:

De operatoren dienen volgende tariefverminderingen toe te passen op hun standaardtarief:
- aansluitingskosten op een vaste locatie: 50% van het normale tarief
- abonnementsgeld en gesprekskosten die moeten betaald worden:
  - aan dezelfde aanbieder: 8,40 euro per maand op abonnementsgeld en 3,10 euro per maand op de gesprekskosten.
  - aan verschillende aanbieders: 11,5 euro per maand op de gesprekskosten. Het is de aanbieder die de gesprekskosten factureert die de korting moet toestaan.

Concreet voor de operatoren Base – Mobistar – Proximus

1) Base:

- postpaid (tariefplan met factuur): elke maand 12 euro korting op de factuur (verder reguliere beltegoeden volgens tariefplan), belminuten kosten 0,15 & 0,20 euro (basecontact of niet)
- prepaid (tariefplan zonder factuur): elke maand 3,10 euro extra beltegoed (herladen vanaf 5 euro, en met de reguliere bonussen), belminuten kosten 0,25 euro

2) Mobistar:

- abonnees genieten van een maandelijkse korting op hun factuur van 12 euro (geldig voor alle abonnementen, behalve voor het My5-abonnement waarop een korting van 8,10 euro van toepassing is: 5 euro voor de abonnementskosten en 3,10 euro geldig voor oproepen, sms, mms, ...).
- tempoklanten genieten automatisch van 3,1 euro extra belwaarde per maand op hun simkaart

3) Proximus:

- Smileklanten (tarief op maandelijkse factuur) krijgen 12 euro korting op de maandelijkse factuur. Dit tarief is verenigbaar met alle tarieven voor abonnees, uitgezonderd voor Smile 5. Alle gebruiksmodaliteiten van het gekozen tariefplan blijven geldig.

- Pay&Goklanten (Pay&Go kaart) krijgen maandelijks een Pay&Gokrediet van 3,10 euro op hun kaart (toegelaten voor elk soort gebruik of tariefplan in Pay&Go)

2. Tariefvermindering voor personen met leefloon:

Voor personen met leefloon bestaat de verstrekking van een sociaal tarief uit het ter beschikking stellen van een voorafbetaalde kaart met een waarde van 3,10 euro per maand. De verbindingen die door middel van de kaart tot stand worden gebracht, worden tegen het normale tarief aangerekend.

De begunstigde krijgt voor een vaste telefoonlijn een kaart met een code. Deze code wordt voor het draaien van het te contacteren telefoonnummer ingegeven in het telefoontoestel, hetzij thuis (als abonnee), hetzij in een openbare telefooncel. De operator herkent de code en past de tariefvermindering automatisch toe tot het maandelijkse voordeel bereikt is.

De houder van een GSM-kaart krijgt maandelijks het krediet op zijn kaart gezet (vb. Mobistar: de Tempokaart).

Wie?

het gewone sociaal tarief

Personen met een handicap: Een titularis van een lijn, die
- ten volle 18 jaar oud is én
- voldoet aan de inkomstenvoorwaarde (zie verder) én
- voor ten minste 66% mindervalide is én
- alleen woont of samenwoont, hetzij met ten hoogste 2 personen waarmee de titularis niet verwant is, hetzij met bloed- of aanverwanten van de eerste of de tweede graad (gelijk welk aantal)

Noot: Als 66% mindervalide wordt beschouwd:
- de persoon die bij administratieve/gerechtelijke beslissing minstens 66% blijvend fysisch of psychisch gehandicapt of arbeidsongeschikt werd verklaard.
- Z.I.V.-invaliden (na 1 jaar primaire, zowel werknemers als zelfstandigen)
- de persoon met een handicap bij wie in het kader van de inkomstenvervangende tegemoetkoming een vermindering van het verdienvermogen tot één derde of minder is vastgesteld.
- de persoon met een handicap bij wie, in het kader van de tegemoetkoming aan personen met een handicap, een vermindering van de graad van zelfredzaamheid van minstens 9 punten is vastgesteld.

Personen ouder dan 65 jaar: een titularis van een lijn die
- voldoet aan de inkomstenvoorwaarde (zie verder) en
- de leeftijd van 65 jaar ten volle bereikt heeft **en**
- alleen woont **of** samenwoont met één of meer personen die ten volle 60 jaar oud zijn en eventueel samenwoont met kinderen en kleinkinderen die het einde van de leerplicht niet bereikt hebben of tenminste 66 % gehandicapt zijn. Kleinkinderen moeten bovendien wees zijn van vader en moeder of bij gerechtelijke beslissing aan de grootouders zijn toevertrouwd.

Of woont in een hotel, een rusthuis, bejaardenflat of in een andere vorm van gemeenschapsleven **en** beschikt over een individueel telefoonabonnement dat in hoofde van de titularis gebruikt wordt.

Inkomstenvoorwaarde voor doelgroepen bejaarden en arbeidsongeschikten: Het bruto belastbaar inkomen van de begunstigde, gecumuleerd met het bruto belastbaar inkomen van de personen met wie hij eventueel samen woont, mag niet meer bedragen dan het grensbedrag dat geldt voor rechthebbenden op de verhoogde tegemoetkoming ZIV. Dit is 14.624,70 EUR, te vermeerderen met 2.707,43 EUR per persoon ten laste (index 01.09.2008).

Personen gerechtigd op het leefloon: Zij moeten over een beslissing beschikken die hen het leefloon toekent. Voor hen is er geen inkomstenonderzoek in het kader van het sociaal telefoontarief.

Sociaal tarief voor personen met gehoorstoornis of laryngectomie:

Personen die:
- hetzij minstens een gehoorverlies hebben van 70 dB voor het beste oor (volgens de classificatie van het Internationaal Bureau voor Audiphonologie);
- hetzij een laryngectomie hebben ondergaan.

Ook de ouders of grootouders kunnen het voordeel genieten, indien hun kind of kleinkind dat bij hen inwoont voldoet aan één van de bovenvermelde handicaps.

Een medisch attest dat de doofheid bevestigt en een bewijs van de aankoop van een voor doven goedgekeurd telefoontoestel bewijst de handicap bij de telefoonoperator.

Indien voornoemd toestel niet door de operator werd geleverd, moet hem een aankoopbewijs worden voorgelegd.

Voorbeeld: onder de naam 'Alto' biedt Belgacom een toestel voor gehoor- en spraakgestoorden aan: de Minitel Dialoog, een teksttelefoon. Het bestaat uit een beeldscherm en toetsenbord en is direct aangesloten op de telefoonlijn. De gesprekspartner beschikt over eenzelfde combinatie. Bij een inkomende oproep kan de gebruiker hieromtrent via de Teleflash-Fasttel (in optie) worden gealarmeerd door een sterke lichtflits. het volstaat dan om de Minitel in te schakelen; de boodschap van de oproeper verschijnt nu op het scherm.

Indien het om een inwonend (klein-)kind gaat, een bewijs van gezinssamenstelling voorleggen bij de telefoonoperator, afgeleverd door het gemeentebestuur.

Wie niet over een medisch attest beschikt:

1. Een formulier opvragen bij de leverancier;

2. Bij de gemeente worden
   - het **formulier 3 en 4 en formulier 6** (nodig voor een aanvraag van attesten bij de Federale Overheidsdienst Sociale Zekerheid) en
   - het **attest gezinssamenstelling** afgehaald;

3. **Het medisch attest** wordt ingevuld door de geneesheer - specialist ORL (specialist neus-keel-oren).

De formulieren 3 en 4 en formulier 6 worden eveneens ingevuld door de specialist ORL (specialist neus- keel-oren) *of* door de behandelend geneesheer.

4. De (ingevulde) medische formulieren en het aanvraagformulier worden verstuurd naar de Federale Overheidsdienst Sociale Zekerheid - dienst attesten, Zwarte Lievevrouwstraat 3c te 1000 Brussel.
5. Er volgt een onderzoek door de geneesheer van de Federale Overheidsdienst Sociale Zekerheid.
6. De aanvrager krijgt na onderzoek door de Federale Overheidsdienst Sociale Zekerheid de nodige attesten terug.

7. Nu kan de aanvrager
- de ontvangen attesten (van de Federale Overheidsdienst Sociale Zekerheid),
- samen met het aanvraagformulier,
- het attest gezinssamenstelling en
- het bewijs van aankoop van een goedgekeurd doventoestel afgeven bij de leverancier.

Hoe?

De aanvraag voor sociaal tarief wordt overgemaakt aan de tekefoonoperator, maar het recht op sociaal tarief wordt onderzocht door de diensten van het BIPT (Belgisch Instituut voor Post- en telecommunicatie).

Stap	Handeling
1	Iedere persoon die aan de voorwaarden voldoet om het sociale telefoontarief te genieten en die dat tarief wenst te genieten, dient daartoe een aanvraag in bij de operator van zijn keuze. Dit kan eenvoudig per telefonisch contact, met opgave van naam, telefoonnummer en rijksregisternummer van de aanvrager.
2	De operator stuurt die aanvraag elektronisch en dadelijk door naar het Instituut.
3	Het BIPT doet zijn onderzoek en maakt gebruik van enkele centrale databanken (o.m. sociale zekerheid), die gegevens bevatten over de aanvrager. Er zijn 3 mogelijkheden: 1. Er zijn onvoldoende gegevens beschikbaar: Het Instituut stelt onmiddellijk de operator en de aanvrager daarvan op de hoogte en verzoekt die laatste de gepaste bewijsstukken die het opsomt eraan te verstrekken; 2. Men voldoet niet aan de voorwaarden: Het Instituut stelt de betrokken operator daarvan op de hoogte en motiveert aan de aanvrager waarom het sociale telefoontarief hem door de operator niet kan worden toegekend; 3. De aanvrager voldoet aan de voorwaarden. Het Instituut laat de operator weten vanaf welk moment hij het sociale telefoontarief daadwerkelijk zal toepassen. In voorkomend geval laat het Instituut ook de operator, bij wie de aanvrager voordien het sociale telefoontarief genoot, weten vanaf welk moment die laatste het voormelde tarief niet langer zal verstrekken. In principe wordt het sociaal tarief toegepast vanaf de eerstvolgende factuurvervaldag na datum van de aanvraag (zo staat in de wet vermeld).

Concrete aanvraag voor klanten van:

- Proximus: inschrijven
  - via de eigen gsm op het gratis nummer 6000 of op het nummer 078 05 6000 (lokaal tarief);
  - per fax op het nummer 0800 14 252;
  - bij het Proximus-verkooppunt in de buurt.
- Mobistar: inschrijven
  - bij het Mobistarverkooppunt in de buurt
  - telefonisch op het gratis GSM-nummer 5000 (tempoklanten nummer 5100) of gewoon nummer aan normaal tarief 0495 95 95 00
  - schriftelijk (naam, adres, geboortedatum) per fax op nummer 0800 97 606 of naar Mobistarn afdeling back office, Kolonel Bourgstraat 149, 1140 Brussel
- Base: inschrijven bij de Base-shop in de buurt

Minimum dienstverlening telefoon

Sinds begin 1997 bestaat er een recht op een minimale dienst, *zelfs in* geval van niet-betaling door de abonnee.

De minimale gewaarborgde diensten zijn:
- de mogelijkheid om door een andere abonnee te worden opgeroepen (met uitzondering van oproepen met betaling van de gesprekskosten door de opgeroepen persoon);
- de mogelijkheid om de noodnummers en andere kosteloze nummers te vormen.

Het reductieplan voor blinden, van belgacom
(vroeger servicekaart)

Er wordt korting van maximaal 4 oproepen per maand naar de nationale inlichtingendienst toegekend, met een vast toestel van Belgacom. De voorwaarde om de korting te kunnen krijgen is het kunnen voorleggen van een algemeen attest van het de Federale Overheidsdienst Sociale Zekerheid, waarop vermeld staat dat betrokkene volledig blind is. Indien betrokkene niet over het bedoelde attest beschikt, volstaat het ook om een kopie van de nationale verminderingskaart voor het openbaar vervoer voor te leggen.

Er moet meegedeeld worden aan welk telefoonnummer de vermindering moet worden toegekend. Vanaf de eerste van de maand daarop gaat de korting in en ze blijft geldig voor een duur van 2 jaar.

Na die 2 jaar moet het reductieplan opnieuw aangevraagd worden.
Informatie hierover kan bekomen worden bij Belgacom op het gratis nummer 0800-91133

Waar?

- GSM-operatoren en telefoonmaatschappijen (Gouden Gids nr. 4782 – 4785-5000)
- BIPT: www.bipt.be Mail: STTS@bipt.be

- Ziekenfonds - dienst maatschappelijk werk (inlichtingen + bijstand) (Gouden Gids nr 6990, www.cm.be; e-mail: dmw@cm.be).
- Gemeente - sociale dienst (inlichtingen + bijstand) (telefoongids OCMW ofwel Gouden Gids infopagina's publieke instellingen)
- Federale Overheidsdienst Sociale Zekerheid
  Zwarte Lievevrouwstraat 3c, 1000 Brussel
  Tel.: Contactcenter 02/5078789

I.10. Voordelen openbaar vervoer chronisch zieke personen

1. Tariefvoordelen NMBS (K.B. 25.09.97 - B.S. 29.10.97)

A. Rechthebbende op de verhoogde ZIV-verzekeringstegemoetkoming

Wat? Wie?

Rechthebbenden op de verhoogde ZIV-verzekeringstegemoetkoming (zie II.19.) en hun personen ten laste kunnen bij de NMBS een reductiekaart bekomen die hen recht geeft op 50 % van de volle prijs voor enkele biljetten 2de klasse. Deze vermindering kan niet gecumuleerd worden met andere kortingen.

Hoe?

Om deze reductiekaart te bekomen, dient U een attest van het ziekenfonds voor te leggen waaruit het recht op verhoogde ZIV-verzekeringstegemoetkoming blijkt. Deze attesten worden op verzoek van het lid vanuit het ziekenfonds toegestuurd (u kan het attest ook aanvragen via het interactief beheer van uw dossier op internet, www.cm.be). Het attest blijft slecht 3 maanden geldig na uitreiking.

Op de verminderingskaarten, wordt **verplicht** een pasfoto aangebracht: hierdoor wordt frauduleus gebruik tegengegaan en wordt de controle op de trein enigszins vergemakkelijkt.

De kaarten worden gratis afgeleverd.

Beperkte geldigheid van de verminderingskaarten:

Voor de personen, 65 jaar en ouder, zal de geldigheid van de nieuwe verminderingskaart 5 jaar bedragen. De periode van 5 jaar vangt aan op de datum van aflevering van de kaart.

Voor de personen, minder dan 65 jaar, zal de geldigheid van de nieuwe verminderingskaart 1 jaar bedragen. De periode van 1 jaar vangt aan op de datum van aflevering van de kaart (voorheen was de einddatum steeds bepaald op 31-12 van het jaar).

Waar?

- Station (inlichtingen en aanvraag)
- Ziekenfonds - consulent of dienst maatschappelijk werk (inlichtingen + bijstand) (Gouden Gids nr 6990, www.cm.be; e-mail: dmw@cm.be).

B. Kaart "Kosteloze begeleider"

Wat?

Personen met één van de hierna vermelde handicaps, hebben recht op een kaart "Kosteloze begeleider" waarmee ze samen met een begeleider mogen reizen, op vertoon van één enkel vervoerbewijs.

Wie?

Personen:

- met een vermindering van zelfredzaamheid met tenminste 12 punten volgens de handleiding voor de evaluatie van de graad van zelfredzaamheid;
- met een blijvende invaliditeit of arbeidsongeschiktheid van minstens 80 %;
- met een blijvende invaliditeit die rechtstreeks toe te schrijven is aan de onderste ledematen en die tenminste 50 % bedraagt;
- met een gehele verlamming of amputatie van de bovenste ledematen;
- die een integratietegemoetkoming categorie III, IV of V genieten.

Hoe?

Deze kaart dient schriftelijk te worden aangevraagd in een station naar keuze of op onderstaand adres: NMBS Directie Reizigers - bureau RZ 021 sectie 13/5, Hallepoortlaan 40, 1060 Brussel.

De aanvragen voor deze kaarten moeten vergezeld zijn van een attest afgeleverd door één van de hieronder vermelde instellingen:
- de Bestuursdirectie van de uitkeringen aan personen met een handicap (Dienst Attesten) van de Federale Overheidsdienst Sociale Zekerheid;
- de rechtbanken die een invaliditeit erkend hebben;
- de verzekeringsinstellingen die een vergoeding uitkeren op basis van een erkende invaliditeitsgraad;
- het Fonds voor Arbeidsongevallen;
- het Fonds voor Beroepsziektes;
- de erkende voorzorgskassen voor mijnwerkers die een vergoeding uitbetalen op basis van een erkend invaliditeitspercentage;
- de administratie van de pensioenen van de Federale Overheidsdienst van Financiën voor de personen die een pensioen genieten op basis van een erkend invaliditeitspercentage;
- de instellingen die een verhoogde kinderbijslag uitbetalen;
- de officiële instellingen van de lidstaten van de Europese Unie die een vergoeding uitbetalen en waarvan de gelijkwaardigheid van het getuigschrift werd erkend;

C. Voorrangskaart voor het bezetten van een zitplaats in de treinen

Wat?

Met een bijzondere voorrangskaart voor het bezetten van een zitplaats in de treinen zijn chronisch zieke of gehandicapte personen zeker dat zij een zitplaats hebben in de trein. In iedere wagon zijn er namelijk plaatsen voorzien voor houders van een dergelijke kaart. Deze kaart geeft geen recht op prijsverminderingen.

De plaatsen worden voorzien van een specifiek kenteken.

Wie?

Chronisch zieke of bejaarde personen die niet rechtstaand kunnen reizen in de trein. Er zijn geen specifieke medische eisen.

Hoe?

Betrokkene dient een schriftelijke aanvraag en een medisch attest in met de vermelding van de redenen van de aanvraag en de vermelding van de periode (max. 5 jaar) waarvoor de aanvraag wordt ingediend. Je vindt het aanvraagdocument in de "Gids voor de reiziger met beperkte mobiliteit" die in ieder station gratis ter beschikking ligt.

Indien je voldoet aan de voorwaarden word je uitgenodigd om je kaart af te halen in het station van uw keuze, in het bezit van een recente pasfoto. Je betaalt 4,20 euro administratiekosten.

Waar?

– NMBS-station (aanvraag en inlichtingen)
  NMBS Directie Reizigers
  Bureau RZ 021 - sectie 27
  Hallepoortlaan 40, 1060 Brussel

2. Tariefvoordelen bij De Lijn

A. Rechthebbende op de verhoogde ZIV- verzekeringstegemoetkoming (met een reductiekaart van de NMBS (zie 1.A))

Vermindering bij aankoop van een lijnkaart - 'Lijnkaart%;

Vermindering bij aankoop van Buzzy Pazz of Omnipas.

Wat? Wie?

'Lijnkaart %'

Rechthebbenden op de verhoogde ZIV-verzekeringstegemoetkoming (zie II.12.) en hun personen ten laste, kunnen een reductiekaart bekomen die hen recht geeft op een vermindering bij aankoop van een lijnkaart (= Lijnkaart %). Deze vermindering kan niet gecumuleerd worden met andere kortingen.

De 'Lijnkaart %' is goedkoper dan de klassieke Lijnkaart (6 euro i.p.v. 8 euro).

'De Lijnkaart %' is te koop in de voorverkooppunten van de Lijn of op het voertuig bij de chauffeur. Als u uw kaart vooraf koopt, betaalt u minstens 25 % minder.

Buzzy Pazz – Omnipas

Personen, die in het bezit zijn van een reductiekaart (afgeleverd door de NMBS), kunnen bij De Lijn een Buzzy Pazz (jongeren tot 25 jaar) of een Omnipas (personen vanaf 25 jaar) van 12 maanden kopen aan de prijs van 25 euro.

Deze passen zijn geldig op het hele net en op al de voertuigen van De Lijn: bussen, belbussen, trams en kusttram.

Gerechtigden op IGO, GIB, leefloon (of andere financiële hulp van het OCMW) kunnen met een attest van RVP, respectievelijk OCMW, het goedkoop abonnement aanvragen zonder voorlegging van de reductiekaart.

Hoe?

Om deze reductiekaart te bekomen, dient een aanvraagformulier (te verkrijgen in het station (NMBS) of eventueel bij uw ziekenfonds) te worden ingevuld en afgegeven in het station, samen met een speciaal attest inzake het recht op VT dat op gewoon verzoek door het ziekenfonds wordt afgeleverd.

Waar?

- Station (inlichtingen en aanvraag)
- Ziekenfonds - dienst maatschappelijk werk (inlichtingen + bijstand) (Gouden Gids nr 6990, www.cm.be; e-mail: dmw@cm.be).

B. DINA-abonnement (indien nummerplaat auto wordt ingeleverd)

Als u (wegens ziekte of handicap of om een andere reden) een wagen uit het verkeer haalt door uw nummerplaat in te leveren bij de Dienst voor Inschrijving van de Voertuigen (DIV), kunt u bij De Lijn een gratis DINA-abonnement (Dienst Inruilen Nummerplaat voor Abonnement) aanvragen. Als de nummerplaat van de enige personenwagen binnen uw gezin wordt geschrapt, kunt u een DINA- abonnement voor alle gezinsleden aanvragen. In dat geval mag geen enkel gezinslid nog een auto ter beschikking hebben, ook geen bedrijfs- of leasingwagen. Als u een wagen wegdoet, maar nog één of meerdere wagens in het gezin hebt, dan mag u 1 gezinslid aanduiden voor het gratis abonnement.

Als uw aanvraag wordt goedgekeurd, krijgt u een DINA-abonnement in de vorm van een gratis Buzzy Pazz (voor personen tot en met 24 jaar) of Omnipas (voor personen vanaf 25 jaar) die voor 12 maanden geldig is. De Buzzy Pazz of Omnipas kan twee maal worden verlengd.

I.11. Huisvestigingspremies voor personen met 66% arbeidsongeschiktheid

- Vlaamse huursubsidie en installatiepremie
- Sociaal huren

Tegemoetkoming in de huurprijs
(BVR 02.02.2007 - BS 09.03.2007; MB 12.04.2007 - BS 25.04.2007)

Wat?

Op 01.05.2007 is het nieuwe huursubsidiestelsel in werking getreden. De oude installatiepremie is nu geïntegreerd in de startfase van deze nieuwe tegemoetkoming.

De tegemoetkoming in de huurprijs ondersteunt mensen met een laag inkomen die verhuizen van een slechte, onaangepaste woning naar een goede, aangepaste woning. Ook als u verhuist van een private huurwoning naar een woning verhuurd door een sociaal verhuurkantoor, kan u de tegemoetkoming in de huurprijs aanvragen.

De tegemoetkoming in de huurprijs bestaat uit 2 delen: enerzijds is er de maandlijkse huursubsidie en anderzijds is er de eenmalige installatiepremie.

De eenmalige installatiepremie is gelijk aan drie keer het bedrag van de maandelijkse huursubsidie van het eerste jaar (zie tabel).

Opgelet: wie dakloos was en van het OCMW al een installatiepremie heeft ontvangen voor de nieuwe huurwoning, dan heeft men geen recht meer op een nieuwe installatiepremie.

De huursubsidie wordt bepaald op basis van het inkomen. Ze wordt maximaal gedurende 9 jaar uitbetaald en neemt af in de loop van die periode.

Overzicht bedragen huursibsidie voor 2009:

Het inkomen van het 3e jaar voor aanvraagdatum was maximum ... *	**De tegemoetkoming voor de respectievelijke jaren is ...** **			
	Jaar 1 + 2	Jaar 3 + 4	Jaar 5 + 6	Jaar 7, 8 + 9 ***
15.530 euro	100 euro	80 euro	60 euro	60 euro
13.230 euro	150 euro	120 euro	90 euro	60 euro
9.610 euro	200 euro	160 euro	120 euro	60 euro

* als het inkomen het jaar voorafgaand aan de aanvraag boven het maximumbedrag ligt, dan krijgt men slechts 2 jaar de huursubsidie
** bejaarden of personen met een handicap, die zelf huurder zijn (dus geen inwonende personen die bejaard of gehandicapt zijn) ontvangen levenslang of zolang ze de woning bewonen de huursubsidie van jaar 1 + 2
*** in jaar 7, 8 + 9 kijkt men naar het inkomen van 3 jaar na de aanvraagdatum. Indien dit hoger is als het maximumbedrag krijgt men slechts 30 euro ipv 60 euro.

Zowel de oude woning die men verlaat als de nieuwe woning moeten zich in het Vlaams Gewest bevinden. De nieuwe woning moet zonder gebreken zijn en aangepast aan de gezinssamenstelling.

De maximale huurprijs van de nieuwe huurwoning bedraagt 520 euro voor aanvragen in 2009. Dit maximum mag verhoogd worden met 7% per persoon ten laste, tot de vierde persoon ten laste (dus met een maximale verhoging van 28%, ook al heeft men meer dan vier personen ten laste).

Kamers en gesubsidieerde sociale huurwoningen zijn uitgesloten voor deze tegemoetkoming.

Er zijn 3 mogelijkheden om in aanmerking te komen voor de tegemoetkoming:

Men neemt een conforme woning in huur nadat men een woning of kamer verlaten heeft, die onbewoonbaar of overbewoond verklaard is, of die een bepaalde graad van mankementen had of men komt van een woonsituatie die gezondheidsrisico's of veiligheidsrisico's vertoonde. Men was permanente campingbewoner of dakloos.

De huurder of een gezinslid is minstens 65 jaar of erkend als persoon met een handicap en men verhuist naar een aangepaste huurwoning.

Men huurt een woning van een erkend sociaal verhuurkantoor (geen voorwaarden wat betreft de verlaten woning).

Men kan de tegemoetkoming in de huurprijs slechts één keer toegewezen krijgen.

Als men al een huursubsidie heeft ontvangen op basis van de oude huursubsidie, komt men niet meer in aanmerking voor een tegemoetkoming in de huurprijs. Als men toen echter enkel een installatiepremie heeft ontvangen, komt men wel nog in aanmerking.

Wie?

Personen die een onaangepaste woonsituatie in het Vlaamse Gewest verlaten zoals hierboven beschreven en die voldoen aan de inkomensvoorwaarde en de eigendomsvoorwaarde.

Voor aanvragen in 2009 mag de som van het aan de personenbelasting inkomen, alsook van de niet- belastbare vervangingsinkomsten van de huurder en van de inwonende gezinsleden, niet meer bedragen dan 15.530 euro. Dit maximum mag verhoogd worden met 1.390 euro per persoon ten laste.

Er wordt gekeken naar het inkomen van het derde jaar dat voorafgaat aan de aanvraagdatum.

Bij de aanvraag moet men ook op erewoord verklaren of het inkomen van het jaar vóór de aanvraagdatum al dan niet meer bedraagt dan het maximumbedrag.

De huurder en de inwonende gezinsleden mogen op de aanvraagdatum en tijdens de drie jaar die daaraan voorafgaan geen woning volledig in volle eigendom of volledig in vruchtgebruik hebben (gehad).

Hierop zijn enkele uitzonderingen voor het verlaten van onbewoonbare, ongeschikt verklaarde of overbevolkte woningen of woningen met gezondheids- of veiligheidsrisico. Of de woning is/wordt gesloopt of onteigend. Of de eigenaar (of vruchtgebruiker) kan ten gevolge van een wettelijke regeling of van een uitvoerbare rechterlijke beslissing niet beschikken over de woning.

Hoe?

Men dient een aanvraag voor een tegemoetkoming in de huurprijs in bij de dienst van het Agentschap Wonen-Vlaanderen met het aanvraagformulier van de provincie waarin de nieuwe huurwoning zich bevindt. Let op: als de nieuwe huurwoning verhuurd wordt door een sociaal verhuurkantoor, moet men daarvoor een speciaal aanvraagformulier gebruiken.

De aanvraagformulieren zijn te bekomen bij het gemeentebestuur of bij de ROHM afdeling van de provincie of te downloaden op www.bouwenenwonen.be (huren, sociale maatregelen).

De aanvraag moet aangetekend ingediend worden ten laatste 6 maanden nadat de nieuwe woning betrokken is, maar de aanvraag kan ten vroegste 9 maanden voor het betrekken van de nieuwe huurwoning al ingediend worden.

Binnen een maand nadat de aanvraag is ingediend, krijgt men een ontvangstmelding van het Agentschap Wonen-Vlaanderen. Als het dossier onvolledig is, wordt men daar binnen dezelfde termijn van op de hoogte gebracht.

Vanaf de vervollediging van het dossier heeft Wonen-Vlaanderen maximaal 3 maanden de tijd om een beslissing te nemen. Als het agentschap binnen die termijn geen beslissing heeft genomen of als men niet akkoord gaat met de beslissing van het agentschap, kan men beroep aantekenen.

De huursubsidie wordt een eerste keer uitbetaald binnen de 4 maanden nadat de aanvraag is goedgekeurd (of een beslissing in beroep is genomen).

De eenmalige installatiepremie wordt uitbetaald samen met de eerste huursubsidie. Nadien zal de huursubsidie om de 3 maanden uitbetaald worden.

Als men een woning huurt van een sociaal verhuurkantoor, dan worden zowel de installatiepremie als de huursubsidie gestort op rekening van dit sociaal verhuurkantoor. Het sociaal verhuurkantoor zal vervolgens de installatiepremie doorgeven, en de huursubsidie rechtstreeks in mindering brengen van de huurprijs.

Waar?

- Provinciaal bureau - Bestuur voor de huisvesting (inlichtingen + aan-vraag)
- Agentschap Wonen Vlaanderen :
  - Wonen Vlaams-Brabant
    Blijde inkomststraat 103-105, 3000 Leuven
    tel.: (016) 24 97 77
  - Wonen Antwerpen
    Lange Kievitstraat 111-113, 2018 Antwerpen
    tel.: (03) 224 61 14

- Wonen Limburg
  Koningin Astridlaan 50, bus 1, 3500 Hasselt
  tel.: (011) 74 22 00
- Wonen West-Vlaanderen
  Werkhuisstraat 9, 8000 Brugge
  tel.: (050) 44 29 07
- Wonen Oost-Vlaanderen
  Gebroeders Van Eyckstraat 4-6, 9000 Gent
  tel.: (09) 265 45 11

– Ziekenfonds - dienst maatschappelijk werk (inlichtingen + bijstand) (Gouden Gids nr. 6990, www.cm.be;
  e-mail: dmw@cm.be)
– Gemeente - sociale dienst (inlichtingen + bijstand) (telefoongids OCMW ofwel Gouden Gids nr. 7620)

Sociaal huren

1. Huren bij sociale huisvestingsmaatschappijen, Vlaamse Maatschappij voor Sociaal Wonen (VMSW)

(BVR 12.10.2007 - BS 07.12.2007; M.B. 21.12.2007 – B.S. 18.01.2008, M.B. 14.03.2008 – B.S. 21.03.2008, M.B. 30.07.2008 – B.S. 10.09.2008)
(BVR 10.10.2008 - BS 27.11.2008))

Wat?

Sociale huisvesting wil aan gezinnen met een laag inkomen de mogelijkheid geven om tegen betaalbare prijzen een aangepaste en gezonde woning te huren.

De sociale huisvesting voorziet eveneens een aantal specifieke voordelen voor personen met een handicap, evenals voor gezinnen met lage inkomens (zie 'Wie?').

Sinds 2008 is er een nieuwe berekeningswijze voor de huurprijs.

(Tot en met 2010 geldt er een overgangsregeling. Vanaf 2011 zal de berekening van de sociale huurprijs volledig veranderen. Het inkomen, de gezinssituatie en de kwaliteit van uw woning zullen dan centraal staan).

In functie van het aantal personen ten laste wordt er een korting gegeven op de basishuurprijs.

Als 1 persoon ten laste tellen mee:
– kinderen die minderjarig zijn of waarvoor kinderbijslag betaald wordt en waarvan beide ouders in de woning wonen;
– kinderen met een handicap die minderjarig zijn of waarvoor kinderbijslag betaald wordt en waarvan slechts één ouder in de woning woont;
– personen met een handicap (+66 % arbeidsongeschikt).

Als 2 personen ten laste tellen mee:

- kinderen met een handicap die minderjarig zijn of waarvoor kinderbijslag betaald wordt en waarvan beide ouders in de woning wonen;
- kinderen met een handicap die minderjarig zijn of waarvoor kinderbijslag betaald wordt en waarvan slechts één ouder in de woning woont, die het volledige hoederecht heeft.

Als 1/2 persoon ten laste tellen mee:
- kinderen die minderjarig zijn of waarvoor kinderbijslag wordt betaald en waarvan slechts één ouder in de woning woont.

Per persoon ten laste wordt een korting van 15,00 euro gegeven (voor kinderen met handicap dus 2 X 15 euro = 30 euro) op de basishuurprijs en 7,5 euro voor een 1/2 persoon ten laste.

Wie?

Kandidaat-huurders (of hun gezinsleden) **getroffen door een handicap** hebben absolute voorrang indien de beschikbare woning een aangepaste woning voor hun handicap is (bv. rolwagengebruiker).

De sociale huurwoningen zijn bedoeld voor alle meerderjarige personen die beantwoorden aan de toelatingsvoorwaarden nl.:

1. geen woning in eigendom of in vruchtgebruik hebben (naakte eigendom is geen probleem).
   Van de eigendomsvoorwaarde kan in bepaalde omstandigheden worden afgeweken: indien
   - de woning officieel het voorwerp uitmaakt van een besluit tot onteigening, onbewoonbaar-/ ongeschiktheidsverklaring of als de woning onaangepast verklaard werd;
   - de aanvrager minstens **65 jaar oud** is en de woning zelf bewoont;
   - de aanvrager een handicap heeft en ingeschreven voor een ADL-woning (Activiteiten van het Dagelijks Leven). Deze woningen zijn specifiek aangepast voor mensen met een bepaalde handicap.

Let op: niet om het even welke verklaring over onbewoonbare, ongeschikte of onaangepaste woningen geeft automatisch recht op een afwijking.

De eigendomswoning moet steeds uiterlijk 1 jaar na de toewijzing van de sociale huurwoning worden verkocht of aan de VMSW worden verhuurd (met uitzondering uiteraard van de onteigende woning).

2. een gezinsinkomen hebben dat lager was (drie jaar voor de toewijzing) dan (cijfers voor 2009: inkomsten 2006):
   - alleenstaande (zonder personen ten laste): 17.900 euro
   - alleenstaande gehandicapte (zonder personen ten laste): 19.400 euro
   - andere aanvragers: 26.850 euro + 1.500 euro per kind ten laste.

> *Opgelet:*
> Voor de berekening van het inkomen **wordt er geen rekening gehouden met het inkomen** van:
> - de inwonende ongehuwde kinderen jonger dan 25 j.
> - de inwonende familieleden tot de 2de graad met een ernstige handicap of + 65 j.
>
> Het inkomen van de andere inwonende ascendenten wordt voor 50% meegerekend.
> Uitkeringen die bedoeld zijn om specifieke kosten te vergoeden (bv. hulp van derden, integratietegemoetkoming) worden eveneens niet in aanmerking genomen. Let op: sommige maatschappijen nemen -ten onrechte- deze inkomsten wel in aanmerking als ze vermeld staan op de afgeleverde inkomensbewijzen! Zonodig bezwaar aantekenen!
> Indien er drie jaar voor de toewijzing geen inkomen was, wordt gekeken naar het eerste jaar dat er wel inkomsten zijn (het 2de, 1ste voorafgaandelijk jaar of naar het huidige inkomen).
> Indien het inkomen drie jaar voor de toewijzing te hoog was maar in het jaar van de toewijzing lager is dan de respectievelijke grenzen, dan is de kandidaat-huurder toch toelaatbaar.

3. Taal- en inburgeringsbereidheid.

Sinds 2007 moet iedereen zijn taalkennis aantonen met een getuigschrift of diploma uit een door Vlaanderen of Nederland erkende onderwijsinstellling of met een document waaruit blijkt dat men het nederlands beheerst van niveau A.1 Breaktrough van het Europees referentiekader voor vreemde talen of met een verklaring van het Huis van het Nederlands dat de taalkennis heeft onderzocht.

Anderen zullen een cursus nederlands moeten volgen. Wie om medische redenen blijvend onmogelijk kan voldoen aan deze vereiste wordt vrijgesteld na voorlegging van een medisch attest.

Er zijn ook tijdelijke opschortingen mogelijk bij bevalling, huwelijk, ...

Wie verplicht inburgeraar is moet een attest voorleggen dat hij de inburgeringscursus heeft gevolgd of dat hij bereid is hem te volgen.

Hoe?

De kandidaat-huurders schrijven zich in in een register. De toewijzing van een woning gebeurt steeds op basis van de chronologische lijst van de in aanmerking te nemen kandidaten. Indien er verschillende maatschappijen zijn, dan kan de kandidaat vragen om zijn kandidatuur eveneens door te sturen naar de andere maatschappijen.

De toewijzing door de VMSW gebeurt volgens prioriteiten, onder meer:

1. Kandidaat-huurders (of hun gezinsleden) **getroffen door een handicap** hebben absolute voorrang indien de beschikbare woning een aangepaste woning voor hun handicap is (bv. rolwagengebruiker)
2. Kandidaat-huurders die gelijk kregen bij een beroep tegen onterechte toewijzing
3. Wettelijke herhuisvesting ten gevolge van een speciaal huisvestingsprogramma
4. Specifieke voorrangregels o.a.: lage inkomens, inwoners van de gemeente, ... (zie 'Wie?') (40% zijn voorbehouden voor deze groep)

5. Een herhuisvesting door dezelfde huisvestingsmaatschappij naar aanleiding van een gewijzigde gezinssamenstelling
6. Campingbewoners en bewoners van een onteigende/onbewoonbaar/ongeschikt verklaarde woning

Beroep

Een kandidaat-huurder die zich benadeeld voelt door een toewijzing van een woning, kan bij aangetekend schrijven verhaal aantekenen bij de commissaris van de betrokken huisvestingsmaatschappij.

Waar?

- Sociale huisvestingsmaatschappijen VMSW: (inlichtingen en inschrijving)
  De hoofdzetel van de VMSW ligt aan de Koloniënstraat 40 te 1000 Brussel.
  Tel. (02) 505 45 45
  www.vmsw.be (Vlaamse Maatschappij voor Sociaal Wonen)

2. Andere initiatieven omtrent sociaal huren:

Een sociaal verhuurkantoor verhuurt woningen en appartementen aan wie deze het meest dringend nodig heeft en aan wie de laagste inkomsten heeft. Het kantoor huurt kwaliteitsvolle privéwoningen om deze op lange termijn (9 jaar) te verhuren. Sociale verhuurkantoren: www.sociaalverhuurkantoor.be

Bij de huurdersbonden (www.huurdersbond.be) kunnen private en sociale (kandidaat-)huurders terecht voor huuradvies en - informatie. De sociale verhuurkantoren huren woningen op de private markt en verhuren ze onder aan kansarme en financieel kwetsbare bewoners. Zij koppelen dit aan huurdersbegeleiding en lokale netwerkvorming.

Het Vlaams Overleg Bewonersbelangen (VOB) is een overlegplatform voor de nieuwe wooninitiatieven (huurdersbonden, sociale verhuurkantoren, woonwinkels en woonwijzers, opbouwwerk- en welzijnswerkprojecten rond huisvesting) en is door de Vlaamse Gemeenschap erkend als overleg- en ondersteuningscentrum voor de huurdersbonden en de sociale verhuurkantoren.

Het VOB verstrekt informatie over de sociale verhuurkantoren (www.vob-vzw.be).

Voor betaalbare woonmogelijkheden in de Vlaamse rand van Brussel kan men zich informeren bij Vlabinvest: www.vlabinvest.be.

Tenslotte kunnen gemeenten en OCMW's woningen beschikbaar hebben voor noodgevallen.

I.12. Overzichtsschema voordelen en verminderingen bij 66% arbeidsongeschiktheid

	Benaming	Voordeel	Leeftijd	Bijkomende voorwaarden	Medisch attest
1	Sociaal GSM- en telefoontarief (I.9)	Vermindering op aansluitingskosten, abonnementsgeld en gesprekskosten	Vanaf 18 jaar	bruto-jaarinkomen van het gezin niet hoger dan het grensbedrag om in de ziekteverzekering van de 'verhoogde tegemoetkoming' (VT) inzake geneeskundige verzorging te kunnen genieten	66% invaliditeitsuitkering of algemeen attest
2	Inkomstenbelasting (I.7)	- kind met handicap ten laste telt dubbel, anderen: verhoging van de belastingvrije som	Elke leeftijd, maar handicap moet ontstaan en vastgesteld zijn vóór de leeftijd van 65 jaar	66% op 1 januari van het aanslagjaar	66% invaliditeitsuitkering of algemeen attest
3	Onroerende voorheffing + successierechten (I.7)	Vermindering van de belasting	Elke leeftijd, maar handicap moet ontstaan en vastgestel d zijn vóór de leeftijd van 65 jaar	66% op 1 januari van het aanslagjaar	66% invaliditeitsuitkering of algemeen attest
4	Tegemoetkoming in de huurprijs van het Vlaams Gewest (I.11)	- verlaten van een onaangepaste woning - huren van een sociaal verhuurkantoor	Elke leeftijd	Beperkt gezinsinkomen (inkomen 3 jaar geleden)	66% invaliditeitsuitkering of algemeen attest
5	Vermindering sociale huurprijs (I.11)	Vermindering van de huurprijs en vermindering onroerende voorheffing (via huisvestingsmaatschappij)	Elke leeftijd		66% invaliditeitsuitkering of algemeen attest
6	Verminderingskaart voor het openbaar vervoer (I.10)	50% vermindering NMBS en DE LIJN voor gerechtigde en personen ten laste	Elke leeftijd	Personen met verhoogde tegemoetkoming (VT) in de ziekteverzekering	

7	Het sociaal verwarmings-fonds (I.8)	Bij hoge stookolieprijzen een toelage in de aankoop van brandstof om het huis te verwarmen		Personen met beperkt inkomen	
8	Verhoogde tegemoetkoming in de ziekteverzekering (I.13)	Minder remgeld betalen en betere bescherming bij ziekenhuisopname	Alle leeftijden	Beperkt gezinsinkomen	66% invaliditeitsuitkering of algemeen attest attest

I.13. Persoonlijk aandeel - remgelden

A verhoogde tegemoetkoming
B hospitalisatie
C geneesmiddelen
D De 'sociale identiteitskaart' (badge) of SIS-kaart,
E Globaal Medisch Dossier

PERSOONLIJK AANDEEL

In onze Belgische sociale zekerheid worden tegemoetkomingen verleend in de onkosten voor geneeskundige verzorging. Het deel van de rekening dat niet vergoed wordt door het systeem noemen we remgeld of persoonlijk aandeel (verder in dit stuk PA genoemd).

Met PA bedoelen we altijd het **wettelijk voorziene PA**. Daarnaast kan de patiënt eventueel nog een bijkomend bedrag aangerekend krijgen dat de zorgverlener aanrekent buiten de wettelijk afgesproken kostprijs voor een verstrekking. Dit noemt het **supplement**.

Een supplement kan een extra aanrekening van ereloon zijn (een aangerekende meerprijs dan wat afgesproken is in het tarievenakkoord tussen artsen en ziekenfondsen (1) of een aanrekening van zelf gekozen 'luxe' in een ziekenhuis (vb. een supplement voor een eenpersoonskamer).

De tegemoetkomingen in de ziekteverzekering zijn ook ingedeeld in kleine en grote risico's. Grote risico's verdienen een betere bescherming omdat de gevolgen om niet verzekerd te zijn ernstiger zijn. Tot en met 2007 waren de zelfstandigen niet automatisch verzekerd voor kleine risico's. Zij konden voor de kleine risico's vrijwillig een verzekering aangaan bij hun ziekenfonds. **Sinds 01.01.2008 zijn de zelfstandigen nu ook van rechtswege verzekerd voor kleine risico's.**

Personen met een beperkt inkomen betalen een lager PA dan gewone verzekerden. Zij krijgen de **verhoogde** (verzekerings-)**tegemoetkoming**. Deze financieel kwetsbare groep is ook beter beschermd dan de gewoon verzekerden tegen de aanrekening van bijkomende supplementen.

Kinderen met een handicap, die medisch in aanmerking komen voor bijkomende kinderbijslag, kunnen vaak ook de verhoogde tegemoetkoming verkrijgen.

A) VERHOOGDE (VERZEKERINGS-)TEGEMOETKOMING (VT)

1. Verhoogde tegemoetkoming - ziekteverzekering
   (Gecoördineerde Wet 14.07.94, art. 37 § 1 en 19; K.B. 16.04.97 - nieuwe categorieën, K.B. 08.08.97 - inkomensvoorwaarden, laatst aangepast bij Programmawet 27.12.2006 - statuut OMNIO)
   (K.B.'s 03.09.2000 - B.S. 29.09.2000 - terugwerkende kracht)
   (K.B. 31.05.2001 - B.S. 23.06.2001)
2. Regeling betalende derde voor ambulante behandeling

1. Verhoogde tegemoetkoming

Wat?

De rechthebbenden (= gerechtigden en hun personen ten laste) op de **verhoogde tegemoetkoming** hebben automatisch recht op een aantal voordelen:

(1) een niet geconventioneerde arts hoeft zich niet te houden aan tariefaanspraken

- Een hogere tussenkomst voor bepaalde prestaties (m.a.w. men betaalt minder voor geneeskundige verstrekkingen);
- Een kleiner persoonlijk aandeel in de ligdagprijs bij hospitalisatie;
- Een kleiner persoonlijk aandeel voor bepaalde geneesmiddelen (B + C medicatie);
- Recht op de 'sociale MAF' (zie I.15);
- Recht op de 'regeling betalende derde' (m.a.w. de betrokkene moet niets voorschieten, alles wordt door de zorgverstrekker rechtstreeks met het ziekenfonds geregeld op voorwaarde dat de zorgverstrekker dit zelf wil!);
- Verbod op het aanrekenen van ereloonsupplementen in twee- en meerpersoonskamers, ook voor niet- geconventioneerde artsen
- Recht op een aantal andere verminderingen (sociaal telefoontarief, vermindering openbaar vervoer) (zie overzicht I.12);
- Eventueel een aantal provinciale of gemeentelijke voordelen (te bevragen bij de gemeente en/of provincie)
- Een aantal specifieke voordelen in uw ziekenfonds (plaatselijk te bevragen)

Wie?

Volgende personen komen in aanmerking zonder inkomensonderzoek:

- personen met gewaarborgd inkomen voor bejaarden / inkomensgarantie voor ouderen of rentebijslagen;
- personen met één van de tegemoetkomingen aan personen met een handicap (oud of nieuw stelsel) (II.5 + 6);
- kinderen erkend voor bijkomende kinderbijslag voor kinderen met een handicap (II.2) mits 66% arbeidsongeschiktheid (= minstens 4 punten op de eerste pijler voor kinderen, geboren na 01.01.1993 o geboren tot 01.01.1993 en erkend voor bijkomende kinderbijslag); (1)
- leefloonbegunstigden of OCMW-steuntrekkers (dit is niet het leefloon!) van het O.C.M.W. (> 3 maand ononderbroken; indien onderbroken > 6 maand in periode van één jaar) (IV.6);

en in voorkomend geval hun partner en de personen ten laste.

Zij krijgen de verhoogde tegemoetkoming op basis van hun statuut (bijstandsuitkering), uitgerekend de kinderen met 66% arbeidsongeschiktheid, die sinds 2008 een absoluut recht verkregen.

Volgende personen komen in aanmerking met inkomensonderzoek:

- weduwen/weduwnaars, invaliden, gepensioneerden, wezen met bescheiden inkomen;

(1) Sinds 2007 komen sommige kinderen, die voor de bijkomende kinderbijslag geen 66% arbeidsongeschiktheid hebben, toch in aanmerking voor de verhoogde tegemoetkoming. Dit recht wordt automatisch onderzocht wanneer de rechten op de bijkomende kinderbijslag worden bepaald. Het gaat om enkele zeer ernstige aandoeningen die mits een dure verzorging een hogere arbeidsongeschiktheid vermijden, vb. sommige mucopatiënten (zie ook II.2. of IV.2., chronisch zieke kinderen, KB 29.04.99)

- langdurig (+ 1 jaar) volledig werklozen, ouder dan 50 jaar, (gedurende de periode van arbeidshervatting van ten hoogste 28 dagen of de periode van arbeidsongeschiktheid wordt men verder beschouwd als werkloze);
- personen met de hoedanigheid van 'mindervalide' in de ziekteverzekering, met bescheiden inkomen;
- personen met het statuut 'verblijvende in België' in de ziekteverzekering;
- personen met het statuut OMNIO (= gezinnen met bescheiden inkomen);

die voldoen aan de inkomensvoorwaarde;

en in voorkomend geval hun partner en de personen ten laste van al deze personen.

Opmerking:

De weduwnaar of weduwe van een gerechtigde op de verhoogde tegemoetkoming heeft recht op de verhoogde tegemoetkoming tot het einde van het tweede kalenderkwartaal dat volgt op dat waarin hun echtgenoot of echtgenote is overleden. Nadien moeten ze aantonen dat ze voldoen aan de gestelde voorwaarden om verder recht te kunnen hebben.

Inkomensvoorwaarde

- Voor de leefloonbegunstigden (steuntrekkers), de rechthebbenden op een tegemoetkoming aan personen met een handicap, op de inkomensgarantie voor ouderen of op het gewaarborgd inkomen voor ouderen (of rentebijslag), gelden de inkomensvoorwaarden van de betreffende voorziening.
  Een attest van de betrokken instelling dat men rechthebbende is op één van die voorzieningen is voldoende.
- Voor de:
  - weduwen/weduwnaars, invaliden, gepensioneerden, wezen;
  - ambtenaren op disponibiliteit (> 1 jaar ziek);
  - rechthebbenden (gerechtigden of hun personen ten laste) op bijkomende kinderbijslag voor kinderen met een handicap;
  - landurig werklozen;
  - personen met de hoedanigheid van 'mindervalide' in de ziekteverzekering;
  - personen met het statuut 'verblijvende in België' in de ziekteverzekering;

  mag het huidige gezinsinkomen niet hoger zijn dan 14.624,70 euro bruto + 2.707,42 euro per persoon ten laste (de respectievelijke kinderen, de niet-gerechtigde echtgeno(o)t(e) of partner) ingeschreven op het boekje van de aanvrager *of van zijn echtgeno(o)t(e) of partner indien deze zelf een boekje heeft* (m.a.w. titularis is).
- Voor de personen met het statuut OMNIO mag het gezinsinkomen van 2008 niet hoger zijn dan 14.339,94 euro bruto + 2.654,70 euro per persoon ten laste (gezamenlijk inkomen van alle gezinsleden die op 1 januari van 2009 op hetzelfde adres gedomicilieerd zijn)

(bedragen op 01.09.2008).

Opgelet:

Inkomsten uit zelfstandige activiteit worden met 100/80 vermenigvuldigd.
Ook buitenlandse inkomens tellen mee.

De inkomens van volgende personen tellen mee voor de berekening:

- inkomens van de gerechtigde
- inkomens van de gerechtigde echtgeno(o)t(e) of partner,
- inkomens van de personen ten laste (de respectievelijke kinderen, de niet gerechtigde echtgeno(o)t(e) of partner) **ingeschreven op het boekje van de aanvrager of van zijn echtgeno(o)t(e) of partner**.

Opmerkingen:

(KB 03.09.2000 - BS 29.09.2000) De opname van één van de echtgenoten in een 'rustoord voor bejaarden' of in een 'rust en verzorgingstehuis' wordt vanaf de eerste dag van het verblijf gelijkgesteld aan een feitelijke scheiding. Na één jaar feitelijke scheiding wordt de persoon die opgenomen is, niet meer geteld als gezinslid voor de berekening van het recht op een verhoogde tegemoetkoming. Hierdoor moet men terug bekijken of er al dan niet (nog) recht is op een 'verhoogde tegemoetkoming'.

- als er verschillende partners mogelijk zijn, dan telt er maar één partner mee.
- De echtgeno(o)t(e) of huishoud(st)er hebben hierbij altijd voorrang op andere samenwonenden,
- familie tot en met de derde graad wordt niet beschouwd als partner tenzij de persoon die ingeschreven is als huishoud(st)er,
- indien de aanvrager persoon ten laste (kind) is van de gerechtigde (ouder), dan tellen de gerechtigde en diens echtgeno(o)t(e) of partner en de personen ten laste van de gerechtigde mee als persoon ten laste voor de berekening,

Een wijziging van statuut of van inkomsten, die aanleiding kunnen geven tot het verlies van de verhoogde tegemoetkoming, dienen gemeld binnen de dertig dagen vanaf de wijziging!

De volgende inkomens tellen mee voor de berekening:

- het **geïndexeerd kadastraal inkomen** van het **eigen** woonhuis verminderd met 1.150 euro (aanvrager) + 192 euro per persoon ten laste en partner (of eventueel gerechtigde indien aanvrager persoon ten laste is) (bedrag jaar 2009),
- de andere **belastbare inkomens uit roerende of onroerende goederen** van de hierboven opgesomde personen, zoals vermeld op het aanslagbiljet van de belastingen *(bijgevolg: inkomsten uit verhuur van particuliere woningen telt niet mee, wel de huurinkomsten van handelspanden),*
- een percentage (afhankelijk van de leeftijd op de datum van betaling) van de **pensioenen, rentes, kapitalen, afkoopwaarden of spaartegoeden,** uitgekeerd in de loop van de laatste 10 jaar, die op de één of andere manier werden belast (bepaalde renten inzake arbeidsongevallen en beroepsziekten zijn **niet** belastbaar - zie Arbeidsongevallen - beroepsziekten)! (1)

(1) Dit inkomen dient wel te worden aangegeven, maar wordt NIET in rekening gebracht !!

De uitgekeerde bedragen tellen mee voor:

1,0% indien leeftijd van betrokkene op het ogenblik van betaling = 40 jaar,
1,5% indien leeftijd van betrokkene op het ogenblik van betaling 41-46 jaar;
2,0% indien leeftijd van betrokkene op het ogenblik van betaling 46-50 jaar;
2,5% indien leeftijd van betrokkene op het ogenblik van betaling 51-55 jaar;
3,0% indien leeftijd van betrokkene op het ogenblik van betaling 56-58 jaar;
3,5% indien leeftijd van betrokkene op het ogenblik van betaling 59-60 jaar;
4,0% indien leeftijd van betrokkene op het ogenblik van betaling 61-62 jaar;
4,5% indien leeftijd van betrokkene op het ogenblik van betaling 63-64 jaar;
5,0% indien leeftijd van betrokkene op het ogenblik van betaling = 65 jaar;

B.v.: Aanvraag verhoogde tegemoetkoming op 01.10.2008 door een invalide.
Geboortedatum aanvrager 02.04.1943.
Een levensverzekering werd afgekocht op 07.10.1999: 49.603,17 euro
Leeftijd aanvrager in 1999: 56 jaar (m.a.w. = 3%)
Meegeteld inkomen: 49.603,17 x 3% = 1.488,09 euro/jaar (periode '99-2008, dus vanaf 2009 telt deze afkoopwaarde niet meer mee!).

Hoe?

Bij het ziekenfonds dient de aanvrager een verklaring op eer te ondertekenen.

Voor diegenen die aan de inkomensvoorwaarde moeten voldoen en dus hun inkomen moeten bewijzen, dient de laatste berekeningsnota van de personenbelasting (= aanslagjaar voor het jaar van de aanvraag) en een recent strookje of bankuittreksel of een ander document dat het maandelijkse inkomen bewijst, als bewijsstuk bijgevoegd te worden. (Het recht kan worden ingetrokken indien het inkomen wijzigt.)

De aanvragers die hun inkomen niet hoeven te bewijzen, daar zij al gerechtigd zijn op een andere voorziening waar het inkomen al werd nagekeken, moeten de nodige bewijsstukken toevoegen die hun recht aantonen op het leefloon, op steun van het O.C.M.W., op het gewaarborgd inkomen voor bejaarden / inkomensgarantie voor ouderen, op rentebijslag of op een tegemoetkoming aan personen met een handicap. (Zolang er recht is op één van deze voorzieningen kan het recht op verhoogde tegemoetkoming niet worden ingetrokken.)

Opmerking:

Met het Koninklijk Besluit van 3 september 2001 dient de verklaring op erewoord ingediend binnen de drie maanden vanaf de dag waarop de gerechtigde de hoedanigheid verwerft van gepensioneerde, weduwnaar of weduwe, wees of invalide (voorheen ging het recht maar in vanaf de aanvraagdatum zelf, en was er geen terugwerkende kracht mogelijk).

Diegenen die een aanvraag hebben ingediend voor bijkomende kinderbijslag of voor een tegemoetkoming aan personen met een handicap, hebben nog drie maanden tijd, na ontvangst van de positieve beslissing in verband met hun aanvraag voor bijkomende kinderbijslag of voor een tegemoetkoming aan personen met een handicap, om een aanvraag voor verhoogde tegemoetkoming in te dienen. Het voordeel van de verhoogde tegemoetkoming gaat in, met terugwerkende kracht, vanaf de datum dat de positieve beslissing inzake de kinderbijslag of de tegemoetkoming ingaat.

Waar?

– Ziekenfonds (loket) (inlichtingen + aanvraag) (Gouden Gids nr 6990).

2. Regeling betalende derde voor ambulante raadplegingen

In principe wordt het volledige bedrag voor de verstrekking eerst rechtstreeks door de patiënt aan de verstrekker betaald. Hij ontvangt hiervoor een getuigschrift voor verstrekte hulp waarmee hij via het ziekenfonds de gehele of gedeeltelijke terugbetaling kan krijgen.

Om de toegang tot de zorgverlening te verbeteren kan in een aantal situaties het bedrag ten laste van de ziekteverzekering door de verstrekker rechtstreeks aan het ziekenfonds gefactureerd worden en betaalt de patiënt enkel zijn persoonlijke bijdrage. Dit is de zogeheten regeling betalende derde.

Deze regeling geldt altijd voor hospitalisaties en voor terugbetaalbare geneesmiddelen.

In principe is het systeem verboden voor raadplegingen, huisbezoeken en adviezen van huisartsen en specialisten in de ambulante zorg.

Voor patiënten in een bijzonder ongunstig sociale situatie (rechthebbenden met een verhoogde tegemoetkoming en hun personen ten laste, werklozen sedert ten minste 6 maanden en hun personen ten laste, rechthebbenden op bijkomende kinderbijslag en hun personen tenlaste of personen die zich in een individuele financiële noodsituatie bevinden) kan de regeling betalende derde wel worden toegepast. Het is de zorgverlener die de regeling toestaat. De regeling is dus niet afdwingbaar. Maar om deze ondersteuningsmaatregel aan te moedigen is in 2007 de administratieve afhandeling voor de geneesheren aantrekkelijker gemaakt.

B) HOSPITAAL

De keuze van het ziekenhuis maak je in principe zelf. Sommige dokters zijn evenwel verbonden met een ziekenhuis, waardoor de keuze door je dokter wordt bepaald.

Bij een ziekenhuisopname komen 4 soorten kosten kijken:

1. Ligdagprijs

Bij de berekening van de totale ligdagprijs wordt rekening gehouden met:

– het opnameforfait: bij iedere opname wordt een éénmalig vast bedrag van 27,27 euro supplementair aangerekend; dit geldt niet voor de personen met een 'verhoogde tegemoetkoming' (vroegere W.I.G.W.'s) (zie I.13.A.) en hun personen ten laste !

Het hierna vermeld '**persoonlijk aandeel**' (bedragen vanaf 01.01.2009) blijft ten laste van de patiënt:

De **eerste dag** opname in een algemeen ziekenhuis, psychiatrisch ziekenhuis of revalidatiecentrum (inclusief eenmalig vast bedrag)'VT' = verhoogde terugbetaling van geneeskundige verstrekkingen	
- rechthebbenden met VT en hun personen ten laste	5,02 euro
- kinderen personen ten laste zonder VT	32,29 euro
- rechthebbenden gecontroleerd werkloze sedert ten minste 1 jaar (met gezinslast of alleenstaande) en hun personen ten laste	32,29 euro
- andere rechthebbenden en hun personen ten laste	41,41 euro
Vanaf de tweede dag opname in een algemeen ziekenhuis, psychiatrisch ziekenhuis of revalidatiecentrum	
- rechthebbenden met VT en hun personen ten laste	5,02 euro
- kinderen personen ten laste zonder VT	5,02 euro
- rechthebbenden gecontroleerd werkloze sedert ten minste 1 jaar (met gezinslast of alleenstaande) en hun personen ten laste	5,02 euro
- andere rechthebbenden en hun personen ten laste	14,14 euro
Vanaf 91e dag opname in een algemeen of psychiatrisch ziekenhuis	
- rechthebbenden met VT en hun personen ten laste	5,02 euro
- kinderen personen ten laste zonder VT	5,02 euro
- rechthebbenden gecontroleerd werkloze sedert ten minste 1 jaar (met gezinslast of alleenstaande) en hun personen ten laste	5,02 euro
- rechthebbenden met personen ten laste en hun personen ten laste	5,02 euro
- rechthebbenden met alimentatieplicht (vonnis, notariële akte) en hun personen ten laste	5,02 euro
- andere rechthebbenden	14,14 euro
Na vijf jaar opname in een psychiatrisch ziekenhuis	
- rechthebbenden met VT met personen ten laste en hun personen ten laste	5,02 euro
- rechthebbenden zonder VT met personen ten laste en hun personen ten laste	5,02 euro
- rechthebbenden gecontroleerd werkloze sedert ten minste 1 jaar met personen ten laste en hun personen ten laste	5,02 euro
- rechthebbenden met alimentatieplicht (vonnis, notariële akte) en hun personen ten laste	5,02 euro
- rechthebbenden met VT die geen alimentatieplicht hebben	14,14 euro
- rechthebben met VT zonder personen ten laste	14,14 euro
- rechthebbenden gecontroleerd werkloze sedert ten minste 1 jaar zonder personen ten laste	14,14 euro
- andere rechthebbenden	23,57 euro

– de soort kamer: het type kamer kan vrij worden gekozen; bij de opname teken je een opnameformulier waarop vermeld staat welke keuze je hebt gemaakt; indien het om medische redenen noodzakelijk is van in bijvoorbeeld een éénpersoonskamer te liggen, dan mag er hiervoor geen opleg worden aangerekend (een medische verklaring is wel noodzakelijk)
  a) gemeenschappelijke kamer (meer dan 2 bedden): geen speciale opleg,
  b) tweepersoonskamer = maximum 21,77 euro supplement (niet voor gerechtigden met verhoogde tegemoetkoming of Omnio, met een forfait voor chro-

nisch zieke personen, een incontinentieforfait of met een palliatief forfait, met een tegemoetkoming voor analgetica (pijnstillers) of actieve verbandmiddelen, niet voor kinderen met bijkomende kinderbijslag, niet in een palliatieve dienst en niet vanaf de 16e dag hospitalisatie in een zelfde jaar bij opname in een niet psychiatrisch ziekenhuis, uitgezonderd revalidatiedienst is vanaf de 46e dag),

c) éénpersoonskamer = vrij supplement.

Let op: Lees aandachtig het **opnamedocument**!
Het bevat concrete informatie over de kamer- en ereloonsupplementen.
U geeft aan voor welk type kamer u kiest, ongeacht het feit dat het type kamer dat u gebruikt eventueel anders kan zijn (vb. om medische redenen of omdat er geen type kamer van uw keuze vrij is). Onderteken het niet achteloos, want het document is bindend. U betaalt het type kamer dat hierin is aangegeven !

2. medische verzorging

3. geneesmiddelen
   Bij opname in een algemeen ziekenhuis bedraagt het persoonlijk aandeel voor terugbetaalbare farmaceutische specialiteiten forfaitair 0,62 euro per verpleegdag. De niet terugbetaalbare farmaceutische specialiteiten worden integraal door de zieke betaald. De kosten voor magistrale bereidingen zijn in de ligdagprijs inbegrepen en worden niet afzonderlijk in de onkostennota vermeld.

In een psychiatrisch ziekenhuis betaalt de patiënt per verpleegdag een forfaitair bedrag van 0,80 euro en in een psychiatrisch verzorgingstehuis 0,70 euro voor alle geneesmiddelen, dus zowel de terugbetaalbare als de niet-terugbetaalbare.

4. varia.

- De patiënt betaalt in principe steeds ook volgende bijdragen:
  - 16,40 euro per opname voor technische verstrekkingen,
  - 7,44 euro per opname voor klinische biologie,
  - 6,20 euro per opname voor medische beeldvorming.
  - patiënten met verhoogde tegemoetkoming betalen alleen een forfait voor radiologie: 1,98 euro
- De patiënt betaalt ook een toezichtshonorarium dat afhankelijk is van dienst, bekwaming van de arts, duur van de hospitalisatie, enz. Het toezicht veronderstelt niet automatisch een werkelijk bezoek van de arts bij de gehospitaliseerde.
- Daarnaast zijn er nog een aantal supplementaire kosten voor bepaalde prestaties zoals het supplement voor materiaal, implantaten en prothesen, alles wat te maken heeft met privéverbruik zoals TV, koelkast, drank, ...

Spoeddienst

Het is aan ziekenhuizen toegestaan om een forfaitaire bijdrage van 19,09 euro te vragen aan patiënten, die zich aanmelden in de spoedgevallenzorg (10,61 euro voor personen met verhoogde tegemoetkoming). Dit bedrag wordt verminderd tot 4,25 euro (of 1,59 euro voor personen met verhoogde tegemoetkoming) bij dringende geneeskundige hulpverlening via de dienstverlening van de dienst 100 of politie, bij wie is doorverwezen door een arts (vraag een verwijzingsbrief), bij wie tenminste 12 uur geobserveerd wordt, bij wie opgenomen wordt in het ziekenhuis, bij wie doorverwezen wordt naar de daghospitalisatie, bij consultatie tussen middernacht en 6u00 en bij wie een gipsverband aangelegd krijgt naar aanleiding van een breuk.

Schematisch overzicht "KAMERSUPPLEMENT BIJ LIGDAGPRIJS"

Gemeenschappelijke kamer	Kamersupplement verboden
Tweepersoonskamer	Kamersupplement van maximum 21,77 euro per dag toegelaten, behalve: • voor personen met de verhoogde tegemoetkoming (en hun personen ten laste); • voor personen die erkend zijn als chronisch ziek; • voor patiënten met een tegemoetkoming voor incontinentiemateriaal; • voor patiënten die een tegemoetkoming krijgen voor analgetica (pijnstillers) of actieve verbandmiddelen • voor patiënten die een palliatieve tegemoetkoming ontvangen of opgenomen zijn in een palliatieve afdeling van het ziekenhuis; • bij opname in een tweepersoonskamer omdat er geen gemeenschappelijke kamer beschikbaar is; • bij opname op de spoedafdeling of de afdeling intensieve zorg; • bij opname van een kind samen met een begeleidende ouder.
Eenpersoonskamer	Door het ziekenhuis vrij te bepalen kamersupplement toegelaten, behalve: • indien de gezondheidstoestand van de patiënt een eenpersoonskamer vereist; • bij opname in een eenpersoonskamer omdat er geen ander kamertype beschikbaar is; • bij opname op de spoedafdeling of de afdeling intensieve zorg; • bij opname in een eenpersoonskamer omwille van dienstnoodwendigheden; • bij opname van een kind samen met een begeleidende ouder, die niet expliciet koos voor een eenpersoonskamer.

Schematisch overzicht "MEDISCHE VERZORGING BIJ HOSPITALISATIE"

Geneesheren en kinesitherapeuten	Gemeenschappelijke kamer En tweepersoonskamer	Je betaalt het wettelijk tarief van het Riziv (de verzorging wordt voor een groot deel terugbetaald) Geconventioneerde geneesheren mogen geen ereloonsupplementen aanrekenen 'Niet geconventioneerde' geneesheren hebben in principe een vrij te kiezen honorarium behalve ten overstaan van : • de personen die tijdens het lopende of voorgaande jaar recht hadden op een verhoogde tegemoetkoming of statuut Omnio (zie I.13.A.); • personen die incontinentieforfait ontvangen;

		• personen opgenomen in een dienst voor palliatieve zorg; • personen die forfait chronisch zieken ontvangen; • kinderen met een handicap en bijkomende kinderbijslag; • vanaf de 16e dag hospitalisatie in een zelfde jaar in een niet psychiatrisch ziekenhuis (uitgezonderd verblijf in een revalidatiedienst) • vanaf de 46e dag hospitalisatie in een zelfde jaar in een revalidatiedienst (uitgezonderd psychogeriatrische aandoeningen);
	Eenpersoonskamer, expliciet gekozen (cfr. supra)	Je betaalt wat men je vraagt. Het ziekenfonds betaalt maar een gedeelte terug. De supplementen kunnen oplopen tot 100% van het tarief en meer.
	In ieder ziekenhuis kan je vragen naar een behandeling tegen conventietarief (meestal moet men dan wel de vrije artsenkeuze opgeven). Boven bepaalde inkomensgrenzen zijn de geneesheren ontheven van de verplichting om de tarieven na te leven (1).	
Geneesmiddelen	Terugbetaalbare	Je betaalt zelfs als je niets verbruikt • 0,62 euro per dag in een algemeen ziekenhuis; • 0,70 euro in een psychiatrisch verzorgingstehuis; • 0,80 in psychiatrisch ziekenhuis.
	Niet-terugbetaalbare (gewone pijnstillers, slaapmiddelen)	Je betaalt wat je verbruikt.
Varia	- De patiënt betaalt eveneens volgende bijdragen (niet in de psychiatrie): • 16,40 euro per opname voor technische verstrekkingen (0 euro voor rechthebbenden met VT); • 7,44 euro per opname voor klinische biologie (0 euro voor rechthebbenden met VT); • 6,20 euro per opname voor medische beeldvorming (1,98 euro voor rechthebbenden met VT); Er zijn ook de honoraria voor alle niet-terugbetaalbare prestaties. Deze prestaties worden niet terugbetaald door de ziekteverzekering en vallen volledig ten laste van de patiënt. Ze moeten duidelijk worden omschreven op de factuur. Daarnaast zijn er nog een aantal supplementaire kosten voor bepaalde prestaties zoals het supplement voor materiaal, implantaten en prothesen, alles wat te maken heeft met privéverbruik zoals TV, koelkast, drank, ...	

(1) De inkomenslimieten waarbij het afgesproken tarief niet moet gerespecteerd worden is voor één gerechtigde 57.567,49 euro + 1.918,20 euro per persoon ten laste en voor meerdere gerechtigden 38.377,64 euro per gerechtigde + 1.918,20 euro per persoon ten laste.

C) GENEESMIDDELEN

TERUGBETALINGSTARIEVEN GENEESMIDDELEN
(BS 31-03-2001; KB 21-03-2001)

De terugbetaling van geneesmiddelen komt tot stand na 3 administratieve procedures. Een geneesmiddel moet eerst geregistreerd worden bij de overheid (nationaal of Europees) om in de handel te kunnen brengen. Vervolgens wordt door de overheid een maximumprijs vastgelegd. En indien een bedrijf terugbetaling wenst voor zijn geneesmiddel moet het een aanvraag tot opname op de lijst van vergoedbare farmaceutische producten indienen bij het RIZIV. De minister van Sociale Zekerheid beslist na advies over de terugbetaling van het geneesmiddel.

Een geneesmiddel is slechts terugbetaalbaar voor de indicaties waarvoor het geregistreerd werd. Deze procedures tot registratie en terugbetaling gaan gepaard met dure wetenschappelijke studies die medisch aantonen in welke mate het geneesmiddel werkzaam is. Het gebeurt soms dat een geneesmiddel noodzakelijk blijkt voor behandeling van een indicatie waarvoor het niet geregistreerd werd. De overheid wordt dan soms met de vinger gewezen, maar kan geen terugbetaling toekennen omwille van de ontbrekende aanvragen en/of medische bewijsvoering voor die bepaalde indicatie.

De basiswaarde, waarop het persoonlijk aandeel wordt berekend, wordt vastgesteld op basis van de richtprijzen van toepassing voor de generische geneesmiddelen.

Door het verschijnen van de generische geneesmiddelen is de overheid gaan denken aan een andere manier van voorschrijven, **het voorschrift op stofnaam**. In plaats van een specialiteitsnaam te vermelden, vermeldt de arts de actieve stofnaam, de sterkte per eenheid, de farmaceutische vorm, de dagdosering en het aantal af te leveren eenheden. Zo kan de apotheker kiezen uit de specialiteiten die aan dit voorschrift beantwoorden en alzo het goedkoopste geneesmiddel afleveren.

De apotheker mag echter niet substitueren, dit is een ander gelijkwaardig geneesmiddelen afleveren, zonder dat het volledig beantwoordt aan het voorschrift. De apotheker kan eventueel overleg plegen met de arts en zijn akkoord vragen voor de aflevering van een gelijkwaardig geneesmiddel.

1. **Persoonlijk aandeel** [eventueel te vermeerderen met het 'bijkomend gedeelte' (zie 2)].

Vanaf 01.09.2008 wordt het persoonlijk aandeel van de rechthebbende in de kosten van de aangenomen farmaceutische specialiteiten als volgt vastgesteld:

Categorie	% met verhoogde tegemoetkoming	% gewoon verzekerden	Max. met verhoogde tegemoetkoming	Max. gewoon verzekerden
A (1)	0 %	0 %	0 euro	0 euro
B kleine verpakking (2)	15 %	25 %	7,20 euro	10,80 euro

B grote verpakking **	15 %	25 %	8,90 euro	13,50 euro
B kleine verpakking generisch alternatief*	15%	25%	8,20 euro	12,20 euro
B grote verpakking generisch alternatief*	15%	25%	12,20 euro	18,50 euro
C (3)	50 %	50 %	8,90 euro	13,50 euro
C generisch alternatief *	50 %	50 %	12,20 euro	18,50 euro
Cs (4)	60 %	60 %	Geen max.	Geen max.
Cx (5)	80 %	80 %	Geen max.	Geen max.
D (6)	100 %	100 %	Geen max.	Geen max.

(1) A zijn levensnoodzakelijke geneesmiddelen voor sommige zware/langdurig zieken (middelen tegen kanker, diabetes, epilepsie, ...)
(2) B zijn nuttige geneesmiddelen op sociaal en geneeskundig vlak (middelen tegen astma, hoge bloeddruk, antibiotica, ...)
(3) C zijn geneesmiddelen voor symptomatische behandeling (hormonaal versterkende middelen, slijmverdunnende middelen tegen allergieën, krampen, ...)
(4) Cs zijn bloeddoorstromers, vaatverwijders, ...
(5) Cx zijn orale anticonceptiva, ...
(6) D zijn niet vergoedbare geneesmiddelen (vitamines, kalmeermiddelen, pijnstillers, slaapmiddelen, ...) Het zijn geneesmiddelen die minder nuttig zijn, of waarvan de doelmatigheid niet of onvoldoende is aangetoond, of waarvoor nooit tussenkomst werd aangevraagd door de leverancier, of waarvan men overconsumptie wil ontmoedigen (vb. antidepressiva of pijnstillers)

(*) sinds 01.11.2005 werden nieuwe remgeldplafonds ingevoerd voor geneesmiddelen waarvoor een vergoedbaar generisch alternatief bestaat
(**) een grote verpakking bevat meer dan 60 eenheden

Bovenop dit remgeld kan echter nog een supplement worden aangerekend in het kader van de referentieterugbetaling. Op 1 juni 2001 is het referentieterugbetalingssysteem gestart waarmee de overheid het voorschrijven van goedkopere geneesmiddelen wil stimuleren en toch kwalitatieve zorg blijven bieden. Binnen de referentieterugbetaling wordt de terugbetalingsbasis van een originele specialiteit waarvoor een goedkopere specialiteit beschikbaar is (dikwijls een generisch middel of een "kopie"), verminderd. Vanaf 1 juli 2005, bedraagt deze vermindering 30%. Dit heeft voor gevolg dat de patiënt in een aantal gevallen een hoger remgeld betaalt wanneer het duurdere geneesmiddel wordt voorgeschreven en afgeleverd.

Voor dieetvoeding en diagnostische- en verzorgingsmiddelen worden de persoonlijke aandelen als volgt vastgesteld:

Categorie	% met verhoogde tegemoetkoming	% gewoon verzekerden	Max. met verhoogde tegemoetkoming	Max. gewoon verzekerden
A	0 %	0 %	0 euro	0 euro
B	15 %	25 %	7,20 euro	10,80 euro
C	50 %	50 %	10,80 euro	17,90 euro
Cs	60 %	60 %	Geen max.	Geen max.
Cx	80 %	80 %	Geen max.	Geen max.

Vermelding op de verpakking:

euro ... → is eigenlijke kostprijs
........../....... → 'bedrag te betalen door personen met verhoogde tegemoetkoming' / 'bedrag te betalen door gewoon verzekerden'.

2. Generisch geneesmiddel

Na minstens 10 jaar commercialisering van een geneesmiddel vervallen de patenten op die farmaceutische specialiteit.
Vanaf dan kan men het produkt vrij produceren en dus 'kopieën' op de markt brengen.
Een generisch geneesmiddel heeft gegarandeerd dezelfde werkzaamheid als het origineel.
Een generisch geneesmiddel moet immers dezelfde werkzame bestanddelen bevatten als het originele geneesmiddel. Het moet dezelfde sterkte per eenheid, dezelfde farmaceutische vorm en dezelfde toedieningswijze hebben en het geeft aanleiding tot dezelfde concentraties in het organisme als het origineel geneesmiddel (het wordt in het lichaam op dezelfde wijze opgenomen).

Voor specialiteiten, waarvoor een generische vorm op de markt is, wordt de terugbetalingsbasis verminderd. Deze vermindering bedraagt 30 %. De producent van de originele specialiteit heeft echter de mogelijkheid om zijn prijs te verlagen.

Dit 'referentieterugbetalingssysteem' heeft tot gevolg dat het remgeld voor de patiënt aanzienlijk lager kan zijn wanneer de arts een generisch geneesmiddel voorschrijft of wanneer de producent van het originele geneesmiddel zijn prijs verlaagt.

Voorbeeld

Specialiteit	Kostprijs / referentie-prijs	Persoonlijk aandeel	Bijkomend gedeelte	Totaal
Clamoxyl 500 mg 16 caps	Kostprijs: 8,96 euro	**2,24 euro** (25% van 8,96)		
Amoxicilline EG 500 mg 16 caps (generisch geneesmiddel i.p.v. Clamoxyl)	Kostprijs: 8,60 euro	**2,15 euro** (25% van 8,60)	0,09 euro	= 4,02%
Moxitop 500 mg - 16 caps	Kostprijs 5,80 euro	**1,45 euro (25% van 5,80)**	0,79 euro	= 35,27%

Er staat een volledige databank van geneesmiddelen, waarvoor een generiek of een kopie bestaat ter beschikking, in een zoekprogramma in de website van CM in de rubriek 'CM-service on line' (www.cm.be) of in de website van het RIZIV in de rubriek 'geneesmiddelen/referentieterugbetaling' (www.riziv.be). Daarin berekent men meteen het voordeel.

3. De weesgeneesmiddelen

Weesgeneesmiddelen zijn geneesmiddelen voor ziekten waaraan betrekkelijk weinig mensen lijden en die dus als zeldzaam worden aangeduid. Het onderzoek naar die geneesmiddelen levert geen winst op. Het RIZIV heeft een College van Geneesheren voor Weesgeneesmiddelen opgericht. Deze evalueert de bestaande vergoedingsvoorwaarden en verleent advies terzake aan de minister en aan de Commissie tegemoetkoming Geneesmiddelen. (KB 08.07.2004)

4. Tegemoetkoming voor analgetica en actieve verbandmiddelen voor chronisch zieken

Chronisch zieke patiënten met bepaalde aandoeningen, die een globaal medisch dossier (GMD) hebben, kunnen sinds 2007 via de behandelend arts, die hun GMD beheert, een aanvraag indienen voor een tegemoetkoming.

Sommige patiënten die lijden aan **chronische pijn** krijgen een tegemoetkoming van 20 % in de kosten van bepaalde analgetica. Dit zijn pijnstillers (op basis van paracetamol en codeïne) die voor dit voordeel erkend zijn. De patiënt lijdt aan kanker, chronische artritis/artrose, neurogene/neuropatische pijn van centrale of perifere oorsprong (o.m. multiple sclerose), perifere vasculaire pijn, postchirurgische pijn (inbegrepen fantoompijn) of fibromyalgie.

De huisarts bezorgt een kennisgeving aan de adviserend geneesheer van het ziekenfonds, die een toelating bezorgt aan de patiënt om bij de apotheker zijn recht aan te tonen. Hij krijgt meteen de korting verrekend bij de aankoop van de pijnstillers. De toelating is geldig voor maximum 1 jaar, maar kan steeds verlengd worden.

Sommige patiënten die **chronische wonden** hebben naar aanleiding van een bepaalde aandoening krijgen een maandelijkse forfaitaire vergoeding van 20 euro, vermeerderd met 0,25 euro per verpakking voor actieve verbandmiddelen die hij aankoopt in de apotheek (de apotheek is niet verbonden aan een ziekenhuis). Dit zijn speciale en dure verbanden die een gunstig vochtig klimaat creëren dat de wondheling bevordert en die voor deze tegemoetkoming erkend zijn.

De wonde is na 6 weken niet geheeld en de patiënt heeft een globaal medisch dossier (GMD). De huisarts-beheerder van het GMD dient een aanvraag in bij de adviserend geneesheer van het ziekenfonds. Deze kan tot 4 keer de vergoedingen toekennen voor 3 maanden.

Betrokkene krijgt elk trimester de forfaitaire vergoeding van het ziekenfonds en hij krijgt bij de apotheker meteen de korting bij aankoop van een actief verbandmiddel.

Er is geen korting (wel het forfaitaire bedrag) tijdens het verblijf in een ziekenhuis.

De patiënt heeft als aandoening een arterieel ulcus, veneus ulcus, diabetisch ulcus, drukulcus stadium 2 of 3 of 4, neuropatisch ulcus (niet diabetici), ulcera tgv vasculitis, hydradentitis suppurativa, oncologische wonden, post-chirurgische wonden of brandwonden. Voor andere aandoeningen moet de aandoening met een attest van een geneesheer-specialist in de dermato-venerologie aangetoond worden.

Het persoonlijk aandeel dat de patiënt uiteindelijk nog zelf ten laste krijgt voor de analgetica of de actieve verbandmiddelen telt mee in de maximumfactuur (ook de actieve verbandmiddelen van een eventuele ziekenhuisfactuur).

De patiënt wordt beschouwd als te beschermen patiënt waardoor hij geen supplementen krijgt aangerekend tijden ziekenhuisverblijf.

D) De sociale identiteitskaart (badge) 'SIS'

Iedereen (ook de personen ten laste) krijgt vanuit het ziekenfonds een verzekeringskaart (badge) die bedoeld is als **'sociale identiteitskaart'** (SIS of Sociaal InformatieSysteem).

Deze kaart bevat naam, voornaam, sociaal zekerheidsnummer, geslacht, de geldigheidsdatum (5 jaar) en de geboortedatum).
Deze gegevens zijn met het blote oog te lezen.
Daarnaast zijn er ook een aantal elektronische gegevens op de kaart, die enkel met behulp van een daarvoor voorzien toestel en een sleutel kunnen afgelezen worden. (bv. al dan niet recht op de sociale maximumfactuur, ...). Naargelang de functie (zorgverstrekker, loketbediende, ...) kunnen zodoende een aantal noodzakelijke gegevens gelezen worden.
Dit systeem deed het aantal in te vullen formulieren gevoelig dalen !!!

Sinds 2005 worden ook elektronische identiteitskaarten in gebruik genomen. Het is de bedoeling van de overheid om op termijn de SIS-kaart te integreren in de elektronische identiteitskaart.

E) Het Globaal Medisch Dossier (GMD):
(KB's 29.04.99, 29.05.2000, 14.05.2002, 18.02.2004)

Iedereen kan aan zijn huisarts (erkend of geaccrediteerd arts) vragen of toelating geven om een Globaal Medisch Dossier bij te houden.

In dergelijk dossier worden alle belangrijke medische gegevens opgenomen (antecedenten, chronische medicatie, medische verslagen, ...) met het oog op een betere organisatie van de zorgverlening (samenwerking met collega-artsen of paramedici). De huisarts verbindt er zich toe om een degelijk en volledig dossier te onderhouden en om in het kader van een gerichte samenwerking (en met toestemming van de patiënt) zijn medische gegevens mee te delen aan collega's en/of paramedici die de patiënt behandelen.

Om de praktijk van een GMD aan te moedigen ontvangt de arts een honorarium van 27,50 euro (bedrag 01.01.2009), dat volledig wordt terugbetaald door het ziekenfonds en betaalt de patiënt minder remgeld bij een consultatie aan de huisarts.

De dossierhoudende huisarts attesteert jaarlijks 1 maal de verlenging van het GMD-dossier, naar aanleiding van een raadpleging of een huisbezoek. Indien hij dat niet doet, betaalt het ziekenfonds één jaar later spontaan het honorarium van het GMD, op voorwaarde dat er in het voorafgaande jaar een contact (raadpleging of huisbezoek) tussen de huisarts en de patiënt is geweest. Hierdoor wordt het GMD voor één jaar verlengd voor patiënt en huisarts.

Alle patiënten met een GMD betalen 30% minder persoonlijk aandeel voor de raadplegingen in het kabinet van zijn huisarts.

Sommige patiënten met een GMD hebben ook recht op een vermindering van 30% bij een huisbezoek door de huisarts.

Bij raadpleging van een andere arts dan de beheerder van het GMD zal alleen de remgeldkorting worden toegepast als deze arts vermeldt dat hij toegang heeft tot de gegevens van het GMD (groepspraktijken). De vermindering van het persoonlijk aandeel wordt toegekend tot en met 31 december van het tweede kalenderjaar na datgene waarin de prestatie voor de opening of verlenging van het GMD voor het laatst werd aangerekend.

Doorverwijzing naar een specialist en GMD:

Wie doorverwezen wordt naar een geneesheer-specialist door een huisarts en men heeft een GMD, krijgt voor sommige specialismen, bij de eerste raadpleging en één keer per jaar, een verlaging van het remgeld van 5 euro (voor de rechthebbenden met verhoogde tegemoetkoming is dit 2 euro). De verwijzende arts geeft een doorverwijsformulier mee, dat samen met het getuigschrift wordt aangeboden bij het ziekenfonds.

De specialismen: cardiologie - dermato-venereologie - endocrinologie - gastroenterologie - geriatrie - gynaecologie en verloskunde - inwendige geneeskunde - kindergeneeskunde - neurologie - neuropsychiatrie - oftalmologie - ORL-otorhinolaryngologie - pneumologie - psychiatrie - reumatologie - stomatologie - urologie

Tegemoetkoming voor analgetica (pijnstillers) of actieve verbandmiddelen:

Sommige patiënten met bepaalde aandoeningen en een GMD krijgen een tegemoetkoming in hun verzorging (zie hierboven)

Overzicht van de GMD-voordelen:

	Rechthebbend kind < 10 jaar		**Rechthebbende 10 tot 75 jaar**		**Rechthebbende > 75 jaar**	
30% korting op remgeld	Zonder VT	Met VT	Zonder VT	Met VT	Zonder VT	Met VT
• Raadpleging huisarts met GMD (*)	X	X	X	X	X	X
• Huisbezoek huisarts met GMD (*)	-	-	X	-	X	X
• Nachtbezoek huisarts met GMD (*)	-	-	X	-	-	-

• Weekendbezoek huisarts met GMD (*)	-	-	X	-	-	-
100% terugbetaling honorarium voor onderhoud GMD	X	X	X	X	X	X
Vermindering remgeld bij doorverwijzing naar specialist (**)	€ 5	€ 2	€ 5	€ 2	€ 5	€ 2
Tegemoetkoming bij aankoop analgetica of actieve verbandmiddelen	Chronische pijnlijders of chronische wonden bij een bepaalde aandoening					

(*) eventueel een andere huisarts uit dezelfde groepspraktijk, waarbij de arts met het GMD is aangesloten

(**) 1 keer per jaar voor elk specialisme

I.14. Revalidatieverstrekkingen

(in de ziekte- en invaliditeitsverzekering)
(terugbetaling en overzicht)

In de ZIV-wetgeving worden naast uitkeringen ook geneeskundige zorgen voorzien. De **geneeskundige zorgen** omvatten:

A - Verstrekkingen in het kader van **herscholingen** (zie II.11.B.c) ziekenfonds, 1)

B - Geneeskundige verstrekkingen voorzien in de **nomenclatuur:** het gaat hier vooral om handelingen van medici en para-medici en verstrekking van apparaten en hulpmiddelen

C - Geneeskundige verstrekkingen in het kader van de revalidatie

Het gaat om:
1. revalidatieverstrekkingen in centra met ZIV-overeenkomst;
2. apparatuur voor revalidatie verstrekt in en door centra met overeenkomst (ook voor gebruik thuis);
3. revalidatieprestaties en apparatuur verstrekt door privé-verstrekker;

Hierna geven wij in tabelvorm en alfabetisch weer welke revalidatieverstrekkingen/apparaten in deze drie kaders ten laste worden genomen en wie de beslissingsbevoegdheid heeft binnen de ziekteverzekering (het college van geneesheren-directeurs, (CGD) van het RIZIV of de adviserend geneesheer van het ziekenfonds).

1. REVALIDATIEVERSTREKKINGEN IN CENTRA MET ZIV-OVEREENKOMST

De aanvragen om tegemoetkoming worden door de erkende centra zelf voorgelegd aan de ZIV-instanties (ziekenfonds of RIZIV naargelang bevoegdheidsverdeling).

Opmerking: Wanneer de centra de aanvragen niet tijdig indienen, mogen zij de kosten die niet door een akkoord gedekt zijn (door deze nalatigheid) niet verhalen op de zieke of persoon met een handicap.

De centra mogen aan de zieke of gehandicapte die in het centrum opgenomen is geen opleg (persoonlijk aandeel, remgeld) aanrekenen die verband houdt met de revalidatie . Er is evenwel een persoonlijk aandeel te betalen voor de verblijfskosten (de zogenaamde hotelkosten).

De *ambulant behandelde patiënt* die niet erkend is als rechthebbende op de verhoogde verzekeringstegemoetkoming (zie I.13.A), dient wel een persoonlijk aandeel van 1,60 euro (bedrag 01.01.2009) te betalen per revalidatiezitting in een revalidatiecentrum met ZIV-overeenkomst.

Dit forfait wordt niet altijd aangerekend en is niet van toepassing in bepaalde centra, bijvoorbeeld voor:
- diagnose van en preventieve behandeling tegen wiegedood;
- zuurstoftherapie met zuurstofconcentrator;

- zuurstoftherapie met vloeibare zuurstof;
- chronische mechanische ademhalingsondersteuning;
- zelfcontrole thuis - diabetes (1);
- zelfregulatie van diabetes mellitus (1) bij kinderen en adelescenten;
- insuline-infusietherapie;
- hartdefibrillatoren.
- personen lijdend aan een van de volgende chronische ziekten: zeldzame monogenetische erfelijke metabole ziekte, ernstige chronische ademhalingsstoornissen of neuromusculaire ziekten
- *Patiënten* die in een revalidatiecentrum zijn *opgenomen,* dienen volgend persoonlijk aandeel te betalen voor de verblijfskosten (de zogenaamde hotelkosten):
  (Bedragen persoonlijk aandeel van toepassing vanaf 01.01.2009)

a) Bij verblijf in een revalidatiecentrum dat niet geïntegreerd is in het ziekenhuis:

	1ste dag	**vanaf 2de dag**
Kind dat persoon ten laste is	32,29 euro	5,02 euro
Rechthebbenden op verhoogde tegemoetkoming + personen ten laste	5,02 euro	5,02 euro
Andere rechthebbenden	41,41 euro	14,14 euro

b) Bij verblijf in een revalidatiecentrum dat geïntegreerd is in een algemeen ziekenhuis of in een psychiatrisch ziekenhuis:

	Algemeen ziekenhuis		**Psychiatrisch ziekenhuis**		
Categorie	1ste dag	vanaf 2de dag	1ste dag	vanaf 2de dag tot 5de jaar	vanaf 6de jaar
Rechthebbenden op de verhoogde tegemoetkoming (VT)	5,02	5,02	5,02	5,02	14,14
Alle kinderen ten laste van gerechtigden zonder VT	32,29	5,02	32,29	5,02	14,14
Gerechtigden met gezinslast of alleenstaande die ten minste 1 jaar volledig werkloos zijn en hun personen ten laste	32,29	5,02	32,29	5,02	14,14
Alle anderen	41,41	14,14	41,41	14,14	23,57

(1) Gratis infolijn diabetes alle werkdagen tussen 9-17 uur 0800/96 333.

Revalidatieverstrekkingen in centrum	Bij beslissing ((*) = beslissing door CGD indien conventie nog geen 2 jaar ondertekend is)
CURATIEVE DIABETISCHE VOETKLINIEKEN	Adviserend geneesheer
EPILEPSIE	Adviserend geneesheer (*)
ERFELIJKE METABOLE ZIEKTEN(zeldzame monogenische erfelijke metabole ziekte)	Adviserend geneesheer (*)(opgelet: speciale voeding voor bepaalde erfelijke metabole ziekten is er ook tegemoetkoming voorzien)
ERNSTIGE CHRONISCHE ADEMHALINGS-STOORNISSEN thuis of gehospitaliseerd	Vanaf 14 jaar Adviserend geneesheer (*)Volwassenen College geneesh.-directeuren
HARTLIJDERS (revalidatie voor hartlijders)	Adviserend geneesheer
HERSENVERLAMDEN	Adviserend geneesheer (*)
KINDEREN MET RESPIRATOIRE AANDOENINGEN	Adviserend geneesheer (*)
KINDEREN MET ERNSTIGE MEDISCH-SOCIALE PATHOLOGIE	Adviserend geneesheer (*)
KINDERNEUROPSYCHIATRIE	College geneesh.-directeuren
LOCOMOTORISCHE REVALIDATIE	Adviserend geneesheer (*)
LOGOPEDIE IN CENTRA zie • multidisciplinaire revalidatie voor taal-, spraak- en stemstoornissen• psychosociale revalidatie voor mentale of gedragsstoornissen bij kinderen, jonger dan 19 jaar	Adviserend geneesheer (*)
MEDISCH PSYCHO-SOCIALE BEGELEIDING BIJ ONGEWENSTE ZWANGERSCHAP	Adviserend geneesheer (*)
MOTORISCHE REVALIDATIE	Adviserend geneesheer (*)
MOBILITEITSHULPMIDDELEN	Adviserend geneesheer
MULTIDISCIPLINAIRE REVALIDATIE VOOR TAAL-, SPRAAK- OF STEMSTOORNISSEN(ten gevolge van hersenletsel, laryngectomie, glossectomie, gehoorstoornissen, mentale handicap, pervasieve ontwikkelingsstoornissen, specifieke ontwikkelingsstoornissen, randbegaafdheid met functionele stoornissen, leermoeilijkheden, hyperkinetische stoornissen, stotteren)	Adviserend geneesheer
MULTIDISCIPLINAIRE REVALIDATIE VAN RECHTHEBBENDEN JONGER DAN 19 JAAR MET MENTALE OF GEDRAGS-STOORNISSEN(ten gevolge van bepaalde hersenletsels, mentale handicap, pervasieve ontwikkelingsstoornissen, ernstige gedragsstoornissen, chronische schizofrenie, ernstige stemmingsstoornissen, hersenverlamming, specifieke ontwikkelingsstoornissen, randbegaafdheid met functionele stoornissen, ernstige leermoeilijkheden, hyperkinetische stoornissen, stotteren)	Adviserend geneesheer

Revalidatieverstrekkingen in centrum	Bij beslissing ((*) = beslissing door CGD indien conventie nog geen 2 jaar ondertekend is)
PSYCHOSOCIALE REVALIDATIE (multidisciplinaire revalidatie bij ernstige mentale- en gedragsstoornissen van strikt bepaalde pathologische groepen)	Adviserend geneesheer (*)
PSYCHO-MEDICO-SOCIALE REVALIDATIE VAN HIV-GEINFECTEERDEN EN AIDSPATIENTEN	Adviserend geneesheer (*)
PSYCHOTICI (revalidatie voor psychotici)	Adviserend geneesheer (*)
PALLIATIEVE VERZORGING • revalidatie voor palliatieve verzorging: ten huize door erkende multi-disciplinaire begeleidings-equipes; geen aanvraag (centra forfaitair gesubsidieerd)	Adviserend geneesheer (*)
REFERENTIECENTRA AUTISMESPEC-TRUMSTOORNISSEN	College geneesh.-directeuren
REFERENTIECENTRA CEREBRAL PALSY (CP: niet evolutieve encephalopathie, congenitaal of in de eerste 2 levensjaren verworven)	College geneesh.-directeuren
REFERENTIECENTRA CHRONISCH VERMOEIDHEIDSSYNDROOM	College geneesh.-directeuren
REFERENTIECENTRA CHRONISCHE PIJN (multidisciplinaire begeleiding)	College geneesh.-directeuren
REFERENTIECENTRA NEUROMUSCU-LAIRE ZIEKTEN (in het kader van chronisch zieken)	Adviserend geneesheer (*)
REFERENTIECENTRA REFRACTAIRE EPILEPSIE	Adviserend geneesheer (*)
REFERENTIECENTRA SPINA BIFIDA	College geneesh.-directeurs
SLECHTHORENDEN (revalidatie voor slechthorenden)	Adviserend geneesheer (*)
VERSLAAFDEN (revalidatie voor verslaafden)	Adviserend geneesheer (*)
VISUEEL GEHANDICAPTEN (Revalidatie voor)	Adviserend geneesheer (*)
VROEGTIJDIGE STOORNISSEN VAN DE INTERACTIE KIND- OUDER(S) (kindermis-handeling)	Adviserend geneesheer (*)

2. APPARATUUR VERSTREKT VANUIT HET KADER VAN DE REVALIDATIE IN CENTRA MET ZIV- OVEREENKOMST (ook voor gebruik thuis) (alfabetisch)

Voor het verstrekken van deze apparatuur mag geen persoonlijk aandeel aangerekend worden.

Revalidatie-apparatuur	Bij beslissing
CARDIORESPIRATOIRE MONITORING THUIS VOOR PASGEBORENE EN ZUIGELINGEN (bewakingsapparatuur van zuigelingen met kans op plotse dood)	Adviserend geneesheer
CHRONISCHE MECHANISCHE ADEMHALINGSONDERSTEUNING THUIS	Adviserend geneesheer
CONTINUE INSULINE-INFUSIETHERAPIE (draagbare insulinepomp)	Adviserend geneesheer
IMPLANTEERBARE HARTDEFIBRILLATOREN EN TOEBEHOREN	Adviserend geneesheer (*) (voorschrift van de geneesheer-specialist cardioloog die de overeenkomst medeondertekend heeft)
ZELFREGULATIE VOOR DIABETES-MELLITUS PATIËNTEN (kinderen en adolescenten)	Adviserend geneesheer
ZUURSTOFTHERAPIE THUIS VOOR ERNSTIGE CHRONISCHE ADEMHALINGSINSUFFICIËNTIE (langdurige zuurstoftherapie met concentrator/vloeibare zuurstof)	Adviserend geneesheer

3. REVALIDATIEVERSTREKKINGEN EN APPARATEN IN HET KADER VAN REVALIDATIE BIJ PRIVE- VERSTREKKER (alfabetisch)

Voor de verstrekkingen door bandagisten en orthopedisten zijn prijsafspraken gemaakt, waaraan de geconventioneerde verstrekkers zich dienen te houden. In veel gevallen is de verkoopprijs gelijk aan de terugbetalingsprijs voor rechthebbenden met verhoogde tegemoetkomingen.

De tegemoetkomingen voor leveringen door verstrekkers, die niet toegetreden zijn tot de conventie, worden met 25% verminderd.

Aangezien 75 tot 80 % van de verstrekkers geconventioneerd zijn, moet het quasi altijd mogelijk zijn om een verstrekker met volledige terugbetaling te consulteren (adressen zijn bekend bij uw ziekenfonds).

Revalidatievertrekking/-apparaat bij privé-verstrekker	Bij beslissing
ANTIDECUBITUSKUSSEN	Adviserend geneesheer Enkel in het kader van rolstoelgebruik, met matig of hoog risico op doorzitwonden. Aanvraag met medisch voorschrift door verstrekker

Revalidatievertrekking/-apparaat bij privé-verstrekker	Bij beslissing
BORSTPROTHESE	Na totale of gedeeltelijke mammectomie. Volledige of gedeeltelijke prothese. Postoperatieve prothese, voorlopige toerusting, definitieve prothese, armkous/ handschoen wegens lymfoedeem, toebehoren. Voorschrift armkous/handschoen: specialist heelkunde, inwendige geneeskunde, gynaecologie-verloskunde, fysiotherapie
BREUKBANDEN	In strikt bepaalde situaties. Hernieuwingtermijn: 3 jaar (kind < 2 jaar = 6 maanden en kind < 16 jaar = 12 maanden)
BRILGLAZEN	Art. 30 & 30bis & 30ter Tussenkomst afhankelijk van glasdikte en enkel bij zeer ernstige beperkingen. - < 12 jaar: bril: alle dioptrieën + eenmalig een forfaitaire vergoeding voor montuur Hernieuwingtermijn 2 jaar voor de glazen (1 jaar voor de lenzen van Fresnel en voor kinderen met dioptrie ≥ 8,25) Vroegtijdige hernieuwing: bij wijziging van tenminste 0,5 dioptrie en als de dioptrie van de glazen zich bevindt tussen -/+ 4,25 en -/+ 8,00 - 12 tot 65 jaar: glazen en optische contactlenzen dioptrie min. 8,25 Hernieuwingstermijn 5 jaar Vroegtijdige hernieuwing bij wijziging van tenminste 0,5 dioptrie - > 65 jaar: dioptrie min. 4,25 Hernieuwingstermijn 5 jaar Voorschrift door een specialist oftalmologie Andere voorwaarden voor de afaken en pseudo-afaken en het kunstoog.
DRUKKLEDIJ	College Geneesheren-Directeurs Art. 29 §18 Enkel voor brandwonden 2^{e} en 3^{e} graad Voorschrift van geneesheer-specialist verbonden aan brandwondencentrum of plastisch chirurg), die de medische behandeling en het behandelingsplan opgeeft, bij aanvraag van erkende orthopedist. De tegemoetkoming is vastgesteld per dossier, beperkt tot een maximum hoeveelheid drukverbanden.

Revalidatievertrekking/-apparaat bij privé-verstrekker	Bij beslissing
ELEKTRONISCHE ROLSTOELEN	Nomenclatuur mobiliteitshulpmiddelen, art. 28. Enkel vergoedbaar bij definitief en dagelijks gebruik en bij een bewezen en definitief volledige verplaatsingsstoornis. Er zijn minder strenge voorwaarden voor professioneel actieve gebruikers (school, opleiding, beroepsactiviteit) en voor sommige pathologieën.
ELEKTRONISCHE SCOOTER	Nomenclatuur mobiliteitshulpmiddelen, art. 28. Voor gebruik over langere afstanden buitenshuis. Enkel vergoedbaar bij bewezen en definitief ernstig letsel aan de onderste ledematen (enkel kunnen stappen mits gebruik van een steun, loophulp of hulp van derden). Er zijn minder strenge voorwaarden als de scooter gebruikt wordt voor professionele activiteiten (school, opleiding, beroepsactiviteit).
FYSIOTHERAPIE	Bij administratieve toepassing voor specifieke prestaties is het akkoord van de adviserend geneesheer vereist geen beperking in aantal zoals dit bij kiné wel het geval is.
GEHOORPROTHESE	Uitwendig: monofonisch, stereofonisch en contralateraal, met of zonder spraakaudio-metriemogelijkheid Voorschrift geneesheer-specialist ORL Hernieuwingstermijn 5 jaar (3 jaar < 18 jaar) Voortijdige hernieuwing mogelijk indien verergering van tenminste 20dB Forfaitaire tegemoetkoming voor gehoorstukjes als er geen hoorapparaat wordt afgeleverd na de tests.
KINESITHERAPIE	Het aantal verstrekkingen per jaar voor dezelfde aandoening is behoudens enkele uitzonderingen beperkt.

Voorwaarden voor terugbetaling van de geneeskundige verstrekkingen van kiné:

Soort pathologie	Voorwaarden
Gewone aandoeningen, 'verstrekking gemiddelde duur 30 minuten' – niet in het ziekenhuis	• 18 zittingen per aandoening • maximum 54 zittingen per kalenderjaar (= 3 x 18 zittingen voor 3 verschillende aandoeningen), nieuwe pathologie aangetoond in een medisch en kinesitherapeutisch verslag (voor de 2e en 3e reeks van 18 zittingen is vooraf toelating van de adviserend geneesheer nodig) • op vraag van de behandelende arts 1 consultatief kinesitherapeutisch onderzoek

Soort pathologie	Voorwaarden
Verhoogde nood aan kiné ten gevolge van een zware aandoening (onder meer bij hersenverlamming, ernstige spierziekten, mucoviscidose, ernstige gevolgen van hersenbloeding of multiple sclerose, syndroom van Sjörgen), de zogenaamde 'E-pathologie'	• onbeperkt aantal zittingen • 2e prestatie mogelijk op 1 dag • per voorschrift (= 60 zittingen) een door een geneesheer-specialist bevestigde diagnose, waarbij aangetoond wordt dat intensieve kinesitherapie noodzakelijk is • lijst van aandoeningen is limitatief (adviserend geneesheer geeft een toelating)
Functionele beperkingen, opgesomd in een lijst: de acute F-aandoeningen (vb. na een ongeval of bepaalde operatieve ingrepen) en de chronische F- aandoeningen (scheefhals, psychomotorische ontwikkelingsachterstand bij kinderen, chronisch vermoeidheidssyndroom, enz.)	• Maximum 60 zittingen per kalenderjaar (uitgezonderd polytraumatismen = 120 zittingen en maximum 1 jaar vanaf de startdatum) • 2 x 18 extra zittingen mogelijk voor 2 andere gewone aandoeningen • 60 extra zittingen mogelijk voor een andere functionele beperking (of 120 bij polytraumatisme) • per voorschrift (= 60 zittingen) 1 consultatief kinesitherapeutisch onderzoek (*), 1 keer/jaar terugbetaalbaar en aan de behandelend geneesheer over te maken
Kinesitherapie aan palliatieve thuispatiënten (verkreeg het palliatief forfait – zie I.17 forfaitaire vergoedingen ziekteverzekering)	• Geen remgeld te betalen • 2 zittingen mogelijk per dag • alle andere pathologievoorwaarden vervallen en krijgen het specifieke prestatienummer voor palliatieve thuispatiënten
Perinatale kinesitherapiezitting	• beperkt tot 9 zittingen
Gewone aandoening, 'verstrekking gemiddelde duur 15 of 20 minuten'	• geen beperking in aantal/jaar • beperkt tot 1/dag • LET OP ! Deze verstrekking is een zeer goedkoop tarief, dus ook het wettelijk remgeld is laag.
Behandeling tijdens ziekenhuisopname, revalidatie, enz.	• Geen beperking
(*) Consultatief kinesitherapeutisch onderzoek: een verslag aan de geneesheer met bevindingen en een voorstel tot behandeling van de kinesitherapeut.	

Voor elke behandeling is een voorschrift van de behandelende arts noodzakelijk, waarin letsel en het maximum aantal zittingen wordt beschreven. Om een verstrekking ten huize terugbetaald te krijgen moet de behandelend arts vermelden in het voorschrift dat betrokkene de woning niet autonoom kan verlaten.

Persoonlijk aandeel bij een kinesitherapeutische verstrekking:

	Persoonlijk aandeel bij verhoogde tegemoetkoming		Persoonlijk aandeel zonder verhoogde tegemoetkoming	
	Tarief A	Tarief B	Tarief A	Tarief B
Praktijkkamer van de kinesitherapeut	17,5 %	8,6 %	35 %	21,8 %
Elders	20 %	10 %	40 %	25 %

Palliatieve patiënten thuis (verkregen het palliatief forfait)	0 %	0 %	0 %	0 %
Tarief B = zittingen voor E-pathologie onbeperkt in tijd; zittingen na reanimatie of bepaalde heelkundige ingrepen gedurende 3 maanden na de ingreep; zittingen voor personen met recht op andermans hulp gedurende 3 maanden na ontslag uit het ziekenhuis. Tarief A = overige zittingen				

Als de kinesitherapeut geen overeenkomst tekent met de verzekeringsinstellingen kan hij zijn tarieven vrij bepalen. De patiënt riskeert dan meer te betalen. De ziekteverzekering zal bovendien 25 % minder terugbetalen dan officieel voorzien (behalve voor personen met verhoogde tegemoetkoming).

Revalidatievertrekking/-apparaat bij privé-verstrekker	**Bij beslissing**
LOGOPEDIE (monodisciplinair, bij privé-logopedist)	Adviserend geneesheer Stoornissen ingedeeld in 3 types; • spraak- en/of taal- en/of leerstoornissen (gespleten lip/gehemelte, chronische spraakstoornissen, dysartrie, dyslexie, dyscalculie, dysorthografie, stotteren, Parkinson, Huntington, ...) • stemproblemen (laryngectomie, ...) • gehoorstoornissen Opgelet: er is geen tussenkomst voor behandelingen die 60 dagen vóór de aanvraagdatum plaats vonden. Aantal zittingen, frequentie en eventueel andere voorwaarden zijn per aandoening verschillend bepaald. Voor de meeste aandoeningen een voorschrift van geneesheer- specialist otorhinolaryngologie, neurologie, neuropsychiatrie, kindergeneeskunde, inwendige geneeskunde, stomatologie.Voor sommige aandoeningen kan een voorschrift van een geneesheer- specialist in orthodontie, psychiatrie, neurochirurgie of heelkunde. In geval van afasie een voorschrift van geneesheer-specialist in de fysische geneeskunde en revalidatie. Een verlengingsaanvraag kan op voorschrift van de huisarts. De logopedieverstrekking is niet cumuleerbaar met bijzonder onderwijs type 8, verblijf in revalidatie of instelling waarin logopedie deel uitmaakt van de zorgvorm, verpleging in een dienst geriatrie, psychiatrie, neuropsychiatrie, kinderneuropsychiatrie of in een Sp-dienst, verpleging in rust- en verzorgingstehuis of rustoord voor bejaarden of psychiatrisch verzorgingstehuis.

Revalidatievertrekking/-apparaat bij privé-verstrekker	Bij beslissing
LOOPHULPMIDDEL	Art. 28 §8 Geen akkoord adviserend geneesheer te vragen. Er dient wel een medisch voorschrift voorgelegd te worden en de looprekken moeten voorkomen op de lijst van voor vergoeding aangenomen producten. Hernieuwingstermijn - 3 tot 18 jaar: 3 jaar - 18 tot 65 jaar: 4 jaar - > 65 jaar: 6 jaar Voorschrift behandelend geneesheer
LUMBOSTAAT	Adviserend geneesheer voorzien in nomenclat **art. 27** (bandagisterie): lumbostaat van tijk en metaal. De hernieuwingstermijn is respectievelijk 1 jaar en 2 jaar als betrokkene nog geen 14 jaar en 21 jaar was bij de vorige aflevering en 4 jaar na aflevering vanaf 21 jarige leeftijd. en **art. 29** (orthopedie): lumbosacrale orthese – maatwerk De hernieuwingstermijn is 9 maanden als betrokkene nog geen 18 jaar was bij de vorige aflevering en respectievelijk één en twee jaar na aflevering vanaf 21 en 65 jaar. Vroegtijdige hernieuwing voorzien in het kader van revalidatie Voorschrift: behandelend geneesheer
MAATWAGENS (rolstoelen naar maat)	College-geneesheren-Directeurs voorzien in nomenclatuur geneesk. verstrekk. art. 28, §8. Wie volgens zijn functionele criteria andere aanpassingen nodig heeft dan wat standaard of modulair aanwezig is op de rolstoelmarkt heeft recht op individueel maatwerk. 'Maatwerk' is een hulpmiddel dat speciaal is vervaardigd volgens het voorschrift van een gekwalificeerde arts waarin onder zijn verantwoordelijkheid de specifieke kenmerken van het ontwerp zijn aangegeven, en dat is bestemd om uitsluitend door één bepaalde persoon te worden gebruikt.Aanvraag met een bijzondere aanvraagprocedure (met functioneringsrapport, opgesteld door een multidisciplinair team), met gedetailleerd bestek en werktekeningen. *Onderhoud en herstelkosten, en eventueel omgevingsbediening, kunnen in het kader van het eenheidsdossier aangevraagd worden bij het Vlaams Agentschap voor Personen met een Handicap* Hernieuwingstermijnen: * 3 jaar indien geen 18j bij vorige aflevering; * 4 jaar indien 18 jaar bij vorige aflevering; * 6 jaar indien 65 jaar bij vorige aflevering.

Revalidatievertrekking/-apparaat bij privé-verstrekker	Bij beslissing
ORTHESEN	Adviserend geneesheer voorzien in nomenclat. art. 29 Voorschrift geneesheer-specialist in orthopedie, fysische geneesk., fysiotherapie, reumatologie, neurologie, neuropsychiatrie, neuropsychiatrie en revalidatie, pediatrie, heelkundige disciplines) Vroegtijdige hernieuwing is mogelijk wegens anatomische wijziging of voortijdige slijtage en wanneer het dragen ervan een voorwaarde is voor het hervatten of het voortzetten van een beroepsaktiviteit.
ORTHOPEDISCHE DRIEWIELER	Adviserend geneesheer Art. 28 (mobiliteitshulpmiddelen) Hernieuwingstermijn - kinderen 3-8 jaar: 3 jaar - vanaf 18 jaar: 8 jaar Voorschrift behandelend geneesheer
ORTHOPEDISCHE SCHOENEN	Adviserend geneesheer voorzien in nomenclatuur-geneesk. verstrekk. art. 29 voor specifieke medische indicaties, Voorschrift geneesheer-specialist in orthopedie, fysische geneesk., fysiotherapie, reumatologie, neurologie, neuropsychiatrie, neuropsychiatrie en revalidatie, pediatrie, algemene heelkunde, functionele revalidatie. Hernieuwingstermijn: 9 maand indien jonger dan 18 jaar; 1 jaar indien ouder dan 18 jaar en geen 65 jaar; 2 jaar indien ouder dan 65 jaar. (Vroegtijdige hernieuwing in het kader van tewerkstelling of herscholing -voorschrift: idem)
ORTHOPEDISCHE TOESTELLEN BOVENSTE EN ONDERSTE LEDEMATEN	Adviserend geneesheer Voorzien in nomenclatuur-geneesk. verstrekk. art. 29, eerste aflevering en hernieuwing na het verstrijken van de hernieuwingstermijn (voorschrift geneesh.-specialist in orthopedie, fysische geneesk., fysiotherapie, reumatologie, neurologie, neuropsychiatrie, neuropsychiatrie en revalidatie, pediatrie, heelkundige disciplines) Vroegtijdige hernieuwing is mogelijk wegens anatomische wijziging of voortijdige slijtage en wanneer het dragen ervan een voorwaarde is voor het hervatten of het voortzetten van een beroepsaktiviteit.

Revalidatievertrekking/-apparaat bij privé-verstrekker	Bij beslissing
ORTHOPTIE (oogheelkundige zorg voor scheel zien, dubbel zien, lui oog, leesklachten, slechtziendheid en neurologische stoornissen)	Art. 14 Sinds 1997 is het beroep orthoptie erkend als paramedisch beroep in België. De orthoptist is de paramedicus die de monoculaire en binoculaire functies onderzoekt en handelingen uitvoert tot behoud, herstel of verbetering van deze functies.
PALLIATIEVE ZORGEN TEN HUIZE	ZIV-forfait 589,31 euro (éénmaal hernieuwbaar) (voor geneesmiddelen, verzorgingsmiddelen, hulpmiddelen voor verzorging) Kennisgeving door huisarts – zie ook I.12 forfaitaire vergoedingen ziekteverzekering
PARAPODIUM (paraplegie orthese)	Adviserend geneesheer Art. 29 Voorschrift geneesheer specialist in orthopedie, fysische geneesk., fysiotherapie, reumatologie, neurologie, neuropsychiatrie, neuropsychiatrie en revalidatie, pediatrie, heelkundige disciplines Hernieuwingstermijn: maatwerk: - 1 jaar indien vorig afgeleverd vóór leeftijd van 14 jaar - 2 jaar indien vorig afgeleverd na leeftijd van 14 jaar en vóór leeftijd van 21 jaar - 5 jaar indien vorig afgeleverd na leeftijd van 21 jaar *prefab:* - 1 jaar indien vorig afgeleverd vóór leeftijd van 21 jaar - 3 jaar indien vorig afgeleverd na leeftijd van 21 jaar Vroegtijdige hernieuwingen voor te leggen aan AG
PARAKNIEFLEX (paraplegie orthese)	Adviserend geneesheer Art. 29 Voorschrift geneesheer specialist in orthopedie, fysische geneesk., fysiotherapie, reumatologie, neurologie, neuropsychiatrie, neuropsychiatrie en revalidatie, pediatrie, heelkundige discipline Hernieuwingstermijn: maatwerk: - 1 jaar indien vorig afgeleverd vóór leeftijd van 14 jaar - 2 jaar indien vorig afgeleverd na leeftijd van 14 jaar en vóór leeftijd van 21 jaar - 5 jaar indien vorig afgeleverd na leeftijd van 21 jaar *prefab:* - 1 jaar indien vorig afgeleverd vóór leeftijd van 21 jaar - 3 jaar indien vorig afgeleverd na leeftijd van 21 jaar Vroegtijdige hernieuwingen voor te leggen aan AG

Revalidatievertrekking/-apparaat bij privé-verstrekker	Bij beslissing
PROTHESEN BOVENSTE, ONDERSTE LEDEMATEN EN ROMP	Adviserend geneesheer Art. 29 Voorschrift geneesheer-specialist in orthopedie, fysische geneesk., fysiotherapie, vasculaire heelkunde, pediatrie of revalidatie in één van deze disciplines. Hernieuwingstermijn: maatwerk: de termijnen van hernieuwing zijn afhankelijk van type prothese en van de leeftijd van de patiënt bij de voorgaande aflevering. Herstellingen en onderhoud van prothesen romp, bovenste en onderste ledematen: jaarlijks tegemoetkoming indien ouder dan 14 jaar
PRUIKEN	Beslissing adviserend geneesheer - Een tussenkomst van 120 euro bij volledige kaalhoofdigheid ten gevolge van chemotherapie of radiotherapie (aanvraag met factuur van de haarprothese en voorschrift behandelend arts). Hernieuwing na volledige kaalhoofdigheid door nieuwe therapie en ten vroegste 2 jaar na datum vorige aflevering. - Een tussenkomst van 180 euro bij minstens 30% kaalhoofdigheid door alopecia areata of cicatriciële alopecia (aanvraag met factuur en voorschrift van een dermatoloog) Hernieuwing 2 jaar na datum vorige aflevering.

Revalidatievertrekking/-apparaat bij privé-verstrekker	Bij beslissing
REISKOSTEN (diverse)	Onder meer bij - kankertherapie (stralen, chemo): prijs openbaar vervoer 2e klasse, vervoer met eigen wagen 0,25 euro/km, of - revalidatie in centra met ZIV-overeenkomst, bij beslissing college geneesh.-directeurs of adviserend geneesheer (enkel voor rolstoelgebonden patiënten). - 1 dagelijks bezoek van ouder aan kind ten laste dat behandeld wordt voor kanker dat verblijft in het ziekenhuis: 0,25 euro/km - dialyse (zowel in centra als bij thuisdialyse), (voor verplaatsing naar raadplegingen en controle: voor een individuele verplaatsing de prijs van openbaar vervoer 2e klasse en indien een andere vervoermiddel 0,25 €/km en begrensd tot maximum 60 km tenzij er geen mogelijkheden zijn om binnen een afstand van 30 km enkele reis geholpen te worden, voor groepsverplaatsing 0,25€/km begrensd tot maximum 120 km). - uitzonderlijke gezondheidszorgen in het buitenland onder strikt bepaalde voorwaarden voor tenlasteneming bij beslissing BSF (bijzonder solidariteitsfonds – zie I.16): 0,2 €/km (geen parking- of tolkosten) voor persoonlijk vervoer, 2e klassetarief voor openbaar vervoer en luchtvervoer, taxivervoer enkel tussen station of luchthaven en bestemming, medisch vervoer volledig terugbetaald.

Revalidatievertrekking/-apparaat bij privé-verstrekker	Bij beslissing
ROLSTOEL	Adviserend geneesheer (uitgezonderd maatwerk en uitzonderlijke aanvragen) Art, 28 §8 Naargelang de functionele beperkingen van betrokkene heeft men recht op een bepaald type rolstoel (van duwwagen tot elektronische rolstoel, al dan niet aangepast). Naargelang de complexiteit van de rolstoel wordt de aanvraag uitgebreider onderzocht en gemotiveerd door verstrekker en eventueel een aangesteld multidisciplinair team. Personen die aanspraak kunnen maken op het Vlaams Agentschap voor Personen met een Handicap (inschrijving voor 65 jaar) gebruiken hun rolstoeldossier om bijkomend onderhoudskosten en eventueel omgevingsbediening terugbetaald te krijgen van het Vlaams Agentschap (aankruisen bij de RIZIV-aanvraag !!!). Renting rolstoelen: Sinds 2007 gebruiken personen, die in rustoorden verblijven (ROB of RVT) en definitieve mobiliteitsbeperkingen hebben, een rolstoel die voor hen gehuurd wordt. Zij krijgen een rolstoel, aangepast aan hun noden (geen maatwerk, actief rolstoel, scooter of elektronische rolstoel). Het ziekenfonds betaalt rechtstreeks aan de verstrekker een huurforfait, waarin alle kosten inbegrepen zijn (aankoop, reguliere aanpassingen (1), onderhoud, herstellingen, vernieuwing, enz.). Er mogen geen supplementen, vervoerkosten of andere kosten aangerekend worden. Om de dienstverlening en de kwaliteit te garanderen moet de verstrekker minstens 1 onderhoud per jaar voorzien en mag een rolstoel maximum 6 jaar oud zijn en kan betrokkene de huurovereenkomst opzeggen en een andere verstrekker kiezen. Bij opname in een rustoord kan de renting pas ingaan na verloop van de hernieuwingstermijn na een vorige aflevering. Wie omwille van zijn functionele behoeften nood heeft aan een speciale rolstoel, komt in aanmerking voor aankoop van een rolstoel volgens de gewone voorwaarden.

(1) Uitgezonderd aanpassing aan het rolstoelframe (zitbreedte van 52-58 cm) bij een standaardrolstoel of een modulaire rolstoel; aanpassing amputatie, aandrijfsysteem met dubbele hoepel of hefboomsysteem bij een modulaire rolstoel.

Revalidatievertrekking/-apparaat bij privé-verstrekker	Bij beslissing
SPECIALE VOEDING	Adviserend geneesheer - bijzondere voeding bij zeldzame monogenische erfelijke metabole ziekte: Vervangprodukten als bron van cholesterol (syndroom van Smith-Lemli-Opitz) energie (aminozuurmetabolisme) triglyceriden (mitochondriale ss-oxydatie van vetzuren met lange of zeer lange keten) Voorschrift door de leidende geneesheer van een gespecialiseerd centrum voor erfelijke metabole ziekten (volledige terugbetaling, maximum € 1.833,84 per jaar) - bijzondere voeding bij coeliakie (sinds 2006), voorschrift door een geneesheer-specialist in gastro-enterologie, inwendige geneeskunde of pediatrie (max. 38 euro per maand)
SPREEKAPPARAAT	Adviserend geneesheer Na totale laryngectomie en indien oesofagusspraak niet kan aangeleerd worden of bij wie geen spraakprothese kan geplaatst worden. Voorschrift van geneesheer-specialist otorhinolaryngologie. Hernieuwingstermijn 5 jaar
STENTS	Coronaire stents: De stents zelf zijn voorzien in de nomenclatuur geneesk. verstrekk. onder nr. 687875-687886. Ze moeten voorkomen op de lijst van voor tegemoetkoming in aanmerking genomen producten. De plaatsing zelf is voorzien onder nr 589396-589400. Endotracheale, endoveneuse, biliaire (gal) en Wall-stents bij beslissing BSF. Stent voor angioplastiek is voorzien in de nomenclatuur geneesk. verstrekk. art. 28. Drugebuting stents voor diabetica (beslissing college geneesh.- direct.) nr. 686453-686464

Revalidatievertrekking/-apparaat bij privé-verstrekker	**Bij beslissing**
TANDPROTHESE	Adviserend geneesheer Minimum 50 jaar zijn Uitzondering: 1. Personen met - malabsorptiesyndroom en colorectale ziekte, of - mutilerende ingreep op het spijsverteringsstelsel, of - verlies van tanden na een osteomyelitis, een radionecrose, een chemotherapie of een behandeling met ionisatieagens, of - extractie van tanden vóór een openhartoperatie, een orgaantransplantatie, een behandeling met ionisatie- of immunodepressie-agens, of - aangeboren of erfelijk ontbreken van talrijke tanden of ernstige aangeboren of erfelijke misvormingen van de kaakbeenderen of van tanden. 2. Personen met - tandverlies of tandextracties ten gevolge van de onmogelijkheid om een correcte mondhygiëne te verwerven/behouden wegens een blijvende handicap, of - tandverlies of tandextracties ten gevolge van een onweerlegbaar bewezen uitzonderlijke pathologie of haar behandeling ervan en waarbij aangenomen wordt dat het tandverlies/tandextracties onvermijdbaar waren ondanks een correcte mondhygiëne, of - tandextractie naar aanleiding van een openhartoperatie, een orgaantransplantatie of een behandeling met een ionisatie-agens of een immunodepressie-agens gepland werd, doch niet uitgevoerd (goedkeuring door de Technische tandheelkundige raad vereist).
TELESCOPISCHE BRILLEN	College geneesh.-directeurs Voorschrift geneesheer-specialist ophtalmologie. Voorwaarde: schoollopen, tewerkstelling of herscholing
UITWENDIGE PROTHESEN IN GEVAL VAN VERMINKING VAN HET GELAAT (neus, wang, oorschelp)	College geneesh.-directeurs Op voorschrift van een geneesheer-specialist uitwendige pathologie. Een aanvraag kan met maximaal 3 maand terugwerkende kracht worden vergoed, te rekenen vanaf de aanvraagdatum. De tussenkomst wordt vastgesteld op basis van een detailbeschrijving en documentatie van de prothese en een gedetailleerde prijsopgave (leverancier).

Revalidatievertrekking/-apparaat bij privé-verstrekker	**Bij beslissing**
ZITSCHELP	Adviserend geneesheer art. 29 Onderstel voor zitschelp, art. 28 (mobiliteitshulpmiddelen) Aanvraag door een erkend verstrekker

I.15. Maximumfactuur (MAF)

(Wet 05.06.02 - B.S. 04.07.02, geldig vanaf 01.01.2002 laatst gewijzigd bij Programmawet 27.12.2005 - BS 30.12.2005)

Wat ?

De maximumfactuur wil voor alle gezinnen het totaal aan remgelden voor geneeskundige verstrekkingen plafonneren tot een bepaald bedrag volgens financiële draagkracht. Gezinnen krijgen een snelle terugbetaling van wat ze boven het plafond aan remgelden hebben betaald (enkel bepaalde officiële remgelden, o.a. niet van toepassing voor medicatie D, ...!).

Vanaf 01/01/2006 is de fiscale maximumfactuur geïntegreerd in de inkomensmaximumfactuur. Men krijgt een snelle terugbetaling en een belangrijke administratieve vereenvoudiging.

Concreet:

Er bestaan 3 MAF-systemen:
1. De sociale MAF voor gezinnen die behoren tot een sociale categorie (*)
2. De inkomens MAF voor de andere gezinnen
3. De individuele bescherming van kinderen en zorgbehoevenden, ongeacht het gezinsinkomen

(*) Zie volgend hoofdstuk 'Wie?'

De inkomensgrenzen en remgeldplafonds:

Inkomensgrenzen 2009	Remgeldplafonds
Gerechtigden op de sociale MAF	450 euro
Inkomen tot 16.114,10 euro	450 euro
Inkomen Tss. 16.114,11 - 24.772,41 euro	650 euro
Inkomen Tss. 24.772,42 - 33.430,75 euro	1.000 euro
Inkomen Tss. 33.430,76 - 41.728,30 euro	1.400 euro
Inkomen vanaf 41.728,31 euro	1.800 euro

De inkomensgrenzen worden gekoppeld aan de evolutie van het indexcijfer (jaarlijkse aanpassing). De remgeldplafonds worden niet geïndexeerd. Dit leidt op termijn tot een voordeliger plafond (door de gestegen levensduurte en het geïndexeerde inkomen bereikt men sneller het niet-geïndexeerde plafond).

Het uitgangspunt is het feitelijk gezin. Inkomens en kosten worden in de regel gedeeld op niveau van het feitelijk gezin. Een feitelijk gezin wordt gevormd door de personen die samen onder één dak leven. Er wordt geen onderscheid gemaakt tussen samenwonenden en gehuwden.

Op deze gezinsnotie zijn een aantal nuances aangebracht om ongewenste neveneffecten te vermijden. Zo mag door de samenvoeging van inkomens geen ontmoediging ontstaan om bijvoorbeeld een zorgbehoevende ouder of een volwassene met een handicap in een gezin op te nemen, vandaar de individuele bescherming van zorgbehoevenden (zie verder in de tekst). Gezinsplaatsing wordt gelijkgesteld met deze zorgbehoevenden.

Wie recht heeft op de sociale MAF en deel uitmaakt van een uitgebreid gezin wordt samen met zijn eventuele partner en personen ten laste ook beschouwd als een apart gezin.

Voor kinderen, tot en met 18 jaar, wordt voorzien in een bijzondere individuele bescherming: ongeacht het inkomen van het gezin. De onkosten mogen met tussenkomst van het ziekenfonds voor een kind nooit boven de 650 euro per jaar oplopen. Voor sommige kinderen met een handicap is die grens op 450 euro bepaald.

Wie?

De MAF is in principe een gezinsrecht (uitzondering is de bescherming van het kind en de zorgbehoevende).

1. De sociale MAF:

Voor de sociale MAF is het in aanmerking genomen gezin samengesteld uit de rechthebbende, zijn echtgenoot of partner en hun personen ten laste. Zij moeten samen minimum 450 euro remgeld bereiken in de zogenaamde 'MAF-teller' (het ziekenfonds telt alle remgelden samen, die in aanmerking komen voor de bepaling van de maximumfactuur).

De sociale MAF wordt toegekend aan alle leden van het gezin, waarvan één van de rechthebbenden behoort tot een sociale categorie gedurende 1 dag tijdens het betreffende kalenderjaar (1):

- Rechthebbenden met verhoogde tegemoetkoming bij het ziekenfonds, verkregen op basis van:
  - inkomensonderzoek
  - leefloon
  - gelijkstelling leefloon
  - inkomensgarantie voor ouderen of gewaarborgd inkomen voor bejaarden

  (niet de rechthebbenden met een tegemoetkoming aan personen met een handicapt of geen kind met verhoogde kinderbijslag wegens handicap)
- Rechthebbenden met een tegemoetkoming aan personen met een handicap
  - inkomensvervangende tegemoetkoming
  - integratietegemoetkoming
  - tegemoetkoming voor hulp aan bejaarden
  - tegemoetkoming door de Wet van 27.06.1969
  - tegemoetkoming door KB van 24.12.1974

    (geen rechthebbenden met tegemoetkoming aan personen met een handicap categorie III of hoger met gezinslast, waarbij de echtgenoot of partner een inkomen heeft)

(1) - Uitzondering: het kind dat verhoogde tegemoetkoming verkrijgt omwille van bijkomende kinderbijslag heeft een persoonlijke sociale MAF, maar geeft dat recht niet door aan de rest van het gezin.- De sociale MAF wordt alleen toegekend aan betrokkene, zijn eventuele partner en zijn personen ten laste.

2. De inkomens MAF:

Men neemt het feitelijk gezin in aanmerking.
Het feitelijk gezin zijn alle personen die onder één dak wonen op 01.01 van het betrokken jaar zoals blijkt uit de informatie van het Rijksregister van de natuurlijke personen ('domicilie'), totaal uitgaven versus totaal inkomens op 1 adres. Alleenstaanden worden beschouwd als een feitelijk gezin.
Uitzondering: eerste inschrijving in Rijksregister, gemeenschap, zorgbehoevende, niet-ingeschreven in het Rijksregister, personen met referentie- of OCMW-adres.

Het inkomen van het 3e kalenderjaar voor het jaar van de te verrekenen remgelden (MAF-jaar) wordt vergeleken met de inkomensgrenzen van het MAF-jaar. Het overeenstemmende remgeldplafond wordt daar toegekend (zie tabel).

Het ziekenfonds doet een inkomensonderzoek in twee situaties:

a) indien het RIZIV **onvoldoende gegevens** bekomen heeft van de fiscale administratie;

b) ingeval behartenswaardigheid (*): Voor gezinnen met remgeldplafond van 450 of 650 euro: indien het inkomen van een gezin een beduidende vermindering heeft ondergaan t.o.v. het door de fiscus opgegeven referte-inkomen. Hiertoe zal het betrokken gezin een verklaring op eer onderschrijven. De inkomens die in beschouwing worden genomen zijn de inkomens op datum onderschrijving van de verklaring op eer. Het betreft de bruto-belastbare inkomens. Indien de behartenswaardigheid in het volgende kalenderjaar wordt gevraagd dan neemt men het totale jaarinkomen van het MAF-jaar.

(*): behartenswaardig:
- indien beroepsactiviteit werd stopgezet;
- van bijdragen vrijgesteld zijn in het raam van het sociaal statuut van de zelfstandigen voor een periode van meer dan een kwartaal;
- gecontroleerd volledig werkloos sedert ten minste zes maanden;
- arbeidsongeschikt sedert ten minste zes maanden

3. Individuele bescherming van kinderen en zorgbehoevenden:

- Kinderen tot en met 18 jaar worden een individuele bescherming toegekend, ongeacht het gezinsinkomen (grensbedrag remgeld = 650 euro). (1)
  Indien één of meer kinderen tot een gezin met een laag of bescheiden inkomen of met een sociale categorie behoren, dient de individuele bescherming niet ingeroepen te worden.
- Zorgbehoevenden met een erkenning voor 'chronisch zieke' in het ziekenfonds kunnen in de loop van het jaar met hun personen ten laste en hun partner uit het feitelijk gezin stappen (grensbedrag in functie van het inkomen van het nieuwe feitelijke gezin).
  Indien een zorgbehoevende reeds behoort tot een sociale categorie is het niet interessant om uit het feitelijk gezin te stappen.

Chronisch zieken zijn:

---

(1) Overgangsmaatregel bij invoering van de MAF: kinderen met een handicap die in 2002 recht op bijkomende kinderbijslag hadden genieten de bescherming vanaf 450 euro.

- rechthebbenden met thuiszorgverpleging forfait B of C (tijdens het kalenderjaar dat vooraf gaat aan het jaar waarin de MAF is toegekend de instemming hebben verkregen van de adviserend geneesheer voor ten minste 3 maanden verpleegkundige verzorging met betaling van het forfaitair honorarium B of C)
- rechthebbenden met kiné voor E-pathologie (tijdens het kalenderjaar voorafgaand aan het jaar waarin de MAF is toegekend een toestemming van de adviserend geneesheer hebben verkregen voor ten minste 6 maanden behandeling voor E-pathologie)
- rechthebbenden met een medisch attest voor integratietegemoetkoming categorie III, IV en V, uitgegeven door de Federale Overheidsdienst Sociale Zekerheid: minstens 12 punten voor zelfredzaamheidsproblemen (KB 05.03.1990, art. 3)
- rechthebbenden met een medisch attest voor tegemoetkoming voor hulp aan bejaarden categorie III, IV en V, uitgegeven door de Federale Overheidsdienst Sociale Zekerheid: minstens 12 punten voor zelfredzaamheidsproblemen (KB 06.07.1987, art. 5)
- rechthebbenden met een tegemoetkoming voor hulp van derden, toegekend op basis van de Wet van 27.06.1969 betreffende de tegemoetkoming mindervaliden
- rechthebbenden met een uitkering of forfait voor hulp van derden, uitbetaald door het ziekenfonds in het kader van primaire of invaliditeitsuitkering
- rechthebbenden, die gedurende minstens 120 dagen opgenomen waren in een ziekenhuis tijdens de referentieperiode, die bestaat uit 2 kalenderjaren die voorafgaan aan het jaar waarin de MAF is toegekend

Hoe ?

Op basis van de gegevens die beschikbaar zijn voor de sociale MAF betalen de ziekenfondsen de remgelden boven 450 euro terug aan de gezinnen die behoren tot de sociale categorieën.

Voor de andere gezinnnen gaan de ziekenfondsen in de loop van het kalenderjaar na wanneer gezinnen boven de drempel van 450 euro zijn gegaan. Voor die gezinnen gebeurt een inkomensonderzoek. Wanneer het remgeldplafond is bereikt, betaalt het ziekenfonds meteen de remgelden terug (tot het einde van het kalenderjaar).

In geval van behartenswaardigheid kunnen gezinnen met laag remgeldplafond vragen om een - achteraf gecontroleerde - verklaring op erewoord af te leggen. Het ziekenfonds zal op basis van deze gegevens overgaan tot een terugbetaling van wat werd betaald aan remgelden boven de 450 euro indien het nieuwe inkomen onder de grens van 16.114,10 euro is.

Het persoonlijk aandeel waarmee rekening gehouden wordt:

Het persoonlijk aandeel, waarmee rekening wordt gehouden is maximaal het verschil tussen 100% verzekeringstegemoetkomingsbasis ('wettelijke tarief') en de verzekeringstegemoetkoming ('tegemoetkoming van het ziekenfonds'). Indien men minder betaalde dan de 100% verzekeringstegemoetkomingsbasis dan telt slechts het werkelijk betaald persoonlijk aandeel.

Tenlasteneming in een andere Belgische of buitenlandse reglementering van (een deel van) het persoonlijk aandeel wordt ook niet opgenomen in de remgeldteller.

Volgende persoonlijke aandelen komen in aanmerking:

- Gewone geneeskundige hulp:
  - bezoeken en raadplegingen van algemeen geneeskundigen en geneesheer-specialisten
  - verpleegkundige hulp
  - kinesitherapeutenhulp
  - technische verstrekkingen voor diagnose en behandeling
  - tandheelkundige hulp
- Specifieke geneeskundige hulp van geneesheer-specialisten, apothekers en licentiaten in de wetenschappen
- Geneesmiddelen:
  - ambulant verstrekte geneesmiddelen van de categorie A, B en C en magistrale bereidingen
  - farmaceutisch forfait per opnamedag in een algemeen ziekenhuis of psychiatrisch ziekenhuis
- Opname in een ziekenhuis:
  - het persoonlijk aandeel in de ligdagprijs:
onbeperkt in een algemeen ziekenhuis
tot de 365e dag in een psychiatrisch ziekenhuis
  - het forfait van € 27,27 per opname
  - het forfait van € 16,40 voor technische prestaties
  - het farmaceutisch dagforfait van € 0,62 of € 0,70 of € 0,80
  - persoonlijk aandeel bij implantaten
  - persoonlijk aandeel bij endoscopisch en viscerosynthesemateriaal
- Revalidatie en logopedie
- Psychiatrische verzorgingstehuizen: bepaalde persoonlijke aandelen
- Moedermelk, dieetvoeding voor bijzonder medisch gebruik en parenterale voeding
- Palliatieve verzorging door een multidisciplinair begeleidingsteam

Waar?

- Ziekenfonds (Gouden Gids nr 6990, www.cm.be; e-mail: dmw@cm.be)
* loket (inlichtingen + eventueel attest voor ander ziekenfonds)
* dienst maatschappelijk werk (inlichtingen + bijstand)
- OCMW: attest leefloon dient afgegeven aan het ziekenfonds (loket) (telefoongids OCMW ofwel Gouden Gids nr infopagina's publieke instellingen)
- Federale Overheidsdienst Sociale Zekerheid, Directie-generaal Personen met een handicap: attest inkomensvervangende tegemoetkoming, integratietegemoetkoming, tegemoetkoming voor hulp aan bejaarden, de inkomensgarantie voor ouderen of het gewaarborgd inkomen voor bejaarden af te geven aan het ziekenfonds
Administratief Centrum Kruidtuin, Finance Tower
Kruidtuinlaan 30, bus 1, 1000 Brussel
tel.: (centrale) (02) 507 87 99 - fax: (02) 509 81 85
HandiN@minsoc.fed.be
www.handicap.fgov.be

- Uitbetalingsinstelling werkloosheid (syndicaat of hulpkas): attest langdurige werkloosheid

I.16. Bijzonder solidariteitsfonds

(Wet houdende sociale bepalingen 24.12.99 - BS 31.12.99; K.B. 26/02/2001 - BS 28/02/2001; Programmawet 08.04.2003 - BS 17.04.2003; K.B. 04.02.2004 - BS 20.02.2004; Wet 27.04.2005 - BS 20.05.2005)

Wat ?

Het bijzonder solidariteitsfonds is een fonds van het RIZIV (de ziekenfondsen) dat als doel heeft om dure verstrekkingen, die normaal niet terugbetaalbaar zijn, toch te vergoeden indien zij aan een aantal criteria beantwoorden. Het gaat om verstrekkingen die (nog) niet in het verzekeringspakket zitten of die er wel inzitten, maar waarbij de verzekerde niet voldoet aan bepaalde (medische) criteria voor tussenkomst.

A) Voor de verstrekkingen in het binnenland:

1. Tussenkomst bij zeldzame indicaties:

Het gaat om specifieke situaties die uitzonderlijk zijn omdat er behoefte bestaat aan de inzet van een verstrekking die op zich niet zeldzaam hoeft te zijn, maar waarbij het uitzonderlijk is dat voor de concrete aandoening een beroep moet worden gedaan op die verstrekking.

Bovendien moet deze verstrekking voldoen aan de volgende voorwaarden:

- Ze is duur;
- Ze heeft een wetenschappelijke waarde en doeltreffendheid die door de gezaghebbende medische instanties in ruime mate wordt erkend;
- Ze is uit de experimentele fase;
- Ze behandelt een aandoening die de vitale functies van betrokkene bedreigt;
- Er bestaat geen alternatieve behandeling op medisch-sociaal vlak inzake diagnose of therapie in het kader van de bestaande nomenclatuur
- De verstrekking wordt voorgeschreven door een geneesheer-specialist die gespecialiseerd is in de behandeling van de betrokken aandoening (en hij is gemachtigd om in België geneeskunde uit te oefenen).

2. Tussenkomst voor zeldzame aandoeningen die een specifieke behandeling vereist:

Het gaat om situaties die uitzonderlijk zijn omdat de aandoening zeldzaam is en de behandeling zeer specifiek (dus niet voorzien in de nomenclatuur voor de gegeven aandoening). Algemeen wordt aangenomen dat een zelfzame aandoening niet meer dan één persoon op 2.000 treft.

Bovendien moet deze verstrekking voldoen aan de volgende voorwaarden:

- Ze is duur;
- Ze wordt door de gezaghebbende medische instanties aangeduid als de specifieke fysiopathologische aanpak van de zeldzame aandoening;
- Ze behandelt een aandoening die de vitale functies van betrokkene bedreigt;

- Er bestaat geen therapeutisch alternatief in het kader van de bestaande nomenclatuur

De verstrekking wordt voorgeschreven door een geneesheer-specialist die gespecialiseerd is in de behandeling van de betrokken aandoening (en hij is gemachtigd om in België geneeskunde uit te oefenen).

3. Tussenkomst bij een zeldzame aandoening die een continue en complexe verzorging vereist:

Het gaat om situaties die uitzonderlijk zijn omdat de aandoening zeldzaam is en de behandeling uitzonderlijk intensief en complex (dus niet voorzien in de nomenclatuur voor de gegeven aandoening). Het gaat concreet om uitzonderlijk dure verzorging.

Deze verzorging moet voldoen aan de volgende voorwaarden:

- Ze is duur in haar totaliteit;
- Ze heeft betrekking op een bedreiging van de vitale functies van betrokkene, die een rechtstreeks en specifiek gevolg is van de zeldzame aandoening;
- Er bestaat geen therapeutisch alternatief in het kader van de bestaande nomenclatuur

De complexe verzorging wordt voorgeschreven in het raam van een behandelingsplan door een geneesheer- specialist die gespecialiseerd is in de behandeling van de betrokken aandoening (en is gemachtigd om in België geneeskunde uit te oefenen).

4. Tussenkomst bij innovatieve medische technieken:

Het gaat om specifieke situaties die uitzonderlijk zijn omdat nieuwe medische technologie voor de behandeling van de specifieke aandoening een meerwaarde heeft tegenover de bestaande technieken. Het College Geneesheren-Directeuren kan gedurende een beperkte periode (maximum 2 jaar) tussenkomst verlenen in de kosten van nieuwe medische hulpmiddelen en verstrekkingen, die innovatieve medische technieken zijn. Het RIZIV legt een lijst aan van medische hulpmiddelen en verstrekkingen, die in aanmerking komen voor deze tegemoetkoming. De tussenkomst is dus selectief en tijdelijk. Geneesmiddelen worden hiervan uitgesloten!

Bovendien moeten deze medische hulpmiddelen en verstrekkingen voldoen aan de volgende voorwaarden:

- Ze zijn duur;
- Ze zijn zeldzaam;
- Ze worden door gezaghebbende medische instanties beschouwd als de aangewezen wijze voor het behandelen van een bedreiging van de vitale functies van betrokkene;
- Ze zijn uit de experimentele fase;
- Bij een kosten/baten-afweging hebben ze een belangrijke en aangetoonde meerwaarde;

- Bij de bevoegde technische raad werd een aanvraag ingediend om de medische meerwaarde te evalueren en/of om de tegemoetkoming van de verplichte verzekering in de kosten van deze verstrekkingen te verkrijgen.

De verstrekking wordt voorgeschreven door een geneesheer-specialist die gespecialiseerd is in de behandeling van de betrokken aandoening (en is gemachtigd om in België geneeskunde uit te oefenen).

5. Tussenkomst voor chronisch zieke kinderen:

Voor kinderen (tot en met 18 jaar) die lijden aan kanker, gedialyseerde nierinsufficiëntie of kinderen met een andere levensbedreigende ziekte die een continue verzorging vereist kan men bij het BSF de terugbetaling vragen vanaf 650 euro extra kosten die verband houden met de medische behandeling en die niet terugbetaald worden door het ziekenfonds.

Wanneer de drempel van € 650 bereikt is, blijft de terugbetaling doorlopen tot en met het eerstvolgende jaar na het jaar waarin deze drempel niet bereikt is.

De tussenkomst heeft betrekking op de kosten voor verzorging die ambulant of in het ziekenhuis verstrekt worden (zelfs verzorging in het buitenland als deze zorg in eigen land niet binnen een redelijke termijn kan verleend worden). Het gaat om persoonlijke aandelen, die niet in de MAF worden opgenomen (MAF: I.10) en om medicatie D, Cx + Cs (vb. verbandmateriaal, ontsmettingsmiddelen, kleine instrumenten, sonden, toestellen, enz.). Verder worden ook medische hulpmiddelen in aanmerking genomen.

Medische kosten, die terugbetaald worden in het kader van de nomenclatuur (terugbetaling door het ziekenfonds) en aangerekende supplementen komen niet in aanmerking voor deze voorziening.

In praktijk zal dit meestal gaan over dure behandelingen of verzorging (medicatie D). Het RIZIV zal bij medicatiekosten nagaan of de doelmatigheid van de aangebrachte onkosten bewezen is.

De geneeskundige verstrekkingen moeten voldoen aan volgende voorwaarden:

- ze beantwoorden aan een indicatie die voor betrokkene op medisch sociaal vlak absoluut is (m.a.w. er is geen therapeutisch alternatief);
- ze bezitten een wetenschappelijke waarde en doeltreffendheid die door de gezaghebbende medische instanties in ruime mate erkend wordt;
- ze zijn het experimenteel stadium voorbij;

De verstrekkingen zijn voorgeschreven door een behandelend geneesheer, die gemachtigd is om in België geneeskunde uit te oefenen.

B) Voor de verstrekkingen in het buitenland:

Een aanvraag kan ook worden ingediend tot vergoeding van de kosten van de rechthebbende voor in het buitenland verleende geneeskundige verstrekkingen, reis- en verblijfskosten (eventueel ook reis- en verblijfskosten voor een begeleidend persoon indien de noodzaak is aangetoond).

Er is geen tussenkomst mogelijk voor supplementen of persoonlijke aandelen.

Voorwaarden:

- Het moet om behartenswaardige situaties gaan. Uit vonnissen van de rechtbanken blijkt dat een ruime interpretatie mogelijk is.
- De belangrijkste drempel is de vereiste toestemming van de adviserend geneesheer voor zorgverlening in het buitenland. Hij oordeelt op basis van een inschatting van de noodzaak, die gemotiveerd wordt vanuit de technische onmogelijkheid om dezelfde zorg in eigen land te krijgen.

De zorg moet voorgeschreven zijn door een deskundig Belgisch arts.

Wie ?

Personen die:

- ofwel een dure en levensnoodzakelijke geneeskundige verstrekking dienen te ondergaan welke niet terugbetaalbaar is door het ziekenfonds
- ofwel een dure en levensnoodzakelijke verzorging dienen te ondergaan welke niet terugbetaalbaar is door het ziekenfonds
- ofwel een duur en levensnoodzakelijk geneesmiddel dienen te gebruiken dat niet terugbetaald wordt door het ziekenfonds
- ofwel een geneeskundige verstrekking dienen te ondergaan in het buitenland
- ofwel jonger zijn dan 19 jaar en meer dan 6 maanden ernstig chronisch ziek zijn en meer dan 650 euro niet terugbetaalbare medische onkosten hebben, kunnen beroep doen op het bijzonder solidartiteitsfonds om een tegemoetkoming in de onkosten te kunnen bekomen.

Hoe ?

A) Inzake verstrekkingen

De aanvraag wordt ingediend bij de adviserend geneesheer van het ziekenfonds met een ter post aangetekende brief of op gelijk welke andere manier die toelaat de datum van indiening met zekerheid vast te stellen.

De adviserend geneesheer kan ook zelf initiatief nemen om een aanvraag te starten.

De aanvraag om tegemoetkoming moet volgende stukken omvatten:

1. een voorschrift dat is opgemaakt door een geneesheer en waarbij een omstandig geneeskundig verslag is gevoegd dat alle inlichtingen bevat die toelaten te besluiten of de gevraagde verstrekking voldoet aan de voorwaarden.

2. Een omstandig bestek of een gedetailleerde factuur met de kosten, opgemaakt door de zorgverlener(s).

   NB: voor de aanvragen betreffende de implantaten zijn de volgende documenten nodig:
   - een afleveringscertificaat van de ziekenhuisapotheker
   - een fotokopie van de firmafactuur

3. De verklaring op erewoord (standaardformulier) en waarin de rechthebbende:
   - bevestigt dat hij, in verband met de verstrekkingen waarvoor hij een tegemoetkoming vraagt, zijn rechten heeft uitgeput in andere wetgeving en geen rechten kan doen gelden in een individueel of collectief verzekeringscontract (vb. hospitalisatieverzekering);
   - meedeelt ten belope van welk bedrag hij, in voorkomend geval, rechten kan doen gelden krachtens andere rechten (vb. verzekering);
   - bepaalt of hij de vergoedingen in het raam van het Bijzonder solidariteitsfonds, al of niet zal innen. De rechthebbende kan via een verklaring op eer de begunstigde aanduiden.

Onmiddellijk na ontvangst van de aanvraag om tegemoetkoming gaat de adviserend geneesheer van het ziekenfonds na of de gevraagde verstrekking in aanmerking komt.

De junctionele epidermolysis bullosa en de dystrofische epidermolysis bullosa zijn zeldzame aandoeningen die continue verzorging noodzaken. De adviserend geneesheer kan, indien de aanvraag betrekking heeft op één van deze aandoeningen, zelf een tegemoetkoming in de kosten toekennen. Hij beslist over de toekenning van de tegemoetkoming en stelt het bedrag ervan vast.

De adviserend geneesheer van het ziekenfonds moet, nadat hij de eventueel ontbrekende stukken heeft verzameld, de aanvraag met zijn advies en het inlichtingsblad aan het College van Geneesheren-Directeurs toe sturen binnen een termijn van dertig dagen na de dag van de door de rechthebbende ingediende aanvraag.

B) Inzake medische onkosten zonder ziekenfondstussenkomst voor kinderen tot en met 18 jaar:

De aanvraag verloopt in 3 fasen:

- Een principiële aanvraag:
  Zodra 650 euro onkosten bereikt zijn kan men de aanvraag starten met volgende documenten: de precieze diagnose; een omstandig medisch verslag van de behandelend geneesheer (niet bij dialyse); een lijst van soorten/typen geneeskundige zorgen waarvan kosten zullen ingediend worden
  Het College van Geneesheren-Directeurs neemt een principiële beslissing.
- de aanvraag om tegemoetkoming, met volgende documenten:
  een behandelingsplan (uitgebreid, dat dient als voorschrift); voorschriften van verstrekkingen, die niet vernoemd werden in het behandelingsplan; een samenvattende lijst van de onkosten; de bewijzen van elke betaling
  Het CGD beslist en stelt het bedrag van de eventuele tegemoetkoming vast.
- de aanvraag om verlenging, met volgende documenten:
  Na 3 maanden kan een verlenging aangevraagd worden. Een behandelingsplan is niet meer noodzakelijk, tenzij er wijzigingen te melden zijn. De aanvraag tot verlenging bevat de individuele voorschriften, de samenvattende kostenstaat en de bewijzen van betaling.
  De adviserend geneesheer kan meteen voorschotten uitbetalen, het CGD behandeld nadien de aanvraag tot verlenging.

C) Behandeling in het buitenland

De aanvraag om tegemoetkoming van de verzekering in de kosten van verstrekkingen en de reis- en verblijfskosten moet, om ontvankelijk te zijn, de elementen bevatten waaruit het behartigenswaardig karakter ervan blijkt.

De aanvraag om verzorging in het buitenland te krijgen moet vooraf gebeuren.

Wat de reiskosten en eventueel de verblijfskosten van de vergezellende persoon betreft, moet, behalve indien het een patiënt van minder dan 18 jaar betreft, een medisch getuigschrift worden bijgevoegd dat de noodzaak tot vergezellen motiveert.

Bij de aanvraag wordt de verklaring op erewoord gevoegd waarin de rechthebbende bevestigt dat hij geen andere rechten kan doen gelden of waarin hij meedeelt ten belope van welk bedrag hij rechten kan doen gelden krachtens die andere voorziening.

In een aanvraag voor geneeskundige verstrekkingen voor het buitenland dient het aanvraagbundel uitgebreid te worden met:

- een raming van de kosten
  - medische kosten
  - transportkosten
  - verblijfskosten
- een omstandig medisch verslag
  - van het ziekenhuis in België (een Belgische arts schrift de behandeling voor en motiveert ze)
  - van het behandelend ziekenhuis in het buitenland (niet vereist maar wenselijk vanuit praktische overwegingen)
- de elementen waaruit het behartigenswaardig karakter ervan blijkt
- de volledig ingevulde verklaring op erewoord
- het advies van de adviserend geneesheer
- het standaardformulier
- het formulier E112 (Europese Gemeenschap) of de toestemming van de adviserend geneesheer
- eventueel het medisch getuigschrift dat het vergezellen motiveert (behalve indien de patiënt jonger is dan 18 jaar).

De adviserend geneesheer stuurt de aanvraag door binnen een termijn van dertig dagen te rekenen vanaf de dag na de indiening van de aanvraag door de rechthebbende, vergezeld van:
- de schatting van het persoonlijk aandeel ten laste van de rechthebbende
- het inlichtingenblad
- de verantwoordingsstukken voor een aanvraag betreffende reeds gemaakte onkosten

De adviserend geneesheer heeft het recht om in bepaalde situaties de aanvraag niet door te sturen naar het RIZIV (situaties waarin duidelijk is dat de gevraagde tussenkomsten niet in aanmerking komen voor tussenkomst, vb. verjaarde verstrekkingen, zorgen in het buitenland waarvoor geen voorafgaande toelating verkregen is, enz.)

Uitbetaling ?

A) Kosten geneeskundige verstrekkingen

1. Beslissing op basis van een factuur

Het ziekenfonds betaalt aan de rechthebbende of aan de zorgverlener het toegekend bedrag binnen een termijn van 14 dagen na de beslissing van de adviserend geneesheer van de verzekeringsinstelling of na de ontvangst van de kennisgeving van de beslissing van het College van Geneesheren-Directeurs.

2. Beslissing op basis van een bestek

Het ziekenfonds betaalt aan de rechthebbende of aan de zorgverlener het toegekend bedrag slechts na de beslissing van de adviserend geneesheer van de verzekeringsinstelling of na de ontvangst van de kennisgeving van de beslissing die het College van Geneesheren-Directeurs treft omtrent de met het bestek corresponderende factuur, binnen een termijn van 14 dagen.

3. Voorschot op basis van een bestek

Als het College van Geneesheren-Directeurs of de adviserend geneesheer van de verzekeringsinstelling een rechthebbende reeds de vergoeding van een continue behandeling op basis van een factuur heeft toegekend, kan eventueel aan die rechthebbende, op basis van een bestek, een voorschot worden toegekend voor de voortzetting van de behandeling. Zodra de rechthebbende de met het bestek corresponderende factuur in zijn bezit heeft, bezorgt hij ze aan de adviserend geneesheer van de verzekeringsinstelling.

B) Kosten behandeling, reis- en verblijfskosten in het buitenland

De tegemoetkoming wordt door het College van Geneesheren-Directeurs op basis van de bewijsstukken als volgt vastgesteld, waarbij de toegekende vergoeding evenwel niet hoger mag liggen dan de werkelijke kosten:

1° voor het aandeel ten laste van de rechthebbende op basis van een berekeningsdossier dat is aangelegd door de verzekeringsinstelling;

2° wat de reiskosten betreft:

- a) als er met een gemeenschappelijke vervoermiddel wordt gereisd, worden de werkelijke reiskosten vergoed
- b) als er met een ander vervoermiddel wordt gereisd, worden de reiskosten vergoed tegen 0,2 euro per kilometer;
- c) als, voor noodzakelijke medische reden, de reis met een ziekenwagen of een ander gemedicaliseerd vervoermiddel wordt gedaan, worden de werkelijke reiskosten vergoed.

De tegemoetkoming mag enkel betrekking hebben op de afstand die de rechthebbende en, in voorkomend geval, de persoon die hem moet vergezellen, moet afleggen om zich van de gewone verblijfsplaats van de rechthebbende te verplaatsen naar de plaats van de behandeling met het goedkoopste vervoermiddel dat, rekening houdende met zijn gezondheidstoestand, door de rechthebbende kan worden gebruikt;

3° wat de verblijfskosten betreft:
de verblijfskosten van de rechthebbende en van de persoon die hem eventueel moet vergezellen, en de kosten die voortvloeien uit de overnachting die noodzakelijk is tijdens de onder 2° bedoelde verplaatsing, worden vergoed op grond van de werkelijke prijs met een maximum van 27,27 euro per persoon en per overnachting.

Waar?

- Ziekenfonds:
  dienst maatschappelijk werk;
  adviserend geneesheer (inlichtingen, bijstand + aanvraag) (Gouden Gids nr 6990, www.cm.be; e-mail: dmw@cm.be).

I.17. Forfaitaire vergoedingen ziekteverzekering

A) Chronisch zieken met hoge medische kosten (zorgforfait)
B) Chronisch zieken met incontinentieproblemen (incontinentieforfait)
C) Chronisch zieken in een palliatieve situatie, die thuis verblijven
D) Chronisch zieken in een (sub-)coma, die thuis verzorgd worden

Doel

Binnen de ziekteverzekering werden meerdere financiële tussenkomsten gecreëerd voor bepaalde chronisch zieken, om tegemoet te komen aan de vaak hoog oplopende bijkomende kosten ten gevolge van ziekte. Enerzijds een forfaitaire tussenkomst voor chronisch zieken met hoge medische kosten en een forfaitaire tussenkomst voor chronisch zieken met zware incontinentieproblemen (de zieken kunnen beide vergoedingen samen genieten). Anderzijds de meer specifieke forfaitaire tegemoetkomingen voor palliatieve patiënten en voor comapatiënten, die thuis verzorgd worden. Deze laatste forfaits kwamen er omdat het vaak goedkoper was om zich in een instelling te laten verzorgen dan thuis verzorgd te worden.

A) Chronisch zieken met hoge medische kosten (zorgforfait)

(KB 02/06/98 - verlengd voor onbepaalde duur via KB 20/12/99, BS 31/12/99) (KB 05/12/2000 - BS 19/12/2000; KB 22/12/05 - BS 29.12.05)

Wat?

Chronisch zieke personen met hoge medische kosten kunnen (in principe automatisch) een forfaitaire tussenkomst, ten bedrage van 273,29 euro, 409,94 euro of 546,57 euro krijgen vanuit de ziekteverzekering (bedrag afhankelijk van het feit hoe erg de zelfredzaamheid verminderd is). Het bedrag is jaarlijks geïndexeerd (bedrag 2009).

Wie?

Wie is chronisch zieke persoon? (medische voorwaarde)

Voor het forfait van 273,29 euro heeft de persoon:

- een medische erkenning om recht te kunnen geven op bijkomende kinderbijslag als kind met een handicap (geen 66% arbeidsongeschiktheid vereist!) (zie II.2), of
- regelmatige of langdurige verzorging in een ziekenhuismilieu gehad:
  - ofwel door minstens 120 dagen gehospitaliseerd geweest te zijn gedurende het huidige en het vorige kalenderjaar,
  - ofwel door ten minste zes maal in het ziekenhuis opgenomen geweest te zijn gedurende het huidige en het vorige kalenderjaar (hierbij wordt ook rekening gehouden met daghospitalisaties, hemodialyse, ...)

Voor het forfait van 409,94 euro heeft de persoon:

- een medische erkenning 'integratietegemoetkoming', categorie III, IV of V vanuit de Federale Overheidsdienst Sociale Zekerheid (zie II.6) (men moet dus niet effectief de tegemoetkomingen genieten), of
- een medische erkenning 'tegemoetkoming hulp aan bejaarden', categorie III, IV of V vanuit de Federale Overheidsdienst Sociale Zekerheid (zie II.7) (men moet dus niet effectief de tegemoetkoming genieten), of
- een 'tegemoetkoming als mindervalide', hulp van derden (volgens de wet van 27-06-69), of
- een uitkering 'hulp van derden' vanuit de ziekteverzekering (zie I.3.)

Voor het forfait van 546,57 euro heeft de persoon:

- minstens 3 maanden een toelating van de adviserend geneesheer voor een forfaitaire terugbetaling van verpleegkundige zorgen, categorie B of C (*toelating dient aangevraagd door een verpleegkundige* (zie II.54).

Wie heeft hoge medische kosten? (voorwaarde op vlak van onkosten)

- De chronisch zieke persoon die tijdens het jaar dat hij/zij voldoet aan één van de hierboven opgesomde medische voorwaarden (vb. 2009) **EN** tijdens het vorig kalenderjaar (in dit voorbeeld 2008 + 2009) telkens voor *minstens 450 euro persoonlijk aandeel(1) betaalde* (volgens de teller van de maximumfactuur! - zie I.10.); of
- De chronisch zieke persoon met verhoogde tegemoetkoming met gedurende 2 opeenvolgende jaren slechts 365 euro betaald persoonlijk aandeel.

B) Chronisch zieke persoon met incontinentieproblemen

(K.B. 02.06.98) (KB 05.12.2000 - BS 19.12.2000)

Wat?

Chronisch zieke personen met zware incontinentieproblemen kunnen, in principe automatisch, een forfaitaire tussenkomst krijgen vanuit de ziekteverzekering, ten bedrage van 449,06 euro (bedrag 01.01.2009)

Wie?

Wie is chronisch zieke persoon met incontinentieproblemen?
De persoon die minstens 4 maanden, gedurende de laatste 12 maanden, een toelating had van de adviserend geneesheer voor een forfaitaire terugbetaling van verpleegkundige zorgen, categorie B of C (de toelating dient aangevraagd door een verpleegkundige (zie II.54)), waarbij het criterium *'incontinentie'* minstens 3 of 4 scoort!

(1) Met 'persoonlijk aandeel' bedoelen we het wettelijk remgeld dat is opgenomen in de teller van de maximumfactuur (zie I.15.)

Bovendien mag de betrokkene niet in een verzorgingsinrichting verblijven op de laatste dag van de hoger vernoemde periode van 4 maanden. Met verzorgingsinrichting bedoelt men elke instelling die gesubsidieerd is door het RIZIV (antwoord RIZIV 03.04.2000). Verblijvenden in een instelling van het Agentschap voor Personen met een Handicap (voorheen Vlaams Fondsinstelling) hebben dus wel recht.

Betrokkene moet ook nog in leven zijn op de laatste de dag van de referteperiode van 12 maanden.

Deze forfaitaire uitkering kan maar één maal per kalenderjaar worden uitgekeerd.

OPGELET:

De tussenkomsten (voor zware medische kosten en het incontinentieforfait) mogen gecumuleerd worden.

C) Forfait voor geneesmiddelen, verzorgingsmiddelen en hulpmiddelen voor palliatieve thuiszorg

(KB 02.12.1999 - BS. 30.12.99 - uitwerking 01.01.2000)

Wat?

Het bedrag van de forfaitaire tegemoetkoming bedraagt 589,31 euro (bedrag wordt jaarlijks aangepast aan de index). Het dekt een periode van 30 dagen te rekenen vanaf de zendingsdatum van de medische kennisgeving. Het forfait is bedoeld als tegemoetkoming voor geneesmiddelen, verzorgingsmiddelen en hulpmiddelen, nodig voor palliatieve verzorging ten huize. Er dienen geen betalingsbewijzen tegenover gesteld te worden. (bedrag 01.03.2009)

De forfaitaire tegemoetkoming voor palliatieve thuispatiënten kan **niet betaald worden ingeval van hospitalisatie van de patiënt of verblijf in een ROB of een RVT.**

Indien de patiënt tijdens de periode van 30 dagen beginnend op de zendingsdatum van het formulier « Medische kennisgeving » gehospitaliseerd wordt, blijft de forfaitaire tegemoetkoming verschuldigd en kan deze niet teruggevorderd worden.

De aanvraag is één maal hernieuwbaar indien betrokkene na verloop van de 30 dagen blijft voldoen aan de voorwaarden.

Het forfait kan gecumuleerd worden met de terugbetaling van het eenmalig forfaitair bedrag voor de multidisciplinaire begeleidingsequipe voor palliatieve verzorging.

Wie?

De palliatieve thuispatiënt, zoals bedoeld voor dit voordeel is de patiënt:
1. die lijdt aan één of meerdere irreversibele aandoeningen;
2. die ongunstig evolueert, met een ernstige algemene verslechtering van zijn fysieke / psychische toestand;
3. bij wie therapeutische ingrepen en revaliderende therapie geen invloed meer

hebben op die ongunstige evolutie;
4. bij wie de prognose van de aandoening(en) slecht is en het overlijden op relatief korte termijn verwacht wordt (levensverwachting meer dan 24 uur en minder dan drie maand);
5. met ernstige fysieke, psychische, sociale en geestelijke noden die een belangrijke tijdsintensieve en volgehouden inzet vergen; indien nodig wordt een beroep gedaan op hulpverleners met een specifieke bekwaming, en op aangepaste technische middelen;
6. met een intentie om thuis te sterven.

Hoe?

De huisarts van de palliatieve thuispatiënt geeft aan de adviserend geneesheer van het ziekenfonds kennis van het feit dat de verzekerde beantwoordt aan de voorwaarden (palliatieve thuispatiënt). Hij vult daartoe een typeformulier in en maakt het via de post over aan het ziekenfonds van de betrokkene.

Het ziekenfonds betaalt onmiddellijk na ontvangst van de aanvraag.

De betaling gebeurt op rekening van de begunstigde.

Na 30 dagen kan de aanvraag één maal hernieuwd worden indien betrokkene blijft voldoen aan de voorwaarden.

D) Tegemoetkoming voor geneesmiddelen, verzorgingsmiddelen en hulpmiddelen voor patiënten in een persisterende vegetatieve status

(Protocol interminesteriële conferentie 24/05/2004 betreffende gezondheidsbeleid t.a.v. comapatiënten- BS 27.09.2004; KB van 18.11.2005 - BS 30.11.2005)

Toepassing vanaf 01.01.2006

Artikel 34, eerste lid, 14°, van de wet betreffende de verplichte verzekering voor geneeskundige verzorging en uitkeringen, gecoördineerd op 14 juli 1994 *(art. 34 = tegemoetkoming voor materialen en verzorgingsproducten voor personen met een zware aandoening).*

Wat?

Comapatiënten krijgen recht op een tegemoetkoming voor de verzorging thuis.

Deze personen worden in principe eerst opgenomen in een deskundig ziekenhuiscentrum waar ze een gespecialiseerde multidisciplinaire revalidatie krijgen. Daarna kunnen ze een aangepaste verzorging op lange termijn krijgen in een gespecialiseerd rust -en verzorgingstehuis of in de thuisomgeving.

Het is voor de 'long term care' thuis dat dit patiëntenforfait is uitgewerkt.

De tegemoetkoming bedraagt in 2009 maximaal 7.506,23 euro. Het ziekenfonds betaalt voor de maand van terugkeer en de 5 maanden die volgen, de helft van de tegemoetkoming aan de patiënt (3.753,12 euro). Na die periode betaalt het maandelijks een bedrag aan die patiënt dat overeenstemt met één 12e van de jaarlijkse tegemoetkoming (625,52 euro).

Dit bedrag is niet verschuldigd vanaf de 2e volledige kalendermaand waarin de rechthebbende ononderbroken verblijft in een ziekenhuis (of gelijkwaardig), ROB, RVT of PVT.

De tegemoetkoming is bedoeld om alle **geneesmiddelen** (o.a. analgetica, anticholinergica, anti-emetica, maagzuursecretie-inhibitoren, anti-epileptica, psycholeptica, spasmo-lytica, aërosols, geneesmiddelen die de defecatie reguleren, geneesmiddelen voor dermatologisch gebruik en voor mondverzorging), alle **verzorgingsmiddelen** (o.a. incontinentiemateriaal, ontsmettingsmiddelen, sondes, verbanden voor wonden en voor gastrotomie en tracheotomie, materiaal voor beademing en zuurstofbehandeling, naalden, perfusiezakken, pompen, injectiespuiten) en alle **hulpmiddelen** (o.a. matrassen, kussens en speciale bedden, rolstoelen en aangepaste zetels, liftsystemen, aangepaste douche- of badstoelen, materiaal voor aërosoltherapie en beademing, communicatieapparaten, toiletstoelen, beschermbogen, orthesen, alsook het herstel en onderhoud van dat materiaal), die nodig zijn voor de verzorging ten huize van die patiënten, te vergoeden.

De tegemoetkoming is cumuleerbaar met andere geneeskundige verstrekkingen.

De patiënt, die de tegemoetkoming voorgeschreven krijgt, heeft ook recht op multidisciplinair overleg via de geïntegreerde diensten voor thuiszorg voor het opstellen van een zorgplan, met het oog op de terugkeer en handhaving in de thuisomgeving. Dit is zorgoverleg waarop alle hulpverleners (en familie), die betrokken zijn bij de zorg, uitgenodigd worden. Er zijn maximum 4 overlegvergaderingen per jaar.

Wie?

Personen die een acute hersenbeschadiging hebben opgelopen (niet-aangeboren hersenletsel), gevolgd door een coma, waarna ze niet volledig ontwaken en in een persisterende neurovegetatieve status of in een minimaal responsieve status zijn terechtgekomen.

Het gaat om de patiënten, die thuis verzorgd worden en patiënten, die in een ziekenhuis (of gelijkgesteld), in een ROB, in een RVT of in een PVT verblijven én waarvan de terugkeer naar de thuisomgeving gepland wordt binnen één maand.

De patiënt heeft t.g.v. een acute hersenbeschadiging (ernstige schedeltrauma, hartstilstand, aderbloeding...), gevolgd door een coma, waarbij de ontwaaktechnieken de situatie niet hebben kunnen verbeteren, een volgende status:

- ofwel een persisterende neurovegetatieve status, namelijk:
  1. getuigt van geen enkele vorm van bewustzijn van zichzelf of de omgeving en is niet in staat met anderen te communiceren;
  2. geeft geen enkele volgehouden, repliceerbare, gerichte en vrijwillige respons op stimulatie van het gezichtsvermogen, het gehoor, de tastzin of pijnprikkels;
  3. geeft geen enkel teken van welke vorm van taalvermogen dan ook, noch wat het begripsvermogen noch wat de spreekvaardigheid betreft;
  4. kan soms spontaan de ogen openen, oogbewegingen maken, zonder daarom personen of voorwerpen met de ogen te volgen;
  5. kan een slaap-waakritme hebben en ontwaakt dus mogelijkerwijs met tussenpozen (zonder bij bewustzijn te komen);

6. de hypothalamische en trunculaire functies zijn nog voldoende intact om te kunnen overleven met medische en verpleegkundige verzorging;
7. vertoont geen emotionele reactie op verbale aanmaningen;
8. vertoont urinaire en fecale incontinentie;
9. vertoont tamelijk intacte schedel- en ruggenmergreflexen.

En dat sinds minstens 3 maanden; .

- ofwel een minimaal responsieve status (MRS), die verschilt van de neurovegetatieve status, omdat de patiënt zich in een bepaald opzicht van zichzelf en de omgeving bewust is. Soms is hij/zij in staat een gerichte beweging te maken of te reageren op bepaalde stimuli door te huilen of te lachen, met ja of nee via bewe-gingen of articulatie. De constante aanwezigheid van een van die tekens volstaat om de patiënt als MRS te categoriseren. De afhankelijkheid blijft totaal, met hersenschorsgebreken die niet kunnen worden onderzocht en verregaande sensorische en motorische gebreken.

Hoe?

De verantwoordelijke arts van het erkend deskundig ziekenhuiscentrum* dat de patiënt opvolgt, geeft aan de adviserend geneesheer kennis van het feit dat betrokkene voldoet aan de voorwaarden. Hij vult daartoe het voorgeschreven formulier in en bezorgt het aan het ziekenfonds van de betrokkene, met een kopie aan de huisarts.

Deze medische kennisgeving wordt **ingediend ten vroegste 1 maand voor de terugkeer van de patiënt** naar de thuisomgeving en **uiterlijk voor het einde van de 5**e maand na de maand van terugkeer.

De medische kennisgeving opent het recht op de tegemoetkoming (en op mulitidisciplinair overleg in de Geïntegreerde Diensten voor Thuisverzorging).

(*) erkende ziekenhuiscentra, gespecialiseerd in de eerste opvang en revalidatie van comapatiënten: Brugmann, Brussel; Centre de traumatologie et de readaption, Brussel; Heropbeuring VZW, Brasschaat; UZ Gent; AZ Salvator, Hasselt; UZ Leuven campus Pellenberg; Ziekenhuis Inkendaal, Vlezenbeek; H. Hartziekenhuis, Roeselare; AZ St. Jan, Brugge; Centre hospitalier regional de tournaisis, Doornik; Clinique Saint Joseph, Bergen

Waar?

Alle tegemoetkomingen voor chronisch zieken:

Ziekenfonds-consulenten (inlichtingen) - Gouden Gids nr. 6990, www.cm.be; e-mail: dmw@cm.be.

I.18. Begrafeniskosten

Wat?

Bij overlijden kan de echtgeno(o)t(e) of de persoon die de begrafeniskosten heeft betaald, aanspraak maken op een begrafenisuitkering van 148,74 euro (bedrag wordt niet geïndexeerd). Een aantal ziekenfondsen geven een hoger bedrag vanuit de aanvullende vrije verzekering.

Wie?

De echtgeno(o)t(e) of de persoon die de begrafeniskosten heeft betaald (= factuur), wanneer de overledene bij zijn overlijden het statuut van werknemer, volledig werkloze of gepensioneerd werknemer had.

Waar?

Ziekenfonds
- loket (informatie + aanvraag)
- (Gouden Gids nr 6990, www.cm.be; e-mail: dmw@cm.be)

I.19. Terugbetaling onkosten voor diabetes

- Terugbetaling van diëtetiek en/of podologie: DIABETESPAS
- Terugbetaling van zelfcontrole: DIABETESCONVENTIE
- Terugbetaling van zelfcontrole: EDUCATIE TOT ZELFZORG DOOR EEN DIABETESVERPLEEGKUNDIGE

1. Diabetespas

Wat?

Bij de behandeling van diabetes komt heel wat kijken:
- aanpassing van voeding, meer beweging, rookstop
- gebruik van medicatie, vaak niet alleen voor hoge bloedsuiker, maar ook voor hoge bloeddruk, hoge cholesterol, enz.
- regelmatige opvolging en bijsturing van de therapie
- opsporen van beginnende verwikkelingen om ze af te remmen en tegen te houden

Bij deze behandeling zijn verschillende zorgverleners betrokken: huisarts, apotheker, diëtist, oogarts, enz. Een goede samenwerking tussen deze zorgverleners is erg belangrijk.

De diabetespas moet de organisatie van deze zorgen vergemakkelijken. De diabetespas is een boekje dat de persoon met diabetes, zijn huisarts en de andere leden van het zorgteam meer houvast geven bij de behandeling.

Men vindt er de volgende zaken in:
- duidelijke instructies over hoe diabetes moet worden aangepakt (educatie);
- formulieren om de opvolging te organiseren (responsabilisering);
- nuttige informatie over de patiënt en de opvolging van de diabetesproblematiek (communicatie).

Het is als een minidossiertje dat alle zorgverleners goed op de hoogte houdt van de doelstellingen van de behandeling, de medicatie, de onderzoeken, enzovoort.

Het gebruik van deze pas geeft ook recht op terugbetaling van **voedingsadvies** door een diëtist, 2 x 30 minuten per jaar of 1 x 60 minuten per jaar.

Personen met diabetes met een hoog risico om voetwonden te ontwikkelen kunnen 2 x per jaar (gedurende minimum 45 minuten en niet op 1 dag gegeven) een verzorging door een gegradueerde **podoloog** terugbetaald krijgen.

Deze verstrekkingen kunnen niet verleend worden tijdens een hospitalisatie en dieetadvies kan niet verleend worden aan personen die van de diabetesconventie genieten waarin ook diëtetiek voorzien is (zie volgend punt).

Sinds 01.02.2006 mag de huisarts jaarlijks een specifieke prestatie aanrekenen voor het begeleiden van de patiënt met diabetespas. Het tarief is vanaf 01.01.2009 17,93 euro, waarop de patiënt geen persoonlijk aandeel moet betalen.

Wie?

Elke diabetespatiënt kan een diabetespas aanvragen, op voorwaarde dat hij een globaal medisch dossier heeft bij zijn huisarts.

Hoe?

Een diabetespas wordt bij het ziekenfonds aangevraagd met een modelformulier dat door betrokkene en door de huisarts of een geneesheer-specialist ondertekend wordt.

Het bezit van een diabetespas is voorwaarde om terugbetaling te krijgen voor dieetadvies en/of podologie.

Het voedingsadvies moet voorgeschreven worden door een huisarts of door een geneesheer-specialist in de inwendige geneeskunde of pediatrie.

Podologie wordt voorgeschreven door de huisarts of door een geneesheer-specialist in de inwendige geneeskunde, in de heelkunde of in de orthopedische heelkunde.

De verstrekkers (diëtisten en podologen) zijn erkend door het RIZIV om diabetespatiënten te behandelen.

Waar?

Ziekenfonds (Gouden Gids nr 6990, www.cm.be; e-mail: dmw@cm.be)

2. Diabetesconventie

Wat?

Zelfcontrole is één van de pijlers van de moderne diabetesbehandeling. De meeste diabeten die insuline spuiten meten regelmatig hun bloedsuikergehalte. Zelfcontrole laat toe om snel en juist te reageren wanneer men zich niet goed voelt. De metingen leveren inzicht in de effecten van lichaamsbeweging, voeding, stress en andere wisselvalligheden van het dagelijkse leven. Aan de hand van de cijfers kan men de insulinedosissen aanpassen.

Door zelfcontrole kan men een betere bloedsuikerregeling verkrijgen. Ook diabeten die enkel met bloedsuikerverlagende pilletjes behandeld worden kunnen er baat bij hebben om aan zelfcontrole te doen.

Zelfcontrole kost echter geld. Vooral de meetstrookjes zijn duur. Deze op het eerste zicht eenvoudige stripjes zijn hoogstandjes van moderne technologie, die volgens zeer strikte kwaliteitsnormen worden gefabriceerd. Wie een meter nodig heeft, enkele doosjes meetstrookjes, een vingerpriktoestel en lancetjes betaalt al gauw 100 euro.

De diabetesconventie is een overeenkomst tussen het RIZIV en verschillende centra voor diabetologie. Enkel ziekenhuizen, die beschikken over een diabetesteam, minstens bestaande uit een specialist in inwendige geneeskunde, een diabetesverpleegkundige en een diëtist kunnen een dergelijke conventie met het RIZIV afsluiten. Specialisten die niet verbonden zijn aan een ziekenhuis kunnen in principe geen conventie afsluiten, maar meestal lossen ze dit op door samen te werken met een erkende ziekenhuisdienst.

Het diabetesteam van zo'n centrum moet aan de diabetespatiënten die opgenomen worden in deze conventie educatie verschaffen, niet alleen over de technische aspecten van de zelfcontrole, maar ook over andere aspecten van de behandeling van diabetes en het voorkomen van verwikkelingen. Zij moeten aan deze patiënten materiaal voor zelfcontrole verstrekken, met name een glucosemeter, meetstrips, een vingerpriktoestel en lancetten.

Wie?

Zowel personen met type 1 als type 2 diabetes, die met minstens 2 insulinespuiten per dag behandeld worden kunnen zich laten inschrijven in een centrum voor diabetes.

Diegenen die geen insuline spuiten, of slechts 1 maal per dag, komen niet in aanmerking.

Personen met type 2 diabetes moeten bovendien een diabetespas en een globaal medisch dossier hebben.

De patiënten moeten bereid zijn om minstens 30 x per maand een zelfcontrolemeting van de bloedsuiker uit te voeren. Zij moeten bereid zijn om de technische vaardigheden die hiervoor nodig zijn aan te leren en om educatie te krijgen over andere aspecten van de diabetesbehandeling.

Zij moeten zich laten begeleiden door het diabetesteam, in samenwerking met de huisarts.

Er wordt een opsplitsing gemaakt volgens drie categorieën:

Categorie	Aantal dagelijkse inspuitingen	Aantal maandelijkse bloedsuikermetingen	Aantal strips per maand
1	minstens 3 (of insulinepomp)	minstens 120 (= 4/dag)	140
2	minstens 3	minstens 60(= 4 dagcurves/week)	70
3	minstens 3 (of 2 met zelfcontrole!)	minstens 30(= 2 dagcurves/week)	30

Zij die minder frequent meten komen niet in aanmerking voor opname in de conventie.

Wanneer men meer strips verbruikt dan het maximum dat men in zijn categorie kan krijgen, moet men de extra strips zelf betalen. Dus veel diabeten moeten een kleine bijdrage leveren om het systeem betaalbaar te houden.

Om recht te hebben op het zelfcontrolemateriaal moet men bewijzen dat men de metingen wel degelijk uitvoert. Het noteren van de resultaten in een diabetesdagboekje biedt hiervoor de beste garanties.

Sommige groepen van diabeten kunnen onder speciale voordelige voorwaarden in het systeem opgenomen worden:

Aandoening	Categorie	Voorwaarde
Vrouwen met diabetes met zwangerschapswens	1	minstens 2 injecties per dag
Vrouwen met diabetes die zwanger zijn	1	minstens 2 injecties per dag
Vrouwen met zwangerschapdiabetes	minstens 3	zelfs als ze geen insuline spuiten
	2	1 injectie per dag
	1	minstens 2 injecties per dag
Met insuline behandelde nierdialyse-patiënten	1, 2 of 3	volgens het aantal glycemiemetingen (ongeacht het aantal injecties per dag)
Diabetespatiënten na niertransplantatie	3	als ze geen insuline spuiten
	1	als ze insuline spuiten
diabetespatiënten na pancreas- of S-celtransplantatie	2	
diabetische kinderen en jongeren (tot 18 jaar)	1	zelfs als ze geen insuline spuiten
met insuline behandelde blinde diabeten	1	

Hoe?

Het centrum voor diabetes heeft een conventie afgesloten met het RIZIV en schrijft een nieuwe patiënt in (aanvraag door het centrum bij de adviserend geneesheer). De patiënt krijgt dan een integrale begeleiding en ontvangt het materiaal om de zelfcontrole uit te voeren.

Wie meent in aanmerking te komen voor de diabetesconventie, raadpleegt zijn arts of belt de gratis info- lijn 0800/96333.

Waar?

- Huisartsen (Gouden Gids nr 963)
- Gratis infolijn 0800/96333
- Ziekenfonds (Gouden Gids nr 6990, www.cm.be; e-mail: dmw@cm.be)

3. Educatie tot zelfzorg door een diabetesverpleegkundige

Wat?

In het kader van thuisverpleegkunde bestaat ook de mogelijkheid om deskundige begeleiding te krijgen van een thuisverpleegkundige, die specifiek bijgeschoold is voor de begeleiding van diabetespatiënten (de zogenaamde 'referentieverpleegkundige').

Zij/hij volgt samen met de patiënt de evolutie van de diabetes en ondersteunt en adviseert de patiënt bij zijn zelfzorg.

Zij/hij doet dit uiteraard in nauw overleg met, en op aangeven van de huisarts.

Wie?

In principe patiënten met diabetes, die niet toegetreden zijn tot de 'conventie voor diabetespatiënten' (is een revalidatieovereenkomst inzake zelfregulatie van diabetes).

Uitzondering: volgende patiënten met een revalidatieovereenkomst, die pas gestart is na 01.01.2006, mogen wel beroep doen op de 'referentieverpleegkundige' als ze beantwoorden aan alle opgesomde voorwaarden:

- diabetes type 2
- 2 of meer insulinespuiten per dag
- 2 glycemiedagcurven per week
- zelfcontrole in functie van het vermijden van ontsporingen of om ze snel op te vangen
- diabetes is geen gevolg van transplantatie, organische hypoglycemie, zwangerschap of nierdialyse

Hoe?

De verpleegkundige dienst contacteren, op aangeven van een behandelend arts.

Waar?

- Huisartsen (Gouden Gids nr 963)
- Gratis infolijn 0800/96333
- Ziekenfonds (Gouden Gids nr 6990, www.cm.be; e-mail: dmw@cm.be)

I.20. Asbestfonds

Wat?

Slachtoffers met mesothelioom (asbestkanker) of asbestose (chronische aandoening van de longen) hebben sinds 2007 recht op een rente van de overheid.

De vergoeding voor asbestose (asbestlong) bestaat uit een maandelijkse rente van 15 euro per procent ongeschiktheid tgv asbestose. Slachtoffers die voor dezelfde aandoening al vergoed worden voor asbestose van het Fonds voor Beroepsziekten ontvangen van het asbestfonds slechts 50%. Voor een gelijkaardige uitkering uit een andere sociale voorziening (vb. uitkering RIZIV) krijgt men een vermindering naargelang het bedrag van die uitkering.

Bij overlijden krijgt de echtgenote een kapitaal van 15.918,12 euro en de kinderen ten laste een kapitaal van 13.265,10 euro.

De vergoeding voor mesothelioom bedraagt 1.591,81 euro per maand en is cumuleerbaar met alle andere sociale uitkering, zelfs de vergoeding voor mesothelioom van het Fonds voor Beroepsziekten.

Bij overlijden heeft de echtgeno(o)t(e) recht op een kapitaal van 31.836,24 euro. Per kind ten laste wordt 26.530,20 euro uitbetaald en aan een ex-partner waarvoor onderhoudsgeld verschuldigd was 15.918,12 euro.

De vergoedingen uit het asbestfonds zijn belastingvrij. Zij worden niet als inkomen in aanmerking genomen voor de berekening van het recht op een andere sociale of bijstandsuitkeringen (leefloon, tegemoetkomingen aan personen met een handicap, ziektevergoeding, enz.)

Wie?

Alle mensen die het slachtoffer zijn van blootstelling aan asbest in België en die getroffen zijn door mesothelioom of asbestose.

Hoe?

De aanvraag wordt ingediend bij het asbestfonds, dat ondergebracht is in het Fonds voor Beroepsziekten. De aanvraagformulieren zijn te downloaden op www.afa.fgov.be, rubriek aanvraagformulier.

De aanvraag wordt ten laatste 6 maanden na overlijden ingediend.

De aanvragers moeten het bewijs leveren van de blootstelling in België aan het asbestrisico. Behalve wanneer de aanvrager door een mesothelioom getroffen is, moet het bewijs geleverd worden ten aanzien van de criteria van blootstelling aan het asbestrisico of de diagnostische criteria zoals bepaald door het Fonds voor de beroepsziekten.

Waar?

- Asbestfonds, Sterrenkundelaan 1, 1210 Brussel
  Tel. 02 226 63 16

- dienst maatschappelijk werk van het ziekenfonds, www.cm.be, DMW@CM.be

I.21. Medische aansprakelijkheid (therapeutisch ongeval)

(wet 15.05.2007 vergoeding van schade als gevolge van gezondheidszorg & wet 15.05.2007 regeling van de geschillen. Beide wetten aangepast bij wet 21.12.2007, datum inwerkingtreding 01.01.2009)

Met deze wetten wordt de medische aansprakelijkheid fundamenteel gewijzigd.

Wat?

Door deze wetgeving moet de patiënt geen medische fout aantonen in hoofde van de zorgverlener. Hij moet ook geen oorzakelijk verband aantonen tussen het therapeutisch ongeval en de schade.

Met 'zorgverlener' bedoelt men een geneesheer, kinesist, verpleger, tandarts, paramedisch beroep, enz. of het ziekenhuis, het bloedtransfusiecentrum, het klinisch laboratorium, enz.

Schade door:
- het verlenen van gezondheidszorg;
- het niet verlenen van gezondheidszorg die betrokkene wel had moeten krijgen gezien zijn situatie en de medische mogelijkheden;
- een infectie, opgelopen tijdens de verleende zorg

Uitgesloten zijn:
- onvermijdelijke schade rekening houdend met de oorspronkelijke toestand van betrokkene en de te verwachten evolutie;
- opzettelijke fout door de patiënt;
- schade doordat de patiënt een voorgestelde behandeling heeft geweigerd;
- schade door normale en te voorziene risico's of neveneffecten bij de zorg;
- schade, die niet in België is veroorzaakt;
- schade door medische experimenten;
- schade veroorzaakt door derden en niet veroorzaakt door de zorgverlener (wel eventueel het gedeelte schade dat werd veroorzaakt door een zorgverlener)

Niemand kan schade vorderen, enkel omdat hij geboren is. Men kan wel schade vorderen als een handicap veroorzaakt wordt of verergerd bij de geboorte door het verlenen van gezondheidszorg of als door de behandeling verhinderd werd dat de handicap minder erg zou zijn.

De persoon die als gevolg van het verlenen van gezondheidszorg met een handicap is geboren, kan een schadevergoeding verkrijgen als de zorg de handicap heeft veroorzaakt of verergerd, of als de zorg het niet heeft mogelijk gemaakt om maatregelen te nemen om deze handicap te verminderen. Indien de ouders schade lijden doordat hun kind als gevolg van een zware of opzettelijke fout van de zorgverlener met een handicap, die niet tijdens de zwangerschap werd ontdekt, is geboren kunnen zij een vergoeding vorderen voor hun schade. Die schade kan niet de bijzondere kosten omvatten die tijdens het leven van het kind uit deze handicap voortvloeien.

Wie?

Het slachtoffer (of zijn rechtverkrijgende(n) bij overlijden) of zijn wettelijk vertegenwoordiger.

De rechthebbenden worden in de wetgeving strikt omschreven. Ruw geschetst gaat het om niet gescheiden echtgenote(n/s), samenwonende partners of gescheiden echtgenote(n/s) waarvoor alimentatie werd betaald door het slachtoffer. Vervolgens andere erfgenamen in lijn als kinderen, adoptiekinderen, ouders, broers en zussen.

Hoe?

In principe betaalt de verzekering van de zorgverstrekker en een fonds ter vergoeding van ongevallen bij gezondheidszorgen. Als de zorgverlener niet verzekerd is betaalt het gemeenschappelijk waarborgfonds.

De vergoedingsregeling moet nog bij koninklijk besluit worden bepaald, maar in de wet is al aangegeven dat het om een forfaitaire vergoeding gaat. Bovendien moet de patiënt afstand doen van verder verhaal na een schadevergoeding. Men kan wel een strafrechtelijke vordering inleiden, maar zonder bijkomende schadevergoeding te eisen.

Uitzondering: men kan nog steeds een burgerlijke rechtszaak inleiden voor een volledige schadevergoeding bij opzettelijke schade, bij zorg die toegediend werd door een zorgverstrekker onder invloed van alcohol of verdovende middelen, na een strafrechtelijke veroordeling omdat de zorgverlener hulp weigert aan een persoon in nood of bij het uitoefenen van verboden activiteiten.

De aanvraag moet binnen 5 jaar gebeuren nadat de schade bekend is bij het slachtoffer of zijn rechthebbende en zonder dat het 20 jaar later mag zijn dan het feit waardoor de schade ontstaan is.

Eventuele bijkomende vragen ter vervollediging van het dossier moeten binnen 30 dagen beantwoord worden.

Het Fonds stuurt binnen 15 dagen na het verzoek een ontvangstbewijs.

De verzekeringsonderneming deelt haar voorstel tot beslissing mee aan het Fonds ten laatste 110 dagen na het verzoek. Indien het Fonds niet akkoord gaat wordt een tegenvoorstel gedaan door het Fonds en zo nodig betwisten beide partijen hun standpunt in een interne arbitrageprocedure. De aanvrager krijgt dan een voorlopige beslissing (provisie). Zo nodig oordeelt de arbeidsrechtbank over een betwisting over de schade tussen het Fonds en de verzekeringsonderneming.

De verzekeringsonderneming deelt haar beslissing mee aan de aanvrager binnen 210 dagen nadat het volledig dossier ingediend is.

De uitbetaling gebeurt binnen 60 dagen na de beslissing indien de aanvrager laat weten dat hij akkoord gaat. Zo niet, dan wordt betaald na 60 dagen na het verstrijken van de beroepstermijn.

De beslissing is positief of negatief, maar steeds gemotiveerd.

Het Fonds en de verzekeringsonderneming vergoeden zowel de economische als de niet-economische schade aan de patiënt :
- de economische schade die voortvloeit uit de lichamelijke letsels (arbeidsongeschiktheid);
- de kosten voor medische behandeling die noodzakelijk is als gevolg van de schade;

- de kosten voor ondersteunende zorg en in het bijzonder hulp van derden;
- de niet-economische schade.

Het Fonds en de verzekeringsonderneming vergoeden de rechtverkrijgenden voor:
- de economische schade (arbeidsongeschiktheid) die de rechtverkrijgenden een persoonlijk en rechtstreeks voordeel ontnemen;
- de begrafeniskosten en de kosten voor de overbrenging van de overleden patiënt naar de plaats waar de familie hem wil laten begraven of verassen;
- de morele schade.

De aanvrager kan de beslissing betwisten door beroep aan te tekenen bij de arbeidsrecthbank, binnen 90 dagen na ontvangst van de beslissing of wanneer geen beslissing volgt op een verzoek.

Waar?

- De aanvraag wordt ingediend bij het fonds voor vergoeding van ongevallen bij gezondheidszorgen.

I.22. Financiële steun voor ernstig zieke personen

A) Financiële steun van het OCMW
B) Tussenkomsten vanuit de ziekteverzekering, zorgverzekering, Fonds voor beroepsziekten en hulpfonds in het kader van ziekenfondswerking
C) Financiële steun van de kankerfondsen

A) Financiële steun van het OCMW

Wat?

Het OCMW is niet alleen bevoegd voor uitbetaling van het leefloon, maar kan daarnaast ook financiële hulp bieden op terreinen waar het leefloon ontoereikend is of niet van toepassing is.

Er kan financiële hulp geboden worden in bijkomende verwarmingskosten, in de verblijfskosten voor aangepaste opvang (vb. bejaardentehuis), enz., maar er kan tevens in hoogoplopende medische onkosten hulp geboden worden.

Wie?

Alle personen die in geldnood komen door de hoog oplopende medische onkosten.

Sommige OCMW's hanteren de inkomensgrens van leefloon als grens om financiële hulp te overwegen. Dat is niet correct want de medische onkosten kunnen zodanig uit verhouding zijn met het inkomen dat gewone bescheiden inkomens eveneens de onkosten niet kunnen dragen.

Iedereen heeft het recht op een financieel onderzoek waarbij de medische kost wordt bekeken in verhouding tot het (beperkt) inkomen.

Hoe?

Een aanvraag indienen bij het voor de woonplaats verantwoordelijk OCMW. Alle onkostenbewijzen en inkomensbewijzen voorleggen.

Net als bij het leefloon is het OCMW verplicht om de vraag schriftelijk en gemotiveerd te beantwoorden.

Men kan beroep aantekenen tegen deze beslissing, maar in tegenstelling tot het leefloon bestaan voor financiële hulp geen vaste normen. De rechter kan dan onderzoeken of het OCMW redelijk geoordeeld heeft.

Waar?

- OCMW (Gouden Gids nr)
- Ziekenfonds (Gouden Gids nr 6990, www.cm.be;
  e-mail: dmw@cm.be)

B) Tussenkomsten vanuit de ziekteverzekering, zorgverzekering, beroepsziekte en hulpfonds in het kader van de ziekenfondswerking

- Globaal Medisch Dossier (GMD) (zie I.13)
- De Maximumfactuur (MAF)(zie I.15)
- De verhoogde tussenkomst en OMNIO (zie IV.28)
- Uitkering aan derden (zie I.3)
- Chronische ziekten (zie I.17)
- Bijzonder solidariteitsfonds (zie I.16)
- De Vlaamse Zorgverzekering (zie II.14)
- Fonds voor beroepsziekte (zie I.2)

- **Het derde betalers systeem (zie IV.28)**

Wat?

Het derdebetalerssysteem is het principe volgens dewelke de patiënt enkel datgene betaalt wat het ziekenfonds niet terugbetaald. Dit systeem is dus de mogelijkheid voor sommige personen om niet het totale bedrag van sommige prestaties te hoeven betalen. De patiënt betaalt dus enkel het persoonlijk aandeel (remgeld).

Hoe?

Het ziekenfonds betaalt hun deel ten laste rechtstreeks terug aan de medische hulpverlener (dokter, apotheker, ziekenhuis, tandarts...). Zo moet de patiënt op het moment van de betaling enkel zijn persoonlijk aandeel betalen. De medische hulpverleners moeten door de administratieve beslommeringen wat langer op hun geld wachten maar ze kunnen hier toe bereid zijn wegens sociale redenen.

Wie?

De volgende categorieën van mensen kunnen genieten van het systeem van de derde betaler :
- De begunstigden van de garantie van inkomsten voor oudere personen.
- De begunstigden van het inkomen van integratie (leefloon).
- De begunstigden van een verhoogde tegemoetkoming.
- De begunstigden van een tegemoetkoming voor gehandicapten.
- De volledige werklozen (6 opeenvolgende maanden).
- Voor de ziekenhuizen en de apothekers is het systeem van de derde betaler verplicht voor iedereen. Maar de andere medische hulpverleners zijn vrij dit systeem te gebruiken.

Waar?

Voor verdere inlichtingen kunt u contact opnemen met uw ziekenfonds.

- **Hulpfondsen in het kader van ziekenfondswerking**

Wat?

Sommige ziekenfondsen hebben ten behoeve van leden in financiële nood hulpfondsen ter beschikking. Deze fondsen zijn uitsluitend bedoeld voor acute financiële noodsituaties tengevolge van ziekte en/of handicap omwille van hoge medische kosten.

Onder medische kosten kan eventueel ook bedoeld worden: hulpmiddelen, huishoudelijke hulp om de thuiszorg te ondersteunen, ... Deze fondsen zijn residuair en de grootte van de tussenkomst wordt bepaald door de totale situatie en wordt per individuele situatie beoordeeld.

Bij de Christelijke Ziekenfondsen zijn deze tussenkomsten afhankelijk van een grondig financieel onderzoek, waarbij familiale solidariteit en de aansprakelijkheid van het OCMW eerst uitgeput worden. Men houdt de fondsen ter beschikking voor situaties, waarvoor elders geen oplossing voorhanden is.

Men helpt hierdoor mensen, die dure maar noodzakelijke zorg nodig hebben, en waarvoor geen eigen middelen voorhanden zijn.

De tussenkomst kan gegeven worden onder de vorm van een gift of als voorschot.

Wie?

Leden die in regel zijn met hun bijdragen aan een ziekenfonds dat deze tussenkomst overweegt.

Hoe?

Het OCMW heeft in het kader van zijn opdracht ook een plicht om gezondheidszorgen te betalen voor wie zelf onvoldoende financiële middelen heeft. Het kan naast leefloon bijkomende financiële hulp geven om de gezondheidszorgen te betalen. Zelfs wie (iets) meer inkomen heeft dan de strikte leefloongrenzen kan eisen van het OCMW dat een aanvraagdossier opgemaakt en behandeld wordt.

Het ziekenfonds treedt op als alle andere middelen uitgeput zijn (eigen middelen, familiale solidariteit, OCMW).

Men neemt contact op met de dienst maatschappelijk werk van het ziekenfonds en informeert naar de eventuele mogelijkheid om hulp te krijgen.

De aanvrager is bereid een financieel onderzoek te laten uitvoeren en laat toe dat de noodzaak bevraagd wordt bij de deskundigen ter zake binnen de organisatie (adviserend geneesheer voor de beoordeling van de doelmatigheid van de gevraagde verzorging, juridische dienst om eventueel ziekenhuisrekeningen na te kijken en zo nodig op te treden, enz.).

De maatschappelijk werker verzamelt de gegevens en volgt het dossier op.

Waar?

Dienst maatschappelijk werk van het ziekenfonds.

C) Financiële steun voor kankerpatiënten

Wat?

De 'Stichting tegen kanker' (STK) en de 'Vlaamse Liga tegen Kanker' (VLK) geven financiële steun aan kankerpatiënten met een beperkt inkomen.

Het betreft een financiële steun in kosten die specifiek veroorzaakt worden door een kankeraandoening en die er voor zorgen dat betrokkene in financiële nood komt.

Alle kosten (medische en niet-medische) veroorzaakt door de kankeraandoening kunnen in aanmerking genomen worden (uitgezonderd kosten voor alternatieve behandelingen). Begrafeniskosten komen niet in aanmerking.

Andere activiteiten van deze organisaties:

Beide organisaties hebben een infolijn. De beller kan er (anoniem) terecht voor deskundig advies en een bemoedigend gesprek, voor informatie over wetenschappelijke, medische, psychologische en sociale aspecten van kanker.

Bij VLK wordt de telefoon beantwoord door sociaal werkers, elke werkdag van 9u tot 17u. Voor erg specifieke medische vragen kunnen zij doorverbinden met een arts-kankerspecialist van wacht: 'Vlaamse kankertelefoon: 078/150 151'.

Bij de STK treft men professionelen uit de gezondheidszorg aan (arts, psycholoog en verpleegkundige), ze bemannen de lijn op weekdagen tussen 9u en 13u en op maandag tussen 9u en 19u: 'De kankerfoon: 0800/15 802'.

Er zijn tal van andere initiatieven op vlak van preventie, fondsenwerving, praatgroepen, belangenbehartiging van de groep kankerpatiënten, inloophuizen, enz. En niet te vergeten de individuele steun en opvang en de workshops 'verzorging en make-up' die in sommige ziekenhuizen wordt aangeboden. Dit zijn door schoonheidsspecialisten begeleidde sessies, die kankerpatiënten een goede huidverzorging en het gebruik van make-up aanleren om de nevenwerkingen van de behandelingen enigszins op te vangen.

Wie?

1. Tussenkomsten door de 'Vlaamse liga tegen Kanker' (voorwaarden vanaf 1 april 2008 t.e.m. 31 maart 2009)

Om in aanmerking te komen voor financiële steun van het Sociaal Fonds van de Vlaamse Liga tegen Kanker, wordt rekening gehouden met twee elementen: het equivalent inkomen van het gezin en de medische kosten.

Equivalent inkomen (EI)

Om de inkomensgrens te bepalen, houden we rekening met het **equivalent inkomen van het gezin** en niet met het reële inkomen. Deze inkomensgrenzen worden elk jaar aan de gezondheidsindex aangepast.

Formule: het equivalent inkomen is het volledig beschikbare netto-inkomen (incl. kinderbijslag, alimentatie, sociale tegemoetkomingen, huurinkomsten,...) gedeeld door een coëfficiënt gebaseerd op de gezinssituatie (+ 0,3 per extra gezinslid).

M.a.w. voor een koppel met één kind; 1 + 2 X 0,3 = 1,6.

Om in aanmerking te komen voor steun, mag het reële inkomen dus niet meer bedragen dan:
- 1498 euro/maand voor een alleenstaande
- 1947 euro/maand voor een koppel of voor een alleenstaande met 1 kind ten laste
- 2396 euro/maand voor een koppel met één kind
- 2845 euro/maand voor een koppel met twee kinderen
- 3294 euro/maand voor een koppel met drie kinderen

Worden niet als gezinslid beschouwd:
1. Een kind dat nog thuis gedomicilieerd is met een eigen inkomen (of vervangingsinkomen).
2. Elke andere inwonende persoon, behalve de partner, die een eigen inkomen (of vervangingsinkomen) heeft (vb. inwonende grootouder). Hun inkomen wordt dan ook niet bij het maandelijkse netto-gezinsinkomen gerekend.

Medische oplegkosten.

Naast de inkomstenvoorwaarde moet er eveneens een minimum zijn aan medische oplegkosten :

- 0% bedragen van het reëel inkomen voor een 'equivalent inkomen' < 748 euro
- 5% bedragen van het reëel inkomen voor een 'equivalent inkomen' tussen 748 en 898 euro,
- 7,5% bedragen van het reëel inkomen voor een 'equivalent inkomen' tussen 898,01 en 1.048 euro,
- 10% bedragen van het reëel inkomen voor een 'equivalent inkomen' tussen 1.048,01 en 1.198 euro,
- 12,5% bedragen van het reëel inkomen voor een 'equivalent inkomen' tussen 1.198,01 en 1.348 euro,
- 15% bedragen van het reëel inkomen voor een 'equivalent inkomen' tussen 1.348,01 en 1.498 euro.
- Boven de 1.498 euro 'equivalent inkomen' worden geen tussenkomsten gegeven.

Bijvoorbeeld: Een koppel met één kind en een reëel netto-inkomen van 1.488,09 euro (dus onder de toegelaten grens van 2.396 euro) heeft een equivalent inkomen van 1.488 euro: 1,6 = 929,60 euro. M.a.w. de medische oplegkosten moeten minimaal 7,5 % bedragen van het reëel inkomen of hoger zijn dan 111,61 euro (7,5% van 1.488,09 euro).

Mogelijke uitkering:

Wie minder dan 898 euro equivalent inkomen heeft, krijgt maximum een vierde van de medische kosten op jaarbasis terug.

Wie boven de 898 euro equivalent inkomen heeft, krijgt maximum een zesde terug.

Het minimum uitgekeerde bedrag is 125 euro op jaarbasis, het maximumbedrag 1250 euro.

De financiële steun wordt éénmaal per jaar toegekend.

Er wordt tenslotte voor de grootte van de steun ook rekening gehouden met het bezit van een woning of hypothecaire lasten en met de vaste maandelijkse uitgaven (Studiekosten, leningen, medische schulden, medische kosten voor andere gezinsleden).

Algemene opmerking:

De aanvraag moet gebeuren voor het overlijden van de patiënt(e).

Het schriftelijk of telefonisch doorgeven van de identificatiegegevens en aandoening volstaan.

Na overlijden kan de uitkering alleen uitbetaald worden aan de inwonende partner of inwonende familieleden.

Kosten voor alternatieve behandeling komen niet in aanmerking.

De steun geldt enkel voor patiënten met domicilie in Vlaanderen.

De behandeling moet in België gebeuren, behalve wanneer op basis van een medisch attest de behandeling in België niet mogelijk blijkt te zijn.

2. Tussenkomsten door de 'Stichting tegen Kanker'

Er wordt maximaal 2 maal per jaar een tussenkomst betaald die varieert naargelang de samenstelling van het dossier.

Het minimumbedrag van een tussenkomst is 125 € en het maximumbedrag is 1000 € (per jaar).

Het netto gezinsinkomen mag de bovengrens niet overschrijden (bedragen van vóór het eventuele overlijden van de patiënt) : (nieuwe grenzen!) 1100 € netto/maand per dossier + 200 € per persoon ten laste.

Om te kunnen genieten van een tussenkomst zijn er, naast de inkomensgrens, nog enkele bijkomende voorwaarden :

- De patiënt moet ingeschreven zijn in het bevolkingsregister.
- Het aanvraagformulier moet ingevuld worden door een maatschappelijk assistent, bij voorkeur van het ziekenfonds, eventueel van het OCMW of het ziekenhuis.
- Een dossier kan ten laatste tot 6 maand na het overlijden van de patiënt ingediend worden, voor zover er samenwonende erfgenamen zijn.
- Alvorens zich tot de Stichting te wenden moeten eerst alle andere mogelijke instanties voor financiële ondersteuning gecontacteerd worden (OCMW, Ziekenfonds, Ministerie van Sociale Zaken, het Bijzonder Solidariteitsfonds,...).
- Er wordt rekening gehouden met de medische kosten die aan de aandoening verbonden zijn gedurende een periode van maximum 12 maanden voorafgaand aan de aanvraag. Dit is dus niet noodzakelijk gelijk aan een kalenderjaar.

- Bij een hospitalisatie geldt enkel de tussenkomst voor de medische kosten die gemaakt zijn bij het gebruik van een gemeenschappelijke kamer. **Supplementen voor een één- en tweepersoonskamer komen niet in aanmerking.**

De tussenkomst wordt enkel aan de patiënt of aan een inwonende erfgenaam betaald en niet aan eisende instanties, behalve als er een schuldbemiddeling werd aangegaan bij een erkende dienst (te bewijzen via een attest).

Hoe?

Voorafgaandelijke opmerkingen:

- Jaarlijks is maar één tussenkomst mogelijk vanuit beide organisaties.
- Bij uitzonderlijk hoge medische kosten kan men bij beide organisaties een aanvraag indienen, met vermelding van de aanvraag bij de beide organisaties.

De aanvraag dient te gebeuren aan de hand van een aanvraagformulier: 'Aanvraagformulier voor financiële steun' - VLK of 'Sociaal en Financieel Onderzoek' - STK. Beide organisaties hebben ook hun eigen standaardformulier 'Medisch attest', door de behandelend geneesheer in te vullen en onder gesloten omslag te versturen.

Dit formulier dient vergezeld te zijn van de nodige bewijsstukken (gezinssamenstelling, bewijs van inkomsten en medische uitgaven, ...) en ondertekend te worden (door een sociale dienst of een dienst maatschappelijk werk en door de patiënt of een familielid van de patiënt.

Waar?

- Vlaamse Liga tegen Kanker - sociale dienst (inlichtingen + aanvraag + bijstand)
  Koningsstraat 217, 1210 Brussel
  tel.: (sociale dienst) (02) 227 69 71 - fax (02) 223 22 00
  Kankertelefoon: (070) 22 21 11(078)150 151
  http://www.tegenkanker.be
  e-mail: vl.liga@tegenkanker.be
- Stichting Tegen Kanker
  Leuvensesteenweg 479-493
  1030 Brussel
  tel.: (02) 733 68 68
  http://www.kanker.be
- Ziekenfonds - dienst maatschappelijk werk (inlichtingen + bijstand) (Gouden Gids nr 6990, www.cm.be;
  e-mail: dmw@cm.be).

Verenigingen *(Ook al zijn sommige adressen Franstalig, ze zijn evenzeer toegankelijk voor de Nederlandstalige patiënten)*

- **Allô Maman Bobo - Enfants du cancer**
  Rue de la Fontaine 252
  4100 Seraing

Tel.: 04 223 34 75
Website: users.swing.be/asbl
E-mail: info@winnaarsvanjustine.com

- **Stichting De winnaars van Justine**
  Boulevard Janson 12
  6000 Charleroi
  Tel.: 0473 71 44 27
  Website: www.20coeursdejustine.be/public/index.asp?lg=n
  E-mail:info@winnaarsvanjustine.com
- **Fonds d'Aide Médicale Urgente**
  Square de Meeûs 29
  1000 Bruxelles
  Tel.: 02 547 58 01
- **Fonds Georges Kamp asbl - F.G.K.**
  4 drève du Bois des Aulnes
  1410 Waterloo
  Tel.: 02 354 69 41
  GSM: 0478 90 70 32
  Fax: 02 351 41 67
  E-mail: fgk@skynet.be
- **Jennifer asbl**
  Vieux Chemin de Genappe 7
  1340 Ottignies
  Tel.: 010 41 25 83
  GSM: 0475 40 03 51
  Fax: 010 41 25 83
  Website: www.jennifer-asbl.be
  E-mail: jennifer.asbl@belgacom.be
- **Jour après Jour asbl**
  Drève de la Charte 19
  1083 Bruxelles
  Tel.: 0473 94 52 23 (secretariaat) - 0475 64 54 42
  Fax: 02 420 30 73
  Website: www.jourapresjour.be
  E-mail: info@jourapresjour.be
- **Sofhea**
  Sociaal Fonds voor Hematologische Aandoeningen
  Sociale Zetel
  Herestraat 49
  3000 Leuven
  Voorzitter Marc Boogaerts
  Secretariaat Nelly Mestdagh
  Tel.: 016 34 68 90
  Fax: 016 34 68 92
  Website: www.uzleuven.be/diensten/hematologie/sofhea
- **Wonderfonds**
  Het Wonderfonds heeft tot doel alleenstaande ouders met een levensbedreigende ziekte op allerhande manieren te helpen.
  Jan Frans Willemsstraat 69

2530 Boechout
Mevrouw Anneke Geerts
Tel.: 0475 39 05 54
Website: http://www.wonderfonds.be/
E-mail: info@wonderfonds.be

I.23. Thuiszorg

- Thuiszorg: betrokken diensten en voorzieningen, de 'eerstelijns gezondheidszorg', SEL samenwerkingsinitiatieven eerste lijnsgezondheidszorg, SIT samenwerkingsinitiatieven in de thuisverzorging, GDT Geïntegreerde diensten voor thuisverzorging
- opvang thuis van zieke kinderen
- beroepsloopbaanonderbreking voor de thuisverzorging van zware zieken
- ouderschapsverlof
- expertisecentra "dementie"
- patiëntenrechten
- anti-discriminatiewet
- euthanasie

Thuiszorg; betrokken diensten en voorzieningen, SEL, GDT

(Decreet 14.07.1998 - B.S. 05.09.1998, laatst gewijzigd bij Decreet 13.07.2007 - B.S. 06.092007; B.V.R. 18.12.1998 – laatst gewijzigd door het B.V.R. 12.12.2008 – B.S. 14.01.2009)

Wat?

Thuiszorg is de zorg (of zijn de diensten) die door familie, mantelzorgers (vrijwilligers) of door diverse professionele diensten aan huis wordt aangeboden waardoor het voor de betrokkene mogelijk is om een opname (bv. ziekenhuis of bejaardentehuis) te vermijden ofwel in te korten.

Daarenboven zijn er heel wat financiële tegemoetkomingen die het financieel mogelijk moeten maken om op deze diensten beroep te kunnen doen.

De georganiseerde thuiszorg heeft tot doel bij te dragen tot het behoud, de ondersteuning en/of het herstel van de zelfzorg en/of de mantelzorg, dit door het aanbieden en realiseren van de nodige zorg, op maat van de behoefte.

Opgelet: Naast de voorzieningen - opgenomen in het 'decreet thuiszorg' - die voor iedereen toegankelijk zijn, heeft men ook nog specifieke diensten voor specifieke doelgroepen zoals de 'diensten voor personen met een handicap, bejaarden ...'! Hier heeft men ook dagcentra, kortverblijfmogelijkheden enz.

De specifieke diensten werden respectievelijk opgenomen in deel II (personen met een handicap) en in deel III (bejaarden/ouderen).

Eerstelijnsgezondheidszorg

Eerstelijnsgezondheidszorg staat in voor de eerste deskundige opvang van gebruikers die zich aanbieden of naar haar verwezen worden, ook voor de behandeling en de continue begeleiding, en voor het voorkomen van het ontstaan of het verergeren van gezondheidsproblemen. De toegang tot het zorgaanbod verloopt bij voorkeur via de eerstelijnsgezondheidszorg.

De eerstelijnsgezondheidszorg wordt beschouwd als een deel van de gezondheidszorg welke zowel door huisartsen, verpleegkundigen als door paramedici wordt verleend. Andere deskundige personen of instanties vergemakkelijken deze zorg.

Fundamenteel in het Vlaams zorglandschap is de *centrale plaats van de gebruiker* met zijn rechtmatige noden en behoeften. De zorg moet hieraan beantwoorden en de verschillende zorgvormen moeten naadloos op elkaar zijn afgestemd en een adequaat antwoord bieden op de evoluerende noden en behoeften.

Binnen de eerstelijnsgezondheidszorg treedt de huisarts op als centrale begeleider van de gebruiker doorheen het gezondheidszorgaanbod, en dit van bij de geboorte tot het overlijden. De toegankelijkheid van het globaal medisch dossier en het doorgeven ervan is hierbij een belangrijke kwaliteitsverhogende randvoorwaarde.

Multidisciplinaire samenwerking tussen de zorgaanbieders, mantelzorgers en vrijwilligers wordt geconcretiseerd in een zorgplan in overleg met en op vraag van de gebruiker. Hierin worden minstens de taakafspraken tussen de zorgaanbieders, mantelzorgers en vrijwilligers genoteerd.

Een zorgplan is een dynamisch instrument dat regelmatig dient te worden aangepast aan de evolutie in functie van de graad van verminderd zelfzorgvermogen en in functie van de evoluerende beschikbaarheid van zelfzorg, mantelzorg en professionele hulp.

Bij zwaardere zorgvormen zal in veel gevallen een geschreven zorgplan aangewezen zijn.

Het Protocol van 25 juli 2001 (BS 25/09/2001) met betrekking tot de eerstelijnszorg, dat werd afgesloten tussen de Federale regering en de gemeenschapsregeringen, beschrijft de engagementen van de betrokken overheden.

Het doel van dit protocol is een betere zorgverlening binnen de eerstelijnsgezondheidszorg aan te bieden. Daarbij wordt uitgegaan van het principe dat de zorg zich moet aanpassen aan de gebruiker en niet omgekeerd.

De eerstelijnszorg wordt gekenmerkt door twee soorten activiteiten: gebruikersgebonden activiteiten en activiteiten die eerder organisatorisch van aard zijn.

- *Gebruikersgebonden activiteiten* situeren zich doorgaans op het niveau van de praktijkvoering, waar het individueel contact tussen de gebruiker en de verstrekker plaatsvindt en, zonodig, multidisciplinair overleg tussen verschillende zorgaanbieders rond de gebruiker kan plaatsgrijpen.
  Ondersteuning van deze activiteiten wordt mogelijk gemaakt door erkenning en subsidiëring van samenwerkingsverbanden op niveau van de praktijkvoering, partnerorganisaties en Samenwerkingsinitiatieven EersteLijnsGezondheidszorg (SEL).
- Activiteiten die eerder *organisatorisch* van aard zijn, betreffen het afstemmen van de zorg op de noden van de zorg- en hulpvragers in het algemeen en het onderling afstemmen van de werkingen van de verschillende zorgaanbieders, het organiseren van navorming, het uitwerken van communicatiemodellen, het verlenen van informatie, enzovoort. Hiervoor is het nodig de verschillende

zorgaanbieders van een bepaald werkgebied te groeperen. Deze activiteiten zijn gesitueerd op het niveau van de samenwerkingsinitiatieven eerstelijnsgezondheidszorg die eveneens kunnen ondersteund worden door partnerorganisaties.

Samenwerkingsinitiatieven Eerste Lijnsgezondheidszorg (SEL's).

(decreet 03.03.2004 – BS 20.04.2004; BVR SEL's, samenwerkingsinitiatieven eerstelijnsgezondheidszorg, nog te verschijnen in 2009)

De Samenwerkingsinitiatieven Eerste Lijnsgezondheidszorg (SEL's) vormen de hoeksteen van dit decreet. Deze samenwerkingsinitiatieven richten zich vooral op de organisatorische activiteiten eigen aan de eerstelijnsgezondheidszorg.

In die zin beogen zij de samenwerking te bevorderen tussen alle zorgaanbieders actief in de eerstelijnszorg, tussen de zorgaanbieders en gebruikers, mantelzorgers en vrijwilligers en tussen de organisaties, diensten en personen met een meer gespecialiseerd zorgaanbod.

SEL's zijn verenigingen die onder meer aan volgende kenmerken moeten beantwoorden:

- minstens de diensten voor gezinszorg, de huisartsen, de locale dienstencentra, de openbare centra voor maatschappelijk welzijn, de rusthuizen ongeacht ze RVT bedden hebben, de verpleegkundigen en vroedvrouwen, en de ziekenfondsdiensten vertegenwoordigen;
- de samenwerking tussen de zorgaanbieders(1) bevorderen;
- structureel samenwerken met thuisvervangende voorzieningen;
- activiteiten registreren;
- multidisciplinaire en gebruikersgerichte samenwerking organiseren en ondersteunen (o.a. taakafspraken, zorgplan, evaluatie zelfredzaamheid).
- initiatieven nemen om het zorgaanbod af te stemmen op de noden;
- het informeren van de bevolking over het zorgaanbod;
- het fungeren als een neutraal aanspreekpunt.

Een essentieel element om tot een effectieve en efficiënte organisatie van de eerste lijn te komen, is een sluitende indeling van het Vlaamse Gewest en het Brusselse Hoofdstedelijke Gewest in zorgregio's (Decreet 23.05.2003). De indeling moet zodanig zijn dat er blinde vlekken' noch overlappingen' bestaan. Bij het bepalen van de zorgregio's moet rekening worden gehouden met een referentiekader dat uitgaat van sociaal- geografische realiteiten.

---

(1) De term zorgaanbieder is een overkoepelend begrip dat zowel de zorgverstrekkers omvat als niet zorgverstrekkers. Sommige zorgaanbieders bieden activiteiten aan die niet medisch van aard zijn, maar naar de eerstelijnsgezondheidszorg toe wel faciliterend werken, zoals: centra voor algemeen welzijnswerk, diensten voor gezinszorg, locale dienstencentra, dagverzorgingscentra, centra voor kortverblijf, diensten voor oppashulp, rusthuizen), O.C.M.W.'s, uitleendiensten voor hulpmiddelen, diensten voor maaltijdbedeling, klusjesdiensten, ziekenfondsdiensten enzovoort. Anderen bieden naast ondersteunende diensten ook bepaalde activiteiten aan met een medisch karakter, bijvoorbeeld de centra voor leerlingenbegeleiding (CLB).

Het is de bedoeling dat ook de preventieve netwerken, met name de LOGO's (LOcoregionaal Gezondheidsoverleg en Organisatie) zich in de toekomst afstemmen op deze indeling in zorgregio's zodat hun werkingsgebied samenvalt met dat van enkele SEL's.

De taak van het SEL beantwoordt eveneens aan opdracht van de geïntegreerde dienst voor thuisverzorging (GDT), zoals bepaald in art 9 van het K.B. van 8 juli 2002. Deze afstemming maakt het mogelijk dat de SEL het takenpakket van de GDT realiseert, zodat een erkende SEL eveneens kan erkend worden als GDT. Daardoor kan de entiteit GDT' volledig samenvallen met de entiteit SEL'. Dit voorkomt dat er in Vlaanderen nieuwe structuren moeten worden opgericht.

De GDT organiseert regelmatig multidisciplinair zorgoverleg tussen de verschillende partners in een moeilijke thuiszorgsituatie. In principe coördineert het regionaal dienstencentrum of het OCMW het zorgoverleg, maar waar het niet gebeurt zorgt het SEL dat een eventuele vraag wordt opgevangen. Alle betrokken hulpverleners en eventueel de patiënt of zijn vertegenwoordiger en/of de mantelzorger(s) worden samengebracht om de thuiszorg te bespreken en te optimaliseren. Er wordt een zorgenplan of behandelingsplan afgesproken.

Het kan gaan om ernstig zorgafhankelijke personen, om patiënten in persisterende vegetatieve status (coma-/subcomapatiënten), om patiënten die ernstig psychisch ziek zijn (chronische en complexe psychiatrische problematiek) of om palliatieve patiënten (ontvangen het forfait voor palliatieve thuispatiënten).

De GDT en de deelnemende professionele partners ontvangen forfaitaire vergoedingen van de ziekteverzekering voor dit overleg.

De patiënt geeft zijn akkoord voor het overleg en heeft het recht om deel te nemen.

Met het oog op een vereenvoudiging en vermindering van de structuren worden alle in het bovenvermelde protocol bedoelde opdrachten van de geïntegreerde diensten voor thuisverzorging, uitgevoerd door de SEL's en worden de taken van de samenwerkingsinitiatieven in de thuisverzorging (SIT's) eveneens opgenomen door de SEL's. Ze zijn meestal georganiseerd op arrondissementeel niveau (Limburg en Oost- Vlaanderen provinciaal).

Einde 2008 ligt een vernieuwd thuiszorgdecreet klaar (1), waarin alle thuiszorgdiensten worden versterkt in hun opdracht. OCMW's en regionale dienstencentra (RDC) worden expliciet belast met de uitvoering van het individueel patientenoverleg. De SIT-erkenningen worden SEL-erkenningen. Ze worden gevraagd de ruimere omkadering van de samenwerking in thuiszorg te organiseren en te sturen. Deze versterking van de organisatie van de thuiszorg zal ook verder worden uitgewerkt in het BVR aangaande eerstelijnsgezondheidszorg dat de erkennning van de SEL's regelt en het SIT-besluit opheft in de loop van 2009. Er worden 15 nieuwe Samenwerkingsinitiatieven eerstelijnsgezondheidszorg (SEL's) gestart. Tot die datum krijgen de bestaande samenwerkingsinitiatieven thuiszorg of SIT's de tijd om zich om te vormen. De SEL's zullen de samenwerking nog meer bevorderen tussen de verschillende zorgverstrekkers in de eerste lijn (artsen, verpleegkun-

(1) Het thuiszorgdecreet wordt een woonzorgdecreet, waarin verbinding wordt gemaakt met de intramurale zorg in woonzorgcentra, zodat de thuis- en residentiële sector beter kunnen samenwerken en meer mogelijkheden krijgen om een aanbod 'op maat' uit te werken in de regio.

digen, kinesitherapeuten, apothekers, verzorgenden) en zij zullen multidisciplinaire zorgtrajecten opstarten. De ziekenhuizen krijgen nu, bij monde van het SEL, een officiële gesprekspartner die per zorgregio de zorgverstrekkers, de verenigingen van mantelzorgers en patiënten en de vrijwilligersorganisaties uit de eerste lijn vertegenwoordigt.

A. Materiële ondersteuning

Dienst voor Gezinszorg (zie I.26):
(= nieuwe benaming voor de vroegere diensten 'Gezins- en Bejaardenhulp' en de 'Poetsdiensten')

Een dienst voor gezinszorg moet ten minste volgende werkzaamheden verrichten:
1° het aanbieden van persoonsverzorging;
2° het aanbieden van huishoudelijke hulp;
3° het aanbieden van algemene psychosociale en pedagogische ondersteuning en begeleiding, die met deze persoonsverzorging en huishoudelijke hulp verband houden.

B. Tijdelijke opvangmogelijkheden

1. Dagverzorgingscentrum (MB 04.05.2006 - BS 06.07.2006) (zie III.39),

Een dagverzorgingscentrum heeft als opdracht de gebruiker, in daartoe bestemde lokalen, zonder overnachting, dagverzorging, alsmede geheel of gedeeltelijk de gebruikelijke gezinsverzorging en huishoudelijke verzorging te bieden.

Het dient ten minste volgende werkzaamheden te verrichten:
1° het aanbieden van hygiënische en verpleegkundige hulp- en dienstverlening;
2° het aanbieden van activering, ondersteuning en revalidatie;
3° het organiseren van animatie en creatieve ontspanning;
4° het aan bieden van psychosociale ondersteuning.

Sinds 1 januari 2000 kan het RIZIV dagforfaits toekennen voor zwaar zorgbehoevenden die gebruik maken van een dagverzorgingscentrum. Om voor deze bijkomende financiering in aanmerking te komen, moet het dagverzorgingscentrum over een bijzondere erkenning beschikken.

In 2008 werd een voorstel tot tussenkomst voor verplaatsingskosten van patiënten van en naar een dagverzorgingscentrum besproken. ?Het gaat om een voorstel van 0.60 euro per km, met een max. van 30 km per dag (heen en terug). De patiënt zou een factuur indienen bij zijn ziekenfonds (naar analogie met het vervoer voor dialyse). Indien de instelling het vervoer organiseert, zou zij niet meer dan 0.60 euro per km mogen aanrekenen aan de patiënt. Dit voorstel is nog niet verschenen in het Belgisch Staatsblad en dus nog niet in uitvoering.

2. Centrum voor Kortverblijf (MB 04.05.2006 - BS 06.07.2006 & 07.07.2006) (zie ook III.39):

Een centrum voor kortverblijf heeft als opdracht de gebruiker, in daartoe bestemde lokalen, 's nachts of gedurende een beperkte periode, verblijf, alsmede geheel of gedeeltelijk, de gebruikelijke gezinsverzorging en huishoudelijke verzorging te bieden.

Een centrum voor kortverblijf dient ten minste volgende werkzaamheden te verrichten:
1° het aanbieden van verblijf;
2° het aanbieden van hygiënische en verpleegkundige hulp- en dienstverlening;
3° het aanbieden van activering, ondersteuning en revalidatie;
4° het organiseren van animatie en creatieve ontspanning;
5° het aanbieden van psychosociale ondersteuning.

3. Dienst voor Oppashulp (MB 30.04.99 - BS 04.06.99 gewijzigd bij M.B. 04.05.2006 – B.S. 06.07.2006):

Een dienst voor oppashulp heeft als opdracht de vraag naar en het aanbod van oppashulp te coördineren in samenwerking met vrijwilligers en met één van de hogergenoemde diensten.

Contacteer uw ziekenfonds om kennis te maken met de dienst voor oppashulp.

C. Ondersteuning

1. Regionaal Dienstencentrum

Dient ten minste volgende werkzaamheden te verrichten:
1° het beschikken over of toegang hebben tot een geactualiseerde databank over op zijn minst alle erkende voorzieningen van de regio en over sociale tegemoetkomingen en dit met het oog op het verstrekken van informatie aan de gebruiker en zijn mantelzorgers;
2° het in specifieke zorgsituaties geven van advies over materiële hulp en immateriële hulp- en dienstverlening;
3° het organiseren van informatie- en/of vormingscursussen voor mantelzorgers;
4° het organiseren van informatie- en/of vormingscursussen voor vrijwilligers;
5° het organiseren van voorlichtingsscursussen voor gebruikers;
6° het op elkaar afstemmen van de vraag naar en het aanbod van vrijwilligerszorg;
7° het verrichten van ten minste drie van de hieronder opgesomde werkzaamheden:
   a) het uitlenen van personenalarmtoestellen (zie I.30.);
   b) het organiseren van een alarmcentrale;
   c) het uitlenen van en het verstrekken van advies over verschillende soorten hulpmiddelen voor de gebruiker of ter ondersteuning van specifieke thuiszorgsituaties;
   d) het geven van advies over aanpassingen van de woning en over technologie;
   e) het aanbieden van ergotherapeutische begeleiding;
   f) het organiseren van activiteiten voor specifieke doelgroepen.

In het nieuwe woonzorgdecreet worden de in 7° werkzaamheden allemaal verplichte opdrachten en moet men mobiliteit bevorderen van gebruikers in thuiszorg. Bovendien krijgt het regionaal dienstencentrum expliciet de opdracht om het multidisciplinair overleg voor gebruikers met een langdurig ernstig verminderd zelfzorgvermogen te coördineren, als bij de hulp- en dienstverlening aan die gebruikers, naast mantelzorg, ook verschillende professionele zorgverleners uit de thuiszorg of vrijwilligers betrokken zijn. Die coördinatie omvat het bieden van organisatorische en administratieve ondersteuning, het voorzitten van het overleg en het bewaken van de voortgangscontrole van het overleg. Ze verloopt op basis van een samenwerkingsverband met een samenwerkingsinitiatief eerstelijnsgezondheidszorg. Alleen als andere thuiszorgpartners deze opdracht opnemen, valt voor het RDC deze verplichting weg.

Wat betreft het advies inzake woningaanpassing kan het centrum gebruikers begeleiden bij de aanpassing van hun woning. Die begeleiding kan bestaan in advies over een of meer mogelijke uitvoerders van de aanpassingswerkzaamheden, de begeleiding bij de uitvoering van die werkzaamheden en bij de praktische en administratieve formaliteiten die met de aanpassing van de woning gepaard gaan.

Het nieuwe woonzorgdecreet is in november 2008 goedgekeurd door de Vlaamse regering, de behandeling in het parlement wordt afgerond omstreeks de jaarwisseling.

Je kan bij het Ministerie van de Vlaamse Gemeenschap, afdeling Welzijnszorg, Markiesstraat 1 te Brussel een lijst opvragen van de erkende dienstencentra.

2. Lokaal Dienstencentrum

Dit is een voorziening die als opdracht heeft voor de lokale bewoners volgende werkzaamheden te verrichten:

1° het organiseren van activiteiten van algemeen informatieve aard;
2° het organiseren van activiteiten van recreatieve aard;
3° het organiseren van activiteiten van algemeen vormende aard;
4° het aanbieden van hygiënische zorg;
5° het verrichten van ten minste vier van de hieronder opgesomde werkzaamheden:
   a) het aanbieden van warme maaltijden;
   b) het aanbieden van hulp bij het uitvoeren van boodschappen
   c) het aanbieden van hulp bij huishoudelijke klussen, dit wil zeggen het organiseren, het ondersteunen of opvolgen van kleine praktische taken in verband met het huishouden of het huis;
   d) het aanbieden van buurthulp, dit wil zeggen het organiseren, ondersteunen en opvolgen van activiteiten en initiatieven die het sociaal netwerk, de communicatie en het veiligheidsgevoel versterken;
   e) het nemen of ondersteunen van initiatieven die de mobiliteit van de lokale bewoners tot stand brengen of verhogen;
   f) het uitlenen van personenalarmtoestellen;
   g) het organiseren van een personenalarmcentrale;
   h) het organiseren van activiteiten voor specifieke doelgroepen.

In het nieuwe woonzorgdecreet van 2009 wordt de opdracht 5° a), b) d) en e) een verplichte opdracht.

Daarentegen is 5° f) & g) nu een optionele mogelijkheid, h) is niet meer vermeld en in Brussel-Hoofdstad kan men eveneens een zorgoverleg in thuiszorg organiseren (wegens tekort aan regionale dienstencentra in die regio). In principe zijn deze opdrachten nu toebedeeld aan de regionale dienstencentra (focus op thuiszorg en zelfstandig wonen) en ligt de focus bij de locale dienstencentra eerder algemeen op zorg voor het sociale netwerk (preventie vereenzaming).

Je kan bij het Ministerie van de Vlaamse Gemeenschap, afdeling Welzijnszorg, Markiesstraat 1 te Brussel, een lijst opvragen van de erkende dienstencentra.

3. Vereniging van gebruikers en mantelzorgers:

Een vereniging van gebruikers en mantelzorgers heeft als opdracht de gebruikers en hun mantelzorgers te ondersteunen en hun gemeenschappelijke belangen te onderkennen en te behartigen.

Een vereniging van gebruikers en mantelzorgers dient ten minste volgende werkzaamheden te verrichten:
1° actief en regelmatig overleg plegen met de aangesloten leden;
2° het geven van informatie en advies over onderwerpen inzake welzijnsvoorzieningen in de thuiszorg;
3° het geven van informatie over de rechten en de plichten van de gebruikers en de mantelzorgers;
4° het inventariseren van de problemen van de gebruikers en de mantelzorgers;
5° het signaleren van probleemsituaties aan de overheid.

In het nieuwe woonzorgdecreet van 2009 informeert de vereniging haar leden door middel van een informatieblad of andere publicatie (punt 2° en 3° staat niet meer expliciet vermeld). Ze organiseert ook initiatieven tot contact tussen gebruikers en mantelzorgers en ze doet aan belangenverdediging van gebruikers en mantelzorgers.

Aanspreekpunten van de erkende mantelzorgverenigingen:
- Mantelzorgvereniging Ziekenzorg CM VZW: Tel.: 078 15 50 20 (mantelzorgtelefoon, elke weekdag 14 – 20u)
- Steunpunt Thuiszorg VZW (socmut): Tel.: 02 515 03 94
- Werkgroep Thuisverzorgers: Tel.: 016 22 73 37
- Ons Zorgnetwerk VZW (KVLV): Tel.: 016 24 49 49

D. Andere professionele diensten (zorgen)

die als thuiszorg worden aangeboden zijn o.a.:
- de huisarts
- thuisverpleging (= taken van verpleging) (bv. Wit-Gele Kruis)
- opvang thuis van zieke kinderen (zie verder)
- begeleiding door een dienst maatschappelijk werk van een ziekenfonds (ondersteuning van de zieke of bejaarde persoon door de thuisverzorger, voorzieningen, coördinatie thuiszorg, bemiddeling, ...)
- kraamzorg (kraamhulp aan huis voor, tijdens en na de zwangerschap)
- poetsdienst (onderhoud woning)
- klusjesdienst (kleine herstellingen, onderhoud) (PWA's; zie II.11.E.b)
- warme maaltijdendienst.

Maar ook:
- (semi-)commerciële diensten (PWA's, dienstenbanen, boodschappen aan huis, ...),
- vervoer (arts, ziekenhuis, winkel, ...) (zie II.61.).

E. *Mogelijke financiële tussenkomsten*

- verhoogde tegemoetkoming ZIV voor geneeskundige zorgen (zie II.12.),
- de bijkomende verhoogde kinderbijslag (zie II.2. + II.3.),
- de hulp van derden (ZIV) (zie I.3.),
- de zorgverzekeringstegemoetkoming (zie II.14),
- de integratietegemoetkoming en de tegemoetkoming hulp aan bejaarden (zie II.6. + II.7.),

Maar ook:
- de tussenkomsten voor de aankoop van hulpmiddelen (zie II.32.),
- de aanpassingspremie woning (zie II.26.),
- gemeentelijke of provinciale tussenkomsten
- Aanvullende financiële tussenkomsten via sommige ziekenfondsen.

Tenslotte is er nog het ouderschapsverlof (zie verder), de palliatieve thuiszorg (+ het palliatief verlof) (zie verder in dit hoofdstuk).

Wie ?

Thuiswonende chronisch zieke personen, personen met een handicap of ouderen welke nood hebben aan verpleegzorgen, hulp bij het huishouden of andere diensten. Zieken, personen met een handicap, ouderen kunnen soms de opname in een verzorgingsinstelling vermijden of inkorten door beroep te doen op deze thuiszorgdiensten.

Opvang thuis van zieke kinderen:

Een aantal diensten (vnl. kinderdagverblijven, diensten ziekenoppas van de ziekenfondsen organiseren ook opvang thuis voor zieke kinderen gedurende de week (waar bv. beide ouders uit werken gaan).

Hieronder volgt een opsomming van de voornaamste voorwaarden:
1. doktersattest dat aantoont dat het een acuut ziek kind is (principe besmettelijke ziekte)
2. meestal voor weekdagen en overdag

Beroepsloopbaanonderbreking voor de thuisverzorging van zware zieken

(KB 10.08.1998 - BS 08.09.1998; K.B. 04.06.1999 – B.S. 26.06.1999; K.B. 19.01.2005 – B.S. 28.01.2005; K.B. 15.07.2005 - B.S. 28.07.2005)

Stilaan begint men mantelzorgers te honoreren. Tot op heden konden zij enkel een beroepsloopbaanonderbreking nemen, maar daarnaast biedt de zorgverzekering nu ook een premie voor mantelzorgers (zie II.14.), en biedt het Vlaams Agentschap voor Personen met een Handicap de mogelijkheid om een mantelzorger in dienst te nemen via het persoonlijke assistentiebudget (zie II.31.)!

Voor wie zorg wil dragen voor een ziek gezinslid zijn er mogelijkheden om de loopbaan te onderbreken, tijd vrij te krijgen voor deze zorg:
A. Algemeen stelsel van 'Tijdkrediet',
B. Themagericht tijdkrediet.

A. Algemeen stelsel van tijdkrediet

(Wet 10.08.2001 (toepassing wet 22.01.1985); K.B. 12.12.2001 - BS 18.12.2001 (bedragen en procedure); aangepast bij K.B. 16.04.2002; K.B. 15.06.2005, K.B. 08.06.2007 - B.S. 15.06.2007, KB 07.06.2007 – BS 26.06.2007; KB 15.12.2003 (fiscaliteit))

Wat?

De rechten op tijdkrediet gelden alleen voor werknemers in de privé-sector (max. 5% van het aantal FTE- en, met prioriteit voor verzorgers van zieken, oudere werknemers, ...).

In kleine ondernemingen met ten hoogste 10 werknemers kan men pas gebruikmaken van zijn recht op tijdskrediet of loopbaanvermindering, als de aanvraag de goedkeuring van de werkgever krijgt.

Wie?

1. Tijdkrediet voor "min 50-jarigen"

Een werknemer, jonger dan 50 jaar, krijgt het basisrecht op een tijdkrediet. Dit tijdkrediet loopt over een maximumperiode van één jaar over de ganse loopbaan en is op te nemen in minimumperiodes van 3 maanden. De maximumduur kan eventueel bij CAO in uw sector verlengd zijn tot maximum 5 jaar (jaarlijks aan te vragen).

Het kan op diverse manieren opgenomen worden:
- volledige loopbaanonderbreking (ongeacht het huidige arbeidsregime). Gedurende de 15 maanden voorafgaand aan de aanvraag moet de werknemer wel minstens 12 maanden een arbeidsovereenkomst met zijn werkgever gehad hebben;
- halftijdse loopbaanonderbreking (arbeidsregime minstens 3/4 het jaar vóór de aanvraag). Gedurende de 15 maanden voorafgaand aan de aanvraag moet de werknemer wel minstens 12 maanden een arbeidsovereenkomst met zijn werkgever gehad hebben;
- loopbaanvermindering tot een 4/5 tewerkstelling (gedurende minimum 6 maanden en maximum 5 jaar van de loopbaan):
  - de werknemer moet gedurende 5 jaar voorafgaand aan zijn aanvraag een arbeidsovereenkomst gehad hebben met zijn werkgever;
  - de werknemer moet gedurende de laatste 12 maanden voorafgaand aan zijn aanvraag in een voltijdse arbeidsregeling tewerkgesteld geweest zijn.

De periodes van vermindering van arbeidsprestaties met 1/5, 1/4 en 1/3 die de werknemer in het oude stelsel van beroepsloopbaanonderbreking al opnam, worden afgetrokken van de maximumduur van 5 jaar!

2. Het bijzonder recht op loopbaanvermindering voor +50 jarigen

Het bijzonder recht op loopbaanvermindering voor + 50 jarigen is onbeperkt in duur. Men moet dit recht wel steeds opnemen voor een minimumduur van 6 maanden.

Men kan het tijdkrediet op diverse manieren opnemen:
- halftijdse loopbaanonderbreking (arbeidsregime minstens 3/4 het jaar vóór de aanvraag). Gedurende de 5 jaar voorafgaand aan de aanvraag moet de werknemer wel een arbeidsovereenkomst met zijn werkgever gehad hebben en hij moet minstens 20 jaar loondienst als werknemer kunnen aantonen;
- loopbaanvermindering tot een 4/5 tewerkstelling (arbeidsregime minstens 4/5 op het ogenblik van de aanvraag). Gedurende de 5 jaar voorafgaand aan de aanvraag moet de werknemer wel een arbeidsovereenkomst met zijn werkgever gehad hebben en hij moet minstens 20 jaar loondienst als werknemer kunnen aantonen.

Vergoedingen ?

1. Federale vergoeding voor tijdkrediet (index 01.01.2008, de brutobedragen)

- min 50-jarigen
  - Volledige loopbaanonderbreking: 592,52 euro per maand (als men 5 dienstjaren bij dezelfde werkgever heeft, anders bedraagt deze vergoeding 444,39 euro)
  - Voor de volledige loopbaanonderbreking van een deeltijds werkende is de vergoeding in verhouding met arbeidsregime (arbeidsregime X 592,52 of 444,39).
  - Voor een halftijdse loopbaanonderbreking loopbaanonderbreking van een deeltijds werkende is de vergoeding in verhouding met het arbeidsregime (arbeidsregime X 296,25 of 222,19).
- Plus 50-jarigen
  - Voor een halftijdse loopbaanonderbreking 442,57 euro/maand
  - Loopbaanvermindering tot een 4/5 tewerkstelling: samenwonende 205,57 euro per maand. De alleenwonende ontvangt 42,51 euro extra per maand.

2. De Vlaamse premies

De Vlaamse overheid voorziet naast de federale premies zelf ook 5 verschillende premies. Deze premies kan men dus bovenop de federale uitkeringen bekomen. Men heeft recht op deze premies als er voor zijn sector een akkoord is tussen vakbonden en werkgevers om deze premies binnen de sector toe te kennen. Belangrijk is dat enkel werknemers die werken in het Vlaams Gewest (dus niet voor wie werkt in Brussel) recht hebben op de premies. De woonplaats speelt dan weer geen rol.

Men kan een premie (bruto-bedragen op 01.09.2008) krijgen in volgende gevallen:

- Zorgkrediet
  Werknemers die loopbaanonderbreking nemen om een ziek kind (tot 18 jaar), een zieke ouder (ouder dan 70 jaar) of een zwaar ziek familielid te verzorgen, krijgen voortaan maandelijks een extra zorgkrediet van 175,76 euro (werkte voorheen min. 75%) of 117,17 euro (werkte voorheen min. 50%) of 58,59 euro (werkte voorheen min. 20%). Deze Vlaamse premie komt bovenop de premies van de federale overheid. Het zorgkrediet geldt voor maximum 12 maanden.
- Deeltijdse tewerkstelling
  Voltijdse werknemers (of +3/4) die halftijds willen werken, om meer tijd vrij te maken voor het gezinsleven, krijgen 117,17 euro en zij die één vijfde minder willen werken 58,59 euro, toegevoegd aan de federale premie.
- Opleidingskrediet
  Met het opleidingskrediet kunnen werknemers die een federaal tijdskrediet opnemen om een opleiding te volgen, van de Vlaamse regering een extra Vlaamse aanmoedigingspremie krijgen van 175,76 euro per maand voor een voltijdse stopzetting (respectievelijk 117,17 euro per maand voor een halftijdse onderbreking of volledige onderbreking van een halftijdse baan, 58,59 euro voor de stopzetting van minder dan een halftijdse baan). Net als bij het zorgkrediet komt het opleidingskrediet bovenop de federale premie. De Vlaamse premie wordt voor twee jaar toegekend. Enkel voor opleidingen of studies voor knelpuntberoepen of opleidingen of studies in het kader van het tweedekansonderwijs, wordt de premie voor de gehele duur van de opleiding uitgekeerd. Voor werknemers met een loopbaan van 20 jaar of meer wordt het opleidingskrediet voor 2 jaar en 6 maanden toegekend.
- Ondernemingen in moeilijkheden of in herstructurering
  Tot slot wordt aan werknemers die in het kader van een herstructureringsplan van hun onderneming verplicht moeten overstappen op deeltijdse arbeid, gedurende twee jaar een maandelijkse Vlaamse premie toegekend van
  - 146,46 euro bij overgang van 100% naar 50%
  - 87,88 euro bij een vermindering van het arbeidsregime met 20%
  - 58,58 euro bij een vermindering van het arbeidsregime met 10%.

3. Sectoriële premie of ondernemingspremie

De sector of de onderneming zelf kunnen ook nog beslissen om supplementair een premie toe te kennen.

Als men zijn recht op tijdkrediet of loopbaanvermindering opneemt, kan men het beste geval dus een premie krijgen van de federale (= Belgische) en van de Vlaamse overheid en van zijn onderneming.

Hoe ?

Het recht op tijdkrediet of loopbaanvermindering moet tijdig schriftelijk aangevraagd bij de werkgever (respectievelijk 3 en 6 maand vooraf naargelang de onderneming minder of meer dan 20 personeelsleden telt). De aanvraag moet tevens een attest van de RVA bevatten (attest CAO 77bis). Uit dit attest blijkt gedurende welke periodes men reeds loopbaanonderbreking, loopbaanvermindering of tijdkrediet, heeft opgenomen.

B. Themagericht tijdkrediet

1. Beroepsloopbaanonderbreking voor de thuisverzorging van zware zieken
(KB 10.08.1998 - BS 08.09.1998; K.B. 04.06.1999 – B.S. 26.06.1999; K.B. 19.01.2005 – B.S. 28.01.2005; K.B. 15.07.2005 - B.S. 28.07.2005)

In geval van verzorging van een persoon die met de thuisverzorger samenwoont of van een familielid van de tweede graad en welke lijdt aan een zware ziekte, heeft men recht op een beroepsloopbaanonderbreking.

Onder zware ziekte wordt verstaan: 'Elke ziekte of medische ingreep die door de behandelende arts als dusdanig wordt beschouwd en waarbij de arts oordeelt dat elke vorm van sociale, familiale of emotionele bijstand of verzorging noodzakelijk is voor het herstel'.

Voor de thuisverzorging van een terminaal ziekte kan men beroep doen op 'palliatief verlof' (zie I.40).

Wie ?

In principe heeft iedere werknemer/ambtenaar het recht op een onderbreking van 12 maanden per patiënt (of maximum 24 maanden bij vermindering van de prestaties). Deze loopbaanonderbreking kan dus (met telkens, al dan niet aaneensluitende, periodes van 1-3 maanden) zowel voltijds als deeltijds (niet noodzakelijk in kleine ondernemingen met minder dan 10 werknemers) worden opgenomen.

Alleenstaande ouders, die een ziek kind jonger dan 16 jaar verzorgen, hebben recht op respectievelijk 24 (volledige onderbreking) en 48 maanden onderbreking (deeltijds werkend).

In tegenstelling met de meeste andere vormen van loopbaanonderbreking is de werkgever in het geval van een onderbreking voor de thuisverzorging van een persoon met een zware ziekte dus **niet verplicht** om de werknemer te vervangen voor een onderbreking van minder dan drie maanden.

Indien de aangevraagde periode 3 maanden bedraagt, of indien de werknemer, na 2 maanden onderbreking of vermindering van de arbeidsprestaties, een verlenging vraagt, moet de betrokken werknemer wel vervangen worden door een vergoede volledige werkloze.

Hoe ?

De werknemer, ambtenaar licht de werkgever schriftelijk in (aangetekend of door overhandiging mits attest van ontvangst) over de gewenste periode van loopbaanonderbreking en hij of zij brengt tevens de nodige bewijzen aan om de aangehaalde reden tot schorsing te staven (medisch attest, gezinssamenstelling, verwantschap, ...).

Het recht gaat ten vroegste in 7 dagen na kennisgeving aan de werkgever, tenzij hij instemt met een vroegere aanvatting. Zo nodig kan de werkgever nog maximaal 7 dagen uitstel vragen. Bij iedere verlenging dient dezelfde procedure worden toegepast.

2. Palliatief verlof: (Zie I.41)
(Herstelwet 22 januari 1985 artikelen 100bis en 102bis)

De meeste ernstig zieken verkiezen om de laatste levensfase in de eigen, vertrouwde omgeving door te brengen. Voor het thuis verzorgen van een terminaal zieke (deze persoon hoeft niet noodzakelijk een familielid te zijn) bestaat momenteel de mogelijkheid om palliatief verlof te nemen.

3. Ouderschapsverlof:
(K.B. 29.10.1997 - B.S. 07.11.1997 en CAO nr. 64 - B.S. 07.11.97)

Wat ?

Ouders of adoptieouders hebben recht op een loopbaanonderbreking van 3 maanden voltijdse onderbreking, 6 maanden halftijdse onderbreking of 15 maanden 1/5e onderbreking om te zorgen voor de opvoeding van hun kind. Dit verlof kan gesplitst worden per periode van 1/3e van de totale periode.

Wie ?

Werknemers (zowel man als vrouw) die gedurende de 15 maanden die de aanvraag voorafgaan, tenminste 12 maanden met een arbeidsovereenkomst tewerkgesteld waren bij de huidige werkgever en waarvan het kind (waarvoor ouderschapsverlof wordt aangevraagd) niet ouder is dan 4 jaar bij de aanvang van het ouderschapsverlof (8 jaar indien het kind + 66% gehandicapt is volgens de kinderbijslagwetgeving, of gedurende een periode van 4 jaar na adoptie waarbij het kind niet ouder mag zijn dan 8 jaar).

Hoe ?

De werknemer die gebruik wenst te maken van het recht op ouderschapsverlof brengt 3 maanden op voorhand zijn werkgever hiervan schriftelijk, door middel van een aangetekend schrijven of door overhandiging met ontvangstbewijs, op de hoogte.

De aanvraag bevat, naast het voorstel van de werknemer om het ouderschapsverlof op te nemen, de begin- en einddatum.

De werknemer verstrekt uiterlijk op het ogenblik waarop het ouderschapsverlof ingaat, het document of de documenten tot staving van de geboorte of adoptie van het kind.

Binnen de maand na de schriftelijke kennisgeving kan de werkgever de uitoefening van het recht op ouderschapsverlof max. 6 maanden uitstellen om gerechtvaardigde redenen in verband met het functioneren van de onderneming.

Opmerking:

- uitstel kan niet leiden tot verlies van het recht,
- indien aan de leeftijdsvoorwaarde niet meer is voldaan omwille van het uitstel door de werkgever gevraagd, blijft het recht op ouderschapsverlof toch bestaan !!

4. Vergoeding vanuit de federale overheid voor deze specifieke vormen van loopbaanonderbreking (index 01.09.2008)

	< 50 jaar	=50 jaar
Volledige onderbreking	726,85 euro	726,85 euro
Halftijdse onderbreking	363,42 euro	616,45 euro
1/5 onderbreking	123,29 euro	246,58 euro

Expertisecentra "dementie"

Bij instanties en personen, betrokken bij de thuiszorg voor dementerende personen, werden meerdere noden vastgesteld, zoals onder meer de nood aan coördinatie en afstemming van de zorg, de nood aan ondersteuning van de familie op diverse vlakken, de nood aan toezicht en continuïteit van de zorg, de nood aan aangepaste vorming van de mantelzorgers, vrijwilligers en professionele zorgverleners en de negatieve impact van een eenzijdige beeldvorming omtrent dementie.

Om aan die noden tegemoet te komen hebben negen Vlaamse expertisecentra zich bereid verklaard om te komen tot een onderlinge functionele samenwerking in verband met de realisatie van acties ter ondersteuning van de zorg voor dementerende personen en hun omgeving. Dit samenwerkingsverband wordt door de Vlaamse overheid financieel ondersteund.

Per provincie is minstens 1 expertisecentrum actief.
Het telefoonnummer 070-22 47 77 brengt u automatisch bij het dichtstbijgelegen Expertisecentrum Dementie. E-mail: info@dementie.be
Website: 'www.dementie.be'.

De wet op de patiëntenrechten

Wet van 22 augustus 2002 inzake de patiëntenrechten (B.S. 26.09.2002) gewijzigd door de Wet van 24.11.2004 - B.S. 17.10.2005; wet 13.12.2006 – BS 22.12.2006, art 61-64.
(K.B. 01.04.2003 - B.S.13.05.2003; Samenstelling en de werking van de Federale Commissie 'Rechten van de Patiënt'; KB 02.02.2007 kostprijs kopie patiëntendossier; KB 15.02.2007 – art.11, vertegenwoordiging patient bij klachtrecht; KB 21.04.2007 – art 17*novies* informatieverstrekking in ziekenhuizen)

Hierbij volgt een kort overzicht van de voornaamste aspecten uit deze wet:

1. Toepassingsgebied

Iedere beroepsbeoefenaar van een gezondheidsberoep is verplicht de bepalingen van de Patiëntenrechtenwet na te leven in de mate waarin de patiënt hieraan zijn medewerking verleent en binnen de perken van zijn wettelijke bevoegdheden.

2. Het recht op kwaliteitsvolle dienstverstrekking

De patiënt heeft, met eerbiediging van zijn menselijke waardigheid en zijn zelfbeschikking en zonder enig onderscheid op welke grond ook, tegenover de beroepsbeoefenaar recht op kwaliteitsvolle dienstverlening die beantwoordt aan zijn behoeften.

3. Het recht op vrije keuze

De patiënt heeft recht op vrije keuze van beroepsbeoefenaar en recht op wijziging van die keuze, tenzij beperkingen opgelegd krachtens de wet.

- De vrije keuze van arts houdt niet in dat er een aanvaardigngsplicht zou zijn voor de arts. Behalve in noodgevallen kan de arts steeds weigeren verzorging te verstrekken.
- De vrije keuze van de arts is niet van toepassing inzake de controle en preventieve geneeskunde.

4. Recht op informatie

De patiënt heeft recht op alle hem betreffende informatie die nodig is om inzicht te krijgen in zijn gezondheidstoestand en de vermoedelijke evolutie ervan. De informatie wordt niet aan de patiënt verstrekt als hij dat uitdrukkelijk wenst (recht op niet-weten).

De beroepsbeoefenaar mag enkel informatie achterhouden wanneer dit ernstig nadeel zou opleveren voor de gezondheid van de patiënt of van derden. In dat geval moet hij een collega-beroepsbeoefenaar raadplegen maar de uiteindelijke beslissing blijft bij de behandelende arts. Op schriftelijk verzoek van de patiënt mag de informatie worden meegedeeld aan een door hem aangewezen vertrouwenspersoon.

De communicatie met de patiënt geschiedt in een duidelijke taal (maar niet noodzakelijk in de taal van de patiënt. In openbare ziekenhuizen is wel de taalwetgeving van toepassing). De patiënt kan vragen om schriftelijke bevestiging van de informatie.

In de wet op de ziekenhuizen is informatieverstrekking over de rechtsverhoudingen tussen het ziekenhuis en de betrokken zorgverstrekkers opgenomen. Deze staat ook beschreven in een onthaalbrochure en de eventueel aangeboden website. Bovendien is de verstrekking van geïndividualiseerde informatie eveneens vastgelegd.

5. Recht op geven van toestemming (na geïnformeerd te zijn) of op weigering van interventie

De patiënt heeft het recht om - eens geïnformeerd (o.a. ook over de financiële weerslag zoals de honorarie, de remgelden, de supplementen en het al dan niet geconventioneerd zijn van de zorgverstrekker) - voorafgaandelijk en vrij toe te stemmen (impliciet of expliciet) in iedere tussenkomst van de beroepsbeoefenaar. Schriftelijke toestemming kan op verzoek van de patiënt of van de beroepsbeoefenaar en met de instemming van de andere partij.

Een voorafgaandelijke schriftelijke weigering van een welomschreven interventie moet worden geëerbiedigd. Als er bij een spoedgeval geen duidelijkheid bestaat over de wil van de patiënt handelt de beroepsbeoefenaar in het belang van de patiënt.

6. Inzage in het patiëntendossier - afschrift van het dossier

De patiënt heeft recht op een zorgvuldig bijhouden en veilig bewaard patiëntendossier. Hij heeft recht op inzage in dat dossier (binnen de 15 dagen). De persoonlijke notities en gegevens die betrekking hebben op derden zijn van het recht op inzage uitgesloten. Op zijn verzoek kan de patiënt zich laten bijstaan door een vertrouwenspersoon. Indien de vertrouwenspersoon een beroepsbeoefenaar is, heeft deze wel inzagerecht in de persoonlijke notities.

De patiënt heeft tegen kostprijs ook recht op een afschrift van het geheel of een gedeelte van het dossier. Na het overlijden van de patiënt hebben de naaste verwanten onder strikte voorwaarden inzage in diens dossier.

De patiënt mag per gekopieerde pagina tekst maximaal een bedraag van 0,10 euro worden aangerekend. Inzake medische beeldvorming ag hem maximaal 5 euro per gekopieerd beeld worden gevraagd. Voor gegevens via een digitale drager mag in totaal maximaal 10 euro worden aangerekend.

In het totaal mag maximaal een bedrag van 25 euro worden gevraagd (K.B. 02.02.2007 – B.S. 07.03.2007).

In bovenstaande prijzen zijn afgeleide kosten inbegrepen, vb. administratiekost of verzendingskost.

7. Recht op bescherming van de persoonlijke levenssfeer.

De patiënt heeft recht op bescherming van de persoonlijke levenssfeer. Behoudens akkoord van de patiënt, kunnen enkel de personen waarvan de aanwezigheid is verantwoord in het kader van de dienstverstrekking van de beroepsbeoefenaar, aanwezig zijn bij de zorg, de onderzoeken en de behandelingen.

8. Klachtrecht

De in het ziekenhuis opgenomen patiënt heeft het recht een klacht over de uitoefening van zijn rechten (m.a.w. enkel over zijn relatie met de beroepsbeoefenaar zelf en dus niet over het ziekenhuis) in te dienen bij de bevoegde ombudsfunctie. Om te worden erkend moet ieder ziekenhuis beschikken over een ombudsfunctie.

Voor klachten i.v.m. beroepsbeoefenaars buiten het ziekenhuis, kan de patiënt voorlopig terecht bij zijn ziekenfonds.

9. De vertegenwoordiging van de onbekwame patiënt

Minderjarige patiënten worden vertegenwoordigd door hun ouders. Zij worden betrokken bij de uitoefening van hun rechten in verhouding tot hun leeftijd en hun maturiteit. Als zij daartoe in staat worden geacht, oefenen zijn hun rechten zelfstandig uit.

Meerderjarige patiënten die vallen onder een wettelijk geregeld beschermingsstatuut worden vertegenwoordigd door hun voogd. Andere meerderjarige patiënten, die (tijdelijk) niet in staat zijn hun recht zelf uit te oefenen, laten zich vertegenwoordigen door een vooraf aangeduid persoon. Bij het ontbreken hiervan worden deze rechten behartigt door – in volgorde- de partner, een meerderjarig kind, een ouder, een meerderjarige broer of zus. Als laatste mogelijkheid treedt een multidisciplinair team van beroepsbeoefenaars in hun plaats op.

De meerderjarige broer of zus kunnen dit recht niet opnemen in geval van een klachtenprocedure. De overige personen, zoals hierboven benoemd, kunnen dat wel, en zonder de opgegeven volgorde in acht te nemen.

10. Medische informatie aan verzekeraars

De arts van de verzekerde kan, op verzoek van de verzekerde, geneeskundige verklaringen afleveren die voor het sluiten of het uitvoeren van de overeenkomst nodig zijn. De verklaringen mogen uitsluitend aan de adviserende arts van de verzekeraar worden bezorgd. Deze mag de verzekeraar geen infomatie geven die niet pertinent is of andere personen dan de verzekerde betreft. Het medisch onderzoek kan slechts steunen op de voorgeschiedenis van de gezondheidstoestand van de verzekerde en niet op technieken om de **toekomstige** gezondheidssituatie te bepalen.

11. Recht op voortzetting van de behandeling en pijnbestrijding

De beoefenaars van geneeskunde mogen, wetens en zonder wettige reden in hunnen hoofde, een in uitvoering zijnde behandeling niet onderbreken zonder vooraf alle maatregelen te hebben getroffen om de continuïteit van de zorgen te verzekeren door een ander beoefenaar die diezelfde wettelijke kwalificatie heeft. De continuïteit van de zorg omvat tevens de palliatieve verzorging en de behandeling van de pijn van de patiënt.

Federale Commissie 'Rechten van de Patiënt'

De Commissie heeft volgende taken in verband met de patiëntenrechten:

- De patiëntenrechten opvolgen en evalueren,
- de Minister daaromtrent te adviseren en
- de specifieke ombudsfuncties oprichten, evalueren en eventuele klachten omtrent hun werking behandelen.

Anti-discriminatiewet

Wet 25.02.2003. - B.S. 17.03.2003; OPGEHEVEN en vervangen door Wet 10/05/2007 – B.S. 30.05.2007 (Wet ter bestrijding van bepaalde vormen van discriminatie)

In de aangelegenheden die onder deze wet vallen, is elke vorm van discriminatie verboden.

Voor de toepassing van deze titel wordt onder discriminatie verstaan :
- directe discriminatie;

- indirecte discriminatie;
- opdracht tot discrimineren (tenzij 'positieve actie' waarvoor de rechtvaardigingsgronden tijdelijk en in functie van een aangetoonde doelstelling aanvaard zijn en waarbij andermans rechten niet beperkt worden);
- intimidatie;
- een weigering om redelijke aanpassingen te treffen ten voordele van een persoon met een handicap.

Deze wet is zowel in de overheidssector als in de particuliere sector, met inbegrip van overheidsinstanties, op alle personen van toepassing met betrekking tot :

1° de toegang tot en het aanbod van goederen en diensten die publiekelijk beschikbaar zijn;
2° de sociale bescherming, met inbegrip van de sociale zekerheid en de gezondheidszorg;
3° de sociale voordelen;
4° de aanvullende regelingen voor sociale zekerheid;
5° de arbeidsbetrekkingen (uitgezonderd de elementen die geregeld zijn in de wet op het welzijn van de werknemers dd 04.08.1996);
6° de vermelding in een officieel stuk of in een proces-verbaal;
7° het lidmaatschap van of de betrokkenheid bij een werkgevers- of werknemersorganisatie of enige organisatie waarvan de leden een bepaald beroep uitoefenen, waaronder de voordelen die deze organisaties bieden;
8° de toegang tot en de deelname aan, alsook elke andere uitoefening van een economische, sociale, culturele of politieke activiteit toegankelijk voor het publiek.

Een direct onderscheid op grond van leeftijd, seksuele geaardheid, geloof of levensbeschouwing of een handicap kan uitsluitend gerechtvaardigd worden op grond van wezenlijke en bepalende beroepsvereisten (De rechter onderzoekt in elk concreet geval of een bepaald kenmerk een wezenlijke en bepalend beroepsvereiste vormt).

Redelijke aanpassingen in functie van handicap zijn passende maatregelen die in een concrete situatie en naargelang de behoefte worden getroffen om een persoon met een handicap in staat te stellen toegang te hebben, deel te nemen, te genieten van sociale bescherming en sociale voordelen, tenzij deze maatregelen een onevenredige belasting vormen voor de persoon die deze maatregelen moet treffen. Wanneer die belasting in voldoende mate wordt gecompenseerd door bestaande maatregelen van de overheid, mag zij niet als onevenredig worden beschouwd.

De wet voorziet een regeling tot schadevergoeding en strafrechtelijke maatregelen wanneer de discriminatie is aangetoond. Ze regelt ook bescherming voor wie een klacht indient of optreedt als getuige. Bij vermoeden tot discriminatie moet de verweerder aantonen dat er geen discriinatie is geweest.

Het slachtoffer of zijn vertegenwoordiger kan zelf klacht indienen, maar dit kan ook met zijn/haar toestemming gebeuren door onder meer vakbonden, het Centrum voor gelijkheid van kansen en voor racismebestrijding of door openbare diensten of verenigingen met rechtspersoonlijkheid die opkomen voor de rechten van de mens of bestrijding van discriminatie.

Vlaams decreet:

(decreet 10.07.2008 – BS 23.09.2008)

De Vlaamse regering heeft een kader voor gelijke kansen- en gelijke behandelingsbeleid uitgevaardigd. Het legt het kader vast voor een Vlaams beleid voor gelijke kansen en voor de bestrijding van discriminatie met betrekking tot de bevoegdheden voor de Vlaamse overheid.

Inhoudelijk is deze regelgeving te vergelijken met de federale antidiscriminatieregelgeving.

Het toepassingsgebied omvat toegang tot arbeid, beroepsopleiding, beroepskeuzevoorlichting, arbeidsbemiddeling en wedertewerkstelling, gezondheidszorg, onderwijs, publieke goederen en diensten (inclusief huisvesting), sociale voordelen en deelname aan economische, sociale, culturele of politieke activiteiten buiten de privésfeer.

Slachtoffers kunnen een schadevergoeding vorderen nadat hij/zij discriminatie liet vaststellen door de rechtbank.

Euthanasie

(Wet 28.05.2002 - B.S. 22.06.2002; K.B. 2.04.2003 -B.S. 13.05.2003; K.B. 27.04.2007 B.S. 07.06.2007)

Wat?

Sinds 23 september 2002 is in België de wet op euthanasie van kracht.

Euthanasie is het wetens en willens beëindigen van het leven, op verzoek van de patiënt.

Hulp bij zelfdoding, pijnbestrijding en het stopzetten van een behandeling vallen niet onder deze definitie.

Door en voor wie?

Enkel een arts mag euthanasie toepassen. Als hij de wettelijke voorwaarden strikt naleeft, begaat hij geen misdrijf en is hij bijgevolg niet strafbaar.

Euthanasie kan worden gevraagd door een meerderjarige die niet onder voogdij staat.

De aanvrager *'moet zich bevinden in een medisch uitzichtloze toestand van aanhoudend en ondraaglijk fysiek of psychisch lijden dat niet kan gelenigd worden en dat het gevolg is van een ernstige en ongeneeslijke, door ongeval of ziekte veroorzaakte aandoening.'*

Wie een verzoek tot euthanasie indient, moet bovendien op dat moment volledig bewust zijn. Niemand kan een verzoek doen in de plaats van de betrokkene. In een voorafgaande schriftelijke wilsverklaring kan men wel vragen om niet meer in leven te worden gehouden op het moment dat men niet meer bij bewustzijn is.

Hoe?

Een verzoek tot euthanasie moet schriftelijk gebeuren, vrijwillig en overwogen zijn, verschillende keren herhaald worden en los staan van elke druk.

Een voorafgaande wilsverklaring kan door elke gezonde of zieke meerderjarige worden opgesteld, mits respect voor de gestelde voorwaarden. De wilsverklaring mag bovendien niet ouder zijn dan vijf jaar.

In het Koninklijk Besluit van 2 april 2003 (B.S. 13.05.2003) wordt vastgesteld op welke wijze de wilsverklaring wordt opgesteld, herbevestigd, herzien of ingetrokken en in het Koninklijk Besluit van 27 april 2007 (B.S. 07.06.2007) de wijze waarop de wilsverklaring inzake euthanasie wordt geregistreerd en via de diensten van het Rijksregister aan de betrokken artsen wordt meegedeeld.

Bij een verzoek tot euthanasie moet de arts nagaan of de wettelijke voorwaarden zijn vervuld en de dialoog aangaan met de patiënt. Hij moet voldoende informatie geven over de gezondheidstoestand en levensverwachting, over de kansen van eventuele behandelingen en de mogelijkheden van palliatieve zorg. Blijkt er geen andere redelijke oplossing dan euthanasie mogelijk, moet de arts een collega raadplegen en het verzoek bespreken met het verplegend team en - als de patiënt dit wil - met familieleden of vertrouwenspersonen.

Is het overlijden van de patiënt niet nakend, moet het oordeel van een tweede arts worden gevraagd en is er een maand tijd nodig tussen het verzoek tot en de uitvoering van de euthanasie.

Heeft een arts de euthanasie uitgevoerd, moet hij daarvan binnen de vier dagen op de voorgeschreven manier aangifte doen bij de Federale Controle- en Evaluatiecommissie. Deze onderzoekt of alle wettelijke verplichtingen zijn gerespecteerd. Bij twijfel kan het dossier worden overgemaakt aan het gerecht.

Waar?

- Ziekenfonds - dienst maatschappelijk werk (inlichtingen + bijstand + coördinatie + aanvraag premie) (Gouden Gids nr 6990, www.cm.be; e-mail: dmw@cm.be).
- Gemeente of OCMW - sociale dienst (inlichtingen + bijstand + aanvraag) (zie telefoongids OCMW ofwel Gouden Gids infopagina's publieke instellingen).
- Huisarts (inlichtingen).
- Werkgroep Thuisverzorgers, Groeneweg 151, 3001 Heverlee, tel.: (016) 22 73 37.

I.24. Het thuiszorgaanbod van het ziekenfonds

Wat?

De **centra algemeen welzijnswerk** (CAW **dienst maatschappelijk werk**), die ingebouwd zijn in *de* ziekenfondsen, hebben een specifieke opdracht naar de doelgroepen chronisch zieke personen, personen met een handicap en zorgbehoevende bejaarden. Naar aanleiding van de overheveling van de overheidsbevoegdheid voor deze diensten naar het 'woonzorgdecreet', zal in 2009 voor deze een naamsverandering doorgevoerd worden. Voortaan is deze dienst een volwaardige thuiszorgdienst met een uitgesproken opdracht in het kader van psycho-sociale hulpverlening in thuiszorg en toeleiding naar sociale rechten voor de groep zorgbehoevende bejaarden, chronisch zieken en personen met een handicap. De diensten noemen voortaan 'dienst maatschappelijk werk van het ziekenfonds', kort omschreven als dienst maatschappelijk werk (bij CM de oude benaming) of DMW.

Zij bieden informatie, advies en begeleiding wanneer men vragen heeft over sociale rechten naar aanleiding van een aandoening of situatie van zorgafhankelijkheid, over de organisatie van de thuiszorg of over andere problemen, die zich op sociaal vlak kunnen voordoen wanneer iemand chronisch ziek, gehandicapt of zorgbehoevend is.

De kerntaken van deze dienst zijn dan ook vraagverheldering en begeleiding bij het zoeken naar oplossingen of rechten als mensen in een thuiszorgsituatie (dreigen) terecht (te) komen.

De maatschappelijk werker van deze dienst is zeer deskundig op vlak van sociale rechten in verband met handicap en ziek zijn. Hij/zij kent de thuiszorgsector en de hulpmiddelensector zeer goed en is getraind om mensen te helpen bij de aanpak van hun persoonlijke problemen.

Het is zijn/haar taak om in gesprek ondersteuning te bieden wanneer de thuiszorg te zwaar wordt. Zo zal hij/zij, wanneer de thuiszorg te zwaar wordt, samen met de betrokkene(n) uitzoeken op welke punten de zorg kan ontlast worden. Dit kan door eventueel bijkomend professionele diensten in te schakelen, of het netwerk rond de client te onderzoeken en na te gaan of bijkomend mantelzorg kan aangesproken worden. Het kan ook door vrijwilligers in te schakelen om tijd vrij te maken voor de mantelzorger. Of gewoon door erkenning en ondersteuning te bieden aan de verzorgende, die nood heeft aan het uitklaren van zijn/haar taak, die soms zeer zwaar is en waarvoor hij/zij meestal nooit opgeleid werd. Wie in financiële nood komt omwille van te hoge medische kosten kan ook terecht bij deze dienst. Vaak ligt een oplossing verscholen in het aanspreken van bijkomende rechten zodat de financiële last draaglijker wordt.

Verder is deze dienst erkend als indicatiesteller voor de zorgverzekering, waarbij men de patiënt zijn zorgbehoefte bepaalt volgens de BEL-schaal, waarop 35 punten moeten gehaald worden om in aanmerking te komen voor de zorgverzekering (zie ook II.14.).

De diensten maatschappelijk werk zijn ook erkend als multidisciplinair team voor het Vlaams Agentschap voor Personen met een Handicap inzake onderzoek van de zorgvraag aan het Vlaams Agentschap. Dit kan gaan om een vraag naar opvang in een instelling van het Vlaams Agentschap, opvang van vb. een thuisbegeleidingsdienst, een hulpmiddelenvraag, een aanvraag voor het verkrijgen van een persoonlijke assistentiebudget, enz.

De **regionale dienstencentra in de ziekenfondsen** bieden informatie en vorming aan mensen, die met thuiszorg geconfronteerd worden. Deze informatie, veelal telefonisch aangeboden, is bedoeld om de mensen op weg te helpen om zelf aan de slag te gaan. Meer en meer gaat men gekende thuiszorgsituaties pro-actief benaderen en zo veel mogelijk de informatie spontaan aanbieden op het moment dat men ze nodig heeft.

Of de informatie wordt in vormingspakketten aangeboden aan groepen (vb. mensen in nieuwe thuiszorgsituaties krijgen vorming over dientverlening in de thuiszorg, of mantelzorgers van dementerende personen krijgen in groep ondersteuning om de dagelijkse problemen, waar ze mee geconfronteerd worden, het hoofd te bieden).

Wanneer mensen nood hebben aan een advies op maat, worden ze doorverwezen naar andere meer gespecialiseerde diensten. Het regionaal dienstencentrum staat ook in voor de verdeling van de personenalarmsystemen, die aangeboden worden in de thuiszorg. Zij organiseren meestal ook een dienst van thuisoppas.

De ziekenfondsen hebben ook een thuizorgaanbod in hun **diensten en voordelen** pakket (gefinancierd in solidariteit door de ledenbijdragen).

Zo bieden ze een waaier van financiële tussenkomsten aan in de thuiszorg. Het kan gaan om tussenkomst in kortverblijf, in de kost van een woningadvies (om de woning aan te passen in functie van de zorgbehoefte), in de kosten van gezinszorg, enz.

Het is een kerntaak van de ziekenfondsen om aanvullende dienstverlening en hulp te bieden aan chronisch zieken en zorgbehoevende personen. Vraag bij uw ziekenfonds welke voordelen voorzien zijn in het kader van thuiszorg.

Wie?

Leden van het ziekenfonds, die geconfronteerd worden met thuisverzorging van een chronisch zieke of zorgbehoevend persoon.

Om gebruik te maken van de diensten en voordelen moet men in orde zijn met de ledenbijdrage.

Hoe?

Contacteer uw ziekenfonds.

Dit kan het best door een afspraak te maken voor een rustig gesprek of door gebruik te maken van de plaatselijke zitdag van de consulent of de dienst maatschapppelijk werk (voor een uitgebreid en persoonlijk advies zal men veelal een nieuwe afspraak maken voor een rustiger moment, cfr. afspraak).

Indien nodig komt de maatschappelijk werk(st)er op huisbezoek.

Men kan ook via e-mail informatie opvragen of de website consulteren om het thuiszorgaanbod te bekijken.

Waar?

- Ziekenfonds (Gouden Gids nr 6990, www.cm.be);
- Dienst maatschappelijk werk (inlichtingen + bijstand + coördinatie), e-mail: dmw@cm.be
- Regionaal dienstencentrum
- de consulent van het ziekenfonds

I.25. Thuisverpleging

(K.B. 18.06.90 – B.S. 26.07.1990, laatst gewijzigd door K.B. 13.07.2006 – B.S. 07.08.2006)

- lijst van technische prestaties die door de verpleegkundigen verricht mogen worden,
- lijst van de handelingen die door een geneesheer aan de verpleegkundigen kunnen worden toevertrouwd.

Wat?

Een aantal organisaties (bv. Wit-Gele Kruis) of zelfstandige verpleegkundigen komen de nodige verpleegzorgen aan huis geven.

Deze verpleegzorgen kunnen bestaan uit:

1. **individuele verstrekkingen (nomenclatuurprestaties)** zoals inspuitingen, lavementen, blaassonderingen of spoelingen, wondverzorging, plaatsen van een maagsonde, ...
2. **specifieke technische verstrekkingen**, vnl. in het kader van palliatieve zorgen zoals bv. het plaatsen van een infuus,
3. **toiletten.** De patiënten moeten *minimum* 2 punten scoren inzake 'afhankelijkheid wassen' op de Katz- schaal (zie II.52).
   Volgende patiënten komen in aanmerking voor een **dagelijks** toilet (verricht door een verpleegkundige):
   - patiënten die in aanmerking komen voor een forfait A, B of C (zie punt 4),
   - incontinentiepatiënten (+ minimum 2 punten op de Katz-score voor wassen + kleden,
   - dementerende patiënten (+ minimum 2 punten op de Katz-score voor wassen + kleden,
   - patiënten die 4 punten scoren op de Katz-schaal voor wassen en kleden.

   (zie ook *'aandachtspunten artsen'*)
4. **forfait verstrekkingen.** Naargelang het behaalde aantal punten op de Katz-score (zie II.52) zal een forfaitair honoraria worden uitgekeerd, verschillend naargelang de graad van onafhankelijkheid (forfait A, forfait B of forfait C).

Opmerking:

- bij ieder forfait hoort minstens één toilet,
- voor het C-forfait moet betrokkene minstens 23 of 24 scoren op de Katz-schaal **en** moet de verpleegkundige er minimum 2 huisbezoeken per dag afleggen.
- Thuisverplegingsdiensten werken vaak met referentieverpleegkundigen in hun team. Zij zijn gespecialiseerd in een specifiek zorgterrein, vb. wondzorg, psychiatrie, palliatieve zorg, diabetes, stomazorg, ... en stellen hun kennis ter beschikking van de patient (in functie van opvolging en/of een leertraject) en van de collega's-zorgverstrekkers. Zo wordt de referentieverpleegkundige voor diabetes ingeschakeld voor een leertraject met de diabetespatiënt waarin de patiënt inzichten verwerft in correcte leef- en verzorgingsregels.
- *Voor wondzorg en voor diabetologie bestaan specifieke erkenningen. In ruil voor de opvolging van een individueel anamnesedossier en specifieke verstrekkingen wordt een bijkomende vergoeding betaald.*

Wie?

Zieken, personen met een handicap, ouderen kunnen soms de opname in een verzorgingsinstelling vermijden of inkorten door beroep te doen op o.a. thuisverpleging.

Betoelaging?

De verpleegkundigen worden door het ziekenfonds betaald hetzij per prestatie, hetzij met een vast dagbedrag (afhankelijk van de hulpbehoevendheid - zie Katzschaal II.52.). De verzorgde betaalt het remgeld.

Voor volgende prestaties heeft men een doktersvoorschrift nodig: diabetesvoorlichting en –begeleiding, wondverzorging, hechtingen verwijderen, compressietherapie (steunkousen of drukverband), inspuitingen, verzorging van incontinentie (sondage, blaasspoeling, irrigaties), stoma verzorgen, lavementen, zalf of oogdruppels /oogzalf aanbrengen, poortsysteem spoelen, sondevoeding toedienen.

Aandachtspunt artsen:

1. Indien door een *beslissing van de adviserend geneesheer* een lager forfait wordt toegekend, blijft deze beslissing minstens 6 maanden geldig, **tenzij** een verergering van de afhankelijkheid kan gestaafd worden met een uitgebreid medisch verslag.
2. *Dementerende patiënten* moeten een medische attestatie hebben van hun huisarts (modelformulier zie Verordening 05.05.97 - B.S. 29.07.97).

Waar?

- Organisaties voor thuisverpleging (bv. Wit-Gele Kruis) (inlichtingen + aanvraag) (Gouden Gids nr 965).
- Ziekenfonds - dienst maatschappelijk werk (inlichtingen + bijstand + coördinatie + aanvraag premie) (Gouden Gids nr 6990, www.cm.be; e-mail: dmw@cm.be).

I.26. Dienst voor gezinszorg en aanvullende hulp (het vroegere Gezins- en bejaardenhulp)

(Decreet 14.07.1998 - B.S. 05.09.1998; B.V.R. 18.12.1998 - B.S. 30.03.1999; M.B. 10.02.2003 - B.S. 07.05.2003 en M.B. 29.06.2007 – B.S. 20.07.2007)

Wat?

GEZINSZORG (het vroegere Gezins- en bejaardenhulp) wordt, op vraag van de mogelijke gebruikers, geboden in het natuurlijk thuismilieu, op voorwaarde dat de draagkracht van de mogelijke gebruiker of van zijn omgeving (hetzij wegens geestelijke of lichamelijke ongeschiktheid, hetzij wegens bijzondere sociale omstandigheden) niet voldoende is om de lasten van de persoonsverzorging (lichaamsverzorging) of van de huishoudelijke taken te dragen.

De gezinszorg kan zowel een preventief als een herstellend, verzorgend of palliatief karakter hebben. Ze kan ondersteunend, aanvullend of vervangend zijn.

Bij het bieden van gezinszorg wordt steeds zoveel mogelijk een beroep gedaan op de zelfzorg en de zelfredzaamheid van de gebruiker en zijn omgeving en wordt de zelfredzaamheid van de gebruiker en zijn omgeving gevrijwaard, ondersteund en gestimuleerd.

Steeds wordt bijzondere aandacht besteed aan gebruikers die langdurige of intensieve hulp- en dienstverlening nodig hebben en aan gebruikers die een verhoogd risico lopen op verminderde welzijnskansen.

Taken gezinszorg:

1. Persoonsverzorging: hulp bij de activiteiten van het dagelijkse leven (1);
2. Huishoudelijke hulp- en dienstverlening (2);
3. Psycho-sociale ondersteuning (3);
4. Algemene pedagogische ondersteuning (bij opvoeding, financieel beheer, ...).

In principe is het aantal uren hulp niet gelimiteerd de eerste dertien weken. Vanaf de veertiende week is de hulp beperkt tot 32 uren per gezin en per week. Ook hier kan eventueel van afgeweken worden in uitzonderlijke gevallen. Aangezien de diensten gezinszorg ieder jaar een vast aantal uren krijgen toegewezen, zijn zij soms verplicht om keuzes te maken waardoor zij niet altijd alle hulp kunnen geven die wenselijk is (wat soms problemen kan geven naar het einde van het jaar).

---

(1) Hulp bij bewegen en verplaatsen, hulp bij aan- en uitkleden, hulp bij het wassen, hulp bij eten en drinken, toezicht bij rusteloze cliënten, stervenden, ...

(2) Boodschappen, was en strijk, onderhoud, ...

(3) Actief en meelevend luisteren, opmerken van psycho-sociale moeilijkheden zoals rouwverwerking, vereenzaming, depressie, stress, ...

Wie?

Een huisgezin waar problemen zijn met de uitvoering van de huishoudelijke taken vanwege ziekte (eventueel ook na een bevalling), handicap of ouderdom kan beroep doen op één van de bestaande diensten Gezinszorg. De diensten Gezinszorg hanteren de BEL-schaal (zie Katz-schaal II.52.) om de graad van zorgbehoefte te evalueren.

Vaststelling van de bijdrage voor de gebruiker van gezinszorg (M.B. 26.07.2001 - B.S. 12.12.2001 gewijzigd door M.B. 23.12.2004 – B.S. 18.01.2005 en M.B. 29.06.2007 – B.S. 20.07.2007)

De bijdrage is afhankelijk van:
1. het maandelijks 'netto-inkomen' (= bestaansmiddelen - lasten)
2. de gezinssamenstelling
3. de BEL-score (= afhankelijkheidsmeting - zie ook II.52) van de gebruiker (uitgezonderd voor de gebruiker van kraamzorg)
4. de duur van de hulp- en dienstverlening
5. de intensiteit van de hulp- en dienstverlening.

De berekening van het maandelijkse 'netto-inkomen'

Het netto-inkomen wordt bepaald door de 'bestaansmiddelen, verminderd met de lasten'. Voor het Ministrieel Besluit van 29 juni 2007 moesten de berekende netto-inkomens verhoogd worden met 25% alvorens te delen om het maandbedrag te kennen. Deze voorafgandelijke verhoging is dus weggevallen sinds 1 september 2007!

De inkomens van volgende personen worden in rekening gebracht:

- de eigen inkomsten (van de hulpvrager - deze met de hoogste BEL- score)
- de inkomsten van alle andere inwonende gezinsleden van DEZELFDE generatie, bv. partner of bijwonende zus/broer (dus niet de inkomsten van de andere generaties die inwonen!).

Bestaansmiddelen

Welke bestaansmiddelen worden meegeteld?	Welke bestaansmiddelen tellen NIET mee?
• de netto beroepsinkomsten (erg verminderd inkomen wordt meteen in rekening gebracht)	• de wettelijke gezinsbijlagen,
• de roerende inkomsten (intresten van belegde kapitalen),	• studiebeurzen

• de inkomsten uit onroerende goederen ['belastingbrief' ofwel 'som van alle geïndexeerde KI's - KI eigen woning (indien niet verhuurd) gedeeld door 12]Indien de eigen woning verhuurd wordt en men huurt een andere woning met een lager KI, houdt men enkel rekening met het verschil van KI tussen beide woningen	• premies en/of toelagen voor thuiszorg en mantelzorg (toegekend door de overheid - lokaal, provinciaal, Vlaamse gemeenschaps-commissie - of door de ziekenfondsen).
• ALLE sociale uitkeringen (gemiddelde van de laatste drie maanden)	Eventuele toelagen voor pleegzorg
• andere inkomens (lijfrenten, levensverzekering, ongevallenvergoeding, onderhoudsgelden ...) Onderhoudsgelden moeten voor de ontvangende partij opgeteld worden bij het inkomen. Voor de betalende partij wordt het niet als inkomen beschouwd en moet het afgetrokken worden van het netto maandinkomen!	

Welke lasten worden afgetrokken?

Facultatief (door betrokkene te expliciteren) kan het berekende netto-inkomen worden verminderd door de aftrek van alle uitzonderlijke **'medische en farmaceutische' onkosten** (gedaan gedurende de periode van de verleende gezinszorg), waarvoor geen tussenkomst is vanuit een andere instantie en die op een abnormale wijze het gezins-budget belasten.

Er mag echter geen rekening worden gehouden met de aankoop van kleine hoeveelheden geneesmiddelen of farmaceutische producten die in ieder gezin steeds voorhanden zijn, noch met occasionele doktersbezoeken.

De invloed van de gezinssamenstelling?

Voor het toekennen van de gezinscode wordt uitgegaan van de feitelijke toestand op het moment van de aanvraag.

Stap	Handeling	
1	Men vertrekt van een basiscode:	
	ALS de hulpvrager	DAN...
	alleenstaande is EN alleen woont	Is de basiscode = '1 punt'
	Niet alleenstaande is of niet alleen woont	Is de basiscode = '2 punten'
2	Voor gerechtigden die niet samenwonen met een andere generatie of voor gerechtigden die meer dan 65 % arbeidsongeschikt erkend zijn:| Eén bijkomend codepunt - per persoon - per item waaraan wordt voldaan:	

	Items:
	1. Ieder ongeboren kind vanaf de 6° maand zwangerschap, 2. Ieder geplaatst kind (instelling, internaat) waarbij de ouders instaan voor de verblijfskosten, 3. Iedere persoon (kind of volwassene) die: in dezelfde woning verblijft en er gemeenschappelijk leeft en die over geen eigen inkomsten beschikt (uitgezonderd partner) 4. Iedere persoon met een invaliditeitspercentage > 65%

Afwijkingen van de bijdrageschaal

Verplichte kortingen

Bijlage II van het besluit behandelt de kortingen die verplicht moeten worden toegepast op de bijdrageschalen (opgenomen in bijlage I). De minimumbijdrage bedraagt echter 0,50 euro per uur!

Volgende verplichte kortingen worden automatisch toegekend aan personen die minimum 35 punten scoren op de BELschaal:

- deze personen krijgen automatisch een korting van 0,65 euro/uur
- indien het aantal gepresteerde uren gezinszorg daarenboven meer dan 60 uren per maand bedraagt, wordt er een bijkomende korting van 0,35 euro/uur toegekend
- indien de hulpverlening (ongeacht het aantal uren hulpverlening) langer dan een jaar duurt wordt er een bijkomende korting gegeven van 0,25 euro/uur.

De gecumuleerde korting kan dus oplopen tot 1,25 euro per uur indien men meer dan 35 punten scoort op de BEL-schaal en men meer dan 60 uur hulp heeft en men reeds langer dan één jaar hulp geniet. Het minimum bedrag per uur, na de kortingen, bedraagt wel 0,50 euro!

Facultatieve toeslagen

In een aantal gevallen mag de te betalen bijdrage worden verhoogd (facultatief per dienst - niet individueel!!):

- de dienst die wijkwerking organiseert mag een toeslag vragen van 5% (indien deze toeslag wordt gevraagd dient zij van toeassing te zijn voor alle gebruikers woonachtig in de betrokken regio),
- max. + 30% voor prestaties verleend op zaterdag, en voor prestaties tussen 20 uur en 7 uur, (buiten zon- en feestdagen),
- max. 60% voor prestaties op zon- en feestdagen.

Ieder dossier wordt jaarlijks herzien.

Documenten

Volgende bewijsstukken worden gevraagd:

- een attest gezinssamenstelling (uittreksel uit het bevolkingsregister, bewijs van woonst of een ondertekende verklaring),
- alle stukken ter staving van

- de inkomsten (bij weigering moet de maximumbijdrage worden genomen),
- de lasten,

– officieel attest i.v.m. invaliditeit, arbeidsongeschiktheid > 65 % (Periode van geldigheid!).

Voor iedere aanvraag wordt een Bel-score opgemaakt.

De Vlaamse Gemeenschap en de ondergeschikte besturen verlenen subsidies. - Ook sommige ziekenfondsen komen tussen ter ondersteuning van de thuiszorg.

Waar?

– Diensten gezinszorg (inlichtingen + aanvraag) (Gouden Gids nr. 7620).
– Gemeente, OCMW - sociale dienst (inlichtingen + bijstand + aanvraag) (zie telefoongids OCMW ofwel Gouden Gids infopagina's publieke instellingen).
– Ziekenfonds - dienst maatschappelijk werk (inlichtingen + bijstand + coördinatie + aanvraag premie) (Gouden Gids nr 6990,
www.cm.be; e-mail: dmw@cm.be).

I.27. Poetsdienst – dienst voor logistieke hulp

Wat?

De dienst voor logistieke hulp heeft als doel schoonmaakhulp en eventueel karweihulp bieden aan personen met verminderde zelfredzaamheid.

Wie?

Een huisgezin dat wegens ziekte (eventueel ook na bevalling), handicap of ouderdom niet in staat is de schoonmaak te doen, kan beroep doen op een poetsdienst. De prijs is afhankelijk van de inkomsten.

De meeste diensten bieden enkel hulp aan bejaarden met een beperkt inkomen.

Wie door zijn inkomen een 'normale' uurprijs betaalt komt meestal niet in aanmerking omdat de beschikbare poetsvrouwen voor de poetsdiensten beperkt zijn.

Denk eveneens aan de PWA's (II.11.E) en aan de dienstencheques (I.28.).

Betoelaging?

- De VDAB neemt een deel van de loonkosten ten laste.
- De cliënten betalen een bedrag per uur.

Waar?

- Poetsdiensten (inlichtingen + aanvraag) (Gouden Gids nr. 7620).
- Gemeente, OCMW - sociale dienst (inlichtingen + bijstand + aanvraag) (zie telefoongids OCMW ofwel Gouden Gids infopagina's publieke instellingen).
- Ziekenfonds - dienst maatschappelijk werk (inlichtingen + bijstand + coördinatie + aanvraag premie) (Gouden Gids nr 6990, www.cm.be; e-mail: dmw@cm.be).

I.28. Dienstencheques

Ondernemingen voor het aanbieden van thuishulp van huishoudelijke aard, die gefinancierd wordt door de dienstencheques (B.V.R. 14.03.2003 - B.S.28.04.2003; K.B. 13.07.2007 B.S. 01.08.2007)

Wat ?

Het betreft thuishulp van huishoudelijke aard: m.a.w. hulp aan huis in de vorm van huishoudelijke activiteiten die kunnen bestaan uit:

- het schoonmaken van de woning met inbegrip van de ramen
- het wassen en strijken van het huishoudlinnen (strijken kan ook extern door een dienst), met inbegrip van verstelwerk van het te strijken linnen
- kleine occasionele naaiwerken (thuis of extern door een dienst)
- het doen van de boodschappen (dagelijkse benodigdheden)
- het bereiden van maaltijden;
- **vervoer van personen met beperkte mobiliteit** (mindervaliden, als dusdanig erkend door het Vlaams Agentschap voor Personen met een Handicap of het " Agence wallonne pour l'Intégration des personnes handicapées " of de " Service bruxellois francophone des personnes handicapées " of de " Dienststelle der Deutschsprachigen Gemeinschaft für Personen mit einer Behinderung sowie für die besondere soziale Fürsorge " **met daartoe speciaal uitgeruste voertuigen, waarvoor de Federale Overheidsdienst Mobiliteit en Vervoer een attest heeft afgeleverd.**

De bejaarden die een tegemoetkoming voor hulp aan bejaarden genieten en de personen van minstens 60 jaar die prestaties genieten verstrekt door een door de bevoegde overheid erkende dienst voor gezinszorg worden met mindervaliden gelijkgesteld, maar enkel voor het vervoer van de erkende mindervaliden is een aangepast voertuig met attest vereist. Sinds 01.11.2008 worden personen met recht op een inkomensvervangende tegemoetkoming, een integratietegemoetkoming, een tegemoetkoming hulp aan bejaarden of met een erkenning van minstens 7 punten op de zelfredzaamheidsschaal van de integratietegemoetkoming ook erkend als mindervalide. Kinderen met bijkomende kinderbijslag omwille van hun handicap worden eveneens erkend.

De dienstencheque kost 7,50 euro en is 8 maanden geldig. Dienstencheques zijn aftrekbaar van de belastingen.

Er is een forfaitaire belastingvermindering van 30% van toepassing, beperkt tot 2.400 euro. Cheques die gekocht worden aan 7,50 euro per stuk kosten, na belastingaftrek 5,25 euro.

Personen, die geen belastingen betalen en bijgevolg niet kunnen genieten van belastingvermindering, kunnen sinds 2008 dezelfde korting verkrijgen door middel van een belastingkrediet (het bedrag wordt door de fiscus terugbetaalt als het niet met de belastingen kan verrekend worden).

Men kan maximaal 750 cheques per jaar gebruiken. Personen, die erkend zijn als mindervalide zoals hierboven beschreven, en sommige éénoudergezinnen kunnen 2000 cheques per jaar gebruiken.

Wie ?

Deze huishoudelijke hulp kan worden uitgevoerd door erkende ondernemingen die erkend zijn om activiteiten in het kader van thuishulp van huishoudelijke aard te verrichten;

De onderneming die thuishulp van huishoudelijke aard verricht is gehouden aan de klant een kwaliteitsdienstverlening aan te bieden, die het respect voor de menswaardigheid, de persoonlijke levenssfeer, de ideologische, filosofische of godsdienstige overtuigingen, het klachtenrecht, de informatie aan en de inspraak van de gebruiker waarborgt, en die rekening houdt met de sociale leefsituatie van de klant.

De meeste diensten voor gezinszorg, sommige sociale werkplaatsen en sommige interimbureaus bieden dienstenbanen aan.

Hoe ?

De gebruiker kan, met financiële steun van de overheid, een prestatie van thuishulp van huishoudelijke aard vergoeden met behulp van dienstencheques.

De dienstencheque is een betaalmiddel uitgegeven door Sodexo.

Het laat een gebruiker toe buurtdiensten te betalen aan een werknemer van een erkende onderneming.

Men moet zich inschrijven en de cheques bestellen bij Sodexo. De inschrijving is gratis en kan eventueel on line gebeuren (www.dienstencheques.be).

Men verkrijgt na inschrijving een inschrijvingsnummer dat men nodig heeft om de cheques te bestellen (minstens 10 cheques per bestelling). Men betaalt de dienstverlener met één cheque per geleverd werkuur.

Waar?

Voor informatie over de inschrijving kunt u terecht
- bij het Plaatselijk Werkgelegenheidsagentschap of
- bij de Lokale Werkwinkel;
- www.dienstencheques-rva.be;
- bij de erkende ondernemingen: de meeste diensten gezinszorg en andere diensten, die dienstenbanen aanbieden.

De inschrijvingsaanvraag moet verstuurd worden naar:
Sodexo Cel Dienstencheque
Charles Lemairestraat 1 1160 Brussel
Infolijn tel. 02/547 54 95
Fax 02/547 54 96

I.29. Warme maaltijden

Wat?

Een aantal OCMW's of lokale dienstencentra (zie I.23. 'Thuiszorg') organiseren voor zorgbehoevende personen warme maaltijden aan huis tegen een kostprijs die meestal in verhouding staat met het inkomen van de betrokkene.

Sommige traiteurs brengen ook maaltijden aan huis aan een matige prijs.

Wie?

Personen die wegens ziekte, handicap of ouderdom zelf niet (of moeilijk) kunnen koken, kunnen beroep doen op de dienst warme maaltijden van het OCMW (of uiteraard van een privé traiteur).

Betoelaging?

De diensten warme maaltijden ingericht door openbare besturen (OCMW's) kunnen gesubsidieerd worden door het Bijzonder Fonds voor Maatschappelijk Welzijn.

Waar?

- Gemeente, OCMW - sociale dienst (inlichtingen + bijstand + aanvraag) (zie telefoongids OCMW ofwel Gouden Gids infopagina's publieke instellingen).
- Traiteurs (Gouden Gids nr 1940).
- Ziekenfonds - dienst maatschappelijk werk (inlichtingen + bijstand + coördinatie + aanvraag premie) (Gouden Gids nr 6990, www.cm.be; e-mail: dmw@cm.be).

I.30. Hulpmiddelen in de thuiszorg

- (Personen-)alarmsystemen
- Thuiszorgwinkel / uitleenwinkel

(Personen-) Alarmsystemen

(M.B. 14.11.2000 – B.S. 22.03.2001; M.B. 24.11.2007 – B.S. 06.11.2007)

Wat?

Er bestaan een aantal alarmsystemen op de markt waardoor zieken of bejaarden op een eenvoudige en vlugge wijze een aantal personen (of een centrale) kunnen oproepen indien er problemen zijn (bv. onwel worden of val). Het geeft aan betrokkene een veiliger gevoel.

Er komen steeds meer gedifferentieerde alarmsystemen op de markt, afgestemd op de noden van de zorgbehoevende persoon. Dit gaat van eenvoudige GSM-toestellen met grote oproeptoetsen en alarmknop, de zogenaamde senioren-GSM (vb. Emporia)tot zuivere personenalarmsystemen, die op het lichaam aangebracht blijven en die automatisch alarm slaan wanneer een dementerende persoon buiten zijn virtueel afgebakende zone treedt. Er zijn ook systemen waarbij de medische situatie van de patiënt elektronisch opgevolgd kan worden door de huisarts.

In 2007 startte de Vlaamse Overheid met het gebruik van bijkomende functionaliteiten aan het alarmsysteem aan te moedigen. Onder meer koolmonoxidedetectie, valdetectie en bewegingsdetectie.

Wie?

Zieken of ouderen (die vaak alleen zijn) kunnen een alarmsysteem aanvragen waardoor zij in geval van nood vlug iemand kunnen bereiken.

Waar?

Sommige ziekenfondsen bieden meerdere systemen aan tegen betaalbare prijzen.

- Thuiszorgwinkels/mediotheken (Gouden Gids nr. 5600 Orthopedisten)
- Regionale dienstencentra (bijstand + aanvraag)
- Lokale dienstencentra (bijstand + aanvraag)
- Een lijst met de erkende dienstencentra is te bekomen bij het:
  Vlaams Agentschap Zorg en Gezondheid,
  team Eerstelijn en Thuiszorg
  Ellipsgebouw, Koning Albert II-laan 35 bus 33, 1030 Brussel
  www.zorg-en-gezondheid.be
- Voor de regionale dienstencentra, verbonden aan CM, kan u terecht in de gewone CM-contactpunten
- Gemeente, OCMW - sociale dienst (inlichtingen + bijstand + aanvraag) (zie telefoongids OCMW ofwel Gouden Gidsinfopagina's publieke instellingen).

– Ziekenfonds - dienst maatschappelijk werk (inlichtingen + bijstand + coördinatie) (Gouden Gids nr 6990, www.cm.be; e-mail: dmw@cm.be).

Thuiszorgwinkel en uitleenwinkel

Wat?

Hulpmiddelen in de thuiszorg zijn van essentieel belang voor het comfort van de zieke en zijn verzorgers wanneer het om zwaar zorgbehoevenden gaat. Een aangepaste omgeving in functie van de zelfredzaamheidsverbetering en het verlichten van de zorgtaken helpt mensen om de thuiszorg kwaliteitsvoller en langer mogelijk te maken. Naast de inzet van de hulp van professionele diensten, vrijwillers en mantelzorgers, zijn inzet van hulpmiddelen bepalend bij het realiseren of behoud van thuiszorg.

De thuiszorgwinkel biedt aan iedereen een koopaanbod van een uitgebreid gamma hulpmiddelen om zich in het dagelijks leven of bij de verzorging beter te behelpen. Denk maar aan een voorgevormd bestek of speciale drinkbekers, een toiletstoel, een hoog-laag verzorgingsbed, rolstoelen, bedtafel, enz.

Sommige hulpmiddelen zijn zeer duur. Bovendien is de levensverwachting soms vrij kort zodat aankoop in vele gezinnen onmogelijk of niet realistisch is.

De uitleenwinkels of andere circuits (vb. sommige apothekers, het Vlaamse Rode Kruis) ontlenen het dure materiaal. Men betaalt dan alleen een huurprijs voor de periode dat men het materiaal nodig heeft.

Sommige hulpmiddelen of onderdelen er van zijn hygiënisch materiaal, dat niet verhuurd wordt. Vb. de matrasbeschermer bij een ontleend bed.

Personen, die geen 65 jaar zijn of reeds erkend door het Vlaams Agentschap voor Personen met een Handicap kunnen een tegemoetkoming krijgen in de aankoopkost van vele hulpmiddelen (zie ook II.32).

We hebben het in dit deel niet gehad over de revalidatiehulpmiddelen, die voorzien zijn in de nomenclatuur van het RIZIV zoals breukbanden, rolstoelen, enz. (zie deel II.32.). Het RIZIV- aanbod op vlak van revalidatie is voor bejaarden wel toegankelijk, maar in de voorwaarden wordt soms onderscheid gemaakt met de actieve leeftijd, vb. op vlak van hernieuwingstermijn.

Wie?

De thuiszorgwinkels zijn toegankelijk voor iedereen. Zo ook de uitleenwinkels uit het commerciële circuit (vb. apotheken, die uitleenmateriaal aanbieden).

De uitleenwinkels van ziekenfondsen en van het rode kruis vereisen ofwel uitsluitend lidmaatschap, ofwel betaalt men als niet-lid een duurdere huurprijs.

De ziekenfondsen organiseren de uitleenwinkel met de aanvullende verzekering (dit is gefinancierd in solidariteit door het lidgeld). Lid zijn (vaak ook met een carensperiode voor nieuwe leden) is dan ook voorwaarde om gebruik te kunnen maken van dit kwaliteitsvol en zeer betaalbaar aanbod.

Waar?

- Thuiszorgwinkels/mediotheken (Gouden Gids nr. 5600 Orthopedisten)
- Het Rode Kruis, Motstraat 40, 2800 Mechelen - tel. 015 44 33 22 - info@rodekruis.be
- Regionale dienstencentra (bijstand + aanvraag)
- Lokale dienstencentra (bijstand + aanvraag)
- Een lijst met de erkende dienstencentra is te bekomen bij het:
  Vlaams Agentschap Zorg en Gezondheid,
  team Eerstelijn en Thuiszorg
  Ellipsgebouw, Koning Albert II-laan 35 bus 33, 1030 Brussel
  www.zorg-en-gezondheid.be
- Voor de regionale dienstencentra, verbonden aan CM, kan u terecht in de gewone CM-contactpunten
- Info over hulpmiddelen: www.vlibank.be
- Ziekenfonds - dienst maatschappelijk werk (inlichtingen + bijstand + coördinatie) (Gouden Gids nr 6990, www.cm.be; e-mail: dmw@cm.be).

I.31. Centra voor ontwikkelingsstoornissen

(Decreet Vlaamse raad 07.05.2004 – BS 11.06.2004; B.V.R. 16.06.98 - B.S. 03.10.98; laatste aanpassing B.V.R. 18.07.2008 - B.S. 06.11.2008)

Wat?

Centra voor vroegdetectie hebben als opdracht:

- verrichten van diepgaand diagnostisch onderzoek bij complexe en/of meervoudige handicaps of autisme en op basis van de diagnose te verwijzen naar de meest geschikte voorzieningen;
- opvolging, samen met de ziekenhuizen, van de hoogrisicobaby's en opsporing van ontwikkelingsstoornissen of autisme bij risicobaby's;
- genetische counseling van ouders die daarom vragen in samenwerking met de centra voor menselijke erfelijkheid.

Wie?

De centra richten zich tot de volgende doelgroepen:

1. kinderen bij wie een ontwikkelingsstoornis of -achterstand werd vastgesteld en bij wie een grondig multidisciplinair onderzoek aangewezen is om reden van:
   a) de complexiteit van de stoornissen, hetzij bij meervoudige handicap, hetzij doordat de leeftijd van het kind en/of de aard van de stoornis aangepaste onderzoekstechnieken of een aangepast onderzoekskader vereisen;
   b) blijvende onduidelijkheid over de aard van de vastgestelde ontwikkelingsstoornissen, of de weerslag ervan op de verdere ontwikkeling van het kind;

2° kinderen bij wie door hun voorgeschiedenis, familiale anamnese of uit klinisch onderzoek een hoog risico blijkt of een sterk vermoeden bestaat op een ernstige, eventueel meervoudige ontwikkelingsstoornis of handicap en waar een hooggespecialiseerd onderzoek is vereist om afwijkingen vroegtijdig op te sporen en aangepaste maatregelen te treffen;

3° kinderen bij wie een sterk vermoeden bestaat dat ze lijden aan een ernstige ontwikkelingsstoornis en voor wie om dit vermoeden te kunnen bevestigen of ontkennen, een onderzoekskader nodig is waarover de verwijzende eerstelijnsdiensten niet beschikken;

4° kinderen met autisme of een vermoeden van autisme, voor wie de centra een specifieke deskundigheid opbouwen.

Betoelaging?

Het Vlaams Agentschap (zie II.31) is budgettair verantwoordelijk voor de Centra voor Ontwikkelingsstoornissen.

Hoe?

Men richt zich (na afspraak) tot één van de vier centra (zie 'Waar?').

Waar?

- Ziekenfonds - dienst maatschappelijk werk (inlichtingen + bijstand) (Gouden Gids nr 6990, www.cm.be; e-mail: dmw@cm.be)
- In België zijn er 4 centra voor ontwikkelingsstoornissen:
  1) Antwerpen:
     Doornstraat 331, 2610 Wilrijk
     tel.: (03) 828 38 00
  2) Gent:
     De Pintelaan 185, gebouw K5, 3e verdieping, 9000 Gent
     tel.: (09) 240 57 48 en (09) 240 57 44
  3) Leuven:
     Kapucijnenvoer 35, 3000 Leuven
     tel.: (016) 33 75 08
  4) Brussel:
     Centrum Neurologische Ontwikkeling
     Laarbeeklaan 101, 1090 Brussel
     Tel.: (02) 477 60 62
- Huisarts (inlichtingen + bijstand)

I.32. Nursingtehuizen - Vlaams Agentschap voor Personen met een Handicap

Wat?

De nursingtehuizen voorzien in een 24-uren opvang (dagbezigheid en woonmogelijkheid) voor meerderjarige zorgbehoevende chronisch zieken. In deze tehuizen ligt het begeleidingsaccent op de verzorging en op de paramedische behandeling.

Wie?

Bezigheidstehuizen of nursingtehuizen zijn internaatshuizen voor **meerderjarige** (+ 18 j.) **zorgbehoevende chronisch zieken of personen met een ernstige handicap**, inschrijfbaar bij het Vlaams Agentschap. De aanvraag voor opname dient te gebeuren via het Vlaams Agentschap (zie II.31.).

Personen met een handicap die tevens een erkenning categorie IV of V hebben vanuit de Federale Overheidsdienst Sociale Zekerheid (zie ook II.6 - integratietegemoetkoming), hebben *automatisch* recht op een positieve beslissing (toegang) tot een nursingtehuis! (zie omzendbrief Vlaams Agentschap - maart 1997).

Betoelaging?

Het Vlaams Agentschap voor Personen met een Handicap is bevoegd voor de erkenning en de betoelaging van de betrokken instellingen. Daarnaast zijn er ook nog de subsidies uit het Fonds voor de Bouw van Ziekenhuizen en Medisch-sociale instellingen (Vlaams Ministerie van Welzijn en Gezin) en de persoonlijke bijdrage van de bewoners van deze instellingen.

De persoonlijke bijdrage voor de bewoner bedraagt 30,21 euro per dag, tenzij betrokkene het gewaarborgd minimum niet behoudt. Indien betrokkene een eigen inkomen heeft behoudt hij minstens172,65 euro per maand van zijn persoonlijke inkomsten (bedragen 01.05.2008)).

Veel voorzieningen rekenen naast de eigen financiële bijdrage nog supplementen aan voor bepaalde aangeboden diensten. In het protocol van verblijf staat vermeld voor welke diensten supplementen worden aangerekend, en tegen welke prijs.

Hoe?

De aanvraag tot inschrijving om opgenomen te kunnen worden, dient schriftelijk te gebeuren aan de hand van een concrete hulpvraag bij de provinciale afdeling van het Vlaams Agentschap (zie II.31.).

Waar?

- Ziekenfonds - dienst maatschappelijk werk (informatie + bijstand) (Gouden Gids nr 6990, www.cm.be; e-mail: dmw@cm.be).

- Vlaams Agentschap voor personen met een handicap (inlichtingen + aanvraag dienstverleningsovereenkomst)
  Hoofdzetel:
  Sterrenkundelaan 30, 1210 Brussel (Sint-Joost-Ten-Node)
  tel.: (02) 225 84 11 (onthaal)
  www.vaph.be
  - Antennepunt Brussel
    Sterrenkundelaan 30 / lokaal 004, 1210 Brussel
    Tel. 02 225 84 62
  - Provinciale Afdeling Vlaams-Brabant
    Brouwersstraat 3, 3000 Leuven
    Tel. 016 31 12 11
  - Provinciale Afdeling Antwerpen
    Potvlietlaan 5, 2600 Berchem
    Tel. 03 270 34 40
  - Provinciale Afdeling Limburg
    Ilgatlaan 7, 3500 Hasselt
    Tel. 011 27 43 54
  - Provinciale Afdeling Oost-Vlaanderen
    Kortrijksesteenweg 788, 9000 Gent
    Tel. 09 269 23 11
  - Provinciale Afdeling West-Vlaanderen
    Magdalenastraat 20, 8200 Brugge
    Tel. 050 40 67 11
- Huisarts (inlichtingen + bijstand).

I.33. Psychiatrische verzorgingstehuizen (PVT's)

(K.B. 10.07.1990 – 26.07.1990)

Wat?

Bestaande psychiatrische ziekenhuizen (of gedeelten van psychiatrische ziekenhuizen) kunnen een bijzondere erkenning krijgen als psychiatrisch verzorgingstehuis voor de opvang van:

- personen met een langdurige en gestabiliseerde psychische stoornis
- personen met een mentale handicap.

Wie?

Het psychiatrisch verzorgingtehuis is bestemd voor:

1) personen met een *langdurige en gestabiliseerde psychische stoornis,* welke:
   - geen medische behandeling in een ziekenhuis nodig hebben,
   - geen ononderbroken psychiatrisch toezicht nodig hebben,
   - niet in aanmerking komen voor opname in een rust- en verzorgingstehuis omwille van de psychische toestand,
   - niet in aanmerking komen voor beschut wonen (zie I.35.).

2) personen met een *mentale handicap* welke:
   - geen medische behandeling in een ziekenhuis nodig hebben,
   - geen ononderbroken psychiatrisch toezicht nodig hebben,
   - nood hebben aan continue begeleiding,
   - niet in aanmerking komen voor opname in een medisch-pedagogische instelling,
   - niet in aanmerking komen voor beschut wonen (zie I.35.).

Het beheer dient er over te waken dat de bewoners maandelijks over minimaal 170,86 euro beschikken, uitsluitend voor persoonlijke doeleinden (niet bestemd voor onkosten i.v.m. kleding, medicatie, incontinentie- of verzorgingsmateriaal, enz.). (bedrag 01.09.2008)

Betoelaging?

De Federale Overheidsdienst Volksgezondheid komt tussen in de dag-prijs voor de verblijfskosten.

De ZIV geeft forfaitaire tegemoetkomingen. Het forfaitair dagbedrag dat door de ziekteverzekering wordt betaald aan het psychiatrisch verzorgingstehuis en dekt volgende geneeskundige verstrekkingen:

- verpleegzorgen, kinesitherapie- en logopedieverstrekkingen,
- de geneeskundige verstrekkingen verleend door psychiaters en neuropsychiaters, uitgevoerd in het PVT,
- de bijstand in de handelingen van het dagelijks leven en voor reactivatie,
- functionele revalidatie en sociale reïntegratie, inclusief ergotherapie.

Het te betalen persoonlijk aandeel varieert naargelang de prijszetting van de instelling. Dit persoonlijk aandeel is de opnemingsprijs verminderd met de tegemoetkoming van de Staat (FOD Volsgezondheid) en verminderd met de tegemoetkoming van de ziekteverzekering (FOD Sociale Zekerheid)

De rechthebbende betaalt per verblijfdag aan het psychiatrisch verzorgingstehuis een forfaitair bedrag van 1,20 euro ter dekking van zowel het persoonlijk aandeel van de vergoedbare als de kost van de niet-vergoedbare farmaceutische specialiteiten.

Verder heeft elke Vlaamse PVT-bewoner recht op een tegemoetkoming van de Zorgverzekering ten bedrage van 130 euro per maand. De Brusselse inwoner heeft hierop slechts recht indien hij aangesloten is bij een Vlaamse Zorgverzekeringskas (zie II.14).

Waar?

- Ziekenfonds - adviserend geneesheer; dienst maatschappelijk werk (inlichtingen + bijstand) (Gouden Gids nr 6990, www.cm.be; e-mail: dmw@cm.be).
- Huisarts (inlichtingen + bijstand).
- Kliniek-psychiatrie (inlichtingen) (Gouden Gids nr 990).

I.34. Psychiatrische gezinsverpleging

(K.B. 10.04.1991 – B.S. 30.04.1991 gewijzigd bij K.B.07.11.1994 – B.S. 16.12.1994)

Wat?

De psychiatrische gezinsverpleging is een hospitalisatievorm voor psychisch gestoorde patiënten waarbij:
- de permanente zorg wordt verstrekt door een pleeggezin,
- de therapeutische begeleiding gebeurt door een multi-disciplinair behandelingsteam,

om zodoende een psychisch en sociaal evenwicht te kunnen handhaven.

Tijdens de behandeling zijn de patiënten gehuisvest in een pleeggezin. Naast de effectieve opvang staat het gezin ook in voor de non-professionele zorg.

Vlaams Agentschap voor Geestelijke Gezondheidszorg

Door het Decreet van 30.04.2004 van de Vlaamse gemeenschap (B.S. 28.05.2004) werd een extern verzelfstandigd agentschap opgericht met als naam 'Vlaams Agentschap voor geestelijke Gezondheidszorg'.

Dit agentschap heeft als missie zich te ontwikkelen tot een open en geïntegreerde kennisgedreven organisatie voor geestelijke gezondheidszorg waar elke persoon in psychische nood een kwaliteitsvolle behandeling en dienstverlening vindt.

Het agentschap eerbiedigt bij zijn optreden de ideologische, filosofische en godsdienstige overtuiging van de personen tot wie het zich richt.

De kerntaak van het agentschap omvat het organiseren van openbare geestelijke gezondheidszorg voor kinderen, jongeren, volwassenen en ouderen door bedden en plaatsen te beheren, en activiteiten en diensten te ontwikkelen en te realiseren waaronder dus ook psychiatrische gezinsverpleging.

Wie?

Psychisch gestoorde patiënten waarvan het psychisch en sociaal evenwicht kan gehandhaafd blijven mits een permanente zorg waardoor zij niet in aanmerking komen voor beschut wonen (zie I.35).

Waar?

- Psychiatrische gezinsverpleging te Geel (inlichtingen + aanvraag + bijstand)
  Pas 200, 2440 Geel
  tel.: (014) 57 91 11
- Ziekenfonds - adviserend geneesheer; dienst maatschappelijk werk (inlichtingen + bijstand) (Gouden Gids nr 6990, www.cm.be; e-mail: dmw@cm.be).
- Huisarts (inlichtingen + bijstand).

I.35. Beschut wonen ten behoeve van psychiatrische patiënten

(K.B. 10.07.1990 – B.S. 26.07.1990)

Wat?

Beschut wonen is een woonvorm waarbij in éénzelfde woongelegenheid tenminste vier en ten hoogste tien psychiatrische patiënten worden gehuisvest welke geholpen worden bij het verwerven van sociale vaardigheden en waarvoor aangepaste dagactiviteiten worden georganiseerd.

Met de bewoners of hun wettelijk vertegenwoordigers wordt een verblijfsovereenkomst gesloten waarin de huurvoorwaarden, de opzegmodaliteiten en de begeleidingskosten gestipuleerd worden.

Wie?

Beschut wonen is bedoeld voor psychiatrische patiënten die geen voltijdse ziekenhuisbehandeling vergen doch die om psychiatrische redenen in hun leef- en woonmilieu moeten geholpen worden.

Betoelaging?

Dagprijs ten laste van de Federale Overheidsdienst Volksgezondheid (25 %) en van het ziekenfonds (75 %).

Waar?

- Ziekenfonds - adviserend geneesheer; dienst maatschappelijk werk (inlichtingen + bijstand) (Gouden Gids nr 6990, www.cm.be; e-mail: dmw@cm.be).
- Huisarts (inlichtingen + bijstand).
- Kliniek-psychiatrie (inlichtingen) (Gouden Gids nr 990).

I.36. RUST- EN VERZORGINGSTEHUIZEN - RVT'S (+ TERUGVORDERING DOOR HET OCMW)

(M.B. 19.10.2004 - B.S. 05.11.2004 en verordening 15.03.2004 - B.S. 17.05.2004)

Wat?

Het rust- en verzorgingstehuis (RVT) is een tussenvorm tussen ziekenhuis en rusthuis.

De bedoeling van een RVT is aan chronisch zieken (personen met een handicap en ouderen), nadat alle mogelijke diagnostiek, therapie en revalidatie is toegepast en geen verdere verbetering meer mogelijk is en voor wie de terugkeer naar huis onmogelijk is, een aangepaste opvang te geven in een thuisvervangend milieu.

De nadruk wordt gelegd op het huiselijk karakter. Elke bewoner dient zijn eigen huisarts te behouden.

Wie?

Chronisch zieken (ouderen/personen met een handicap) met een zeer grote zorgenbehoefte, dit wil zeggen behorende tot:

– Categorie B: dit wil zeggen
  - fysisch afhankelijk bij het wassen en kleden en bij transfer en verplaatsen, en/of bij toiletbezoek; of
  - psychisch afhankelijk, gedesoriënteerd in tijd en ruimte en afhankelijk bij het wassen en/of kleden.

– Categorie C: dit wil zeggen
  - fysisch afhankelijk zijn zij die hulp nodig hebben:
    - én bij het zich wassen en kleden
    - én bij transfer en verplaatsen en toiletbezoek
    - én wegens incontinentie en/of om te eten; of
  - psychisch afhankelijk zijn zij die hulp nodig hebben:
    - en wegens desoriëntatie in tijd en ruimte
    - en bij het zich wassen en kleden
    - en wegens incontinentie, en
    - bij transfer en verplaatsen en/of bij het eten en/of bij toiletbezoek.

– Categorie Cdementen: Indien de bejaarde reeds recht heeft op categorie C en bijkomende hulp nodig heeft wegens "desoriëntatie in tijd en ruimte" krijgt hij forfait Cd (Cdementen) toegekend.

– Categorie Cc: Compatiënten

De categoriebepaling gebeurt aan de hand van de Katz-schaal: zie II.52.

Betoelaging?

1) De tegemoetkoming door het ziekenfonds aan het RVT wordt bepaald op basis van het aantal aangerekende dagen tijdens het voorbije jaar (referentieperiode) voor alle verblijvenden volgens de diverse afhankelijkheidscategorieën en van

het aantal effectieve verblijfsdagen voor de andere patiënten. Het totaal aantal van die dagen, vermeerderd met 3 %, is het quotum aan dagen waarvoor het RVT een volledige tegemoetkoming krijgt.

Voor de resterende kalenderdagen van de factureringsperiode, die boven dat quotum liggen, krijgt de instelling maar een partiële tegemoetkoming vanuit het ziekenfonds.

Deze tegemoetkoming bekostigt de volgende zorgenverlening:
1° de verzorging verleend door verpleegkundigen
2° kinesitherapie, ergotherapie en/of logopedie
3° personeel dat taken inzake reactivering, revalidatie en sociale reïntegratie vervult
4° de bijstand in het dagelijks leven verleend door verzorgingspersoneel (hulp bij eten, wassen, ...), voor het behoud van hun zelfredzaamheid en levenskwaliteit
5° verzorgingsmateriaal (verbanden, compressen, ...)

De limitatieve lijst van het verzorgingsmateriaal dat in het forfait van de RVT's en de centra voor dagverzorging is begrepen is in het verzekeringscomité van het RIZIV goedgekeurd. De lijst is ter beschikking in de ziekenfondsen.

2) De Vlaamse Gemeenschap neemt 60 % van de bouw- en inrichtingskosten voor haar rekening.

3) De bewoner betaalt de huisvestingsdagprijs (in te schatten tussen 40,00 euro en 55,00 euro/dag). De huisvestingsdagprijs omvat minimaal de logements- en hotelkost, evenals de onderleggers en het onderhoud van bedlinnen. Incontinentiemateriaal mag aangerekend worden als hiervan melding is gemaakt op het toetredingsformulier.

   De instelling mag geen supplement aanrekenen voor het ter beschikking stellen van gewone rolstoelen, krukken of loophulpmiddelen (looprekken).

Verder heeft elke Vlaamse RVT-bewoner recht op een tegemoetkoming van de Zorgverzekering ten bedrage van 130 euro per maand. De Brusselse inwoner heeft hierop slechts recht indien hij aangesloten is bij een Vlaamse Zorgverzekeringskas en in een door Vlaanderen erkende voorziening verblijft (zie II.14).

Heeft iemand onvoldoende eigen middelen, dan wordt hij/zij ondersteund door het OCMW. In dat geval garandeert het OCMW een maandelijks zakgeld van minimum 84,47 euro.

Terugvordering door het OCMW:

Financiële hulp door het OCMW om deze hotelkosten te betalen kan worden teruggevorderd bij echtgenoten en gewezen echtgenoten (beperkt tot het bedrag van het onderhoudsgeld), bij de ouders (voor opgenomen personen die na hun burgerlijke meerderjarigheid nog gezinsbijslagen ontvangen) of bij de kinderen.

De kinderen kunnen enkel worden aangesproken indien de ouders zijn opgenomen in een instelling.

Beperkingen: Bij kinderen die hun netto-inkomen lager is dan 20.335,35 euro + 2.846,95 euro per persoon ten laste (bedragen op 01.09.2008) kan het OCMW **niet** terugvorderen. Boven deze grens wordt slechts stapsgewijs teruggevorderd. Wie een inkomen heeft dat net boven deze grens uitkomt zal slechts een klein deel betalen. Daarenboven kan elk kind slechts maximaal worden aangesproken voor zijn eigen kindsdeel (m.a.w. indien er 3 kinderen zijn, kan per kind maximum 1/3 van de totale som worden teruggevorderd en dit op voorwaarde dat het inkomen hoger is dan supra beschreven grens!).

Niet alle OCMW's vorderen echter (de gehele som) terug. Voor verdere informatie neem je het best contact op met het OCMW van je woonplaats.

Waar?

- Rust- en verzorgingstehuizen (inlichtingen + inschrijving) (Gouden Gids nr 1015).
- Huisarts (inlichtingen + bijstand).
- Ziekenfonds - dienst maatschappelijk werk; adviserend geneesheer (inlichtingen + bijstand) (Gouden Gids nr 6990, www.cm.be; e-mail: dmw@cm.be).
- Gemeente - sociale dienst (financiële bijstand) (telefoongids OCMW ofwel Gouden Gids infopagina's publieke instellingen).

I.37. Facilitair document (toiletpas) voor patiënten met de ziekte van Crohn of colitis ulcerosa

Wat?

De Crohn- en Colitis ulcerosa Vereniging vzw ondertekende op 25/06/1999 een convenant met de Federatie Ho.Re.Ca. Vlaanderen en Fedis. Later kwam men ook tot een akkoord met de Franstalige collega's.

Het facilitair document geeft toegang en voorrang tot gratis gebruik van sanitaire voorzieningen in Horecabedrijven en winkels omwille van dringende medische redenen.

Hoe

Het document kan enkel door de Crohn- en Colitis ulcerosa Vereniging vzw uitgereikt worden aan iedere patiënt met een chronische darmziekte, mits voorlegging van een medisch attest (aanvraagdocument te verkrijgen bij de vereniging of via de website). Dit attest wordt enerzijds ondertekend door de behandelende arts, en anderzijds door de aanvrager.

Het facilitair document is een gepersonaliseerd document. Omwille van het beroepsgeheim en de privacy, verwijzen een éénmalig toegekend nummer en een pasfoto naar de houder van het facilitair document.

Aan de ene zijde zal de tekst in de moedertaal van de patiënt staan (Nederlands, Frans, Duits), aan de andere kant in het Engels omdat dit de voertaal is van de Europese Federatie van Verenigingen voor Crohn- en colitis ulcerosa-patiënten (EFCCA), waarvan onze vereniging één van de oprichters is.

Mede door het internationale karakter van het document is het ook in het buitenland bruikbaar.

Het CCV vzw facilitair documentje zal toegestuurd worden na ontvangst van 10 € voor wie niet wenst toe te treden tot de vereniging of 3 € voor diegenen die hun bijdrage reeds betaalden. Te storten op rekening nummer 111-2812842-33.

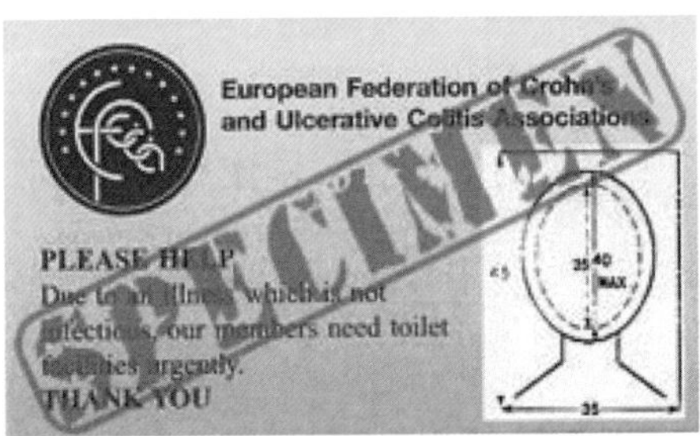

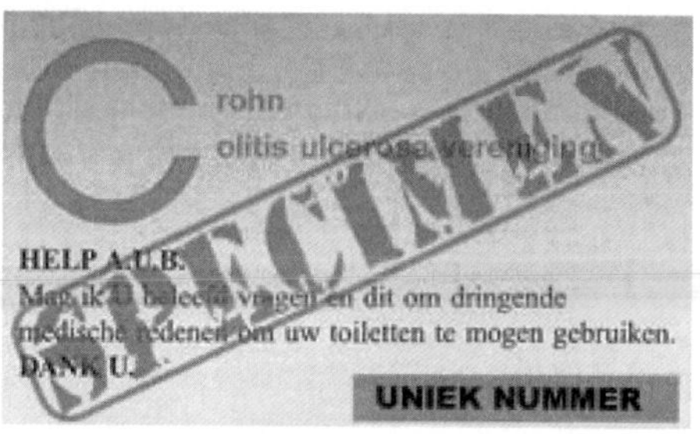

Wanneer men moeilijkheden ondervindt en het facilitair document niet erkend wordt op bepaalde plaatsen, kan men contact opnemen met de vereniging. In dit geval kan de vereniging de betrokken bedrijven wijzen op de convenant.

Waar

- Crohn & colitis ulcerosa vereniging CCV-vzw, Groeneweg 151, 3001 Heverlee
  tel: 016/20.73.12 (bereikbaar op dinsdag van 16 tot 20 uur, woensdag en donderdag van 13 tot 17 uur)
  e-mail: secretariaat@ccv-vzw.be
  Website: www.ccv-vzw.be

I.38. Zelfhulpgroepen (Trefpunt Zelfhulp) - Bellissimo

Wat?

Zelfhulpgroepen brengen mensen die een zelfde probleem ervaren bij mekaar om daaraan samen iets te veranderen.

Zelfhulpgroepen zijn groepen opgericht en ontstaan vanuit en met vrijwilligers met als bedoeling psychologische ondersteuning te geven aan lotgenoten.

Alle leden met éénzelfde ziekte of handicap vinden er een klankbord. Zij herkennen identieke angsten en twijfels bij anderen, wat het voor henzelf gemakkelijker maakt om dragen.

Samenkomen met lotgenoten is een enorme steun.

Ervaringskennis en -deskundigheid vormen de basis van hun optreden.

Groepen die werken rond zeldzame, chronische of moeilijk behandelbare aandoeningen zullen het verzamelen en verspreiden van informatie centraal stellen en regelmatig deskundigen aan het woord laten. Voor deze groepen kan het eveneens belangrijk zijn om lotgenoten uit hun isolement te halen. Zij organiseren dus vaak ook sociale activiteiten.

Ten slotte zijn er ook nog patiëntenverenigingen die door middel van oefengroepen, turnen, zwemmen of andere sporten, leden helpen bij het revalideren of het handhaven van een redelijke lichamelijke conditie.

Zelfhulpgroepen komen ook op voor de belangen van hun leden. Zelfhulpgroepen komen op voor hun leden, en daarmee meteen ook voor iedereen. Dat dit stilaan vruchten afwerpt mag blijken uit bijvoorbeeld de oprichting van speciale behandelingscentra voor mensen met een neuromusculaire aandoening, een stofwisselingsziekte en mucoviscidose. Dankzij zelfhulpgroepen en patiëntenverenigingen is ook de recente wet op de patiëntenrechten zo verregaand.

Wat kenmerkt de informatie die zelfhulpgroepen op velerlei manieren verspreiden?

De *ervaringskennis* is de basis. De informatie is steeds doorspekt met verwerkingsstrategieën, tips, advies, ervaringen van anderen over hoe men het leven opnieuw in handen neemt.

Cruciaal is tevens dat de informatie oog heeft voor de *consequenties* van een probleem op alle terreinen van het leven: lichaam, geest, werk, studies, relaties, vrije tijd, transport enzovoort.

Daarnaast hebben we het aangepast *taalgebruik*. Zelfhulpgroepen hanteren een taal die kort bij de betrokkenen staat en die hun ervaringen en visie weerspiegelt.

De informatie van zelfhulpgroepen is in vele gevallen erg recent. Zelfhulpgroepen volgen ontwikkelingen op voor hen relevante domeinen op de voet. Ze putten voor hun informatie bovendien uit allerlei bronnen die door professionelen mee gecontroleerd worden.

Wie?

Zieken of personen met een handicap met verwerkingsproblemen van hun ziekte of handicap, hebben de mogelijkheid om contact te hebben met lotgenoten en hieruit kracht te putten en nuttige informatie op te doen.

Waar?

- Trefpunt Zelfhulp Leuven (inlichtingen)
  E. Van Evenstraat 2c, 3000 Leuven (bezoekadres, elke weekdag open van 9u – 13u en van 14u-17u))
  Parkstraat 45 bus 3608 (postadres)
  tel.: (016) 23 65 07
  fax: 016/32.30.52
  e-mail: trefpunt.zelfhulp@soc.kuleuven.be
  internet: www.zelfhulp.be
- Ziekenfonds - dienst maatschappelijk werk (inlichtingen + bijstand) (Gouden Gids nr 6990, www.cm.be; e- mail:
  dmw@cm.be)

Bellissimo – tegen eenzaamheid bij thuisgebonden zorgbehoeftige personen

Eenzaamheid slaat vaker toe bij mensen die omwille van hun zorgbehoefte thuisgebonden zijn.
Het project "Bellissimo" wil hieraan iets veranderen en deze eenzaamheid terugdringen.

vrijwilligers engageren zich om:
- regelmatig één of meer ouderen op te bellen,
- een babbeltje te slaan,
- te informeren hoe het gaat,
- mogelijke afspraken onder de aandacht te brengen,...

Bellissimo zorgt voor een regelmatig deugddoend contact.

Bij opstart van een contact komt de vrijwilliger eerst op kennismakingsgesprek thuis bij de deelnemer.

Bellissimo is een initiatief van het Netwerk Thuiszorg Oost-Vlaanderen (Familiehulp Oost-Vlaanderen, Familiezorg Oost-Vlaanderen, Christelijke Mutualiteiten en Wit-Gele Kruis Oost-Vlaanderen) en Ziekenzorg CM VZW. Voor meer informatie kan je terecht bij één van deze organisaties.

I.39. Ziekenzorg CM

Wat?

Ziekenzorg is een afdeling van de Christelijke Ziekenfondsen die, zoals het woord zelf zegt, zich toelegt op de problematiek van het ziek zijn en op dit vlak ondersteuning wil bieden.

Leven met een chronische ziekte is een uitdaging die heel wat energie vraagt. Van tijd tot tijd hebben ernstig zieke mensen nood aan een bondgenoot die energie, hoop en onvermijdelijke tegenslag deelt.

Ziekenzorg CM biedt dit bondgenootschap aan door middel van een gevarieerde werking waar mensen met een chronische ziekte en gezonde vrijwilligers het voor elkaar opnemen.

Bijna in iedere gemeente (parochie) vind je een ziekenzorgafdeling, bestaande uit vrijwilligers.

Zij organiseren:

- bezoek bij zieken thuis
- diensten (thuisoppas, vervoer, boodschappendienst, ...)
- aangepaste uitstappen
- Lourdesbedevaarten
- bezigheidsclubs
- samenkomsten
- vormingsactiviteiten
- belangenbehartiging.

Ziekenzorg CM organiseert ook specifiek cursussen, Ariadne, voor chronisch zieken, om de weerbaarheid te verhogen.

Er wordt naar gestreefd om de energie, die dikwijls verloren gaat in de strijd tegen de ziekte, aan te wenden voor een kwaliteitsvoller leven. Juiste, maar ook eerlijke informatie, lotgenotencontact en streven naar mondigheid zijn sleutelbegrippen van de weerbaarheidsvorming. Zo worden er o.a. ook cursussen georganiseerd inzake omgaan met pijn, sociale voorzieningen, ...

Voor meer informatie kan je terecht bij Ziekenzorg, Haachtsesteenweg 579 - postbus 40, 1031 Brussel, tel.: (02) 246.47.80. of 246.47.73

Wie?

Alle zieken (ongeacht de leeftijd) kunnen lid worden van ziekenzorg.

Waar?

- Ziekenzorg nationaal (inlichtingen)
  LCM Ziekenzorg
  Haachtsesteenweg 579 postbus 40, 1030 Brussel, tel.: (02) 246.47.80 of 246.47.73
  www.ziekenzorg.be

- Christelijk Ziekenfonds (loket of dienst maatschappelijk werk) (Gouden Gids nr 6990, www.cm.be; e-mail: dmw@cm.be)

I.40. Minder Mobielen Centrale

Wat?

In gans het Vlaamse land bestaan er Minder Mobielen Centrales welke als doel hebben bejaarden, personen met een handicap of zieke personen te vervoeren.

Meer dan 200 Vlaamse gemeenten (m.a.w. meer dan 64 % van de gemeenten) beschikken momenteel over een dergelijke dienst met bijna 3.000 vrijwilligers-chauffeurs.

De chauffeurs zijn vrijwilligers die op aanvraag en tegen een kleine kostenvergoeding het transport verzorgen van de betrokken persoon naar de winkel, familie, dokter, ziekenhuis, ... Jaarlijks betaalt men 7,00 euro voor het lidmaatschap (verzekering burgerlijke aansprakelijkheid inbegrepen). Per rit betaalt men voor al de gereden kilometers 0,30 euro/km. (omniumverzekering + onkosten chauffeur) + in een aantal centrales + 0,50 euro administratiekosten.

Gebruik van dienstencheques (K.B. 31.03.2004; K.B. 05.03.2006)
De dienstencheques mogen ook gebruikt worden voor de betaling van de prestaties door de Minder Mobielen Centrale voor het begeleid vervoer van personen met beperkte mobiliteit met daartoe speciaal uitgeruste voertuigen (waarvoor de Federale Overheidsdienst Mobiliteit en Vervoer een attest heeft afgeleverd).

Wie?

Zieken, ouderen, personen met een handicap
1. van wie het inkomen lager is dan tweemaal het leefloon (zie IV.6.),
2. en voor wie het zeer moeilijk is om het openbaar vervoer te gebruiken of die geen openbaar vervoer in de buurt hebben,

kunnen beroep doen op de Minder Mobielen Centrale tegen een vaste prijs per km. Jaarlijks betaalt men 7,00 euro voor het lidmaatschap (verzekering burgerlijke aansprakelijkheid inbegrepen). Per rit betaalt men voor al de gereden kilometers 0,30 euro/km. (omniumverzekering + onkosten chauffeur) + in een aantal centrales 0,50 euro administratiekosten.

(Zie ook 'Wat? - Gebruik van dienstencheques)

Waar?

- Ziekenfondsen - dienst maatschappelijk werk (Gouden Gids nr 6990, www.cm.be; e-mail: dmw@cm.be)
- Taxistop Gent
  Onderbergen 51 b, 9000 Gent
  tel.: (09) 223 23 10
  http://www.taxistop.be/1/1mmc
- OCMW - sociale dienst (een aantal gemeenten organiseren zelf een Minder Mobielen Centrale)

I.41. Palliatieve zorg (-netwerken) - Palliatief verlof

Palliatieve zorg duidt op een actieve en specifieke benadering van de laatste levensfase, waarbij de patiënt (samen met zijn familie) als individu centraal komt te staan met speciale aandacht voor zijn emoties, zijn noden en (familie-) relaties, met als uiteindelijke doelstelling een optimaal kunnen beleven van deze levensfase door patiënt en familie.

Om de patiënt centraal te kunnen plaatsen, is het nodig dat storende elementen worden vermeden. Een deskundige pijnbestrijding, het verblijf in een vertrouwde omgeving, ... zijn essentieel bij een goede palliatieve zorg.

Een multi-disciplinaire aanpak (maatschappelijk werkers, artsen, verpleegkundigen, psychologen, gezins- en bejaardenhulp...) gesteund op een opbouwende samenwerking (ieder vanuit zijn specialisatie), is essentieel om te komen tot een kwalitatieve palliatieve zorg.

Palliatieve zorg krijgt zowel in thuiszorg als in residentiële setting specifieke aandacht door middel van opleiding en sensibilisering van professionele hulpverleners in de sector (vb. in thuiszorgdiensten, rustoorden/woonzorgcentra, ziekenhuizen, enz.). En een aantal specifieke initiatieven inzake palliatieve zorg bieden antwoord aan de specifieke noden, vb. dagcentra of een palliatieve eenheid.

Dagcentra voor palliatieve verzorging:

Dagcentra voor palliatieve verzorging zijn voorzieningen die als opdracht hebben de, niet in een verzorgingsinstelling verblijvende, palliatieve patiënt, in hiervoor bestemde lokalen, zonder overnachting, aangepaste, gespecialiseerde dagverzorging, alsook een aangepast activiteitenaanbod te bieden. Dagcentra bieden aangepaste, gespecialiseerde zorg die in het thuismilieu niet of moeilijk kan verleend worden om zo het fysiek en psychisch comfort van de patiënt te verhogen. Door middel van een aangepast activiteitenaanbod en door de mogelijkheden tot sociaal contact die het dagcentrum biedt, verhoogt de autonomie en het psychologisch welbevinden van de patient. Opvang in een dagcentrum kan ook een oplossing zijn om de mantelzorger (en eventueel ook de betrokken zorgverleners van de eerste lijn) te ontlasten zodat thuiszorg langer mogelijk blijft.

De volgende dagcentra voor palliatieve verzorging werden door de Vlaamse Gemeenschap erkend:

1° dagcentrum Topaz, AZ VUB, J. Vander Vekenstraat 158, 1780 Wemmel;
2° dagcentrum Heidehuis, Palliatieve zorg Noord-West-Vlaanderen, Diksmuidse Heerweg 647, 8200 Sint-Andries-Brugge;
3° dagcentrum Sint-Camillus, AZ Sint-Augustinus, Oosterveldlaan 24, 2610 Wilrijk;
4° dagcentrum De Kust, AZ H. Serruys, Pater Pirelaan 6, 8400 Oostende;
5° dagcentrum Coda, Bredabaan 743, 2990 Wuustwezel.

Palliatieve netwerken:

(B.Vl.Reg. 03.05.95 - B.S. 18.05.95; in voege vanaf 01.01.95 gewijzigd bij de besluiten van de Vlaamse regering van 8 december 1998, 30 november 2001 en 31 maart 2006.)

Een palliatief netwerk is een door de Vlaamse overheid gesubsidieerde en gereglementeerde samenwerking (in een regio van min. 300.000 en max. 1.000.000 inwoners) tussen professionele eerste- en tweedelijns- hulpverleners, organisaties en diensten enerzijds en vrijwilligers (-organisaties) anderzijds met als doelstelling een betere kwalitatieve palliatieve thuiszorg.

Bij het Netwerk kan men steeds terecht voor informatie en advies bij palliatieve zorg,. Daarnaast staat het Netwerk in voor sensibilisatie, vorming en opleiding inzake Palliatieve Zorg.

Waar:

ANTWERPEN

- **Palliatieve Hulpverlening Antwerpen vzw (PHA)**
  Netwerkcoördinator : Tine De Vlieger
  UA - Gebouw E
  Domein Fort VI
  Edegemsesteenweg 100
  2610 Wilrijk
  tel : 03/820 25 31
  fax : 03/820 25 30
  mail : martine.devlieger@ua.ac.be
  website : www.pha.be
- **Palliatief Netwerk Mechelen vzw**
  Netwerkcoördinator : Griet Snackaerts
  Willem Rosierstraat 23
  2800 Mechelen
  tel : 015/41 33 31
  fax : 015/43 09 77
  mail: pnm_griet@hotmail.com
  website : www.palliatief-netwerk-mechelen.be
- **Netwerk Palliatieve Zorg Noorderkempen vzw**
  Netwerkcoördinator : Frank Willeme
  Bredabaan 743
  2990 Wuustwezel
  tel : 03/633 20 11
  fax : 03/633 20 05
  mail : npzn@skynet.be
- **Palliatief Netwerk Arrondissement Turnhout vzw**
  Netwerkcoördinator : Guy Hannes
  Stationsstraat 60/62
  2300 Turnhout
  tel : 014/43 54 22
  fax : 014/43 65 53
  mail : pnat@pnat.be
  website : www.pnat.be

OOST-VLAANDEREN

- **Netwerk Palliatieve Zorg Arr. Aalst – Regio Dendermonde – Arr. Ninove vzw**
  O.L.V.-Kerkplein 30

9200 Dendermonde
tel : 052/21 54 34
fax : 052/21 55 60
mail : info@npzadn.be
Netwerkcoördinator Aalst : Luc De Waegeneer
Bereikbaarheid : Sluisken 15, 9300 Aalst
tel : 053/21 40 94
fax : 053/70 53 50
mail : palliatieve.thuiszorg.aalst@pandora.be
Netwerkcoördinator Dendermonde : Marleen Hoebeeck
Bereikbaarheid : zie adresgegevens van Dendermonde

- **vzw Netwerk Palliatieve Zorg Gent-Eeklo**
  Netwerkcoördinator : Elfriede Maes
  Jubileumlaan 221
  9000 Gent
  tel : 09/266 35 00
  fax : 09/233 93 90
  mail : npz.genteeklo@scarlet.be
  website : www.palliatieve.org
- **Netwerk Palliatieve Zorg Waasland vzw**
  Netwerkcoördinator : Karina Pieters
  Moerlandstraat 20
  9100 Sint-Niklaas
  tel : 03/776 29 97
  fax : 03/776 40 81
  mail : info@npzw.be
- **Netwerk Palliatieve Zorg Zuid Oost-Vlaanderen vzw**
  Netwerkcoördinator : Ruth Raes
  Het Leven Helpen vzw
  St.-Walburgastraat 9
  9700 Oudenaarde
  tel : 055/20 74 00
  fax : 055/20 87 82
  mail : info@hetlevenhelpen.be

VLAAMS-BRABANT

- **Netwerk Palliatieve Zorg Brussel-Halle-Vilvoorde vzw**
  Netwerkcoördinator : Christina Vanderhaeghe
  Vander Vekenstraat 158
  1780 Wemmel
  tel : 02/456 82 07
  fax : 02/456 82 17
  mail : netwerk.palliatieve.zorg@skynet.be
  website : www.netwerk-omega.be
- **Palliatief Netwerk Arrondissement Leuven (PANAL vzw)**
  Netwerkcoördinator : Jan Coel
  Waversebaan 220
  3001 Heverlee
  tel : 016/23 91 01

fax : 016/23 81 73
mail : palliatief.netwerk@skynet.be
website : www.panal.be

WEST-VLAANDEREN

- **Palliatieve Zorg Noord West-Vlaanderen vzw**
  Netwerkcoördinator : Alexander Verstaen
  Diksmuidse Heirweg 647
  8200 Sint-Andries
  tel : 050/40 61 50
  fax : 050/40 61 59
  mail : pall.zorg.nwvl@skynet.be
  website : www.pzwvl.be
- **Palliatief Netwerk De Mantel vzw**
  Netwerkcoördinator : Veronique Hoste
  Mandellaan 101
  8800 Roeselare
  tel : 051/24 83 85
  fax : 051/24 60 54
  mail : info@demantel.net
- **vzw Palliatieve Zorg Westhoek – Oostende**
  Netwerkcoördinator : Kristin Paternoster
  Stovestraat 2
  8600 Diksmuide
  tel : 051/51 13 63
  tel. thuiszorg : 051/51 98 00
  fax : 051/51 13 65
  mail : info@palliatieve.be
- **Palliatief Netwerk Zuid-West Vlaanderen vzw**
  Netwerkcoördinator : Rosemie Van Bellingen
  Doorniksewijk 168
  8500 Kortrijk
  tel : 056/30 72 72
  fax : 056/25 70 84
  mail : vanbellingen.palnet@yucom.be

LIMBURG

- **Netwerk Palliatieve Zorg Limburg vzw**
  Netwerkcoördinator : Ellen Saeyvoet
  A. Rodenbachstraat 29 bus 2
  3500 Hasselt
  tel : 011/81 94 72
  fax : 011/81 94 76
  mail : info@npzl.be
  website : www.npzl.be

Palliatieve Eenheid :

Een Palliatieve Eenheid is een kleinschalige voorziening waar palliatieve patiënten tijdelijk of permanent opgenomen worden als ze niet langer thuis kunnen worden verzorgd. Er heerst een huiselijke sfeer.

De arts, zorg- en hulpverleners zijn deskundig in Palliatieve Zorg. Zij bieden verzorging met tijd voor en op ritme van de patiënt. Zij bieden eveneens ondersteuning aan de familie.

Palliatieve Zorg in het Ziekenhuis of in een rustoord :

De patiënt die terminaal ziek is en zijn familie, kan beroep doen op een deskundige van het Palliatief Supportteam. Dit team biedt ondersteuning op vlak van pijn- en symptoomcontrole, psychosociale, emotionele en spirituele begeleiding.

Het Palliatief Supportteam werkt nauw samen met collega's van de afdeling waar de patiënt verblijft. Het team zelf is niet afdelingsgebonden maar kan door verschillende afdelingen ingeschakeld worden.

Als de patiënt het ziekenhuis verlaat, zorgt het supportteam ervoor dat de transfer naar huis zo goed mogelijk verloopt en dat de continuïteit van de palliatieve zorgverlening gewaarborgd blijft door bv. goede samenwerking met de huisarts en inschakeling van de Palliatieve Thuiszorg.

Palliatieve thuiszorgpremie

(KB 02/12/99 - BS 30/12/99, ed.2; rechtzetting KB 02/12/1999 - BS 08/04/2000)

Wat?

De palliatieve thuis verzorgde patiënt heeft recht op een forfaitair bedrag van 589,31 euro als tussenkomst voor zijn specifieke kosten inzake geneesmiddelen, verzorgingsmiddelen en hulpmiddelen. (De betaling gebeurt gecodeerd!)

Deze forfaitaire tegemoetkoming kan eventueel nog een tweede maal worden toegekend indien betrokkene na één maand nog altijd voldoet aan de voorwaarden.

Wie?

Men wordt beschouwd als palliatieve patiënt indien:
- de patiënt die lijdt aan één of meerdere irreversibele aandoeningen,
- er een ongunstige evolutie is inzake de fysieke/psychische toestand,
- therapie geen invloed meer heeft op die ongunstige evolutie,
- de levensverwachting minder dan drie maand bedraagt (en minimum 24 uur),
- er ernstige fysieke, psychische, sociale en geestelijke noden zijn die een belangrijke tijdsintensieve en volgehouden inzet vergen, eventueel bijkomende professionele hulp en aangepaste technische hulpmiddelen,
- de patiënt die thuis wordt verzorgd en de intentie heeft om thuis te sterven, (als de patiënt toch dient gehospitaliseerd, blijft het forfait verschuldigd en kan het niet worden teruggevorderd!)
- voldoen aan 2 van de 3 voorwaarden, vermeld op het aanvraagformulier, zoals o.a.:

- permanente ondersteuning en toezicht nodig hebben (mantelzorg, gezinshulp, palliatief verlof),
- specifieke noden hebben (palliatieve medicatie, verzorgingsmateriaal, hulpmiddelen, pijnpomp of spuitaandrijver, bijstand),
- nood hebben aan verpleegkundige verzorging/toezicht (de afhankelijkheid veronderstelt minstens score drie op elk element van de volgende afhankelijkheidsgroepen: Dagelijks toezicht of dagelijkse verzorging door een verpleegkundige voor een patiënt ten minste afhankelijk om zich te wassen en te kleden, om zich te verplaatsen en naar het toilet te gaan, wegens incontinentie en/of om te eten. (zie ook: Katz-schaal (zie II.52)).

Hoe?

De huisarts vult een aanvraagformulier in, waarbij hij verklaart en aantoont dat betrokkene weldegelijk palliatieve patiënt is.

Dit aanvraagformulier wordt verstuurd naar de adviserend geneesheer van het ziekenfonds, die de toelating geeft tot de uitbetaling van de forfaitaire toelage. (De betaling gebeurt gecodeerd !)

Indien na één maand betrokkene nog altijd voldoet aan de voorwaarden kan, via dezelfde procedure, een tweede tegemoetkoming worden aangevraagd.

Afgeleide rechten

Van zodra de huisarts de aanvraag om het bekomen van de palliatieve thuiszorgpremie heeft doorgestuurd zijn een aantal verstrekkingen gratis. De terugbetaling is in deze situaties volledig gelijk aan het ereloon van een geconventioneerde arts (is een arts die zich houdt aan de wettelijke tarieven).

Het wettelijk tarief wordt volledig terugbetaald voor:
- consultaties van de huisarts
- verstrekkingen door de kinesitherapeut en de thuisverpleegkundige.

Let op: de verstrekker moet op de hoogte gesteld worden van de erkenning als palliatieve patiënt want hij moet een ander nomenclatuurnummer opgeven om deze volledige terugbetaling te krijgen.

Bovendien heeft een palliatief erkende thuispatiënt recht op minimaal 4 overlegmomenten in het kader van de activiteiten van de geïntegreerde diensten voor thuiszorgoverleg (zie I.23).

Palliatief verlof:

De meeste ernstig zieken verkiezen om de laatste levensfase in de eigen, vertrouwde omgeving door te brengen.

Voor het thuis verzorgen van een terminaal zieke (deze persoon hoeft niet noodzakelijk een familielid te zijn) bestaat momenteel de mogelijkheid om palliatief verlof te nemen.

a) Federaal
(K.B. 02.01.1991 + specifieke KB's voor personeel van openbare diensten, onderwijs, autonome overheidsbedrijven en CLB-centra)

Palliatief verlof is mogelijk voor werknemers uit de privésector en voor overheidspersoneel (voor overheidspersoneel gold reeds een algemeen recht op loopbaanonderbreking). Palliatief verlof is een recht waarvoor de werkgever geen toestemming moet geven (de werkgever moet ook niemand anders in dienst nemen gedurende het palliatief verlof) en het kan door de aanvrager zowel voltijds, halftijds als voor 1/5 tijd worden genomen.

Palliatief verlof is geldig voor 1 maand en verlengbaar met 1 maand. Gedurende deze 2 maanden kan de werknemer aanspraak maken op een onderbrekingsuitkering in plaats van zijn normale wedde.

Er is cumul mogelijk tussen de federale vergoeding voor palliatief verlof en de (Vlaamse) aanmoedigingspremie bij loopbaanonderbreking (55,21 - 165,62 euro) voor het verstrekken van palliatieve zorgen.

	< 50 jaar	**> 50 jaar**
Volledige onderbreking	726,85 euro	726,85 euro
Halftijdse onderbreking	363,42 euro	616,45 euro
1/5 onderbreking	123,29 euro	246,58 euro
1/5 onderbreking alleenstaande (*)	165,80 euro	246,58 euro

(index 01.09.2008)

Procedure

De procedure voor de aanvraag tot een palliatief verlof is beperkt tot:

1. het voorleggen van een eenvoudig attest van de behandelend geneesheer van de patiënt zonder dat de identiteit van deze patiënt kenbaar wordt gemaakt en
2. tot een aanvraag met een aangetekend schrijven bij het gewestelijk werkloosheidsbureau van de RVA (hiervoor heeft de RVA speciale aanvraagformulieren opgesteld).

Een werknemer kan maximaal twee attesten (2 x 1 maand) voorleggen voor de palliatieve verzorging van éénzelfde persoon. Deze persoon hoeft GEEN familielid te zijn.

Voor bijkomende informatie over het palliatief verlof kan U contact opnemen met:

- de RVA
  Keizerslaan 7, 1000 Brussel
  tel.: (02) 515 41 11, www.rva.be
- of uw vakbond

b) Vlaamse Gemeenschap
(B.V.R. 01.03.2002 - B.S. 20.03.2002)

De Vlaamse Gemeenschap kent een aanmoedigingspremie toe aan werknemers die een volledige of halftijdse loopbaanonderbreking opnemen om o.a. palliatieve zorgen te verstrekken, het zogenaamde zorgkrediet.

De aanmoedigingspremie, toegekend bij loopbaanonderbreking voor het verlenen van palliatieve zorgen, kan gedurende maximum 12 maanden worden toegekend.

Procedure:

De aanvraag voor de aanmoedigingspremie (bij loopbaanonderbreking voor het verstrekken van palliatieve zorgen) wordt ingediend bij de VDAB samen met een medisch attest van de behandelende arts en een verklaring (bewijs) dat de werknemer werd vervangen.

Er is cumul mogelijk tussen de federale vergoeding voor palliatief verlof en de (Vlaamse) aanmoedigingspremie bij loopbaanonderbreking voor het verstrekken van palliatieve zorgen.

Bedragen op 01.09.2008

Je werkt	**Stopt volledig → 0%**	**Vermindering 50%**	**Vermindering 20%**	**Bijkomend bedrag als alleenstaande met kinderen ten laste**
100%	175,76	117,17	58,59	43,35
Min. 75%	175,76	117,17	-	43,35
Min. 50%	117,17	-	-	43,35
Min. 20% & < 50%	58,59	-	-	43,35

Waar?

- Vlaams subsidieagentschap voor Werk en Sociale Economie
  Dienst Aanmoedigingspremies
  Koning Albert II laan 35 bus 21
  1030 Brussel
  Tel.: 1700, fax 02 553 44 22
  Email: aanmoedigingspremie@vlaanderen.be
  Website: www.vlaanderen.be/werk
- Ziekenfonds - dienst maatschappelijk werk (inlichtingen en bijstand) (Gouden Gids nr. 6990, www.cm.be; e-mail: dmw@cm.be)
- Vakbond
- Huisarts (inlichtingen en bijstand)

I.42. Beleidsorganisaties

- RIZIV
  Tervurenlaan 211, 1150 Brussel
  tel.: (02) 739.71.11
  http://www.riziv.fgov.be
  e-mail: communication@riziv.fgov.be

- Ziekenfondsen (hoofdzetels)
  - Landsbond der Christelijke Mutualiteiten
    Haachtsesteenweg 579 postbus 40, 1031 Brussel,
    tel.: (02) 246.41.11)
  - Nationaal Verbond van Socialistische Ziekenfondsen
    Sint-Jansstraat 32-38, 1000 Brussel
    tel.: (02) 515 02 11
  - Landsbond van Liberale Ziekenfondsen
    Livornostraat 25, 1050 Brussel
    tel.: (02) 542 86 00
  - Kas der Geneeskundige Verzorging van de NMBS Holding
    Frankrijkstraat 85, 1060 Brussel
    tel.: (02) 526 35 28
  - Landsbond van Onafhankelijke Ziekenfondsen
    Sint-Huibrechtstraat 19, 1150 Brussel
    tel.: (02) 778 92 11
  - Landsbond van de Neutrale Ziekenfondsverbonden
    Charleroisesteenweg 145, 1060 Brussel
    tel.: (02) 538 83 00
  - Hulpkas voor Ziekte- en Invaliditeitsverzekering
    Troonstraat 30 A, 1000 Brussel
    tel.: (02) 229 35 00

- Similes Federatie (voor familieleden/vrienden van psychisch zieke mensen of voor personen met psychiatrische problemen.)
  Groeneweg 151, 3001 Leuven (Heverlee)
  tel.: (016) 23 23 82 - fax (016) 23 88 18
  e-mail: similes@scarlet.be

- Julie RENSON stichting - info geestelijke gezondheidszorg
  (info i.v.m. diensten en hulpverleningsstructuren inzake geestelijke gezondheidszorg, psychiatrische ziekenhuizen, therapeutische gemeenschappen, ontwenningscentra, ...)
  Lombardijestraat 35, 1060 Brussel
  tel.: (02) 538 94 76 - fax (02) 534 38 64
  e-mail: info@julierenson.be

- Vertrouwensartscentrum
  - Vertrouwensartscentrum Antwerpen
    Prof. Claraplein 1, 2018 Antwerpen 1
    tel.: (03) 230 41 90 - fax (03) 230 45 52
    e-mail: info@vkantwerpen.be
    http://www.kindermishandeling.org

- Vertrouwensplatform Kind in Nood
  Koningin Astridlaan 54, bus 6, 2300 Turnhout
  Tel.: (014) 42 22 03 - fax (011) 42 18 66
  e-mail: info@vkturnhout.be
- Vertrouwensplatform Kind in Nood
  Maurits Sabbestraat 119, 2800 Mechelen
  Tel.: (015) 20 21 31 - fax (011) 20 00 79
  e-mail: info@vkmechelen.be
- Vertrouwenscentrum Kindermishandeling
  Boerenkrijgsingel 30, 3500 Hasselt
  tel.: (011) 27 46 72 - fax (011) 27 27 80
  e-mail: info@vklimburg.be
- Vertrouwenscentrum Kindermishandeling
  Justus Lipsiusstraat 71, 3000 Leuven
  tel.: (016) 30 17 30 - fax (016) 30 17 31
  e-mail: vk.vlaams-brabant@uz.leuven.be
- Vertrouwencentrum Kindermishandeling
  Blankenbergsesteenweg 112, 8000 Brugge
  Tel.: (050) 34 57 57 of 0800/97 0 79 - fax (050) 33 37 08
  E-mail: info@vertrouwenscentrumwvl.be
- Vertrouwenscentrum Kindermishandeling
  Brugsesteenweg 274A, 9000 Gent
  Tel.: (09)216 73 30 - fax (09)216 73 39
  E-mail: info@vkgent.be
- Vertrouwenscentrum Kindermishandeling
  Laarbeeklaan 101, 1090 Brussel
  tel.: (02) 477 60 60 - fax (02) 477 87 50
  e-mail: kindinnood@uzbrussel.be
- Steunpunt Halle
  A. Demaeghtlaan 51, 1500 Halle
  Tel.: (20) 361 68 40

– Steunpunten voor vrijwilligerswerk
  - Vlaams Steunpunt voor Vrijwilligerswerk
    Amerikalei 164, 2000 Antwerpen
    tel.: (03) 218 59 01 - fax (03) 218 45 23
    http://www.vrijwilligerswerk.be
    E-mail: info@vsvw.be
  - Steunpunt Vrijwilligerswerk Het Punt (Brussel)
    Treurenberg 24, 1000 Brussel - tel: (02)218 55 16 - fax: (02)218 71 66
    E-mail: hetpunt-vorming@skynet.be
  - Provinciaal Steunpunt Antwerpen
    Stichting Welzijnszorg Provincie Antwerpen vzw,
    Boomgaardstraat 22 bus 100, 2600 Berchem
    tel: (03)240 61 65 - fax: (03)240 61 62
    E-mail: vrijwilligerswerk@provant.be
  - Provinciaal Steunpunt Vrijwilligerswerk (Limburg)
    Universiteitslaan 1, 3500 Hasselt
    tel: (011)23 72 24 - fax: (011)23 82 80
    E-mail: vrijwilligerswerk@limburg.be

- Provinciaal Steunpunt Vrijwilligerswerk (Oost-Vlaanderen)
  PAC Het Zuid, Woodrow Wilsonplein 2, 9000 Gent
  tel: (09)267 75 44 - fax: (09)267 75 99
  E-mail: vrijwilligerswerk@oost-vlaanderen.be
- Provinciaal Steunpunt Vrijwilligerswerk (Vlaams-Brabant)
  Provincieplein 1, 3010 Kessel-Lo
  Tel: (016)26 73 48 - fax: (016) 46 83 29
  E-mail: vrijwilligerswerk@vl-brabant.be
- Provinciaal Steunpunt Vrijwilligerswerk (West-Vlaanderen)
  Provinciehuis Boeverbos, Leopold III-laan 41, 8200 Brugge
  Tel: (050) 40 34 87 - fax: (050) 40 31 07
  E-mail: vrijwilligerswerk@west-vlaanderen.be

- Slachtofferhulp Vlaanderen VZW
  Steunpunt Algemeen Welzijnswerk
  Diksmuidelaan 36A, 2600 Berchem
  tel.: (03) 366 15 40 - fax (03) 385 57 05
  Adressen: www.wvg.vlaanderen.be/welzijnenjustitie/slachtofferhulp/centra.htm

- Verkeersslachtoffers VZW
  Ontmijnersstraat 87 bus 2, 8370 Blankenberge
  tel.: (050) 41 67 72 (info (09) 339 17 30 - (0473) 38 00 88 - werkdagen tussen 9.00 en 12.00 u.)
  www.vzw-verkeersslachtoffers.be

- Ziekenzorg Nationaal LCM-ziekenzorg
  Haachtsesteenweg 579 postbus 40, 1031 Brussel, tel.: (02) 246.47.70)
  www.ziekenzorg.be

I.43. Beroep aantekenen bij de arbeidsrechtbank

- beroep bij de arbeidsrechtbank
- kosteloze rechtsbijstand (pro deo)
- voorbeeld van beroepsschrift

Beroep bij de arbeidsrechtbank

Wat?

Wie niet akkoord gaat met een genomen beslissing van een administratieve instantie (vb. ziekenfonds, kinderbijslag, OCMW, enz.) kan tegen deze beslissing in beroep gaan.

Indien beroep tijdig is ingediend en gegrond is, dan zal de rechter een oordeel uitspreken over de aangevoerde opmerkingen.

Indien het over een medische betwisting gaat, laat de rechter zich adviseren door het oordeel van een deskundige geneesheer die hij in het kader van dit beroep zal aanstellen.

Wanneer?

Het beroep moet ingesteld zijn binnen de voorgeschreven beroepstermijn. Die termijn is steeds vermeld in de omstreden beslissing. Meestal is dit 3 maanden.

De aanvang van de beroepstermijn wordt meestal beschouwd als datum van afgifte van de beslissing.
In een arrest van 29.03.2006 stelt het Arbitragehof dat het een schending van de rechten is als de beroepstermijn eerder start dan de datum van ontvangst van een beslissing. Indien datum van afgifte in beschouwing wordt genomen zou men immers afhankelijk zijn van de werking van andere diensten om tijdig beroep te kunnen instellen. Bovendien kent betrokkene heel vaak de afgiftedatum niet. Men weet immers niet op welke datum een zending vertrokken is.

Hoe?

Het beroep moet per aangetekend schrijven worden ingediend door de betrokkene zelf of per verzoekschrift indien een advocaat in de plaats treedt van de betrokkene.

In de aangetekende brief of het beroepsschrift worden steeds de redenen opgegeven waarom de beslissing betwist wordt.

Het is belangrijk om in het beroepsschrift gerechtelijke intresten te vragen.

In reglementeringen waarin verwijlintresten voorzien zijn, kan men deze ook vragen. Het Arbitragehof meent dat verwijlintresten ook moeten toegekend worden wanneer betrokkene zijn gelijk haalt voor de rechtbank omdat hij geen slachtoffer mag zijn van een door de administratie fout genomen beslissing (gelijk te stellen met een persoon die administratief een laattijdige beslissing krijgt en van ambtswege de verwijlintresten krijgt) - Arrest 16.02.2005.

De kostprijs van gerechtskosten blijft zeer beperkt omdat voor de arbeidsrechtbank specifieke regels van toepassing zijn. De kostprijs van de rechtsgang en de eventuele aanstelling van deskundigen wordt niet doorgerekend aan de burger, tenzij bij een roekeloos geding.

Verdere afhandeling van het beroepsdossier:

- De arbeidsrechtbank zet de zaak 'op de rol' en laat aan betrokkene weten wanneer ze voor het eerst behandeld wordt;
- Bij medische betwistingen wordt tijdens de eerste zitting, bij middel van tussenvonnis, een dokter aangesteld die moet optreden als deskundige. Deze deskundige krijgt een termijn waarin hij zijn onderzoek moet voeren. Indien de aandoeningen of de functiebeperkingen het terrein van zijn eigen deskundigheid overstijgt (vb. inwendige geneeskunde en orthopedie) dan wordt de deskundige geacht om contact te nemen met collega(e) die bevoegd zijn voor de andere letsels om gezamenlijk een volledig advies af te leveren.
  Bij dit onderzoek mag betrokkene zich laten bijstaan door een zelf gekozen deskundige (de tegenpartij stuurt ook de arts, die de beslissing nam). Personen, die in principe in aanmerking komen voor pro deo- verdediging (ongeacht of ze al dan niet beroep doen op een pro deo-advokaat) kunnen op basis van de pro deo-regelgeving de bijstand van een zelf aangestelde deskundige vragen (arrest Arbitragehof 160/2005);
- Beide partijen kunnen hun 'besluiten' neerleggen (dat is de tekst waarin ze hun standpunten verdedigen en de mening van de tegenpartij weerleggen);
- Nadat de rechter alle partijen gehoord heeft en nadat alle argumenten besproken zijn neemt de rechter de tijd om na enkele weken opnieuw de zaak te behandelen in een eindvonnis.

Hoger beroep:

Hoger beroep moet binnen de maand aangetekend worden en krijgt een behandeling door het 'Hof van Beroep' en verloopt verder op een gelijkaardige manier als voor de arbeidsrechtbank.

Bijstand door een advokaat:

Iedereen kan zich laten bijstaan door een advokaat. Zij hebben de expertise om advies te geven en zo nodig de zaak deskundig te pleiten. Bedenk dat dit veel geld kan kosten en dat het geoorloofd is om vooraf een prijsafspraak te maken.

Personen met een beperkt inkomen kunnen een advokaat 'pro deo' vragen (zie verder)

Voor de arbeidsrechtbank mag ook een vakbond optreden. Zij hebben ook de deskundigheid in huis om sociale zaken te pleiten en doen dit meestal kosteloos voor hun leden.

Sommige ziekenfondsen nemen geschillen ter harte die gerelateerd zijn aan ziekte en/of handicap. Ook hier is de prijs beperkt of pleit men gratis voor leden.

Goed om weten: het eerste juridisch advies dat wordt verstrekt door de balies tijdens de juridische permanenties in gerechtsgebouwen of in de Justitiehuizen is gratis voor iedereen.

Volledige of gedeeltelijke kosteloosheid van de juridische tweedelijnsbijstand en de rechtsbijstand (pro-deo)

K.B. 18.12.2003 - B.S. 24.12.2003, gewijzigd door KB 07.07.2006 – B.S. 20.07.2006

Wat?

Een aantal personen kunnen kosteloos, of voor een beperkt bedrag, beroep doen op een advocaat. Dit wordt ook wel een 'pro deo'-advokaat genoemd.

Het Arbitragehof heeft gerechtigden op deze juridische bijstand ook recht gegeven op gratis bijstand van een geneesheer-expert in een medisch dispuut (vb. een beroep tegen een beslissing over arbeidsongeschiktheid of over tekort aan zelfredzaamheid). - Arrest 160/2005.

Bij wet van 20.07.2006 (Wet houdende diverse bepalingen, art. 10) is deze interpretatie omgezet in wettekst. Vanaf 01.01.2007 is de kosteloze rechtsbijstand van toepassing voor de tenlasteneming en voorschieten van kosten voor bijstand van een technisch adviseur bij een door de rechter bevolen deskundigenonderzoek (art. 664 van het gerechtelijk wetboek).

Wie?

Mensen in een financieel kwetsbare situatie. In 2007 werden de toegangsdrempel voor deze bijstand verlaagd:
- de inkomensplafonds werden op 01.09.2007 opgetrokken tot het niveau van de Belgische armoedegrens;
- vanaf 01.09.2007 beschouwt men de integratietegemoetkoming van personen met een handicap niet meer als inkomen, zodat ze nu ook recht verkrijgen op deze bijstand.

Volledige kosteloosheid

1° de alleenstaande persoon met een netto-inkomen dat lager is dan 865 euro
2° de alleenstaande persoon met iemand ten laste of de samenwonende met zijn echtgenoot of met iedere ander persoon (twee of meerdere personen die samen onder hetzelfde dak wonen en hoofdzakelijk huishoudelijke aangelegenheden regelen) met wie hij een feitelijk gezin vormt, met een gemiddeld maandelijks netto-inkomen van het gezin dat lager is dan 1.112 euro + 142,31 euro per persoon ten laste;
3° de rechthebbende op leefloon (zie IV.6);
4° de rechthebbende op het gewaarborgd inkomen voor bejaarden (zie IV.14);
5° degene die een vervangingsinkomen voor personen met een handicap zonder integratievergoeding geniet (inkomensvervangende tegemoetkoming), (zie II.11);
6° de persoon die een kind ten laste heeft dat gewaarborgde kinderbijslag geniet (zie IV.1);
7° de huurder van een sociale woning die in het Vlaams Gewest en het Brussels Hoofdstelijk Gewest een huur betaalt die overeenkomt met de helft van de

basishuurprijs of die in het Waals Gewest een minimumhuur betaalt;
8° de minderjarige;
en andere : onder meer asielaanvragen, gedetineerden, personen in collectieve schuldenregeling, enz.

Gedeeltelijke kosteloosheid:

1° de alleenstaande persoon die bewijst dat zijn maandelijks netto-inkomen tussen 865 euro en 1.112 euro ligt;
2° de alleenstaande persoon met iemand ten laste of de samenwonende met zijn echtgenoot of met iedere andere persoon met wie hij een feitelijk gezin vormt, waarvan het gemiddeld maandelijks netto-inkomen van het gezin tussen 1.112 euro en 1.375 euro ligt + 142,31 euro per persoon ten laste.
(bedragen 01.09.2008)

Voorbeeld van een beroepsschrift

Aan de Heer Voorzitter
De Dames en Heren Rechters
In de Arbeidsrechtbank
Te ....

(datum)

Geachte,

Ik ondergetekende, (naam, beroep, straat, nummer en gemeente) wens beroep aan te tekenen tegen de beslissing van: (naam van de instantie die de omstreden beslissing getroffen heeft, straat, gemeente) met het dossiernummer ....die mij op datum van .... is toegestuurd.

Ik kan niet akkoord gaan met deze beslissing omwille van volgende redenen:

....

Met de meeste hoogachting

(naam + handtekening)

Het beroep moet bij de arbeidsrechtbank, bevoegd voor de woonplaats van betrokkene, neergelegd worden, of het moet aangetekend verstuurd worden. Bij elke beslissing is er steeds een lijst met de adressen van de arbeidsrechtbanken gevoegd.

Waar?

- Rechtbanken (staat vermeld op de betwistte beslissing)
- Vakbonden (Gouden Gids nr 7610)

- Ziekenfondsen (Gouden gids nr 6990, www.cm.be; e-mail: dmw@cm.be)

II. Invaliden - Personen met een handicap

(Vervangingsinkomens of voorzieningen invaliden/personen met een handicap)
(Opnamemogelijkheden personen met een handicap)

II.1. Verlengde kinderbijslag voor personen met een handicap

Personen met een handicap, geboren vóór 01.07.1966

Wat?

Een aantal personen met een handicap blijven onbeperkt recht behouden op kinderbijslag (ook na 21 jaar) en dit tot bij overlijden. Men noemt dit de verlengde kinderbijslag. Het bedrag van de verlengde bijslag is 124,63 voor de oudste persoon met een handicap; 198,48 voor de (eventuele) tweede; 270,18 vanaf het derde kind met een handicap. Indien het om kinderen van een éénoudergezin (1) gaat wordt het bedrag verhoogd met 21,22 euro.

Diegenen die aan de hieronder opgesomde voorwaarden voldoen en geen kinderbijslag meer ontvangen, kunnen ten allen tijde in beroep gaan bij de arbeidsrechtbank. Men neemt hiervoor best contact op met een sociale dienst.

De verlengde kinderbijslag kan gecumuleerd worden met een loon uit een beschutte werkplaats (zie II.11.D), een invaliditeitsuitkering, een werkloosheidsuitkering (verworven vanuit tewerkstelling in een beschutte werkplaats), integratietegemoetkomingen aan personen met een handicap (zie II.5., 6. en 7.) of met het gewaarborgd inkomen of de inkomensgarantie voor ouderen (zie III.12.).

De verlengde bijslag is niet cumuleerbaar met de inkomensvervangende tegemoetkoming.

Wie?

Kinderen met een handicap die de leeftijd van 21 jaar bereikt hadden vóór 01.07.87 (m.a.w. geboren voor 1 juli 1966) en die op de leeftijd van 14 jaar

- volledig (100 %) arbeidsongeschikt erkend waren of
- minstens 66 % lichamelijk of geestelijk ongeschikt waren en tewerkgesteld in een beschutte werkplaats

Waar?

- RKW (Rijksdienst voor Kinderbijslag Werknemers) (inlichtingen)
  Trierstraat 70
  1040 Brussel, tel.: (02) 237 23 40 of (0800) 944 34
  info@rkw-onafts.fgov.be
  http://www.rkw.be
- RSVZ (Rijksinstituut voor Sociale Verzekeringen der Zelfstandigen (inlichtingen)
  Jan Jacobsplein 6, 1000 Brussel
  tel.: (02) 546 42 11
  info@rsvz-inasti.fgov.be
- Kinderbijslagkassen (inlichtingen + aanvraag) (Gouden Gids nr. 530)

---

(1) Sommige specifieke gezinssituaties worden gelijkgesteld met een éénoudergezin, vb. éénouder, kind en een inwonende grootvader

- Ziekenfonds - dienst maatschappelijk werk (inlichtingen + bijstand) (Gouden Gids nr. 6990, www.cm.be; e-mail: dmw@cm.be)
- Federale Overheidsdienst Sociale Zekerheid - medische dienst (vaststelling van de ernst van de handicap), tel.: (02) 507.87.99 of (02) 509.81.85 (permanentie: 8u30 tot 12u00)
  E-mail: HandiN@minsoc.fed.be
- Verenigingen voor personen met een handicap (inlichtingen + bijstand)
  bv. KVG, A. Goemaerelei 66, 2018 Antwerpen, tel.: (03) 216 29 90 Kinderbijslag

II.2. Bijkomende kinderbijslag voor kinderen met een handicap

(Wet kinderbijslag 19.12.1939, art. 47, - BS 22.12.1939)

1. Regeling voor kinderen geboren vóór of op 01.01.1993 (vanaf 01.05.2009 overgangsregeling naar de nieuwe regeling, cfr punt 2.)

Wat?

Kinderen die arbeidsongeschikt worden bevonden (niet meer naar school kunnen gaan) en nog gerechtigd zijn op de gewone kinderbijslag, hebben eventueel recht tot hun 21 jaar op de gewone kinderbijslag en op een bijkomende kinderbijslag evenredig met hun graad van zelfredzaamheid (zie verder: percentage handicap). Zijn/haar zelfredzaamheid wordt vergeleken met deze van een kind van dezelfde leeftijd dat niet gehandicapt is, en aan de hand van de officiële Belgische schaal. In verhouding tot het verlies aan zelfredzaamheid wordt de kinderbijslag verhoogd met een bepaald bedrag.

Er bestaan 3 categorieën (1) van zelfredzaamheid. Afhankelijk van deze graad van zelfredzaamheid (of behoefte aan andermans hulp) onderscheidt men:

- categorie 1 (van 0 tot 3 punten) (gewone kinderbijslag + 375,22 euro),
- categorie 2 (van 4 tot 6 punten) (gewone kinderbijslag + 410,73 euro),
- categorie 3 (van 7 tot 9 punten) (gewone kinderbijslag + 439,07 euro).

(bedragen op 01.01.2008 - laatste indexaanpassing)

Wie?

Kinderen jonger dan 21 jaar die:

- minimum 66 % arbeidsongeschikt of geestelijk ongeschikt zijn;
- een verminderde graad van zelfredzaamheid hebben;
- niet werken (of gewerkt hebben) met uitzondering van een tewerkstelling in een beschutte werkplaats,
- recht hebben op de gewone bijslag.

Chronisch zieke kinderen: (KB 29/04/99 - BS 18/05/99 ed. 1)

Sinds juli 1999 kan een bijkomend percentage van 15 of 20 % worden toegekend aan sommige chronisch zieke kinderen. Kinderen met een ongeschiktheid van tenminste 45% volgens de Officiële Belgische Schaal (OBSI) kunnen hierdoor misschien in aanmerking komen voor de verhoogde kinderbijslag!

---

(1) De categorie (het aantal punten) wordt vastgesteld door de medische dienst van de Federale Overheidsdienst Sociale Zekerheid (voor de berekening, zie 'aandachtspunten artsen'.

Het is dus belangrijk dat ouders die menen, in samenspraak met hun behandelende arts, dat hun kind beantwoordt aan onderstaande criteria en door een eventuele vermeerdering van het percentage ongeschiktheid in aanmerking zouden komen voor een verhoogde kinderbijslag (m.a.w. + 66% bekomen), een aanvraag om herziening indienen.

Er wordt namelijk bijkomend (bovenop het percentage volgens de OBSI) een percentagevermeerdering toegekend van 20 pct. voor de aandoeningen die aan al de vijf hiernavolgende voorwaarden voldoen en een percentagevermeerdering van 15 pct. voor de aandoeningen die aan vier van de vijf hiernavolgende voorwaarden voldoen:

a) de aandoeningen moeten, ondanks de beschikbare therapie, gepaard gaan met ernstige klinische verschijnselen;
b) de therapie dient, wanneer degelijk en volledig toegepast, complex en zwaar belastend te zijn voor het kind en zijn omgeving;
c) de algemene toestand dient gekenmerkt te zijn door een wankele stabiliteit en is bedreigd door tussentijdse complicaties;
d) ondanks een blijvende, nauwgezette, regelmatig bijgestuurde en intensieve therapie zal er een progressieve chronische aantasting van verschillende orgaansystemen optreden.
e) de levensverwachting wordt beïnvloed.

Hoe?

a. Een schriftelijke aanvraag richten aan de kinderbijslagkas (de gerechtigde ontvangt dan medische documenten).
b. De ontvangen medische documenten dienen ingevuld door de behandelde arts (zie ook aandachtspunten arts) en dan teruggestuurd naar de kinderbijslagkas.
c. Nadien wordt het kind opgeroepen door de medische dienst van de Federale Overheidsdienst Sociale Zekerheid voor onderzoek.
d. Na het medisch onderzoek volgt een dubbele beslissing;Personen met een handicap II.3.
   1. *medische beslissing* vanuit de Federale Overheidsdienst Sociale Zekerheid (hierop vindt men het vastgestelde percentage handicap),
   2. *administratieve beslissing* vanuit de kinderbijslagkas (met vermelding van:
      - toekenningsperiode,
      - categorie zelfredzaamheid).

Beroepsprocedure

– Indien men beroep wil aantekenen (op medisch of op administratief vlak) is dit enkel mogelijk tegen de administratieve beslissing (zie "Hoe? d.").
– Het beroep wordt ingesteld bij de arbeidsrechtbank. Er bestaat geen termijn om in beroep te gaan.

Herziening

– Op basis van nieuwe medische gegevens kan betrokkene een aanvraag voor herziening doen (zelfde procedure als voor een eerste aanvraag!).
– Ambtshalve herziening: de kinderbijslagkas kan eveneens een nieuw onderzoek aanvragen bij de Federale Overheidsdienst Sociale Zekerheid.

- Indien een hogere categorie wordt toegekend, dan gaat de beslissing in vanaf het ogenblik van verergering,
- Indien een lagere categorie wordt toegekend, dan gaat de beslissing in vanaf de 1ste dag van de maand volgend op de beslissing (men kan hiertegen in beroep gaan; zie beroepsprocedure)

Aandachtspunt voor artsen:

A) Percentage handicap

Dit percentage wordt vastgesteld aan de hand van:
1) de OBSI (officiële Belgische schaal ter bepaling van de graad van invaliditeit) en/of
2) een lijst van aandoeningen.

Evaluatie van kinderen uit het buitengewoon onderwijs, type 2:

De artikelen 665 tot 669 van de OBSI die rekening houden met een aantal factoren, waaronder het intelligentiequotiënt, worden gebruikt voor de evaluatie van kinderen met een mentale handicap.

Een IQ-test heeft nooit een absolute waarde maar moet geïnterpreteerd worden in zijn context (anamnese, persoonlijkheid van het kind, socio-economische status van het gezin, culturele achtergrond, onderwijs, geassocieerde handicaps, enz.).

Daarnaast doet de Federale Overheidsdienst Sociale Zekerheid voor een evaluatie beroep op een aantal bestaande wetenschappelijke werken en/of onderrichtingen (de resolutie WHA 29.35 van de Wereldgezondheidsorganisatie, Genève 1980; een werk over atypische pervasieve ontwikkelingsstoornissen en andere). (Vragen + Antwoorden - Kamer van Volksvertegenwoordigers - Vraag nr. 236 van 14.05.96)

B) Vaststelling categorie

De vaststelling van de categorie gebeurt aan de hand van een zelfredzaamheidsschaal. Er wordt rekening gehouden met zes factoren:
1. het gedrag
2. de communicatie
3. de lichaamsverzorging
4. de verplaatsing
5. de lichaamsbeheersing in bepaalde situaties en de handigheid
6. de aanpassing aan de omgeving.

Voor elke factor worden punten toegekend:
- nul punten indien er een normale geschiktheid is in vergelijking met een niet gehandicapt kind van dezelfde leeftijd
- één punt indien de activiteit wordt verricht met de nodige moeilijkheden, maar zonder hulp van een derde (eventueel wel met de nodige apparatuur)
- twee punten indien de activiteit wordt verricht met grote moeilijkheden en met de hulp van een derde op de moeilijke momenten
- drie punten indien het kind onbekwaam is om de activiteit te verrichten en het kind voortdurend hulp nodig heeft.

- **De drie hoogste scores worden opgeteld om het totaal aantal punten te kennen.**

C) Formulieren in te vullen door de arts:

Het medisch verslag (te voegen bij de aanvraag voor verhoogde kinderbijslag).

Het formulier bestaat uit drie luiken:
1. Algemene inlichtingen + diagnose + aantal punten zelfredzaamheid
2. Onderzoek inzake:
   A: de motoriek
   B: het gezicht
   C: het gehoor
   D: de psyche
   E: chronische ziektes
3. Evaluatie graad van zelfredzaamheid (zie punt B.)

2. Nieuwe regeling voor kinderen geboren vanaf 02.01.1993 (vanaf 01.05.2009 zullen alle kinderen met bijkomende kinderbijslag deze regeling kunnen aanvragen)

Wat?

Voor kinderen geboren na 01.01.1993 is er vanaf 01.05.2003 een nieuw evaluatiesysteem met daaraan gekoppeld nieuwe rechten.

In een later stadium zou deze regeling worden uitgebreid naar alle leeftijdscategorieën.

In het nieuwe systeem verdwijnt het "alles of niets" effect uit het oude systeem (66 % of niets) en is er een globale evaluatie waarbij niet alleen rekening wordt gehouden met de lichamelijke of mentale aandoening maar ook met de weerslag van de aandoening op het functioneren van het kind met name ook voor de inspanningen die het gezin moet leveren om met deze aandoening om te gaan.

Wie?

Kinderen met een handicap of met een ernstige chronische ziekte - geboren na 01.01.1993 - en met een minimum van 4 punten op de eerste pijler (ongeschiktheid van minstens 66 % volgens OBSI) of met een totaalscore van minimum 6 punten op de 3 pijlers samen, komen in aanmerking voor een verhoogde kinderbijslag.

Bij het ter perse gaan van deze uitgave wordt aan een uitbreiding gewerkt, die deze nieuwe regeling openstelt voor alle kinderen met een handicap, dus ook deze die ouder zijn dan 16 jaar. Men voorziet een overgangsmaatregel waarbij een laattijdige herziening uit de oude regeling geen nadeel oplevert als het nieuwe systeem gunstiger is of omgekeerd. Een positief resultaat wordt met terugwerkende kracht betaalt en een eventueel negatief resultaat wordt niet teruggevorderd. Zo hoeft niet iedereen meteen een herziening aan te vragen, maar kan men wachten tot de ambtshalve herziening zich aandient. Een medische herziening is omslach-

tig. Het gaat om kinderen die ouder zijn dan 16 jaar, sommigen dus aan het einde van het recht op bijkomende kinderbijslag. Hopelijk wordt niet iedereen verplicht om voor een beperkte periode nog een herziening uit te voeren.

2.1. Evaluatie op basis van drie pijlers

Een eerste pijler (P1) blijft de ongeschiktheid van het kind. Afhankelijk van het percentage ongeschiktheid kan hier maximaal 6 punten gescoord worden: van 25 tot 49 % wordt 1 punt toegekend, van 50 tot 65 % worden 2 punten toegekend, tussen 66 en 79 % 4 punten en vanaf 80 % 6 punten.

De tweede pijler (P2) meet de activiteiten en participatie van het kind. Op 4 items kunnen telkens tussen 0 en 3 punten gescoord worden: de weerslag op het leren en opleidingskansen van het kind, de communicatie, de mobiliteit en de zelfverzorging met inbegrip van de preventieve en curatieve behandelingen die het kind moet krijgen. Hiervoor kunnen dus maximaal 12 punten gescoord worden.

Een derde pijler (P3) heeft aandacht voor de belasting van het gezin: de behandelingen thuis, de verplaatsingen voor medisch toezicht en behandelingen en de aanpassingen van de leefomgeving en de leefgewoontes binnen het gezin. Ook hier worden telkens tussen 0 en 3 punten toegekend en worden dus maximaal 9 punten toegekend. Het is de bedoeling het belang van deze pijler te benadrukken: men gaat dan ook het puntenaantal verdubbelen, waardoor P3 even belangrijk wordt als P1 en P2 samen.

Alhoewel de controle zal gebeuren door een controlearts, gaat het hier niet enkel over een medische evaluatie (o.a. te staven door middel van rapporten van huisartsen en specialisten), maar gaat het grootste gewicht naar activiteiten en participatie van het kind en naar de familiale belasting door de situatie van het betrokken kind. Naast de vragenlijsten (gerelateerd aan de ouderdom van het kind) kunnen ook verslagen van maatschappelijk werkers hierover duidelijkheid brengen.

Schematisch voorgesteld geeft dat:

KIND							GEZIN				
Ongeschiktheid (P1)		Activiteit en Participatie (P2)	0	1	2	3	Familiale Belasting (P3)	0	1	2	3
25 - 49 %	1	Leren, opleiding en sociale integratie					Opvolging van de behandeling thuis				
50 - 65 %	2	Communicatie					Verplaatsing voor medisch toezichten behandeling				
66 - 79 %	4	Mobiliteit en verplaatsing					Aanpassing van het leefmilieu en de leefwijze				
80 - 100 %	6	Zelfverzorging									
Score		Totaalscore					Totaalscore				
Maximaal aantal punten: P1 = max. 6 punten		P2 = max. 12 punten					P3 = 9 x 2 = max. 18 punten				

Men gaat er van uit dat kinderen die een score 6 halen in aanmerking komen. Daarbij wordt gesteld dat kinderen die 4 scoren op P1 (wat overeenstemt met 66 %) ook in het systeem zullen blijven.

Er worden 6 categorieën voorzien: 6 tot 8 punten, 9 tot 11 punten, 12 tot 14 punten, 15 tot 17 punten, 18 tot 20 punten en boven de 20 punten. Kinderen die geen 6 punten in het totaal halen maar op de eerste pijler 4 of 5 scoren, krijgen een vergoeding die gelijk is aan deze van cat. 1.

2.2. Bedragen

Er worden aan de verschillende categorieën maandbedragen toegekend:

Minstens 4 punten op Pijler 1	€ 73,14
6-8 punten in totaal en geen 4 punten op Pijler 1	€ 97,41
9-11 punten in totaal en geen 4 punten op P ijler 1	€ 227,31
minstens 4 punten op Pijler 1 en 6-8 punten in totaal	€ 375,22
12-14 punten in totaal	€ 375,22
15-17 punten in totaal	€ 426,65
18-20 punten in totaal	€ 457,13
meer dan 20 punten in totaal	€ 487,60

(bedragen op 01.09.2008)

Hoe? Aanvragen en beroepsprocedure

Stap 1: Men vraagt de aanvraagformulieren aan bij het kinderbijslagfonds.

Stap 2: Men ontvangt:
1) een aanvraag tot medische vaststelling. Dit formulier is reeds ingevuld door het kinderbijslagfonds.
2) een medisch formulier om door de behandelende geneesheer te laten invullen.
3) een medisch-sociaal bundel. Dit mag worden ingevuld door de dokter, een maatschappelijk werker of door betrokkene.

Wordt dit formulier niet ingevuld, dan gaat de aanvraag gewoon door. De bedoeling van het formulier is de controlearts te helpen in zijn controle functie.

Verworven rechten, zoals ze bestonden bij de overgang voor wie na 01.01.1996 geboren is:

Kinderen die in het systeem voor 01.05.2003 een uitkering ontvangen blijven gerechtigd op dit bedrag tot 3 jaar na de ambtshalve herziening in de nieuwe regeling indien hen in het nieuwe systeem een lager recht is toegekend.

Als het nieuwe systeem voordeliger is, wordt het definitief toegepast en vanaf 01.05.2003 (maximum 3 jaar terugwerkende kracht).

Het kinderbijslagfonds vraagt tijdig een nieuwe evaluatie om te bepalen of er recht is op een toeslag in het oude of het nieuwe systeem.

Het is dus aan te raden om zelf geen herziening te vragen. Immers, wanneer het oude systeem financieel voordeliger blijkt, dan heb je er alle belang bij om de termijn van 3 jaar verdere uitbetaling van het oude bedrag uit te stellen. Als het nieuwe systeem voordeliger is, dan zal men dit met terugwerkende kracht invoeren vanaf 01.05.2003 (tenzij de herziening na 01.05.2006 gebeurt, want men gaat maximum 3 jaar terug).

Deze gunstige overgangsmaatregel had tot doel te voorkomen dat de medische diensten overstelpt worden met aanvragen tot herzieningen.

Enige uitzondering: dossiers die in het oude systeem definitief of voor onbepaalde tijd beslist zijn en waarbij men meent voordeel te hebben in het nieuwe systeem moeten zelf een herziening vragen omdat het kinderbijslagfonds voor die dossiers geen ambtshalve herziening plant.

De periode van verworven rechten is uitdovend (maximum 3 jaar). De nieuwe groep gerechtigden, geboren tussen 01.01.1993 en 02.01.1996, krijgt geen overgangsmaatregel omdat ondertussen de grote financiële verschillen tussen de oude en nieuwe regelgeving zijn weggewerkt (bedragen werden verhoogd op 01.05.2006).

Waar?

- RKW (Rijksdienst voor Kinderbijslag Werknemers) (inlichtingen)
  Trierstraat 70, 1040 Brussel
  tel.: (02) 237.23.40 of 0800 944 34
  info@rkw-onafts.fgov.be
  http://www.rkw.be
- RSVZ (Rijksinstituut voor Sociale Verzekeringen der Zelfstandigen (inlichtingen)
  Jan Jacobsplein 6, 1000 Brussel
  Tel.: 02 246 42 11 info@rsvz-inasti.fgov.be
- Kinderbijslagkassen (inlichtingen + aanvraag) (Gouden Gids nr. 530)
- Ziekenfonds - dienst maatschappelijk werk (inlichtingen + bijstand) (Gouden Gids nr. 6990, www.cm.be; e-mail: dmw@cm.be)
- Federale Overheidsdienst Sociale Zekerheid - medische dienst (vaststelling van het aantal punten)
  Tel.: (centrale) ((02)509.85.43 of (02)509.84.51 (permanentie: 8u30 tot 12u00)
  E-mail: HandiN@minsoc.fed.be
- Verenigingen voor personen met een handicap (inlichtingen + bijstand)
  bv. KVG, A. Goemaerelei 66, 2018 Antwerpen, tel.: (03) 216.29.90

II.3. Verhoogde kinderbijslag voor kinderen van arbeidsongeschikte werknemers/zelfstandigen

Wat?

Arbeidsongeschikte werknemers en zelfstandigen (chronisch ziek of persoon met een handicap) hebben onder bepaalde voorwaarden recht op hogere kinderbijslagen.

Bedragen vanaf 01.09.2008:
1ste kind = 174,75 euro + leeftijdsbijslag
2de kind = 180,65 euro + leeftijdsbijslag
3de + volgende = 235,04 euro + leeftijdsbijslag
3de + volgende van éénoudergezin (1) = 251,64 euro + leeftijdsbijslag

Wie?

- De werknemers/zelfstandigen dienen 66 % arbeidsongeschikt te zijn door:
  - ziekte
  - arbeidsongeval
  - beroepsziekte
  - bevallingsrust met moederschapsuitkering
  - ongeval zonder recht op uitkeringen.

De **personen met een handicap** (met integratietegemoetkoming categorie II of hoger, ofwel erkend als invalide mijnwerker) kunnen **vanaf de eerste maand** arbeidsongeschiktheid recht hebben op een hogere kinderbijslag.

Andere arbeidsongeschikte werknemers kunnen **vanaf de 7de maand** arbeidsongeschiktheid aanspraak maken op een hogere kinderbijslag.

Het totaal bedrag van vervangingsinkomsten en inkomsten uit arbeid (toegelaten activiteit en/of activiteit van de echtgenoot of partner) mag niet hoger liggen dan (index 01.09.2008):
- 2.060,91 euro indien de rechthebbende of bijslagtrekkende alleen woont met kinderen (éénoudergezin)
- 2.131,19 euro indien de rechthebbende en partner samenwonen met kinderen.

Alle inkomens tellen mee!!
De inkomsten uit zelfstandige arbeid: netto winst vermenigvuldigd met 100/80

Hoe?

De aanvraag gebeurt in principe automatisch.

---

(1) Sommige specifieke gezinssituaties worden gelijkgesteld met een éénoudergezin, vb. éénouder, kind en een inwonende grootvader

Waar?

- RKW (Rijksdienst voor Kinderbijslag Werknemers) (inlichtingen)
  Trierstraat 70, 1040 Brussel
  tel.: (02) 237.23.40 of (0800) 944 34
  info@rkw-onafts.fgov.be
  www.rkw.be
- RSVZ (Rijksinstituut voor Sociale Verzekeringen der Zelfstandigen (inlichtingen)
  Jan Jacobsplein 6, 1000 Brussel
  Tel.: 02 246 42 11 info@rsvz-inasti.fgov.be
  info@rsvz-inasti.fgov.be
- Kinderbijslagkassen (inlichtingen + aanvraag) (Gouden Gids nr. 530)
- Ziekenfonds - dienst maatschappelijk werk (inlichtingen + bijstand) (Gouden Gids nr. 6990, www.cm.be; e-mail: dmw@cm.be)
- Verenigingen voor personen met een handicap (inlichtingen + bijstand)
  bv. KVG, A. Goemaerelei 66, 2018 Antwerpen, tel.: (03) 216.29.90
  post@kvg.be

II.4. Contactcenter voor informatie en dossieropvolging

(dossiers "tegemoetkoming aan personen met een handicap")

Wat?

De Directie-generaal Personen met een Handicap is belast met de opstelling, de interpretatie en de toepassing in de praktijk van de reglementering inzake de tegemoetkomingen aan personen met een handicap. Ze onderzoekt en beslist over de aanvragen inzake de tegemoetkomingen aan personen met een handicap.

Ze levert attesten af aan personen met een handicap opdat zij hun rechten kunnen laten gelden inzake fiscale en sociale voordelen (zie II.34 overzicht vrijstellingen-verminderingen-voordelen).

De Directie-generaal onderzoekt en verleent parkeerkaarten en verminderingskaarten op het openbaar vervoer.

Zij laat medische onderzoeken uitvoeren om de handicap vast te stellen met het oog op de toekenning van de verhoogde kinderbijslag.

Alle vragen omtrent informatie en de stand van zaken in een aanvraagdossier worden gecentraliseerd behandeld in een contactcenter. Het contactcenter wordt bemand door daartoe speciaal opgeleid personeel. Wanneer men niet direct antwoord kan geven, wordt de vraagstelling doorgegeven aan de bevoegde personen en streeft men er naar om op zeer korte termijn antwoord te geven. Je kan er zowel telefonisch als per e-mail terecht.

Door het invoeren van het contactcenter wordt de informatieverstrekking verbeterd en krijgen de dossierbeheerders veel tijd vrij om de dossiers sneller af te handelen.

Wie?

Het contactcenter kan onder andere bevraagd worden door iedere aanvrager van een tegemoetkoming bij de Federale Overheidsdienst Sociale Zekerheid of door vertrouwenspersonen van de betrokkene zoals de huisarts of een maatschappelijk werk(st)er (die uiteraard over de nodige gegevens dient te beschikken (rijksregisternummer, ...).

Men kan ook informatie krijgen over attesten (in functie van kinderbijslag, sociale voordelen, enz.) of over het recht op een tegemoetkoming aan personen met een handicap.

Hoe?

Het contactcenter is alle dagen van de week doorlopend open van 8u30 tot 16u30.

Telefoneren naar het contactcenter: 02/507.87.99
Faxen naar het contactcenter: 02/509.81.85
Mailen naar het contactcenter: HandiN@minsoc.fed.be (een mail wordt rechtstreeks behandeld door de betrokken dienst)

Sociale dienst:

De Directie-generaal voor personen met een handicap heeft onder haar diensten ook een sociale dienst. Sociaal assistenten helpen de bezoekers van de Directie-generaal met de administratieve stappen en voeren sociale enquêtes uit. Er worden zitdagen georganiseerd van maandag tot vrijdag van 9.00 tot 11.30 en van 13.30 tot 15.30 uur in de lokalen van de FOD Sociale Zekerheid, Administratief Centrum Kruidtuin, Financetower, Kruidtuinlaan 50 bus 1, 1000 Brussel. Men moet zich aanmelden voor het bezoek aan de ingang van de Pachecolaan 19.
Telefoon: 02/507.87.99 (permanentie: 8u30 tot 12u00)
Fax: 02/509.81.85
E-mail: HandiN@minsoc.fed.be

Er worden ook zitdagen in de provincie georganiseerd. In de meeste sociale diensten van de steden wordt minstens maandelijks een zitdag georganiseerd.

Waar?

- FOD Sociale Zekerheid
  Directie-generaal Personen met een handicap
  Administratief Centrum Kruidtuin
  Financetower, Kruidtuinlaan 50 bus 1, 1000 Brussel
  E-mail: HandiN@minsoc.fed.be
  www.handicap.fgov.be

II.5. Inkomensvervangende tegemoetkoming (IVT)

Wet van 27.02.87 betreffende de tegemoetkomingen aan personen met een handicap, laatst gewijzigd bij KB van 27.04.2007 (BS 12.06.2007); KB van 06.07.1987 laatst gewijzigd door het KB van 20.05.2008 (BS 04.06.2008)
KB van 22.05.2003 betreffende de procedure (BS 27.06.2003), laatst gewijzigd door het KB van 16.04.2008 (BS 19.05.2008)

Wat?

De inkomensvervangende tegemoetkoming is een uitkering die zijn grond vindt in een beperking van het verdienvermogen. Ze kan ook aangevraagd worden als voorschot op een uitkering (bv. na verkeersongeval in afwachting van de gerechtelijke uitspraak) of op sociale uitkeringen betreffende de ziekte en invaliditeit, de werkloosheid, de arbeidsongevallen, de beroepsziekten, de gezinsbijslagen, de rust- en overlevingspensioenen en de inkomstengarantie-uitkering voor ouderen.

Het is een bijstandsuitkering, dus bedoeld voor mensen die niet over (voldoende) eigen middelen beschikken om in hun levensonderhoud te voorzien. Een bijstandsuitkering is altijd afhankelijk van een inkomensonderzoek.

Een aanvraag voor een inkomensvervangende tegemoetkoming geldt tevens als aanvraag voor een integratietegemoetkoming (zie II.6.).

Het **basisbedrag** is afhankelijk van de gezinssituatie, vertaalt in een bepaalde categorie. De gezinssituatie wordt vastgesteld op basis van de inschrijving in het bevolkingsregister, tenzij men anders kan bewijzen!!).

Er zijn drie categorieën:

1° categorie A: de personen met een handicap die niet behoren tot categorie B noch tot categorie C

2 categorie B: de personen met een handicap die:
- ofwel alleen wonen;
- ofwel sedert ten minste 3 maanden dag en nacht in een verzorgingsinstelling verblijven en die niet tot categorie C behoren3°categorie C: de personen met handicap die:
- ofwel een huishouden (1) vormen (2)
- ofwel één of meerdere kinderen ten laste (3) hebben

(1) Onder 'huishouden' verstaat men elke samenwoning van twee personen die geen bloed- of aanverwant zijn in de eerste, tweede of derde graad.

(2) Personen die in een instelling verblijven en thuis gedomicilieerd blijven kunnen blijven aanspraak maken op categorie C indien ze op dat adres een 'huishouden' vormen

(3) kind ten laste: ofwel de persoon, jonger dan 25 jaar voor wie de persoon met een handicap of de persoon met wie hij een huishouden vormt kinderbijslag ontvangt of een onderhoudsgeld ontvangt dat bij vonnis is vastgesteld of dat bepaald is in een overeenkomst in het kader van een procedure tot echtscheiding met onderlinge toestemming, ofwel de persoon jonger dan 25 jaar voor wie de persoon met een handicap onderhoudsgeld betaalt dat bij vonnis is vastgesteld of dat bepaald is in een overeenkomst in het kader van een procedure tot echtscheiding met onderlinge toestemming.

Er kan per huishouden slechts één persoon zijn die het bedrag van de inkomstenvervangende tegemoetkoming ontvangt dat met categorie C overeenstemt. Maken beide partners aanspraak op een IVT dan krijgt elk van hen maximaal het bedrag van categorie B toegekend.

De maximum bedragen van de inkomensvervangende tegemoetkoming: (index 01.09.2008)

Categorie volgens gezinssituatie	Jaarbedrag	Maandbedrag
Categorie A: restcategorie ('samenwonenden')	5.695,31	474,61
Categorie B: alleenwonenden en bewoners van een instelling	8.542,97	711,91
Categorie C: gerechtigden met personen ten laste	11.390,62	949,22

Wie?

De inkomensvervangende tegemoetkoming wordt toegekend aan de persoon met een handicap van wie is vastgesteld dat zijn lichamelijk of psychische toestand zijn verdienvermogen heeft verminderd tot één derde of minder van wat een valide persoon door één of ander beroep op de algemene arbeidsmarkt kan verdienen. Beschutte tewerkstelling wordt niet tot die algemene arbeidsmarkt gerekend.

Men kan in principe een tegemoetkoming bekomen vanaf de leeftijd van 21 jaar (1).

Hiervoor kan men de aanvraag indienen vanaf het moment dat men 20 jaar is geworden. Uitzonderlijk kan reeds een tegemoetkoming worden bekomen vóór de leeftijd van 21 jaar indien:
- betrokkene gehuwd is (geweest),
- de aanvrager kinderen ten laste heeft of
- de handicap ontstond nadat de kinderbijslag is weggevallen (bv. jongere die werkt op 18 jaar en dan gehandicapt wordt).

De aanvraag kan ingediend worden tot de dag vóór de 65ste verjaardag van de persoon met een handicap

Men dient de Belgische nationaliteit te hebben of gelijkgesteld (2). Bovendien moeten de aanvragers bestendig en daadwerkelijk in België verblijven (ingeschreven zijn in het bevolkings- of vreemdelingenregister). Een verblijf van max. 90 kalenderdagen/jaar in het buitenland is toegelaten. Een langere periode kan enkel onder specifieke voorwaarden en mits voorafgaandelijke toelating.

(1) Om een betere overgang mogelijk te maken van het stelsel van de 'bijkomende kinderbijslag voor kinderen met een handicap' (zie II.2.) naar het stelsel voor tegemoetkomingen aan volwassen gehandicapten gaat het recht niet in vanaf de maand volgend op de aanvraag, maar gaat het recht in vanaf de leeftijd van 21 jaar, op voorwaarde dat de aanvraag om een tegemoetkoming werd ingediend uiterlijk zes maand na de 21ste verjaardag!

(2) Gelijkgesteld zijn personen die in België hun werkelijke verblijfplaats hebben en Europeaan zijn, Marokkaan of Algerijn of Tunesiër die een band heeft met de Belgische Sociale Zekerheid, staatloos zijn volgens het Verdrag van staatlozen dat is goedgekeurd door de wet van 12 mei 1960, erkend vluchteling zijn of niet tot deze categorieën behoren, maar tot 21 jaar de verhoging van de kinderbijslag genoten hebben als kind met een handicap, personen met een andere nationaliteit die ingeschreven staan in het bevolkingsregister (niet vreemdelingenregister).

Een verblijf in het buitenland om beroepsredenen wordt gelijkgesteld met een bestendig en daadwerkelijk verblijf in België **maar men moet wel in België ingeschreven blijven.**

Het bedrag van de tegemoetkoming wordt gedeeltelijk verminderd met het bedrag van het inkomen van de persoon met een handicap, van zijn echtgenoot of van de partner met wie hij een huishouden vormt (zie berekening).

Berekening

1. Bepaling van de categorie IVT (zie "Wat?")

2. Bepaling van het refertejaar van de inkomsten.

Het refertejaar van de in aanmerking te nemen inkomsten zijn deze van het jaar van de uitwerkingsdatum van de aanvraag - 2. Bij voorbeeld: voor een aanvraag met uitwerkingsdatum 01.05.2008 komen de inkomsten van 2006 in aanmerking. Indien de inkomsten van 2007 echter 20% afwijken van de inkomsten van 2006 dan wordt er rekening gehouden met de inkomsten van 2007.

In principe is het in aanmerking te nemen inkomen dat van X-2 (X = jaar van uitwerking).

Uitzondering: In geval van wijziging categorie IVT (zie 'Wat') wordt er rekening gehouden met het actuele inkomen, omgerekend op jaarbasis.

3. Uitsplitsing van de inkomsten:

- Wat zijn de inkomsten van de persoon waarmee de persoon met handicap een huishouden vormt?
- Wat zijn de inkomsten van de persoon met een handicap?

Deze inkomsten gaan we verder opdelen in:

A. Inkomsten die vatbaar zijn voor vrijstellingen

- inkomsten uit arbeid
- vervangingsinkomsten
- andere inkomsten

B. Inkomsten die niet vatbaar zijn voor vrijstellingen:

- verlengde kinderbijslag (zie II.1)
- verzekeringsvergoeding: kapitaal voor invaliditeit vermenigvuldigd met een vastgesteld coëfficiënt volgens de leeftijd op het moment van het ongeval.

4. Toekenning van de vrijstellingen

a) op het inkomen van de partner mag er maximaal € 2.847,66 vrijstelling worden toegekend

b) op het arbeidsinkomen van de persoon met een handicap mag een vrijstelling worden toegekend van:
   - 50% op de inkomsten tussen 0 - 4.329,61 euro
   - 25% op de inkomsten tussen 4.329,62 en 6.494,41 euro.
   Vanaf 6.494,42 euro wordt alles in mindering gebracht.

c) op de andere inkomsten van de persoon met handicap mag er een vrijstelling van € 609,50 worden toegekend.
   - Op het aanslagbiljet wordt soms een fictief inkomen onder de naam huwelijksquotient toegekend aan de partner. Hierop mag het abattement op het inkomen van de partner echter niet toegekend worden.
   - Soms hebben de partners samen belastbare inkomsten (bv. uit onroerende goederen). Dit gezamenlijk inkomen mag in twee gelijke delen gesplitst worden en over de beide echtgenoten worden verdeeld om daarop het abattement op het inkomen van de partner te kunnen toekennen (bv. het kadastraal inkomen van een woning die verhuurd wordt).

5. Bepaling van het bedrag van de Inkomsten vervangende tegemoetkoming:

Basisbedrag (volgens de categorie) verminderd met de inkomsten die zijn overgebleven na het toekennen van de vrijstellingen.

Voorbeeld 1:

Gegevens:

Een persoon met een handicap is gehuwd, uit het medisch onderzoek is gebleken dat zij voldoet aan de bij wet gestelde voorwaarde m.b.t. de IVT (verminderd verdienvermogen). Haar partner is sinds jaren werkloos. Zijzelf heeft geen inkomsten. Mevrouw doet een aanvraag op 15 oktober 2008.

De inkomsten van het referentiejaar 2006 bestonden uit:

– Inkomsten van de persoon met wie de persoon met handicap een huishouden vormt: werkloosheidsvergoeding: 8.924 euro
– de persoon met handicap heeft geen inkomsten

Beslissing:

1. Motief van de beslissing:
   Aanvraag om inkomensvervangende tegemoetkoming van 15.10.2008
   Betrokkene behoort tot de categorie C.

2. Medische grondslag:
   Inkomensvervangende tegemoetkoming: betrokkene vervult de medische voorwaarden.

3. Berekening

a) Inkomen

Beschrijving	Bedragen	Aftrekbaar bedrag	In aanmerking te nemen
Inkomen persoon met een handicap:			
- uit arbeid	0 €	50% 0 - 4.329,61 € 25% 4.329,62 - 6.494,41 €	0 € 0 €
- overige inkomsten	0 €	609,50 €	0 €
Inkomen partner:	8.924 €	maximum 2.847,66 €	6.076,34 € (1)
Totaal in aanmerking te nemen inkomen:			
Basisbedrag IVT	11.390,62 €	6.076,34 € (1)	5.314,28 € (2)
Bedrag IVT waarop de persoon met een handicap aanspraak kan maken:	5.314,28 € (2)		

Er is recht op een IVT van € 5.314,28 per jaar.

Voorbeeld 2:

Gegevens:

Bij een koppel waar beide partners een handicap hebben, is uit het medisch onderzoek gebleken dat zij beiden voldoen aan de bij wet gestelde voorwaarde m.b.t. de IVT (verminderd verdienvermogen). De man en vrouw krijgen het leefloon van het OCMW. Man en vrouw doen een aanvraag op 15 oktober 2008

Dossier van de vrouw:

Beslissing:

1. Motief van de beslissing:
   Aanvraag om inkomensvervangende tegemoetkoming van 15.10.2008
   Betrokkene behoort tot de categorie C

2. Medische grondslag:
   Inkomensvervangende tegemoetkoming: betrokkene vervult de medische voorwaarden.

3. Berekening

a) Inkomen

Geen inkomsten in rekening te brengen (leefloon valt immers weg als men recht heeft op IVT)

Beschrijving	Bedragen	Aftrekbaar bedrag	In aanmerking te nemen
Inkomen persoon met een handicap:			
- uit arbeid	0 €	50% 0 - 4.329,61 € 25% 4.329,62 - 6.494,41 €	0 € 0 €
- overige inkomsten	0 €	maximum 609,50 €	0 €
Inkomen partner:	0 €	Maximum 2.847,66 €	0 € (1)
Totaal in aanmerking te nemen inkomen:			
Basisbedrag IVT	11.390,62 €	0 € (1)	11.390,62 € (2)
Bedrag IVT waarop de persoon met een handicap aanspraak kan maken:	11.390,62 € (2)		

MAAR: bij 2 X categorie C in één huishouden is IVT geplafoneerd op bedrag van categorie B!

Beiden hebben in dit voorbeeld recht op een IVT. Hierdoor heeft elke partner slechts maximaal recht op 8.542,97 per jaar, het bedrag van categorie B.

Dossier van de man:

idem aan dat van de partner

Hoe?

Elke aanvraag wordt online door de gemeente aan de F.O.D. Sociale Zekerheid overgemaakt. Op het geautomatiseerd elektronisch document noteert de burgemeester het rijksregisternummer van de aanvrager en specificeert hij om welke aanvraag het gaat.

Hij ontvangt op zijn beurt op elektronische wijze een ontvangstbewijs, formulier 102, het formulier betreffende de inkomsten (form 100) en in voorkomend geval, de medisch getuigschriften (form. 3+4, indien van toepassing 5 en 6). Dit geeft hij mee met de aanvrager.

Het recht gaat in de 1° van de maand volgend op de aanvraag (indien positieve beslissing).

Wanneer de aanvraag rechtstreeks ingediend wordt bij de FOD Sociale Zekerheid, stelt deze de betrokkene schriftelijk in kennis van de ter zake te vervullen formaliteiten.

In geval en op voorwaarde dat de betrokkene binnen 3 maanden na de verzendingsdatum van de brief aan de dienst een aanvraag indient bij het gemeentebestuur, wordt als datum van de indiening beschouwd:
- de datum van de aangetekende zending, indien de aanvrager zijn brief aangekend heeft verstuurd
- de datum van ontvangst van de brief bij de dienst indien de betrokkene zijn brief bij gewone post heeft verstuurd.

De aanvrager krijgt één maand de tijd om alle stukken ingevuld terug te sturen aan de FOD.

Welke formulier bestaan er en wie moet ze invullen ?

Alle formulieren hebben een nummer en kunnen daardoor goed uit mekaar gehouden worden.

Benaming van het formulier	Wie moet het formulier invullen?
elektronische aanvraag	de bediende van de gemeente
ontvangstbewijs	de bediende van de gemeente
3 + 4	de behandelende geneesheer
5	de oogarts
6	de Neus-, Keel-, Oorarts
102	de instelling waar de persoon met een handicap eventueel verblijft
100	de mindervalide (samen met de maatschappelijk werker)

Indien de persoon met een handicap en/of de persoon waarmee hij een huishouden vormt geen aanslagbiljet in hun bezit hebben, of het inkomen van het jaar voor de aanvraag wijkt met meer dan 20% af van het inkomen van het 2de jaar voorafgaand aan de uitwerkingsdatum van de aanvraag, dan moet dit duidelijk genoteerd worden op formulier 100. De dienst mindervaliden zal dan zelf het inkomen bij de controle van belastingen opvragen.

Hoe verloopt de aanvraag verder ?

De behandeling van het dossier kent 2 luiken: Het medisch onderzoek en het administratief onderzoek.

Opgelet:

Het onderzoek gebeurt enkel indien het gezinsinkomen onder een bepaalde grens blijft.

Indien het gezinsinkomen te hoog is wordt er enkel een medisch onderzoek uitgevoerd *op uitdrukkelijke vraag van de aanvrager,* i.f.v. het afleveren van attesten die nodig zijn om andere voordelen aan te vragen!!!

Het medisch onderzoek:

Sinds 1 januari 2008 is de wijze waarop het medisch onderzoek gedaan wordt deels gewijzigd wat betreft oproeping voor medische controle en medisch onderzoek op stuk. Aanvragen die voor 1 januari 2008 worden nog op de oude wijze behandeld waarbij de aanvrager in principe altijd op medisch controle komt. Enkel in een aantal specifieke situaties was het mogelijk om een onderzoek op stukken te krijgen.

Aanvragen vanaf 1 januari 2008 worden op volgende wijze behandeld:

1. een aangeduide arts of multidisciplinair team onderzoekt het verminderde verdienvermogen of verminderde zelfredzaamheid van de persoon met een handicap;
2. Als deze het nodig achten worden er extra gegevens opgevraagd bij de aanvrager. Deze heeft 1 maand de tijd om de gegevens aan te leveren;
3. Als het nodig geacht wordt dan wordt de persoon met een handicap opgeroepen voor medische controle;
4. Na het medisch onderzoek, al dan niet met oproeping voor medische controle, worden de medische attesten toegestuurd indien er voldaan is aan de m inimale medische voorwaarden

Het is dus aangewezen de arts erop te wijzen dat deze ervoor moet zorgen dat het medisch luik zo compleet mogelijk wordt ingevuld en eventueel wordt aangevuld met andere medische en sociale verslagen. Verduidelijking met informatie over de concrete beperkingen ten gevolge van de handicap zijn zeer verhelderend.

Het administratief onderzoek:

1. Indien nodig vraagt de dienst om bijkomende inlichtingen of bewijsstukken.
2. Indien de aanvrager het aanslagbiljet van de personeninkomsten niet heeft toegevoegd, dan wordt het formulier 100 ter controle naar de administratie der belastingen gestuurd.
3. Je ontvangt de administratieve beslissing.

Uitbetaling:

De uitbetaling gebeurt maandelijks op een bankrekening waarvan de gerechtigde (mede-)titularis is (een volmacht is niet voldoende). De eerste betaling geschiedt omstreeks de 25ste van de maand volgend op de betekening van de positieve beslissing. Ook de eventuele achterstallen worden in de maand na de betekening uitbetaald.

Na overlijden worden de vervallen en nog niet uitbetaalde termijnen:
- aan de partner uitbetaald (tot en met maand van overlijden) en
- bij het ontbreken van een partner, uitbetaald (tot de maand **voor** het overlijden) aan één van de rechthebbenden in volgende orde: de kinderen met wie hij samenleefde, de vader en moeder met wie hij samenleefde en bij ontbreken van de hiervoorgenoemden aan bepaalde andere rechthebbenden (bv. andere personen met wie betrokkene samenleefde, of personen die financieel tussenkwamen voor verpleegzorgen of voor de begrafeniskosten), maar dit *enkel op aangetekend verzoek binnen de 6 maanden.* (Deze aanvraag gebeurt via het formulier 191 dat te bekomen is op het gemeentehuis.)

Herziening

Een nieuwe aanvraag kan door de persoon met een handicap zelf bij de gemeente worden ingediend als hij/zij denkt recht te hebben op een hogere vergoeding, en de Federale Overheidsdienst Sociale Zekerheid de herziening niet zelf reeds doorvoerde.

Hierbij moeten we een onderscheid maken tussen medische en een louter administratieve herziening. De aanvraag wordt steeds zoals bij een eerste aanvraag door de gemeente aan de FOD Sociale Zekerheid op elektronische wijze overgemaakt.

In geval van een administratieve herziening wordt enkel een formulier 102 en het formulier 100 door de Federale Overheidsdienst Sociale Zekerheid in Brussel. online via de gemeente met de aanvrager meegegeven.

De ingangsdatum van de aanvraag op initiatief van de persoon met een handicap is steeds de 1ste dag van de maand volgend op de aanvraag.

Indien echter uit het administratief onderzoek blijkt dat er een stijging van de inkomsten met meer dan 20% is en dit niet binnen de 3 maanden werd gemeld, dan gaat de nieuwe beslissing in vanaf de maand volgend op de stijging van de inkomsten. Er kan dus een terugvordering door veroorzaakt worden!

Een daling van de inkomsten met meer dan 20% noodzaakt tot het indienen van een nieuwe aanvraag.

Vraag best eerst raad alvorens een herzieningsaanvraag in te dienen.

Ambtshalve herziening of **geprogrammeerde administratieve herziening**

Dit zijn herzieningen die opgestart worden door de FOD zelf. De uitwerkingsdatum kan heel verschillend zijn en is door heel wat factoren beïnvloedbaar.

De FOD start een herziening als:

- Het zelf een wijziging vaststelt in de kruispuntbank voor sociale zekerheid, die de uitkering kan beïnvloeden;
- Betrokkene een wijziging heeft gemeld en de dienst heeft geoordeeld dat de wijziging de uitkering kan beïnvloeden (deze herziening kan ook op latere datum ambtshalve gepland zijn ten gevolge van een opgegeven wijziging);
- In een vorige beslissing een herziening vooropgesteld werd;
- Het tijd is om de door de wet voorziene 5-jaarlijkse herziening uit te voeren.

Een wijziging ten gevolge van gewijzigde burgerlijke staat, gezinssamenstelling of ontslag of opname in een instelling gaat altijd in vanaf de datum van wijziging.

Een wijziging ten gevolge van een ambtshalve geplande herziening (vb. vooraf geplande medische herziening), vaststelling arbeidsgeschiktheid of verbeterde zelfredzaamheid of ten gevolge van de 5- jaarlijkse herziening gaat altijd in na de kennisgeving van de beslissing.

Een wijziging ten gevolge van gewijzigde nationaliteit- en verblijfsvoorwaarden, gewijzigde gezinslast of gewijzigd inkomen (20% verschil) krijgt een gunstige ingangsdatum voor het nieuwe recht als de wijziging spontaan gemeld werd binnen 3 maand. In dat geval zal een verhoogde uitkering meteen na de wijzigingsdatum ingaan en een verlaagde uitkering pas na de nieuwe beslissing, zodat betrokkene altijd voordeel doet (sneller een verhoogd bedrag en later een verlaagd bedrag).

Gouden tip: ook al kan de wijziging ambtshalve vastgesteld worden via de kruispuntbank voor sociale zekerheid, meldt iedere wijziging binnen 3 maand aan de administratie. Dit kan per gewone brief of via de gemeente (zelfde procedure als bij een gewone aanvraag). Dit valt nooit nadelig uit!

Terugvordering

Ten onrechte uitbetaalde tegemoetkomingen kunnen teruggevorderd worden.

Indien de persoon met een handicap verder gerechtigd is op een tegemoetkoming wordt er 10% van de tegemoetkoming ingehouden tot de volledige schuld is terugbetaald.

Betrokkene kan binnen de 3 maanden na de beslissing tot terugvordering een aanvraag tot verzaking aan de terugvordering indienen.

Een speciale commissie oordeelt over de aangevoerde redenen en indien het gaat om een behartigenswaardige situatie wordt de terugvordering kwijtgescholden.

Indien het terug te vorderen bedrag beneden de 400,36 euro ligt (index 01.09.2008), wordt er automatisch afgezien van de terugvordering.

Wanneer de aanvraag tot verzaking binnen de 3 maanden na kennisgeving van de beslissing tot terugvordering ingediend is, wordt de terugvordering geschorst tot de commissie uitspraak heeft gedaan.

Bij een laattijdige aanvraag wordt de terugvordering zolang voortgezet tot de uitspraak er is. Indien de commissie beslist dat de schuld niet moet terugbetaald worden, stopt de inhouding met 10%. Het reeds terugbetaalde is echter niet meer recupereerbaar.

Beroepsprocedure

Indien men niet akkoord gaat met de beslissing van de Federale Overheidsdienst Sociale Zekerheid, dan kan men binnen de 3 maanden (art. 19 van de wet 27.02.1987) na betekening van de beslissing beroep aantekenen door middel van een aangetekend schrijven naar de griffie arbeidsrechtbank van de woonplaats. Men vraagt eveneens de gerechtelijke intresten.

Volgens een belangrijke uitspraak van:
1) Cassatie dd. 30.10.2000: heeft de rechter weldegelijk de bevoegdheid om rekening te houden met wijzigingen die werden vastgesteld gedurende de procedure (deskundigenverslag geneesheer-expert, ...). Dit heeft voor gevolg dat de rechter kan beslissen over een wijziging inzake medische beoordeling, en dat de persoon met een handicap dus niet meer verplicht wordt om in deze gevallen zelf een herziening aan te vragen (die nooit tijdig kon worden ingediend en dus inkomensverlies als gevolg had);
2) Arbitraghof dd. 26.10.2005: heeft wie gerechtigd is op een pro deo advocaat, eveneens recht op bijstand van een medisch expert, die wordt vergoed in het kader van de pro deo voorziening (arrest 160/2005) – ondertussen is deze maatregel in het gerechtelijk wetboek ingeschreven

Bij niet-ontvankelijkverklaring door de rechtbank wordt het beroep beschouwd als een nieuwe aanvraag.

Waar?

– Gemeentehuis (aanvraag)

- F.O.D. Sociale Zekerheid
  dienst tegemoetkomingen aan personen met een handicap
  Administratief Centrum Kruidtuin, Finance Tower,
  Kruidtuinlaan 50, bus 1, 1000 Brussel
  tel.: Contactcenter 02/507 87 99
  fax: 02/509 81 85
  of mailen naar contactcenter: HandiN@minsoc.fed.be
- Ziekenfonds - dienst maatschappelijk werk (inlichtingen + bijstand) (Gouden Gids nr. 6990, www.cm.be; e-mail: dmw@cm.be)
- Verenigingen voor Gehandicapten (inlichtingen + bijstand)
  bv. KVG, A. Goemaerelei 66, 2018 Antwerpen, tel.: (03) 216 29 90

II.6. Integratietegemoetkoming (IT)

Wet van 27.02.87 betreffende de tegemoetkomingen aan personen met een handicap, laatst gewijzigd bij KB 27.04.2007 (BS 12.06.2007);
KB van 06.07.1987, laatst gewijzigd bij KB 20.05.2008 (BS 04.06.2008)
KB van 22.05.2003 betreffende de procedure (BS 27.06.2003), laatst gewijzigd bij KB 16.04.2008 (BS 19.05.2008)

Wat?

De integratietegemoetkoming is bestemd voor personen met een handicap die omwille van hun beperkte zelfredzaamheid bijkomende kosten hebben.

Het is een bijstandsuitkering, dus bedoeld voor mensen die niet over (voldoende) eigen middelen beschikken om in hun levensonderhoud te voorzien. Een bijstandsuitkering is altijd afhankelijk van een inkomensonderzoek.

De beperking van de zelfredzaamheid wordt nagegaan op 6 domeinen:
- verplaatsingsmogelijkheden,
- mogelijkheid om zijn voedsel te nuttigen of te bereiden,
- mogelijkheid om voor zijn persoonlijke hygiëne in te staan en zich te kleden,
- mogelijkheid om zijn woning te onderhouden en huishoudelijk werk te verrichten,
- mogelijkheid om te leven zonder toezicht, bewust te zijn van gevaar en gevaar te kunnen vermijden,
- mogelijkheid tot communicatie en sociaal contact.

Elk van deze factoren wordt voor elke persoon met een handicap vanuit zijn specifieke handicap en situatie bekeken. Dit heeft voor gevolg dat b.v. de rubriek 'verplaatsingen' voor een gehoorgestoorde ondermeer moet geïnspireerd worden bij moeilijkheden die hij of zij ondervindt bij openbaar vervoer of verkeerssituaties (getoeter auto, gierende remmen, gesproken aankondigingen, enz.).

Voor elk van die zes domeinen worden er van 0 tot 3 punten gegeven naargelang de graad van zelfredzaamheid afneemt:
- 0 punten = geen moeilijkheden, geen bijzondere inspanning, geen hulpmiddelen,
- 1 punt = beperkte moeilijkheden of bijkomende inspanning, of beroep op bijzondere hulpmiddelen,
- 2 punten = grote moeilijkheden, grote bijkomende inspanning, of uitgebreid beroep doen op bijzondere hulpmiddelen,
- 3 punten = onmogelijk zonder hulp van derden of onmogelijk zonder opvang in een aangepaste voorziening of onmogelijk zonder volledig aangepaste omgeving.

Naargelang de afhankelijkheidsgraad van de gehandicapte onderscheidt men categorieën (zie ook aandachtspunt artsen): (bedragen op 01.09.2008)
- categorie I (7-8 punten) = 1.061,26 euro,
- categorie II (9-11 punten) = 3.616,37 euro,
- categorie III (12-14 punten) = 5.778,51 euro,
- categorie IV (15-16 punten) = 8.418,56 euro.
- categorie V (17-18 punten) = 9.550,33 euro.

Wie?

De integratietegemoetkoming is bestemd voor de personen met een handicap die omwille van hun *beperkte zelfredzaamheid* bijkomende kosten hebben om zich te integreren of hiertoe op bijzondere voorzieningen beroep moeten doen.

De integratietegemoetkoming wordt afzonderlijk van de inkomensvervangende tegemoetkoming geëvalueerd. Het is immers zeer goed mogelijk dat een persoon met een handicap wiens verdienvermogen niet of weinig aangetast is, tegenover belangrijke problemen op het vlak van zelfredzaamheid komt te staan en omgekeerd.

Men kan in principe een tegemoetkoming bekomen vanaf de leeftijd van 21 jaar (1).

Hiervoor kan men de aanvraag indienen vanaf het moment dat men 20 jaar is geworden
(of vroeger:
- indien betrokkene gehuwd is (geweest),
- indien de aanvrager kinderen ten laste heeft, of
- indien de handicap ontstond nadat de kinderbijslag is weggevallen (bv. jongere die werkt op 18 jaar en dan gehandicapt wordt))

en tot de dag voor de 65ste verjaardag.

Men dient de Belgische nationaliteit te hebben, of gelijkgesteld. Zie ook II.5 aanvraag Inkomensvervangende tegemoetkoming.

Bovendien moeten de aanvragers bestendig en daadwerkelijk in België verblijven (ingeschreven zijn in het bevolkings- of vreemdelingenregister). Een verblijf van max. 90 kalenderdagen/jaar in het buitenland is toegelaten. Een langere periode kan enkel onder specifieke voorwaarden en mits voorafgaandelijke toelating.

Het bedrag van de tegemoetkoming wordt (gedeeltelijk) verminderd met het bedrag van het inkomen van de persoon met een handicap, van zijn echtgenoot of partner met wie hij een huishouden vormt (zie berekening).

Berekening

1. Bepaling van de categorie (zie deel II.5 IVT)

2. Bepaling van het refertejaar van de inkomsten (zelfde bepalingen als bij IVT).

Het refertejaar van de in aanmerking te nemen inkomsten zijn deze van het jaar van de uitwerkingsdatum van de aanvraag -2. Bij voorbeeld: voor een aanvraag met uitwerkingsdatum 01.05.2008 komen de inkomsten van 2006 in aanmerking. Indien de inkomsten van 2007 echter 20% afwijken van de inkomsten van 2006 dan wordt er rekening gehouden met de inkomsten van 2007.

(1) Om een betere overgang mogelijk te maken van het stelsel van de 'verhoogde kinderbijslag voor gehandicapte kinderen' (zie II.2.) naar het stelsel voor tegemoetkomingen aan volwassen gehandicapten gaat het recht niet in vanaf de maand volgend op de aanvraag, maar gaat het recht in vanaf de leeftijd van 21 jaar, op voorwaarde dat de aanvraag om een tegemoetkoming werd ingediend uiterlijk zes maand na de 21ste verjaardag!

Normaliter is het in aanmerking te nemen inkomen dat van X- 2.

Uitzondering: In geval van wijziging categorie IVT (zie 'Wat') wordt er rekening gehouden met het actuele inkomen, omgerekend op jaarbasis.

3. Uitsplitsing van de inkomsten

- Wat zijn de inkomsten van de persoon waarmee de persoon met een handicap een huishouden vormt?
- Wat zijn de inkomsten van de persoon met een handicap?

Deze inkomsten gaan we verder opdelen in:

A. Inkomsten die vatbaar zijn voor vrijstellingen

- inkomsten uit arbeid
- vervangingsinkomsten
- andere inkomsten

B. Inkomsten die niet vatbaar zijn voor vrijstellingen:

- verzekeringsvergoeding: kapitaal voor beperking van de zelfredzaamheid, vermenigvuldigd met een vastgesteld coëfficiënt volgens de leeftijd op het moment van het ongeval.

4. Toekenning van de vrijstellingen

a) op het inkomen van de partner:

- Er is een vrijstelling van 19.935,68 euro van het gedeelte dat dit bedrag (eventueel) overschrijdt wordt de helft van de integratietegemoetkoming afgetrokken.

b) op het arbeidsinkomen van de persoon met een handicap mag een vrijstelling van 19.935,68 euro worden toegekend. De helft van het gedeelte dat dit bedrag (eventueel) overschrijdt wordt van de integratietegemoetkoming afgetrokken.

c) op de vervangingsinkomen van de persoon met een handicap:

- indien de arbeidsvrijstelling niet meer dan € 17.087,73 is: 2.847,55
- indien de arbeidsvrijstelling hoger is dan € 17.087,73: 2.847,55 - (arbeidsvrijstelling - 17.087,73)

d) op de andere inkomsten:

categorievrijstelling:
A: € 5.366,31 - (arbeidsvrijstelling + vrijstelling vervangingsinkomen)
B: € 8.049,46 - (arbeidsvrijstelling + vrijstelling vervangingsinkomen)
C: € 10.732,61 - (arbeidsvrijstelling + vrijstelling vervangingsinkomen)

Voorbeeld:

Gegevens:

Een gehuwde persoon met een handicap heeft een ziektevergoeding en werkt deeltijds in het stelsel van toegelaten arbeid in het kader van de ziekteverzekering (belastbaar inkomen 2007 van de persoon met een handicap is 12.747,01 euro; te weten, 4.814,67 euro uit arbeid en 7.932,34 euro ziektevergoeding).

Zijn partner had in 2007 een belastbaar inkomen van 3.940,66 euro.

Betrokkene doet zijn aanvraag om integratietegemoetkoming op 25.09.2009.

Beslissing:

Motief van de beslissing:
Aanvraag om inkomstenvervangende- en integratietegemoetkoming van 25.09.2009.
Betrokkene behoort tot de categorie.C.

Medische grondslag van de beslissing:
Integratietegemoetkoming: ingevolge een gebrek aan of vermindering van de zelfredzaamdheid behoort de aanvrager tot categorie 3.

Berekening van de integratietegemoetkoming:

Stap	Beschrijving	Bedragen	Aftrekbaar bedrag	In aanmerking te nemen
1	Inkomen persoon met een handicap: - uit arbeid - uit vervangingsinkomen - overige inkomsten	 4.814,67 € 7.932,34 € 0 €	 Maximum 19.935,68 € maximum 2.847,55 €* 0 €	 0 € 5.084,79 € (1) 0 €
2	Categorievrijstelling (niet op het inkomen van de partner want PmH heeft categorie 3)	5.084,79 € (1)	10.732,61 € - (vrijst.bedrag arbeid + vervang. inkomen): 10.732,61 - (4.814,67 + 2.847,55) = 3.070,39 €	3.070,39 €
3	Inkomen partner:	3.940,66 €	Maximum 19.935,68 €	0 €
4			**Totaal in aanmerking te nemen inkomen:**	3.070,39 € (2)
5	Basisbedrag IT	5.778,51 €	3.070,39 € (2)	2.708,12 € (3)
Bedrag IT waarop de persoon met een handicap aanspraak kan maken:				2.708,12 € (3)

* deze vrijstelling kan alleen als de arbeidsvrijstelling kleiner is dan 17.087,73 €, zo niet, kan nog slechts de verschilregel met de maximumvrijstelling worden toegepast

Hoe?

Elke aanvraag wordt online door de gemeente aan de F.O.D. Sociale Zekerheid overgemaakt. Op het geautomatiseerd elektronisch document noteert de burgemeester het rijksregisternummer van de aanvrager en specificeert hij om welke aanvraag het gaat.

Hij ontvangt op zijn beurt op elektronische wijze een ontvangstbewijs, het formulier 102, het formulier betreffende de inkomsten (form 100) en in voorkomend geval, de medisch getuigschriften (form. 3+4, indien van toepassing 5 en 6). Dit geeft hij mee met de aanvrager.

De aanvrager krijgt één maand de tijd om alle stukken ingevuld terug te sturen aan de FOD Sociale Zekerheid.

Welke formulieren bestaan er en wie moet ze invullen ?

Benaming van het formulier	Wie moet het formulier invullen?
elektronische aanvraag	de bediende van de gemeente
ontvangstbewijs	de bediende van de gemeente
3 + 4	de behandelende geneesheer
5	de oogarts
6	de Neus-, Keel-, Oorarts
102	de instelling waar de persoon met een handicap eventueel verblijft
100	de persoon met een handicap (samen met de maatschappelijk werker)

Indien de persoon met een handicap en/of de persoon waarmee hij een huishouden vormt geen aanslagbiljet in hun bezit hebben, of het inkomen van het jaar voor de aanvraag wijkt met meer dan 20% af van het inkomen van het 2de jaar voorafgaand aan de uitwerkingsdatum van de aanvraag, dan moet dit duidelijk genoteerd worden op het formulier 100. De dienst mindervaliden zal dan zelf het inkomen bij de controle van belastingen opvragen.

Hoe verloopt de aanvraag verder ?

De behandeling van het dossier kent 2 luiken: Het medisch onderzoek en het administratief onderzoek.

Opgelet:

Het onderzoek gebeurt enkel indien het gezinsinkomen onder een bepaalde grens blijft.

Indien het gezinsinkomen te hoog is wordt er enkel een medisch onderzoek uitgevoerd *op uitdrukkelijke vraag van de aanvrager,* i.f.v. het afleveren van attesten die nodig zijn om andere voordelen aan te vragen!!!

Het medisch onderzoek:

Sinds 1 januari 2008 is de wijze waarop het medisch onderzoek gedaan wordt deels gewijzigd wat betreft oproeping voor medische controle en medisch onderzoek op stuk. Aanvragen die voor 1 januari 2008 worden nog op de oude wijze behandeld waarbij de aanvrager in principe altijd op medisch controle komt. Enkel in een aantal specifieke situaties was het mogelijk om een onderzoek op stukken te krijgen.

Aanvragen vanaf 1 januari 2008 worden op volgende wijze behandeld:

1. een aangeduide arts of multidisciplinair team onderzoekt het verminderde verdienvermogen of verminderde zelfredzaamheid van de persoon met een handicap;
2. Als deze het nodig achten worden er extra gegevens opgevraagd bij de aanvrager. Deze heeft 1 maand de tijd om de gegevens aan te leveren;
3. Als het nodig geacht wordt dan wordt de persoon met een handicap opgeroepen voor medische controle;

4. Na het medisch onderzoek, al dan niet met oproeping voor medische controle, worden de medische attesten toegestuurd indien er voldaan is aan de m inimale medische voorwaarden

Het is dus aangewezen de arts erop te wijzen dat deze ervoor moet zorgen dat het medisch luik zo compleet mogelijk wordt ingevuld en eventueel wordt aangevuld met andere medische en sociale verslagen.

Het administratief onderzoek:

1. Indien nodig vraagt de dienst om bijkomende inlichtingen of bewijsstukken.
2. Indien de aanvrager het aanslagbiljet van de personeninkomsten niet heeft toegevoegd, dan wordt het formulier 100 ter controle naar de administratie der belastingen gestuurd. Is het aanslagbiljet niet toegevoegd, dan wordt het formulier 100 ter controle naar de administratie der belastingen gestuurd.
3. Je ontvangt de administratieve beslissing.

Uitbetaling:

De uitbetaling gebeurt maandelijks op een bankrekening waarvan de gerechtigde (mede-)titularis is (een volmacht is niet voldoende). De eerste betaling geschiedt omstreeks de 25ste van de maand volgend op de betekening van de positieve beslissing. Ook de eventuele achterstallen worden in de maand na de betekening uitbetaald.

Wie dag en nacht opgenomen is in een verzorgingsinstelling waarvoor de Federale overheid een tegemoetkoming betaalt (vb. het OCMW betaalt een deel van de hotelkost van het verblijf in een rusthuis omdat betrokkene zijn eigen middelen ontoereikend zijn), dan gaat tijdens dit verblijf de uitkering met 28 % verminderd worden nadat betrokkene er 3 opeenvolgende maanden verblijft (voorheen was dit 33%).

Betrokkene krijgt een volledige integratietegemoetkoming voor de totale periode van niet-verblijf (vb. vakantie-opvang thuis) indien het om een periode van minstens 75 dagen in een zelfde kalenderjaar gaat.

Na overlijden worden de vervallen en nog niet uitbetaalde termijnen:
- aan de partner uitbetaald (tot en met maand van overlijden) en
- bij het ontbreken van een partner, uitbetaald (tot de maand **voor** het overlijden) aan één van de rechthebbenden in volgende orde: de kinderen met wie hij samenleefde, de vader en moeder met wie hij samenleefde en bij ontbreken van de hiervoorgenoemden aan bepaalde andere rechthebbenden (bv.andere personen met wie betrokkene samenleefde, of personen die financieel tussenkwamen voor verpleegzorgen of voor de begrafeniskosten), maar dit *enkel op aangetekend verzoek binnen de 6 maanden.* (Deze aanvraag gebeurt via het formulier 191 dat te bekomen is op het gemeentehuis.)

Herziening

Een nieuwe aanvraag kan door de persoon met een handicap zelf bij de gemeente worden ingediend als hij/zij denkt recht te hebben op een hogere vergoeding, en de Federale Overheidsdienst Sociale Zekerheid de herziening niet zelf reeds doorvoerde.

Hierbij moeten we een onderscheid maken tussen medische en een louter administratieve herziening. De aanvraag wordt steeds zoals bij een eerste aanvraag door de gemeente aan de FOD Sociale Zekerheid op elektronische wijze overgemaakt.

In geval van een administratieve herziening wordt enkel een formulier 102 en het formulier 100 door de Federale Overheidsdienst Sociale Zekerheid in Brussel online via de gemeente met de aanvrager meegegeven.

De ingangsdatum van de aanvraag op initiatief van de persoon met een handicap is steeds de 1ste dag van de maand volgend op de aanvraag.

Indien echter uit het administratief onderzoek blijkt dat er een stijging van de inkomsten met meer dan 20% is en dit niet binnen de 3 maanden werd gemeld, dan gaat de nieuwe beslissing in vanaf de maand volgend op de stijging van de inkomsten. Er kan dus een terugvordering door veroorzaakt worden!

Een daling van de inkomsten met meer dan 20% noodzaakt tot het indienen van een nieuwe aanvraag.

Vraag best eerst raad alvorens een herzieningsaanvraag in te dienen.

Ambtshalve herziening of geprogrammeerde administratieve herziening

Dit zijn herzieningen die door de FOD zelf worden opgestart. De uitwerkingsdatum kan heel verschillend zijn en wordt door heel wat factoren beïnvloed.

De FOD start een herziening als:
- Het zelf een wijziging vaststelt in de kruispuntbank voor sociale zekerheid, die de uitkering kan beïnvloeden;
- Betrokkene een wijziging heeft gemeld en de dienst heeft geoordeeld dat de wijziging de uitkering kan beïnvloeden (deze herziening kan ook op latere datum ambtshalve gepland zijn ten gevolge van een opgegeven wijziging);
- In een vorige beslissing een herziening vooropgesteld werd;
- Het tijd is om de door de wet voorziene 5-jaarlijkse herziening uit te voeren.

Een wijziging ten gevolge van gewijzigde burgerlijke staat, gezinssamenstelling of ontslag of opname in een instelling gaat altijd in vanaf de datum van wijziging.

Een wijziging ten gevolge van een ambtshalve geplande herziening (vb. vooraf geplande medische herziening), vaststelling arbeidsgeschiktheid of verbeterde zelfredzaamheid of ten gevolge van de 5- jaarlijkse herziening gaat altijd in na de kennisgeving van de beslissing.

Een wijziging ten gevolge van gewijzigde nationaliteit- en verblijfsvoorwaarden, gewijzigde gezinslast of gewijzigd inkomen (20% verschil) krijgt een gunstige ingangsdatum voor het nieuwe recht als de wijziging spontaan gemeld werd binnen 3 maand. In dat geval zal een verhoogde uitkering meteen na de wijzigingsdatum ingaan en een verlaagde uitkering pas na de nieuwe beslissing, zodat betrokkene altijd voordeel doet (sneller een verhoogd bedrag en later een verlaagd bedrag).

Gouden tip: ook al kan de wijziging ambtshalve vastgesteld worden via de kruispuntbank voor sociale zekerheid, meldt iedere wijziging binnen 3 maand aan de administratie. Dit kan per gewone brief of via de gemeente (zelfde procedure als bij een gewone aanvraag). Dit valt nooit nadelig uit!

Terugvordering

Ten onrechte uitbetaalde tegemoetkomingen kunnen teruggevorderd worden.

Indien de persoon met een handicap verder gerechtigd is op een tegemoetkoming wordt er 10% van de tegemoetkoming ingehouden tot de volledige schuld is terugbetaald.

Betrokkene kan binnen de 3 maanden na de beslissing tot terugvordering kan betrokkene een aanvraag tot verzaking aan de terugvordering indienen.

Een speciale commissie oordeelt over de aangevoerde redenen en indien het gaat om een behartigenswaardige situatie wordt de terugvordering kwijtgescholden.

Indien het terug te vorderen bedrag beneden de 384,81 euro ligt (index 01.01.2008), wordt er automatisch afgezien van de terugvordering.

Wanneer de aanvraag tot verzaking ingediend binnen de 3 maanden na kennisgeving van de beslissing tot terugvordering, wordt de terugvordering geschorst tot de minister uitspraak heeft gedaan.

Bij een laattijdige aanvraag wordt de terugvordering zolang voortgezet tot de uitspraak er is. Indien de commissie beslist dat de schuld niet moet terugbetaald worden, stopt de inhouding met 10%. Het reeds terugbetaalde is echter niet meer recupereerbaar.

Beroepsprocedure

Indien men niet akkoord gaat met de beslissing van de Federale Overheidsdienst Sociale Zekerheid, dan kan men binnen de 3 maanden (art. 19 van de wet 27.02.1987) na betekening beroep aantekenen door middel van een aangetekend schrijven naar de griffie arbeidsrechtbank van de woonplaats. Men vraagt eveneens de gerechtelijke intresten.

Volgens een belangrijke uitspraak van Cassatie (dd. 30.10.2000) heeft de rechter weldegelijk de bevoegdheid om rekening te houden met wijzigingen die werden vastgesteld gedurende de procedure (deskundigenverslag geneesheer-expert, ...). Dit heeft voor gevolg dat de rechter kan beslissen over een wijziging inzake medische beoordeling, en dat de persoon met een handicap dus niet meer verplicht wordt om in deze gevallen zelf een herziening aan te vragen (die nooit tijdig kon worden ingediend en dus inkomensverlies als gevolg had).

Bij niet-ontvankelijkverklaring door de rechtbank wordt het beroep beschouwd als een nieuwe aanvraag (Programmawet 24.12.2002).

Bij Arrest 160/2005 heeft het Arbitragehof op 26.10.2005 beslist dat een gerechtigde op pro deo bijstand ook recht heeft op bijstand van een medisch expert in het kader van de pro deomaatregel.

Waar?

- Gemeentehuis (aanvraag)
- F.O.D. Sociale Zekerheid
  Directie-generaal Personen met een handicap
  Administratief Centrum Kruidtuin, Finance Tower,

Kruidtuinlaan 50 bus 1, 1000 Brussel
tel.: Contactcenter 02/507 87 99
fax: 02/509.81.85
of mailen naar contactcenter: HandiN@minsoc.fed.be

- Ziekenfonds - dienst maatschappelijk werk (inlichtingen + bijstand) (Gouden Gids nr. 6990, www.cm.be; e-mail: dmw@cm.be)
- Verenigingen voor personen met een handicap (inlichtingen + bijstand) bv. KVG, A. Goemaerelei 66, 2018 Antwerpen, tel.: (03) 216 29 90

Aandachtspunten voor de arts:

Formulier 3+4: (in te vullen door de huisarts) geneeskundig getuigschrift en concrete gegevens over zelfredzaamheid.

Aan de hand van dit formulier wordt uitgemaakt of de persoon met een handicap zelfredzaam is of niet en in welke mate.

Elk van de verschillende items wordt voor elke persoon met een handicap vanuit zijn specifieke handicap en situatie bekeken. Dit heeft voor gevolg dat bv. de rubriek 'verplaatsingen' voor een gehoorgestoorde ondermeer moet geïnspireerd worden bij moeilijkheden die hij of zij ondervindt bij openbaar vervoer of verkeerssituaties (getoeter auto, gierende remmen, gesproken aankondigingen, enz.).

Op het formulier 3+4 beschrijft de behandelende geneesheer de toestand van de patiënt. Hij moet geen punten meer toekennen in het kader van de zelfredzaamheid maar moet wel per item beschrijven wat de patiënt wel en niet meer kan doen van dagelijkse activiteiten.

Zo kan bv. ook ter staving ingeroepen worden: de inspanning en de pijn die nodig is om een bepaalde activiteit uit te oefenen, de mogelijke bijkomende en naastliggende problemen bij de uitvoering van een activiteit.

M.a.w. een zeer grote inleving is noodzakelijk (liefst aangevuld met een diepgaand gesprek) om een zo juist en zo volledig mogelijk beeld te krijgen van de leefwereld en de mogelijkheden van de persoon met een handicap.

Het is dus van zeer groot belang om de beperkingen zo concreet en objectief mogelijk toe te lichten in het formulier 3 + 4.

Opmerking

* Het kan soms nuttig zijn om bij de aanvraag bijkomend een gemotiveerd verslag van een maatschappelijk werker (van het ziekenfonds) of van een psycholoog mee te sturen.

II.7. Tegemoetkoming hulp aan bejaarden (THAB)

Wet van 27.02.87 betreffende de tegemoetkomingen aan personen met een handicap, laatst gewijzigd bij KB 27.04.2007 (BS 12.06.2007);
KB van 05.03.1990, laatst gewijzigd bij KB 09.05.2007 (BS 22.06.2007)
KB van 22.05.2003 betreffende de procedure (BS 27.06.2003), laatst gewijzigd bij KB 16.04.2008 (BS 19.05.2008)

Wat?

De tegemoetkoming hulp aan ouderen is een financiële tegemoetkoming voor ouderen (+ 65 jaar) met een verminderde graad van zelfredzaamheid.

Ook ouderen die reeds een inkomensvervangende (zie II.5.) en/of integratietegemoetkoming (zie II.6.) hebben, kunnen ter vervanging hiervan eventueel aanspraak maken op de tegemoetkoming hulp aan bejaarden, indien deze tegemoetkoming voordeliger zou zijn.

Het is een bijstandsuitkering, dus bedoeld voor mensen die niet over (voldoende) eigen middelen beschikken om in hun levensonderhoud te voorzien. Een bijstandsuitkering is altijd afhankelijk van een inkomensonderzoek.

De financiële tegemoetkoming heeft als doelstelling de ouderen te vergoeden voor de meerkost die zij hebben vanwege de verminderde graad van zelfredzaamheid. Naargelang de afhankelijkheidsgraad van de gehandicapte onderscheidt men 5 categorieën:

(zie ook aandachtspunten artsen)
- categorie I (7-8 punten) = max. 906,91 euro/jaar,
- categorie II (9-11 punten) = max. 3.461,89 euro/jaar,
- categorie III (12-14 punten) = max. 4.209,10 euro/jaar,
- categorie IV (15-16 punten) = max. 4.956,09 euro/jaar,
- categorie V (17-18 punten) = max. 6.087,86 euro/jaar.

(Bedragen: index 01.09.2008)

Wie?

Ouderen (+ 65 jaar) die een verminderde graad van zelfredzaamheid (minstens 7 punten) hebben en nog geen ofwel een minder voordelige inkomensvervangende en/of integratietegemoetkoming hebben, kunnen een tegemoetkoming hulp aan bejaarden aanvragen.

Men dient de Belgische nationaliteit te hebben of gelijkgesteld ((1)). Bovendien moeten de aanvragers bestendig en daadwerkelijk in België verblijven (ingeschreven zijn in het bevolkings- of vreemdelingenregister). Een verblijf van max. 90 kalenderdagen/jaar in het buitenland is toegelaten. Een langere periode kan enkel onder specifieke voorwaarden en mits voorafgaandelijke toelating.

---

(1) Gelijkgesteld zijn personen die in België hun werkelijke verblijfplaats hebben en Europeaan zijn, Marokkaan of Algerijn of Tunisiër die een band heeft met de Belgische Sociale Zekerheid, staatloos zijn volgens het Verdrag van staatlozen dat is goedgekeurd door de wet van 12 mei 1960, erkend vluchteling zijn of niet tot deze categorieën behoren, maar tot 21 jaar de verhoging van de kinderbijslag genoten hebben als kind met een handicap, personen met een andere nationaliteit die ingeschreven staan in het bevolkingsregister (niet vreemdelingenregister).

Het bedrag van de tegemoetkoming wordt gedeeltelijk verminderd met het bedrag van het inkomen van de persoon met een handicap, van zijn echtgenoot of van de partner met wie hij een huishouden vormt voor zover die inkomens de vrijgestelde bedragen overschrijden (zie berekening).

Het bedrag van de tegemoetkoming voor hulp aan bejaarden is afhankelijk van:

1. ***De graad van zelfredzaamheid*** (de categorie; I, II, III, IV of V) (zie "Wat?")
2. ***De toegekende categorie*** met een inkomstengrens eraan gekoppeld
   Er zijn drie categorieën:
   1° categorie A: de bejaarden met een handicap die niet behoren tot categorie B noch tot categorie C.
   Inkomstengrens: € 11.037,47
   2° categorie B: de bejaarden met een handicap die:
   - ofwel alleen wonen;
   - ofwel sedert ten minste 3 maanden dag en nacht in een verzorgingsinstelling verblijven en die niet tot categorie C behoren.
   Inkomstengrens: € 11.037,47
   3° categorie C: de bejaarden met handicap die:
   - ofwel een huishouden (1) vormen (2)
   - ofwel één of meerdere kinderen ten laste (3) hebben
   Inkomstengrens: € 13.792,25

(bedragen 01.09.2008)

3. ***Het inkomen:***

Al het reëel inkomen (al dan niet belastbaar) van de persoon met een handicap en de eventuele persoon waarmee de persoon met handicap een huishouden vormt.

- *Inkomsten die niet worden meegeteld zijn:* de gezinsbijslagen, openbare en private bijstandsuitkeringen, onderhoudsgelden betaald door de kinderen, tegemoetkomingen aan gehandicapte partner, vergoedingen aan de partner in het kader van de PWA's, (aanvullend) vakantiegeld van een pensioenkas, renten van frontstrepen, gevangenschap of van een nationale orde
- Indien in een huishouden voor beide partners een aanvraag ingediend wordt, wordt het totaal inkomen voor de helft toegekend aan iedere partner (m.a.w. totaal inkomen gedeeld door 2) en ook de inkomstengrens van categorie C wordt gedeeld door 2.

---

(1) Onder 'huishouden' verstaat men elke samenwoning van twee personen die geen bloed- of aanverwant zijn in de eerste, tweede of derde graad.

(2) Personen die in een instelling verblijven en thuis gedomicilieerd blijven kunnen aanspraak blijven maken op categorie C indien ze op dat adres een 'huishouden' vormen

(3) een kind ten laste is: ofwel de persoon, jonger dan 25 jaar voor wie de persoon met een handicap of de persoon met wie hij een huishouden vormt kinderbijslag ontvangt of een onderhoudsgeld ontvangt dat bij vonnis is vastgesteld of dat bepaald is in een overeenkomst in het kader van een procedure tot echtscheiding met onderlinge toestemming, ofwel de persoon jonger dan 25 jaar voor wie de persoon met een handicap onderhoudsgeld betaalt dat bij vonnis is vastgesteld of dat bepaald is in een overeenkomst in het kader van een procedure tot echtscheiding met onderlinge toestemming.

Soorten inkomsten

1. Inkomen of rente uit kapitaal, **uitgekeerd ter vergoeding van verminderde zelfredzaamheid** (1)
2. Het beroepsinkomen (indien er nog beroepsinkomen is op het ogenblik van de aanvraag) van het 2de jaar voor de ingangsdatum van de aangevraagde tegemoetkoming ((2)).
3. 90% het pensioeninkomen ((3)) (ook buitenlands); er wordt echter geen rekening gehouden met schorsingen door sanctie: in deze gevallen wordt rekening gehouden met een theoretisch pensioen.
4. inkomen van onroerende goederen ((4)) in volle eigendom of in vruchtgebruik;
   a) bebouwde: som K.I.'s bebouwde goederen (- max. 1.500 euro + 250 euro/kind ten laste). De eventuele rest x 3 wordt in rekening gebracht
   b) onbebouwde: som K.I.'s onbebouwd mag, indien er geen bebouwde goederen zijn, verminderd worden met 60 euro. De rest x 9.
5. roerende inkomsten;
   6% van het kapitaal (al dan niet belegd!!) (zie ook punt 5 'afstand van')
6. afstand gedurende de laatste 10 jaar vóór de aanvraag:
   - Afstand onder bezwarende titel (verkoop) of bij bedrijfsafstand:
     De geschatte waarde van het goed mag verminderd worden met 125 euro per maand tussen de verkoop en de ingangsdatum van de tegemoetkoming (= verleving). De rest wordt aangerekend à rato van 6 %.
   - Afstand om niets (schenking)
     De geschatte waarde van het goed wordt aangerekend aan 6 %. Hier mag er geen verleving op toegekend worden.

Opgelet:

Indien afstand wordt gedaan van een goed, waarvan men vruchtgebruik of naakte eigendom heeft, dan wordt de verkoopwaarde eerst vermenigvuldigd met de volgende coëfficiënt:

Leeftijd (oudste) aanvrager op datum verkoop	Coëfficiënt bij vruchtgebruik	Coëfficënt bij naakte eigendom
20 jaar en minder	72%	28%
20 < 30	68%	32%
30 < 40	64%	36%
40 < 50	56%	44%
50 < 55	52%	48%
55 < 60	44%	56%
60 < 65	38%	62%

---

(1) Een uitkering in kapitaal wordt omgerekend naar een jaarlijkse lijfrente (%/leeftijdsjaar op ogenblik van het ontstaan van de handicap).

(2) Voor toegelaten beroepsactiviteit na pensionering wordt rekening gehouden met de inkomsten op jaarbasis.

(3) Gewaarborgd inkomen vanaf 01.06.2001 vervangen door de inkomensgarantie uitkering voor ouderen, en extra legale pensioenen worden aan 100% meegeteld.

(4) Onroerende goederen in het buitenland: K.I.'s worden berekend volgens de in het buitenland geldende wetgeving.

65 < 70	32%	68%
70 < 75	24%	76%
75 < 80	16%	84%
80 en meer	8%	92%

Berekening

1. Bepaling van het maximumbedrag van de tegemoetkoming volgens de categorie (I, II, III, IV of V) (zie "Wat?")

2. berekening van de bestaansmiddelen (zie hoger)

a) huidige uitkeringen van de **aanvrager** i.f.v. de verminderde zelfredzaamheid (1) die uitbetaald worden vanuit een andere reglementering dan de tegemoetkoming aan personen met een handicap (huidig bedrag/jaarbasis)
b) beroepsinkomsten van **de persoon met handicap en van de eventuele persoon waarmee de persoon met een handicap een huishouden vormt.**
c) pensioenen van de persoon met een handicap en de eventuele persoon waarmee de persoon met handicap een huishouden vormt.
d) inkomen uit onroerende goederen
   - bebouwde
   - onbebouwde
e) roerende kapitalen
f) (bedrijfs-) afstand

Voorbeeld:

Gegevens:
Een gehuwde persoon met een handicap van 68 jaar, dient op 05.09.2009 een aanvraag THAB in.
Hij geniet een Belgisch rustpensioen van 1.090,43 euro per maand en een buitenlands rustpensioen van 61,80 euro per maand. Hij woont samen met zijn vrouw, die geen eigen inkomsten heeft, in hun eigen woonhuis met KI 872,59 euro. Daarnaast heeft hij nog een stukje grond (KI 49,58 euro).
Op 21.03.2001 verkocht hij grond voor 14.873,61 euro.

Beslissing:
1. Motief van de beslissing
   - aanvraag om tegemoetkoming hulp aan bejaarden van 05.09.2009
   - betrokkene behoort tot de categorie C.

2. Medische grondslag van de beslissing: medische beslissing dd 08.12.2009. Ingevolge het gebrek aan of de vermindering van de zelfredzaamheid, behoort betrokkene tot categorie 5 voor de tegemoetkoming hulp aan bejaarden.

(1) Een uitkering in kapitaal wordt opgerekend naar een jaarlijkse lijfrente (%/leeftijdsjaar op ogenblik van het ontstaan van de handicap).

3. Berekening

a) Berekening van het pensioen in aanmerking te nemen op 01.10.2009

BESCHRIJVING	BEDRAGEN
Pensioen in privesector Buitenlands pensioen	€ 13.085,16 € 741,60
Totaal bedrag van het pensioen	**€ 13.826,76**
In aanmerking te nemen voor de berekening van de tegemoetkoming = 90% van het totaal bedrag.	€ 12.444,08

b) Totaal der inkomsten

BESCHRIJVING	BEDRAGEN
Pensioen in aanmerking te nemen	€ 12.444,08
Inkomsten uit onroerende goederen: Onroerende bebouwde goederen: Woonhuis: KI € 872,59 - Abattement op het woonhuis € 1.500 = 0 Onroerende onbebouwde goederen: KI € 49,58 te vermenigvuldigen met coëfficient 9	€ 446,22
Afstand onder bezwarende titel dd 21.03.2001 van een perceel grond in volle eigendom voor de som van € 14.873,61 Verleving: 01.04.2001 tot 01.10.2009 = 102 maanden à € 125 = € 12.750 14.873,61 - 12.750 = € 2.123,61 à 6%	€ 127,42
Totaal der inkomsten (verrekening pensioen + onroerende + afstand)	**€ 13.017,72**
Geïndexeerd vrijstelling	€ 13.792,25
Totaal der inkomsten in rekening te brengen	€ 0

c) Berekening van de tegemoetkoming

BESCHRIJVING	BEDRAG
Maximumbedrag van de tegemoetkoming voor categorie 5	€ 6.087,86
Af te trekken inkomsten in rekening te brengen	€ 0
Toe te kennen tegemoetkoming	**€ 6.087,86**

Opmerking:

Wanneer 2 gehuwde partners beiden een tegemoetkoming hulp aan bejaarden aanvragen worden de inkomsten (bij de berekening) gedeeld door twee. De inkomstengrens wordt in die situatie de helft van de categorie C.

Hoe?

Elke aanvraag wordt on-line door de gemeente aan de Federale Overheidsdienst Sociale Zekerheid (FODSZ) overgemaakt. Op het geautomatiseerd elektronisch document noteert de burgemeester het rijksregisternummer van de aanvrager en specificeert hij om welke aanvraag het gaat.

Hij ontvangt op zijn beurt op elektronische wijze een ontvangstbewijs, het formulier betreffende de inkomsten (form 101) en in voorkomend geval, de medisch getuigschriften (form. 3+4, 5 en 6). Dit geeft hij mee met de aanvrager.

De aanvrager krijgt één maand de tijd om alle stukken ingevuld terug te sturen aan de Federale Overheidsdienst.

Welke formulier bestaan er en wie moet ze invullen ?

Alle formulieren hebben een nummer en kunnen daardoor goed uit mekaar gehouden worden.

nummer van het formulier	Wie moet het formulier invullen?
elektronische aanvraag	de bediende van de gemeente
3 + 4	de behandelende geneesheer
5	de oogarts
6	de Neus-, Keel-, Oorarts
101	de persoon met een handicap (samen met de maatschappelijk werker)

Hoe verloopt de aanvraag verder ?

De behandeling van het dossier kent 2 luiken: Het medisch onderzoek en het administratief onderzoek.

Het medisch onderzoek:

Sinds januari 2008 is de wijze waarop het medisch onderzoek gedaan wordt deels gewijzigd wat betreft oproeping voor medische controle en medisch onderzoek op stuk. Aanvragen die voor 1 januari 2008 worden nog op de oude wijze behandeld waarbij de aanvrager in principe altijd op medisch controle komt. Enkel in een aantal specifieke situaties was het mogelijk om een onderzoek op stukken te krijgen.

Aanvragen vanaf 1 januari 2008 worden op volgende wijze behandeld:

1. een aangeduide arts of multidisciplinair team onderzoekt het verminderde verdienvermogen of verminderde zelfredzaamheid van de persoon met een handicap;
2. Als deze het nodig achten worden er extra gegevens opgevraagd bij de aanvrager. Deze heeft 1 maand de tijd om de gegevens aan te leveren;
3. Als het nodig geacht wordt dan wordt de persoon met een handicap opgeroepen voor medische controle;
4. Na het medisch onderzoek, al dan niet met oproeping voor medische controle, worden de medische attesten toegestuurd indien er voldaan is aan de m inimale medische voorwaarden

Het is dus aangewezen de arts erop te wijzen dat deze ervoor moet zorgen dat het medisch luik zo compleet mogelijk wordt ingevuld en eventueel wordt aangevuld met andere medische en sociale verslagen.

Het administratief onderzoek:

1. Indien nodig vraagt de dienst om bijkomende inlichtingen of bewijsstukken.
2. Je ontvangt de administratieve beslissing.

Uitbetaling:

De uitbetaling gebeurt maandelijks op een bankrekening waarvan de gerechtigde (mede-)eigenaar is (een volmacht is niet voldoende). De eerste betaling geschiedt omstreeks de 25ste van de maand volgend op de betekening van de positieve beslissing. (Eventuele achterstallen worden eveneens betaald in de loop van de maand na betekening van de beslissing.

Na overlijden worden de vervallen en nog niet uitbetaalde termijnen:
- aan de partner uitbetaald (tot en met maand van overlijden) en
- bij het ontbreken van een partner, uitbetaald (tot de maand **voor** het overlijden) aan één van de rechthebbenden in volgende orde: de kinderen met wie hij samenleefde, de vader en moeder met wie hij samenleefde en bij ontbreken van de hiervoorgenoemden aan bepaalde andere rechthebbenden (bv. andere personen met wie betrokkene samenleefde, of personen die financieel tussenkwamen voor verpleegzorgen of voor de begrafeniskosten), maar dit *enkel op aangetekend verzoek binnen de 6 maanden.* (Deze aanvraag gebeurt via het formulier 191 dat te bekomen is op het gemeentehuis.)

Herziening

Een nieuwe aanvraag kan door de persoon met een handicap zelf bij de gemeente worden ingediend indien hij/zij denkt recht te hebben op een hogere vergoeding (zelfde procedure als bij eerste aanvraag) en de F.O.D. Sociale Zekerheid de herziening niet zelf reeds doorvoerde.

Hierbij moeten we een onderscheid maken tussen een medische en een louter administratieve herziening. De medische herziening verloopt identiek zoals een eerste aanvraag (zie supra). In geval van een administratieve herziening wordt enkel een formulier 101 ter invulling meegegeven. Het aanvraagformulier wordt zoals bij een eerste aanvraag door de gemeente online aan de FOD Sociale Zekerheid overgemaakt.

De ingangsdatum van de aanvraag op initiatief van de persoon met een handicap is normaal de 1ste dag van de maand volgend op de aanvraag.

Indien echter uit het administratief onderzoek blijkt dat er een stijging van de inkomsten met meer dan 10% is en dit niet binnen de 3 maanden werd gemeld, dan gaat de nieuwe beslissing in vanaf de maand volgend op de stijging van de inkomsten. Er kan dus een terugvordering door veroorzaakt worden!

Een daling van de inkomsten met meer dan 10% noodzaakt tot het indienen van een nieuwe aanvraag.

Vraag best eerst raad alvorens een herzieningsaanvraag in te dienen.

Ambtshalve herziening of geprogrammeerde administratieve herziening

Dit zijn herzieningen die door de FOD zelf worden opgestart. De uitwerkingsdatum kan heel verschillend zijn en wordt door heel wat factoren beïnvloed.

De FOD start een herziening als:
- Het zelf een wijziging vaststelt in de kruispuntbank voor sociale zekerheid, die de uitkering kan beïnvloeden;
- Betrokkene een wijziging heeft gemeld en de dienst heeft geoordeeld dat de wijziging de uitkering kan beïnvloeden (deze herziening kan ook op latere datum ambtshalve gepland zijn ten gevolge van een opgegeven wijziging);
- In een vorige beslissing een herziening vooropgesteld werd;
- Het tijd is om de door de wet voorziene 5-jaarlijkse herziening uit te voeren.

Een wijziging ten gevolge van gewijzigde burgerlijke staat, gezinssamenstelling of ontslag of opname in een instelling gaat altijd in vanaf de datum van wijziging.

Een wijziging ten gevolge van een ambtshalve geplande herziening (vb. vooraf geplande medische herziening), vaststelling arbeidsgeschiktheid of verbeterde zelfredzaamheid of ten gevolge van de 5- jaarlijkse herziening gaat altijd in na de kennisgeving van de beslissing.

Een wijziging ten gevolge van gewijzigde nationaliteit- en verblijfsvoorwaarden, gewijzigde gezinslast of gewijzigd inkomen (10% verschil) krijgt een gunstige ingangsdatum voor het nieuwe recht als de wijziging spontaan gemeld werd binnen 3 maand. In dat geval zal een verhoogde uitkering meteen na de wijzigingsdatum ingaan en een verlaagde uitkering pas na de nieuwe beslissing, zodat betrokkene altijd voordeel doet (sneller een verhoogd bedrag en later een verlaagd bedrag).

Gouden tip: ook al kan de wijziging ambtshalve vastgesteld worden via de kruispuntbank voor sociale zekerheid, meldt iedere wijziging binnen 3 maand aan de administratie. Dit kan per gewone brief of via de gemeente (zelfde procedure als bij een gewone aanvraag). Dit valt nooit nadelig uit!

Terugvordering

Ten onrechte uitbetaalde tegemoetkomingen kunnen teruggevorderd worden.

Indien de persoon met een handicap verder gerechtigd is op een tegemoetkoming wordt er 10% van de tegemoetkoming ingehouden tot de volledige schuld is terugbetaald.

Binnen de 3 maanden na de beslissing tot terugvordering kan betrokkene een aanvraag tot verzaking aan de terugvordering indienen.

Een speciale commissie oordeelt over de aangevoerde redenen en indien het gaat om een behartigenswaardige situatie wordt de terugvordering kwijtgescholden.

Indien het terug te vorderen bedrag beneden de 392,52 euro ligt (index 01.01.2008), wordt er automatisch afgezien van de terugvordering.

Wanneer de aanvraag tot verzaking ingediend binnen de 3 maanden na kennisgeving van de beslissing tot terugvordering, wordt de terugvordering geschorst tot de minister uitspraak heeft gedaan.

Bij een laattijdige aanvraag wordt de terugvordering zolang voortgezet tot de uitspraak er is. Indien de commissie beslist dat de schuld niet moet terugbetaald worden, stopt de inhouding met 10%. Het reeds terugbetaalde is echter niet meer recupereerbaar.

Beroepsprocedure

Indien men niet akkoord gaat met de beslissing van de Federale Overheidsdienst Sociale Zekerheid, dan kan men binnen de 3 maanden (art. 19 van de wet 27.02.1987) na betekening van de beslissing beroep aantekenen door middel van een aangetekend schrijven naar de griffie van de arbeidsrechtbank van de woonplaats. Men vraagt tegelijkertijd gerechtelijke intresten.

Volgens een recente belangrijke uitspraak van Cassatie (dd. 30.10.2000) heeft de rechter weldegelijk de bevoegdheid om rekening te houden met wijzigingen die werden vastgesteld gedurende de procedure (deskundigenverslag geneesheer-expert, ...). Dit heeft voor gevolg dat de rechter kan beslissen over een wijziging (verhoging) van categorie, en dat de persoon met een handicap dus niet meer verplicht wordt om in deze gevallen zelf een herziening aan te vragen (die nooit tijdig kon worden ingediend en dus inkomensverlies als gevolg had).

Bij niet-ontvankelijkverklaring door de rechtbank wordt het beroep beschouwd als een nieuwe aanvraag (Programmawet 24.12.2002).

Personen, die in aanmerking komen voor pro deo bijstand van de rechtbank, kunnen vragen om zich te laten bijstaan door een geneesheer in de beroepsprocedure, ongeacht of betrokkene kiest voor een pro deo advocaat of niet (kosten worden vergoed in het kader van de pro deo procedure).

Waar?

- Gemeentehuis (formulieren)
- F.O.D. Sociale Zekerheid
Directie-generaal Personen met een handicap
Administratief centrum Kruidtuin, Finance Tower,
Kruidtuinlaan 50, bus 1, 1000 Brussel
tel.: Contactcenter 02/507 87 99
fax: 02/509.81.85
of mailen naar contactcenter: HandiN@minsoc.fed.be
www.handicap.fgov.be
- Ziekenfonds - dienst maatschappelijk werk (inlichtingen + bijstand) (Gouden Gids nr. 6990, www.cm.be; e-mail: dmw@cm.be),
- Verenigingen voor personen met een handicap (inlichtingen + bijstand)
bv. KVG, A. Goemaerelei 66, 2018 Antwerpen, tel.: (03) 216 29 90

Aandachtspunten voor de arts:

Formulier 3+4: (in te vullen door de huisarts) geneeskundig getuigschrift en concrete gegevens over zelfredzaamheid.

Aan de hand van dit formulier wordt uitgemaakt of de bejaarde zelfredzaam is of niet en in welke mate.

Volgende 6 items worden behandeld:
- verplaatsingsmogelijkheden
- mogelijkheden om zijn voeding te nuttigen of te bereiden
- mogelijkheden om voor zijn persoonlijke hygiëne in te staan en zich te kleden

- mogelijkheid om de woning te onderhouden en huishoudelijk werk te verrichten
- mogelijkheden om te leven zonder toezicht, bewust te zijn van het gevaar en het gevaar te kunnen vermijden
- mogelijkheden tot communicatie en sociaal contact.

Elk van de verschillende items wordt voor elke persoon met een handicap vanuit zijn specifieke handicap en situatie bekeken. Dit heeft voor gevolg dat bv. de rubriek 'verplaatsingen' voor een gehoorgestoorde ondermeer moet geïnspireerd worden bij moeilijkheden die hij of zij ondervindt bij openbaar vervoer of verkeerssituaties (getoeter auto, gierende remmen, gesproken aankondigingen, enz.).

Op het formulier 3+4 beschrijft de behandelende geneesheer de toestand van de patiënt. Hij moet geen punten meer toekennen in het kader van de zelfredzaamheid maar moet wel per item beschrijven wat de patiënt wel en niet meer kan doen bij dagelijkse activiteiten.

Zo kan bv. ook ter staving ingeroepen worden: de inspanning en de pijn die nodig is om een bepaalde activiteit uit te oefenen, de mogelijke bijkomende en naastliggende problemen bij de uitvoering van een activiteit. Het is de wetsdokter die de score van de beperking van de zelfredzaamheid toekent.

M.a.w. een zeer grote inleving is noodzakelijk (liefst aangevuld met een diepgaand gesprek) om een zo juist en zo volledig mogelijk beeld te krijgen van de leefwereld en de mogelijkheden van de persoon met een handicap.

Het is dus van zeer groot belang om de beperkingen zo concreet en objectief mogelijk toe te lichten in het formulier 3 + 4.

Opmerking

- Het kan soms nuttig zijn om bij de aanvraag bijkomend een gemotiveerd verslag van een maatschappelijk werker (van het ziekenfonds) of van een psycholoog mee te sturen.

II.8. Arbeidsongevallen

(Privésector: Wet 10.04.71 - B.S. 24.04.71, recente wijzigingen bij de Koninklijke Besluiten van 03.07.2005; 30.09.2005; 05.03.2006 en Wetten van 27.12.2004; 11.07.2005; 13.07.2006;
Openbare sector: Wet 03.07.67)

Wat ?

Werknemers in loonverband welke een erkend arbeidsongeval of een ongeval op de weg van en naar het werk (Wet 20.05.98 - B.S. 01.08.98) hebben opgelopen, kunnen hiervoor een schadevergoeding ontvangen. Een ongeval is een plotse gebeurtenis die een kwetsuur, een arbeidsongeschiktheid of de dood heeft veroorzaakt.

Arbeidsongeschiktheid wordt erkend indien betrokkene niet meer of niet meer op dezelfde wijze zijn werk als vóór het ongeval kan uitvoeren, dus niet meer hetzelfde verdienvermogen heeft. (1)

Vanaf 2006 zijn alle letsels, die aanvaard worden als arbeidsongeval, in een codelijst beschreven (KB 24.02.2005, gewijzigd bij KB 30.09.2005). Andere letsels wijzen op een beroepsziekte.

De uitkeringen voor arbeidsongevallen worden berekend op basis van het gemiddelde dagelijkse loon dat overeenstemt met 1/365ste van het basissalaris (= complete salaris waarop de werknemer recht heeft tijdens het jaar dat de dag van het arbeidsongeval voorafgaat). Het basisloon is beperkt tot een maximumbedrag (2).

Voor de berekening van het basisloon zijn er specifieke bepalingen voor slachtoffers die nog geen jaar in dienst of in dezelfde functie zijn, en voor gepensioneerden die nog bijverdienen. Het basisloon voor tijdelijke arbeidsongeschiktheid verschilt van dat voor vergoeding van de blijvende ongeschiktheid. Het vakantiegeld is er niet in opgenomen. Daarnaast kunnen beide basislonen van elkaar verschillen in geval van deeltijdse arbeid en/of minderjarige slachtoffers en leerlingen.

Overzicht van de uitkeringen:

a) Bij overlijden:

begrafeniskosten (30 x gemiddeld dagloon)

rente aan:

- de overlevende echtgeno(o)t(e) = 30% basisloon (2);
- kinderen:
  - erkende of geadopteerde kinderen van de getroffene of van de echtgenoot, wees van vader of moeder = elk 15% basisloon (tezamen max. 45% van het basisloon);

(1) Opgelet: de 'arbeidsongevallenvergoeding' is belastingsvrij, indien ze geen daadwerkelijk verlies van inkomsten vergoedt (Wet 19/07/2000 - B.S. 04/08/2000)

(2) Basisloon = loon van de laatste 12 maanden vóór het ongeval (beperkt tot 36.809,73 euro) per jaar (vanaf 01.01.2009). Voor leerlingen of minderjarige werknemers mag het echter niet minder bedragen dan 5.948,76 euro.)

- erkende of geadopteerde kinderen van de getroffene of van de echtgenoot, wees van vader én moeder = elk 20% basisloon (tezamen max. 60% van het basisloon);
  (niet erkende kinderen hebben ook recht wanneer de gerechtelijke vaststelling van de afstamming vaststaat)
- In bepaalde gevallen (onder hetzelfde dak wonen of geen andere rechthebbenden, ...) kunnen eventueel ook andere personen aanspraak maken op een rente (van 15-20%), met name:
  - de vader en de moeder van de getroffene (zonder echtgenoot of kinderen) = elk 20% van het basisloon; indien de getroffene een echtgenoot nalaat wordt de rente voor deze personen beperkt tot 15% van het basisloon; indien vader en moeder overleden: bloedverwanten in de opgaande lijn van de overleden ouder)
  - de kleinkinderen;
  - de broers en de zusters. (indien geen andere rechthebbenden)

b) Bij arbeidsongeschiktheid:

- tijdelijke volledige ongeschiktheid:
  - dag van het ongeval: het volledig dagloon wordt gewaarborgd;
  - vanaf tweede dag: 90% van gemiddeld dagloon;
- tijdelijke gedeeltelijke ongeschiktheid: vergoeding volgens percentage ongeschiktheid of verschil tussen het loon vóór het ongeval en het loon na de wedertewerkstelling;
- blijvende ongeschiktheid; (vastgelegd door consolidatie)
  - vergoeding volgens toegekend percentage (medische + economisch %) ongeschiktheid van 1 tot 100%. Het toegekende percentage wordt vermenigvuldigd met het basissalaris. (1)
    Opmerking: de vergoeding wordt verminderd met de helft indien het percentage tussen 1% en 5% ligt en met 1/4e indien het percentage tussen 5% en 10% ligt. De vergoeding kan reeds ingaan 120 dagen voor datum VOLLEDIGE aanvraag!!);
    Vanaf de pensioenleeftijd (65 jaar of vanaf de datum van aanvaarding van het pensioen) valt het economisch % weg. Men krijgt dan een vast % of bedrag i.p.v. een berekening op basis van het loon. Indien de blijvende arbeidsongeschiktheid meer dan 19% bedraagt en de herzieningstermijn verstreken is, dan kan men vragen dat maximum een derde van de waarde van de rente in kapitaal wordt uitbetaald. Men moet die aanvraag rechtvaardigen (het geld moet bv. dienen om een handelszaak te kopen of om de eigen woning in te richten). Men kan die aanvraag indienen op om het even welk ogenblik na het verstrijken van de herzieningstermijn.
  - eventueel bijkomende forfaitaire vergoeding voor hulp van derden: wie hulp van een andere persoon nodig heeft bij het verrichten van de gewone handelingen uit het dagelijkse leven (toilet maken, eten, zich verplaatsen, enz.), kan een aanvullende vergoeding aanvragen, namelijk de zogenoemde vergoeding voor hulp van derden. Het jaarlijks maximumbedrag van deze vergoeding is gelijk aan 12 maal het gewaarborgd gemiddeld minimum maandinko-

(1) Er wordt geen indexering meer toegepast indien het een vergoeding betreft voor een blijvende arbeidsongeschiktheid tot 19% (Programmawet 22.12.2003, art. 57-61).

men. Dit inkomen wordt door de Nationale Arbeidsraad vastgesteld (bij collectieve arbeidsovereenkomst op 01.01.2009 een maandbedrag van 1.387,49 euro).
Deze vergoeding voor hulp van derden wordt niet meer betaald vanaf de 91ste dag ononderbroken opneming in een ziekenhuis.
Deze vergoeding is geen belastbaar inkomen.
- er bestaat ook een recht op een bijkomende vergoeding bij tijdelijke verergeringen. Het ongeschiktheidpercentage moet vóór de tijdelijke verergering wel minstens 10% bedragen.

Geneeskundige verstrekkingen

In principe worden de terugbetalingen, voor kosten die te maken hebben met het arbeidsongeval, gebaseerd op de terugbetaling binnen het RIZIV (de ziekenfondsen).

Voor langdurige kine-behandelingen wordt er een specifieke regeling uitgewerkt.

- Geneesmiddelen worden volledig terugbetaald; Er is een gemotiveerd voorschrift nodig voor magistrale bereidingen en specialiteiten.
  Sommige geneesmiddelen, die nog niet zijn geregistreerd of die niet worden terugbetaald door het ziekenfonds, worden enkel terugbetaald op basis van een motivatie van de behandelende geneesheer.
- Verblijf in een RVT, ROB of PVT wordt op dezelfde wijze ('tegemoetkoming voor verzorging en bijstand in het dagelijks leven') als die van de ZIV vergoed;
- Bij niet in die nomenclatuur opgenomen geneeskundige verstrekkingen is de vergoeding gelijk aan de werkelijke kost. De prijs moet redelijk en vergelijkbaar zijn met in de nomenclatuur voorziene zorgen; voorafgaandelijke toestemming is dan vereist;
- Gebruik van prothese, orthopedisch toestel of hulpmiddelen;
- Voorafgaandelijke toestemming is niet vereist:
  - voor dringende medische hulp;
  - als reeds vaststaat dat de nood van die zorg noodzakelijk is en het gevolg is van het ongeval.

Er zijn ook specifieke regels van het ogenblik dat de ongeschiktheid een bestendig karakter vertoont en vanaf de kennisgeving, door de verzekeraar of het FAO, van de bewezenverklaring.

Alle reiskosten in functie van behandeling of onderzoek worden door de verzekeraar vergoed.

Aanvullende toelagen: deze hebben als doel om in zekere mate de waardevermindering van de renten/vergoedingen te compenseren (en zodoende de normale loonstijgingen te volgen); de renten/vergoedingen worden vergeleken met een norm die ieder jaar opnieuw wordt bepaald.

Werkhervatting:

In 2006 zijn de wetteksten aangepast om maatregelen uit te werken die de werkhervatting stimuleren, hetzij door herscholing te ondersteunen, hetzij door mogelijkheden voor aangepast werk of werkpostaanpassingen te laten onderzoeken

door de raadsgeneesheer van de verzekering. Bovendien worden mogelijkheden uitgewerkt om te voorkomen dat een mislukte werkhervatting tot inkomensverlies leidt (zonder die maatregelen verliest men voordelen en inkomsten als men hervalt nadat men een minder goed betaald werk aanvaard heeft). Deze maatregelen moeten nog concrete uitvoeringsbesluiten krijgen.

Wie ?

- Werknemers onderworpen aan de sociale zekerheid (1):
  - werknemers met een arbeidsovereenkomst (ook de betaalde sportbeoefenaars)
  - leerlingen onder leercontract
  - diverse categorieën van personen die geen arbeidsovereenkomst hebben, maar wel prestaties verrichten tegen bezoldiging, onder gezag van een persoon of die arbeid verrichten in omstandigheden vergelijkbaar met een arbeidsovereenkomst.
- Gelijkgestelden:
  - werknemers met occasionele arbeid;
  - huispersoneel dat niet inwoont;
  - bepaalde personen met een bijberoep;
  - fruit- en groenteplukkers (max. 25 arbeidsdagen/jaar)
  - onbezoldigde stagiairs, leerlingen en studenten (cfr. schoolopleiding) (2), ingevoerd bij KB 13.06.2007

Hoe?

De werknemer dient zijn werkgever onmiddellijk op de hoogte te brengen.

Indien het ongeval aanleiding kan geven tot toepassing van de arbeidsongevallenwet, dient de werkgever hiervan binnen vastgestelde termijn aangifte te doen:

- Aan de inspecteur arbeidsveiligheid:
  - binnen 10 werkdagen vanaf de dag die volgt op die van het ongeval, of
  - binnen de twee dagen vanaf de dag die volgt op die van het ongeval, bij zeer ernstig (arbeidsongeschiktheid van vermoedelijk minstens 30 dagen) of dodelijk ongeval op de arbeidsplaats zelf. Bij dodelijk ongeval of met te voorziene bestendige AO van minstens 25% onmiddellijk telefonisch of elektronisch contact opnemen.
- Aan de verzekeraar (of via het portaal sociale zekerheid): binnen 8 kalenderdagen, en onmiddellijk bij een ernstig ongeval met dodelijke afloop of bij abnormale omstandigheden (explosie, brand of elektriciteitspanne);
- Aan de bedrijfsgeneeskundige dienst: binnen 10 werkdagen.

---

(1) Militairen, rijkswachters en personen in dienst van de NMBS vallen niet onder de toepassing van deze regeling!

(2) Uitgezonderd ongevallen van en naar het werk en tijdelijke arbeidsongeschiktheid sinds een uitspraak van het arbitragehof d.d. 16/11/2004, arrest 186/2004

Wanneer iemand een ongeval overkomt en letsels zich pas later manifesteren, dan kan er nog steeds een aangifte gebeuren. Het oorzakelijk verband moet echter bewezen worden. Getuigen zijn hier dus zeker belangrijk.

Indien een werkgever weigert een ongeval aan te geven, of hij is niet verzekerd tegen arbeidsongevallen, dan verwittigt men zo snel mogelijk het Fonds voor Arbeidsongevallen, opdat het een onderzoek zou kunnen instellen.

Werknemers uit de openbare sector (provinciale en gemeentelijke diensten inbegrepen) doen hun aanvraag bij hun directe werkgever.

Medisch onderzoek en consolidering:

In principe kiest betrokkene zelf een behandelend geneesheer, behalve wanneer de werkgever of zijn verzekeraar een georganiseerde geneeskundige dienst heeft.

De beslissing van de verzekeraar:

Bij aanvaarding van het arbeidsongeval gaat de verzekeraar eerst tijdelijke arbeidsongeschiktheid vergoeden. Wanneer de letsels niet meer evolueren 'consolideert' men het arbeidsongeval. Men bepaalt of er al dan niet blijvende letsels aanwezig zijn en men bepaalt in voorkomend geval de fysische en sociaal- economische ongeschiktheid.

Het resultaat is
- Volledige genezing, dus geen blijvende letsels; of
- Blijvende letsels, dus blijvende ongeschiktheid.

De beslissing wordt per brief meegedeeld indien de arbeidsongeschiktheid langer duurt dan 7 dagen. Indien de tijdelijke arbeidsongeschiktheid meer dan 30 dagen duurt, dan bevestigt men de genezing door een medisch attest.

'Consolidering' van blijvende letsels gebeurt in een bekrachtigingsprocedure waarbij de verzekeraar een voorstel doet aan betrokkene en zijn behandelend geneesheer en waarbij beide partijen eventueel discussiëren over de eindbeslissing. Sinds 01.09.2006 kan men bij onenigheid beroep doen op een dokter van het Fonds voor Arbeidsongevallen om bemiddelend op te treden, indien de geëiste graad van arbeidsongeschiktheid minstens 25% bedraagt.

Herziening:
Na de consolidering begint de herzieningstermijn, die gedurende 3 jaar loopt. Men kan zowel tijdelijke verergering als blijvende verergering aanvragen. Na de herzieningstermijn wordt de vastgestelde arbeidsongeschiktheid definitief. Toch is het later nog mogelijk om een herziening te vragen voor tijdelijke of blijvende verergering indien de letsels ernstiger worden dan 10% arbeidsongeschiktheid. Aan te vragen bij de verzekeraar, behalve voor de ongevallen die gebeurd zijn voor 01.01.1988 (dan dient men de aanvraag te richten aan het Fonds voor arbeidsongevallen).

Beroep:

Wie niet akkoord gaat met de beslissing van de verzekeraar, en zijn standpunt bevestigd ziet door een behandelend geneesheer, kan het geschil bij de arbeidsrechtbank aanhangig maken. Dit kan door middel van een dagvaarding of met akkoord van de verzekeraar om op vrijwillige basis te verschijnen.

De rechtbank zal dan, eventueel na een medische expertise, het arbeidsongeval bij vonnis regelen.

Wie bij een vakbond aangesloten is kan zich laten bijstaan door de juridische dienst van de vakbond.

Aandacht:

- De werkgevers genieten van de zogenaamde 'immuniteit' (dat wil zeggen: hij kan in principe niet verantwoordelijk gesteld worden voor een ongeval), behalve wanneer hij nalatig is door een zwaarwichtige overtreding te begaan door wettelijke en reglementaire overtredingen betreffende het welzijn van de werknemers te negeren en wanneer hij zelfs na waarschuwing en opgelegde passende maatregelen van de arbeidsinspectie toch nog de werknemers aan de risico's van een arbeidsongeval heeft blootgesteld.
- Bij twijfel over de tenlasteneming zal de verzekering of het FAO (Fonds voor Arbeidsongevallen) het ziekenfonds binnen 30 dagen hiervan op de hoogte brengen zodat deze de nodige vergoedingen als voorschot kan uitkeren. Het is geraadzaam om als rechthebbende zelf contact op te nemen met het ziekenfonds voor het einde van het gewaarborgd loon (d.i. 14 dagen voor arbeiders en 28 dagen voor bedienden) om eventuele ongemakken (bv. laattijdige aangifte, ...) en/of achterstallige betalingen te vermijden.

RSZ-afhoudingen en belastingen

- RSZ wordt afgehouden (niet op de vergoeding 'hulp van derden')
- Op de wettelijke vergoedingen wegens blijvende ongeschiktheid wordt een bedrijfsvoorheffing afgehouden op het gedeelte van de rente dat belastbaar is. Die voorheffing is 11,22%.
- De tijdelijke arbeidsongevallenvergoeding is altijd belastbaar.
- De arbeidsongevallenvergoeding voor blijvende arbeidsongeschiktheid is belastingvrij indien ze geen daadwerkelijk verlies van inkomsten vergoedt (Wet 19/07/2000 - BS 04/08/2000).
  De wet gaat ervan uit dat er geen inkomstenverlies is wanneer de invaliditeitsgraad niet hoger is dan 20%.
- De vergoeding voor het gedeelte boven 20%, kan geheel of gedeeltelijk belastingsvrij zijn op voorwaarde dat men kan aantonen dat er geen inkomstenverlies was (men heeft bv. zijn functie terug opgenomen zonder loonverlies), en de uitkering dus ook niet diende ter compensatie van een geleden inkomstenverlies. Ook als men een rust- of overlevingspensioen geniet of als men ouder is dan 65 jaar zijn de uitkeringen belastingvrij.
- Vergoedingen voor hulp aan derden zijn altijd volledig vrijgesteld.

Waar?

- Fonds voor Arbeidsongevallen - IDALIE
  Troonstraat 100, 1050 Brussel
  tel.: (02) 506 84 11
  fax.: (02) 506 84 15
  www.fao.fgov.be

- Ziekenfonds - dienst maatschappelijk werk (inlichtingen + bijstand) (Gouden Gids nr. 6990, www.cm.be; e-mail: dmw@cm.be)
- Gemeente - sociale dienst (inlichtingen + bijstand) (telefoongids: OCMW ofwel Gouden Gids nr. 7620)
- In de meeste grootsteden houdt het Fonds voor arbeidsongevallen een maandelijkse zitdag. Gegevens op te vragen bij de stadsdiensten of te raadplegen op de website.

II.9. Beroepsziekten

(Wet 03.06.70 - B.S. 27.08.70, laatst gewijzigd bij Wetten 13.07.2006 & 19.07.2006; KB 17.07.1974; KB 28.03.1969; KB 26.09.1996; ...; KB 04.05.2006)

Wat?

Werknemers in loonverband (of zelfstandigen die het bewijs leveren dat zij hun ziekte opliepen tijdens een periode als werknemer in loonverband) welke een erkende beroepsziekte hebben opgelopen ten gevolge van de door hen uitgeoefende functie, kunnen hiervoor een schadevergoeding (1) ontvangen.

De publieke sector (ambtenaren, provinciale en plaatselijke overheidsdiensten) hebben een ander stelsel voor beroepsziekteverzekering. Men heeft in 2006 de principiële beslissing genomen om de mogelijkheid te onderzoeken om beide sectoren te harmoniseren. Bovendien onderzoekt men een piste om zelfstandigen, mits een beperkte bijdrage, eveneens toe te laten in het systeem.

Een beroepsziekte wordt soms zeer lang na de blootstelling aan het risico duidelijk. Men hanteert een lijstsysteem (een lijst met vergoedbare beroepsziekten) (2) en een 'open' systeem (andere beroepsziekten, die niet vermeld staan in de lijst).

Er bestaat een fundamenteel verschil tussen het lijstsysteem en het open systeem. In het lijstsysteem geldt er een wettelijk vermoeden van oorzakelijk verband tussen de ziekte en de blootstelling aan het beroepsrisico van die ziekte. In het open systeem rust de bewijslast met betrekking tot het oorzakelijk verband volledig op de aanvrager. Men erkent slechts een beroepsrisico in het open systeem indien de blootstelling aan de schadelijke invloed inherent is aan de beroepsuitoefening en 'beduidend groter' is dan de blootstelling van de bevolking in het algemeen, en, indien deze blootstelling volgens algemeen aanvaarde medische inzichten, van aard is om de ziekte te veroorzaken (de blootstelling is dus ernstiger dan bij de arbeidsgerelateerde ziekten, zie verder).

Nieuw, de arbeidsgerelateerde ziekten:

Een rugletsel bij verpleegkundigen werd in principe niet als beroepsziekte aanvaard omdat er onvoldoende wetenschappelijke argumenten zijn om rugpijn en degeneratief ruglijden in het algemeen (met inbegrip van discushernia en ischias) te beschouwen als ziekten, veroorzaakt door dynamische en/of statische belasting van de wervelzuil. Derhalve werd de aandoening niet opgenomen in het lijstsysteem en was het in de praktijk vrijwel onmogelijk om in het open systeem te laten besluiten tot een rechtstreeks en determinerend oorzakelijk verband tussen de beroepsuitoefening en de ziekte.

---

(1) De vergoedingen beroepsziekte en uitkeringen verleend door andere sociale zekerheids- en voorzorgsregelingen (behalve pensioenen) worden, behoudens de in die regelingen voorziene beperkingen (bv. ziekteuitkeringen) of uitsluitingen (bv. tegemoetkomingen aan personen met een handicap) onbeperkt gecumuleerd.

(2) Lijst der beroepsziekten: zie K.B. 28.03.69 - B.S. 04.04.69, laatst gewijzigd door K.B. 27.12.2004 - B.S. 09.02.2005, aan te vragen bij het Fonds voor Beroepsziekten of te consulteren http://www.fbz.fgov.be

Voor dit soort aandoeningen is nu de mogelijkheid tot erkenning van arbeidsgerelateerde ziekten ingevoerd (Wet houdende diverse bepalingen 13.07.2006, van toepassing sinds 01.03.2007). Dit zijn ziekten waarvan het oorzakelijk verband slechts gedeeltelijk aantoonbaar is, de blootstelling moet slechts 'groter zijn' dan die van de bevolking in het algemeen. In een K.B. van 17.05.2007, BS 07.03.2007 voorziet men een preventieprogramma voor mensen met lage rugpijn ten gevolge van het manueel hanteren van lasten of mechanische trillingen op het werk, waarbij de nadruk ligt op revalidatie en reïntegratie in het werkmilieu (eventueel na werkverwijdering). Men voorziet slechts beperkte schadevergoeding door tussenkomst bij geneeskundige verstrekkingen en vergoeding van verplaatsingen naar het revalidatiecentrum. De aanvraag dient te gebeuren door de preventieadviseur-arbeidsgeneesheer, tussen 4 weken en maximum 3 maanden arbeidsongeschiktheid ten gevolge van de aandoening of na een chirurgische ingreep (zelfde aanvraagperiode). Wie gedurende het laatste jaar in totaal 4 weken arbeidsongeschikt was om dezelfde redden kan al na 1 week de aanvraag starten..

Het recht op een beroepsherinschakelingsprogramma:

Het Fonds heeft sinds de Wet van 13.07.2006 de uitdrukkelijke opdracht om de werkhervattingmogelijkheden te (laten) onderzoeken en te begeleiden. Er worden ook allerlei beschermende maatregelen onderzocht om werkhervatting aan te moedigen, vb. door behoud van loon te waarborgen bij de aanvaarding van aangepast werk. Hiervoor moeten nog nieuwe uitvoeringsbesluiten verschijnen.

Wanneer een persoon met een beroepsziekte de beroepsactiviteit, die aanleiding tot de ziekte was, definitief moet stopzetten, dan

- onderzoekt men –indien gewenst- de mogelijkheden tot beroepsherscholing, waarvan de kosten voor onderzoek en de eventuele herscholing ten laste komt van het Fonds;
- is betrokkene verplicht om bij elke gezondheidsbeoordeling door een preventieadviseur- arbeidsgeneesheer of in het kader van een herscholingsonderzoek melding te maken van de te mijden beroepsrisico's (op straf van eventueel verlies van vergoedingen bij verergering of herval);
- is elke werkgever verplicht om rekening te houden met de te mijden risico's (op straf van betaling van de schadeloosstellingen ten gevolge van verergering, herval of overlijden) (KB 01.07.2006).

Het Fonds voor Beroepsziekten vervult ook een preventieve opdracht op de werkvloer door middel van:

- het voorkomen van ziekten of van de verergering ervan (vb. het revalidatieprogramma dat loopt tot februari 2007 verlengd werd ten gunste van verzorgend personeel met lage rugpijn)
- verwijdering uit het schadelijk milieu (tijdelijk of blijvend, vb. zwangere vrouwen)
- het vaccineren van bedreigde groepen (Het F.B.Z. vergoedt de vaccinatie tegen hepatitis B bij het verplegend personeel; de vaccinatie tegen griep bij de personen die door het Fonds schadeloos gesteld worden voor respiratoire of hartaandoeningen)
- onderzoek van beroepsrisico's

- studie van (nieuwe) beroepsziekten
- informatieverstrekking over de beroepsziekten
- De uitkeringen voor beroepsziekten worden berekend op basis van het gemiddelde dagelijkse loon dat overeenstemt met 1/365ste van het basissalaris (= complete salaris waarop de werknemer recht heeft tijdens de 4 trimesters voor het trimester van de dag van de erkenning van de beroepsziekte). Het basisloon is beperkt tot een maximumbedrag (1).

Overzicht van de uitkeringen:

a) Bij overlijden

- begrafeniskosten aan wie de kosten van de begrafenis heeft gedragen: (30 x gemiddeld dagloon MIN de tussenkomst van het ziekenfonds (zie I.18.) en de overbrengingskosten naar de begraafplaats
- rente aan de overlevende echtgeno(o)t(e) (forfaitair bedrag van 3.901,82 euro/ jaar op 01.01.2009 indien genieter van overlevings- of rustpensioen (2), 30% basisloon indien niet pensioengerechtigd)
- De overlevende echtgenoot die uit de echt of van tafel en bed gescheiden is en die een onderhoudsgeld genoot ten laste van de overledene, heeft ook recht op een jaarlijkse vergoeding, die maximaal het onderhoudsgeld bedraagt.
- rente aan kinderen (zolang er recht is op kinderbijslag (3)):
  - wettelijke (erkende/geadopteerde) kinderen (1 ouder leeft nog), (15% basisloon per kind met een max. van 45% voor alle kinderen samen)
  - wettelijke (erkende/geadopteerde) kinderen (beide ouders overleden), natuurlijke kinderen (niet erkend door overleden moeder), (20% basisloon per kind met een max. van 60% voor alle kinderen samen)
- in bepaalde uitzonderlijke gevallen (onder hetzelfde dak wonen, geen andere rechthebbenden, voordeel halen uit het loon van de overledene, ...) kunnen eventueel ook andere personen aanspraak maken op een rente (van 15-20% basisloon), met name:
  - de ouders (adoptanten),
  - de kleinkinderen,
  - broers en zusters.

b) Bij arbeidsongeschiktheid

- Uitkeringen;
- tijdelijke ongeschiktheid (minstens 15 dagen)
  - bij volledige tijdelijke ongeschiktheid: dagelijkse vergoeding, berekent op 90% van het basisloon,

(1) Basisloon = loon van de laatste 4 trimesters vóór de medische vaststelling van de beroepsziekte beperkt tot 36.809,73 euro per jaar (bedrag 01.01.2009). Voor leerlingen of minderjarige werknemers mag het echter niet minder bedragen dan 5.948,76 euro.

(2) K.B. 13.01.83 (B.S. 20.01.83) - laatst gewijzigd bij K.B. 02.09.91 (B.S. 22.10.91)

(3) Kinderen met een handicap behouden eventueel deze rente, ook al ontvangen zij geen kinderbijslag meer.

   - bij gedeeltelijke tijdelijke ongeschiktheid, bv. bij een gedeeltelijke werkhervatting na een volledige tijdelijke ongeschiktheid, wordt een vergoeding (eventueel geplafonneerd) toegekend voor het geleden loonverlies.
     Wanneer een getroffene omwille van een beroepsziekte in een verplegings- of verzorgingsinstelling wordt opgenomen, kan hij, voor de periode van opneming, vragen de hem voor deze ziekte toegekende graad van ongeschiktheid te brengen tot 100% tijdelijke of blijvende arbeidongeschiktheid. Op het einde van de opneming wordt, hetzij een nieuwe beslissing van het Fonds het anders bepaalt, de oorspronkelijke graad van ongeschiktheid automatisch terug toegekend. (Wet houdende sociale bepalingen 22.02.98 - B.S. 03.03.98)

- blijvende ongeschiktheid:
   - vergoeding volgens toegekend percentage ongeschiktheid (medisch + economisch %) (1) van 1 tot 100% (deze vergoeding kan reeds ingaan 120 dagen voor datum VOLLEDIGE aanvraag!!). De vergoeding wordt verminderd met 50% bij een ongeschiktheidspercentage beneden de 5%, en met 25% bij een ongeschiktheid van 5 tot 9%. Vanaf de pensioenleeftijd (65 jaar of vanaf de datum van aanvaarding van het pensioen) valt het economisch % weg. Men krijgt dan een vast % of een bedrag i.p.v. een berekening op basis van het loon. Opgelet: het economische % valt evenwel niet weg als er een % van 100% was toegekend.
   - eventueel bijkomende vergoeding voor hulp van derde (2). De vergoeding is voltijds (forfaitair bedrag: 18.785,32 euro per jaar op 01.01.2009) of halftijds (halve bedrag) naargelang de ernst van de zorgafhankelijkheid.

- Tussenkomst in het remgeld voor geneeskundige verzorging (niet voor medicatie categorie D) (3);
- Aanvullende toelagen: deze hebben als doel om in zekere mate de waardevermindering van de renten/vergoedingen te compenseren (en zodoende de normale loonstijgingen te volgen); de renten/vergoedingen worden vergeleken met een norm die ieder jaar opnieuw wordt bepaald; (4)
- Tussenkomst in de kosten en vergoedingen voor het volgen van een beroepsherscholing (indien het Fonds het nuttig acht, betaalt gedurende de herscholingsperiode de voordelen voor volledige blijvende arbeidsongeschiktheid;
- Sinds 01.01.2006: Tussenkomst in verplaatsingsonkosten bij de behandeling van de beroepsziekte voor vervoer met de ziekenwagen als de geneesheer van het Fonds vooraf zijn akkoord gaf. Voor ander vervoer betaalt het Fonds een forfaitair bedrag van 0,70 € per dag bij tijdelijke lichamelijke arbeidsongeschiktheid. Bij definitieve arbeidsongeschiktheid betaalt het Fonds 20 € per maand aan wie minstens 66% arbeidsongeschikt is (KB 22.06.2006).

---

(1) Dit percentage wordt eventueel verhoogd met 1 tot 3% op 65-jarige leeftijd

(2) De 'hulp van derde' is niet belastbaar en er gebeuren geen inhoudingen voor de sociale zekerheid

(3) De gezondheidszorgen bij slachtoffers van een in België wettelijk erkende beroepsziekte, worden door de ziekteverzekering ten laste genomen tot beloop van het ZIV-tarief. Enkel het persoonlijk aandeel van de zieke (remgelden en tenlasteneming van personen die niet gerechtigd zijn op de ZIV) wordt door het Fonds voor Beroepsziekten vergoed. Voor verstrekkingen van geneeskundige verzorging die niet voorzien zijn in de regeling van de ZIV werd voor het Fonds voor Beroepsziekten een specifieke nomenclatuur (terugbetalingsnormen) opgesteld (K.B. 28.06.83 - B.S. 30.06.83).

(4) Wet van 16.07.74 - K.B. 17.07.74 (B.S. 24.07.74)

c) Bij tijdelijke verwijdering

Heeft men recht op de vergoeding als tijdelijke volledig arbeidsongeschikte (= 90% van het basisloon). Het recht gaat ten vroegste 365 dagen vóór de datum van de aanvraag in.

Voor zwangere werkneemsters is de retroactiviteit beperkt tot de periode tussen het begin van de zwangerschap en het begin van de 7 weken (= 9 weken indien een meerling verwacht wordt) die voorafgaan aan de vermoedelijke datum van bevalling, dat zij aanspraak kunnen maken op de vergoeding als tijdelijk volledig ongeschikte (m.a.w. op 90% van het basisloon). Nadien worden zij vergoed door het ziekenfonds (zie I.4.).

RSZ-afhoudingen en belastingen

- RSZ wordt afgehouden (niet op de vergoeding 'hulp van derden')
- Op de wettelijke vergoedingen wegens blijvende ongeschiktheid wordt een bedrijfsvoorheffing afgehouden op het gedeelte van de rente dat belastbaar is. Die voorheffing bedraagt 11,22%.
- De beroepsziekteverzekering is belastingsvrij indien ze geen daadwerkelijk verlies van inkomsten vergoedt (Wet 19/07/2000 - BS 04/08/2000).

De wet gaat ervan uit dat er geen inkomstenverlies is wanneer de invaliditeitsgraad niet hoger is dan 20%.

Indien het percentage hoger is dan 20%, dan kan de uitkering toch geheel of gedeeltelijk belastingsvrij zijn op voorwaarde dat men kan aantonen dat er geen inkomstenverlies was (men heeft bv. zijn functie terug opgenomen zonder loonverlies), en de uitkering dus ook niet diende ter compensatie van een geleden inkomstenverlies.

De bepalingen van de Wet van 19 juli 2000 traden in werking vanaf het aanslagjaar 1999, inkomsten 1998.

Wie?

1. werknemers onderworpen aan de sociale zekerheid
2. personen werkzaam in een familieonderneming voor zover zij door een arbeidsovereenkomst zijn verbonden
3. personen die ingevolge lichamelijke arbeidsongeschiktheid of werkloosheid een vakherscholing of scholing volgen, die krachtens een wet werd opgericht
4. leerjongens, leermeisjes en stagiairs, ook als zij geen loon ontvangen welke blootgesteld (1) geweest zijn aan het beroepsrisico van een beroepsziekte die voorkomt op de lijst der beroepsziekten EN door deze beroepsziekte zijn aangetast.

Personen uit de openbare sector vallen niet onder de toepassing van deze regeling.

(1) Op schriftelijk verzoek van de arbeidsgeneesheer of van het Comité voor preventie en bescherming op het werk kan het Fonds advies verstrekken in verband met de blootstelling

Hoe?

Bij arbeidsongeschiktheid moet in elk geval ook tijdig een aangifte van ziekte gebeuren bij het ziekenfonds!! (zie I.10.).

De betrokkene kan dan zijn aanvraag tot schadeloosstelling (volledig en correct samengesteld, m.a.w. de aanvraag is volledig vanaf het ogenblik dat de formulieren 501 en 503 volledig ingevuld bij beroepsziekten zijn toegekomen - ook bij een herzieningsaanvraag!!) aangetekend richten aan het Fonds voor Beroepsziekten. De aanvraag kan ook gebeuren via de adviserend geneesheer van het ziekenfonds of via de bedrijfsgeneeskundige dienst.

Het Fonds beperkt het onderzoek tot de aandoening waarvoor de aanvraag werd ingediend (KB 04.05.2006).

N.B.: werknemers uit de openbare sector (provinciale en plaatselijke overheidsdiensten inclusis) dienen hun aanvraag rechtstreeks in bij hun directe werkgever.

Opmerking:

1) De volledige beroepsloopbaan (zowel binnen- als buitenland) dient altijd opgegeven.;
2) De erkenning beroepsziekte kan ook nog worden aangevraagd na de pensioenleeftijd.;
3) De eerste betaling na de betekening van een beslissing gebeurt binnen 60 dagen (achterstallige bedragen binnen 120 dagen);
4) Bij overlijden start de overlevingsrente voor de weduwe de eerstvolgende maand na overlijden, de gewone vergoeding loopt tot het einde van de maand van overlijden.

Waar?

- De betrokkene dient zijn aanvraag tot schadeloosstelling aangetekend te richten aan het Fonds voor Beroepsziekten (of via de medisch adviseur van het ziekenfonds of bedrijfsgeneeskundige dienst)
  Sterrenkundelaan 1, 1210 Brussel
  tel.: (02) 226 62 11 - fax (02) 219 19 33.
- Ziekenfonds - dienst maatschappelijk werk of adviserend geneesheer (inlichtingen + bijstand) (Gouden Gids nr. 6990,
  www.cm.be; e-mail: dmw@cm.be).

Aandachtspunten voor de arts:
(M.B. 06.12.96 - B.S. 07.02.97).

Aanvraag en herziening

- Bij arbeidsongeschiktheid moet in elk geval ook tijdig een aangifte van ziekte gebeuren bij het ziekenfonds!! (zie I.3.)
  De aanvragen om schadeloosstelling en de aanvragen om herziening moeten bij het Fonds voor de beroepsziekten ingediend worden door middel van het wit formulier dat samengesteld is uit een administratief (501) en uit een medisch deel (503). Het recht begint maar te lopen vanaf het moment dat de aanvraag

volledig is!
Wanneer een getroffene omwille van een beroepsziekte in een verplegings- of verzorgingsinstelling wordt opgenomen, kan hij, voor de periode van opneming, vragen de hem voor deze ziekte toegekende graad van ongeschiktheid te brengen tot 100% tijdelijke of blijvende arbeidsongeschiktheid. Op het einde van de opneming wordt, hetzij een nieuwe beslissing van het Fonds het anders bepaald, de oorspronkelijke graad van ongeschiktheid automatisch terug toegekend. (Wet houdende sociale bepalingen 22.02.98 - B.S. 03.03.98).

Tussenkomst voor geneeskundige verzorging

- Tussenkomst in het remgeld voor geneeskundige verzorging (niet voor medicatie categorie D)
- Voor de honoraria van de geneesheer wordt een 'getuigschrift G.Z.2' ingevuld door de arts zelf. Hij duidt er de nomenclatuurnummers en datum van de verstrekking op aan, aangevuld met een verklaring dat de verleende verzorging specifiek is voor de behandeling van de B.Z.
- Voor de geneesmiddelen dienen zowel de behandelende arts als de apotheker een 'getuigschrift G.Z.1' in te vullen naast het gebruikelijke voorschrift. Hierbij dient een specifieke verklaring gevoegd dat de verleende verzorging de behandeling van de B.Z. betreft.
- Voor paramedische verzorging (verpleging, kiné) dienen zowel de voorschrijvende arts als de zorgverstrekker een 'getuigschrift G.Z.3' in te vullen, zodat de betrokkene het persoonlijk aandeel bij het FBZ terug kan vorderen.
- De kosten van sommige vaccins en gammaglobulines De aanvragen voor terugbetaling van de kosten voor verstrekkingen van geneeskundige verzorging, opgenomen in het Koninklijk Besluit van 28 juni 1983 tot vaststelling van een specifieke nomenclatuur voor verstrekkingen van geneeskundige verzorging inzake beroepsziekteverzekering (sommige vaccins en gammaglobulines), kunnen bij het Fonds voor de beroepsziekten ingediend worden door middel van het geel formulier dat samengesteld is uit een administratief (511) en uit een medisch deel (513).

Tijdelijke verwijdering wegens zwangerschap

De aanvragen om tijdelijke verwijdering uit het risico van beroepsziekte wegens zwangerschap worden bij het Fonds voor de beroepsziekten ingediend door middel van het roze formulier dat samengesteld is uit een administratief (521) en uit een medisch deel (523).

II.10. Uitkeringen wegens arbeidsongeschiktheid (ziekte- en invaliditeitsverzekering)

(Verordening van 16.4.97 - B.S. 26.11.97, 1e editie)
(OPENBARE DIENST - VASTBENOEMDE AMBTENAREN
(K.B. 18.01.74, art. 15 + K.B. 13.11.67, artikel 11)

Eveneens behandeling van volgende onderwerpen:

- Laattijdige ziekteaangifte (zie primaire arbeidsongeschiktheid, „Hoe ?")
- Verzaking terugvordering 'ten onrechte uitgekeerde uitkeringen' (MB 20.04.99 - BS 08.07.99)
- Hulp van derden ziekteverzekering (zie primaire arbeidsongeschiktheid en invaliditeit)
- Toegelaten arbeid voor arbeidsongeschikte werknemers en zelfstandigen + financiële cumulregeling
- Voor zelfstandigen:
  - Mindervalide zelfstandigen: recht op kleine risico's
  - Gelijkstelling van 'ziekteperiodes' met 'periodes beroepsbezigheid'
  - Vrijstelling van bijdragen voor zelfstandigen
  - Faillissementsverzekering en behoud van rechten inzake sociale zekerheid
- Inhoudingen op de ziektevergoedingen
- Grenzen loonbeslag en loonsoverdracht

1. De primaire arbeidsongeschiktheid = 1e jaar (+ hulp van derden ziekteverzekering)

Wat? Wie?

Wie zijn beroepsinkomen of zijn werkloosheidsuitkeringen verliest wegens ziekte of ongeval, heeft onder strikte voorwaarden recht op ziekteuitkeringen.

Werknemers en zelfstandigen die arbeidsongeschikt worden, en alle beroepsactiviteiten stopzetten, kunnen door de adviserend geneesheer van het ziekenfonds in staat van primaire arbeidsongeschiktheid (1e jaar arbeidsongeschiktheid) erkend worden. De adviserend geneesheer stelt tevens de duur ervan vast.

Werknemers hun verdienvermogen is verminderd met twee derde of meer (1).

Zelfstandigen zijn arbeidsongeschikt als ze hun beroepsbezigheid niet meer kunnen uitoefenen en als ze bovendien geen andere beroepsbezigheid uitoefenen.

Door deze erkenning krijgt men recht op uitkeringen ter vervanging van het loon of inkomen.

Werknemers ontvangen een dagbedrag, (in de 6-dagenweek is dit een vergoeding voor elke dag van maandag tot en met zaterdag) onmiddellijk na het gewaarborgd loon van de werkgever.

---

(1) Tussen de 1ste en 6de maand wordt gekeken naar de mogelijkheden inzake het eigenlijke beroep. Vanaf de 7de maand wordt vergeleken met personen met dezelfde opleiding op de algemene arbeidsmarkt.

Voor zelfstandigen gaat het recht in vanaf de 2° maand ziekte.
(zie ook progressieve tewerkstelling; tewerkstellingsmaatregelen I.11.).

Bedrag uitkeringen (01.09.2008 laatste indexaanpassing) :

Opgelet: Bij de primaire arbeidsongeschiktheid (1° jaar uitkering) **geldt** een automatische inhouding van 11,11 procent inzake de 'bedrijfsvoorheffing', **bij invaliditeitsuitkeringen (= vanaf het 2e jaar) wordt nooit bedrijfsvoorheffing ingehouden**.

A. WERKNEMERS

Voor **werknemers** bedragen de uitkeringen wegens primaire arbeidsongeschiktheid 60 % van het brutoloon voor een arbeidsongeschiktheid die aanvat na 01.01.2007 max. 70,46 euro per dag. Ze zijn afhankelijk van het loon waarop sociale zekerheid werd betaald. Vanaf de 7° ziektemaand gelden de minimumuitkeringen, die eveneens van toepassing zijn voor de invaliditeitsuitkeringen (zie verder in dit hoofdstuk).

Een werkloze, die arbeidsongeschikt wordt ontvangt gedurende de eerste 6 maanden arbeidsongeschiktheid het bedrag van zijn werkloosheidsuitkering.

Opgelet: Sinds 01.01.2009 worden ook samenwonenden uitbetaald aan 60 % bij primaire arbeidsongeschiktheid (max. uitkering = 71,02 euro/dag voor primaire arbeidsongeschiktheid die start na 01.01.2009 – 70,46 euro/dag voor primaire ongeschiktheid die eerder begon).

Gedurende de periode van moederschapbescherming (zie I.5.), d.w.z.:

- periode van moederschaprust (15 weken, 16 weken na een moeilijke zwangerschap of 17 weken voor een meerling), 82% van het onbegrensd brutoloon tot de 31e dag, 75% van het begrensd brutoloon na 31 kalenderdagen;
- periode van borstvoeding (tot max. 5 maanden na de bevalling), geldt volgende regeling:
  - bij volledige arbeidsongeschiktheid of werkverwijdering = 60% van het verloren loon
  - bij aangepast werk met loonverlies = bijpassing loon tot max. 75% van het verloren loon
  - bij het volledig stopzetten van 1 van de 2 verschillende activiteiten in loondienst = 60% van het verloren loon in de stopgezette activiteit met een maximum van '75 % van het vroegere loon (beide activiteiten) MIN het loon van de verdergezette activiteit'.

- Periode van vaderschapsverlof (3 dagen klein verlet + 7 dagen vergoed door de Z.I.V., op te nemen binnen de 30 dagen na bevalling, 82 % van het begrensd gederfde loon).
- Periode van adoptieverlof (3 dagen gewaarborgd loon + periode vergoed door Z.I.V.)

Er kan ook op voorafgaand verzoek bij de adviserende geneesheer een toelating bekomen worden om het werk deeltijds te mogen hervatten (zie hiervoor onder 'invaliditeit').

Overzicht van de primaire uitkeringen voor werknemers

(index 01.09.2008)

	% van het verloren brutoloon	**minimum / dag**		**maximum/ dag (*)**	
		Regelmatig werknemer	Niet regelmatig werknemer (***)	Arbeidsongeschikt ...	
				voor 01.01.2009	Vanaf 01.01.2009
- met personen ten laste	60 %	46,89 euro	36,49 euro	70,46 euro	71,02 euro
- alleenstaanden (**)	60 %	37,52 euro	27,37 euro	70,46 euro	71,02 euro
- samenwonenden	60 % (*)	31,85 euro	27,37 euro	70,46 euro	71,02 euro

(*) Maxima geldig na 30 dagen arbeidsongeschiktheid, minima vanaf de 7e maand arbeidsongeschiktheid en indien men al of niet voldoet aan de criteria van regelmatig werknemer
(**) Is gelijkgesteld met alleenstaande: de samenwonende persoon waarvan de partner een inkomen heeft dat geheel of gedeeltelijk uit beroepsinkomen bestaat dat hoger is dan 805,06 euro per maand en niet hoger is dan 1.362,49 euro per maand bruto (bedragen index 01.09.2008)
(***) Een niet regelmatig werknemer is een werknemer die onvoldoende werkvolume en/of onvoldoende loon kan aantonen bij aanvang van de arbeidsongeschiktheid (voorwaarden zie invaliditeitsuitkeringen)

B. ZELFSTANDIGEN

Voor **zelfstandigen** zijn de uitkeringen forfaitair maar variëren de uitkeringen volgens gezinslast:

- met gezinslast 44,54 euro per dag
- alleenstaande 33,61 euro per dag (nieuwe categorie op 01.01.2007)
- samenwonende 28,92 euro per dag

Het bedrag van de uitkeringen is afhankelijk van het feit of de gerechtigde al dan niet gezinshoofd is, m.a.w. of de samenwonende persoon een inkomen heeft hoger of lager dan 805,06 euro per maand.

Tijdens de periode van moederschapsbescherming geldt een specifieke regeling (zie I.4.).

Een zelfstandige kan onder bepaalde voorwaarden toelating krijgen van de adviserend geneesheer om het werk deeltijds te hervatten (zie hiervoor onder 'invaliditeit').

Overzicht van de primaire uitkeringen voor zelfstandigen (bedragen index 01.09.2008)

	forfaitair bedrag, per dag	Ten vroegste ...
primaire arbeidsongeschiktheid		
- met personen ten laste - alleenstaande - samenwonende	44,54 euro 33,61 euro 28,92 euro	na 1 maand arbeidsongeschiktheid

Hulp van derden ZIV tijdens de primaire arbeidsongeschiktheid (2 KB's 11/07/2000 - B.S. 24/08/2000)

Er wordt een forfaitaire verhoging van de uitkering, nl. 12,73 euro per dag (index 01.09.2008) toegekend vanaf de 4e maand arbeidsongeschiktheid. Dit geldt zowel voor loontrekkende als voor zelfstandigen.

De uitbetaling van de hulp van derden wordt echter geschorst in perioden van:

Gevangenschap of internering (uitgezonderd wie onder elektronisch toezicht is geplaatst - parlementaire vraag 03.01.2005)

Vanaf de 1e dag van de 3e maand ziekenhuisverpleging indien de hospitalisatie plaatsvindt gedurende een ononderbroken periode van meer dan 2 maanden (weekendontslag in het kader van thuisverzorging wordt niet beschouwd als onderbreking; ontslagen van minder dan 30 dagen onderbreken de schorsingen niet). Gelijkgesteld met hospitalisatie: dag-/nachthospitalisatie, RVT, PVT, revalidatiecentrum met ZIV-overeenkomst.

Om in aanmerking te kunnen komen voor deze verhoogde uitkering moet de gerechtigde minstens 11 punten scoren op de zelfredzaamheidsschaal (M.B. 30.07.87 - B.S. 06.08.87). De meting gebeurt als volgt:

6 items (verplaatsing, eten en bereiding van maaltijden, persoonlijke hygiëne en kleding, onderhoud van de woning - huishoudelijke taken, toezicht, sociaal contact) worden onderzocht, waarbij voor elk item van 0 (geen moeilijkheden) tot 3 punten (onmogelijk zonder hulp van derde of aangepaste omgeving) worden gegeven (max. = 18 punten) naargelang de graad van afhankelijkheid.

De hulp van derden is niet belastbaar. De hulp van derden kan, mits de nodige medische motivering, met twee jaar terugwerkende kracht worden aangevraagd.

Overzicht van de uitkeringen 'hulp van derden' gedurende het eerste jaar ziekte (index 01.09.2008)

voor werknemers en zelfstandigen

	forfaitair bedrag, per dag	vanaf
gedurende de periode van de primair arbeidsongeschiktheid		
- voor alle gerechtigden (met of zonder personen ten laste)	12,73 euro	4e maand

Hoe?

1. aangifte (+ laattijdige ziekteaangifte),
2. kennisgeving van de beslissing van de adviserend geneesheer (erkenning van arbeidsongeschiktheid),
3. controle door adviserend geneesheer (geneeskundig onderzoek),
4. betaling
5. einde arbeidsongeschiktheid.

1. Aangifte

Om erkend te kunnen worden, moet het ziekenfonds van de arbeidsongeschiktheid verwittigd worden door middel van een formulier 'getuigschrift van arbeidsongeschiktheid'. (1)

Dit moet per post (datumstempel is bewijs) gebeuren binnen volgende gestelde termijnen (zie ook laattijdige aangifte): algemene regel binnen de 48 uur maar in geval men gewaarborgd loon ontvangt:

- 14 dagen voor wie een contract heeft als arbeider
- 28 dagen voor wie een contract heeft als bediende
- 28 dagen voor wie als zelfstandige werkt

Wie niet (meer) aan het werk is bij aanvang van de arbeidsongeschiktheid heeft slechts 48 uur de tijd voor de aangifte. Dit geldt bv. voor

- werklozen;
- interimarissen op het einde van het contract;
- personen in proefperiode;
- aangiften na ziekenhuisopname;
- bij hervalling na een werkhervatting!

Uitzonderingen:

1. een aangifte van arbeidsongeval geldt tevens als aangifte voor het ziekenfonds;
2. indien de werkgever beroep doet op een 'erkende dienst voor geneeskundige controle', gebeurt de aangifte (indien nodig) door de controlerend geneesheer (komt heel weinig voor).
   Betrokkene moet dus zelf geen aangifte doen;
3. tijdens de ganse duur van een opname in een verplegingsinrichting (ziekenhuis) en tijdens de periode van moederschapsbescherming is men automatisch, zonder aangifte, erkend als arbeidsongeschikt (indien men na deze periode nog arbeidsongeschikt blijft moet men uiteraard wel een aangifte doen - binnen de 2 dagen !!);
4. de adviserend geneesheer kan individueel beslissen dat een aangifte reeds moet gebeuren op de eerste dag van de ongeschiktheid (in principe wanneer iemand 4 keer uitkeringsgerechtigde was in een periode van 6 maanden).

---

(1) In een periode van moederschapsbescherming is er vrijstelling van aangifte (een attest van de werkgever is wel nodig (zie I.5.)).

Belangrijk:

Van zodra de aangifte van arbeidsongeschiktheid is verstuurd, mag betrokkene het huis niet meer verlaten (m.a.w. hij of zij moet ter beschikking blijven op het opgegeven adres) tot aan de ontvangst van de 'kennisgeving van de beslissing van de adviserend geneesheer' (max. 5 kalenderdagen na de aangifte van arbeidsongeschiktheid - 7 dagen in geval van laattijdige aangifte).

Laattijdige ziekteaangifte (werknemers: Verordening 20 juni 2001, BS 18 juli 2001; zelfstandigen: KB 29.05.2002, BS 29.06.2002)

1. Er geldt voor iedere werknemer die, bij de aanvang van zijn arbeidsongeschiktheid, verbonden is door een arbeidsovereenkomst voor arbeider of bediende, een termijn van aangifte tot de veertiende, respectievelijk de achtentwintigste kalenderdag, te rekenen vanaf de aanvang van de arbeidsongeschiktheid.
   Voor zelfstandigen bestaat dezelfde regeling, voor hen geldt een termijn van 28 dagen.
2. Bij een laattijdige ziekteaangifte worden de uitkeringen volledig toegekend vanaf de eerste werkdag die volgt op de dag van toezending van het getuigschrift van arbeidsongeschiktheid.
   De uitkeringen voor de periode laattijdigheid worden uitbetaald, echter met een sanctie van 10 procent vermindering op deze laattijdige uitkeringen.
   In behartigenswaardige situaties kan deze sanctie echter worden opgeheven voor zover het bedrag van de sanctie minstens 25,00 euro bedraagt.

   Onder behartigenswaardige situaties moet worden verstaan:
   - de situaties waarin de gerechtigde zijn arbeidsongeschiktheid niet kon aangeven ten gevolge van overmacht,
   - de situaties waarin de sociale en financiële toestand van het gezin van de gerechtigde als moeilijk kan worden beschouwd, met andere woorden, de gezinnen met een inkomen dat lager ligt dan de inkomensgrens die van toepassing is voor de 'verhoogde tegemoetkoming' (14.624,70 euro, te verhogen met 2.707,42 euro per samenwonend persoon, bedrag 01.09.2008).

2. Kennisgeving van de beslissing van de adviserend geneesheer (erkenning van arbeidsongeschiktheid)

Enkele dagen na de aangifte stuurt het ziekenfonds een pakketje formulieren op met:

- een erkenning van arbeidsongeschiktheid (kennisgeving van de beslissing van de adviserende geneesheer);
- een inlichtingsblad (in te vullen door betrokkene);
- een nieuw formulier van arbeidsongeschiktheid te gebruiken bij een volgende ziekte.

Vanaf 01.01.2007 zullen alle gegevens, die de werkgever of werkloosheidsinstelling moet aanbrengen, elektronisch en rechtstreeks tussen beide partijen doorgegeven worden.

3. Controle door adviserend geneesheer (geneeskundig onderzoek),

De betrokkene kan ter controle worden opgeroepen.

Indien hij/zij zich niet kan verplaatsen moeten de redenen hiervoor onmiddellijk worden overgemaakt aan de adviserend geneesheer EN moet betrokkene zich gedurende 5 kalenderdagen op het opgegeven adres ter beschikking houden. Verandering van woonst, gedurende een periode van arbeidsongeschiktheid, moet binnen de 2 dagen worden gemeld aan de adviserend geneesheer (ziekenfonds).

Opgelet: Na 6 maanden arbeidsongeschiktheid is de adviserend geneesheer verplicht om rekening houden met de mogelijkheden die betrokkene nog heeft - op de algemene arbeidsmarkt - om te werken (rekening houdende met de vooropleiding en vroegere werkervaringen - de eerste 6 maanden wordt enkel gekeken naar het laatste werk van betrokkene en niet naar de algemene arbeidsmarkt).

Hierdoor gebeurt het vaak dat personen na 6 maanden ziekte terug arbeidsgeschikt worden bevonden, alhoewel de reden van arbeidsongeschiktheid nog steeds bestaat (bv. verpleegster met rugklachten die haar job als verzorgende niet meer kan uitoefenen, maar eventueel wel administratief werk zou kunnen doen).

4. Betaling

De primaire ongeschiktheidsuitkering wordt, in zoverre de uitkering reeds verschuldigd is, voor de eerste maal uitbetaald binnen 30 dagen na ontvangst van de aangifte van arbeidsongeschiktheid. Daarna betaalt men uiterlijk binnen de eerste 5 dagen van de maand, volgend op de maand waarvan een uitkering verschuldigd is (KB 22.10.2006). In praktijk wordt de primaire arbeidsongeschiktheid halfmaandelijks betaald.

Verzaking terugvordering 'ten onrechte uitgekeerde uitkeringen' (MB 20.04.99 - BS 08.07.99)

De sociaal verzekerde in een behartenswaardige toestand, aan wie een beslissing tot terugvordering van het onverschuldigde bedrag werd betekend, kan een verzoek tot verzaking indienen bij de verzekeringsinstelling.

Het dossier moet alle nuttige aanwijzingen bevatten waarmee de goede of kwade trouw van de sociaal verzekerde kan worden aangetoond. De behartigenswaardigheid wordt bepaald op basis van het gezinsinkomen van de gerechtigde.

Onder gezinsinkomen moet het geheel van de belastbare bruto-inkomsten worden verstaan, vóór elke aftrek of vermindering, van iedere persoon die deel uitmaakt van het gezin van de gerechtigde.

Wanneer het gezinsinkomen de bovendrempel overschrijdt, die gelijk is aan 150 % van de inkomensgrenzen om aanspraak te kunnen maken op de 'verhoogde tegemoetkoming', wordt er geen enkele verzaking aan terugvordering toegekend.

Om in aanmerking genomen te kunnen worden, moet de aanvraag tot verzaking ingediend zijn binnen de drie maanden te rekenen vanaf de dag die volgt op het verstrijken van de beroepstermijn of vanaf de dag waarop de rechterlijke beslissing in kracht van gewijsde is getreden en mag er geen 'kwade trouw' zijn vanwege de betrokkene.

De procedure tot verzaking is evenwel niet van toepassing voor de volgende categorieën van onverschuldigde bedragen:

1° de bedragen van minder dan - of gelijk aan 248 euro;

2° de bedragen die overeenstemmen met de uitkeringen, die werden betaald na de werkhervatting of na de hervatting van de gecontroleerde werkloosheid, en dit te rekenen vanaf de datum van de hervatting of van het einde van de ongeschiktheid.

3° de bedragen die betrekking hebben op een niet toegelaten activiteit,

4° de bedragen voor de terugvordering waarvan het ziekenfonds gesubrogeerd is in de rechten van de sociaal verzekerde (schuld bij een andere instelling van de sociale zekerheid, die gerecupereerd wordt via het ziekenfonds).

In 2008 werd bepaald dat verzaking wordt toegekend wanneer het gezinsinkomen lager is dan de inkomensgrens van de verhoogde tegemoetkoming (VT - zie II.12), bij een inkomen > 150% VT-grens wordt verzaking nooit toegestaan (MB 17.07.2008 – BS 22.08.2008, goedkeuring verordening 17.03.1999).

5. Einde arbeidsongeschiktheid.

Indien bij een geneeskundig onderzoek de adviserend geneesheer of de controlegeneesheer beslist om een einde te stellen aan de arbeidsongeschiktheid (zie ook punt 3 'opgelet'), geven zij aan betrokkene - tegen bewijs van ontvangst (1) - een formulier 'einde arbeidsongeschiktheid' (2) af.

Wie zelf initiatief neemt om het werk te hervatten laat zijn werkgever (of de werkloosheidsuitkeringsinstelling) aan het ziekenfonds melden dat hij terug aan het werk gaat. Om terugbetalingen te voorkomen kan betrokkene zelf telefonisch of via de website van het ziekenfonds zijn werkhervatting aangeven.

2. De invaliditeit = vanaf 2e jaar (+ 'hulp van derden' ziekteverzekering)

Wat? Wie?

Na een erkende periode van primaire arbeidsongeschiktheid (twaalf maanden) kan de Geneeskundige Raad voor Invaliditeit van het RIZIV, op voorstel van de adviserend geneesheer, de arbeidsongeschikte erkennen als invalide en hem op invaliditeit plaatsen (3). De geneeskundige raad bepaalt de duur ervan. Door deze erkenning heeft betrokkene recht op invaliditeitsuitkeringen.

Het bedrag van de uitkeringen is afhankelijk van het feit of de gerechtigde al dan niet gezinshoofd is en men al dan niet de hoedanigheid heeft van regelmatig werknemer of in aanmerking komt voor hulp van derde.

---

(1) De betrokkene tekent enkel voor ontvangst en NIET 'voor akkoord' !! Indien betrokkene weigert te tekenen, wordt hem dit formulier aangetekend opgestuurd, met hetzelfde resultaat.

(2) Tegen een beslissing van de adviserend geneesheer kan men in beroep gaan (ook indien men het formulier 'einde arbeidsongeschiktheid' tekent voor ontvangst).

(3) Voor zelfstandigen wordt gekeken naar eender welke beroepsbezigheid (in het 1^{e} jaar werd rekening gehouden met de laatste beroepsbezigheid als zelfstandige).

Voor het bepalen of er gezinslast is, kan er volgend schema gebruikt worden.
Heeft de arbeidsongeschikte een ... (1)

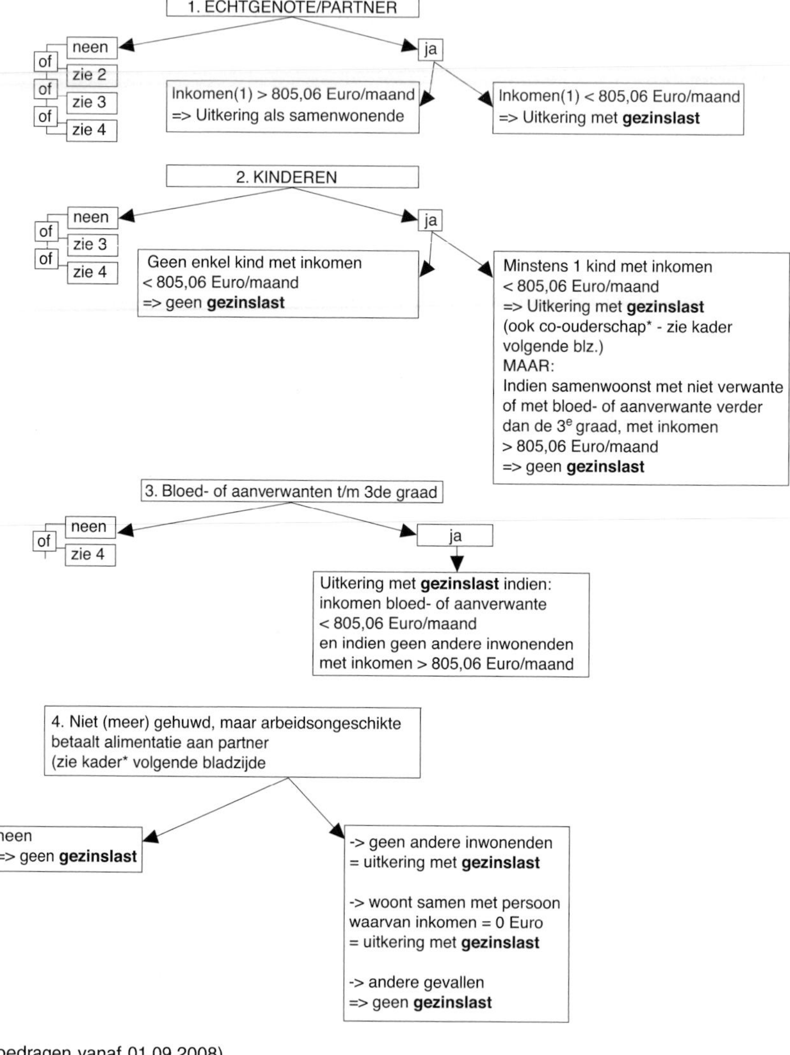

(bedragen vanaf 01.09.2008)

---

(1) Het gaat steeds om bruto belastbare inkomsten voor werknemers. Voor zelfstandigen neemt men de netto-winst, vermenigvuldigd met 100 / 80

* Opmerking bij het schema

Ofwel:
- onderhoudsgeld voor partner (KB 19/04/1999 - BS 29/04/1999) betalen volgens- gerechtelijke akte- notariële akte- onderhandse akte die neergelegd is bij de Griffie- gemachtigd zijn om sommen te innen. Het moet om minstens 111,60 euro per maand gaan

Ofwel:
- co-ouderschap: de periode waarover het kind samenwoont met de titularis moet een gemiddelde van 2 kalenderdagen per week bereiken. Dit gemiddelde kan bepaald worden op maandbasis, tot zelfs jaarbasis, naargelang de verblijfscyclus die door de rechter beslist werd of die in de notariële akte terug te vinden is (kind aanwezig in de woning, ook al is het kind niet de gehele dag daadwerkelijk aanwezig). Het statuut 'met personen ten laste' geldt dan voor alle dagen van de week (Arrest Hof van cassatie 07.10.2002, overgenomen door RIZIV).

Uitzondering bij de hoedanigheid 'met gezinslast', geldig tot uiterlijk 31.12.2008:

Bij wijze van overgangsmaatregel blijft de hoedanigheid 'met gezinslast' bestaan voor arbeidsongeschikte personen, waarvan de persoon ten laste de inkomensgrens overschreden heeft naar aanleiding van de verhoging van de ZIV-uitkering voor zelfstandigen, in zoverre hun situatie verder volledig dezelfde blijft. Op 01.01.2006 werd de inkomenssituatie van arbeidsongeschikte zelfstandigen, die hun zaak hebben stopgezet, verbeterd. Hierdoor werd de inkomensgrens voor personen ten laste overschreden. In situaties waar beide partners arbeidsongeschikt zijn leidde dit tot een inkomensvermindering in plaats van een inkomensverhoging. Vandaar deze overgangsmaatregel. (KB 23.12.2005)

Eens bepaald is of betrokkene met gezinslast, als alleenwonende of als samenwonende zal vergoed worden, kunnen we aan de hand van het volgende schema de grootte van de ziektevergoeding gaan bepalen.

Let wel, dit schema geeft percentages weer.

De alleenwonende (of hiermee gelijkgestelde*) personen krijgen vanaf 01.01.2008 een vergoeding van 53 % in plaats van 50 %.

Met gezinslast	65%
Alleenwonend (*)	53%
Samenwonend	40%

(*) Is gelijkgesteld met alleenstaande: de samenwonende persoon waarvan de partner een inkomen heeft dat geheel of gedeeltelijk uit beroepsinkomen bestaat dat hoger is dan 805,06 euro per maand en niet hoger is dan 1.362,49 euro per maand bruto (bedragen index 01.09.2008)

Er moet echter steeds rekening gehouden een aantal voorafgaande opmerkingen:
- er zijn vastgelegde minima en maxima grenzen;
- er zijn regelmatige werknemers en niet-regelmatige werknemers (zie verder)

Minimum- en maximumbedragen van de invaliditeitsuitkeringen voor werknemers (vanaf het tweede jaar arbeidsongeschiktheid) (bedragen index 01.09.2008).

Regelmatige werknemers hebben recht op:

Maximumdaguitkering invaliditeit:

– met gezinslast en arbeidsongeschikt voor 01.10.1974	48,69 euro
– met gezinslast en arbeidsongeschikt vanaf 01.10.1974 en voor 01.09.1993	71,15 euro
– met gezinslast en arbeidsongeschikt vanaf 01.09.1993 en voor 01.09.2002	69,76 euro
– met gezinslast en arbeidsongeschikt vanaf 01.09.2002 en invalide geworden voor 01.04.2004	68,39 euro
– met gezinslast en invalide geworden vanaf 01.04.2004 en voor 01.01.2005	74,09 euro
– met gezinslast en invalide geworden vanaf 01.01.2005 en voor 01.01.2007	75,57 euro
– met gezinslast en invalide geworden vanaf 01.01.2007 en voor 01.01.2009	76,33 euro
– met gezinslast en invalide geworden vanaf 01.01.2009	76,94 euro
– zonder gezinslast en arbeidsongeschikt voor 01.10.1974	32,58 euro
– zonder gezinslast en arbeidsongeschikt vanaf 01.10.1974 en voor 01.09.1993	47,44 euro
– zonder gezinslast en arbeidsongeschikt vanaf 01.09.1993 en voor 01.09.2002	46,51 euro
– zonder gezinslast en arbeidsongeschikt vanaf 01.09.2002 en invalide geworden voor 01.04.2004	15,59 euro
– alleenstaande en invalide geworden vanaf 01.04.2004 en voor 01.01.2005	60,41 euro
– alleenstaande en invalide geworden vanaf 01.01.2005 en voor 01.01.2007	61,62 euro
– alleenstaande en invalide geworden vanaf 01.01.2007 en voor 01.01.2009	62,24 euro
– alleenstaande en invalide geworden vanaf 01.01.2009	62,73 euro
– samenwonende en invalide geworden vanaf 01.04.2004 en voor 01.01.2005	45,59 euro
– samenwonende en invalide geworden vanaf 01.01.2005 en voor 01.01.2007	46,51 euro
– samenwonende en invalide geworden vanaf 01.01.2007 en voor 01.01.2009	46,97 euro
– samenwonende en invalide geworden vanaf 01.01.2009	47,35 euro

Minimumdaguitkeringen invaliditeit:

- 46,89 euro per dag of 1.219,19 euro per maand voor personen met gezinslast;
- 37,52 euro per dag of 975,52 euro per maand voor alleenstaanden;
- 31,85 euro per dag of 828,10 euro per maand voor samenwonenden.

'Regelmatige' werknemers zijn werknemers die gelijktijdig voldoen aan de volgende voorwaarden:

- bij de aanvang van de invaliditeit ten minste 21 jaar zijn of, indien jonger, gerechtigde zijn met personen ten laste;
- bij de aanvang van de arbeidsongeschiktheid ten minste 6 maand uitkeringsgerechtigde zijn en een voldoende beroepsloopbaan hebben (ten minste 120 arbeids- of gelijkgestelde dagen of 400 uren) met uitsluiting van gecontroleerde onvrijwillige werkloosheid;
- in het kalenderjaar voor de aanvang van de arbeidsongeschiktheid ten minste 34 arbeids- of gelijkgestelde dagen of uren bewijzen. (Voor diegenen die nog geen volledig kalenderjaar uitkeringsgerechtigd zijn, begint de referteperiode de dag waarop ze uitkeringsgerechtigde worden en stopt het de dag voor de aanvang van de arbeidsongeschiktheid);
- gedurende de referteperiode een voldoende hoog dagloon bereiken. (Dit bedrag wordt jaarlijks bepaalt en varieert volgens leeftijd. Het bedraagt 53,36 euro per dag vanaf 21 jaar).

'Niet-regelmatige' werknemers hebben recht op:

Minimum-daguitkering invaliditeit aan gerechtigden die NIET de hoedanigheid van regelmatig werknemer hebben

Meer concreet kan hierbij gedacht worden aan de volgende personen:

- schoolverlaters;
- personen die enkel werkloos geweest zijn;
- personen die geen voldoende werkvolume en of geen voldoende loon kunnen aantonen:
  - met gezinslast 36,49 euro
  - zonder gezinslast 27,37 euro

Overzicht van de uitkeringen invaliditeit voor werknemers (op 01.09.2008)

	% van het verloren brutoloon	maximum/dag in euro — Invaliditeit aangevat... Voor 01.10.1974	Vanaf 01.10.1974 + voor 01.09.1993	Vanaf 01.09.1993 + voor 01.09.2002	Vanaf 01.09.2002 + voor 01.04.2004	vanaf 01.04.2004 + voor 01.01.2005	vanaf 01.01.2005 + voor 01.01.2007	Vanaf 01.01.2007 + voor 01.01.2009	Vanaf 01.01.2009	minimum/dag in euro
regelmatige werknemers										
- met personen ten laste	65%	48,69	71,15	69,76	68,39	74,09	75,57	76,33	76,94	46,89
- alleenstaanden	53%	32,58	47,44	46,51	45,59	60,41	61,62	62,24	62,73	37,52
- samenwonenden	40%	32,58	47,44	46,51	45,59	45,59	46,51	46,97	47,35	31,85
niet-regelmatige werknemers										
- met personen ten laste	65%	48,69	71,15	69,76	68,39	74,09	75,57	76,33	76,94	36,49
- alleenstaanden	53%	32,58	47,44	46,51	45,59	60,41	61,62	62,24	62,73	27,37
- samenwonenden	40%	32,58	47,44	46,51	45,59	45,59	46,51	46,97	47,35	27,37

Bedragen van de invaliditeitsuitkeringen voor zelfstandigen (vanaf het tweede jaar arbeidsongeschiktheid) (bedragen index 01.09.2008).

Op 01.01.2007 werd de hoedanigheid 'zonder gezinslast' opgesplitst in 'alleenstaanden' en 'samenwonenden'.

Overzicht:

	forfaitair bedrag, per dag	vanaf
zonder stopzetting bedrijf		
- met personen ten laste - alleenstaande - samenwonende	44,54 euro 33,64 euro 28,92 euro	na 12 maanden
met stopzetting bedrijf		
- met personen ten laste - alleenstaande - samenwonende	46,89 euro 33,64 euro 31,85 euro	na 12 maanden

Hulp van derden ZIV vanaf invaliditeit

(K.B. 04.11.63, art. 48, 8ste + art. 229, § 1, 5de):

Uitkeringsgerechtigden kunnen een aanvraag voor hulp van derden indienen (niet tijdens hospitalisatie!!). *Het bedrag van de uitkering is in 2006-2007 hervormd.*

Indien deze hulp van derden wordt toegekend:
krijgen alle gerechtigden een forfaitaire vergoeding van 12,73 euro per dag, 330,98 euro per maand
(index 01.09.2008).

Overgangsmaatregel voor de gerechtigden die nadeel hebben door het nieuwe systeem: voor hen blijft voorlopig de oude regeling van toepassing (dit zijn de samenwonende en alleenstaande invaliden, waarvan het verschil tussen 65% uitkering en 40 of 53% uitkering groter is dan 12,73 euro, zij behouden hun oude recht hulp van derden. Dit is een uitkering van een gerechtigde met gezinslast in plaats van 12,73 euro/dag).

De uitbetaling van de hulp van derden wordt echter geschorst in perioden van:

- Gevangenschap of internering (uitgezonderd wie onder elektronisch toezicht is geplaatst - parlementaire vraag 03.01.2005)
- Vanaf de 1e dag van de 3e maand ziekenhuisverpleging indien de hospitalisatie plaatsvindt gedurende een ononderbroken periode van meer dan 2 maanden (weekendontslag in het kader van thuisverzorging wordt niet beschouwd als onderbreking; ontslagen van minder dan 30 dagen onderbreken de schorsingen niet). Gelijkgesteld met hospitalisatie: dag-/nachthospitalisatie, RVT, PVT, revalidatiecentrum met ZIV- overeenkomst.

Om in aanmerking te kunnen komen voor deze verhoogde uitkering moet de gerechtigde minstens 11 punten scoren op de zelfredzaamheidsschaal (M.B. 30.07.87 - B.S. 06.08.87).

De meting gebeurt als volgt: 6 items (verplaatsing, eten en bereiding van maaltijden, persoonlijke hygiëne en kleding, onderhoud van de woning - huishoudelijke taken, toezicht, sociaal contact) worden onderzocht waarbij voor elk item van 0 (geen moeilijkheden) tot 3 punten (onmogelijk zonder hulp van derde of aangepaste omgeving) worden gegeven (max. = 18 punten) naargelang de graad van afhankelijkheid.

De hulp van derden is niet belastbaar. De hulp van derden kan, mits de nodige medische motivering, met terugwerkende kracht van ten hoogste twee jaar worden toegekend.

Uitkeringen 'hulp van derden' vanaf het tweede jaar van de arbeidsongeschiktheid

Index 01.09.2008

	Vergoeding, per maand	**Na**
Werknemers		
- met personen ten laste	330,98 euro	12 maanden
- alleenstaanden - samenwonenden	Uitkering van 53 naar 65 % (*) of 330,98 euro Uitkering van 40 naar 65 % (*) of 330,98 euro	12 maanden
Zelfstandigen, met of zonder stopzetting bedrijf		
Alle invaliden	330,98 euro	12 maanden

(*) Alleenstaanden en samenwonenden hebben een forfaitaire verhoging of ontvangen hetzelfde vergoedingspercentage als deze van een gezinshoofd indien dat voordeliger is (zie overgangsmaatregel hierboven).

Toegelaten arbeid

(GEDEELTELIJKE TOESTAAN CUMUL LOON MET ZIEKTEUITKERING)
(ook vaak progressieve tewerkstelling of deeltijdse tewerkstelling genoemd)
(Wet 14.07.94, art. 100 § 2) (zelfst.: K.B. 17-11-2000; BS 7-12-2000)

Wat ?

Arbeidsongeschikte werknemers en zelfstandigen kunnen van de adviserend geneesheer (van het ziekenfonds) toelating krijgen om een beroepsbezigheid (deeltijds of aangepast aan de ziekte) uit te oefenen met behoud van hun erkenning als arbeidsongeschikte en met (gedeeltelijk) behoud van hun ziekteuitkering om zich op termijn terug volledig te kunnen inschakelen in het normale arbeidscircuit.

Iedere activiteit met een economische meerwaarde wordt beschouwd als tewerkstelling. Daarom moet voor onbezoldigde activiteit ook een toelating gevraagd worden.

Gewone huishoudelijke taken, gewone deelname aan verenigingsleven en sociale contacten buiten georganiseerd verband worden niet beschouwd als tewerkstelling. Bij twijfel altijd eerst de adviserend geneesheer raadplegen om na te gaan of een toestemming vereist is.

Vrijwilligerswerk:

Voor vrijwilligerswerk moet in principe geen toelating gevraagd worden in zoverre de adviserend geneesheer oordeelt dat het werk verenigbaar is met de aandoening en in zoverre aan alle voorwaarden uit de wet op vrijwilligerswerk is voldaan (onder meer een maximumvergoeding van € 30,22 per dag en 1.208,72 per jaar in 2009).

Het is aan te raden om ook voor vrijwilligerswerk overleg te plegen met de adviserend geneesheer zodat hij tijdig kan reageren indien hij het uitgevoerde werk niet als vrijwilligerswerk beschouwt. In dat geval beschouwt men de activiteit immers als niet toegelaten arbeid.

De gevolgen bij het verrichten van niet toegelaten arbeid zijn fenomenaal groot.

Men is verplicht om alle vergoedingen van de dagen, waarin men niet toegelaten arbeid heeft verricht, terug te betalen. Bovendien riskeert men vanaf de vaststelling arbeidsgeschikt te worden beschouwd, zodat men niet langer arbeidsongeschikt erkend blijft.

Wie ? Voorwaarden ?

Arbeidsongeschikte werknemers of zelfstandigen

die een beroepsbezigheid willen uitoefenen (deeltijds of aangepast aan de ziekte) en zodoende terug op de arbeidsmarkt willen komen

met een voorafgaandelijke toelating van de adviserend geneesheer (ziekenfonds) en

uit geneeskundig oogpunt een vermindering van het verdienvermogen behouden voor tenminste 50 %.

Hoe ?

De arbeidsongeschikte gerechtigde doet een (mondelinge) aanvraag bij de adviserend geneesheer (van het ziekenfonds) welke de duur, de periode en de toegelaten arbeid zal bepalen.

Werknemers: De werkgever neemt contact op met de sociale inspectie, zeker bij onregelmatige uren die niet op voorhand kunnen vastgelegd worden.

Zelfstandigen: De adviserend geneesheer mag aan de zelfstandige de toelating geven de beroepsbezigheid - die hij uitoefende op het ogenblik waarop de arbeidsongeschiktheid een aanvang nam - deeltijds te hervatten na het verstrijken van het tijdvak van niet vergoedbare arbeidsongeschiktheid (1° maand ziekte). Deze toelating mag niet slaan op een tijdvak langer dan 6 maanden, met maximale verlenging tot 18 maanden.

Indien betrokkene de toelating krijgt van de Geneeskundige Raad voor Invaliditeit (GRI – RIZIV) kan sinds 21.05.2007 het werk hervatten voor onbepaalde tijd (in plaats van maximum 18 maanden).

Voor een hervatting van **andere activiteiten** is de maximumperiode van 6 maanden, één maal verlengbaar met 6 maanden zodat men meer tijd krijgt om zich te heroriënteren op de arbeidsmarkt (toepassing vanaf 21.05.2007)

Binnen eenzelfde arbeidsongeschiktheid kan men slechts één maal beroep doen op deze maatregel.

Cumul met de uitkeringen ?

De inkomsten uit 'toegelaten arbeid' kunnen gedeeltelijk gecumuleerd worden met de uitkeringen.

De werknemers:

Het maandloon wordt omgerekend naar een dagbedrag in de zesdagenweek. Een eerste schijf van dit dagbedrag kan volledig gecumuleerd worden (11,04 euro/dag), een 2° schijf slechts voor 75% (van 11,0401 tot 22,08 euro/dag), een 3° schijf voor 50% (van 22,0801 tot 33,12 euro/dag) en een 4° schijf voor 25% (vanaf 33,1201 euro/dag). De rest wordt in mindering gebracht van het dagbedrag ziekte- of invaliditeitsvergoeding waarop betrokkene recht heeft indien hij niet werkt.

Voorbeeld:
Maandloon omgezet in een dagbedrag voor deeltijdse tewerkstelling = € 50,19
Dagbedrag invaliditeitsuitkering = € 44,70
Berekening cumul:

Vrijstelling 1e, 2e, 3e en 4e schijf van € 50,19 = 11,04 + 8,28 + 5,52 + 4,27 = € 29,11
Rest arbeidsinkomen: 50,19 – 29,11 = € 21,08
Rest invaliditeitsuitkering: 44,70– 21,08 = 23,62 euro
Te vermeerderen met het verdiende loon (dagelijks totaal € 73,81 in plaats van € 44,70)
Besluit:
Met een dagloon van € 50,19 wint men dagelijks € 29,11
Bovendien is progressieve tewerkstelling een veilige manier om de (resterende) arbeidsmogelijkheden te verkennen indien hierover onzekerheid bestaat.

De zelfstandigen:

Wie eender welke werkzaamheid hervat:
- eerste 6 maanden: behoud van uitkering
- de volgende 6 maanden: de uitkering wordt met 10 % verminderd.

Wie dezelfde werkzaamheid hervat als zelfstandige:
- eerste 6 maanden: behoud van uitkering
- van 7 tot 18 maanden (of indien toelating GRI tot 31.12 van het 3e jaar dat volgt op jet jaar waarin de werkhervatting gestart is): de uitkering wordt met 10 % verminderd
- na 31.12 van het 3e jaar na het jaar van werkhervatting: de beroepsinkomsten worden in aanmerking genomen. Wie meer dan 19.721,56 euro beroepsinkomsten verwerft krijgt geen invaliditeitsuitkering meer. Wie meer dan 17.149,19 euro aan beroepsinkomsten verwerft, maar minder dan 19.721,56 euro, ziet de invaliditeitsuitkering verminderen met het % dat 17.149,19 euro overschrijdt.

Opmerking:

Inkomsten uit tewerkstelling in het kader van sociale en beroepsreclassering, uitbetaald door de Fondsen voor personen met een handicap (Vlaams Agentschap, AWIPH en het Duitse Fonds) zijn volledig cumuleerbaar met ZIV-uitkeringen.

Arbeidsongeschikte zelfstandigen: recht op kleine risico's

Nieuwe zelfstandigen en gepensioneerde zelfstandigen met een inkomensgarantie voor ouderen genoten al sinds 01.07.2006 altijd van de kleine risico's (ook als ze niet arbeidsongeschikt zijn). De andere zelfstandigen kregen vanaf 01.01.2008 ook dezelfde rechten als de werknemers. Vanaf dan worden de kleine risico's aan zelfstandigen eveneens automatisch toegekend, waarbij het onderscheid in rechten op geneeskundige verstrekkingen verdwijnt tussen gewoon verzekerden en zelfstandigen.

Arbeidsongeschikte zelfstandigen: sociale zekerheidsbijdragen:
- Gelijkstelling van ziekteperiodes met beroepsbezigheidsperiodes
- Vrijstelling van bijdragen - zelfstandigen (in hoofdberoep) wegens financiële moeilijkheden

a) Gelijkstelling van ziekteperiodes met beroepsbezigheidsperiodes

De zelfstandige (deze hoedanigheid > 90 dagen) die zijn activiteit volledig stopzet (ook geen verderzetting van de activiteit door een derde op zijn naam!), kan op basis van een erkende arbeidsongeschiktheid (>66%) een tijdelijke of definitieve gelijkstelling bekomen wegens ziekte.

Betrokkene blijft dan in regel voor de sociale zekerheid zonder betaling van bijdragen aan zijn sociaal verzekeringfonds.

De periodes van gelijkstelling tellen mee voor het verwerven van pensioenrechten.

De aanvraag dient gericht aan de sociale verzekeringskas, of aan de Rijksdienst Sociale Verzekeringskas voor Zelfstandigen, samen met het bewijs van de erkenning van de arbeidsongeschiktheid (> 66%).

Het BTW nr. + het handelsregister op eigen naam moeten geschrapt worden (bij aanvraag definitieve gelijkstelling). Voor een tijdelijke gelijkstelling volstaat het om een nul-aangifte per kwartaal te doen bij het sociaal verzekeringsfonds.

b) Vrijstelling van bijdragen - zelfstandigen (in hoofdberoep) wegens financiële moeilijkheden

Zelfstandigen die wegens ernstige financiële moeilijkheden vrijstelling van het betalen van hun sociale bijdragen willen bekomen, kunnen daarvoor een aanvraag indienen.

Dit gebeurt aangetekend (of door het ter plaatse neerleggen van een verzoekschrift) bij de sociale verzekeringskas waaraan de bijdragen waarvoor de vrijstelling wordt gevraagd, verschuldigd zijn (K.B. 09.12.94 - B.S. 08.02.95).

De sociale verzekeringskas registreert de aanvraag en stuurt deze automatisch door naar de RSVZ.

De commissie voor vrijstelling van sociale bijdragen zal, via het aan betrokkene toegestuurde inlichtingenformulier, de behoeftigheid onderzoeken. Het is dan ook belangrijk om zoveel mogelijk bewijsstukken mee te sturen om de noodzaak te staven (leningen, schulden, gezondheidstoestand, ...) van betrokkene en van de andere gezinsleden.

De commissie kan zowel vrijstelling verlenen van de bijdragen als voor de intresten en kosten van het jaar vóór de aanvraag tot en met het jaar na de datum van beslissing.

Opgelet: door deze vrijstelling vervallen de pensioenrechten voor de periode van vrijstelling. De rechten inzake ziekteverzekering en de kinderbijslagrechten blijven daarentegen behouden.

Tegen de uitspraak van de commissie is geen beroep mogelijk.

Faillissementsverzekering
(K.B. 18.11.96; K.B. 06.07.97; M.B. 23.07.97 - B.S. 02.08.97)

Zelfstandigen zijn via hun wettelijk verplichte bijdragen verzekerd in geval van faillissement.

Voorwaarden:

- de gefailleerde zelfstandige, zaakvoerder, bestuurder of werkende vennoot van een handelsvennootschap, die niet geniet van eigen of afgeleide sociale zekerheidsrechten als persoon ten laste, dient een aanvraag in (per aangetekend schrijven of door een ter plaatse neer te leggen verzoekschrift) bij de sociale verzekeringskas waar hij het laatst was aangesloten;
- de gefailleerde was minimum 1 jaar zelfstandige in hoofdberoep;
- hij heeft geen beroepsactiviteit en geen recht op rustpensioen of andere vervangingsuitkeringen;
- hij is niet veroordeeld wegens bankbreuk.

Welke rechten ?

Eénmaal in de loopbaan kan de verzekering volgende rechten openen op:

- een financiële uitkering (1.158,09 euro met personen ten laste, 873,81 euro zonder ptl) gedurende maximaal 12 maanden (bedragen 01.09.2008).
- behoud van recht op kinderbijslag en gezondheidszorgen gedurende maximaal één jaar, mits de aanvraag wordt ingediend bij het sociaal verzekeringsfonds voor het einde van het kwartaal dat op het faillissement volgt.

Inhoudingen op de ziektevergoedingen
- pensioeninhoudingen
- bedrijfsvoorheffing

Pensioeninhoudingen

Er wordt op de hogere ziektevergoedingen een inhouding ten bedrage van 3,5 % verricht. Er gebeurt geen inhouding indien de uitkering niet hoger is dan 53,00 euro per dag voor gerechtigden met gezinslast en 44,00 euro voor gerechtigden zonder gezinslast. Vanaf een dagbedrag van 53,01 euro voor gezinshoofden en 44,01 euro voor niet-gezinshoofden gebeurt de inhouding volledig. Indien het dagbedrag tussen de voornoemde bedragen ligt gebeurt een gedeeltelijke inhouding die echter nooit het dagbedrag onder de 54,92 euro voor gezinshoofden en 45,60 euro voor niet-gezinshoofden mag doen dalen.

Bedrijfsvoorheffing

Op de primaire arbeidsongeschiktheid (1e jaar ziekte-uitkering) wordt een bedrijfsvoorheffing van 11,11 % ingehouden. Op de invaliditeitsuitkeringen wordt geen bedrijfsvoorheffing ingehouden.

Grenzen loonbeslag en loonsoverdracht
(Wet 24/03/2000 - BS 04/05/2000; KB 06/12/2000 - 14/12/2000)

Bij eventuele schuldvorderingen van derden (bank, ...) kan maar een gedeelte van het inkomen worden opgeëist om de schuldeisers terug te betalen. Leefloon, gezinsbijslagen, wezenpensioenen, tegemoetkomingen aan personen met een handicap, het gewaarborgd inkomen voor bejaarden, inkomensgarantie voor ouderen en bedragen die worden uitgekeerd als vergoeding voor de behoefte aan andermands hulp komen echter niet voor beslag in aanmerking.

Opmerking: Wat betreft onderhoudsgeld zijn er GEEN grenzen. Het volledige loon komt in aanmerking voor loonsoverdracht.

Er wordt een onderscheid gemaakt tussen inkomen uit arbeid en vervangingsinkomen. Indien de inkomens gedeeltelijk bestaan uit vervangingsinkomen en gedeeltelijk uit inkomen uit arbeid, worden de bedragen toegepast die geldig zijn voor "inkomen uit arbeid".

Inkomen uit arbeid of inkomen uit arbeid + vervangingsinkomen	
Maandelijks nettoinkomen:	***Maximaal loonbeslag*** Bedragen te verminderen met 58 euro per kind ten laste (1).
< 981 euro	Niets
Van 981,01 euro tot 1.054 euro	20% van deze schijf (of max. 14,60 euro)
Van 1.054,01 euro tot 1.162 euro	30% van deze schijf (of max. 32,40 euro)
Van 1.162,01 euro tot 1.271 euro	40% van deze schijf (of max. 43,60 euro)
> 1.271,01 euro	Volledig

(bedragen op 01.09.2008)(1)

Enkel vervangingsinkomen	
Maandelijks nettoinkomen Bedragen te verhogen met 58 euro per kind ten laste. (1)	***Maximaal loonbeslag***
< 981 euro	Niets
Van 981,01 euro tot 1.054 euro	20% van deze schijf (of max. 14,60 euro)
Van 1.054,01 euro tot 1.271 euro	40% van deze schijf (of max. 86,80 euro)
> 1.271,01 euro	Volledig

(bedragen op 01.09.2008)

(1) kind ten laste is elke persoon, jonger dan 25 jaar, of een verlengd minderjarig persoon met verwantschap in de eerste graad of met een band als zorgouder, en, waarvan de nettobestaansmiddelen een bepaalde grens niet overschrijden (in aanslagjaar 2009 respectievelijk € 2.700, € 3.910 + € 4.960 bij een samenwonende ouder, een alleenstaande ouder of een alleenstaande ouder met een handicap). Kind ten laste moet men met een aangifteformulier melden bij de beslaglegger en kan onder meer aangetoond worden met een bewijs van het ziekenfonds waaruit blijkt dat het kind bij betrokkene als persoon ten laste is ingeschreven; een bewijs van domiciliëring waaruit blijkt dat het kind op hetzelfde adres is ingeschreven; een gerechtelijk stuk waaruit blijkt dat betrokkene zijn onderhoudsverplichtingen nakomt tegenover het kind; rekeninguittreksels waaruit blijkt dat betrokkene op regelmatige basis stortingen uitvoert voor de bijdrage in het onderhoud van het kind voor een bedrag dat hoger is dan de gevraagde verhoging van het niet voor beslag vatbare bedrag. (KB 27.12.2004 - BS 31.12.2004)

Waar?

- Uitkeringen: ziekenfonds - loket of adviserend geneesheer (inlichtingen + bijstand) (Gouden Gids nr 6990, www.cm.be;
  e-mail: dmw@cm.be).
- Vrijstelling van bijdragen zelfstandigen: de Sociale Verzekeringskas.

Aandachtspunten voor de arts:

- Laattijdige ziekteaangifte (zie supra)
- Toegelaten arbeid (zie II.11.B)
- Werkhervatting tijdens een periode van erkende arbeidsongeschiktheid zonder toelating van de adviserend geneesheer tijdens een periode van erkende arbeidsongeschiktheid; *Beperken van de terugvordering* en behoud van recht in alle takken van de sociale zekerheid:

Artikel 100, §2 van de Gecoördineerde Wet van 14.07.94 bepaalt dat de werknemer die een vooraf toegelaten arbeid hervat onder bepaalde voorwaarden arbeidsongeschikt erkend wordt als hij vanuit een geneeskundig oogpunt een vermindering van zijn vermogen van ten minste 50% behoudt.

Artikel 101, eerste lid bepaalt dat de als arbeidsongeschikt erkende werknemer, die arbeid heeft verricht zonder de in artikel 100, §2 bedoelde voorafgaandelijk toelating, maar die vanuit een geneeskundig oogpunt een vermindering van zijn vermogen van ten minste 50% behouden heeft, en op voorwaarde dat de uitgeoefende activiteit verenigbaar is met zijn gezondheidstoestand, de uitkeringen die hij ontving voor de dagen of de periode tijdens welke hij niet toegelaten arbeid heeft verricht, moet terugbetalen.

Artikel 101, tweede lid bepaalt dat hij nochtans wordt geacht arbeidsongeschikt te zijn gebleven en de dagen, waarvoor de uitkeringen wegens arbeidsongeschiktheid worden teruggevorderd ingevolge het eerste lid, worden aanzien als dagen waarop een uitkering is toegekend om de rechten van de gerechtigde en van de personen te zijnen laste op de prestaties van de sociale zekerheid te bepalen.

Artikel 101, derde lid bepaalt:

"Behoudens in geval van bedrieglijk opzet, kan het Beheerscomité van de Dienst voor Uitkeringen **in behartigenswaardige gevallen** geheel of gedeeltelijk afzien van de in het eerste lid vermelde terugvordering".

II.11. Overzicht tewerkstellingsmaatregelen personen met een handicap / moeilijk te plaatsen werklozen

Wat?

Tewerkstellingsmaatregelen willen enerzijds de mogelijkheden van de persoon met een handicap vergroten om zich op de arbeidsmarkt te begeven (bv. door opleiding), en anderzijds de tewerkstellingsdrempel voor de werkgevers ten overstaan van personen met een handicap verlagen door middel van diverse maatregelen. Elke maatregel is bedoeld ter compensatie van de mogelijke problemen die zich bij de tewerkstelling van een persoon met een handicap kunnen voordoen.
We onderscheiden zes groepen tewerkstellingsmaatregelen voor:
1. zieken
2. personen met een handicap
3. genieters van het leefloon en personen die ermee worden gelijkgesteld.

(2 en 3 behoren tot de zogenaamde risicogroepen in de werkloosheid.)

OVERZICHT MAATREGELEN:

A. Begeleiding en opleidingen (zie II.11 A)
B. Financiële tegemoetkomingen aan personen met een handicap (zie II.11 B)
C. Financiële tegemoetkomingen aan werkgever (zie II.11 C)
D. Beschutte werkplaatsen (zie II.11 D)
E. Tewerkstelling + OCMW - PWA's (zie II.11 E)
F. Wettelijke verplichtingen voor werkgevers (zie II.11 F)

De werkbank voor personen met een handicap

De werkbank (www.werkbank.be) is een initiatief van de jongerendienst van de Katholieke Vereniging voor Gehandicapten (http://www.kvg.be). Het initiatief ondersteunt werkzoekende personen met een handicap evenals de werkgevers die een persoon met een handicap in dienst nemen. Aan personen met een handicap biedt zij individuele begeleiding bij het zoeken naar werk en sollicitatie- en sociale vaardigheidstraining. Aan werkgevers biedt zij administratieve en praktische ondersteuning.

In elke provincie (behalve in Brabant) vindt u een Werkbank secretariaat. U kan er terecht indien u als persoon met handicap op zoek bent naar werk, als u vragen hebt ivm werk en tegemoetkomingen, ...:

- **Antwerpen:**
  Didier Pieters
  Schoenstraat 61 - 2140 Borgerhout
  tel 03-235 85 57
  Brecht Provoost en Didier Pieters
  Van Vaerenberghstraat 6
  2600 Berchem
  Tel 03-609 54 48
- **Turnhout:**
  Jan Frederickx
  Korte Begijnenstraat 18 - 2300 Turnhout
  tel 014-40 33 60

- **Geel:**
  Jan Frederickx
  Diesteseweg 144 - 2440 Geel
  tel 014-56 40 02
- **Limburg:**
  Jo Hermans en Patricia Bielen
  Rederijkersstraat 53 - 3500 Hasselt
  tel 011-23 22 05
- **Oost-Vlaanderen - coördinatie**
  Patrick Vandeweerd
  Oudstrijderslaan 1 (wijk Malem) - 9000 Gent
  tel 09-227 34 41
- **West-Vlaanderen:**
  Nancy Lootens
  Sint Jorisstraat 1 -8800 Roeselare
  tel 051-24 88 06

Wie?

Vanaf 1 april 2006 (BVR 17/11/2006) nam het Vlaams Agentschap voor Personen met een Handicap alle bevoegdheden van het vroegere Vlaams Fonds over, behalve datgene wat te maken heeft met de tewerkstelling van personen met een handicap. Alles wat te maken heeft met tewerkstelling van personen met een handicap ging naar het beleidsdomein 'Werk en Sociale Economie (WSE).

Sinds april 2006 heeft de VDAB met andere woorden de bevoegdheden van het Vlaams Agentschap overgenomen betreffende 'tewerkstelling van personen met een handicap' (met uitzondering van de Beschutte werkplaatsen).

Sinds 1 oktober 2008 is de gehele bevoegdheid van de sector werk van het Vlaams Agentschap voor Personen met een Handicap overgedragen aan de VDAB. Dit betekent dat alles wat met arbeidshandicap te maken heeft onder de bevoegdheid van de VDAB valt.

Om na te gaan wie de werkzoekenden met een arbeidshandicap zijn en om een passende begeleiding te kunnen aanbieden schenkt de VDAB vanaf de inschrijving aandacht aan signalen, die aangeven dat gespecialiseerde hulp kan nodig zijn. Betrokkene kan zelf aangeven dat hij hulp wenst, maar ook attesten of opleidingsgetuigschriften die duiden op een mogelijke handicap zijn aanleiding om een specifieke aanpak te overwegen.

Inzake arbeidshandicap hanteert de VDAB volgende definitie "Elk langdurig en belangrijk probleem van deelname aan het arbeidsleven dat te wijten is aan het samenspel tussen functiestoornissen van mentale, psychische, lichamelijke of zintuiglijke aard, beperkingen bij het uitvoeren van activiteiten en persoonlijke en externe factoren".

In haar beheersovereenkomst met de Vlaamse Regering kreeg de VDAB de opdracht om trajectwerking voor deze doelgroep te realiseren. Zij wil dit door beroep te doen op de eigen diensten als actor en op de gespecialiseerde partners zoals ATB (Arbeidstrajectbegeleidingsdiensten), CBO's (Centra voor beroepsopleiding) en CGVB's (Centra voor Gespecialiseerde Voorlichting bij Beroepskeuze).

De gespecialiseerde partners (ATB's, CBO's en CGVB's) en VDAB willen samen via overleg, dialoog en ervaringsuitwisseling komen tot een door het beleid, het sociale werkveld en de vertegenwoordiging van de doelgroep gedragen model van trajectbegeleiding. Hierbij zijn de medewerkers van ATB als de VDAB- consulenten gelijkwaardig.

Het doel van de gespecialiseerde diensten voor personen met een (arbeids)handicap is kansen op tewerkstelling in het normaal of sociaal economisch circuit creëren voor personen met een arbeidshandicap in het algemeen en personen met een (erkende) handicap in het bijzonder.

A. *BEGELEIDING EN OPLEIDINGEN* Vlaamse Dienst voor Arbeidsbemiddeling (VDAB): (II.11.A)

0. Centra voor Gespecialiseerde Voorlichting bij Beroepskeuze (C.G.V.B.'s)

1. Schoolopleiding, gelijkgesteld met een beroepsopleiding
2. Opleiding in een VDAB-centrum
3. Individuele beroepsopleiding in een onderneming

B. *FINANCIELE TEGEMOETKOMINGEN AAN BETROKKENE; VDAB, OCMW, ziekenfonds (ter ondersteuning van een mogelijke tewerkstelling (II.11.B)*

a) VDAB
   1. Tussenkomst in de kosten van arbeidsgereedschap en Arbeidskledij
   2. Tussenkomst in de verplaatsingskosten

b) OCMW
   1. Geïndividualiseerd project voor sociale integratie

c) Ziekenfonds
   1. Beroepsherscholing (ten laste nemen van kosten)
   2. Toegelaten arbeid (gedeeltelijk toestaan cumul loon >< ziekteuitkering)
   3. Renteloze leningen

C. *FINANCIELE TEGEMOETKOMINGEN AAN (MOGELIJKE) WERKGEVER (premies) (ter ondersteuning van een mogelijke tewerkstelling) (II.11.C)*

a) VDAB
   1. Subsidiëring van diversiteitsplannen op de werkvloer
   2. Individuele beroepsopleiding in de onderneming-interim
   3. Activa Start
   4. Loonpremie in invoegbedrijven
   5. Vlaamse ondersteuningspremie (VOP)
   6. Aanpassing arbeidspost
   7. Bijstand door doventolken in arbeidssituaties

b) Federale overheid
De programmawetten van 24 december 2002, 8 april 2003 en het KB van 16 mei 2003 hebben op radicale wijze de 27 bestaande tewerkstellingsmaatregelen vereenvoudigd. Vanaf 1 januari 2004 worden een aantal patronale verminderingen van de sociale zekerheidsbijdragen geïntegreerd in een unieke maatregel die bestaat uit twee delen:
- een algemene vermindering van de sociale zekerheidsbijdragen in functie van het referteloon van de werknemer;
-een bijkomende vermindering, doelgroepvermindering genoemd die afhangt van de doelgroep waar de werknemer behoort en in functie van verschillende criteria waaraan de werkgever en/of de werknemer, moet beantwoorden.
Er dient opgemerkt dat bepaalde stelsels van bijdrage verminderingen behouden blijven:
-het stelsel van de gesubsidieerde contractuelen;
-de herverdeling van de arbeidstijd in de openbare sector voor de contractuelen;
-het KB 499 dat een sociaal statuut invoert voor de gedefavoriseerde jongeren die tewerkgesteld zijn in een VZW;
-het KB 483 voor de aanwerving van eerste werknemer als huispersoneel;
-de niet-handelssector (sociale Maribel)
-de wet van 29 april 1996 houdende invoering van een vermindering van de sociale bijdragen voor de bijkomende netto-aanwerving in de sector wetenschappelijk onderzoek;
-het KB van 25 april 1997 houdende een vermindering van de patronale en persoonlijke bijdragen voor de bagger- en sleepdiensten in volle zee;
-de vermindering van de persoonlijke sociale zekerheidsbijdragen voor de werknemers met een laag loon, principieel voorzien tot 31 december 2003;
-het stelsel van toepassing voor de kinderoppassers;
-het KB van 23 juni 2003 houdende een vermindering van de patronale sociale zekerheidsbijdragen voor de tewerkstelling van kunstenaars.
Er zijn verschillenden overgangsbepalingen voorzien die de bestaande verminderingen omzetten in nieuwe forfaitaire verminderingen. Om hier meer over te weten is het raadzaam de website van de Rijksdienst voor Sociale Zekerheid te raadplegen:
http://www.socialsecurity.be/public/doclibrary/nl/infos_home.htm

c) Sectoriële premies (premies per sector (bijvoorbeeld wasserijen) overeengekomen per CAO)

D. AANGEPASTE WERKGELEGENHEID VOOR PERSONEN MET EEN HANDICAP (tewerkstelling) (II.11.D)

1. Beschermde werkplaatsen (beschutte tewerkstelling)
2. Sociale werkplaatsen
3. Inschakelingsbedrijven / Invoegbedrijven
4. Arbeidszorg
5. Centra voor loopbaandienstverlening voor werkenden

E. TEWERKSTELLING - OCMW (II.11.E)

1. Het OCMW als werkgever
2. De plaatselijke werkgelegenheidsagentschappen (PWA's)

F. *WETTELIJKE OPGELEGDE VERPLICHTINGEN inzake tewerkstelling risicogroepen en andere maatregelen (II.11.F)*

a) Privé-ondernemingen
b) Rijksbesturen
c) Federale openbare instellingen
d) De diensten van Gemeenschaps- en Gewestregeringen en van de publiekrechtelijke rechtspersonen die ervan afhangen
e) Belgacom
f) De Post
g) Provincies en gemeenten
h) OCMW

II.11.A. Opleiding: Vlaamse Dienst voor Arbeidsbemiddeling (VDAB)

Voorafgaandelijke bemerking

Daar personen met een handicap, in bepaalde gevallen, een ZIV-erkenning als arbeidsongeschikte hebben verkregen, mogen zij de opleiding niet starten zonder voorafgaandelijke toestemming van het college van geneesheren-directeurs van het RIZIV. Een aanvraag indienen, is dus steeds noodzakelijk ook al worden de kosten ten laste genomen door een andere instantie (Vlaams Agentschap) of door betrokkene zelf. Raadpleeg de adviserend geneesheer en/of de dienst maatschappelijk werk van uw ziekenfonds!

1. Schoolopleiding (personen met een handicap), gelijkgesteld met een beroepsopleiding, (uitzonderlijke financiële tussenkomst tijdens studies)

(**B.V.R.** 07.03.90 - B.S. 27.04.90; BVR 17.11.2006)

Let op! Opgeheven door het BVR van 15.02.2008 en enkel nog geldig voor personen die ten laatste op 31.03.2008 gestart zijn.

Wat?

Hoger onderwijs kan onder welomschreven voorwaarden gelijkgesteld worden met een beroepsopleiding zodat de **V.D.A.B.** een loon kan uitbetalen en een aantal kosten terugbetalen.

Wie? Voorwaarden?

- Meerderjarige personen met een handicap die hoger onderwijs verstandelijk aankunnen,
- die omwille van financiële redenen hun hogere opleiding niet kunnen voortzetten
- en dagonderwijs volgen met volledig leerplan,
- om aanspraak te kunnen maken op een tussenkomst, ingeschreven zijn in **de V.D.A.B.**.

Tegemoetkoming Vlaams Agentschap

- **de V.D.A.B.** garandeert minimumloon (dit opent eventueel rechten binnen sociale zekerheid).
- **de V.D.A.B.** kan tussenkomen inzake:
  - aanpassing arbeidspost,
  - verblijfs- en/of verplaatsingskosten,
  - didactisch materiaal.

Hoe?

Aanvraag richten tot **de V.D.A.B.**

Waar?

- **V.D.A.B.** (aanvraag + inlichtingen)
- Ziekenfonds (inlichtingen + bijstand)
- OCMW (inlichtingen + bijstand).

2. Opleiding in een VDAB-centrum (ook voor personen met een handicap!)

Personen met een handicap kunnen ook in een VDAB-centrum een opleiding volgen. Men dient ingeschreven te zijn als werkzoekende, maar men moet niet noodzakelijk uitkeringsgerechtigde zijn.

Wie? Voorwaarden?

- ingeschreven zijn als werkzoekende (maar men moet niet noodzakelijk uitkeringsgerechtigde zijn!!)
- een aanvraag indienen bij de Vlaamse Dienst voor Arbeidsbemiddeling
- een oriënteringsonderzoek ondergaan.

Tegemoetkoming Vlaams Agentschap

- de V.D.A.B. garandeert minimumloon (dit opent eventueel rechten binnen sociale zekerheid).
- de V.D.A.B. kan tussenkomen inzake:
  - aanpassing arbeidspost,
  - verblijfs- en/of verplaatsingskosten,
  - didactisch materiaal.

Hoe?

Aanvraag richten tot de Vlaamse Dienst voor Arbeidsbemiddeling.

Waar?

- Gewestelijke dienst voor Arbeidsbemiddeling (VDAB) (aanvraag + inlichtingen, inschrijving als werkzoekende (eventueel zonder recht op uitkeringen))
- Vlaams Agentschap (inlichtingen)
- Ziekenfonds, dienst maatschappelijk werk (inlichtingen + bijstand)
- OCMW (inlichtingen + bijstand).

3. Individuele beroepsopleiding in een onderneming (ook voor personen met een handicap)

(B.V.R. 21.12.1988 - B.S. 14.01.1989; B.V.R. 22.07.2005 – B.S. 23.08.2005)

Wat? Wie?

Een volledig uitkeringsgerechtigde (gehandicapte) werkloze kan een individuele opleiding krijgen van 1 tot maximum 6 maanden in een bedrijf. De cursist krijgt van de RVA een premie bovenop de werkloosheidsuitkering. Een handicap wordt erkend als betrokkene ingeschreven is in het Vlaams Agentschap voor Personen met een handicap, of als hij voor de VDAB beschouwd wordt als persoon met een arbeidshandicap, of als zijn hoogste diploma buitengewoon secundair onderwijs is, of als hij een bewijs van minstens 66% arbeidsongeschiktheid heeft.

Sinds 21.09.2006 bestaat nu ook IBO-interim (B.V.R. 22.07.2005, K.B. 14.07.2006; zie II.11.C). Ook hier krijgt betrokkene na de beroepsopleiding een contract van onbepaalde duur aangeboden. In dit geval zorgt het uitzendkantoor voor de concrete begeleiding tijdens de opleiding.

Hoe?

De aanvraag dient te gebeuren via de Vlaamse Dienst voor Arbeidsbemiddeling (eventueel inschrijving als werkzoekende zonder recht op uitkeringen).

Voor IBO-interim selecteert het uitzendkantoor zelf zijn kandidaat-werknemer en kandidaat-werkgever.

Waar?

- Vlaamse Dienst voor Arbeidsbemiddeling (aanvraag + inlichtingen)
- Ziekenfonds, dienst maatschappelijk werk (inlichtingen + bijstand)
- OCMW - sociale dienst (inlichtingen + bijstand)

II.11.B. Tewerkstelling: financiële tegemoetkomingen aan betrokkene; VDAB, OCMW, ziekenfonds

A. V.D.A.B.

1. Tussenkomst inzake kosten van arbeidsgereedschap en werkkledij

(BVR 18.07.2008 Hoofdstuk III - BS 03.10.2008)

Wat?

Personen met een handicap kunnen van de V.D.A.B. een tegemoetkoming bekomen in de kosten van aankoop van arbeidsgereedschap en -kleding, die gedragen worden door personen met een handicap die tewerkgesteld zijn krachtens een arbeidsovereenkomst of een publiekrechtelijk statuut.

De tegemoetkoming dekt enkel de bijkomende kosten (specifieke meerkost) die de persoon met een handicap vanwege zijn handicap moet dragen ten aanzien van de kosten die een valide werknemer voor zijn arbeidsgereedschap en -kleding moet dragen.

De tegemoetkoming wordt verleend hetzij bij de indiensttreding van de persoon met een handicap, hetzij in de loop van de tewerkstelling als zij noodzakelijk blijkt om hem in dienst te houden of om hem in staat te stellen een betrekking te bekleden die beter beantwoordt aan zijn vaardigheden en mogelijkheden.

Wie? Voorwaarden?

De persoon met een handicap moet aantonen dat:

1. het gebruik van bedoeld arbeidsgereedschap of bedoelde arbeidskleding niet courant gebruikelijk is in de beroepstak waarin hij tewerkgesteld is, en rechtstreeks noodzakelijk is voor de uitoefening van zijn professionele activiteit, zoals deze voorzien werd in zijn integratieprotocol;
2. de werkgever niet gehouden is zelf de kosten van de werktuigen of arbeidskleding te dragen, of dat hij van zijn werkgever de nodige werktuigen of arbeidskleding niet kan krijgen, noch de tegenwaarde in specie voor de aankoop.

Hoe?

Aanvraag richten tot de V.D.A.B.

Waar?

- V.D.A.B. (aanvraag + inlichtingen)
  VDAB Servicelijn 0800/30 700
  http://www.vdab.be/arbeidshandicap

- Ziekenfonds (inlichtingen + bijstand)
- OCMW (inlichtingen + bijstand).

2. Tussenkomst in de verplaatsingskosten

(BVR 18.07.2008, Hoofdstuk IV, BS 03.10.2008)

Wat?

De V.D.A.B. komt in een aantal gevallen tussen voor de meerkost die de persoon met een handicap heeft, indien hij/zij gebruik dient te maken van een geïndividualiseerd vervoermiddel (ambulance, taxi, ...) of van de eigen auto.

Wie?

- De personen met een handicap die wegens de aard en de ernst van hun handicap onmogelijk gebruik kunnen maken van het gemeenschappelijk vervoer zonder begeleider.
- De personen met een handicap die wegens de aard van hun handicap gebruik moeten maken van persoonlijk vervoer of gespecialiseerd vervoer.

Hoe?

De personen met een handicap doen een aanvraag voor tussenkomst bij de V.D.A.B.

Waar?

- V.D.A.B. (aanvraag + inlichtingen)
  VDAB Servicelijn 0800/30 700
  http://www.vdab.be/arbeidshandicap
- Ziekenfonds, dienst maatschappelijk werk (inlichtingen + bijstand)
- OCMW (inlichtingen + bijstand).

B. OCMW

1. Geïndividualiseerd project voor sociale integratie

(K.B. 24.03.1993 - B.S. 26.03.1993, opgeheven en vervangen door het K.B. 11.07.2002 - B.S. 31.07.2002)

Wat?

Het geïndividualiseerd project voor sociale integratie is het programma dat door het OCMW met een genieter van het leefloon wordt opgesteld en in een contract vastgelegd. Het contract bepaalt de modaliteiten van de integratie en kan voorzien in:

- opleiding en studies (het OCMW kan de kosten op zich nemen of instaan voor een aanmoedigingspremie),
- aanvullende dienstverlening ter aanmoediging van het werk (tewerkstelling op proef, occasionele tewerkstelling of tewerkstelling voor een korte termijn) zoals o.a.:
  - aangepaste werkkledij
  - verplaatsingskosten
  - verzekering.

Niet naleven van het contract door de genieter van het leefloon kan aanleiding geven tot gehele of gedeeltelijke schorsing van het leefloon.

Wie?

Genieters van het leefloon OCMW (Verplicht voor jongeren jonger dan 25 jaar. Weigeren van te ondertekenen, behalve om gezondheids- of billijkheidsredenen, kan een weigering van het bestaansminimum tot gevolg hebben).

Waar?

OCMW - sociale dienst (aanvraag + inlichtingen + bijstand).

C. Ziekenfonds

1. Beroepsherscholing: Verstrekkingen in het kader van een herscholing

Wat?

Om aan zieken en personen met een handicap die niet meer in hun oude beroep kunnen tewerkgesteld worden om medische redenen, toch kansen op tewerkstelling te bieden, kunnen zij herscholen/omscholen via de ZIV (ziekteverzekering).

Het gaat hier om vak-, beroepsherscholing, omscholing via:

- scholen, instituten, patroons of werkgevers, VDAB, centra voor ZIV-overeenkomst (kosten evenwel ten laste van de ZIV);
- De centra van het Vlaams Agentschap voor Personen met een handicap en overeenkomsten (kosten ten laste van het Vlaams Agentschap).

Mits akkoord van het college van geneesheren-directeurs van het RIZIV kunnen volgende kosten door de ZIV ten laste genomen worden:

- Materiaal en hulpmiddelen:
- Braille schrijfmachine
- Brailledec
- Computer

- Computer met brailleaanpassing
- Didactisch materiaal
- Leerboeken
- Rekenmachine/sprekende
- Materiaal (divers)

Verder:

- Examengeld (inschrijvingsgeld)
- Internaatkosten
- Cursusgeld (inschrijvingsgeld)
- Psycho-technisch onderzoek
- Reiskosten (dagelijkse, naar internaat, naar psycho-technisch onderzoek)
- Renteloze leningen (na een herscholing om zich als zelfstandige te vestigen)
- Verblijfkosten
- Verzekeringspremie (tegen arbeidsongevallen)

Andere dan de hiervoor vermelde kosten kunnen ook aan de Geneeskundige Raad voor Invaliditeit (GRI) voorgelegd worden. Alle kosten worden in een prijsofferte bij de aanvraag gevoegd. Ze worden individueel onderzocht.

Wie?

Men moet arbeidsongeschikt erkend zijn (in primaire, invaliditeit of met statuut mindervaliden voor geneeskundige verstrekkingen).

Hoe?

De aanvraag dient ingeleid bij de adviserend geneesheer van het ziekenfonds.

Opgelet: Het programma dient bepaald én goedgekeurd door het college van geneesheren-directeurs van het RIZIV (binnenkort door de GRI, die herscholing als nieuwe bevoegdheid krijgt). Dit moet in principe vóór de herscholing, omscholing, beroepsopleiding aanvangt (dit geldt ook voor herscholingen via het Vlaams Agentschap, VDAB of arbeidstrajectbegeleiding). Indien deze goedkeuring niet verleend wordt, al dan niet vóór de aanvang, riskeert de zieke persoon of de persoon met een handicap zijn statuut (erkenning) van arbeidsongeschikte te verliezen. Wie toelating tot herscholing heeft verkregen kan immers gedurende de periode van herscholing niet arbeidsgeschikt verklaard worden.

Opmerking:

In de programmawet van augustus 2006 verschenen de voorbereidende wetteksten om de procedure voor herscholingsaanvragen te vereenvoudigen en aantrekkelijker te maken. Men hevelt de beslissingsbevoegdheid over naar de GRI (geneeskundige raad voor invaliditeit), die eventueel bijkomende bevoegdheden aan de adviserend geneesheer kan geven. We verwachten nog nieuwe uitvoeringsbesluiten, onder meer wat betreft de bepalingen voor tenlasteneming van onkosten voor herscholing.
Bovendien overweegt men om bij wijze van overgangsmaatregel de herschoolde arbeidsongeschikte niet meteen arbeidsgeschikt te verklaren zodat men tijd krijgt

om gepast werk te zoeken. Tot nu toe wordt men 'per definitie' arbeidsgeschikt verklaard wanneer een herscholing afgewerkt is. Doel van de herscholing is immers terug klaar te zijn voor de arbeidsmarkt. Uit onderzoek bleek dat het vooruitzicht om direct afgeschreven te worden na een afgewerkte herscholing velen afschrikt om een herscholing aan te vatten.

Waar?

- Ziekenfonds - adviserend geneesheer
- Ziekenfonds - dienst maatschappelijk werk

2. Toegelaten arbeid voor arbeidsongeschikten (gedeeltelijk toestaan cumul loon met ziekteverzekering)

(W. 14.07.97, art. 100, § 2) (zelfst.: K.B. 20.07.71 - B.S. 07.08.71)
(Ook "progressieve tewerkstelling" of "deeltijdse tewerkstelling" genoemd)

Wat?

Arbeidsongeschikte werknemers en zelfstandigen kunnen van de adviserend geneesheer (van het ziekenfonds) toelating krijgen om een beroepsbezigheid (deeltijds of aangepast aan de ziekte) uit te oefenen, met behoud van hun erkenning als arbeidsongeschikte en met (gedeeltelijk) behoud van hun ziekteuitkering, om zich voldoende op termijn terug te kunnen inschakelen in het normale arbeidscircuit.

Wie? Voorwaarden?

Arbeidsongeschikte werknemers of zelfstandigen
- die een beroepsbezigheid willen uitoefenen (deeltijds of aangepast aan die ziekte) en zodoende terug op de arbeidsmarkt willen komen en
- uit geneeskundig oogpunt een vermindering van het verdienvermogen behouden voor tenminste 50 %
- waarvan de adviserend geneesheer oordeelt dat de werkhervatting verenigbaar is met de betrokken aandoening
- met een voorafgaandelijke toelating van de adviserend geneesheer (ziekenfonds).

Hoe?

De arbeidsongeschikte gerechtigde doet een (mondelinge) aanvraag bij de adviserend geneesheer (van het ziekenfonds) welke de duur, de periode en de toegelaten arbeid zal bepalen.

Werknemers:

Voor werknemers is een veelheid aan mogelijkheden toegestaan. De progressieve tewerkstelling beoogt in principe een volledige werkhervatting op termijn, maar verhindert niet dat de deeltijdse werkhervatting met goedkeuring van de adviserend geneesheer blijft voortduren zolang betrokkene 50% arbeidsongeschikt blijft, desnoods voor altijd. Bovendien aanvaart men vele werkpatronen. Dit kan gaan van enkele uren per dag of per week tot een halftijdse tewerkstelling.

Aangezien tewerkstelling in een beschermde werkplaats per definitie 'aangepast werk' is, kan men er – onbeperkt in tijd – voltijds werken met toelating van de adviserend geneesheer.

Hoewel de wetgever enkel aangeeft dat betrokkene 50% arbeidsongeschikt moet zijn, vertaalt het RIZIV deze maatregel in maximaal 50% tewerkstelling. Toch kan men met een bijzondere motivering de toelating verkrijgen om meer dan 50% te werken in deze maatregel.

De werkgever neemt contact op met de sociale inspectie, zeker bij onregelmatige uren die niet op voorhand kunnen vastgelegd worden.

Zelfstandigen:

De adviserend geneesheer mag aan de **zelfstandige** de toelating geven de beroepsbezigheid - die hij uitoefende op het ogenblik waarop de arbeidsongeschiktheid een aanvang nam - deeltijds te hervatten na het verstrijken van het tijdvak van niet vergoedbare arbeidsongeschiktheid (1° maand ziekte). Deze toelating mag niet slaan op een tijdvak langer dan 6 maanden, met maximale verlenging tot 18 maanden. Indien de Geneeskundige Raad voor Invaliditeit GRI van het RIZIV) toelating geeft kan men voor deze activiteit een toelating krijgen van onbepaalde duur, in zoverre de beroepsinkomsten de maximumgrens niet overschrijden.

Voor een hervatting van **andere activiteiten** is de maximumperiode van 6 maanden slechts 1 keer verlengbaar met 6 maanden.

Binnen eenzelfde arbeidsongeschiktheid kan men slechts één maal beroep doen op deze maatregel.

Vrijwilligerswerk:

Wie geen werkhervatting aankan, maar een nuttige bezigheid vindt in vrijwilligerswerk, kan deze bezigheid uitvoeren tijdens een periode van arbeidsongeschiktheid of invaliditeit.

De wet op het vrijwilligerswerk stelt dat de adviserend geneesheer hiervoor geen toelating moet geven, maar dat hij bezwaar kan uiten indien hij oordeelt dat het vrijwilligerswerk niet verenigbaar is met de betrokken aandoening. In dat geval moet betrokkene het vrijwilligerswerk stopzetten.

Vrijwilligerswerk kan ook ernstige problemen opleveren wanneer men vaststelt dat het vrijwilligerswerk niet voldoet aan alle voorwaarden, die voorgeschreven zijn in de wet op het vrijwilligerswerk, vb. wanneer vergoed vrijwilligerswerk meer vergoeding oplevert dan het jaarlijks maximumbedrag. In dat geval is de bezigheid niet meer gecatalogeerd onder 'vrijwilligerswerk' en heeft men volgens de ziekteverzekeringswetgeving een niet toegelaten activiteit gecumuleerd met ziektevergoeding. Er komen dan sancties waardoor men de ziekteuitkering moet terugbetalen en wellicht een einde aan de erkenning van arbeidsongeschiktheid volgt.

Tip: om ernstige problemen uit te sluiten adviseren we om de activiteit mee te delen aan de adviserend geneesheer zodat men tijdig kan reageren indien de adiserend geneesheer oordeelt dat het werk niet verenigbaar is met de aandoening of indien hij oordeelt dat het opgegeven vrijwilligerswerk niet voldoet aan de voorwaarden van de wet op vrijwilligerswerk.

Cumul met de uitkeringen?

- De werknemers:
  Het maandloon wordt omgerekend naar een dagbedrag in de zesdagenweek. Een eerste schijf van dit dagbedrag kan volledig gecumuleerd worden (11,04 euro/dag), een 2° schijf slechts voor 75% (van 11,0401 tot 22,08 euro/dag), een 3° schijf voor 50% (van 22,0801 tot 33,12 euro/dag) en een 4° schijf voor 25% (vanaf 33,1201 euro/dag). De rest wordt in mindering gebracht van het dagbedrag ziekte- of invaliditeitsvergoeding waarop betrokkene recht heeft indien hij niet werkt.
  Voorbeeld:
  Maandloon omgezet in een dagbedrag voor deeltijdse tewerkstelling = 50,19
  Dagbedrag invaliditeitsuitkering = 44,70
  Berekening cumul:
  Vrijstelling 1e, 2e, 3e en 4e schijf van 50,19 = 11,04 + 8,28 + 5,52 + 4,27 = 29,11
  Rest arbeidsinkomen: 50,19 – 29,11 = € 21,08
  Rest invaliditeitsuitkering: 44,70 – 21,08 = € 23,62
  Te vermeerderen met het verdiende loon (dagelijks totaal 73,81 in plaats van 44,70)
  Besluit:
  Met een dagloon van 50,19 wint men dagelijks 29,11
  Bovendien is progressieve tewerkstelling een veilige manier om de (resterende) arbeidsmogelijkheden te verkennen indien hierover onzekerheid bestaat.

- De zelfstandigen:
  Wie eender welke werkzaamheid hervat:
  - eerste 6 maanden: behoud van uitkering
  - de volgende 6 maanden: de uitkering wordt met 10 % verminderd.

  Wie dezelfde werkzaamheid hervat:
  - eerste 6 maanden: behoud van uitkering
  - van 7 tot 18 maanden (of indien toelating GRI tot 31.12 van het 3e jaar dat volgt op jet jaar waarin de werkhervatting gestart is): de uitkering wordt met 10 % verminderd
  - na 31.12 van het 3e jaar na het jaar van werkhervatting: de beroepsinkomsten worden in aanmerking genomen. Wie meer dan 19.721,56 euro beroepsinkomsten verwerft krijgt geen invaliditeitsuitkering meer. Wie meer dan 17.149,19 euro aan beroepsinkomsten verwerft, maar minder dan 19.721,56 euro, ziet de invaliditeitsuitkering verminderen met het % dat 17.149,19 euro overschrijdt.

Opmerking:

Inkomsten uit tewerkstelling in het kader van sociale en beroepsreclassering, uitbetaald door de Fondsen voor personen met een handicap (Vlaams Agentschap, AWIPH en het Duitse Fonds) zijn volledig cumuleerbaar met ZIV-uitkeringen.

Waar?

- Ziekenfonds - adviserend geneesheer (aanvraag + inlichtingen)
- Ziekenfonds - dienst maatschappelijk werk (inlichtingen)

3. Renteloze leningen in de ZIV-wetgeving (arbeidsongeschikten ziekenfonds)

(K.B. 03.07.96 - B.S. 31.07.96, art. 146, § 6)

Wat?

Binnen het kader van een beroepsherscholing (zie beroepsherscholing gedurende een periode van arbeidsongeschiktheid) kan de ziekteverzekering (het college van geneesheren-directeurs) beslissen om een renteloze lening toe te staan om betrokkene de mogelijkheid te geven zich als zelfstandige te vestigen na de beroepsherscholing.

Wie?

Werknemers en zelfstandigen die erkend arbeidsongeschikt zijn en een toelating hebben verkregen (via de adviserend geneesheer van het ziekenfonds) van het college van geneesheren-directeurs.

Hoe?

Het aanvraagbundel voor de renteloze lening dient volgende documenten te bevatten:

1. medisch verslag + advies adviserend geneesheer ziekenfonds betreffende de mogelijkheid (en wenselijkheid) van betrokkene om zich als zelfstandige te vestigen;
2. een uitgebreid sociaal verslag met vermelding van de gezinssamenstelling, de financiële situatie, het bedrag en het doel van de lening, de vestigingsmogelijkheden, de beroepsbekwaamheid van betrokkene en de resultaten van de herscholing;
3. een prijsopgave;
4. een verzekeringsformulier.

Waar?

- Ziekenfonds - adviserend geneesheer (aanvraag + inlichtingen)
- Ziekenfonds - dienst maatschappelijk werk (inlichtingen + bijstand)

II.11.C. Tewerkstelling: Financiële tegemoetkomingen aan (mogelijke) werkgevers (premies)

A. V.D.A.B.

1. Subsidiëring van diversiteitsplannen aangaande 'personen met een arbeidshandicap' op de werkvloer

(Decreet 08.05.2002; B.V.R. 12.05.2006; B.V.R. 19.07.2007 – B.S. 09.08.2007)

Wat?

Ondernemingen, instellingen, arbeidsorganisaties uit de profit- en social-profitsector en lokale besturen kunnen een aanvraag tot subsidiëring van een diversiteitsplan indienen.

Een plan omvat concrete doelstellingen over het aantal personen van de kansengroepen dat kan instromen, doorstromen of opleiding volgen.

In elk plan wordt aandacht besteed aan een combinatie van de volgende drie punten:
- het aangeven van streefcijfers voor instroom, doorstroom, retentie of opleiding van kansengroepen.
- het waarderen van veranderende verschillen met het oog op interne sensibilisering en het creëren van draagvlak voor het gevoerde of te voeren diversiteitsbeleid.
- het verankeren van de resultaten van het diversiteitsplan met het oog op het continueren en verbeteren van het ontwikkelde beleid.

Een diversiteitsplan is het geheel van maatregelen en acties binnen het personeels- en organisatiebeleid van een bedrijf of organisatie ter bevordering van de instroom, doorstroom, opleiding en retentie van kansengroepen.

Het plan heeft mede tot doel de evenredige en volwaardige participatie van kansengroepen in alle afdelingen en functies van de organisatie te realiseren.

Vierstappenaanpak :
1° het omschrijven van het probleem aan de hand van een niet-limitatieve controlelijst;
2° het bepalen van de oorzaken van het probleem;
3° het vastleggen van een oplossingsstrategie;
4° het uitvoeren, evalueren en verankeren van de gekozen oplossingsstrategie.

Voordelen:

Voor de werkgever:
De Vlaamse regering de mogelijkheid tot subsidiëring voor volgende categorieën van diversiteitsplannen:

- **instapdiversiteitsplannen**: subsidie van maximum 1/2 van de kosten van het plan, met een plafond van 2.500,00 EUR
- **diversiteitsplannen**: subsidie van maximum 2/3 van de kosten van het plan, met een plafond van 10.000,00 EUR
- **clusterdiversiteitsplannen**: subsidie van maximum 2/3 van de kosten van elke te subsidiëren deelnemende organisatie, met een plafond van 3.000,00 EUR
- **groeidiversiteitsplannen**: subsidie van maximum 1/2 van de kosten van het plan, met een plafond van 2.500,00 EUR.

Voor de werknemer:
Een diversiteitsplan heeft niet alleen voordelen voor de organisatie zelf, maar komt direct en indirect ook en vooral de werknemers ten goede:

- Een diversiteitsplan zorgt ervoor dat elke vorm van ook onbedoelde discriminatie wordt opgespoord en aangepakt;
  Er worden voor deze groepen vaak specifieke acties uitgewerkt zoals bijvoorbeeld :
  - een aangepaste onthaalprocedure met inschakeling van een 'peter' of 'meter';
  - ergonomische aanpassingen van de werkpost of de productiemethode.
- De kwaliteiten en competenties van alle medewerkers worden beter zichtbaar gemaakt, waardoor iedereen zich maximaal kan ontplooien.
- Binnen het diversiteitsbeleid wordt veel aandacht besteed aan de kwaliteit van de arbeid.
  In tal van diversiteitsplannen worden bijvoorbeeld acties voor een betere afstemming tussen arbeid en gezin/vrije tijd/zorgtaken ondernomen.

Hoe?

Aanvragen tot het opstarten van een plan dienen door de betrokken werkgevers voorgelegd te worden aan de SERR (of RESOC) van de betrokken regio.

Waar?

- Departement Werk en Sociale Economie (Informatie en aanvraagformulier)
  Beleidscel EAD
  Ellipsgebouw
  Koning Albert II laan 35
  1030 Brussel
  Tel: 02/553.43.33
  Fax: 02/553.40.10
  Website: www.vlaanderen.be/werk

2. Individuele beroepsopleiding in de onderneming – interim (IBO-interim)

(B.V.R. 14.07.2006 – B.S. 11.09.2006)

Wat?

Onder IBO-interim wordt verstaan het samengaan van enerzijds uitzendarbeid bij de werkgever-gebruiker, gedurende een periode van maximum vier weken, en anderzijds een onmiddellijk daarop volgende individuele beroepsopleiding bij diezelfde werkgever-gebruiker, met dien verstande dat het uitzendkantoor de persoon aan wie de IBO-interim wordt verstrekt en de werkgever-gebruiker selecteert, en die persoon en de werkgever-gebruiker bij de individuele beroepsopleiding begeleidt.

De individuele beroepsopleiding, verstrekt binnen het kader van een IBO-interim, duurt minimum vier weken en in principe maximum zesentwintig weken.

Tijdens de IBO betaalt de werkgever geen loon. Hij stort wel een vergoeding aan de VDAB.

Na de IBO-interim werft de werkgever de werkzoekende aan met een contract van onbepaalde duur.

Wie?

De uitkeringsgerechtigde werkloze, de niet-uitkeringsgerechtigde werkzoekende of de OCMW- gerechtigde die tot één van volgende kansengroepen behoort:

- personen met een arbeidshandicap
- personen ouder dan 50 jaar
- personen van allochtone afkomst

De betrokkene mag in de drie maand voorafgaand aan de IBO - interim maximum 14 werkdagen uitzendarbeid hebben verricht bij dezelfde werkgever. Deze werkdagen uitzendarbeid worden bovendien in mindering gebracht van de maximale periode van uitzendarbeid van 8 weken.

Hoe?

- Een werkgever moet akkoord zijn om de betrokken persoon in I.B.O.-interim opleiding te nemen
- De werkgever stelt een opleidingsprogramma op
- De werkgever doet een aanvraag voor het opstarten van een I.B.O.-interim
- Het opleidingsprogramma wordt besproken met de consulenten verantwoordelijk voor de opleiding en de opleidingsduur wordt vastgelegd
- De VDAB maakt de contracten op
- De contracten worden ondertekend door alle betrokken partijen, zijnde u, de VDAB, de werkgever en het uitzendkantoor.

Waar?

- VDAB, Vlaamse Dienst voor Arbeidsbemiddeling en Beroepsopleiding
  Keizerslaan 11
  1000 Brussel
  Tel.: 0800 30 700 (elke werkdag van 8 tot 20 uur)
  Tel. : 02 508 38 11
  E-mail: info@vdab.be

Fax: 02 506 15 90
Contactgegevens van de lokale VDAB-kantoren
(http://vdab.be/contact/contact.jsp?dist_channel=www)

3. ACTIVA START (activering van werkloosheidsuitkeringen in het kader van start-banen)

(K.B. 29.03.2006 – B.S. B.S.31.03.2006)

Wat?

'Activa start' bevordert de herinschakeling van jonge laaggeschoolde werkzoekenden (arbeidsgehandicapten) in het normale arbeidscircuit door het toekennen van een geactiveerde werkloosheidsuitkering (werkuitkering genaamd).

De werkuitkering bedraagt per maand: 350,00 EUR van kalendermaand 1 tot 6.

Het bedrag van de werkuitkering kan voor een bepaalde kalendermaand evenwel nooit het bedrag van het verschuldigde nettoloon overschrijden.

De werkgever zal de werkuitkering in mindering brengen van het te betalen nettoloon en betaalt het saldo. De uitbetalingsinstelling (vakbond of Hulpkas voor Werkloosheidsuitkeringen - HVW) betaalt dan de werkuitkering.

Wie?

De arbeidsgehandicapte die is ingeschreven als werkzoekende komt in aanmerking:

- **ALS** hij minder dan 26 jaar is,
- **ALS** hij niet meer leerplichtig bent én geen dagonderwijs meer volgt
- **ALS** hij in de laatste 12 maanden niet van een activeringsvoordeel heeft genoten (= loonsubsidie) in het kader van een tewerkstelling met ACTIVA, doorstromingsprogramma of SINE
- **En ALS** hij laaggeschoold is **en** bovendien:
  - ofwel gehandicapt
  - ofwel van buitenlandse afkomst

Hoe?

1. **De gehandicapte werkzoekende moet in het bezit zijn van een werkkaart "Activa Start"**
   Bezit hij of zij geen werkkaart, dan kan betrokkene, alleen of samen met de werkgever, een kaart aanvragen bij het werkloosheidsbureau van de RVA bevoegd voor zijn hoofdverblijfplaats.
   Dit moet gebeuren ten laatste 30 dagen na de dag van de indienstneming (formulier C63 startbaan).
   Opgelet:
   in geval van laattijdige aanvraag zal de RVA de werkuitkering wel toekennen, maar voor een verminderde periode. De periode wordt namelijk verminderd

met een periode:
- die aanvangt op de dag van indienstneming;
- en die eindigt op de laatste dag van het kwartaal waarin de laattijdige aanvraag van de kaart gesitueerd is.

2. **Betrokkene sluit een arbeidsovereenkomst met de werkgever**
Die arbeidsovereenkomst een aantal verplichte vermeldingen bevatten. De werkgever kan hiervoor een model gebruiken dat de RVA hem ter beschikking stelt.
3. **Betrokkene dient een uitkeringsaanvraag in**
Deze werkuitkering dient gevraagd door bij de uitbetalingsinstelling uiterlijk de laatste dag van de vierde maand volgend op de maand waarin de indienstneming gesitueerd is.
4. **Het loon en de werkuitkering worden maandelijks betaald**

De werkgever trekt het bedrag van deze werkuitkering af van het nettoloon voor de bewuste kalendermaand. Hij betaalt slechts het saldo.

Waar?

- RVA
- Lokaal werkloosheidsbureau (inlichtingen en aanvraag)
- Vakbond (inlichtingen en uitkering)

4. Loonpremie voor de tewerkstelling van werkzoekenden in invoegbedrijven

(Decreet 08.12.2000 – B.S. 13.01.2001; B.V.R. 08.09.2000 – B.S. 28.11.2000, B.V.R. 01.07.2005 – B.S. 03.05.2005)

Wat?

Invoegbedrijven zijn ondernemingen die bereid zijn **kansengroepen** een **duurzame tewerkstelling** te garanderen met aandacht voor opleiding en begeleiding in een arbeidsomgeving waar maatschappelijk verantwoord ondernemen centraal staat.

Door het Vlaams Gewest worden zij hiervoor ondersteund met een loonsubsidie voor de tewerkgestelde personen.

Er zijn 2 soorten invoegbedrijven:

- **de invoegbedrijven** (de loonpremie is beperkt in de tijd tot 2 jaar. Hij is hoger in het eerste jaar dan in het tweede jaar).
- de **invoegbedrijven dienstencheques** (de loonpremie bedraagt 1650 EUR per jaar per voltijdse werknemer. De premie wordt beperkt in de tijd tot 4 jaar).

Voorwaarden

Werkgever:
- de plaats van tewerkstelling is gevestigd op het grondgebied van het Vlaamse Gewest;

- de onderneming besteedt voldoende tijd en middelen aan de begeleiding en opleiding van de werknemers;
- de onderneming past de principes van maatschappelijk verantwoord ondernemen toe. Zij tekent hiervoor een groeipad uit.
- de tewerkstelling via het invoegbedrijf is bijkomend in verhouding tot het aantal eigen personeelsleden.

Werknemer:
Een persoon met hoogstens een diploma hoger secundair onderwijs bij wie het stappenplan naar werk van de VDAB uitwijst dat hij niet dadelijk te plaatsen is op de gewone arbeidsmarkt.
Bovendien is deze persoon op de dag voor zijn aanwerving minstens zes maanden inactief en behoort hij tot de doelgroep van de arbeidsgehandicapten;

Onder inactiviteit wordt begrepen: niet in loondienst of op zelfstandige basis hebben gewerkt en geen individuele beroepsopleiding hebben gevolgd. (Voor de bepaling van deze periode van inactiviteit zijn er een aantal gelijkstellingen).

Hoe?

1. De werkgever maakt gebruik van het aanvraagformulier "Aanvraag tot erkenning als invoegbedrijf".
   Dit document is te verkrijgen bij de Gecofoon op het gratis nr. 0800-141 87 of men kan het ook downloaden van de website van het Vlaams Ministerie van Werk en Sociale Economie
   (http://www.vlaanderen.be/werk) , onder de rubriek 'Tewerkstelling en Sociale Economie'.
   De werkgever stuurt het ingevulde en ondertekende aanvraagformulier en de vereiste documenten, in 1 exemplaar, naar:
   Vlaams Subsidieagentschap voor Werk en Sociale Economie
   Afdeling Tewerkstelling en Sociale Economie (Invoegbedrijven)
   Ellipsgebouw
   Koning Albert II laan 35 bus 21
   1030 BRUSSEL
2. Het subsidieagentschap stuurt de aanvraag van de werkgever voor advies naar het bevoegde Regionaal Economisch Sociaal Overlegcomité (RESOC) en naar het doorlichtingsteam. Deze adviezen worden nadien voorgelegd aan de Adviescommissie Sociale Economie.
   De Vlaamse minister bevoegd voor sociale economie beslist op basis van het advies van de commissie.
   De werkgever wordt erkend als invoegbedrijf voor 8 jaar indien hij een commercieel bedrijf is. Hij wordt erkend als invoegbedrijf voor 10 jaar indien hij een dienstenchequebedrijf is.

Waar?

- Vlaams Subsidieagentschap voor Werk en Sociale Economie
  Afdeling Tewerkstelling en Sociale Economie (Invoegbedrijven)
  Ellipsgebouw

5. De Vlaamse Ondersteuningspremie (VOP)

Wat?

In 2008 werd de Vlaamse Inschakelingspremie en de CAO 26 geïntegreerd tot één nieuwe Vlaamse Ondersteunings Premie.

Ze beoogt een administratieve vereenvoudiging een loonsubsidie op maat. Het VOP geldt ook voor uitzendarbeid, voor onderwijs, voor lokale en proviciale overheden en zelfs voor zelfstandigen in hoofdberoep.

Met de Vlaamse ondersteuningspremie wordt men als persoon met een arbeidshandicap aantrekkelijker voor werkgevers. Bij in dienstneming komt men in aanmerking voor een premie die oploopt tot 60% van de loonkost.

De tussenkomst voor werkgevers bedraagt 40% van het referteloon gedurende de eerste 5 kwartalen, 30% de volgende 3 jaren, 20% nadien (werknemers). Bij gemotiveerde aanvraag met ernstig rendementsverlies kan tot 60% van het referteloon tegemoetkoming gegeven worden.

Voor zelfstandigen voorziet de VOP eveneens een tegemoetkoming van 40% gedurende de eerste 5 kwartalen, nadien 20%.

Wie?

De persoon met een handicap beantwoordt aan een van volgende profielen:
- Hij heeft op een loonkostensubsidie vanuit het Vlaams Agentschap voor Personen met een Handicap (VAPH).
- Hij heeft vanuit het VAPH het recht heeft op tehuiswerkenden, verblijf in een pleeggezin, of beschermd, begeleid of zelfstandig wonen.
- Hij heeft onderwijsvorm OV3 of OV4 gevolgd en studeerde niet verder.
- Hij had in het onderwijs toegang tot ION (inclusief onderwijs) voor type 2-leerlingen, GON (geïntegreerd onderwijs) voor Type 4- of Type 6-begeleiding in het secundair onderwijs
- Hij heeft volgens de FOD sociale zekerheid op de zelfredzaamheidschaal volwassenen een erkenning van:
- Minimum 4 punten bij fysieke, verstandelijke, psychische of auditieve handicap.
- Minimum 9 punten bij visuele handicap.
- HIj heeft recht op bijkomende kinderbijslag.
- Hij heeft een problematiek die toegang geeft tot deze tegemoetkoming. De problematiek moet gediagnosticeerd zijn door een specialist en die moet verklaren dat er geen behandeling meer mogelijk is.
- Hij heeft het recht gekregen van VDAB op grond van een multi-elementenadvies.

Hoe?

De persoon met een handicap moet het recht op deze bijzondere tewerkstellinsondersteunende maatregel (BTOM) eerst zelf aanvragen bij de lokale werkwinkel van de VDAB of bij de VDAB-servicelijn.

De VDAB beslist of betrokkene in aanmerking komt voor de BTOM (bijzondere tewerkstellingsondersteunende maatregelen), en zo ja, voor welke.

Men voert het onderzoek op basis van een lijst van aandoeningen en/of de voorgeschiedenis van betrokkene en eventueel van multidisciplinaire informatie verkregen van trajectbegeleiding of de VDAB- dienst voor personen met een handicap. Indien nodig vraagt de VDAB een gespecialiseerd arbeidsonderzoek, uitgevoerd door een gespecialiseerde arbeidsonderzoeksdienst.

Bij bevestigend resultaat wordt de betrokkene een 'persoon met een arbeidshandicap' genoemd.

Is de aanvraag gebeurd en goedgekeurd voor een VOP, dan kan de werkgever een aanvraag indienen bij de Dienst voor personen met een arbeidshandicap van de VDAB om de premie te ontvangen.

6. Aanpassing arbeidspost (aangepast arbeidsgereedschap) voor werknemers met een handicap

(BVR 18.07.2008 - BS 03.10.2008)

Wat?

Een werkgever (of een beschermde werkplaats) kan bij **de VDAB** vergoed worden voor de meerkosten die hij heeft gedaan om een arbeidspost aan te passen, zodat een werknemer met een handicap ondanks zijn handicap zijn opdracht kan uitvoeren. De aanpassing kan ook gebeuren in het kader van een toegestane beroepsopleiding, omscholing of herscholing (maar niet bij II.11.A.1).

- Aanpassingen van en aan de arbeidsomgeving: arbeidsgereedschap en –kledij; aanpassing arbeidspost (ook voor zelfstandigen)
- Tegemoetkoming in verplaatsings- en verblijfskosten voor personen met mobiliteitsproblemen: verplaatsing van en naar het werk (eventueel stage); verplaatsing en verblijf bij beroepsopleiding

Wie? Voorwaarden?

Alle werkgevers welke:
- een goedkeuring hebben gekregen vanuit de VDAB
- zich ertoe verbonden hebben de persoon met een handicap gedurende een bepaalde periode in dienst te houden. (aanvraag erkenning handicap door de persoon met een handicap: zie deel 6 VOP)

Hoe?

Via een aangetekend schrijven gericht aan de VDAB.
De aanvraag moet volgende stukken bevatten:
1. een raming van de kosten tot aanpassing van de arbeidspost
2. de nodige bewijsstukken
3. de (zie voorwaarden) verbintenis.

De administrateur-directeur beslist over de toekenning.

Waar?

- **VDAB** (aanvraag + inlichtingen)
  VDAB Servicelijn 0800/30 700
  http://www.vdab.be/arbeidshandicap
- Ziekenfonds - dienst maatschappelijk werk (inlichtingen + bijstand)
- OCMW - sociale dienst (inlichtingen + bijstand)

7. Bijstand door doventolken in arbeidssituaties (voor slechthorenden)

(B.V.R. 20.07.94 - B.S. 22.10.94; B.V.R.07.07.2006 - B.S. 15.09.2006; BVR 17.11.2006 - B.S. 25.01.2007; B.V.R. 19.07.2007 - B.S. 14.08.2007; BVR 18.07.2008, Hfdst. V – BS 03.10.2008)

Wat?

Doven kunnen momenteel financiële ondersteuning krijgen om beroep te kunnen doen op een tolk voor slechthorenden en doven. Deze bijstand is onder andere mogelijk in een aan de handicap aangepaste arbeidssituatie waarbij occasioneel goede communicatie noodzakelijk is voor een goede taakuitvoering.

Werkzoekenden met een auditieve handicap kunnen voor sollicitatiegesprekken maximaal 18 uur per jaar bijgestaan worden door een tolk. In uitzonderlijke gevallen kunnen dit meer uren zijn

De bijstand is beperkt tot 10 % van de effectieve werktijd vM + eventueel te vermeerderen tot maximum 20% van de effectieve werktijd middels een gemotiveerde schriftelijke vraag, vergezeld van de nodige attesten (onder andere een verklaring van de werkgever) en andere nuttige documenten ter staving.

Stijging aantal tolkuren (zie ook II.32)
Sinds september 2007 is het urencontingent op jaarbasis gestegen van 9.000 uren naar 12.000 uren. De helft is bestemd voor tolkuren in de leefsituatie, de andere helft voor tolkuren in de arbeidssituatie.

Verhoging aantal tolkuren voor personen met auditieve en visuele handicap
Wie naast een auditieve beperking ook een visuele beperking heeft, heeft vanaf 1 september 2007 recht op 50 tolkuren per jaar (in plaats van 36 uren). In het geval van bijzondere omstandigheden kunnen deze 50 uren worden verdubbeld tot 100 uren per jaar (in plaats van de vroegere 72 uren).

Extra-uren in arbeidssituatie zonder uitputting uren in leefsituatie
Een persoon met een auditieve handicap die een uitbreiding wou van de tolkuren in de arbeidssituatie, moest in het verleden eerst zijn tolkuren in de leefsituatie uitputten. Die regel is afgeschaft. De uren in de leefsituatie moeten niet meer eerst opgebruikt zijn. Bovendien hoeft betrokkene bij het Communicatie Assistentie Bureau geen attest meer opvragen dat de uitbreiding mogelijk is, gelet op de totale urencontingent.

Men kan beroep doen op een doventolk (na de goedkeuring van het aanvraagdossier van betrokkene door het Vlaams Agentschap) via een centraal tolkenbureau. (Zie ook II.32).

Wie?

Auditief personen met een handicap die:

1. een verlies van 90 dB of meer aan het beste oor voor de zuivere toonstimuli van 500, 1000 en 2000 Hz (gemiddelde waarde Fletcherindex) en/of 1000, 2000 en 4000 Hz (gemiddelde waarde) aantonen via een audiometrische test,
2. een verlies van minder dan 90 dB, doch met minder dan 20 % herkende woorden bij optimale versterking (categorie 4 in de BIAP-classificatie) aantonen via een vocaal audiometrische test.

De nodige bewijzen moeten worden afgeleverd door een erkend revalidatiecentrum of -dienst of door een erkende universitaire dienst voor audiometrisch onderzoek.

Hoe?

De aanvraag voor een tolk bij arbeidsaangelegenheden moet gedaan worden via de VDAB

Waar?

- Plaatselijk VDAB (informatie + inschrijving)
  VDAB Servicelijn 0800/30 700
  http://www.vdab.be/arbeidshandicap
- Ziekenfonds - dienst maatschappelijk werk (informatie + bijstand) (Gouden Gids nr 6990, www.cm.be; e-mail: dmw@cm.be).
- Instituut voor Doven (inlichtingen + bijstand)

B. Federale overheid

De programmawetten van 24 december 2002, 8 april 2003 en het KB van 16 mei 2003 hebben op radicale wijze de 27 bestaande tewerkstellingsmaatregelen vereenvoudigd. Vanaf 1 januari 2004 worden een aantal patronale verminderingen van de sociale zekerheidsbijdragen geïntegreerd in een unieke maatregel die bestaat uit twee delen:

- een algemene vermindering van de sociale zekerheidsbijdragen in functie van het referteloon van de werknemer;

- een bijkomende vermindering, doelgroepvermindering genoemd die afhangt van de doelgroep waar de werknemer behoort en in functie van verschillende criteria waaraan de werkgever en/of de werknemer, moet beantwoorden.

Er dient opgemerkt dat bepaalde stelsels van bijdrage verminderingen behouden blijven:

- het stelsel van de gesubsidieerde contractuelen;
- de herverdeling van de arbeidstijd in de openbare sector voor de contractuelen;
- het KB 499 dat een sociaal statuut invoert voor de gedefavoriseerde jongeren die tewerkgesteld zijn in een VZW;
- het KB 483 voor de aanwerving van eerste werknemer als huispersoneel;
- de niet-handelssector (sociale Maribel)
- de wet van 29 april 1996 houdende invoering van een vermindering van de sociale bijdragen voor de bijkomende netto-aanwerving in de sector wetenschappelijk onderzoek;
- het KB van 25 april 1997 houdende een vermindering van de patronale en persoonlijke bijdragen voor de bagger- en sleepdiensten in volle zee;
- het stelsel van toepassing voor de kinderoppassers;
- het KB van 23 juni 2003 houdende een vermindering van de patronale sociale zekerheidsbijdragen voor de tewerkstelling van kunstenaars.

Er zijn verschillenden overgangsbepalingen voorzien die de bestaande verminderingen omzetten in nieuwe forfaitaire verminderingen. Om hier meer over te weten is het raadzaam de website van de Rijksdienst voor Sociale Zekerheid te raadplegen:
http://www.socialsecurity.be/

Waar?

- Rijksdienst voor Sociale Zekerheid (inlichtingen en aanvraag)
  Waterloolaan 76, 1000 Brussel
  tel.: (02) 509 31 11
- Directie van de studie der arbeidsproblemen van de administratie van de werkgelegenheid van het Ministerie van Tewerkstelling en Arbeid (inlichtingen)
  Belliardstraat 51, 1040 Brussel
  tel.: (02) 233 46 67
  http://www.mineco.fgov.be/homepull€nl.htm
- OCMW (inlichtingen en attest leefloon)
- Vlaams Agentschap (attest handicap)
  Sterrenkundelaan 30, 1210 Brussel
  tel.: (02) 225 84 11

C. SECTORALE PREMIES (premies per sector, vb. wasserijen, overeengekomen per CAO)

Wat?

Een aantal sectoren (onder andere tuinbouwbedrijven, wasserijen, ...) hebben bij hun onderhandelingen (ter bevordering van de tewerkstelling van personen uit risicogroepen) fondsen opgericht die tussenkomen bij werkgevers welke personen aanwerven uit deze risicogroepen.

Wie?

Elke sector onderhandelt apart en heeft dus eigen criteria inzake definitie van risicogroepen (het betreffen hier vaak langdurig werklozen en personen met een handicap).

Waar?

- Respectievelijke sectoren (informatie en aanvraag)

II.11.D. Aangepaste werkgelegenheid voor personen met een handicap

a. Beschutte werkplaatsen (beschermde, beschutte tewerkstelling)
b. Sociale werkplaatsen
c. Inschakelingsbedrijven / Invoegbedrijven
d. Arbeidszorg

a. Beschermde werkplaatsen (beschutte tewerkstelling)

Wat?

De beschutte werkplaatsen zijn opgericht met de bedoeling om personen met een handicap die niet op de reguliere arbeidsmarkt kunnen tewerkgesteld worden (mits toelating vanuit de VDAB), toch de mogelijkheid te geven een beroepsactiviteit uit te oefenen, waarbij de persoon met een handicap tevens onderworpen is aan de sociale zekerheid.

Sommige beschutte werkplaatsen doen ook aan 'Arbeidszorg' (zie II.11.D. d.).

In de beschutte werkplaatsen zijn de lonen aangepast aan het gewaarborgd minimummaandinkomen.

Wie?

Personen met een handicap die wegens de aard of de ernst van hun handicap definitief of tijdelijk ongeschikt zijn om in een gewoon arbeidsmidden te worden opgenomen.

Hoe?

Aanvraag bij de V.D.A.B.

Waar?

- Beschermde werkplaatsen (inlichtingen - tewerkstellingsplaats - nr 2410)
- OCMW - sociale dienst (inlichtingen + bijstand)
- Ziekenfonds - dienst maatschappelijk werk (inlichtingen + bijstand)
- VDAB (aanvraag + inlichtingen)
  VDAB Servicelijn 0800/30 700
  http://www.vdab.be/arbeidshandicap

Handicap en beschutte tewerkstelling

In de beschermde werkplaatsen kunnen terecht:
1. MINDERVALIDE WERKNEMERS,
2. KADERPERSONEEL (met of zonder handicap).

1. MINDERVALIDE WERKNEMERS

Mindervalide werknemers kunnen in een beschutte werkplaats terecht indien zij:
a) vanuit het Vlaams Agentschap inschrijfbaar geacht worden en toelating hebben verkregen voor beschutte werkplaats,
b) vanuit het Vlaams Agentschap goedkeuring hebben verkregen voor tewerkstellingsmaatregelen in het gewone arbeidsmilieu;
   met deze toelating kan men een aaneengesloten termijn van één jaar terecht in een beschutte werkplaats (indien gehandicapte reeds 5 jaar werkzoekende was is er geen beperking inzake termijn) (B.V.R. 06.12.95 - B.S. 23.12.95);
c) of langer dan 6 maand werkloos zijn (moeilijk te plaatsen werklozen) en de geneesheer van de VDAB een handicap heeft vastgesteld van tenminste 30 % (fysiek) of 20 % (psychisch).

De subsidies (voor de beschermde werkplaats) zijn lager voor langdurig werklozen dan voor personen met een handicap (Vlaams Agentschap).

Het bedrag van de tegemoetkoming subsidie in het loon en de sociale lasten vanuit het Vlaams Agentschap bestaat uit een basisbedrag (uitgekeerd aan elke werknemer die volgens het Agentschap voorlopig of definitief in een beschutte werkplaats moet worden tewerkgesteld), eventueel verhoogd met een aanvullende subsidie voor 'zwakke werknemers'. Een 'zwakke werknemer' wordt verder gespecifieerd in de wettekst. Het gaat om personen, die buitengewoon onderwijs hebben gevolgd, om matig mentaal gehandicapten, om zwakbegaafden, om personen met een medisch erkenning van hun handicap (bijkomende kinderbijslag of tegemoetkoming aan personen met een handicap), personen die psychiatrische begeleiding nodig hadden.

2. KADERPERSONEEL

Een beschermde werkplaats heeft recht op een aantal gesubsidieerde kaderplaatsen, à rato van het aantal tewerkgestelde persoon met een handicap werknemers (Vlaams Agentschap).

b) personen met een handicap als 'kaderpersoneel'

- personen met een handicap met toelating vanuit het Vlaams Agentschap voor beschutte tewerkstelling:
  - de subsidie is dezelfde als deze voor het kaderpersoneel zonder handicap, aangevuld met een tegemoetkoming voor rendementsverlies.

De beschermde werkplaats ontvangt haar subsidies slechts wanneer ze zich houdt aan de opgelegde voorwaarden. Zo is ze onder meer verplicht om de werknemers tewerk te stellen in het kader van een arbeidsovereenkomst met een loon dat niet lager is dan het voorziene minimum. Uiteraard is ze ook verplicht om de sociale lasten te betalen.

Het Agentschap heeft het recht om de arbeidsplaats te bezoeken en te controleren. Verlieslatende beschermde werkplaatsen zijn verplicht om managementbegeleiding te aanvaarden.

Beschutte werkplaats en werkloosheid

Er bestaat een speciale regeling in de werkloosheid voor personen met een handicap die werkloos worden na een tewerkstelling in een beschutte werkplaats.

De werklozen, tewerkgesteld door de plaatsingsdienst van de VDAB in een beschermde werkplaats (en hun recht op werkloosheidsuitkering ondertussen behouden), komen niet in aanmerking van deze maatregel.

A. aantal te bewijzen dagen in de referteperiode (art. 34, werkloosheidsreglementering)

- ofwel bewijst de gehandicapte voldoende arbeidsdagen (zoals voorzien in de normale werkloosheidsreglementering), waarbij rekening wordt gehouden met
  - de arbeidsdagen (of gelijkgestelde dagen) in een beschermde werkplaats vergoed aan het minimumloon EN
  - de arbeidsdagen (of gelijkgestelde dagen) gepresteerd in het normale arbeidscircuit.
- ofwel bewijst de gehandicapte (indien hij/zij niet voldoende dagen kan bewijzen in het vorige systeem) 104 arbeidsdagen (gelijkgestelde dagen), uitsluitend in een beschermde werkplaats, in de loop van de 6 maanden die de uitkeringsaanvraag voorafgaan.

B. bijzondere uitkering voor personen met een handicap (art. 120, 121 en 123 werkloosheidsreglementering)

Gehandicapten die werkloos worden vanuit een tewerkstelling in een beschermde werkplaats (bijzonder stelsel), ontvangen:
- ofwel 60 % van het gemiddeld dagloon (dat zij ontvangen hebben tijdens de laatste tewerkstellingsperiode in de beschermde werkplaats) voor de personen met een handicap met gezinslast,
- ofwel 50 % van datzelfde gemiddeld dagloon voor de alleenwonende en de samenwonende personen met een handicap.

De personen met een handicap met een uitkering in het bijzonder stelsel hebben dus geen lager tarief voor samenwonenden en kunnen ook niet terugvallen op een forfait.

Zij blijven vergoed aan 60 % of aan 50 %, naargelang de gezinssituatie.

C. tewerkstelling in een beschutte werkplaats - behoud van statuut persoon ten laste voor de belastingen (volgens nota Staatssecretaris Jan Peeters)

Volgens Staatssecretaris Jan Peeters tellen ziekteuitkeringen en werkloosheidsvergoedingen van een gehandicapte, tewerkgesteld in een beschutte werkplaats, NIET meer mee voor de berekening van het inkomen, om vast te stellen of de gehandicapte als persoon ten laste zou kunnen beschouwd worden voor de belastingen!! (1)

(1) Zie ook circulaire nr. Ci.R.H.331/491.548 van 5 november 1998.

b. Sociale werkplaatsen

In sociale werkplaatsen wordt aan 'zeer moeilijk bemiddelbare werkzoekenden' werk op maat verschaft in een beschermde arbeidsomgeving, buiten de reguliere arbeidsmarkt. Er zijn mensen tewerkgesteld die reeds lang een job zoeken maar door een cumulatie van persoons- en omgevingsfactoren geen arbeidsplaats in het reguliere arbeidscircuit kunnen verwerven of behouden.

Zij moeten aan een aantal voorwaarden voldoen, zoals 5 jaar ononderbroken inactief zijn, laaggeschoold zijn (d.w.z. maximaal een diploma van lager secundair onderwijs, buitengewoon hoger secundair onderwijs of hoger secundair beroepsonderwijs hebben) en fysieke of psychische of sociale beperkingen en moeilijkheden hebben en ingeschreven zijn bij de VDAB als niet-werkende werkzoekende.

De voorziening die deze werknemers tewerkstelt, ontvangt een financiering voor het omkaderingspersoneel en voor de lonen van de werknemers.

Sommige sociale werkplaatsen doen ook aan 'Arbeidszorg' (zie II.11.D.d.).

c. * Inschakelingsbedrijven - federaal

(M.B. 03.05.99 - B.S. 09.06.99, gewijzigd bij M.B. 14.01.2005 - B.S. 07.02.2005)

Inschakelingsbedrijven nemen. werklozen in dienst die zeer moeilijk werk vinden op de arbeidsmarkt.

De Vlaamse Invoegbedrijven zijn tevens erkend als Inschakelingsbedrijf.

Het zijn ondernemingen of verenigingen met een rechtspersoonlijkheid, die erkend en gesubsidieerd zijn door de overheid van het Gewest of de Gemeenschappen en als sociaal doel hebben, de socio-professionele inschakeling van bijzonder moeilijk te plaatsen werklozen via een activiteit van productie van goederen of diensten.

De doelgroep is, werkzoekenden die op het ogenblik van de indienstneming in het inschakelingsbedrijf minstens 12 maanden ingeschreven zijn als werkzoekende bij een gewestelijke dienst voor arbeidsbemiddeling, die geen diploma van hoger secundair onderwijs hebben behaald en die gedurende de laatste 12 maanden geen onderwijs met volledig leerplan genoten hebben, noch meer dan 150 uren hebben gewerkt als werknemer of 1 kwartaal als zelfstandige.

Een inschakelingsbedrijf krijgt vrijstelling van werkgeversbijdragen: 100 % het eerste jaar na de aanwerving, 75 % het tweede jaar, 50 % het derde jaar en 25 % het vierde jaar.

d. Arbeidszorg

Een aantal mensen kan niet terecht op de gewone arbeidsmarkt en ook een beschutte of een sociale tewerkstelling is voor hen niet haalbaar.

Omwille van persoonlijke en maatschappelijke redenen vallen zij uit de arbeidsboot.

Voor hen is arbeidszorg een antwoord. In de gehandicaptenzorg, de geestelijke gezondheidszorg, het algemeen welzijnswerk werden specifieke centra en projecten opgericht met het doel zinvolle activiteiten voor hen uit te bouwen.

Zij hebben geen economische opdracht. Het is geen klassiek werk in loondienst, ook geen 'bezigheidstherapie' maar het is eerder arbeid op maat. Het betekent ook een sociale activering.

1. Steunpunt Arbeidszorg West-Vlaanderen
   De Overweg
   8900 Ieper
   Tel. 057. 22.12.12

2. Platform Arbeidszorg Oost-Vlaanderen
   Wilsonplein 2
   9000 Gent
   Tel. 09. 267.75.72

3. Consortium Arbeidszorg Limburg
   A. Rodenbachstraat 29 bus 8
   3500 Hasselt
   Tel. 011. 21.57.70

4. Provinciaal Platform Arbeidszorg Antwerpen
   Boomgaardstraat 22, bus 101
   2600 Berchem
   Tel. 03. 240.56.23

5. Provinciaal Platform Vlaams Brabant
   Provinciehuis
   Provincieplein 1
   3010 Leuven
   Tel. 016. 26.72.89

e) Centra voor loopbaandienstverlening voor werkenden

(Decreet V.R. 19.12.2003 - B.S. 31.12.2003. B.V.R. 27.08.2004 - B.S. 06.12.2004; M.B. 12.11.2004 - B.S. 06.12.2004)

De Centra voor loopbaandienstverlening voor werkenden hebben als doelstelling om mensen (personen met een handicap) te begeleiden zodat ze hun werk kunnen behouden of ander werk kunnen vinden.

Loopbaanbegeleiding helpt werkenden niet alleen bij het in kaart brengen van eigen mogelijkheden op de arbeidsmarkt. Het leert vooral in de toekomst een loopbaan te sturen. Men verwerft de nodige zelfverzekerdheid om voortaan het heft in handen te nemen en te houden. Dat leert men individueel met een loopbaanbegeleider, de werkgever komt er niet aan te pas. Zodra het loopbaandoel is bepaald helpt de begeleiding om de juiste acties uit te stippelen.

Er wordt ook aandacht geschonken aan bepaalde categoriën zoals personen die ingeschreven zijn bij het Vlaams Agentschap.

Waar?

Momenteel zijn er in Vlaanderen 16 loopbaancentra die gesubsidieerd worden door het Europees Sociaal Fonds. Ook de VDAB biedt loopbaanbegeleiding voor werkenden aan. Ieder centrum heeft zijn eigen doelgroep en programma.
Meer informatie bij de VDAB of www.mijnloopbaanbegeleiding.be

II.11.E. 1. Tewerktelling + OCMW
2. Plaatselijke werkgelegenheids-agentschappen (PWA's)

1) Het OCMW

OCMW als werkgever

(art. 60, § 7 en art. 61, OCMW-wetgeving)

Wat? Wie?

Wanneer een genieter van het leefloon (al dan niet gehandicapt) het bewijs moet leveren van een periode van tewerkstelling om het volledig voordeel van bepaalde sociale uitkeringen te bekomen, dan dient het OCMW alle maatregelen te nemen om betrokkene een betrekking te bezorgen. In voorkomend geval treden zij zelf op als werkgever voor de bedoelde periode, zonder dat er een vacante betrekking hoeft te zijn. Het OCMW kan eventueel ook een beroep doen op andere OCMW's, het openbaar bestuur (gemeente), instellingen van openbaar nut (bv. openbare ziekenhuizen) of op VZW's met een sociaal of cultureel doel, waarmee zij een overeenkomst afsluiten, en ook op privé-ondernemingen. Concreet heeft die persoon dan een arbeidsovereen-komst met het OCMW dat op zijn beurt de betrokken werknemer ter beschikking stelt van de privé- onderneming (= gebruiker). Bovendien kan de privé-werkgever de opleidings- + omkaderingskosten die hij maakt voor de nieuwe werknemer via het OCMW terugbetaald krijgen tot 250 EUR/maand en dit gedurende max 1 jaar. Het OCMW komt dan eventueel tussen voor het loon of voor een deel van de sociale

zekerheidsbijdragen, in ruil voor de tewerkstelling van betrokkene.

Het OCMW kan vrijstelling krijgen voor deze sociale zekerheidsbijdragen indien er kan aangetoond worden dat het om een netto verhoging gaat van het aantal arbeidsplaatsen.

Naast de genieters van een leefloon komen ook personen die gerechtigd zijn op maatschappelijke integratie in aanmerking voor een tewerkstelling. Als er na onderzoek blijkt dat er recht is op een leefloon, wordt dit soms niet wordt toegekend en wordt er onmiddellijk een activerende tewerkstelling opgestart.
(K.B. 02.04.98 - B.S. 11.04.98)

Wat?

De reden om de starten met een art. 60 was vroeger inderdaad 'het in regel brengen van iemand', maar op vandaag ligt de invulling enigszins anders en heeft ze twee doelstellingen. Namelijk het terug inschakelen van mensen die uit de arbeidsmarkt zijn gestapt of 'gevallen' in zowel het stelsel van de sociale zekerheid als in het arbeidsproces (!!). Het accent ligt dus veel meer dan vroeger op het aanbieden van werkervaring, het nauwgezet begeleiden en eventueel opleiden en nauwgezet opvolgen naar doorstroming toe.

OCMW als bemiddelaar

Iedere persoon die in aanmerking komt voor het recht op maatschappelijke integratie (lees: leefloongerechtigd), kan dit recht worden toegekend in de vorm van een tewerkstelling. Hiertoe kan het OCMW zelf optreden als werkgever (zie supra), maar ook als bemiddelaar optreden t.a.v. het reguliere arbeidscircuit. Hiertoe kan het OCMW alvast gebruik maken van diverse tewerkstellingsmaatregelen waarbij het OCMW **financieel tussenkomt in de loonkost van de werkgever**, en waardoor op die manier de kansen op aanwerving voor een bepaalde persoon vergroten (want minder zware loonkost voor de werkgever).

Een aantal van deze tewerkstellingsmaatregelen zijn het Activaplan, invoeginterim, doorstromingsprogramma's en SINE- tewerkstelling.

Voorwaarden

Nood hebben aan een periode van tewerkstelling om recht te kunnen openen op de sociale zekerheid, gerechtigd zijn op het bestaansminimum.

Hoe?

Betrokkene richt zijn vraag aan het OCMW.

2) Het plaatselijk werkgelegenheidsagentschap (PWA)

Wat?

Plaatselijk werkgelegenheidsagentschappen willen langdurig werklozen (sommige genieters van het leefloon) de kans geven om (terug) ervaring op te doen in het arbeidsmilieu d.m.v. niet-commerciële jobs, jobs die tevens beantwoorden aan een behoefte in de maatschappij. Deze activiteiten zijn verplicht ((1)):

1° ten behoeve van natuurlijke personen:
   a) thuishulp met huishoudelijk karakter. Een aanvraag hiervoor is niet meer mogelijk. Momenteel dooft dit soort PWA-activiteit uit. Het is de bedoeling om dit met het systeem van dienstencheques op te vangen;
   b) hulp voor de bewaking of de begeleiding van zieken of kinderen;
   c) hulp voor het verrichten van administratieve formaliteiten;
   d) hulp voor klein tuinonderhoud;

2° ten behoeve van lokale overheden: bv. bescherming van het leefmilieu, stadswacht, ...

3° ten behoeve van niet-commerciële verenigingen en onderwijsinstellingen (occasionele activiteiten)

4° ten behoeve van de land- en tuinbouwsector.

(1) De raad van bestuur van het PWA kan bepaalde activiteiten uitsluiten.

Naast de mogelijkheid tot ervaring, hebben de werklozen bovendien (naast de werkloosheidsvergoeding of het leefloon dat zij mogen behouden) recht op een bijkomende uitkering van 4,10 euro/uur (maximum 184,50 euro/maand) welke volledig belastingsvrij is (ook de verhoogde kinderbijslag voor werklozen blijft behouden!!).

Elke volledige uitkeringsgerechtigde werkloze die tenminste 2 jaar een werkloosheidsuitkering of wachtuitkering geniet, wordt ambtshalve (automatisch) ingeschreven in het PWA.

Wie?

- De uitkeringsgerechtigd volledig werklozen (> 2 jaar),
- De uitkeringsgerechtigd volledig werklozen >45 jaar en >6 maand werkloos
- Elke persoon met minstens 1 dag leefloon

De werkloze mag in principe maximaal 45 uren per maand werken in het kader van het PWA.
uitgezonderd:
- in de land- en tuinbouwsector maximaal 150 u/maand
- als stadswachter gemiddeld 53 u/maand

Hoe?

De persoon die een werkje heeft op te knappen (bv. onderhoud tuin), doet een aanvraag (via het gebruikersformulier) bij de PWA. Betrokkene mag eventueel de naam opgeven van een kandidaat die in aanmerking komt (zie "Wie?"). Hij betaalt hiervoor tussen de 4,95 en 7,45 euro per begonnen uur (afhankelijk van het werk en ook afhankelijk per gemeente. De gemeente kan immers zelf de maximale prijs bepalen.), administratiekosten inbegrepen. Dit bedrag (max. 2.400 euro) kan worden afgetrokken van de belastingen.

De PWA-cheque wordt aan de werknemer overhandigd door de betrokken werkgever bij het einde van de arbeidsprestatie of ten laatste voor het einde van de kalendermaand. (Indien deze termijn niet gerespecteerd wordt door de werkgever, dan brengt de werknemer het PWA daarvan onmiddellijk op de hoogte.

De PWA-cheques zijn betaalbaar bij de uitbetalingsinstelling van de werkloosheidsuitkeringen of, voor de personen die het bestaansminimum of financiële bijstand ontvangen; bij het OCMW. De cheques worden samen met het formulier van de maandprestaties ingediend bij de uitbetalingsinstelling of bij het OCMW.

Als werkgever heeft men GEEN andere formaliteiten te vervullen. De werkloze is verzekerd tegen arbeidsongevallen.

Waar?

- OCMW (inlichtingen + bijstand).
- PWA (aanvraag + inlichtingen)
- VDAB (inlichtingen)
  VDAB Servicelijn 0800/30 700
  http://www.vdab.be/arbeidshandicap

II.11.F. Wettelijk opgelegde verplichtingen inzake tewerkstelling risicogroepen

Wat?

Artikel 21 van de Wet van 16 april 1963 betreffende de sociale reclassering van de persoon met een handicap verplicht de ondernemingen en de openbare besturen die minstens twintig personeelsleden tellen om een bepaald aantal personen met een handicap tewerk te stellen.

Wie?

a) privé ondernemingen (W. 16.04.63)

Deze wet werd nooit in praktijk gebracht, daar men nooit het aantal in dienst te nemen personen met een handicap heeft bepaald.

b) rijksbesturen (K.B. 05.03.2007 – B.S. 16.03.2007) (minimum 3% personen met een handicap)

Dit K.B. bepaalt dat minimum 3% van het personeelsbestand personen met een handicap moeten zijn.

Wie wordt beschouwd als persoon met een handicap?

1. de persoon als dusdanig ingeschreven bij het « Agence wallonne pour l'Intégration des Personnes handicapées », bij het Vlaams Agentschap voor Personen met een Handicap, voorheen het Vlaams Fonds voor de Sociale Integratie van Personen met een Handicap, bij de « Service bruxellois francophone des Personnes handicapées » of bij de « Dienststelle für Personen mit Behinderung »;
2. de persoon die een inkomensvervangende tegemoetkoming of een integratietegemoetkoming geniet op basis van de wet van 27 februari 1987 houdende tegemoetkomingen aan personen met een handicap;
3. de persoon die in het bezit is van een attest afgeleverd door de Algemene Directie Personen met een Handicap van de Federale Overheidsdienst Sociale Zekerheid voor het verstrekken van sociale en fiscale voordelen;
4. het slachtoffer van een arbeidsongeval of van een beroepsziekte die het bewijs kan voorleggen van een blijvende arbeidsongeschiktheid van ten minste 66 % afgeleverd door het Fonds voor Arbeidsongevallen, door het Fonds voor Beroepsziekten of de bevoegde geneeskundige dienst in het kader van de wet van 3 juli 1967 betreffende de preventie van of de schadevergoeding voor arbeidsongevallen, voor ongevallen op de weg naar en van het werk en voor beroepsziekten in de overheidssector of in een gelijkwaardig stelsel;
5. het slachtoffer van een ongeval van gemeen recht dat het bewijs kan voorleggen van een blijvende ongeschiktheid van ten minste 66 % naar aanleiding van een gerechtelijke beslissing;

6. de persoon die in het bezit is van een attest van blijvende invaliditeitserkenning afgeleverd door zijn verzekeringsinstelling of door het RIZIV. »

c) federale openbare instellingen (K.B. 05.01.76) (minimum 90 personen met een handicap)

Dit K.B. bepaalt het aantal voor de federale openbare instellingen (ook hier werden de aantallen niet aangepast na de institutionele hervormingen van 1980 en 1988).

d) de diensten van Gemeenschaps- en Gewestregeringen en van de publiekrechtelijke rechtspersonen die ervan afhangen (voor de Vlaamse regering B.V.R. 24.11.93)

Voor de Vlaamse regering is binnen de niveaus D en E 2 % prioritair voorbehouden voor personen met een handicap. De vereiste om te slagen in het vergelijkend wervingsexamen werd voor deze twee niveaus weggelaten, evenals de leeftijdsvoorwaarden.

<u>invoering tewerkstellingsparagraaf bij overheidsopdrachten bij de lokale en regionale besturen</u>
(Omzendbrief BA-98/10 Ministerie van de Vlaamse Gemeenschap 24.11.1998 - B.S. 23.12 1998)

Wat?

De Vlaamse overheid zal aan de lokale besturen aanbevelen dat zij bij het gunnen van overheidsopdrachten voor werken een tewerkstellingsparagraaf in de overeenkomst met de aannemer van het werk toevoegen.

Deze tewerkstellingsparagraaf houdt in dat de aannemers van overheidsopdrachten zich ertoe verbinden bij de uitvoering van het werk in kwestie beroep te doen op één of meerdere kwetsbare werklozen (o.a. personen met een handicap).

In principe komt elke overheidsopdracht (werken, diensten, leveringen) in om het even welke sector waar ruimte is voor tewerkstelling van laaggeschoolden, in aanmerking voor de toepassing van een tewerkstellingsparagraaf. Sociale clausules zijn bijgevolg niet beperkt tot de sector van de bouwopdrachten.

Het aantal in te schakelen werkzoekenden kan bepaald worden in functie van de opdracht, zowel het bedrag van de opdracht als de duur van de opdracht.

Het begrip « tewerkstellingsparagraaf », ook wel « sociale clausule » genoemd, is een term die gebruikt wordt voor het inlassen van sociale overwegingen in het bestek van de aannemingsvoorwaarden van overheidsopdrachten. Bedoeling is werkzoekenden, minstens voor de duur van het werk, opnieuw in het arbeidscircuit te brengen door hen werkervaring aan te bieden.

Deze werkervaring kan verschillende vormen aannemen: het kan gaan om een tewerkstelling onder de vorm van een arbeidsovereenkomst, een werkervaringscontract, een leercontract of een beroepsopleiding.

Wie?

De tewerkstellingsparagraaf heeft tot doel de arbeidsmarktpositie van langdurig werkzoekenden te verbeteren, door middel van een (tijdelijke) tewerkstelling en opleiding on-the-job. Met langdurig werkzoekende wordt in het Vlaams tewerkstellingsbeleid bedoeld de werkzoekende die werkloos is sinds ten minste 2 jaar. Het moet daarbij gaan om werkzoekenden die ingeschreven zijn bij de VDAB of een gelijkaardige instelling uit een ander Gewest of een andere lidstaat van de Europese Unie die met een vergelijkbare taak belast is. (Dit betekent dat niet alleen uitkeringsgerechtigden, maar ook leefloontrekkers en personen met een handicap in aanmerking komen.)

Zowel bedienden als arbeiders kunnen hiervoor in aanmerking komen.

e) Belgacom: 150 plaatsen voorbehouden

(K.B. 23.05.1984 – B.S. 03.07.1984; K.B. 16.02.1990 – B.S. 17.08.1990)

f) De Post: 80 plaatsen voorbehouden

(K.B. 08.01.1992 – B.S. 26.03.1992)

g) de provincies, de gemeenten ... (K.B. 23.12.77 – B.S. 13.01.1978)

In principe één gehandicapte per 55 betrekkingen (er gebeurt blijkbaar geen controle).

h) de OCMW's (K.B. 06.03.78 – B.S. 25.03.1978) II.11.F.

In principe één gehandicapte per 55 betrekkingen (er gebeurt blijkbaar geen controle).

II.12. Verhoogde (verzekerings-)tegemoetkoming (vt)

1. **Verhoogde tegemoetkoming – ziekteverzekering**
   (Gecoördineerde Wet 14.07.94, art. 37 § 1 en 19; K.B. 16.04.97 - nieuwe categorieën, K.B. 08.08.97 – inkomensvoorwaarden, laatst aangepast bij Programmawet 27.12.2006 – statuut OMNIO)
   (K.B.'s 03.09.2000 - B.S. 29.09.2000 - terugwerkende kracht)
   (K.B. 31.05.2001 - B.S. 23.06.2001)
2. **Regeling betalende derde voor ambulante behandeling**

PERSOONLIJK AANDEEL

In onze Belgische sociale zekerheid worden tegemoetkomingen verleend in de onkosten voor geneeskundige verzorging. Het deel van de rekening dat niet vergoed wordt door het systeem noemen we persoonlijk aandeel (verder in dit stuk PA genoemd). Het PA wordt soms ook 'remgeld' genoemd.

Met PA bedoelen we altijd het **wettelijk voorziene PA**. Daarnaast kan de patiënt eventueel nog een bijkomend bedrag aangerekend krijgen dat de zorgverlener aanrekent buiten de wettelijk afgesproken kostprijs voor een verstrekking. Dit noemt men het **supplement**.

Een supplement kan een extra aanrekening van ereloon zijn (een aangerekende meerprijs dan wat afgesproken is in het tarievenakkoord tussen artsen en ziekenfondsen (1) of een aanrekening van zelf gekozen 'luxe' in een ziekenhuis (vb. een supplement voor een eenpersoonskamer).

De tegemoetkomingen in de ziekteverzekering zijn ook ingedeeld in kleine en grote risico's. Grote risico's verdienen een betere bescherming omdat de gevolgen om niet verzekerd te zijn ernstiger zijn. Tot en met 2007 waren de zelfstandigen niet automatisch verzekerd voor kleine risico's. Zij konden voor de kleine risico's vrijwillig een verzekering aangaan bij hun ziekenfonds. **Sinds 01.01.2008 zijn de zelfstandigen nu ook van rechtswege verzekerd voor kleine risico's.**

Personen met een beperkt inkomen betalen een lager PA dan gewoon verzekerden. Zij krijgen de **verhoogde** (verzekerings-)**tegemoetkoming**. Deze financieel kwetsbare groep is ook beter beschermd dan de gewoon verzekerden tegen de aanrekening van bijkomende supplementen.

Kinderen met een handicap, die medisch in aanmerking komen voor bijkomende kinderbijslag, kunnen vaak ook de verhoogde tegemoetkoming verkrijgen.

1. Verhoogde tegemoetkoming

Wat?

De rechthebbenden (= gerechtigden en hun personen ten laste) op de **verhoogde tegemoetkoming** hebben automatisch recht op een aantal voordelen:

(1) een niet geconventioneerde arts hoeft zich niet te houden aan tariefaanspraken

- Een hogere tussenkomst voor bepaalde prestaties (m.a.w. men betaalt minder voor geneeskundige verstrekkingen);
- Een kleiner persoonlijk aandeel in de ligdagprijs bij hospitalisatie;
- Een kleiner persoonlijk aandeel voor bepaalde geneesmiddelen (B + C medicatie);
- Recht op de 'sociale MAF' (zie I.15);
- Recht op de 'regeling betalende derde' (m.a.w. de betrokkene moet niets voorschieten, alles wordt door de zorgverstrekker rechtstreeks met het ziekenfonds geregeld op voorwaarde dat de zorgverstrekker dit zelf wil!);
- Verbod op het aanrekenen van ereloonsupplementen in twee- en meerpersoonskamers, ook voor niet- geconventioneerde artsen
- Recht op een aantal andere verminderingen (sociaal telefoontarief, vermindering openbaar vervoer) (zie overzicht II.29);
- Eventueel een aantal provinciale of gemeentelijke voordelen (te bevragen bij de gemeente en/of provincie)
- Een aantal specifieke voordelen in uw ziekenfonds (plaatselijk te bevragen)

Wie?

Volgende personen komen in aanmerking zonder inkomensonderzoek:

- personen met gewaarborgd inkomen voor bejaarden / inkomensgarantie voor ouderen of rentebijslagen;
- personen met één van de tegemoetkomingen aan personen met een handicap (oud of nieuw stelsel) (II.5 + 6);
- kinderen erkend voor bijkomende kinderbijslag voor kinderen met een handicap (II.2) mits 66% arbeidsongeschiktheid (= minstens 4 punten op de eerste pijler voor kinderen, geboren na 01.01.1993 of geboren tot 01.01.1993 en erkend voor bijkomende kinderbijslag) (1);
- leefloonbegunstigden of OCMW-steuntrekkers (dit is niet het leefloon!) van het O.C.M.W. (> 3 maand ononderbroken; indien onderbroken > 6 maand in periode van één jaar) (IV.6);

en in voorkomend geval hun partner en de personen ten laste.

Zij krijgen de verhoogde tegemoetkoming op basis van hun statuut (bijstandsuitkering), uitgerekend de kinderen met 66% arbeidsongeschiktheid, die sinds 2008 een absoluut recht verkregen.

Volgende personen komen in aanmerking met inkomensonderzoek:

- weduwen/weduwnaars, invaliden, gepensioneerden, wezen met bescheiden inkomen;
- ambtenaren op disponibiliteit (> 1 jaar ziek), met bescheiden inkomen;

---

(1) Sinds 2007 komen sommige kinderen, die voor de bijkomende kinderbijslag geen 66% arbeidsongeschiktheid hebben, toch in aanmerking voor de verhoogde tegemoetkoming. Dit recht wordt automatisch onderzocht wanneer de rechten op de bijkomende kinderbijslag worden bepaald. Het gaat om enkele zeer ernstige aandoeningen die mits een dure verzorging een hogere arbeidsongeschiktheid vermijden, vb. sommige mucopatiënten. (zie ook II.2. of IV.2., chronische zieke kinderen, K.B. 29.04.99)

- langdurig (+ 1 jaar) volledig werklozen, ouder dan 50 jaar, (gedurende de periode van arbeidshervatting van ten hoogste 28 dagen of de periode van arbeidsongeschiktheid wordt men verder beschouwd als werkloze);
- personen met de hoedanigheid van 'mindervalide' in de ziekteverzekering, met bescheiden inkomen;
- personen met het statuut 'verblijvende in België' in de ziekteverzekering;
- personen met het statuut OMNIO (= gezinnen met bescheiden inkomen);

die voldoen aan de inkomensvoorwaarde;

en in voorkomend geval hun partner en de personen ten laste.

Opmerking:

De weduwnaar of weduwe van een gerechtigde op de verhoogde tegemoetkoming heeft recht op de verhoogde tegemoetkoming tot het einde van het tweede kalenderkwartaal dat volgt op dat waarin hun echtgenoot of echtgenote is overleden. Nadien moeten ze aantonen dat ze voldoen aan de gestelde voorwaarden om verder recht te kunnen hebben.

Inkomensvoorwaarde

- Voor de leefloonbegunstigden (steuntrekkers), de rechthebbenden op een tegemoetkoming aan personen met een handicap, op de inkomensgarantie voor ouderen of op het gewaarborgd inkomen voor ouderen (of rentebijslag), gelden de inkomensvoorwaarden van de betreffende voorziening.
  Een attest van de betrokken instelling dat men rechthebbende is op één van die voorzieningen is voldoende.
- Voor de:
  - weduwen/weduwnaars, invaliden, gepensioneerden, wezen;
  - ambtenaren op disponibiliteit (> 1 jaar ziek);
  - rechthebbenden (gerechtigden of hun personen ten laste) op bijkomende kinderbijslag voor kinderen met een handicap;
  - landurig werklozen;
  - personen met de hoedanigheid van 'mindervalide' in de ziekteverzekering;
  - personen met het statuut 'verblijvende in België' in de ziekteverzekering;

  mag het huidige gezinsinkomen niet hoger zijn dan 14.624,70 euro bruto + 2.707,42 euro per persoon ten laste (de respectievelijke kinderen, de niet-gerechtigde echtgeno(o)t(e) of partner) ingeschreven op het boekje van de aanvrager *of van zijn echtgeno(o)t(e) of partner indien deze zelf een boekje heeft* (m.a.w. titularis is).
- Voor de personen met het statuut OMNIO mag het gezinsinkomen niet hoger zijn dan 14.339,94 euro bruto + 2.654,70 euro per persoon ten laste (gezamenlijk inkomen van alle gezinsleden die op 1 januari van 2009 hetzelfde adres gedomicilieerd zijn)
  (bedragen op 01.01.2009)

Opgelet:

Inkomsten uit zelfstandige activiteit worden met 100/80 vermenigvuldigd.

Ook buitenlandse inkomens tellen mee.

De inkomens van volgende personen tellen mee voor de berekening:

- inkomens van de gerechtigde
- inkomens van de gerechtigde echtgeno(o)t(e) of partner,
- inkomens van de personen ten laste (de respectievelijke kinderen, de niet gerechtigde echtgeno(o)t(e) of partner) **ingeschreven op het boekje van de aanvrager of van zijn echtgeno(o)t(e) of partner**.

Opmerkingen:

- (KB 03.09.2000 - BS 29.09.2000) De opname van één van de echtgenoten in een 'rustoord voor bejaarden' of in een 'rust en verzorgingstehuis' wordt vanaf de eerste dag van het verblijf gelijkgesteld aan een feitelijke scheiding. Na één jaar feitelijke scheiding wordt de persoon die opgenomen is, niet meer geteld als gezinslid voor de berekening van het recht op een verhoogde tegemoetkoming. Hierdoor moet men terug bekijken of er al dan niet (nog) recht is op een 'verhoogde tegemoetkoming'.
- als er verschillende partners mogelijk zijn, dan telt er maar één partner mee. De echtgeno(o)t(e) of huishoud(st)er hebben hierbij altijd voorrang op andere samenwonenden,
- familie tot en met de derde graad wordt niet beschouwd als partner tenzij de persoon die ingeschreven is als huishoud(st)er,
- indien de aanvrager persoon ten laste (kind) is van de gerechtigde (ouder), dan tellen de gerechtigde en diens echtgeno(o)t(e) of partner en de personen ten laste van de gerechtigde mee als persoon ten laste voor de berekening,
- Een wijziging van statuut of van inkomsten, die aanleiding kunnen geven tot het verlies van de verhoogde tegemoetkoming, dienen gemeld binnen de dertig dagen vanaf de wijziging!

De volgende inkomens tellen mee voor de berekening:

- het **geïndexeerd kadastraal inkomen** van het **eigen** woonhuis verminderd met 1.150 euro (aanvrager) + 192 euro per persoon ten laste en partner (of eventueel gerechtigde indien aanvrager persoon ten laste is) (bedrag jaar 2009),
- de andere **belastbare inkomens uit roerende of onroerende goederen** van de hierboven opgesomde personen, zoals vermeld op het aanslagbiljet van de belastingen *(bijgevolg: inkomsten uit verhuur van particuliere woningen telt niet mee, wel de huurinkomsten van handelspanden)*,
- een percentage (afhankelijk van de leeftijd op de datum van betaling) van de **pensioenen, rentes, kapitalen, afkoopwaarden of spaartegoeden,** uitgekeerd in de loop van de laatste 10 jaar, die op de één of andere manier werden belast (bepaalde renten inzake arbeidsongevallen en beroepsziekten zijn **niet** belastbaar - zie Arbeidsongevallen - beroepsziekten)! (1)

(1) Dit inkomen dient wel te worden aangegeven, maar wordt NIET in rekening gebracht !!

De uitgekeerde bedragen tellen mee voor:

1,0% indien leeftijd van betrokkene op het ogenblik van betaling = 40 jaar,
1,5% indien leeftijd van betrokkene op het ogenblik van betaling 41-46 jaar;
2,0% indien leeftijd van betrokkene op het ogenblik van betaling 46-50 jaar;
2,5% indien leeftijd van betrokkene op het ogenblik van betaling 51-55 jaar;
3,0% indien leeftijd van betrokkene op het ogenblik van betaling 56-58 jaar;
3,5% indien leeftijd van betrokkene op het ogenblik van betaling 59-60 jaar;
4,0% indien leeftijd van betrokkene op het ogenblik van betaling 61-62 jaar;
4,5% indien leeftijd van betrokkene op het ogenblik van betaling 63-64 jaar;
5,0% indien leeftijd van betrokkene op het ogenblik van betaling = 65 jaar;
B.v.: Aanvraag verhoogde tegemoetkoming op 01.07.2008 door een invalide.

- Geboortedatum aanvrager 02.04.1943.
- Een levensverzekering werd afgekocht op 07.10.1999: 49.603,17 euro
- Leeftijd aanvrager in 1999: 56 jaar (m.a.w. = 3%)
- Meegeteld inkomen: 49.603,17 x 3% = 1.488,09 euro/jaar (periode '99-2008, dus vanaf 2009 telt deze afkoopwaarde niet meer mee!).

Hoe?

Bij het ziekenfonds dient de aanvrager een verklaring op eer te ondertekenen.

Voor diegenen die aan de inkomensvoorwaarde moeten voldoen en dus hun inkomen moeten bewijzen, dient de laatste berekeningsnota van de personenbelasting (= aanslagjaar voor het jaar van de aanvraag) en een recent strookje of bankuittreksel of een ander document dat het maandelijkse inkomen bewijst, als bewijsstuk bijgevoegd te worden. (Het recht kan worden ingetrokken indien het inkomen wijzigt.)

De aanvragers die hun inkomen niet hoeven te bewijzen, daar zij al gerechtigd zijn op een andere voorziening waar het inkomen al werd nagekeken, moeten de nodige bewijsstukken toevoegen die hun recht aantonen op het leefloon, op steun van het O.C.M.W., op het gewaarborgd inkomen voor bejaarden / inkomensgarantie voor ouderen, op rentebijslag of op een tegemoetkoming aan personen met een handicap. (Zolang er recht is op één van deze voorzieningen kan het recht op verhoogde tegemoetkoming niet worden ingetrokken.)

Het recht Omnio gaat in op de eerste dag van het kwartaal waarin het aanvraagdossier volledig is.

Opmerking:

Met het Koninklijk Besluit van 3 september 2001 dient de verklaring op erewoord ingediend binnen de drie maanden vanaf de dag waarop de gerechtigde de hoedanigheid verwerft van gepensioneerde, weduwnaar of weduwe, wees of invalide (voorheen ging het recht maar in vanaf de aanvraagdatum zelf, en was er geen terugwerkende kracht mogelijk).

Diegenen die een aanvraag hebben ingediend voor bijkomende kinderbijslag of voor een tegemoetkoming aan personen met een handicap, hebben nog drie maanden tijd, na ontvangst van de positieve beslissing in verband met hun aanvraag voor bijkomende kinderbijslag of voor een tegemoetkoming aan personen met een handicap, om een aanvraag voor verhoogde tegemoetkoming in te dienen. Het voordeel van de verhoogde tegemoetkoming gaat in, met terugwerkende kracht, vanaf de datum dat de positieve beslissing inzake de kinderbijslag of de tegemoetkoming ingaat.

Waar?

Ziekenfonds (loket) (inlichtingen + aanvraag) (Gouden Gids nr 6990).

2. Regeling betalende derde voor ambulante raadplegingen

In principe wordt het volledige bedrag voor de verstrekking eerst rechtstreeks door de patiënt aan de verstrekker betaald. Hij ontvangt hiervoor een getuigschrift voor verstrekte hulp waarmee hij via het ziekenfonds de gehele of gedeeltelijke terugbetaling kan krijgen.

Om de toegang tot de zorgverlening te verbeteren kan in een aantal situaties het bedrag ten laste van de ziekteverzekering door de verstrekker rechtstreeks aan het ziekenfonds gefactureerd worden en betaalt de patiënt enkel zijn persoonlijke bijdrage. Dit is de zogeheten regeling betalende derde.

Deze regeling geldt altijd voor hospitalisaties en voor terugbetaalbare geneesmiddelen.

In principe is het systeem verboden voor raadplegingen, huisbezoeken en adviezen van huisartsen en specialisten in de ambulante zorg.

Voor rechthebbenden met een verhoogde tegemoetkoming en hun personen ten laste, werklozen sedert ten minste 6 maanden en hun personen ten laste, rechthebbenden op bijkomende kinderbijslag en hun personen tenlaste of personen die zich in een individuele financiële noodsituatie bevinden kan de regeling betalende derde wel worden toegepast. Het is de zorgverlener die de regeling toestaat. De regeling is dus niet afdwingbaar. Maar om deze ondersteuningsmaatregel aan te moedigen is in 2007 de administratieve afhandeling voor de geneesheren aantrekkelijker gemaakt. *CM gaat in 2009 op zoek naar middelen tot meer bekendmaking en eenvoudiger procedures voor de zorgverstrekker bij deze maatregel zodat de maatregel voor alle partijen gekend en aantrekkelijker wordt.*

II.13. Maximumfactuur (MAF)

(Wet 05.06.02 - B.S. 04.07.02, geldig vanaf 01.01.2002 laatst gewijzigd bij Programmawet 27.12.2005 - BS 30.12.2005)

Wat ?

De maximumfactuur wil voor alle gezinnen het totaal aan remgelden voor geneeskundige verstrekkingen plafonneren tot een bepaald bedrag volgens financiële draagkracht. Gezinnen krijgen een snelle terugbetaling van wat ze boven het plafond aan remgelden hebben betaald (enkel bepaalde officiële remgelden, o.a. niet van toepassing voor medicatie D, ...!).

Vanaf 01/01/2006 is de fiscale maximumfactuur geïntegreerd in de inkomensmaximumfactuur. Men krijgt een snelle terugbetaling en een belangrijke administratieve vereenvoudiging.

Concreet:

Er bestaan 3 MAF-systemen:
1. De sociale MAF voor gezinnen die behoren tot een sociale categorie (*)
2. De inkomens MAF voor de andere gezinnen
3. De individuele bescherming van kinderen en zorgbehoevenden, ongeacht het gezinsinkomen

(*) Zie volgend hoofdstuk 'Wie?'

De inkomensgrenzen en remgeldplafonds:

Inkomensgrenzen 2009	Remgeldplafonds
Gerechtigden op de sociale MAF	450 euro
Inkomen tot 16.114,10 euro	450 euro
Inkomen Tss. 16.114,11 - 24.772,41 euro	650 euro
Inkomen Tss. 24.772,42 - 33.430,75 euro	1.000 euro
Inkomen Tss. 33.430,76 - 41.728,30 euro	1.400 euro
Inkomen vanaf 41.728,31 euro	1.800 euro

De inkomensgrenzen worden gekoppeld aan de evolutie van het indexcijfer (jaarlijkse aanpassing). De remgeldplafonds worden niet geïndexeerd. Dit leidt op termijn tot een voordeliger plafond (door de gestegen levensduurte en het geïndexeerde inkomen bereikt men sneller het niet-geïndexeerde plafond).

Het uitgangspunt is het feitelijk gezin. Inkomens en kosten worden in de regel gedeeld op niveau van het feitelijk gezin. Een feitelijk gezin wordt gevormd door de personen die samen onder één dak leven. Er wordt geen onderscheid gemaakt tussen samenwonenden en gehuwden.

Op deze gezinsnotie zijn een aantal nuances aangebracht om ongewenste neveneffecten te vermijden. Zo mag door de samenvoeging van inkomens geen ontmoediging ontstaan om bijvoorbeeld een zorgbehoevende ouder of een volwassene met een handicap in een gezin op te nemen, vandaar de individuele bescherming van zorgbehoevenden (zie verder in de tekst). Gezinsplaatsing wordt gelijkgesteld met deze zorgbehoevenden.

Wie recht heeft op de sociale MAF en deel uitmaakt van een uitgebreid gezin wordt samen met zijn eventuele partner en personen ten laste ook beschouwd als een apart gezin.

Voor kinderen, tot en met 18 jaar, wordt voorzien in een bijzondere individuele bescherming: ongeacht het inkomen van het gezin. De onkosten mogen met tussenkomst van het ziekenfonds voor een kind nooit boven de 650 euro per jaar oplopen. Voor sommige kinderen met een handicap is die grens op 450 euro bepaald.

Wie?

De MAF is in principe een gezinsrecht (uitzondering is de bescherming van het kind en de zorgbehoevende).

1. De sociale MAF:

Voor de sociale MAF is het in aanmerking genomen gezin samengesteld uit de rechthebbende, zijn echtgenoot of partner en hun personen ten laste. Zij moeten samen minimum 450 euro remgeld bereiken in de zogenaamde 'MAF-teller' (het ziekenfonds telt alle remgelden samen, die in aanmerking komen voor de bepaling van de maximumfactuur).

De sociale MAF wordt toegekend aan alle leden van het gezin, waarvan één van de rechthebbenden behoort tot een sociale categorie gedurende 1 dag tijdens het betreffende kalenderjaar (1) :

- Rechthebbenden met verhoogde tegemoetkoming bij het ziekenfonds, verkregen op basis van:
  - inkomensonderzoek
  - leefloon
  - gelijkstelling leefloon
  - inkomensgarantie voor ouderen of gewaarborgd inkomen voor bejaarden

  (niet de rechthebbenden met een tegemoetkoming aan personen met een handicapt of geen kind met verhoogde kinderbijslag wegens handicap)
- Rechthebbenden met een tegemoetkoming aan personen met een handicap
  - inkomensvervangende tegemoetkoming
  - integratietegemoetkoming
  - tegemoetkoming voor hulp aan bejaarden
  - tegemoetkoming door de Wet van 27.06.1969

(1) Uitzondering: het kind dat verhoogde tegemoetkoming verkrijgt omwille van bijkomende kinderbijslag heeft een persoonlijke sociale MAF, maar geeft dat recht niet door aan de rest van het gezin.- De sociale MAF wordt alleen toegekend aan betrokkene, zijn eventuele partner en zijn personen ten laste.

- tegemoetkoming door KB van 24.12.1974
(geen rechthebbenden met tegemoetkoming aan personen met een handicap categorie III of hoger met gezinslast, waarbij de echtgenoot of partner een inkomen heeft)

2. De inkomens MAF:

Men neemt het feitelijk gezin in aanmerking.

Het feitelijk gezin zijn alle personen die onder één dak wonen op 01.01 van het betrokken jaar zoals blijkt uit de informatie van het Rijksregister van de natuurlijke personen ('domicilie'), totaal uitgaven versus totaal inkomens op 1 adres.

Alleenstaanden worden beschouwd als een feitelijk gezin.

Uitzondering: eerste inschrijving in Rijksregister, gemeenschap, zorgbehoevende, niet-ingeschreven in het Rijksregister, personen met referentie- of OCMW-adres.

Het inkomen van het 3e kalenderjaar voor het jaar van de te verrekenen remgelden (MAF-jaar) wordt vergeleken met de inkomensgrenzen van het MAF-jaar. Het overeenstemmende remgeldplafond wordt daar toegekend (zie tabel).

Het ziekenfonds doet een inkomensonderzoek in twee situaties:

a) indien het RIZIV **onvoldoende gegevens** bekomen heeft van de fiscale administratie;

b) ingeval behartenswaardigheid (*): Voor gezinnen met remgeldplafond van 450 of 650 euro: indien het inkomen van een gezin een beduidende vermindering heeft ondergaan t.o.v. het door de fiscus opgegeven referte-inkomen. Hiertoe zal het betrokken gezin een verklaring op eer onderschrijven. De inkomens die in beschouwing worden genomen zijn de inkomens op datum onderschrijving van de verklaring op eer. Het betreft de bruto-belastbare inkomens. Indien de behartenswaardigheid in het volgende kalenderjaar wordt gevraagd dan neemt men het totale jaarinkomen van het MAF-jaar.

(*): behartenswaardig:
- indien beroepsactiviteit werd stopgezet;
- van bijdragen vrijgesteld zijn in het raam van het sociaal statuut van de zelfstandigen voor een periode van meer dan een kwartaal;
- gecontroleerd volledig werkloos sedert ten minste zes maanden;
- arbeidsongeschikt sedert ten minste zes maanden

3. Individuele bescherming van kinderen en zorgbehoevenden:

- Kinderen tot en met 18 jaar worden een individuele bescherming toegekend, ongeacht het gezinsinkomen (grensbedrag remgeld = 650 euro). (1)
  Indien één of meer kinderen tot een gezin met een laag of bescheiden inkomen of met een sociale categorie behoren, dient de individuele bescherming niet ingeroepen te worden.

---

(1) Overgangsmaatregel bij invoering van de MAF: kinderen met een handicap die in 2002 recht op bijkomende kinderbijslag hadden genieten de bescherming vanaf 450 euro.

- Zorgbehoevenden met een erkenning voor 'chronisch zieke' in het ziekenfonds kunnen in de loop van het jaar met hun personen ten laste en hun partner uit het feitelijk gezin stappen (grensbedrag in functie van het inkomen van het nieuwe feitelijke gezin).
  Indien een zorgbehoevende reeds behoort tot een sociale categorie is het niet interessant om uit het feitelijk gezin te stappen.

Chronisch zieken zijn:

- rechthebbenden met thuiszorgverpleging forfait B of C (tijdens het kalenderjaar dat vooraf gaat aan het jaar waarin de MAF is toegekend de instemming hebben verkregen van de adviserend geneesheer voor ten minste 3 maanden verpleegkundige verzorging met betaling van het forfaitair honorarium B of C)
- rechthebbenden met kiné voor E-pathologie (tijdens het kalenderjaar voorafgaand aan het jaar waarin de MAF is toegekend een toestemming van de adviserend geneesheer hebben verkregen voor ten minste 6 maanden behandeling voor E-pathologie)
- rechthebbenden met een medisch attest voor integratietegemoetkoming categorie III, IV en V, uitgegeven door de Federale Overheidsdienst Sociale Zekerheid: minstens 12 punten voor zelfredzaamheidsproblemen (KB 05.03.1990, art. 3)
- rechthebbenden met een medisch attest voor tegemoetkoming voor hulp aan bejaarden categorie III, IV en V, uitgegeven door de Federale Overheidsdienst Sociale Zekerheid: minstens 12 punten voor zelfredzaamheidsproblemen (KB 06.07.1987, art. 5)
- rechthebbenden met een tegemoetkoming voor hulp van derden, toegekend op basis van de Wet van 27.06.1969 betreffende de tegemoetkoming mindervaliden
- rechthebbenden met een uitkering of forfait voor hulp van derden, uitbetaald door het ziekenfonds in het kader van primaire of invaliditeitsuitkering
- rechthebbenden, die gedurende minstens 120 dagen opgenomen waren in een ziekenhuis tijdens de referentieperiode, die bestaat uit 2 kalenderjaren die voorafgaan aan het jaar waarin de MAF is toegekend

Hoe ?

Op basis van de gegevens die beschikbaar zijn voor de sociale MAF betalen de ziekenfondsen de remgelden boven 450 euro terug aan de gezinnen die behoren tot de sociale categorieën.

Voor de andere gezinnnen gaan de ziekenfondsen in de loop van het kalenderjaar na wanneer gezinnen boven de drempel van 450 euro zijn gegaan. Voor die gezinnen gebeurt een inkomensonderzoek. Wanneer het remgeldplafond is bereikt, betaalt het ziekenfonds meteen de remgelden terug (tot het einde van het kalenderjaar).

In geval van behartenswaardigheid kunnen gezinnen met laag remgeldplafond vragen om een - achteraf gecontroleerde - verklaring op erewoord af te leggen. Het ziekenfonds zal op basis van deze gegevens overgaan tot een terugbetaling van wat werd betaald aan remgelden boven de 450 euro indien het nieuwe inkomen onder de grens van 16.114,10 euro is.

Het persoonlijk aandeel waarmee rekening gehouden wordt:

Het persoonlijk aandeel, waarmee rekening wordt gehouden is maximaal het verschil tussen 100% verzekeringstegemoetkomingsbasis ('wettelijke tarief') en de verzekeringstegemoetkoming ('tegemoetkoming van het ziekenfonds'). Indien men minder betaalde dan de 100% verzekeringstegemoetkomingsbasis dan telt slechts het werkelijk betaald persoonlijk aandeel.

Tenlasteneming in een andere Belgische of buitenlandse reglementering van (een deel van) het persoonlijk aandeel wordt ook niet opgenomen in de remgeldteller.

Volgende persoonlijke aandelen komen in aanmerking:

- Gewone geneeskundige hulp:
  - bezoeken en raadplegingen van algemeen geneeskundigen en geneesheer-specialisten
  - verpleegkundige hulp
  - kinesitherapeutenhulp
  - technische verstrekkingen voor diagnose en behandeling
  - tandheelkundige hulp
- Specifieke geneeskundige hulp van geneesheer-specialisten, apothekers en licentiaten in de wetenschappen
- Geneesmiddelen:
  - ambulant verstrekte geneesmiddelen van de categorie A, B en C en magistrale bereidingen
  - farmaceutisch forfait per opnamedag in een algemeen ziekenhuis of psychiatrisch ziekenhuis
- Opname in een ziekenhuis:
  - het persoonlijk aandeel in de ligdagprijs:
  - onbeperkt in een algemeen ziekenhuis
  - tot de 365e dag in een psychiatrisch ziekenhuis
  - het forfait van € 27,27 per opname
  - het forfait van € 16,40 voor technische prestaties
  - het farmaceutisch dagforfait van € 0,62 of € 0,70 of € 0,80
  - persoonlijk aandeel bij implantaten
  - persoonlijk aandeel bij endoscopisch en viscerosynthesemateriaal
- Revalidatie en logopedie
- Psychiatrische verzorgingstehuizen: bepaalde persoonlijke aandelen
- Moedermelk, dieetvoeding voor bijzonder medisch gebruik en parenterale voeding
- Palliatieve verzorging door een multidisciplinair begeleidingsteam

Waar?

- Ziekenfonds (Gouden Gids nr 6990; www.cm.be; e-mail: dmw@cm.be)
  - loket (inlichtingen + eventueel attest voor ander ziekenfonds)
  - dienst maatschappelijk werk (inlichtingen + bijstand)
- OCMW: attest leefloon dient afgegeven aan het ziekenfonds (loket) (telefoongids OCMW ofwel Gouden Gids infopagina's publieke instellingen)

- Federale Overheidsdienst Sociale Zekerheid, Directie-generaal Personen met een handicap: attest inkomensvervangende tegemoetkoming, integratietegemoetkoming, tegemoetkoming voor hulp aan bejaarden, de inkomensgarantie voor ouderen of het gewaarborgd inkomen voor bejaarden af te geven aan het ziekenfonds
  Administratief Centrum Kruidtuin, Finance Tower,
  Kruidtuinlaan 30, bus 1, 1000 Brussel
  tel.: (centrale) (02) 507 87 99
  fax: (02) 509 81 85
  HandiN@minsoc.fed.be
  www.handicap.fgov.be
- Uitbetalingsinstelling werkloosheid (syndicaat of hulpkas): attest langdurige werkloosheid

II.14. Zorgverzekering

(Decreet 30.03.99 - BS 28.05.99, gewijzigd door het M.B. 29.08.2008. – B.S. 15.10.2008)
(handleiding - MB 06.01.06 - BS 04.04.06))

Wat ?

De Zorgverzekering heeft als bedoeling tegemoet te komen in de niet-medische kosten van zeer zwaar zorgbehoevende personen thuis of in het rusthuis (o.a kosten voor gezinshulp, oppasdienst, dagverzorging, kortverblijf, serviceflat, rustoord ...).

Ook voor de hulp die familie, vrienden en bekenden in thuiszorgsituaties bieden - de zogenaamde mantelzorg - is de vergoeding bedoeld.

Wie kan, moet aansluiten ?

Iedere Vlaming, ouder dan 25 jaar, moet zich verplicht aansluiten bij een Zorgkas.

Elke aangeslotene moet jaarlijks een bijdrage betalen voor 30 april.

Deze bijdrage is vastgesteld op:
- 10 euro voor de rechthebbenden (op 1 januari van het jaar voorafgaand aan het jaar van de betaling van de bijdrage) op verhoogde tegemoetkoming voor geneeskundige verstrekkingen (zie IV.28.) (dus de personen die op 1 januari 2008 recht hadden op de verhoogde tegemoetkoming betalen 10 euro voor 2009) en
- 25 euro voor de andere personen.

Niet-betaling, onvolledige betaling of laattijdige betaling heeft een schorsing van mogelijke tegemoetkomingen tot gevolg en opeenvolgende niet-betaling heeft een administratieve boete tot gevolg, met de achterstallige betalingen bovenop.

De boete:

Laattijdige betaling is een betaling, die op de rekening van de zorgkas komt na 30.04 van het jaar waarin ze moet betaald worden. Na 3 keer onvolledig, laattijdig of niet betalen krijgt men van het Zorgfonds een administratieve boete van 250 euro opgelegd (voor rechthebbende op verhoogde tegemoetkoming en voor gerechtigden met Omnio statuut is dit slechts 100 euro). Bovendien worden de achterstallige bijdragen meegeïnd. De boete kan desnoods geïnd worden met een dwangbevel.

Stel dat men 2 keer te laat betaald heeft en een derde betaling niet uitvoert, dan krijgt men, naast de eventuele schorsing van uitkeringen, ook een boete. Het niet of te laat betalen moet niet aansluitend gebeuren en een laattijdige betaling geldt altijd als aanzuivering van de oudste achterstallige bijdrage.

Na 5 jaar correct betalen tellen oude laattijdige betalingen niet meer mee.

Begin 2009 ligt een wetsontwerp klaar dat de boete afschaft voor laattijidige betalingen.

De schorsing:

Voor elk jaar dat de betaling op 31.12 van het jaar, waarin ze moest betaald zijn, ontbrekend of onvolledig was, zal de tegemoetkoming bij zorgbehoevendheid vier maanden worden opgeschort nadat de niet betaalde bijdragen zijn aangezuiverd.

Voorbeeld: men betaalde twee jaar geen bijdrage, dan zal men, wanneer men zorgbehoevend wordt, eerst de niet betaalde bijdragen moeten aanzuiveren. Pas daarna begint de wachttijd te lopen en wordt de schorsing omwille van 2 laattijdige bijdragen, bijgeteld vooraleer er een tegemoetkoming vanuit de zorgverzekering uitgekeerd wordt. Hierdoor krijgt men een wachttijd van minimum 12 maanden in plaats van 3 maanden (de wachttijd verlengt naarmate men wacht met de aanzuivering van de achterstallige bijdragen). Dit is een verlies van minimum 1.000 euro.

Als inwoner van het Brussels Hoofdstedelijk Gewest is de aansluiting niet verplicht. Per jaar dat men had kunnen aansluiten, maar dat niet heeft gedaan, loopt men echter een wachttijd van vier maanden op. Een inwoner van Brussel kan een eventuele boete ontlopen door de zorgkas op te zeggen, maar hij kan betaalde bijdragen niet terugkrijgen.

Overzicht van de verplichtingen tot aansluiting:

Sociaal verzekerd (1) Inwonend	**In België**	**In een ander Europees land**
Vlaanderen	Sociaal verzekerde: verplicht personen ten laste: verplicht	Sociaal verzekerde: geen recht personen ten laste: verplicht
Brussel	Sociaal verzekerde: vrij te kiezen personen ten laste: vrij te kiezen	Sociaal verzekerde: geen recht personen ten laste: vrij te kiezen
Ander Europees land	Sociaal verzekerde: verplicht personen ten laste: geen recht	Sociaal verzekerde: geen recht personen ten laste: geen recht

Wie heeft recht op een uitkering ?

De mantel- en thuiszorgpremie:
- Zwaar zorgbehoevende personen in de thuiszorg.

De premie voor residentiële zorg:

- Rusthuisbewoners die verblijven in rustoorden en rust- en verzorgingstehuizen die erkend zijn door de Vlaamse Overheid of hiermee gelijkgesteld.
- Personen die in een psychiatrisch verzorgingstehuis verblijven

(1) Sociaal verzekerd zijn wil zeggen dat men een band heeft met de sociale zekerheid van het land, vb. door te werken of door gerechtigd te zijn op een RSZ-uitkering, vb. Werkloosheids- of invaliditeitsuitkering.

Wie is zorgbehoevend ?

Men dient een attest in dat bewijst dat men zwaar zorgbehoevend is. Volgende attesten komen hiervoor in aanmerking:

Voor personen die thuis (of in een serviceflat) wonen;

- minstens score B op de Katz-schaal in de thuisverpleging
- minstens score 35 op de BEL-profielschaal van de gezinszorg (zie I.25)
- minstens score 15 bij de Tegemoetkoming voor Hulp aan Bejaarden, Integratietegemoetkoming of Hulp van derden (Wet 27-06-1969) vanuit de Federale Overheidsdienst Sociale Zekerheid. De score van minstens 15 punten is gelijk aan categorie IV of categorie V.
- Kinderen met bijkomende kinderbijslag: een attest van minstens 7 punten op de schaal van zelfredzaamheid uit hoofde van het kind (zie II.2)
- Kinderen geboren na 01.01.1993 met bijkomende kinderbijslag: een attest met minstens score 18 uit hoofde van het kind (zie II.2)
- Bij verlenging na 3 jaar tegemoetkoming voor mantelzorg op basis van een attest BEL-profielschaal: attest kiné E-tarief (ernstige aandoeningen)

Voor personen die opgenomen zijn in een instelling;

- attest van verblijf in een psychiatrisch verzorgingstehuis (PVT) (zie I.32).
- attest van verblijf in een erkend rusthuis (ROB of RVT)

Wat indien geen van bovenstaande attesten voorhanden is?

Indien men geen van bovenstaande attesten kan voorleggen, dan moet er een onderzoek gebeuren naar de graad van zorgbehoevendheid. In dit geval bezorgt de zorgkas een lijst van diensten uit de regio die gemachtigd zijn om dit onderzoek te verrichten. Het gaat om de Centra Algemeen Welzijnswerk in het kader van het ziekenfonds (o.a. de CAW diensten maatschappelijk werk van de CM), de diensten voor gezinszorg (Familiehulp, Familiezorg, Landelijke Thuiszorg ...) of de OCMW's. Iemand van die diensten zal op basis van een bepaalde schaal (de BEL-profielschaal) de zorgafhankelijkheid inschatten.

Bij een verergering van de zelfredzaamheidsproblemen kan men na een negatieve inschaling (geen 35 punten op de BEL-schaal) een herziening vragen. Indien het nieuwe onderzoek binnen 6 maanden na een vorig onderzoek wordt aangevraagd, dan moet dit door dezelfde organisatie (persoon) worden uitgevoerd om bij een positief resultaat rechtsgeldig te kunnen zijn.

De uitkering zelf?

Er zijn twee uitkeringen:

1. Mantel- en thuiszorgpremie (vanaf 01.07.2008: € 125; vanaf 01.03.2009: € 130)

Er is geen recht op één van deze premies voor de perioden waarin men:

- van het Vlaams Agentschap voor Personen met een Handicap een persoonlijke assistentiebudget (PAB) krijgt, of
- verblijft in een voltijds regime in een door het Vlaams Agentschap voor Personen met een Handicap erkende residentiële voorziening, namelijk:
  - een tehuis niet-werkenden;
  - internaat (voltijds verblijf is in een schema van 10 op 14 dagen verblijf in een internaat);
  - tehuis werkenden of in een
  - centrum voor observatie, oriëntering en medische, psychologische en pedagogische behandeling.

Internaten van gemeenschapsonderwijs en gelijkaardige voorzieningen als VAPH-instellingen in Brussel of Wallonië worden sinds 01.09.2008 gelijkgesteld met verblijf in een VAPH-voorziening.

Het Zorgfonds deelt aan de zorgkassen mee welke van hun aangeslotenen geen recht hebben op een tenlasteneming.

Men heeft wel recht op een mantel- en thuiszorg-premie (als er een lopend dossier is voor mantel- en thuiszorg op 31 augustus en als betrokkene voldoet aan alle andere voorwaarden om een tenlasteneming te kunnen verkrijgen):

- gedurende één maand indien betrokkene gedurende meer dan dertig dagen uit de voorziening afwezig was,
- gedurende twee maanden als betrokkene gedurende meer dan honderd dagen uit de voorziening afwezig was,

in de periode van 1 september van het voorgaande jaar tot en met 31 augustus.

Het Zorgfonds deelt aan de zorgkassen eveneens mee welke van hun aangeslotenen in de periode van 1 september van het voorgaande jaar tot en met 31 augustus, meer dan dertig dagen of meer dan honderd dagen, uit deze voorziening afwezig zijn geweest.

De betrokkene of zijn vertegenwoordiger verklaart op het aanvraagformulier dat er een verblijft is in een voorziening of dat men op de wachtlijst staat.

Als de betrokkene pas na zijn aanvraag in een dergelijke voorziening gaat verblijven, dan moet hij of zijn vertegenwoordiger dat aan de zorgkas melden.

2. Residentiële premie (€ 125/maand; vanaf 01.03.2009: € 130)

De rustoorden moeten erkend zijn door de (Vlaamse of andere) overheid Dit zijn quasi alle rusthuizen en verzorgingstehuizen (woonzorgcentra).

De uitkering aan personen in een RVT, ROB of PVT wordt in principe niet per circulaire cheque betaalt, tenzij betrokkene er zelf en uitdrukkelijk om vraagt.

Hoe?

De aanvraag voor een tussenkomst wordt ingediend bij de zorgkas waarbij de gebruiker is aangesloten. Bij een positieve beslissing start het recht op uitkering pas na 3 maanden carenstijd, te rekenen vanaf de 1e van de maand volgend op de aanvraagdatum.

De zorgkas beslist over de tenlastenemingen binnen een termijn van zestig dagen na indiening van de aanvraag. De beslissing moet, op straffe van nietigheid, met redenen worden omkleed.

Bij een herziening kan deze termijn eventueel verlengd worden tot 90 dagen.

Wanneer een aanvraag bijkomende kinderbijslag lopende is en geen geldig attest voorhanden is, dan kan de beslissing uitgesteld worden tot het attest ter beschikking is (langer dan 90 dagen).

Beroep

De gebruiker kan bezwaar aantekenen tegen de voorgenomen beslissing van de zorgkas, binnen de 30 dagen (Vlaams Agentschap Zorg en Gezondheid, Koning Albert II-laan, 33 bus 35, 1030 Brussel).

De persoon, die een administratieve boete krijgt ten gevolge van laattijdige, onvolledige of niet betaling van bijdragen kan met een geijkt formuliern en binnen de maand na aanmaning, bezwaar indienen.

Waar ?

Elke landsbond van ziekenfondsen richtte een zorgkas op. Daarnaast kunt u ook terecht bij de erkende zorgkas van een paar private verzekeringsmaatschappijen of bij de Vlaamse Zorgkas. Kiest u zelf geen zorgkas, dan wordt u door het Vlaams Zorgfonds ambtshalve aangesloten bij de Vlaamse Zorgkas, die door de OCMW's wordt vertegenwoordigd.

- Ziekenfonds (loket of dienst maatschappelijk werk) (Gouden Gids nr. 6990, www.cm.be; e-mail: dmw@cm.be).
- www.cm.be (diensten en voordelen)
- www.vlaamsezorgverzekering.be

II.15. Fiscale voordelen

- Vermindering van belastingen op inkomens
- Vermindering van onroerende voorheffing
- Vermindering van successierechten

Vermindering van personenbelasting

Wat?

De belastingplichtige waarvan het gezin op 1 januari van het aanslagjaar één of meer personen met een handicap (de belastingplichtige zelf, zijn kinderen ten laste of andere personen ten laste) telt, kan genieten van een bijkomende vrijstelling van belasting op een deel van zijn belastbaar inkomen: (1)

- voor de volwassen personen met een handicap wordt 1.280 euro per persoon met een handicap vrijgesteld;
- elk kind ten laste dat gehandicapt is, telt voor 2 kinderen ten laste (om het aantal kinderen ten laste te berekenen - vrijstelling 1e kind tot 4e kind respectievelijke 1.310 euro, 3.370 euro, 7.540 euro, 12.200 euro; elk volgend kind + 4.660 euro per kind);
- een ouder, broer of zus ten laste van ten minste 65 jaar: een vrijstelling van 2.610 euro. (2)

(Bedragen voor aanslagjaar 2009, inkomsten 2008)

Opmerking:

Leefloon en de inkomensvervangende tegemoetkoming worden door de wetgever niet beschouwd als belastbaar inkomen bij de vaststelling van personen ten laste. Met andere woorden, deze inkomsten tellen niet mee om de inkomensgrens te bepalen van een eventueel inwonende persoon ten laste.

Het Arbitragehof heeft in een arrest van 24.05.2006 bepaald dat inkomsten uit de ziekteverzekering, die niet hoger zijn dan de grenzen van de inkomensvervangende tegemoetkoming, eveneens moeten beschouwd worden als vrijgesteld inkomen voor de bepaling van persoon ten laste omdat de wetgever wou voorkomen dat gehandicapten met een minimuminkomen zouden worden uitgesloten als persoon ten laste. De bron van dat inkomen heeft dan geen belang, wel de oorsprong, die te maken heeft met arbeidsongeschiktheid.

Wie?

De vrijstelling wordt verleend voor de personen waarvan:

(1) Persoon ten laste is de persoon waarvan het belastbaar jaarinkomen lager is dan 2.700 euro. Dit bedrag wordt gebracht op 3.910 euro of 4.960 euro wanneer de belastingsplichtige een alleenstaande, respectievelijk een alleenstaande met een handicap is.

(2) Vanaf AJ 2006: een ouder, broer of zus is ten laste als hij minder bestaansmiddelen heeft dan 2.700 euro/jaar, NA vrijstelling van pensioenen en renten ten bedrage van 21.790 euro! Met andere woorden ouder, broer of zus, die ouder is dan 65 jaar en inwoont kan persoon ten laste zijn, ook al heeft hij een inkomen uit rente of pensioen tot 24.490 euro/jaar.

- ofwel de lichamelijke of psychische toestand het vermogen om een inkomen te verwerven verminderd heeft tot 1/3 (d.w.z. een arbeidsongeschiktheid van minstens 66 %) van wat een gezond persoon kan verdienen door de uitoefening van een beroep (niet noodzakelijk het eigen beroep) op de algemene arbeidsmarkt
- ofwel de gezondheidstoestand een vermindering van zelfredzaamheid veroorzaakt van minstens 9 punten
- ofwel ingevolge een administratieve of gerechtelijke beslissing voor tenminste 66 % blijvend fysisch of psychisch gehandicapt of arbeidsongeschikt erkend worden.

De handicap waarmee rekening wordt gehouden, is deze die, onafgezien van de leeftijd waarop hij wordt vastgesteld, het gevolg is van de feiten die gebeurd zijn en feiten die vastgesteld werden voor de leeftijd van 65 jaar. Om te kunnen genieten van het belastingvoordeel moet de handicap zijn vastgesteld voor 1 januari van het aanslagjaar.

Vaststelling van handicap

A) Voor de volwassenen kan de handicap vastgesteld worden door:

- het Fonds voor Arbeidsongevallen (blijvende arbeidsongeschiktheid);
- de verzekering tegen arbeidsongevallen (tijdelijke arbeidsongeschiktheid ten laatste op 1 januari van het aanslagjaar);
- het Fonds voor Beroepsziekten;
- het afschrift van een gerechtelijk vonnis;
- de Voorzorgskas van de mijnwerkers;
- voor personeelsleden van de openbare diensten:
  - bij arbeidsongeval of beroepsziekte: de overheid die de schade uitkeert;
  - bij ziekteverlof of disponibiliteit: de overheid waarvan het personeelslid afhangt;
  - bij voortijdige op pensioenstelling wegens lichamelijke ongeschiktheid: de administratieve gezondheidsdienst;
- de dienst voor tegemoetkomingen aan personen met een handicap (Federale Overheidsdienst Sociale Zekerheid);
- een aanvraag tot medisch onderzoek te doen bij de medische dienst van het Ministerie van Sociale Zaken (dit is de te volgen procedure indien men nog niet over een geldig attest kan beschikken maar men toch aan de voorwaarden voldoet); de formulieren voor een aanvraag zijn te verkrijgen bij de controleur der belastingen.
- het ziekenfonds indien men langer dan één jaar ziek is en uitkeringen ontvangt.

B) Voor de kinderen ten laste kan de handicap worden vastgesteld door:

- een attest van het organisme dat de verhoogde kinderbijslag uitbetaalt;
- een attest van de medische dienst van het Ministerie van Sociale Zaken.

Hoe?

De belastingplichtige die een perso(o)n(en) met een handicap ten laste heeft en/of die zelf gehandicapt is, moet op de daarvoor bestemde plaats in zijn belastingaangifte vermelden welke personen van zijn gezin gehandicapt zijn.

Eén van de officiële attesten, hierboven opgesomd, dient als bewijs bij de aangifte gevoegd te worden.

Indien men nog niet over een geldig attest beschikt, dan kan men een aanvraagformulier bekomen bij de controleur van de belastingen, waarmee een onderzoek kan worden aangevraagd bij de medische dienst van de Federale Overheidsdienst Sociale Zekerheid. Bij gunstige beslissing zal deze dienst het nodige attest afleveren.

Beroepsprocedure voor het attest van de handicap (Programmawet 24.12.2002)

Er is een beroepsprocedure mogelijk tegen de beslissing van de Federale Overheidsdienst Sociale Zekerheid waarin geen handicap, of een onvoldoende handicap werd toegekend bij de arbeidsrechtbank.

Betrokkene laat, binnen de drie maanden, schriftelijk aan de bevoegde arbeidsrechtbank weten dat hij niet akkoord gaat met de genomen beslissing en om welke redenen.

Men voegt bij het beroepsschrift een door de behandelend geneesheer ingevuld formulier 3 en 4 (zoals bij de oorspronkelijke aanvraag), eventueel aangevuld met recente medische verslagen die de handicap aantonen.

Waar?

- Administratie Ministerie van Financiën - directe belastingen (aanvraag + inlichtingen) (zie telefoongids Ministeries-Financiën, directe belastingen) www.fisconet.fgov.be
- Ziekenfonds - dienst maatschappelijk werk (inlichtingen + bijstand) (Gouden Gids nr 6990, www.cm.be; e-mail: dmw@cm.be)
- Gemeente - sociale dienst (inlichtingen + bijstand) Gouden Gids infopagina's publieke instellingen
- Vakbond (Gouden Gids nr. **35**)

Vermindering van de onroerende voorheffing

(Decreet 09.06.1998 - B.S. 18.07.1998)

Wat?

1. Bescheiden woning.

Er kan 25% vermindering van de onroerende voorheffing bekomen worden indien de belastingsplichtige die woning volledig betrekt en indien het totaal van alle KI's van de in Vlaanderen gelegen eigendommen =745,00 euro. (Voor woningen zonder bouwpremie, kan op aanvraag een vermindering worden toegepast van 50% gedurende de eerste vijf jaren.)

2. Gezinslast

- voor kinderen met recht op kinderbijslag (1) wordt een vermindering conform onderstaande tabel toegepast. Men moet minstens 2 kinderen hebben om recht te hebben op de vermindering omwille van kinderlast
- volgende kinderen met een handicap worden dubbel geteld (tellen mee voor twee kinderen):
  - de kinderen met verhoogde bijslag (kind met een handicap) tot leeftijd van 21 jaar;
  - kinderen die minstens 66% ongeschikt zijn en recht hebben op kinderbijslag tot de leeftijd van 25 jaar;
  - kinderen, minstens 66% arbeidsongeschikt, die recht hebben op de verlengde kinderbijslag.
- Voor volwassen personen met een handicap, die onder hetzelfde dak wonen en waarbij de handicap officieel werd vastgesteld vóór de leeftijd van '65 jaar'. Deze personen tellen, voor de berekening, mee als 2 kinderen ten laste.

Aantal in aanmerking komende kinderen *Opgelet:* Tellen mee voor 2 kinderen - kinderen met een handicap - andere inwonende personen met een handicap	**Totaal bedrag van de vermindering op het 'basisbedrag'* (* = 2,5 % van het K.I.!!)(Bedragen aanslagjaar 2008, MB 03.03.2008 – BS 12.03.2008)**
2	6,61 euro
3	10,46 euro
4	14,65 euro
5	19,21 euro
6	24,09 euro
7	29,34 euro
8	34,96 euro
9	40,91 euro
10	47,26 euro
Ieder kind boven de 10	+ 6,61 euro

$$\text{Totale vermindering} = \text{basisbedrag (geïndexeerd)} + \frac{\text{basisbedrag (geïndexeerd) X (opcentiemen gemeente + provincie)}}{100}$$

3. Oorlogsinvaliden

Een groot-oorlogsverminkte met recht op een vergoedingspensioen krijgt een vermindering van 20%.

4. Opgelet: "huurders"

De vermindering van de onroerende voorheffing kan zowel door de eigenaar als door de huurder (o.a. sociale woningen) worden bekomen.

(1) Een kind dat als oorlogsslachtoffer 14-18 of 40-45 overleden of vermist is, wordt hiermee gelijkgesteld.

Deze vermindering moet in principe niet meer zelf aangevraagd worden (zie Hoe?), behalve voor huurders (te regelen met de eigenaar)!!

Hoe?

De Vlaamse administratie kent de verminderingen uit hoofde van handicap, recht op kinderbijslag en recht op het vergoedingspensioen, automatisch toe.

Daartoe consulteren ze de Kruispuntbank.

Wanneer dit niet zou gebeurd zijn, kan betrokkene steeds een bezwaarschrift indienen.

Bezwaarschrift

Het bezwaarschrift moet binnen de termijn van drie maanden bij de administratie (Agentschap Vlaamse Belastingdienst, Dienst onroerende voorheffing, Bauwensplein 13/bus 2 te 9300 Aalst) aankomen (Dit kan schriftelijk of on-line). Het vertrekpunt is de datum van verzending van het aanslagbiljet (vermeld op het aanslagbiljet).

Voorbeeld : het aanslagbiljet voor aanslagjaar 2009 wordt verstuurd op 28 mei 2009. Normaalgezien beschikt de belastingplichtige over een termijn van 3 maanden om een bezwaarschrift in te dienen (dus tot 31 augustus 2009).

De bewijslast voor het insturen van een bezwaarschrift, ligt volledig bij de belastingplichtige.

Een bezwaarschrift moet gemotiveerd zijn. Dit betekent dat u duidelijk moet aangeven waarom u de aanslag precies betwist. Wanneer u een elektronisch bezwaarschrift indient, helpen de verschillende stappen die u moet doorlopen u hierbij.

Indien u gebruik wil maken van uw recht om gehoord te worden, vermeld dit dan duidelijk in uw bezwaarschrift.

Opgelet: het indienen van een bezwaar schorst in geen geval de opeisbaarheid van het onbetwist gedeelte van de belasting.

Eens het bezwaarschrift ingediend, mag de belastingplichtige het bezwaarschrift schriftelijk aanvullen met nieuwe argumenten en zelfs nieuwe bezwaren tot zolang er geen beslissing is i.v.m. zijn bezwaar.

Indien men een bezwaarschrift indient, is men eraan gehouden om de voorheffing te betalen. Personen met ernstige financiële problemen kunnen echter voorstellen om de te betalen som te verminderen met de vermindering waarop ze normaal recht zouden gehad hebben (Agentschap Vlaamse Belastingdienst - dienst Onroerende Voorheffing 053/ 72.23.70).

Waar?

– Agentschap Vlaamse Belastingdienst
  Dienst 'Onroerende voorheffing'
  Hoofdzetel:
  Phoenixgebouw
  Koning Albert II laan 19 bus 7, 1210 Brussel

Bijzetel:
Mercuriusgebouw
Bauwensplaats 13 bus 2, 9300 Aalst (bezwaarschrift)
Fax.: 053 / 72.23.75 (informatie)
www.belastingen.vlaanderen.be
Vlaamse belastinglijn 078/15.30.15

- Ziekenfonds - dienst maatschappelijk werk (inlichtingen + bijstand) (Gouden Gids nr 6990, www.cm.be; e-mail: dmw@cm.be)
- Gemeente - sociale dienst (inlichtingen + bijstand) Gouden Gids infopagina's publieke instellingen

Vermindering van successierechten

Decreet 20.12.2002 - BS 31.12.2002

Wat?

Sinds 01.01.2003 wordt er voor personen met een handicap een voetvrijstelling voorzien bij de aanrekening van successierechten (d.w.z. te beginnen bij de laagste belastingsschijf), en dit in verhouding tot de leeftijd.

Hoe jonger de persoon met een handicap (en hoe langer er dus nog een verminderd verdienvermogen zal zijn), hoe groter de vrijstelling.

De vrijstelling wordt eerst toegepast op het netto onroerend gedeelte. Het eventueel restant van de vrijstelling wordt dan toegepast (aan de voet) op het netto roerend gedeelte.

Wie?

Alle personen die voor de belastingwetgeving beschouwd worden als 'zwaar gehandicapte persoon'. Het zijn personen, die hun handicap verworven hebben voor de leeftijd van 65 jaar en die op 1/1 van het aanslagjaar voldoen aan de voorwaarden om belastingvermindering te genieten.

De handicap kan aangetoond worden met:

Een attest van verminderde zelfredzaamheid van tenminste 9 punten of categorie 2 van de integratietegemoetkoming *(geen THAB want vaststelling moet voor 65 jaar zijn!)*

Een attest van 66% arbeidsongeschiktheid (invaliditeitsuitkering RIZIV, FOD Sociale Zekerheid, vonnis, enz.)

Een attest voor kinderen met minstens 66% ontoereikende of verminderde lichamelijke of geestelijke geschiktheid wegens één of meerdere aandoeningen (bijkomende kinderbijslag)

Berekening:
De vermindering bedraagt:

- 3.000 euro voor een erfenis in rechte lijn (tussen echtgenoten en samenwonenden)

– 1.000 euro voor een erfenis tussen andere personen dan in rechte lijn (niet tussen echtgenoten en samenwonenden).

Dit basisbedrag wordt vermenigvuldigd met een cijfer, afhankelijk van de leeftijd van de verkrijger (zie tabel).

Leeftijdsgroep	Vermenigvuldigings-factor	Vrijstelling erfenis in rechte lijn	Vrijstelling andere erfenis dan in rechte lijn
		EUR	EUR
0 - 20 jaar	18	54.000	18.000
21 - 30 jaar	17	51.000	17.000
31 - 40 jaar	16	48.000	16.000
41 - 50 jaar	14	42.000	14.000
51 - 55 jaar	13	39.000	13.000
56 - 60 jaar	11	33.000	11.000
61 - 65 jaar	9,5	28.500	9.500
66 - 70 jaar	8	24.000	8.000
71 - 75 jaar	6	18.000	6.000
76 - 80 jaar	4	12.000	4.000
80 jaar en meer	2	6.000	2.000

Er wordt een voetvrijstelling voorzien (d.w.z. te beginnen bij de laagste belastingsschijf). Zie onderstaand voorbeeld.

De vrijstelling wordt eerst toegepast op het netto onroerend gedeelte. Het eventueel restant van de vrijstelling wordt dan toegepast (aan de voet) op het netto roerend gedeelte.

Voorbeeld:

Ter informatie: de aanslagvoet voor een erfenis in rechte lijn is 3% voor bedragen tot 50.000 euro; 9% voor bedragen tussen 50.000 en 250.000 euro; 27% voor bedragen boven 250.000 euro. Roerende en onroerende goederen worden afzonderlijk belast en niet meer samengeteld. Dit is voordeliger omdat men voor beide delen aan het laagste tarief begint te belasten.

Marieke is 30 jaar en zwaar gehandicapt. Ze erft in rechte lijn 200.000 euro, verdeeld in 60.000 euro netto-onroerende goederen en 140.000 euro netto-roerende goederen.

Gewone erfenisberekening		Erfenisberekening bij handicap	
Roerende goederen		Roerende goederen	
3% op 50.000 €	1.500 €	Vrijstelling: 3000 X 17 = 51.000 € rest 1.000 €	0 €
9% op 10.000 €	900 €	9% op (10.000 – 1.000)	810 €
Onroerende goederen		Onroerende goederen	
3% op 50.000 €	1.500 €	3% op 50.000 €	1.500 €
9% op 90.000 €	8.100 €	9% op 90.000 €	8.100 €
TOTAAL	**12.000 €**	**TOTAAL**	**10.410 €**
Opmerking; Op deze totalen moet nog de algemene belastingsvermindering worden toegepast!			

Hoe?

Het recht op de vrijstelling moet bewezen worden door middel van een attest of een verklaring uitgaande van een instelling of dienst die in het kader van de personenbelasting ook bevoegd is om de toestand als gehandicapte vast te stellen.

Het attest of de verklaring wordt bij de aangifte gevoegd of aan het bevoegde kantoor overgemaakt voordat de rechten opeisbaar zijn.

Is het attest niet bij de aangifte gevoegd of niet-tijdig op het bevoegde kantoor toegekomen dan worden de rechten berekend zonder toepassing van de vrijstelling, behoudens teruggave wanneer het voor de toepassing van de vrijstelling vereiste attest wordt neergelegd bij de ontvanger binnen 2 jaar na betaling van de belasting.

Waar?

- Notariskantoor (Gouden Gids nr 6000)
- Agentschap Vlaamse Belastingdienst
  Mercuriusgebouw
  Bauwensplaats 13 bus 2, 9300 Aalst (ook bezwaarschrift)
  Fax.: 053 / 72.23.75 (informatie)
  www.belastingen.vlaanderen.be
- Vlaamse belastinglijn 078/153015
- Ziekenfonds - dienst maatschappelijk werk (inlichtingen + bijstand) (Gouden Gids nr 6990, www.cm.be; e-mail: dmw@cm.be)
- Gemeente - sociale dienst (inlichtingen + bijstand) Gouden Gids infopagina's publieke instellingen

II.16. Vrijstelling van de inverkeerstellingstaks en van de verkeersbelasting

Wat?

Een aantal personen met een handicap kunnen op aanvraag ontheven worden van de inverkeerstellingstaks en van de jaarlijkse verkeersbelasting.

Normaal gezien komen enkel personenauto's hiervoor in aanmerking. Op basis van een omstandig medisch attest, waaruit blijkt dat een ander type van voertuig noodzakelijk is omwille van de aard van de handicap, kan bijvoorbeeld ook een 'minibus' of een 'lichte vrachtauto met zijruiten' (o.a. ook een jeep die staat ingeschreven als lichte vrachtauto) hiervoor in aanmerking komen (1). Andere redenen dan medische, bv. een groot gezin, worden niet aanvaard.

Wie?

Volgende personen komen in aanmerking, zij (of hun inwonende kinderen) die:
- ofwel volledig blind zijn
- ofwel volledig het gebruik van de bovenste ledematen hebben verloren (door verlamming of amputatie)
- ofwel lijden aan een blijvende invaliditeit van tenminste 50 % die rechtstreeks toe te schrijven is aan de onderste ledematen (interpretatie werd lichtelijk versoepeld)
- ofwel oorlogsinvalide zijn met een invaliditeitspensioen van minstens 50 %.

De bepaling van de wijze waarop bovengenoemde functiebeperkingen worden vastgesteld zijn vastgelegd in een KB van 08.02.2006.

Afhankelijk van de aard van de handicap kan een andere overheid bevoegd zijn om het invaliditeitsattest uit te reiken.

- Oorlogsinvaliden
  Administratie der Pensioenen
  Victor Hortaplein 40 – bus 30
  1060 BRUSSEL

of

- Dienst voor de Oorlogsslachtoffers
  Luchtscheepvaartsquare 29
  1070 BRUSSEL
- Personen met een vergoedingspensioen of een militair pensioen voor invaliditeit opgelopen in vredestijd
  Administratie der Pensioenen
  Victor Hortaplein 40 – bus 30
  1060 BRUSSEL

(1) Antwoord op parlementaire vraag van volksvertegenwoordiger Luc Goutry (1998)

- Andere invaliden of gehandicapten FOD Sociale Zekerheid
  Directie-generaal Personen met een handicap
  Zwarte Lievevrouwstraat 3c
  1000 BRUSSEL

Opgelet:

- De wagen mag enkel gebruikt worden voor persoonlijk vervoer van de invalide (gehandicapte), d.w.z. hij dient altijd aanwezig te zijn als chauffeur of als passagier. Verplaatsingen zonder de gehandicapte zijn enkel toegelaten bij terugkeer van een plaats waar de gehandicapte werd heengebracht (arbeidsplaats, school, ziekenhuis, ...).

De strenge voorwaarde waarbij het voertuig enkel gebruikt mag worden voor het vervoer van de persoon met een handicap wordt door minister Reynders versoepeld in een 'circulaire' IR/IV-4/48.165:
'De administratie zal voortaan geen kritiek leveren op het gebruik van een voertuig zonder de gehandicapte persoon die minderjarig is of die onder het statuut van verlengde minderjarigheid is geplaatst, voor zover het gaat om het voertuig van de wettige vertegenwoordiger en voor zover het ook het enige voertuig van het gezin betreft. Deze versoepeling wordt gehandhaafd tot op het ogenblik dat de gehandicapte persoon in aanmerking komt voor de inkomstenvervangende of de integratietegemoetkoming (wet 27.021987)'.

Hoe?

De vrijstelling van verkeersbelasting dient men aangetekend aan te vragen bij de regionale directeur van de directe belastingen. Een verklaring van het persoonlijk gebruik, samen met het vereiste invaliditeitsattest (zie hoger) en een kopie van het inschrijvingsbewijs dienen bij de aanvraag gevoegd.

Beroepsprocedure (Programmawet 24.12.2002)

Er is een beroepsprocedure (tegen de beslissing van de Federale Overheidsdienst Sociale Zekerheid waarin geen handicap, of een onvoldoende handicap wordt toegekend) bij de arbeidsrechtbank mogelijk.

Betrokkene laat, binnen de drie maanden, schriftelijk aan de bevoegde arbeidsrechtbank weten dat hij niet akkoord gaat met de genomen beslissing en om welke redenen.

Bij de aanvraag voegt men tevens een door de behandelend geneesheer ingevuld formulier 3+4 (zoals bij de oorspronkelijke aanvraag), eventueel aangevuld met recente medische verslagen die de handicap aantonen.

Waar?

- Directie van de directe belastingen (aanvraag + inlichtingen) (zie telefoongids Ministeries-Financiën)
- Gemeente - sociale dienst (inlichtingen + bijstand) (telefoongids OCMW ofwel Gouden Gids infopagina's publieke instellingen)
- Ziekenfonds - dienst maatschappelijk werk (inlichtingen + bijstand) (Gouden Gids nr 6990, www.cm.be; e-mail: dmw@cm.be).

II.17. Vrijstelling/vermindering van BTW bij aankoop en onderhoud van autovoertuigen

Wat?

Een aantal personen dienen geen BTW te betalen wanneer ze zich een wagen aanschaffen voor persoonlijk vervoer (voor de vrijstelling van de inverkeerstellingstaks - zie II.16.). De personen die werden vrijgesteld van het betalen van de BTW, hebben eveneens recht op een verlaagd BTW-tarief (nl. 6 %) voor het onderhoud van deze wagen (+ aankoop van stukken en uurloon). Deze personen (uitgezonderd de oorlogsinvaliden met een invaliditeitspercentage kleiner dan 60%) kunnen tevens worden vrijgesteld van de jaarlijkse verkeersbelastingen (zie II.16.).

Normaal gezien komen enkel personenauto's hiervoor in aanmerking. Op basis van een omstandig medisch attest, waaruit blijkt dat een ander type van voertuig noodzakelijk is omwille van de aard van de handicap, kan bijvoorbeeld ook een 'minibus' of een 'lichte vrachtauto met zijruiten' (o.a. ook een jeep die staat ingeschreven als lichte vrachtauto) hiervoor in aanmerking komen (1). Andere redenen dan medische, bv. een groot gezin, worden niet aanvaard.

Wie?

Volgende personen komen in aanmerking, zij (of hun inwonende kinderen) die:
- ofwel volledig blind zijn
- ofwel volledig het gebruik van de bovenste ledematen hebben verloren (door verlamming of amputatie)
- ofwel lijden aan een blijvende invaliditeit van tenminste 50 % die rechtstreeks toe te schrijven is aan de onderste ledematen (interpretatie werd lichtelijk versoepeld)
- ofwel oorlogsinvalide zijn met een invaliditeitspensioen van minstens 50 %.

De bepaling van de wijze waarop bovengenoemde functiebeperkingen worden vastgesteld zijn vastgelegd in een KB van 08.02.2006.

Opmerkingen:
- Deze vrijstellingen gelden slechts voor één enkel voertuig, nl. het voertuig dat gedurende minimum drie jaar (behoudens overmacht) door de betrokkene (of om de betrokkene te vervoeren) wordt gebruikt. Indien men het voertuig eerder van de hand doet, dan zal de BTW verschuldigd zijn op zoveel zesendertigsten als er van de drie jaar nog maanden overblijven.
- De wagen moet ingeschreven worden *op naam van de invalide* (persoon met een handicap), zijn echtgeno(o)t(e) of op naam van zijn (haar) wettelijk vertegenwoordiger (vader, moeder, voogd wanneer hij/zij jonger is dan 18 jaar of indien betrokkene onder het statuut van verlengde minderjarigheid is geplaatst).

(1) Antwoord op parlementaire vraag van Volksvertegenwoordiger Luc Goutry (1998).

- De wagen mag enkel gebruikt worden voor persoonlijk vervoer van de invalide (gehandicapte), d.w.z. hij dient altijd aanwezig te zijn als chauffeur of als passagier. Verplaatsingen zonder de gehandicapte persoon zijn enkel toegelaten bij terugkeer van een plaats waar de gehandicapte werd heengebracht (arbeidsplaats, school, ziekenhuis, ...).
  De strenge voorwaarde waarbij het voertuig enkel gebruikt mag worden voor het vervoer van de persoon met een handicap wordt door minister Reynders versoepeld in een 'circulaire' IR/IV-4/48.165
  'De administratie zal voortaan geen kritiek leveren op het gebruik van een voertuig zonder de gehandicapte persoon die minderjarig is of die onder het statuut van verlengde minderjarigheid is geplaatst, voor zover het gaat om het voertuig van de wettige vertegenwoordiger en voor zover het ook het enige voertuig van het gezin betreft. Deze versoepeling wordt gehandhaafd tot op het ogenblik dat de gehandicapte persoon in aanmerking komt voor de inkomstenvervangende of de integratietegemoetkoming (wet 27.021987)'.

Hoe?

1ste stap

De aanvrager begeeft zich voor de levering van het voertuig naar het BTW-kantoor van het ambtsgebied van zijn woonplaats in bezit van:

1) de technische gegevens van het voertuig
   (Opgelet: Niet alle voertuigen, o.a. camionettes - minibusjes, komen in aanmerking!! Via een gemotiveerde aanvraag bij het Hoofdbestuur kan soms een afwijking bekomen worden).
2) het vereiste invaliditeitsattest af te leveren door:
   a) de Federale Overheidsdienst Sociale Zekerheid (medische dienst)
   b) de administratie der pensioenen in geval van een invaliditeitspensioen bij oorlogsslachtoffers

Opgelet:

De vrijstelling wordt maar verleend vanaf het moment dat men over het vereiste attest beschikt. Gezien de lange periode die het kan duren alvorens men dit attest in zijn bezit heeft (zeker bij een eerste aanvraag), is het aangeraden om de aanvraag voor vrijstelling BTW alleszins in te leiden (dit geldt ook voor de vrijstelling van de verkeersbelasting) met bijgevoegd een verklaring dat de aanvraag tot het bekomen van een attest is gebeurd. Zo kunnen onnodige complicaties worden vermeden.

Opmerking: *personen, die het voordeel pas kunnen genieten nadat ze een wagen reeds enkele jaren in gebruik hebben, kunnen het gunsttarief van 6% voor onderhoud, herstellingen en aankoop van onderdelen en toebehoren met terugwerkende kracht bekomen tot de aanvangsdatum van hun arbeidsongeschiktheid op het geldig medisch attest, met een maximum van 3 jaren.*

2de stap

Bij de regionale directeur van de directe belastingen dient men de vrijstelling van verkeersbelasting aan te vragen (dient te gebeuren, anders kan men geen teruggave bekomen van de 6 % BTW die werd betaald!)

Zie punt II.24. Vrijstelling van verkeersbelasting

3de stap

De betaalde BTW van 6 % kan worden teruggekregen bij het BTW-kantoor indien de aanvrager beschikt over:
- de aanvraag om of het bewijs van vrijstelling van verkeersbelasting (zie stap 2);
- de originele factuur van de wagen;
- blad 3+4 van het formulier 716 (zie stap 1).

De invalide heeft er alle belang bij deze aanvraag om teruggaaf van de betaalde BTW tegen het tarief van 6% zo vlug mogelijk in te dienen. De hoofdcontroleur zal betrokkene maar op dat ogenblik het attest nr. 717 geven. Dit attest identificeert het voertuig en laat de persoon met een handicap toe om onderdelen, uitrustingsstukken en toebehoren voor het het voertuig waarvoor hij de gunstregeling geniet aan te kopen tegen het tarief van 6% BTW. Betrokkene kan dan ook tegen dat tarief van 6% BTW onderhouds- en herstellingswerken aan dit voertuig laten uitvoeren.

Beroepsprocedure (Programmawet 24.12.2002)

Er is een beroepsprocedure (tegen de beslissing van de Federale Overheidsdienst Sociale Zekerheid waarin geen handicap, of een onvoldoende handicap wordt toegekend) bij de arbeidsrechtbank mogelijk.

Betrokkene laat, binnen de drie maanden, schriftelijk aan de bevoegde arbeidsrechtbank weten dat hij niet akkoord gaat met de genomen beslissing en om welke redenen.

Bij de aanvraag voegt men tevens een door de behandelend geneesheer ingevuld formulier 3+4 (zoals bij de oorspronkelijke aanvraag), eventueel aangevuld met recente medische verslagen die de handicap aantonen.

Waar?

- BTW controlekantoren (aanvraag + inlichtingen) (zie telefoongids Ministeries-Financiën)
- Gemeente - sociale dienst (inlichtingen + bijstand) (telefoongids OCMW ofwel Gouden Gids infopagina's publieke instellingen)
- Ziekenfonds - dienst maatschappelijk werk (inlichtingen + bijstand) (Gouden Gids nr 6990, www.cm.be; e-mail: dmw@cm.be).

II.18. Parkeerkaart (parkeerplaatsen voor personen met een handicap) / Vrijstelling dragen van een veiligheidsgordel

(MB 07.05.99 - BS 21.05.99 en MB 26.09.2005 - BS 03.10.2005)

A. Parkeerkaart / parkeerplaatsen voor personen met een handicap

Wat?

Een parkeerkaart geeft aan personen met een handicap de gelegenheid om voor onbeperkte duur te parkeren (op plaatsen waar anders de parkeertijd beperkt is) of om te parkeren op de daarvoor speciaal voorziene parkings.

De parkeerkaart stelt de gehandicapte *niet vrij van betalen!* Een aantal gemeenten laten het gratis parkeren wel toe, evenals de NMBS op zijn parkings. Indien je twijfelt (en het staat niet op de parkeermeters vermeld), vraag het dan aan de politie (en vermijdt zodoende onnodige boetes).

De blauwe kaarten (afgeleverd sinds juli 1991) blijven geldig tot vervaldatum. Sinds 1 januari 2000 worden, bij nieuwe aanvragen, de nieuwe 'Europese parkeerkaarten' (met foto) afgeleverd.

De nieuwe kaart van Europees model wordt in alle landen van de Europese Unie erkend en is ook geldig in enkele andere landen. |M + Bij de Touring Wegenhulp redactie of website kan je een overzicht krijgen van de parkeerfaciliteiten in het buitenland (website: www.touring.be)|M*

Parkeerplaatsen voor personen met een handicap

In het Staatsblad van 7 mei 1999 verscheen de omzendbrief van minister Durant betreffende het voorbehouden van parkeerplaatsen voor personen met een handicap. (Deze werd aangevuld met de omzendbrief van de federale overheidsdienst mobiliteit en vervoer van 3 april 2001 en van 25 april 2003)

1. voorbehouden parkeerplaatsen op de openbare weg

- aanbeveling voor drie (i.p.v. één) gereserveerde plaatsen per 50 voorziene plaatsen op parkeerterreinen
- gereserveerde plaatsen bij of op hoogstens 50 meter van gebouwen waarin diensten zijn gevestigd die zich o.a. richten naar personen met een handicap.
- de Wet van 17 juli 1975 (KB 909/05/77) bevat een lijst van openbare gebouwen die toegankelijk moeten zijn en waar voorbehouden parkeerplaatsen (1 per 25) moeten zijn.

2. Parkeerplaatsen in nabijheid van de woning of van de werkplaats (op aanvraag!!!)

- het bezit van een parkeerkaart is vereist,
- de werk- of woonplaats beschikt niet over een eigen parking (garage),

- de aanvrager bezit een voertuig of wordt vervoerd door iemand die bij hem inwoont
- deze speciaal aangevraagde parkeerplaatsen zijn wel te gebruiken door alle personen met een parkeerkaart (er is dus geen individueel recht).

3. Parkeerverbod ter hoogte van de woning van een persoon met een handicap.

Voor personen met een handicap die frequent vervoerd worden door anderen die niet bij hem inwonen, kan er een aanvraag gebeuren voor een parkeerverbod ter hoogte van de woning zodat het in- en uitstappen vergemakkelijkt wordt.

4. Politietoezicht

In de nieuwe categorisering van de zware overtredingen "per graad", zal het niet in acht nemen van deze regel, dus het onrechtmatig bezetten van een dergelijke plaats, als een zware overtreding van de eerste graad worden beschouwd.

De controles dienen niet alleen te gebeuren op de openbare weg, maar ook op openbare plaatsen (bv. grootwarenhuizen)).

Bevoegde personen kunnen eventueel overgaan tot de verplaatsing van voertuigen in overtreding, rekening houdend met de richtlijnen van de plaatselijke parketten.

Gemeenten die GEEN, of maar een gedeeltelijke VRIJSTELLING VAN PARKEERGELD geven aan houders van een parkeerkaart voor parkeerkmeters en/of afgesloten parkings van de gemeente (dus niet privéparkings):

Lijst laatst bijgewerkt op 14.04.2008 – bron: FOD Sociale Zekerheid, Directiegeneraal Personen met een handicap, Gehandicaptenbeleid:

GEMEENTE/STAD	PARKEERMETERS	AFGESLOTEN PARKING DIE AFHANGT VAN DE GEMEENTE* (MET SLAGBOOM, ONDERGRONDSE, ...)
9300 Aalst	Gratis	Overal betalen
4430 Ans	enkel vrijstelling op voorbehouden plaatsen	Niet aanwezig
6700 Aarlen	Gratis	Overal betalen
7800 Ath	Gratis	Overal betalen
7000 Bergen	Gratis	Overal betalen
9290 Berlare	Enkel vrijstelling op voorbehouden plaatsen	Niet aanwezig
9120 Beveren	Enkel vrijstelling op voorbehouden plaatsen	Niet aanwezig
3740 Bilzen	Niet aanwezig	Betalen (maar de eerste 2 uren zijn gratis)
3960 Bree	Gratis	Overal betalen
8000 Brugge	Gratis	Overal betalen
5590 Ciney	Enkel vrijstelling op voorbehouden plaatsen	Niet aanwezig

8340 Damme	Enkel vrijstelling op voorbehouden plaatsen	Niet aanwezig
1050 Elsene	Gratis	Overal betalen
1140 Evere	Gratis	Overal betalen
9000 Gent	Gratis	Overal betalen
3150 Haacht	Enkel vrijstelling op voorbehouden plaatsen	Niet aanwezig
3550 Heusden- Zolder	Overal betalen	Niet aanwezig
4720 Kelmis	Enkel vrijstelling op voorbehouden plaatsen	Niet aanwezig
8300 Knokke-Heist	Overal betalen	Overal betalen
8670 Koksijde	Gratis	Overal betalen
8500 Kortrijk	Gratis	Overal betalen
7900 Leuze-En- Hainaut	Gratis	Enkel vrijstelling op voorbehouden plaatsen
3680 Maaseik	Gratis	Overal betalen
3630 Maasmechelen	Enkel vrijstelling op voorbehouden plaatsen	Niet aanwezig
2800 Mechelen	Gratis	Overal betalen
8430 Middelkerke	Overal betalen	Overal betalen
5000 Namen	Gratis	Overal betalen
8400 Oostende	Gratis	Overal betalen
9100 Sint Niklaas	Gratis	Overal betalen
3700 Tongeren	Enkel vrijstelling op voorbehouden plaatsen	Overal betalen
1180 Ukkel	Gratis	Overal betalen
1300 Waver	Enkel vrijstelling op voorbehouden plaatsen	Overal betalen

Wie?

- De parkeerkaart is strikt persoonlijk.
- De kaart mag slechts gebruikt worden wanneer de titularis vervoerd wordt in het voertuig dat geparkeerd wordt of wanneer hij het voertuig zelf bestuurt.
- Volgende personen met een handicap kunnen een aanvraag indienen:
  - personen met een blijvende invaliditeit van minimum 80 %;
  - personen met een blijvende vermindering van de graad van zelfredzaamheid van tenminste 12 punten (zie integratietegemoetkoming (II.6.) of tegemoetkoming hulp aan ouderen (II.7.);
  - personen met een blijvende invaliditeit van minstens 50 % - (rechtstreeks toe te schrijven) aan de onderste ledematen;
  - personen die volledig verlamd zijn aan de bovenste ledematen of bij wie deze geamputeerd zijn;
  - de burgerlijke en militaire oorlogsinvaliden met minstens 50 % oorlogsinvaliditeit.
  - ten minste 2 punten behalen op het criterium 'verplaatsingmogelijkheden' op de schaal van zelfredzaamheid (mensen met grote moeilijkheden om zich te verplaatsen)

Álle aanvragers worden medisch gecontroleerd op basis van een oproep voor medisch onderzoek.

Teneinde misbruiken in te dijken, kan de politie strenger controleren op oneigenlijk gebruik van de voorbehouden parkeerplaatsen. De politiediensten kunnen immers sinds begin 2002 een lijst opvragen van kaartnummers die uit omloop zouden moeten zijn, bijvoorbeeld omdat de gerechtigde inmiddels overleden is.

Specifieke regeling voor kinderen (in werking sinds 13/10/2005)

Voor kinderen die voldoen aan:
- criterium van ten minste 2 punten voor de categorie 'mobiliteit en verplaatsingen' pijler 2.3, nieuwe regelgeving voor bijkomende kinderbijslag of
- criterium van ten minste 2 punten voor de categorie 'verplaatsing' van de handleiding evaluatie zelfredzaamheid van de 2de bijlage van KB 03.05.1991 (=oude regelgeving bijkomende kinderbijlsag)
- De kaart moet aangevraagd worden bij de FOD Sociale Zekerheid (zie 'waar?'), zoals voor volwassenen.

Hoe?

Alle aanvragen (ook aanvragen om hernieuwingen) moeten, samen met een recente pasfoto, ingediend worden aan de hand van het formulier aanvraag van de speciale (Europese) parkeerkaart, en waarbij tevens een attest wordt gevoegd (van een gerechtelijke of administratieve overheid) dat een voldoende graad van invaliditeit vermeldt. Indien de graad van invaliditeit reeds werd vastgesteld door de FOD Sociale Zekerheid naar aanleiding van een ander onderzoek, hoeft er geen attest te worden bijgevoegd. De aanvraagformulieren zijn te bekomen op het gemeentehuis, dat tevens de aanvraag elektronisch registreert bij de overheid.

Wanneer men geen attest heeft, moet de aanvrager steeds een onderzoek ondergaan bij de controledokter van Federale Overheidsdienst Sociale Zekerheid.

Dit medisch onderzoek moet eveneens aangevraagd worden via het gemeentehuis.

In het kader van de administratieve vereenvoudiging werd de procedure bij de FOD Sociale Zekerheid aangepast. Wanneer een persoon op basis van het laatste attest voldoet aan de voorwaarden voor het verkrijgen van een parkeerkaart, en in zoverre betrokkene nog geen parkeerkaart heeft, wordt een brief gevoegd bij het originele 'algemeen attest'. Aan personen, die reeds een aanvraag voor de parkeerkaart indienden wordt gemeld dat de parkeerkaart zal bezorgd worden (het aanmaken duurt even). Aan de andere personen wordt het aanvraagformulier bezorgd dat ingevuld kan teruggestuurd worden.

De eigenaar van de kaart kan een duplicaat ervan bekomen op dezelfde wijze als voor een eerste aanvraag, wanneer zij verloren, gestolen, vernietigd, beschadigd of onleesbaar is.

De beschadigde of onleesbare kaart moet ten laatste bij de aflevering van de nieuwe kaart teruggestuurd worden. Indien de kaart gestolen is, moet een verklaring opgesteld door een bevoegde overheid hierover bij de aanvraag om hernieuwing gevoegd worden.

Bij een adreswijziging is het aangeraden, alvorens de oude kaart met de aanvraag van een aangepaste kaart mee te sturen, een kopie te maken van de oude kaart en deze te laten wettigen, zodat men geen weken zonder kaart hoeft te zitten.

NIEUW: Kaarten die na 30.09.2005 worden afgeleverd zijn van onbepaalde duur. Wanneer de medische erkenning beperkt is in tijd, wordt die termijn overgenomen.

Beroepsprocedure (Programmawet 24.12.2002)

Er is een beroepsprocedure mogelijk (tegen de beslissing van de Federale Overheidsdienst Sociale Zekerheid die geen handicap, of een onvoldoende handicap toekent) bij de arbeidsrechtbank.

Betrokkene laat, binnen de drie maanden, schriftelijk aan de bevoegde arbeidsrechtbank weten dat hij niet akkoord gaat met de genomen beslissing en om welke redenen.

Bij het bezwaarschrift voegt men tevens een door de behandelend geneesheer ingevuld formulier 3+4 (zoals bij de oorspronkelijke aanvraag), eventueel aangevuld met recente medische verslagen die de handicap aantonen.

Waar?

- Gemeentehuis (aanvraagformulieren)
- Federale Overheidsdienst Sociale Zekerheid
  Dienst Attesten
  Zwarte Lievevrouwstraat 3 C, 1000 Brussel
  tel.: (02) 509 87 89 (centrale) (aanvraag (niet voor oorlogsinvaliden) + inlichtingen)
- Administratie der pensioenen,
  Financietoren, bus 31, Kruidtuinlaan 50 te 1010 Brussel
  tel.: (02) 210 36 11 (aanvraag voor oorlogsinvaliden, militairen of vrijgestelden en voor militaire invaliden in vredestijd)
- Ministerie van Sociale Zekerheid, Volksgezondheid en Leefmilieu
  Bestuur der oorlogsgetroffenen
  Luchtscheepvaartsquare 31, 1070 Brussel
  tel.: (02) 522 78 60 (aanvraag voor burgerlijke oorlogsinvaliden)
- Ziekenfonds - dienst maatschappelijk werk (inlichtingen + bijstand) (Gouden Gids nr 6990, www.cm.be; e-mail: dmw@cm.be)

B. Vrijstelling dragen van veiligheidsgordel in de auto

Wat?

Personen met een handicap, die een auto besturen of als passagier meereizen, kunnen op basis van gewichtige 'medische tegenindicaties' vrijgesteld worden voor het dragen van een autogordel, zowel voor als achterin.

Een medisch attest is vereist.

Wie?

Personen met een handicap waarbij gewichtige medische tegenindicaties bestaan voor het dragen van een autogordel.

Welke de tegenindicatie is, maakt de behandelende geneesheer uit.

Hoe?

Een vrijstellingsbewijs dient aangevraagd bij het Ministerie van Verkeer en Infrastructuur. De aanvraag dient vergezeld van een medisch attest.

Waar?

Directoraat-Generaal Mobiliteit en verkeersveiligheid
City Atrium
Vooruitgangsstraat 56
1210 Brussel

II.19. Voorzieningen openbaar vervoer

- **tariefvoordelen NMBS**
  - + 65-jarigen
  - gerechtigden op verhoogde tegemoetkoming (in de ziekteverzekering)
  - nationale verminderingskaart (personen met een visuele handicap)
  - kaart kosteloze begeleider
  - voorrangskaart voor het bezetten van een zitplaats
- tariefvoordelen De Lijn
  - gratis vervoer personen met een handicap
  - gratis vervoer + 65-jarigen
  - kaart voor de begeleider
  - vermindering lijnkaarten voor gerechtigden verhoogde tegemoetkoming
  - vervoersgarantiekaart voor gerechtigden gewaarborgd inkomen voor bejaarden

1. Tariefvoordelen NMBS
(K.B. 25.08.97 - B.S. 29.10.97)

A. Algemene maatregel voor +65-jarigen: seniorenbiljet

+65-Jarigen betalen in 2° klasse slechts 4 EUR voor een heen- en terugreis op dezelfde dag tussen twee Belgische stations.

Dit aanbod is maar geldig op werkdagen vanaf 9u.01.

In de weekends en op feestdagen:
- is het biljet geldig, maar zonder uurbeperking
- is het biljet niet geldig in het hoogseizoen. Dit is tussen 15 mei en 15 september en tijdens het paasweekend en het OHH-weekend.

B. Rechthebbende op de verhoogde ZIV-verzekeringstegemoetkoming

Wat? Wie?

Rechthebbenden op de verhoogde ZIV-verzekeringstegemoetkoming (zie II.29.) en hun personen ten laste kunnen een reductiekaart bekomen die hen recht geeft op 50 % van de volle prijs voor enkele biljetten 2de klasse. Deze vermindering kan niet gecumuleerd worden met andere kortingen.

Hoe?

Om deze reductiekaart te bekomen, dient U een attest van het ziekenfonds voor te leggen waaruit het recht op verhoogde ZIV-verzekeringstegemoetkoming blijkt. Deze attesten worden op verzoek van het lid vanuit het ziekenfonds toegestuurd. Het attest blijft slecht 3 maanden geldig na uitreiking.

Op de verminderingskaarten, wordt **verplicht** een pasfoto aangebracht: hierdoor wordt frauduleus gebruik tegengegaan en wordt de controle op de trein enigszins vergemakkelijkt.

De kaarten worden gratis afgeleverd.

Beperkte geldigheid van de verminderingskaarten:

Voor de personen, 65 jaar en ouder, zal de geldigheid van de nieuwe verminderingskaart 5 jaar bedragen. De periode van 5 jaar vangt aan op de datum van aflevering van de kaart.

Voor de personen, minder dan 65 jaar, zal de geldigheid van de nieuwe verminderingskaart 1 jaar bedragen. De periode van 1 jaar vangt aan op de datum van aflevering van de kaart (voorheen was de einddatum steeds bepaald op 31-12 van het jaar).

Waar?

- Station (inlichtingen en aanvraag)
- Ziekenfonds - dienst maatschappelijk werk (inlichtingen + bijstand) (Gouden Gids nr 6990, www.cm.be;
  e-mail: dmw@cm.be).

C. Personen met een visuele handicap

Wat ?

Personen met een visuele handicap (minstens 90 %) kunnen een nationale verminderingskaart bekomen voor het openbaar vervoer (trein, tram, bus - 2e klasse). Deze kaart geeft recht op gratis vervoer voor personen met een visuele handicap en voor de geleidehond. Deze kaart is sinds 01.04.2005 cumuleerbaar met de kaart "kosteloos begeleider".

Wie?

Personen met een visuele handicap van minstens 90 %.

Hoe?

De aanvraag (formulieren verkrijgbaar bij de gemeentelijke administratie) dient gericht aan de Federale Overheidsdienst Sociale Zekerheid - Dienst Attesten, Zwarte Lievevrouwstraat 3c, 1000 Brussel.

Waar?

- Gemeente (formulieren) (Witte Gids)
- NMBS (inlichtingen) (nr 9000 – openbaar vervoer)
- Ziekenfonds - dienst maatschappelijk werk (inlichtingen + bijstand) (Gouden Gids nr 6990, www.cm.be; e-mail: dmw@cm.be)
- Federale Overheidsdienst Sociale Zekerheid - Dienst Attesten
  Zwarte Lievevrouwstraat 3c, 1000 Brussel (inlichtingen)

Opmerking:

Bijzondere tariefmaatregelen gelden:
- bij internationaal vervoer spoorwegen.

D. Kaart "Kosteloze begeleider"

Wat?

Personen met één van de hierna vermelde handicaps, hebben recht op een kaart **"Kosteloze begeleider"** waarmee ze samen met een begeleider mogen reizen, op vertoon van één enkel vervoerbewijs.

Wie?

Personen:

- met een vermindering van zelfredzaamheid met tenminste 12 punten volgens de handleiding voor de evaluatie van de graad van zelfredzaamheid;
- met een blijvende invaliditeit of arbeidsongeschiktheid van minstens 80 %;
- met een blijvende invaliditeit die rechtstreeks toe te schrijven is aan de onderste ledematen en die tenminste 50 % bedraagt;
- met een gehele verlamming of amputatie van de bovenste ledematen;
- die een integratietegemoetkoming categorie III, IV of V genieten.

Hoe?

Deze kaart dient schriftelijk te worden aangevraagd in een station naar keuze of op onderstaand adres: NMBS Directie Reizigers - bureau RZ 021 sectie 13/5, Hallepoortlaan 40, 1060 Brussel.

De aanvragen voor deze kaarten moeten vergezeld zijn van een attest afgeleverd door één van de hieronder vermelde instellingen:

- de Bestuursdirectie van de uitkeringen aan personen met een handicap (Dienst Attesten) van de Federale Overheidsdienst Sociale Zekerheid;
- de rechtbanken die een invaliditeit erkend hebben;
- de verzekeringsinstellingen die een vergoeding uitkeren op basis van een erkende invaliditeitsgraad;
- het Fonds voor Arbeidsongevallen;
- het Fonds voor Beroepsziektes;
- de erkende voorzorgskassen voor mijnwerkers die een vergoeding uitbetalen op basis van een erkend invaliditeitspercentage;
- de administratie van de pensioenen van de Federale Overheidsdienst van Financiën voor de personen die een pensioen genieten op basis van een erkend invaliditeitspercentage;
- de instellingen die een verhoogde kinderbijslag uitbetalen;
- de officiële instellingen van de lidstaten van de Europese Unie die een vergoeding uitbetalen en waarvan de gelijkwaardigheid van het getuigschrift werd erkend;

E. Voorrangskaart voor het bezetten van een zitplaats in de treinen

Wat?

Met een bijzondere voorrangskaart voor het bezetten van een zitplaats in de treinen zijn bejaarde of gehandicapte personen zeker dat zij een zitplaats hebben in de trein. In iedere wagon zijn er namelijk plaatsen voorzien voor houders van een dergelijke kaart. Deze kaart geeft geen recht op prijsverminderingen.

De plaatsen worden voorzien van een specifiek kenteken.

Wie?

Gehandicapte of bejaarde personen die niet rechtstaand kunnen reizen in de trein. Er zijn geen specifieke medische eisen.

Hoe?

Betrokkene dient een schriftelijke aanvraag en een medisch attest in met de vermelding van de redenen van de aanvraag en de vermelding van de periode (max. 5 jaar) waarvoor de aanvraag wordt ingediend. Je vindt het aanvraagdocument in de "Gids voor de reiziger met beperkte mobiliteit" die in ieder station gratis ter beschikking ligt.

Indien je voldoet aan de voorwaarden word je uitgenodigd om je kaart af te halen in het station van uw keuze, in het bezit van een recente pasfoto. Je betaalt 4,20 euro administratiekosten.

Waar?

NMBS-station (aanvraag en inlichtingen)
NMBS Directie Reizigers
Bureau RZ 021 - sectie 27
Hallepoortlaan 40, 1060 Brussel

2. Tariefvoordelen bij De Lijn

A. Gratis vervoer voor personen met een handicap

- Alle personen met een handicap, ingeschreven bij het Vlaams Agentschap (II.31),
  De personen met een handicap, jonger dan 65 jaar) die nog niet zijn ingeschreven bij het Vlaams Agentschap (m.a.w.: nog nooit een zorgvraag hebben gesteld aan het Vlaams Agentschap en hiervoor een positieve beslissing hebben gekregen, maar wel zorgen nodig hebben), kunnen zich uiteraard laten inschrijven. De volledige inschrijvingsprocedure wordt doorlopen;
- Alle personen met een handicap, die een tegemoetkoming aan gehandicapten krijgen (zie II.5, II.6 en II.7) en gedomicilieerd zijn in Vlaanderen krijgen automatisch een gratis abonnement toegestuurd voor De Lijn (trams en bussen), dat drie jaar geldig is.

Bij verlies kan (maximum 3X in 12 maanden en tegen betaling) een duplicaat worden bekomen.
Bestaande (betaalde) abonnementen kunnen terug ingeleverd worden (de Lijn betaalt de resterende looptijd terug).

B. Gratis vervoer voor +65-jarigen; de '65+ kaart'

Alle Vlamingen, ouder dan 65 jaar, krijgen automatisch een Omnipas 65+ toegestuurd dat hun recht geeft om gratis gebruik te maken van alle bussen en trams van De Lijn. De kaart is ook geldig in Brussel en Wallonië (De Lijn, MIVB & TEC).

De Omnipas 65+ is geldig tot en met 31 december 2012. Daarna ontvangt men automatisch een nieuw abonnement. Hij is een vervoerbewijs op naam en is dus strikt persoonlijk: alleen de houder mag het gebruiken. De controleurs en chauffeurs controleren regelmatig de geldigheid van de vervoerbewijzen. Bij elke controle moet men de Omnipas 65+ en identiteitskaart tonen.

De nieuwe Omnipas 65+, geldig vanaf 1 januari 2008, moet niet meer ontwaard worden in de ontwaarders. Dit wil zeggen dat men gewoon kan opstappen zoals de andere abonnees. Ook op de voertuigen van de MIVB en TEC moet men de Omnipas 65+ niet ontwaarden.

Wie de Omnipas 65+ niet heeft gekregen in de maand van haar/zijn verjaardag, contacteert best zo snel mogelijk de dienst Abonnementen van De Lijn.

Ook bij verlies of diefstal van de Omnipas 65+ neemt men voor een duplicaat (tegen betaling) contact op met de dienst Abonnementen.

Bestaande (betaalde) abonnementen kunnen terug ingeleverd worden (De Lijn betaalt de resterende looptijd terug).

C. De kaart voor de begeleider

Wat?

Bij De Lijn kunnen de personen met een handicap die niet alleen kunnen reizen met voertuigen van De Lijn de kaart voor begeleider gratis bekomen. De persoon die hen vergezelt, kan daarmee gratis reizen met tram en bus, ongeacht de persoon met een handicap betalend reiziger is of niet (vb. kind jonger dan 6 jaar).

De 'kaart voor begeleider' is strikt persoonlijk en 2 jaar geldig.

Wie?

1. Wonen in:

- het Vlaams Gewest
- het Brussels Hoofdstedelijk Gewest
- in de gemeenten Edingen, Komen, Moeskroen en Vloesberg

2. Medische voorwaarde:

- ofwel een visuele handicap van méér dan 75 %
- ofwel een handicap aan de bovenste ledematen van méér dan 75 %
- ofwel een handicap aan de onderste ledematen van méér dan 50 %
- ofwel een mentale handicap van tenminste 66 %
- ofwel een vermindering van zelfredzaamheid van tenminste 12 punten (of ongeschikt van 80 %)
- ofwel als oorlogsinvalide of -slachtoffer met een kaart van 75 % vermindering en met de vermelding 'begeleider toegelaten'
- ofwel iemand met een polio of senso-motorische handicap welke begeleiding nodig hebben bij het op- en afstappen (de ingediende aanvragen hiervoor worden afzonderlijk onderzocht).

De personen met een kaart "kosteloze begeleider" van de NMBS kunnen deze kaart ook gebruiken bij De Lijn, TEC of MIVB. Zij hoeven dus geen kaart aan te vragen bij De Lijn.

Hoe?

Deze kaart voor begeleider dient schriftelijk te worden aangevraagd bij De Lijn samen met een attest van de graad van handicap of een doktersattest van een geneesheer-specialist waaruit handicap en percentage blijkt en waarin wordt verklaard dat de gehandicapte begeleiding nodig heeft bij het op- en afstappen.

Daarnaast dienen volgende gegevens vermeld:
- naam
- adres
- geboortedatum

en dient een recente pasfoto bij de aanvraag te worden gevoegd.

Aandachtspunten voor de arts:

De persoon met een handicap die niet beschikt over een attest van een officiële instantie, heeft een attest nodig van een geneesheer-specialist, dat de graad en aard van handicap bevestigt en waarin tevens wordt verklaard dat de gehandicapte begeleiding nodig heeft bij het op- en afstappen.

D. Personen met een visuele handicap.

De personen met een visuele handicap mogen gratis reizen op vertoon van de " Nationale verminderingskaart op het openbaar vervoer ", uitgereikt door de Federale Overheidsdienst Sociale Zekerheid.

E. Rechthebbende op de verhoogde ZIV- verzekeringstegemoetkoming (met een reductiekaart van de NMBS (zie 1B))

Wat? Wie?

1. Lijnkaart %:

Rechthebbenden op de verhoogde ZIV-verzekeringstegemoetkoming (zie II.12.) en hun personen ten laste, kunnen een reductiekaart bekomen die hen recht geeft op een vermindering bij aankoop van een lijnkaart (= Lijnkaart%). Deze vermindering kan niet gecumuleerd worden met andere kortingen.

De 'Lijnkaart %' is goedkoper dan de klassieke Lijnkaart (6 euro i.p.v. 8 euro).

'De Lijnkaart %' is te koop in de voorverkooppunten van de Lijn of op het voertuig bij de chauffeur. Als u uw kaart vooraf koopt, betaalt u minstens 25 % minder.

2. Buzzy Pass – Omnipass:

Personen, die in het bezit zijn van een reductiekaart (afgeleverd door de NMBS), kunnen bij De Lijn een Buzzy Pazz (jongeren tot 25 jaar) of een Omnipas (personen vanaf 25 jaar) van 12 maanden kopen aan de prijs van 25 euro.

Deze passen zijn geldig op het hele net en op al de voertuigen van De Lijn: bussen, belbussen, trams en kusttram.

Gerechtigden op IGO, GIB, leefloon (of andere financiële hulp van het OCMW) kunnen met een attest van RVP, respectievelijk OCMW, het goedkoop abonnement aanvragen zonder voorlegging van de reductiekaart.

Hoe?

Om deze reductiekaart te bekomen, dient een aanvraagformulier (te verkrijgen in het station (NMBS) of eventueel bij uw ziekenfonds) te worden ingevuld en afgegeven in het station, samen met een speciaal attest inzake het recht op VT dat op gewoon verzoek door het ziekenfonds wordt afgeleverd.

Waar?

- Station (inlichtingen en aanvraag)
- Ziekenfonds - dienst maatschappelijk werk (inlichtingen + bijstand) (Gouden Gids nr 6990, www.cm.be; e-mail: dmw@cm.be).

F. DINA-abonnement (indien nummerplaat auto wordt ingeleverd)

Wie (wegens ziekte of handicap of om een andere reden) een wagen uit het verkeer haalt door zijn/haar nummerplaat in te leveren bij de Dienst voor Inschrijving van de Voertuigen (DIV), kan bij De Lijn een gratis DINA-abonnement (Dienst Inruilen Nummerplaat voor Abonnement) aanvragen. Als de nummerplaat van de enige personenwagen binnen het gezin wordt geschrapt, kan men een DINA-abonnement voor alle gezinsleden aanvragen. In dat geval mag geen enkel gezinslid nog een auto ter beschikking hebben, ook geen bedrijfs- of leasingwagen. Als men een wagen wegdoet, maar nog één of meerdere wagens in het gezin heeft, dan mag men 1 gezinslid aanduiden voor het gratis abonnement.

Als de aanvraag wordt goedgekeurd, krijgt men een DINA-abonnement in de vorm van een gratis Buzzy Pazz (voor personen tot en met 24 jaar) of Omnipas (voor personen vanaf 25 jaar) die voor 12 maanden geldig is. De Buzzy Pazz of Omnipas kan twee maal worden verlengd.

G. Derdebetalersysteem: sommige steden/gemeenten betaalt voor de reiziger

Wat?

Heel wat steden en gemeenten betalen geheel of gedeeltelijk de vervoerkosten van hun inwoners, reizigers op hun grondgebied of werknemers. De kortingen of gratis abonnementen in het kader van derdebetalersystemen worden automatisch toegekend.

Er bestaan zes verschillende systemen:
- Systeem 1: procentuele korting op abonnementen
- Systeem 2: korting op Lijnkaarten
- Systeem 3: korting op biljetten
- Systeem 4: gratis netabonnement voor bepaalde leeftijdscategorie(ën)
- Systeem 5: gratis openbaar vervoer binnen de gemeente.

Welke steden/gemeenten?

De lijst van steden en gemeenten die een korting toekennen kan geraadpleegd worden op volgende site: 'http://www.delijn.be/u€bent/overheid/derdebetalersysteem_per_stad_gemeente.htm?ComponentId=817 &SourcePageId=4400'

II.20. Het sociaal verwarmingsfonds

(Programmawet 27.12.2004 - BS 31.12.2004;
KB 09.01.2005 - BS 13.01.2005; *progr.wet 12.2008, art 249 e.v.; KB 12.2008 reeds vertaald in een omzendbrief aan de OCMW's, die de vernieuwde regelgeving toepassen vanaf 01.01.2009*)

Wat?

De maatregel wil aan personen met een laag inkomen een verwarmingstoelage toekennen als compensatie voor de opeenvolgende prijsverhogingen van de huisbrandolie. De uitgekeerde toelagen worden gefinancierd door het sociaal verwarmingsfonds, dat gespijsd wordt door een bijdrage op alle petroleumproducten voor de verwarming, ten laste van de verbruikers van deze producten.

Sinds 1 januari 2009 gaat het om een tussenkomst in de aankoop van huisbrandolie (bulk of pomp), verwarmingspetroleum of bulkpropaangas die aangekocht zijn tijdens het gehele jaar. De brandstof wordt uitsluitend gebruikt om de individuele of gezinswoning te verwarmen, waar men zijn hoofdverblijf heeft. De maximumtussenkomst is beperkt naargelang de overschrijding van de drempelwaarde. Er is geen interventiedrempel meer om te voorkomen dat er maanden zijn dat de prijs onder de interventiedrempel zakt en de doelgroep geen aanspraak meer kan maken op de verwarmingstoelage.

Er wordt slechts één verwarmingstoelage toegekend voor éénzelfde huishouden.

De toekenning van een verwarmingstoelage voor stookolie in bulk, sluit de toekenning van een toelage voor stookolie aan de pomp uit, en omgekeerd.

Er wordt geen cumul toegestaan met de forfaitaire vermindering voor verwarming.

huisbrandolie in bulk of bulkpropaangas		
Prijs per liter, vermeld op factuur: in euro	Toelage per liter:	Max. toelage in euro*:
lager dan 0,930	14 cent	210
Vanaf 0,9300 en < 0,9550	15 cent	225
Vanaf 0,9550 en < 0,9800	16 cent	240
Vanaf 0,9800 en < 1,005	17 cent	255
Vanaf 1,005 en < 1,030	18 cent	270
Vanaf 1,030 en < 1,055	19 cent	285
Vanaf 1,055	20 cent	300
Voor huisbrandolie of verwarmingspetroleum aan de pomp:		
Er geldt een forfaitaire toelage van 210 euro. Één aankoopbewijs is voldoende om de forfaitaire toelage uitgekeerd te krijgen.		

* De maximumtoelage geldt per jaar en het totale bedrag van de toelage is gebonden aan een maximumgrens van 1500 liter per jaar en voor een totaalbedrag van 300 euro per jaar en per gezin.

Appartementen: wanneer de factuur meerdere woonsten betreft, worden de per woonst aan te reken liters berekend met de volgende formule:

Het totaal aantal liter in aanmerking komende brandstof, vermeld op de factuur	X	1 / Het aantal woonsten in het gebouw waar de factuur betrekking op heeft

Wie?

- Categorie 1: personen met recht op de verhoogde tegemoetkoming (inclusief deze met Omniostatuut) maar waarvan het totaal jaarlijks bruto belastbaar inkomen niet hoger is dan 14.624,70 euro, verhoogd met 2.707,42 euro per persoon ten laste.
- Categorie 2: personen met een laag inkomen, d.w.z. mensen waarvan het totaal jaarlijks bruto belastbaar inkomen niet hoger is dan 14.624,70 euro, verhoogd met 2.707,42 euro per persoon ten laste.
- Categorie 3: personen met schuldenoverlast, d.w.z. mensen met een schuldbemiddeling in het kader van de wet op het consumentenkrediet of een gerechtelijke collectieve schuldenregeling, en die de verwarmingsfactuur niet kunnen betalen.
- NIEUW! De facturen van de periode van 01.09.2008 tot 31.12.2008 kunnen nog ingediend worden door de voormalige categorie 4: Personen et een jaarlijks belastbaar gezinsinkomen dat lager of gelijk was aan 23.281,93 euro (mechanisme maximum-factuur).
  Deze groep, die sinds 2008 was toegevoegd als 'bovencategorie' met een nog redelijk bescheiden inkomen en een lagere toelage, is sinds 01.01.2009 geschrapt van de doelgroepen die via deze procedure geholpen worden. Deze 4e categorie is sindsdien overgeheveld naar de FOD Economie (zie IV.39).

Hoe?

De openbare centra voor maatschappelijk welzijn hebben de taak het recht op de verwarmingstoelage te onderzoeken en toe te kennen.

Betrokkene levert zijn factu(u)r(en) binnen 60 dagen na factuurdatum af bij het OCMW dat voor zijn woonplaats bevoegd is.
Het gaat op basis van een sociaal onderzoek na of alle voorwaarden vervuld zijn (inkomsten of VT- gerechtigde, brandstof voor individueel gebruik, prijs is hoger dan de drempelwaarde, leveringsadres is de hoofdverblijfplaats).
Het OCMW neemt zijn beslissing binnen 30 dagen vanaf de aanvraagdatum en betaalt de toelage binnen 15 dagen, te rekenen vanaf de beslissing.

Bewijsstukken bij de aanvraag:

- voor alle aanvragen: De factuur van de brandstof (bij meerdere woongelegenheden in één gebouw een bewijs van de beheerder dat het aantal huishoudens vermeldt waarop de factuur betrekking heeft) en de identiteitskaart;
- voor gerechtigde met verhoogde tegemoetkoming: Het OCMW gaat via een informatiecatoepassing na of er recht is op de verhoogde tegemoetkoming of het OMNIO-statuut. Het kan ook zijn dat de gegevens bij de FOD Financiën opgevraagd zullen worden. Bij gebrek aan gegevens over het inkomen wordt er aan de aanvrager gevraagd zelf het bewijs te leveren;

- voor andere gerechtigden: De inkomensgegevens worden rechtstreeks opgevraagd bij de FOD Financiën. Indien dit niet mogelijk is, wordt er aan de aanvrager gevraagd het bewijs te leveren van het inkomen;
- voor de gerechtigden met een schuldbemiddelingsregel: bewijs van schuldbemiddeling volgens wet 12.06.1991 of van collectieve schuldbemiddeling en het OCMW onderzoekt of betrokken gezin inderdaad de verwarmingsfactuur niet kan betalen.

Opmerking:

Bij KB van 20.01.2006, aangepast bij KB 05.10.2006, is een wettelijk kader gecreëerd om leveranciers toe te laten om binnen de aangegeven grenzen huisbrandolie op afbetaling te leveren. Het is de bedoeling van de overheid dat voldoende leveranciers (en goed verspreid in het land) deze mogelijkheid aanbieden, maar het is geen verplichting.
Alle klanten kunnen desgewenst gebruik maken van die mogelijkheid.

Beroep

Er is binnen 30 dagen na beslissing of na antwoordtermijn beroep mogelijk:

- wanneer men niet akkoord gaat met de beslissing
- wanneer één der organen van het OCMW één maand, te rekenen van de ontvangst van het verzoek, heeft laten verstrijken zonder een beslissing te nemen.

Waar?

- Informatie: gratis telefoonnummer: 0800/90.929
- www.verwarmingsfonds.be
- OCMW van de woonplaats van de aanvrager (Gouden Gids infopagina's publieke instellingen)
- CAW Dienst maatschappelijk werk van het ziekenfonds (Gouden Gids nr 6990, www.cm.be; e-mail: dmw@cm.be)

II.21. Sociaal telefoontarief - Sociaal GSM-tarief

Wet 13/06/2005 (BS 20/06/2005)) KB 20.07.2006, aanvraagprocedure (BS 08.08.2006)

Wat?

Tariefverminderingen die door alle operatoren moeten toegepast worden op het standaardtarief.

De begunstigde van het sociaal tarief mag slechts over één telefoon- of GSM-aansluiting met sociaal tarief beschikken en er mag maar één begunstigde zijn per huishouden.

1. Tariefvermindering voor bejaarde begunstigden, begunstigden met een handicap, gehoorgestoorde personen en de personen bij wie een laryngectomie werd uitgevoerd en de militaire oorlogsblinden:

De operatoren dienen volgende tariefverminderingen toe te passen op hun standaardtarief:
- aansluitingskosten op een vaste locatie: 50% van het normale tarief
- abonnementsgeld en gesprekskosten die moeten betaald worden:
  - aan dezelfde aanbieder: 8,40 euro per maand op abonnementsgeld en 3,10 euro per maand op de gesprekskosten.
  - aan verschillende aanbieders: 11,5 euro per maand op de gesprekskosten. Het is de aanbieder die de gesprekskosten factureert die de korting moet toestaan.

Concreet voor de operatoren Base – Mobistar – Proximus

1) Base:

- postpaid (tariefplan met factuur): elke maand 12 euro korting op de factuur (verder reguliere beltegoeden volgens tariefplan), belminuten kosten 0,15 & 0,20 euro (basecontact of niet)
- prepaid (tariefplan zonder factuur): elke maand 3,10 euro extra beltegoed (herladen vanaf 5 euro, en met de reguliere bonussen), belminuten kosten 0,25 euro

2) Mobistar:

- abonnees genieten van een maandelijkse korting op hun factuur van 12 euro (geldig voor alle abonnementen, behalve voor het My5-abonnement waarop een korting van 8,10 euro van toepassing is: 5 euro voor de abonnementskosten en 3,10 euro geldig voor oproepen, sms, mms, ...).
- tempoklanten genieten automatisch van 3,1 euro extra belwaarde per maand op hun simkaart

3) Proximus:

- Smileklanten (tarief op maandelijkse factuur) krijgen 12 euro korting op de maandelijkse factuur. Dit tarief is verenigbaar met alle tarieven voor abonnees, uitgezonderd voor Smile 5. Alle gebruiksmodaliteiten van het gekozen tariefplan blijven geldig.

- Pay&Goklanten (Pay&Go kaart) krijgen maandelijks een Pay&Gokrediet van 3,10 euro op hun kaart (toegelaten voor elk soort gebruik of tariefplan in Pay&Go)

2. Tariefvermindering voor personen met leefloon:

Voor personen met leefloon bestaat de verstrekking van een sociaal tarief uit het ter beschikking stellen van een voorafbetaalde kaart met een waarde van 3,10 euro per maand. De verbindingen die door middel van de kaart tot stand worden gebracht, worden tegen het normale tarief aangerekend.

De begunstigde krijgt voor een vaste telefoonlijn een kaart met een code. Deze code wordt voor het draaien van het te contacteren telefoonnummer ingegeven in het telefoontoestel, hetzij thuis (als abonnee), hetzij in een openbare telefooncel. De operator herkent de code en past de tariefvermindering automatisch toe tot het maandelijkse voordeel bereikt is.

De houder van een GSM-kaart krijgt maandelijks het krediet op zijn kaart gezet (vb. Mobistar: de Tempokaart).

Wie?

het gewone sociaal tarief

Personen met een handicap: Een titularis van een lijn, die
- ten volle 18 jaar oud is én
- voldoet aan de inkomstenvoorwaarde (zie verder) én
- voor ten minste 66% mindervalide is én
- alleen woont of samenwoont, hetzij met ten hoogste 2 personen waarmee de titularis niet verwant is, hetzij met bloed- of aanverwanten van de eerste of de tweede graad (gelijk welk aantal)

Noot: Als 66% mindervalide wordt beschouwd:
- de persoon die bij administratieve/gerechtelijke beslissing minstens 66% blijvend fysisch of psychisch gehandicapt of arbeidsongeschikt werd verklaard.
- Z.I.V.-invaliden (na 1 jaar primaire, zowel werknemers als zelfstandigen)
- de persoon met een handicap bij wie in het kader van de inkomstenvervangende tegemoetkoming een vermindering van het verdienvermogen tot één derde of minder is vastgesteld.
- de persoon met een handicap bij wie, in het kader van de tegemoetkoming aan personen met een handicap, een vermindering van de graad van zelfredzaamheid van minstens 9 punten is vastgesteld.

Personen ouder dan 65 jaar: een titularis van een lijn die
- voldoet aan de inkomstenvoorwaarde (zie verder) en
- de leeftijd van 65 jaar ten volle bereikt heeft **en**
- alleen woont **of** samenwoont met één of meer personen die ten volle 60 jaar oud zijn en eventueel samenwoont met kinderen en kleinkinderen die het einde van de leerplicht niet bereikt hebben of tenminste 66 % gehandicapt zijn. Kleinkinderen moeten bovendien wees zijn van vader en moeder of bij gerechtelijke beslissing aan de grootouders zijn toevertrouwd.

Of woont in een hotel, een rusthuis, bejaardenflat of in een andere vorm van gemeenschapsleven **en** beschikt over een individueel telefoonabonnement dat in hoofde van de titularis gebruikt wordt.

Inkomstenvoorwaarde voor doelgroepen bejaarden en arbeidsongeschikten: Het bruto belastbaar inkomen van de begunstigde, gecumuleerd met het bruto belastbaar inkomen van de personen met wie hij eventueel samen woont, mag niet meer bedragen dan het grensbedrag dat geldt voor rechthebbenden op de verhoogde tegemoetkoming ZIV. Dit is 14.624,70 EUR, te vermeerderen met 2.707,43 EUR per persoon ten laste (index 01.09.2008).

Personen gerechtigd op het leefloon: Zij moeten over een beslissing beschikken die hen het leefloon toekent. Voor hen is er geen inkomstenonderzoek in het kader van het sociaal telefoontarief.

Sociaal tarief voor personen met gehoorstoornis of laryngectomie:

Personen die:
- hetzij minstens een gehoorverlies hebben van 70 dB voor het beste oor (volgens de classificatie van het Internationaal Bureau voor Audiphonologie);
- hetzij een laryngectomie hebben ondergaan.

Ook de ouders of grootouders kunnen het voordeel genieten, indien hun kind of kleinkind dat bij hen inwoont voldoet aan één van de bovenvermelde handicaps.

Een medisch attest dat de doofheid bevestigt en een bewijs van de aankoop van een voor doven goedgekeurd telefoontoestel bewijst de handicap bij de telefoonoperator.

Indien voornoemd toestel niet door de operator werd geleverd, moet hem een aankoopbewijs worden voorgelegd.

Voorbeeld: onder de naam 'Alto' biedt Belgacom een toestel voor gehoor- en spraakgestoorden aan: de Minitel Dialoog, een teksttelefoon. Het bestaat uit een beeldscherm en toetsenbord en is direct aangesloten op de telefoonlijn. De gesprekspartner beschikt over eenzelfde combinatie. Bij een inkomende oproep kan de gebruiker hieromtrent via de Teleflash-Fasttel (in optie) worden gealarmeerd door een sterke lichtflits. het volstaat dan om de Minitel in te schakelen; de boodschap van de oproeper verschijnt nu op het scherm.

Indien het om een inwonend (klein-)kind gaat, een bewijs van gezinssamenstelling voorleggen bij de telefoonoperator, afgeleverd door het gemeentebestuur.

Wie niet over een medisch attest beschikt:

1. Een formulier opvragen bij de leverancier;

2. Bij de gemeente worden
   - het **formulier 3+4 en formulier 6** (nodig voor een aanvraag van attesten bij de Federale Overheidsdienst Sociale Zekerheid) en
   - het **attest gezinssamenstelling** afgehaald;

3. **Het medisch attest** wordt ingevuld door de geneesheer - specialist ORL (specialist neus-keel-oren).

De formulieren 3+4 en formulier 6 worden eveneens ingevuld door de specialist ORL (specialist neus- keel-oren) *of* door de behandelend geneesheer.

4. De (ingevulde) medische formulieren en het aanvraagformulier worden verstuurd naar de Federale Overheidsdienst Sociale Zekerheid - dienst attesten, Zwarte Lievevrouwstraat 3c te 1000 Brussel.
5. Er volgt een onderzoek door de geneesheer van de Federale Overheidsdienst Sociale Zekerheid.
6. De aanvrager krijgt na onderzoek door de Federale Overheidsdienst Sociale Zekerheid de nodige attesten terug.

7. Nu kan de aanvrager
- de ontvangen attesten (van de Federale Overheidsdienst Sociale Zekerheid),
- samen met het aanvraagformulier,
- het attest gezinssamenstelling en
- het bewijs van aankoop van een goedgekeurd doventoestel afgeven bij de leverancier.

Hoe?

De aanvraag voor sociaal tarief wordt overgemaakt aan de tekefoonoperator, maar het recht op sociaal tarief wordt onderzocht door de diensten van het BIPT (Belgisch Instituut voor Post- en telecommunicatie).

Stap	Handeling
1	Iedere persoon die aan de voorwaarden voldoet om het sociale telefoontarief te genieten en die dat tarief wenst te genieten, dient daartoe een aanvraag in bij de operator van zijn keuze. Dit kan eenvoudig per telefonisch contact, met opgave van naam, telefoonnummer en rijksregisternummer van de aanvrager.
2	De operator stuurt die aanvraag elektronisch en dadelijk door naar het Instituut.
3	Het BIPT doet zijn onderzoek en maakt gebruik van enkele centrale databanken (o.m. sociale zekerheid), die gegevens bevatten over de aanvrager. Er zijn 3 mogelijkheden: 1. Er zijn onvoldoende gegevens beschikbaar: Het Instituut stelt onmiddellijk de operator en de aanvrager daarvan op de hoogte en verzoekt die laatste de gepaste bewijsstukken die het opsomt eraan te verstrekken; 2. Men voldoet niet aan de voorwaarden: Het Instituut stelt de betrokken operator daarvan op de hoogte en motiveert aan de aanvrager waarom het sociale telefoontarief hem door de operator niet kan worden toegekend; 3. De aanvrager voldoet aan de voorwaarden. Het Instituut laat de operator weten vanaf welk moment hij het sociale telefoontarief daadwerkelijk zal toepassen. In voorkomend geval laat het Instituut ook de operator, bij wie de aanvrager voordien het sociale telefoontarief genoot, weten vanaf welk moment die laatste het voormelde tarief niet langer zal verstrekken. In principe wordt het sociaal tarief toegepast vanaf de eerstvolgende factuurvervaldag na datum van de aanvraag (zo staat in de wet vermeld).

Concrete aanvraag voor klanten van:

Proximus: inschrijven

- via de eigen gsm op het gratis nummer 6000 of op het nummer 078 05 6000 (lokaal tarief);
- per fax op het nummer 0800 14 252;
- bij het Proximus-verkooppunt in de buurt.

Mobistar: inschrijven

- bij het Mobistarverkooppunt in de buurt
- telefonisch op het gratis GSM-nummer 5000 (tempoklanten nummer 5100) of gewoon nummer aan normaal tarief 0495 95 95 00
- schriftelijk (naam, adres, geboortedatum) per fax op nummer 0800 97 606 of naar Mobistarn afdeling back office, Kolonel Bourgstraat 149, 1140 Brussel

Base: inschrijven bij de Base-shop in de buurt

Minimum dienstverlening telefoon

Sinds begin 1997 bestaat er een recht op een minimale dienst, *zelfs in* geval van niet-betaling door de abonnee.

De minimale gewaarborgde diensten zijn:
- de mogelijkheid om door een andere abonnee te worden opgeroepen (met uitzondering van oproepen met betaling van de gesprekskosten door de opgeroepen persoon);
- de mogelijkheid om de noodnummers en andere kosteloze nummers te vormen.

Het reductieplan voor blinden, van belgacom *(vroeger servicekaart)*

Er wordt korting van maximaal 4 oproepen per maand naar de nationale inlichtingendienst toegekend, met een vast toestel van Belgacom. De voorwaarde om de korting te kunnen krijgen is het kunnen voorleggen van een algemeen attest van het de Federale Overheidsdienst Sociale Zekerheid, waarop vermeld staat dat betrokkene volledig blind is. Indien betrokkene niet over het bedoelde attest beschikt, volstaat het ook om een kopie van de nationale verminderingskaart voor het openbaar vervoer voor te leggen.

Er moet meegedeeld worden aan welk telefoonnummer de vermindering moet worden toegekend. Vanaf de eerste van de maand daarop gaat de korting in en ze blijft geldig voor een duur van 2 jaar.
Na die 2 jaar moet het reductieplan opnieuw aangevraagd worden.

Informatie hierover kan bekomen worden bij Belgacom op het gratis nummer 0800-91133

Waar?

- GSM-operatoren en telefoonmaatschappijen (Gouden Gids nr. 8545)
- BIPT: www.bipt.be
  Mail: STTS@bipt.be
- Ziekenfonds - dienst maatschappelijk werk (inlichtingen + bijstand) (Gouden Gids nr 6990, www.cm.be; e-mail: dmw@cm.be).
- Gemeente - sociale dienst (inlichtingen + bijstand) (telefoongids OCMW ofwel Gouden Gids vooraan infogids)
- Federale Overheidsdienst Sociale Zekerheid - medische dienst (aanvraag onderzoek bij het ontbreken van een geldig attest)
  Zwarte Lievevrouwstraat 3c, 1000 Brussel
  Tel.: Contactcenter 02/5078789

II.22. Telefoon voor doven en slechthorenden

Bespreking van enkele telefoonalternatieven voor doven en slechthorenden:
- De Vlaamse infolijn voor doven en slechthorenden - teletolk
- Deaftell
- Noodfax voor slechthorenden en slechtsprekenden
- SMS-voorkeurtarief voor gehoorgestoorden

De Vlaamse Infolijn voor doven en slechthorenden,teletolk

Wat?, Wie?

Bedoeling is om horenden en doven en auditief gehandicapten onderling, in staat te stellen met elkaar te communiceren via teksttelefoon (Alto of Minitel). Daarbij wordt gebruik gemaakt van een internetverbinding (chatbox).

Een teksttelefoon is een beeldscherm met toetsenbord om gehoorgestoorden te laten communiceren met tekstberichten. Een duur systeem en zonder gebruik van de Teletolk onbruikbaar met gebruikers van gewone telefoontoestellen.

Wanneer?

TeleTolk is iedere werkdag, van 9 tot 19 uur beschikbaar. Er worden geen extra kosten aangerekend voor de dienstverlening.

Hoe?

Er wordt gewerkt met behulp van internet en de e-mail.

De persoon met een gehoorstoornis surft naar een chatbox en stuurt zijn boodschap via dit kanaal door naar de tussenpersoon. Het adres is *'www.teletolk.be' - 'Gesprek' (een wachtwoord is niet nodig).*

Waar?

- www.vlaanderen.be/teletolk
- Tel: Vlaamse infolijn 0800 302 01
- Teletolkdienst Ma tot vrij van 9-19 uur 078/157878

Deaftel

Wat?

'Deaftel' is een real-time telefooncommunicatiesysteem voor doven. Via een computer met modem kan men met de speciaal ontwikkelde software chatten met iedereen die over dezelfde apparatuur en software beschikt. 'Deaftel' is voorlopig een privé initiatief.

Hoe?

Het telefoongesprek verloopt zoals bij een gewone telefoon, alleen gebeurt de communicatie niet mondeling maar wel schriftelijk. Het PC-scherm wordt in twee helften opgesplitst. In de ene helft tikt de beller zijn vragen in en in de andere helft leest hij de antwoorden. Doordat beide helften op het scherm staan is interactieve uitwisseling van gegevens mogelijk. Men kan ook de gesprekspartner onderbreken voor een suggestie of een opmerking.

Als iemand niet aanwezig is, kan het automatisch antwoordapparaat de boodschap van de beller opnemen.

Waar?

- Telefoonshop Putte (projectontwikkelaar)
  tel.: 015/ 76 06 32, fax: 015/ 76 06 32
  E-mail: detelefoonshop@pandora.be

Noodfax voor slechthorenden en slechtsprekenden

Wat? Wie?

Via gestandaardiseerde formulieren, opgemaakt met pictogrammen, kan men vlug aanduiden welk probleem men heeft en welke hulp men verwacht. Dit formulier kan doorgefaxt worden naar het nummer '100'.

Waar?

Deze handige formulieren zijn te verkrijgen in iedere Rijkswachtkazerne en bij de vereniging Fevlado - Federatie van Vlaamse Dovenverenigingen (zie adressenlijst achteraan in het boekje).

Internet: via google: het reddend gebaar (home.tiscali.be/hetreddendgebaar)

II.23. Vermindering op kabeldistributie

Wat?

Een korting op het abonnementsgeld van de kabel.

Let op: men kan geen korting geven op het gedeelte van de totaalprijs dat betrekking heeft op auteursrechten.

De **meeste kabelmaatschappijen** in Vlaanderen handhaven het sociaal abonnement op de kabeldistributie, ook na de afschaffing van kijk- en luistergeld.

Wie?

De abonnee die een algemeen attest van 80% invaliditeit of een vermindering van de zelfredzaamheid van ten minste 12/18 punten kan voorleggen voor zichzelf of voor een persoon die bij hem gedomicilieerd is, kan de korting aanvragen. Het algemeen attest wordt afgeleverd door de Dienst Attesten van de FOD Sociale Zekerheid (zie ook II.12 Contactcenter voor informatie en dossieropvolging van de FOD Sociale Zekerheid).

Hoe aanvragen?

Onderstaande procedure is voor de meeste kabelmaatschappijen van toepassing.

Enkele maatschappijen wijken er van af omdat ze jaarlijks een bewijs van ernstige handicap opvragen, ongeacht de geldigheidsduur van het attest.

Werkwijze:

1. Men beschikt over het vereist attest of men vraagt een onderzoek naar het recht op een attest bij de F.O.D. Sociale Zekerheid.

2. Dit attest wordt door de begunstigde opgestuurd:

- Voor de gemengde intercommunales* naar:
  Telenet
  Sociaal abonnement,
  Liersesteenweg 4
  2800 Mechelen
- Voor de andere kabelmaatschappijen naar:
  het adres van hun kabelmaatschappij
  * De gemengde intercommunales zijn:
  Iveka, Telekempo, Interteve, Intergem, Tevelo, Gaselwest, Imea, Iverlek, TeveOost, TeveWest, Indi, Infrax, Integan en PBE

3. **Let op:**

De korting, die alleen wordt toegekend op aanvraag, is steeds beperkt in duur en moet regelmatig worden hernieuwd.

Waar?

- Bij de plaatselijke kabelmaatschappij Gouden Gids nr. 8520
- Telenet TV, Sociaal abonnement, Liersesteenweg 4 te 2800 Mechelen. Klantendienst 015 66 66 66
- Ziekenfonds - Dienst Maatschappelijk Werk (inlichtingen en hulp bij aanvraag - Gouden Gids nr. 6990, www.cm.be; e-mail: dmw@cm.be)

II.24. Vrijstelling saneringsbijdrage bij de waterfactuur

(Decreet houdende bepalingen tot begeleiding van de begroting 2001 22.12.2000 - BS 30.12.2000)

Wat?

Het Vlaams Gewest heeft een belasting ingesteld op het leidingwaterverbruik.

Personen met een laag inkomen kunnen van deze belasting worden vrijgesteld.

Vrijstelling heffing op waterverontreiniging bij eigen waterwinning: ook hier kunnen onderstaande attesten gebruikt worden voor een vrijstelling (eveneens een aanvraag binnen 3 maanden na het ontvangen van het heffingsbiljet).

Wie?

De heffingsplichtige, m.a.w. de persoon op wiens naam het abonnement bij de watermaatschappij is geregistreerd, waarbij hij of een gezinslid op 1 januari van het heffingsjaar geniet van één van de volgende vervangingsinkomens:

- het gewaarborgd inkomen voor bejaarden, of de inkomstengarantieuitkering voor ouderen
- het leefloon, of het levensminimum (voor personen die geen leefloon kunnen krijgen)
- tegemoetkoming Hulp aan Bejaarden
- de inkomensvervangende en/of een integratietegemoetkoming voor personen met een handicap.

Hoe?

Vanaf 2008 is de vrijstellingsregeling grondig gewijzigd.

Het doel van deze wijzigingen is zoveel als mogelijk alle gezinnen die recht hebben op vrijstelling, zonder administratieve overlast, de vrijstelling automatisch en rechtstreeks toe te kennen.

Tevens verviel de voorwaarde dat het contract op naam moet staan van de rechthebbende. Vanaf 2008 volstaat het dat het contract op naam staat van een gezinslid, waartoe ook de rechthebbende behoort. Dit betekent dat er voor het kunnen genieten van de vrijstelling geen overname meer moet gebeuren en evenmin attesten van verlengd minderjarigheid moeten worden voorgelegd.

Voor toepassing van deze nieuwe regeling worden de gegevens over de gezinstoestand, zoals ze zijn opgenomen in het Rijksregister op 1 januari in aanmerking genomen.

De vrijstelling via de factuur of compensatie kan enkel bekomen worden op uw domicilieplaats en dit voor zover één van uw gezinsleden op 1 januari van het facturatiejaar voldoet aan één van de volgende voorwaarden (zie Wie?):

- het leefloon of het levensminimum krijgen van het OCMW
- het gewaarborgd inkomen voor bejaarden of de inkomensgarantie voor ouderen krijgen

- de inkomensvervangende tegemoetkoming en/of de tegemoetkoming voor personen met een handicap en/of de tegemoetkoming hulp aan bejaarden krijgen, toegekend door de Federale Overheidsdienst Sociale Zekerheid.

Indien u hiervoor in aanmerking komt. zal u normaal **automatisch** recht genieten, ofwel door de vrijstelling rechtstreeks op uw drinkwaterfactuur vrijgesteld, ofwel door een compensatie die rechtstreeks aan u zal worden uitbetaald.

Opmerkingen:
- Het blijft mogelijk dat U niet automatisch kan worden vrijgesteld. Mocht U een attest thuis toegestuurd krijgen, bezorg dat dan direct aan uw waterbedrijf. Op basis hiervan wordt de vrijstelling op een volgende factuur herrekend of wordt u een compensatie uitbetaald.
- De heffingsplichtige die op het ogenblik van de aanvraag nog geen geldige beslissing heeft op IGO (inkomensgarantieuitkering voor ouderen) of op een tegemoetkoming aan personen met een handicap (de aanvraag was al wel gebeurd), of degene die reeds recht heeft maar geen afdoend bewijs kan voorleggen, dient een aanvraag voor vrijstelling in te dienen binnen de drie maanden na ontvangst en dient in de aanvraag daarvan melding te maken. Het bewijsstuk dient zo snel mogelijk te worden nagestuurd. In dit geval moet de betaling van de heffing voorlopig niet gebeuren. Mocht de uiteindelijke beslissing tot vrijstelling toch negatief zijn, dan zal de Vlaamse Milieumaatschappij een nieuwe aanmaning tot betaling toesturen.
- Voor gezinnen aan wie het water niet rechtstreeks wordt gefactureerd (bvb. bewoners van appartementsgebouwen met gemeenschappelijke watermeter) wordt een compensatie uitgekeerd.
  Voor het uitbetalen van de compensatie zal u worden gecontacteerd.

Waar?

- www.vmm.be
  VMM - Algemeen directeur, Postbus 53, 9320 Erembodegem
  A. Van de Maelestraat 96, 9320 Erembodegem
  Tel. 053/72 64 45, fax 053/71 10 78
  Mail: info@vmm.be
- Watermaatschappij (inlichtingen + Witte Gids)
  AWW
  Mechelsesteenweg 64
  2018 ANTWERPEN
  Tel.: 03-244 05 00
  Fax: 03-244 05 99
- Aquafin
  Dijkstraat 8
  2630 Aartselaar (België)
  Tel. 03 450 45 11
  Fax. 03 458 30 20
  E-mail: info@aquafin.be
  Web: www.aquafin.be
- Ziekenfonds - Dienst Maatschappelijk Werk (inlichtingen en hulp bij aanvraag) (Gouden Gids nr 6990, www.cm.be; e-mail: dmw@cm.be).

II.25. Sociale maximum voor aardgas en elektriciteit voor residentiëel beschermde klanten

- Sociale maximumprijs gas en elektriciteit
- Minimumlevering aardgas en elektriciteit

Sociale maximumprijs voor residentiëel beschermde klanten voor gas en elektriciteit
(elektriciteit: M.B. 30.03.2007 - B.S. 06.07.2007;;
gas: MB 30.03.2007 – BS 19.06.2007)

Wat?

Voor de gezinnen en personen die genieten van verlaagde energieprijzen, het vroegere "specifiek sociaal tarief", liggen de tarieven een stuk lager dan de normale energieprijzen en zijn vast bepaald.

Het sociaal tarief bevat geen forfaitaire kosten of abonnementsgelden en wordt uitgedrukt in een bedrag in euro/kWh.

De leveranciers van gas en elektriciteit verzekeren de bevoorrading van de in aanmerking komende klanten tegen de sociale maximumprijzen vastgesteld overeenkomstig de tarieven opgelegd door de overheid.

Concrete prijzen

De sociale maximumprijs is berekend op basis van de laagste commerciële tarieven per geografisch gebied. Dit bedrag wordt door de federale energieregulator CREG vastgelegd, telkens voor de komende zes maanden.

Om de leveranciers toe te laten de toegestane korting te recupereren werd een fonds opgericht waarin elke gebruiker een kleine bijdrage levert (verrekend in de verbruiksfactuur).

Wie?

Iedere residentiële verbruiker, die kan bewijzen dat hijzelf, of een andere persoon die onder hetzelfde dak leeft, beschikt over een beslissing tot toekenning van:

1. het leefloon;
2. het gewaarborgd inkomen voor bejaarden (GIB) of de inkomensgarantie voor ouderen (IGO);
3. een tegemoetkoming mindervaliden met een minimum invaliditeit van 65 % en/of hulp van derden (Wet van 27.06.69 - oudste stelsel);
4. een tegemoetkoming hulp van derde krachtens de Wet van 27.06.69;
5. de inkomensvervangende tegemoetkoming en/of de integratietegemoetkoming voor personen met een handicap categorie II, III, IV, V krachtens de Wet van 27.02.1987;
6. de tegemoetkoming voor hulp aan bejaarden krachtens de Wet van 27.02.1987;

7. financiële steun van het O.C.M.W. aan personen, ingeschreven in het vreemdelingenregister met een machtiging tot onbeperkt verblijf (geen recht op leefloon t.g.v. nationaliteit)
8. een uitkering van het O.C.M.W. in afwachting van een hierboven bedoeld vervangingsinkomen.

Het tarief is eveneens van toepassing op huurders van sociale woonmaatschappijen, die eventueel voorzien in een collectieve installatie.

Uitzondering: Er is geen recht op het sociaal tarief indien de aansluiting betrekking heeft op :
- tweede verblijf
- gemeenschappelijke delen van een appartement
- bij professionele verbruiker
- bij een tijdelijke aansluiting.

Het bewijs van samenwonen en het attest dat het recht tot de toekenning verschaft moet jaarlijks voorgelegd worden.

Hoe?

In principe ontvangt de gas- en/of elektriciteitsleverancier automatisch het attest van de overheid, waaruit blijkt dat ze het maximumtarief moeten toepassen. *Enkel wanneer de leverancier geen duidelijke link heeft tussen rechthebbende en gebruiker van het gezin, die de factuur betaalt, kan het zijn dat betrokkene zelf zijn aanvraag moet indienen.*

Wanneer het voordeel niet automatisch wordt toegekend (vb. het recht heeft betrekking op een inwonend gezinslid) dan kan de aanvraag schriftelijk of persoonlijk worden ingediend bij de gas- en elektriciteitsmaatschappij. De aanvraag dient vergezeld te zijn van één van de volgende bewijsstukken:
- attest van het OCMW waaruit blijkt dat zij gedurende minimaal 1 maand die de aanvraag voorafgaat het leefloon hebben uitgekeerd;
- een speciaal attest van de FOD Sociale Zekerheid, dat wordt aangevraagd door de persoon met een handicap die een inkomensvervangende tegemoetkoming, een integratietegemoetkoming cat. II, III, IV of V geniet of een tegemoetkoming hulp aan bejaarden geniet. De gebruiker moet vervolgens het attest aan zijn leverancier bezorgen.
- kopie van de roze kaart die jaarlijks door RVP wordt afgeleverd aan de genieters van een IGO of GIB.

Wanneer een gebruiker een ander tarief wenst dan de sociale maximumprijs, dan moet de residentieel beschermde klant hiertoe een aangetekend schrijven richten aan de leverancier, waarin hij/zij verklaart dat men geen gebruik wenst te maken van de sociale maximumprijs. De leverancier rekent dan het door betrokkene gekozen comercieel tarief aan. Het ongedaan maken van deze vraag kan alleen door middel van een (nieuw) aangetekend schrijven.

Wat te doen indien men nog niet over een officieel attest beschikt?

Diegenen die een aanvraag hebben gedaan voor het verkrijgen van de inkomensvervangende tegemoetkoming, de integratietegemoetkoming, de tegemoetkoming voor hulp aan bejaarden of voor de inkomensgarantie voor ouderen, maar nog geen officiële kennisgeving hebben gekregen, dienen een attest voor te leggen van het gemeentehuis waaruit blijkt dat ze een geldige aanvraag hebben ingediend.

Wanneer bij een verbruiker, die hoort tot één van de hierboven vermelde sociale categorieën, een vermogenbegrenzer van 10 Ampère geplaatst wordt, wordt het specifiek sociaal tarief automatisch toegepast (Dan moet dus geen aanvraag ingediend worden).

Minimumlevering van aardgas en elektriciteit.
Gas: BVR 20.06.2003 - BS 11.08.2003, laatst gewijzigd bij BVR 07.03.2008 - BS 21.05.2008;
elektriciteit: BVR 31.01.2003 - BS 21.03.2003, laatst gewijzigd bij BVR 07.03.2008 – BS 21.05.2008

Wat?

Het plaatsen van een budgetmeter voor gas of elektriciteit (of stroombegrenzer voor elektriciteit).

Elk persoon, die tot de groep van beschermde residentiële afnemers behoort, betaalt geen onkosten, die verbonden zijn aan de gevolgen van wanbetaling (administratie, plaatsing van budgetmeter, enz.). Voor de niet-beschermde klant is alleen het plaatsen van een elektriciteitsstroombegrenzer gratis.

Beschermde residentiële afnemers zijn de huisgezinnen waarin minstens 1 persoon gedomicilieerd is, die tot een onderstaande doelgroep behoort.
- Personen met verhoogde tegemoetkoming voor gezondheidszorgen
- Personen met een minnelijke of gerechtelijke aanzuiveringsregeling in het kader van de wet op de collectieve schuldenregeling
- Personen met budgetbegeleiding inzake energielevering door een OCMW
- Rechthebbenden op het specifiek sociaal tarief.
- Indien een budgetmeter wordt geplaatst, wordt deze budgetmeter door de klant opgeladen in een door de netbeheerder ter beschikking gesteld systeem. Als het opgeladen krediet is opgebruikt, schakelt de budgetmeter over op een minimale levering, dit is in Vlaanderen 10 Ampère op 230 Volt voor elektriciteit en een hulpkrediet ter waarde van 250 kWh voor aardgas. De plaatsing van een budgetmeter gebeurt kosteloos.
- De budgetmeter wordt door de netbeheerder zodanig ingesteld dat een hulpkrediet ter waarde van 50 kWh tegen het sociaal tarief ter beschikking gesteld wordt.
- De wetgever voorziet dat ieder abonnee het recht heeft op een minimale en ononderbroken levering van elektriciteit, gas en water voor *huishoudelijk gebruik* om, volgens de geldende levensstandaard, menswaardig te kunnen leven. De levering kan enkel worden afgesloten in geval van gevaar, of bij klaarblijkelijke onwil of fraude van de abonnee. In de periode van december tot en met februari (uitzonderlijk uitgebreid tot november en maart) kan bij 'klaarblijkelijke onwil' geen stroom afgesloten worden.

Hoe?

De budgetmeter wordt geplaatst en opgevolgd door de netbeheerder. Aanleiding van de ingebruikneming van een budgetmeter kan zowel op aangeven van de leverancier als van de gebruiker zelf. Wanneer de leverancier wanbetaling vaststelt (of de gebruiker vraagt spontaan het gebruik van een budgetmeter) dan schakelt hij de netbeheerder in om de levering minimaal te waarborgen (indien de leverancier de klant uitsluit wordt de netbeheerder automatisch ook leverancier tot de gebruiker zijn betalingssituatie regulariseert of een andere leverancier vindt).

De leverancier kan in onderstaande situaties de plaatsing van een budgetmeter aanvragen:

1° de gebruiker vraagt de plaatsing van een budgetmeter;

2° de gebruiker heeft binnen 15 kalenderdagen na de verzending van de ingebrekestelling niet schriftelijk meegedeeld welke regeling hij wil treffen voor de betaling van de openstaande elektriciteitsfactuur;

3° de gebruiker heeft binnen 15 kalenderdagen nadat hij schriftelijk heeft meegedeeld welke regeling hij wil treffen voor de betaling van de openstaande elektriciteitsfactuur zijn vervallen factuur niet betaald, of geen afbetalingsplan aanvaard;

4° de gebruiker komt, na de aanvaarding van een afbetalingsplan, zijn afbetalingsverplichtingen niet na.

De netbeheerder is ertoe gehouden om binnen 60 kalenderdagen na ontvangst van deze aanvraag een budgetmeter te plaatsen bij de gebruiker

De Vlaamse regering bepaalt de procedure die de leveranciers moeten volgen bij wanbetaling van een abonnee.

De procedure omvat minstens de volgende elementen:

Versturen van een herinneringsbrief (na de vervaldatum van de factuur) en indien geen reactie, een ingebrekestelling 15 dagen later

Deze brief omvat:
- Adres en telefoonnummer van zijn bevoegde dienst;
- een aanmaning tot betaling en
- een voorstel om, bij betalingsmoeilijkheden, een afbetalingsplan op te maken samen met een van de volgende partijen:
  - de houder van de leveringsvergunning;
  - het OCMW;
  - een erkende schuldbemiddelaar.
- De mogelijkheid tot opzeg van het contract door de houder van de leveringsvergunning
- De procedure voor plaatsing van budgetmeters en procedure tot mimale levering
- De procedure voor het afsluiten van de aansluiting en uitschakelen van de stroombegrenzer
- De voordelen van beschermde klanten

De distributeur kan maatregelen treffen.

De distributeur is ertoe gehouden een stroombegrenzer te plaatsen bij iedereen die erom verzoekt.

Enkel in geval van *'klaarblijkelijke onwil'* of van *'fraude'* kan de distributeur een verzoek richten naar een *'lokale adviescommissie'* om de elektriciteitsvoorziening volledig af te sluiten.

Waar?

- Kantoor gas- of elektriciteitsmaatschappij (inlichtingen + aanvraag) (Gouden Gids nr 2678),
- Ziekenfonds - dienst maatschappelijk werk (inlichtingen + bijstand) (Gouden Gids nr 6990, www.cm.be; e-mail: dmw@cm.be),
- Gemeente - sociale dienst (inlichtingen + bijstand) (telefoongids OCMW ofwel Gouden Gids infopagina's publieke instellingen).

II.26. Aanpassings- & verbeteringspremie en de renovatiepremie woning

- aanpassingspremie voor bejaarden (zie III.19)
- verbeteringspremie (oude regelgeving, nog van toepassing)
- Vlaamse renovatiepremie (nieuwe regelgeving)

Aanpassingspremie voor bejaarden (B.V.R. 18.12.92 - B.S. 31.03.93, aangepast door B.V.R. 28.11.2003 - B.S. 31.12.2003, M.B. 04.12.2003 - B.S. 31.12.2003, M.B. 27.09.2007 – BS 08.10.2007)

De aanpassingspremie voor 'bejaarden' en 'personen met een handicap' werd in 2007 gereduceerd tot een aanpassingspremie voor bejaarden. Omdat personen met een handicap, die niet bejaard zijn, voor woningaanpassing ondersteund worden door het Vlaams Agentschap voor Personen met een Handicap, is het niet langer mogelijk om beide tegemoetkomingen te cumuleren. Bejaarden daarentegen, kunnen blijven gebruik maken van deze tegemoetkomingen om hun woningaanpassing te realiseren (voor de aanpassingspremie zie III.18).

Verbeteringspremie (BVR 18.12.1992)

Naast deze oude regelgeving, die verder van toepassing blijft, bestaat ondertussen de nieuwe Vlaamse renovatiepremie. Aangezien beide premies niet cumuleerbaar zijn, is het goed om eerst na te gaan welke premie in de specifieke situatie het meest voordelig is.

Wat?

Wanneer men zijn woning verbetert of verbouwt, kan men hiervoor een tussenkomst krijgen.

Per bouwonderdeel waarop de verbeteringswerkzaamheden betrekking hebben, is een vast premiebedrag voorzien. U moet facturen kunnen voorleggen voor een bedrag (inclusief btw) dat minstens het dubbele is van de premie. Bijvoorbeeld: als u facturen voorlegt voor dakwerken, moet het factuurbedrag inclusief btw hiervan minstens **2.500 euro** bedragen aangezien de premie voor dat onderdeel 1.250 euro bedraagt.

Het bedrag van de verbeteringspremie wordt als volgt vastgesteld per bouwonderdeel:

1) voor de dakwerken (1): **1.250 euro**
2) voor het buitenschrijnwerk (2): **1.250 euro**
3) voor de sanitaire installatie: **750 euro**
4) voor de elektrische installatie: **750 euro**
5) voor de gevelwerken (1): **1.500 euro**

---

(1) Bij gevelwerken en dakwerken wordt rekening gehouden met isolatie.
(2) Bij buitenschrijnwerk is dubbele beglazing een voorwaarde bij het installeren van nieuwe vensters.

6) voor het behandelen van optrekkend muurvocht: **750 euro**
7) voor de werkzaamheden om de risico's op CO-intoxicatie te verhelpen (1):
   - de plaatsing van een waterverwarmingstoestel met gesloten verbrandingsruimte: **250 euro**
   - de plaatsting van een verwarmingstoestel met gesloten verbrandingsruimte: **250 euro**
   - de installatie van of omschakeling naar centrale verwarming: **1.000 euro**
   - het bouwen, verbouwen, herstellen of aanpassen van een rookkanaal: **500 euro**
8) voor de verbouwingswerken om overbewoning te verhelpen: **50%** van het bedrag van de voorgelegde facturen, btw inbegrepen, afgerond tot op het lagere tiental. De premie bedraagt maximum **1.250 euro**, en minimum **600 euro**.

Voor verbouwingswerkzaamheden geldt dat voor minstens **1.200 euro** (inclusief btw) aan facturen moet kunnen voorgelegd worden.

Wie?

De verhuurder en zijn eventuele partner mogen hoogstens € 53.140 inkomen hebben. De verhuurder stelt de woning na de renovatiewerken minimum 9 jaar ter beschikking van een sociaal verhuurkantoor.

De bewoner of de huurder (huurovereenkomsten als hoofdverblijfplaats langer dan 3 jaar) kan een premie aanvragen indien het netto belastbaar inkomen van het 3de jaar voor de aanvraag kleiner was dan 26.570 euro, te verhogen met 1.390 euro per persoon ten laste (kinderen <18 jaar of kinderen >18 jaar waar kinderbijslag of wezenbijslag voor betaald wordt en andere inwonende personen met een handicap van +66%)

Men kijkt naar het inkomen van 3 jaar voor aanvraagdatum (in 2009 geldt het inkomen van 2006).

Het K.I. van de woning is kleiner dan 1.200 euro en de woning moet minstens 20 jaar oud zijn.

Waar?

- Provinciaal bureau - Bestuur voor de huisvesting (inlichtingen + aanvraag) www.bouwenenwonen.be (doorklikken via verbouwen en vervolgens steunmaatregelen)
- Agentschap Wonen Vlaanderen:
  - Wonen Vlaams-Brabant
    Blijde inkomststraat 105, 3000 Leuven
    tel.: (016) 24 97 77
  - Wonen Antwerpen
    Lange Kievitstraat 111-113 , 2018 Antwerpen
    tel.: (03) 224 61 16

---

(1) Maximum 3 toestellen

- Wonen Limburg
  Koningin Astridlaan 50, bus 7, 3500 Hasselt
  tel.: (011) 74 22 00
- Wonen West-Vlaanderen
  Werkhuisstraat 9, 8000 Brugge
  tel.: (050) 44 28 80
- Wonen Oost-Vlaanderen
  Gebroeders Van Eyckstraat 4-6, 9000 Gent
  tel.: (09) 265 45 11

– Gemeente - sociale dienst (inlichtingen + bijstand) (telefoongids OCMW ofwel Gouden Gids nr. 7620)

De Vlaamse renovatiepremie
(BVR 02.03.2007 - BS 21.03.2007; MB 09.03.2007 - BS 21.03.2007)

Wat?

De renovatiepremie wordt toegekend voor een algemene renovatie, dus voor structurele werkzaamheden die de toestand van de woning grondig verbeteren. Kleinere ingrepen, die vooral gericht zijn op de verhoging van het comfort, worden mee gesubsidieerd, maar alleen als u ook grotere renovatiewerkzaamheden uitvoert. Het resultaat van de werkzaamheden is een structureel gezonde woning.

De premie bedraagt 30 % van de kostprijs, exclusief BTW en is beperkt tot maximaal 10.000 euro.

Hieronder volgt een overzicht van de subsidieerbare werkzaamheden:

– Ondergrondse constructies: funderingen, waterdicht maken en bestrijding kelderzwam;
– Muren: afbraak en heropbouw, isolatie, afwerking, vochtbestrijding, vernieuwing voegwerk en gevelreiniging, bepleistering binnenmuren, bestrijding huiszwam;
– Draagvloeren: afbraak en vervanging, bestrijding huiszwam en insecten, isolatie, vernieuwing dakgoten;
– Dak: afbraak en vervanging, bestrijding huiszwam en insecten, bedekking, dakgoten, dakramen, koepels, schouwen, isolatie, plafondafwerking binnenzijde;
– Buitenschrijnwerk: vernieuwing ramen en buitendeuren met hoogrendementsglas + afwerking – uitgezonderd rolluiken, vliegenramen, garagepoorten, veranda's, schilderwerken);
– Hoogrendementsbeglazing: volledige of gedeeltelijke vervanging, plaatsing isolerende beglazing, afwerking binnen en buiten
– Binnendeuren: deuren van minimum 93 cm in de leefruimten;
– Trappen : vernieuwing of veilig maken van trappen;
– Elektriciteit: gehele of gedeeltelijke vernieuwing – uitgezonderd verlichtingsarmaturen en verbruikstoestellen;
– Sanitaire installaties: vernieuwing en afwerking badkamer en toilet, 2e badkamer of toilet op een andere verdieping,– uitgezonderd bubbelbaden, badkameraccessoires en meubelen;

- Centrale verwarming met hoogrendementsketels: installatie, vervanging, uitbreiding of overschakeling op duurzame enrgiebronnnen – uitgezonderd onder meer accumulatoren;
- Herindelings- of uitbreidingswerken: leefruimten wonen, koken, slapen, sanitair (geen veranda).

Als een stedenbouwkundige vergunning vereist is en de aanstelling van een architect verplicht is, dan wordt het ereloon van de architect voor het aandeel van de subsidieerbare werkzaamheden mee in aanmerking genomen voor de berekening van de tegemoetkoming.

Wie?

De bewoner of de verhuurder van een woning.

De bewoner is een particulier en, in voorkomend geval, de persoon met wie hij wettelijk of feitelijk samenwoont, die de woning op de aanvraagdatum zelf bewoont en waarvan het gezinsinkomen een bepaalde grens niet overschrijdt. Voor de alleenstaande is dit in 2009 37.340 euro. Voor het éénoudergezin of een kerngezin (wettelijk of feitelijk samenwonend) is dit 53.350 euro te verhogen met 2.990 euro per persoon vanaf de tweede persoon ten laste. Er wordt gekeken naar het belastbaar inkomen van het derde jaar dat voorafgaat aan de aanvraagdatum. Voor renovatiepremies die worden aangevraagd in 2009 wordt dus het belastbaar inkomen van 2006 in aanmerking genomen.

De bewoner mag, naast de woning waarvoor de renovatiepremie wordt aangevraagd, geen andere woning volledig in volle eigendom of volledig in vruchtgebruik (gehad) hebben op de aanvraagdatum en tijdens de periode van drie jaar die daaraan voorafgaat.

De **verhuurder** is een particulier, die de woning op de aanvraagdatum verhuurt aan een sociaal verhuurkantoor voor de duur van minstens negen jaar. Voor hem/haar geldt geen inkomensgrens.

De woning waarvoor de renovatiepremie wordt aangevraagd, moet minstens 25 jaar oud zijn en gelegen in het Vlaamse Gewest.

De totale kostprijs van de werkzaamheden die in aanmerking kunnen worden genomen, moet minstens 10.000 euro bedragen, exclusief btw. De facturen mogen niet dateren van voor 1 januari 2006, noch van meer dan drie jaar voor de aanvraagdatum.

Hoe?

De renovatiepremie wordt berekend op basis van voorgelegde facturen. Deze facturen moeten betrekking hebben op werkzaamheden die uitgevoerd zijn door een geregistreerde aannemer of op de aankoop van materialen of uitrustingsgoederen die door de aanvrager zelf zijn verwerkt of geplaatst.

Belangrijk: sommige facturen kunnen geweigerd worden. Daarom is het aangeraden om alle geldige facturen die binnen deze periode vallen, bij de aanvraag te voegen. Op die manier kan u maximaal gebruik maken van de renovatiepremie.

Als het weigeren van sommige facturen tot gevolg heeft dat het vereiste minimumbedrag van 10.000 euro niet bereikt wordt, dan zal u gevraagd worden of u akkoord gaat met een overheveling naar een onderzoek op het recht naar de verbeteringspremie. Beide premies zijn niet cumuleerbaar.

Waar?

De aanvraag wordt ingediend bij de dienst van het agentschap Wonen-Vlaanderen in de provincie, na de werken. Hiervoor gebruik men het aanvraagformulier en de verzamellijst van facturen van de provincie. Deze documenten kan men downloaden op www.bouwenenwonen.be of zijn te verkrijgen bij de bouwdienst van elke gemeente of stad. Let op: deze documenten zijn verschillend voor bewoners en verhuurders.

- Provinciaal bureau - Bestuur voor de huisvesting (inlichtingen + aanvraag)
- Agentschap Wonen Vlaanderen:
  - Wonen Vlaams-Brabant
    Blijde inkomststraat 105, 3000 Leuven
    tel.: (016) 24 97 77
  - Wonen Antwerpen
    Lange Kievitstraat 111-113 , 2018 Antwerpen
    tel.: (03) 224 61 16
  - Wonen Limburg
    Koningin Astridlaan 50, bus 7, 3500 Hasselt
    tel.: (011) 74 22 00
  - Wonen West-Vlaanderen
    Werkhuisstraat 9, 8000 Brugge
    tel.: (050) 44 28 80
  - Wonen Oost-Vlaanderen
    Gebroeders Van Eyckstraat 4-6, 9000 Gent
    tel.: (09) 265 45 11
- Gemeente - sociale dienst (inlichtingen + bijstand)

REACTIEKAART

Port betaald door geadresseerde

Uitgeverij VANDEN BROELE
Stationslaan 23
B-8200 Brugge

Reactiekaa

Stuur of fax deze kaart naar :
Uitgeverij VANDEN BROELE
Stationslaan 23, B-8200 Brugge
Tel.: (050) 642 800
Fax : (050) 642 808

Naam : ....

Straat : .... Nr. .... Bus ....

Postcode .... Plaats ....

Tel. .... Fax ....

Ik meld dat de volgende gegevens niet (meer) actueel zijn

Onjuiste tekst .... Pag. ....

....

....

....

....

Aanpassingen ....

....

....

....

....

Ik heb nog de volgende suggesties aangaande deze publicatie

....

....

....

....

....

2009

II.27. Installatiepremie woning

(B.V.R. 11.12.91 - B.S. 17.03.92)

(opgeheven op 01.05.2007 !!!)

Wat?

In de loop van 2007 is de installatiepremie geïntegreerd in de nieuwe regelgeving "tegemoetkoming in de huurprijs voor woonbehoeftige huurders". Aanvragen na 01.05.2007 worden afgehandeld in de nieuwe regelgeving (zie II.28).

II.28. Tegemoetkoming in de huurprijs voor woonbehoeftige huurders

(BVR 02.02.2007 – BS 09.03.2007; MB 12.04.2007 – BS 25.04.2007

Wat?

Op 01.05.2007 is het nieuwe huursubsidiestelsel in werking getreden. De oude installatiepremie is nu geïntegreerd in de startfase van deze nieuwe tegemoetkoming.

De tegemoetkoming in de huurprijs ondersteunt mensen met een laag inkomen die verhuizen van een slechte, onaangepaste woning naar een goede, aangepaste woning. Ook wie verhuist van een private huurwoning naar een woning verhuurd door een sociaal verhuurkantoor, kan de tegemoetkoming aanvragen.

De tegemoetkoming in de huurprijs bestaat uit twee delen: enerzijds is er een maandelijkse huursubsidie, anderzijds een eenmalige installatiepremie.

De eenmalige installatiepremie is gelijk aan drie keer het bedrag van de maandelijkse huursubsidie van het eerste jaar (zie tabel).

Opgelet: wie dakloos was en van het ocmw al een installatiepremie heeft ontvangen voor de nieuwe huurwoning, dan heeft men geen recht meer op een nieuwe installatiepremie.

De huursubsidie wordt bepaald op basis van het inkomen. Ze wordt maximaal gedurende 9 jaar uitbetaald en neemt af in de loop van die periode.

Overzicht bedragen huursubsidie voor 2009:

Het inkomen van het 3e jaar voor aanvraagdatum was maximum ... *	**De tegemoetkoming voor de respectievelijke jaren is ...** **			
	Jaar 1 & 2	Jaar 3 & 4	Jaar 5 & 6	Jaar 7, 8 & 9 ***
15.530 euro	100 euro	80 euro	60 euro	60 euro
13.230 euro	150 euro	120 euro	90 euro	60 euro
9.610 euro	200 euro	160 euro	120 euro	60 euro

* als het inkomen het jaar voorafgaand aan de aanvraag boven het maximumbedrag ligt, dan krijgt men slechts 2 jaar de huursubsidie

** bejaarden of personen met een handicap, die zelf huurder zijn (dus geen inwonende personen die bejaard of gehandicapt zijn) ontvangen levenslang of zolang ze de woning bewonen de huursubsidie van jaar 1 & 2

*** in jaar 7, 8 & 9 kijkt men naar het inkomen van 3 jaar na de aanvraagdatum. Indien dit hoger is als het maximumbedrag krijgt men slechts 30 euro ipv 60 euro.

Zowel de oude woning die men verlaat als de nieuwe woning moeten zich in het Vlaams Gewest bevinden. De nieuwe woning moet zonder gebreken zijn en aangepast aan de gezinssamenstelling.

De maximale huurprijs van de nieuwe huurwoning bedraagt 520 euro voor aanvragen in 2009. Dit maximum mag verhoogd worden met 7% per persoon ten laste, tot de vierde persoon ten laste (dus met een maximale verhoging van 28%, ook al heeft u meer dan vier personen ten laste).

Kamers en gesubsidieerde sociale huurwoningen zijn uitgesloten voor deze tegemoetkoming.

Er zijn 3 mogelijkheden om in aanmerking te komen voor de tegemoetkoming:

Men neemt een conforme woning in huur nadat men een woning of kamer verlaten heeft, die onbewoonbaar of overbewoond verklaard is, of die een bepaalde graad van mankementen had of men komt van een woonsituatie die gezondheidsrisico's of veiligheidsrisico's vertoonde. Men was permanente campingbewoner of dakloos.

De huurder of een gezinslid is minstens 65 jaar of erkend als persoon met een handicap en men verhuist naar een aangepaste huurwoning.

Men huurt een woning van een erkend sociaal verhuurkantoor (geen voorwaarden wat betreft de verlaten woning).

Men kan de tegemoetkoming in de huurprijs slechts één keer toegewezen krijgen.

Als men al een huursubsidie heeft ontvangen op basis van de oude huursubsidie, komt men niet meer in aanmerking voor een tegemoetkoming in de huurprijs. Als men toen echter enkel een installatiepremie heeft ontvangen, komt men wel nog in aanmerking.

Wie?

Personen die een onaangepaste woonsituatie in het Vlaamse Gewest verlaten zoals hierboven beschreven en die voldoen aan de inkomensvoorwaarde en de eigendomsvoorwaarde.

Voor aanvragen in 2009 mag de som van het aan de personenbelasting inkomen, alsook van de niet- belastbare vervangingsinkomsten van de huurder en van de inwonende gezinsleden, niet meer bedragen dan 15.530 euro. Dit maximum mag verhoogd worden met 1.390 euro per persoon ten laste.

Er wordt gekeken naar het inkomen van het derde jaar dat voorafgaat aan de aanvraagdatum.

Bij de aanvraag moet men ook op erewoord verklaren of het inkomen van het jaar vóór de aanvraagdatum al dan niet meer bedraagt dan het maximumbedrag.

De huurder en de inwonende gezinsleden mogen op de aanvraagdatum en tijdens de drie jaar die daaraan voorafgaan geen woning volledig in volle eigendom of volledig in vruchtgebruik hebben (gehad).

Hierop zijn enkele uitzonderingen voor het verlaten van onbewoonbare, ongeschikt verklaarde of overbevolkte woningen of woningen met gezondheids- of veiligheidsrisico. Of de woning is/wordt gesloopt of onteigend. Of de eigenaar (of vruchtgebruiker) kan ten gevolge van een wettelijke regeling of van een uitvoerbare rechterlijke beslissing niet beschikken over de woning.

Hoe?

Men dient een aanvraag voor een tegemoetkoming in de huurprijs in bij de dienst van het Agentschap Wonen-Vlaanderen met het aanvraagformulier van de provincie waarin de nieuwe huurwoning zich bevindt. Let op: als de nieuwe huurwoning verhuurd wordt door een sociaal verhuurkantoor, moet men daarvoor een speciaal aanvraagformulier gebruiken.

De aanvraagformulieren zijn te bekomen bij het gemeentebestuur of bij de ROHM afdeling van de provincie of te downloaden op www.bouwenenwonen.be (huren, sociale maatregelen).

De aanvraag moet aangetekend ingediend worden ten laatste 6 maanden nadat de nieuwe woning betrokken is, maar de aanvraag kan ten vroegste 9 maanden voor het betrekken van de nieuwe huurwoning al ingediend worden.

Binnen een maand nadat de aanvraag is ingediend, krijgt men een ontvangstmelding van het Agentschap Wonen-Vlaanderen. Als het dossier onvolledig is, wordt men daar binnen dezelfde termijn van op de hoogte gebracht.

Vanaf de vervollediging van het dossier heeft Wonen-Vlaanderen maximaal 3 maanden de tijd om een beslissing te nemen. Als het agentschap binnen die termijn geen beslissing heeft genomen of als men niet akkoord gaat met de beslissing van het agentschap, kan men beroep aantekenen.

De huursubsidie wordt een eerste keer uitbetaald binnen de 4 maanden nadat de aanvraag is goedgekeurd (of een beslissing in beroep is genomen).

De eenmalige installatiepremie wordt uitbetaald samen met de eerste huursubsidie. Nadien zal de huursubsidie om de 3 maanden uitbetaald worden.

Als men een woning huurt van een sociaal verhuurkantoor, dan worden zowel de installatiepremie als de huursubsidie gestort op rekening van dit sociaal verhuurkantoor. Het sociaal verhuurkantoor zal vervolgens de installatiepremie doorgeven, en de huursubsidie rechtstreeks in mindering brengen van de huurprijs.

Waar?

- Provinciaal bureau - Bestuur voor de huisvesting (inlichtingen + aanvraag)
- Agentschap Wonen Vlaanderen:
  - Wonen Vlaams-Brabant
    Blijde inkomststraat 103-105, 3000 Leuven
    tel.: (016) 24 97 77
  - Wonen Antwerpen
    Lange Kievitstraat 111-113, 2018 Antwerpen
    tel.: (03) 224 61 14
  - Wonen Limburg
    Koningin Astridlaan 50, bus 1, 3500 Hasselt
    tel.: (011) 74 22 00
  - Wonen West-Vlaanderen
    Werkhuisstraat 9, 8000 Brugge
    tel.: (050) 44 29 07

  - Wonen Oost-Vlaanderen
    Gebroeders Van Eyckstraat 4-6, 9000 Gent
    tel.: (09) 265 45 11
- Ziekenfonds - dienst maatschappelijk werk (inlichtingen + bijstand) (Gouden Gids nr. 6990, www.cm.be; e-mail: dmw@cm.be)
- Gemeente - sociale dienst (inlichtingen + bijstand) (telefoongids OCMW ofwel Gouden Gids nr. 7620)

II.29. Overzichtsschema - vrijstellingen en verminderingen

	Benaming	Voordeel	Leeftijd	Handicap	Medisch attest	Financieel
1	Sociaal Tarief TV-kabel (II.23)	Vermindering		Sommige maatschappijen geven korting voor de kabel indien men een officieel attest van 80% (of 12/18 punten) kan voorleggen		
2	Sociaal GSM- en telefoontarief (II.21)	Vermindering op aansluitingskosten, abonnementsgeld en gesprekskosten	Vanaf 65 jaar Vanaf 18 jaar	66%	officieel attest	bruto-jaarinkomen van het gezin niet hoger dan het grensbedrag om in de ziekteverzekering van de 'verhoogde tegemoetkoming' (VT) inzake geneeskundige verzorging te kunnen genieten
3	Inkomstenbelasting (II.15)	- gehandicapt kind ten laste telt dubbel - anderen: verhoging van de belastingvrije som		66% op 1 januari van het aanslagjaar. Handicap moet ontstaan en vastgesteld zijn vóór de leeftijd van 65 jaar	officieel attest	
4	Onroerende voorheffing & successierechten (II.15)	Vermindering van de belasting		66% op 1 januari van het aanslagjaar. De handicap moet ontstaan en vastgesteld zijn vóór de leeftijd van 65 jaar	officieel attest	
5	Speciale parkeerkaart (II.18)	Parkeerfaciliteiten voor gehandicapten		- 80% (12 punten) - 50% blijvende invaliditeit rechtstreeks toe te schrijven aan onderste ledematen - volledige verlamming of amputatie van bovenste ledematen - minimum 2 punten O.L.	officieel attest of of een door behandelend geneesheer te ondertekenen verklaring op aanvraagformulier	
6	Verkeersbelasting / inverkeerstellingsbelasting / BTW bij aankoop auto (II.16)	- vrijstelling - BTW tarief van 6% bij herstelling en onderhoud van auto		- 50% uitsluitend te wijten aan aandoening onderste ledematen - volledige blindheid - volledig verlamming of amputatie bovenste ledematen (of amputatie beide handen vanaf de pols)	officieel attest met specifiëring handicap	

	Benaming	Voordeel	Leeftijd	Handicap	Medisch attest	Financieel
7	Sociale maximumprijs gas en electriciteit (II.25)	Vrijstelling vast recht en verlaagd verbruikstarief	Werkelijk genot van 'bijstandsuitkering': - leefloon - gewaarborgd inkomen voor bejaarden - inkomensgarantie voor ouderen - tegemoetkoming minder-validen 65% (of hulp van derden (oude wetgeving) - Inkomensvervangende tegemoetkoming en/of Integratietegemoetkoming categorie II/III/IV - Tegemoetkoming Hulp aan Bejaarden			
8	Vrijstelling saneringsbijdrage bij de waterfactuur (II.24)	Vrijstelling	Werkelijk genot van 'bijstandsuitkering': - leefloon of gelijkgestelde steun OCMW - gewaarborgd inkomen voor bejaarden - inkomensgarantie voor ouderen - Inkomensvervangende tegemoetkoming, integratietegemoetkoming of tegemoetkoming voor hulp aan bejaarden			
9	Huisvestingspremies van het Vlaams Gewest (II.26-27-28)	- Huurtegemoetkoming	65 jaar, tenzij gehandicapt of bij het verlaten van een ongezonde woning	66% (indien aanvraag wegens handicap)	Officieel attest	gezamenlijk belastbaar inkomen van 2 jaar terug mag een bepaald bedrag niet overschrijden
		- Verbeterings- en renovatiepremie			Officieel attest	
10	Openbaar vervoer (Nationale verminderingskaart visueel gehandicapten) (II.19)	Gratis NMBS en DE LIJN (ook voor geleidehond)		visuele handicap van tenminste 90%	Officieel attest of door een oftalmoloog te ondertekenen verklaring op het aanvraagformulier	
11	Openbaar vervoer verminderingskaart (II.19)	50% vermindering NMBS en DE LIJN voor gerechtigde en personen ten laste				Personen met verhoogde tegemoetkoming (VT) in de ziekteverzekering en hun PTL
12	Openbaar vervoer (De Lijn) (II.19)	Gratis vervoer gehandicapte DE LIJN		1. Inschrijving Vlaams Agentschap voor personen met een handicap 2. Genieten van een tegemoetkoming aan gehandicapten		
13	Openbaar vervoer NMBS (bejaarden) (II.19)	NMBS (biljet + 4 euro H/T) - werkdag: vanaf 9 u - niet op feestdag of weekend tussen 15/05 - 15/089 + verlengd weekend van Pasen	Vanaf 65 jaar			

	Benaming	Voordeel	Leeftijd	Handicap	Medisch attest	Financieel
14	Kaart kosteloze begeleider (NMBS) (II.19)	Begeleider reist gratis met NMBS, DE LIJN, TEC, MIVB (gehandicapte betaalt het voor hem geldend tarief)		- 80% (12 punten) - 50% blijvende invaliditeit rechtstreeks toe te schrijven aan onderste ledematen - volledige verlamming of amputatie van bovenste ledematen	Officieel attest	
15	Kaart voor begeleider (DE LIJN) (II.19)	Begeleider reist gratis met DE LIJN		- 75% (visueel of bovenste ledematen) - 75% onderste ledematen - 66% mentale handicap	Officieel attest of attest geneesheer-specialist	
16	Sociaal verwarmingsfonds (II.20)	Bij hoge stookolieprijzen een toelage in de aankoop van brandstof om het huis te verwarmen				- Beperkt inkomen of gerechtigd zijn op verhoogde tegemoetkoming

Overzicht 'vrijstellingen - verminderingen' vanuit beschikbare attesten

Op welke voordelen (vrijstellingen of verminderingen) kan men eventueel aanspraak maken (indien aan de specifieke voorwaarden is voldaan!):

A. In geval men recht heeft op één van volgende inkomensvervangende uitkeringen of tegemoetkomingen:

Attest	Voorwaarde	Voordeel
1. Invaliditeitsuitkering ziekteverzekering	**WERKNEMERS**	- sociaal telefoontarief - vermindering belastingen - Vlaamse huisvestingspremies
	ZELFSTANDIGEN	- erkenning als 'minder-valide' zelfstandige (= recht op kleine risico's) - sociaal telefoontarief - vermindering belastingen - Vlaamse huisvestingspremies
2. Inkomensvervangende tegemoetkoming	**Werkelijk genot** van de inkomensvervangende tegemoetkoming	- sociale maximumfactuur - verhoogde tegemoetkoming (+ voordelen VT) - erkenning als 'minder-valide' zelfstandige (= recht op kleine risico's) - vrijstelling saneringsbijdrage - sociale maximumprijs gas en elektriciteit - sociaal verwarmingsfonds - sociaal telefoontarief - vermindering belastingen - vlaamse huisvestingspremies - gratis abonnement 'De Lijn'
	Voldoen aan de **medische voorwaarden** voor de inkomensvervangende tegemoetkoming	- erkenning als 'minder-valide' zelfstandige (= recht op kleine risico's) - sociaal telefoontarief - vermindering belastingen - Vlaamse huisvestingspremies
3. Werklozen	**+ 6 maanden volledig werkloze** gezinshoofd of alleenstaande + Persoon Ten Laste	- vrijstelling inschrijvingsgeld volwassenenonderwijs
	+ 12 maanden volledig werkloze gezinshoofd of alleenstaande + Persoon Ten Laste	- verlaagd persoonlijk aandeel hospitalisatie - vrijstelling inschrijvingsgeld volwassenenonderwijs
	Oudere langdurig werklozen (50 jaar, +12 maanden werkloos) + Persoon Ten Laste	- **verhoogde tegemoetkoming** (+ voordelen VT) - sociaal verwarmingsfonds - vrijstelling inschrijvingsgeld volwassenenonderwijs
4. leefloon of gelijkgestelde financiële steun OCMW	- sociale maximumfactuur - verhoogde tegemoetkoming (+ voordelen VT) - sociaal verwarmingsfonds - vrijstelling saneringsbijdrage - sociale maximumprijs gas en elektriciteit - DE LIJN (omnipass/buzzypass) - vrijstelling inschrijvingsgeld volwassenenonderwijs	

Attest	Voorwaarde	Voordeel
5. Gewaarborgd inkomen voor bejaarden of rentebijslag (niet noodzakelijk ook van toepassing voor de rechthebbenden op de 'Inkomens-garantieuitkering Ouderen' die het GIB vervangt!)	- sociale maximumfactuur - kleine risico's geneeskundige verstrekkingen (zelfstandigen) - verhoogde tegemoetkoming (+ voordelen VT) - sociaal verwarmingsfonds - vrijstelling saneringsbijdrage - sociale maximumprijs gas- en elektriciteit - DE LIJN – (omnipass/buzzypass)	

B) In geval men recht heeft op één van volgende uitkeringen (tegemoetkomingen) omwille van verlies aan zelfredzaamheid:

Attest	Voordeel	Voorwaarde
6. Verhoogde kinderbijslag wegens handicap	- maximumfactuur (persoonlijke bescherming) - forfait chronisch zieken - Globaal Medisch dossier - verhoogde tegemoetkoming (+ voordelen VT) - erkenning als 'minder-valide' zelfstandige (= recht op kleine risico's) - sociaal telefoontarief - vermindering belastingen - Vlaamse huisvestingspremies - vermindering kabelabonnement - speciale parkeerkaart	
7. Behoefte andermans hulp (11/18 punten beperking zelfredzaamheid)	- forfait chronisch zieken - Globaal Medisch Dossier	
8. Integratietegemoetkoming	**Werkelijk genot** categorie **I**	- sociale maximumfactuur - verhoogde tegemoetkoming (+ voordelen VT) - sociaal verwarmingsfonds - erkenning als 'minder-valide' zelfstandige (= recht op kleine risico's) - gratis abonnement De Lijn - vrijstelling saneringsbijdrage
	Werkelijk genot categorie **II**	- sociale maximumfactuur - verhoogde tegemoetkoming (+ voordelen VT) - sociaal verwarmingsfonds - erkenning als 'minder-valide' zelfstandige (= recht op kleine risico's) - sociale maximumprijs gas en elektriciteit - sociaal telefoontarief - vermindering belastingen - Vlaamse huisvestingspremies - gratis abonnement De Lijn - vrijstelling saneringsbijdrage

Attest	Voordeel	Voorwaarde
	Werkelijk genot categorie **III**	- forfait chronisch zieken - Globaal Medisch dossier - sociale maximumfactuur (uitgezonderd IT cat. 3, 4 of 5 met volledige vrijstelling partner) - verhoogde tegemoetkoming (+ voordelen VT) - sociaal verwarmingsfonds - erkenning als 'minder-valide' zelfstandige (= recht op kleine risico's) - vermindering kabelabonnement - sociale maximumprijs gas en elektriciteit - sociaal telefoontarief - vermindering belastingen - speciale parkeerkaart - Vlaamse huisvestingspremies - gratis abonnement De Lijn - vrijstelling saneringsbijdrage
	Werkelijk genot categorie **IV-V**	- zorgverzekering - forfait chronisch zieken - Globaal Medisch dossier - sociale maximumfactuur (uitgezonderd IT cat. 3, 4 of 5 met volledige vrijstelling partner) - verhoogde tegemoetkoming (+ voordelen VT) - sociaal verwarmingsfonds - erkenning als 'minder-valide' zelfstandige (= recht op kleine risico's) - vermindering kabelabonnement - sociale maximumprijs gas en elektriciteit - sociaal telefoontarief - vermindering belastingen - speciale parkeerkaart - Vlaamse huisvestingspremies - gratis abonnement De Lijn - vrijstelling saneringsbijdrage
	Voldoen aan de **medische voorwaarden** categorie **I**	- erkenning als 'minder-valide' zelfstandige (= recht op kleine risico's) - **verhoogde tegemoetkoming** (+ voordelen VT)
	Voldoen aan de **medische voorwaarden** categorie **II**	- erkenning als 'minder-valide' zelfstandige (= recht op kleine risico's) - **verhoogde tegemoetkoming** (+ voordelen VT) - sociaal telefoontarief - vermindering belastingen - Vlaamse huisvestingspremies

Attest	Voordeel	Voorwaarde
	Voldoen aan de **medische voorwaarden** categorie **III**	- forfait chronisch zieken - Globaal Medisch Dossier - erkenning als 'minder-valide' zelfstandige (= recht op kleine risico's) - **verhoogde tegemoetkoming** (+ voordelen VT) - vermindering kabelabonnement - sociaal telefoontarief - vermindering belastingen - speciale parkeerkaart - Vlaamse huisvestingspremies
	Voldoen aan de **medische voorwaarden** categorie **IV-V**	- zorgverzekering - forfait chronisch zieken - Globaal Medisch Dossier - erkenning als 'minder-valide' zelfstandige (= recht op kleine risico's) - **verhoogde tegemoetkoming** (+ voordelen VT) - vermindering kabelabonnement - sociaal telefoontarief - vermindering belastingen - speciale parkeerkaart - Vlaamse huisvestingspremies
9. Tegemoetkoming Hulp aan Bejaarden	**Werkelijk genot** categorie **I**	- sociale maximumfactuur - verhoogde tegemoetkoming (+ voordelen VT) - sociaal verwarmingsfonds - sociale maximumprijs gas en elektriciteit - erkenning als 'minder-valide' zelfstandige (= recht op kleine risico's) - sociaal telefoontarief - gratis abonnement De Lijn - vrijstelling saneringsbijdrage
	Werkelijk genot categorie **II**	- sociale maximumfactuur - verhoogde tegemoetkoming (+ voordelen VT) - sociaal verwarmingsfonds - erkenning als 'minder-valide' zelfstandige (= recht op kleine risico's) - sociale maximumprijs gas en elektriciteit - sociaal telefoontarief - Vlaamse huisvestingspremies - gratis abonnement De Lijn - vrijstelling saneringsbijdrage

Attest	Voordeel	Voorwaarde
	Werkelijk genot categorie **III**	- sociale maximumfactuur - forfait chronisch zieken - Globaal Medisch Dossier - verhoogde tegemoetkoming (+ voordelen VT) - sociaal verwarmingsfonds - erkenning als 'minder-valide' zelfstandige (= recht op kleine risico's) - vermindering kabelabonnement - sociale maximumprijs gas en elektriciteit - sociaal telefoontarief - speciale parkeerkaart - Vlaamse huisvestingspremies - gratis abonnement De Lijn - vrijstelling saneringsbijdrage
	Werkelijk genot categorie **IV of V**	- zorgverzekering - sociale maximumfactuur - forfait chronisch zieken - Globaal Medisch Dossier - **verhoogde tegemoetkoming** (+ voordelen VT) - sociaal verwarmingsfonds - erkenning als 'minder-valide' zelfstandige (= recht op kleine risico's) - vermindering kabelabonnement - sociale maximumprijs gas en elektriciteit - sociaal telefoontarief - speciale parkeerkaart - Vlaamse huisvestingspremies - gratis abonnement De Lijn - vrijstelling saneringsbijdrage
	Voldoen aan de **medische voorwaarden** categorie **I**	- erkenning als 'minder-valide' zelfstandige (= recht op kleine risico's) - **verhoogde tegemoetkoming** (+ voordelen VT)
	Voldoen aan de **medische voorwaarden** categorie **II**	- erkenning als 'minder-valide' zelfstandige (= recht op kleine risico's) - **verhoogde tegemoetkoming** (+ voordelen VT) - sociaal telefoontarief - Vlaamse huisvestingspremies
	Voldoen aan de **medische voorwaarden** categorie **III**	- forfait chronisch zieken - Globaal Medisch Dossier - erkenning als 'minder-valide' zelfstandige (= recht op kleine risico's) - **verhoogde tegemoetkoming** (+ voordelen VT) - vermindering kabelabonnement - sociaal telefoontarief - speciale parkeerkaart - Vlaamse huisvestingspremies

Attest	Voordeel	Voorwaarde
	Voldoen aan de **medische voorwaarde** categorie **IV of V**	- zorgverzekering - forfait chronisch zieken - Globaal Medisch Dossier - erkenning als 'minder-valide' zelfstandige (= recht op kleine risico's) - **verhoogde tegemoetkoming** (+ voordelen VT) - vermindering kabelabonnement - sociaal telefoontarief - speciale parkeerkaart - Vlaamse huisvestingspremies
10 BEL-score 35+ gezinshulp	zorgverzekering	

C) In geval men recht heeft op één van volgende voorzieningen:

Attest	Voordeel	Voorwaarde
11. Verhoogde Tegemoetkoming (VT)	- sociale maximumfactuur (uitgezonderd IT cat. 3, 4 of 5 met volledige vrijstelling partner) - verlaagd persoonlijk aandeel hospitalisatie - sociaal telefoontarief - sociaal verwarmingsfonds - vermindering bij DE LIJN - vermindering bij de NMBS	
12. Kinesitherapie E pathologie minstens **6 maanden**	- forfait chronisch zieken - Globaal Medisch Dossier	
13. Langdurige/veelvuldige hospitalisatie	Tijdens een referteperiode die bestaat uit kalenderjaren X en X- 1 tenminste 120 dagen hospitalisatie of tenminste 6 x opgenomen geweest zijn (hier wordt het toekennen van een maxiforfait, forfait A, B, C of D of forfait voor nierdialyse gelijkgesteld met ziekenhuisopname) Opmerking: - Iedere hospitalisatie wordt als een nieuwe opname beschouwd - zowel van toepassing bij opname algemeen ziekenhuis of psychiatrie	- forfait chronisch zieken - Globaal Medisch Dossier
14. Thuiszorg: verpleegkundig forfait B of C	Verpleegkundig forfait B of C	- zorgverzekering
	Verpleegkundig forfait B of C minstens **3 maanden**	- zorgverzekering - forfait chronisch zieken - Globaal Medisch Dossier

Attest	Voordeel	Voorwaarde
	Verpleegkundig forfait B of C minstens **4 maanden** over laatste 12 maanden, op voorwaarde dat in het afhankelijkheids-rooster een score 3 of 4 is vermeld voor het criterium 'incontinen-tie'	- zorgverzekering - incontinentieforfait - forfait chronisch zieken - Globaal Medisch Dossier
15. Vaststelling Handicap 50 % onderste ledematen	- speciale parkeerkaart - vrijstelling BTW / verkeersbelasting auto - NMBS (kaart kosteloze begeleider)	
16. Ingeschreven bij het Vlaams Agentschap voor Personen met een Handicap	- DE LIJN (gratis vervoer) - vrijstellling inschrijvingsgeld volwassenenonderwijs	

II.30. Revalidatieverstrekkingen

(in de ziekte- en invaliditeitsverzekering)
(terugbetaling en overzicht)

In de ZIV-wetgeving worden naast uitkeringen ook geneeskundige zorgen voorzien. De **geneeskundige zorgen** omvatten:

A. Verstrekkingen in het kader van **herscholingen**
(zie II.11.B.c) ziekenfonds, 1)

B. Geneeskundige verstrekkingen voorzien in de **nomenclatuur:** het gaat hier vooral om handelingen van medici en para-medici en verstrekking van apparaten en hulpmiddelen

C. Geneeskundige verstrekkingen in het kader van de revalidatie
Het gaat om:
1. revalidatieverstrekkingen in centra met ZIV-overeenkomst;
2. apparatuur voor revalidatie verstrekt in en door centra met overeenkomst (ook voor gebruik thuis);
3. revalidatieprestaties en apparatuur verstrekt door privé-verstrekker;

Hierna geven wij in tabelvorm en alfabetisch weer welke revalidatieverstrekkingen/apparaten in deze drie kaders ten laste worden genomen en wie de beslissingsbevoegdheid heeft binnen de ziekteverzekering (het college van geneesheren-directeurs, (CGD) van het RIZIV of de adviserend geneesheer van het ziekenfonds).

1. REVALIDATIEVERSTREKKINGEN IN CENTRA MET ZIV-OVEREENKOMST

De aanvragen om tegemoetkoming worden door de erkende centra zelf voorgelegd aan de ZIV-instanties (ziekenfonds of RIZIV naargelang bevoegdheidsverdeling).

Opmerking: Wanneer de centra de aanvragen niet tijdig indienen, mogen zij de kosten die niet door een akkoord gedekt zijn (door deze nalatigheid) niet verhalen op de zieke of persoon met een handicap.

De centra mogen aan de zieke of gehandicapte die in het centrum opgenomen is geen opleg (persoonlijk aandeel, remgeld) aanrekenen die verband houdt met de revalidatie. Er is evenwel een persoonlijk aandeel te betalen voor de verblijfskosten (de zogenaamde hotelkosten).

De *ambulant behandelde patiënt* die niet erkend is als rechthebbende op de verhoogde verzekeringstegemoetkoming (zie II.12.), dient wel een persoonlijk aandeel van 1,60 euro (bedrag 01.01.2009) te betalen per revalidatiezitting in een revalidatiecentrum met ZIV-overeenkomst. Dit forfait wordt niet altijd aangerekend en is niet van toepassing in bepaalde centra, bijvoorbeeld voor:
- diagnose van en preventieve behandeling tegen wiegedood;
- zuurstoftherapie met zuurstofconcentrator;
- zuurstoftherapie met vloeibare zuurstof;
- chronische mechanische ademhalingsondersteuning;

- zelfcontrole thuis - diabetes (1);
- zelfregulatie van diabetes mellitus (1) bij kinderen en adelescenten;
- insuline-infusietherapie;
- hartdefibrillatoren.
- personen lijdend aan een van de volgende chronische ziekten: zeldzame monogenetische erfelijke metabole ziekte, ernstige chronische ademhalingsstoornissen of neuromusculaire ziekten

Patiënten die in een revalidatiecentrum zijn *opgenomen,* dienen volgend persoonlijk aandeel te betalen voor de verblijfskosten (de zogenaamde hotelkosten):
(Bedragen persoonlijk aandeel van toepassing vanaf 01.01.2009)

a) Bij verblijf in een revalidatiecentrum dat niet geïntegreerd is in het ziekenhuis:

	1ste dag	**vanaf 2de dag**
Kind dat persoon ten laste is	32,29 euro	5,02 euro
Rechthebbenden op verhoogde tegemoetkoming + personen ten laste	5,02 euro	5,02 euro
Andere rechthebbenden	41,41 euro	14,14 euro

b) Bij verblijf in een revalidatiecentrum dat geïntegreerd is in een algemeen ziekenhuis of in een psychiatrisch ziekenhuis:

	Algemeen ziekenhuis		**Psychiatrisch ziekenhuis**		
Categorie	**1ste dag**	**vanaf 2de dag**	**1ste dag**	**vanaf 2de dag tot 5de jaar**	**vanaf 6de jaar**
Rechthebbenden op de verhoogde tegemoetkoming (VT)	€ 5,02	€ 5,02	€ 5,02	€ 5,02	€ 14,14
Alle kinderen ten laste van gerechtigden zonder VT	€ 32,29	€ 5,02	€ 32,29	€ 5,02	€ 14,14
Gerechtigden met gezinslast of alleenstaande die ten minste 1 jaar volledig werkloos zijn en hun personen ten laste	€ 32,29	€ 5,02	€ 32,29	€ 5,02	€ 14,14
Alle anderen	€ 41,41	€ 14,14	€ 41,41	€ 14,14	€ 23,57

(1) Gratis infolijn diabetes alle werkdagen tussen 9-17 uur 0800/96 333.

Revalidatieverstrekkingen in centrum	Bij beslissing ((*) = beslissing door CGD indien conventie nog geen 2 jaar ondertekend is)
CURATIEVE DIABETISCHE VOETKLINIE-KEN	Adviserend geneesheer
EPILEPSIE	Adviserend geneesheer (*)
ERFELIJKE METABOLE ZIEKTEN (zeldzame monogenische erfelijke metabole ziekte)	Adviserend geneesheer (*) (opgelet: speciale voeding voor bepaalde erfelijke metabole ziekten is er ook tegemoetkoming voorzien)
ERNSTIGE CHRONISCHE ADEMHALINGS-STOORNISSEN thuis of gehospitaliseerd	Vanaf 14 jaar Adviserend geneesheer (*) Volwassenen College geneesh.-directeuren
HARTLIJDERS (revalidatie voor hartlijders)	Adviserend geneesheer
HERSENVERLAMDEN	Adviserend geneesheer (*)
KINDEREN MET RESPIRATOIRE AANDOE-NINGEN	Adviserend geneesheer (*)
KINDEREN MET ERNSTIGE MEDISCH-SOCIALE PATHOLOGIE	Adviserend geneesheer (*)
KINDERNEUROPSYCHIATRIE	College geneesh.-directeuren
LOCOMOTORISCHE REVALIDATIE	Adviserend geneesheer (*)
LOGOPEDIE IN CENTRA zie - multidisciplinaire revalidatie voor taal-, spraak- en stemstoornissen - psychosociale revalidatie voor mentale of gedragsstoornissen bij kinderen, jonger dan 19 jaar	Adviserend geneesheer (*)
MEDISCH PSYCHO-SOCIALE BEGELEI-DING BIJ ONGEWENSTE ZWANGER-SCHAP	Adviserend geneesheer (*)
MOTORISCHE REVALIDATIE	Adviserend geneesheer (*)
MOBILITEITSHULPMIDDELEN	Adviserend geneesheer
MULTIDISCIPLINAIRE REVALIDATIE VOOR TAAL-, SPRAAK- OF STEMSTOOR-NISSEN (ten gevolge van hersenletsel, laryngectomie, glossectomie, gehoorstoornissen, mentale handicap, pervasieve ontwikkelingsstoornissen, specifieke ontwikkelingsstoornissen, randbegaafdheid met functionele stoornissen, leermoeilijkheden, hyperkinetische stoornissen, stotteren)	Adviserend geneesheer
MULTIDISCIPLINAIRE REVALIDATIE VAN RECHTHEBBENDEN JONGER DAN 19 JAAR MET MENTALE OF GEDRAGS-STOORNISSEN (ten gevolge van bepaalde hersenletsels, mentale handicap, pervasieve ontwikkelingsstoornissen, ernstige gedragsstoornissen, chronische schizofrenie, ernstige stemmingsstoornissen, hersenverlamming, specifieke ontwikkelingsstoornissen, randbegaafdheid met functionele stoornissen, ernstige leermoeilijkheden, hyperkinetische stoornissen, stotteren)	Adviserend geneesheer (1)

Revalidatieverstrekkingen in centrum	Bij beslissing ((*) = beslissing door CGD indien conventie nog geen 2 jaar ondertekend is)
PSYCHOSOCIALE REVALIDATIE (multidisciplinaire revalidatie bij ernstige mentale- en gedragsstoornissen van strikt bepaalde pathologische groepen)	Adviserend geneesheer (*)
PSYCHO-MEDICO-SOCIALE REVALIDATIE VAN HIV-GEINFECTEERDEN EN AIDSPATIENTEN	Adviserend geneesheer (*)
PSYCHOTICI (revalidatie voor psychotici)	Adviserend geneesheer (*)
PALLIATIEVE VERZORGING - revalidatie voor palliatieve verzorging: ten huize door erkende multi-disciplinaire begeleidings-equipes; geen aanvraag (centra forfaitair gesubsidieerd) - dagcentra voor palliatieve verzorging	Adviserend geneesheer (*)
REFERENTIECENTRA AUTISMESPEC-TRUMSTOORNISSEN	College geneesh.-directeuren
REFERENTIECENTRA CEREBRAL PALSY (CP: niet evolutieve encephalopathie, congenitaal of in de eerste 2 levensjaren verworven)	College geneesh.-directeuren
REFERENTIECENTRA CHRONISCH VERMOEIDHEIDSSYNDROOM	College geneesh.-directeuren
REFERENTIECENTRA CHRONISCHE PIJN (multidisciplinaire begeleiding)	College geneesh.-directeuren
REFERENTIECENTRA NEUROMUSCU-LAIRE ZIEKTEN (in het kader van chronisch zieken)	Adviserend geneesheer (*)
REFERENTIECENTRA REFRACTAIRE EPILEPSIE	Adviserend geneesheer (*)
REFERENTIECENTRA SPINA BIFIDA	College geneesh.-directeuren
SLECHTHORENDEN (revalidatie voor slechthorenden)	Adviserend geneesheer (*)
VERSLAAFDEN (revalidatie voor verslaafden)	Adviserend geneesheer (*)
VISUEEL GEHANDICAPTEN (Revalidatie voor)	Adviserend geneesheer (*)
VROEGTIJDIGE STOORNISSEN VAN DE INTERACTIE KIND- OUDER(S) (kindermis-handeling)	Adviserend geneesheer (*)

(1) Opgelet: de 'arbeidsongevallenvergoeding' is belastingsvrij, indien ze geen daadwerkelijk verlies van inkomsten vergoedt (wet 19/07/2000 - B.S. 04/08/2000)

2. Apparatuur verstrekt vanuit het kader van de revalidatie in centra met ZIV-overeenkomst *(ook voor gebruik thuis) (alfabetisch)*

Voor het verstrekken van deze apparatuur mag geen persoonlijk aandeel aangerekend worden.

Revalidatie-apparatuur	Bij beslissing
CARDIORESPIRATOIRE MONITORING THUIS VOOR PASGEBORENE EN ZUIGELINGEN (bewakingsapparatuur van zuigelingen met kans op plotse dood)	Adviserend geneesheer
CHRONISCHE MECHANISCHE ADEMHALINGSONDERSTEUNING THUIS	Adviserend geneesheer
CONTINUE INSULINE-INFUSIETHERAPIE (draagbare insulinepomp)	Adviserend geneesheer
IMPLANTEERBARE HARTDEFIBRILLATOREN EN TOEBEHOREN	Adviserend geneesheer (*) - voorschrift van de geneesheer-specialist cardioloog die de overeenkomst medeondertekend heeft.
ZELFREGULATIE VOOR DIABETES-MELLITUS PATIËNTEN (kinderen en adolescenten)	Adviserend geneesheer
ZUURSTOFTHERAPIE THUIS VOOR ERNSTIGE CHRONISCHE ADEMHALINGSINSUFFICIËNTIE (langdurige zuurstoftherapie met concentrator/vloeibare zuurstof)	Adviserend geneesheer

3. Revalidatieverstrekkingen en apparaten in het kader van revalidatie bij privé-verstrekker *(alfabetisch)*

Voor de verstrekkingen door bandagisten en orthopedisten zijn prijsafspraken gemaakt, waaraan de geconventioneerde verstrekkers zich dienen te houden. In veel gevallen is de verkoopprijs gelijk aan de terugbetalingsprijs voor rechthebbenden met verhoogde tegemoetkomingen.

De tegemoetkomingen voor leveringen door verstrekkers, die niet toegetreden zijn tot de conventie, worden met 25% verminderd.

Aangezien 75 tot 80 % van de verstrekkers geconventioneerd zijn, moet het quasi altijd mogelijk zijn om een verstrekker met volledige terugbetaling te consulteren (adressen zijn bekend bij uw ziekenfonds).

Revalidatievertrekking/-apparaat bij privé-verstrekker	**Bij beslissing**
ANTIDECUBITUSKUSSEN	Adviserend geneesheer Enkel in het kader van rolstoelgebruik, met matig of hoog risico op doorzitwonden. Aanvraag met medisch voorschrift door verstrekker
BORSTPROTHESE	Na totale of gedeeltelijke mammectomie. Volledige of gedeeltelijke prothese. Postoperatieve prothese, voorlopige toerusting, definitieve prothese, armkous/handschoen wegens lymfoedeem, toebehoren. Voorschrift armkous/handschoen: specialist heelkunde, inwendige geneeskunde, gynaecologie-verloskunde, fysiotherapie
BREUKBANDEN	In strikt bepaalde situaties. Hernieuwingtermijn: 3 jaar (kind < 2 jaar = 6 maanden en kind < 16 jaar = 12 maanden)

Revalidatievertrekking/-apparaat bij privé-verstrekker	Bij beslissing
BRILGLAZEN	Art. 30 & 30bis & 30ter Tussenkomst afhankelijk van glasdikte en enkel bij zeer ernstige beperkingen. - < 12 jaar: bril: alle dioptrieën + eenmalig een forfaitaire vergoeding voor montuur Hernieuwingtermijn 2 jaar voor de glazen (1 jaar voor de lenzen van Fresnel en voor kinderen met dioptrie ≥ 8,25) Vroegtijdige hernieuwing: bij wijziging van tenminste 0,5 dioptrie en als de dioptrie van de glazen zich bevindt tussen -/+ 4,25 en -/+ 8,00 - 12 tot 65 jaar: glazen en optische contactlenzen dioptrie min. 8,25 Hernieuwingstermijn 5 jaar Vroegtijdige hernieuwing bij wijziging van tenminste 0,5 dioptrie - > 65 jaar: dioptrie min. 4,25 Hernieuwingstermijn 5 jaar Voorschrift door een specialist oftalmologie Andere voorwaarden voor de afaken en pseudo-afaken en het kunstoog.
DRUKKLEDIJ	College Geneesheren-Directeurs Art. 29 §18 Enkel voor brandwonden 2^{e} en 3^{e} graad Voorschrift van geneesheer-specialist verbonden aan brandwondencentrum of plastisch chirurg, die de medische behandeling en het behandelingsplan opgeeft, bij aanvraag van erkende orthopedist. De tegemoetkoming is vastgesteld per dossier, beperkt tot een maximum hoeveelheid drukverbanden.
ELEKTRONISCHE ROLSTOELEN	Nomenclatuur mobiliteitshulpmiddelen, art. 28. Enkel vergoedbaar bij definitief en dagelijks gebruik en bij een bewezen en definitief volledige verplaatsingsstoornis. Er zijn minder strenge voorwaarden voor professioneel actieve gebruikers (school, opleiding, beroepsactiviteit) en voor sommige pathologieën.
ELEKTRONISCHE SCOOTER	Nomenclatuur mobiliteitshulpmiddelen, art. 28. Voor gebruik over langere afstanden buitenshuis. Enkel vergoedbaar bij bewezen en definitief ernstig letsel aan de onderste ledematen (enkel kunnen stappen mits gebruik van een steun, loophulp of hulp van derden). Er zijn minder strenge voorwaarden als de scooter gebruikt wordt voor professionele activiteiten (school, opleiding , beroepsactiviteit).

Revalidatievertrekking/-apparaat bij privé-verstrekker	Bij beslissing
FYSIOTHERAPIE	Bij administratieve toepassing voor specifieke prestaties is het akkoord van de adviserend geneesheer vereist geen beperking in aantal zoals dit bij kiné wel het geval is.
GEHOORPROTHESE	Uitwendig: monofonisch, stereofonisch en contralateraal, met of zonder spraakaudio-metriemogelijkheid Voorschrift geneesheer-specialist ORL Hernieuwingstermijn 5 jaar (3 jaar < 18 jaar) Voortijdige hernieuwing mogelijk indien verergering van tenminste 20dB Forfaitaire tegemoetkoming voor gehoorstukjes als er geen hoorapparaat wordt afgeleverd na de tests
KINESITHERAPIE	Het aantal verstrekkingen per jaar voor dezelfde aandoening is behoudens enkele uitzonderingen beperkt.

Voorwaarden voor terugbetaling van de geneeskundige verstrekkingen van kiné:

Soort pathologie	Voorwaarden
Gewone aandoeningen, 'verstrekking gemiddelde duur 30 minuten' – niet in het ziekenhuis	- 18 zittingen per aandoening - maximum 54 zittingen per kalenderjaar (= 3 x 18 zittingen voor 3 verschillende aandoeningen), nieuwe pathologie aangetoond in een medisch en kinesithe-rapeutisch verslag (voor de 2e en 3e reeks van 18 zittingen is vooraf toelating van de adviserend geneesheer nodig) - op vraag van de behandelende arts 1 consultatief kinesitherapeutisch onderzoek
Verhoogde nood aan kiné ten gevolge van een zware aandoening (onder meer bij hersenverlamming, ernstige spierziekten, mucoviscidose, ernstige gevolgen van hersenbloeding of multiple sclerose, syndroom van Sjörgen), de zogenaamde E-pathologie	- Onbeperkt aantal zittingen- 2e prestatie mogelijk op 1 dag- per voorschrift (= 60 zittingen) een door een geneesheer-specialist bevestigde diagnose, waarbij aangetoond wordt dat intensieve kinsitherapie noodzakelijk is - lijst van aandoeningen is limitatief (adviserend geneesheer geeft een toelating)

Soort pathologie	Voorwaarden
Functionele beperkingen, opgesomd in een lijst: de acute F-aandoeningen (vb. na een ongeval of bepaalde operatieve ingrepen) en de chronische F- aandoeningen (scheefhals, psychomotorische ontwikkelingsachterstand bij kinderen, chronisch vermoeidheidssyndroom, enz.)	- Maximum 60 zittingen per kalenderjaar (uitgezonderd polytraumatismen = 120 zittingen en maximum 1 jaar vanaf de startdatum) - 2 x 18 extra zittingen mogelijk voor 2 andere gewone aandoeningen - 60 extra zittingen mogelijk voor een andere functionele beperking (of 120 bij polytraumatisme) - per voorschrift (= 60 zittingen) 1 consultatief kinesitherapeutisch onderzoek (*), 1 keer/jaar terugbetaalbaar en aan de behandelend geneesheer over te maken
Kinesitherapie aan palliatieve thuispatiënten (verkreeg het palliatief forfait – zie I.17 forfaitaire vergoedingen ziekteverzekering)	- Geen remgeld te betalen - 2 zittingen mogelijk per dag - alle andere pathologievoorwaarden vervallen en krijgen het specifieke prestatienummer voor palliatieve thuispatiënten
Perinatale kinesitherapiezitting	- Beperkt tot 9 zittingen
Gewone aandoening, 'verstrekking gemiddelde duur 15 of 20 minuten'	- Geen beperking in aantal/jaar • beperkt tot 1/dag • LET OP ! Deze verstrekking is een zeer goedkoop tarief, dus ook het wettelijk remgeld is laag.
Behandeling tijdens ziekenhuisopname, revalidatie, enz.	- Geen beperking
(*) Consultatief kinesitherapeutisch onderzoek: een verslag aan de geneesheer met bevindingen en een voorstel tot behandeling van de kinesitherapeut.	

Voor elke behandeling is een voorschrift van de behandelende arts noodzakelijk, waarin letsel en het maximum aantal zittingen wordt beschreven. Om een verstrekking ten huize terugbetaald te krijgen moet de behandelend arts vermelden in het voorschrift dat betrokkene de woning niet autonoom kan verlaten.

Persoonlijk aandeel bij een kinesitherapeutische verstrekking:

	Persoonlijk aandeel bij verhoogde tegemoetkoming		Persoonlijk aandeel zonder verhoogde tegemoetkoming	
	Tarief A	Tarief B	Tarief A	Tarief B
Praktijkkamer van de kinesitherapeut	17,5 %	8,6 %	35 %	21,8 %
Elders	20 %	10 %	40 %	25 %
Palliatieve patiënten thuis (verkregen het palliatief forfait)	0 %	0 %	0 %	0 %
Tarief B = zittingen voor E-pathologie onbeperkt in tijd; zittingen na reanimatie of bepaalde heelkundige ingrepen gedurende 3 maanden na de ingreep; zittingen voor personen met recht op andermans hulp gedurende 3 maanden na ontslag uit het ziekenhuis. Tarief A = overige zittingen				

Als de kinesitherapeut geen overeenkomst tekent met de verzekeringsinstellingen kan hij zijn tarieven vrij bepalen. De patiënt riskeert dan meer te betalen. De ziekteverzekering zal bovendien 25 % minder terugbetalen dan officieel voorzien (behalve voor personen met verhoogde tegemoetkoming).

Revalidatievertrekking/-apparaat bij privé-verstrekker	Bij beslissing
LOGOPEDIE (monodisciplinair, bij privé-logopedist)	Adviserend geneesheer Stoornissen ingedeeld in 3 types; - spraak- en/of taal- en/of leerstoornissen (gespleten lip/gehemelte, chronische spraakstoornissen, dysartrie, dyslexie, dyscalculie, dysorthografie, stotteren, Parkinson, Huntington, ...) - stemproblemen (laryngectomie, ...) - gehoorstoornissen Opgelet: er is geen tussenkomst voor behandelingen die 60 dagen vóór de aanvraagdatum plaats vonden. Aantal zittingen, frequentie en eventueel andere voorwaarden zijn per aandoening verschillend bepaald. Voor de meeste aandoeningen een voorschrift van geneesheer- specialist otorhinolaryngologie, neurologie, neuropsychiatrie, kindergeneeskunde, inwendige geneeskunde, stomatologie.Voor sommige aandoeningen kan een voorschrift van een geneesheer- specialist in orthodontie, psychiatrie, neurochirurgie of heelkunde. In geval van afasie een voorschrift van geneesheer-specialist in de fysische geneeskunde en revalidatie. Een verlengingsaanvraag kan op voorschrift van de huisarts. De logopedieverstrekking is niet cumuleerbaar met bijzonder onderwijs type 8, verblijf in revalidatie of instelling waarin logopedie deel uitmaakt van de zorgvorm, verpleging in een dienst geriatrie, psychiatrie, neuropsychiatrie, kinderneuropsychiatrie of in een Sp-dienst, verpleging in rust- en verzorgingstehuis of rustoord voor bejaarden of psychiatrisch verzorgingstehuis.
LOOPHULPMIDDEL	Art. 28 Geen akkoord adviserend geneesheer te vragen Hernieuwingstermijn - 3 tot 18 jaar: 3 jaar - 18 tot 65 jaar: 4 jaar - > 65 jaar: 6 jaar Voorschrift behandelend geneesheer

LUMBOSTAAT	Adviserend geneesheer voorzien in nomenclat **art. 27** (bandagisterie): lumbostaat van tijk en metaal. De hernieuwingstermijn is respectievelijk 1 jaar en 2 jaar als betrokkene nog geen 14 jaar en 21 jaar was bij de vorige aflevering en 4 jaar na aflevering vanaf 21 jarige leeftijd. en **art. 29** (orthopedie): lumbosacrale orthese – maatwerk De hernieuwingstermijn is 9 maanden als betrokkene nog geen 18 jaar was bij de vorige aflevering en respectievelijk één en twee jaar na aflevering vanaf 21 en 65 jaar. Vroegtijdige hernieuwing voorzien in het kader van revalidatie Voorschrift: behandelend geneesheer
MAATWAGENS (rolstoelen naar maat)	Voorzien in nomenclatuur geneesk. verstrekk. art. 28, §8 (bij beslissing college geneesh.-directeurs) Wie volgens zijn functionele criteria andere aanpassingen nodig heeft dan wat standaard of modulair aanwezig is op de rolstoelmarkt heeft recht op individueel maatwerk. 'Maatwerk' is een hulpmiddel dat speciaal is vervaardigd volgens het voorschrift van een gekwalificeerde arts waarin onder zijn verantwoordelijkheid de specifieke kenmerken van het ontwerp zijn aangegeven, en dat is bestemd om uitsluitend door één bepaalde persoon te worden gebruikt.Aanvraag met een bijzondere aanvraagprocedure (met functioneringsrapport, opgesteld door een multidisciplinair team), met gedetailleerd bestek en werktekeningen. Onderhoud en herstelkosten, en eventueel omgevingsbediening, kunnen aangevraagd worden bij het Vlaams Agentschap voor Personen met een Handicap
ORTHESEN	Adviserend geneesheer voorzien in nomenclat. art. 29 Voorschrift geneesheer-specialist in orthopedie, fysische geneesk., fysiotherapie, reumatologie, neurologie, neuropsychiatrie, neuropsychiatrie en revalidatie, pediatrie, heelkundige disciplines) Vroegtijdige hernieuwing is mogelijk wegens anatomische wijziging of voortijdige slijtage en wanneer het dragen ervan een voorwaarde is voor het hervatten of het voortzetten van een beroepsaktiviteit.
ORTHOPEDISCHE DRIEWIELER	Adviserend geneesheer Art. 28 (mobiliteitshulpmiddelen) Hernieuwingstermijn - tussenbeenlengte < 70 cm: 3 jaar - tussenbeenlengte > 70 cm: 8 jaar Voorschrift behandelend geneesheer

ORTHOPEDISCHE SCHOENEN	Adviserend gneesheer voorzien in nomenclatuur-geneesk. verstrekk. art. 29 voor specifieke medische indicatie Voorschrift geneesheer-specialist in orthopedie, fysische geneesk., fysiotherapie, reumatologie, neurologie, neuropsychiatrie, neuropsychiatrie en revalidatie, pediatrie, algemene heelkunde, functionele revalidatie. Hernieuwingstermijn: 9 maand indien jonger dan 18 jaar; 1 jaar indien ouder dan 18 jaar en geen 65 jaar; 2 jaar indien ouder dan 65 jaar. (Vroegtijdige hernieuwing in het kader van tewerkstelling of herscholing -voorschrift: idem)
ORTHOPEDISCHE TOESTELLEN BOVENSTE EN ONDERSTE LEDEMATEN	Adviserend geneesheer Voorzien in nomenclatuur-geneesk. verstrekk. art. 29, eerste aflevering en hernieuwing na het verstrijken van de hernieuwingstermijn (voorschrift geneesh.-specialist in orthopedie, fysische geneesk., fysiotherapie, reumatologie, neurologie, neuropsychiatrie, neuropsychiatrie en revalidatie, pediatrie, heelkundige disciplines) Vroegtijdige hernieuwing is mogelijk wegens anatomische wijziging of voortijdige slijtage en wanneer het dragen ervan een voorwaarde is voor het hervatten of het voortzetten van een beroepsaktiviteit.
ORTHOPTIE (oogheelkundige zorg voor scheel zien, dubbel zien, lui oog, leesklachten, slechtziendheid en neurologische stoornissen)	Art. 14 Sinds 1997 is het beroep orthoptie erkend als paramedisch beroep in België. De orthoptist is de paramedicus die de monoculaire en binoculaire functies onderzoekt en handelingen uitvoert tot behoud, herstel of verbetering van deze functies.
PALLIATIEVE ZORGEN TEN HUIZE	ZIV-forfait 589,31 euro (éénmaal hernieuwbaar) (voor geneesmiddelen, verzorgingsmiddelen, hulpmiddelen voor verzorging) Kennisgeving door huisarts – zie ook I.12 forfaitaire vergoedingen ziekteverzekering

PARAPODIUM (paraplegie orthese)	Adviserend geneesheer Art. 29 Voorschrift geneesheer specialist in orthopedie, fysische geneesk., fysiotherapie, reumatologie, neurologie, neuropsychiatrie, neuropsychiatrie en revalidatie, pediatrie, heelkundige disciplines Hernieuwingstermijn: maatwerk: - 1 jaar indien vorig afgeleverd vóór leeftijd van 14 jaar - 2 jaar indien vorig afgeleverd na leeftijd van 14 jaar en vóór leeftijd van 21 jaar - 5 jaar indien vorig afgeleverd na leeftijd van 21 jaar prefab: - 1 jaar indien vorig afgeleverd vóór leeftijd van 21 jaar - 3 jaar indien vorig afgeleverd na leeftijd van 21 jaar Vroegtijdige hernieuwingen voor te leggen aan AG
PARAKNIEFLEX (paraplegie orthese)	Adviserend geneesheer Art. 29 Voorschrift geneesheer specialist in orthopedie, fysische geneesk., fysiotherapie, reumatologie, neurologie, neuropsychiatrie, neuropsychiatrie en revalidatie, pediatrie, heelkundige discipline Hernieuwingstermijn: maatwerk: - 1 jaar indien vorig afgeleverd vóór leeftijd van 14 jaar - 2 jaar indien vorig afgeleverd na leeftijd van 14 jaar en vóór leeftijd van 21 jaar - 5 jaar indien vorig afgeleverd na leeftijd van 21 jaar prefab: - 1 jaar indien vorig afgeleverd vóór leeftijd van 21 jaar - 3 jaar indien vorig afgeleverd na leeftijd van 21 jaar Vroegtijdige hernieuwingen voor te leggen aan AG
PROTHESEN BOVENSTE, ONDERSTE LEDEMATEN EN ROMP	Adviserend geneesheer Art. 29, Voorschrift geneesheer-specialist in orthopedie, fysische geneesk., fysiotherapie, vasculaire heelkunde, pediatrie of revalidatie in één van deze disciplines. Hernieuwingstermijn: maatwerk: de termijnen van hernieuwing zijn afhankelijk van type prothese en van de leeftijd van de patiënt bij de voorgaande aflevering. Herstellingen en onderhoud van prothesen romp, bovenste en onderste ledematen: jaarlijks tegemoetkoming indien ouder dan 14 jaar

PRUIKEN	Beslissing adviserend geneesheer - Een tussenkomst van 120 euro bij volledige kaalhoofdigheid ten gevolge van chemotherapie of radiotherapie (aanvraag met factuur van de haarprothese en voorschrift behandelend arts). Hernieuwing na volledige kaalhoofdigheid door nieuwe therapie en ten vroegste 2 jaar na datum vorige aflevering. - Een tussenkomst van 180 euro bij minstens 30% kaalhoofdigheid door alopecia areata of cicatriciële alopecia (aanvraag met factuur en voorschrift van een dermatoloog) Hernieuwing 2 jaar na datum vorige aflevering.
REISKOSTEN (diverse)	Onder meer bij - kankertherapie (stralen, chemo): prijs openbaar vervoer 2e klasse, vervoer met eigen wagen 0,25 euro/km, of - revalidatie in centra met ZIV-overeenkomst, bij beslissing college geneesh.-directeurs of adviserend geneesheer (enkel voor rolstoelgebonden patiënten). - 1 dagelijks bezoek van ouder aan kind ten laste dat behandeld wordt voor kanker dat verblijft in het ziekenhuis: 0,25 euro/km - dialyse (zowel in centra als bij thuisdialyse) , (voor verplaatsing naar raadplegingen en controle: voor een individuele verplaatsing de prijs van openbaar vervoer 2e klasse en indien een andere vervoermiddel 0,25 €/km en begrensd tot maximum 60 km tenzij er geen mogelijkheden zijn om binnen een afstand van 30 km enkele reis geholpen te worden, voor groepsverplaatsing 0,25€/km begrensd tot maximum 120 km). - uitzonderlijke gezondheidszorgen in het buitenland onder strikt bepaalde voorwaarden voor tenlasteneming bij beslissing BSF (bijzonder solidariteitsfonds – zie I.16): 0,2 €/km (geen parking- of tolkosten) voor persoonlijk vervioer, 2e klassetarief voor openbaar vervoer en luchtvervoer, taxivervoer enkel tussen statio of luchthaven en bestemming, medisch vervoer volledig terugbetaald.

ROLSTOEL	Adviserend geneesheer (uitgezonderd maatwerk en uitzonderlijke aanvragen) Art, 28 §8 Naargelang de functionele beperkingen van betrokkene heeft men recht op een bepaald type rolstoel (van duwwagen tot elektronische rolstoel, al dan niet aangepast). Naargelang de complexiteit van de rolstoel wordt de aanvraag uitgebreider onderzocht en gemotiveerd door verstrekker en eventueel een aangesteld multidisciplinair team. Personen die aanspraak kunnen maken op het Vlaams Agentschap voor Personen met een Handicap (inschrijving voor 65 jaar) gebruiken hun rolstoeldossier om bijkomend onderhoudskosten en eventueel omgevingsbediening terugbetaald te krijgen van het Vlaams Agentschap (aankruisen bij de RIZIV-aanvraag !!!). **Renting rolstoelen:** Sinds 2007 gebruiken personen, die in rustoorden verblijven (ROB of RVT) en definitieve mobiliteitsbeperkingen hebben, een rolstoel die voor hen gehuurd wordt. Zij krijgen een rolstoel, aangepast aan hun noden (geen maatwerk, actief rolstoel, scooter of elektronische rolstoel). Het ziekenfonds betaalt rechtstreeks aan de verstrekker een huurforfait, waarin alle kosten inbegrepen zijn (aankoop, reguliere aanpassingen (1), onderhoud, herstellingen, vernieuwing, enz.). Er mogen geen supplementen, vervoerkosten of andere kosten aangerekend worden. Om de dienstverlening en de kwaliteit te garanderen moet de verstrekker minstens 1 onderhoud per jaar voorzien en mag een rolstoel maximum 6 jaar oud zijn en kan betrokkene de huurovereenkomst opzeggen en een andere verstrekker kiezen. Bij opname in een rustoord kan de renting pas ingaan na verloop van de hernieuwingstermijn na een vorige aflevering. Wie omwille van zijn functionele behoeften nood heeft aan een speciale rolstoel, komt in aanmerking voor aankoop van een rolstoel volgens de gewone voorwaarden.

(1) Uitgezonderd aanpassing aan het rolstoelframe (zitbreedte van 52-58 cm) bij een standaardrolstoel of een modulaire rolstoel; aanpassing amputatie, aandrijfsysteem met dubbele hoepel of hefboomsysteem bij een modulaire rolstoel.

SPECIALE VOEDING	Adviserend geneesheer - bijzondere voeding bij zeldzame monogenische erfelijke metabole ziekte: Vervangprodukten als bron van cholesterol (syndroom van Smith-Lemli-Opitz) energie (aminozuurmetabolisme) triglyceriden (mitochondriale ss-oxydatie van vetzuren met lange of zeer lange keten) Voorschrift door de leidende geneesheer van een gespecialiseerd centrum voor erfelijke metabole ziekten (volledige terugbetaling, maximum € 1.833,84 per jaar) - bijzondere voeding bij coeliakie (sinds 2006), voorschrift door een geneesheer-specialist in gastro-enterologie, inwendige geneeskunde of pediatrie (max. 38 euro per maand)
SPREEKAPPARAAT	Adviserend geneesheer Na totale laryngectomie en indien oesofagusspraak niet kan aangeleerd worden of bij wie geen spraakprothese kan geplaatst worden. Voorschrift van geneesheer-specialist otorhinolaryngologie. Hernieuwingstermijn 5 jaar
TANDPROTHESE	Adviserend geneesheer Minimum 50 jaar zijn Uitzondering: 1. Personen met - malabsorptiesyndroom en colorectale ziekte, of - mutilerende ingreep op het spijsverteringsstelsel, of - verlies van tanden na een osteomyelitis, een radionecrose, een chemotherapie of een behandeling met ionisatieagens, of - extractie van tanden vóór een openhartoperatie, een orgaantransplantatie, een behandeling met ionisatie- of immunodepressie-agens, of - aangeboren of erfelijk ontbreken van talrijke tanden of ernstige aangeboren of erfelijke misvormingen van de kaakbeenderen of van tanden.

	2. Personen met - tandverlies of tandextracties ten gevolge van de onmogelijkheid om een correcte mondhygiëne te verwerven/behouden wegens een blijvende handicap, of - tandverlies of tandextracties ten gevolge van een onweerlegbaar bewezen uitzonderlijke pathologie of haar behandeling ervan en waarbij aangenomen wordt dat het tandverlies/tandextracties onvermijdbaar waren ondanks een correcte mondhygiëne, of - tandextractie naar aanleiding van een openhartoperatie, een orgaantransplantatie of een behandeling met een ionisatie-agens of een immunodepressie-agens gepland werd, doch niet uitgevoerd (goedkeuring door de Technische tandheelkundige raad vereist).
TELESCOPISCHE BRILLEN	College geneesh.-directeurs Voorschrift geneesheer-specialist ophtalmologie. Voorwaarde: schoollopen, tewerkstelling of herscholing
UITWENDIGE PROTHESEN IN GEVAL VAN VERMINKING VAN HET GELAAT (neus, wang, oorschelp)	College geneesh.-directeurs Op voorschrift van een geneesheer-specialist uitwendige pathologie. Een aanvraag kan met maximaal 3 maand terugwerkende kracht worden vergoed, te rekenen vanaf de aanvraagdatum. De tussenkomst wordt vastgesteld op basis van een detailbeschrijving en documentatie van de prothese en een gedetailleerde prijsopgave (leverancier).
ZITSCHELP	Adviserend geneesheer art. 29 Onderstel voor zitschelp, art. 28 (mobiliteitshulpmiddelen) Aanvraag door een erkend verstrekker

II.31. Vlaams Agentschap voor personen met een handicap

Voorheen Vlaams Fonds voor Sociale Integratie van Personen met een handicap - VFSIPH, (Decreet 07.05.2004 - BS 11.06.2004, toepassing 01.04.2006)

A) **Algemeen: inschrijving, herziening, beroepsprocedure, ...**
(Decr. 27.06.90, gewijzigd bij Decr. 15.07.97; Inschrijving B.Vl.Reg. 24.07.91, gewijzigd bij B.Vl.Reg. 15.11.95)
B) **Beroepsprocedures**
C) **Samenwerkingsakkoord Vlaanderen - Wallonië**
(Decreet 11/05/99)
D) **Kosten van bijstand voor doventolken**
E) **Individuele materiële hulp:** zie II.32
F) **PAB: Persoonlijke Assistentiebudget / Persoonsgebonden budget:** zie II.33
G) **Woonvormen voor personen met een handicap:** zie II.35.

A) Vlaams Agentschap Algemeen; inschrijving, herziening, beroepsprocedure, ...

Wat?

Het Vlaams Agentschap ressorteert onder de Vlaamse Gemeenschap en heeft als hoofddoel de sociale integratie van de persoon met een handicap te bewerkstellingen.

Het Agentschap heeft o.a. tot opdracht:
- ervoor te zorgen dat de personen met een handicap of hun familieleden het voordeel van de bijstand en de voorzieningen kunnen ontvangen
- preventie, detectie en diagnose van handicaps alsmede de kennis van de weerslag van de handicap op het totaal functioneren van de personen met een handicap te bevorderen
- de voorlichting en oriëntering van de personen met een handicap en hun gezinsleden te bevorderen
- de scholing, beroepsopleiding en de omscholing van personen met een handicap te bevorderen
- de integratie van de personen met een handicap in het arbeidsmidden te bevorderen (in praktijk is dit een met de VDAB afgesloten protocol sinds 2007)
- de integratie van de personen met een handicap in de maatschappij te bevorderen
- documentatie en informatie te verzamelen en te verspreiden betreffende de sociale integratie van personen met een handicap.

De voornaamste opdrachten werden concreet vertaald in diverse vormen van individuele dienstverlening en de uitbouw van voorzieningen.

Het Vlaams agentschap biedt ondersteuning op verschillende terreinen:

- Hulpmiddelen en aanpassing (= individuele materiële bijstand - IMB), (zie II.32.)

- Diensten en voorzieningen (= opvang, behandeling en begeleiding in aangepaste collectieve voorzieningen), (zie II.34.)
- Persoonlijke assistentiebudget (PAB) : diverse vormen van dienstverlening en zorg inkopen waardoor de persoon met een handicap thuis kan blijven wonen. (zie II.33)
- Project persoonsgebonden budget (PGB): zorg op maat inkopen, waarbij betrokkene kiest voor een combinatie van opvangvormen (ambulente en residentiële zorg, zie II.33).
- de sector **werk** (= opleiding en tewerkstelling) is in 2008 definitief overgeheveld naar het Agentschap voor Werk en Sociale Economie, (zie II.11.D)
- *Tewerkstelling was op 01.04.2006 al overgeheveld naar het actiegebied van de VDAB/RVA, enkel het toegangsticket tot maatregelen voor personen met een handicap werd nog afgeleverd binnen het Vlaams Agentschap. Vanaf 01.07.2008 moeten ook die aanvragen rechtstreeks ingediend worden bij de diensten van de VDAB (de werkwinkels).*

Wie?

- De persoon met een handicap met een langdurige en belangrijke beperking van de kansen tot sociale integratie ten gevolge van een aantasting van de mentale, lichamelijke of zintuiglijke mogelijkheden
- die de volle leeftijd van 65 jaar niet heeft bereikt (op het ogenblik van de aanvraag tot inschrijving) en
- welke in Vlaanderen verblijft (1) en ingeschreven in het bevolkingsregister of vreemdelingenregister op het ogenblik van de aanvraag. De niet EU-burgers moeten ononderbroken vijf jaar in België wonen of tien jaar in de loop van hun leven in België kunnen bewijzen.
  (voor niet-ontvoogde minderjarigen, verlengd minderjarigen en onbekwaamverklaarden moet de voorwaarde van voorafgaand verblijf vervuld zijn in de persoon van hun wettelijk vertegenwoordiger).

Wie in Brussel, Wallonië of Duitstalig België woont, kan onder bepaalde voorwaarden ook beroep doen op het VAPH. Via een samenwerkingsakkoord met het Waals gewest kunnen Vlamingen terecht in Wallonië en omgekeerd. Ook met het Brussels hoofdstedelijk gewest en met de Duitstalige gemeenschap, en zelfs met sommige buurlanden zijn er dergelijke akkoorden.

Hoe?

De aanvraag tot inschrijving voor het verkrijgen van bijstand i.f.v. een betere sociale integratie dient schriftelijk of elektronisch te gebeuren aan de hand van een concrete hulpvraag bij de provinciale afdeling van het Vlaams Agentschap (adressen zie "Waar?"). De aanvraag wordt ingediend via de website van het Agent-

---

(1) De verblijfsvoorwaarde is niet vereist indien de gehandicapte (of zijn wettelijk vertegenwoordiger) Belg is (of gelijkgesteld zoals inwoners van de Europese Gemeenschap, erkende vluchtelingen, ...) of indien zij recht hebben (of zouden gehad hebben) op bijkomende kinderbijslag (stelsel werknemers of zelfstandigen). De verblijfsvoorwaarde is evenmin vereist indien het een plaatsing betreft van een minderjarige door de jeugdrechtbank of voor een minderjarige die door het Comité voor Bijzondere Jeugdzorg naar een erkend observatiecentrum wordt doorverwezen.

schap (www.vaph.be) of met een formulier (A001), te verkrijgen in een instelling van het Vlaams Agentschap ofwel op eenvoudige aanvraag bij een provinciale afdeling (zie "Waar?"). Om ontvankelijk te zijn moet de aanvraag door de persoon met een handicap of door zijn wettelijk vertegenwoordiger ondertekend zijn. Een multi-disciplinair verslag (op een formulier A002) dient opgemaakt door een team (geneesheer, psycholoog en maatschappelijk assistent). Er wordt een lijst van multi-disciplinaire teams aan betrokkene bezorgd indien een aanvraag tot inschrijving binnenkomt bij de provinciale afdeling zonder dit verslag.

Versnelde procedure (artikel 6bis, B.Vl.Reg. 24.07.91)

Voor personen die recht hebben op:
- de bijkomende kinderbijslag (minimum 4 punten inzake zelfredzaamheid in de oude regelgeving en 15 punten in de nieuwe regelgeving voor bijkomende kinderbijslag) (attest af te leveren door de uitbetalingsinstelling van de kinderbijslag)
- een integratietegemoetkoming (tenminste 12 punten inzake de graad van zelfredzaamheid) (+ attest van de dienst tegemoetkomingen aan personen met een handicap van de Federale Overheidsdienst Sociale Zekerheid)

of voor personen die:
- buitengewoon kleuter- of lager onderwijs (type 2, 4, 5, 6 of 7) of buitengewoon secundair onderwijs (opleidingsvorm 1 of 2) volgen of gevolgd hebben in de periode van drie jaar voor de aanvraag
- verlengd minderjarig of onbekwaam verklaard zijn (+ gerechtelijke beslissing)

kan, op verzoek van de aanvrager, de provinciale evaluatiecommissie eigenhandig een beslissing nemen binnen de dertig dagen na het indienen van de aanvraag (aan de hand van het attest en het verslag van het multidisciplinair team). Deze procedure werkt tijdsbesparend indien men zich in één van de hierboven opgesomde situaties bevindt en op voorwaarde dat deze procedure uitdrukkelijk werd gevraagd (aangekruist) in het aanvraagdossier (multidisciplinair verslag)!
De personen, hierboven opgesomd, moeten hun handicap niet meer bewijzen (zie 'Wie?') en zijn dus automatisch inschrijfbaar.

Normale procedure:

De *administratie van de provinciale afdeling* van het Vlaams Agentschap en de *provinciale evaluatiecommissie (PEC)* onderzoeken de ontvankelijkheid (m.a.w: 'Kan het Vlaams Agentschap deze vraag wettelijk ten laste nemen?') op basis van het 'inschrijvingsdossier' (A001 + A002)

Er wordt onderzocht:
- of de aanvrager getroffen is door een handicap (zie 'Wie?', 'versnelde procedure'),
- of de zorgvraag strookt met de aard van de handicap
- of alle vereiste documenten in het aanvraagdossier aanwezig zijn.

De evaluatiecommissie kan eveneens bijkomende onderzoeken verrichten of laten verrichten. Zij kan eveneens de persoon met een handicap uitnodigen voor een gesprek.

- De aanvraag wordt ingediend bij de provinciale afdeling van het Vlaams Agentschap op het modelformulier A001 (Aanvraag om inschrijving en bijstand).
- Om ontvankelijk te zijn, moet de aanvraag door de persoon met een handicap of door zijn wettelijk vertegenwoordiger ondertekend zijn.
- Het multidisciplinair verslag (A002) moet opgemaakt worden door een erkend multidisciplinair team. Eventueel een team kiezen uit de lijst, die door het Agentschap wordt bezorgd indien men een aanvraag indient (A001).
- Het multidisciplinair verslag (A002) dient opgemaakt (indien geen erkend multidisciplinair team gekend is, kan men een verslag aanvragen bij een team dat vermeld is in de lijst, die het Vlaams Agentschap verstuurd naar aanleiding van het ontvangen van een formulier A001, de aanvraag).
- Van zodra de aanvraag volledig is (AOO1 + AOO2), stuurt het Vlaams Agentschap aan de aanvrager een ontvangstbewijs, zo niet dan vragen zij bijkomende informatie.
- De beslissing over de aanvragen wordt genomen door het Agentschap op grond van de door de evaluatiecommissie meegedeelde beoordeling van de handicap en het door deze commissie opgestelde individuele integratieprotocol (benoeming van de functiebeperkingen). Binnen dertig dagen na ontvangst van de beoordeling en het individuele integratieprotocol formuleert het Agentschap zijn voornemen omtrent de tenlasteneming:
  Als het door het Agentschap geformuleerde voornemen de aanvraag volledig inwilligt, betekent het Agentschap onmiddellijk een 'definitieve beslissing' van tenlasteneming aan de aanvrager of zijn wettelijke vertegenwoordiger en eventueel aan de voorziening die aan de persoon met een handicap bijstand verleent.
  Als het door het Agentschap geformuleerde voornemen de aanvraag weigert of ervan afwijkt, geeft het Agentschap aan de aanvrager of zijn wettelijke vertegenwoordiger onmiddellijk kennis van zijn gemotiveerd voornemen om de aanvraag niet of niet volledig ten laste te nemen. Bij deze kennisgeving voegt het Agentschap een kopie van de door de evaluatiecommissie meegedeelde beoordeling en van het door deze opgestelde individuele integratieprotocol.

Opmerking:

- Vlaams Agentschap-beslissingen zijn onbeperkt geldig, behalve bij eventuele restrictieve termijnbepaling opgenomen in de individuele beslissingen of bij wettelijk bepaalde maximum termijnen.
- voor het "Persoonlijke Assistentiebudget" (PAB) is er een aparte aanvraagprocedure [zie II.33]

B) Beroepsprocedure

a) procedure van heroverweging

Bij het Vlaams Agentschap werd een **adviescommissie ter heroverweging** opgericht die tot taak heeft **advies te verlenen** over de *verzoeken tot heroverweging.*

Deze adviescommissie is o.a. samengesteld uit vertegenwoordigers van het ziekenfonds, gehandicaptenverenigingen (gebruikers) of van gehandicapteninstellingen.

Bij een *gunstige beslissing* zal het Vlaams Agentschap onmiddellijk de definitieve (aansluitende) beslissing sturen. Wie hiertegen toch in beroep wil gaan, bv. omdat de tussenkomst niet voldoende is, kan zich enkel wenden tot de arbeidsrechtbank (zie punt B) en dus niet tot de adviescommissie ter heroverweging.

Wanneer het Vlaams Agentschap echter de **intentie** heeft om een van de zorgvraag *afwijkende of een negatieve beslissing* te nemen, geeft het Vlaams Agentschap aan de aanvrager of zijn wettelijke vertegenwoordiger onmiddellijk kennis van zijn gemotiveerd voornemen. (Bij deze kennisgeving voegt het Agentschap een kopie van de door de evaluatiecommissie - zie supra - medegedeelde beoordeling en van het door deze opgestelde individuele integratieprotocol (= voorstel tot tenlasteneming)).

Binnen de dertig dagen na ontvangst van deze kennisgeving kan de aanvrager of zijn wettelijke vertegenwoordiger **per aangetekende brief** aan het Agentschap, Sterrenkundelaan 30 te 1210 Brussel, een **gemotiveerd verzoekschrift** richten om zijn *voornemen in heroverweging te nemen.*

In dit verzoekschrift kan de aanvrager of zijn wettelijke vertegenwoordiger tevens vragen om door deze heroverwegingscommissie gehoord te worden!!

De aanvrager of zijn wettelijke vertegenwoordiger kan zich in dit geval voor de adviescommissie ter heroverweging *laten bijstaan* of vertegenwoordigen *door een persoon of een instelling (bv. de instelling waar bij verblijft) naar zijn keuze.*

Als de aanvrager of zijn wettelijke vertegenwoordiger binnen deze termijn geen dergelijk verzoekschrift aan het Agentschap heeft gericht, wordt hij geacht onweerlegbaar met het voornemen van het Agentschap in te stemmen en betekent het Agentschap hem onmiddellijk de definitieve beslissing. In principe kan de betrokkene dan nog naar de arbeidsrechtbank stappen.

De adviescommissie ter heroverweging kan alle inlichtingen en adviezen inwinnen die haar dienstig lijken. De eventuele kosten hiervan zijn ten laste van het Agentschap.

b) (hoger) beroep bij de arbeidsrechtbank (Decreet 12.11.97 - B.S. 10.12.97)

Indien het Vlaams Agentschap bij haar oorspronkelijk voornemen blijft, eventueel na de procedure van heroverweging, zal zij een **negatieve beslissing** sturen naar betrokkene.

Met deze negatieve beslissing kan betrokkene dan naar de *arbeidsrechtbank,* die de aanvraag en de *beslissing* van het Vlaams Agentschap *ten gronde* zal bekijken.

Men heeft 3 maanden de tijd om beroep aan te tekenen bij de arbeidsrechtbank.

c) Klachten bij de ombudsdienst van het Vlaams Agentschap:

Waneer men geen opmerkingen heeft over de beslissing van een aanvraag, maar wel meent opmerkingen te hebben over de behandeling van zijn/haar dossier bij de diensten van het Vlaams Agentschap kan men een schriftelijke klacht neerleggen bij de Ombudsdienst van het Vlaams Agentschap. De Ombudsdienst heeft enerzijds de taak te bemiddelen tussen de klager en de betrokken dienst(verlener), en zal anderzijds aan de hand van deze klachten de pijnpunten inventariseren, die opduiken bij de gebruikte procedures voor de afhandeling van dossiers.

Waar?

- Vlaams Agentschap - ombudsdienst (klachtenbemiddeling)
  Klachten dienen schriftelijk overgemaakt aan de ombudsdienst
  Sterrenkundelaan 30, 1210 Brussel

C) Samenwerkingsakkoord Vlaanderen - Wallonië

(Decreet 11/05/99 - BS 19/06/99)

Wat?

De Vlaamse Gemeenschap (Vlaams Agentschap) en het Waals Gewest (AWIPH) hebben een samenwerkingsakkoord afgesloten, waardoor het mogelijk wordt om toegang te verlenen tot de erkende en gesubsidieerde voorzieningen van het ene landsgedeelte aan inwoners van het andere landsgedeelte.

De prestaties individuele bijstand (hulpmiddelen) blijven uitsluitend de bevoegdheid van elke partij.

Wie?

Indien er in Vlaanderen geen aangepaste voorziening is, kan de persoon met een handicap een aanvraag doen in Wallonië, indien daar wel aangepaste voorziening is (of omgekeerd!).

Waalse personen met een handicap waarvoor het - rekening houdend met de woonplaats (dichtbij een gepaste instelling in Vlaanderen), de persoonlijkheid (bv. nederlandstalig) of de handicap - noodzakelijk is om toegang te krijgen tot een voorziening gevestigd op het grondgebied van Vlaanderen (of omgekeerd!!). Uiteraard moet de aanvrager wel voldoen aan al de gestelde wettelijke eisen

Hoe?

Een aanvraag wordt ingediend bij het Agentschap van het andere landsgedeelte, die de gevraagde voorziening beheert. Voor de Walen is dit de Provinciale afdeling Brabant van het Vlaams Agentschap.

Indien het Agentschap een positieve beslissing wil nemen, dan moet zij ook het ook Agentschap van de woonplaats van betrokkene hierover informeren.

Het Agentschap van de woonplaats van betrokkene laat binnen de maand weten of zij hiermee akkoord gaat. Indien zij hiermee akkoord gaat neemt ze de kosten voor haar rekening. In het andere geval neemt het Agentschap van die de voorziening beheert, eventueel de kosten op zich.

Waar?

- Vlaams Agentschap (Provinciale afdeling Vlaams Brabant - aanvraag voor Walen. Algemene inlichtingen inzake dit samenwerkingsakkoord:
  Mevr. Marijke Bosteels)
  Sterrenkundelaan 30, 1210 Brussel
  tel.: (02) 225 84 11

D) KOSTEN VAN BIJSTAND DOOR DOVENTOLKEN
(B.V.R. 20.07.94 - B.S. 22.10.94)
(B.V.R. 25.11.97 - B.S. 20.01.98)
(BVR 17/07/2000 - B.S. 17.10.2000))

Wat?

Auditief gehandicapten kunnen momenteel financiële ondersteuning krijgen om beroep te kunnen doen op een doventolk. Deze bijstand is mogelijk in leefsituaties die tot het gebruikelijk maatschappelijk patroon behoren, waarbij men op belangrijke momenten dient verzekerd te zijn van een goede communicatie (bv. gesprek met een notaris, politie, hospitaal, ...) en dit voor 18 uren per jaar (kan mits schriftelijke en gemotiveerde aanvraag verdubbeld worden), of 50 uur per jaar voor gebruikers die tevens een vermindering van hun gezichtsvermogen hebben (gezichtsscherpte, met bril, < 1/20 aan het beste oog, of gezichtsveld < 10° aan beide ogen).

Er zijn zowel tolken Vlaamse gebarentaal als schrijftolken. Schrijftolken zetten gesproken taal om in geschreven taal voor dove of slechthorende personen die geen gebarentaal kennen of niet kunnen liplezen.

Voor hulp van een doventolk in arbeidssituaties waarbij occasioneel goede communicatie noodzakelijk is voor een goede taakuitvoering moet men zich wenden tot de VDAB (werkwinkel).

Men kan beroep doen op een doventolk (na de goedkeuring van het aanvraagdossier door het Vlaams Agentschap) via een centraal tolkenbureau.

Wie?

Auditief personen met een handicap die:

1. een verlies van 90 dB of meer aan het beste oor voor de zuivere toonstimuli van 500, 1000 of 2000 Hz (gemiddelde waarde Fletcher-index) en/of een verlies van 90 dB of meer aan het beste oor voor de zuivere toonstimuli van 1.000, 2.000 en 4.000 Hz (gemiddelde waarde) aantonen via een audiometrische test.
2. ofwel bij een gemiddeld verlies van minder dan 90 dB, minder dan 20 % herkende woorden scoren bij optimale versterking (categorie 4 in de BIAP-classificatie) aantonen via een vocaal audiometrische test.

De nodige bewijzen moeten worden afgeleverd door een erkend revalidatiecentrum of -dienst of door een erkende universitaire dienst voor audiometrisch onderzoek.

Hoe?

Eerst wordt er een aanvraag ingediend bij het Vlaams Agentschap voor tussenkomst inzake individuele materiële bijstand, vervanging gehoor, doventolken (aanvraagprocedure: zie Vlaams Agentschap). Van zodra de goedkeuring werd gegeven, kan men een aanvraag richten tot een tolkenbureau, waarmee verder concreet afgesproken wordt. De doventolken worden betaald, via de toelage van het Vlaams Agentschap, door het centraal assistentiebureau (CAB) of een ander tolkenbureau (sinds 2005 is CAB niet meer het enige erkend tolkenbureau).

Waar?

– VZW Vlaams Communicatie-, Assistentiebureau voor Doven (C.A.B.) Dendermondsesteenweg 449,
9070 Destelbergen: (doven-) tel.: (09) 228 28 08 - fax (09) 228 18 14
In dringende gevallen (na 18 uur en in het weekend): GSM (+ fax): (0476) 28 91 75. E-mail tolkaanvraag@cabvlaanderen.be
Na het vormen van dit nummer vraagt Belgacom u om uw telefoon-nummer in te tikken, daarna afsluiten met #.
Het C.A.B. belt dan terug naar het door u ingetikte nummer.

II.32. Hulpmiddelen

- Vlaams Agentschap voor Personen met een handicap
- Ziekenfonds

Voor hulpmiddelen in de thuizorg (bestaan thuiszorgwinkels/uitleendiensten) zie ook I.28.

A. Overzicht - Vlaams Agentschap - Individuele materiële hulp

(BVR 13.07.2001 - BS 20.11.2001; aangepast bij BVR 19.07.2002; BVR 14.02.2003; BVR 07.05.2004; BVR 17.12.2004; BVR 27.01.2006; MB 13.07.2006; MB 08.12.2006; BVR 17.11.2006; BVR 19.07.2007; MB 03.12.2007)

INDIVIDUELE MATERIELE BIJSTAND

Wie?

De materiële bijstand kan aan de persoon met een handicap (zie II. 41 'Wie?') toegekend worden voor kosten die gemaakt moeten worden in functie van de handicap en die bijkomende uitgaven zijn ten opzichte van de uitgaven die een valide persoon in dezelfde omstandigheden moet doen.

De noodzaak, de gebruiksfrequentie, de werkzaamheid en de doelmatigheid van de bijstand moeten in functie van de handicap zijn en moeten in verhouding staan tot het bedrag van de gevraagde bijstand dat vermeld staat op de referteliijst van de hulpmiddelen. (Art. 4, BVR 13.07.2001). Met andere woorden: de aanvrager motiveert zijn aanvraag door aan te tonen dat het gevraagde hulpmiddel in zijn situatie de beste en meest efficiënte oplossing is en dat hij het hulpmiddel vaak nodig heeft met het oog op een betere zelfredzaamheid.

Wat?

- De kosten van hulpmiddelen uit de 'refertelijst' van de bijlage van het besluit voor individuele materiële bijstand.
- De kosten van hulpmiddelen, die niet in de refertelijst voorkomen, maar die door de 'Bijzondere Bijstandscommissie' (BBC) worden toegestaan bij middel van een individuele bijzondere maatregel.
- De meerkost boven de richtprijs (= prijs in de refertelijst) naar aanleiding van een zeer uitzonderlijke zorgbehoefte (meerkost te verantwoorden: speciale uitvoering noodzakelijk, opleg financieel niet te dragen, enz.) en na goedkeuring door de bijzondere bijstandscommissie.
- tweede rolstoelen, onderhoud en herstel van rolstoelen en supplementen of omgevingsbediening bij elektronische rolstoelen (het basisaanbod rolstoelen wordt gefinancierd door de ziekteverzekering);
- De kosten, die de persoon met een handicap draagt voor het gespecialiseerd persoonlijk advies van een gemachtigde expert (dit advies is soms noodzakelijk bij het onderzoek naar de meest geschikte hulpmiddelen bij complexe vragen).

Voorschotten

Het Agentschap kan, in afwachting van een beslissing, voorschotten toekennen die eventueel terugvorderbaar zijn via arbeidsongevallen, beroepsziekte, of krachtens het burgerlijk recht (bv. bij verkeersongeval). (Art.8 - BVR 13.07.2001).

Wat neemt het Vlaams Agentschap nooit ten laste !

- Kosten die ten laste kunnen genomen worden door de reglementering van het Fonds 81, of door andere reglementering, vb. arbeidsongevallen, beroepsziekten, burgerlijk recht of door de ziekteverzekering, komen niet in aanmerking voor tenlasteneming als individuele materiële hulp.
- apparatuur voor medische of paramedische behandeling of voor onderhoud van de fysieke conditie;
- dienstverlening door fysieke of rechtspersonen behalve voor:
  - pedagogische hulp bij hogere studies,
  - doventolken,
  - lessen in de techniek om zich met een lange, lichtweerkaatsende, witte stok te verplaatsen
  - aanvullende rijlessen.
- hulpmiddelen voor personen die langer dan 3 maanden opgenomen zijn in een instelling (andere dan van het Vlaams Agentschap!) waar bijstand en verzorging wordt verleend (vb. rusthuis, woonzorgcentrum, revalidatiecentrum, ziekenhuis, enz.);
- Onderwijsleerhulpmiddelen op school:
  aanvraag via de directie van de school of het opleidingscentrum, te richten aan:
  Agentschap voor Onderwijsdiensten
  Cel Speciale Onderwijsleermiddelen
  Koning Albert II-laan 15, 1210 Brussel
  (tel. 02-553 92 46)
- fietsen met een hulpmotor, snor- en bromfietsen;
- GSM-toestellen (wel tussenkomst voor een GSM-schermuitleesprogramma voor blinden);
- elektronische relaxzetels (uitgezonderd de Huntingtonzetel)
- verzekeringskosten

(Art. 7 - BVR 13.07.2001)

Hoe?

(Zie ook II.31 - Vlaams Agentschap algemeen, inschrijving, ...)

Er zijn drie betrokken partijen:

1. Het **'Gespecialiseerd Multidisciplinair Team'** (GMDT, ook 'verwijzende instantie' genoemd), dat, samen met de persoon met een handicap of zijn vertegenwoordiger, het aanvraagdossier opstelt waarin de zorgbehoefte wordt voorzien (formulier A002). Indien nodig kunnen later bijkomende hulpmiddelen gevraagd worden.
   Het Gespecialiseerd Multidisciplinair Team staat ook in voor de 'persoonlijke adviesverlening' bij de aankoop van de hulpmiddelen en voor de 'nazorg' als het hulpmiddel in gebruik wordt genomen,

2. De **'Provinciale Evaluatiecommissie'** (PEC) oordeelt over de inschrijfbaarheid (heeft men al dan niet een handicap?) en over de aard van de tussenkomst die mogelijk is (het interventiedoel)

Functiebeperking + interventieniveau = Interventiedoel

Functiebeperking	Interventieniveau	Interventiedoel
Bovenste ledematen	Aanvulling	1
	Vervanging	2
Onderste ledematen	Aanvulling	3
	Vervanging	4
Rug, wervelzuil, bekken	Aanvulling	5
Gehoor	Aanvulling	6
	Vervanging	7
Zicht	Aanvulling	8
	Vervanging	9
Spraak	Aanvulling / vervanging	10
Zindelijkheid	Aanvulling / vervanging	11
Intellectuele en andere mentale functies	Aanvulling	12

3. Het Vlaams Agentschap dat het eigenlijke budget en de daarbijhorende hulpmiddelen, met andere woorden de **'bijstandskorf'**, vaststelt voor onbepaalde duur (voor nieuwe behoeften kan een 'herziening' worden gevraagd).

Hiernaast kan het Multidisciplinair Team, de Provinciale Evaluatiecommissie of het Vlaams Agentschap voor een complex dossier ook beroep doen op het 'Kennis en Ondersteuningscentrum' (KOC) van het Vlaams Agentschap dat eventueel doorverwijst naar een externe **'Gemachtigd expert'**.

Wanneer een bepaald hulpmiddel niet voorzien is in de refertelijst, of de daarin voorziene vergoeding is niet toereikend, zal de **'Bijzondere Bijstandscommissie'** (BBC) oordelen over de gevraagde afwijkingen nadat men in het advies de noodzaak van de vraag heeft aangetoond.
(Art. 13 -BVR 13.07.2001)

HERZIENING

De toegekende bijstand kan zowel op initiatief van de aanvrager als op initiatief van het Agentschap de beslissing voor individuele materiële bijstand herzien worden als zich een wijziging in de behoeften van de aanvrager of van zijn omgeving voordoet. De aanvrager doet een nieuwe aanvraag volgens dezelfde procedure bij het Multidisciplinear Team. Bij een nieuwe aanvraag zal het Agentschap rekening houden met de in het verleden reeds toegekende bijstand en het Agentschap zal het doeltreffend en doelmatig gebruik van de materiële bijstand evalueren. (Art. 20 -BVR 13.07.2001).

Nieuw: Wie na het verstrijken van de refertetermijn reeds eerder toegekende hulpmiddelen wil aankopen, die minder kosten dan 375 euro (niet geïndexeerd bedrag, aangeduid in onderstaande refertelijst), kan nu de hulpmiddelen rechtstreeks aanvragen, zonder tussenkomst van het multidisciplinair team.

DE GEMACHTIGDE EXPERT

Als het 'Kennis en Ondersteunings Centrum' (KOC) door het 'Gespecialiseerd Multidisciplinair Team' geraadpleegd wordt voor een complexe probleemstelling en het KOC beschikt niet intern over adequate bijkomende informatie, dan verwijst het de persoon met een handicap voor het verkrijgen van een gespecialiseerd persoonlijk advies naar de experts die gemachtigd zijn voor het segment van de materiële bijstand waar de complexe probleemstelling betrekking op heeft. (Art 10, § 3 - BVR 13.07.2001)

Deze experts beschikken over specifieke ervaring en deskundigheid inzake het doelmatig gebruik van een segment van de materiële bijstand en ze zijn door het KOC gemachtigd om een gespecialiseerd persoonlijk advies te verlenen dat door het GMDT wordt overgenomen in het aanvraagdossier.

De expert wordt door het VAPH vergoed. De persoon met een handicap hoeft dus zelf geen financiële bijdrage te leveren.

DE BESLISSING

Nieuw vanaf 01.01.2009: De toegekende bijstand geldt voor een bepaalde refertetermijn, zoals vermeld in de refertelijst te rekenen vanaf de datum van aankoop.

De beslissing over de tenlasteneming van de bijstand geldt gedurende 2 jaar, met uitzondering van woningaanpassingen, waarvoor de bestedingstermijn op 4 jaar is vastgesteld. Indien men later dan deze termijn de aankoop doet, moet men eerst opnieuw een aanvraag indienen.

De beslissing vermeldt:
- de in aanmerking te nemen functiebeperking(en), interventieniveau(s) en functioneringsdomein(en), zoals opgenomen in de refertelijst.
- de toegekende persoonlijke bijstandskorf;
- het bedrag dat de materiële bijstand van de persoonlijke bijstandskorf vertegenwoordigt;
- de begindatum van de bijstand, de einddatum van de beslissing (termijn om aankopen te doen) en de refertetermijn van het hulpmiddel.

(Art. 20, art. 21 1e alinea - BVR 13.07.2001).

Als de aanvrager hulpmiddelen van zijn persoonlijke bijstandskorf koopt, huurt of least, kan hij het in de beslissing vermelde bedrag besteden, enkel en alleen aan dat specifieke hulpmiddel.

Tot 01.07.2004 was er een systeem van 'intering', waardoor de restprijs van een goedkoper of niet aangekocht hulpmiddel uit de bijstandskorf kon besteed worden aan een duurder hulpmiddel uit de korf.

Hulpmiddelen, waarvan het budget uit een vroegere beslissing en met het systeem van 'intering' aan een ander hulpmiddel besteed werd, is voor het Vlaams Agentschap de eerste 7 jaren niet opnieuw vergoedbaar, tenzij men kan aantonen dat het hulpmiddel met eigen middelen aangekocht is geweest en opnieuw aan vervanging toe is. Concreet betekent dit dat de intering eindigt 3 jaar na de einddatum van de toenmalige beslissing, die een korf met einddatum vermeldde.

De verrekening van deze 'intering' zal op 01.07.2011 volledig uitgedoofd zijn (Art. 16, 5e alinea - BVR 13.07.2001)

HOE KAN DE PERSOON MET EEN HANDICAP ZIJN ONKOSTEN INDIENEN

De betaling van de bijstand gebeurt op basis van ingediende facturen.

Aankopen, leveringen of werken komen alleen in aanmerking voor tenlasteneming op voorwaarde dat ze ten vroegste plaatsvinden op de datum van de aanvraag van de bijstand, vermeld in de beslissing. Uitzondering: een eerste aanvraag voor hulpmiddelen (1 jaar terugwerkende kracht)

De facturen van de hierboven bedoelde aankopen, leveringen of werken moeten aan het Agentschap bezorgd worden binnen een termijn van 6 maanden, te rekenen vanaf de factuurdatum. Voor aankopen met betrekking tot beslissingen vanaf 01.01.2009 wordt deze termijn op 1 jaar gebracht. Indien op de datum van de factuur de beslissing nog niet is betekend, moet de factuur bezorgd worden binnen 6 maanden (vanaf 01.01.2009: 1 jaar), te rekenen vanaf de datum van de beslissing. (Art. 23 - BVR 13.07.2001).

DE REFERTELIJST

In deze lijst worden alle hulpmiddelen, per domein, ondergebracht per functiebeperking en het bijhorende interventieniveau.

Een domein is bijvoorbeeld 'aanvullende uitrusting bij de woning'.

De refertelijst wordt vanaf 01.01.2003 jaarlijks geïndexeerd en is up-to-date te consulteren op "www.vaph.be". De prijzen van de refertelijst worden regelmatig-aangepast aan de actuele marktprijzen, vb. computermateriaal daalt vaak in marktprijs, andere hulpmiddelen verbeteren merkbaar, maar de kostprijs verhoogt.

Goed om weten:

Toegankelijkheidsbureau - advies op maat

Wie zijn/haar huis wil aanpassen of bouwen op maat voor een gezinslid met een handicap, kan terecht op het toegankelijkheidsbureau voor individueel advies over hoe men een woning kan aanpassen aan een handicap of hoe een huis kan gebouwd worden zodat het ook nog gebruiksvriendelijk is als men een dagje ouder wordt.

Deze informatie is niet gratis, maar indien vooraf een aanvraag tot tussenkomst van een gemachtigd expert voor woningaanpassing gericht wordt aan het Vlaams Agentschap (cfr. aanvraag individuele materiële bijstand, II.32), dan kan deze kost gerecupereerd worden indien het Vlaams Agentschap het toegankelijkheidsbureau aanduidt als gemachtigd expert voor een gespecialiseerd advies.

Adres:

- Toegankelijkheidsbureau VZW,
  Belgiëplein 1, 3510 Hasselt-Kermt
  tel.: (011) 87 41 38 - fax (011) 87 41 39;
  e-mail: info@toegankelijkheidsbureau.be
  web: www.toegankelijkheidsbureau.be

- Toegankelijkheidsbureau VZW
  Noorderlaan 4, 1731 Zellik
  tel. (02)465 55 25 - fax. (02)465 55 26
  e-mail: info@toegankelijkheidsbureau.be
- Adviesbureau Toegankelijke Omgeving (ATO)
  Driegaaienstraat 160, 9100 Sint-Niklaas
  tel.: 03/776.10.59 - fax: 03/766.13.21
  e-mail: ato@toegankelijkheid.be
  www.ato-vzw.be
- Westkans vzw
  Kerkhofstraat 1, 8200 Brugge (Sint-Andries)
  tel: 050/40.73.73, fax: 050/71 00 43
  e-mail: info@westkans.be
  www.westkans.be

Overzicht refertelijst:

A. Bijlage 1

Functiebeperking + Interventieniveau = Interventiedoel			
Bovenste ledematen	Aanvulling	1 →	Domein 1 t & m 4
	Vervanging	2 →	Domein 1 t & m 3
Onderste ledematen	Aanvulling	3 →	Domein 1 t & m 9
	Vervanging	4 →	Domein 1 t & m 10
Rug, wervelzuil, bekken	Aanvulling	5 →	Domein 1 t & m 5
Gehoor	Aanvulling	6 →	Domein 1 t & m 4
	Vervanging	7 →	Domein 1 t & m 5
Zicht	Aanvulling	8 →	Domein 1 t & m 4
	Vervanging	9 →	Domein 1 t & m 4
Spraak	Aanvulling / vervanging	10 →	Domein 1 t & m 1
Zindelijkheid	Aanvulling / vervanging	11 →	Domein 1 t & m 1
Intellectuele en andere mentale functies	Aanvulling	12 →	Domein 1 t & m 2

B. Bijlage 2

Opmerking:
De bedragen in de refertelijst (bijlage 1) zijn de bedragen per aankoop en met inbegrip van eventuele onderhoudskosten, tenzij een specifiek bedrag voor onderhoud expliciet is voorzien (bv. traplift).

De omschrijvingen met * duiden op een hernieuwingsmogelijkheid na referentetermijn zonder adviesrapport van een multidisciplinair team. De persoon met een handicap kan voor het hulpmiddel een eventuele vervanging rechtstreeks aanvragen met het voorgeschreven aanvraagformulier 'gemotiveerde aanvraag hulpmiddelen en aanpassingen' (formulier te downloaden op www.vaph.be)

Refertelijst

A. Bijlage 1

Aanvulling - Bovenste ledematen

INTERVENTIENIVEAU - FUNCTIEBEPERKINGEN 1 AANVULLING - BOVENSTE LEDEMATEN		referte termijn	referte-bedrag in euro, BTW inbegrepen 01.01.2009
Domein 1	Aanvullende uitrusting bij de woning:		
	Automatische garagepoortopener	15	796,75
	Elektrificatie rolluiken (max. 4 stuks) *	15	212,46/stuk
	Aanpassing keuken:		
	In hoogte verstelbaar werkvlak	15	910,21
	Aanpassing kasten	15	1.456,99
	In hoogte verstelbare gootsteen	15	910,21
	Automatische deuropener	15	2.368,28
	Andere	15	2.169,75
	Gadgets bij aanpassing woning:		
	Deurklinkaanpassingen *	15	145,37
	Sleutelgreepaanpassingen *	15	109,57
	Badopstapje *	5	91,13
	Valse badbodem *	5	163,82
	Andere gadgets: maximumbedrag per stuk *	5	160,70
Domein 2	Mobiliteit		
	Aanpassing auto		
	Afneembare stuurbol of stuurhandvat zonder bedieningsfuncties *	7	190,00
	Stuurbol elektronische bediening	7	1.864,90
	Automatische en semi-automatische transmissie	7	743,64
	Andere noodzakelijke aanpassingen auto	7	1.344,16
	Aanvullende rijlessen om een rijbewijs te behalen	7	531,17
Domein 3	Communicatie		
	Noodzakelijke bijhorigheden bij computer:		
	Eenvoudige aanpassingen voor bediening computer: toetsenafdekplaat, typhulp, toetsenbordstickers, hoes of waterdicht toetsenbord, compact toetsenbord, éénhandig toetsenbord, muispad, muis met aansluiting voor externe schakelaars, grote trackball, ...	5	392,65
	Toetsenbordalternatief:		
	Toetsenbord met grote toetsen	5	240,82
	Verkleind toetsenbord (h12 mm toetsdiameter)	5	1.130,82
	Programmeerbaar toetsenbord	5	837,64
	Software voor toetsenbord- en muisfunctie op scherm (voor directe selectie of scanning)	5	471,17
	Muisalternatief: aangepaste trackball, joystick (incl interface), interface voor bediening via omgevingsbediening of schakelaars	5	837,64
	Aanvulling bij computerbediening :		
	Schakelaars	5	366,47
	Statieven, houders en bevestigingssystemen	5	366,47
	Software voor muisfuncties op scherm (kliksoftware)	5	157,06

	Armondersteuning	5	209,41
	Spraakherkenning of woordvoorspellingssoftware	5	251,29
	Scanner en software voor werkblaadjes en formulieren	5	104,70
	Meerkosten draagbare computer	5	265,59
Domein 4	Hulpmiddelen dagelijks leven :		
	Boodschappenwagen *	7	111,74
	Leesplank of –tafel *	7	180,09
	Aangepaste werktafel	7	409,00
	Mechanisch eetapparaat	7	2.071,56
	Serveerwagen *	7	216,97
	Andere *	7	216,97

Vervanging - BOVENSTE LEDEMATEN

INTERVENTIENIVEAU - FUNCTIEBEPERKINGEN 2. VERVANGING - BOVENSTE LEDEMATEN		Refertetermijn	referte-bedrag in euro, BTW inbegrepen 01.01.2009
Domein 1	aanvullende uitrusting bij de woning :		
	Automatische garagepoortopener	15	796,75
	Elektrificatie rolluiken (max. 4 stuks)*	15	212,46/stuk
	Automatische deuropener	15	2.368,28
	Andere	15	2.169,75
	Omgevingsbedieningsapparatuur:		
	Omgevingsbedieningssysteem	7	1.613,21
	Aangepaste bediening v/h systeem (scanning, vingertipbediening, ...)	7	672,62
	Gadgets bij aanpassing woning :		
	Deurklinkaanpassingen *	15	145,17
	Sleutelgreepaanpassingen *	15	109,57
	Badopstapje *	5	91,13
	Valse badbodem *	5	163,82
	Andere gadgets: maximum bedrag per stuk *	5	134,52
Domein 2	Mobiliteit		
	Aanpassing auto (voetbesturing, spraakbediening v/d elektrische functies)	7	10.741,34
	Andere noodzakelijke aanpassingen auto	7	1.344,16
	Aanvullende rijlessen om een rijbewijs te behalen	7	531,17
Domein 3	Communicatie		
	Noodzakelijke bijhorigheden computer :		
	Toetsenbordalternatief:		
	Toetsenbord voor mond- of hoofdstokbediening (excl. statief en houder)	5	1.047,06
	Software voor toetsenbord en muisfuncties op scherm (directe selectie of scanning)	5	471,17
	Muisalternatief:		
	Aangeoaste trackball, joystick (incl interface), interface voor bediening via de omgevingsbediening of schakelaars	5	837,64
	Hoofdmuis	5	1.570,58
	Aanvulling bij computerbediening:		
	Schakelaars	5	366,47

	Statieven, houders en bevestigingssystemen	5	366,47
	Software voor muisfuncties op scherm	5	157,06
	Spraakherkenning of woordvoorspellingssoftware	5	251,29
	Scanner en software voor werkblaadjes en formulieren	5	104,70
	Meerkost draagbare computer	5	265,59

Aanvulling - ONDERSTE LEDEMATEN

INTERVENTIENIVEAU - FUNCTIEBEPERKINGEN 3. AANVULLING - ONDERSTE LEDEMATEN		Refertetermijn	referte-bedrag in euro, BTW inbegrepen 01.01.2008
Domein 1	Ombouwen/aanbouwen van de woning en aanvullende uitrusting :		
	Ombouwen/aanbouwen van de woning:		
	Drempelbruggen	15	941,67
	Hellingbanen	15	1.076,20
	Verbouwingen sanitair: bad, douche, wastafel…	15	1.344,16
	Andere	15	1.301,85
	Traplift	12	8.013,97
	Onderhoudskosten voor traplift (max. 1 beurt per jaar)		179,73 per beurt
	Herstellingskosten traplift		20 % refertebedrag
	Aanvullende uitrusting van de woning :		
	Automatische garagepoortopener	15	796,75
	Handgrepen – beugels (max. 4 stuks) *	15	189,85/stuk
	Aanvullende trapleuning *	15	729,04
	Elektrificatie rolluiken (max. 4 stuks) *	15	212,46/stuk
	Aanpassing keukenmeubilair:		
	Onderrijdbaar werkvlak	15	910,21
	In hoogte verstelbaar werkvlak	15	910,21
	Aanpassing kasten	15	1.456,99
	Onderrijdbare gootsteen	15	910,21
	In hoogte verstelbare gootsteen	15	910,21
	Uitschuifbaar werkvlak	15	546,78
	Andere	15	2.169,75
	Gadgets bij aanpassing woning :		
	Badplank *	5	182,26
	Badzit – badstoel *	5	182,26
	Toiletverhoging *	5	145,37
	Toiletrugleuning *	5	72,69
	Toiletzitkussen *	5	54,24
	Badverkorter *	5	145,37
	Badopstapje *	5	91,13
	Andere gadgets: maximumbedrag per stuk *	5	160,70
Domein 2	Mobiliteit		
	zie bijlage II. Rolstoelen, duwwagens en orthopedische driewielers		
	Aanpassing auto:		
	Verplaatsing gaspedaal *	5	324,38
	Draaizetel	5	1.096,81

	Automatische en semi-automatische transmissie	5	743,64
	Rolstoelopbergsysteem voor manuele rolstoel	7	1.344,06
	Oprijgoten (1 paar) of oprijplaat	7	538,10
	Andere noodzakelijke aanpassingen auto	7	1.344,16
	Aanvullende rijlessen om een rijbewijs te behalen		531,17
	Standaard tweewieltandem bestuurder vooraan of duofiets	10	1.232,45
	Tweewieltandem bestuurder achteraan	10	2.054,08
	Driewieltandem	10	2.567,61
	Aankoppelwiel voor de rolwagen – (lig)fiets met handtrappers	8	2.233,81
	Aanhangfiets met één wiel *		134,52
	Aanhangfiets met twee wielen		796,75
	Fietskar (aanhangwagentje) *		201,79
	Rolstoel-fietsverbinding	10	531,17
	Rolstoelhulpmotor voor de begeleider	8	1.434,15
Domein 3	Toilet-stoelen		
	Toiletstoel *	5	346,07
Domein 4	Douchestoelen		
	Douchestoel	5	418,76
Domein 5	Elektronische Hutington-relaxzetel		
	Specifieke zetel voor personen met de ziekte van Huntington		602,11
Domein 6	Aangepaste stoelen en tafels :		
	Aangepaste stoel voor kinderen (inclusief bijbehorend voorzettafeltje)		764,84
	Werk- en bureaustoel voor volwassenen	7	910,21
Domein 7	Optrektoestel, patiënliften, til- en verplaatsingssystemen :		
	Hoog/laag badzit - zittend model	7	1.327,92
	Vast opgesteld optrektoestel op voet of met muurbevestiging *	15	254,95
Domein 8	Hulpmiddelen dagelijks leven :		
	Serveerwagen *	7	216,97
	Draaischijf *	7	154,05
	Andere *	7	216,97
Domein 9	Speciale bedden :		
	Verhoging van een bed	10	216,97
	Per elektrisch regelbaar gedeelte (hoofdgedeelte, ruggedeelte, bovenbeengedeelte, onderbeengedeelte)	10	135,61

Vervanging - ONDERSTE LEDEMATEN

INTERVENTIENIVEAU - FUNCTIEBEPERKINGEN 4. VERVANGING - ONDERSTE LEDEMATEN		Refertetermijn	referte-bedrag in euro, BTW inbegrepen 01.01.2009
Domein 1	Ombouwen/aanbouwen van de woning en aanvullende uitrusting :		
	Ombouwen/aanbouwen van de woning :		
	Toegang tot woning	15	1.403,83
	Leefruimte (keuken en living)	15	2.807,66
	Badkamer	15	2.807,66
	Toilet	15	2.807.66
	Slaapkamer	15	2.807,66
	Garage	15	1.403,83
	Circulatieomgeving (o.a. gang, ...)	15	2.807,66
	Traplift	12	8.013,97
	Plateaulift	12	10.926,12
	Kokerlift	25	19.281,39
	Onderhoudskost voor lift, 1 beurt/jaar (plateau-, koker- en traplift)		179,73/beurt
	Herstellingskosten lift (plateau-, koker- en traplift)		20 % van het refertebedrag
	Aanvullende uitrusting van de woning:		
	Handgrepen – beugels (max. 4 stuks) *	15	189,85/stuk
	Automatische garagepoortopener	15	796,75
	Elektrificatie rolluiken (max. 4 stuks) *	15	206,87/stuk
	Aanpassing keuken:		
	Onderrijdbaar werkvlak	15	910,21
	In hoogte verstelbaar werkvlak	15	910,21
	Aanpassing kasten	15	1.456,99
	Onderrijdbare gootsteen	15	910,21
	In hoogte verstelbare gootsteen	15	910,21
	Uitschuifbaar werkvlak	15	546,78
	Automatische deuropener	15	2.368,28
	Badstoel met positioneringsvoorzieningen	5	902,98
	Verzorgingstafel *	5	364,52
	Verzorgingstafel in hoogte verstelbaar	5	1.456,99
	Oprijgoten (1 paar)	12	538,10
	Andere	15	2.169,75
	Gadgets bij aanpassing woning :		
	Badplank *	5	182,26
	Badzit *	5	182,26
	Toiletverhoging *	5	145,37
	Deurhouder *	5	254,95
	Toiletrugleuning *	5	72,69
	Toiletzitkussen *	5	54,24
	Badverkorter *	5	145,37
	Andere gadgets: maximumbedrag per stuk *	5	160,70

Domein 2	Mobiliteit		
	zie bijlage II. Rolstoelen, duwwagens en orthopedische driewielers		
	Aankoppelwiel voor de rolwagen - ligfiets met handtrappers	8	2.175,00
	Rolstoelfiets	10	910,21
	Fietskar (aanhangwagentje) *		201,79
	Aanpassing auto:		
	Gas en remmen aan of op het stuur	7	1.595,85
	Draaizetel /transferstoel	7	1.096,81
	Automatische en semi-automatische transmissie	7	743,64
	Oprijgoten (1 paar) of oprijplaat	7	538,10
	Schuifdeur/telescopische deur	7	1.344,16
	Rolstoelopbergsysteem voor manuele rolstoel	7	1.344,16
	Rolstoelplateaulift	7	4.881,94
	Rolstoel vergrendeling	7	672,62
	Noodz. aanpassingen aan het koetswerk (verhoogd dak, verlaagde instap,...)	7	4.033,56
	Doorzaksysteem voor toegang tot de wagen met een manuele rolwagen, elektronische rolstoel of scooter	7	9.953,00
	Andere noodzakelijke aanpassingen	7	1.344,16
	Aanvullende rijlessen voor het behalen van een rijbewijs		531,17
	Rolstoel-fiets verbinding	12	531,17
	Rolstoelhulpmotor voor de begeleiding	8	1.434,15
Domein 3	Speciale bedden		
	Hoog-laag verzorgingsbed of hoog-laag bed-in-bed-systeem	10	1.413,53
	Aanpassing en toebehoren aan een bed :		
	Verhoging van een bed	10	216,97
	Per elektrisch regelbaar gedeelte (rug-, hoofd- , bovenbeen-, onderbeengedeelte)	10	135,61
Domein 4	Anti-decubitusmateriaal :		
	Anti-decubituskussen	4	400,32
	Anti-decubitusmatras :		
	Statische matras of wisseldrukmatras	5	1.001,34
	Wisseldrukmatras van het type PRI g 50 % / 11 cm* ° drukontlastingsindex PRI (10 min) minstens 50% onder 20 mm Hg t.h.v. sacrum / hoogte van de cellen 11 cm of meer.	5	1.344,16
Domein 5	Optrektoestel, patiëntenliften, til- en verplaatsingssystemen :		
	Vastopgesteld optrektoestel op voet of met muurbevestiging *	15	254,95
	Hoog/laag badzit - zittend model	7	1.327,92
	Elektrisch aangedreven lifter op wieltjes	15	3.278,49
	Til- en verplaatsingsystemen voor gebruik in één ruimte (rail- of wandliftsysteem)	15	6.010,21
	Til- en verplaatsingsystemen voor gebruik in meerdere ruimten (rail- of wandliftsysteem)	15	8.997,95
	Onderhoudskosten (el. lifter op wieltjes, til- en verplaatsingssystemen – 1 of meerdere ruimten)) (max. 1 beurt/jaar)		179,73/beurt
Domein 6	Toilet-stoelen :		
	Toiletstoel *	5	346,07
	Douche- en/of toiletstoel met positioneringvoorziening	5	2.151,23

Domein 7	Douchestoel, doucheraam, douchebrancard, douchewagen :		
	Douchestoel	5	418,76
	Doucheraam of douchebrancard (zonder hoogteregeling)	5	1.256,28
	Douchebrancard (met hoogteregeling) of douchewagen	5	3.096,23
	Douche- en/of toiletstoel met positioneringsvoorziening	5	2.151,23
Domein 8	Electronische Huntington-relaxzetel :		
	Specifieke zetel voor personen met de ziekte van Huntington		602,11
Domein 9	Aangepaste stoelen en tafels		
	Aangepaste stoel voor kinderen (inclusief bijhorend voorzettafeltje)		764,84
	Aangepaste, onderrijdbare ergonomische tafel of bureau	7	478,43
	Werk- en bureaustoel voor volwassenen	7	910,21
Domein 10	Hulpmiddelen dagelijks leven		
	Bedtafel *	7	180,09
	Draaischijf *	7	154,05
	Boodschappenwagen *	7	111,74
	Andere *	7	216,97

Aanvulling - RUG, WERVELZUIL, BEKKEN

INTERVENTIENIVEAU - FUNCTIEBEPERKINGEN 5. AANVULLING - RUG, WERVELZUIL, BEKKEN		**Refertetermijn**	**referte-bedrag in euro, BTW inbegrepen 01.01.2009**
Domein 1	Aanvullende uitrusting bij de woning:		
	Automatische garagepoortopener	15	796,75
	Handgrepen – beugels *	15	189,85/stuk
	Elektrificatie rolluiken (max. 4 stuks) *	15	212,46/stuk
	Gadgets bij aanpassing woning:		
	Toiletverhoging *	5	145,37
Domein 2	Speciale bedden		
	Aanpassing en toebehoren voor een bed:		
	Verhoging van een bed	10	216,97
	Per elektrisch regelbaar gedeelte (hoofdgedeelte, ruggedeelte, bovenbeengedeelte, onderbeengedeelte)	10	135,61
Domein 3	Electronische Huntington- relaxszetel :		
	Specifieke zetel voor personen met de ziekte van Huntington		602,11
Domein 4	Aangepaste stoelen en tafels		
	Aangepaste stoel voor kinderen (inclusief bijbehorend voorzettaffeltje)		764,84
	Werk- en bureaustoel voor volwassenen	7	910,21
Domein 5	Hulpmiddelen dagelijks leven		
	Serveerwagen *		216,97
	Draaischijf *		154,05
	Andere *		216,97

Aanvulling - GEHOOR

INTERVENTIENIVEAU - FUNCTIEBEPERKINGEN 6. AANVULLING - GEHOOR		Refertetermijn	referte-bedrag in euro, BTW inbegrepen 01.01.2009
Domein 1	Aanvullende uitrusting bij de woning :		
	Ringleiding	7	546,78
	Licht- of trilwerker *	7	184,86
	Andere *	7	216,97
Domein 2	Communicatie		
	FM-apparatuur :		
	FM-zender	4	924,33
	FM-ontvanger		
	Eenzijdige aanpassing	4	821,63
	Tweezijdige aanpassing	4	1.540,57
Domein 3	Pedagogische hulp bij hogere studies		54.191,65
	Maximumbedrag pedagogische hulp per jaar		13.547,91
Domein 4	Hulpmiddelen dagelijks leven		
	Geluidsoverdrachtsysteem voor radio en TV (via IR of andere technologie) *	7	281,51
	Telefoonversterker / telefoontoestel met inductieve versterking *	7	182,26
	Ringleiding voor GSM *	4	95,61
	Faxtoestel of toestel met analoge functie *	7	106,23
	Andere *	7	216,97

Vervanging - GEHOOR

INTERVENTIENIVEAU - FUNCTIEBEPERKINGEN 7. VERVANGING - GEHOOR		Refertetermijn	referte-bedrag in euro, BTW inbegrepen 01.01.2009
Domein 1	Aanvullende uitrusting bij de woning		
	Signaleringssysteem	15	910,21
	Mobiel signaleringssysteem *	7	398,38
	Andere *	7	216,97
Domein 2	Communicatie		
	Draagbaar tactiel hoorhulpmiddel	7	1.049,07
	Communicatietoestel voor doofblinden	7	2.013,13
Domein 3	Pedagogische hulp bij hogere studies		54.191,65
	Maximumbedrag pedagogische hulp per jaar		13.547,91
Domein 4	Doventolken * CAB: Centraal assistentiebureau		betalingen via CAB*
Domein 5	Hulpmiddelen dagelijks leven		
	Faxtoestel of toestel met analoge functie *	7	106,23
	Andere *	7	216,97

Aanvulling - ZICHT

INTERVENTIENIVEAU - FUNCTIEBEPERKINGEN 8. AANVULLING - ZICHT		Refertetermijn	referte-bedrag in euro, BTW inbegrepen 01.01.2009
Domein I	Communicatie		
	Beeldschermloep tafelmodel:		
	Zonder computeraansluiting	7	3.399,48
	of: voor aansluiting op bureaucomputer – inclusief leesplateau en beeldscherm	7	4.674,28
	of: voor aansluiting op laptop – exclusief beeldscherm	7	2.516,25
	Beeldschermloep draagbaar model:		
	Pocketbeeldschermloep met ingebouwd scherm – met beperkte vergroting	7	876,43
	of: draagbare beeldschermloep met eigen scherm: met grotere vergroting	7	2.655,84
	Computer bedienen:		
	Meerkosten draagbare computer	5	265,59
	Meerkost grote breedbeeldmonitor (minimum 22 inch)	5	667,58
	Monitorarm	10	261,77
	Software beeldvergroting :		
	Vergrotingssoftware zonder spraakondersteuning	5	557,72
	Vergrotingssoftware met spraakondersteuning	5	770,20
	Andere noodzakelijke aanpassingen PC (toetsenbord-stickers, toetsenbordhoes, toetsenbord met grote en/of contrasterende letters)	5	188,48
	Spraaksyntheseprogramma	5	744,60
Domein 2	Mobiliteit		
	Aanhangfiets *		134,52
	Standaard tweewieltandem bestuurder vooraan of duofiets	10	1.232,45
	Witte stok *	2	53,12
	Aanleren verplaatsingstechnieken witte stok		2.122,01
Domein 3	Pedagogische hulp bij hogere studies		54.191,65
	Maximum pedagogische hulp per jaar		13.547,91
Domein 4	Hulpmiddelen dagelijks leven		
	Leesplank *	15	180,09
	Aangepaste werktafel	15	409,00
	Leesloep met lamp *	15	361,20
	Leeslamp *	15	212,46
	TV-voorzetscherm *	15	135,61
	Sprekende basisrekenmachine *	7	34,00
	Sprekende wekker *	7	133,85
	Memorecorder *	7	267,03
	Daisyspeler *	5	406,83
	Uitspraak of vergroting voor GSM *	3	260,27
	Sprekende huishoudweegschaal *	7	90,29
	Sprekende personenweegschaal *	7	120,42
	Sprekende wekker *	7	133,85
	Andere *	7	325,46

Vervanging - ZICHT

INTERVENTIENIVEAU - FUNCTIEBEPERKINGEN 9. VERVANGING - ZICHT		Refertetermijn	Referte-bedrag in euro, BTW inbegrepen 01.01.2009
Domein I	Mobiliteit		
	Geleidehond voor blinden	8	12.564,70
	Aanleren verplaatsingstechnieken witte stok		2.122,01
	standaard tweewieltandem bestuurder vooraan of duofiets	10	1.232,45
	Aanhangfiets *		134,52
	Witte stok *	2	53,12
Domein 2	Communicatie		
	Brailleschrijfmachine	10	1.009,22
	Notitietoestel voor niet-zienden:		
	Notitiestoestel met spraakweergave	7	3.081,12
	Notitietoestel met brailleweergave	7	4.981,15
	Onderhoudskosten notitietoestel met brailleweergave (max. 1 beurt/jaar)		179,73/beurt
	Herstellingskosten notitietoestel met brailleweergave		770,28
	Computer bedienen :		
	Brailleleesregel :		
	met 40 cellen	7	6.586,48
	met 80 cellen	7	11.685,64
	Onderhoudskosten brailleleesregel (max. 1 beurt/jaar)		175,00/beurt
	Herstellingskosten brailleleesregel		770,28
	Brailleprinter	10	3.187,00
	Herstellingskosten brailleprinter		513,53
	Spraaksyntheseprogramma	5	744,60
	Meerkost draagbare computer	5	265,59
	Schermuitleesprogramma's voor bureaucomputers en laptops	5	1.859,08
	Tekstherkenningsprogramma met scanner (tekstherkenningssysteem op basis van standaard PC)	5	1.084,87
	Voorleestoestel tafelmodel	7	3.824,41
	Communicatietoestel voor doofblinden	7	2.013,13
Domein 3	Pedagogische hulp bij hogere studies		54.191,65
	Maximum pedagogische hulp per jaar		13.547,65
Domein 4	Hulpmiddelen dagelijks leven		
	Sprekende huishoudweegschaal *	7	90,29
	Sprekende personenweegschaal *	7	120,42
	Memorecorder *	7	260,00
	Kleurendetector *	7	207,16
	Sprekende basisrekenmachine *	7	34,00
	Sprekende wekker *	7	133,85
	Sprekende labelpen *	7	270,00
	Daisyspeler *	5	406,83
	Uitspraak GSM *	3	260,27
	Andere	7	325,46

Aanvulling - Vervanging - SPRAAK

INTERVENTIENIVEAU - FUNCTIEBEPERKINGEN 10. AANVULLING/ VERVANGING - SPRAAK		Refertetermijn	referte-bedrag in euro, BTW inbegrepen 01.01.2009
Domein 1	Communicatie		
	Statische systemen		
	Met één boodschap	5	265,59
	Tot 40 boodschappen	5	1.699,74
	Met meer dan 40 boodschappen	5	3.983,76
	Dynamische systemen (toestel met communicatiesoftware en spraaksynthese)	5	5.152,33
	Aanvulling:		
	Extra communicatiesoftware	5	849,87
	Extra sleutel (licentie)	5	191,22
	Extra taal	5	188,48
	Symbooldatabanken (max. 2)	5	382,44
	Teksttoestellen (toestel zonder synthetische spraak)	5	2.124,67
	Aanvulling:		
	Synthetische stem (inbouw voor teksttoestellen)	5	1.965,32
	Extra taal	5	188,48
	Draagbare computer, gebruikt als communicatiehulpmiddel	5	1.434,15
	Aanvulling:		
	Communicatiesoftware	5	849,87
	Extra sleutel (licentie)	5	191,22
	Extra taal	5	188,48
	Synthetische stem	5	584,28
	Symbooldatabanken (max. 2)	5	382,44
	Bijhorigheden (voor alle communicatietoestellen)		
	Schakelaars, afdekplaten,...	5	398,38
	Extra batterijen - batterijladers	5	770,20
	Adapter	5	212,46
	Tafelstatieven	5	371,82
	Rolstoelstatieven	5	849,87
	Andere statieven	5	159,35
	Andere (draagtas, kabels, ...)	5	265,59
	Stemversterker	5	818,00

Aanvulling - Vervanging - ZINDELIJKHEID

INTERVENTIENIVEAU - FUNCTIEBEPERKINGEN 11. AANVULLING /VERVANGING - ZINDELIJKHEID		referte-bedrag in euro, BTW inbegrepen 01.01.2009
Domein 1	Incontinentiemateriaal	
	Dag- en nachtincontinentie	875,49
	Nachtincontinentie	439,37

Aanvulling INTELLECTUELE EN ANDERE MENTALE FUNCTIES

INTERVENTIENIVEAU – FUNCTIEBEPERKING 12. AANVULLING INTELLECTUELE OF ANDERE MENTALE FUNCTIES		Refertetermijn	Referte-bedrag in euro, BTW inbegrepen 01.01.2009
Domein 1	Aanvullende uitrusting bij de woning		
	Verzorgingstafel *	5	364,52
	Verzorgingstafel in hoogte verstelbaar	5	1.456,99
Domein 2	Mobiliteit		
	Aanhangfiets met één wiel *		134,52
	Aanhangfiets met twee wielen		796,75
	Fietskar (aanhangwagentje) *		201,79
	Standaard tweewieltandem bestuurder vooraan of duofiets	10	1.232,45
	Tweewieltandem bestuurder achteraan	10	2.054,08
	Driewieltandem	10	2.567,61

B. Bijlage 2: rolstoelen, duwwagens en orthopedische driewielers

1. Rolstoelen in de ziekteverzekering

De Federale Staat en de Gemeenschappen/Gewesten hebben in 2003 (B.S. 26.11.2003) een protocol afgesloten inzake de toekomstige principes in verband met de terugbetaling van rolstoelen:

Doelstelling

Dit protocol heeft algemeen tot doel de gebruiker het meest samenhangend en toegankelijk mogelijk aanbod van rolwagens voor te stellen.

Werking van het systeem

1. Enig dossier: slechts één aanvraag moet worden ingediend, er moet slechts één onderzoek worden uitgevoerd en één enkele beslissing worden genomen. Dit principe leidt tot het begrip 'enig loket'. Met andere woorden één enkel meldpunt voor het indienen van een tegemoetkomingsaanvraag, onafhankelijk van het feit dat de opvolging van het dossier achteraf door verschillende instanties moet gebeuren.
2. Multidisciplinair onderzoek: naast de medische criteria wordt voortaan ook rekening gebouden met functionele criteria (namelijk de concrete levensomstandigheden waarin de persoon die een rolstoel aanvraagt moet kunnen functioneren en waaraan de rolstoel moet worden aangepast).
3. Kwaliteit van het advies: de voorgestelde rolstoel is degene die het best is aangepast aan de individuele situatie van het individu.
4. Zekerheid over de beslissing: er wordt een beslissing genomen die voor alle partijen bindend is, op basis van het enig verslag (adviesverslag over de rolwagen).

5. Redelijke termijnen: er zijn voor elke fase van de procedure termijnen voorzien die een beslissing op korte termijn garanderen.

Reglementering voor rolstoelen

De RIZIV-regelgeving op vlak van rolstoelen geldt als basisvoorziening. In principe moet hierbij iedereen de rolstoel kunnen verkrijgen volgens zijn/haar functiebeperkingen. In 2008 werd deze regelgeving geëvalueerd in functie van het invoeren van verbeteringen en wij verwachten in de loop van 2009 verbeteringen aan de reglementering naar aanleiding van die evaluatie. Vooral de voorziening van scooters is nog ontoereikend.

Het VAPH heeft vanaf 01.01.2009 haar rolstoelregelgeving aangepast aan de vernieuwde ZIV- regelgeving. In principe voorziet het VAPH met haar regelgeving nog steeds in verantwoorde oplegkosten bij aankoop van een elektronische rolstoel, in tweede rolstoelen in sommige situaties en in herstel en onderhoud van alle rolstoelen, duwwagens of orthopedische driewielfietsen.

Om de behoeften van de patiënt te evalueren vertrekt men bij het functioneren van de patiënt en dit zowel op het lichamelijke vlak als op vlak van het functioneren in de omgeving en het participeren in de maatschapij.

Men baseert zich hiervoor op de ICF functieclassificatie van de WHO (wereldgezondheidsorganisatie).

De indicaties voor de respectievelijke rolstoelen werden flink uitgebreid en de vergoedingen voor de rolstoelen en hun aanpassingen werden verbeterd.

Voor de electronische rolstoel, de kinderrolstoel en de actiefrolstoelen is een verstrekking pas mogelijk na advies van een multidisciplinair team waarin een erkende revalidatiearts, een kinesist of een ergotherapeut en facultatief de verstrekker en de omgevingsspecialisten van de patiënt zetelen.

De patiënt krijgt in principe wat hij nodig heeft op voorwaarde dat wat hij vraagt gemotiveerd wordt door objectief aangetoonde functiestoornissen.

Renting rolstoelen:

Voor de RVT-ROB sector is voor de manuele standaardrolstoelen, de manuele modulaire en de manuele verzorgingsrolstoelen een alternatief financieringssysteem uitgewerkt op basis van verhuur. Personen, die in rustoorden verblijven (ROB of RVT) en definitieve mobiliteitsbeperkingen hebben, verkrijgen een rolstoel die voor hen gehuurd wordt.

Het hulpmiddel wordt aangepast aan hun noden (geen maatwerk, actief rolstoel, scooter of elektronische rolstoel). Wie omwille van zijn functionele behoeften nood heeft aan een speciale rolstoel, komt in aanmerking voor aankoop van een rolstoel volgens de gewone voorwaarden.

Procedure:

- Er is een voorschrift vereist van de behandelende geneesheer (of van de geneesheer-specialist) die op basis van medische criteria oordeelt of een rolstoel nodig is.

- De verzekeringsinstelling (het ziekenfonds) is het enig meldpunt voor het indienen en opvolgen van de aanvraag. De adviserend geneesheer is verantwoordelijk voor het eventueel doorsturen van het dossier naar het Vlaams Agentschap voor vergoedingen voor herstel en onderhoud en voor eventueel omgevingsapparatuur, die bij de rolstoel geleverd wordt.
- Voor de aanvraag voor een loophulpmiddel is geen goedkeuring van de adviserend geneesheer vereist.
  Het volstaat om een medisch voorschrift en een getuigschrift voor aflevering van een erkend verstrekker af te leveren in het ziekenfonds. Het loophulpmiddel moet op de lijst van aangenomen producten voorkomen om in aanmerking te komen voor een verzekeringstegemoetkoming (1).
- Een rolstoelaanvraag wordt ingediend door de verstrekker. In principe beslist de adviserend geneesheer over het recht op een tegemoetkoming (behalve voor maatwerk en enkele andere zeer specifieke uitzonderingen - College geneesheren-directeurs).
- Hieronder zijn de verschillende procedures beschreven. Hoe complexer het gevraagde mobiliteitshulpelmiddel, hoe complexer de aanvraag. In principe kan men zich begeven naar de hulpmiddelenwinkel. De verstrekker kent alle modaliteiten bij een aanvraag tot tussenkomst. Hij verwijst indien nodig naar een multidisciplinair team, erkend door het RIZIV en/of erkend door het Vlaams Agentschap.
- Er is een basisprocedure, bestemd voor een **standaardrolstoel** of een **orthopedische driewielfiets**. Hiervoor is slechts een medisch voorschrift en een aanvraag voor verzekeringstegemoetkoming nodig. Het medisch voorschrift bevat de diagnose, omvang en beschrijving van functionele en anatomische stoornissen, de gevolgen hiervan voor activiteiten en participatie. In de aanvraag omschrijft men het hulpmiddel en eventuele aanpassingen, de prijs en de vermelding of het hulpmddel vermeld is in de produktenlijst **(1)**.
- Er is een uitgebreide procedure, bestemd voor een **modulaire rolstoel**, een **verzorgingsrolstoel**, een **zitsysteem** of een orthopedische driewielfiets in cumul met een rolstoel. Voor de uitgebreide procedure levert men een medisch voorschrift en een aanvraag voor verzekeringstegemoetkoming (zie basisprocedure) en een motiveringsrapport af. Het motiveringsrapport wordt opgesteld door de verstrekker. Hij beschrijft het hulpmiddel en motiveert zijn keuze op basis van de functiestoornissen van de rechthebbende.
- Er is een bijzondere procedure voor een **kinderrolstoel**, een **actieve rolstoel**, een **elektronische rolstoel**, een **elektronische scooter** of een **stasysteem**. Voor de bijzondere procedure levert men een medisch voorschrift, een aanvraag voor verzekeringstegemoetkoming, een motiveringsrapport (zie uitgebreide procedure) en een functioneringsrapport af. Het functioneringsrapport moet multidisciplinair opgesteld worden. De multidisciplinaire equipe bestaat minstens uit een geneesheer-specialist voor fysische geneeskunde en revalidatie of een geneesheer-specialist met een bijkomend getuigschrift in de revalidatie voor locomotorische en neurologische aandoeningen en een ergotherapeut of kinesitherapeut. Die equipe kan eventueel uitgebreid worden met de huisarts, de

(1) De produktenlijst is een limitatieve lijst die door de RIZIV wordt vastgesteld. Fabrikanten bieden hun produkten aan bij de overheid om een erkenning te bekomen voor tussenkomst. Wanneer de rolstoel voldoet aan de opgelegde voorwaarden, wordt hij opgenomen in de produktenlijst en wordt bepaald voor welke doelgroep en type rolstoelen het hulpmiddel in aanmerking komt voor een tussenkomst.

verpleegkundige, een maatschappelijk assistent of een omgevingsdeskundige van de rechthebbende.
De erkend verstrekker kan betrokken worden bij de functionele evaluatie.
De verstrekker stelt het motiveringsrapport op en is verantwoordelijk voor de keuze van het mobiliteitshulpmiddel op basis van de functionele evaluatie van de multidisciplinaire equipe.

- Er is maatwerk voor wie volgens zijn functionele criteria **andere aanpassingen** nodig heeft dan wat standaard of modulair aanwezig is op de markt. Maatwerk wordt individueel vervaardigd volgens de noden van de gebruiker. Het kan alleen aangevraagd worden voor rolstoelen. Voor maatwerk heeft men de bijzondere aanvraagprocedure nodig (medisch voorschrift, aanvraag, motiveringsrapport en functioneringsrapport), aangevuld met een gedetailleerd bestek en de noodzakelijke werktekeningen.
  De adviserend geneesheer verzamelt alle gegevens, geeft zijn advies en zendt het volledige dossier naar het **College van geneesheren-directeurs**. Het CGD vraagt advies van de Technische Raad voor Rolstoelen en beslist over het al dan niet toestaan van het maatwerk. Aanpassingen aan de elektronische besturing komen niet in aanmerking voor bijzonder maatwerk.
- Er is ook een mogelijkheid om een **forfaitaire tegemoetkoming** te bekomen.
  De adviserend geneesheer kan een forfaitaire tegemoetkoming toekennen aan de rechthebbende voor wie een ander mobiliteitshulpmiddel aangevraagd wordt, dan het mobiliteitshulpmiddel waarvoor hij volgens zijn functionele criteria in aanmerking komt. Indien die aanvraag gebeurt op uitdrukkelijke wens van de rechthebbende, dan moet de erkend verstrekker dit vermelden in het motiveringsrapport.
  De forfaitaire tegemoetkoming is het bedrag van de tegemoetkoming van het hulpmiddel waarvoor hij in aanmerking komt. De regels voor forfaitaire tegemoetkomingen zijn per mobiliteitshulpmiddel (rolstoel of andere) bepaald. Het mobiliteitshulpmiddel dat wordt afgeleverd, moet voorzien zijn in de verstrekkingen van deze nomenclatuur en moet voorkomen op de lijst van aangenomen producten.
  In geval van een eerste aanvraag dient steeds de procedure voorzien voor het aangevraagde type hulpmiddel te worden gevolgd. Indien blijkt dat de rechthebbende niet voldoet aan de functionele indicaties voorzien voor het hulpmiddel van zijn keuze kan in het motiveringsrapport of het functioneringsrapport vermeld worden dat hij instemt met een forfaitaire tegemoetkoming. In geval van hernieuwing van een hulpmiddel waarvoor een forfaitaire tegemoetkoming is gebeurt, kan die tegemoetkoming direct door de verstrekker aangevraagd worden, mits uitdrukkelijk akkoord van de rechthebbende. Deze aanvraag moet opgemaakt worden volgens de regels van de uitgebreide procedure. Indien het om de functionele specificaties van de standaardrolstoel gaat mag de aanvraag opgemaakt worden volgens de basisprocedure.
- De adviserend geneesheer van de verzekeringsinstelling neemt een uitvoerig gemotiveerde beslissing op basis van het multidisciplinaire rapport over de terugbetaling door het RIZIV van de voorgestelde rolstoel en zijn beslissing wordt als bindend beschouwd voor de Agentschappen (In Vlaanderen: Vlaams Agentschap voor personen met een handicap).
- De adviserend geneesheer maakt een dossier op basis van de verzamelde gegevens. Het typeverslag wordt eventueel aangevuld met een 2e luik typeverslag

Vlaams Agentschap voor aanvraag andere hulpmiddelen dan een rolwagen (verslag opgesteld door het multidisciplinair team, erkend door het Agentschap). De adviserend geneesheer neemt een uitvoerig gemotiveerde beslissing. Deze is bindend voor het Vlaams Agentschap.
Betrokkene krijgt een beslissing van de adviserend geneesheer en hij stuurt zonodig het verslag door voor behandeling in het Vlaams Agentschap.
Het Vlaams Agentschap onderzoekt op basis van het eindverslag welke tussenkomst eventueel nog kan gebeuren conform haar regelgeving (betaling van een onderhoudskosten, een tweede rolstoel of eventueel omgevingsbediening). Het Vlaams Agentschap zal geen basisuitrusting vergoeden voor rolstoelen, omdat deze in principe volledig gefinancierd wordt door het RIZIV. Wat het RIZIV op vlak van rolstoelen niet terugbetaalt wordt beschouwd als de verantwoordelijkheid van het RIZIV (RIZIV heeft dan in principe objectieve argumenten om de terugbetaling niet te voorzien). De modaliteiten van tussenkomsten door het Vlaams Agentschap worden pas in 2007 bekend, als haar nieuwe rolstoelbesluit verschijnt.

- Betrokkene kan beroep aantekenen tegen beslissing adviserend geneesheer en/of tegen de beslissing van het Vlaams Agentschap.

Renting rolstoelen in ROB/RVT:

De aanvraag gebeurt door de verstrekker. Hij bezorgt aan het ziekenfonds een gewone kennisgeving met een medisch voorschrift en het huurcontract voor een standaardrolstoel. Voor een modulaire of verzorgingsrolstoel verzendt hij een aanvraag aan de adviserend geneesheer met een medisch voorschrift en een motiveringsrapport, waarop de adviserend geneesheer binnen 15 dagen zijn beslissing neemt. Na de goedkeuring bezorgt de verstrekker het huurcontract aan het ziekenfonds.

Het ziekenfonds betaalt rechtstreeks aan de verstrekker een aan het type rolstoel aangepast huurforfait, waarin alle kosten inbegrepen zijn (aankoop, reguliere aanpassingen (1), onderhoud, herstellingen, vernieuwing, enz.). Er mogen geen supplementen, vervoerkosten of andere kosten aangerekend worden. Om de dienstverlening en de kwaliteit te garanderen moet de verstrekker minstens 1 onderhoud per jaar voorzien en kan betrokkene de huurovereenkomst opzeggen en eventueel een andere verstrekker kiezen.

Men is verplicht om de rolstoel 'normaal' te gebruiken. Voor abnormaal gebruik van de rolstoel, dat schade veroorzaakt, kan men verantwoordelijk gesteld worden.

(1) Uitgezonderd aanpassing aan het rolstoelframe (zitbreedte van 52-58 cm) bij een standaardrolstoel of een modulaire rolstoel; aanpassing amputatie, aandrijfsysteem met dubbele hoepel of hefboomsysteem bij een modulaire rolstoel.

Cumulregels en hernieuwing:

Er kan per hernieuwingstermijn nooit meer dan één rolstoel, loophulpmiddel, stasysteem of orthopedische driewielfiets verstrekt worden, behoudens de in de rolstoelfiches (1) toegestane cumul.

Hernieuwing is enkel toegelaten voor hulpmiddelen die onbruikbaar geworden zijn of waarvoor een herstelling niet meer economisch verantwoord is.

De hernieuwingstermijn wordt gerekend vanaf de datum van de vorige verstrekking.

Voor de hernieuwing van een mobiliteitshulpmiddel van dezelfde hoofdgroep en subgroep heeft men slechts de basisprocedure nodig. Voor een mobiliteitshulpmiddel van een andere hoofdgroep of subgroep is de procedure van het aangevraagde mobiliteitshulpmiddel nodig.

Voor de hernieuwing van een elektronische rolstoel of een elektronische scooter van een andere subgroep is de uitgebreide procedure opgelegd. Voor een forfaitair vergoede rolstoel is de uitgebreide procedure nodig (uitzondering: de basisprocedure voor het forfait van een standaardrolstoel).

Een **vroegtijdige nieuwe verstrekking** kan alleen bij wijzigingen van de functies van het bewegingssysteem of stoornissen van de anatomische eigenschappen en is enkel toegelaten bij het verstrekken van een nieuwe rolstoel.

Men vraagt dit met een bijzondere aanvraagprocedure. De rolstoel en de aanpassingen moeten voorkomen op de lijst van aangenomen produkten.

Renting rolstoelen in ROB/RVT:

De manuele standaardrolstoel in huur kan gecumuleerd worden met een loophulpmiddel.

De manuele modulaire rolstoel in huur kan gecumuleerd worden met een loophulpmiddel en een anti- decubituskussen.

De manuele verzorgingsrolstoel in huur kan gecumuleerd worden met een antidecubituskussen voor patiënten met een evolutieve neuromusculaire aandoening (MS-patiënten, reumatoïde arthritis, enz.).

Hernieuwingtermijnen:

Mobiliteitshulpmiddel	Leeftijd op de datum van vorige aflevering		
	Jonger dan 18 jaar	**Jonger dan 65 jaar**	**Ouder dan 65 jaar**
Manuele rolstoel, elektronische rolstoel, starolstoel	3 jaar	4 jaar	6 jaar

(1) Rolstoelfiches: produktfiches met een gedetailleerde omschrijving van de hulpmiddelen (geen merk of merktype). Een rolstoelfiche omvat een uitgebreide toelichting van de functionele indicaties voor de gebruiker (gebruiksdoel), de functionele vereisten van de rolstoel (vb. Technische vereisten, algemene zithouding en positionering, aandrijving, enz.), eventuele aanpassingen van de rolstoel (men beschrijft welke aanpassingen voor welke situaties toegelaten en al dan niet cumuleerbaar zijn), hernieuwingstermijn, enz.

Scooter	-	6 jaar	6 jaar
Statafel (> 18 jaar of > 1,50m goot)	-	10 jaar	10 jaar
Orthopedische driewielfiets	3 jaar	8 jaar	8 jaar
Loophulpmiddel	3 jaar	4 jaar	6 jaar
Onderstel zitschelp	3 jaar	5 jaar	5 jaar
Zitkussen individueel aanpasbaar (ernstig risico doorligwonden)	3 jaar	4 jaar	4 jaar
Zitkussen niet individueel aanpasbaar (matig risico doorligwonden)	2 jaar	2 jaar	2 jaar
Modulair aanpasbaar rugsysteem, niet individueel aanpasbaar anatomisch gevormd zitkussen (matig risico doorligwonden)	De hernieuwingtermijn is deze van de rolstoel		

Aanpassingen aan reeds afgeleverde rolstoel:

Er wordt aangetoond dat de voortijdige aanpassingen noodzakelijk zijn. Deze aanvraag kan alleen bij wijzigingen van de functies van het bewegingssysteem of bij stoornissen van de anatomische eigenschappen. Ook dit wordt aangevraagd met een bijzondere aanvraagprocedure. Het kan enkel bij aanpassingen aan een rolstoel, waarvoor een tegemoetkoming werd bekomen vanuit de verplichte ziekteverzekering. De aanpassingen moeten voorkomen op de lijsten van aangenomen producten. Bestaande aanpassingen kunnen nooit voortijdig vernieuwd worden. Onderhoud of herstelling van de rolstoel kan in geen geval hiervoor in aanmerking komen.

Renting rolstoelen: 6 jaar

De rolstoel in het rentingsysteem krijgt een levensduur van 6 jaar, wat controleerbaar zal zijn op het rolstoelpaspoort. Wie een rolstoel gebruikt, die ouder is dan 6 jaar, kan kiezen om zijn 'vertrouwde' rolstoel verder te gebruiken of een andere te vragen.

Een rolstoel van meer dan 6 jaar oud mag alleszins niet meer afgeleverd worden aan een volgende gebruiker.

Bij opname in een rustoord kan de renting pas ingaan na verloop van de hernieuwingstermijn na een eventueel vorige aflevering toen betrokkene nog niet in het rustoord verbleef.

Recht op rolstoelen bij verblijf in een instelling:

De rechthebbenden die in een ziekenhuis verblijven komen in principe niet in aanmerking voor een tussenkomst in de aankoop van een mobiliteitshulpmiddel. Rechthebbenden die in een psychiatrisch ziekenhuis verblijven komen wel in aanmerking voor een mobiliteitshulpmiddel.

De verzekeringstegemoetkoming kan wel bij uitzondering in een ziekenhuis worden toegekend na goedkeuring door de adviserend geneesheer bij het bekend zijn van de ontslagregeling van de rechthebbende of in het kader van een revalidatieplan dat dit ontslag voorbereidt.

Voor de rechthebbenden opgenomen in een rust- en verzorgingstehuis, een rustoord voor bejaarden, een psychiatrisch verzorgingstehuis of alle inrichtingen voor personen met een handicap is slechts vergoeding mogelijk wanneer de rolstoel noodzakelijk is voor individueel en definitief gebruik.

In de rustoorden (ROB/RVT) is sinds 2007 het rentingsysteem van toepassing. Wie mobiliteitsbeperkingen heeft en nog niet over een rolstoel beschikt is gerechtigd op het gebruik van een rolstoel in een huurformule. Procedure en bepalingen zijn eerder beschreven in dit deel, lees 'renting rolstoelen'.

Overzicht cumul bij mobiliteitshulpmiddelen:

	Statafel	Loophulp	Orthopedische driewielfiets	Niet indiviueel aanpasb. zitkussen	Niet individ. aanpasb. anatomisch gevormd zitkussen	Individueel aanpasbaar zitkussen	Luchtkussen celstruct. of Flow-Fluid-gelkussen	Modulair aanpasbaar rugsysteem	Onderstel voor zitschelp
Manuele standaardrolstoel volw.		x	x						
Manuele modulaire rolstoel volw.	x	x	x	x	x	x	x		
Manuele verzorgingsrolstoel volw.				x°		x°	x°		
Manuele actief rolstoel volwassenen	x	x	x	x		x	x	x	
Elektronische rolstoelen voor volw.	x			x		x	x		
Scooter		x							
Standaard duwwandelwagen kinderen		x	x						
Modulaire duwwandelwagen kinderen									
Manuele modulaire kinderrolstoel (1)					x				
Manuele standaardrolstoel kinderen		x	x						
Manuele actief kinderrolstoel	x*	x	x	x		x	x	x	
Elektronische kinderrolstoel	x*		x	x		x	x		
Starolstoel				x		x	x		

* uitsluitend kinderen met lichaamslengte vanaf 1,50 m

° slechts voor bepaalde pathologieën:
evolutieve neuromusculaire aandoening, een evolutieve myopathie, multiple sclerose, chronische auto- immune inflammatoire polyarthritis (reumatoïde artritis, spondyloartropathie, juveniele chronische artritis, systemische lupus en sclerodermie) of voor gebruikers met tetraparese of quadriparese

(1) De manuele modulaire kinderrolstoel is in het rolstoelbesluit maar op 1 plaats beschreven (cumul met het anatomisch gevormd zitkussen). Het zou vergelijkbaar zijn met de voorziening van subgroep 4, de acftief kinderrolstoel. Voor de actiefkinderrolstoel is in het besluit cumul met dit soort kussen echter niet uitgesloten.

2. Rolstoelen bij het Vlaams Agentschap voor personen met een handicap

Het principe van éénloketsfunctie is reeds beschreven in de procedures in voorgaand deel.

In de dossiers waar het Vlaams Agentschap aan bod komt voor een bijkomende vraag omtrent het rolstoeldossier en waar reeds een functioneringsverslag nodig was voor de RIZIV-aanvraag heeft men meestal gekozen voor een multidisciplinair team dat zowel door RIZIV als door het Vlaams Agentschap is erkend. Betrokkene moet dan slechts bij één team terecht om alle aanvragen samen af te handelen. De diensten maatschappelijk werk van de ziekenfondsen hebben de dubbel erkende teams ter beschikking.

De tussenkomsten van het Vlaams Agentschap beperken zich tot:

1) Onderhoud, opladen van batterijen, aanpassing en herstelling van rolstoelen, duwwagens en orthopedische driewielfietsen (op voorwaarde dat ze werden aangekocht met een tegemoetkoming van het RIZIV en/of het Vlaams Agentschap);

2) Een 2e rolstoel in specifieke situaties.

Het Agentschap kan een tweede rolstoel toekennen met dien verstande dat nooit meer dan één elektrische of elektronische rolstoel kan worden toegekend en dat nooit een derde verstrekking wordt toegekend (vb. na cumul van rolstoel en driewielfiets bij het RIZIV), in de volgende gevallen:

- voor personen met een handicap die in een residentiële voorziening verblijven kan naast een rolstoel voor gebruik in de voorziening, ook een tweede rolstoel of orthopedische driewielfiets voor gebruik thuis ten laste genomen worden;
- voor de persoon met een handicap, die in zijn woonomgeving een lift of traplift gebruikt, kan een tweede rolstoel ten laste genomen worden;
- voor personen met een elektronische rolstoel, die niet beschikken over een lift/traplift en die niet in een residentiële instelling verblijven

BEDRAG

Het bedrag voor onderhoud, aanpassing, herstelling en opladen van batterijen van een rolstoel is ten belope van de gefactureerde kosten, met een jaarlijks maximum van 10 % van de nomenclatuurwaarde van de rolstoel. Dit jaarlijks maximumbedrag mag overschreden worden bij grote herstellingen mits de totale tenlasteneming voor die kosten niet meer bedraagt dan 40 % van de nomenclatuurwaarde over de totale gebruiksduur van de verstrekking. *Sinds 2007 heeft het VAPH het onderstel van een zitschelp gelijkgesteld met de functionaliteit van een rolstoel en de vergoeding voor herstel en onderhoud van het onderstel dus ook in aanmerking genomen voor tegemoetkomingen (voorheen werd dit geweigerd).*

Het bedrag van de eventuele omgevingsbediening op de rolstoel is bepaald in de refertelijst van het Vlaams Agentschap. Wie hogere kosten voorlegt kan de noodzakelijkheid aantonen en een hogere tussenkomst vragen wegens 'uitzonderlijke zorgbehoefte'. Het dossier wordt dan voorgelegd aan de Bijzondere Bijstands-Commissie, die hierover een beslissing neemt.

Het bedrag van maximale tegemoetkoming in de aankoop van een elektronische rolstoel met ZIV-tegemoetkoming is maximum 8.209,35 euro (of maximum 13.681,35 euro voor personen met een handicap die de bovenste ledematen niet of zeer moeilijk kunnen gebruiken en/of houdingsafwijkingen hebben). We hebben het hier over een 'eerste' rolstoel, waarvan de basistegemoetkoming (nomenclatuurwaarde) wordt vergoed door het RIZIV en de eventueel te verantwoorden supplementen vergoed worden door het Vlaams Agentschap.

Indien de kostprijs toch hoger is dan 13.681,35 euro en ook deze meerprijs kan verantwoord worden, dan kan de Bijzondere Bijstandscommissie van het Vlaams Agentschap het dossier onderzoeken voor een hogere tegemoetkoming.

Indien de tweede rolstoel (cfr de situaties waarin het Vlaams Agentschap de tegemoetkoming in de aankoop van een tweede rolstoel voorziet) een elektronische rolstoel is (dat wil zeggen dat men eerst een manuele rolstoel verkreeg van het RIZIV), dan is de tegemoetkoming van het Vlaams Agentschap slechts de ZIV-nomenclatuurwaarde.

Tip: *Wie kiest voor 2 rolstoelen, waarvan 1 elektronische, heeft er dus alle belang bij om de elektronisch rolstoel als 'eerste' aan te vragen (basisuitrusting van het RIZIV). Men heeft dan recht op een 'tweede' (manuele) rolstoel van het Vlaams Agentschap met een maximum aan tegemoetkomingen voor beide rolstoelen.*

Voor een manuele rolstoel bij verblijf in een residentiële instelling of bij gebruik van een lift/traplift thuis heeft men recht op de (RIZIV-)nomenclatuurwaarde als tegemoetkoming.

Voor een manuele rolstoel in andere situaties (dwz men heeft reeds een elektronische rolstoel van het RIZIV gekregen en behoort niet tot 2 hier boven beschreven groepen) wordt een forfaitair bedrag voorzien van maximum 797,38 euro.

Indien voor een duwwagen wordt gekozen krijgt men in elke situatie 80% factuurwaarde met maximum 446,97 euro. .

HERNIEUWINGSTERMIJN

Bij de tegemoetkoming voor een tweede rolstoel bedraagt de hernieuwingstermijn 1,5 maal de in de ZIV-nomenclatuur vastgestelde hernieuwingstermijn als de persoon met een handicap ouder is dan 18 jaar.

B. Materiële hulp ziekenfonds

Apparatuur en hulpmiddelen via de ZIV

- Ook de ziekenfondsen komen tussen in apparatuur en hulpmiddelen die zieken en personen met een handicap nodig hebben. Deze moeten evenwel voldoen aan technische normen die door het RIZIV opgelegd worden.

Daarnaast moet de rechthebbende voldoen aan een aantal specifieke voorwaarden en modaliteiten. Apparatuur en hulpmiddelen die zowel via de ZIV als via het Vlaams Agentschap-al dan niet expliciet- terugbetaalbaar zijn, moeten eerst een beslissing krijgen in de ZIV!

– Hierna volgt een alfabetische lijst van apparaten en hulpmiddelen.

Bij elk apparaat of hulpmiddel werd vermeld op welke wijze het in de ZIV voorzien is. Wanneer de toelating tot terugbetaling afhangt van de beslissing van de adviserend geneesheer van het ziekenfonds of van het college van geneesheren-directeurs van het RIZIV werd dit expliciet vermeld. Indien niet vermeld wijst dit op een gewone administratieve toepassing.

Het college van geneesheren-directeurs van het RIZIV heeft ook beslissingsbevoegdheid voor hulpmiddelen en apparaten die in het kader van het Bijzonder Solidariteitsfonds ten laste genomen worden. Soms wordt ook vermeld door welke soort geneeshe(e)r(en) het hulpmiddel dient voorgeschreven te worden. Wanneer dit niet vermeld is, kan het door elk geneesheer voorgeschreven worden.

Legende:
B.S.F.: Bijzonder Solidariteitsfonds (aanvraag via adviserend geneesheer ziekenfonds)

APPARAAT-HULPMIDDEL	BIJ BESLISSING
AANPASSING ROLSTOEL (zie II.32, B. Bijlage 2. rolstoelen in het ziekenfonds)	Adviserend geneesheer - Gewone aanpassingen door supplementen en toebehoren voorzien in de nomenclatuur geneesk. verstrekk. art. 28 §8. - Aanpassing op maat bij beslissing college geneesh.- directeurs.
AEROSOL	Adviserend geneesheer Voorzien in nomenclatuur-geneesk.verstrekk. art. 27 (enkel voor muco). Hernieuwingstermijn = 5 jaar.
ANTI-DECUBITUSMATERIAAL	Adviserend geneesheer Voorzien in nomenclatuur-geneesk.verstrekk. (enkel voor gebruik in rolstoel)
ANTI-SPASMODICUMPOMP (implantaat)	College-Geneesheren-Directeurs Voorzien in nomenclatuur geneesk. verstrekk. art. 35, nr 683071-683082. Voorafgaandelijk akkoord is vereist. Voorschrift + aanvraag door geneesheer-specialist die inplant. Herniewingstermijn 3 jaar. Vroegtijdige hernieuwing enkel op medische gronden en de waarborgvoorwaarden op het toestel moeten uitgeput zijn.
BAHA-IMPLANTAAT (bij bilaterale agenesie)	Bij beslissing BSF. Terugbetaling fixeerpunten voorzien in art. 35 van de nomenclatuur geneeskundige verstrekkingen
BEENPROTHESEN	Adviserend geneesheer Voorzien in nomenclatuur-geneesk. verstrekk. art. 29 (voorschrift geneesheer-specialist in orthopedie, fysische geneesk., fysiotherapie, reumatologie, neurologie, pediatrie, heelkundige disciplines)

BORSTPROTHESEN (implantaat)	Voorzien in nomenclatuur - geneesk. verstrekk. art. 28 - in strikt bepaalde medische indicaties en bij beslissing adviserend geneesheer. - Voorschrift geneesheer- specialist die inplant.
BORSTPROTHESEN uitwendige (+ kleefmiddelen)	Voorzien in nomenclatuur-geneesk.verstrekk. Na totale of gedeeltelijke mammectomie - postoperatieve prothesen; - voorlopige toerusting; - definitieve prothesen - armkous/handschoen wegens lymfoedeem - toebehoren Voorschrift (geen voor toebehoren): - voor armkous/handschoen: geneesheer-specialist heelkunde, inwendige, gynaecologie-verloskunde, fysiotherapie Aflevering door bandagisten
BOTSTIMULATIE (elektrische)	Adviserend geneesheer In het kader van revalidatie in centra met ZIV- overeenkomst (Opgelet: indien de behandeling stopgezet wordt zonder akkoord van de behandelende orthopedist, verliest betrokkene alle recht op terugbetaling)
BRAILLEDEC	In het kader van herscholing (bij beslissing college geneesh.-directeurs)
BRANDWONDENCORRECTIE (Ballons voor huidexpansie)	Bij beslissing BSF
BREUKBANDEN	Voorzien in nomenclatuur-geneesk. verstrekk. art. 27 (in strikt bepaalde gevallen) (Opgelet: bij bepaalde medische indicaties bij beslissing van de adviserend geneesheer, de andere bij administratieve toepassing) Hernieuwingstermijn: 3 jaar (kind - 2 jaar: 6 maanden / kind - 16jaar: 12 maanden)
BRILGLAZEN	Art. 30 & 30bis & 30ter Tussenkomst afhankelijk van glasdikte en enkel bij zeer ernstige beperkingen. - < 12 jaar: bril: alle dioptrieën + eenmalig een forfaitaire vergoeding voor montuur Hernieuwingtermijn 2 jaar voor de glazen (1 jaar voor de lenzen van Fresnel en voor kinderen met dioptrie ≥ 8,25) Vroegtijdige hernieuwing: bij wijziging van tenminste 0,5 dioptrie en als de dioptrie van de glazen zich bevindt tussen -/+ 4,25 en -/+ 8,00 - 12 tot 65 jaar: glazen en optische contactlenzen dioptrie min. 8,25 Hernieuwingstermijn 5 jaar Vroegtijdige hernieuwing bij wijziging van tenminste 0,5 dioptrie - > 65 jaar: dioptrie min. 4,25 Hernieuwingstermijn 5 jaar

BUGGY (duwwagen)	Momenteel niet meer voorzien in de nomenclatuur van het RIZIV
BUIKGORDELS	Voorzien in nomenclatuur - geneesk. verstrekk. art. 27 (in strikt bepaalde gevallen: nierptosis, diastasis, eventratie buikwand, navelbreuk, kunstaars) (Opgelet: voor bepaalde medische indicaties voor te leggen aan adviserend geneesheer, de ander bij administratieve toepassing) Hernieuwingstermijn: 3 jaar (kind -2 jaar: 6 maanden / kind -16jaar: 12 maanden)
CATHETERS voor DILATATIE (implantaat)	Voorzien in nomenclatuur geneesk. verstrekk. art. 35bis Voorschrift geneesheer-specialist die inplant
COCHLEAIR IMPLANTAAT (elektrische stimulatie van de gehoorzenuw)	College-Geneesheren-Directeurs Voorzien in nomenclatuur geneesk. verstrekk. art. 35, nr 683690-683701. Enkel bij bilaterale volledige sensoriële doofheid Hernieuwingstermijn: 5 jaar. Het CGD kan uitzonderlijk toestemming verlenen voor de vervanging van elementen die om dringende reden zijn ingeplant Omstandig medisch verslag van geneesh.spec. die inplanting uitvoert en een individuele factuur.
COMPUTER MET BRAILLEAANPASSING	In het kader van herscholing (bij beslissing college geneesh.-directeurs)
CONTACTLENZEN	Voorzien in nomenclatuur - geneesk. verstrekk. art. 30. in strikt bepaalde gevallen: keratoconus, monoculaire afakie, anisometropie minimum 3 dioptrieën, onregelmatig astigmatisme, ametropie -8 of +8 dioptrieën (voorschrift geneesheer-specialist ophtalmologie) Hernieuwingstermijn indien dezelfde dioptrie: - harde: altijd 5 jaar - zachte: altijd 3 jaar Vroegtijdige hernieuwing steeds mogelijk indien verschil van ten minste 1 dioptrie (bij beslissing adviserend geneesheer) Lenzen van Fresnel ten minste 1 dioptrie = steeds hernieuwbaar, dezelfde dioptrie = 1 jaar)

CORNINGGLAZEN (fototropeglazen)	Adviserend geneesheer Voorzien in nomenclatuur - geneesk. verstrekk. art. 30. in strikt bepaalde gevallen: retinitis pigmentosa, albinisme, aniridie, achromatopsie, tapetoretinale degeneraties, Birdschot-chorioretinopatie, diabetische retinopatie. Voorschrift geneesheer-specialist ophtalmologie Hernieuwingstermijn indien dezelfde dioptrie: - 1 jaar indien vorig afgeleverd vóór leeftijd van 12 jaar - 5 jaar indien vorig afgeleverd na leeftijd van 12 jaar
CORSET	Voorzien in nomenclatuur - geneesk. verstrekk. art. 29 voor eerste aflevering of na het verstrijken van de hernieuwingstermijn (voorschrift geneesheer-specialist in orthopedie, fysische geneesk., fysiotherapie, reumatologie, neurologie, pediatrie, heelkundige disciplines) Vroegtijdige hernieuwing bij beslissing adviserend geneesheer Hernieuwingstermijn: maatwerk: - 1 jaar indien vorig afgeleverd vóór leeftijd van 14jaar - 2 jaar indien vorig afgeleverd na leeftijd van 14 jaar en vóór leeftijd van 21 jaar - 5 jaar indien vorig afgeleverd na leeftijd van 21 jaarprefab: - 1 jaar indien vorig afgeleverd vóór leeftijd van 21jaar - 3 jaar indien vorig afgeleverd na leeftijd van 21 jaar
DORSO LUMBALE SCHELP	Adviserend geneesheer Voorzien in nomenclatuur - geneesk. verstrekk. art. 29 voor eerste aflevering of na het verstrijken van de hernieuwingstermijn (voorschrift geneesheer-specialist in orthopedie, fysische geneesk., fysiotherapie, reumatologie, neurologie, pediatrie, heelkundige disciplines) Vroegtijdige hernieuwingen voor te leggen aan adviserend geneesheer Hernieuwingstermijn: *Maatwerk: - 1 jaar indien vorig afgeleverd vóór leeftijd van 14jaar - 2 jaar indien vorig afgeleverd na leeftijd van 14 jaar en vóór leeftijd van 21 jaar - 5 jaar indien vorig afgeleverd na leeftijd van 21 jaar *Prefab: - 1 jaar indien vorig afgeleverd vóór leeftijd van 21jaar - 3 jaar indien vorig afgeleverd na leeftijd van 21jaar

DRIEWIELERS (ORTHOPEDISCHE)	Adviserend geneesheer Voorzien in nomenclatuur - geneesk. verstrekk. art. 28 §8 nomenclatuur rolstoelen Hernieuwingstermijn: - kinderen 3-18 jaar: 3 jaar - vanaf 18 jaar: 8 jaar
DRUKKLEDIJ	College geneesheren-Directeurs Enkel voor brandwonden 2de en 3de graad. Voorzien in nomenclatuur-geneesk. verstrekk. art. 29 §18. Tijdens de totale behandelingsduur wordt de tegemoetkoming beperkt tot een bepaald aantal stuks. Hiervan afwijken kan enkel in uitzonderlijke gevallen(Voorschrift van geneesheer-specialist verbonden aan brandwondencentrum of plastisch chirurg , die de medische behandeling en het behandelingsplan opgeeft, bij aanvraag van erkende orthopedist. De tegemoetkoming is vastgesteld per dossier, beperkt tot een maximum hoeveelheid drukverbanden.
DUWWAGEN	Adviserend geneesheer Voorzien in nomenclatuur - geneesk. verstrekk. art. 28, §8 Bij verblijf in rustoord voor ouderen en rust- en verzorgingstehuis vergoedbaar als de rolstoel noodzakelijk is voor individueel en definitief gebruik. *In de loop van 2007 is dit een rentingsysteem in de rustoorden (RVT/ROB) voor de manuele rolstoelen (standaard, modulaire en verzorgingsrolstoel).*

ELEKTR(ON)ISCHE INVALIDENWAGEN EN ELEKTRONISCHE SCOOTER (drie- of vierwieler) zie II.32, B. Bijlage 2, rolstoelen in het ziekenfonds	Adviserend geneesheer Voorzien in nomenclatuur - geneesk. verstrekk. art. 28, §8. Aanvraag met een bijzondere procedure (functioneringsverslag door een multidisciplinair team) De rolstoelen moeten voorkomen op de lijst van voor tegemoetkoming in aanmerking genomen producten. Alle rolstoelen kunnen vergoed worden tenzij in ziekenhuisafdelingen. Het mag wel in een algemeen ziekenhuis indien definitief gebruik in het vooruitzicht staat.In de psychiatrische ziekenhuizen is wel een vergoeding mogelijk. Elektr. Rolstoelen: vergoedbaar bij definitief en dagelijks gebruik en bij een bewezen en definitief volledige verplaatsingsstoornis. Er zijn minder strenge voorwaarden voor professioneel actieve gebruikers (school, opleiding, beroepsactiviteit) en voor sommige pathologieën. Scooters: gebruik over langere afstanden buitenshuis. Enkel vergoedbaar bij bewezen en definitief ernstig letsel aan de onderste ledematen (enkel kunnen stappen mits gebruik van een steun, loophulp of hulp van derden). Er zijn minder strenge voorwaarden als de scooter gebruikt wordt voor professionele activiteiten (school, opleiding , beroepsactiviteit).
ENDOSCOPISCH SYNTHESEMATERIAAL	Voorzien in nomencl.-geneesk. verstrekk. art. 35bis
ERECTIEPROTHESEN	College-geneesheren-Directeurs Voorzien in nomenclatuur-geneesk. verstrekk. art. 28
GEHOORPROTHESEN (implantaat)	College-geneesheren-Directeurs Voorzien in nomenclatuur - geneesk. verstrekk. art. 35
GEHOORPROTHESEN /gewone uitwendige (monofonisch, stereofonisch en contralateraal toestel)	Adviserend geneesheer Voorzien in nomenclatuur - geneesk. verstrekk. art. 31 voor specifieke medische indicaties Voorschrift van geneesheer-specialist O.R.L.) Hernieuwingstermijn = 5 jaar, 3 jaar voor min 18 jarigen. Voortijdige hernieuwing mogelijk bij verergering van ten minste 20dB. Terugbetaling fixeerpunten is voorzien in art. 35 van de nomencl.-geneesk. verstrekkingen. Forfaitaire tegemoetkoming voor gehoorstukjes als er geen hoorapparaat wordt afgeleverd na de tests.

GELAATSPROTHESEN	College-geneesheren-Directeurs Orbito-aculaire, neus, wang, oorschelp-.Voorzien in de nomenclatuur geneesk. verstrekkingen. Implantaten gebruikt voor plaatsing van de prothesen worden voorzien in nomencl.-geneesk. verstr. art. 35, § 1. Voorschrift van geneesheer-specialist voor uitwendige pathologie
GENEESMIDDELEN / SPECIALE	Enkel bij beslissing van het Bijzonder Solidariteitsfonds: In het kader van het BSF kan terugbetaling van speciale geneesmiddelen aangevraagd worden, indien de behandeling voldoet aan de voor het BSF opgelegde voorwaarden (aantonen van uitzonderlijke situatie: behandeling is van levensbelang, uit de experimentele fase, enz.). Het kan gaan om geneesmiddelen die (nog) niet in aanmerking komen voor terugbetaling of om geneesmiddelen die niet terugbetaalbaar zijn bij de gestelde diagnose. Nieuwe behandelingen moeten in principe binnen 2 jaar onderzocht zijn op terugbetaling in de gewone nomenclatuur (zie ook I. 11).
GEWRICHTSPROTHESEN OP MAAT (implantaat)	College-geneesheren-Directeurs Voorzien in nomenclatuur geneesk. verstrekk. art. 35, nr 682651-682662. Voorschrift door geneesheer-specialist die inplant
GLUCOMETER	Adviserend geneesheer Als toelevering bij revalidatie, (zelfcontrole thuis voor diabetici, zelfregulatie van diabetes mellitus bij kinderen en adolescenten, en bij metabole aandoeningen) in een centrum met ZIV-overeenkomst
GLYCEMIEDOSEERDER	Adviserend geneesheer Als toelevering bij revalidatie (glycemie-infusietherapie) in een centrum met ZIV-overeenkomst
GORDELS, RIEMEN EN BANDEN	Voorzien in nomenclatuur - geneesk. verstrekk. art. 27 Gewone breukbanden. geen specifieke vereisten Riemen van Glenard: bij strikt specifieke medische indicaties: nier-, maag- of colonptosis of apigastrocele. Buikgordels bij strikt specifieke medische indicaties: nierptosis, uitgesproken diastasis rechter buikspier, eventratie buikwand of belangrijke navelbreuk of kunstaars. Hernieuwingstermijn: - 6 maanden indien leeftijd geen 2 jaar op tijdstip vernieuwing; - 12 maanden indien leeftijd geen 16 jaar op tijdstip vernieuwing; - 3 jaar vanaf 16-jarige leeftijd.

HALSORTHESEN	Voorzien in nomenclatuur -geneesk. verstrekk. art. 29 (voorschrift geneesheer-specialist in orthopedie, fysische geneesk., fysiotherapie, reumatologie, neurologie, pediatrie, heelkundige disciplines) Vroegtijdige hernieuwingen voor te leggen aan adviserend geneesheer Hernieuwingstermijn: maatwerk: - 1 jaar indien vorig afgeleverd vóór leeftijd van 14jaar - 2 jaar indien vorig afgeleverd na leeftijd van 14 jaar en vóór leeftijd van 21 jaar - 5 jaar indien vorig afgeleverd na leeftijd van 21 jaar prefab: - 1 jaar indien vorig afgeleverd vóór leeftijd van 21 jaar - 3 jaar indien vorig afgeleverd na leeftijd van 21 jaar.
HANDPROTHESEN	- Gewone: nrs voorzien in nomenclatuur-geneesk.verstrekk. art. 29 Vroegtijdige hernieuwingen voor te leggen aan adviserend geneesheer Hernieuwingstermijn: maatwerk: - 1 jaar indien vorig afgeleverd vóór leeftijd van 14jaar - 2 jaar indien vorig afgeleverd na leeftijd van 14 jaar en vóór leeftijd van 21 jaar - 5 jaar indien vorig afgeleverd na leeftijd van 21 jaar prefab: - 1 jaar indien vorig afgeleverd vóór leeftijd van 21jaar - 3 jaar indien vorig afgeleverd na leeftijd van 21jaar - Myo-elektrische: zie 'Myo-elek-trische prothesen'
HARTDEFIBRILLATOREN	College-geneesheren-Directeurs Voorzien in centra met ZIV-overeenkomst Voorschrift van de geneesheer-specialist cardioloog die de overeenkomst mede ondertekend heeft.
HARTKLEPPEN	Voorzien in nomenclatuur - geneesk. verstrekk. art. 35, nr. 684736-684740 (registratieformulier te bezorgen aan de adviserend geneesheer)
HARTSTIMULATOREN	College-Geneesheren-Directeurs Voorzien in nomenclatuur - geneesk. verstrekk. art. 35 Hernieuwingstermijn: 5jaar In uitzonderlijke gevallen kan het CGD* een vroegtijdige hernieuwing toestaan.

HELM (schedelhelm)	Voorzien in nomenclatuur (indien maatwerk verplicht voor te leggen aan adviserend geneesheer, indien prefab bij administratieve toepassing) Voorschrift geneesheer-specialist in orthopedie, fysische geneesk., fysiotherapie, reumatologie, neurologie, neuropsychiatrie, neuropsychiatrie en revalidatie, pediatrie, heelkundige discipline. Hernieuwingstermijn: maatwerk: - 1 jaar indien vorig afgeleverd vóór leeftijd van 14jaar - 2 jaar indien vorig afgeleverd na leeftijd van 14 jaar en vóór leeftijd van 21 jaar - 5 jaar indien vorig afgeleverd na leeftijd van 21 jaar prefab: - 1 jaar indien vorig afgeleverd vóór leeftijd van 21 jaar - 3 jaar indien vorig afgeleverd na leeftijd van 21jaar
HEUPPROTHESEN	Voorzien in nomenclatuur - geneesk. verstrekk. art. 35
HOOFDDEKSEL (schedelplaat)	Voorzien in nomenclatuur - geneesk. verstrekk art. 29 nr. 645050 Vroegtijdige hernieuwingen voor te leggen aan adviserend geneesheer Voorschrift geneesheer-specialist in orthopedie, fysische geneesk., fysiotherapie, reumatologie, neurologie, neuropsychiatrie, neuropsychiatrie en revalidatie, pediatrie, heelkundige discipline. Hernieuwingstermijn: maatwerk: - 1 jaar indien vorig afgeleverd vóór leeftijd van 14jaar - 2 jaar indien vorig afgeleverd na leeftijd van 14 jaar en vóór leeftijd van 21 jaar - 5 jaar indien vorig afgeleverd na leeftijd van 21 jaar prefab: - 1 jaar indien vorig afgeleverd vóór leeftijd van 21jaar - 3 jaar indien vorig afgeleverd na leeftijd van 21 jaar

HOOFDORTHESEN	Voorzien in nomenclatuur - geneesk. verstrekk. art. 29 Voorschrift geneesheer-specialist in orthopedie, fysische geneesk., fysiotherapie, reumatologie, neurologie, neuropsychiatrie, neuropsychiatrie en revalidatie, pediatrie, heelkundige discipline. Vroegtijdige hernieuwingen voor te leggen aan adviserend geneesheer Hernieuwingstermijn: maatwerk: - 1 jaar indien vorig afgeleverd vóór leeftijd van 14jaar - 2 jaar indien vorig afgeleverd na leeftijd van 14 jaar en vóór leeftijd van 21 jaar - 5 jaar indien vorig afgeleverd na leeftijd van 21 jaar prefab: - 1 jaar indien vorig afgeleverd vóór leeftijd van 21jaar - 3 jaar indien vorig afgeleverd na leeftijd van 21jaar
IMPLANTATEN BLOEDVATENHEEL-KUNDE	Voorzien in de nomenclatuur geneesk. verstrekkingen art. 35. Kennisgeving aan AG* bij een omstandig medisch verslag is verplicht. Medisch verslag te ondertekenen door cardioloog of pediater én neuroloog én hartchirurg.
INCONTINENTIEMATERIAAL	Voorzien in nomenclatuur - geneesk. verstrekk. art. 27. Enkel voor mannen met urinaire incontinentie.(Voor een eerste verstrekking is een medisch voorschrift vereist, voor hernieuwing niet) Hernieuwingstermijn is normaal 3 maanden, voor gordel met ringen en penishouder is dat bij uitzondering 6 maanden.
INFUSIEPOMP In het kader van centra met ZIV-overeenkomst	Adviserend geneesheer Behandeling thuis van ernstige hemocratosen
INSULINEPOMP / GEWONE	Adviserend geneesheer In het kader van de revalidatie in centra met ZIV- overeenkomst voor continue insulinetherapie
INSULINEPOMP/ IMPLANTEERBARE	Enkel bij beslissing van het Bijzonder Solidariteitsfonds
INTRA-OCULAIRE LENS (implantaat)	Voorzien in nomenclatuur geneesk. verstrekk. art. 35 Geen beslissing van de adviserend geneesheer of van het college geneesh. directeurs vereist indien de lens voorkomt op de lijst van aangenomen lenzen. Voorschrift geneesheer-specialist die inplant

INVALIDENWAGEN zonder persoonlijke aandrijving (zie ook II.32, B. Bijlage 2. rolstoelen in het ziekenfonds)	Adviserend geneesheer Voorzien in nomenclatuur - geneesk. verstrekk. art. 28, § 8, mobiliteitshulpmiddelen De invalidenwagens moeten voorkomen op de lijst van voor vergoeding aangenomen producten. Hernieuwingstermijnen: * 3 jaar indien geen 18j bij vorige aflevering; * 4 jaar indien 18 jaar bij vorige aflevering; * 6 jaar indien 65 jaar bij vorige aflevering.
INVALIDENWAGEN met persoonlijke aandrijving (zie ook II.32, B. Bijlage 2, rolstoelen in het ziekenfonds)	Adviserend geneesheer - Voorzien in nomenclatuur - geneesk. verstrekk. art. 28, §8, mobiliteitshulpmiddelen De invalidenwagens moeten voorkomen op de lijst van voor vergoeding aangenomen producten. Hernieuwingstermijnen: * 3 jaar indien geen 18j bij vorige aflevering; * 4 jaar indien 18 jaar bij vorige aflevering; * 6 jaar indien 65 jaar bij vorige aflevering.
INVALIDENWAGEN(SPECIALE) (zie ook II.32, B. Bijlage 2. rolstoelen in het ziekenfonds)	Adviserend geneesheer Voorzien in nomenclatuur - geneesk. verstrekk. art. 28, § 8, mobiliteitshulpmiddelen (maatwagens = beslissing CGD). De invalidenwagens moeten voorkomen op de lijst van voor vergoeding aangenomen producten. Hernieuwingstermijnen: * 3 jaar indien geen 18j bij vorige aflevering; * 4 jaar indien 18 jaar bij vorige aflevering; * 6 jaar indien 65 jaar bij vorige aflevering.
INVASIEVE MEDISCHE HULPMIDDELEN	Voor de terugbetaling van de implantaten en invasieve medische hulpmiddelen zal begin 2009 een nieuwe regelgeving van toepassing worden. Er bestaat een lijst van implantaten, die bekend gemaakt moeten zijn aan het RIZIV (genotificeerd) om een tegemoetkoming te krijgen. Dit zijn actief en niet actief medische hulpmiddelen die langer dan 30 dagen in het lichaam blijven en invasieve medische hulpstukken zoals de stents ingebracht in galwegen, luchtwegen, slokdarm, ... Daarnaast bestaat ook een opsomming van hulpmiddelen, die niet moeten genotificeerd worden (o.a. tandprothese, hulpmiddel naar maat, hulpmiddel dat is bestemd voor klinisch onderzoek, hechtings- en ligatuurmateriaal).

JOBSTKOUSEN/Sok (drukkledij)	Adviserend geneesheer Voorzien in nomenclatuur -geneesk. verstrekk. art. 29, nr. 642132 (enkel voor brandwonden 2de en 3de graad en bij beslissing college geneesh. - directeurs) (voorschrift van geneesheer-specialist verbonden aan brandwondencentrum of plastisch chirurg)
KUNSTOOG	Voorzien in nomenclatuur-geneesk. verstrekk. art. 30.Voorschrift geneesheer-specialist ophtalmologie Hernieuwingstermijn: * in email: altijd 1 jaar; * in plastiek: - 1 jaar vóór de leeftijd van 3 jaar - 2 jaar indien vorig afgeleverd tussen de leeftijd van 3 en 16 jaar - 6 jaar indien vorig afgeleverd na leeftijd 16 jaar
LOOPREKKEN (zie ook II.46, B. Bijlage 2, rolstoelen in het ziekenfonds)	Voorzien in nomencl art. 28, § 8 Geen toestemming adviserend geneesheer nodig. Er dient wel een medisch voorschrift voorgelegd te worden en de looprekken moeten voorkomen op de lijst van voor vergoeding aangenomen producten. Hernieuwingstermijnen: * 3 jaar indien geen 18j bij vorige aflevering; * 4 jaar indien 18 jaar bij vorige aflevering; * 6 jaar indien 65 jaar bij vorige aflevering.
LUMBALE SCHELP	Adviserend geneesheer Voorzien in nomenclatuur-geneesk. verstrekk. art. 29 voor eerste aflevering of na het verstrijken van de hernieuwingstermijn. Steeds voorschrift geneesheer-specialist in orthopedie, fysische geneesk., fysiotherapie, reumatologie, neurologie, neuropsychiatrie, neuropsychiatrie en revalidatie, pediatrie, heelkundige discipline. Hernieuwingstermijn: maatwerk: - 1 jaar indien vorig afgeleverd vóór leeftijd van 14jaar - 2 jaar indien vorig afgeleverd na leeftijd van 14 jaar en vóór leeftijd van 21 jaar - 5 jaar indien vorig afgeleverd na leeftijd van 21 jaar prefab: - 1 jaar indien vorig afgeleverd vóór leeftijd van 21jaar - 3 jaar indien vorig afgeleverd na leeftijd van 21 jaar

LUMBOSTAAT	Adviserend geneesheer voorzien in nomenclat art. 27 (bandagisterie): lumbostaat van tijk en metaal. De hernieuwingstermijn is respectievelijk 1 jaar en 2 jaar als betrokkene nog geen 14 jaar en 21 jaar was bij de vorige aflevering en 4 jaar na aflevering vanaf 21 jarige leeftijd. en art. 29 (orthopedie): lumbosacrale orthese – maatwerk De hernieuwingstermijn is 9 maanden als betrokkene nog geen 18 jaar was bij de vorige aflevering en respectievelijk één en twee jaar na aflevering vanaf 21 en 65 jaar.
MAATWAGENS (zie ook II.32, B. Bijlage 2, rolstoelen in het ziekenfonds) (invalidenwagens naar maat)	College-Geneesheren-Directeurs Aanpassing van het frame + toebehoren dat moet aangepast worden. Voorzien in nomenclatuur geneesk. verstrekk. art. 28, §8, Wie volgens zijn functionele criteria andere aanpassingen nodig heeft dan wat standaard of modulair aanwezig is op de rolstoelmarkt heeft recht op individueel maatwerk. 'Maatwerk' is een hulpmiddel dat speciaal is vervaardigd volgens het voorschrift van een gekwalificeerde arts waarin onder zijn verantwoordelijkheid de specifieke kenmerken van het ontwerp zijn aangegeven, en dat is bestemd om uitsluitend door één bepaalde persoon te worden gebruikt.Aanvraag met een bijzondere aanvraagprocedure (met functioneringsrapport, opgesteld door een multidisciplinair team), met gedetailleerd bestek en werktekeningen. *Onderhoud en herstelkosten, en eventueel omgevingsbediening, kunnen in het kader van het eenheidsdossier aangevraagd worden bij het Vlaams Agentschap voor Personen met een Handicap* Hernieuwingstermijnen: - 3 jaar indien geen 18j bij vorige aflevering; - 4 jaar indien 18 jaar bij vorige aflevering; - 6 jaar indien 65 jaar bij vorige aflevering.
MASKERS (BRANDWONDEN)	College-Geneesheren-Directeurs Voorzien in nomenclatuur - geneesk. verstrekk. art. 29 §18, (enkel voor brandwonden 2de en 3de graad) (voorschrift van geneesheer-specialist verbonden aan brandwondencentrum of plastisch chirurg)
MORFINEPOMPEN (implanteerbare pijnpompen)	Adviserend geneesheer Voorzien in nomenclatuur geneesk. verstrekk. art. 35. Voorschrift + aanvraag door geneesheer-specialist die inplant

MYO-ELEKTRISCHE PROTHESEN	Adviserend geneesheer Voorzien in de nomenclatuur geneesk. verstrekk. art. 28. Voorschrift geneesheer-specialist in orthopedie, fysische geneesk., revalidatie, fysiotherapie, reumatologie, neurologie, pediatrie, algemene heelkunde, neurochirurgie, plastische heelkunde. Voor herstellingen is geen voorschrift vereist.
NACHT- + DAGORTHESEN	Adviserend geneesheer Voorzien in nomenclatuur - geneesk. verstrekk. art. 29 (voorschrift geneesheer-specialist in orthopedie, fysische geneesk., fysiotherapie, reumatologie, neurologie, pediatrie, heelkundige disciplines) (vroegtijdige hernieuwing bij beslissing college geneesh.- directeurs) Geen voorschrift vereist voor herstellingen, onderhoud, nazicht en voor nr. 655395 = handschoen Hernieuwingstermijnen: Toestellen van nr. 654010 t.e.m. 655314 die onbruikbaar zijn en afgeleverd: - vóór 8° levensjaar = 8 m. voor prothese-gedeelte en ophanging, en 2 jaar voor de volledige myo-elektrische prothese; - vanaf 8° en vóór 18° levensjaar = 1 j voor prothesegedeelte en ophanging en 3 jaar voor de volledige myo-elektrische prothese; - Vanaf 18° levensjaar = 4 j voor prothesegedeelte en ophanging en 4 jaar voor de volledige myo-elektrische prothese Vervanging van prothesegedeelte met herassemblage sluit de vergoeding van een volledig nieuwe prothese uit voor aflevering: - vóór 8°levensjaar = termijn van 4 maanden; - vanaf 8° tot 18° levensjaar = termijn 6 maanden
NEUROSTIMULATOR/IMPLANTEERBAAR	College-Geneesheren-Directeurs Voorzien in nomenclatuur geneesk. verstrekk. art. 35 Indien lijdend aan movement disorders CGD bepaalt het bedrag. Omstandig verslag van het multidisciplinaire team, met beschrijving van de pathologie en de verantwoording van het gebruikte materiaal zijn vereist. (andere via het BSF)
OESOPHAGUSPROTHESE	Enkel bij beslissing BSF
OOGPROTHESEN	Zie Kunstoog

ORTHESEN	Adviserend geneesheer Voorzien in nomenclat. art. 29 Voorschrift geneesheer- specialist in orthopedie, fysische geneesk., fysiotherapie, reumatologie, neurologie, pediatrie, heelkundige disciplines) Er is een jaarlijkse tegemoetkoming voorzien voor herstelling en onderhoud indien men ouder is dan 14 jaar Hernieuwingstermijnen: maatwerk: - 1 jaar indien vorig afgeleverd vóór leeftijd van 14 jaar - 2 jaar indien vorig afgeleverd na leeftijd van 14 jaar en vóór leeftijd van 21 jaar - 5 jaar indien vorig afgeleverd na leeftijd van 21 jaar prefab: - 1 jaar indien vorig afgeleverd vóór leeftijd van 21 jaar - 3 jaar indien vorig afgeleverd na leeftijd van 21 jaar - 1 jaar voor de nrs 653656, 653671, 653413 Vroegtijdige hernieuwing is mogelijk wegens anatomische wijziging of voortijdige slijtage en wanneer het dragen ervan een voorwaarde is voor het hervatten of het voortzetten van een beroepsaktiviteit.
ORTHODONTISCHE BEHANDELINGEN	Adviserend geneesheer Voorzien in nomenclatuur-geneesk. verstrekk. art. 5 en 6 (aanvraag vóór 14 jaar)
ORTHOPEDISCHE DRIEWIELERS (zie ook II.32, B. Bijlage 2, rolstoelen in het ziekenfonds)	Adviserend geneesheer Voorzien in nomenclatuur - geneesk. verstrekk. art. 28 (mobiliteitshulpmiddelen). Hernieuwingstermijn - kinderen 3 – 18 jaar: 3 jaar - vanaf 18 jaar: 8 jaar Voorschrift behandelend geneesheer
ORTHOPEDISCHE SCHOENEN	Adviserend geneesheer Voorzien in nomenclatuur - geneesk. verstrekk. art. 29 voor specifieke medische indicaties Voorschrift geneesheer-specialist in orthopedie, fysische geneesk., fysiotherapie, reumatologie, neurologie, neuropsychiatrie, neuropsychiatrie en revalidatie, pediatrie, algemene heelkunde, functionele revalidatie. Hernieuwingstermijn: 9 maand indien jonger dan 18 jaar; 1 jaar indien ouder dan 18 jaar en geen 65 jaar; 2 jaar indien ouder dan 65 jaar. (Vroegtijdige hernieuwing in het kader van tewerkstelling of herscholing -voorschrift: idem)

ORTHOPEDISCHE TOESTELLEN BOVENSTE EN ONDERSTE LEDEMATEN	Adviserend geneesheer Voorzien in nomenclatuur-geneesk. verstrekk. art. 29, eerste aflevering en hernieuwing na het verstrijken van de hernieuwingstermijn (voorschrift geneesh.-specialist in orthopedie, fysische geneesk., fysiotherapie, reumatologie, neurologie, neuropsychiatrie, neuropsychiatrie en revalidatie, pediatrie, heelkundige disciplines) Vroegtijdige hernieuwing is mogelijk wegens anatomische wijziging of voortijdige slijtage en wanneer het dragen ervan een voorwaarde is voor het hervatten of het voortzetten van een beroepsaktiviteit.
ORTHOPEDISCHE ZOLEN	Voorzien in nomenclatuur - geneesk. verstrekk. art. 27 en art. 29 Voorschrift geneesheer-specialist in orthopedie, fysische geneesk., fysiotherapie, reumatologie, neurologie, neuropsychiatrie, neuropsychiatrie en revalidatie, pediatrie, heelkundige discipline. Hernieuwingstermijn: maatwerk: - 1 jaar indien vorig afgeleverd vóór leeftijd van 14jaar - 2 jaar indien vorig afgeleverd na leeftijd van 14 jaar en vóór leeftijd van 21 jaar - 5 jaar indien vorig afgeleverd na leeftijd van 21 jaar prefab: - 1 jaar indien vorig afgeleverd vóór leeftijd van 21jaar - 3 jaar indien vorig afgeleverd na leeftijd van 21jaar Herstellingen en onderhoud (§6) van toestellen romp, bovenste en onderste ledematen:jaarlijks tegemoetkoming indien ouder dan 14 jaar

PARAPODIUM (paraplegie orthese)	Adviserend geneesheer Art. 29 Voorschrift geneesheer- specialist in orthopedie, fysische geneesk., fysiotherapie, reumatologie, neurologie, neuropsychiatrie, neuropsychiatrie en revalidatie, pediatrie, heelkundige disciplines). Hernieuwingstermijn: maatwerk: - 1 jaar indien vorig afgeleverd vóór leeftijd van 14 jaar - 2 jaar indien vorig afgeleverd na leeftijd van 14 jaar en vóór leeftijd van 21 jaar - 5 jaar indien vorig afgeleverd na leeftijd van 21 jaar prefab: - 1 jaar indien vorig afgeleverd vóór leeftijd van 21 jaar - 3 jaar indien vorig afgeleverd na leeftijd van 21 jaar. Herstellingen en onderhoud(§6) van prothesen romp, bovenste en onderste ledematen:jaarlijks tegemoetkoming indien ouder dan 14 jaar
PAREKNIEFLEX (paraplegie orthese)	Adviserend geneesheer Art. 29 Voorschrift geneesheer-specialist in orthopedie, fysische geneesk., fysiotherapie, reumatologie, neurologie, neuropsychiatrie, neuropsychiatrie en revalidatie, pediatrie, heelkundige disciplines Hernieuwingstermijn: maatwerk: - 1 jaar indien vorig afgeleverd vóór leeftijd van 14 jaar - 2 jaar indien vorig afgeleverd na leeftijd van 14 jaar en vóór leeftijd van 21 jaar - 5 jaar indien vorig afgeleverd na leeftijd van 21 jaar prefab: - 1 jaar indien vorig afgeleverd vóór leeftijd van 21 jaar - 3 jaar indien vorig afgeleverd na leeftijd van 21 jaar. Herstellingen en onderhoud (§6) van prothesen romp,bovenste en onderste ledematen: jaarlijks tegemoetkoming indien ouder dan 14 jaar

PROTHESEN BOVENSTE EN ONDERSTE LEDEMATEN, EN ROMP	Adviserend geneesheer, art. 29 Voorschrift geneesheer-specialist in orthopedie, fysische geneesk., fysiotherapie, reumatologie, neurologie, neuropsychiatrie, neuropsychiatrie en revalidatie, pediatrie, heelkundige discipline. Hernieuwingstermijn: maatwerk: - 1 jaar indien vorig afgeleverd vóór leeftijd van 14 jaar - 2 jaar indien vorig afgeleverd na leeftijd van 14 jaar en vóór leeftijd van 21 jaar - 5 jaar indien vorig afgeleverd na leeftijd van 21 jaar prefab: - 1 jaar indien vorig afgeleverd vóór leeftijd van 21 jaar - 3 jaar indien vorig afgeleverd na leeftijd van 21 jaar. Herstellingen en onderhoud (§6) van prothesen romp, bovenste en onderste ledematen: jaarlijks tegemoetkoming indien ouder dan 14 jaar
PRUIKEN	Adviserend geneesheer In het kader van revalidatie Een tussenkomst van 120 euro bij volledige kaalhoofdigheid ten gevolge van chemotherapie of radiotherapie (aanvraag met factuur van de haarprothese en voorschrift behandelend arts). Een tussenkomst van 180 euro bij minstens 30% kaalhoofdigheid door alopecia erata of cicatriciële alopecia (aanvraag met factuur en voorschrift van een dermatoloog).
RESPIRATOR (voor ventilatie met positieve druk)	Adviserend geneesheer Bij muco via nomenclatuur - geneesk. verstrekk. art. 27
RESPIRATOR (volumerespirator)	College-Geneesheren-Directeurs In het kader van revalidatie in centra met ZIV-overeenkomst.
ROLSTATIEF (VOOR TOESTEL VOOR MUCO)	Adviserend geneesheer Voorzien in nomenclatuur - geneesk. verstrekk. art. 27 (enkel bij muco) Hernieuwingstermijn: 10 jaar

ROLSTOEL	Adviserend geneesheer (uitgezonderd maatwerk en uitzonderlijke aanvragen), Art, 28 §8 Naargelang de functionele beperkingen van betrokkene heeft men recht op een bepaald type rolstoel (van duwwagen tot elektronische rolstoel, al dan niet aangepast). Naargelang de complexiteit van de rolstoel wordt de aanvraag uitgebreider onderzocht en gemotiveerd door verstrekker en eventueel een aangesteld multidisciplinair team. Personen die aanspraak kunnen maken op het Vlaams Agentschap voor Personen met een Handicap (inschrijving voor 65 jaar) gebruiken hun rolstoeldossier om bijkomend onderhoudskosten en eventueel omgevingsbediening terugbetaald te krijgen van het Vlaams Agentschap (aankruisen bij de RIZIV-aanvraag !!!).
ROOTS-SCHOENEN	Niet voorzien in nomenclatuur geneesk. verstrekk., maar de orthopedische aanpassing ervan in specifieke gevallen voor te leggen aan college geneesh.-directeurs.
SCLERALE LENS	Voorzien in de nomencl. Geneesk. Verstrekk. Art. 30 nrs. 668312, 668334 en 668356 i.g.v. ernstige misvorming van de cornea, of albinisme. Voorschrift van geneesheer-specialist voor uitwendige pathologie Hernieuwingstermijnen: - 1 jaar vóór de leeftijd van 3 jaar - 2 jaar indien vorig afgeleverd tussen de leeftijd van 3 en 16 jaar - 6 jaar indien vorig afgeleverd na leeftijd 16 jaar
SHUNTS (T.I.P.S.S.)	Enkel bij beslissing BSF (Shunt voor hemodialyse is voorzien in art. 28 van de nomenclatuur geneesk. verstrekk.)
SONDERING (autosonde, dus niet opgenomen in ziekenhuis of inrichting waar verblijf ten laste van ZIV of andere wetgeving)	Voor bepaalde vormen van retentie van de blaas, urineretentie, paraplegie, paraparesie, tetraplegie, tetraparesieVoorschrift geneesheer-specialist urologie neurilogie of funtionele revalidatie of pediatrie. Verlenging kan door huisarts voorgeschreven worden
SPRAAKPROTHESE	Voorzien in de nomencl. geneeskundige verstrekkingen art. 35 Nomenclatuurnrs 685554 t.e.m 685646

SPREEKAPPARAAT	Adviserend geneesheer In het kader van de revalidatie Na totale laryngectomie en indien aanleren oesofagusspraak tegenaangewezen is of mislukt, en bij wie geen spraakprothese kan geplaatst worden. Voorschrift van geneesheer-specialist otorhinolaryngologie. Hernieuwingstermijn: 5 jaar.
STATOESTELLEN	Adviserend geneesheer met tafelblad Voorzien in nomenclatuur - geneesk. verstrekk. art. 28 - Mechanisch - Elektrisch (+ 18 jaar oud zijn) Opgelet: Enkel bij verblijf ten huize. Op voorschrift van een geneesheer-specialist voor motorische revalidatie of fysiotherapie. Ook een neuropediater kan voorschrijven indien het toestel kadert in een erkend revalidatieprogramma. Aanvraag met de bijzondere procedure (met functioneringsrapport, afgeleverd door een mulitdisciplinair team). Geen tegemoetkoming bij verblijf in: verplegingsinstelling, verzorgingsinstelling, RVT, ROB, PVT, revalidatiecentrum, instelling van het Vlaams Agentschap voor Personen met een Handicap. Hernieuwingstermijn: - 10 jaar
STEREOFONISCHE GEHOORPROTHESEN	Voorzien in nomenclatuur - geneesk. verstrekk. art. 31 (1ste prothese bij beslissing adviserend geneesheer en dit zowel voor de eerste als de bijkomende prothese (voorschrift van geneesheer-specialist O.R.L.) Hernieuwingstermijn = 5 jaar (min 12 jarigen = 3 jaar) Vroegtijdige hernieuwing: enkel bij verergering van minstens 20dB.
STOMAMATERIAAL	Voorzien in nomenclatuur - geneesk. verstrekk. art. 27. Enkel voor colo-, ileo- of ureterostomie en voor patienten met open fistel van darmstelsel of urinewegen (in bepaalde gevallen voor te leggen aan adviserend geneesheer) Voor hernieuwingen is geen voorschrift vereist ! Hernieuwingstermijn is normaal 3 maanden. Voor volgend materiaal is dit 6 maanden: - volledige irrigatieset; - regelbare bevestigingsgordel met eventueel een steunplaat - beschermpoeder;

SYNTHESEMATERIAAL	Adviserend geneesheer Bepaald synthesemateriaal via nomenclatuur-geneesk. verstrekk. art. 28 (voor bepaalde is beslissing College geneesh.-directeurs vereist) Viscerosynthesmateriaal is voorzien in art. 35.
TANDPROTHESEN (Partiële)	Adviserend geneesheer Voorzien in nomenclatuur - geneesk. verstrekk. art. 6 (minstens 50 jaar oud of bij bepaalde aandoeningen) Vroegtijdige hernieuwing of een derde heraanpassing mogelijk bij belangrijke anatomische wijzigingen
TANDPROTHESEN (Volledige)	Adviserend geneesheer Voorzien in nomenclatuur - geneesk. verstrekk. art. 6 Voorwaarden: Minstens 50 jaar oud voor een partiële of een volledige prothese Bij bepaalde aandoeningen: - bij malabsorptiesyndromen of bij colorectale ziekten, - bij mutilerende ingreep op het spijsverteringsstelsel, - bij verlies van tanden na een osteomyelitis/radionecrose/chemotherapie/behandeling met ionisatie-agens, - bij extractie van tanden voor een openhartoperatie/orgaantransplantatie/ behandeling met ionisatie- of immunodepressie-agens, - bij aangeboren of erfelijk ontbreken van talrijke tanden/ernstige/misvormingen van de kaakbeenderen of tanden, - bij uitzonderlijke situaties waarbij tandverlies of tandextracties een gevolg zijn van uitzonderlijke omstandigheden Vroegtijdige hernieuwing of een derde heraanpassing mogelijk bij belangrijke anatomische wijzigingen
TELESCOPISCHE BRILLEN	College-geneesheren-directeurs In het kader van de revalidatie Voorschrift geneesheer-specialist ophtalmologie. Schoollopen, tewerkstelling of herscholen is voorwaarde
TENT en TENTSTEUN	Adviserend geneesheer Bij muco via nomenclatuur - geneesk. verstrekk. art. 27 Hernieuwingstermijn: 5 jaar

TOESTELLEN bovenste en onderste ledematen	Voorzien in nomenclatuur - geneesk. verstrekk. art. 29 voor eerste aflevering en hernieuwing na het verstrijken van de hernieuwingstermijn. Voorschrift geneesheer-specialist in orthopedie, fysische geneesk., fysiotherapie, reumatologie, neurologie, neuropsychiatrie, neuropsychiatrie en revalidatie, pediatrie, heelkundige discipline). Vroegtijdige hernieuwingen voor te leggen aan CGD. Vroegtijdige hernieuwing van maatwerk wegens anatomische wijzigingen bij beslissing AG Hernieuwingstermijn: maatwerk: - 1 jaar indien vorig afgeleverd vóór leeftijd van 14jaar - 2 jaar indien vorig afgeleverd na leeftijd van 14 jaar en vóór leeftijd van 21 jaar - 5 jaar indien vorig afgeleverd na leeftijd van 21 jaar prefab: - 1 jaar indien vorig afgeleverd vóór leeftijd van 21jaar - 3 jaar indien vorig afgeleverd na leeftijd van 21jaar Herstellingen en onderhoud (§6) van toestellen: jaarlijks tegemoetkoming indien ouder dan 14 jaar
TRACHEACANULES	Adviserend geneesheer Voorzien in nomenclatuur - geneesk. verstrekk. art. 27, §1 (enkel bij langdurig gebruik) Hernieuwingstermijn: 3 maanden
ULTRASOON TOESTEL	Adviserend geneesheer Voorzien in nomenclatuur - geneesk. verstrekk. art. 27 (enkel bij muco) Hernieuwingstermijn: 5 jaar
UITWENDIGE PROTHESEN IN GEVAL VAN VERMINKING VAN HET GELAAT (neus, wang, oorschelp)	College geneesh.-directeurs Op voorschrift van een geneesheer-specialist uitwendige pathologie. Een aanvraag kan met maximaal 3 maand terugwerkende kracht worden vergoed, te rekenen vanaf de aanvraagdatum. De tussenkomst wordt vastgesteld op basis van een detailbeschrijving en documentatie van de prothese en een gedetailleerde prijsopgave (leverancier).
UROGARDZAKJE	Adviserend geneesheer Voorzien in nomenclatuur - geneesk. verstrekk. art. 27
VEILIGHEIDSSCHOENEN	Voorzien in het kader van orthopedische schoenen in de nomenclatuur- geneesk.verstrekk. art. 29, §7ter, II, 1, e).Zie orthopedische schoenen.

VERZORGINGSMATERIAAL /DIVERS	Voorzien in nomenclatuur - geneesk. verstrekk. art. 27: NIEUW: Voor de verzorging van junctionele epidermolysis kan de advis. Geneesh. in het kader van het BSF tussenkomst verlenen voor: ontsmettingsmiddelen, badproducten (zepen en shampoos), huidverzorgingsproducten, (crèmes en zalven), verbandmateriaal, priknaaldjes, pijnstillers, anti-jeukmiddelen en voedingssupplementen. Eventuele andere kosten kunnen voorgelegd worden aan het College van Geneesh. Direct.
VOEDING/SPECIALE	Adviserend geneesheer - bijzondere voeding bij zeldzame monogenische erfelijke metabole ziekte: Vervangprodukten als bron van cholesterol (syndroom van Smith-Lemli-Opitz) energie (aminozuurmetabolisme) triglyceriden (mitochondriale ss-oxydatie van vetzuren met lange of zeer lange keten) Voorschrift door de leidende geneesheer van een gespecialiseerd centrum voor erfelijke metabole ziekten (volledige terugbetaling, maximum € 1.833,84 per jaar) - bijzondere voeding bij coeliakie, voorschrift door een geneesheer-specialist in gastro- enterologie, inwendige geneeskunde of pediatrie (max. 38 euro per maand)
ZITSCHELP	Adviserend geneesheer Voorzien in nomenclatuur - geneesk. verstrekk. art. 29 (voorschrift geneesheer-specialist in orthopedie, fysische geneesk., fysiotherapie, reumatologie, neurologie, neuropsychiatrie en revalidatie pediatrie, heelkundige disciplines) Vroegtijdige hernieuwing bij beslissing college van geneesh.-directeurs. Hernieuwingstermijn: maatwerk : - 1 jaar indien vorig afgeleverd vóór leeftijd van 14jaar - 2 jaar indien vorig afgeleverd na leeftijd van 14 jaar en vóór leeftijd van 21 jaar - 5 jaar indien vorig afgeleverd na leeftijd van 21 jaar prefab: - 1 jaar indien vorig afgeleverd vóór leeftijd van 21jaar - 3 jaar indien vorig afgeleverd na leeftijd van 21jaar Opmerking: het onderstel voor de zitschelp is voorzien in nomenclatuur art. 28 (Zie II.46 bijlage 2, rolstoelen) Hernieuwingstermijn 3 jaar voor de leeftijd van 18 jaar, 5 jaar vanaf 18 jarige leeftijd Onderstel voor zitschelp, art. 28 (mobiliteitshulpmiddelen) Aanvraag door een erkend verstrekker

ZUURSTOFAPPARAAT	Adviserend geneesheer In het kader van de revalidatie in centra met ZIV- overeenkomst voor zuurstoftherapie thuis

II.33. Persoonlijke assistentiebudget – project persoonsgebonden budget

a) persoonlijke assistentiebudget (PAB)
b) persoonsgebonden budget (PGB)

A) Persoonlijke Assistentiebudget

(Decreet van 17 Juli 2000 - BS 17.08.2000;
BVR 15.12.2000 – BS 30.01.2001, laatst aangepast bij BVR 18.07.2008 – BS 29.10.2008, toekenningsvoorwaarden; BVR 17.11.2006 – BS 10.01.2007 – spoedprocedure; MB 17.07.2008 – BS 09.10.2008 - voorrangsregels)

Het Vlaams Agentschap verleent aan sommige personen een **persoonlijke assistentiebudget**. Personen met een handicap krijgen een bepaalde som (afhankelijk van hun persoonlijke noden) waarmee zij persoonlijke assistentie (bv. begeleiding bij dag-dagelijkse activiteiten) kunnen betalen. Zij beslissen zelf over de assistentie die zij nodig hebben.

1. Wat en wie?

Het Persoonlijke AssistentieBudget is een budget dat wordt toegekend aan personen met een handicap die, mits redelijke assistentie, in hun thuissituatie kunnen verblijven. De grootte van het budget (tussen 8.845,34 en 41.278,24 euro/jaar, bedragen 01.01.2009) wordt afhankelijk van de persoonlijke situatie bepaald.

De budgethouder (dit is de persoon die het budget toegekend krijgt) moet met dit budget zélf zijn assistentie organiseren en financieren. Alle daarmee gepaard gaande kosten kunnen via het PAB worden vergoed. Het resterende bedrag (dat zijn niet uitgegeven of niet correct bewezen kosten, uitgezonderd 5% indirecte kosten die met een verklaring op eer verantwoord worden) zal teruggevorderd worden.

Dat de budgethouder zelf zijn assistentie moet organiseren betekent dat hij, als opdrachtgever, zélf een overeenkomst afsluit met zijn assistent(en). Deze assistent kan rechtstreeks in dienst zijn bij de persoon met een handicap, hij/zij kan via een interim-kantoor aangeworven worden of via een andere voorziening/instelling (die voorziening moet aantonen dat ze geen dubbele betoelaging geniet voor de persoonlijke assistenten, die in het kader van een PAB ter beschikking gesteld worden). De assistent kan ook een zelfstandige zijn.

De budgethouder kan een beroep doen op een door het Vlaams Agentschap erkende zorgconsulent voor het uitstippelen en opvolgen van een assistentieplan en/of een budgethoudersvereniging voor het adviseren bij de rol als budgethouder.

Sinds 2007 krijgt elke PAB-budgethouder een vergoeding van 50 euro voor lidmaatschap bij een budgethoudersvereniging. Om het gebruik van een zorgconsulent aan te moedigen krijgen nieuwe budgethouders een waardebon voor een verkennend gesprek met een zorgconsulent.

Sommige budgethouders schakelen een sociaal secretariaat in voor de loonadministratie.

Het PAB kan gebruikt worden om assistenten te vergoeden voor het assisteren bij:
- huishoudelijke activiteiten,
- lichamelijke activiteiten,
- verplaatsingen,
- dagbesteding,
- administratiewerk,
- pedagogische begeleiding (geen didactische begeleiding!),
- enz...

Het PAB kan **gecombineerd** worden met een dagcentrum, een semi-internaat voor niet-schoolgaanden (1) , kortverblijf, logeeraanbod, individuele materiële hulp, opleiding en tewerkstelling of tewerkstelling in een beschermde werkplaats.

Het PAB kan niet **gebruikt** worden voor:
- individuele materiële bijstand (hulpmiddelen, doventolken,...),
- budgetbegeleiding,
- medische en paramedische behandelingen, onderzoeken of therapieën die door het Rijksinstituut voor Ziekte- en Invaliditeitsverzekering worden terugbetaald,
- inhoudelijke assistentie op school of op het werk (daarvoor bestaat GON- begeleiding op school en dienen de loonsubsidies voor het werk), ADL-assistentie kan wel.
- assistentie in het ziekenhuis, revalidatiecentrum of rust- en verzorgingstehuis
- psychologische begeleiding

Het PAB **kan ook niet** gebruikt worden om hulpverlening door gesubsidieerde uren te betalen, bv. Gezinszorg kan alleen als de voorziening die uren van tewerkstelling aan een PAB-houder buiten het subsidiepakket organiseert en de volledige kostprijs aanrekent.

Het is wel mogelijk om gesubsidieërde gezinszorg te gebruiken, maar dan mag het persoonlijk aandeel niet betaald worden met het PAB.

Familieleden als persoonlijke assistenten zijn sinds 2006 nu ook reglementair inzetbaar voor de RSZ.

Sneller een PAB krijgen bij bepaalde aandoeningen:

Personen met een snel degenererende aandoening hebben, gezien de evolutie van hun ziekte, sneller bijstand nodig. Daarom kunnen zij via de spoedprocedure - als hun aanvraag volledig is - binnen de 3 maanden een PAB toegekend krijgen.

U kan een PAB bekomen via deze spoedprocedure als u een **snel degenererende aandoening** heeft en uw **zelfredzaamheid over een periode van één jaar of minder sterk verminderde**. Dit moet blijken uit een medisch attest dat aangeeft dat 1 of meerdere onderstaande veranderingen van toepassing zijn:
- niet langer zonder hulp van derden kunnen opstaan of zich verplaatsen;
- niet langer zich zelfstandig kunnen wassen en aankleden;
- niet langer zelfstandig kunnen eten;

(1) De kostprijs voor opvang in dagcentrum of semi-internaat komt ten laste van het PAB-budget.

- niet langer zelfstandig naar het toilet kunnen gaan en zich reinigen;
- niet langer zelfstandig kunnen ademen en nood hebben aan voortdurend toezicht wegens kunstmatige beademing.

(kinderen worden vergeleken met de zelfredzaamheid van een 6-jarige)

Onder een snel degenererende aandoening verstaat men volgende aandoeningen:

Voor volwassenen:
- amyotrofe lateraalsclerose (ALS);
- primaire lateraalsclerose (PLS);
- progressieve (spino)musculaire atrofie (PMA/PMSA);
- corticobasale degeneratie (CBD);
- multisysteematrofie (MSA);
- progressieve supranucleaire verlamming (PSP).

Voor kinderen:
- een evolutieve neuromusculaire aandoening;
- een metabole stoornis met een ernstige en evolutieve weerslag op het algemeen functioneren.

Via deze spoedprocedure krijgt men steeds het maximumbudget toegekend.

2. Hoe?

De PAB-aanvrager moet ingeschreven zijn of moet zich laten inschrijven bij het Vlaams Agentschap. Dat wil zeggen dat de provinciale evaluatiecommissie (PEC) op zijn minst gunstig beslist heeft m.b.t. het handicapcriterium om in aanmerking te komen voor een PAB. De aanvrager moet bij een gespecialiseerd multidisciplinair team een PAB-aanvraagdossier laten opstellen waarbij zeer gedetailleerd wordt aangegeven hoeveel en voor welke activiteiten betrokkene hulp vraagt (een 'PAB-inschaling'). Dit gebeurt vanaf 01.01.2008 meteen bij de eerste aanvraag.

PAB-aanvragen, die voor 01.01.2008 werden ingediend en nog geen PAB-inschaling kregen, worden tot begin 2009 ingeschaald en krijgen voorrang op de PAB-aanvragen, die vanaf 01.01.2008 ingediend worden.

Op basis van de PAB-inschaling kan de deskundigencommissie nagaan of de aanvrager voldoet aan de voorwaarden en de grootte van het budget bepalen.

Men kan het PAB-aanvraagformulier downloaden (zie: Waar?), of aanvragen, en ingevuld terugsturen naar de Provinciale Afdeling van de provincie van de aanvrager.

De deskundigencommissie moet rekening houden met de in het besluit opgenomen prioriteitenregels. In 2008 is de prioriteit eerst gelegd bij personen die in 2007 prioritair in aanmerking kwamen voor een PAB maar nog geen PAB toegekend kregen. Zij hadden een PAB-aanvraag ingediend vóór 01.01.2007 en in aanmerking kwamen voor een budget van minstens 37.020,71 euro (functioneringsscore 5). Vervolgens neemt men de groep personen die in aanmerking komen voor een budget van minstens 37.020,71 euro (functioneringsscore 5). Binnen deze groep wordt voorrang gegeven aan voorzieningverlaters, die op 31.12.2007 minimum 2 jaar in een Vlaams Agentschap-voorziening verbleven en vervolgens het langst geleden hun PAB-aanvraag indienden.

Sneller een PAB krijgen bij bepaalde aandoeningen (zie 'wie?'):

Op de website van het Vlaams Agentschap of bij de dienst maatschappelijk werk van uw ziekenfonds vindt men het medische attest dat men door een neuroloog laat invullen. Het is dit attest dat men samen met een PAB-aanvraagformulier dient te bezorgen aan de provinciale afdeling van het VAPH (Vlaams Agenstchap). Men hoeft geen multidisciplinair verslag te laten opstellen.

Als het PAB-budget toegekend is, moet men wel binnen het jaar een inschalingsverslag laten opmaken. Dit verslag bezorgt men aan het VAPH. Dit inschalingsverslag heeft geen invloed op de hoogte van het verkregen budget.

3. Definities inzake het PAB

In alfabetische volgorde:

- **Budgethouder:**
  de persoon met een handicap of zijn wettelijke vertegenwoordiger aan wie het Vlaams Agentschap een persoonlijk assistentiebudget toekent.
- **Budgethoudersvereniging:**
  een door het Vlaams Agentschap gemachtigde rechtspersoon die de budgethouder ondersteunt bij zijn rol als opdrachtgever/werkgever en hem zo nodig advies verstrekt over de formaliteiten die vervuld moeten worden.
- **Persoonlijke assistent:**
  een meerderjarige die persoonlijke assistentie verleent in het kader van een arbeidsovereenkomst met de persoon met een handicap of zijn wettelijke vertegenwoordiger.
- **Persoonlijke assistentie:**
  de handelingen van een persoonlijke assistent, gericht op het bijstaan en begeleiden van een persoon met een handicap bij het uitvoeren van de activiteiten met het oog op de organisatie van het dagelijks leven en de bevordering van de sociale integratie.
- **Persoonlijke AssistentieBudget:**
  het budget dat het Vlaams Agentschap aan de persoon met een handicap of zijn wettelijke vertegenwoordiger toekent voor de gehele of gedeeltelijke tenlasteneming van de kosten van de persoonlijke assistentie en de organisatie ervan.
- **Zorgconsulent:**
  een door het Vlaams Agentschap gemachtigde rechtspersoon die samen met de budgethouder een assistentieplan opstelt, en de uitvoering van dit assistentieplan opvolgt, waar nodig ondersteunt en zo nodig bijstuurt (adressen op www-.vaph.be of bij de budgethoudersvereniging).

4. Waar?

Voor verdere inlichtingen kunt u steeds terecht bij...

- de PAB-cel:
  per brief ter attentie van:

- PAB-cel, Sterrenkundelaan 30, 1210 Brussel
- per telefoon via het (gratis) groene telefoonnummer: 0800/97.907
- per fax via het algemene faxnummer 02/225.84.05 (t.a.v. De PAB-cel)
- per e-mail via het adres pab@vaph.be

– de budgethoudersverenigingen:
  - Budgethoudersvereniging VLAANDEREN (VLABU/KVG)
    Arthur Goemaerelei 66
    2018 Antwerpen
    tel.: 03/216 29 90; fax 03/248 14 42;
    e-mail vlabu@kvg.be
    www.vlabu.be (zie hier regionale contacten)
  - Budgethoudersvereniging BOL-BUDIV
    Kerkstraat 108, 9050 Gentbrugge
    Tel. 09/324 38 77 , fax 09/324 38 79;
    e-mail helpdesk@bol-online.be
    www.bol-budiv.be (zie hier regionale contactpunten)
  - Budgethoudersvereniging ZORG INZICHT
    Stasegemsesteenweg 110, 8500 Kortrijk
    Tel. 056/23 70 27; fax 056/23 70 21
    e-mail info@zorg-inzicht.be
    www.zorg-inzicht.be (zie hier regionale contactpunten)

B) Persoonsgebonden budget

(ontwerp goedgekeurd 12/2001, in september 2008 als **project** van start gegaan met BVR 07.11.2008 – BS 15.01.2008)

Het Persoonsgebonden budget vertrekt vanuit dezelfde filosofie als het Persoonlijke Assistentiebudget, maar begeeft zich voor de besteding van het budget op een breder terrein zodat men gecombineerde zorg kan inkopen. De persoon met een handicap moet met andere woorden zelf kunnen bepalen welke zorg hij nodig heeft en waar. Autonomie en keuzevrijheid staan voorop.

Met het PGB wil men van een aanbodgestuurde naar een vraaggestuurde zorg!

In September 2008 startte een 3-jarig project waarbij kandidaat-gebruikers uit de regio Vlaams-Brabant en Antwerpen vrijwillig konden inschrijven voor een budget. Tegelijk heeft het VAPH een nieuw inschalingsinstrument in gebruik genomen om de noden van betrokkene te meten. Voor 01.02.2009 moeten alle startdossiers ingeschaald en 'gewogen' zijn. Vervolgens zal men de ingeschaalde zorgafhankelijkheid toetsen aan de persoonlijke noden om uiteindelijk een ondersteuningsplan op te maken en een budget toe te kennen. Men hoopt in het voorjaar de aanvraagdossiers af te ronden zodat het project en de aanwending van de budgetten van start kan gaan.

Omdat de aanwending van een PGB wellicht nog complexer zal zijn dan de aanwending van een PAB wordt aan de deelnemers aangeraden om zich te laten bijstaan door een budgethoudersverenigingen of een zorgconsulent.

Hoe?

Voorlopig kan men het PGB niet op eigen initiatief aanvragen. In het lopende project werden potentiële kandidaten aangeschreven in een vooraf gekozen regio.

Naargelang het budget van het project nieuwe mogelijkheden biedt (te weinig kandidaten of bijkomend budget) kan de minister meer kandidaten toelaten.

Waar?

- Provinciale afdelingen Vlaams Agentschap (inlichtingen + inschrijving) telefonische bereikbaarheid: in de voormiddag !
  1) Antwerpen:
     Potvlietlaan 5, 2600 Berchem
     03 /270 34 40
     e-mail: antwerpen@vaph.be
  2) Vlaams-Brabant:
     Brouwersstraat 3, 3000 Leuven
     016/31 12 11
     e-mail: leuven@vaph.be
     antennepunt Brussel:
     Sterrenkundelaan 30, lokaal 004, 1210 Brussel
     02/225 84 62
     e-mail: brussel@vaph.be
  3) Limburg:
     Ilgatlaan 7, 3500 Hasselt
     011/27 43 54
     e-mail: hasselt@vaph.be
  4) Oost-Vlaanderen:
     Kortrijkse steenweg 788, 9000 Gent
     09/269 23 11
     e-mail: gent@vaph.be
  5) West-Vlaanderen:
     Magdalenastraat 20 - Residentie "Iris", 8200 Brugge
     050/40 67 11
     e-mail: brugge@vaph.be
- Fonds voor het Duitstalige landsgedeelte
  'Dienststelle für personen mit behinderung'
  (Office des personnes handicapées)
  Aachner Strasse, 69-71
  4780 Saint-Vith
  Tel: 080 22 91 11
- Ziekenfonds - dienst maatschappelijk werk (informatie + bijstand) (Gouden Gids nr 6990, www.cm.be; e-mail: dmw@cm.be).
- Verenigingen voor personen met een handicap (inlichtingen + bijstand)
  bv. Katholieke Vereniging voor Gehandicapten (KVG),
  A. Goemaerelei 66, 2018 Antwerpen
  tel.: (03) 216 29 90
  E-mail: info@kvg.be
  http://www.kvg.be

II.34. Overzicht instellingen - Vlaams Agentschap

(Opvang + begeleiding)

Aanvraag voor opname of ondersteuning vanuit een voorziening - sector zorg

Het multidisciplinair team (MDT), erkend door het Vlaams Agentschap, en dat de zorgaanvraag onderzoekt en motiveert, duidt zelf het bijstandsveld aan.

Een bijstandsveld is een geheel van zorgvormen waarvan de persoon met een handicap gebruik van kan maken. Toelating tot een zorgvorm met hogere bijstandsintensiteit impliceert ook toegang tot de zorgvormen met een lagere bijstandsintensiteit (bv. bijstandsveld 'Z30' wordt aangeduid voor een minderjarige. Dit wil zeggen dat de persoon met een handicap recht zou kunnen hebben op MPI-internaat en op alle lagere (gearceerde) zorgvormen!).

Een combinatie van bijstandsvelden (binnen dezelfde sector) is NIET mogelijk!

Mogelijke bijstandsvelden: (zie ook Kaderstuk 'flexibilisering')
I. minderjarigen

'Instelling' (zorgvraag)	'Bijstandsveld'						
	Z0	Z5	Z10	Z20	Z25	Z30	Z35
Observatie- en behandelingscentrum							
internaat							
semi-internaat							
pleeggezin							
kortverblijf							
thuisbegeleiding							
logeerfunctie							
			Doelgroep(en)				

II. meerderjarigen

'Instelling' (zorgvraag)	'Bijstandsveld'										
	Z0	Z5	Z10	Z50	Z55	Z60	Z64	Z70	Z75	Z80	Z85
nursing - TNW											
bezigheid - TNW											
dagcentrum											
tehuis werkenden											
beschermd wonen											
pleeggezin +WOP (Wonen Onder begeleiding van een Particulier)											
zelfstandig wonen											
begeleid wonen											
kortverblijf											
thuisbegeleiding											
logeerfunctie											
			Doelgroep(en)								

Voor *jongvolwassenen* (tussen 18 + 21 jaar) kan zowel een bijstandsveld voor minder- als voor meerderjarigen geïndiceerd worden. Betreft het een vraag naar bijstandsveld Z0, Z5 of Z10 dan moet dit slechts 1 maal aangekruist worden op de map.

Voor alle bijstandsvelden in de zorgsector moeten de aangewezen *doelgroepen* aangekruist worden, met uitzondering van bijstandsvelden Z0 en Z5.

Mogelijke doelgroepen:

1) licht mentaal, **2)** matig mentaal, **3)** ernstig/diep mentaal, **4)** gedrags-of emotionele stoornis (i.p.v. karakterstoornis!), **5)** blind of slechtziend, **6)** gehoor- of spraakstoornis, **7)** motorisch A, **8)** motorisch B, **9)** autisme A (opname mogelijk in voorzieningen voor doelgroepen 1 en/of 4), **10)** autisme B (opname mogelijk in voorzieningen voor doelgroepen 6 en/of 4).

In de *beslissing* wordt de persoon zowel geïnformeerd over zijn concrete zorgvraag (zorgvragen) als over het toegekende bijstandsveld.

Toelating tot een zorgvorm met hogere bijstandsintensiteit impliceert ook toegang tot de zorgvormen met een lagere bijstandsintensiteit.
Opmerking:

De toekenning van een bijstandsveld betekent niet dat alle zorgvormen die onder dit bijstandsveld horen sowieso open staan voor de cliënt. De toetsing aan de reglementering bepaalt welke zorgvorm de cliënt effectief kan gebruiken.

Bv.- thuisbegeleiding richt zich niet tot alle doelgroepen

Afwijkende procedures

*** Artikel 7 - BVR 24.07.91:**
Indien er ernstige indicaties zijn met betrekking tot het bestaan of het ontwikkelen

van een handicap, kan men op basis van een medisch attest (zonder dat de ernst van de handicap dient gepreciseerd te worden) een aanvraag richten tot de Provinciale evaluatiecommissie (PEC) om beroep te doen op volgende voorzieningen:

- Centra voor ontwikkelingsstoornissen,

- Observatiecentra,

- Thuisbegeleiding - 6 jaar

* **Artikel 8 - BVR 24.07.91** (voorlopige inschrijving - max. 3 maanden - niet verlengbaar):
Deze voorlopige inschrijving, bij de Leidend Ambtenaar van de provinciale afdeling van het Vlaams Agentschap door middel van een medisch attest, heeft de bedoeling een oplossing te bieden voor een nood- of crisissituatie. Er wordt geen bijstandsveld toegekend!

– Opname jongeren via comité bijzondere jeugdzorg, of via jeugdrechtbank;
– Opname 'kortverblijf' (92 dagen die kunnen worden gespreid over één kalenderjaar);
– Thuisbegeleiding of combinatie van opname en thuisbegeleiding
  { + mogelijke combinaties
  • semi-internaat of dagcentrum en thuisbegeleiding
  • kortverblijf en thuisbegeleiding – 6 jaar

Centrale Wachtlijstwerking, in 2007 hervormd: zorgregie en zorgplanning

Indien men vanuit het Vlaams Agentschap een positieve beslissing heeft gehad voor een opname in een voorziening, is het niet altijd zo duidelijk waar men met zijn vraag terecht kan, welke voorziening (opnameplaats) het best geschikt is.

Vanuit de voorzieningen is reeds jaren geleden een centrale wachtlijstwerking georganiseerd, waarbij het aanvraagdossier van de persoon met een handicap, die wachtte op een opvangplaats, door een contactpersoon werd behartigd en waarbij een systeem werd opgezet om voor personen met de hoogste opvangnood zo snel mogelijk een oplossing te vinden.

Door het Besluit en van de Vlaamse Regering van 17.03.2006 (gepubliceerd in het Staatsblad op 16.06.2006) aangaande de oprichting van Regionale Overlegnetwerken voor de Gehandicaptenzorg (ROG's) en een Vlaams platform van verenigingen van personen met een handicap, krijgen de provinciale overheden de opdracht om, gecoördineerd door het Vlaams Agentschap voor Personen met een Handicap (verder VAPH genoemd), een ROG op te richten. De ROG's organiseren onder meer voor hun regio de zorgvraagregistratie (databestand), zorgbemiddeling en zorgafstemming (zoeken naar een begeleidings- /behandelings- /opvangaanbod in functie van vraag, urgentie en beschikbaar aanbod).

De zorgvraagtrajecten worden voorafgegaan door een zorgaanvraag, die geformuleerd wordt in een aanvraag bij het VAPH. Deze aanvraag krijgt een urgentiecode mee van het multidisciplinair team (erkend door het VAPH) dat de aanvraag onderzocht en behandeld heeft. De urgentiecodering is een instrument om op een éénduidige wijze aan te geven hoe dringend de aanvraag is.

Deze multidisciplinaire teams zijn te vinden in de ziekenfondsen met dienst maatschappelijk werk (sociale diensten), in sommige revalidatiecentra, in gespecialiseerde centra voor leerlingenbegeleiding, enz. (adressen op te vragen bij het Vlaams Agentschap of www.vaph.be).

Ook de activiteiten van de bestaande zorgtrajectbegeleidingsdiensten (in proefproject) worden structureel ingebouwd in de gehandicaptenzorg. Om de zorgplanning van personen met een handicap met bijstand te ondersteunen wordt trajectbegeleiding voorzien. Men start met gesprekken rond vraagverheldering (de persoon met een handicap formuleert zijn wensen op vlak van ondersteuning) en activeert maximaal de reeds bestaande ondersteuningsmogelijkheden in de directe omgeving (mantelzorg en sociale netwerken). Vervolgens wordt door een erkend multidisciplinair team en het VAPH op onafhankelijke wijze voor de persoon met een handicap een graad van zorgbehoefte 'ingeschaald' waarop hij/zij toegang krijgt tot een bepaald pakket van ondersteuningsvormen. Op basis van deze erkenning wordt samen met de betrokkene een ondersteuningsplan opgesteld. De trajectbegeleiding kan onder meer uitgevoerd worden door de diensten maatschappelijk werk van het ziekenfonds, door diensten thuisbegeleiding en door diensten begeleid wonen.

	Naam	Wie?	Wat	Begeleiding	Opmerking	Kostprijs	Opname?
	Centra voor ontwikkelings-stoornissen (zie II.42)	Centra voor vroegdetectie behoren niet tot het Vlaams Agentschap, maar ze zouden wel de eerste doorverwijzers moeten zijn. Ze hebben als opdracht: * verrichtingen van diepgaand diagnostisch onderzoek bij complexe en/of meervoudige handicaps en op basis van de diagnose te verwijzen naar de meest geschikte voorzieningen; * opvolging samen met de ziekenhuizen, van de hoogrisicobaby's, en opsporing van ontwikkelingsstoornissen bij risicobaby's; * genetische counseling van ouders die daarom vragen in samenwerking met de centra voor menselijke erfelijkheid.					
1)	Centra voor Observatie , Oriëntering, Med., Psych. + Ped. behandeling geh. (Observtie- en behandelings-centra) (zie II.43.)	Minderj. (- 21) karakterieel en/of verstandelijk geh.	* Onderzoek * verslag (behandeling, opvoedk. aanpak, opname) * behandeling Max. 16 maand. (+8,+12) nadien aanvraag herziening				Intern
2)	MPI's(zie II.46.)	Minderj. (- 21)	Internaat 24u./24u.Opvang en begeleiding	24u. op 24u.	meestal school-opleiding B.O. al dan niet verbonden a.h. internaat.		Intern mogelijkheid W.E. + vakantie; eigen milieu
3)	Instellingen met semi-internaat (zie II.46.)	Schoolgaande + niet-school-gaande minderj (-21)	Semi-internaat (8-18 u.) * opvang / begeleiding * verzorging * training	Tss. 8 en 18u.			

4)	Thuisbegeleidingsdiensten (zie II.44.)	* Minderj. (-21) met ernstige indicaties mogel. handicap * Minderj. (- 21) geh. * Volwass. geh. (+18)	* opvoedingsbijstand, * stimuleren van de ontwikkeling, * inschakelen bezoekouders	Opstellen van hulpverleningsplan		kleine bijdrage / begeleiding (mogelijkheid v. vrijstell.)	
5)	Tehuizen voor kortverblijf (zie II.40.)	Minderj. (- 21) Volwassenen (+18)	Dag- + nachtopvang korte periode. In principe max. 92 dagen /5 jaar (= 3 maanden), nadien aanvraag herziening		Gezinsondersteunende functie in moeilijke periodes		Intern
6)	Plaatsing in gastgezinnen (zie II.41.)	Minderj. (- 21) Volwassenen (+18)	Plaatsing in gastgezinnen	* plaatsing * toezicht * ondersteuning		Minderj: gratis; Volwass.: bijdrage aanwezigheidsdag i.f.v. inkomen	Gastgezin
7)	Zelfstandig wonen (zie II.38.)	Volwassenen (+18)/ lichamelijk gehand.	ADL-dienstverlening	Dag + nacht ADL-begeleid.	Mogelijkheid bieden autonoom te leven	Gratis (ADL)	Extern/derden
8)	Beschermd wonen (zie II.36)	Volwassenen (+18)/ Niet ernstig fysiek/ psychisch gehandic. (gerecruteerd uit zorgtoewijzing voor bezigheidstehuis)	Woonproject voor 1-5 personen; - geïntegreerde groepswoning - aangepaste dagbesteding-begeleiding op psycho-sociaal + administratief vlak	Dag + nacht	Mogelijkheid bieden autonoom te leven		Extern

9)	Begeleid wonen (zie II.37.)	Volwassenen (+18)/mentaal + fysisch gehand.	Hulp + advies (administratie, budget, relaties...) 4 à 6u./week	Begeleidings-overeenkomst	Mogelijkheid bieden autonoom te leven	Gratis	Extern
10)	Tehuizen voor werkenden (zie II.35.)	Volwassenen (+18):werkend of werkbekwaam	Gezinsvervangende instelling (permanente opvang en begeleiding)	Permanente opvang en begeleiding	Alleenstaanden die niet zelfstandig sociale leven aankunnen		Intern (mogelijkheid W.E. + vakanties eigen milieu)
11)	Beschutte werkplaats (zie II.11.D)	Volwassenen (+18) Lichamelijk geh. Mentaal geh.	Tewerkstelling personen met een handicap		niet in staat te werken in gewoon arbeidsmilieu	Gehandicapte krijgt loon (RVA)	
12)	Dagcentra (zie II.39.)	Volwassenen (+18) Lichamelijk geh. Mentaal geh.	Arbeidsvervangende activiteiten		Alle werkdagen tss 8-18 uur Ophaaldienst		Semi-internaat
13)	Bezigheidshuizen (zie II.36.)	Volwassenen (+18)	Gezinsvervangende instelling (opvang, begeleiding, behandeling, verzorging) Arbeidsvervangende activiteiten + onderhouden diverse vaardigheden	opvang , begeleiding, behandeling, verzorging	Niet in staat te werken in gewoon arbeidsmilieu,- B.W.		Internaat Mogelijkheid W.E. + vakanties in eigen milieu
14)	Nursingtehuizen (zie II.36.)	Volwassenen (+18)	Gezinsvervangende instelling Permanente opvang + intensieve zorg (paramedische behandeling)	Permanente opvang + intensieve zorg	Niet in staat te werken in-gewoon arbeidsmilieu,- B.W.		Internaat Mogelijkheid W.E. + vakanties in eigen milieu

15)	Revalidatiecentra (zie II.30.)	Personen met chronische beperkingen ten gevolge van een stoornis	Therapeutische en andere maatregelen die de lichamelijke, geestelijke en maatschappelijke omstandigheden optimaliseren				

FLEXIBILISERING VAN DE ZORG

Met de 'flexibiliseringsbesluiten' wilde men meer zorg-op-maat aanbieden aan personen met een handicap en hun gezinnen. Zo werd het mogelijk om op een soepeler manier van één voorziening of van meerdere voorzieningen gebruik te maken. Daarnaast werden enkele nieuwe initiatieven in het leven geroepen.

1. Deeltijdse opvang in de voorzieningen

Zowel voor jongeren als voor volwassenen met een handicap wordt **deeltijdse** opvang in residentiele of semi-residentiele voorzieningen mogelijk.

Internaten en tehuizen moeten ingaan op de vraag van de gebruiker om er deeltijds (wat betekent 1 tot 4 dagen per kalenderweek) opgevangen te worden.

Daarnaast wordt in de dagcentra en in de semi-internaten voor niet-schoolgaande kinderen ook de mogelijkheid gecreeërd voor opname in halve dagen.

Of men nu deeltijds of voltijds van een opvang wenst gebruik te maken, de persoon met een handicap dient enkel te beschikken over een positieve beslissing van het Vlaamse Agentschap voor de desbetreffende zorgvorm.

2. Logeerfunctie

Kinderen en volwassenen met een handicap die nog thuis verblijven kunnen, wanneer zij dit wensen, uit logeren gaan in een bestaande voorziening.

Internaten en tehuizen kunnen de mogelijkheid voorzien om personen met een handicap (ongeacht de doelgroep, of zelfs zonder erkenning van doelgroep) voor een korte duur (minstens 12 uur, overnachting inbegrepen) op te vangen en de noodzakelijke begeleiding en behandeling te voorzien.

Een persoon met een handicap kan maximaal 30 dagen per jaar gaan 'logeren'.

Deze zorgvorm komt tegemoet aan de vraag van gezinnen om zonder zware procedures hun (al dan niet volwassen) kind toe te vertrouwen aan een voorziening waar voor korte perioden de noodzakelijke behandeling en begeleiding kan gebeuren.

Vandaar dat om gebruik te maken van deze opvang een positieve beslissing van het Vlaams Agentschap voor gelijk welke zorgvraag voldoende is als toegangsticket, ook indien betrokkene in zijn beslissing niet toegewezen werd tot een bepaalde doelgroep.

3. Begeleide uitgroei uit de voorzieningen

Aan internaten en aan de centra voor observatie, oriëntering en medische, psychologische en pedagogische behandeling wordt de mogelijkheid geboden om kinderen met een handicap de laatste 6 maanden niet intern, maar thuis te begeleiden.

Dit houdt in dat kinderen in hun thuismilieu gevolgd en begeleid kunnen worden door het vertrouwde personeel van de voorziening.

Dergelijke begeleide uitgroei uit de voorziening maakt het voor de kinderen veel makkelijker om naadloos over te schakelen naar het thuismilieu.

4. Combinaties van aanvullende zorgvormen

Bepaalde combinaties van zorgvormen zijn nu in de reglementering opgenomen.

- Het is toegelaten om van bepaalde zorgvormen tegelijk gebruik te maken, namelijk: pleeggezin en semi- internaat of dagcentrum, pleeggezin en kort verblijf, pleeggezin en kort verblijf en semi-internaat of dagcentrum, semi-internaat of dagcentrum en kort verblijf, semi-internaat of dagcentrum en thuisbegeleiding, semi-internaat of dagcentrum en zelfstandig wonen, kort verblijf en thuisbegeleiding.
- Bij deeltijdse opvang zijn de volgende combinaties toegelaten: internaat en semi-internaat, tehuis voor niet-werkenden en dagcentrum.
- Omdat meer en meer personen met een handicap het ritme van een voltijdse tewerkstelling in een beschutte werkplaats niet meer aankunnen, wordt ingeval van deeltijdse opvang, ook de combinatie 'dagcentrum en tewerkstelling in een beschutte werkplaats' mogelijk.

Om van bovenvermelde combinaties gebruik te kunnen maken, dient de persoon met een handicap over een positieve beslissing van het Vlaamse Agentschap te beschikken voor de desbetreffende zorgvormen.

Mogelijke combinaties zorg en tewerkstelling

	OBC	Thuis-begeleiding	Kortverblijf	Semi-internaat	Internaat	Zelfst. Wonen	Begeleid Wonen	Beschermd Wonen	Pleeggezin / WOP	Nursingtehuis	Dagcentrum	TNW	TW	Begeleid Werken	PAB	Beschutte Werkplaats
OBC								O							O	
Internaat				D				O							O	
Semi-internaat		X	X (1)		D	X		O	X						X/D (2)	
Dagcentrum		X	X (1)			X	X	*	X	D		D		D	X/D	D
Begeleid Werken	O	X	X	O	O	X	X	O	X	D	D	D	O		X/D	D
Tehuis werkenden								O							O	X
Tehuis niet-werkenden								O			D			D	O	
Kortverblijf		X		X (1)				O	X (1)		X (1)			X	O	
Pleeggezin / WOP			X (1)	X				O			X			X	O	X
Nursingtehuis								O			D			D	O	
Thuisbegeleiding			X	X	O			O			X			X	O	X
Begeleid wonen								O			X			X	O	X
Zelfstandig wonen				X							O			O	O	X
Beschermd wonen				O							O			O	O	X
PAB				X/D (2)				O			X/D	O	O	X/D		X/D
Beschutte werkplaats		X				X	X	X	X		D		X	D	X/D	

1) Wie gebruik maakt van een semi-internaat of een dagcentrum, of in een pleeggezin leeft, kan ook beroep doen op het kortverblijf.
2) Enkel semi-internaat niet-schoolgaanden.

Legende
X: 2 voltijdse opnames op dezelfde dag
O: niet van toepassing
D: deeltijdse opnames alternerend in verschillende types voorziening
WOP: wonen onder begeleiding van een particulier
OBC: observatie- en behandelingscentrum

Programmatie 2008 voor de voorzieningen op het vlak van de sociale integratie van personen met een handicap

(BVR 18.07.2003 – BS 18.09.2003, laatst gewijzigd bij BVR 07.12.2007 – BS 03.01.2008).

- Het aantal bedden en plaatsen in voorzieningen, die bestemd zijn voor de opname van personen met een handicap (Fonds 81 voor medische, sociale en pedagogische zorg voor gehandicapten), werd in 2007 verhoogd naar 24.243.
- Het aantal plaatsen zelfstandig wonen werd in 2007 verhoogd tot 384.
- Het aantal plaatsen in opvanggezinnen is in 2008 op 840 gebracht.
- Het aantal plaatsen voor Wonen onder begeleiding van een particulier is in 2008 op 195 gebracht.
- Betreffende de thuisbegeleidingsdiensten voor personen met een handicap, wordt de programmatie bepaald als volgt:
  Per provincie wordt ten minste voorzien in:
  1° één dienst voor gezinnen met personen met een mentale handicap;
  2° één dienst voor gezinnen met personen met een motorische handicap;
  3° één dienst voor gezinnen met personen met een auditieve handicap.
  De diensten erkend in de provincie Vlaams-Brabant zorgen ook voor de begeleiding van de gezinnen die in het Brusselse Hoofdstedelijke Gewest wonen en die op kosten van de Vlaamse Gemeenschap begeleid worden.
  Hiernaast wordt ook voorzien in:
  1° diensten voor gezinnen met personen met een visuele handicap;
  2° diensten voor gezinnen met personen met autisme.

De regering werkt de laatste jaren aan de beheersing van de wachtlijsten in de zorgsector. Het Vlaams Agentschap werkt nog steeds aan van een nieuw opvolgsysteem voor de wachtlijsten waarbij de urgentiebepaling verfijnd wordt voor de toekenning van opvang in de instellingen en waarbij de zorgplanning beter kan opgevolgd worden. Men kan, onder meer aan de hand van de registratie van het profiel van de wachtenden, de tekorten in kaart brengen en nieuwe noden detecteren om het beleid en de zorgplanning op af te stemmen.

Een eerste vernieuwing waren de geïntegreerde woonprojecten voor personen met een handicap. **Geïntegreerd wonen** is een proefproject dat loopt tot 2011. In het kader van het uitbereidingsbeleid 2006 zijn er 2 projecten opgestart. Het doel van deze nieuwe zorgvorm speelt in op een aantal tendensen in de welzijnssector. De regelgeving geïntegreerde woonprojecten geeft voorzieningen de kans om personen met een zwaardere zorgbehoefte te huisvesten in inclusieve woonprojecten, waarbij de persoon met een handicap zelf instaat voor zijn woon- en leefkosten (woonaanbod door een huisvestingsmaatschappij) en waarbij de voorziening instaat voor de zorg en begeleiding. Het principe van inclusie wordt hier gerealiseerd via kleine, geïntegreerde woonunits.

Er zijn 100 plaatsen geïntegreerd wonen geprogrammeerd.

II.35. Tehuizen voor werkende personen met een handicap

(of gezinsvervangende tehuizen)

Wat?

De tehuizen voor werkenden of gezinsvervangende tehuizen bieden aan meerderjarig werkende personen met een verstandelijke of motorische handicap (meestal tewerkgesteld in een beschutte werkplaats) een permanente opvang en begeleiding, maar met voldoende oog voor een blijvend contact (vakantie, ...) met het natuurlijk gezin.

Wie?

Tehuizen voor werkenden of gezinsvervangende tehuizen zijn internaatshuizen voor meerderjarige personen met een verstandelijke of motorische handicap (+ 18 j.) die werken (meestal in een beschutte werkplaats) en die niet zelfstandig kunnen wonen (minstens bijstandsveld Z70 - zie II.34).

Betoelaging ?

Het Vlaams Agentschap (vroeger Fonds '81) is bevoegd voor de erkenning en de betoelaging van de betrokken instellingen. Daarnaast zijn er ook nog de subsidies uit het Fonds voor de Bouw van Ziekenhuizen en Medisch-sociale instellingen (Vlaams Ministerie van Welzijn en Gezin) en de persoonlijke bijdrage van de bewoners van deze instellingen.

De persoonlijke bijdrage is 30,21 euro per dag, maar betrokkene behoudt minstens 323,72 euro per maand van zijn persoonlijke inkomsten. Hij behoudt minstens een derde van zijn arbeidsinkomen.
Bedragen 01.05.2008.

Veel voorzieningen rekenen naast de eigen financiële bijdrage nog **supplementen** aan voor bepaalde aangeboden diensten. In het protocol van verblijf staat vermeld voor welke diensten supplementen worden aangerekend, en tegen welke prijs.

Hoe?

De aanvraag tot inschrijving om opgenomen te kunnen worden, dient schriftelijk te gebeuren aan de hand van een concrete hulpvraag bij de provinciale afdeling van het Vlaams Agentschap (zie II.31.).

Beroepsprocedure:

Indien het Vlaams Agentschap de intentie heeft om een negatieve/afwijkende beslissing te nemen, kan men een verzoek tot heroverweging indienen. Bij een negatieve beslissing kan men beroep aantekenen bij de arbeidsrechtbank (zie ook II.31.).

Waar?

- Ziekenfonds - dienst maatschappelijk werk (informatie + bijstand) (Gouden Gids nr 6990, www.cm.be; e-mail: dmw@cm.be).
- Vlaams Agentschap (inlichtingen + aanvraag dienstverleningsovereenkomst)
  - Hoofdzetel
    Sterrenkundelaan 30, 1210 Brussel (Sint-Joost-ten-Node)
    Tel (onthaal) 02 225 84 11
    www.vaph.be
  - Antennepunt Brussel
    Sterrenkundelaan 30 / lokaal 004, 1210 Brussel
    Tel 02 225 84 62
  - Provinciale Afdeling Vlaams-Brabant
    Brouwersstraat 3, 3000 Leuven
    Tel 016 31 12 11
  - Provinciale Afdeling Antwerpen
    Potvlietlaan 5, 2600 Berchem
    Tel 03 270 34 40
  - Provinciale Afdeling Limburg
    Ilgatlaan 7, 3500 Hasselt
    Tel 011 27 43 54
  - Provinciale Afdeling Oost-Vlaanderen
    Kortrijksesteenweg 788, 9000 Gent
    Tel 09 269 23 11
  - Provinciale Afdeling West-Vlaanderen
    Magdalenastraat 20, 8200 Brugge
    Tel 050 40 67 11
- Huisarts (inlichtingen + bijstand).

II.36. Tehuizen voor niet-werkende personen met een handicap

(bezigheidstehuizen - nursingtehuizen - beschermd wonen - geïntegreerd wonen)

Wat?

De tehuizen voor niet-werkenden voorzien in een 24-uren opvang (dagbezigheid en woonmogelijkheid) voor meerderjarige personen met een handicap.

a) Bezigheidstehuizen leren arbeidsvervangende activiteiten en andere vaardigheden aan aan meerderjarige personen met een handicap en dit volgens hun individuele mogelijkheden. Zij voorzien op permanente wijze in een aangepaste opvang, begeleiding, behandeling en verzorging.

b) Een bezigheidstehuis waar meer dan 40 % van de personen met een handicap bedlegerig is, een rolstoel gebruikt of zwaar gehandicapt is noemt men nursingtehuizen. In deze tehuizen ligt het begeleidingsaccent sterker op de verzorging en op de paramedische behandeling.

c) beschermd wonen bestaat uit *woonprojecten voor 1-5 personen* met de volgende kenmerken;
   - het zijn (in een normale woonomgeving) geïntegreerde groepswoningen
   - waarbij een dienst zorgt voor aangepaste dagbesteding en
   - begeleiding op psycho-sociaal + administratief vlak, waarbij de nadruk ligt op de mogelijkheid om autonoom te leven.

d) Geïntegreerd wonen
   (B.V.R. 17.11.06 – B.S. 10.01.07; B.V.R. 04.07.08 – B.S. 21.10.08)

Geïntegreerd wonen is een nieuwe vorm van ambulante woonvorm. Het systeem is gestart als project in het kader van zorggradatie en loopt nog minstens tot december 2011. Het is de 'zwaarste' vorm van ambulante opvang en leunt dicht bij de verzorging van het tehuis aan, maar de cliënten wonen wel zelfstandig.

De stap naar beschermd wonen en eventueel verdere zelfstandigheid is vaak te groot, waardoor het veel personen met een handicap vaak niet lukt om uit een tehuis weg te raken, hoewel ze dat willen. Anderzijds zijn er nogal wat mensen die nu beschermd wonen, maar als ze ouder worden meer en meer ondersteuning nodig hebben.

'Geïntegreerd wonen biedt voor beide situaties een oplossing: veel begeleiding, maar toch ook zelfstandigheid. Het is een 'beschermd wonen-plus'.

Hetzelfde principe is van toepassing als bij 'beschermd wonen', alleen is een intensievere begeleiding mogelijk.

Geïntegreerde woonvormen zijn altijd kleinschalig: er mogen maximaal 10 mensen in één huis samenwonen. Hier kun je je leven organiseren zoals je het zelf wilt.

Wie?

Bezigheidstehuizen (minstens bijstandsveld Z85 - zie II.34) of **nursingtehuizen** (minstens bijstandsveld Z 80 - zie II.34) zijn internaatshuizen voor meerderjarige (+ 18 j.) *personen met een ernstige handicap.*

Personen met een handicap die tevens een erkenning categorie IV of V hebben. Vanuit de Federale Overheidsdienst Sociale Zekerheid (zie ook II.6 - integratietegemoetkoming), hebben **automatisch** recht op een positieve beslissing (toegang) tot een nursingtehuis.

Beschermd wonen is bedoeld voor *niet ernstig fysiek / psychisch personen met een handicap* (1) van + 18 jaar (gerecruteerd uit zorgtoewijzing die toegang geeft tot beschermd wonen - minstens bijstandsveld Z 64 - zie II.34).

Geïntegreerd wonen: Personen met een handicap, die een beslissing inzake tenlasteneming van bijstand van het Vlaams agentschap hebben die toegang geeft tot een tehuis niet-werkenden, bezigheid en nursing, komen in aanmerking voor één van de projecten geïntegreerd wonen*.

**Deze maatregel ging in op 1 september 2008 en heeft een tijdelijk karakter tot 31 december 2011. Tegen 31 augustus 2009 moet een nieuwe regelgeving opgesteld worden waarbij beschermd wonen en geïntegreerd wonen als één ondersteuningsvorm worden aangeboden*

De aanvraag voor opname dient te gebeuren via het Vlaams Agentschap (zie II.31.).

Betoelaging?

Het Vlaams Agentschap (vroeger Fonds '81) is bevoegd voor de erkenning en de betoelaging van de betrokken instellingen. Daarnaast zijn er ook nog de subsidies uit het Fonds voor de Bouw van Ziekenhuizen en Medisch-sociale instellingen (Vlaams Ministerie van Welzijn en Gezin) en de persoonlijke bijdrage van de bewoners van deze instellingen.

De persoonlijke bijdrage is 30,21 euro per dag, maar betrokkene behoudt minstens 172,65 euro per maand van zijn persoonlijke inkomsten. Bedragen 01.05.2008.

Veel voorzieningen rekenen naast de eigen financiële bijdrage nog **supplementen** aan voor bepaalde aangeboden diensten. In het protocol van verblijf staat vermeld voor welke diensten supplementen worden aangerekend, en tegen welke prijs.

Hoe?

De aanvraag tot inschrijving om opgenomen te kunnen worden, dient schriftelijk te gebeuren aan de hand van een concrete hulpvraag bij de provinciale afdeling van het Vlaams Agentschap (zie II.31.).

(1) De persoon met een handicap die geen ernstige fysieke, sensoriële of motorische stoornis heeft die specifieke ADL-assistentie en intense paramedische of functionele revalidatie vereist, of geen ernstige psychische stoornis die een frequente psychiatrische begeleiding noodzakelijk maakt.

Beroepsprocedure:

Indien het Vlaams Agentschap de intentie heeft om een negatieve/afwijkende beslissing te nemen, kan men een verzoek tot heroverweging indienen. Bij een negatieve beslissing kan men beroep aantekenen bij de arbeidsrechtbank (zie ook II.31 en I.42.).

Waar?

- Ziekenfonds - dienst maatschappelijk werk (informatie + bijstand) (Gouden Gids nr 6990, www.cm.be; e-mail: dmw@cm.be).
- Vlaams Agentschap voor Personen met een Handicap (inlichtingen + dienstverleningsovereenkomst)
  Hoofdzetel:
  Sterrenkundelaan 30, 1210 Brussel (Sint-Joost-ten-Node)
  tel.: (02) 225 84 11 (onthaal)
  www.vaph.be
  - Antennepost Brussel:
    Sterrenkundelaan 30, 1210 Brussel (Sint-Joost-ten-Node)
    tel.: (02) 225 84 62
  - Provinciale afdeling Antwerpen:
    Potvlietlaan 5, 2600 Berchem
    Tel 03/270 34 40
  - Provinciale afdeling Vlaams-Brabant:
    Brouwersstraat 3, 3000 Leuven
    Tel 016/31 12 11
  - Provinciale afdeling Limburg:
    Ilgatlaan 7, 3500 Hasselt
    Tel 011/27 43 54
  - Provinciale afdelingOost-Vlaanderen:
    Kortrijksesteenweg 788, 9000 Gent
    Tel 09/269 23 11
  - Provinciale afdelingWest-Vlaanderen:
    Magdalenastraat 20, 8200 Brugge
    Tel 050/40 67 11
- Huisarts (inlichtingen + bijstand).
- Momenteel lopen er 2 initiatieven inzake geïntegreerd wonen:
  1) VZW Zonnestraal
     Kroonstraat 44
     1750 Lennik
     Tel. 02/5310101
     Fax 02/5310102
     www.zonnestraalvzw.be
     zonnestraal@zonnestraalvzw.be
  2) VZW Oranje
     Kartuizersstraat 51
     8310 Sint-Kruis
     Tel. 050 / 470 090
     Fax 050 / 343 668
     directiesecretariaat@oranje.be

II.37. Diensten voor begeleid wonen

Wat?

De diensten voor begeleid wonen bieden ondersteuning en begeleiding en beogen een volledige autonomie van personen met een handicap. De begeleiding kan ten huize van de gehandicapte of in een door de dienst onderverhuurde woning gebeuren.

Wie?

De dienst is bestemd voor personen die minstens 18 jaar zijn die zich slechts in het sociale leven kunnen inschakelen mits een beperkte begeleiding (minstens bijstandsveld Z50). Deze diensten staan niet meer alleen open voor personen met een mentale handicap, maar er zijn nu ook een beperkt aantal plaatsen voorzien voor personen met een "sensorische" of met een "motorische" handicap (BVR 08/06/99, BS 28/09/99).

Betoelaging?

Het Vlaams Agentschap (vroeger Fonds '81) is bevoegd voor de erkenning en de betoelaging van de betrokken instellingen. De persoon met een handicap staat in voor de kosten van het eigen levensonderhoud en voor de huur van de eigen woning.

Hoe?

De aanvraag tot inschrijving om aanspraak te kunnen maken op de dienst voor begeleid wonen, dient schriftelijk te gebeuren aan de hand van een concrete hulpvraag bij de provinciale afdeling van het Vlaams Agentschap (zie II.31.).

Beroepsprocedure:

Indien het Vlaams Agentschap de intentie heeft om een negatieve/afwijkende beslissing te nemen, kan men een verzoek tot heroverweging indienen. Bij een negatieve beslissing kan men beroep aantekenen bij de arbeidsrechtbank (zie ook II.31 & I.42).

Waar?

- Ziekenfonds - dienst maatschappelijk werk (informatie + bijstand) (Gouden Gids nr 6990, www.cm.be; e-mail: dmw@cm.be).
- Vlaams Agentschap voor Personen met een Handicap
  (inlichtingen + dienstverleningsovereenkomst)
  Hoofdzetel:
  Sterrenkundelaan 30, 1210 Brussel (Sint-Joost-ten-Node)
  tel.: (02) 225 84 11 (onthaal)
  www.vaph.be

- Antennepost Brussel:
  Sterrenkundelaan 30, 1210 Brussel (Sint-Joost-ten-Node)
  tel.: (02) 225 84 62
- Provinciale afdeling Antwerpen:
  Potvlietlaan 5, 2600 Berchem
  Tel 03/270 34 40
- Provinciale afdeling Vlaams-Brabant:
  Brouwersstraat 3, 3000 Leuven
  Tel 016/31 12 11
- Provinciale afdeling Limburg:
  Ilgatlaan 7, 3500 Hasselt
  Tel 011/27 43 54
- Provinciale afdeling Oost-Vlaanderen:
  Kortrijksesteenweg 788, 9000 Gent
  Tel 09/269 23 11
- Provinciale afdeling West-Vlaanderen:
  Magdalenastraat 20, 8200 Brugge
  Tel 050/40 67 11

– Huisarts (inlichtingen + bijstand).

II.38. Zelfstandig wonen (focus wonen) - personen met een lichamelijke handicap

(K.B. 81, 10.11.67 – B.S. 14.11.67; B.V.R. 31.07.90 – BS 26.10.90; B.V.R. 16.06.98 - B.S. 23.10.98; B.V.R. 14.03.08 - B.S. 21.03.08)

Wat?

Deze diensten (centra) garanderen een assistentie (hulp in activiteiten van het dagelijks leven of 'ADL') van 24 op 24 uur en van 365 dagen op 365 in de woning van personen met een lichamelijke handicap, waardoor een opname van de persoon met een handicap kan vermeden worden. De hulp bestaat uit praktische dingen waarbij de personen met een handicap omwille van hun fysieke beperking moeilijkheden kunnen ondervinden, zoals bij het opstaan, kleden, hygiëne, enz...

Een A(ctiviteiten) D(agelijks) L(even)-woning is een woongelegenheid die:

- Speciaal aangepast en uitgerust is om het zelfstandig leven van de persoon met een handicap te ondersteunen.
- Verhuurd wordt volgens een aantal voorwaarden (o.a.; beantwoorden aan de specifieke bouwtechnische normen voor woningen dienstig voor personen met een handicap - NBN ISO/TR 9527, er werd door de persoon met een handicap een dienstverleningsovereenkomst afgesloten met een dienst zelfstandig wonen).
- Beantwoordt aan de prijs- en oppervlaktenormen van de Vlaamse Huisvestingsmaatschappij (VHM).

Een ADL-woning maakt deel uit van een ADL-cluster. Dit zijn 12-15 ADL-woningen, geïntegreerd in een sociale woonwijk. Deze woningen zijn verbonden met een ADL-centrum via een communicatie- en oproepsysteem.

Wie?

Deze diensten zijn bestemd voor autonoom wonende personen met een fysische handicap, welke meerderjarig (+ 18 j.) zijn en die in de buurt van een ADL-centrum (Activiteiten Dagelijkse Leven-centrum) in een aangepaste woning wonen (minstens bijstandsveld Z 55).

Betoelaging?

De door de Vlaamse Gemeenschap erkende diensten hebben recht op een aanvangssubsidie als tussenkomst in de kosten van het oproepsysteem en de inrichting van een ADL-centrum. Daarnaast zijn er subsidies voor de ADL-assistenten.

Via het Besluit van 16.06.98 kunnen er subsidies worden verleend aan de Vlaamse Huisvestingsmaatschappij waardoor de extra kosten, door de bijkomende accommodatie van deze woningen, niet ten laste mogen komen van de persoon met een handicap die de woning huurt.

Hoe?

De aanvraag tot inschrijving om aanspraak te kunnen maken op de dienst voor zelfstandig wonen, dient schriftelijk te gebeuren aan de hand van een concrete hulpvraag bij de provinciale afdeling van het Vlaams Agentschap (zie II.46.).

Beroepsprocedure:

Indien het Vlaams Agentschap de intentie heeft om een negatieve/afwijkende beslissing te nemen, kan men een verzoek tot heroverweging indienen. Bij een negatieve beslissing kan men beroep aantekenen bij de arbeidsrechtbank (zie ook II.31. & I.42).

Voor informatie over / aanvraag van een ADL-woning kan je terecht bij Fokus Exploitatie vzw of bij de Vlaamse Huisvestingsmaatschappij.

Waar?

- Fokus Exploitatie vzw (info over ADL-clusters te Denderleeuw, Dendermonde, Hasselt en Kortrijk)
  Hospitaalstraat 15, 3740, Bilzen
  tel.: 089/51.86.51
  fax: 089/51.86.59
- Provinciaal bureau- Bestuur voor de huisvesting (inlichtingen + aanvraag woning)
- Agentschap Wonen Vlaanderen
  - Wonen Vlaams-Brabant
    Blijde Inkomststraat 103-105
    3000 Leuven
    tel.: (016) 24 97 77
  - Wonen Antwerpen
    Lange Kievitstraat 111-113
    2018 Antwerpen
    (03) 224 61 14
  - Wonen Limburg
    Hendrik Van Veldekegebou
    Koningin Astridlaan 50, bus 1
    3500 Hasselt
    tel.: (011) 74 22 00
  - Wonen West-Vlaanderen
    Werkhuisstraat 9
    8000 Brugge
    tel.: (050) 44 29 07
  - Wonen Oost-Vlaanderen
    Gebroeders Van Eyckstraat 4-6
    9000 Gent
    tel.: (09) 265 45 11
- Ziekenfonds - dienst maatschappelijk werk (informatie + bijstand) (Gouden Gids nr 6990, www.cm.be; e-mail: dmw@cm.be).
- Vlaams Agentschap voor Personen met een Handicap
  (inlichtingen + dienstverleningsovereenkomst)
  Hoofdzetel:
  Sterrenkundelaan 30, 1210 Brussel (Sint-Joost-ten-Node)
  tel.: (02) 225 84 11 (onthaal)
  www.vaph.be

- Antennepost Brussel:
  Sterrenkundelaan 30, 1210 Brussel (Sint-Joost-ten-Node)
  tel.: (02) 225 84 62
- Provinciale afdeling Antwerpen:
  Potvlietlaan 5, 2600 Berchem
  Tel 03/270 34 40
- Provinciale afdeling Vlaams-Brabant:
  Brouwersstraat 3, 3000 Leuven
  Tel 016/31 12 11
- Provinciale afdeling Limburg:
  Ilgatlaan 7, 3500 Hasselt
  Tel 011/27 43 54
- Provinciale afdeling Oost-Vlaanderen:
  Kortrijksesteenweg 788, 9000 Gent
  Tel 09/269 23 11
- Provinciale afdeling West-Vlaanderen:
  Magdalenastraat 20, 8200 Brugge
  Tel 050/40 67 11

– Huisarts (inlichtingen + bijstand).

II.39. Dagcentra voor volwassen personen met een handicap

Wat?

Dagcentra bieden arbeidsvervangende activiteiten aan aan niet-werkende personen met een handicap en beogen het aanleren en het onderhouden van diverse vaardigheden volgens ieders mogelijkheden. Gezien het enkel dagopvang betreft, kunnen de personen met een handicap er op werkdagen terecht van 08.00 uur tot 18.00 uur en dit het ganse jaar door. De mogelijkheid bestaat dat de personen met een handicap 's morgens thuis worden opgehaald en 's avonds thuisgebracht.

Door middel van de dagcentra kunnen de personen met een handicap langer thuis blijven en krijgt de verzorgende familie een beetje ademruimte.

Begeleid werken

Indien een job op de gewone arbeidsmarkt of in een beschutte werkplaats te hoog gegrepen is, dan kan men in een systeem van begeleid werken stappen.

Het aangepaste werk gebeurt onder begeleiding van het dagcentrum **deeltijds, zonder verloning of arbeidscontract,** in een sociale voorziening of een culturele organisatie, bij een particulier of in een bedrijf.

Begeleid werken sluit meer aan bij het gewone leven dan de atelierwerking in een dagcentrum. Bovendien is de waaier aan mogelijkheden groter en is het werk aangepast aan de arbeidsmogelijkheden.

Wie?

Begeleid werken is bedoeld voor personen die net niet het niveau van een betaalde job halen, maar die wel meer aankunnen dan de gewone dagactiviteiten in een dagcentrum.

Om te kunnen begeleid werken volstaat een positieve beslissing van het Vlaams Agentschap voor Personen met een Handicap (VAPH) voor een dagcentrum.

Wie?

Dagcentra richten zich tot meerderjarige personen met een handicap (+ 18 j.) die niet kunnen tewerkgesteld worden (ook niet in beschutte werkplaatsen – minstens bijstandsvorm Z 75).

Betoelaging?

- Het Vlaams Agentschap (vroeger Fonds '81) is bevoegd voor de erkenning en de betoelaging van de betrokken instellingen.
- Vlaamse Gemeenschap: subsidie bij bouw en exploitatie.
- Gebruiker, persoonlijk aandeel: 10,80 euro (vervoer inbegrepen) of 8,63 euro (zonder vervoer) (bedragen op 01.05.2008)

Veel voorzieningen rekenen naast de eigen financiële bijdrage nog **supplementen** aan voor bepaalde aangeboden diensten. In het protocol van verblijf staat vermeld voor welke diensten supplementen worden aangerekend, en tegen welke prijs.

Hoe?

De aanvraag tot inschrijving om gebruik te kunnen maken van deze dagcentra dient schriftelijk te gebeuren aan de hand van een concrete hulpvraag bij de provinciale afdeling van het Vlaams Agentschap (zie II.31.).

Beroepsprocedure:

Indien het Vlaams Agentschap de intentie heeft om een negatieve/afwijkende beslissing te nemen, kan men een verzoek tot heroverweging indienen. Bij een negatieve beslissing kan men beroep aantekenen bij de arbeidsrechtbank (zie ook II.31 & I.42.).

Waar?

- Ziekenfonds - dienst maatschappelijk werk (informatie + bijstand) (Gouden Gids nr 6990, www.cm.be; e-mail: dmw@cm.be).
- Vlaams Agentschap voor Personen met een Handicap (inlichtingen + aanvraag dienstverleningsovereenkomst)
  - Hoofdzetel
Sterrenkundelaan 30, 1210 Brussel (Sint-Joost-ten-Node)
Tel. (onthaal) 02 225 84 11
www.vaph.be
  - Antennepunt Brussel
Sterrenkundelaan 30 / lokaal 004, 1210 Brussel
Tel. 02 225 84 62
  - Provinciale Afdeling Vlaams-Brabant
Brouwersstraat 3, 3000 Leuven
Tel. 016 31 12 11
  - Provinciale Afdeling Antwerpen
Potvlietlaan 5, 2600 Berchem
Tel. 03 270 34 40
  - Provinciale Afdeling Limburg
Ilgatlaan 7, 3500 Hasselt
Tel. 011 27 43 54
  - Provinciale Afdeling Oost-Vlaanderen
Kortrijksesteenweg 788, 9000 Gent
Tel. 09 269 23 11
  - Provinciale Afdeling West-Vlaanderen
Magdalenastraat 20, 8200 Brugge
Tel. 050 40 67 11
- Huisarts (inlichtingen + bijstand).

II.40. Tehuizen voor kortverblijf van personen met een handicap

Wat?

De tehuizen voor kortverblijf organiseren dag- en nachtopvang voor zowel minderjarige als meerderjarige personen met een handicap. Deze opvang is hoofdzakelijk bedoeld ter ontlasting van het thuismilieu waarin de persoon met een handicap gewoonlijk verblijft. Het kortverblijf treedt dus voornamelijk gezinsondersteunend op in moeilijke periodes. De nood is zeer hoog. Vandaar dat een aantal ziekenfondsen het initiatief hebben genomen om hun leden een tussenkomst te geven bij opname in een kortverblijfinstelling.

Wie?

Zowel minderjarige als meerderjarige personen met een handicap kunnen gedurende maximum 3 maanden (92 dagen), over een periode van vijf jaar, gebruik maken van de kortverblijf formule (= regelgeving Vlaams Agentschap, bijstandsveld Z 10 - zie II.34).

Ziekenfondsen, die in het kader van hun aanvullende verzekering een tegemoetkoming voorzien in de onkosten voor kortverblijf, bepalen de terugbetalingsvoorwaarden zelf.

Betoelaging?

- Het Vlaams Agentschap (vroeger Fonds '81) is bevoegd voor de erkenning en de betoelaging van de betrokken instellingen.
- Sommige ziekenfondsen betalen hun leden, welke aan thuisverzorging doen, gedeeltelijk terug via de aanvullende vrije verzekering.
- De cliënt betaalt 30,21 euro/dag (bedrag 01.05.2008, het ziekenfonds betaalt soms een gedeelte terug).
- Veel voorzieningen rekenen naast de eigen financiële bijdrage nog **supplementen** aan voor bepaalde aangeboden diensten. In het protocol van verblijf staat vermeld voor welke diensten supplementen worden aangerekend, en tegen welke prijs.
- Indien het kortverblijf wordt georganiseerd in een rust- en verzorgingstehuis (RVT) of in een rustoord voor ouderen (ROB), dan kan het rustoord het verzorgingsforfait aanvragen bij het ziekenfonds voor de personen met een handicap die niet voldoende zelfredzaam zijn.

Hoe?

- Vlaams Agentschap: De aanvraag tot inschrijving voor kortverblijf dient schriftelijk te gebeuren aan de hand van een concrete hulpvraag bij de provinciale afdeling van het Vlaams Agentschap (zie II.31.).
- Ziekenfonds: De aanvraag tot tussenkomst in de onkosten van kortverblijf kan ook bij het ziekenfonds voorgelegd worden.

Beroepsprocedure:

- Vlaams Agentschap: Indien het Vlaams Agentschap de intentie heeft om een negatieve/afwijkende beslissing te nemen, kan men een verzoek tot heroverweging indienen. Bij een negatieve beslissing kan men beroep aantekenen bij de arbeidsrechtbank (zie ook II.31. & I.42.).
- Ziekenfonds: gezien de eventuele terugbetaling van onkosten voor kortverblijf door het ziekenfonds zelf gereglementeerd wordt, kan men geen beroep aantekenen.

Waar?

- Vlaams Agentschap voor Personen met een Handicap (inlichtingen + aanvraag dienstverleningsovereenkomst)
  - Hoofdzetel
    Sterrenkundelaan 30, 1210 Brussel (Sint-Joost-ten-Node)
    Tel. (onthaal) 02 225 84 11
    www.vaph.be
  - Antennepunt Brussel
    Sterrenkundelaan 30 / lokaal 004, 1210 Brussel
    Tel. 02 225 84 62
  - Provinciale Afdeling Vlaams-Brabant
    Brouwersstraat 3, 3000 Leuven
    Tel. 016 31 12 11
  - Provinciale Afdeling Antwerpen
    Potvlietlaan 5, 2600 Berchem
    Tel. 03 270 34 40
  - Provinciale Afdeling Limburg
    Ilgatlaan 7, 3500 Hasselt
    Tel. 011 27 43 54
  - Provinciale Afdeling Oost-Vlaanderen
    Kortrijksesteenweg 788, 9000 Gent
    Tel. 09 269 23 11
  - Provinciale Afdeling West-Vlaanderen
    Magdalenastraat 20, 8200 Brugge
    Tel. 050 40 67 11
- Tehuizen (inlichtingen + aanvraag + bijstand)
  (Vlaams Agentschap):

Naam	Adres		
VZW Albe	Lobelialaan, 14	2950	Kapellen
VZW Borgerstein	Ijzerenveld, 147	2860	Sint-Katelijne-Waver
O.C. Clara Fey	Bethaniënlei,5	2960	Brecht
VZW De Bosuil	Bosuil, 138 B	2100	Antwerpen
VZW De Markgrave	Markgravelei, 22	2018	Antwerpen
Het Eepos	Meerlaarstraat, 79	2430	Laakdal
De Regenboog - Essen (VZW Spectrum)	Nieuwstraat, 86	2910	Essen

VZW De Vluchtheuvel	Laageind, 32	2940	Stabroek
VZW Stijn (De Witte Mol)	Galbergen 21	2400	Mol
VZW Het Giels Bos	Vosselaarseweg, 1	2275	Gierle
VZW Huize Walden	St. Pauluslaan, 12	2390	Malle
MPI Jonghelinckshof	Coebergerstraat, 34 - 38	2018	Antwerpen
VZW K.O.C. -Emmaüs	Van Schoonbekestraat, 131	2018	Antwerpen
Ter Elst - Duffel	Zandstraat 10	2570	Duffel
MPI Geel - Oosterlo	Eindhoutseweg,25	2440	Geel
VZW K. M.-Soc. Leven - Muylenberg	Mermansstraat, 20	2300	Turnhout
VZW Vrije Kath. Scholen - St. Jozefinstituut	Galjoenstraat, 2	2030	Antwerpen
VZW Sterrenhuis - VZW Rotonde	Augustijnslei, 78	2930	Brasschaat
VZW 't Volderke	Genepas, 44	2450	Meerhout
VZW Talander	De Lusthoven, 88	2370	Arendonk
VZW Thuishaven Ritmica	Wouwstraat 44	2540	Hove
VZW 't Margrietje	Kerkstraat, 3	2460	Kasterlee (Tielen)
VZW Tikvatenoe	Haringrodestraat 84	2018	Antwerpen
VZW Emmaüs - Zwart Goor	Zwart Goor, 1	2330	Merksplas
VZW Eigen Thuis	Schildpadstraat, 30	1850	Grimbergen
De Okkernoot	Repingestraat, 12	1570	Vollezele
VZW Espero	Kloosterstraat 79	1745	Opwijk
VZW Ganspoelinstituut	Ganspoel, 2	3040	Huldenberg
VZW Huis in de Stad	Hamelendreef, 60	3300	Tienen
VZW Huize Eigen Haard	Herseltsesteenweg, 35	3200	Aarschot
Koninklijk Instituut Doven en Blinden	Georges Henrilaan, 278	1200	Brussel

- Ziekenfonds - dienst maatschappelijk werk (informatie + bijstand) (Gouden Gids nr 6990, www.cm.be; e-mail: dmw@cm.be).
  Het ziekenfonds is vrij om (bepaalde) instellingen te erkennen voor tussenkomst in kortverblijf (meestal alle huizen, die erkend zijn voor de Vlaams-Agentschap-regelgeving voor kortverblijf en bepaalde ROB's en/of RVT's. Vraag inlichtingen in uw ziekenfonds:
- Huisarts (inlichtingen + bijstand).

II.41. Diensten voor plaatsing van personen met een handicap in gezinnen

Wat?

Diensten voor plaatsing in gezinnen hebben een dubbele opdracht:

- het zoeken van een pleeggezin en de plaatsing van een persoon met een handicap;
- het op ambulante wijze toezicht houden en het pleeggezin begeleiden en ondersteunen.

Het pleeggezin staat in voor de huisvesting, de opvang en de begeleiding van de persoon met een handicap.

Wie?

Alle personen met een handicap komen in aanmerking voor pleegzorg: zowel meerderjarigen als minderjarigen, personen met een mentale handicap als personen met een fysieke handicap, werkende en niet- werkende personen met een handicap.

Betoelaging?

Het Vlaams Agentschap (vroeger Fonds '81) is bevoegd voor de erkenning en de betoelaging van de betrokken instellingen. Daarnaast betalen de meerderjarigen een persoonlijke bijdrage van 16,66 euro per dag (bedrag 01.05.2008).

Veel voorzieningen rekenen naast de eigen financiële bijdrage nog **supplementen** aan voor bepaalde aangeboden diensten. In het protocol van verblijf staat vermeld voor welke diensten supplementen worden aangerekend, en tegen welke prijs.

Betoelaging?

Het Vlaams Agentschap (vroeger Fonds '81) is bevoegd voor de erkenning en de betoelaging van de betrokken instellingen. Daarnaast betalen de meerderjarigen een persoonlijke bijdrage van 16,66 euro per dag (bedrag 01.05.2008).

Veel voorzieningen rekenen naast de eigen financiële bijdragen nog **supplementen** aan voor bepaalde aangeboden diensten. In het protocol van verblijf staat vermeld voor welke diensten supplementen worden aangerekend, en tegen welke prijs.

Hoe?

De aanvraag tot inschrijving om gebruik te kunnen maken van de dienst plaatsing dient schriftelijk te gebeuren aan de hand van een concrete hulpvraag bij de provinciale afdeling van het Vlaams Agentschap (zie II.31.).

Beroepsprocedure:

Indien het Vlaams Agentschap de intentie heeft om een negatieve/afwijkende beslissing te nemen, kan men een verzoek tot heroverweging indienen. Bij een negatieve beslissing kan men beroep aantekenen bij de arbeidsrechtbank (zie ook II.31. & I.42.).

Waar?

- Ziekenfonds - dienst maatschappelijk werk (informatie + bijstand) (Gouden Gids nr 6990, www.cm.be; e-mail: dmw@cm.be).
- Pleegzorg Vlaanderen
  Ravenstraat 98- 3000 Leuven
  Tel: (070) 220 300
  Fax: (016) 23 83 62
  E-mail: info@pleegzorgvlaanderen.be
- Vlaams Agentschap voor Personen met een Handicap (inlichtingen + aanvraag dienstverleningsovereenkomst)
  - Hoofdzetel
    Sterrenkundelaan 30, 1210 Brussel (Sint-Joost-ten-Node)
    Tel. (onthaal) 02 225 84 11
    www.vaph.be
  - Antennepunt Brussel
    Sterrenkundelaan 30 / lokaal 004, 1210 Brussel
    Tel. 02 225 84 62
  - Provinciale Afdeling Vlaams-Brabant
    Brouwersstraat 3, 3000 Leuven
    Tel. 016 31 12 11
  - Provinciale Afdeling Antwerpen
    Potvlietlaan 5, 2600 Berchem
    Tel. 03 270 34 40
  - Provinciale Afdeling Limburg
    Ilgatlaan 7, 3500 Hasselt
    Tel. 011 27 43 54
  - Provinciale Afdeling Oost-Vlaanderen
    Kortrijksesteenweg 788, 9000 Gent
    Tel. 09 269 23 11
  - Provinciale Afdeling West-Vlaanderen
    Magdalenastraat 20, 8200 Brugge
    Tel. 050 40 67 11
    Huisarts (inlichtingen + bijstand).

II.42. Centra voor ontwikkelingsstoornissen

(Decreet Vlaamse raad 07.05.2004 – BS 11.06.2004; B.V.R. 16.06.98 - B.S. 03.10.98; laatste aanpassing B.V.R. 18.07.2008 - B.S. 06.11.2008)

Wat?

Centra voor vroegdetectie hebben als opdracht:

- verrichten van diepgaand diagnostisch onderzoek bij complexe en/of meervoudige handicaps of autisme en op basis van de diagnose te verwijzen naar de meest geschikte voorzieningen;
- opvolging, samen met de ziekenhuizen, van de hoogrisicobaby's en opsporing van ontwikkelingsstoornissen of autisme bij risicobaby's;
- genetische counseling van ouders die daarom vragen in samenwerking met de centra voor menselijke erfelijkheid.

Wie?

De centra richten zich tot de volgende doelgroepen:

1. kinderen bij wie een ontwikkelingsstoornis of -achterstand werd vastgesteld en bij wie een grondig multidisciplinair onderzoek aangewezen is om reden van:
   a) de complexiteit van de stoornissen, hetzij bij meervoudige handicap, hetzij doordat de leeftijd van het kind en/of de aard van de stoornis aangepaste onderzoekstechnieken of een aangepast onderzoekskader vereisen;
   b) blijvende onduidelijkheid over de aard van de vastgestelde ontwikkelingsstoornissen, of de weerslag ervan op de verdere ontwikkeling van het kind;

2° kinderen bij wie door hun voorgeschiedenis, familiale anamnese of uit klinisch onderzoek een hoog risico blijkt of een sterk vermoeden bestaat op een ernstige, eventueel meervoudige ontwikkelingsstoornis of handicap en waar een hooggespecialiseerd onderzoek is vereist om afwijkingen vroegtijdig op te sporen en aangepaste maatregelen te treffen;

3° kinderen bij wie een sterk vermoeden bestaat dat ze lijden aan een ernstige ontwikkelingsstoornis en voor wie om dit vermoeden te kunnen bevestigen of ontkennen, een onderzoekskader nodig is waarover de verwijzende eerstelijnsdiensten niet beschikken;

4° kinderen met autisme of een vermoeden van autisme, voor wie de centra een specifieke deskundigheid opbouwen.

Betoelaging?

Het Vlaams Agentschap (zie II.10.) is budgettair verantwoordelijk voor de Centra voor Ontwikkelingsstoornissen.

Hoe?

Men richt zich (na afspraak) tot één van de vier centra (zie 'Waar?').

Waar?

- Ziekenfonds - dienst maatschappelijk werk (inlichtingen + bijstand) (Gouden Gids nr 6990, www.cm.be; e-mail: dmw@cm.be 6990)
- In België zijn er 4 centra voor ontwikkelingsstoornissen:
  1) Antwerpen:
     Doornstraat 331, 2610 Wilrijk
     tel.: (03) 828 38 00
  2) Gent:
     De Pintelaan 185, gebouw K5, 3e verdieping, 9000 Gent
     tel.: (09) 240 57 48 en (09) 240 57 44
  3) Leuven:
     Kapucijnenvoer 35, 3000 Leuven
     tel.: (016) 33 75 08
  4) Brussel:
     Centrum Neurologische Ontwikkeling
     Laarbeeklaan 101, 1090 Brussel
     Tel.: (02) 477 60 62
- Huisarts (inlichtingen + bijstand)

II.43. Observatie- en behandelingscentrum (OBC) - Begeleide uitgroei

(karaktermoeilijke minderjarigen)

Wat?

Centra voor observatie, oriëntering en medische, psychologische en pedagogische behandeling (observatiecentra genoemd) hebben tot doel, aan de hand van een (in tijd beperkte) observatieperiode van minderjarigen, een aangepaste behandeling/voorziening voor te stellen.

Men kan er terecht wanneer (nog) geen duidelijkheid bestaat over de precieze aard van de handicap. De ouders worden gedurende het verblijf van hun kind nauw betrokken in de diagnosestelling en behandeling en de eventuele doorverwijzing naar een gepaste dienst of voorziening. Men kan voor maximaal 16 maanden opgenomen worden in dit centrum.

Begeleide uitgroei

De observatie- en behandelingscentra en de internaten bieden de mogelijkheid om het kind nog maximum 6 maanden thuis te laten begeleiden door vertrouwd personeel, na zijn verblijf in de voorziening. Dat maakt een vlotte overgang naar de thuissituatie mogelijk.

Begeleide uitgroei is geen afzonderlijk opvangtype, maar maakt deel uit van het aanbod van OBC's en internaten.

Wie?

Observatiecentra richten zich tot minderjarigen (- 21 j.) die gedrags- en emotionele moeilijkheden hebben, die onderwijs volgen en zich kunnen handhaven in een open centrum.

Betoelaging?

Het Vlaams Agentschap voor Personen met een Handicap is bevoegd voor de erkenning en de betoelaging van de betrokken instellingen.

De eigen financiële bijdrage bedraagt op 01.05.2008 maximum 15,09 euro per dag.

Veel voorzieningen rekenen naast de eigen financiële bijdrage nog **supplementen** aan voor bepaalde aangeboden diensten. In het protocol van verblijf staat vermeld voor welke diensten supplementen worden aangerekend, en tegen welke prijs.

Hoe?

De aanvraag tot inschrijving om beroep te kunnen doen op een observatiecentrum dient schriftelijk te gebeuren aan de hand van een concrete hulpvraag bij de provinciale afdeling van het Vlaams Agentschap.

Waar?

- Ziekenfonds - dienst maatschappelijk werk (inlichtingen + bijstand) (Gouden Gids nr 6990, www.cm.be; e-mail: dmw@cm.be)
- Vlaams Agentschap voor Personen met een Handicap (inlichtingen + aanvraag dienstverleningsovereenkomst)
  - Hoofdzetel
    Sterrenkundelaan 30, 1210 Brussel (Sint-Joost-ten-Node)
    Tel. (onthaal) 02 225 84 11
    www.vaph.be
  - Antennepunt Brussel
    Sterrenkundelaan 30 / lokaal 004, 1210 Brussel
    Tel. 02 225 84 62
  - Provinciale Afdeling Vlaams-Brabant
    Brouwersstraat 3, 3000 Leuven
    Tel. 016 31 12 11
  - Provinciale Afdeling Antwerpen
    Potvlietlaan 5, 2600 Berchem
    Tel. 03 270 34 40
  - Provinciale Afdeling Limburg
    Ilgatlaan 7, 3500 Hasselt
    Tel. 011 27 43 54
  - Provinciale Afdeling Oost-Vlaanderen
    Kortrijksesteenweg 788, 9000 Gent
    Tel. 09 269 23 11
  - Provinciale Afdeling West-Vlaanderen
    Magdalenastraat 20, 8200 Brugge
    Tel. 050 40 67 11
- Huisarts (inlichtingen + bijstand)

II.44. Diensten thuisbegeleiding, personen met een handicap

(B.V.R. 17.12.96 - B.S. 14.02.97; B.V.R. 20.06.08 - B.S. 21.08.08)
(B.Vl.Reg. 07.02.90 - B.S. 28.03.90)

Wat?

Thuisbegeleidingsdiensten staan de gezinnen met een gehandicapt kind of met een gehandicapte volwassene professioneel bij inzake de opvoeding van de persoon met een handicap als er sprake is van een motorische, mentale, visuele, auditieve of autistische handicap.

Bij kinderen is de begeleiding vnl. gericht op het aanvaarden van de handicap, het omgaan met en het opvoeden van het kind en de oriëntering naar de toekomst toe. Het doel is de ontwikkeling te stimuleren en de opvoedingssituatie te ondersteunen.

Voor volwassen personen met een handicap is opvoedingsbijstand d.m.v. thuisbegeleiding mogelijk indien zij in een probleemsituatie verkeren waardoor het gewone samenlevingspatroon van het gezin tijdelijk ernstig verstoord is.

De begeleiding wordt uitgevoerd door professionelen in gezamenlijk overleg met de ouders.

Er worden dan ook regelmatig bijeenkomsten voor de ouders georganiseerd waardoor een wisselwerking ontstaat tussen de ouders en de begeleiders.

Wie?

De gezinnen die thuis instaan voor de opvoeding van een minderjarig of meerderjarig kind met een handicap, kunnen beroep doen op een dienst voor thuisbegeleiding.

Betoelaging?

Het Vlaams Agentschap voor Personen met een Handicap is bevoegd voor de erkenning en de betoelaging van de betrokken instellingen (personeel en werking). Het gezin dat begeleid wordt, betaalt maximum 4,76 euro per begeleiding (het staat hen vrij al dan niet een bijdrage aan te rekenen). (bedrag 01.05.2008)

Hoe?

Om aanspraak te kunnen maken op thuisbegeleiding, dient een schriftelijke aanvraag tot inschrijving te gebeuren bij de provinciale afdeling van het Vlaams Agentschap. Bij de aanvraag dient een attest gevoegd ter motivering van de aanvraag, opgemaakt door een arts, een CLB (centrum voor leerlingenbegeleiding), een dienst geestelijke gezondheidszorg, een centrum voor gespecialiseerde studie- en beroepsoriëntering of een opsporings- of observatiecentrum.

Aandachtspunt voor artsen:

Betreffende het attest ter motivering van de aanvraag:

- Voor risico-kinderen, jonger dan zes jaar en welke nog geen thuisbegeleiding hebben gekregen, dient uit het attest vnl. te blijken dat er ernstige indicaties zijn tot het ontwikkelen van een handicap. De ernst van de handicap dient hier echter niet gepreciseerd te worden.
- Kinderen jonger dan 6 jaar kunnen op basis van dit medisch attest, d.m.v. een vereenvoudigde inschrijvingsprocedure bij het Vlaams Agentschap, gedurende 12 maanden beroep doen op deze thuisbegeleiding.

(BVR 24.07.91; artikel 7).

Waar?

- Ziekenfonds - dienst maatschappelijk werk (inlichtingen + bijstand) (Gouden Gids nr 6990, www.cm.be; e-mail: dmw@cm.be)
- Vlaams Agentschap voor Personen met een Handicap (inlichtingen + aanvraag dienstverleningsovereenkomst)
  - Hoofdzetel
Sterrenkundelaan 30, 1210 Brussel (Sint-Joost-ten-Node)
Tel. (onthaal) 02 225 84 11
www.vaph.be
  - Antennepunt Brussel
Sterrenkundelaan 30 / lokaal 004, 1210 Brussel
Tel. 02 225 84 62
  - Provinciale Afdeling Vlaams-Brabant
Brouwersstraat 3, 3000 Leuven
Tel. 016 31 12 11
  - Provinciale Afdeling Antwerpen
Potvlietlaan 5, 2600 Berchem
Tel. 03 270 34 40
  - Provinciale Afdeling Limburg
Ilgatlaan 7, 3500 Hasselt
Tel. 011 27 43 54
  - Provinciale Afdeling Oost-Vlaanderen
Kortrijksesteenweg 788, 9000 Gent
Tel. 09 269 23 11
  - Provinciale Afdeling West-Vlaanderen
Magdalenastraat 20, 8200 Brugge
Tel. 050 40 67 11
- Huisarts (inlichtingen + bijstand)

II.45. Onderwijs en handicap

A. Onderwijs

1. Buitengewoon onderwijs
   - kleuter, lager- en secundair
   - ziekenhuisonderwijs
2. Onderwijs aan huis (tijdelijk of permanent)
3. (Semi-)Internaat (medisch pedagogische instituten - MPI's) (zie II.46.)
4. Geïntegreerd onderwijs (G.On.)
5. Hulp in het hoger onderwijs buiten de universiteit en het universitair onderwijs
6. Vrijstelling inschrijvingsgeld volwassenenonderwijs

B. Aangepast materiaal - hulpmiddelen

Studeren met een handicap is voor iedereen een uitdaging. Het vraagt inspanning en doorzettingsvermogen, maar het is tevens het realiseren van eigen interesses.

Wat?

Om de personen met een handicap de gelegenheid te geven zich maximaal te ontplooien bestaan er heel wat voorzieningen op onderwijsvlak, voorzieningen ter ondersteuning en ter begeleiding van de gehandicapte studenten en hun familie. Daarnaast bestaan er uiteraard ook nog de speciale hulpmiddelen en toestellen te verkrijgen bij het Vlaams Agentschap en het RIZIV.

Deze voorzieningen zijn erop gericht om de gehandicapte student in de mate van het mogelijke te laten integreren. Zij bestaan dan ook op alle niveaus van het onderwijs (van kleuteronderwijs tot en met universitair onderwijs), waarbij op elk niveau de mogelijkheid bestaat om (terug) aan te sluiten bij het gewoon onderwijs.

A. Onderwijsmogelijkheden:

Overzicht:

- Kleuter onderwijs
  - Buitengewoon kleuter onderwijs (externaat, (semi-)internaat)
  - Geïntegreerd kleuter onderwijs
- Lager onderwijs
  - Buitengewoon lager onderwijs (externaat, (semi-)internaat)
  - Geïntegreerd lager onderwijs
  - Huisonderwijs
  - Ziekenhuisonderwijs
- Secundair onderwijs
  - Buitengewoon secundair onderwijs (externaat, (semi-)internaat)
  - Geïntegreerd onderwijs
  - Ziekenhuisonderwijs

- Hoger niet-universitair
  - Pedagogische hulp door een begeleidingsteam
  - Geïntegreerd onderwijs
  - (Thuisbegeleiding)
- Universitair onderwijs
  - Pedagogische hulp door een begeleidingsteam
  - Initiatieven binnen de universiteit zelf (soc. diensten)
  - (Thuisbegeleiding)

1. Buitengewoon onderwijs

Een vrij groot aantal kinderen hebben een persoonlijke aanpak nodig die volledig uitgaat van de (beperkte) mogelijkheden die zij als persoon met een handicap hebben en die niet in het gewoon onderwijs kan gegeven worden. Een kind dat d.m.v. deze persoonlijke aanpak het onderwijs aankan, kan daardoor ook (terug) zelfvertrouwen opbouwen.

Om deze persoonlijke aanpak mogelijk te maken werd het buitengewoon onderwijs onderverdeeld in 8 types. Ieder type richt zich specifiek naar één bepaalde handicap:
- type 1: kinderen en adolescenten met een licht verstandelijke handicap,
- type 2: kinderen en adolescenten met een matige en ernstige verstandelijke handicap,
- type 3: kinderen en adolescenten met gedragsstoornissen, ernstige emotionele of gedragsproblemen,
- type 4: kinderen en adolescenten met een fysieke handicap,
- type 5: kinderen die langdurig in het hospitaal verblijven - **ziekenhuisscholen**,
- type 6: kinderen en adolescenten met met een visuele handicap,
- type 7: kinderen en adolescenten met een auditieve handicap,
- type 8: normaal begaafde kinderen met ernstige taal-, spraak- en/of leerstoornissen.

Vanaf het buitengewoon secundair onderwijs wordt dan nog eens een onderscheid gemaakt naar de intrinsieke mogelijkheden van het kind. Er werden 4 opleidingsvormen gecreëerd:
- opleidingsvorm 4 is bestemd voor normaal begaafde personen met een handicap (zij krijgen dus ook het normale leerprogramma van het secundair onderwijs),
- opleidingsvorm 3 geeft een voorbereiding tot integratie in het gewone leef- en arbeidsmilieu, (georganiseerd binnen type 1, 3, 4, 6 of 7)
- opleidingsvorm 2 geeft naast een algemene en sociale vorming ook een arbeidstraining om zo een integratie in een beschermd leefmilieu en een beschermde werkplaats mogelijk te maken, (georganiseerd binnen type 2, 3, 4, 6 of 7)
- opleidingsvorm 1 tenslotte richt zich tot adolescenten die door de ernst van hun handicap niet kunnen tewerkgesteld worden (ook niet in een beschutte werkplaats), maar waar men de personen met een handicap leert zo zelfstandig mogelijk te leven, (georganiseerd binnen type 2, 3, 4, 6 of 7).

Na advies van de Raad van State keurde de Vlaamse regering een besluit definitief goed dat de ontwikkelingsdoelen voor het buitengewoon onderwijs type 1 (kinderen met een licht verstandelijke handicap) vastlegt. De ontwikkelingsdoelen buitengewoon onderwijs zijn een inventaris van mogelijke doelstellingen waaruit de school kan kiezen in functie van individuele leerlingen of leerlingengroepen.

Commissie van advies voor het buitengewoon onderwijs: (BVR 24.06.97 - B.S. 17.09.97)

In elke provincie wordt een 'commissie van advies voor het buitengewoon onderwijs' (CABO) opgericht, die o.a. bevoegd is om, op vraag van de ouders, een beslissing te nemen over een tijdelijke of permanente vrijstelling van de leerplicht voor hun kind.

De CABO is ook bevoegd voor het uitbrengen van gemotiveerde adviezen met betrekking tot vragen gesteld door de ouders, de meerderjarige personen met een handicap, de schooldirectie of de arts van het medisch schooltoezicht. De vragen kunnen handelen over het overstappen van het gewoon naar het buitengewoon onderwijs of omgekeerd, het overstappen naar een geschikter type of opleidingsvorm, of over het recht op permanent onderwijs aan huis.

2. *Onderwijs aan huis*

(BVR 17.06.97 - B.S. 02.08.97; BVR 27.07.99 - BS 17.12.99)

Voor leerlingen uit het
- gewoon lager onderwijs (langdurig zieke kinderen),
- buitengewoon lager onderwijs

Wat?

1. Als een onderzoek uitwijst dat het voor een leerplichtige omwille van de ernst van de handicap niet mogelijk is om permanent onderwijs te volgen op school, dan kan men een aanvraag tot permanent onderwijs aan huis doen. De Commissie van Advies voor Buitengewoon Onderwijs bepaalt, rekening houdend met de vrije keuze van de ouders, de school voor buitengewoon onderwijs, die wekelijks gratis vier lestijden aan huis verstrekt. In principe is dit de dichtstbijzijnde school. Het advies van de Commissie van Advies moet jaarlijks bevestigd worden. Meer informatie krijg je via het Centrum voor Leerlingenbegeleiding.
2. De directie van de school waar de leerling is ingeschreven organiseert, op *schriftelijke vraag* van de ouders, kosteloos onderwijs aan huis voor elke leerling die afwezig is wegens ziekte of ongeval.
   (Het betreffen *4 lestijden* per week voor de leerlingen uit het buitengewoon lager onderwijs, in het type waarvoor de leerling georiënteerd is!!).

Wie?

Leerplichtige kinderen uit het lager onderwijs:
- die langer dan 28 kalenderdagen ononderbroken in school afwezig zijn wegens ziekte of ongeval,
- waarvan de afstand tussen de school en de verblijfplaats niet meer dan 10 km bedraagt (20 km voor leerlingen uit het buitengewoon lager onderwijs),

- met een medisch attest waaruit blijkt dat:
  - het kind onmogelijk naar school kan gaan,
  - het kind onderwijs mag krijgen.

Opgelet: Sinds de laatste wijziging (BVR 27.07.99) hebben leerplichtige leerlingen, die na een periode van onderwijs aan huis, de school hervatten maar binnen een termijn van drie maand opnieuw afwezig zijn - wegens ziekte - onmiddellijk terug recht op onderwijs aan huis!

Hoe?

Niet schoolgaande kinderen: Aanvraag bij de Commissie van Advies voor het Buitengewoon Onderwijs (zie punt 1. buitengewoon onderwijs).

Tijdelijk afwezig op school: De ouders vragen dit 'onderwijs aan huis' aan bij de directie van de school waar de leerplichtige leerling is ingeschreven en voegen bij hun aanvraag het noodzakelijke medische attest (zie supra).

De directie is geacht dit onderwijs aan huis te verstrekken vanaf de dag na ontvangst van de volledige aanvraag.

Beroep

Indien het recht op onderwijs aan huis niet wordt nageleefd, kunnen de ouders klacht indienen bij het departement van onderwijs, die de klacht dan zal onderzoeken.

3. (Semi-) Internaat (medisch pedagogische instituten- MPI's) (zie II.46.)

Een aantal personen met een handicap hebben een specifieke begeleiding nodig buiten de schoolopleiding. Hiervoor kan men terecht in de internaten of semi-internaten van de MPI's.

De internaten zorgen voor constante opvang en begeleiding van minderjarig personen met een handicap (- 21 j.). De kinderen gaan dan naar de aan het internaat verbonden school ofwel als extern naar een andere school. De semi-internaten zorgen voor opvang en specifieke begeleiding tussen 8 en 18 uur.

De dagprijs in semi-internaten bedraagt 4,66 euro voor schoolgaanden en 10,59 euro voor niet- schoolgaanden.

De dagprijs in internaat varieert tussen 5,28 euro en 14,80 euro.

4. Geïntegreerd onderwijs (G.On.)

Een gehandicapte leerling die in het bezit is van een inschrijvingsattest (CLB) dat hem toelaat tot het buitengewoon onderwijs, kan vanuit de instelling voor Buitengewoon Onderwijs onderwijs volgen in het gewoon onderwijs. Dit (in het gewoon onderwijs) geïntegreerd onderwijs kan vanaf het niveau van het kleuteronderwijs tot en met het hoger niet-universitair onderwijs. Dit G.On.-onderwijs is dus niet mogelijk op universitair niveau. Vanuit de school voor buitengewoon onderwijs wordt aan de gehandicapte leerling in het gewoon onderwijs speciale financiële en/of onderwijskundige en/of paramedische hulp geboden. Ook de betrokken leerkrachten van het gewoon onderwijs krijgen speciale begeleiding.

GON bestaat niet voor alle types op elk onderwijsniveau. Voor type 2 is het GON slechts mogelijk op kleuterniveau, voor type 8 enkel op niveau van het lager onderwijs.

Geïntegreerd secundair onderwijs: (decreet 15.07.97; B.S. 21.08.97)

Toelatingsvoorwaarden:

- voldoen aan de toelatingsvoorwaarden voor het gewoon- + buitengewoon onderwijs,
- beschikken over een attest geïntegreerd onderwijs (afgeleverd door de directeur van een CLB-centrum) met de vermelding welk type buitengewoon onderwijs werd gevolg, of welk type in principe aangewezen is (leerlingen die aangewezen worden voor de types 1 of 3, moeten minstens negen maanden voltijds buitengewoon onderwijs gevolgd hebben onmiddellijk voorafgaand aan de integratie in het gewoon onderwijs!),
- beschikken over een integratieplan (op te maken na gemeenschappelijk overleg tussen de leerling en/of zijn ouders, de directeurs van de betrokken scholen en de directeurs van de begeleidende CLB-centra).

Wanneer de geïntegreerde leerling alle lessen of activiteiten in het gewoon secundair onderwijs volgt is de integratie volledig. Bij gedeeltelijke integratie volgt de leerling minstens twee halve dagen per week gewoon secundair onderwijs.

De leerlingen die omwille van hun handicap bepaalde vakken niet kunnen volgen, kunnen daarvoor door de klassenraad een vrijstelling krijgen indien zij de door de klassenraad bepaalde vervangende activiteiten volgen.

Een speciale werkgroep van de Vlaamse Onderwijsraad (VLOR) bespreekt de hervorming van het buitengewoon onderwijs, die op stapel staat en verwacht wordt tegen het schooljaar 2009-2010. Het is de bedoeling een nieuwe structuur te ontwikkelen (een leerzorgkader) voor het gewoon en buitengewoon onderwijs waarin meer mogelijkheden liggen voor zorg op maat. De 8 types bijzonder onderwijs worden herleid tot 4 'clusters' waarbij leerlingen uit cluster 1 geen handicap hebben, maar wel extra zorg nodig hebben, leerlingen uit cluster 2 dyslexie hebben, leerlingen uit cluster 3 functiebeperkingen hebben en leerlingen uit cluster 4 beperkingen hebben in de sociale interactie. Voor hen ontwikkelt men 4 zorgniveaus, die aangeven in welke mate het onderwijs zich aan de zorgbehoefte van de leerling aanpast. Zorgniveaus 1 en 2 horen thuis in het gewoon onderwijs, zorgniveau 3 kan in beide onderwijsvormen en met dezelfde ondersteuningsmiddelen en zorgniveau 4 vereist gespecialiseerde ondersteuning en wordt enkel in het bijzonder onderwijs aangeboden.

5. Hoger onderwijs buiten de universiteit en universitair onderwijs

Zoals hoger reeds werd aangehaald, kunnen sommige leerlingen uit het hoger onderwijs buiten de universiteit eveneens beroep doen op het G.On.-onderwijs. Op universitair niveau bieden een aantal universitaire centra (o.a. Leuven en Gent) specifieke begeleidingen voor hun gehandicapte studenten, waarbij zowel aandacht uitgaat naar materiële en technische hulp, (ortho)pedagogische-didactische hulp, individuele psychologische hulp als naar sociaal-maatschappelijke hulp. Een aantal huizen werden speciaal ingericht en medestudenten (van hogere jaren) worden betrokken bij de integratie van de gehandicapte student in de studentengemeenschap.

Het Vlaams Expertisecentrum voor Handicap en Hoger Onderwijs heeft haar gids 'Studeren met een functiebeperking' geactualiseerd (voor studenten met een motorische of zintuiglijke functiebeperking, met psychische klachten, met een chronische ziekte of met dyslexie). Te downloaden op www.vehho.be of aan te vragen per e-mail aan vehho@vlor.be.

Begeleiding en ondersteuning vanuit het Vlaams Agentschap voor personen met een handicap

Het Vlaams Agentschap geeft geen terugbetaling van hulpmiddelen binnen het onderwijs (dit is immers een specifieke opdracht van het departement onderwijs), het Vlaams Agentschap geeft wel tussenkomst voor hulpmiddelen en bijstand, die thuis gebruikt worden (cfr. II.32 individuele materiële bijstand)

Voor personen met een auditieve of visuele handicap bestaat er naast het G.On.-onderwijs de mogelijkheid om vanuit het Vlaams Agentschap voor personen met een handicap voor **pedagogische hulp** door een begeleidingsteam gedurende de studies in het hoger onderwijs. Deze pedagogische hulp is werkelijk gericht op de begeleiding van de gehandicapte gedurende de studies (zie II.32 - Individuele materiële hulp Vlaams Agentschap).

Daarnaast bestaan er binnen hetzelfde Vlaams Agentschap ook de diensten **thuisbegeleiding**. Deze diensten houden zich niet specifiek bezig met studiebegeleiding van de gehandicapte maar werken met het huisgezin, vnl. rond de aanvaardingsproblemen van de handicap. Ze geven hierbij ook ondersteuning aan de ouders bij concrete opvoedings- en gedragsproblemen. In principe richt thuisbegeleiding zich naar gezinnen met minderjarige gehandicapte kinderen, maar gezinnen met volwassen gehandicapte (schoolgaande) kinderen kunnen er eventueel ook terecht in crisissituaties te wijten aan de beleving van de handicap (zie II.6. - thuisbegeleiding).

N.B. Buiten de opgesomde onderwijsmogelijkheden bestaan er eveneens mogelijkheden inzake herscholingen, beroepsopleidingen en alternatieve opleidingen die hier niet werden behandeld (zie II.11.A - tewerkstellingsmaatregelen, opleidingen).

6. *Vrijstelling inschrijvingsgeld volwassenenonderwijs*

(BVR 07.09.99 - BS 28.12.99)

In een aantal situaties kunnen vrijstellingen worden verleend op het inschrijvingsgeld dat moet betaald worden bij deelname aan het volwassenenonderwijs. Voor die vrijstelling kunnen verschillende instanties een attest afleveren, waaronder ook het Vlaams Agentschap voor personen met een handicap (zie II.31.).

B. Aangepast materiaal (hulpmiddelen):

Naast aangepast (geïndividualiseerd) onderwijs, aangevuld met begeleiding en emotionele ondersteuning is er vaak eveneens nood aan aangepaste hulpmiddelen.

Momenteel zijn er drie instanties, elk met een eigen bevoegdheid, die instaan voor een financiële tussenkomst bij de aanschaf van een aangepast hulpmiddel, nl.: het RIZIV (de **ziekenfondsen**), het **Vlaams Agentschap** en het Ministerie **van Onderwijs** (zie o.a. II.32. - individuele materiële hulp).

Het Vlaams Agentschap voor personen met een handicap geeft geen tussenkomst voor materiaal dat nodig is op school, zoals bijvoorbeeld hulpmiddelen die nodig zijn om de lessen te volgen, schoolgeld en leerboeken. Dit materiaal dient door het Ministerie van Onderwijs aangekocht te worden en ter beschikking gesteld van de student met een handicap. Hiervoor kan men terecht bij het Ministerie van de Vlaamse Gemeenschap - departement onderwijs - afdeling "Beleidsvoorbereiding basisscholen" Koning Albert II-laan 15, 1210 Brussel, tel. 02-553 92 47 (Luc Van Beeumen)

Deze hulpmiddelen, die enkel dienstig zijn in schoolverband, worden hier aangevraagd.

Waar?

- Ziekenfonds - dienst maatschappelijk werk (inlichtingen + bijstand) (Gouden Gids nr 6990, www.cm.be; e-mail: dmw@cm.be)
- Vlaams Agentschap voor Personen met een Handicap (inlichtingen + aanvraag dienstverleningsovereenkomst)
  - Hoofdzetel
Sterrenkundelaan 30, 1210 Brussel (Sint-Joost-ten-Node)
Tel. (onthaal) 02 225 84 11
www.vaph.be
  - Antennepunt Brussel
Sterrenkundelaan 30 / lokaal 004, 1210 Brussel
Tel. 02 225 84 62
  - Provinciale Afdeling Vlaams-Brabant
Brouwersstraat 3, 3000 Leuven
Tel. 016 31 12 11
  - Provinciale Afdeling Antwerpen
Potvlietlaan 5, 2600 Berchem
Tel. 03 270 34 40
  - Provinciale Afdeling Limburg
Ilgatlaan 7, 3500 Hasselt
Tel. 011 27 43 54
  - Provinciale Afdeling Oost-Vlaanderen
Kortrijksesteenweg 788, 9000 Gent
Tel. 09 269 23 11

- Provinciale Afdeling West-Vlaanderen
  Magdalenastraat 20, 8200 Brugge
  Tel. 050 40 67 11

– Ministerie van de Vlaamse Gemeenschap
  Departement onderwijs
  Afdeling "Beleidsvoorbereiding basisscholen"
  Hendrik Consciencegebouw
  Koning Albert II-laan 15
  1210 Brussel
  e-mail: luc.vanbeeumen@ond.vlaanderen.be
  tel. 02-553 93 80 (Luc Van Beeumen)
  (aanvraag hulpmiddelen, specifiek voor onderwijs)
– Sociale diensten universiteiten (specifieke initiatieven/universiteit)

II.46. Medisch pedagogische instituten (MPI's) en semi-internaten - begeleide uitgroei

(dagopvang voor kinderen met een handicap)

Wat?

Medisch Pedagogische Instituten (MPI's):

Medisch Pedagogische Instituten (MPI's) zorgen voor opvang en begeleiding, 24 uur op 24 uur, van minderjarige personen met een handicap. Vanuit het MPI gaan de kinderen naar school (verbonden aan het internaat ofwel extern). Van diegenen die niet naar school kunnen, zorgt het internaat voor schoolvervangende activiteiten, verzorging en begeleiding. De meeste personen met een handicap gaan tijdens de weekends en de vakantieperiodes terug naar huis.

De dagprijs in internaat bedraagt 15,09 euro (bedragen 01.05.2008).

Semi-internaten:

Semi-internaten zorgen voor opvang en begeleiding, tussen 8 en 18 uur, van minderjarige personen met een handicap. Zij vangen zowel schoolgaande, als niet-schoolgaande kinderen op.

De dagprijs bedraagt 4,76 euro voor schoolgaanden en 10,80 euro voor niet-schoolgaanden (bedragen 01.05.2008).

Veel voorzieningen rekenen naast de eigen financiële bijdrage nog **supplementen** aan voor bepaalde aangeboden diensten. In het protocol van verblijf staat vermeld voor welke diensten supplementen worden aangerekend, en tegen welke prijs.

Begeleide uitgroei

De observatie- en behandelingscentra en de internaten bieden de mogelijkheid om het kind nog maximum 6 maanden thuis te laten begeleiden door vertrouwd personeel, na zijn verblijf in de voorziening. Dat maakt een vlotte overgang naar de thuissituatie mogelijk.

Begeleide uitgroei is geen afzonderlijk opvangtype, maar maakt deel uit van het aanbod van OBC's en internaten.

Wie?

Medisch Pedagogische Instituten (MPI's):

De MPI's zijn toegankelijk voor minderjarige personen met een handicap (- 21 j.).

Semi-internaten:

Schoolgaande en niet-schoolgaande minderjarige personen met een handicap (-21 j.) kunnen tussen 8 en 18 uur terecht in een semi-internaat.

Betoelaging?

Het Vlaams Agentschap voor Personen met een Handicap (vroeger Fonds '81) is bevoegd voor de erkenning en de betoelaging van de betrokken instellingen.

Hoe?

De aanvraag tot inschrijving in een MPI of in een semi-internaat dient schriftelijk te gebeuren aan de hand van concrete hulpvraag bij de provinciale afdeling van het Vlaams Agentschap voor Personen met een Handicap.

Waar?

- Ziekenfonds - dienst maatschappelijk werk (inlichtingen + bijstand) (Gouden Gids nr 6990, www.cm.be; e-mail: dmw@cm.be)
- Vlaams Agentschap voor Personen met een Handicap (inlichtingen + aanvraag dienstverleningsovereenkomst)
  - Hoofdzetel
    Sterrenkundelaan 30, 1210 Brussel (Sint-Joost-ten-Node)
    Tel. (onthaal) 02 225 84 11
    www.vaph.be
  - Antennepunt Brussel
    Sterrenkundelaan 30 / lokaal 004, 1210 Brussel
    Tel. 02 225 84 62
  - Provinciale Afdeling Vlaams-Brabant
    Brouwersstraat 3, 3000 Leuven
    Tel. 016 31 12 11
  - Provinciale Afdeling Antwerpen
    Potvlietlaan 5, 2600 Berchem
    Tel. 03 270 34 40
  - Provinciale Afdeling Limburg
    Ilgatlaan 7, 3500 Hasselt
    Tel. 011 27 43 54
  - Provinciale Afdeling Oost-Vlaanderen
    Kortrijksesteenweg 788, 9000 Gent
    Tel. 09 269 23 11
  - Provinciale Afdeling West-Vlaanderen
    Magdalenastraat 20, 8200 Brugge
    Tel. 050 40 67 11
- Huisarts (inlichtingen + bijstand)heden

II.47. Psychiatrische verzorgingstehuizen (PVT's)

(K.B. 10.07.1990 – 26.07.1990)

Wat?

Bestaande psychiatrische ziekenhuizen (of gedeelten van psychiatrische ziekenhuizen) kunnen een bijzondere erkenning krijgen als psychiatrisch verzorgingstehuis voor de opvang van:
- personen met een langdurige en gestabiliseerde psychische stoornis
- personen met een mentale handicap.

Wie?

Het psychiatrisch verzorgingtehuis is bestemd voor:

1) personen met een langdurige en gestabiliseerde psychische stoornis, welke:
- geen medische behandeling in een ziekenhuis nodig hebben
- geen ononderbroken psychiatrisch toezicht nodig hebben
- niet in aanmerking komen voor opname in een rust- en verzorgingstehuis omwille van de psychische toestand
- niet in aanmerking komen voor beschut wonen (zie II.49.).

2) personen met een mentale handicap welke:
- geen medische behandeling in een ziekenhuis nodig hebben
- geen ononderbroken psychiatrisch toezicht nodig hebben
- nood hebben aan continue begeleiding
- niet in aanmerking komen voor opname in een medisch-pedagogische instelling
- niet in aanmerking komen voor beschut wonen (zie II.49.).

Het beheer dient er over te waken dat de bewoners maandelijks over minimaal 170,86 euro beschikken, uitsluitend voor persoonlijke doeleinden (niet bestemd voor onkosten i.v.m. kleding, medicatie, incontinentie- of verzorgingsmateriaal, ...). (bedrag 01.09.2008)

Betoelaging?

De Federale Overheidsdienst Volksgezondheid komt tussen in de dagprijs voor de verblijfskosten.

De ZIV geeft forfaitaire tegemoetkomingen. Het forfaitair dagbedrag dat door de ziekteverzekering wordt betaald aan het psychiatrisch verzorgingstehuis dekt volgende geneeskundige verstrekkingen:
- verpleegzorgen, kinesitherapie- en logopedieverstrekkingen,
- de geneeskundige verstrekkingen verleend door psychiaters en neuropsychiaters, uitgevoerd in het PVT,
- de bijstand in de handelingen van het dagelijks leven en voor reactivatie,
- functionele revalidatie en sociale reïntegratie, inclusief ergotherapie.

Het te betalen persoonlijk aandeel varieert naargelang de prijszetting van de instelling. Dit persoonlijk aandeel is de opnemingsprijs verminderd met de tegemoetkoming van de Staat (FOD Volksgezondheid) en verminderd met de tegemoetkoming van de ziekteverzekering (FOD Sociale Zekerheid).

De rechthebbende betaalt per verblijfdag aan het psychiatrisch verzorgingstehuis een forfaitair bedrag van 1,20 EUR ter dekking van zowel het persoonlijk aandeel van de vergoedbare als de kost van de niet-vergoedbare farmaceutische specialiteiten.

Verder heeft elke Vlaamse PVT-bewoner recht op een tegemoetkoming van de Zorgverzekering ten bedrage van 125 euro per maand (vanaf 01.03.2009: 130 euro). De Brusselse inwoner heeft hierop slechts recht indien hij aangesloten is bij een Vlaamse Zorgverzekeringskas (zie II.17).

Waar?

- Ziekenfonds - adviserend geneesheer; dienst maatschappelijk werk (inlichtingen + bijstand) (Gouden Gids nr 6990, www.cm.be; e-mail: dmw@cm.be).
- Huisarts (inlichtingen + bijstand).
- Kliniek-psychiatrie (inlichtingen) (Gouden Gids nr 990).

II.48. Psychiatrische gezinsverpleging

(K.B. 10.04.1991 – B.S. 30.04.1991 gewijzigd bij K.B.07.11.1994 – B.S. 16.12.1994)

Wat?

De psychiatrische gezinsverpleging is een hospitalisatievorm voor psychisch gestoorde patiënten waarbij:
- de permanente zorg wordt verstrekt door een pleeggezin
- de therapeutische begeleiding gebeurt door een multi-disciplinair behandelingsteam

om zodoende een psychisch en sociaal evenwicht te kunnen handhaven. Tijdens de behandeling zijn de patiënten gehuisvest in een pleeggezin. Naast de effectieve opvang staat het gezin ook in voor de non- professionele zorg.

Vlaams Agentschap voor Geestelijke Gezondheidszorg

Door het Decreet van 30.04.2004 van de Vlaamse gemeenschap (B.S. 28.05.2004) werd een extern verzelfstandigd agentschap opgericht met als naam 'Vlaams Agentschap voor Geestelijke Gezondheidszorg'.

Dit agentschap heeft als missie zich te ontwikkelen tot een open en geïntegreerde kennisgedreven organisatie voor geestelijke gezondheidszorg waar elke persoon in psychische nood een kwaliteitsvolle behandeling en dienstverlening vindt.

Het agentschap eerbiedigt bij zijn optreden de ideologische, filosofische en godsdienstige overtuiging van de personen tot wie het zich richt.

De kerntaak van het agentschap omvat het organiseren van openbare geestelijke gezondheidszorg voor kinderen, jongeren, volwassenen en ouderen door bedden en plaatsen te beheren, en activiteiten en diensten te ontwikkelen en te realiseren waaronder dus ook psychiatrische gezinsverpleging.

Wie?

Psychisch gestoorde patiënten waarvan het psychisch en sociaal evenwicht kan gehandhaafd blijven mits een permanente zorg waardoor zij niet in aanmerking komen voor beschut wonen (zie II.59.).

Waar?

- Psychiatrische gezinsverpleging te Geel (inlichtingen + aanvraag + bijstand)
  Pas 200, 2440 Geel
  tel.: (014) 57 91 11
- Ziekenfonds - adviserend geneesheer; dienst maatschappelijk werk (inlichtingen + bijstand) (Gouden Gids nr 6990, www.cm.be; e-mail: dmw@cm.be).
- Huisarts (inlichtingen + bijstand).

II.49. Beschut wonen ten behoeve van psychiatrische patiënten

(K.B. 10.07.1990 – B.S. 26.07.1990)

Wat?

Beschut wonen is een woonvorm waarbij in éénzelfde woongelegenheid tenminste vier en ten hoogste tien psychiatrische patiënten worden gehuisvest welke geholpen worden bij het verwerven van sociale vaardigheden en waarvoor aangepaste dagactiviteiten worden georganiseerd. Met de bewoners of hun wettelijk vertegenwoordigers wordt een verblijfsovereenkomst gesloten waarin de huurvoorwaarden, de opzegmodaliteiten en de begeleidingskosten gestipuleerd worden.

Wie?

Beschut wonen is bedoeld voor psychiatrische patiënten die geen voltijdse ziekenhuisbehandeling vergen, doch die om psychiatrische redenen in hun leef- en woonmilieu moeten geholpen worden.

Betoelaging?

Dagprijs ten laste van de Federale Overheidsdienst Volksgezondheid (25 %) en van het ziekenfonds (75 %).

Waar?

- Ziekenfonds - adviserend geneesheer; dienst maatschappelijk werk (inlichtingen + bijstand) (Gouden Gids nr 6990, www.cm.be; e-mail: dmw@cm.be).
- Huisarts (inlichtingen + bijstand).
- Kliniek-psychiatrie (inlichtingen) (Gouden Gids nr 990).

II.50. Rust- en verzorgingstehuizen (RVT's)

BVR 17.07.1985 - BS (vaststelling van de normen om als rustoord of RVT door de Vlaamse Gemeenschap erkend te worden) 30.08.1985, laatst aangepast bij BVR 26.09.2008 - BS 22.12.2008
MB 14.02.2007 - BS 26.03.2007 (bepaling van de samenstelling van de dagprijs)
(+ Terugvordering door het OCMW)
(M.B. 19.10.2004 - B.S. 05.11.2004 en Verordening 15.03.2004 - B.S. 17.05.2004)

Wat?

Het rust- en verzorgingstehuis (RVT) is een tussenvorm tussen ziekenhuis en rusthuis. De bedoeling van een RVT is personen met een handicap (ouderen) die, nadat alle mogelijke diagnostiek, therapie en revalidatie is toegepast (en geen verdere verbetering meer mogelijk is) en voor wie de terugkeer naar huis onmogelijk is, een aangepaste opvang te geven in een thuisvervangend milieu. De nadruk wordt gelegd op het huiselijk karakter. Elke bewoner dient zijn eigen huisarts te behouden.

Wie?

Ouderen/personen met een handicap met een zeer grote zorgenbehoefte, dit wil zeggen behorende tot:

- Categorie B: dit wil zeggen
  - Fysisch afhankelijk bij het wassen, kleden en bij transfer en verplaatsen, en/of bij toiletbezoek; of
  - Psychisch afhankelijk, gedesoriënteerd in tijd en ruimte en afhankelijk bij het wassen en/of kleden.
- Categorie C: dit wil zeggen
  - Fysisch afhankelijk zijn zij die hulp nodig hebben:
    - én bij het zich wassen en kleden
    - én bij het transfer en verplaatsen en bij toiletbezoek
    - én wegens incontinentie en/of om te eten.
  - Psychisch afhankelijk zijn zij die hulp nodig hebben:
    - en wegens desoriëntatie in tijd en ruimte
    - en bij het zich wassen en kleden
    - en wegens incontinentie, en
    - bij transfer en verplaatsen en/of bij het eten en/of bij toiletbezoek.
- Categorie Cdementen: Indien de bejaarde reeds recht heeft op categorie C, en bijkomend nog hulp nodig heeft wegens desorientatie in tijd en ruimte, krijgt hij forfait Cd (Cdementen) toegekend.
- Categorie Cc: Comapatiënten

De categoriebepaling gebeurt aan de hand van de KATZ-schaal: zie II.52.

Betoelaging?

1) De tegemoetkoming door het ziekenfonds aan het RVT wordt bepaald op basis van het aantal aangerekende dagen tijdens het voorbije jaar (referentieperiode) voor alle verblijvenden volgens de diverse afhankelijkheidscategorieën en van

het aantal effectieve verblijfsdagen voor de andere patiënten. Het totaal aantal van die dagen, vermeerderd met 3 %, is het quotum aan dagen waarvoor het RVT een volledige tegemoetkoming krijgt.
Voor de resterende kalenderdagen van de factureringsperiode, die boven dat quotum liggen, krijgt de instelling maar een partiële tegemoetkoming vanuit het ziekenfonds.
Deze tegemoetkoming bekostigt de volgende zorgenverlening:
1° de verzorging verleend door verpleegkundigen
2° kinesitherapie, ergotherapie en/of logopedie
3° personeel dat taken inzake reactivering, revalidatie en sociale reïntegratie vervult
4° de bijstand in het dagelijks leven verleend door verzorgingsper-soneel (hulp bij eten, wassen, ...), voor het behoud van hun zelfredzaamheid en levenskwaliteit
5° verzorgingsmateriaal (verbanden, compressen, ...)
De limitatieve lijst van het verzorgingsmateriaal dat in het forfait van de RVT's en de centra voor dagverzorging is begrepen is in het verzekeringscomité van het RIZIV goedgekeurd. De lijst is ter beschikking in de ziekenfondsen.

2) De Vlaamse Gemeenschap neemt 60 % van de bouw- en inrich-tingskosten voor haar rekening.
3) De bewoner betaalt de huisvestingsdagprijs (in te schatten tussen 40,00 euro en 55,00 euro/dag). De huisvestingsdagprijs omvat minimaal de logements- en hotelkost, evenals de onderleggers en het onderhoud van bedlinnen. Incontinentiemateriaal mag aangerekend worden als hiervan melding is gemaakt op het toetredingsformulier.
De instelling mag geen supplement aanrekenen voor het ter beschikking stellen van gewone rolstoelen, krukken of loophulpmiddelen (looprekken).

Verder heeft elke Vlaamse RVT-bewoner recht op een tegemoetkoming van de Zorgverzekering ten bedrage van 125 euro per maand (vanaf 01.03.2009: 130 euro). De Brusselse inwoner heeft hierop slechts recht indien hij aangesloten is bij een Vlaamse Zorgverzekeringskas en in een door Vlaanderen erkende voorziening verblijft (zie II.14.).
Heeft iemand onvoldoende eigen middelen, dan wordt hij/zij ondersteund door het OCMW. In dat geval garandeert het OCMW een maandelijks zakgeld van minimum 84,47 euro.

Terugvordering door het OCMW:

Financiële hulp door het OCMW om deze hotelkosten te betalen kan worden teruggevorderd bij echtgenoten en gewezen echtgenoten (beperkt tot het bedrag van het onderhoudsgeld), bij de ouders (voor opgenomen personen die na hun burgerlijke meerderjarigheid nog gezinsbijslagen ontvangen) of bij de kinderen.

De kinderen kunnen enkel worden aangesproken indien de ouders zijn opgenomen in een instelling.

Beperkingen: Bij kinderen die hun netto-inkomen lager is dan 20.335,35 euro + 2.846,95 euro per persoon ten laste (bedragen op 01.09.2008) kan het OCMW **niet** terugvorderen. Boven deze grens wordt slechts stapsgewijs teruggevorderd.

Wie een inkomen heeft dat net boven deze grens uitkomt zal slechts een klein deel betalen. Daarenboven kan elk kind slechts maximaal worden aangesproken voor zijn eigen kindsdeel (m.a.w. indien er 3 kinderen zijn, kan per kind maximum 1/3 van de totale som worden teruggevorderd en dit op voorwaarde dat het inkomen hoger is dan hier boven beschreven grens).

Niet alle OCMW's vorderen echter (de gehele som) terug. Voor verdere informatie neem je het best contact op met het OCMW van je woonplaats.

Goed om weten:

In het **toetredingsformulier** staat de samenstelling van de dagprijs vermeld, evenals de diensten en leveringen, die afzonderlijk worden aangerekend tegen marktconforme prijzen. Een aantal prijsonderdelen werden bij MB van 14.02.2007 vastgelegd in dagprijs of als extra aan te rekenen kost. Zo maakt de kost voor incontinentiemateriaal deel uit van de dagprijs.

De voorziening moet op eenvoudig verzoek de bewijsstukken kunnen voorleggen die de uitgaven rechtvaardigen.

Ook een eventuele waarborgsom en de mogelijke aanwending er van is duidelijk opgegeven in het toetredingsformulier (het geld staat op een geblokkeerde rekening en de opbrengst er van is voor de bewoner).

Men vermeldt ook de regeling en tarieven voor niet gebruikte leveringen en diensten, tegen marktconforme prijzen, vb. bij tijdelijke afwezigheid of overlijden. Deze regeling slaat minstens op de terugbetaling van de kostprijs van de maaltijden.

Beëindiging van de overeenkomst:

De opzeg door een bewoner is 30 dagen, deze door de instelling is 60 dagen. Bij de eerste 30 dagen van een opname is de opzegtermijn slechts 7 dagen.

Indien tijdens de opzegperiode de woongelegenheid ontruimd wordt en opnieuw bewoond wordt door een ander persoon, dan kan men de dagprijs slechts aanrekenen tot de dag voor de wederingebruikname.

Bij **overlijden** heeft men 5 dagen de tijd om de kamer te ontruimen (langer indien anders overeengekomen). Gedurende die termijn kan enkel de dagprijs, verminderd met de bedragen van de niet-gebruikte leveringen en diensten, verder aangerekend worden. Indien de ontruiming niet op tijd gebeurt, dan mag de instelling dit doen en kosten aanrekenen.

Waar?

- Rust- en verzorgingstehuizen (inlichtingen + inschrijving) (Gouden Gids nr 1015).
- Huisarts (inlichtingen + bijstand).
- Ziekenfonds - dienst maatschappelijk werk; adviserend geneesheer (inlichtingen + bijstand) (Gouden Gids nr 6990, www.cm.be; e-mail: dmw@cm.be).
- Gemeente - sociale dienst (financiële bijstand) (telefoongids OCMW ofwel Gouden Gids infopagina's publieke instellingen)

II.51. Woningen voor ouderen / Personen met een handicap

(B.V.R. 12.10.07 –B.S. 31.10.07; B.V.R. 14.03.08 – B.S. 21.03.08)

Wat?

Gemeentebesturen kunnen, door een bouwmaatschappij voor sociale woningen, een aantal woningen speciaal laten inrichtingen en reserveren voor ouderen met een lichte handicap. Deze speciale aangepaste woningen hebben als bedoeling dat deze ouderen langer zelfstandig kunnen blijven leven daar waar door de on-aangepastheid van de eigen woning dit niet meer mogelijk zou zijn.

Wie?

Ouderen met een lichte handicap (dit wil zeggen geen hulp nodig van derden) welke zelfstandig kunnen blijven wonen dankzij een aangepaste woning welke kan gehuurd of aangekocht worden.

Betoelaging?

1) Vlaamse Gemeenschap d.m.v. renteloze leningen,
2) De bewoner betaalt een huurprijs. De bewoners kunnen eventueel beroep doen op het OCMW indien zij over onvoldoende financiële middelen beschikken.

Waar?

- Gemeente - sociale dienst (aanvraag, inlichtignen + bijstand + aanvraag financiële steun) (zie telefoongids OCMW ofwel Gouden Gids infopagina's publieke instellingen).
- Huisarts (inlichtingen + bijstand).

II.52. Katz-schaal

(K.B. 03.07.1996 gewijzigd door K.B. 13.10.2004, B.S. 29.10.2004; Verordening 28.07.2003- 'RVT/ROB/DVC' gewijzigd door Verordening 13.09.2004, B.S. 03.12.2004 en Verordening 18.10.2004 – Verordening 24.04.2006 – BS 30.11.2006)

Wat?

De Katz-schaal heeft als bedoeling aan de hand van een aantal variabelen (wassen, eten, kleden, zich verplaatsen, ...) de graad van verzorgingsbehoefte (afhankelijkheidsgraad) of de graad van autonomie (zelfredzaamheid) te meten.

Naast de Katz-schaal zijn er andere (specifiekere en uitgebreidere) schalen ontworpen, voornamelijk in functie van de thuiszorg:
- de **Weckx-schaal** (coördinatie thuiszorg) en
- de **BEL-schaal** (Gezins- en Bejaardenhulp & 'Bel-35' Zorverzekering).

Wie?

De federale overheid past de Katz-schaal (of de afgeleide) toe om de tegemoetkoming bij opname in rustoord of bij thuisverzorging toe te kennen.

De Vlaamse overheid past een afgeleide van deze schaal toe bij de coördinatie van de thuiszorg. (De BEL-schaal)

Hoe?

De Katz-schaal meet de fysische afhankelijkheid van een bepaald persoon.

Hoe de Katz-schaal invullen?

De Katz-schaal hanteert zes basiscriteria:
1. zich wassen (laagste variabele)
2. zich kleden
3. transfer en verplaatsingen
4. toiletbezoek
5. continentie
6. eten (hoogste variabele).

Deze volgorde spruit voort uit onderzoeksresultaten die bewezen hebben dat de patiënten eerst te maken hebben met een beperking om zich te wassen, nadien met het zich kleden, enz... M.a.w. indien men hulp nodig heeft bij het kleden, heeft men eveneens hulp nodig bij het zich wassen. Hulp nodig hebben bij het zich verplaatsen, betekent bijna automatisch eveneens hulp nodig hebben bij het zich kleden en het zich wassen, enz...

Om het aantal punten te bepalen (het fysische functieverlies) dient voor ieder criterium het functioneringsniveau te worden bepaald (d.w.z. per criterium worden punten gegeven overeenkomstig het functioneringsniveau. Tenslotte bekijkt men welke variabele de hoogste score heeft bekomen. Deze hoogste score komt overeen met de Katz-score (de punten worden dus niet opgeteld!!). De Katz-score kan dus variëren van 0 tot maximum 6 punten (Katz) of van 1 tot maximum 7 punten (Weckx-schaal).

Er wordt rekening gehouden met locomotorische en andere beperkingen (bijvoorbeeld ook cardiorespiratoire aandoeningen, psychische aandoeningen, ...), ongeacht de oorsprong en onafhankelijk van de verleende zorg.

De puntenindeling per functioneringsniveau:
1. volledig zelfstandig (= 0 punten op schaal Katz),
2. beperkte hulp nodig (= 1 punt op schaal Katz),
3. uitgebreide hulp van derden (van 1 punt laagste variabele (wassen) tot 6 punten hoogste variabele (eten) schaal Katz,
4. volledige afhankelijkheid van derden (identieke quotatie als in 3, van 1 tot 6 punten Personen met een handicap II.35.

Het betreft hier echter enkel fysische factoren, welke niet voldoende bleken voor het vaststellen van de zorgbehoefte van een persoon in bijvoorbeeld een thuiszorgsituatie. Specifiek voor **thuiszorgsituaties** werden er dan ook andere schalen ontworpen, gebaseerd op de Katz-schaal. Dankzij deze uitgebreidere schalen kan men beter inschatten welke professionele hulp (maatschappelijk werk, thuisverzorging, gezins- en ouderenhulp, ...) een bepaald persoon nodig heeft. Naast de oorspronkelijk Katz- schaal worden er een aantal factoren aan toegevoegd. De Weckx-score (welke wordt gebruikt voor de thuiszorg coördinatie) beoordeelt naast de fysische afhankelijkheid (Katz-schaal, maar met hogere puntenindeling) ook een score voor:
- de psychische afhankelijkheid (oriëntatie in tijd en ruimte en de rusteloosheidsgraad) (men neemt de hoogste score = 0, 2 of 3 punten),
- de sociale context:
  - de woonsituatie (= hulp onder zelfde dak) (0, 1 of 2 punten)
  - de aanwezigheid van mantelzorg (hulp niet onder hetzelfde dak) (0, 1 of 2 punten)
  - het comfort (de sanitaire uitrusting) (0, 1 of 2 punten).
- Zodoende krijgen we dus vijf eindscores die worden opgeteld om te komen tot het eindresultaat:
  1. Katz-score (6 variabelen - 4 functieniveaus, maximum 7 punten)
  2. score psychische afhankelijkheid (variabelen oriëntatie & rusteloosheid - 3 functieniveaus)
  3. score woonsituatie (1 viarabele - 3 functieniveaus)
  4. score mantelzorg (1 variabele - 3 functieniveaus)
  5. score comfort (1 variabele - 3 functieniveaus).

BEL-profielschaal

Bij de diensten Gezins- en Bejaardenhulp wordt gebruik gemaakt van de BEL-profielschaal of "Basis Eerste Lijns"-profielschaal. Met deze schaal wil men niet alleen een beeld krijgen van de meest zorgbehoevende persoon maar ze moet juist de ontsporing van een cliëntsysteem kunnen duiden. De BEL- profielschaal omvat 3 delen:
1. Een sociaal onderzoek bestaande uit
   * de samenstelling van het gezin,

* de inkomsten + uitgaven (i.v.m. ziekte)
2. Gegevens inzake het cliëntsysteem:
   a) Cliëntsysteem
      * samenwonend/alleenwonend
      * aanwezigheid kinderen/leeftijd
      * aanwezigheid v. andere personen
   b) Kwaliteit van de familiale/sociale relaties
   c) Woonsituatie
      * woning al dan niet aangepast
      * onderhoudstoestand
      * beschikbaarheid huish. materiaal
      * sanitair
      * toiletvoorziening
      * verwarmingsmogelijkheden
      * aanwezigheid huisdieren
   d) Aanwezigheid van:
      * mantelzorg,
      * andere professionele hulp,
      * commerciële hulp.
3. Een foto van de cliënt.
   Via 27 items worden de activiteiten dagelijks leven (ADL) of met andere woorden de zelfredzaamheid van de cliënt in het dagelijkse leven nagegaan.

Quotering van de 27 hieronderstaande items:
Ieder item wordt gekwoteerd als volgt:
0 punten (geen zorgbehoefte/komt niet voor)
1 punt (enige zorgbehoefte/komt nu en dan voor)
2 punten (meer zorgbehoefte/komt meestal voor)
3 punten (veel zorgbeh./komt voortdurend voor).

A. HUISHOUDELIJKE ADL
(fysisch, psychisch disfunctioneren,niet geleerd of niet willen)

- onderhoud
- was
- strijk
- boodschappen
- maaltijden bereiden
- organisatie huishoudelijk werk

B. LICHAMELIJKE ADL
(Fysisch niet kunnen)

- wassen
- kleden
- verplaatsen
- toiletbezoek
- incontinentie
- eten

C. SOCIALE ADL
(fysisch, psychisch disfunctioneren, niet geleerd of niet willen)

- sociaal verlies
- trouw aan therapie + gezondheidsregels
- veiligheid in en om huis
- administratie
- financiele verrichtingen

+ *indien gezinshulp*
- hygiënische verzorging kinderen
- opvang kinderen

D. GEESTELIJKE GEZONDHEID)
(psychisch disfunctioneren)
desoriëntatie in tijd

- desoriëntatie in ruimte
- desoriëntatie in personen
- niet doelgericht gedrag
- storend gedrag
- initiatiefloos gedrag
- neerslachtige stemming
- angstige stemming

II.53. Thuiszorg

- Thuiszorg: betrokken diensten en voorzieningen, de 'eerstelijns gezondheidszorg', SEL samenwerkingsinitiatieven eerste lijnsgezondheidszorg, GDT Geïntegreerde diensten voor thuisverzorging
- opvang thuis van zieke kinderen
- beroepsloopbaanonderbreking voor de thuisverzorging van zware zieken
- ouderschapsverlof
- expertisecentra "dementie"
- patiëntenrechten
- anti-discriminatiewet
- euthanasie

Thuiszorg; betrokken diensten en voorzieningen, SEL, GDT
(Decreet 14.07.1998 - B.S. 05.09.1998, laatst gewijzigd bij Decreet 13.07.2007 - B.S. 06.09.2007; B.V.R. 18.12.1998 – laatst gewijzigd door het B.V.R. 12.12.2008 – B.S. 14.01.2009)

Wat?

Thuiszorg is de zorg (of zijn de diensten) die door familie, mantelzorgers (vrijwilligers) of door diverse professionele diensten aan huis wordt aangeboden waardoor het voor de betrokkene mogelijk is om een opname (bv. ziekenhuis of bejaardentehuis) te vermijden ofwel in te korten.

Daarenboven zijn er heel wat financiële tegemoetkomingen die het financieel mogelijk moeten maken om op deze diensten beroep te kunnen doen.

De georganiseerde thuiszorg heeft tot doel bij te dragen tot het behoud, de ondersteuning en/of het herstel van de zelfzorg en/of de mantelzorg, dit door het aanbieden en realiseren van de nodige zorg, op maat van de behoefte.

Opgelet: Naast de voorzieningen - opgenomen in het 'decreet thuiszorg' - die voor iedereen toegankelijk zijn, heeft men ook nog specifieke diensten voor specifieke doelgroepen zoals de 'diensten voor personen met een handicap, bejaarden ...'! Hier heeft men ook dagcentra, kortverblijfmogelijkheden enz.

De specifieke diensten werden respectievelijk opgenomen in deel II (personen met een handicap) en in deel III (bejaarden/ouderen).

Eerstelijnsgezondheidszorg

Eerstelijnsgezondheidszorg staat in voor de eerste deskundige opvang van gebruikers die zich aanbieden of naar haar verwezen worden, ook voor de behandeling en de continue begeleiding, en voor het voorkomen van het ontstaan of het verergeren van gezondheidsproblemen. De toegang tot het zorgaanbod verloopt bij voorkeur via de eerstelijnsgezondheidszorg.

De eerstelijnsgezondheidszorg wordt beschouwd als een deel van de gezondheidszorg welke zowel door huisartsen, verpleegkundigen als door paramedici wordt verleend. Andere deskundige personen of instanties vergemakkelijken deze zorg.

Fundamenteel in het Vlaams zorglandschap is de *centrale plaats van de gebruiker* met zijn rechtmatige noden en behoeften. De zorg moet hieraan beantwoorden en de verschillende zorgvormen moeten naadloos op elkaar zijn afgestemd en een adequaat antwoord bieden op de evoluerende noden en behoeften.

Binnen de eerstelijnsgezondheidszorg treedt de huisarts op als centrale begeleider van de gebruiker doorheen het gezondheidszorgaanbod, en dit van bij de geboorte tot het overlijden. De toegankelijkheid van het globaal medisch dossier en het doorgeven ervan is hierbij een belangrijke kwaliteitsverhogende randvoorwaarde.

Multidisciplinaire samenwerking tussen de zorgaanbieders, mantelzorgers en vrijwilligers wordt geconcretiseerd in een zorgplan in overleg met en op vraag van de gebruiker. Hierin worden minstens de taakafspraken tussen de zorgaanbieders, mantelzorgers en vrijwilligers genoteerd.

Een zorgplan is een dynamisch instrument dat regelmatig dient te worden aangepast aan de evolutie in functie van de graad van verminderd zelfzorgvermogen en in functie van de evoluerende beschikbaarheid van zelfzorg, mantelzorg en professionele hulp.

Bij zwaardere zorgvormen zal in veel gevallen een geschreven zorgplan aangewezen zijn.

Het Protocol van 25 juli 2001 (BS 25/09/2001) met betrekking tot de eerstelijnszorg, dat werd afgesloten tussen de Federale regering en de gemeenschapsregeringen, beschrijft de engagementen van de betrokken overheden.

Het doel van dit protocol is een betere zorgverlening binnen de eerstelijnsgezondheidszorg aan te bieden. Daarbij wordt uitgegaan van het principe dat de zorg zich moet aanpassen aan de gebruiker en niet omgekeerd.

De eerstelijnszorg wordt gekenmerkt door twee soorten activiteiten: gebruikersgebonden activiteiten en activiteiten die eerder organisatorisch van aard zijn.

- *Gebruikersgebonden activiteiten* situeren zich doorgaans op het niveau van de praktijkvoering, waar het individueel contact tussen de gebruiker en de verstrekker plaatsvindt en, zonodig, multidisciplinair overleg tussen verschillende zorgaanbieders rond de gebruiker kan plaatsgrijpen.
  Ondersteuning van deze activiteiten wordt mogelijk gemaakt door erkenning en subsidiëring van samenwerkingsverbanden op niveau van de praktijkvoering, partnerorganisaties en Samenwerkingsinitiatieven EersteLijnsgezondheidszorg (SEL).
- Activiteiten die eerder *organisatorisch* van aard zijn, betreffen het afstemmen van de zorg op de noden van de zorg- en hulpvragers in het algemeen en het onderling afstemmen van de werkingen van de verschillende zorgaanbieders, het organiseren van navorming, het uitwerken van communicatiemodellen, het verlenen van informatie, enzovoort. Hiervoor is het nodig de verschillende zorgaanbieders van een bepaald werkgebied te groeperen. Deze activiteiten zijn gesitueerd op het niveau van de samenwerkingsinitiatieven eerstelijnsgezondheidszorg die eveneens kunnen ondersteund worden door partnerorganisaties.

Samenwerkingsinitiatieven Eerste Lijnsgezondheidszorg (SEL's).

(decreet 03.03.2004 – BS 20.04.2004; BVR SEL's, samenwerkingsinitiatieven eerstelijnsgezondheidszorg, nog te verschijnen in 2009)

De Samenwerkingsinitiatieven Eerste Lijnsgezondheidszorg (SEL's) vormen de hoeksteen van dit decreet. Deze samenwerkingsinitiatieven richten zich vooral op de organisatorische activiteiten eigen aan de eerstelijnsgezondheidszorg.

In die zin beogen zij de samenwerking te bevorderen tussen alle zorgaanbieders actief in de eerstelijnszorg, tussen de zorgaanbieders en gebruikers, mantelzorgers en vrijwilligers en tussen de organisaties, diensten en personen met een meer gespecialiseerd zorgaanbod.

SEL's zijn verenigingen die onder meer aan volgende kenmerken moeten beantwoorden:

- minstens de diensten voor gezinszorg, de huisartsen, de locale dienstencentra, de openbare centra voor maatschappelijk welzijn, de rusthuizen ongeacht ze RVT bedden hebben, de verpleegkundigen en vroedvrouwen, en de ziekenfondsdiensten vertegenwoordigen;
- de samenwerking tussen de zorgaanbieders(1) bevorderen;
- structureel samenwerken met thuisvervangende voorzieningen;
- activiteiten registreren;
- multidisciplinaire en gebruikersgerichte samenwerking organiseren en ondersteunen (o.a. taakafspraken, zorgplan, evaluatie zelfredzaamheid).
- initiatieven nemen om het zorgaanbod af te stemmen op de noden;
- het informeren van de bevolking over het zorgaanbod;
- het fungeren als een neutraal aanspreekpunt.

Een essentieel element om tot een effectieve en efficiënte organisatie van de eerste lijn te komen, is een sluitende indeling van het Vlaamse Gewest en het Brusselse Hoofdstedelijke Gewest in zorgregio's (Decreet 23.05.2003). De indeling moet zodanig zijn dat er blinde vlekken' noch overlappingen' bestaan. Bij het bepalen van de zorgregio's moet rekening worden gehouden met een referentiekader dat uitgaat van sociaal- geografische realiteiten.

Het is de bedoeling dat ook de preventieve netwerken, met name de LOGO's (LOcoregionaal Gezondheidsoverleg en Organisatie) zich in de toekomst afstemmen op deze indeling in zorgregio's zodat hun werkingsgebied samenvalt met dat van enkele SEL's.

De taak van het SEL beantwoordt eveneens aan opdracht van de geïntegreerde dienst voor thuisverzorging (GDT), zoals bepaald in art 9 van het K.B. van 8 juli 2002. Deze afstemming maakt het mogelijk dat de SEL het takenpakket van de

(1) De term zorgaanbieder is een overkoepelend begrip dat zowel de zorgverstrekkers omvat als niet zorgverstrekkers. Sommige zorgaanbieders bieden activiteiten aan die niet medisch van aard zijn, maar naar de eerstelijnsgezondheidszorg toe wel faciliterend werken, zoals: centra voor algemeen welzijnswerk, diensten voor gezinszorg, locale dienstencentra, dagverzorgingscentra, centra voor kortverblijf, diensten voor oppashulp, rusthuizen), O.C.M.W.'s, uitleendiensten voor hulpmiddelen, diensten voor maaltijdbedeling, klusjesdiensten, ziekenfondsdiensten enzovoort. Anderen bieden naast ondersteunende diensten ook bepaalde activiteiten aan met een medisch karakter, bijvoorbeeld de centra voor leerlingenbegeleiding (CLB).

GDT realiseert, zodat een erkende SEL eveneens kan erkend worden als GDT. Daardoor kan de entiteit GDT' volledig samenvallen met de entiteit SEL'. Dit voorkomt dat er in Vlaanderen nieuwe structuren moeten worden opgericht.

De GDT organiseert regelmatig multidisciplinair zorgoverleg tussen de verschillende partners in een moeilijke thuiszorgsituatie. In principe coördineert het regionaal dienstencentrum of het OCMW het zorgoverleg, maar waar het niet gebeurt zorgt het SEL dat een eventuele vraag wordt opgevangen. Alle betrokken hulpverleners en eventueel de patiënt of zijn vertegenwoordiger en/of de mantelzorger(s) worden samengebracht om de thuiszorg te bespreken en te optimaliseren. Er wordt een zorgenplan of behandelingsplan afgesproken.

Het kan gaan om ernstig zorgafhankelijke personen, om patienten in persisterende vegetatieve status (coma-/subcomapatiënten), om patiënten die ernstig psychisch ziek zijn (chronische en complexe psychiatrische problematiek) of om palliatieve patiënten (ontvangen het forfait voor palliatieve thuispatiënten).

De GDT en de deelnemende professionele partners ontvangen forfaitaire vergoedingen van de ziekteverzekering voor dit overleg.

De patiënt geeft zijn akkoord voor het overleg en heeft het recht om deel te nemen.

Met het oog op een vereenvoudiging en vermindering van de structuren worden alle in het bovenvermelde protocol bedoelde opdrachten van de geïntegreerde diensten voor thuisverzorging, uitgevoerd door de SEL's en worden de taken van de samenwerkingsinitiatieven in de thuisverzorging (SIT's) eveneens opgenomen door de SEL's. Ze zijn meestal georganiseerd op arrondissementeel niveau (Limburg en Oost-Vlaanderen provinciaal).

Einde 2008 ligt een vernieuwd thuiszorgdecreet klaar (1), waarin alle thuiszorgdiensten worden versterkt in hun opdracht. OCMW's en regionale dienstencentra (RDC) worden expliciet belast met de uitvoering van het individueel patientenoverleg. De SIT-erkenningen worden SEL-erkennningen. Ze worden gevraagd de ruimere omkadering van de samenwerking in thuiszorg te organiseren en te sturen. Deze versterking van de organisatie van de thuiszorg zal ook verder worden uitgewerkt in het BVR aangaande eerstelijnsgezondheidszorg dat de erkenning van de SEL's regelt en het SIT-besluit opheft in de loop van 2009. Er worden 15 nieuwe Samenwerkingsinitiatieven eerstelijnsgezondheidszorg (SEL's) gestart. Tot die datum krijgen de bestaande samenwerkingsinitiatieven thuiszorg of SIT's de tijd om zich om te vormen. De SEL's zullen de samenwerking nog meer bevorderen tussen de verschillende zorgverstrekkers in de eerste lijn (artsen, verpleegkundigen, kinesitherapeuten, apothekers, verzorgenden) en zij zullen multidisciplinaire zorgtrajecten opstarten. De ziekenhuizen krijgen bij monde van het SEL nu een officiële gesprekspartner die per zorgregio de zorgverstrekkers, de verenigingen van mantelzorgers en patiënten en de vrijwilligersorganisaties uit de eerste lijn vertegenwoordigt.

(1) Het thuiszorgdecreet wordt een woonzorgdecreet, waarin verbinding wordt gemaakt met de (intramurale) zorg in woonzorgcentra, zodat de thuis- en residentiële sector beter kunnen samenwerken en meer mogelijkheden krijgen om een aanbod 'op maat' uit te werken in de regio.

A. *Materiële ondersteuning*

Dienst voor Gezinszorg (zie II.55):
(= nieuwe benaming voor de vroegere diensten 'Gezins- en Bejaardenhulp' en de 'Poetsdiensten')

Een dienst voor gezinszorg moet ten minste volgende werkzaamheden verrichten:
1° het aanbieden van persoonsverzorging;
2° het aanbieden van huishoudelijke hulp;
3° het aanbieden van algemene psychosociale en pedagogische ondersteuning en begeleiding, die met deze persoonsverzorging en huishoudelijke hulp verband houden.

B. *Tijdelijke opvangmogelijkheden*

1. Dagverzorgingscentrum (MB 04.05.2006 - BS 06.07.2006) (zie III.39),

Een dagverzorgingscentrum heeft als opdracht de gebruiker, in daartoe bestemde lokalen, zonder overnachting, dagverzorging, alsmede geheel of gedeeltelijk de gebruikelijke gezinsverzorging en huishoudelijke verzorging te bieden.

Het dient ten minste volgende werkzaamheden te verrichten:
1° het aanbieden van hygiënische en verpleegkundige hulp- en dienstverlening;
2° het aanbieden van activering, ondersteuning en revalidatie;
3° het organiseren van animatie en creatieve ontspanning;
4° het aanbieden van psychosociale ondersteuning.

Sinds 1 januari 2000 kan het RIZIV dagforfaits toekennen voor zwaar zorgbehoevenden die gebruik maken van een dagverzorgingscentrum. Om voor deze bijkomende financiering in aanmerking te komen, moet het dagverzorgingscentrum over een bijzondere erkenning beschikken.

In 2008 werd een voorstel tot tussenkomst voor verplaatsingskosten van patiënten van en naar een dagverzorgingscentrum besproken. Het gaat om een voorstel van 0.60 euro per km, met een max. van 30km per dag (heen en terug). De patiënt zou een factuur indienen bij zijn ziekenfonds (naar analogie met het vervoer voor dialyse). Indien de instelling het vervoer organiseert, zou zij niet meer dan 0.60 euro per km mogen aanrekenen aan de patiënt. Dit voorstel is nog niet verschenen in het Belgisch Staatsblad en dus nog niet in uitvoering.

2. Centrum voor Kortverblijf (MB 04.05.2006 - BS 06.07.2006 & 07.07.2006) (zie ook III.39):

Een centrum voor kortverblijf heeft als opdracht de gebruiker, in daartoe bestemde lokalen, 's nachts of gedurende een beperkte periode, verblijf, alsmede geheel of gedeeltelijk, de gebruikelijke gezinsverzorging en huishoudelijke verzorging te bieden.

Een centrum voor kortverblijf dient ten minste volgende werkzaamheden te verrichten:
1° het aanbieden van verblijf;
2° het aanbieden van hygiënische en verpleegkundige hulp- en dienstverlening;
3° het aanbieden van activering, ondersteuning en revalidatie;
4° het organiseren van animatie en creatieve ontspanning;
5° het aanbieden van psychosociale ondersteuning.

3. Dienst voor Oppashulp (MB 30.04.99 - BS 04.06.99 gewijzigd bij M.B. 04.05.2006 – B.S. 06.07.2006):

Een dienst voor oppashulp heeft als opdracht de vraag naar en het aanbod van oppashulp te coördineren in samenwerking met vrijwilligers en met één van de hogergenoemde diensten.

Contacteer uw ziekenfonds om kennis te maken met de dienst voor oppashulp.

C. Ondersteuning

1. Regionaal Dienstencentrum

Dient ten minste volgende werkzaamheden te verrichten:
1° het beschikken over of toegang hebben tot een geactualiseerde databank over op zijn minst alle erkende voorzieningen van de regio en over sociale tegemoetkomingen en dit met het oog op het verstrekken van informatie aan de gebruiker en zijn mantelzorgers;
2° het in specifieke zorgsituaties geven van advies over materiële hulp en immateriële hulp- en dienstverlening;
3° het organiseren van informatie- en/of vormingscursussen voor mantelzorgers;
4° het organiseren van informatie- en/of vormingscursussen voor vrijwilligers;
5° het organiseren van voorlichtingsscursussen voor gebruikers;
6° het op elkaar afstemmen van de vraag naar en het aanbod van vrijwilligerszorg;
7° het verrichten van ten minste drie van de hieronder opgesomde werkzaamheden:
   a) het uitlenen van personenalarmtoestellen (zie I.30.);
   b) het organiseren van een alarmcentrale;
   c) het uitlenen van en het verstrekken van advies over verschillende soorten hulpmiddelen voor de gebruiker of ter ondersteuning van specifieke thuiszorgsituaties;
   d) het geven van advies over aanpassingen van de woning en over technologie;
   e) het aanbieden van ergotherapeutische begeleiding;
   f) het organiseren van activiteiten voor specifieke doelgroepen.

In het nieuwe thuiszorgdecreet worden de in 7° werkzaamheden allemaal verplichte opdrachten en moet men mobiliteit bevorderen van gebruikers in thuiszorg. Bovendien krijgt het regionaal dienstencentrum expliciet de opdracht om het multidisciplinair overleg voor gebruikers met een langdurig ernstig verminderd zelfzorgvermogen te coördineren, als bij de hulp- en dienstverlening aan die gebruikers, naast mantelzorg, ook verschillende professionele zorgverleners uit de thuiszorg of vrijwilligers betrokken zijn. Die coördinatie omvat het bieden van organisatorische en administratieve ondersteuning, het voorzitten van het overleg en het bewaken van de voortgangscontrole van het overleg. Ze verloopt op basis van een samenwerkingsverband met een samenwerkingsinitiatief eerstelijnsgezondheidszorg. Alleen als andere thuiszorgpartners deze opdracht opnemen valt voor het RDC deze verplichting weg.

Wat betreft het advies inzake woningaanpassing kan het centrum gebruikers begeleiden bij de aanpassing van hun woning. Die begeleiding kan bestaan in advies over een of meer mogelijke uitvoerders van de aanpassingswerkzaamheden, de begeleiding bij de uitvoering van die werkzaamheden en bij de praktische en administratieve formaliteiten die met de aanpassing van de woning gepaard gaan.

Het nieuwe woonzorgdecreet is in november 2008 goedgekeurd door de Vlaamse regering, de behandeling in het parlement wordt afgerond omstreeks de jaarwisseling.

Je kan bij het Ministerie van de Vlaamse Gemeenschap, afdeling Welzijnszorg, Markiesstraat 1 te Brussel een lijst opvragen van de erkende dienstencentra.

2. Lokaal Dienstencentrum

Dit is een voorziening die als opdracht heeft voor de lokale bewoners volgende werkzaamheden te verrichten:

1° het organiseren van activiteiten van algemeen informatieve aard;
2° het organiseren van activiteiten van recreatieve aard;
3° het organiseren van activiteiten van algemeen vormende aard;
4° het aanbieden van hygiënische zorg;
5° het verrichten van ten minste vier van de hieronder opgesomde werkzaamheden:
   a) het aanbieden van warme maaltijden;
   b) het aanbieden van hulp bij het uitvoeren van boodschappen
   c) het aanbieden van hulp bij huishoudelijke klussen, dit wil zeggen het organiseren, het ondersteunen of opvolgen van kleine praktische taken in verband met het huishouden of het huis;
   d) het aanbieden van buurthulp, dit wil zeggen het organiseren, ondersteunen en opvolgen van activiteiten en initiatieven die het sociaal netwerk, de communicatie en het veiligheidsgevoel versterken;
   e) het nemen of ondersteunen van initiatieven die de mobiliteit van de lokale bewoners tot stand brengen of verhogen;
   f) het uitlenen van personenalarmtoestellen;
   g) het organiseren van een personenalarmcentrale;
   h) het organiseren van activiteiten voor specifieke doelgroepen.

In het nieuwe woonzorgdecreet van 2009 wordt de opdracht 5° a), b) d) en e) een verplichte opdracht.

Daarentegen is 5° f) & g) nu een optionele mogelijkheid, h) is niet meer vermeld en in Brussel- Hoofdstad kan men eveneens een zorgoverleg in thuiszorg organiseren (wegens tekort aan regionale dienstencentra in die regio). In principe zijn deze opdrachten nu toebedeeld aan de regionale dienstencentra (focus op thuiszorg en zelfstandig wonen) en ligt de focus bij de locale dienstencentra eerder algemeen op zorg voor het sociale netwerk (preventie vereenzaming).

Je kan bij het Ministerie van de Vlaamse Gemeenschap, afdeling Welzijnszorg, Markiesstraat 1 te Brussel, een lijst opvragen van de erkende dienstencentra.

3. Vereniging van gebruikers en mantelzorgers:

Een vereniging van gebruikers en mantelzorgers heeft als opdracht de gebruikers en hun mantelzorgers te ondersteunen en hun gemeenschappelijke belangen te onderkennen en te behartigen.

Een vereniging van gebruikers en mantelzorgers dient ten minste volgende werkzaamheden te verrichten:
1° actief en regelmatig overleg plegen met de aangesloten leden;
2° het geven van informatie en advies over onderwerpen inzake welzijnsvoorzieningen in de thuiszorg;
3° het geven van informatie over de rechten en de plichten van de gebruikers en de mantelzorgers;
4° het inventariseren van de problemen van de gebruikers en de mantelzorgers;
5° het signaleren van probleemsituaties aan de overheid.

In het nieuwe woonzorgdecreet van 2009 informeert de vereniging haar leden door middel van een informatieblad of andere publicatie (punt 2° en 3° staat niet meer expliciet vermeld). Ze organiseert ook initiatieven tot contact tussen gebruikers en mantelzorgers en ze doet aan belangenverdediging van gebruikers en mantelzorgers.

Aanspreekpunten van de erkende mantelzorgverenigingen:
- Mantelzorgvereniging Ziekenzorg CM VZW: Tel.: 078 15 50 20 (mantelzorgtelefoon, elke weekdag 14 – 20u)
- Steunpunt Thuiszorg VZW (socmut): Tel.: 02 515 03 94
- Werkgroep Thuisverzorgers: Tel.: 016 22 73 37
- Ons Zorgnetwerk VZW (KVLV): Tel.: 016 24 49 49

D. Andere professionele diensten (zorgen)

die als thuiszorg worden aangeboden zijn o.a.:
- de huisarts
- thuisverpleging (= taken van verpleging) (bv. Wit-Gele Kruis)
- opvang thuis van zieke kinderen (zie verder)
- begeleiding door een dienst maatschappelijk werk van een ziekenfonds (ondersteuning van de zieke of bejaarde persoon door de thuisverzorger, voorzieningen, coördinatie thuiszorg, bemiddeling, ...)
- kraamzorg (kraamhulp aan huis voor, tijdens en na de zwangerschap)
- poetsdienst (onderhoud woning)
- klusjesdienst (kleine herstellingen, onderhoud) (PWA's; zie II.11.E.b)
- warme maaltijdendienst.

Maar ook:
- (semi-)commerciële diensten (PWA's, dienstenbanen, boodschappen aan huis, ...),
- vervoer (arts, ziekenhuis, winkel, ...) (zie II.61.).

E. Mogelijke financiële tussenkomsten

- verhoogde tegemoetkoming ZIV voor geneeskundige zorgen (zie II.12.),
- de bijkomende verhoogde kinderbijslag (zie II.2. + II.3.),
- de hulp van derden (ZIV) (zie I.3.),
- de zorgverzekeringstegemoetkoming (zie II.14),
- de integratietegemoetkoming en de tegemoetkoming hulp aan bejaarden (zie II.6. + II.7.),

Maar ook:
- de tussenkomsten voor de aankoop van hulpmiddelen (zie II.32.),
- de aanpassingspremie woning (zie III.19.),
- gemeentelijke of provinciale tussenkomsten
- Aanvullende financiële tussenkomsten via sommige ziekenfondsen.

Tenslotte is er nog het ouderschapsverlof (zie verder), de *palliatieve thuiszorg* (+ het palliatief verlof) (zie verder in dit hoofdstuk).

Wie ?

Thuiswonende chronisch zieke personen, personen met een handicap of ouderen welke nood hebben aan verpleegzorgen, hulp bij het huishouden of andere diensten. Zieken, personen met een handicap, ouderen kunnen soms de opname in een verzorgingsinstelling vermijden of inkorten door beroep te doen op deze thuiszorgdiensten.

Opvang thuis van zieke kinderen:

Een aantal diensten (vnl. kinderdagverblijven, diensten ziekenoppas van de ziekenfondsen organiseren ook opvang thuis voor zieke kinderen gedurende de week (waar bv. beide ouders uit werken gaan).

Hieronder volgt een opsomming van de voornaamste voorwaarden:
1. doktersattest dat aantoont dat het een acuut ziek kind is (principe besmettelijke ziekte)
2. meestal voor weekdagen en overdag

Beroepsloopbaanonderbreking voor de thuisverzorging van zware zieken

(KB 10.08.1998 - BS 08.09.1998; K.B. 04.06.1999 – B.S. 26.06.1999; K.B. 19.01.2005 – B.S. 28.01.2005; K.B. 15.07.2005 - B.S. 28.07.2005)

Stilaan begint men mantelzorgers te honoreren. Tot op heden konden zij enkel een beroepsloopbaanonderbreking nemen, maar daarnaast biedt de zorgverzekering nu ook een premie voor mantelzorgers (zie II.14.), en biedt het Vlaams Agentschap voor Personen met een Handicap de mogelijkheid om een mantelzorger in dienst te nemen via het persoonlijke assistentiebudget (zie II.31)! (zie ook I.17 tijdkrediet).

Voor wie zorg wil dragen voor een ziek gezinslid zijn er mogelijkheden om de loopbaan te onderbreken, tijd vrij te krijgen voor deze zorg:

A. Algemeen stelsel van 'Tijdkrediet',
B. Themagericht tijdkrediet.

A. Algemeen stelsel van tijdkrediet

(Wet 10.08.2001 (toepassing wet 22.01.1985); K.B. 12.12.2001 – B.S. 18.12.2001 (bedragen en procedure); aangepast bij K.B. 16.04.2002, K.B. 15.06.2005, K.B. 08.06.2007 - B.S. 15.06.2007; KB 07.06.2007 – BS 26.06.2007; KB 15.12.2003 (fiscaliteit))

Wat?

De rechten op tijdkrediet gelden alleen voor werknemers in de privé-sector (max. 5% van het aantal FTE- en, met prioriteit voor verzorgers van zieken, oudere werknemers, ...).

In kleine ondernemingen met ten hoogste 10 werknemers kan men pas gebruikmaken van zijn recht op tijdskrediet of loopbaanvermindering, als de aanvraag de goedkeuring van de werkgever krijgt.

Wie?

1. Tijdkrediet voor "min 50-jarigen"

Een werknemer, jonger dan 50 jaar, krijgt het basisrecht op een tijdkrediet. Dit tijdkrediet loopt over een maximumperiode van één jaar over de ganse loopbaan en is op te nemen in minimumperiodes van 3 maanden. De maximumduur kan eventueel bij CAO in uw sector verlengd zijn tot maximum 5 jaar (jaarlijks aan te vragen).

Het kan op diverse manieren opgenomen worden:

- volledige loopbaanonderbreking (ongeacht het huidige arbeidsregime). Gedurende de 15 maanden voorafgaand aan de aanvraag moet de werknemer wel minstens 12 maanden een arbeidsovereenkomst met zijn werkgever gehad hebben;
- halftijdse loopbaanonderbreking (arbeidsregime minstens 3/4 het jaar vóór de aanvraag). Gedurende de 15 maanden voorafgaand aan de aanvraag moet de werknemer wel minstens 12 maanden een arbeidsovereenkomst met zijn werkgever gehad hebben;
- loopbaanvermindering tot een 4/5 tewerkstelling (gedurende minimum 6 maanden en maximum 5 jaar van de loopbaan):
  - de werknemer moet gedurende 5 jaar voorafgaand aan zijn aanvraag een arbeidsovereenkomst gehad hebben met zijn werkgever;
  - de werknemer moet gedurende de laatste 12 maanden voorafgaand aan zijn aanvraag in een voltijdse arbeidsregeling tewerkgesteld geweest zijn.

De periodes van vermindering van arbeidsprestaties met 1/5, 1/4 en 1/3 die de werknemer in het oude stelsel van beroepsloopbaanonderbreking al opnam, worden afgetrokken van de maximumduur van 5 jaar!

2. Het bijzonder recht op loopbaanvermindering voor +50 jarigen

Het bijzonder recht op loopbaanvermindering voor + 50 jarigen is onbeperkt in duur. Men moet dit recht wel steeds opnemen voor een minimumduur van 6 maanden.

Men kan het tijdkrediet op diverse manieren opnemen:

- halftijdse loopbaanonderbreking (arbeidsregime minstens 3/4 het jaar vóór de aanvraag). Gedurende de 5 jaar voorafgaand aan de aanvraag moet de werknemer wel een arbeidsovereenkomst met zijn werkgever gehad hebben en hij moet minstens 20 jaar loondienst als werknemer kunnen aantonen;
- loopbaanvermindering tot een 4/5 tewerkstelling (arbeidsregime minstens 4/5 op het ogenblik van de aanvraag). Gedurende de 5 jaar voorafgaand aan de aanvraag moet de werknemer wel een arbeidsovereenkomst met zijn werkgever gehad hebben en hij moet minstens 20 jaar loondienst als werknemer kunnen aantonen.

Vergoedingen ?

1. Federale vergoeding voor tijdkrediet (index 01.09.2008, de brutobedragen)

min 50-jarigen
Volledige loopbaanonderbreking: 592,52 euro per maand (als men 5 dienstjaren bij dezelfde werkgever heeft, anders bedraagt deze vergoeding 444,39 euro)
Voor de volledige loopbaanonderbreking van een deeltijds werkende is de vergoeding in verhouding met arbeidsregime (arbeidsregime X 592,52 of 444,39).
Voor een halftijdse loopbaanonderbreking loopbaanonderbreking van een deeltijds werkende is de vergoeding in verhouding met het arbeidsregime (arbeidsregime X 296,25 of 222,19).

Plus 50-jarigen
Voor een halftijdse loopbaanonderbreking 442,57 euro/maand
Loopbaanvermindering tot een 4/5 tewerkstelling: samenwonende 205,57 euro per maand. De alleenwonende ontvangt 42,51 euro extra per maand.

2. De Vlaamse premies

De Vlaamse overheid voorziet naast de federale premies zelf ook 5 verschillende premies. Deze premies kan men dus bovenop de federale uitkeringen bekomen. Men heeft recht op deze premies als er voor zijn sector een akkoord is tussen vakbonden en werkgevers om deze premies binnen de sector toe te kennen. Belangrijk is dat enkel werknemers die werken in het Vlaams Gewest (dus niet voor wie werkt in Brussel) recht hebben op de premies. De woonplaats speelt dan weer geen rol.

Men kan een premie (bruto-bedragen op 01.09.2008) krijgen in volgende gevallen:

Zorgkrediet

Werknemers die loopbaanonderbreking nemen om een ziek kind (tot 18 jaar), een zieke ouder (ouder dan 70 jaar) of een zwaar ziek familielid te verzorgen, krijgen voortaan maandelijks een extra zorgkrediet van 175,76 euro (werkte voorheen min. 75%) of 117,17 (werkte voorheen min. 50%) of 58,59 euro (werkte voorheen min. 20%). Deze Vlaamse premie komt bovenop de premies van de federale overheid. Het zorgkrediet geldt voor maximum 12 maanden.

Deeltijdse tewerkstelling

Voltijdse werknemers (of +3/4) die halftijds willen werken, om meer tijd vrij te maken voor het gezinsleven, krijgen 117,17 euro en zij die één vijfde minder willen werken 58,59 euro, toegevoegd aan de federale premie.

Opleidingskrediet

Met het opleidingskrediet kunnen werknemers die een federaal tijdskrediet opnemen om een opleiding te volgen, van de Vlaamse regering een extra Vlaamse aanmoedigingspremie krijgen van 175,76 euro per maand voor een voltijdse stopzetting (respectievelijk 117,17 euro per maand voor een halftijdse onderbreking of volledige onderbreking van een halftijdse baan, 58,59 euro voor de stopzetting van minder dan een halftijdse baan). Net als bij het zorgkrediet komt het opleidingskrediet bovenop de federale premie. De Vlaamse premie wordt voor twee jaar toegekend. Enkel voor opleidingen of studies voor knelpuntberoepen of opleidingen of studies in het kader van het tweedekansonderwijs, wordt de premie voor de gehele duur van de opleiding uitgekeerd. Voor werknemers met een loopbaan van 20 jaar of meer wordt het opleidingskrediet voor 2 jaar en 6 maanden toegekend.

Ondernemingen in moeilijkheden of in herstructurering

Tot slot wordt aan werknemers die in het kader van een herstructureringsplan van hun onderneming verplicht moeten overstappen op deeltijdse arbeid, gedurende twee jaar een maandelijkse Vlaamse premie toegekend van
146,46 euro bij overgang van 100% naar 50%
87,88 euro bij een vermindering van het arbeidsregime met 20%
58,59 euro bij een vermindering van het arbeidsregime met 10%.

3. Sectoriële premie of ondernemingspremie

De sector of de onderneming zelf kunnen ook nog beslissen om supplementair een premie toe te kennen.

Als men zijn recht op tijdkrediet of loopbaanvermindering opneemt, kan men het beste geval dus een premie krijgen van de federale (= Belgische) en van de Vlaamse overheid en van zijn onderneming.

Hoe ?

Het recht op tijdkrediet of loopbaanvermindering moet tijdig schriftelijk aangevraagd bij de werkgever (respectievelijk 3 en 6 maand vooraf naargelang de onderneming minder of meer dan 20 personeelsleden telt). De aanvraag moet tevens een attest van de RVA bevatten (attest CAO 77bis). Uit dit attest blijkt gedurende welke periodes men reeds loopbaanonderbreking, loopbaanvermindering of tijdkrediet, heeft opgenomen.

B. Themagericht tijdkrediet

1. Beroepsloopbaanonderbreking voor de thuisverzorging van zware zieken

(KB 10.08.1998 - BS 08.09.1998; K.B. 04.06.1999 – B.S. 26.06.1999; K.B. 19.01.2005 – B.S. 28.01.2005; K.B. 15.07.2005 - B.S. 28.07.2005)

In geval van verzorging van een persoon die met de thuisverzorger samenwoont of van een familielid van de tweede graad en welke lijdt aan een zware ziekte, heeft men recht op een beroepsloopbaanonderbreking.

Onder zware ziekte wordt verstaan: 'Elke ziekte of medische ingreep die door de behandelende arts als dusdanig wordt beschouwd en waarbij de arts oordeelt dat elke vorm van sociale, familiale of emotionele bijstand of verzorging noodzakelijk is voor het herstel'.

Voor de thuisverzorging van een terminaal ziekte kan men beroep doen op 'palliatief verlof' (zie I.37).

Wie ?

In principe heeft iedere werknemer/ambtenaar het recht op een onderbreking van 12 maanden per patiënt (of maximum 24 maanden bij vermindering van de prestaties). Deze loopbaanonderbreking kan dus (met telkens, al dan niet aaneensluitende, periodes van 1-3 maanden) zowel voltijds als deeltijds (niet noodzakelijk in kleine ondernemingen met minder dan 10 werknemers) worden opgenomen.

Alleenstaande ouders, die een ziek kind jonger dan 16 jaar verzorgen, hebben recht op respectievelijk 24 (volledige onderbreking) en 48 maanden onderbreking (deeltijds werkend).

In tegenstelling met de meeste andere vormen van loopbaanonderbreking is de werkgever in het geval van een onderbreking voor de thuisverzorging van een persoon met een zware ziekte dus **niet verplicht** om de werknemer te vervangen voor een onderbreking van minder dan drie maanden.

Indien de aangevraagde periode 3 maanden bedraagt, of indien de werknemer, na 2 maanden onderbreking of vermindering van de arbeidsprestaties, een verlenging vraagt, moet de betrokken werknemer wel vervangen worden door een vergoede volledige werkloze.

Hoe ?

De werknemer, ambtenaar licht de werkgever schriftelijk in (aangetekend of door overhandiging mits attest van ontvangst) over de gewenste periode van loopbaanonderbreking en hij of zij brengt tevens de nodige bewijzen aan om de aangehaalde reden tot schorsing te staven (medisch attest, gezinssamenstelling, verwantschap, ...).

Het recht gaat ten vroegste in 7 dagen na kennisgeving aan de werkgever, tenzij hij instemt met een vroegere aanvatting. Zo nodig kan de werkgever nog maximaal 7 dagen uitstel vragen. Bij iedere verlenging dient dezelfde procedure worden toegepast.

2. Palliatief verlof: (Zie I.40)

(Herstelwet 22 januari 1985 artikelen 100bis en 102bis)

De meeste ernstig zieken verkiezen om de laatste levensfase in de eigen, vertrouwde omgeving door te brengen. Voor het thuis verzorgen van een terminaal zieke (deze persoon hoeft niet noodzakelijk een familielid te zijn) bestaat momenteel de mogelijkheid om palliatief verlof te nemen.

Ouderschapsverlof:

(K.B. 29.10.1997 - B.S. 07.11.1997 en CAO nr. 64 - B.S. 07.11.97)

Wat ?

Ouders of adoptieouders hebben recht op een loopbaanonderbreking van 3 maanden voltijdse onderbreking, 6 maanden halftijdse onderbreking of 15 maanden 1/5e onderbreking om te zorgen voor de opvoeding van hun kind. Dit verlof kan gesplitst worden per periode van 1/3e van de totale periode.

Wie ?

Werknemers (zowel man als vrouw) die gedurende de 15 maanden die de aanvraag voorafgaan, tenminste 12 maanden met een arbeidsovereenkomst tewerkgesteld waren bij de huidige werkgever en waarvan het kind (waarvoor ouderschapsverlof wordt aangevraagd) niet ouder is dan 4 jaar bij de aanvang van het ouderschapsverlof (8 jaar indien het kind + 66% gehandicapt is volgens de kinderbijslagwetgeving, of gedurende een periode van 4 jaar na adoptie waarbij het kind niet ouder mag zijn dan 8 jaar).

Hoe ?

De werknemer die gebruik wenst te maken van het recht op ouderschapsverlof brengt 3 maanden op voorhand zijn werkgever hiervan schriftelijk, door middel van een aangetekend schrijven of door overhandiging met ontvangstbewijs, op de hoogte.

De aanvraag bevat, naast het voorstel van de werknemer om het ouderschapsverlof op te nemen, de begin- en einddatum.

De werknemer verstrekt uiterlijk op het ogenblik waarop het ouderschapsverlof ingaat, het document of de documenten tot staving van de geboorte of adoptie van het kind.

Binnen de maand na de schriftelijke kennisgeving kan de werkgever de uitoefening van het recht op ouderschapsverlof max. 6 maanden uitstellen om gerechtvaardigde redenen in verband met het functioneren van de onderneming.

Opmerking:

* uitstel kan niet leiden tot verlies van het recht,

* indien aan de leeftijdsvoorwaarde niet meer is voldaan omwille van het uitstel door de werkgever gevraagd, blijft het recht op ouderschapsverlof toch bestaan !!

4. Vergoeding vanuit de federale overheid voor deze specifieke vormen van loopbaanonderbreking (index 01.09.2008)

	< 50 jaar	**=50 jaar**
Volledige onderbreking	726,85 euro	726,85 euro
Halftijdse onderbreking	363,42 euro	616,45 euro
1/5 onderbreking	123,29 euro	246,58 euro

Expertisecentra "dementie"

Bij instanties en personen, betrokken bij de thuiszorg voor dementerende personen, werden meerdere noden vastgesteld, zoals onder meer de nood aan coördinatie en afstemming van de zorg, de nood aan ondersteuning van de familie op diverse vlakken, de nood aan toezicht en continuïteit van de zorg, de nood aan aangepaste vorming van de mantelzorgers, vrijwilligers en professionele zorgverleners en de negatieve impact van een eenzijdige beeldvorming omtrent dementie.

Om aan die noden tegemoet te komen hebben negen Vlaamse expertisecentra zich bereid verklaard om te komen tot een onderlinge functionele samenwerking in verband met de realisatie van acties ter ondersteuning van de zorg voor dementerende personen en hun omgeving. Dit samenwerkingsverband wordt door de Vlaamse overheid financieel ondersteund.

Per provincie is minstens 1 expertisecentrum actief.

Het telefoonnummer 070-22 47 77 brengt u automatisch bij het dichtstbijgelegen Expertisecentrum Dementie. E-mail: info@dementie.be Website: 'www.dementie.be'.

De wet op de patiëntenrechten

Wet van 22 augustus 2002 inzake de patiëntenrechten (B.S. 26.09.2002) gewijzigd door de Wet van 24.11.2004 - B.S. 17.10.2005; wet 13.12.2006 – BS 22.12.2006, art 61-64.
(K.B. 01.04.2003 - B.S.13.05.2003; Samenstelling en de werking van de Federale Commissie 'Rechten van de Patiënt'; KB 02.02.2007 kostprijs kopie patiëntendossier; KB 15.02.2007 – art.11, vertegenwoordiging patient bij klachtrecht; KB 21.04.2007 – art 17*novies* informatieverstrekking in ziekenhuizen)

Hierbij volgt een kort overzicht van de voornaamste aspecten uit de wet:

1. Toepassingsgebied

Iedere beroepsbeoefenaar van een gezondheidsberoep is verplicht de bepalingen van de Patiëntenrechtenwet na te leven in de mate waarin de patiënt hieraan zijn medewerking verleent en binnen de perken van zijn wettelijke bevoegdheden.

2. Het recht op kwaliteitsvolle dienstverstrekking

De patiënt heeft, met eerbiediging van zijn menselijke waardigheid en zijn zelfbeschikking en zonder enig onderscheid op welke grond ook, tegenover de beroepsbeoefenaar recht op kwaliteitsvolle dienstverlening die beantwoordt aan zijn behoeften.

3. Het recht op vrije keuze

De patiënt heeft recht op vrije keuze van beroepsbeoefenaar en recht op wijziging van die keuze, tenzij beperkingen opgelegd krachtens de wet.

- De vrije keuze van arts houdt niet in dat er een aanvaardigngsplicht zou zijn voor de arts. Behalve in noodgevallen kan de arts steeds weigeren verzorging te verstrekken.
- De vrije keuze van de arts is niet van toepassing inzake de controle en preventieve geneeskunde.

4. Recht op informatie

De patiënt heeft recht op alle hem betreffende informatie die nodig is om inzicht te krijgen in zijn gezondheidstoestand en de vermoedelijke evolutie ervan. De informatie wordt niet aan de patiënt verstrekt als hij dat uitdrukkelijk wenst (recht op niet-weten).

De beroepsbeoefenaar mag enkel informatie achterhouden wanneer dit ernstig nadeel zou opleveren voor de gezondheid van de patiënt of van derden. In dat geval moet hij een collega-beroepsbeoefenaar raadplegen maar de uiteindelijke beslissing blijft bij de behandelende arts. Op schriftelijk verzoek van de patiënt mag de informatie worden meegedeeld aan een door hem aangewezen vertrouwenspersoon.

De communicatie met de patiënt geschiedt in een duidelijke taal (maar niet noodzakelijk in de taal van de patiënt. In openbare ziekenhuizen is wel de taalwetgeving van toepassing). De patiënt kan vragen om schriftelijke bevestiging van de informatie.

In de wet op de ziekenhuizen is informatieverstrekking over de rechtsverhoudingen tussen het ziekenhuis en de betrokken zorgverstrekkers opgenomen. Deze staat ook beschreven in een onthaalbrochure en de eventueel aangeboden website. Bovendien is de verstrekking van geïndividualiseerde informatie eveneens vastgelegd.

5. Recht op geven van toestemming (na geïnformeerd te zijn) of op weigering van interventie

De patiënt heeft het recht om - eens geïnformeerd (o.a. ook over de financiële weerslag zoals de honorarie, de remgelden, de supplementen en het al dan niet geconventioneerd zijn van de zorgverstrekker) - voorafgaandelijk en vrij toe te stemmen (impliciet of expliciet) in iedere tussenkomst van de beroepsbeoefenaar. Schriftelijke toestemming kan op verzoek van de patiënt of van de beroepsbeoefenaar en met de instemming van de andere partij.

Een voorafgaandelijke schriftelijke weigering van een welomschreven interventie moet worden geëerbiedigd. Als er bij een spoedgeval geen duidelijkheid bestaat over de wil van de patiënt handelt de beroepsbeoefenaar in het belang van de patiënt.

6. Inzage in het patiëntendossier - afschrift van het dossier

De patiënt heeft recht op een zorgvuldig bijhouden en veilig bewaard patiëntendossier. Hij heeft recht op inzage in dat dossier (binnen de 15 dagen). De persoonlijke notities en gegevens die betrekking hebben op derden zijn van het recht op inzage uitgesloten. Op zijn verzoek kan de patiënt zich laten bijstaan door een vertrouwenspersoon. Indien de vertrouwenspersoon een beroepsbeoefenaar is, heeft deze wel inzagerecht in de persoonlijke notities.

De patiënt heeft tegen kostprijs ook recht op een afschrift van het geheel of een gedeelte van het dossier. Na het overlijden van de patiënt hebben de naaste verwanten onder strikte voorwaarden inzage in diens dossier.

De patiënt mag per gekopieerde pagina tekst maximaal een bedraag van 0,10 euro worden aangerekend. Inzake medische beeldvorming mag maximaal 5 euro per gekopieerd beeld worden gevraagd. Voor gegevens via een digitale drager mag in totaal maximaal 10 euro worden aangerekend.

In het totaal mag maximaal een bedrag van 25 euro worden gevraagd (K.B. 02.02.2007 – B.S. 07.03.2007).

In bovenstaande prijzen zijn afgeleide kosten inbegrepen, vb. administratiekost of verzendingskost.

7. Recht op bescherming van de persoonlijke levenssfeer.

De patiënt heeft recht op bescherming van de persoonlijke levenssfeer. Behoudens akkoord van de patiënt, kunnen enkel de personen waarvan de aanwezigheid is verantwoord in het kader van de dienstverstrekking van de beroepsbeoefenaar, aanwezig zijn bij de zorg, de onderzoeken en de behandelingen.

8. Klachtrecht

De in het ziekenhuis opgenomen patiënt heeft het recht een klacht over de uitoefening van zijn rechten (m.a.w. enkel over zijn relatie met de beroepsbeoefenaar zelf en dus niet over het ziekenhuis) in te dienen bij de bevoegde ombudsfunctie. Om te worden erkend moet ieder ziekenhuis beschikken over een ombudsfunctie.

Voor klachten i.v.m. beroepsbeoefenaars buiten het ziekenhuis, kan de patiënt voorlopig terecht bij zijn ziekenfonds.

9. De vertegenwoordiging van de onbekwame patiënt

Minderjarige patiënten worden vertegenwoordigd door hun ouders. Zij worden betrokken bij de uitoefening van hun rechten in verhouding tot hun leeftijd en hun maturiteit. Als zij daartoe in staat worden geacht, oefenen zijn hun rechten zelfstandig uit.

Meerderjarige patiënten die vallen onder een wettelijk geregeld beschermingsstatuut worden vertegenwoordigd door hun voogd. Andere meerderjarige patiënten, die (tijdelijk) niet in staat zijn hun recht zelf uit te oefenen, laten zich vertegenwoordigen door een vooraf aangeduid persoon. Bij het ontbreken hiervan worden deze rechten behartigt door – in volgorde – de partner, een meerderjarig kind, een ouder, een meerderjarige broer of zus. Als laatste mogelijkheid treedt een multidisciplinair team van beroepsbeoefenaars in hun plaats op.

De meerderjarige broer of zus kunnen dit recht niet opnemen in geval van een klachtenprocedure. De overige personen, zoals hierboven benoemd, kunnen dat wel, en zonder de opgegeven volgorde in acht te nemen.

10. Medische informatie aan verzekeraars

De arts van de verzekerde kan, op verzoek van de verzekerde, geneeskundige verklaringen afleveren die voor het sluiten of het uitvoeren van de overeenkomst nodig zijn. De verklaringen mogen uitsluitend aan de adviserende arts van de verzekeraar worden bezorgd. Deze mag de verzekeraar geen infomatie geven die niet pertinent is of andere personen dan de verzekerde betreft. Het medisch onderzoek kan slechts steunen op de voorgeschiedenis van de gezondheidstoestand van de verzekerde en niet op technieken om de **toekomstige** gezondheidssituatie te bepalen.

11. Recht op voortzetting van de behandeling en pijnbestrijding

De beoefenaars van geneeskunde mogen, wetens en zonder wettige reden in hunnen hoofde, een in uitvoering zijnde behandeling niet onderbreken zonder vooraf alle maatregelen te hebben getroffen om de continuïteit van de zorgen te verzekeren door een ander beoefenaar die diezelfde wettelijke kwalificatie heeft. De continuïteit van de zorg omvat tevens de palliatieve verzorging en de behandeling van de pijn van de patiënt.

Federale Commissie 'Rechten van de Patiënt'

De Commissie heeft volgende taken in verband met de patiëntenrechten:
- De patiëntenrechten opvolgen en evalueren,
- de Minister daaromtrent te adviseren en
- de specifieke ombudsfuncties oprichten, evalueren en eventuele klachten omtrent hun werking behandelen.

Anti-discriminatiewet

Wet 25.02.2003. - B.S. 17.03.2003; (Discriminatie op basis van huidige of toekomstige gezondheidstoestand en handicap of fysieke eigenschap, ... wordt verboden en strafbaar.) OPGEHEVEN en vervangen door Wet 10/05/2007 – B.S. 30.05.2007 (Wet ter bestrijding van bepaalde vormen van discriminatie)

In de aangelegenheden die onder deze wet vallen, is elke vorm van discriminatie verboden.

Voor de toepassing van deze titel wordt onder discriminatie verstaan :
- directe discriminatie;
- indirecte discriminatie;
- opdracht tot discrimineren (tenzij 'positieve actie' waarvoor de rechtvaardigingsgronden tijdelijk en in functie van een aangetoonde doelstelling aanvaard zijn en waarbij andermans rechten niet beperkt worden);
- intimidatie;
- een weigering om redelijke aanpassingen te treffen ten voordele van een persoon met een handicap.

Deze wet is zowel in de overheidssector als in de particuliere sector, met inbegrip van overheidsinstanties, op alle personen van toepassing met betrekking tot :

1° de toegang tot en het aanbod van goederen en diensten die publiekelijk beschikbaar zijn;

2° de sociale bescherming, met inbegrip van de sociale zekerheid en de gezondheidszorg;

3° de sociale voordelen;

4° de aanvullende regelingen voor sociale zekerheid;

5° de arbeidsbetrekkingen (uitgezonderd de elementen die geregeld zijn in de wet op het welzijn van de werknemers dd 04.08.1996);

6° de vermelding in een officieel stuk of in een proces-verbaal;

7° het lidmaatschap van of de betrokkenheid bij een werkgevers- of werknemersorganisatie of enige organisatie waarvan de leden een bepaald beroep uitoefenen, waaronder de voordelen die deze organisaties bieden;

8° de toegang tot en de deelname aan, alsook elke andere uitoefening van een economische, sociale, culturele of politieke activiteit toegankelijk voor het publiek.

Een direct onderscheid op grond van leeftijd, seksuele geaardheid, geloof of levensbeschouwing of een handicap kan uitsluitend gerechtvaardigd worden op grond van wezenlijke en bepalende beroepsvereisten (De rechter onderzoekt in elk concreet geval of een bepaald kenmerk een wezenlijke en bepalend beroepsvereiste vormt).

Redelijke aanpassingen in functie van handicap zijn passende maatregelen die in een concrete situatie en naargelang de behoefte worden getroffen om een persoon met een handicap in staat te stellen toegang te hebben, deel te nemen, te genieten van sociale bescherming en sociale voordelen, tenzij deze maatregelen een onevenredige belasting vormen voor de persoon die deze maatregelen moet treffen. Wanneer die belasting in voldoende mate wordt gecompenseerd door bestaande maatregelen van de overheid, mag zij niet als onevenredig worden beschouwd.

De wet voorziet een regeling tot schadevergoeding en strafrechtelijke maatregelen wanneer de discriminatie is aangetoond. Ze regelt ook bescherming voor wie een klacht indient of optreedt als getuige. Bij vermoeden tot discriminatie moet de verweerder aantonen dat er geen discriminatie is geweest.

Het slachtoffer of zijn vertegenwoordiger kan zelf klacht indienen, maar dit kan ook met zijn/haar toestemming gebeuren door onder meer vakbonden, het Centrum voor gelijkheid van kansen en voor racismebestrijding of door openbare diensten of verenigingen met rechtspersoonlijkheid die opkomen voor de rechten van de mens of bestrijding van discriminatie.

Vlaams decreet:
(decreet 10.07.2008 – BS 23.09.2008)

De Vlaamse regering heeft een kader voor gelijke kansen- en gelijke behandelingsbeleid uitgevaardigd. Het legt het kader vast voor een Vlaams beleid voor gelijke kansen en voor de bestrijding van discriminatie met betrekking tot de bevoegdheden voor de Vlaamse overheid.

Inhoudelijk is deze regelgeving te vergelijken met de federale antidiscriminatieregelgeving.

Het toepassingsgebied omvat toegang tot arbeid, beroepsopleiding, beroepskeuzevoorlichting, arbeidsbemiddeling en wedertewerkstelling, gezondheidszorg, onderwijs, publieke goederen en diensten (inclusief huisvesting), sociale voordelen en deelname aan economische, sociale, culturele of politieke activiteiten buiten de privésfeer.

Het slachtoffer kan een schadevergoeding vorderen nadat hij/zij discriminatie liet vaststellen door de rechtbank.

Euthanasie
(Wet 28.05.2002 - B.S. 22.06.2002; K.B. 2.04.2003 -B.S. 13.05.2003; K.B. 27.04.2007 B.S. 07.06.2007)

Wat?

Sinds 23 september 2002 is in België de wet op euthanasie van kracht.

Euthanasie is het wetens en willens beëindigen van het leven, op verzoek van de patiënt.

Hulp bij zelfdoding, pijnbestrijding en het stopzetten van een behandeling vallen niet onder deze definitie.

Door en voor wie?

Enkel een arts mag euthanasie toepassen. Als hij de wettelijke voorwaarden strikt naleeft, begaat hij geen misdrijf en is hij bijgevolg niet strafbaar.

Euthanasie kan worden gevraagd door een meerderjarige die niet onder voogdij staat.

De aanvrager *'moet zich bevinden in een medisch uitzichtloze toestand van aanhoudend en ondraaglijk fysiek of psychisch lijden dat niet kan gelenigd worden en dat het gevolg is van een ernstige en ongeneeslijke, door ongeval of ziekte veroorzaakte aandoening.'*

Wie een verzoek tot euthanasie indient, moet bovendien op dat moment volledig bewust zijn. Niemand kan een verzoek doen in de plaats van de betrokkene. In een voorafgaande schriftelijke wilsverklaring kan men wel vragen om niet meer in leven te worden gehouden op het moment dat men niet meer bij bewustzijn is.

Hoe?

Een verzoek tot euthanasie moet schriftelijk gebeuren, vrijwillig en overwogen zijn, verschillende keren herhaald worden en los staan van elke druk.

Een voorafgaande wilsverklaring kan door elke gezonde of zieke meerderjarige worden opgesteld, mits respect voor de gestelde voorwaarden. De wilsverklaring mag bovendien niet ouder zijn dan vijf jaar.

In het Koninklijk Besluit van 2 april 2003 (B.S. 13.05.2003) wordt vastgesteld op welke wijze de wilsverklaring wordt opgesteld, herbevestigd, herzien of ingetrokken en in het Koninklijk Besluit van 27 april 2007 (B.S. 07.06.2007) de wijze waarop de wilsverklaring inzake euthanasie wordt geregistreerd en via de diensten van het Rijksregister aan de betrokken artsen wordt meegedeeld.

Bij een verzoek tot euthanasie moet de arts nagaan of de wettelijke voorwaarden zijn vervuld en de dialoog aangaan met de patiënt. Hij moet voldoende informatie geven over de gezondheidstoestand en levensverwachting, over de kansen van eventuele behandelingen en de mogelijkheden van palliatieve zorg. Blijkt er geen andere redelijke oplossing dan euthanasie mogelijk, moet de arts een collega raadplegen en het verzoek bespreken met het verplegend team en - als de patiënt dit wil - met familieleden of vertrouwenspersonen.

Is het overlijden van de patiënt niet nakend, moet het oordeel van een tweede arts worden gevraagd en is er een maand tijd nodig tussen het verzoek tot en de uitvoering van de euthanasie.

Heeft een arts de euthanasie uitgevoerd, moet hij daarvan binnen de vier dagen op de voorgeschreven manier aangifte doen bij de Federale Controle- en Evaluatiecommissie. Deze onderzoekt of alle wettelijke verplichtingen zijn gerespecteerd. Bij twijfel kan het dossier worden overgemaakt aan het gerecht.

Waar?

– Ziekenfonds - dienst maatschappelijk werk (inlichtingen) (Gouden Gids nr 6990, www.cm.be; e-mail: dmw@cm.be).

- Gemeente of OCMW - sociale dienst (zie telefoongids OCMW ofwel Gouden Gids infopagina's publieke instellingen).
- Huisarts (inlichtingen).
- Werkgroep Thuisverzorgers, Groeneweg 151, 3001 Heverlee, tel.: (016) 22 73 37.

II.54. Thuisverpleging

(K.B. 18.06.90 - B.S. 26.07.1990; gewijzigd door K.B. 13.07.2006 - B.S. 07.08.2006; aangevuld door K.B. 21.04.2007 – B.S. 14.05.2007)
lijst van technische prestaties die door de verpleegkundigen verricht mogen worden,

lijst van de handelingen die door een geneesheer aan de verpleegkundigen kunnen worden toevertrouwd.

Wat?

Een aantal organisaties (bv. Wit-Gele Kruis) of zelfstandige verpleegkundigen komen de nodige verpleegzorgen aan huis geven.

Deze verpleegzorgen kunnen bestaan uit:
1. **individuele verstrekkingen (nomenclatuurprestaties)** zoals inspuitingen, lavementen, blaassonderingen of spoelingen, wondverzorging, plaatsen van een maagsonde, ...
2. **specifieke technische verstrekkingen**, vnl. in het kader van palliatieve zorgen zoals bv. het plaatsen van een infuus,
3. **toiletten.** De patiënten moeten *minimum* 2 punten scoren inzake 'afhankelijkheid wassen' op de Katz- schaal (zie II.52).

Volgende patiënten komen in aanmerking voor een **dagelijks** toilet (verricht door een verpleegkundige):

- patiënten die in aanmerking komen voor een forfait A, B of C (zie punt 4),
- incontinentiepatiënten (+ minimum 2 punten op de Katz-score voor wassen + kleden,
- dementerende patiënten (+ minimum 2 punten op de Katz-score voor wassen + kleden,
- patiënten die 4 punten scoren op de Katz-schaal voor wassen en kleden.

(zie ook *'aandachtspunten artsen'*)

4. **forfait verstrekkingen.** Naargelang het behaalde aantal punten op de Katz-score (zie II.52) zal een forfaitair honoraria worden uitgekeerd, verschillend naargelang de graad van onafhankelijkheid (forfait A, forfait B of forfait C).

Opmerking:
- bij ieder forfait hoort minstens één toilet,
- voor het C-forfait moet betrokkene minstens 23 of 24 scoren op de Katz-schaal **en** moet de verpleegkundige er minimum 2 huisbezoeken per dag afleggen.

Thuisverplegingsdiensten werken vaak met referentieverpleegkundigen in hun team. Zij zijn gespecialiseerd in een specifiek zorgterrein, vb. wondzorg, psychiatrie, palliatieve zorg, diabetes, stomazorg, ... en stellen hun kennis ter beschikking van de patient (in functie van opvolging en/of een leertraject) en van de collega's-zorgverstrekkers. Zo wordt de referentieverpleegkundige voor diabetes ingeschakeld voor een leertraject met de diabetespatiënt waarin de patiënt inzichten verwerft in correcte leef- en verzorgingsregels.

Voor wondzorg en voor diabetologie bestaan specifieke erkenningen. In ruil voor de opvolging van een individueel anamnesedossier en specifieke verstrekkingen wordt een bijkomende vergoeding betaald.

Wie?

Zieken, personen met een handicap, ouderen kunnen soms de opname in een verzorgingsinstelling vermijden of inkorten door beroep te doen op o.a. thuisverpleging.

Betoelaging?

De verpleegkundigen worden door het ziekenfonds betaald hetzij per prestatie, hetzij met een vast dagbedrag (afhankelijk van de hulpbehoevendheid - zie Katzschaal II.52.). De verzorgde betaalt het remgeld.

Voor volgende prestaties heeft men een doktersvoorschrift nodig: diabetesvoorlichting en –begeleiding, wondverzorging, hechtingen verwijderen, compressietherapie (steunkousen of drukverband), inspuitingen, verzorging van incontinentie (sondage, blaasspoeling, irrigaties), stoma verzorgen, lavementen, zalf of oogdruppels /oogzalf aanbrengen, poortsysteem spoelen, sondevoeding toedienen.

Aandachtspunt artsen:

1. Indien door een *beslissing van de adviserend geneesheer* een lager forfait wordt toegekend, blijft deze beslissing minstens 6 maanden geldig, **tenzij** een verergering van de afhankelijkheid kan gestaafd worden met een uitgebreid medisch verslag.
2. *Dementerende patiënten* moeten een medische attestatie hebben van hun huisarts (modelformulier zie Verordening 05.05.97 - B.S. 29.07.97).

Waar?

- Organisaties voor thuisverpleging (bv. Wit-Gele Kruis) (inlichtingen + aanvraag) (Gouden Gids nr 965).
- Ziekenfonds - dienst maatschappelijk werk (inlichtingen + bijstand + coördinatie + aanvraag premie) (Gouden Gids nr 6990, www.cm.be; e-mail: dmw@cm.be).

II.55. Dienst voor gezinszorg en aanvullende hulp

(Decreet 14.07.1998 - B.S. 05.09.1998; B.V.R. 18.12.1998 - B.S. 30.03.1999; M.B. 10.02.2003 - B.S. 07.05.2003 en M.B. 29.06.2007 – B.S. 20.07.2007)

Wat?

GEZINSZORG (het vroegere Gezins- en bejaardenhulp) wordt, op vraag van de mogelijke gebruikers, geboden in het natuurlijk thuismilieu, op voorwaarde dat de draagkracht van de mogelijke gebruiker of van zijn omgeving (hetzij wegens geestelijke of lichamelijke ongeschiktheid, hetzij wegens bijzondere sociale omstandigheden) niet voldoende is om de lasten van de persoonsverzorging (lichaamsverzorging) of van de huishoudelijke taken te dragen.

De gezinszorg kan zowel een preventief als een herstellend, verzorgend of palliatief karakter hebben. Ze kan ondersteunend, aanvullend of vervangend zijn.

Bij het bieden van gezinszorg wordt steeds zoveel mogelijk een beroep gedaan op de zelfzorg en de zelfredzaamheid van de gebruiker en zijn omgeving en wordt de zelfredzaamheid van de gebruiker en zijn omgeving gevrijwaard, ondersteund en gestimuleerd.

Steeds wordt bijzondere aandacht besteed aan gebruikers die langdurige of intensieve hulp- en dienstverlening nodig hebben en aan gebruikers die een verhoogd risico lopen op verminderde welzijnskansen.

Taken gezinszorg:

1. Persoonsverzorging: hulp bij de activiteiten van het dagelijkse leven (1);
2. Huishoudelijke hulp- en dienstverlening (2);
3. Psycho-sociale ondersteuning (3);
4. Algemene pedagogische ondersteuning (bij opvoeding, financieel beheer, ...).

In principe is het aantal uren hulp niet gelimiteerd de eerste dertien weken. Vanaf de veertiende week is de hulp beperkt tot 32 uren per gezin en per week. Ook hier kan eventueel van afgeweken worden in uitzonderlijke gevallen. Aangezien de diensten gezinszorg ieder jaar een vast aantal uren krijgen toegewezen, zijn zij soms verplicht om keuzes te maken waardoor zij niet altijd alle hulp kunnen geven die wenselijk is (wat soms problemen kan geven naar het einde van het jaar).

Wie?

Een huisgezin waar problemen zijn met de uitvoering van de huishoudelijke taken vanwege ziekte (eventueel ook na een bevalling), handicap of ouderdom kan beroep doen op één van de bestaande diensten Gezinszorg. De diensten Gezinszorg hanteren de BEL-schaal (zie Katz-schaal II.32.) om de graad van zorgbehoefte te evalueren.

(1) Hulp bij bewegen en verplaatsen, hulp bij aan- en uitkleden, hulp bij het wassen, hulp bij eten en drinken, toezicht bij rusteloze cliënten, stervenden, ...
(2) Boodschappen, was en strijk, onderhoud, ...
(3) Actief en meelevend luisteren, opmerken van psycho-sociale moeilijkheden zoals rouwverwerking, vereenzaming, depressie, stress, ...

Vaststelling van de bijdrage voor de gebruiker van gezinszorg

(M.B. 26.07.2001 – B.S. 12.12.2001 gewijzigd door M.B. 23.12.2004 - BS 18.01.2005)

De bijdrage is afhankelijk van:
1. het maandelijks 'netto-inkomen' (= bestaansmiddelen - lasten)
2. de gezinssamenstelling
3. de BEL-score (= afhankelijkheidsmeting - zie ook II.32) van de gebruiker (uitgezonderd voor de gebruiker van kraamzorg)
4. de duur van de hulp- en dienstverlening
5. de intensiteit van de hulp- en dienstverlening.

De berekening van het maandelijkse 'netto-inkomen'

Het netto-inkomen wordt bepaald door de 'bestaansmiddelen, verminderd met de lasten'. Voor het Ministrieel Besluit van 29 juni 2007 moesten de berekende netto-inkomens verhoogd worden met 25% alvorens te delen om het maandbedrag te kennen. Deze voorafgandelijke verhoging is weggevallen sinds 1 september 2007!

De inkomens van volgende personen worden in rekening gebracht:

- de eigen inkomsten (van de hulpvrager - deze met de hoogste BEL- score)
- de inkomsten van alle andere inwonende gezinsleden van DEZELFDE generatie, bv. partner of bijwonende zus/broer (dus niet de inkomsten van de andere generaties die inwonen!).

Bestaansmiddelen

Welke bestaansmiddelen worden meegeteld?	Welke bestaansmiddelen tellen NIET mee?
- de netto beroepsinkomsten (erg verminderd inkomen wordt meteen in rekening gebracht)	- de wettelijke gezinsbijlagen,
- de roerende inkomsten (intresten van belegde kapitalen),	- studiebeurzen
- de inkomsten uit onroerende goederen ['belastingbrief' ofwel 'som van alle geïndexeerde KI's - KI eigen woning (indien niet verhuurd) gedeeld door 12]Indien de eigen woning verhuurd wordt en men huurt een andere woning met een lager KI, houdt men enkel rekening met het verschil van KI tussen beide woningen	- premies en/of toelagen voor thuiszorg en mantelzorg (toegekend door de overheid - lokaal, provinciaal, Vlaamse gemeenschapscommissie - of door de ziekenfondsen).
- ALLE sociale uitkeringen (gemiddelde van de laatste drie maanden)	Eventuele toelagen voor pleegzorg
- andere inkomens (lijfrenten, levensverzekering, ongevallenvergoeding, onderhoudsgelden ...)Onderhoudsgelden moeten voor de ontvangende partij opgeteld worden bij het inkomen. Voor de betalende partij wordt het niet als inkomen beschouwd en moet het afgetrokken worden van het netto maandinkomen!	

Welke lasten worden afgetrokken?

Facultatief (door betrokkene te expliciteren) kan het berekende netto-inkomen worden verminderd door de aftrek van alle uitzonderlijke **'medische en farmaceutische' onkosten** (gedaan gedurende de periode van de verleende gezinszorg), waarvoor geen tussenkomst is vanuit een andere instantie en die op een abnormale wijze het gezins-budget belasten.

Er mag echter geen rekening worden gehouden met de aankoop van kleine hoeveelheden geneesmiddelen of farmaceutische producten die in ieder gezin steeds voorhanden zijn, noch met occasionele doktersbezoeken.

De invloed van de gezinssamenstelling?

Voor het toekennen van de gezinscode wordt uitgegaan van de feitelijke toestand op het moment van de aanvraag.

Stap	Handeling	
1	Men vertrekt van een basiscode:	
	ALS de hulpvrager	DAN...
	alleenstaande is EN alleen woont	Is de basiscode = '1 punt'
	Niet alleenstaande is of niet alleen woont	Is de basiscode = '2 punten'
2	Voor gerechtigden die niet samenwonen met een andere generatie of voor gerechtigden die meer dan 65 % arbeidsongeschikt erkend zijn: Eén bijkomend codepunt - per persoon - per item waaraan wordt voldaan:	
	Items:	
	1. Ieder ongeboren kind vanaf de 6° maand zwangerschap, 2. Ieder geplaatst kind (instelling, internaat) waarbij de ouders instaan voor de verblijfskosten, 3. Iedere persoon (kind of volwassene) die: * in dezelfde woning verblijft en er gemeenschappelijk leeft, * die over geen eigen inkomsten beschikt (uitgezonderd partner) 4. Iedere persoon met een invaliditeitspercentage > 65%	

Afwijkingen van de bijdrageschaal

Verplichte kortingen

Bijlage II van het besluit behandelt de kortingen die verplicht moeten worden toegepast op de bijdrageschalen (opgenomen in bijlage I). De minimumbijdrage bedraagt echter 0,50 euro per uur!

Volgende verplichte kortingen worden automatisch toegekend aan personen die minimum 35 punten scoren op de BELschaal:

- deze personen krijgen automatisch een korting van 0,65 euro/uur
- indien het aantal gepresteerde uren gezinszorg daarenboven meer dan 60 uren per maand bedraagt, wordt er een bijkomende korting van 0,35 euro/uur toegekend

- indien de hulpverlening (ongeacht het aantal uren hulpverlening) langer dan een jaar duurt wordt er een bijkomende korting gegeven van 0,25 euro/uur.

De gecumuleerde korting kan dus oplopen tot 1,25 euro per uur indien men meer dan 35 punten scoort op de BEL-schaal en men meer dan 60 uur hulp heeft en men reeds langer dan één jaar hulp geniet. Het minimum bedrag per uur, na de kortingen, bedraagt wel 0,50 euro!

Facultatieve toeslagen

In een aantal gevallen mag de te betalen bijdrage worden verhoogd (facultatief per dienst - niet individueel!!):

- de dienst die wijkwerking organiseert mag een toeslag vragen van 5% (indien deze toeslag wordt gevraagd dient zij van toeassing te zijn voor alle gebruikers woonachtig in de betrokken regio),
- max. + 30% voor prestaties verleend op zaterdag, en voor prestaties tussen 20 uur en 7 uur, (buiten zon- en feestdagen),
- max. 60% voor prestaties op zon- en feestdagen.

Ieder dossier wordt jaarlijks herzien.

Documenten

Volgende bewijsstukken worden gevraagd:
een attest gezinssamenstelling (uittreksel uit het bevolkingsregister, bewijs van woonst of een ondertekende verklaring),

alle stukken ter staving van
- de inkomsten (bij weigering moet de maximumbijdrage worden genomen),
- de lasten,

- officieel attest i.v.m. invaliditeit, arbeidsongeschiktheid > 65 % (Periode van geldigheid!).

Voor iedere aanvraag wordt een Bel-score opgemaakt.

De Vlaamse Gemeenschap en de ondergeschikte besturen verlenen subsidies. - Ook sommige ziekenfondsen komen tussen ter ondersteuning van de thuiszorg.

Waar?

- Diensten gezinszorg (inlichtingen + aanvraag) (Gouden Gids nr. 7620).
- Gemeente, OCMW - sociale dienst (inlichtingen + bijstand + aanvraag) (zie telefoongids OCMW ofwel Gouden Gids infopagina's publieke instellingen).
- Ziekenfonds - dienst maatschappelijk werk (inlichtingen + bijstand + coördinatie + aanvraag premie) (Gouden Gids nr 6990, www.cm.be; e-mail: dmw@cm.be).

II.56. Poetsdienst - dienst voor logistieke hulp

Wat?

De dienst voor logistieke hulp heeft als doel schoonmaakhulp en eventueel karweihulp te bieden aan personen met verminderde zelfredzaamheid.

Wie?

Een huisgezin dat wegens ziekte (eventueel ook na bevalling), handicap of ouderdom niet in staat is de schoonmaak te doen, kan beroep doen op een poetsdienst. De prijs is afhankelijk van de inkomsten.

De meeste diensten bieden enkel hulp aan bejaarden met een beperkt inkomen.

Wie door zijn inkomen een 'normale' uurprijs betaalt komt meestal niet in aanmerking omdat de beschikbare middelen voor de poetsdiensten beperkt zijn.

Denk eveneens aan de PWA's (II.11.E) en aan de dienstencheques (II.57.).

Betoelaging?

- De VDAB neemt een deel van de loonkosten ten laste.
- De cliënten betalen een bedrag per uur.

Waar?

- Poetsdiensten (inlichtingen + aanvraag) (Gouden Gids nr. 7620).
- Gemeente, OCMW - sociale dienst (inlichtingen + bijstand + aanvraag) (zie telefoongids OCMW ofwel Gouden Gids infopagina's publieke instellingen).
- Ziekenfonds - dienst maatschappelijk werk (inlichtingen + bijstand + coördinatie + aanvraag premie) (Gouden Gids nr 6990, www.cm.be; e-mail: dmw@cm.be).

II.57. Dienstencheques

Ondernemingen voor het aanbieden van thuishulp van huishoudelijke aard, die gefinancierd wordt door de dienstencheques (B.V.R. 14.03.2003 - B.S.28.04.2003; K.B. 13.07.2007 B.S. 01.08.2007)

Wat ?

Het betreft thuishulp van huishoudelijke aard: m.a.w. hulp aan huis in de vorm van huishoudelijke activiteiten die kunnen bestaan uit:

- het schoonmaken van de woning met inbegrip van de ramen
- het wassen en strijken van het huishoudlinnen (strijken kan ook extern door een dienst), met inbegrip van verstelwerk van het te strijken linnen
- kleine occasionele naaiwerken (thuis of extern door een dienst)
- het doen van de boodschappen (dagelijkse benodigdheden)
- het bereiden van maaltijden;
- **vervoer van personen met beperkte mobiliteit** (mindervaliden, als dusdanig erkend door het Vlaams Agentschap voor Personen met een Handicap of het " Agence wallonne pour l'Intégration des personnes handicapées " of de " Service bruxellois francophone des personnes handicapées " of de " Dienststelle der Deutschsprachigen Gemeinschaft für Personen mit einer Behinderung sowie für die besondere soziale Fürsorge " **met daartoe speciaal uitgeruste voertuigen, waarvoor de Federale Overheidsdienst Mobiliteit en Vervoer een attest heeft afgeleverd.**
  (De bejaarden die een tegemoetkoming voor hulp aan bejaarden genieten en de personen van minstens 60 jaar die prestaties genieten verstrekt door een door de bevoegde overheid erkende dienst voor gezinszorg worden met mindervaliden gelijkgesteld, maar enkel voor het vervoer van de erkende mindervaliden is een aangepast voertuig met attest vereist). Sinds 01.11.2008 worden personen met recht op een inkomensvervangende tegemoetkoming, een integratietegemoetkoming, een tegemoetkoming hulp aan bejaarden of met een erkenning van minstens 7 punten op de zelfredzaamheidsschaal van de integratietegemoetkoming ook erkend als mindervalide (zie II.4 tot II.7). Kinderen met bijkomende kinderbijslag omwille van hun handicap worden eveneens erkend (zie II.2).

De dienstencheque kost 7,50 € en is 8 maanden geldig. Dienstencheques zijn aftrekbaar van de belastingen.

Er is een forfaitaire belastingvermindering van 30% van toepassing, beperkt tot 2.400 €. Cheques die gekocht worden aan 7,50 € per stuk kosten, na belastingaftrek 5,25 €.

Personen, die geen belastinge betalen en bijgevolg niet kunnen genieten van belastingvermindering, kunnen sinds 2008 dezelfde korting verkrijgen door middel van een belastingkrediet (het bedrag wordt door de fiscus terugbetaald als het niet met de belastingen kan verrekend worden).

Men kan maximaal 750 cheques per jaar gebruiken. Personen, die erkend zijn als mindervalide zoals hierboven beschreven, en sommige éénoudergezinnen, kunnen 2000 cheques per jaar gebruiken.

Wie ?

Deze huishoudelijke hulp kan worden uitgevoerd door erkende ondernemingen die erkend zijn om activiteiten in het kader van thuishulp van huishoudelijke aard te verrichten;

De onderneming die thuishulp van huishoudelijke aard verricht is gehouden aan de klant een kwaliteitsdienstverlening aan te bieden, die het respect voor de menswaardigheid, de persoonlijke levenssfeer, de ideologische, filosofische of godsdienstige overtuigingen, het klachtenrecht, de informatie aan en de inspraak van de gebruiker waarborgt, en die rekening houdt met de sociale leefsituatie van de klant.

De meeste diensten voor gezinszorg, sommige sociale werkplaatsen en sommige interimbureaus bieden dienstenbanen aan.

Hoe ?

De gebruiker kan, met financiële steun van de overheid, een prestatie van thuishulp van huishoudelijke aard vergoeden met behulp van dienstencheques.

De dienstencheque is een betaalmiddel uitgegeven door Sodexo.

Het laat een gebruiker toe buurtdiensten te betalen aan een werknemer van een erkende onderneming.

Men moet zich inschrijven en de cheques bestellen bij Sodexo. De inschrijving is gratis en kan eventueel on line gebeuren (www.dienstencheques.be).

Men verkrijgt na inschrijving een inschrijvingsnummer dat men nodig heeft om de cheques te bestellen (minstens 10 cheques per bestelling). Men betaalt de dienstverlener met één cheque per geleverd werkuur.

Waar?

Voor informatie over de inschrijving kunt u terecht
- bij het Plaatselijk Werkgelegenheidsagentschap of
- bij de Lokale Werkwinkel;
- www.dienstencheques-rva.be;
- bij de erkende ondernemingen: de meeste diensten gezinszorg en andere diensten, die dienstenbanen aanbieden.

De inschrijvingsaanvraag moet verstuurd worden naar:
Sodexo - Cel Dienstencheque
Charles Lemairestraat 1
1160 Brussel
Infolijn tel. 02/547 54 95
Fax 02/547 54 96

II.58. Warme maaltijden

Wat?

Een aantal OCMW's of lokale dienstencentra (zie II.58. 'Thuiszorg) organiseren voor zorgbehoevende personen warme maaltijden aan huis tegen een kostprijs die meestal in verhouding staat met het inkomen van de betrokkene.

Sommige traiteurs brengen ook maaltijden aan huis aan een matige prijs.

Wie?

Personen die wegens ziekte, handicap of ouderdom zelf niet (of moeilijk) kunnen koken, kunnen beroep doen op de dienst warme maaltijden van het OCMW (of uiteraard van een privé traiteur).

Betoelaging?

De diensten warme maaltijden ingericht door openbare besturen (OCMW's) kunnen gesubsidieerd worden door het Bijzonder Fonds voor Maatschappelijk Welzijn.

Waar?

- Gemeente, OCMW - sociale dienst (inlichtingen + bijstand + aanvraag) (zie telefoongids OCMW ofwel Gouden Gids infopagina's publieke instellingen).
- Traiteurs (Gouden Gids nr 1940).
- Ziekenfonds - dienst maatschappelijk werk (inlichtingen + bijstand + coördinatie + aanvraag premie) (Gouden Gids nr 6990)
  www.cm.be; e-mail: dmw@cm.be.

II.59. Zelfhulp - aagepaste sport & vrije tijd

a) Zelfhulpgroepen (Trefpunt zelfhulp)
b) Bellissimo - tegen eenzaamheid bij thuisgebonden zorgbehoeftige personen
c) Aangepast sporten
d) Aangepaste vrijetijdsbesteding
e) Zorgtraject voor personen met een handicap

a) ZELFHULPGROEPEN (Trefpunt zelfhulp)

Wat?

Zelfhulpgroepen brengen mensen die een zelfde probleem ervaren bij mekaar om daaraan samen iets te veranderen.

Zelfhulpgroepen zijn groepen opgericht en ontstaan vanuit en met vrijwilligers, met als bedoeling psychologische ondersteuning te geven aan lotgenoten. Alle leden, met éénzelfde ziekte of handicap, vinden er een klankbord. Zij herkennen identieke angsten en twijfels bij anderen, wat het voor henzelf gemakkelijker maakt om dragen. Samenkomen met lotgenoten is een enorme steun.

Ervaringskennis en -deskundigheid vormen de basis van hun optreden.

Groepen die werken rond zeldzame, chronische of moeilijk behandelbare aandoeningen zullen het verzamelen en verspreiden van informatie centraal stellen en regelmatig deskundigen aan het woord laten. Voor deze groepen kan het eveneens belangrijk om lotgenoten uit hun isolement te halen. Zij organiseren dus vaak ook sociale activiteiten.

Ten slotte zijn er ook nog patiëntenverenigingen die door middel van oefengroepen, turnen, zwemmen of andere sporten, leden helpen bij het revalideren of het handhaven van een redelijke lichamelijke conditie.

Zelfhulpgroepen komen ook op voor de belangen van hun leden. Zelfhulpgroepen komen op voor hun leden, en daarmee meteen ook voor iedereen. Dat dit stilaan vruchten afwerpt mag blijken uit bijvoorbeeld de oprichting van speciale behandelingscentra voor mensen met een neuromusculaire aandoening, een stofwisselingsziekte en mucoviscidose. Dankzij zelfhulpgroepen en patiëntenverenigingen is ook de recente wet op de patiëntenrechten zo verregaand.

Wat kenmerkt de informatie die zelfhulpgroepen op velerlei manieren verspreiden?
De ervaringskennis is de basis. De informatie is steeds doorspekt met verwerkingsstrategieën, tips, advies, ervaringen van anderen over hoe men het leven opnieuw in handen neemt.

Cruciaal is tevens dat de informatie oog heeft voor de onsequenties van een probleem op alle terreinen van het leven: lichaam, geest, werk, studies, relaties, vrije tijd, transport enzovoort.

Daarnaast hebben we het aangepast *taalgebruik*. Zelfhulpgroepen hanteren een taal die kort bij de betrokkenen staat en die hun ervaringen en visie weerspiegelt.

De informatie van zelfhulpgroepen is in vele gevallen erg recent is. Zelfhulpgroepen volgen ontwikkelingen op voor hen relevante domeinen op de voet. De putten voor hun informatie bovendien uit allerlei bronnen die door professionelen mee gecontroleerd worden.

Wie?

Zieken of personen met een handicap met verwerkingsproblemen van hun ziekte of handicap, hebben de mogelijkheid om contact te hebben met lotgenoten en hieruit kracht te putten en nuttige informatie op te doen.

Waar?

- E. Van Evenstraat 2c, 3000 Leuven (bezoekadres, het Trefpunt is elke weekdag open van 09u – 13u en van 14u – 17u)
  Parkstraat 45 bus 3608 (postadres)
  tel.: (016) 23 65 07
  e-mail: trefpunt.zelfhulp@soc.kuleuven.be
  internet: www.zelfhulp.be
- Ziekenfonds - dienst maatschappelijk werk (inlichtingen + bijstand) (Gouden Gids nr 6990, www.cm.be; e-mail: dmw@cm.be)

b) BELLISSIMO – tegen eenzaamheid bij thuisgebonden zorgbehoeftige personen

Eenzaamheid slaat vaker toe bij mensen die omwille van hun zorgbehoefte thuisgebonden zijn.

Het project "Bellissimo" wil hieraan iets veranderen en deze eenzaamheid terugdringen.

vrijwilligers engageren zich om:
- regelmatig één of meer ouderen op te bellen,
- om een babbeltje te slaan,
- om te informeren hoe het gaat,
- om mogelijke afspraken onder de aandacht te brengen,...

Bellissimo zorgt voor een regelmatig deugddoend contact.

Bij opstart van een contact komt de vrijwilliger eerst op kennismakingsgesprek thuis bij de deelnemer.

Bellissimo is een initiatief van het Netwerk Thuiszorg Oost-Vlaanderen (Familiehulp Oost-Vlaanderen, Familiezorg Oost-Vlaanderen, Christelijke Mutualiteiten en Wit-Gele Kruis Oost-Vlaanderen) en Ziekenzorg CM VZW.

c) AANGEPAST SPORTEN voor personen met een handicap - 'COÖRDINATIECEL AANGEPAST SPORTEN (CAS)'

Wat?

CAS staat voor **Coördinatiecel Aangepast Sporten**. De hoofdbedoeling is het **stimuleren van de sportbeoefening bij personenmet een handicap.**

CAS is een project van het provinciebestuur Oost-Vlaanderen, in samenwerking met diverse partners uit de gehandicaptensport.

Ook enkele andere provincies beschikken reeds over dergelijke provinciale structuur.

OPDRACHTEN VAN DE COÖRDINATIECEL

Informeren

CAS is een initiatief van de Vlaamse gemeenschapscommissie en inventariseert alle sportmogelijkheden voor personen met een handicap. Dat laat haar toe om iedereen die op zoek is naar een club gerichte informatie te verstrekken.

Sensibiliseren

CAS sensibiliseert mensen, coördineert initiatieven ter bevordering van sport voor en door personen met een handicap en wil sporters met een handicap in valide sportclubs integreren.

Het uitbouwen van een doorverwijsstructuur vanuit de revalidatiecentra naar de sportorganisaties is een belangrijke taak.

Ondersteunen

CAS wil de gehandicaptensport daadwerkelijk stimuleren door eigen sportactiviteiten te organiseren en die van anderen te ondersteunen, ... en door een uitleendienst op te richten voor aangepast sportmateriaal.

Waar?

In iedere Provincie en in het Brussels Gewest is er nu een afdeling:

- **Provincie Antwerpen**
  Sportdienst provincie Antwerpen
  p/a Sportcentrum CASPA
  Koen Stas coördinator
  Boomgaardstraat 22 bus 1
  2600 Antwerpen
  tel 03-240 62 97
  fax 03-240 62 99
  e-mail: caspa@sportdienst.provant.be
- **Provincie Limburg**
  Provinciale sportdienst Limburg
  Ronny Wasiak
  Universiteitslaan 1
  3500 Hasselt
  tel 011-23 72 60
  fax 011-23 72 10
  rwasiak@limburg.be

- **Provincie Oost-Vlaanderen**
  Oost-Vlaanderen
  Dienst 113 Sport - CAS
  Katrien De Clercq
  Huis van de Sport
  Zuiderlaan 13
  9000 Gent
  tel 09-243 12 42
  fax 09-243 12 49
  katrien.de.clercq@oost-vlaanderen.be
- **Provincie West-Vlaanderen**
  Provinciale sportdienst West-Vlaanderen
  Erika De Brabant
  Doornstraaat 114
  8200 Brugge
  tel 050-40 76 86
  fax 050-40 76 87
  erika.de€brabant@west-vlaanderen.be
- **Provincie Vlaams-Brabant**
  Provinciale sportdienst Vlaams-Brabant
  Secretariaat: Debbie Van Biesen
  Brusselsestraat 316
  3010 Leuven
  GSM 0474/247017
  E-mail: secretariaat@casvzw.be
  http://www.casvzw.be
- **Brusselse Gewest**
  Sportdienst Vlaamse Gemeenschapscommissie
  Britta Walraven
  LeopoldII-laan 178
  1080 Brussel
  tel 02-413 04 43
  fax 02-413 04 31
  E-mail: sportdienst@vgc.be
  of: britta.walraven@vgc.be
- **Andere organisaties:**
  - **Vlaamse Liga Gehandicaptensport (VLG)** Huis van de Sport
    Zuiderlaan 13
    9000 Gent
    T: 0477/23.76.59
    Website: www.vlg.be
    De Vlaamse Liga Gehandicaptensport is de door BLOSO erkende sportfederatie voor personen met een auditieve, verstandelijke, fysieke of visuele handicap, die naast recreatieve sportbeoefening ook competitie- en topsport aanbiedt én die jeugdwerking hoog in haar vaandel draagt. Zij organiseren ook sportkampen.
  - **Recreatief Aangepast Sporten (RECREAS)**
    Sint-Jansstraat 31-35
    1000 Brussel

T: 02/515.02.54
RECREAS werd door het BLOSO erkend als landelijke recreatieve sportfederatie voor personen met een handicap en richt zich tot alle personen met een handicap, ongeacht de aard van de handicap, leeftijd of overtuiging. Naast activiteiten op regelmatige basis organiseren zij ook sportkampen.

- **Psylos**
  Valkerijgang 26
  3000 Leuven
  T: 016/22.04.15
  Website: www.psylos.be
  Psylos is een Vlaamse vereniging ter bevordering van de sport, het openluchtleven, de lichamelijke opvoeding en het sociaal cultureel werk in de sector van de geestelijke gezondheidszorg. Als sportfederatie is Psylos erkend door BLOSO en telt het een veertigtal clubs verspreid over de Vlaamse provincies. Deze clubs bevinden zich binnen de psychiatrische ziekenhuizen, psychiatrische verzorgingstehuizen en het circuit van beschut wonen.
- **Special Olympics Belgium (SOB)**
  Van Der Meerschenlaan 166b
  1150 Sint-Pieters-Woluwe
  T: 02/779.93.13
  Website: www.specialolympics.be
  Special Olympics is een beweging die de ontplooiing van de mentaal gehandicapte persoon beoogt en de sensibilisering van zijn omgeving. Deze beweging biedt aan alle mentaal gehandicapte personen de mogelijkheid om aangepaste sport te beoefenen, om speciale trainingsprogramma's te volgen en om aan wedstrijden deel te nemen op verschillende behendigheidsniveaus. Op deze manier kan sport bijdragen tot hun sociale erkenning.
  http://www.supporterparalympics.be/
- **Stichting Vlaamse Schoolsport (SVS)**
  Janseniusstraat 47
  3000 Leuven
  T: 016/29.85.20
  Website: www.schoolsport.be
  De Stichting Vlaamse Schoolsport wil de harmonieuze ontwikkeling van geest en lichaam van de schoolgaande jeugd, ook uit het buitengewoon onderwijs, bevorderen via opvoedende sportactiviteiten.
- **Voetbal voor personen met een handicap:**
  http://www.g-voetbalvlaanderen.be/

d) AANGEPASTE VRIJETIJDSBESTEDING voor personen met een handicap

De werking van KVG:

Wat?

KVG heeft sinds 1999 een vrijetijdswerking opgestart. Deze werking is gesubsidieerd door het Vlaams Agentschap (wellicht zijn er ook andere organisaties, die vrijetijdswerking aanbieden).

Elke vrijetijdswerking organiseert en coördineert vrijetijdsmogelijkheden voor personen met een handicap, door vrijetijdsclubs uit te bouwen en een individuele trajectbegeleiding aan te bieden.

- De individuele trajectbegeleiding bestaat er in dat men voor een persoon met een handicap stap voor stap mee op zoek gaat naar een aangepaste vrijetijdsbesteding op maat. Bedoeling is dat gehandicapten terecht kunnen en zich kunnen handhaven binnen het (gewone) reguliere circuit. De trajectbegeleiding houdt rekening met wensen, mogelijkheden en zoekt naar verplaatsingsmogelijkheden.
- De begeleiding en ondersteuning van vrijetijdsclubs bestaat er in bestaande clubs en nieuwe initiatieven met raad en daad bij te staan (bijeenkomsten clubwerking, uitwerking nieuwe ideeën, verzekeringsvereisten, ervaringsuitwisseling, bekendmaking initiatieven, enz.)
- Tot slot maakt KVG deel uit van de 'Hobbylobby', dit is een forum tot uitwisseling van ervaringen en biedt zeer praktische informatie over onder meer toegankelijkheid van voorzieningen, liftbussen, enz.

Wie?

Alle personen met een handicap, ongeacht het soort handicap

Waar?

http://www.kvg.be/VrijeTijd/

In elke provincie heeft KVG een vrijetijdswerking:

- Limburg
  Vrijetijdswerking Ookerbij
  Rederijkersstraat 53
  3500 Hasselt
  011/23 22 04
  vrijetijd.limburg@kvg.be
- Turnhout
  Steunpunt Vrijetijd Gehandicapten Kempen
  Korte Begijnenstraat 18
  2300 Turnhout
  014/40 33 61
  svgk@acw.be
  www.svgk.be
- Antwerpen
  Vrijetijd Antwerpen
  Schoenstraat 61
  2140 Borgerhout
  03/235 85 57
  vrijetijd.antwerpen@kvg.be
- Oost-Vlaanderen
  Vrijetijd Oost-Vlaanderen
  Oudstrijderslaan 1 (wijk Malem)

9000 Gent
0497/60.19.57
vrijetijd.oost-vlaanderen@kvg.be
- West-Vlaanderen
Vrijetijd West-Vlaanderen
Ardooisesteenweg 73
8800 Roeselaere
051/24 88 06
vrijetijd.west-vlaanderen@kvg.be
- Vlaams-Brabant
De KraanVoGel
Noorderlaan 4
1731 Zellik
0478/28 70 06
dekraanvogel@kvg.be
kvg-de kraanvogel.be

e) NATUURBELEVING voor personen met een handicap:

- Het **natuureducatiecentrum De Vroente** te Kalmthout organiseert specifieke natuuractiviteiten voor personen met een verstandelijke of fysieke handicap. De programma's bieden de mogelijkheid om de natuur zelf te beleven via zintuiglijke ervaringen of ateliers. Voor personen die niet mobiel zijn is een binnenprogramma voorzien. Op vraag maakt men programma's op maat van een groep.
  Info en reservatie: Natuureducatiecentrum De Vroente, Putsesteenweg 129, Kalmthout, tel. 03/620 18 34, www.devroente.be
- **Natuurpunt Vlaanderen** heeft aandacht voor aangepaste natuurbeleving voor rolstoelgebruikers en beschikt over een aantal toegankelijke paden en vogelkijkhutten (tel. 015/29 72 72).
  Voor informatie over toegankelijke natuurgebieden in Nederland surft men naar www.natuurzonderdrempel.nl .
- **Licht en liefde** heeft een uitgebreide vrijetijdswerking voor personen met een visuele handicap en heeft een aanbod van inlevingsactiviteiten voor niet-gehandicapte personen.
  Info: Markgravelei 51 - 2018 Antwerpen, telefoon: 03-248 68 68 - Fax: 03-216 26 29
  E-mail: dir.dienstverl@blindenzorglichtenliefde.be

d) ZORGTRAJECT voor personen met een handicap

Wat?

Het hulp- en zorgaanbod binnen en buiten de gehandicaptenzorg is bijzonder rijk geschakeerd. Waar kun je het beste voor jouw specifieke noden en behoeften terecht ? En bestaat er niet ergens een oplossing die nog beter bij je past ? Men heeft vaak geen overzicht van de mogelijkheden, zorgtrajectbegeleiding biedt een efficiënte oplossing.

De zorgtrajectbegeleidingsdiensten zijn gestart als proefproject, gesubsidieerd door het Vlaams Agentschap voor personen met een handicap en onder begeleiding van de KU Leuven. De diensten helpen mensen met een handicap op de juiste weg door het woud van zorgvoorzieningen en hulpmiddelen die op de markt zijn. Uit deze projecten is het zorgtraject gedistilleerd dat voorziet in een voortraject, een inschaling van de zorgnoden met toekenning van een zorggraad, de opmaak van een ondersteuningsplan, waarbij de wensen aan de zorgnoden gekoppeld worden, en de toekenning van de ondersteuning. Vervolgens voorziet men de toeleiding naar de zorg en eventueel ondersteuning in afwachting van een oplossing (cfr. de wachtlijsten bij opvang). Dit traject wordt al gebruikt in het project persoonsgebonden budget (PGB), dat in september 2008 van start ging in de regio's Antwerpen en Brussel.

Het voortraject bestaat er in betrokkene te begeleiden bij het uittekenen van zijn/haar toekomstplan (de zorg die hij wenst). Dit traject wordt individueel en collectief aangeboden. Personen met een handicap, die kiezen voor het collectieve aanbod (men wordt in groep geïnformeerd over de mogelijkheden en de bijstand) kunnen terecht bij de gebruikersverenigingen van personen met een handicap.

De bijstand bij het individuele voortraject en de rest van het verloop van het zorgtraject staat beschreven in II.33 (project persoonsgebonden budget).

Wie?

Alle personen met een handicap.

Waar?

- KVG – Nationaal
  Arthur Goemaerelei 66
  2018 Antwerpen
  tel: 03-216 29 90
  fax: 03-248 14 42
  e-mail: post@kvg.be
- VFG Nationaal
  Leen Pollentier - Nationaal Verantwoordelijke
  Sint-Jansstraat 32-38
  1000 Brussel
  Tel : 02 515 02 62
  Fax : 02 511 50 76
  E-mail: info@vfg.be
- Gelijke Rechten voor Iedere Persoon met een handicap (GRIP) vzw (informatie en advies)
  Koningsstraat 136
  1000 Brussel
  Tel. 02/214.27.60
  Fax. 02/214.27.65
  E-mail info@gripvzw.be
- PLAN VZW (initiatief vakgroep Orthopedagogiek - Gent)
  http://www.planvzw.be

II.60. Ziekenzorg CM

Wat?

Ziekenzorg is een afdeling van de Christelijke Ziekenfondsen die, zoals het woord zelf zegt, zich toelegt op de problematiek van het ziek zijn en op dit vlak ondersteuning wil bieden.

Leven met een chronische ziekte is een uitdaging die heel wat energie vraagt. Van tijd tot tijd hebben ernstig zieke mensen nood aan een bondgenoot die energie, hoop en onvermijdelijke tegenslag deelt.

Ziekenzorg CM biedt dit bondgenootschap aan door middel van een gevarieerde werking waar mensen met een chronische ziekte en gezonde vrijwilligers het voor elkaar opnemen.

Bijna in iedere gemeente (parochie) vind je een ziekenzorgkas, bestaande uit vrijwilligers. Zij organiseren:
- bezoek bij zieken thuis,
- diensten (thuisoppas, vervoer, boodschappendienst, ...),
- aangepaste uitstappen,
- Lourdesbedevaarten,
- bezigheidsclubs,
- samenkomsten,
- vormingsactiviteiten
- belangenbehartiging.

Wie?

Alle zieken (ongeacht de leeftijd) kunnen lid worden van Ziekenzorg.

Waar?

- Ziekenzorg Nationaal (inlichtingen)
  LCM Ziekenzorg
  Haachtsesteenweg 579, postbus 40
  1030 Brussel
  tel.: (02) 246 41 11
  www.ziekenzorg.be
- Christelijk ziekenfonds (loket of dienst maatschappelijk werk) (Gouden Gids nr 6990, www.cm.be; e-mail: dmw@cm.be)

II.61. Minder Mobielen Centrale - Infopunt toegankelijk reizen

A) MINDER MOBIELEN CENTRALE

Wat?

In gans het Vlaamse land bestaan er Minder Mobielen Centrales welke als doel hebben bejaarden, personen met een handicap of zieke personen te vervoeren.

Meer dan 200 Vlaamse gemeenten (m.a.w. meer dan 64 % van de gemeenten) beschikken momenteel over een dergelijke dienst met bijna 3.000 vrijwilligers chauffeurs.

De chauffeurs zijn vrijwilligers die op aanvraag en tegen een kleine kostenvergoeding het transport verzorgen van de betrokken persoon naar de winkel, familie, dokter, ziekenhuis, ... Jaarlijks betaal je 7,00 euro voor het lidmaatschap (de verzekering burgerlijke aansprakelijkheid inbegrepen). Per rit betaal je voor al de gereden kilometers + 0,30 euro/km. (omniumverzekering + onkosten chauffeur) en in een aantal centrales + 0,50 euro administratiekosten.

Gebruik van dienstencheques (K.B. 31.03.2004; K.B. 05.03.2006)
De dienstencheques mogen ook gebruikt worden voor de betaling van de prestaties door de Minder Mobielen Centrale voor het begeleid vervoer van personen met beperkte mobiliteit met daartoe speciaal uitgeruste voertuigen (waarvoor de Federale Overheidsdienst Mobiliteit en Vervoer een attest heeft afgeleverd).

Wie?

Zieken, ouderen, personen met een handicap
1. van wie het inkomen lager is dan tweemaal het leefloon (zie IV.6.),
2. en voor wie het zeer moeilijk is om het openbaar vervoer te gebruiken of die geen openbaar vervoer in de buurt hebben,

kunnen beroep doen op de Minder Mobielen Centrale tegen een vaste prijs per km. Jaarlijks betaalt en 7,00 euro voor het lidmaatschap (verzekering burgerlijke aansprakelijkheid inbegrepen). Per rit betaalt men voor al de gereden kilometers + 0,30 euro/km. (omniumverzekering + onkosten chauffeur) en in een aantal centrales + 0,50 euro administratiekosten.
(Zie ook 'Wat?' - Gebruik van dienstencheques)

Waar?

- Ziekenfondsen - dienst maatschappelijk werk (Gouden Gids nr 6990, www.cm.be; e-mail: dmw@cm.be)
- Taxistop Gent
  Onderbergen 51 b, 9000 Gent
  tel.: (09) 223 23 10
  http://www.taxistop.be/1/1mmc.htm
- OCMW - sociale dienst (een aantal gemeenten organiseren zelf een Minder Mobielen Centrale)

B) INFOPUNT TOEGANKELIJK REIZEN

Wat?

Infopunt Toegankelijk Reizen zoekt voor elke aanvrager gratis alle toegankelijkheidsinformatie op, zowel op vlak van vervoerstoegankelijkheid en verblijfstoegankelijkheid als op vlak van toegankelijkheid in musea en andere toeristische punten. Op die manier wil het infopunt mensen met een handicap helpen om werkelijk mobiel te worden en op reis te gaan zoals ze het zelf willen.

Wie?

Alle personen met een handicap.

Waar?

Infopunt Toegankelijk Reizen
Grasmarkt 61, 1000 Brussel
Tel. 070/23 30 50, Fax 070/23 30 51
www.toegankelijkreizen.be
info@toegankelijkreizen.be

II.62. Statuten ter bescherming van de personen met een handicap

1) Verlengde minderjarigheid

Wat?

Personen met een ernstig mentale handicap (minderjarigen of meerderjarigen) die omwille van hun handicap niet bekwaam zijn (of zullen worden) om zichzelf en hun goederen te beheren, kunnen verlengd minderjarig worden verklaard waardoor zij juridisch gelijkgesteld worden met een persoon onder de 15 jaar. Hierdoor kunnen een aantal akten (zoals bv. huwen, zich vestigen als zelfstandigen, ...) door de persoon met een handicap niet meer worden uitgevoerd. Een door de rechtbank benoemde voogd of toeziende voogd zal deze taken overnemen.

Wie? Hoe?

Voor een minderjarige (of meerderjarige) persoon met een mentale handicap kunnen de ouders, de voogd (of hun advocaat) of de procureur des konings (voor meerderjarige personen met een mentale handicap kan het ook door de bloedverwanten) een aanvraag indienen bij de rechtbank van eerste aanleg. Bij de aanvraag dient tevens een geneeskundig attest (max. 15 dagen oud) gevoegd.

Waar?

- Rechtbank van eerste aanleg (inlichtingen + aanvraag)
- Dienst maatschappelijk werk ziekenfonds (algemene informatie)
- Sociale dienst OCMW (algemene informatie)
- Behandelend arts (geneeskundig verslag)

2) Onbekwaamverklaring

Wat?

Meerderjarige personen met een mentale of psychische handicap kunnen onbekwaam worden verklaard. Zij worden (zoals bij verlengde minderjarigheid) juridisch gelijkgesteld met een minderjarige voor de akten die zij plegen (inzake hun persoon of hun goederen). Indien de persoon met een handicap gehuwd is, dan wordt de echtgeno(o)t(e) van rechtswege voogd.

Wie? Hoe?

De aanvraag kan gebeuren door de echtgeno(o)t(e) of een bloedverwant bij de rechtbank van eerste aanleg. Desnoods kan ook de procureur des konings de onbekwaamheidsverklaring vorderen.

Waar?

- Rechtbank van eerste aanleg (inlichtingen + aanvraag)
- Dienst maatschappelijk werk ziekenfonds (algemene informatie)
- Sociale dienst OCMW (algemene informatie)

3) Verpleging in een gezin

(Wet 18.07.1991 - B.S. 26.07.1991)

Wat?

De vrederechter kan ten behoeve van een geesteszieke, die gezien zijn toestand en de woonomstandigheden nog in een gezin kan verzorgd worden, voor een termijn van 40 dagen een geneesheer de opdracht geven de zieke te behandelen en tevens een persoon aanduiden om deze geesteszieke te bezoeken. De behandelende arts kan (tenminste 15 dagen voor het verstrijken van de termijn van 40 dagen) via een omstandig medisch verslag bij de vrederechter de noodzaak van deze maatregel aantonen. De vrederechter doet dan een nieuwe uitspraak voor maximum twee jaar. De zieke heeft het recht om het schriftelijk advies van zijn eigen geneesheer voor te leggen. Indien dit advies verschilt van het advies van de aangeduide arts dan kan de vrederechter, in tegenwoordigheid van de advocaat van de zieke, de aangeduide arts op tegenspraak horen. De aangeduide arts zendt tenminste éénmaal per jaar een schriftelijk verslag aan de vrederechter. De vrederechter bezoekt de geesteszieke minstens éénmaal per jaar.

Wie? Hoe?

Iedere belanghebbende kan een verzoekschrift indienen bij de vrederechter opdat hij een behandelend arts en een ziekenbezoeker de opdracht zou geven om zich te bekommeren om een geesteszieke die nog in een gezin kan verzorgd worden.

Waar?

- Vrederechter (aanvraag)
- Dienst maatschappelijk werk ziekenfonds (algemene informatie)
- Sociale dienst OCMW (algemene informatie)
- Behandelend arts (geneeskundig verslag)

4) Bescherming van de goederen van personen die wegens hun lichaams- of geestestoestand geheel of gedeeltelijk onbekwaam zijn die te beheren

(Wet 03.05.2003 - B.S. 31.12.2003)

Wat?

Elke belanghebbende, de procureur des konings of een persoon met een handicap voor zichzelf, kunnen bij de vrederechter een verzoekschrift indienen om een voorlopige bewindvoerder aan te duiden indien betreffende meerderjarige gehandicapte wegens zijn gezondheidstoestand (tijdelijk) niet in staat is om zijn goederen te beheren. De voorlopige bewindvoerder moet jaarlijks rekenschap geven van zijn beheer aan de persoon met een handicap en aan de vrederechter.

De vrederechter dient uitdrukkelijk de voorkeur te geven aan gezins- en familieleden als hij een bewindvoerder aanduidt. Indien er toch een professionele bewindvoerder aangeduid wordt, dan kan de beschermde persoon zich laten bijstaan door een vertrouwenspersoon, die als tussenpersoon kan optreden om de persoonlijke belangen en verlangens mee te helpen behartigen. De vertrouwenspersoon heeft het recht om op zijn verzoek gehoord te worden door de vrederechter. De bewindvoerder moet jaarlijks een verslag voorleggen aan de vrederechter met daarin de financiële verrichtingen, het aantal persoonlijke contacten en de activiteiten met het oog op het verbeteren van de leefsituatie van de beschermde persoon.

Iedereen kan in een wilsbeschikking (strikt geheim hetzij via de vrederechter, hetzij via een notaris) voorafgaandelijk zelf een kandidaat-bewindvoerder aanduiden voor het geval men niet meer in staat zou zijn de eigen goederen te beheren. Deze wilsbeschikking wordt geregistreerd in een Centraal Register bij het Notariaat. De vrederechter kan bij de toewijzing van een voorlopig bewindvoerder alleen afwijken van deze aangegeven voorkeur als hij zijn beslissing duidelijk verantwoord. (wet L. Goutry; CD + V)

Wie?

Meerderjarige personen met een handicap die, geheel of gedeeltelijk, wegens hun gezondheidstoestand niet in staat zijn hun goederen te beheren.

Procedure

De meerderjarig gehandicapte zelf, ieder belanghebbende of de procureur des konings kunnen bij de vrederechter van de feitelijke verblijfplaats van de onbekwame een verzoekschrift indienen waarbij tevens een omstandig geneeskundig verslag (max. 15 dagen oud) wordt gevoegd.

Waar?

- Vrederechter (aanvraag)
- Dienst maatschappelijk werk ziekenfonds (algemene informatie)
- Sociale dienst OCMW (algemene informatie)
- Behandelend arts (geneeskundig verslag)

5) Bescherming van de persoon van de geesteszieke

(W. 26.06.90 - B.S. 27.07.90)

Wat?

Geesteszieken die hun eigen gezondheid en veiligheid ernstig in gevaar brengen of die een ernstige bedreiging vormen voor andermans leven of integriteit, kunnen via een rechterlijke beslissing tot observatie (maximum 40 dagen) of tot een verblijf van maximum 2 jaar in een instelling (ziekenhuis) (telkens verlengbaar met 2 jaar) gedwongen worden.

Wie?

Ieder belanghebbende kan een verzoekschrift voor een gedwongen observatie van een geesteszieke indienen bij de vrederechter. De belanghebbnde dient in zijn verzoekschrift aan te tonen (o.a. aan de hand van een medisch attest van max.15 dagen oud) dat de gehandicapte (geesteszieke):
- zijn eigen gezondheid en veiligheid in gevaar brengt of
- een ernstige bedreiging vormt voor andermans leven of integriteit.

Hoe?

Via een verzoekschrift voor opname ter observatie (max. 40 dagen) bij de vrederechter (te staven met een medisch attest van max. 15 dagen oud). Een verblijf in een instelling kan maar nadat de directeur van de observatieinstelling deze vraag, gemotiveerd aan de hand van een omstandig verslag van de geneesheer- diensthoofd, richt aan de vrederechter die dan uitspraak doet (maximum 2 jaar, telkens te verlengen). Tegen het vonnis is beroep mogelijk binnen de 15 dagen na de betekening van het vonnis.

Waar?

- Vrederechter (aanvraag)
- Dienst maatschappelijk werk ziekenfonds (algemene informatie)
- Sociale dienst OCMW (algemene informatie)
- Geneesheer (geneeskundig verslag)

II.63. Beleidsorganisaties voor personen met een handicap

- De Hoge Raad voor Personen met een Handicap
  Secretariaat: FOD Sociale Zekerheid Dienst Gehandicaptenbeleid
  Administratief Centrum Kruidtuin
  Finance Tower
  Kruidtuinlaan 50, bus 50, 1000 Brussel
  tel.: (02) 507 87 99
- Federatie consultatiebureaus voor personen met een handicap
  Hoefijzerlaan 38, 8000 Brugge
  tel.: (050) 33 66 91
- Federatie van revalidatiecentra voor mentaal en psychisch gehandicapten
  Groot Begijnhof 47, 9040 Gent
  tel.: (09) 228 21 67 - fax: (09) 229 13 80
- Federatie van revalidatiecentra voor spraak- en gehoorgestoorden
  Sint-Lievenspoortstraat 129, 9000 Gent
  tel.: (09) 268 26 26 - fax: (09) 233 12 40
- Fevlado vzw (Federatie van Vlaamse Doven en Slechthorenden)
  Coupure rechts 314, 9000 Gent
  tel.: (09) 224 46 76 - fax: (09) 329 07 47
  e-mail: info@fevlado.be - www.fevlado.be
- Fevlado-Passage vzw (dienstverlening voor doven, slechthorenden, doofgewordenen, hun omgeving en geïnteresseerden)
  Coupure rechts 314, 9000 Gent
  tel.: (09) 329 63 36 - fax: (09) 234 14 55
  e-mail: fevladopassage@pandora.be
- Fevlado-Diversus vzw (vormingsdienst met oog voor gebarentaal)
  Coupure rechts 314, 9000 Gent
  tel.: (09) 228 59 79 - fax: (09) 329 07 47
  e-mail: fevladodiversus@pandora.be
- Inclusie Vlaanderen (vroeger: Ver. Voor Hulp aan Verstand. Gehandicapten)
  Albert Giraudlaan 24, 1030 Brussel
  Tel.: (02) 247 60 10 - fax: (02) 219 90 61
  e-mail: secretariaat@vvhvg.be -
  www.inclusievlaanderen.be
- Katholieke Vereniging voor Gehandicapten - nationaal secretariaat
  Arthur Goemaerelei 66, 2018 Antwerpen 1
  tel.: (03) 216 29 90
  e-mail: post@kvg.be - www.kvg.be
- Mens en Handicap (expertisebureau voor schadebepalingen)
  Alfons Sifferstraat 213, 9930 Zomergem
  Tel.: (0475)64 21 19
  www.mensenhandicap.be
  e-mail: info@mensenhandicap.be
- Pluralistisch platform Gehandicaptenzorg
  Junostraat 32, 2600 Antwerpen (Berchem)
  tel.: (03) 366 49 96 - fax: (03) 366 49 97 - www.ppg.be
  e-mail: post@ppg.be

- SIMILES (voor familieleden/vrienden van psychisch zieke mensen of voor personen met psychiatrische problemen)
  Similes Federatie, Groeneweg 151, 3001 Leuven (Heverlee)
  tel.: (016) 23 23 82 - fax: (016)23 88 18
  e-mail: similes@scarlet.be - www.similes.be
- Toegankelijkheidsbureau VZW
  aangepast (ver-)bouwen voor personen met een handicap
  Belgiëlei 1, 3510 Hasselt (Kermt)
  tel.: (011) 87 41 38 - fax: (011) 87 41 39
  e-mail: info@toegankelijkheidsbureau.be - www.toegankelijkheidsbureau.be
- Toegankelijkheidsbureau VZW
  Noorderlaan 4, 1731 Zellik
  tel. 02/465 55 25
  e-mail: info@toegankelijkheidsbureau.be - www.toegankelijkheidsbureau.be
- Centrum voor Toegankelijkheid Provincie Antwerpen
  Koningin Elisabethlei 22, 2018 Antwerpen
  tel.: (03)240 50 11 - fax: (03)240 54 75
  e-mail: info@provant.be - www.provant.be
- Verbond van voorzieningen voor jeugd- en gehandicapten (VVJG)
  Guimardstraat 1, 1040 Brussel 4 (Etterbeek)
  tel.: (02) 511 44 70 - fax: (02)513 85 14
  e-mail: post@vlaamswelzijnsverbond.be
- Vlaamse federatie gehandicapte jongeren
  Sint-Jansstraat 32-38, 1000 Brussel
  tel.: (02) 515 02 62 - fax: (02) 511 50 76
  e-mail: info@vfg.be - www.vfg.be
- Vlaamse federatie van beschutte werkplaatsen (VLAB)
  Goossensvest 34, 3300 Tienen
  tel.: (016) 82 76 40 - fax: (016) 82 76 39
  e-mail: info@vlab.be - www.vlab.be
- Vlaamse Liga voor Gehandicaptensport VZW
  Huis van de sport
  Zuiderlaan 13, 9000 Gent
  Tel.: (09)243 11 70 - fax: (09)243 11 79
  e-mail: info@vlg.be
  Website: www.vlg.be
- Vlaams Meldpunt Verzekeringen en Handicap
  (positieve en negatieve ervaringen met verzekeringen)
  Katholieke Vereniging voor Gehandicapten
  Arthur Goemaerelei 66
  2018 Antwerpen 1
  tel.: (03) 216 29 90 - fax: (03)272 58 89
  e-mail: post@kvg.be
  Internet: http://www.kvg.be
- Vormingsinstituut voor begeleiding van personen met een handicap
  Tiensesteenweg 63, 3010 Leuven (Kessel-Lo)
  tel.: (016) 23 51 21 - fax: (016)23 09 93
  e-mail: info@vibeg.be

- Brusselse welzijns- en gezondheidsraad VZW
  Leopold II-laan 204, bus 1, 1080 Brussel
  tel.: (02) 414 15 85 - fax: (02)414 17 19
  e-mail: info@bwr.be
- Platform voor voluntariaat VZW
  Vlaams Steunpunt voor vrijwilligerswerk
  Amerikalei 164, 2000 Antwerpen
  tel.: (03) 218 59 01 - fax: (03) 218 45 23
- Gelijke Rechten voor Iedere Persoon met een Handicap (GRIP)
  Koningsstraat 136, 1000 Brussel
  tel.: (02) 214 27 60 - fax: (02) 214 27 65
  e-mail: info@gripvzw.be - www.gripvzw.be

III. Bejaarden / ouderen

(Vervangingsinkomens, voorzieningen, opnamemogelijkheden voor bejaarden)

III.1. Beroepsziekten (Aanvraag na pensioenleeftijd)

(Wet 03.06.70, laatst gewijzigd bij wetten 13.07.2006 & 19.07.2006; KB 17.07.1974; KB 28.03.1969; KB 26.09.1996; ...; KB 04.05.2006)

Wat?

Werknemers in loonverband (of zelfstandigen die het bewijs leveren dat zij hun ziekte opliepen tijdens een periode als werknemer in loonverband) welke een erkende beroepsziekte hebben opgelopen ten gevolge van de door hen uitgeoefende functie, kunnen hiervoor een schadevergoeding (1) ontvangen.

Een beroepsziekte wordt soms zeer lang na de blootstelling aan het risico duidelijk. Men hanteert een lijstsysteem (een lijst met vergoedbare beroepsziekten) (2) en een 'open' systeem (andere beroepsziekten, die niet vermeld staan in de lijst).

Er bestaat een fundamenteel verschil tussen het lijstsysteem en het open systeem. In het lijstsysteem geldt er een wettelijk vermoeden van oorzakelijk verband tussen de ziekte en de blootstelling aan het beroepsrisico van die ziekte. In het open systeem rust de bewijslast met betrekking tot het oorzakelijk verband volledig op de aanvrager. Men aanvaart slechts een beroepsrisico in het open systeem indien de blootstelling aan de schadelijke invloed inherent is aan de beroepsuitoefening en beduidend groter is dan de blootstelling van de bevolking in het algemeen, en, indien deze blootstelling volgens algemeen aanvaarde medische inzichten, van aard is om de ziekte te veroorzaken.

Een rugletsel bij verpleegkundigen werd in principe niet als beroepsziekte aanvaard omdat er onvoldoende wetenschappelijke argumenten zijn om rugpijn en degeneratief ruglijden in het algemeen (met inbegrip van discushernia en ischias) te beschouwen als ziekten, veroorzaakt door dynamische en/of statische belasting van de wervelzuil. Derhalve werd de aandoening niet opgenomen in het lijstsysteem en was het in de praktijk vrijwel onmogelijk om in het open systeem te laten besluiten tot een rechtstreeks en determinerend oorzakelijk verband tussen de beroepsuitoefening en de ziekte.

Voor dit soort aandoeningen is nu de mogelijkheid tot erkenning van arbeidsgerelateerde ziekten ingevoerd (Wet houdende diverse bepalingen 13.07.2006, van toepassing sinds 01.03.2007). Dit zijn ziekten waarvan het oorzakelijk verband slechts gedeeltelijk aantoonbaar is, de blootstelling moet slechts 'groter zijn' dan die van de bevolking in het algemeen. In een K.B. van 17.05.2007, BS 07.03.2007 voorziet men een preventieprogramma voor mensen met lage rugpijn ten gevolge van het manueel hanteren van lasten of mechanische trillingen op het werk waarbij de nadruk ligt op revalidatie en reïntegratie in het werkmilieu (eventueel na werkverwijdering). Men voorziet slechts beperkte schadevergoeding, door tussenkomst bij geneeskundige verstrekkingen en vergoeding van verplaatsingen naar

(1) De vergoedingen beroepsziekte en uitkeringen verleend door andere sociale zekerheids- en voorzorgsregelingen (behalve pensioenen) worden, behoudens de in die regelingen voorziene beperkingen (bv. ziekteuitkeringen) of uitsluitingen (bv. tegemoetkomingen aan personen met een handicap) onbeperkt gecumuleerd.

(2) Lijst der beroepsziekten: zie K.B. 06.02.2007 – BS 27.02.2007 ter vervanging van K.B. 28.03.69 - B.S. 04.04.69 aan te vragen bij het Fonds voor Beroepsziekten of te consulteren http://www.fbz.fgov.be

het revalidatiecentrum. De aanvraag dient te gebeuren door de preventieadviseur-arbeidsgeneesheer, tussen 4 weken en maximum 3 maanden arbeidsongeschiktheid ten gevolge van de aandoening of na een chirurgische ingreep (zelfde aanvraagperiode). Wie gedurende het laatste jaar in totaal 4 weken arbeidsongeschikt was om dezelfde redden kan al na 1 week de aanvraag starten.

De uitkeringen voor beroepsziekten worden berekend op basis van het gemiddelde dagelijkse loon dat overeenstemt met 1/365ste van het basissalaris (= complete salaris waarop de werknemer recht heeft tijdens de 4 trimesters voor het trimester van de dag van de erkenning van de beroepsziekte). Het basisloon is beperkt tot een maximumbedrag (1).

Overzicht van de uitkeringen:

a) Bij overlijden
   - begrafeniskosten aan wie de kosten van de begrafenis heeft gedragen: 30 x gemiddeld dagloon MIN de tussenkomst van het ziekenfonds (zie III.16.) en de overbrengingskosten naar de begraafplaats
   - rente aan de overlevende echtgeno(o)t(e) (forfaitair bedrag van 3.901,82 euro/jaar op 01.01.2009 indien genieter van overlevings- of rustpensioen (2), 30% basisloon indien niet pensioengerechtigd)
   - De overlevende echtgenoot die uit de echt of van tafel en bed gescheiden is en die een onderhoudsgeld genoot ten laste van de overledene, heeft ook recht op een jaarlijkse vergoeding, die maximaal het onderhoudsgeld bedraagt.
   - rente aan kinderen (zolang er recht is op kinderbijslag (3)):
     1. wettelijke (erkende/geadopteerde) kinderen (1 ouder leeft nog), (15% basisloon per kind met een max. van 45% voor alle kinderen samen)
     2. wettelijke (erkende/geadopteerde) kinderen (beide ouders overleden), natuurlijke kinderen (niet erkend door overleden moeder), (20% basisloon per kind met een max. van 60% voor alle kinderen samen)
   - in bepaalde uitzonderlijke gevallen (onder hetzelfde dak wonen, geen andere rechthebbenden, voordeel halen uit het loon van de overledene,...) kunnen eventueel ook andere personen aanspraak maken op een rente (van 15-20%), met name:
     - de ouders (adoptanten),
     - de kleinkinderen,
     - broers en zusters.

b) Bij arbeidsongeschiktheid

   Uitkeringen;

   1) tijdelijke ongeschiktheid (minstens 15 dagen)
      - bij volledige tijdelijke ongeschiktheid: dagelijkse vergoeding, berekend op 90% van het basisloon,

---

(1) Basisloon = loon van de laatste 4 trimesters vóór de medische vaststelling van de beroepsziekte beperkt tot 36.809,73 euro per jaar (bedrag 01.01.2009). Voor leerlingen of minderjarige werknemers mag het echter niet minder bedragen dan 5.948,76 euro.

(2) KB 13.01.83 (BS 20.01.83) - laatst gewijzigd bij KB 02.09.91 (BS 22.10.91).

(3) Kinderen met een handicap behouden eventueel deze rente, ook al ontvangen zij geen kinderbijslag meer.

- bij gedeeltelijke tijdelijke ongeschiktheid, bv. bij een gedeeltelijke werkhervatting na een volledige tijdelijke ongeschiktheid, wordt een vergoeding (eventueel geplafonneerd) toegekend voor het geleden loonverlies, Wanneer een getroffene omwille van een beroepsziekte in een verplegings- of verzorgingsinstelling wordt opgenomen, kan hij, voor de periode van opneming, vragen de hem voor deze ziekte toegekende graad van ongeschiktheid te brengen tot 100% tijdelijke of blijvende arbeidsongeschiktheid. Op het einde van de opneming wordt, hetzij een nieuwe beslissing van het Fonds het anders bepaalt, de oorspronkelijke graad van ongeschiktheid automatisch terug toegekend. (Wet houdende sociale bepalingen 22.02.98 - B.S. 03.03.98 - zie ook I.3.)

2) blijvende ongeschiktheid:
   - vergoeding volgens toegekend percentage ongeschiktheid (medisch + economisch %) (1) van 1 tot 100% (deze vergoeding kan reeds ingaan 120 dagen voor datum VOLLEDIGE aanvraag!!) De vergoeding wordt verminderd met 50% bij een ongeschiktheidspercentage beneden de 5%, en met 25% bij een ongeschiktheid van 5 tot 9%. Vanaf de pensioenleeftijd (65 jaar of vanaf de datum van aanvaarding van het pensioen) valt het economisch % weg. Men krijgt dan een vast % of bedrag i.p.v. een berekening op basis van het loon. Opgelet: het economische % valt niet weg, als eerst een % van 100% werd toegekend
   - eventueel bijkomende vergoeding voor hulp van derden (2). De vergoeding is voltijds (forfaitair bedrag: 15.785,32 euro per jaar op 01.09.2008) of halftijds (halve bedrag) naargelang de ernst van de zorgafhankelijkheid.

- **Tussenkomst in het remgeld voor geneeskundige verzorging** (niet voor medicatie categorie D) (3);
- **Aanvullende toelagen**: deze hebben als doel om in zekere mate de waardevermindering van de renten/vergoedingen te compenseren (en zodoende de normale loonstijgingen te volgen); de renten/vergoedingen worden vergeleken met een norm die ieder jaar opnieuw wordt bepaald (4);
- **Tussenkomst in de kosten en vergoedingen voor het volgen van beroepsherscholing**, het Fonds betaalt gedurende de herscholingsperiode de voordelen voor volledige blijvende arbeidsongeschiktheid.
- Tussenkomst in verplaatsingsonkosten bij de behandeling van de beroepsziekte voor vervoer met de ziekenwagen als de geneesheer van het Fonds vooraf zijn akkoord gaf. Voor ander vervoer betaalt het Fonds een forfaitair bedrag van 0,70 euro per dag bij tijdelijke lichamelijke arbeidsongeschiktheid. Bij definitieve arbeidsongeschiktheid betaalt het Fonds 20 euro per maand aan wie minstens 66% arbeidsongeschikt is (KB 22.06.2006).

---

(1) Dit percentage wordt eventueel verhoogd met 1 tot 3 % op 65-jarige leeftijd.

(2) De 'hulp van derde' is niet belastbaar en er gebeuren geen inhoudingen voor de sociale zekerheid.

(3) De gezondheidszorgen bij slachtoffers van een in België wettelijk erkende beroepsziekte, worden door de ziekteverzekering ten laste genomen tot beloop van het ZIV-tarief. Enkel het persoonlijk aandeel van de zieke (remgelden en tenlasteneming van personen die niet gerechtigd zijn op de ZIV) wordt door het Fonds voor Beroepsziekten vergoed.Voor verstrekkingen van geneeskundige verzorging die niet voorzien zijn in de regeling van de ZIV werd voor het Fonds voor Beroepsziekten een specifieke nomenclatuur (terugbetalingsnormen) opgesteld (K.B. 28.06.83 - B.S. 30.06.83).

(4) Wet van 16.07.74 - KB 17.07.74 (BS 24.07.74).

RSZ-afhoudingen en belastingen

- RSZ wordt afgehouden (niet op de vergoeding "hulp van derden)
- Op de wettelijke vergoedingen wegens blijvende ongeschiktheid wordt een bedrijfsvoorheffing afgehouden op het gedeelte van de rente dat belastbaar is. Die voorheffing bedraagt 11,22%.
- De "beroepsziektenvergoeding is belastingsvrij indien ze geen daadwerkelijk verlies van inkomsten vergoedt (Wet 19/07/2000 - BS 04/08/2000).
  De wet gaat ervan uit dat er geen inkomstenverlies is wanneer de invaliditeitsgraad niet hoger is dan 20%.
  Indien het percentage hoger is dan 20%, dan kan de uitkering toch geheel of gedeeltelijk belastingsvrij zijn op voorwaarde dat men kan aantonen dat er geen inkomstenverlies was, en de uitkering dus ook niet diende ter compensatie van een geleden inkomstenverlies.
  De bepalingen van de wet van 19 juli 2000 treden in werking vanaf het aanslagjaar 1999, inkomsten 1998. De belastingsadministratie gaat in principe zelf tot rechtzetting over indien nodig.

Wie?

1. werknemers onderworpen aan de sociale zekerheid
2. personen werkzaam in een familie-onderneming voor zover zij door een arbeidsovereenkomst zijn verbonden
3. personen die ingevolge lichamelijke arbeidsongeschiktheid of werkloosheid een vakherscholing of scholing volgen, die krachtens een wet werd opgericht
4. leerjongens, leermeisjes en stagiairs, ook als zij geen loon ontvangen

welke blootgesteld (1) geweest zijn aan het beroepsrisico van een beroepsziekte die voorkomt op de lijst der beroepsziekten EN door deze beroepsziekte zijn aangetast.

Personen uit de openbare sector vallen niet onder de toepassing van deze regeling.

Hoe?

De betrokkene kan dan zijn aanvraag tot schadeloosstelling (volledig en correct samengesteld, m.a.w ***de aanvraag is volledig vanaf het ogenblik dat de formulieren 501 en 503 volledig ingevuld bij beroepsziekten zijn toegekomen - ook bij een herzieningsaanvraag!!)*** aangetekend te richten aan het Fonds voor Beroepsziekten. De aanvraag kan ook gebeuren via de adviserend geneesheer van het ziekenfonds of via de bedrijfsgeneeskundige dienst.

Het Fonds beperkt het onderzoek tot de aandoening waarvoor de aanvraag werd ingediend (KB 04.05.2006).

N.B.: werknemers uit de openbare sector (provinciale en plaatselijke overheidsdiensten) dienen hun aanvraag rechtstreeks in bij hun directe werkgever.

---

(1) Op schriftelijk verzoek van de arbeidsgeneesheer of van het Comité voor preventie en bescherming op het werkkan het Fonds advies verstrekken in verband met de blootstelling.

Opmerking:

1) De volledige beroepsloopbaan (zowel binnen- als buitenland) dient altijd opgegeven;
2) De erkenning beroepsziekte kan ook nog worden aangevraagd na de pensioenleeftijd;
3) De eerste betaling na de betekening van een beslissing gebeurt binnen 60 dagen (achterstallige bedragen binnen 120 dagen);
4) Bij overlijden start de overlevingsrente voor de weduwe de eerstvolgende maand na overlijden, de gewone vergoeding loopt tot het einde van de maand van overlijden.

Waar?

- De betrokkene dient zijn aanvraag tot schadeloosstelling aangetekend te richten aan het Fonds voor Beroepsziekten (of via de medisch adviseur van het ziekenfonds of bedrijfsgeneeskundige dienst)
  Sterrenkundelaan 1
  1210 Brussel
  tel.: (02) 226 62 11 - fax (02) 219 19 33.
- Ziekenfonds - dienst maatschappelijk werk of adviserend geneesheer (inlichtingen + bijstand) (Gouden Gids nr. 6990,
  www.cm.be; e-mail: dmw@cm.be).

Aandachtspunten voor de arts:

(MB 06.12.96 - BS 07.02.97).

Aanvraag en herziening

- Bij arbeidsongeschiktheid moet in elk geval ook tijdig een aangifte van ziekte gebeuren bij het ziekenfonds!! (zie I.3.)
- De aanvragen om schadeloosstelling en de aanvragen om herziening moeten bij het Fonds voor de beroepsziekten ingediend worden door middel van het **wit** formulier dat samengesteld is uit een administratief **(501)** en uit een medisch deel **(503)**.
- Het recht begint maar te lopen vanaf het moment dat de aanvraag **volledig** is!
- Wanneer een getroffene omwille van een beroepsziekte in een verplegings- of verzorgingsinstelling wordt opgenomen, kan hij, voor de periode van opneming, vragen de hem voor deze ziekte toegekende graad van ongeschiktheid te brengen tot 100% tijdelijke of blijvende arbeidsongeschiktheid. Op het einde van de opneming wordt, hetzij een nieuwe beslissing van het Fonds het anders bepaald, de oorspronkelijke graad van ongeschiktheid automatisch terug toegekend. (Wet houdende sociale bepalingen 22.02.98 - B.S. 03.03.98).

Tussenkomst voor geneeskundige verzorging

Tussenkomst in het remgeld voor geneeskundige verzorging (niet voor medicatie categorie D)

- Voor de **honoraria van de geneesheer** wordt een **"getuigschrift G.Z.2"** ingevuld door de arts zelf. Hij duidt er de nomenclatuurnummers en datum van de verstrekking op aan, aangevuld met een verklaring dat de verleende verzorging specifiek is voor de behandeling van de B.Z.

- Voor de **geneesmiddelen** dienen zowel de behandelende arts als de apotheker een "**getuigschrift G.Z.1**" in te vullen naast het gebruikelijke voorschrift. Hierbij dient een specifieke verklaring gevoegd dat de verleende verzorging de behandeling van de B.Z. betreft.
- Voor **paramedische verzorging (verpleging, kiné)** dienen zowel de voorschrijvende arts als de zorgverstrekker een "**getuigschrift G.Z.3**" in te vullen, zodat de betrokkene het persoonlijk aandeel bij het FBZ terug kan vorderen.

De kosten van sommige vaccins en gammaglobulines

De aanvragen voor terugbetaling van de kosten voor verstrekkingen van geneeskundige verzorging, opgenomen in het Koninklijk Besluit van 28 juni 1983 tot vaststelling van een specifieke nomenclatuur voor verstrekkingen van geneeskundige verzorging inzake beroepsziekteverzekering (sommige vaccins en gammaglobulines), kunnen bij het Fonds voor de beroepsziekten ingediend worden door middel van het **geel formulier** dat samengesteld is uit een administratief **(511)** en uit een medisch deel **(513).**

III.2. Tegemoetkoming hulp aan bejaarden (THAB) - Contactcenter FODSZ

A. Tegemoetkoming hulp aan bejaarden
B. Contactcenter voor informatie en dossieropvolging (dossiers 'tegemoetkoming aan personen met een handicap')

A. TEGEMOETKOMING HULP AAN BEJAARDEN

Wet van 27.02.87 betreffende de tegemoetkomingen aan personen met een handicap, laatst gewijzigd bij KB 27.04.2007 (BS 12.06.2007);
KB van 05.03.1990, laatst gewijzigd bij KB 09.05.2007 (BS 22.06.2007)
KB van 22.05.2003 betreffende de procedure (BS 27.06.2003), laatst gewijzigd bij KB 16.04.2008 (BS 19.05.2008)

Wat?

De tegemoetkoming hulp aan bejaarden is een financiële tegemoetkoming voor ouderen (+ 65 jaar) met een verminderde graad van zelfredzaamheid. Ook ouderen die reeds een inkomensvervangende (zie II.5) en/of integratietegemoetkoming (zie II.6) hebben, kunnen ter vervanging hiervan eventueel aanspraak maken op de tegemoetkoming hulp aan bejaarden, indien deze tegemoetkoming voordeliger zou zijn.

Het is een bijstandsuitkering, dus bedoeld voor mensen die niet over (voldoende) eigen middelen beschikken om in hun levensonderhoud te voorzien. Een bijstandsuitkering is altijd afhankelijk van een inkomensonderzoek.

De financiële tegemoetkoming heeft als doelstelling de ouderen te vergoeden voor de meerkost die zij hebben vanwege de verminderde graad van zelfredzaamheid. Naargelang de afhankelijkheidsgraad van de gehandicapte onderscheidt men 5 categorieën:
(zie ook aandachtspunten artsen)

- categorie I (7-8 punten) = max. 906,91 euro/jaar,
- categorie II (9-11 punten) = max. 3.461,89 euro/jaar,
- categorie III (12-14 punten) = max.4.209,10 euro/jaar,
- categorie IV (15-16 punten) = max. 4.956,09 euro/jaar,
- categorie V (17-18 punten) = max. 6.087,86 euro/jaar.

(Bedragen: index 01.09.2008)

Wie?

Ouderen (+ 65 jaar) die een verminderde graad van zelfredzaamheid (minstens 7 punten) hebben en nog geen ofwel een minder voordelige inkomensvervangende en/of integratietegemoetkoming hebben, kunnen een tegemoetkoming hulp aan bejaarden aanvragen.

Men dient de Belgische nationaliteit te hebben of gelijkgesteld (1). Bovendien moeten de aanvragers bestendig en daadwerkelijk in België verblijven (ingeschreven zijn in het bevolkings- of vreemdelingenregister). Een verblijf van max. 90 kalenderdagen/jaar in het buitenland is toegelaten. Een langere periode kan enkel onder specifieke voorwaarden en mits voorafgaandelijke toelating.

Het bedrag van de tegemoetkoming wordt gedeeltelijk verminderd met het bedrag van het inkomen van de persoon met een handicap, van zijn echtgenoot of van de partner met wie hij een huishouden vormt voor zover die inkomens de vrijgestelde bedragen overschrijden. (zie berekening).

Het bedrag van de tegemoetkoming voor hulp aan bejaarden is afhankelijk van:

1. **De graad van zelfredzaamheid** (de categorie I, II, III, IV of V) (zie "Wat?")
2. **De toegekende categorie** met een inkomstengrens eraan gekoppeld
   Er zijn drie categorieën:
   1° categorie A: de personen met een handicap die niet behoren tot categorie B noch tot categorie C.
   Inkomstengrens: € 11.037,47
   2° categorie B: de personen met een handicap die:
   - ofwel alleen wonen;
   - ofwel sedert ten minste 3 maanden dag en nacht in een verzorgingsinstelling verblijven en die niet tot categorie C behoren.

   Inkomstengrens: € 11.037,47 (1)
   3° categorie C: de personen met handicap die:
   - ofwel een huishouden (2) vormen (3)
   - ofwel één of meerdere kinderen ten laste (4) hebben

   Inkomstengrens: € 13.792,25

(bedragen: index 01.09.2008)

---

(1) Gelijkgesteld zijn personen die in België hun werkelijke verblijfplaats hebben en Europeaan zijn, Marokkaan of Algerijn of Tunesiër die een band heeft met de Belgische Sociale Zekerheid, staatloos zijn volgens het Verdrag van staatlozen dat is goedgekeurd door de wet van 12 mei 1960, erkend vluchteling zijn of niet tot deze categorieën behoren, maar tot 21 jaar de verhoging van de kinderbijslag genoten hebben als kind met een handicap, personen met een andere nationaliteit die ingeschreven staan in het bevolkingsregister (niet vreemdelingenregister).

(2) Onder 'huishouden' verstaat men elke samenwoning van twee personen die geen bloed- of aanverwant zijn in de eerste, tweede of derde graad.

(3) Personen die in een instelling verblijven en thuis gedomicilieerd blijven kunnen aanspraak blijven maken op categorie C indien ze op dat adres een 'huishouden' vormen

(4) een kind ten laste is: ofwel de persoon, jonger dan 25 jaar voor wie de persoon met een handicap of de persoon met wie hij een huishouden vormt kinderbijslag ontvangt of een onderhoudsgeld ontvangt dat bij vonnis is vastgesteld of dat bepaald is in een overeenkomst in het kader van een procedure tot echtscheiding met onderlinge toestemming, ofwel de persoon jonger dan 25 jaar voor wie de persoon met een handicap onderhoudsgeld betaalt dat bij vonnis is vastgesteld of dat bepaald is in een overeenkomst in het kader van een procedure tot echtscheiding met onderlinge toestemming.

3. Het inkomen:

AL het reëel inkomen (al dan niet belastbaar) van de persoon met een handicap, en de eventuele persoon waarmee de persoon met een handicap een huishouden vormt.

- ***Inkomsten die niet worden meegeteld zijn:*** de gezinsbijslagen, openbare en private bijstandsuitkeringen, onderhoudsgelden betaald door de kinderen, tegemoetkomingen aan gehandicapte partner, vergoedingen aan de partner in het kader van de PWA's, (aanvullend) vakantiegeld van een pensioenkas, renten van frontstrepen, gevangenschap of van een nationale orde
- Indien in een huishouden voor beide partners een aanvraag ingediend wordt, wordt het totaal inkomen voor de helft toegekend aan iedere partner (m.a.w. totaal inkomen gedeeld door 2) en ook de inkomstengrens van categorie C wordt gedeeld door 2.

Soorten inkomsten

1. Inkomen of rente uit kapitaal, uitgekeerd ter vergoeding van **verminderde zelfredzaamheid** (1)
2. Het **beroepsinkomen** (indien er nog beroepsinkomen is op het ogenblik van de aanvraag) van het 2de jaar voor de ingangsdatum van de aangevraagde tegemoetkoming,(2))
3. 90% van het **pensioeninkomen** (3) (ook buitenlands) (90% van het pensioen); (er wordt echter geen rekening gehouden met schorsingen door sanctie, in deze gevallen wordt rekening gehouden met een theoretisch pensioen.
4. inkomen van **onroerende goederen**(4) in volle eigendom of in vruchtgebruik;
   a) bebouwde: (som K.I.'s bebouwde goederen - max. 1.500 + 250 euro/persoon ten laste). De eventuele rest x 3 wordt in rekening gebracht
   b) onbebouwde: som K.I.'s onbebouwd mag, indien er geen bebouwde goederen zijn, verminderd worden met 60 euro. De rest x 9.
5. **roerende inkomsten**;
   6% van het kapitaal (al dan niet belegd!!) (zie ook punt 5 afstand van)
6. **afstand** gedurende de laatste 10 jaar vóór de aanvraag:
   - Afstand onder bezwarende titel (verkoop) of bij bedrijfsafstand:
     De geschatte waarde van het goed mag verminderd worden met € 125 per maand tussen de verkoop en de ingangsdatum van de tegemoetkoming (= verleving). De rest wordt aangerekend à rato van 6 %.
   - **Afstand om niets (schenking)**
     De geschatte waarde van het goed wordt aangerekend aan 6 %. Hier mag geen verleving op toegekend worden

---

(1) Een uitkering in kapitaal wordt omgerekend naar een jaarlijkse lijfrente (%/leeftijdsjaar op ogenblik van het ontstaan van de handicap).

(2) Voor toegelaten beroepsactiviteit na pensionering wordt rekening gehouden met de inkomsten op jaarbasis.

(3) Gewaarborgd inkomen, vanaf 01.06.2001 vervangen door de inkomensgarantie uitkering voor ouderen, en extra legale pensioenen worden aan 100% meegeteld.

(4) Onroerende goederen in het buitenland: K.I.'s worden berekend volgens de in het buitenland geldende wetgeving.

Opgelet:
Indien afstand wordt gedaan van een goed, waarvan men vruchtgebruik of naakte eigendom heeft, dan wordt de verkoopwaarde eerst vermenigvuldigd met de volgende coëfficiënt:

Leeftijd (oudste) aanvrager op datum verkoop	Coëfficiënt bij vruchtgebruik	Coëfficënt bij naakte eigendom
20 jaar en minder	72%	28%
20 < 30	68%	32%
30 < 40	64%	36%
40 < 50	56%	44%
50 < 55	52%	48%
55 < 60	44%	56%
60 < 65	38%	62%
65 < 70	32%	68%
70 < 75	24%	76%
75 < 80	16%	84%
80 en meer	8%	92%

Berekening

1. **bepaling van het maximumbedrag van de tegemoetkoming volgens de categorie (I, II, III, IV of V) (zie "Wat?")**
2. **berekening van de bestaansmiddelen (zie hoger)**
   a) huidige uitkeringen van de **aanvrager** i.f.v. de verminderde zelfredzaamheid (1) die uitbetaald worden vanuit een andere reglementering dan de tegemoetkoming aan personen met een handicap (huidig bedrag/jaarbasis)
   b) beroepsinkomsten van de **persoon met een handicap en van de eventuele persoon waarmee de persoon met handicap een huishouden vormt**
   c) pensioen van de persoon met een handicap en de eventuele persoon waarmee de persoon met handicap een huishouden vormt.
   d) inkomen uit onroerende goederen
      – bebouwde
      – onbebouwde
   e) roerende kapitalen
   f) (bedrijfs-) afstand

Voorbeeld:

Gegevens:
Een gehuwde persoon met een handicap van 68 jaar, dient op 05.09.2009 een aanvraag THAB in.
Hij geniet een Belgisch rustpensioen van 1.090,43 euro per maand en een buitenlands rustpensioen van 61,80 euro per maand. Hij woont samen met zijn vrouw, die geen eigen inkomsten heeft, in hun eigen woonhuis met KI 872,59 euro. Daarnaast heeft hij nog een stukje grond (KI 49,58 euro).
Op 21.03.2001 verkocht hij grond voor 14.873,61 euro.

(1) Een uitkering in kapitaal wordt omgerekend naar een jaarlijkse lijfrente (%/leeftijdsjaar op ogenblik van het ontstaan van de handicap).

Beslissing:

1. Motief van de beslissing
   - aanvraag om tegemoetkoming hulp aan bejaarden van 05.09.2009
   - betrokkene behoort tot de categorie C.
2. Medische grondslag van de beslissing: medische beslissing dd 08.12.2009. Ingevolge het gebrek aan of de vermindering van de zelfredzaamheid, behoort betrokkene tot categorie 5 voor de tegemoetkoming hulp aan bejaarden.
3. Berekening

a) Berekening van het pensioen in aanmerking te nemen op 01.10.2009

BESCHRIJVING	BEDRAGEN
Pensioen in privesector	€ 13.085,16
Buitenlands pensioen	€ 741,60
Totaal bedrag van het pensioen	€ 13.826,76
In aanmerking te nemen voor de berekening van de tegemoetkoming = 90% van het totaal bedrag.	€ 12.444,08

b) Totaal der inkomsten

BESCHRIJVING	BEDRAGEN
Pensioen in aanmerking te nemen	€ 12.444,08
Inkomsten uit onroerende goederen: Onroerende bebouwde goederen: Woonhuis: KI € 872,59 - Abattement op het woonhuis e 1.500 = 0 Onroerende onbebouwde goederen: KI € 49,58 te vermenigvuldigen met coëfficient 9	€ 446,22
Afstand onder bezwarende titel dd 21.03.2001 van een perceel grond in volle eigendom voor de som van € 14.873,61 Verleving: 01.04.2001 tot 01.01.2009 = 102 maanden à € 125 = € 12.750 14.873,61 - 12.750 = € 2.123,61 à 6%	€ 127,42
Totaal der inkomsten (verrekening pensioen + onroerende + afstand)	€ 13.017,22
Geïndexeerde vrijstelling	€ 13.792,25
Totaal der inkomsten in rekening te brengen	€ 0

c) Berekening van de tegemoetkoming

BESCHRIJVING	BEDRAG
Maximumbedrag van de tegemoetkoming voor categorie 5	€ 6.087,86
Af te trekken inkomsten in rekening te brengen	€ 0
Toe te kennen tegemoetkoming	€ 6.087,86

Opmerking:
Wanneer 2 gehuwde partners beiden een tegemoetkoming HAB aanvragen worden de inkomsten (bij de berekening) gedeeld door twee. De inkomstengrens wordt in die situatie de helft van de categorie C.

Hoe?

Elke aanvraag wordt on-line door de gemeente aan de Federale Overheidsdienst Sociale Zekerheid (FODSZ) overgemaakt. Op het geautomatiseerd elektronisch document noteert de burgemeester het rijksregisternummer van de aanvrager en specificeert hij om welke aanvraag het gaat.

Hij ontvangt op zijn beurt op elektronische wijze een ontvangstbewijs, het formulier betreffende de inkomsten (form 101) en in voorkomend geval, de medisch getuigschriften (form. 3+4, 5 en 6). Dit geeft hij mee met de aanvrager.

De aanvrager krijgt één maand de tijd om alle stukken ingevuld terug te sturen aan de Federale Overheidsdienst.

Welke formulieren bestaan er en wie moet ze invullen?

Alle formulieren hebben een nummer en kunnen daardoor goed uit mekaar gehouden worden.

nummer van het formulier	Wie moet het formulier invullen?
elektronische aanvraag	de bediende van de gemeente
3+4	de behandelende geneesheer
5	de oogarts
6	de Neus-, Keel-, Oorarts
101	de persoon met een handicap (samen met de maatschappelijk werker)

Hoe verloopt de aanvraag verder?

De behandeling van het dossier kent 2 luiken: Het medisch onderzoek en het administratief onderzoek.

Het medisch onderzoek:

Sinds januari 2008 is de wijze waarop het medisch onderzoek gedaan wordt deels gewijzigd wat betreft oproeping voor medische controle en medisch onderzoek op stuk. Aanvragen voor 1 januari 2008 worden nog op de oude wijze behandeld waarbij de aanvrager in principe altijd op medisch controle komt. Enkel in een aantal specifieke situaties was het mogelijk om een onderzoek op stukken te krijgen.

Aanvragen vanaf 1 januari 2008 worden op volgende wijze behandeld:

1. een aangeduide arts of multidisciplinair team onderzoekt het verminderde verdienvermogen of verminderde zelfredzaamheid van de persoon met een handicap;
2. Als deze het nodig achten worden er extra gegevens opgevraagd bij de aanvrager. Deze heeft 1 maand de tijd om de gegevens aan te leveren;
3. Als het nodig geacht wordt dan wordt de persoon met een handicap opgeroepen voor medische controle;
4. Na het medisch onderzoek, al dan niet met oproeping voor medische controle, worden de medische attesten toegestuurd indien er voldaan is aan de m inimale medische voorwaarden

Het is dus aangewezen de arts erop te wijzen dat deze ervoor moet zorgen dat het medisch luik zo compleet mogelijk wordt ingevuld en eventueel wordt aangevuld met andere medische en sociale verslagen.

Het administratief onderzoek:

1. Indien nodig vraagt de dienst om bijkomende inlichtingen of bewijsstukken.
2. Je ontvangt de administratieve beslissing.

Uitbetaling:

De uitbetaling gebeurt maandelijks of op een bankrekening waarvan de gerechtigde (mede-)eigenaar is (een volmacht is niet voldoende). De eerste betaling geschiedt omstreeks de 25ste van de maand volgend op de betekening van de positieve beslissing. (Eventuele achterstallen worden eveneens betaald in de loop van de maand na betekening van de beslissing.

Na overlijden worden de vervallen en nog niet uitbetaalde termijnen:
- aan de partner uitbetaald (tot en met maand van overlijden) en
- bij het ontbreken van een partner, uitbetaald (tot de maand **voor** het overlijden) aan één van de rechthebbenden in volgende orde: de kinderen met wie hij samenleefde, de vader en moeder met wie hij samenleefde
- en bij ontbreken van de hiervoorgenoemden aan bepaalde andere rechthebbenden (bv. andere personen met wie betrokkene samenleefde, of personen die financieel tussenkwamen voor verpleegzorgen of voor de begrafeniskosten), maar dit *enkel op aangetekend verzoek binnen de 6 maanden.* (Deze aanvraag gebeurt via het formulier 191 dat te bekomen is op het gemeentehuis.)

Herziening

- Een nieuwe aanvraag kan door de persoon met een handicap zelf bij de gemeente worden ingediend indien hij/zij denkt recht te hebben op een hogere vergoeding (zelfde procedure als bij eerste aanvraag) en de F.O.D. Sociale Zekerheid de herziening niet zelf reeds doorvoerde.
  Hierbij moeten we een onderscheid maken tussen medische en een louter administratieve herziening. De medische herziening verloopt identiek zoals een eerste aanvraag (zie supra). In geval van een administratieve herziening wordt enkel een formulier 101 ter invulling meegegeven. Het aanvraagformulier wordt zoals bij een eerste aanvraag door de gemeente online aan de FOD Sociale Zekerheid overgemaakt.

De ingangsdatum van de aanvraag op initiatief van de persoon met een handicap is normaal de 1ste dag van de maand volgend op de aanvraag.

Indien echter uit het administratief onderzoek blijkt dat er een stijging van de inkomsten met meer dan 10% is en dit niet binnen de 3 maanden werd gemeld, dan gaat de nieuwe beslissing in vanaf de maand volgend op de stijging van de inkomsten. Er kan dus een terugvordering door veroorzaakt worden!

Een daling van de inkomsten met meer dan 10% noodzaakt tot het indienen van een nieuwe aanvraag.

Vraag best eerst raad alvorens een herzieningsaanvraag in te dienen.

Ambtshalve herziening of geprogrammeerde administratieve herziening

Dit zijn herzieningen die door de FOD zelf worden opgestart. De uitwerkingsdatum kan heel verschillend zijn en wordt door heel wat factoren beïnvloed.

De FOD start een herziening als:
- Het zelf een wijziging vaststelt in de kruispuntbank voor sociale zekerheid, die de uitkering kan beïnvloeden;
- Betrokkene een wijziging heeft gemeld en de dienst heeft geoordeeld dat de wijziging de uitkering kan beïnvloeden (deze herziening kan ook op latere datum ambtshalve gepland zijn ten gevolge van een opgegeven wijziging);
- In een vorige beslissing een herziening vooropgesteld werd;
- Het tijd is om de door de wet voorziene 5-jaarlijkse herziening uit te voeren.

Een wijziging ten gevolge van gewijzigde burgerlijke staat, gezinssamenstelling of ontslag of opname in een instelling gaat altijd in vanaf de datum van wijziging.

Een wijziging ten gevolge van een ambtshalve geplande herziening (vb. vooraf geplande medische herziening), vaststelling arbeidsgeschiktheid of verbeterde zelfredzaamheid of ten gevolge van de 5- jaarlijkse herziening gaat altijd in na de kennisgeving van de beslissing.

Een wijziging ten gevolge van gewijzigde nationaliteit- en verblijfsvoorwaarden, gewijzigde gezinslast of gewijzigd inkomen (10% verschil) krijgt een gunstige ingangsdatum voor het nieuwe recht als de wijziging spontaan gemeld werd binnen 3 maand. In dat geval zal een verhoogde uitkering meteen na de wijzigingsdatum ingaan en een verlaagde uitkering pas na de nieuwe beslissing, zodat betrokkene altijd voordeel doet (sneller een verhoogd bedrag en later een verlaagd bedrag).

Gouden tip: ook al kan de wijziging ambtshalve vastgesteld worden via de kruispuntbank voor sociale zekerheid, meldt iedere wijziging binnen 3 maand aan de administratie. Dit kan per gewone brief of via de gemeente (zelfde procedure als bij een gewone aanvraag). Dit valt nooit nadelig uit!

Terugvordering

Ten onrechte uitbetaalde tegemoetkomingen kunnen teruggevorderd worden.

Indien de persoon met een handicap verder gerechtigd is op een tegemoetkoming wordt er 10% van de tegemoetkoming ingehouden tot de volledige schuld is terugbetaald.

Binnen de 3 maanden na de beslissing tot terugvordering kan betrokkene een aanvraag tot verzaking aan de terugvordering indienen.

Een speciale commissie oordeelt over de aangevoerde redenen en indien het gaat om een behartigenswaardige situatie wordt de terugvordering kwijtgescholden.

Indien het terug te vorderen bedrag beneden de 392,52 euro ligt (index 01.01.2008), wordt er automatisch afgezien van de terugvordering.

Wanneer de aanvraag tot verzaking ingediend binnen de 3 maanden na kennisgeving van de beslissing tot terugvordering, wordt de terugvordering geschorst tot de minister uitspraak heeft gedaan.

Bij een laattijdige aanvraag wordt de terugvordering zolang voortgezet tot de uitspraak er is. Indien de commissie beslist dat de schuld niet moet terugbetaald worden, stopt de inhouding met 10%. Het reeds terugbetaalde is echter niet meer recupereerbaar.

Beroepsprocedure

Indien men niet akkoord gaat met de beslissing van de Federale Overheidsdienst Sociale Zekerheid, dan kan men binnen de 3 maanden (art. 19 van de wet 27.02.1987) na betekening van de beslissing beroep aantekenen door middel van een aangetekend schrijven naar de griffie van de arbeidsrechtbank van de woonplaats. Men vraagt tegelijkertijd gerechtelijke intresten.

Volgens een recente belangrijke uitspraak van Cassatie (dd. 30.10.2000) heeft de rechter weldegelijk de bevoegdheid om rekening te houden met wijzigingen die werden vastgesteld gedurende de procedure (deskundigenverslag geneesheer-expert, ...). Dit heeft voor gevolg dat de rechter kan beslissen over een wijziging (verhoging) van categorie, en dat de persoon met een handicap dus niet meer verplicht wordt om in deze gevallen zelf een herziening aan te vragen (die nooit tijdig kon worden ingediend en dus inkomensverlies als gevolg had).

Bij niet-ontvankelijkverklaring door de rechtbank wordt het beroep beschouwd als een nieuwe aanvraag (Programmawet 24.12.2002).

Personen, die in aanmerking komen voor pro deo bijstand van de rechtbank, kunnen vragen om zich te laten bijstaan door een geneesheer in de beroepsprocedure, ongeacht of betrokkene kiest voor een pro deo advocaat of niet (kosten worden vergoed in het kader van de pro deo procedure).

Waar?

- Gemeentehuis (formulieren)
- Directie-generaal Personen met een Handicap
  Administratief Centrum Kruidtuin, Finance Tower,
  Kruidtuinlaan 50, bus 1, 1000 Brussel
  Tel.: Contactcenter 02/507 87 89
  of mailen naar contactcenter: HandiN@minsoc.fed.be
  www.handicap.fgov.be
- Ziekenfonds - dienst maatschappelijk werk (inlichtingen + bijstand) (Gouden Gids nr. 6990, www.cm.be; e-mail: dmw@cm.be)
- Verenigingen voor gehandicapten (inlichtingen + bijstand)
  bv. KVG, A. Goemaerelei 66, 2018 Antwerpen, tel.: (03) 216 29 90

Aandachtspunten voor de arts:

Formulier 3+4: (in te vullen door de huisarts) geneeskundig getuigschrift en concrete gegevens over zelfredzaamheid

Aan de hand van dit formulier wordt uitgemaakt of de bejaarde zelfredzaam is of niet en in welke mate. Volgende 6 items worden behandeld:
- verplaatsingsmogelijkheden,
- mogelijkheden om zijn voeding te nuttigen of te bereiden,

- mogelijkheden om voor zijn persoonlijke hygiëne in te staan en zich te kleden,
- mogelijkheid om de woning te onderhouden en huishoudelijk werk te verrichten,
- mogelijkheden om te leven zonder toezicht, bewust te zijn van het gevaar en het gevaar te kunnen vermijden,
- mogelijkheden tot communicatie en sociaal contact.

Elk van de verschillende items wordt voor elke persoon met een handicap vanuit zijn specifieke handicap en situatie bekeken. Dit heeft voor gevolg dat bv. de rubriek 'verplaatsingen' voor een gehoorgestoorde ondermeer moet geïnspireerd worden bij moeilijkheden die hij of zij ondervindt bij openbaar vervoer of verkeerssituaties (getoeter auto, gierende remmen, gesproken aankondigingen, enz.).

Op het formulier 3+4 beschrijft de behandelende geneesheer de toestand van de patiënt. Hij moet geen punten meer toekennen in het kader van de zelfredzaamheid maar moet wel per item beschrijven wat de patiënt wel en niet meer kan doen bij dagelijkse activiteiten.

Zo kan bv. ook ter staving ingeroepen worden de inspanning en de pijn die nodig is om een bepaalde activiteit uit te oefenen, de mogelijke bijkomende en naastliggende problemen bij de uitvoering van een activiteit. Het is de wetsdokter die de score van de beperking van de zelfredzaamheid toekent.

M.a.w. een zeer grote inleving is noodzakelijk (liefst aangevuld met een diepgaand gesprek) om een zo juist en zo volledig mogelijk beeld te krijgen van de leefwereld en de mogelijkheden van de persoon met een handicap.
Het is dus van zeer groot belang om de beperkingen zo concreet en objectief mogelijk toe te lichten in het formulier 3+4.

Opmerking

- Het kan soms nuttig zijn om bij de aanvraag bijkomend een gemotiveerd verslag van een maatschappelijk werker (van het ziekenfonds) of van een psycholoog mee te sturen.

B. CONTACTCENTER VOOR INFORMATIE EN DOSSIEROPVOLGING (dossiers 'tegemoetkomingen aan personen met een handicap')

Wat?

De Directie-generaal Personen met een Handicap is belast met de opstelling, de interpretatie en de toepassing in de praktijk van de reglementering inzake de tegemoetkomingen aan personen met een handicap. Ze onderzoekt en beslist over de aanvragen inzake de tegemoetkomingen aan personen met een handicap.

Ze levert attesten af aan personen met een handicap opdat zij hun rechten kunnen laten gelden inzake fiscale en sociale voordelen (zie II.34 overzicht vrijstellingen-verminderingen-voordelen).

De Directie-generaal onderzoekt en verleent parkeerkaarten en verminderingskaarten op het openbaar vervoer.

Zij voert medische onderzoeken uit om de handicap vast te stellen met het oog op de toekenning van de bijkomende kinderbijslag.

Sinds 2005 worden alle vragen omtrent informatie terzake en de stand van zaken in een aanvraagdossier gecentraliseerd behandeld in het contactcenter (voorheen werd dit ten dele opgevangen door een geautomatiseerd systeem 'Handitel', maar dit had ernstige beperkingen en werd nu vervangen door het callcenter). Het contactcenter wordt bemand door daartoe speciaal opgeleid personeel. Wanneer men niet direct antwoord kan geven, wordt de vraagstelling doorgegeven aan de bevoegde personen en streeft men er naar om op zeer korte termijn antwoord te geven.

Door het invoeren van het contactcenter wordt de informatieverstrekking verbeterd en krijgen de dossierbeheerders veel tijd vrij om de dossiers sneller af te handelen.

Wie?

Het contactcenter kan onder andere bevraagd worden door iedere aanvrager van een tegemoetkoming bij de Federale Overheidsdienst Sociale Zekerheid of door vertrouwenspersonen van de betrokkene zoals de huisarts of een maatschappelijk werk(st)er (die uiteraard over de nodige gegevens dient te beschikken (rijksregisternummer, ...).

Men kan ook informatie krijgen over attesten (in functie van kinderbijslag, sociale voordelen, enz.) of over het recht op een tegemoetkoming aan personen met een handicap.

Hoe?

Het contactcenter is alle dagen van de week doorlopend open van 8u30 tot 16u30.

Telefoneren naar het contactcenter: 02/507.87.99
Faxen naar het contactcenter: 02/509.81.85
Mailen naar het contactcenter: HandiN@minsoc.fed.be (een mail wordt rechtstreeks behandeld door de betrokken dienst)

Sociale dienst:

De Directie-generaal voor personen met een handicap heeft onder haar diensten ook een sociale dienst. Sociaal assistenten helpen de bezoekers van de Directie-generaal met de administratieve stappen en voeren sociale enquêtes uit. Er worden zitdagen georganiseerd van maandag tot vrijdag van 9.00 tot 11.30 en van 13.30 tot 15.30 uur in de lokalen van de FOD Sociale Zekerheid, Administratief Centrum Kruidtuin, Finance Tower, Kruidtuinlaan 50 bus 1,1000 Brussel. Men moet zich aanmelden voor het bezoek aan de ingang van de Pachecolaan 19.
Telefoon: 02/507 87 99 (permanentie: 8u30 tot 12u00)

Fax: 02 / 509.81.85
E-mail: HandiN@minsoc.fed.be
web: www.handicap.fgov.be

Er worden ook zitdagen in de provincie georganiseerd. In de meeste sociale diensten van de steden wordt minstens maandelijks een zitdag georganiseerd.

Waar?

FOD Sociale Zekerheid
Administratief Centrum Kruidtuin, Finance Tower, Kruidtuinlaan 50 bus 1, 1000 Brussel
www.handicap.fgov.be

III.3. Rustpensioen werknemers

(Voor informatie inzake 'cumulatie met toegelaten arbeid', zie III.11.)

Wat?

Het pensioen waarborgt een vervangingsinkomen berekend in functie van de lonen, die men verdiend heeft tijdens de loopbaan. Er gelden echter maximumlonen vanaf 1981 die de pensioenberekening beperken tot deze loongrens. De loongrenzen worden jaarlijks aangepast en tweejaarlijks welvaartsvast gemaakt. Voor 2007 is deze loongrens vastgesteld op 44.994,88 € op jaarbasis. De lonen worden bij de pensioenberekening omgerekend naar de index van toepassing op de ingangsdatum van het pensioen. Het pensioen bedraagt 75 % van de gemiddelde lonen voor een gezinspensioen. Dit wordt toegekend aan gehuwden waarvan de echtgeno(o)t(e) geen eigen pensioen heeft noch een vervangingsinkomen of een tewerkstelling boven de toegelaten grenzen. In alle andere gevallen wordt het pensioen berekend aan 60%.

Een loopbaan is volledig na 45 jaar voor mannen evenals voor vrouwen en dit vanaf 01.01.2009.

Jaren werkloosheid, ziekte of militaire dienst tellen mee voor het pensioen als een gelijkgestelde periode. Zij worden in regel berekend aan het laatst verdiende loon voorafgaand aan de periode van werkloosheid en ziekte . Perioden van niet tewerkstelling zoals bv. studiejaren kunnen meetellen voor het pensioen als men ervoor bijbetaalt en dit binnen de 10 jaren na het einde van de studies. Voor wie afgestudeerd is voor 1.01.1991 liep de mogelijkheid tot regularisatie af op 31.12.2000. Het moet tevens gaan om studieperioden vanaf de twintigste verjaardag en in het kader van voltijds dagonderwijs. Een aanvraag dient gericht aan de Rijksdienst voor Pensioenen, dienst regularisaties. De kostprijs is vrij hoog : 1.259,38 € per studiejaar dat men wenst te regulariseren. (index 01.09.2008)De bijdrage is fiscaal aftrekbaar.

Gepensioneerden kunnen nog een toegelaten beroepsactiviteit uitoefenen. Hiervan dient aangifte gedaan op officiële formulieren, te bekomen bij de gemeente. Indien het inkomen uit bijverdienen een bepaalde inkomstengrens niet te boven gaat, blijft het pensioen volledig uitbetaald. Vanaf 2002 werden de grenzen gevoelig verhoogd voor wie na de wettelijke pensioenleeftijd gaat bijverdienen. Dit werd herhaald in 2006, 2007 en 2008. Vanaf 1.01.2006 wordt de aangifteplicht afgeschaft voor wie de volle leeftijd van 65 jaar heeft bereikt en voor wie het niet de eerste betaling van zijn pensioen is. En voor zover het gaat om een gerechtigde op rust – en /of overlevingspensioen als werknemer, ambtenaar of zelfstandige met een bijverdienste als werknemer.

Het pensioen is niet te cumuleren met een sociale uitkering zoals ziekte- of werkloosheidsuitkering of een vergoeding wegens loopbaanonderbreking of tijdkrediet. De pensioenaanvraag dient te gebeuren in de gemeente van de woonplaats van de aanvrager, d.w.z. ten vroegste vanaf 59 jaar. Maar de aanvraag kan ook geldig worden ingediend bij de Rijksdienst voor Pensioenen door de betrokkene zelf. Het betreft zowel de gewestelijke bureaus als de centrale zetel in Brussel. De aanvrager krijgt een ontvangstbewijs met vermelding van datum van de aanvraag.

Het pensioen wordt ambtshalve toegekend aan gerechtigden op vervangingsinkomen, dus zonder dat een aanvraag nodig is. En dit enkel indien zij hun pensioen op de wettelijke pensionleeftijd laten ingaan. Dit geldt ook voor werknemers die op de wettelijke pensioenleeftijd (65 jaar) met pensioen gaan. Zij ontvangen een jaar voor op voorhand een brief van de Rijksdienst voor Pensioenen. Hierin wordt vermeld dat een pensioendossier werd geopend.

Wie echter met vervroegd pensioen gaat vanaf 60 jaar - of wie na de wettelijke pensioenleeftijd nog blijft werken en aldus later op pensioen gaat - zal nog altijd een aanvraag moeten doen. De pensioentoekenning evenals de uitbetaling ervan gebeurt door de Rijksdienst van Pensioenen (RVP). Indien men niet akkoord is met de beslissing kan men binnen de drie maanden na kennisgeving in beroep gaan bij de arbeidsrechtbank.

Wie?

Om recht te hebben op pensioen dient men de pensioengerechtigde leeftijd te bereiken. Zowel mannen als vrouwen kunnen het tijdstip van pensionering kiezen doch ten vroegste vanaf 60 jaar. Om van dit vervroegd pensioen gebruik te maken, dient men te voldoen aan strenge loopbaanvoorwaarden. Mannelijke bruggepensioneerden kunnen pas op 65 jaar met pensioen. Ook voor vrouwelijke bruggepensioneerden is er geen mogelijkheid voor vervroegd pensioen. Ook voor hen dient de wettelijke rustpensioenleeftijd als ingangsdatum voor het pensioen: 65 jaar vanaf 01.01.2009. Werklozen en invaliden - mannen en vrouwen - kunnen vanaf 60 jaar met pensioen, mits beantwoordend aan de loopbaanvoorwaarden.

Ook voor vrouwen wordt de loopbaanbreuk opgetrokken tot 45 jaren en de pensioenleeftijd tot 65 jaar. Dit gebeurde geleidelijk in een overgangsperiode van 13 jaar. Deze begon op 01.07.97 om te eindigen in het jaar 2009. **Vanaf 2009 geldt zowel voor vrouwen als voor mannen 45 jaren voor een volledige loopbaan en een 65-jarige pensioenleeftijd. De wettelijke gelijkheid van man en vrouw, ingezet met de pensioenhervorming van 1997, is vanaf 2009 gerealiseerd .**

De pensioenleeftijd blijft flexibel. Dit laat mannen en vrouwen de keuze om vanaf 60 jaar met vervroegd pensioen te gaan. Maar dit kan alleen op voorwaarde dat men voldoende loopbaanjaren bewijst. Het gaat om 35 loopbaanjaren. Dit hoeven niet noodzakelijk werknemersjaren te zijn. Er wordt rekening gehouden met jaren gewerkt in andere regimes bv. zelfstandigenstelsel of ambtenaren of een buitenlandse tewerkstelling. Opdat een loopbaanjaar meetelt in deze optelsom dient minstens een derde tewerkstelling (of gelijkstelling door bv. ziekte of werkloosheid) bewezen te zijn: deze bewijsvoering is per stelsel wettelijk vastgelegd.

Voorbeeld: Wie in 2009 met pensioen gaat en geen 35 loopbaanjaren bewijst, kan geen vervroegd pensioen opnemen vanaf 60 jaar. Zowel vrouwen als mannen dienen hun pensioen dus uit te stellen tot 65 jaar. Of tot op het ogenblik dat zij de vereiste loopbaanjaren bewijzen na hun zestigste.

Voor gerechtigden op brugpensioen blijft de pensioenleeftijd 65 jaar. Van vrouwelijke bruggepensioneerden wordt de pensioenleeftijd vanaf 2009 ook opgetrokken tot 65 jaar. Hun rechten op werkloosheidsuitkering na 60 jaar en de aanvulling van de werkgever dienen tegelijkertijd door te lopen.

Als compensatie voor het geheel van besparingsmaatregelen in de pensioenhervorming van 1997 worden lage lonen bij de pensioenberekening automatisch opgetrokken tot het minimumloon. De wetgever spreekt hier van de toepassing van het minimumjaarrecht. En dit voor zover een loopbaanjaar minstens een derde tewerkstelling (of gelijkstelling bv. bij ziekte) omvat. De optrekking gebeurt tot het volledige minimumloon of proportioneel in verhouding tot de bewezen dagen. Bovendien moeten minstens 15 jaren werknemersloopbaan bewezen zijn en mag het normaal berekend pensioenbedrag een bepaald plafond niet overschrijden om het voordeel van het minimumloon bekomen. Dit minimumjaarloon wordt regelmatig verhoogd en volgt ook elke indexaanpassing.

Bovendien worden de pensioenrechten ook aangepast aan diverse systemen van deeltijds werk en flexibele uitgroeibanen. De dagen tewerkstelling als deeltijds werkende, evenals de gelijkgestelde dagen zoals werkloosheidsdagen waarvoor men een halve daguitkering krijgt, worden immers altijd omgerekend naar voltijdse prestaties voor de pensioenberekening.

Bij **vrijwillig deeltijds werken**, is het van geen belang of men alle dagen 4 uren in de week werkt, of 2 of 3 dagen voltijds in de week. Elke deeltijdse prestatie dient immers omgerekend naar voltijdse prestaties. Zo worden bijvoorbeeld de 312 dagen tewerkstelling van 4 uren per dag omgerekend naar 156 voltijdse dagen. Dit laat toe eventueel bijkomende dagen gelijkstelling zoals werkloosheid mee op te nemen in een loopbaanjaar.
Bij deeltijdse tewerkstelling is de hoogte van het verdiende loon bepalend voor de pensioenberekening: deeltijds werken tijdens de loopbaan telt immers als een volwaardig loopbaanjaar voor 1/45. Enkel het verdiende loon maakt het verschil.

Ook voor **werkzoekenden die deeltijds werken om aan de werkloosheid te ontsnappen**, maar beschikbaar blijven voor voltijds werk en daarom in de werkloosheidsreglementering **het statuut hebben van 'werkzoekenden met behoud van rechten'**, werd naar een oplossing gezocht. Men onderscheidt volgende categoriën:

1. Deeltijds werkenden **met inkomstengarantie** (een supplement vanuit de RVA toegekend op het loon): de perioden van niet tewerkstelling in dit statuut krijgen zij bijgeteld in hun pensioenberekening als gelijkgestelde dagen. Met andere woorden hun pensioenberekening kent geen nadeel van dit deeltijds werken: het is alsof zij voltijds werken en dit onbeperkt in tijd, zolang zij dit statuut bezitten.

2. Deeltijds werkenden **zonder inkomstengarantie** krijgen niet onbeperkt doch voor maximaal 1.560 dagen gelijkstelling bij, toe te kennen in verhouding tot hun deeltijds werken. Wie bijvoorbeeld 156 dagen werkt, kan in principe gedurende 10 jaren (10 x 156 = 1560) deze gelijkstelling bij krijgen. Dan zijn de rechten in dit statuut uitgeput. Die gelijkgestelde dagen worden berekend op het minimumloon.

Vanaf 1985 tot en met 2001 kenden we het stelsel van beroepsloopbaanonderbreking of vermindering. Dit houdt het volgende in voor de pensioenberekening.

Bij **deeltijdse loopbaanonderbreking** - gewaarborgd door een onderbrekingsuitkering, uitbetaald door de RVA - maakt de pensioenwetgeving een onderscheid tussen plus-50 jarigen en min-50-jarigen.

De personen **ouder dan 50 jaar** met een deeltijdse loopbaanonderbreking krijgen een pensioenberekening alsof zij voltijds werken De periodes van niet - tewerkstelling worden immers gelijkgesteld met tewerkstelling. Zij kunnen dit statuut behouden tot aan hun pensioenleeftijd. Indien zij echter voordien hun werk hervatten en na enkele jaren weer overstappen op deeltijdse loopbaanonderbreking, dan wordt hun pensioen berekend als een min 50 - jarige.

De personen **jonger dan 50 jaar** *met een deeltijdse loopbaanonderbreking, gewaarborgd door een onderbrekingsuitkering, kregen tot 1.07.1997 een pensioenberekening enkel op basis van hun deeltijds werk. Vanaf die datum krijgen zij een gunstiger statuut in de pensioenberekening, analoog met dit van de* **voltijdse loopbaanonderbreking.**

Dit houdt in dat een periode van 12 maanden (voltijdse of deeltijdse) loopbaanonderbreking meetelt voor het pensioen. Eventueel verlengd met 24 maanden indien kinderen ten laste jonger dan 6 jaar. Perioden van loopbaanonderbreking die niet onder die voorwaarden vallen, tellen niet mee voor het pensioen, tenzij men ervoor betaalt. Deze regularisatiebijdrage is gelijk aan 7,5% van het laatst verdiende bruto-loon. Een aanvraag hiervoor dient binnen de 3 maanden vanaf de periode van loopbaanonderbreking gericht aan de Rijksdienst voor Pensioenen. Deze gunstige regeling voor deeltijdse loopbaanonderbreking voor min 50 - jarigen, telt maar voor periodes van onderbreking gelegen na 1.07.1997.

Sinds 2002 werd de wet op de beroepsloopbaanonderbreking of -vermindering vervangen door een stelsel van tijdkrediet. En dit bij CAO nr 77. Bis en ter.

Tijdkrediet houdt in:
volledige schorsing van de arbeidsprestaties of vermindering ervan tot een halftijdse prestatie.
En dit gedurende 1 jaar maximaal, uit te breiden bij CAO naar 5 jaar. Naast de mogelijkheid tot een vermindering van de loopbaan met 1/5 gedurende minimum 6 maanden tot maximum 60 maanden over de ganse loopbaan. De RVA betaalt voor deze periodes van niet tewerkstelling een onderbrekingsuitkering. Een basisvoorwaarde opdat deze perioden worden meegeteld voor het pensioen is immers het gerechtigd zijn op deze uitkering.

Wat betreft pensioenen wordt voor loopbaanjaren vanaf 1.06.2007 door het Generatiepact volgend onderscheid gemaakt **voor perioden van voltijds tijdskrediet**. Enkel bij het inroepen van wettelijke bepaalde motieven , bekomt betrokkene van de RVA voor maximaal 36 maanden een onderbrekingsuitkering.Wettelijke motieven zijn : het nemen van voltijds tijdskrediet voor de opvoeding of adoptie van een kind jonger dan 8 jaar , voor medische bijstand van familieleden tot de tweede graad , voor palliatieve verzorging van een ongeneeslijk zieke en voor het volgen van bijscholing waarvan het aantal uren wettelijk is vastgelegd. Deze periodes voltijds tijdskrediet zijn voor maximaal 36 maanden gelijkgesteld voor het pensioen. In alle andere gevallen beperkt het Generatiepact het voltijds tijdskrediet mét onderbrekingsuitkeringen tot maximaal 12 maanden en dit vanaf 1.06.2007. En dus ook de periode die meetelt voor het pensioen.. Deze regeling geldt zowel voor plus als min 50 jarigen.

Het Generatiepact sleutelde ook aan het voltijds tijdkrediet voor wie met zijn loon aan het maximum loonplafond zit, dat gehanteerd wordt voor de pensioenberekening. Voor de loopbaanjaren vanaf 01.01.2007 wordt bij voltijds tijdkrediet - én voor zover men tenminste 58 jaar oud is - dit loonplafond voorlopig niet meer aan de welvaart aangepast. Eenzelfde maatregel is voorzien - voor wie tenminste 58 jaar oud is - voor de perioden van volledige werkloosheid en voltijds brugpensioen. Wie effectief werkt of op ziekte- of invaliditeitsuitkering gerechtigd is, behoudt daarentegen de tweejaarlijkse welvaartsaanpassingen van het loonplafond in zijn pensioenberekening.

Bij halftijdse prestaties in tijdkrediet **worden voor min 50-jarigen** maximaal 36 maanden gratis gelijkgesteld **voor het pensioen**. Er is geen vrijwillige regularisatie mogelijk voor de resterende 24 maanden. Bovendien is de spreiding van de gelijkstelling van het halftijds tijdkrediet niet opgenomen in de wet zoals dat voor de loopbaanonderbreking wel het geval was. Een werknemer die aldus halftijds tijdkrediet gedurende vijf jaar verkrijgt, krijgt slechts de eerste drie jaar gelijkstelling. Dit is een gratis gelijkstelling van 3 maal 6 maanden of een totaal van 18 maanden.

De vermindering met 1/5 **voor min 50-jarigen** geeft recht op een gratis gelijkstelling voor een maximale periode van 60 maanden over gans de loopbaan.

Deze 60 maanden kunnen volledig verkregen worden bovenop de hogergenoemde 36 maanden

De periode van volledige schorsing én halftijds krediet worden wél samengeteld om de periode van 36 maanden te bepalen.

Voor werknemers ouder dan 50 jaar geldt bij de halvering van de tewerkstelling en de loopbaanvermindering met 1/5 de gratis gelijkstelling in principe tot aan de pensioenleeftijd.

En dit ongeacht de perioden loopbaanonderbreking en tijdkrediet die voor de 50ste verjaardag gelegen zijn.

Wie vanaf 1.07.1997 deeltijds werkt in het kader van een **erkende regeling** voor **arbeidsherverdeling**, krijgt ook een gunstig statuut in de pensioenen. Zij krijgen immers ook een aantal dagen gelijkstelling toegekend van maximaal 624 dagen - berekend op het minimumloon - bijkomend bij hun deeltijdse prestaties. Aldus wordt hun pensioen berekend voor die periode alsof zij voltijds werken. Het gaat uiteraard ook maar voor periodes gelegen na 1.07.1997.

Voor vijftigplussers die onvrijwillig werkloos zijn of recht hebben op ziekte-uitkering werd een gunstige regeling uitgewerkt voor het pensioen bij werkhervatting. Indien zij een job aannemen aan een lager loon dan voordien hetzij deeltijds, hetzij voltijds. En dit voor zover zij minstens 20 jaar als werknemer bewijzen. Die gunstige regeling houdt in dat zij een pensioenberekening behouden op hun laatste loon verdiend voor hun ziekte of werkloosheid indien dit voordeliger is. Dit is echter maar van toepassing voor loopbaanjaren vanaf 1.07.2000. Een gelijkaardige gunstige regeling is van toepassing bij werkhervatting aan een lager loon voor deeltijds werkzoekenden met of zonder inkomensgarantie uitkering.

Voor loopbaanjaren vanaf 1.01.2004 - werd een zelfde gunstige regeling getroffen voor werknemers ouder dan 50 jaar die na ontslag een deeltijdse of voltijdse job aannemen aan een lager loon dan voorheen. Het gaat om oudere ontslagen werknemers, meestal in opzegperiode, die nog niet uitkeringsgerechtigd zijn en dus niet thuishoren in een van de vorige statuten. Zij dienen ook 20 jaar als werknemer te bewijzen.

Het Generatiepact versoepelde het recht op het minimumpensioen als werknemer bij deeltijdse arbeid. Het minimumpensioen wordt maar toegekend bij bewijs van volledige of minstens twee derde loopbaan. Voor pensioenen met ingangsdatum 1.10.2006 wordt ook de deeltijdse tewerkstelling meegeteld om aan die voorwaarde te voldoen. Om het recht te berekenen worden de deeltijdse prestaties naar voltijdse omgerekend.

Voorbeeld

Een mevrouw werkte 10 jaar voltijds en 25 jaar halftijds. Dit is in totaal 35 jaren en meer dan 2/3 loopbaan. Bij de berekening van haar minimumpensioen worden de 25 jaren halftijds omgerekend naar 12,5 jaren voltijdse jaren.Te samen met de 10 jaar voltijds bekomt zij 22,5 /45 van het bedrag van het minimumpensioen.

Bedragen minimumpensioen werknemer bij volledige loopbaan (index 01.09.2008)

Gezinssituatie	per jaar	per maand
Als gezin	14.629,39 euro	1.219,61 euro
Als alleenstaande	11.707,19 euro	975,60 euro
Overlevingspensioen	11.523,12 euro	960,26 euro

Het Generatiepact wil ook het langer werken stimuleren door het toekennen van een pensioenbonus. Dit kan ten vroegste voor pensioenen met ingang 01.01.2007. En wel in volgende voorwaarden:voor de jaren waarin men langer werkt vanaf zijn 62 jaar of voor wie verder werkt met een loopbaan van minstens 44 loopbaanjaren om de 45 jaar rond te maken. De pensioenbonus bedraagt 2,1224 euro per gewerkte dag (index 01.09.2008). Deze bedraagt dus maximaal 662,18 euro bruto per jaar dat men langer werkt. (312 is het maximaal aantal dagen tewerkstelling in een loopbaanjaar). Deze bonus komt bovenop het normale pensioenbedrag.

Aanvraag raming pensioen:

Sinds 1 juli 2006 werd de Infodienst Pensioenen afgeschaft. Deze dienst waarbinnen de 3 grote pensioenadministraties samenwerkten, deed een raming van het pensioen vanaf 55 jaar, ook voor gemengde loopbanen.Voortaan gelden volgende mogelijkheden voor ramingen van het pensioenbedrag.

In uitvoering van het Generatiepact ontvangt iedere werknemer die in België woont en 55 jaar wordt vanaf juni 2006 automatisch een globaal overzicht van zijn individuele pensioenrekening met opgave van zijn werknemersloopbaan. Te samen met een pensioenberekening van de RVP op 55 jaar en met een raming tot 60-65 jaar. Deze ramingen zijn enkel informatief en hebben geen enkele rechtskracht. Bedoeling is ze op termijn te herhalen.

Op de website van de RVP www.kenuwpensioen.be kan iedereen een simulatie krijgen van zijn toekomstig pensioen door zelf een aantal gegevens in te vullen.

De centrale en gewestelijke diensten van de RVP staan ter beschikking voor elke informatie betreffende de werknemersloopbaan.

De VZW CIMIRe geeft op aanvraag iedere gerechtigde een globaal overzicht van zijn werknemersloopbaan, www.cimire.fgov.be.

Waar?

- De gemeente waar de aanvrager zijn hoofdverblijfplaats heeft (aanvraag).
- Gewestelijke bureaus van de Rijksdienst voor Pensioenen.
- Rijksdienst voor Pensioenen, centraal bestuur (inlichtingen):
  Zuidertoren, Baraplein, 1060 Brussel
  Gratis groene lijn: 0800/50246
  Contact Center: 02/529.30.02
- Dienstverlening door mutualiteiten: pensioendienst, dienst maatschappelijk werk (Gouden Gids nr. 6990, www.cm.be; e-mail: dmw@cm.be) (inlichtingen + bijstand).
- Uittreksel individuele pensioenrekening: vanaf 1.09.2003 aan te vragen bij:
- CIMIRe vzw RVP, Zuidertoren Baraplein 1060 Brussel
- Ombudsdienst Pensioenen (zie III.45)

III.4. Rustpensioen bij scheiding werknemers

(Voor informatie inzake 'cumulatie met toegelaten arbeid'; zie III.11.)

Wat?

Zowel voor het pensioen na echtscheiding als bij feitelijke scheiding wordt een aanvraag ingediend bij het gemeentebestuur waar men zijn hoofdverblijfplaats heeft. Betrokkene kan dit ook persoonlijk aanvragen bij de Rijksdienst voor Pensioenen. De aanvraag gebeurt dus zoals een gewoon rustpensioen. Zoals voor elke gepensioneerde, geldt ook hier de mogelijkheid om nog een toegelaten beroepsactiviteit uit te oefenen. Het pensioen is niet te cumuleren met een andere sociale uitkering, tenzij met een overlevingspensioen tot een zekere grens.

Wie?

Bij echtscheiding - tengevolge van een vonnis overgeschreven in de registers van de burgerlijke stand - kan zowel man als vrouw een rustpensioen als echtgescheidene aanvragen. Dit kan bekomen worden zoals een gewoon rustpensioen ten vroegste vanaf de 60-jarige leeftijd.

Vervroegd pensioen is gekoppeld aan het bewijs van voldoende loopbaanjaren (zie verder). Het pensioen wordt berekend in hoofde van de loopbaan en lonen (in aanmerking genomen voor 62,5 %) als werknemer van de ex-echtgeno(o)t(e) én in verhouding tot de jaren huwelijk. Het is bedoeld voor de echtgenoot die geen beroepsactiviteit uitoefende tijdens het huwelijk (zoals huisvrouwen) of die slechts een beperkt inkomen verdiende uit bv. deeltijdse arbeid. Voorwaarden tot bekomen van dit pensioen zijn bv. niet hertrouwd zijn of niet ontzet zijn uit de ouderlijke macht.

Bij feitelijke scheiding - echtgenoten wonen elk officieel op een afzonderlijke verblijfplaats volgens inschrijving in het bevolkingsregister doch zijn nog wettelijk gehuwd - kan zowel man als vrouw de helft van het gezinspensioen van de andere echtgenoot opvragen. En dit van zodra deze zelf gerechtigd is op rustpensioen als werknemer. In praktijk zullen vooral huisvrouwen hier baat mee hebben of de echtgenoot met een beperkt eigen rustpensioen. Hier geldt eveneens de voorwaarde dat men bv. niet ontzet is uit de ouderlijke macht. Eenzelfde regeling geldt bij scheiding van tafel en bed.

Ook hier dient er rekening mee gehouden dat de pensioenleeftijd voor vrouwen vanaf 01.01.2009 wordt opgetrokken tot 65 jaar en de loopbaan tot 45 jaar. We verwijzen hiervoor naar punt III.3. Rustpensioen werknemers. Het vervroegd pensioen opnemen vanaf 60 jaar zal eveneens gebonden zijn aan loopbaanvoorwaarden. De jaren die men opvraagt op basis van echtscheiding tellen niet mee om aan de loopbaanvoorwaarden voor vervroegd pensioen te voldoen.

In tegenstelling tot het gewone rustpensioen worden bij toekenning van een pensioen op basis van echtscheiding de lage lonen niet opgetrokken tot het minimumjaarloon. De jaren tellen eveneens niet mee voor toekenning van het minimumpensioen als werknemer.

Waar?

- De gemeente waar de aanvrager zijn hoofdverblijfplaats heeft (aanvraag).
- Gewestelijke bureaus van de Rijksdienst voor Pensioenen.
- Rijksdienst voor Pensioenen, centraal bestuur (inlichtingen):
  Zuidertoren, Baraplein, 1060 Brussel
  Gratis groene lijn: 0800/50246
  Contact Center: 02/529.30.02
- Dienstverlening door ziekenfondsen: pensioendienst, dienst maatschappelijk werk (Gouden Gids nr. 6990, www.cm.be; e-mail: dmw@cm.be) (inlichtingen + bijstand).
- Ombudsdienst Pensioenen (zie III.45)

III.5. Rustpensioen zelfstandigen

(Voor informatie inzake 'cumulatie met toegelaten arbeid'; zie III.11.)

Wat?

Het pensioen waarborgt een vervangingsinkomen, berekend op een voor iedereen gelijke forfaitaire basis voor de loopbaanjaren, gelegen vóór 01.01.84. Na 01.01.84 wordt het beroepsinkomen waarop sociale bijdragen werden ingehouden, als referentie genomen voor pensioenberekening.

Een loopbaan is volledig na 45 jaar voor mannen en momenteel 44 jaar voor vrouwen (zie verder). Jaren werkloosheid, ziekte en militaire dienst tellen mee voor het pensioen. Het gezinspensioen wordt berekend aan 75 % van het inkomen voor gehuwden indien de echtgeno(o)t(e) zelf geen pensioen heeft of een ander vervangingsinkomen of nog werkt boven de grenzen van toegelaten arbeid..In alle andere gevallen wordt het pensioen berekend aan 60 %.

Perioden van niet tewerkstelling zoals bv. studiejaren kunnen meetellen voor het pensioen als men ervoor bijbetaalt. Het moet tevens gaan om studieperioden vanaf de twintigste verjaardag en in het kader van voltijds dagonderwijs.

Gepensioneerde zelfstandigen kunnen binnen de grenzen van toegelaten arbeid nog een beroepsactiviteit verder zetten. Vanaf 2002 werden de toegelaten inkomstengrenzen verruimd voor wie de wettelijke pensioenleeftijd bereikt heeft en nog wil bijverdienen.

Dit werd herhaald in 2006 én 2007.

Men moet arbeid aangeven op officiële formulieren, die te bekomen zijn bij de gemeente. Het niet meer aangeven van een toegelaten arbeid als men ten volle 65 jaar is, zoals de regeling werknemers, is ook voor gerechtigden op een zelfstandigen pensioen een feit. Tenzij het om de eerste betaling van het pensioen gaat.

Het pensioen is niet te cumuleren met een sociale uitkering zoals ziekte- of werkloosheidsuitkering of een vergoeding wegens loopbaanonderbreking.

De pensioenaanvraag moet gebeuren in de gemeente waar men zijn hoofdverblijfplaats heeft. Ten vroegste één jaar voor de gekozen ingangsdatum. Dit wil zeggen ten vroegste vanaf 59 jaar. Vanaf 2004 wordt het pensioen ambtshalve toegekend op de wettelijke pensioenleeftijd. (zie verder) De pensioentoekenning gebeurt door het Rijksinstituut voor Sociale Verzekeringen voor Zelfstandigen (RSVZ). De uitbetaling gebeurt door de Rijksdienst voor Pensioenen (RVP). Zelfstandigen die niet gerechtigd zijn op zelfstandigenpensioen kunnen altijd de renten opvragen van stortingen die betrekking hebben op de jaren vóór 31 december 1983 en dit bij de sociale verzekeringskas waar men was aangesloten. Men noemt dit het onvoorwaardelijk pensioen.

Indien men niet akkoord is met de pensioenbeslissing kan men binnen de drie maanden na de kennisgeving in beroep gaan bij de arbeidsrechtbank.

Aanvraag raming pensioen.

Wanneer men 55 jaar is, kan men het rustpensioen als zelfstandige laten ramen. Dit gebeurt door de Rijksdienst voor Sociale Verzekeringen voor Zelfstandigen. (RSVZ) Een aanvraagformulier ligt ter beschikking in de gemeente of in de kantoren van het RSVZ. Of u kan het downloaden van de website van het RSVZ www.rsvz-inasti.be. De raming is louter informatief en heeft geen enkel rechtsgeldig karakter. Het jaar waarin men 55 jaar wordt krijgt men automatisch een pensioenraming van het RSVZ.

Ook wie aanspraak kan maken op een zelfstandigen pensioen, kan gebruik maken van de simulatietool: www.kenuwpensioen.be

Wie?

Om recht te hebben op een pensioen dient men de pensioengerechtigde leeftijd te bereiken. Voor mannen is dit nog steeds bepaald op 65 jaar, voor vrouwen is dit eveneens 65 jaar vanaf 01.01.2009.

Vanaf 2003 wordt het pensioen ambsthalve toegekend zonder aanvraag indien de gerechtigde een vervangingsinkomen geniet. En dit op de normale wettelijke pensioenleeftijd (65 jaar). Vanaf 2004 geldt de automatische toekenning voor alle zelfstandigen op de wettelijke pensioenleeftijd. Wie met vervroegd pensioen gaat, dient nog altijd een aanvraag te doen. Dit is ook zo voor wie zijn pensioen na de wettelijke pensioenleeftijd opneemt.

Mannen en vrouwen kunnen vanaf 60 jaar vervroegd met pensioen. Vanaf 01.07.1997 is dit gebonden aan het bewijs van voldoende loopbaanjaren. Bij vervroegd pensioen verliezen zij nog steeds een percentage van hun pensioen per jaar vervroeging. Zelfstandigen die vervroegd met pensioen gaan verliezen blijvend 5 % per jaar vervroeging. Het Generatiepact brengt hierin verandering voor wie vanaf 1.01.2007 met pensioen gaat. Hoe ouder men is op het ogenblik van pensionering, hoe minder men verliest op het pensioenbedrag. Dit gebeurt als volgt:

Leeftijd	% verlies voor mannen en vrouwen vanaf 01.01.2009
60 jaar	25
61 jaar	18
62 jaar	12
63 jaar	7
64 jaar	3

Vanaf 2009 wordt de pensioenleeftijd voor man en vrouw gelijk gebracht op 65 jaar. Vanaf nu gelden dezelfde verminderingspercentages voor man en vrouw.

Zelfstandigen met vervroegd pensioen dat ingaat vanaf 01.01.2009, krijgen geen vermindering meer op hun pensioen op voorwaarde dat zij 42 loopbaanjaren bewijzen. Dit kunnen jaren uit gemengde tewerkstelling zijn.

Ook voor vrouwen wordt de loopbaanbreuk opgetrokken tot 45 jaren en de pensioenleeftijd tot 65 jaar. Dit gebeurde geleidelijk aan in een overgangsperiode van 13 jaar. Deze begon op 01.07.97 om te eindigen in het jaar 2009. Vanaf 2009 geldt zowel voor vrouwen als voor mannen 45 jaren voor een volledige loopbaan en een 65-jarige pensioenleeftijd.

De pensioenleeftijd blijft flexibel. Dit laat mannen en vrouwen de keuze om vanaf 60 jaar met vervroegd pensioen te gaan op voorwaarde dat voldoende loopbaanjaren bewezen worden. Men moet 35 loopbaanjaren bewijzen. Dit hoeven niet noodzakelijk jaren als zelfstandige te zijn. Er wordt rekening gehouden met jaren gewerkt in andere regimes zoals het werknemersstelsel of ambtenarenstelsel. Het moet echter wel gaan om loopbaanjaren van minstens een derde tewerkstelling of gelijkstelling, in de wet nauwkeurig vastgelegd per stelsel.

Voorbeeld: Wie in 2009 met pensioen gaat en geen 35 loopbaanjaren bewijst, kan geen vervroegd pensioen opnemen op 60 jaar. Vrouwen en mannen dienen hun pensioen dus uit te stellen tot 65 jaar. Tenzij men de vereiste loopbaanjaren bewijst na zijn zestigste.

Ter compensatie van de besparingsmaatregelen worden extra maatregelen voorzien voor wie in de overgangsperiode - 1.07.1997 / 31.12.2009 - met pensioen gaat. Onder welbepaalde voorwaarden kan men aanspraak maken op extra loopbaanjaren of op een forfaitaire pensioenbijslag. Beide maatregelen worden automatisch toegepast bij de pensioenberekening.

Het Generatiepact voorziet in een gelijkaardige pensioenbonus als voor werknemers, voor wie langer werkt. Bedoeld wordt: blijven werken vanaf 62 jaar. Of bij een beroepsloopbaan van 44 loopbaanjaren langer blijven werken om de 45 jaar rond te maken. Het wordt ten vroegste toegekend voor pensioenen die ingaan op 1.01.2007. Het bedraagt 165,54 euro per kwartaal. Dit is 662,18 euro bruto voor een volledig jaar gewerkt vanaf 62 jaar (index 01.09.2008).

De zelfstandigen hebben recht op een wettelijk minimum pensioen. Zoals voor de werknemers wordt dit maar toegekend bij bewijs van een volledige of minstens twee derde loopbaan. Bij gemengde loopbaan tellen de werknemersjaren mee om aan die loopbaanvoorwaarden te voldoen. De jongste jaren werden die bedragen regelmatig en gevoelig verhoogd.

Bedragen minimumpensioen zelfstandigen bij volledige loopbaan (bedragen geldig op 01.09.2008)

Pensioen	per jaar	per maand
Als gezin	13.897,12 euro	1.158,09 euro
Als alleenstaande en overleving	10.485,68 euro	873,81 euro

Waar?

- RSVZ Hoofdbureau:
  Jan Jacobsplein 6 1000 Brussel tel 02/546 42 11
- Het sociale verzekeringsfonds waarbij de zelfstandige is aangesloten (inlichtingen).
- Dienstverlening door ziekenfondsen: pensioendienst, dienst maatschappelijk werk (Gouden Gids nr. 6990, www.cm.be; e-mail: dmw@cm.be) (inlichtingen + bijstand).
- Ombudsdienst Pensioenen (zie III.45)

III.6. Rustpensioen bij scheiding zelfstandigen

(Voor informatie inzake 'cumulatie met toegelaten arbeid'; zie III.11.)

Wat?

Zowel het pensioen na echtscheiding als bij feitelijke scheiding dient men aan te vragen bij het gemeentebestuur waar men zijn hoofdverblijfplaats heeft. De aanvraag gebeurt dus zoals een gewoon rustpensioen. Zoals voor elke gepensioneerde geldt ook hier de mogelijkheid om nog een toegelaten beroepsactiviteit uit te oefenen. Het pensioen is niet te cumuleren met een andere sociale uitkering tenzij met een overlevingspensioen tot een zekere grens.

Wie?

Bij echtscheiding - tengevolge van een vonnis overgeschreven in de registers van de burgerlijke stand - kan zowel man als vrouw een rustpensioen als echtgescheidene aanvragen. Dit kan verkregen worden zoals een gewoon rustpensioen. Het kan vervroegd ingaan vanaf 60 jaar met bewijs van voldoende loopbaanjaren, doch met behoud van verminderingspercentage per jaar vervroeging. Tenzij na bewijs van 42 loopbaanjaren vanaf 2009. Het Generatiepact voorziet andere verminderingspercentages voor pensioenen die ingaan vanaf 01.01.2007. Wij verwijzen hiervoor naar de tabel in het vorige hoofdstuk: III.5.Rustpensioen voor zelfstandigen. Het pensioen wordt berekend in functie van de bewezen loopbaan als zelfstandige van de ex- echtgeno(o)t(e) én in verhouding tot de jaren huwelijk. Er wordt met 62,5% van het inkomen rekening gehouden. In praktijk is het pensioen als echtgeno(o)t(e) die geen beroepsactiviteit uitoefende tijdens het huwelijk zoals huisvrouwen of slechts een beperkt inkomen verdiende uit bv. deeltijdse arbeid.

Voorwaarden tot bekomen van dit pensioen zijn bv. niet hertrouwd zijn of niet ontzet zijn uit de ouderlijke macht. Bij feitelijke scheiding (echtgenoten wonen elk officieel op een afzonderlijke verblijfplaats volgens inschrijving in het bevolkinsgsregister doch zijn nog wettelijk gehuwd) kan zowel man of vrouw de helft van het gezinspensioen van de andere echtgenoot opvragen en dit op het ogenblik dat de ex-echtgeno(o)t(e) de normale pensioengerechtigde leeftijd bereikt of gerechtigd is op een vervroegd rustpensioen. In praktijk zullen vooral huisvrouwen of de echtgeno(o)t(e) met een beperkt eigen rustpensioen hier baat mee hebben. Eenzelfde regeling geldt bij scheiding van tafel en bed.

Ook hier dient men er rekening mee te houden dat de pensioenleeftijd voor vrouwen tijdens de overgangsperiode 1997-2009 geleidelijk wordt opgetrokken tot 65 jaar en de loopbaan tot 45 jaren (zie III.5. Rustpensioen voor zelfstandigen). Het vervroegd pensioen vanaf 60 jaar is eveneens gebonden aan loopbaanvoorwaarden.

Waar?

- De gemeente waar de aanvrager zijn hoofdverblijfplaats heeft (aanvraag).

- Gewestelijke bureaus van de Rijksdienst voor Sociale Verzekeringen voor Zelfstandigen.
- Centraal bureau van de Rijksdienst voor Sociale Verzekeringen voor Zelfstandigen:
  Jan Jacobsplein 6, 1060 Brussel
  tel.: (02) 546 42 11
- Het sociaal verzekeringsfonds waarbij de zelfstandige is aangesloten (inlichtingen).
- Dienstverlening door ziekenfondsen: pensioendienst, dienst maatschappelijk werk (Gouden Gids nr. 6990, www.cm.be; e-mail: dmw@cm.be) (inlichtingen + bijstand).
- Ombudsdienst Pensioenen (zie III.45)

III.7. Rustpensioen ambtenaren

(Voor informatie inzake 'cumulatie met toegelaten arbeid'; zie III.11.)

Wat?

Het pensioen waarborgt een vervangingsinkomen en wordt voor ambtenaren beschouwd als een uitgesteld loon. Dit verklaart de gunstige berekening van de overheidspensioenen in vergelijking met de werknemers.

De berekening gebeurt op de gemiddelde wedde van de laatste vijf jaar tewerkstelling. Een loopbaan voor een doorsnee ambtenaar is volledig na 45 jaren dienst. En wordt dan in regel berekend aan 75 % van de gemiddelde lonen verdiend tijdens de vijf laatste jarentewerkstelling. Het stelsel kent een minimumpensioen én een maximumpensioen.

Gepensioneerde ambtenaren kunnen nog een toegelaten arbeid uitoefenen. Mits vooraf aan te geven aan de pensioendienst op officiële formulieren. Sinds 2006 is er geen aangifteplicht meer nodig voor wie ten volle 65 jaar oud is. Tenzij voor het jaar waarin het pensioen ingaat.

Indien het inkomen uit bijverdienen een bepaalde inkomstengrens niet te boven gaat, blijft het pensioen volledig uitbetaald.

Het rustpensioen is niet te cumuleren met sociale uitkering, doch wel met een ziekteuitkering.

Vanaf 01.01.93 kunnen ambtenaren welke gepensioneerd worden wegens lichamelijke ongeschiktheid ten gevolge van een zware handicap opgelopen tijdens de loopbaan, onder bepaalde voorwaarden aanspraak maken op een forfaitaire toeslag. Hetzelfde geldt voor wie vanaf die datum ambtshalve op pensioen wordt gesteld - wegens ziekte vóór zijn pensionering - wegens gelijkaardige zware handicap. Voorwaarde is het bewijs van een verminderde zelfredzaamheid van minstens 12 punten (zelfde puntentelling als deze voor de tegemoetkoming voor hulp aan bejaarden, zie III.2). De toekenning gebeurt door de Administratie van Pensioenen. De pensioenaanvraag dient aangevraagd bij de administratie waar de ambtenaar het laatst is tewerkgesteld.

De pensioentoekenning gebeurt door de Pensioendienst voor de Overheidssector (PDOS) Victor Hortaplein 40 bus 30, 1060 Brussel. De uitbetaling gebeurt door de Centrale Dienst der Vaste Uitgaven (CDVU) - Federale Overheidsdienst Financiën.

Binnen de drie maanden na de toekenning van de pensioenbeslissing kan er beroep aangetekend worden door de betrokkene bij de rechtbank van eerste aanleg als hij niet akkoord gaat met de beslissing.

Wie?

De reglementering inzake het rustpensioen van de openbare sector is van toepassing op het vastbenoemd personeel van praktisch alle openbare diensten. De pensioenleeftijd is vastgesteld op 65 jaar zowel voor mannen als vrouwen. Het rustpensioen kan vervroegd ingaan vanaf 60 jaar. Op deze pensioenleeftijd bestaan tal van uitzonderingen welke onder bepaalde voorwaarden een vroegere pensioenleeftijd toekennen zoals bv. voor militairen en onderwijzend personeel.

Wie als contractueel is tewerkgesteld in de overheidssector volgt voor de pensioenregeling de regeling van de werknemers. Bij een latere vaste benoeming kunnen deze prestaties echter meegerekend worden in het ambtenarenpensioen.

Sinds 1.01.2001 wordt het verder werken na 60 jaar aangemoedigd door het geven van een pensioensupplement voor ieder jaar dat men langer werkt dan 60 jaar.

Aanvraag raming pensioen.

Vanaf 55 jaar kan men een aanvraag indienen via de gemeente of tijdens de lokale zitdagen van de PDOS om een berekening van de pensioenrechten te bekomen. De aanvraagformulieren liggen daar ter beschikking. Het gaat om een voorlopige berekening zonder dat hieraan enige rechtskracht is gekoppeld.

De raming gebeurt door de diensten van de PDOS. De formulieren kan men ook downloaden van hun website. Een simulatietool www.kenuwpensioen.be staat hier ook voor iedereen ter beschikking om een raming van het pensioen voor de ambtenaren te bekomen, op basis van gegevens die men zelf inbrengt.

Waar?

- Gewestelijke inlichtingenbureaus van het openbare ambt.
- FOD Financiën - (inlichtingen),
  Pensioendienst voor de Overheidssector Victor Hortaplein 40 bus 30, 1060 Brussel tel.: 02/558 60 00 www.pdos.fgov.be
- CDVU: Centrale dienst voor uitbetalingen Kunstlaan 30 1040 Brussel tel 02/ 237.03.11 www.cdvupensioen.fgov.be
- Dienstverlening door ziekenfondsen: pensioendienst, dienst maatschappelijk werk (Gouden Gids nr. 6990, www.cm.be; e-mail: dmw@cm.be) (inlichtingen + bijstand).
- Ombudsdienst Pensioenen (zie III.45)

III.8. Overlevingspensioen werknemers

(Voor informatie inzake 'cumulatie met toegelaten arbeid'; zie III.11.)

Wat?

Het overlevingspensioen waarborgt een vervangingsinkomen, berekend in functie van de verdiende lonen binnen de wettelijk vastgelegde loopbaan.

Zoals voor een rustpensioen is een toegelaten arbeid mogelijk.

Een overlevingspensioen is in principe niet te cumuleren met een ander vervangingsinkomen. Het Generatiepact voorziet echter in een beperkte cumulatiemogelijkheid tussen een overlevingspensioen als werknemer en een vergoeding werkloosheid, ziekte en een aanvullende vergoeding bij brugpensioen. En dit voor een periode van maximaal 12 kalendermaanden. Cumul is dus toch mogelijk onder volgende voorwaarden: Het overlevingspensioen wordt verminderd tot het basisbedrag van de inkomensgarantie voor ouderen. (zie III 12: Inkomensgarantie voor ouderen). En, indien de sociale vergoeding niet voor een volledige kalendermaand wordt toegekend, wordt de vergoeding in aanmerking genomen als loon voor bepaling van de grens van toegelaten arbeid. (zie III 11: Grenzen toegelaten arbeid gepensioneerden). De cumulregeling is van toepassing vanaf 1.01.2007. Wie werkloos is of ziekte uitkering geniet en weduwe of weduwnaar wordt (of omgekeerd) kan gedurende maximaal 12 maanden zijn uitkering cumuleren met een verminderd overlevingspensioen. Indien het onverminderd overlevingspensioen echter voordeliger is , kan men zijn uitkering – zoals het steeds kon – nog altijd laten schorsen.Cumul kan , maar moet niet.

Het overlevingspensioen is wèl te combineren met een persoonlijk rustpensioen tot een maximumplafond met name 110 % van het overlevingspensioen.

Het overlevingspensioen wordt aangevraagd in de gemeente waar men zijn hoofdverblijfplaats heeft. Bij aanvraag binnen de 12 maanden na het overlijden heeft men recht op het overlevingspensioen vanaf de maand van overlijden.

Indien de overleden echtgeno(o)t(e) reeds gepensioneerd was, dient geen nieuwe aanvraag te gebeuren. De Rijksdienst voor Pensioenen dient verwittigd van het overlijden door middel van een overlijdensattest. In dit geval heeft men recht op overlevingspensioen de maand volgend op het overlijden.

Wie?

Zowel man als vrouw kan bij overlijden wederzijds rechten op overlevingspensioen hebben.

De weduwe of weduwnaar moet minstens 45 jaar oud zijn om gerechtigd te zijn op overlevingspensioen. Van deze leeftijdsvoorwaarde wordt afgeweken in volgende situaties:
- de weduwe/weduwnaar heeft minstens één kind ten laste
- of is blijvend arbeidsongeschikt voor minstens 66 %
- de echtgenoot heeft minstens 20 jaar als ondergrondse mijnwerker gewerkt.

Bovendien moet men minstens één jaar gehuwd zijn op het ogenblik van het overlijden opdat het overlevingspensioen toegekend wordt. Ook hier wordt van afgeweken indien:

- uit het huwelijk een kind geboren werd of geboren wordt binnen de 300 dagen na het overlijden;
- er een kind ten laste is bij overlijden waarvoor één van de echtgenoten kinderbijslag ontving;
- het overlijden het gevolg is van een ongeval overkomen na het huwelijk of van een beroepsziekte opgelopen of verergerd na het huwelijk.

Wie zich niet in de voorwaarden bevindt om overlevingspensioen te ontvangen, kan recht hebben op de uitbetaling van het overlevingspensioen voor een periode van maximaal 12 maanden. Men noemt dit het in tijd beperkt overlevingspensioen. Het dient te worden aangevraagd zoals een gewoon overlevingspensioen. Het in tijd beperkt pensioen wordt niet meer uitbetaald bij hertrouwen.

Ook hier dient men ermee rekening te houden dat de pensioenberekening voor vrouwen geleidelijk aan tijdens de overgangsperiode 1997-2009 wordt opgetrokken tot 45 loopbaanjaren (zie III.4. Rustpensioen werknemers). Bij de berekening van een overlevingspensioen in hoofde van een overleden echtgenote dient hiermee rekening gehouden evenals met de optrekking van de rustpensioenleeftijd voor vrouwen tot 65 jaar vanaf 2009. Ook hier worden de lage lonen in welbepaalde voorwaarden verhoogd tot het minimumloon in verhouding tot de bewezen loopbaan.

Cumul eigen rustpensioen met een overlevingspensioen.

Wie recht heeft op een overlevingspensioen en zelf met pensioen gaat, kan het eigen rustpensioen tot op zekere hoogte cumuleren met het overlevingspensioen. Het cumulatieplafond wordt als volgt berekend.
het jaarbedrag van het overlevingspensioen x de omgekeerde loopbaanbreuk x 110 % (of vermenigvuldigd met 1,1). Het rustpensioen wordt altijd uitbetaald. Het overlevingspensioen wordt met vermindering uitbetaald: van het met 10 % verhoogde overlevingspensioen wordt het rustpensioen in mindering gebracht. Wat rest is het uitbetaalbaar overlevingspensioen.

Een **voorbeeld:**
Het overlevingspensioen bedraagt 7.932,59 euro op jaarbasis voor 40/45 loopbaanjaren. Op 65 jarige leeftijd vraagt de weduwe haar eigen rustpensioen aan voor 15 jaren tewerkstelling: dit komt neer op 3.718,40 euro per jaar.
Het cumulatieplafond bedraagt: 7.932,59 euro x 45/40 x 1.1 = 9.816,58 euro.
Van dit bedrag wordt het rustpensioen in mindering gebracht: 9.816,58 euro - 3.781,40 euro = 6.098,18 euro.

Besluit: de weduwe ontvangt integraal haar eigen rustpensioen ten bedrage van 3.718,40 euro en daarnaast een verminderd overlevingspensioen voor een jaarbedrag van 6.098,18 euro.

Waar?

- De gemeente waar de aanvrager zijn hoofdverblijfplaats heeft (aanvraag).
- Gewestelijke bureaus van de Rijksdienst voor pensioenen.

- Rijksdienst voor Pensioenen, centraal bestuur (inlichtingen):
  Zuidertoren, Baraplein, 1060 Brussel
  Groene lijn: 0800/50246
  Contact Center: 02/529.30.02
- Dienstverlening door ziekenfondsen: pensioendienst, dienst maatschappelijk werk (Gouden Gids nr. 6990, www.cm.be; e-mail: dmw@cm.be) (inlichtingen + bijstand).
- Ombudsdienst Pensioenen (zie III.45)

III.9. Overlevingspensioen zelfstandigen

(Voor informatie inzake 'cumulatie met toegelaten arbeid'; zie III.11.)

Wat?

Het overlevingspensioen waarborgt een vervangingsinkomen berekend op basis van een forfaitair bedrag en het aangegeven beroepsinkomen vanaf 01.01.84 en dit binnen een wettelijke vastgelegde loopbaanperiode.

Zoals voor een rustpensioen is een toegelaten arbeid mogelijk.

Een overlevingspensioen is niet te cumuleren met een ander vervangingsinkomen. Het Generatiepact voorziet vanaf 01.01.2007 een beperkte cumulatiemogelijkheid tussen een overlevingspensioen zelfstandigen met een uitkering werkloosheid of ziekte of aanvullende vergoeding bij brugpensioen zoals voor werknemers (zie III. 8 Overlevingspensioen werknemers).

Het overlevingspensioen is wèl te combineren met een persoonlijk rustpensioen tot een maximumplafond met name 110 % van het overlevingspensioen.

Het overlevingspensioen wordt aangevraagd in de gemeente waar men zijn hoofdverblijfplaats heeft. Bij aanvraag binnen de 12 maanden na het overlijden heeft men recht op het overlevingspensioen vanaf de maand van overlijden.

Indien de overleden echtgeno(o)t(e) reeds met pensioen was, dient geen nieuwe aanvraag te gebeuren. De Rijksdienst voor Pensioenen dient verwittigd van het overlijden door middel van een overlijdensattest. In dit geval heeft men recht op overlevingspensioen de maand volgend op het overlijden.

Wie?

Zowel man als vrouw kan bij overlijden wederzijds rechten op overlevingspensioen hebben.

De weduwe of weduwnaar moet minstens 45 jaar oud zijn om gerechtigd te zijn op overlevingspensioen. Van deze leeftijdsvoorwaarde wordt afgeweken in volgende situaties:
- de weduwe / weduwnaar heeft minstens één kind ten laste
- of is blijvend arbeidsongeschikt voor minstens 66 %
- de echtgenoot heeft minstens 20 jaar als ondergrondse mijnwerker gewerkt.

Bovendien moet men minstens één jaar gehuwd zijn op het ogenblik van het overlijden opdat het overlevingspensioen toegekend wordt. Ook hier wordt van afgeweken indien:
- uit het huwelijk een kind geboren werd of geboren wordt binnen de 300 dagen na het overlijden;
- er een kind ten laste is bij overlijden waarvoor één van de echtgenoten kinderbijslag ontving;
- het overlijden het gevolg is van een ongeval overkomen na het huwelijk of van een beroepsziekte opgelopen of verergerd na het huwelijk.

Wie zich niet in de voorwaarden bevindt om overlevingspensioen te ontvangen, kan recht hebben op de uitbetaling van het overlevingspensioen voor een periode van maximaal 12 maanden. Men noemt dit het in tijd beperkt overlevingspensioen. Het wordt aangevraagd zoals een gewoon overlevingspensioen.

Hertrouwen schorst de uitbetaling van het overlevingspensioen. Het in tijd beperkt pensioen ten belope van 12 maanden wordt niet meer uitbetaald bij hertrouwen.

Ook hier dient men ermee rekening te houden dat de pensioenberekening voor vrouwen geleidelijk aan tijdens de overgangsperiode 1997-2009 wordt opgetrokken tot 45 loopbaanjaren (zie III.5. Rustpensioen zelfstandigen). Bij de berekening van een overlevingspensioen in hoofde van een overleden echtgenote dient hiermee rekening gehouden evenals met de optrekking van de rustpensioenleeftijd voor vrouwen tot 65 jaar vanaf 2009.

Cumul eigen rustpensioen met een overlevingspensioen.

Wie recht heeft op een eigen rustpensioen op de pensioenleeftijd kan dit in zekere mate combineren met het overlevingspensioen. Het rustpensioen wordt altijd uitbetaald. Het cumulatieplafond met het overlevingspensioen wordt als volgt bepaald: het jaarbedrag van het overlevingspensioen x de omgekeerde loopbaanbreuk x 1,1. Eens dit plafond vastgesteld, wordt het rustpensioen hierop in mindering gebracht: wat overblijft is het verminderd, doch uitbetaalbaar overlevingspensioen. Voor een concreet voorbeeld verwijzen we naar het hoofdstuk: III.8 Overlevingspensioen werknemers.

Waar?

- De gemeente waar de aanvrager zijn hoofdverblijfplaats heeft (aanvraag).
- Gewestelijke bureaus van de Rijksdienst voor Sociale Verzekering voor Zelfstandigen.
- De Rijksdienst voor Sociale Verzekeringen voor Zelfstandigen; centraal bureau: Jan Jacobsplein 6, 1060 Brussel
  tel.: (02) 546 42 11 (inlichtingen)
- Het sociale verzekeringsfonds waarbij de zelfstandige is aangesloten (inlichtingen)
- Dienstverlening door ziekenfondsen: pensioendienst, dienst maatschappelijk werk (Gouden Gids nr. 6990, www.cm.be; e-mail: dmw@cm.be) (inlichtingen + bijstand)
- Ombudsdienst Pensioenen (zie III.45)

III.10. Overlevingspensioen ambtenaren

(Voor informatie inzake 'cumulatie met toegelaten arbeid'; zie III.11.)

Wat?

Het overlevingspensioen waarborgt een vervangingsinkomen bij overlijden van de echtgeno(o)t(e).

Zoals voor een rustpensioen is een toegelaten arbeid mogelijk.

Het overlevingspensioen is in principe niet te cumuleren met een ander vervangingsinkomen. Het Generatiepact maakt echter een beperkte cumul mogelijk van het overlevingspensioen als ambtenaar met een ziekte- of werkloosheidsuitkering en aanvullende vergoeding bij brugpensioen gedurende maximaal 12 kalendermaanden. Cumul is mogelijk onder volgende voorwaarden : het overlevingspensioen wordt verminderd tot het basisbedrag van de inkomensgarantie voor ouderen. (zie III 12 : inkomensgarantie voor ouderen). En, indien de sociale vergoeding niet voor een volledige kalendermaand wordt toegekend, wordt de vergoeding in aanmerking genomen als loon voor bepaling van de grens van toegelaten arbeid. (zie III : Grenzen toegelaten arbeid gepensioneerden). De regeling is van toepassing vanaf 1.01.2007. Wie werkloos is of ziekte uitkering geniet en weduwe of weduwnaar wordt (of omgekeerd) kan gedurende maximaal 12 maanden zijn uitkering cumuleren met een verminderd overlevingspensioen.Indien het onverminderd overlevingspensioen echter voordeliger is , kan men zijn uitkering – zoals het steeds kon – nog altijd laten schorsen. Cumul kan, maar moet niet.

Het overlevingspensioen is wèl te combineren met een persoonlijk rustpensioen tot een maximumplafond. Het rust- en overlevingspensioen mag 55 % van de maximumwedde verbonden aan de laatste graad van de overledene, niet overschrijden. Bij de overschrijding gebeurt de vermindering op het overlevingspensioen.

De aanvraag om overlevingspensioen wordt gericht aan de administratie waar de overledene is tewerkgesteld. Indien reeds gepensioneerd, moet het overlijden schriftelijk worden meegedeeld aan de uitbetalingsdienst met bijvoeging van een uittreksel uit de overlijdensakte.

Ten gunste van de langstlevende echtgenoot - niet uit de echt of van tafel en bed gescheiden - en bij gebreke van deze persoon ten gunste van erfgenamen in rechte lijn, wordt een begrafenisvergoeding uitbetaald. In laatste instantie kunnen ook diegenen welke werkelijk de kosten hebben betaald bij ontstentenis van hogergenoemde een aanvraag indienen bij het Ministerie van Financiën - Administratie van Pensioenen.

Het overlevingspensioen gaat in de maand volgend op het overlijden indien de aanvraag werd ingediend binnen de 12 maanden na het overlijden. Zo niet gaat het in de maand volgend op de aanvraag.

In tegenstelling tot de regeling voor zelfstandigen en werknemers heeft men na echtscheiding geen recht op een rustpensioen als echtgescheidene in functie van de loopbaan van de gewezen echtgeno(o)t(e). Wèl blijft men na echtscheiding recht hebben op overlevingspensioen van de ex-echtgeno(o)t(e) en dit in functie van de huwelijksjaren.

Wie?

Zowel man als vrouw kunnen bij overlijden wederzijds recht op overlevingspensioen hebben.

In tegenstelling tot de werknemers of zelfstandigen wordt in de overheidssector geen leeftijdsvoorwaarde gesteld om gerechtigd te zijn op overlevingspensioen. Wel gelden volgende voorwaarden. Het huwelijk moet minstens één jaar geduurd hebben op het ogenblik van het overlijden. Hiervan wordt afgeweken indien:

- uit het huwelijk een kind geboren wordt binnen de 300 dagen na het overlijden;
- er een kind ten laste is bij het overlijden waarvoor één van de echtgenoten kinderbijslag ontving;
- het overlijden het gevolg is van een ongeval overkomen na het huwelijk of t.g.v. beroepsziekte overkomen na datum van het huwelijk.

Cumul eigen rustpensioen met een overlevingspensioen.

Zoals voor de andere stelsels is er hier eveneens een cumulbeperking zij het met toepassing van specifieke regels eigen aan het openbaar ambt Ook in deze regeling wordt het rustpensioen bij voorrang en onverminderd uitbetaald. Het bepalen van het cumulatieplafond gebeurt als volgt: het totale bedrag van het rustpensioen en het overlevingspensioen wordt beperkt tot 55 % van de maximumwedde van de weddeschaal verbonden aan de laatste graad van de overledene. Bij overschrijding van deze grens wordt de vermindering toegepast op het overlevingspensioen.

Waar?

- Gewestelijke inlichtingenbureaus van het openbaar ambt.
- Pensioendienst voor de Overheidssector (PDOS)
  Victor hortaplein 40, bus 30, 1060 Brussel
  tel.: 022/558 60 00
- Dienstverlening door ziekenfondsen: pensioendienst, dienst maatschappelijk werk (Gouden Gids nr. 6990, www.cm.be; e-mail: dmw@cm.be) (inlichtingen + bijstand).
- Ombudsdienst Pensioenen (zie III.45)

III.11. Grenzen toegelaten arbeid gepensioneerden voor 2008

Wat?

Gepensioneerden kunnen bijverdienen én toch hun pensioen behouden. Onder **strikte voorwaarden** natuurlijk.

Het pensioen behouden kan zolang zij per jaar niet méér verdienen dan een bepaald bedrag, dat jaarlijks bij wet wordt vastgelegd en regelmatig iets wordt verhoogd.

Bovendien dient elke activiteit *vooraf aangegeven.*

Ook de werkgever is hiertoe verplicht.

Voor alle duidelijkheid: het gaat hier om een toegelaten arbeid waarvoor men een belastbaar inkomen ontvangt. Met andere woorden: het gaat niet om onbezoldigd vrijwilligerswerk. Dit moet men niet aangeven.

Weduwen en weduwnaars jonger dan 65 jaar en uitsluitend gerechtigd op overlevingspensioen vormen een eerste groep met eigen grenzen om bij te verdienen. *Zie tabel categorie 1.* Dikwijls hebben zij immers nog kinderlast en dito kosten waardoor arbeid buitenshuis - meestal deeltijds - noodzakelijk is. En ook aangewezen om de eigen pensioenrechten te blijven opbouwen.

Vanaf 2002 jaar voert de minister ook een **onderscheid** in tussen gepensioneerden die **vervroegd** of op de **normale wettelijke leeftijd** met pensioen gaan. Deze laatsten krijgen een forse verhoging van de toegelaten grenzen tot bijverdienen. Dit werd meermaals herhaald de voorbije jaren.

Het Generatiepact schaft de aangifteplicht af vanaf 1.1.2006 voor wie ouder is dan 65 jaar en een werknemers, ambtenaren- of zelfstandigenpensioen (rust en/of overlevingspensioen) ontvangt én bijverdient als werknemer. Behalve als het gaat om de eerste uitbetaling van het pensioen: dan moet deze 65 jarige nog een aangifte doen om te kunnen nagaan of hij al of niet stopt met werken. Voor heel wat mensen blijft de aangifteplicht bestaan: de echtgenote van een gerechtigde met pensioen, ook als is die echtgenote al 65 jaar en al wie met vervroegd pensioen gaat.

Normale pensioenleeftijd: 65 jaar voor mannen en vrouwen vanaf 01.01.2009 *zie tabel volgende bladzijde 'categorie 3'*

Tabel Toegelaten inkomstengrenzen voor 2008

1. Weduwen en weduwnaars, uitsluitend recht op overlevingspensioen én jonger dan 65 jaar. *Categorie 1*

	Jaargrens (behoud pensioen)	**Jaargrens (schorsing pensioen)**
Tewerkstelling als werknemer (1)	zonder kinderlast: € 17.280 met kinderlast: € 21.600	zonder kinderlast: € 19.872 met kinderlast: € 24.840
Tewerkstelling als zelfstandige (2)	zonder kinderlast: € 13.824 met kinderlast: € 17.280	zonder kinderlast: € 15.897 met kinderlast: € 19.872

2. Rustgepensioneerden en gerechtigden op overlevingspensioen met pensioen voor * **de wettelijke pensioenleeftijd.** *Categorie 2*

	Jaargrens (behoud pensioen)	Jaargrens (schorsing pensioen)
Tewerkstelling als werknemer	zonder kinderlast: € 7.421,57 met kinderlast: € 11.132,37	zonder kinderlast: € 8.534,80 met kinderlast € 12.802,22
Tewerkstelling als zelfstandige	zonder kinderlast: € 5. 937,26 met kinderlast: € 8.905,89	zonder kinderlast: € 6.827,85 met kinderlast: € 10.241,77

3. Rustgepensioneerden en gerechtigden op overlevingspensioen met pensioen na * de wettelijke pensioenleeftijd. *Categorie 3*

	Jaargrens (behoud pensioen)	Jaargrens (schorsing pensioen)
Tewerkstelling als werknemer	zonder kinderlast: € 21.436,50 met kinderlast: € 26.075,00	zonder kinderlast: € 24.651,97 met kinderlast: € 29.986,25
Tewerkstelling als zelfstandige	zonder kinderlast: € 17.149,19 met kinderlast: € 20.859,97	zonder kinderlast: € 19.721,56 met kinderlast: € 23.988,96

* De wettelijke pensioenleeftijd is 65 jaar voor werknemers en zelfstandigen (uitgezonderd voor zeevarenden, mijnwerkers en het vliegend personeel van de burgerluchtvaart.).
Ook in de openbare sector is de leeftijd 65 jaar voor mannen én vrouwen. (uitgezonderd bv militairen)

(1) Het gaat om een tewerkstelling als werknemer, mandaat, ambt of post. Het betreft het bruto beroepsinkomen.

(2) Voor zelfstandigen geldt het netto- inkomen.na aftrek bedrijfsverliezen.

Enkele voorbeelden:

Voorbeeld 1. Meneer Peeters ging op 65-jarige leeftijd met pensioen in 2008 op de normale pensioenleeftijd. Hij heeft geen kinderen ten laste. Hij verdient bij als werknemer.
Zolang zijn jaarinkomen lager is dan € 21.436,50 per jaar, behoudt hij zijn volledig pensioen. Is dit hoger dan € 24.651,97 (grens 15 % hoger dan € 21.436,50) dan wordt het pensioen geschorst voor het hele jaar.
Ligt zijn verdienste tussen beide bedragen in, dan wordt nagegaan met welk % hij de laagste grens van € 21.436,50 overschrijdt. Is dit bv met 10 %, dan wordt zijn pensioen voor het hele jaar met 10 % verminderd.

Voorbeeld 2. Mevrouw Verleysen ging op 01.01.2008 met vervroegd pensioen op 60 jaar. Zij werkt nog deeltijds als bediende. Heeft geen kinderen ten laste. Verdient zij per jaar minder dan € 7.421,57 behoudt zij het volledig pensioen. Boven de € 8.543,80 wordt het pensioen voor het hele jaar geschorst. Een verdienste tussen beide bedragen in leidt ook hier tot een proportionele vermindering van het pensioen. Eens zij echter de normale pensioenleeftijd bereikt, kan ook zij bijverdienen zoals de heer Peeters in voorbeeld 1.

Let wel op: *het jaar waarin men op pensioen gaat,* wordt de toegelaten grens berekend in verhouding tot de maanden dat men effectief pensioen trekt. Indien Mevrouw Verleysen op 1.07.2008 met pensioen ging en dus 6 maanden pensioengerechtigd is in 2005, dan is het bijverdienen in 2008 beperkt tot 6/12 van de grens van € 7.451,57 enz. Vanaf 2009 telt dan de volledige jaargrens.

Hoe?

Een officieel formulier 'Model 74' werd afgeleverd bij de pensioentoekenning (maakt deel uit van het beslissingsbundel dat men ontvangt). Het formulier kan ook verkregen worden bij de gemeentelijke administratie. Of afgehaald van de websites van de drie pensioeninstellingen.

Ambtenaren krijgen ook een officieel aangifteformulier, 'Cumulatieverklaring' genoemd, en kunnen altijd terecht bij hun uitbetalinginstelling, met name het CDVU.

Men doet aangifte bij aangetekend schrijven.
- Bij de RVP: voor wie een pensioen als werknemer heeft of www.rvponp.fgov.be
- bij het RSVZ : voor gerechtigden met zelfstandigen pensioen of www.rsvzinasti.be
- bij het CDVU: voor de gepensioneerde ambtenaren. www.cdvu.fgov.be en www.PDOS.fgov.be

Ook de werkgever moet de arbeid aangeven.

III.12. Inkomensgarantie voor ouderen (IGO) - gewaarborgd inkomen voor bejaarden (GIB, 'verworven' rechten)

* Inkomensgarantie voor ouderen (IGO, ter vervanging van het gewaarborgdinkomen voor bejaarden)
* Gewaarborgd inkomen voor bejaarden (W. 01.04.69; K.B. 29.04.69; K.B. 17.09.2000 - B.S. 27.09.2000)
* Forfaitaire bijzondere verwarmingstoelage (K.B. 18.03.99)

Inkomensgarantie voor ouderen (IGO)

(Ter vervanging van het Gewaarborgd Inkomen voor Bejaarden (GIB)).

Wet 22 maart 2001; BS 29 maart 2001
KB 23 mei 2001; BS 31 mei 2001; KB 5 juni 2004 - BS 21 juni 2004

De inkomensgarantie voor ouderen (IGO) vervangt het 'Gewaarborgd Inkomen voor Bejaarden' en wordt toegekend aan pensioengerechtigde ouderen die niet over voldoende eigen bestaansmiddelen beschikken.

De inkomensgarantie bestaat uit een forfaitair bedrag per jaar dat verschilt naargelang men samenwonende of alleenstaande is. De samenwonende krijgt het basisbedrag. Dit basisbedrag wordt met 1,5 vermenigvuldigd voor de alleenstaande.

Een belangrijke vernieuwing is de gelijke behandeling inzake leeftijd en burgerlijke staat:

- De minimumleeftijd is, zowel voor mannen als voor vrouwen, vastgesteld op 65 jaar vanaf 01.01.2009.
- Van zodra meerdere personen dezelfde hoofdverblijfplaats delen, zullen zij voortaan - indien zij allen aan de leeftijdsvoorwaarde voldoen - individueel aanspraak kunnen maken. Bij een gehuwd gezin worden man en vrouw als twee gelijkwaardige individuen beschouwd en krijgen zij voortaan ieder afzonderlijk hetzelfde basisbedrag.

Een andere vernieuwing bestaat uit de soepelere 'inkomensaanrekening' indien men bv. de enige gezinswoning verkoopt om o.a. de kosten van de rusthuisopname te betalen.

Meer dan 60.000 ouderen met een Gewaarborgd Inkomen voor Bejaarden (vnl. gehuwden en alleenstaanden) werden in 2001 automatisch opgenomen in het nieuwe stelsel en kregen hierdoor een verhoging van hun uitkering met + 2%. Een 25.000-tal personen bleven in het oude stelsel GIB omdat dit voor hen voordeliger was.

Het Gewaarborgd Inkomen voor Bejaarden is een uitdovend recht.

Wie?

De leeftijdsvoorwaarde

Om recht te verkrijgen moet de aanvrager ten minste 65 jaar zijn.
Dit geldt zowel voor mannen als voor vrouwen vanaf 01.01.2009.

De nationaliteitsvoorwaarde en verblijfsvoorwaarde

De aanvrager moet tot één van de volgende categorieën behoren:

- Belg;
- Onder de verordening (EEG) 1408/71 en 574/72 van de Raad van de Europese Gemeenschappen vallen;
- Staatloos of persoon van onbepaalde nationaliteit;
- Erkende vluchteling;
- Onderdanen van een land waarmee België terzake een wederkerigheidsovereenkomst heeft afgesloten of het bestaan van een feitelijke wederkerigheid erkend heeft;
- Van buitenlandse nationaliteit, op voorwaarde dat een recht op rust- of overlevingspensioen krachtens een Belgische regeling werd geopend.

De gerechtigde moet zijn hoofdverblijplaats in België hebben en moet er ook daadwerkelijk en bestendig verblijven. Een minimumduur van verblijf is niet vereist.

Met daadwerkelijk en bestendig verblijf in België wordt gelijkgesteld, op voorwaarde dat de RVP voorafgaandelijk op de hoogte werd gebracht:

- het verblijf in het buitenland gedurende **minder dan 30** al dan niet opeenvolgende dagen per kalenderjaar. Bij overschrijding van deze periode wordt de uitbetaling van de inkomensgarantie geschorst voor elke kalendermaand tijdens dewelke de gerechtigde niet ononderbroken in België verblijft.
- het verblijf in het buitenland gedurende **30 of meer** al dan niet opeenvolgende dagen, ingevolge een toevallige of tijdelijke opname in een ziekenhuis of een andere instelling voor zorgenverstrekking.
- het verblijf in het buitenland gedurende **30** al of niet opeenvolgende dagen per kalenderjaar of langer, voor zover uitzonderlijke omstandigheden dit verblijf wettigen en op voorwaarde dat het beheerscomité van de Rijksdienst voor pensioenen hiertoe de toelating heeft gegeven.

De Rijksdienst doet een steekproefgewijze controle op het bestendig en daadwerkelijk verblijf.

Het bedrag van de IGO aan index 01.09.2008:

Vanaf 01.09.2008		
	Per jaar	Per maand
Samenwonende	7.087,22 euro	590,60 euro
Alleenstaande	10.630,83 euro	885,90 euro

Bij de toekenning van het IGO wordt van deze bedragen het niet vrijgesteld gedeelte van de bestaansmiddelen afgetrokken.

Met bestaansmiddelen wordt het inkomen bedoeld. Als inkomen wordt onder meer de beroeps- en andere inkomsten, interest op kapitalen, fictieve inkomsten van onroerende goederen, pensioenen enz. bedoeld, al dan niet gedeeltelijk vrijgesteld.

Gaat het om een alleenstaande, dan wordt enkel rekening gehouden met zijn persoonlijke inkomsten.

Gaat het om een samenwonende, dan wordt zowel het met de inkomsten van de aanvrager als met de inkomsten van de met de aanvrager samenwonende personen rekening gehouden.

De gezinssituatie

Het begrip alleenstaande

De alleenstaande is de persoon die zijn hoofdverblijfplaats niet met een ander persoon deelt.

De volgende personen worden eveneens niet geacht dezelfde hoofdverblijfplaats te delen met de aanvrager, ook al wonen ze samen met de aanvrager:

- de minderjarige kinderen;
- de meerderjarige kinderen waarvoor kinderbijslag wordt genoten;
- bloed- of aanverwanten in rechte neergaande lijn (kinderen, kleinkinderen, schoonkinderen)
- de personen die in hetzelfde rusthuis, rust- en verzorgingstehuis of psychiatrisch verzorgingstehuis als de aanvrager zijn opgenomen.

Sinds mei 2004 kunnen ouders die inwonen bij kinderen of kleinkinderen of omgekeerd, beschouwd worden als alleenstaande. Met het inkomen van bloed- en aanverwanten in rechte neergaande lijn wordt geen rekening gehouden. Wie meent in aanmerking te komen, dient een aanvraag in in de gemeente waar men woont.

Het begrip samenwonende

De samenwonende is de persoon die dezelfde hoofdverblijfplaats deelt met één of meerdere personen.

Worden geacht dezelfde hoofdverblijfplaats te delen, de aanvrager en elke andere persoon die gewoonlijk met hem op dezelfde plaats verblijft.

Dit gewoonlijk verblijf blijkt hetzij uit:

- de inschrijving in de bevolkingsregisters van de gemeente waar de verblijfplaats is gevestigd;
- ieder ambtelijk of administratief stuk dat op een werkelijk verblijf op eenzelfde adres duidt.

De meest voorkomende situatie van samenwoonst is de al dan niet gehuwde 'partnerrelatie' waarvan of de man of de vrouw, ofwel beiden de leeftijdsvoorwaarde vervullen om de IGO te verkrijgen, en bij wie geen andere personen inwonen.

- Indien bv. enkel de man aan de leeftijdsvoorwaarde voldoet, kan hem, na onderzoek van zijn bestaansmiddelen en die van zijn echtgenote (de persoon die met hem dezelfde hoofdverblijfplaats deelt) het volledige of gedeeltelijke basisbedrag toegekend worden.

- Voldoen beide echtgenoten aan de leeftijdsvoorwaarden, dan wordt, indien zij beiden een aanvraag hebben ingediend, na onderzoek en aftrek van het niet vrijgestelde gedeelte van de bestaansmiddelen en de pensioenen, aan elk apart het volledige of gedeeltelijke basisbedrag toegekend.

In beide gevallen zal bij elke berekening de helft van het totaal van de bestaansmiddelen en de pensioenen in aanmerking genomen worden.

Dezelfde regel geldt wanneer twee of meerdere personen al of niet van hetzelfde geslacht, een feitelijk gezin vormen.

Sinds 1 januari 2005 hebben personen die in een religieuze of lekengemeenschap leven recht op het IGO basisbedrag zonder dat met het inkomen van de andere leden van de gemeenschap wordt rekening gehouden.

De berekening:

A) Inkomens waarmee geen rekening wordt gehouden:

Bij het berekenen van de bestaansmiddelen, zowel voor de aanvrager als voor de personen met wie hij dezelfde hoofdverblijfplaats heeft, wordt geen rekening gehouden met:

- De **gezinsbijslag** toegekend krachtens een Belgische regeling;
- De **uitkeringen of elke tussenkomst** die verband houden met **openbare of private bijstand** (verleend door O.C.M.W.'s, liefdadigheidsinstellingen of de zorgverzekering in Vlaanderen);
- De **onderhoudsgelden tussen ascendenten en descendenten**(ongeacht of zij door een vonnis of vrijwillig verleend worden);
- De **frontstrepen- en gevangenschapsrenten**, alsmede de renten verbonden aan een **nationale orde**op grond van een oorlogsfeit;
- **De tegemoetkomingen, uitbetaald in het raam van de wetten betreffende de gebrekkigen en verminkten, gecoördineerd bij Koninklijk Besluit van 3 februari 1961, en van de Wet van 27 juni 1969, betreffende het toekennen van tegemoetkomingen aan minder-validen**;
- **De tegemoetkomingen uitbetaald in het raam van de Wet van 27 februari 1987 betreffende de tegemoetkomingen aan gehandicapten;**
- **Vergoedingen betaald door Duitsland bij wijze van schadevergoeding voor gevangenhouding tijdens WO II**
- De **verwarmingstoelage**, toegekend aan bepaalde rechthebbenden op een pensioen ten laste van de werknemersregeling.

B) Inkomens die gedeeltelijk in rekening worden gebracht:

- **Het beroepsinkomen**

Als de aanvrager en/of een met de aanvrager samenwonende persoon een beroepsbezigheid	**Dan ...**
als werknemer uitoefent	wordt 3/4 van het brutoloon aangerekend

als zelfstandige uitoefent	worden de bedrijfsinkomsten (*), van het kalenderjaar dat voorafgaat aan het jaar waarin de beslissing ingaat, aangerekend (*) = nettobelastbaar inkomen vastgesteld door de belastingsadministratie
als zelfstandige begint of hervat	wordt rekening gehouden met het door de aanvrager aangegeven inkomen (dat later kan verbeterd worden na de door de belastingsadministratie verstrekte inlichtingen).
of stopzet	wordt geen rekening meer gehouden met die inkomsten vanaf de eerste dag van de maand die volgt op deze van de stopzetting

- **Pensioenen**

De **pensioenen** van de aanvrager en/of van iedere persoon met wie hij dezelfde hoofdverblijfplaats deelt, worden slechts in aanmerking genomen voor **90 %van het werkelijk betaald bedrag, ook al werd het pensioenbedrag verminderd wegens vervroeging**;

Het pensioen dat in mindering gebracht wordt op het bedrag van de IGO, wordt vooraf tevens verminderd met het bedrag van de bij een rechterlijke beslissing vastgestelde en effectief betaalde onderhoudsgelden.

- **KI van bebouwde onroerende goederen**

Op het globaal **kadastraal inkomen van de bebouwde onroerende goederen** die de aanvrager en/of iedere persoon die met hem dezelfde hoofdverblijfplaats deelt, in volle eigendom of in vruchtgebruik bezitten, wordt een bedrag van **743,68 euro** in mindering gebracht. Dit bedrag wordt met 123,95 euro verhoogd voor elk kind waarvoor de aanvrager of ieder persoon waarmee hij dezelfde hoofdverblijfplaats deelt, kinderbijslag geniet (het saldo wordt vermenigvuldigd **met 3**);

- **KI van onbebouwde onroerende goederen**

Indien de aanvrager of de personen waarmee hij dezelfde hoofdverblijfplaats deelt samen uitsluitend de volle eigendom of het vruchtgebruik hebben van **onbebouwde onroerende goederen**, wordt de som van die kadastrale inkomens verminderd met 29,75 euro (het saldo wordt eveneens vermenigvuldigd met 3);

- **Roerende kapitalen**

Er geldt een gedeeltelijke vrijstelling voor al dan niet belegde roerende kapitalen en de opbrengsten van de afstanden(*) door het feit dat er slechts het volgende wordt van aangerekend:
- De eerste schijf tot 6.200 euro wordt volledig vrijgesteld
- 4% van de schijf tussen 6.200 euro en 18.600 euro;
- 10% boven de schijf van 18.600 euro;

(*) Vooraleer deze aanrekening gebeurt op de verkoopwaarde bij afstand onder bezwarende titel, dient eerst de gedeeltelijke vrijstelling van 37.200 euro te worden toegepast!!!

Als zowel de aanvrager, als één of meerdere personen die met hem samenwonen, een beroepsactiviteit uitoefenen, dan worden de inkomsten opgeteld.

– **Afstand onder bezwarende titel / afstand om niet (schenking)**

Naar aanleiding van een arrest van 16.03.2005 van het Arbitragehof wordt de regelgeving omtrent afstand voortaan anders geïnterpreteerd. Het is niet meer de afstand die sinds 10 jaar voor de IGO- leeftijd uitgevoerd werd die meetelt, maar de afstand die sinds 10 jaar voor de ingangsdatum IGO uitgevoerd werd die meetelt.

Een forfaitair inkomen, overeenstemmend met de verkoopwaarde van de goederen op het ogenblik van de afstand, wordt in aanmerking genomen, wanneer die afstand gebeurd is minder dan 10 jaar vóór de ingangsdatum van de IGO-beslissing.

Het gaat om afstanden van de aanvrager en van de personen die met hem dezelfde hoofdverblijfplaats delen.

Het kan gaan over zowel een **afstand onder bezwarende titel als om een schenking**.

Verrekening bij afstand

De verkoopwaarde van de afgestane roerende en onroerende goederen, waarvan de aanvrager of iedere persoon die met hem dezelfde hoofdverblijfplaats deelt, eigenaar of vruchtgebruiker in onverdeeldheid is, wordt vermenigvuldigd met een breuk die de belangrijkheid van de **zakelijke rechten** uitdrukt.

- Bij **volle eigendom** wordt in beginsel rekening gehouden met **100 % van de verkoopwaarde**; betreft het een volle eigendom in onverdeeldheid (bv. 25 %), dan wordt slechts met dat deel (vb. een vierde) van de verkoopwaarde rekening gehouden;
- Bij **vruchtgebruik** daarentegen wordt **steeds met 40 %** van de verkoopwaarde rekening gehouden, ongeacht de leeftijd van de vruchtgebruiker op het ogenblik van de afstand;
- De waarde van de **naakte eigendom** steeds gelijk zijn aan **60 %** van de verkoopwaarde;

Bij afstand onder bezwarende titel van roerende of onroerende goederen, worden de **persoonlijke schulden** van de aanvrager en / of van iedere persoon die met hem dezelfde hoofdverblijfplaats deelt, afgetrokken van de verkoopwaarde van de afgestane goederen op het ogenblik van de afstand, op voorwaarde dat:

- het persoonlijke schulden betreft van de aanvrager en / of van iedere persoon die met hem dezelfde hoofdverblijfplaats deelt, dus schulden die door ten minste één van hen persoonlijk aangegaan zijn; het volstaat niet dat iemand zich borg heeft gesteld voor de schuld van een derde;
- De schulden moeten aangegaan zijn vóór de afstand van de goederen;

- De schulden moeten terugbetaald zijn met de opbrengst van de afstand.

Aan deze drie voorwaarden moet gelijktijdig voldaan zijn, en het komt de aanvrager of de perso(o)n(en) met wie de aanvrager dezelfde hoofdverblijfplaats deelt toe het bewijs hiervan te leveren.

Bij **afstand onder bezwarenden titel van het enige woonhuis** of van **het enige onbebouwde onroerend goed** van de aanvrager en/of van iedere persoon met wie hij dezelfde hoofdverblijfplaats deelt (dit wil zeggen dat zij geen ander bebouwd onroerend goed mogen bezitten), wordt de **eerste schijf van 37.200 euro** vrijgesteld. In overeenstemming met de geldende interpretatie terzake is het niet vereist dat dit huis ook effectief wordt bewoond door de aanvrager en/of de personen met wie hij dezelfde hoofdverblijfplaats deelt.

Bovendien wordt in deze gevallen door de administratie automatisch jaarlijks van de verkoopwaarde een bedrag ("abattement") afgetrokken van:

- 1.250 euro, indien de aanvrager een inkomensgarantie verwerft op basis van het basisbedrag (dit wil zeggen wanneer hij zijn hoofdverblijfplaats deelt met één of meer andere personen);
- 2.000 euro, indien hij een inkomensgarantie verwerft op basis van het met 50 % verhoogd basisbedrag (wanneer hij zijn hoofdverblijfplaats niet deelt met één of meerdere personen.

Dit aftrekbaar bedrag wordt berekend in verhouding tot het aantal maanden begrepen tussen de eerste van de maand die volgt op de datum van de afstand en de ingangsdatum van de IGO.

Hoger vermelde vrijstellingen zijn niet van toepassing in geval van afstand om niet (schenking)!!!

Op de al dan niet belegde roerende kapitalen uit de afstand wordt, na aftrek van de verschillende vrijstellingen, rekening gehouden met:

- **0%** voor de eerste schijf tot **6.200 euro**
- **4%** van de schijf gelegen tussen **6.200 euro** en **18.600 euro** - dus op een maximumbedrag van 12.400,25 euro
- **10%** van de kapitalen, die boven die schijf gelegen zijn.

Deze berekeningswijze geldt ook voor liggende gelden, aandelen obligaties enz.

C) Algemene vrijstelling op eindresultaat berekening

Op de som van al de in aanmerking genomen inkomsten worden nog volgende bijkomende abattementen toegepast:

- 625 euro als het om een samenwonende gaat;
- 1.000 euro als het om een alleenstaande gaat.

De herziening

De herziening op aanvraag

De gerechtigde op de IGO is verplicht aangifte te doen zodra nieuwe gegevens het bedrag van de in aanmerking te nemen bestaansmiddelen verhogen.

De beslissing op deze aangifte gaat in vanaf de eerste dag van de maand die volgt op de feiten.

- De gerechtigde op de IGO mag steeds een nieuwe aanvraag indienen, wanneer er zich volgens hem wijzigingen voordoen die de toekenning of de verhoging van de IGO kunnen rechtvaardigen.

Opgelet:

- Een nieuwe aanvraag kan slechts gegrond worden verklaard op basis van:
  - nieuwe bewijselementen die vroeger niet aan de administratieve overheid of aan het bevoegde rechtscollege werden voorgelegd;
  - een wijziging van een wettelijke of reglementaire bepaling.
- Het verzoekschrift bij de arbeidsrechtbank of het hoger beroep bij het arbeidshof inzake een beslissing over een IGO geldt als nieuwe aanvraag om IGO indien het wegens laattijdigheid onontvankelijk wordt verklaard.
- De nieuwe beslissing gaat in de eerste dag van de maand volgend op die waarin de nieuwe aanvraag werd ingediend.

De ambtshalve herziening

De Rijksdienst zal van ambtswege het recht op IGO (her)berekenen, wanneer hij kennis neemt van één van volgende gebeurtenissen:

- Het aantal personen dat op dezelfde hoofdverblijfplaats is ingeschreven, wijzigt, en deze wijziging is **niet** het gevolg van het overlijden van de gerechtigde of van een persoon die met hem dezelfde hoofdverblijfplaats deelt.
  Bij wijziging in de gezinssamenstelling zal een onderzoek naar de bestaansmiddelen moeten gebeuren in de gevallen waarin één of meerdere personen dezelfde hoofdverblijfplaats gaan delen met een IGO - gerechtigde.
- De gerechtigde, die dezelfde hoofdverblijfplaats deelt met één of meerdere andere personen, overlijdt, én minstens één van die andere personen is in het genot van een inkomensgarantie (indien geen enkele van de andere personen in het genot is van een IGO, **dan dooft het recht immers uit.**)
  Is ook aan de tweede voorwaarde voldaan, dan zal een herziening van ambtswege gebeuren; **om het de Rijksdienst mogelijk te maken om terugvorderbare voorschotten uit te betalen, worden - in een eerste stadium - de bestaansmiddelen van de overledene geacht voor een gelijk deel toe te behoren aan elk van de langstlevende** personen **die dezelfde hoofdverblijfplaats met de overledene deelden.**
  Dit terugvorderbaar voorschot kan evenwel aangepast worden, indien de langstlevende gerechtigde bijvoorbeeld kan aantonen dat hij onterfd werd door de overledene.
  Na de definitieve vereffening van de erfenis, wat bij betwisting een hele tijd kan aanslepen, gaat de Rijksdienst over naar een nieuw onderzoek van de inkomensgarantie van de langstlevende gerechtigden, waarbij rekening wordt gehouden met de werkelijk uit de nalatenschap ontvangen goederen, die zich bij hun **als ongewijzigd beschouwde** bestaansmiddelen en persoonlijke pensioenen zullen voegen, evenals bij die van de andere personen die dezelfde hoofdverblijfplaats delen. Wanneer echter de langstlevende gerechtigden en de personen die met hen dezelfde hoofdverblijfplaats delen aantonen dat zij geen

enkel goed uit de nalatenschap toebedeeld kregen, of de nalatenschap verwierpen, kan in hun hoofde een **definitieve beslissing** genomen worden, waarbij geen rekening wordt gehouden met de goederen van de overledene.
- De bestaansmiddelen wijzigen: bedoeld wordt een wijziging in de bestaansmiddelen, niet aangegeven door de gerechtigde, of één van de personen die dezelfde hoofdverblijfplaats delen.
  Een terugvordering kan het gevolg zijn van dit ambtshalve onderzoek.
- Het bedrag van het pensioen wijzigt als gevolg van een nieuwe toekenningbeslissing: in dit geval wordt de IGO herberekend, zonder nieuw onderzoek naar de bestaansmiddelen.

Afgeleid recht:

Sinds 01.07.2006 genieten **zelfstandigen**, die IGO-gerechtigde zijn, automatisch het recht op de kleine risico's voor de geneeskundige verstrekkingen in de ziekteverzekering (vraag informatie bij uw ziekenfonds).

Hoe aanvragen?

Eerste aanvraag

De inkomensgarantie wordt toegekend op aanvraag van de betrokkene.

De aanvraag wordt zoals in de pensioenreglementering door betrokkene persoonlijk of door volmachtdrager ingediend hetzij:
- bij het gemeentebestuur, waar de gerechtigde zijn hoofdverblijfplaats heeft; (*)
- bij de Rijksdienst voor pensioenen.

De burgemeester mag niet weigeren de aanvraag in ontvangst te nemen en moet een ontvangstbewijs afleveren).

Tevens geldt **een pensioenaanvraag ten laste van elke Belgische verplichte pensioenregeling (werknemers, zelfstandigen) als aanvraag om IGO** op voorwaarde dat:
- de aanvrager aan de leeftijdsvoorwaarden voldoet, en
- het bedrag van de pensioenen de toekenning van de IGO niet verhindert.

Omgekeerd geldt de **aanvraag om IGO ook als aanvraag om pensioen** in een wettelijke Belgische pensioenregeling, wanneer de aanvraag melding maakt van beroepsarbeid die onder de werkingssfeer van een van die regelingen valt of wanneer, tijdens het onderzoek van de aanvraag om IGO, dergelijke beroepsarbeid wordt vastgesteld.

De toekenning van de IGO heeft **uitwerking:**

- **de eerste van de maand volgend op de aanvraag** of op het feit dat aanleiding geeft tot herziening van de bestaansmiddelen,
- én ten vroegste de eerste dag van de maand die volgt op de maand waarin aan de leeftijdsvoorwaarde is voldaan.

De ambtshalve toekenning

Zodra volgende categorieën van personen voldoen aan de leeftijdsvoorwaarde (zie leeftijdsvoorwaarde) gaat de Rijksdienst over tot ambtshalve onderzoek van de rechten op de IGO, als ze het genot hebben van:

- een tegemoetkoming aan gehandicapten;
- een leefloon;
- personen die een (al dan niet vervroegd) wettelijk pensioen genieten, als werknemer of als zelfstandige.

Bij ambtshalve toekenning gaat het recht op IGO in de eerste van de maand volgend op die waarin aan de leeftijdsvoorwaarde voldaan wordt.

Feitelijk gescheiden echtgenoten

In geval van feitelijke scheiding, waar het gezinsbedrag van het gewaarborgd inkomen op de datum van de inwerkingtreding van de nieuwe wet in gelijke delen aan elk van de echtgenoten werd uitbetaald, werd de vergelijking tussen de bedragen GI en IGO uitgevoerd. Indien de toekenning van de IGO voordeliger blijkt, werd dit laatste toegekend:

- aan het verhoogd basisbedrag, aan de beide echtgenoten of aan de echtgenoot die zijn hoofdverblijfplaats **niet** met een andere persoon deelt;
- aan het basisbedrag, aan beide echtgenoten of aan de echtgenoot die zijn hoofdverblijfplaats met een andere persoon deelt, dit zonder onderzoek naar de bestaansmiddelen.

Op het bedrag van de IGO (basisbedrag of verhoogd basisbedrag) wordt steeds 50 % van het totaal van de oorspronkelijke bestaansmiddelen in mindering gebracht.

Blijkt dat één van de feitelijk gescheiden levende echtgenoten niet aan de leeftijdsvoorwaarden voldoet, dan wordt:

- het gewaarborgd inkomen voor bejaarden van de gerechtigde op het gezinsbedrag omgezet naar een IGO aan het basisbedrag (samenwonend) of aan het verhoogd basisbedrag (alleenstaande);
- de helft van het gezinsbedrag van het gewaarborgd inkomen verder betaald aan de andere echtgenoot tot deze aan de leeftijdsvoorwaarden voldoet.

Beroep

Beroep wordt ingesteld bij de arbeidsrechtbank, binnen de drie maanden na kennisgeving van de beslissing.

Het in beroep gaan werkt niet schorsend.

Voorschotten

- De RVP kan voorschotten uitbetalen wanneer uit het onderzoek van de rechten, zowel administratief als gerechtelijk, blijkt dat er nog geen definitieve beslissing kan genomen worden.
- De RVP stelt het bedrag van de voorschotten vast op grond van de bewijsstukken waarover hij beschikt.
- Met een mededeling, die niet vatbaar is voor beroep, stelt de RVP de gerechtigde ervan in kennis dat voorschotten zullen worden uitbetaald.

Uitbetaling

Zoals het pensioen en het gewaarborgd inkomen voor bejaarden, is de IGO verworven per twaalfden en betaalbaar per maand.

De betaling geschiedt door middel van postassignaties of op vraag van betrokkene, op een bankrekening. In beide gevallen steeds de zesde van de maand.

In geval van **overlijden** van de betrokkene is, voor wat betreft de betaling van de **vervallen en niet- uitbetaalde termijnen** in van de pensioenregeling en de regeling gewaarborgd inkomen afwijkende bepalingen voorzien Deze termijnen worden **uitsluitend**, en **enkel op aanvraag**, betaald aan de persoon die de begrafeniskosten heeft betaald of in de verplegingskosten is tussengekomen.

De IGO is niet vatbaar voor overdracht of beslag.

Het bedrag dat een OCMW kan opeisen, mag bovendien niet hoger zijn dan 3/4 van de IGO.

Het 'gewaarborgd inkomen voor bejaarden'

(Kan niet meer worden aangevraagd, enkel bestaande rechten van voor 1.06.2001 toegekend, kunnen worden behouden! Wij vermelden kort de grote principes.)

Wat?

Het gewaarborgd inkomen werd maar toegekend na een streng onderzoek van de bestaansmiddelen van de aanvrager en van de eventuele echtgeno(o)t(e).

Bij feitelijke scheiding van minder dan 10 jaar (met bewijs van afzonderlijke domiciliëring) wordt - gedurende deze 10 jaren - steeds met de bestaansmiddelen van beide echtgenoten rekening gehouden. Pas vanaf 10 jaren feitelijke scheiding wordt enkel het inkomen van de aanvrager in aanmerking genomen.

Het bezit van een enig woonhuis is dikwijls geen beletsel voor toekenning: het kadastraal inkomen van de woning is immers tot een bepaald bedrag vrijgesteld als bestaansmiddel.

Het pensioenbedrag wordt maar voor 90% in rekening gebracht. Vanaf 1.09.2000 wordt een pensioen dat verminderd werd wegens vervroeging niet meer fictief omgerekend naar een onverminderd pensioen. Men houdt voortaan rekening met het werkelijk bedrag dat men ontvangt min 10 % vrijstelling uiteraard. De aanvulling van het gewaarborgd inkomen wordt daardoor aanzienlijk groter.

Velen, vooral zelfstandigegepensioneerden gerechtigd op gewaarborgd inkomen hebben hier baat mee.

Gronden alsmede kapitaalbezit worden aangerekend als inkomen.

Bedragen aan index 01.09.2008:
- gehuwde: 10.799,04 euro/jaar (899,92 euro/maand)
- alleenwonende: 8.098,92 euro/jaar (674,91 euro/maand)

Het gewaarborgd inkomen is bedoeld als een soort bestaansminimum voor wie geen of een te laag pensioen heeft.

Men hoeft geen bijdragen betaald te hebben: het is volledig ten laste van de staat. Het wordt ook niet teruggevorderd van kinderen of familieleden. De aanvrager dient wel zijn hoofdverblijfplaats in België te hebben. Een verblijf in het buitenland van minder dan 30 kalenderdagen op jaarbasis is geen beletsel voor de uitbetaling ervan.

Afgeleid recht:

Sinds 01.07.2006 genieten **zelfstandigen**, die GIB-gerechtigde zijn, automatisch het recht op de kleine risico's voor de geneeskundige verstrekkingen in de ziekteverzekering (vraag informatie bij uw ziekenfonds).

De forfaitaire bijzondere verwarmingstoelage

KB van 18.03.99 tot uitvoering van art. 22bis van de wet van 01.04.69 (gewaarborgd inkomen voor bejaarden - GIB)

Wat?

Bejaarden die genieten van het gewaarborgd inkomen voor bejaarden krijgen, bijkomend, jaarlijks een vast bedrag dat dient als tussenkomst voor de uitgaven inzake verwarming. In 2008 is dit bedrag 66,10 euro voor gezinnen en 49,58 euro voor alleenstaanden.

Wie? Hoe?

De toelage wordt automatisch toegekend aan personen die in de maand februari gerechtigd zijn op de uitbetaling van het GIB. Een aanvraag indienen is dus overbodig.

Personen die een ouderdomsrentebijslag of een weduwerentebijslag krijgen hebben geen recht.

Waar?

- De gemeente waar de aanvrager zijn hoofdverblijfplaats heeft (aanvraag).
- De gewestelijke bureaus van de Rijksdienst voor Pensioenen.
- Rijksdienst voor Pensioenen, centraal bestuur (inlichtingen):
  Zuidertoren, Baraplein, 1060 Brussel
  Groene lijn: 0800/50246
  Contact Center: 02/529.30.02
- Dienstverlening door ziekenfondsen: pensioendienst, dienst maatschappelijk werk (Gouden Gids nr. 6990, www.cm.be; e-mail: dmw@cm.be) (inlichtingen + bijstand).
- Ombudsdienst Pensioenen (zie III.45)

III.13. Verhoogde kinderbijslag voor kinderen van gepensioneerden

Wat?

Gepensioneerden met ouderdomspensioen, die minstens sedert 6 maanden voor hun pensioen recht hadden op kinderbijslag, hebben onder bepaalde voorwaarden recht op hogere kinderbijslagen voor hun gerechtigde kinderen vanaf hun pensionering.

Bedragen op 01.09.2008:

- kind + 42,46 euro,
- 2e kind + 26,32 euro,
- vanaf 3e kind + 4,62 euro per maand.

plus eventueel de opleg voor éénoudergezin)

Wie?

Gepensioneerden met ouderdomspensioen, die minstens sedert 6 maanden voor hun pensioen recht hadden op kinderbijslag, en waarvan het totaal van de inkomsten niet groter is dan 2.131,19 euro per maand voor een koppel of 2.060,91 euro voor een bijslagtrekkende die alleen woont met kinderen.

Alle inkomens tellen mee!!

Hoe?

De gepensioneerde moet zelf contact opnemen met de betrokken kinderbijslagkas (die de kinderbijslag uitbetaalde voor de pensionering) om deze verhoogde kinderbijslag aan te vragen!!!

Waar?

- RKW (Rijksdienst voor Kinderbijslag) (inlichtingen)
  Trierstraat 70, 1040 Brussel
  tel.: (02) 237 23 40 of (0800) 944 34
  info@rkw-onafts.fgov.be
  http://www.rkw.be
- Kinderbijslagkassen (inlichtingen + aanvraag) (Gouden Gids nr. 530)
- Ziekenfonds - dienst maatschappelijk werk (inlichtingen + bijstand) (Gouden Gids nr. 6990, www.cm.be; e-mail: dmw@cm.be)
- Gemeente - sociale dienst (inlichtingen + bijstand) (telefoongids: OCMW of Gouden Gids nr. 7620)

III.14. Verhoogde (verzekerings-) tegemoetkoming ZIV (VT)

(Gecoördineerde Wet 14.07.94, art. 37 § 1 en 19; K.B. 16.04.97 - nieuwe categorieën, K.B. 08.08.97 - inkomensvoorwaarden, laatst aangepast bij Programmawet 27.12.2006 - statuut OMNIO)
(K.B.'s 03.09.2000 - B.S. 29.09.2000 - terugwerkende kracht)
(K.B. 31.05.2001 - B.S. 23.06.2001)

Wat is een persoonlijk aandeel?

In onze Belgische sociale zekerheid worden tegemoetkomingen verleend in de onkosten voor geneeskundige verzorging. Het deel van de rekening dat niet vergoed wordt door het systeem noemen we persoonlijk aandeel (verder in dit stuk PA genoemd). Het PA wordt soms ook 'remgeld' genoemd.

Met PA bedoelen we altijd het **wettelijk voorziene PA**. Daarnaast kan de patiënt eventueel nog een bijkomend bedrag aangerekend krijgen dat de zorgverlener aanrekent buiten de wettelijk afgesproken kostprijs voor een verstrekking. Dit noemt men het **supplement**.

Een supplement kan een extra aanrekening van ereloon zijn (een aangerekende meerprijs dan wat afgesproken is in het tarievenakkoord tussen artsen en ziekenfondsen (1) of een aanrekening van zelf gekozen 'luxe' in een ziekenhuis (vb. een supplement voor een eenpersoonskamer).

De tegemoetkomingen in de ziekteverzekering zijn ook ingedeeld in kleine en grote risico's. Grote risico's verdienen een betere bescherming omdat de gevolgen om niet verzekerd te zijn ernstiger zijn. Tot en met 2007 waren de zelfstandigen niet automatisch verzekerd voor kleine risico's. Zij konden voor de kleine risico's vrijwillig een verzekering aangaan bij hun ziekenfonds. **Sinds 01.01.2008 zijn de zelfstandigen nu ook van rechtswege verzekerd voor kleine risico's.**

Personen met een beperkt inkomen betalen een lager PA dan gewoon verzekerden. Zij krijgen de **verhoogde** (verzekerings-)**tegemoetkoming**. Deze financieel kwetsbare groep is ook beter beschermd dan de gewoon verzekerden tegen de aanrekening van bijkomende supplementen.

Kinderen met een handicap, die medisch in aanmerking komen voor bijkomende kinderbijslag, kunnen vaak ook de verhoogde tegemoetkoming verkrijgen *(door de invoering van de algemene regeling kleine/grote risico's voor zelfstandigen kunnen we nu sinds 01.01.2008 ook kinderen van zelfstandigen isoleren van het gezin met een gewoon inkomen en hen zo de verhoogde tegemoetkoming aanbieden).*

Wat is de verhoogde tegemoetkoming?

De rechthebbenden (= gerechtigden en hun personen ten laste) op de **verhoogde tegemoetkoming** hebben automatisch recht op een aantal voordelen:

---

(1) een niet geconventioneerde arts hoeft zich niet te houden aan tariefaanspraken

- Een hogere tussenkomst voor bepaalde prestaties (m.a.w. men betaalt minder voor geneeskundige verstrekkingen);
- Een kleiner persoonlijk aandeel in de ligdagprijs bij hospitalisatie;
- Een kleiner persoonlijk aandeel voor bepaalde geneesmiddelen (B + C medicatie);
- Recht op de 'sociale MAF' (zie I.15);
- Recht op de 'regeling betalende derde' (m.a.w. de betrokkene moet niets voorschieten, alles wordt door de zorgverstrekker rechtstreeks met het ziekenfonds geregeld op voorwaarde dat de zorgverstrekker dit zelf wil!);
- Verbod op het aanrekenen van ereloonsupplementen in twee- en meerpersoonskamers, ook voor niet-geconventioneerde artsen
- Recht op een aantal andere verminderingen (sociaal telefoontarief, vermindering openbaar vervoer) (zie overzicht II.29);
- Eventueel een aantal provinciale of gemeentelijke voordelen (te bevragen bij de gemeente en/of provincie)
- Een aantal specifieke voordelen in uw ziekenfonds (plaatselijk te bevragen)

Wie?

Volgende personen komen in aanmerking zonder inkomensonderzoek:

- personen met gewaarborgd inkomen voor bejaarden / inkomensgarantie voor ouderen of rentebijslagen;
- personen met één van de tegemoetkomingen aan personen met een handicap (oud of nieuw stelsel) (II.5 + 6);
- kinderen erkend voor bijkomende kinderbijslag voor kinderen met een handicap (II.2) mits 66% arbeidsongeschiktheid (= minstens 4 punten op de eerste pijler voor kinderen, geboren na 01.01.1993 of geboren tot 01.01.1993 en erkend voor bijkomende kinderbijslag) (1);
- leefloonbegunstigden of OCMW-steuntrekkers (dit is niet het leefloon!) van het O.C.M.W. (> 3 maand ononderbroken; indien onderbroken > 6 maand in periode van één jaar) (IV.6);

en in voorkomend geval hun partner en de personen ten laste.

Zij krijgen de verhoogde tegemoetkoming op basis van hun statuut (biijstandsuitkering), uitgezonderd de kinderen met 66% arbeidsongeschiktheid, die sinds 2008 een absoluut recht verkregen.

Volgende personen komen in aanmerking met inkomensonderzoek:

- weduwen/weduwnaars, invaliden, gepensioneerden, wezen met bescheiden inkomen;
- ambtenaren op disponibiliteit (> 1 jaar ziek), met bescheiden inkomen;

---

(1) Sinds 2007 komen sommige kinderen, die voor de bijkomende kinderbijslag geen 66% arbeidsongeschiktheid hebben, toch in aanmerking voor de verhoogde tegemoetkoming. Dit recht wordt automatisch onderzocht wanneer de rechten op de bijkomende kinderbijslag worden bepaald. Het gaat om enkele zeer ernstige aandoeningen die mits een dure verzorging een hogere arbeidsongeschiktheid vermijden, vb. sommige mucopatiënten. (zie ook II.2. of IV.2., chronisch zieke kinderen, K.B. 29.04.99)

- langdurig (+ 1 jaar) volledig werklozen, ouder dan 50 jaar, (gedurende de periode van arbeidshervatting van ten hoogste 28 dagen of de periode van arbeidsongeschiktheid wordt men verder beschouwd als werkloze);
- personen met de hoedanigheid van 'mindervalide' in de ziekteverzekering, met bescheiden inkomen;
- personen met het statuut 'verblijvende in België' in de ziekteverzekering;
- personen met het statuut OMNIO (= gezinnen met bescheiden inkomen);

die voldoen aan de inkomensvoorwaarde;

Opmerking:
De weduwnaar of weduwe van een gerechtigde op de verhoogde tegemoetkoming heeft recht op de verhoogde tegemoetkoming tot het einde van het tweede kalenderkwartaal dat volgt op dat waarin hun echtgenoot of echtgenote is overleden. Nadien moeten ze aantonen dat ze voldoen aan de gestelde voorwaarden om verder recht te kunnen hebben.

Inkomensvoorwaarde

Voor de leefloonbegunstigden (steuntrekkers), de rechthebbenden op een tegemoetkoming aan personen met een handicap, op de inkomensgarantie voor ouderen of op het gewaarborgd inkomen voor bejaarden (of rentebijslag), gelden de inkomensvoorwaarden van de betreffende voorziening.

Een attest van de betrokken instelling dat men rechthebbende is op één van die voorzieningen is voldoende.

Voor de:
- weduwen/weduwnaars, invaliden, gepensioneerden, wezen;
- ambtenaren op disponibiliteit (> 1 jaar ziek);
- rechthebbenden (gerechtigden of hun personen ten laste) op bijkomende kinderbijslag voor kinderen met een handicap;
- landurig werklozen;
- personen met de hoedanigheid van 'mindervalide' in de ziekteverzekering;
- personen met het statuut 'verblijvende in België' in de ziekteverzekering;

mag het gezinsinkomen niet hoger zijn dan 14.624,70 euro bruto + 2.707,42 euro per persoon ten laste (de respectievelijke kinderen, de niet-gerechtigde echtgeno(o)t(e) of partner) ingeschreven op het boekje van de aanvrager *of van zijn echtgeno(o)t(e) of partner indien deze zelf een boekje heeft* (m.a.w. titularis is).

Voor de personen met het statuut Omnio mag het gezinsinkomen niet hoger zijn dan 14.339,94 euro bruto + 2.654,70 euro per persoon ten laste (gezamenlijk inkomen van alle gezinsleden die op 1 januari van 2009 op hetzelfde adres gedomicileerd zijn).
(bedragen op 01.09.2008).

Opgelet:
Inkomsten uit zelfstandige activiteit worden met 100/80 vermenigvuldigd. Ook buitenlandse inkomens tellen mee.

De inkomens van volgende personen tellen mee voor de berekening:
- inkomens van de gerechtigde
- inkomens van de gerechtigde echtgeno(o)t(e) of partner,

- inkomens van de personen ten laste (de respectievelijke kinderen, de niet gerechtigde echtgeno(o)t(e) of partner) **ingeschreven op het boekje van de aanvrager of van zijn echtgeno(o)t(e) of partner**.

Opmerkingen:

- (KB 03.09.2000 - BS 29.09.2000) De opname van één van de echtgenoten in een 'rustoord voor bejaarden' of in een 'rust en verzorgingstehuis' wordt vanaf de eerste dag van het verblijf gelijkgesteld aan een feitelijke scheiding. Na één jaar feitelijke scheiding wordt de persoon die opgenomen is, niet meer geteld als gezinslid voor de berekening van het recht op een verhoogde tegemoetkoming. Hierdoor moet men terug bekijken of er al dan niet (nog) recht is op een 'verhoogde tegemoetkoming'.
- als er verschillende partners mogelijk zijn, dan telt er maar één partner mee.

De echtgeno(o)t(e) of huishoud(st)er hebben hierbij altijd voorrang op andere samenwonenden,
- familie tot en met de derde graad wordt niet beschouwd als partner tenzij de persoon die ingeschreven is als huishoud(st)er,
- indien de aanvrager persoon ten laste (kind) is van de gerechtigde (ouder), dan tellen de gerechtigde en diens echtgeno(o)t(e) of partner en de personen ten laste van de gerechtigde mee als persoon ten laste voor de berekening,
- Een wijziging van statuut of van inkomsten, die aanleiding kunnen geven tot het verlies van de verhoogde tegemoetkoming, dienen gemeld binnen de dertig dagen vanaf de wijziging!

De volgende inkomens tellen mee voor de berekening:

- het **geïndexeerd kadastraal inkomen** van het **eigen** woonhuis verminderd met 1.150 euro (aanvrager) + 192 euro per persoon ten laste en partner (of eventueel gerechtigde indien aanvrager persoon ten laste is) (bedrag jaar 2009),
- de andere **belastbare inkomens uit roerende of onroerende goederen** van de hierboven opgesomde personen, zoals vermeld op het aanslagbiljet van de belastingen *(bijgevolg: inkomsten uit verhuur van particuliere woningen telt niet mee, wel de huurinkomsten van handelspanden),*
- een percentage (afhankelijk van de leeftijd op de datum van betaling) van de **pensioenen, rentes, kapitalen, afkoopwaarden of spaartegoeden,** uitgekeerd in de loop van de laatste 10 jaar, die op de één of andere manier werden belast (bepaalde renten inzake arbeidsongevallen en beroepsziekten zijn **niet** belastbaar - zie Arbeidsongevallen - beroepsziekten)! (1)

De uitgekeerde bedragen tellen mee voor:

1,0% indien leeftijd van betrokkene op het ogenblik van betaling = 40 jaar,

1,5% indien leeftijd van betrokkene op het ogenblik van betaling 41-46 jaar;

2,0% indien leeftijd van betrokkene op het ogenblik van betaling 46-50 jaar;

2,5% indien leeftijd van betrokkene op het ogenblik van betaling 51-55 jaar;

(1) Dit inkomen dient wel te worden aangegeven, maar wordt NIET in rekening gebracht !!

3,0% indien leeftijd van betrokkene op het ogenblik van betaling 56-58 jaar;

3,5% indien leeftijd van betrokkene op het ogenblik van betaling 59-60 jaar;

4,0% indien leeftijd van betrokkene op het ogenblik van betaling 61-62 jaar;

4,5% indien leeftijd van betrokkene op het ogenblik van betaling 63-64 jaar;

5,0% indien leeftijd van betrokkene op het ogenblik van betaling = 65 jaar;

B.v.: Aanvraag verhoogde tegemoetkoming op 01.07.2008 door een invalide.
- Geboortedatum aanvrager 02.04.1943.
- Een levensverzekering werd afgekocht op 07.10.1999: 49.603,17 euro
- Leeftijd aanvrager in 1999: 56 jaar (m.a.w. = 3%)

Meegeteld inkomen: 49.603,17 x 3% = 1.488,09 euro/jaar (periode '99-2008, dus vanaf 2009 telt deze afkoopwaarde niet meer mee!).

Hoe?

Bij het ziekenfonds dient de aanvrager een verklaring op eer te ondertekenen. Voor diegenen die aan de inkomensvoorwaarde moeten voldoen en dus hun inkomen moeten bewijzen, dient de laatste berekeningsnota van de personenbelasting (= aanslagjaar voor het jaar van de aanvraag) en een recent strookje of bankuittreksel of een ander document dat het maandelijkse inkomen bewijst, als bewijsstuk bijgevoegd te worden. (Het recht kan worden ingetrokken indien het inkomen wijzigt.)

De aanvragers die hun inkomen niet hoeven te bewijzen, daar zij al gerechtigd zijn op een andere voorziening waar het inkomen al werd nagekeken, moeten de nodige bewijsstukken toevoegen die hun recht aantonen op het leefloon, op steun van het O.C.M.W., op het gewaarborgd inkomen voor bejaarden / inkomensgarantie voor ouderen, op rentebijslag of op een tegemoetkoming aan personen met een handicap. (Zolang er recht is op één van deze voorzieningen kan het recht op verhoogde tegemoetkoming niet worden ingetrokken.)

Opmerking:

Met het Koninklijk Besluit van 3 september 2001 dient de verklaring op erewoord ingediend binnen de drie maanden vanaf de dag waarop de gerechtigde de hoedanigheid verwerft van gepensioneerde, weduwnaar of weduwe, wees of invalide (voorheen ging het recht maar in vanaf de aanvraagdatum zelf, en was er geen terugwerkende kracht mogelijk).

Diegenen die een aanvraag hebben ingediend voor bijkomende kinderbijslag of voor een tegemoetkoming aan personen met een handicap, hebben nog drie maanden tijd, na ontvangst van de positieve beslissing in verband met hun aanvraag voor bijkomende kinderbijslag of voor een tegemoetkoming aan personen met een handicap, om een aanvraag voor verhoogde tegemoetkoming in te dienen. Het voordeel van de verhoogde tegemoetkoming gaat in, met terugwerkende kracht, vanaf de datum dat de positieve beslissing inzake de kinderbijslag of de tegemoetkoming ingaat.

Een recht Omnio gaat in op de eerste dag van het kwartaal waarin het aanvraagdossier volledig is.

Waar?

- Ziekenfonds (loket) (inlichtingen + aanvraag) (Gouden Gids nr 6990, www.cm.be; e-mail: dmw@cm.be).

III.15. Maximumfactuur (MAF)

(Wet 05.06.2002 - B.S. 04.07.2002, laatst aangepast bij Programmawet 27.12.2005 - B.S. 30.12.2005)

Wat?

De maximumfactuur wil voor alle gezinnen het totaal aan remgelden voor geneeskundige verstrekkingen plafonneren tot een bepaald bedrag volgens financiële draagkracht. Gezinnen krijgen een snelle terugbetaling van wat ze boven het plafond aan remgelden hebben betaald (enkel bepaalde officiële remgelden, o.a. niet van toepassing voor medicatie D, ...!).

Vanaf 01/01/2006 is de fiscale maximumfactuur geïntegreerd in de inkomensmaximumfactuur. Men krijgt een snelle terugbetaling en een belangrijke administratieve vereenvoudiging.

Concreet:

Er bestaan 3 MAF-systemen:

1. De sociale MAF voor gezinnen die behoren tot een sociale categorie (*)
2. De inkomens MAF voor de andere gezinnen
3. De individuele bescherming van kinderen en zorgbehoevenden, ongeacht het gezinsinkomen

(*) Zie volgend hoofdstuk 'Wie?'

De inkomensgrenzen en remgeldplafonds:

Inkomensgrenzen 2009	Remgeldplafond s
Gerechtigden op de sociale MAF	450 euro
Inkomen tot 16.114,10 euro	450 euro
Inkomen Tss. 16.114,11 - 24.772,41 euro	650 euro
Inkomen Tss. 24.772,42 - 33.430,75 euro	1.000 euro
Inkomen Tss. 33.430,76 - 41.728,30 euro	1.400 euro
Inkomen vanaf 41.728,31 euro	1.800 euro

De inkomensgrenzen worden gekoppeld aan de evolutie van het indexcijfer (jaarlijkse aanpassing). De remgeldplafonds worden niet geïndexeerd. Dit leidt op termijn tot een voordeliger plafond (door de gestegen levensduurte en het geïndexeerde inkomen bereikt men sneller het niet-geïndexeerde plafond).

Het uitgangspunt is het feitelijk gezin. Inkomens en kosten worden in de regel gedeeld op niveau van het feitelijk gezin. Een feitelijk gezin wordt gevormd door de personen die samen onder één dak leven. Er wordt geen onderscheid gemaakt tussen samenwonenden en gehuwden.

Op deze gezinsnotie zijn een aantal nuances aangebracht om ongewenste neveneffecten te vermijden. Zo mag door de samenvoeging van inkomens geen ontmoediging ontstaan om bijvoorbeeld een zorgbehoevende ouder of een volwassene met een handicap in een gezin op te nemen, vandaar de individuele bescherming van zorgbehoevenden (zie verder in de tekst). Gezinsplaatsing wordt gelijkgesteld met deze zorgbehoevenden.

Wie recht heeft op de sociale MAF en deel uitmaakt van een uitgebreid gezin wordt samen met zijn eventuele partner en personen ten laste ook beschouwd als een apart gezin.

Voor kinderen, tot en met 18 jaar, wordt voorzien in een bijzondere individuele bescherming: ongeacht het inkomen van het gezin. De onkosten mogen met tussenkomst van het ziekenfonds voor een kind nooit boven de 650 euro per jaar oplopen. Voor sommige kinderen met een handicap is die grens op 450 euro bepaald.

Wie?

De MAF is in principe een gezinsrecht (uitzondering is de bescherming van het kind en de zorgbehoevende).

1. De sociale MAF:

Voor de sociale MAF is het in aanmerking genomen gezin samengesteld uit de rechthebbende, zijn echtgenoot of partner en hun personen ten laste. Zij moeten samen minimum 450 euro remgeld bereiken in de zogenaamde 'MAF-teller' (het ziekenfonds telt alle remgelden samen, die in aanmerking komen voor de bepaling van de maximumfactuur).

De sociale MAF wordt toegekend aan alle leden van het gezin waarvan één van de rechthebbenden behoort tot een sociale categorie gedurende 1 dag tijdens het betreffende kalenderjaar (1):

- Rechthebbenden met verhoogde tegemoetkoming bij het ziekenfonds, verkregen op basis van:
  - inkomensonderzoek
  - leefloon
  - gelijkstelling leefloon
  - inkomensgarantie voor ouderen of gewaarborgd inkomen voor bejaarden (niet de rechthebbenden met een tegemoetkoming aan personen met een handicapt of geen kind met verhoogde kinderbijslag wegens handicap)
- Rechthebbenden met een tegemoetkoming aan personen met een handicap
  - inkomensvervangende tegemoetkoming
  - integratietegemoetkoming
  - tegemoetkoming voor hulp aan bejaarden
  - tegemoetkoming door de Wet van 27.06.1969

(1) Uitzondering: het kind dat verhoogde tegemoetkoming verkrijgt omwille van bijkomende kinderbijslag heeft een persoonlijke sociale MAF, maar geeft dat recht niet door aan de rest van het gezin.- De sociale MAF wordt alleen toegekend aan betrokkene, zijn eventuele partner en zijn personen ten laste.

- tegemoetkoming door KB van 24.12.1974
  (geen rechthebbenden met tegemoetkoming aan personen met een handicap categorie III of hoger met gezinslast, waarbij de echtgenoot of partner een inkomen heeft)

2. De inkomensMAF:

Men neemt het feitelijk gezin in aanmerking.

Het feitelijk gezin zijn alle personen die onder één dak wonen op 01.01 van het betrokken jaar zoals blijkt uit de informatie van het Rijksregister van de natuurlijke personen ('domicilie'), totaal uitgaven versus totaal inkomens op 1 adres.

Alleenstaanden worden beschouwd als een feitelijk gezin.

Uitzondering: eerste inschrijving in Rijksregister, gemeenschap, zorgbehoevende, niet-ingeschreven in het Rijksregister, personen met referentie- of OCMW-adres.

Het inkomen van het 3e kalenderjaar voor het jaar van de te verrekenen remgelden (MAF-jaar) wordt vergeleken met de inkomensgrenzen van het MAF-jaar. Het overeenstemmende remgeldplafond wordt daar toegekend (zie tabel).

Het ziekenfonds doet een inkomensonderzoek in twee situaties:

a) indien het RIZIV **onvoldoende gegevens** bekomen heeft van de fiscale administratie;

b) ingeval behartenswaardigheid (*): Voor gezinnen met remgeldplafond van 450 of 650 euro: indien het inkomen van een gezin een beduidende vermindering heeft ondergaan t.o.v. het door de fiscus opgegeven referte-inkomen. Hiertoe zal het betrokken gezin een verklaring op eer onderschrijven. De inkomens die in beschouwing worden genomen zijn de inkomens op datum onderschrijving van de verklaring op eer. Het betreft de bruto-belastbare inkomens. Indien de behartenswaardigheid in het volgende kalenderjaar wordt gevraagd dan neemt men het totale jaarinkomen van het MAF-jaar.

(*): behartenswaardig:
- indien beroepsactiviteit werd stopgezet;
- van bijdragen vrijgesteld zijn in het raam van het sociaal statuut van de zelfstandigen voor een periode van meer dan een kwartaal;
- gecontroleerd volledig werkloos sedert ten minste zes maanden;
- arbeidsongeschikt sedert ten minste zes maanden

3. Individuele bescherming van kinderen en zorgbehoevenden:

- Kinderen tot en met 18 jaar worden een individuele bescherming toegekend, ongeacht het gezinsinkomen (grensbedrag remgeld = 650 euro). (1)
  Indien één of meer kinderen tot een gezin met een laag of bescheiden inkomen of met een sociale categorie behoren, dient de individuele bescherming niet ingeroepen te worden.

(1) Overgangsmaatregel bij invoering van de MAF: kinderen met een handicap die in 2002 recht op bijkomende kinderbijslag hadden genieten de bescherming vanaf 450 euro.

- Zorgbehoevenden met een erkenning voor 'chronisch zieke' in het ziekenfonds kunnen in de loop van het jaar met hun personen ten laste en hun partner uit het feitelijk gezin stappen (grensbedrag in functie van het inkomen van het nieuwe feitelijke gezin).
  Indien een zorgbehoevende reeds behoort tot een sociale categorie is het niet interessant om uit het feitelijk gezin te stappen.
  Chronisch zieken zijn:
  - rechthebbenden met thuiszorgverpleging forfait B of C (tijdens het kalenderjaar dat vooraf gaat aan het jaar waarin de MAF is toegekend de instemming hebben verkregen van de adviserend geneesheer voor ten minste 3 maanden verpleegkundige verzorging met betaling van het forfaitair honorarium B of C)
  - rechthebbenden met kiné voor E-pathologie (tijdens het kalenderjaar voorafgaand aan het jaar waarin de MAF is toegekend een toestemming van de adviserend geneesheer hebben verkregen voor ten minste 6 maanden behandeling voor E-pathologie)
  - rechthebbenden met een medisch attest voor integratietegemoetkoming categorie III, IV en V, uitgegeven door de Federale Overheidsdienst Sociale Zekerheid: minstens 12 punten voor zelfredzaamheidsproblemen (KB 05.03.1990, art. 3)
  - rechthebbenden met een medisch attest voor tegemoetkoming voor hulp aan bejaarden categorie III, IV en V, uitgegeven door de Federale Overheidsdienst Sociale Zekerheid: minstens 12 punten voor zelfredzaamheidsproblemen (KB 06.07.1987, art. 5)
  - rechthebbenden met een tegemoetkoming voor hulp van derden, toegekend op basis van de Wet van 27.06.1969 betreffende de tegemoetkoming mindervaliden
  - rechthebbenden met een uitkering of forfait voor hulp van derden, uitbetaald door het ziekenfonds in het kader van primaire of invaliditeitsuitkering
  - rechthebbenden, die gedurende minstens 120 dagen opgenomen waren in een ziekenhuis tijdens de referentieperiode, die bestaat uit 2 kalenderjaren die voorafgaan aan het jaar waarin de MAF is toegekend

Hoe?

Op basis van de gegevens die beschikbaar zijn voor de sociale MAF betalen de ziekenfondsen de remgelden boven 450 euro terug aan de gezinnen die behoren tot de sociale categorieën.

Voor de andere gezinnen gaan de ziekenfondsen in de loop van het kalenderjaar na wanneer gezinnen boven de drempel van 450 euro zijn gegaan. Voor die gezinnen gebeurt een inkomensonderzoek. Wanneer het remgeldplafond is bereikt, betaalt het ziekenfonds meteen de remgelden terug (tot het einde van het kalenderjaar).

In geval van behartenswaardigheid kunnen gezinnen met laag remgeldplafond vragen om een - achteraf gecontroleerde - verklaring op erewoord af te leggen. Het ziekenfonds zal op basis van deze gegevens overgaan tot een terugbetaling van wat werd betaald aan remgelden boven de 450 euro indien het nieuwe inkomen onder de grens van 16.114,10 euro is.

Het persoonlijk aandeel waarmee rekening gehouden wordt:

Het persoonlijk aandeel, waarmee rekening wordt gehouden is maximaal het verschil tussen 100% verzekeringstegemoetkomingsbasis ('wettelijke tarief') en de verzekeringstegemoetkoming ('tegemoetkoming van het ziekenfonds'). Indien men minder betaalde dan de 100% verzekeringstegemoetkomingsbasis dan telt slechts het werkelijk betaald persoonlijk aandeel.

Tenlasteneming in een andere Belgische of buitenlandse reglementering van (een deel van) het persoonlijk aandeel wordt ook niet opgenomen in de remgeldteller.

Volgende persoonlijke aandelen komen in aanmerking:

- Gewone geneeskundige hulp:
  - bezoeken en raadplegingen van algemeen geneeskundigen en geneesheer-specialisten
  - verpleegkundige hulp
  - kinesitherapeutenhulp
  - technische verstrekkingen voor diagnose en behandeling
  - tandheelkundige hulp
- Specifieke geneeskundige hulp van geneesheer-specialisten, apothekers en licentiaten in de wetenschappen
- Geneesmiddelen:
  - ambulant verstrekte geneesmiddelen van de categorie A, B en C en magistrale bereidingen
  - farmaceutisch forfait per opnamedag in een algemeen ziekenhuis of psychiatrisch ziekenhuis
- Opname in een ziekenhuis:
  - het persoonlijk aandeel in de ligdagprijs:
    onbeperkt in een algemeen ziekenhuis
    tot de 365e dag in een psychiatrisch ziekenhuis
  - het forfait van € 27,27 per opname
  - het forfait van € 16,40 voor technische prestaties
  - het farmaceutisch dagforfait van € 0,62 of € 0,70 of € 0,80
  - persoonlijk aandeel bij implantaten
  - persoonlijk aandeel bij endoscopisch en viscerosynthesemateriaal
- Revalidatie en logopedie
- Psychiatrische verzorgingstehuizen: bepaalde persoonlijke aandelen
- Moedermelk, dieetvoeding voor bijzonder medisch gebruik en parenterale voeding
- Palliatieve verzorging door een multidisciplinair begeleidingsteam

Waar?

- Ziekenfonds (Gouden Gids nr 6990, www.cm.be; e-mail: dmw@cm.be)
  - loket (inlichtingen + eventueel attest voor ander ziekenfonds)
  - dienst maatschappelijk werk (inlichtingen + bijstand)
- OCMW: attest leefloon dient afgegeven aan het ziekenfonds (loket) (telefoongids OCMW ofwel Gouden Gids infopagina's publieke instellingen)
- Federale Overheidsdienst Sociale Zekerheid, Directie-generaal Personen met een handicap: attest inkomensvervangende tegemoetkoming, integratietegemoetkoming, tegemoetkoming voor hulp aan bejaarden, de inkomensgarantie

voor ouderen of het gewaarborgd inkomen voor bejaarden af te geven aan het ziekenfonds
Administratief Centrum Kruidtuin, Finance Tower,
Kruidtuinlaan 30, bus 1, 1000 Brussel
tel.: (centrale) (02) 507 87 99
HandiN@minsoc.fed.be
www.handicap.fgov.be
- Uitbetalinsinstelling werkloosheid (syndicaat of hulpkas): attest langdurige werkloosheid

III.16. Begrafeniskosten

Wat?

Bij overlijden kan de echtgeno(o)t(e) of de persoon die de begrafeniskosten heeft betaald, aanspraak maken op een begrafenisuitkering van 148,74 euro. Een aantal ziekenfondsen geven een hoger bedrag vanuit de aanvullende vrije verzekering.

Wie?

De echtgeno(o)t(e) of de persoon die de begrafeniskosten heeft betaald (= factuur), waar de overledene bij zijn overlijden:
- werknemer,
- volledig werkloos of
- gepensioneerd werknemer was.

Waar?

- Ziekenfonds Gouden Gids nr 6990, www.cm.be; e-mail: dmw@cm.be
  loket (informatie en aanvraag)

III.17. Zorgverzekering

(Decreet 30.03.99 - BS 28.05.99, gewijzigd door het M.B. 29.08.2008.
– B.S. 15.10.2008)
(handleiding - MB 06.01.06 - BS 04.04.06)

Wat?

De Zorgverzekering heeft als bedoeling tegemoet te komen in de niet-medische kosten van zeer zwaar zorgbehoevende personen thuis of in het rusthuis (o.a kosten voor gezinshulp, oppasdienst, dagverzorging, kortverblijf, serviceflat, rustoord ...).

Ook voor de hulp die familie, vrienden en bekenden in thuiszorgsituaties bieden - de zogenaamde mantelzorg - is de vergoeding bedoeld.

Wie kan, moet aansluiten?

Iedere Vlaming, ouder dan 25 jaar, moet zich verplicht aansluiten bij een Zorgkas.

Elke aangeslotene moet jaarlijks een bijdrage betalen voor 30 april.

Deze bijdrage is vastgesteld op:
- 10 euro voor de rechthebbenden (op 1 januari van het jaar voorafgaand aan het jaar van de betaling van de bijdrage) op verhoogde tegemoetkoming voor geneeskundige verstrekkingen (zie IV.28.) (dus de personen die op 1 januari 2008 recht hadden op de verhoogde tegemoetkoming betalen 10 euro voor 2009) en
- 25 euro voor de andere personen.

Niet-betaling, onvolledige betaling of laattijdige betaling heeft een schorsing van mogelijke tegemoetkomingen tot gevolg en opeenvolgende niet-betaling heeft een administratieve boete tot gevolg, met de achterstallige betalingen bovenop.

De boete:

Laattijdige betaling is een betaling, die op de rekening van de zorgkas komt na 30.04 van het jaar waarin ze moet betaald worden. Na 3 keer onvolledig, laattijdig of niet betalen krijgt men van het Zorgfonds een administratieve boete van 250 euro opgelegd (voor rechthebbende op verhoogde tegemoetkoming of met Omnio-statuut is dit slechts 100 euro). Bovendien worden de achterstallige bijdragen meegeïnd. De boete kan desnoods geïnd worden met een dwangbevel.

Stel dat men 2 keer te laat betaald heeft en een derde betaling niet uitvoert, dan krijgt men, naast de eventuele schorsing van uitkeringen, ook een boete. Het niet of te laat betalen moet niet aansluitend gebeuren en een laattijdige betaling geldt altijd als aanzuivering van de oudste achterstallige bijdrage.

Na 5 jaar correct betalen tellen oude laattijdige betalingen niet meer mee.

De minister heeft beslist dat de boer voor laattijdige betaling wordt afgeschaft in 2009. De boete zal dan enkel aangerekend worden bij niet-betaling.

De schorsing:

Voor elk jaar dat de betaling op 31.12 van het jaar, waarin ze moest betaald zijn, ontbrekend of onvolledig was, zal de tegemoetkoming bij zorgbehoevendheid vier maanden worden opgeschort nadat de niet betaalde bijdragen zijn aangezuiverd.

Voorbeeld: men betaalde twee jaar geen bijdrage, dan zal men, wanneer men zorgbehoevend wordt, eerst de niet betaalde bijdragen moeten aanzuiveren. Pas daarna begint de wachttijd te lopen en wordt de schorsing omwille van 2 laattijdige bijdragen, bijgeteld vooraleer er een tegemoetkoming vanuit de zorgverzekering uitgekeerd wordt. Hierdoor krijgt men een wachttijd van minimum 12 maanden in plaats van 3 maanden (de wachttijd verlengt naarmate men wacht met de aanzuivering van de achterstallige bijdragen). Dit is een verlies van minimum 1.000 euro.

Als inwoner van het Brussels Hoofdstedelijk Gewest is de aansluiting niet verplicht. Per jaar dat men had kunnen aansluiten, maar dat niet heeft gedaan, loopt men echter een wachttijd van vier maanden op. Een inwoner van Brussel kan een eventuele boete ontlopen door de zorgkas op te zeggen, maar hij kan betaalde bijdragen niet terugkrijgen.

Overzicht van de verplichtingen tot aansluiting:

Sociaal verzekerd (1) Inwonend	**In België**	**In een ander Europees land**
Vlaanderen	Sociaal verzekerde: verplicht personen ten laste: verplicht	Sociaal verzekerde: geen recht personen ten laste: verplicht
Brussel	Sociaal verzekerde: vrij te kiezen personen ten laste: vrij te kiezen	Sociaal verzekerde: geen recht personen ten laste: vrij te kiezen
Ander Europees land	Sociaal verzekerde: verplicht personen ten laste: geen recht	Sociaal verzekerde: geen recht personen ten laste: geen recht

Wie heeft recht op een uitkering?

De mantel- en thuiszorgpremie:
- Zwaar zorgbehoevende personen in de thuiszorg.

De premie voor residentiële zorg:
- Rusthuisbewoners die verblijven in rustoorden en rust- en verzorgingstehuizen die erkend zijn door de Vlaamse Overheid of hiermee gelijkgesteld.
- Personen die in een psychiatrisch verzorgingstehuis verblijven

Wie is zorgbehoevend?

Men dient een attest in dat bewijst dat men zwaar zorgbehoevend is. Volgende attesten komen hiervoor in aanmerking:

(1) Sociaal verzekerd zijn wil zeggen dat men een band heeft met de sociale zekerheid van het land, vb. door te werken of door gerechtigd te zijn op een RSZ-uitkering, vb. Werkloosheids- of invaliditeitsuitkering.

Voor personen die thuis (of in een serviceflat) wonen;

- minstens score B op de Katz-schaal in de thuisverpleging
- minstens score 35 op de BEL-profielschaal van de gezinszorg (zie I.25)
- minstens score 15 bij de Tegemoetkoming voor Hulp aan Bejaarden, Integratietegemoetkoming of Hulp van derden (wet 27-06-1969) vanuit de Federale Overheidsdienst Sociale Zekerheid. De score van minstens 15 punten is gelijk aan categorie IV of categorie V.
- Kinderen met bijkomende kinderbijslag: een attest van minstens 7 punten op de schaal van zelfredzaamheid uit hoofde van het kind (zie II.3)
- Kinderen geboren na 01.01.1993 met bijkomende kinderbijslag: een attest met minstens score 18 uit hoofde van het kind (zie II.3)
- bij verlenging na 3 jaar tegemoetkoming voor mantelzorg op basis van een attest BEL-profielschaal: attest kiné E-tarief (ernstige aandoeningen)

Voor personen die opgenomen zijn in een instelling;

- attest van verblijf in een psychiatrisch verzorgingstehuis (PVT) (zie I.26).
- attest van verblijf in een erkend rusthuis (ROB of RVT)

Wat indien geen van bovenstaande attesten voorhanden is?

Indien men geen van bovenstaande attesten kan voorleggen, dan moet er een onderzoek gebeuren naar de graad van zorgbehoevendheid. In dit geval bezorgt de zorgkas een lijst van diensten uit de regio die gemachtigd zijn om dit onderzoek te verrichten. Het gaat om de Centra Algemeen Welzijnswerk in het kader van het ziekenfonds (o.a. de diensten maatschappelijk werk van de CM), de diensten voor gezinszorg (Familiehulp, Familiezorg, Landelijke Thuiszorg ...) of de OCMW's. Iemand van die diensten zal op basis van een bepaalde schaal (de BEL-profielschaal) de zorgafhankelijkheid inschatten.

Bij een verergering van de zelfredzaamheidsproblemen kan men na een negatieve inschaling (geen 35 punten op de BEL-schaal) een herziening vragen. Indien het nieuwe onderzoek binnen 6 maanden na een vorig onderzoek wordt aangevraagd, dan moet dit door dezelfde organisatie (persoon) worden uitgevoerd om bij een positief resultaat rechtsgeldig te kunnen zijn.

De uitkering zelf?

Er zijn twee uitkeringen:

1. Mantel- en thuiszorgpremie (vanaf 01.07.2008: € 125; vanaf 01.03.2009: € 130)

   Er is geen recht op één van deze premies voor de perioden waarin men:
   - van het Vlaams Agentschap voor Personen met een Handicap een persoonlijke assistentiebudget (PAB) krijgt, of
   - verblijft in een voltijds regime in een door het Vlaams Agentschap voor Personen met een Handicap erkende residentiële voorziening, namelijk:
     - een tehuis niet-werkenden;
     - een internaat (voltijds verblijf is in een schema van 10 op 14 dagen verblijf in een internaat);

- een tehuis werkenden of in
- een centrum voor observatie, oriëntering en medische, psychologische en pedagogische behandeling.

Het Zorgfonds deelt aan de zorgkassen mee welke van hun aangeslotenen geen recht hebben op een tenlasteneming.

Men heeft wel recht op een mantel- en thuiszorg-premie (als er een lopend dossier is voor mantel- en thuiszorg op 31 augustus en als betrokkene voldoet aan alle andere voorwaarden om een tenlasteneming te kunnen verkrijgen):
– gedurende één maand indien betrokkene gedurende meer dan dertig dagen uit de voorziening afwezig was,
– gedurende twee maanden als betrokkene gedurende meer dan honderd dagen uit de voorziening afwezig was,

in de periode van 1 september van het voorgaande jaar tot en met 31 augustus.

Het Zorgfonds deelt aan de zorgkassen eveneens mee welke van hun aangeslotenen in de periode van 1 september van het voorgaande jaar tot en met 31 augustus, meer dan dertig dagen of meer dan honderd dagen, uit deze voorziening afwezig zijn geweest. De betrokkene of zijn vertegenwoordiger verklaart op het aanvraagformulier dat er een verblijf is in een voorziening of dat men op de wachtlijst staat.

Als de betrokkene pas na zijn aanvraag in een dergelijke voorziening gaat verblijven, dan moet hij of zijn vertegenwoordiger dat aan de zorgkas melden.

2. Residentiële premie (€ 125/maand; vanaf 01.03.2009: € 130)
   De rustoorden moeten erkend zijn door de (Vlaamse of andere) overheid Dit zijn quasi alle rusthuizen en verzorgingstehuizen (woonzorgcentra).
   De uitkering aan personen in een RVT, ROB of PVT wordt in principe niet per circulaire cheque betaalt, tenzij betrokkene er zelf en uitdrukkelijk om vraagt.

Hoe?

De aanvraag voor een tussenkomst wordt ingediend bij de zorgkas waarbij de gebruiker is aangesloten. Bij een positieve beslissing start het recht op uitkering pas na 3 maanden carenstijd, te rekenen vanaf de 1e van de maand volgend op de aanvraagdatum.

De zorgkas beslist over de tenlastenemingen binnen een termijn van zestig dagen na indiening van de aanvraag. De beslissing moet, op straffe van nietigheid, met redenen worden omkleed.

Bij een herziening kan deze termijn eventueel verlengd worden tot 90 dagen.

Wanneer een aanvraag bijkomende kinderbijslag lopende is en geen geldig attest voorhanden is, dan kan de beslissing uitgesteld worden tot het attest ter beschikking is (langer dan 90 dagen).

Beroep

De gebruiker kan bezwaar aantekenen tegen de voorgenomen beslissing van de zorgkas, binnen de 30 dagen (Vlaams Agentschap Zorg en Gezondheid, Koning Albert II-laan, 35 bus 33, 1030 Brussel).

De persoon, die een administratieve boete krijgt ten gevolge van laattijdige, onvolledige of niet betaling van bijdragen kan met een geijkt formulier en binnen de maand na aanmaning, bezwaar indienen.

Waar?

Elke landsbond van ziekenfondsen richtte een zorgkas op. Daarnaast kunt u ook terecht bij de erkende zorgkas van een paar private verzekeringsmaatschappijen of bij de Vlaamse Zorgkas. Kiest u zelf geen zorgkas, dan wordt u door het Vlaams Zorgfonds ambtshalve aangesloten bij de Vlaamse Zorgkas, die door de OCMW's wordt vertegenwoordigd.

- Ziekenfonds (loket of dienst maatschappelijk werk) (Gouden Gids nr. 6990, www.cm.be; e-mail: dmw@cm.be).
- www.cm.be (diensten en voordelen)
- www.vlaamsezorgverzekering.be

III.18. Het sociaal verwarmingsfonds

(Programmawet 27.12.2004 - BS 31.12.2004;
KB 09.01.2005 - BS 13.01.2005; progr.wet 22.12.2008, art 249-264;
KB 12.2008 reeds vertaald in een omzendbrief aan de OCMW's, die de vernieuwde regelgeving toepassen vanaf 01.01.2009)

Wat?

De maatregel wil aan personen met een laag inkomen een verwarmingstoelage toekennen als compensatie voor de opeenvolgende prijsverhogingen van de huisbrandolie. De uitgekeerde toelagen worden gefinancierd door het sociaal verwarmingsfonds, dat gespijsd wordt door een bijdrage op alle petroleumproducten voor de verwarming, ten laste van de verbruikers van deze producten.

Sinds 1 januari 2009 gaat het om een tussenkomst in de aankoop van huisbrandolie (bulk of pomp), verwarmingspetroleum of bulkpropaangas die aangekocht zijn tijdens het gehele jaar. De brandstof wordt uitsluitend gebruikt om de individuele of gezinswoning te verwarmen, waar men zijn hoofdverblijf heeft. De maximumtussenkomst is beperkt naargelang de overschrijding van de drempelwaarde. Er is geen interventiedrempel meer om te voorkomen dat er maanden zijn dat de prijs onder de interventiedrempel zakt en de doelgroep geen aanspraak meer kan maken op de verwarmingstoelage.

Er wordt slechts één verwarmingstoelage toegekend voor éénzelfde huishouden.

Er wordt geen cumul toegestaan met de forfaitaire vermindering voor verwarming (zie IV.39).

huisbrandolie in bulk of bulkpropaangas		
Prijs per liter, vermeld op factuur: in euro	Toelage per liter:	Max. toelage in euro*:
lager dan 0,930	14 cent	210
Vanaf 0,9300 en < 0,9550	15 cent	225
Vanaf 0,9550 en < 0,9800	16 cent	240
Vanaf 0,9800 en < 1,005	17 cent	255
Vanaf 1,005 en < 1,030	18 cent	270
Vanaf 1,030 en < 1,055	19 cent	285
Vanaf 1,055	20 cent	300

Voor huisbrandolie of verwarmingspetroleum aan de pomp:

Er geldt een forfaitaire toelage van 210 euro. Één aankoopbewijs is voldoende om de forfaitaire toelage uitgekeerd te krijgen.

De toekenning van een verwarmingstoelage voor stookolie in bulk, sluit de toekenning van een toelage voor stookolie aan de pomp uit, en omgekeerd.

* De maximumtoelage geldt per jaar en het totale bedrag van de toelage is gebonden aan een maximumgrens van 1500 liter per jaar en voor een totaalbedrag van 300 euro per jaar en per gezin.

Appartementen: wanneer de factuur meerdere woonsten betreft, worden de per woonst aan te reken liters berekend met de volgende formule:

Het totaal aantal liter in aanmerking komende brandstof, vermeld op de factuur	X	$\frac{1}{\text{Het aantal woonst en in het gebouw waar de factuur betrekking op heeft}}$

Wie?

Categorie 1: personen met recht op de verhoogde tegemoetkoming **(inclusief deze met Omniostatuut)** maar waarvan het totaal jaarlijks bruto belastbaar inkomen niet hoger is dan 14.624,70 euro, verhoogd met 2.707,42 euro per persoon ten laste.

Categorie 2: personen met een laag inkomen, d.w.z. mensen waarvan het totaal jaarlijks bruto belastbaar inkomen niet hoger is dan 14.624,70 euro, verhoogd met 2.707,42 euro per persoon ten laste.

Categorie 3: personen met schuldenoverlast, d.w.z. mensen met een schuldbemiddeling in het kader van de wet op het consumentenkrediet of een gerechtelijke collectieve schuldenregeling, en die de verwarmingsfactuur niet kunnen betalen.

De facturen van de periode van 01.09.2008 tot 31.12.2008 kunnen nog ingediend worden door de voormalige categorie 4: Personen met een jaarlijks belastbaar gezinsinkomen dat lager of gelijk was aan 23.281,93 euro (mechanisme maximum-factuur).

Deze groep, die sinds 2008 was toegevoegd als 'bovencategorie' met een nog redelijk bescheiden inkomen en een lagere toelage, is sinds 01.01.2009 geschrapt van de doelgroepen die via deze procedure geholpen worden. Deze 4e categorie is sindsdien overgeheveld naar de FOD Economie.

Hoe?

De openbare centra voor maatschappelijk welzijn hebben de taak het recht op de verwarmingstoelage te onderzoeken en toe te kennen.
Betrokkene levert zijn factu(u)r(en) binnen 60 dagen na factuurdatum af bij het OCMW dat voor zijn woonplaats bevoegd is.
Het gaat op basis van een sociaal onderzoek na of alle voorwaarden vervuld zijn (inkomsten of VT- gerechtigde, brandstof voor individueel gebruik, prijs is hoger dan de drempelwaarde, leveringsadres is de hoofdverblijfplaats).
Het OCMW neemt zijn beslissing binnen 30 dagen vanaf de aanvraagdatum en betaalt de toelage binnen 15 dagen, te rekenen vanaf de beslissing.

Bewijsstukken bij de aanvraag:

- voor alle aanvragen: De factuur van de brandstof (bij meerdere woongelegenheden in één gebouw een bewijs van de beheerder dat het aantal huishoudens vermeldt waarop de factuur betrekking heeft) en de identiteitskaart;
- voor gerechtigden met verhoogde tegemoetkoming: Het OCMW gaat via een informaticatoepassing na of er recht is op de verhoogde tegemoetkoming of het OMNIO-statuut. Het kan ook zijn dat de gegevens bij de FOD Financiën opgevraagd zullen worden. Bij gebrek aan gegevens over het inkomen wordt er aan de aanvrager gevraagd zelf het bewijs te leveren

- voor andere gerechtigden: De inkomensgegevens worden rechtstreeks opgevraagd bij de FOD Financiën. Indien dit niet mogelijk is, wordt er aan de aanvrager gevraagd het bewijs te leveren van het inkomen.
- Voor de gerechtigden met een schuldbemiddelingsregel: bewijs van schuldbemiddeling volgens wet 12.06.1991 of van collectieve schuldbemiddeling en het OCMW onderzoekt of betrokken gezin inderdaad de verwarmingsfactuur niet kan betalen.

Opmerking:

Bij KB van 20.01.2006, aangepast bij KB 05.10.2006, is een wettelijk kader gecreëerd om leveranciers toe te laten om binnen de aangegeven grenzen huisbrandolie op afbetaling te leveren. Het is de bedoeling van de overheid dat voldoende leveranciers (en goed verspreid in het land) deze mogelijkheid aanbieden, maar het is geen verplichting.

Alle klanten kunnen desgewenst gebruik maken van die mogelijkheid.

Beroep

Er is binnen 30 dagen na beslissing of na antwoordtermijn beroep mogelijk:
- wanneer men niet akkoord gaat met de beslissing
- wanneer één der organen van het OCMW één maand, te rekenen van de ontvangst van het verzoek, heeft laten verstrijken zonder een beslissing te nemen.

Waar?

- Informatie: gratis telefoonnummer: 0800/90.929
- www.verwarmingsfonds.be
- OCMW van de woonplaats van de aanvrager (Gouden Gids infopagina's publieke instellingen)
- Dienst maatschappelijk werk van het ziekenfonds (Gouden Gids nr 6990, www.cm.be; e-mail: dmw@cm.be)

III.19. Aanpassings- en verbeteringspremie, of renovatiepremie woning

- aanpassingspremie voor bejaarden
- verbeteringspremie (oude regelgeving, nog van toepassing)
- Vlaamse renovatiepremie (nieuwe regelgeving)

Aanpassingspremie voor 'bejaarden'

(B.V.R. 18.12.92 - B.S. 31.03.93, aangepast door B.V.R. 28.11.2003 – B.S. 31.12.2003, M.B. 04.12.2003 - B.S. 31.12.2003, M.B. 27.09.2007 – BS 08.10.2007)

De aanpassingspremie voor 'bejaarden' en 'personen met een handicap' werd in 2007 gereduceerd tot een aanpassingspremie voor bejaarden. Omdat personen met een handicap, die niet bejaard zijn, voor woningaanpassing ondersteund worden door het Vlaams Agentschap voor Personen met een Handicap, is het niet langer mogelijk om beide tegemoetkomingen te cumuleren. Bejaarden daarentegen, kunnen blijven gebruik maken van deze tegemoetkomingen om hun woningaanpassing te realiseren.

Wat?

Wanneer men zijn woning wil aanpassen ten gunste van een bejaard (+ 65) gezinslid, dan kan hiervoor een tussenkomst (aanpassingspremie) worden aangevraagd als de kostprijs van de werken minimum 1.200 euro bedraagt.

De werken beogen ofwel technische installaties en hulpmiddelen (inrichting aangepaste badkamer of toiletruimte, plaatsen van handgrepen of steunmiddelen, automatisering rolluiken of toegangsdeur, plaatsen traplift, enz.), ofwel verbouwingswerkzaamheden om voldoende ruimte te creëren of om trappen of vloeren beter beloopbaar te maken (aanbreng hellend vlak, verhoging/verlaging vloer om niveauverschillen tussen kamers weg te werken, inrichting slaapkamer of badkamer op het gelijkvloers in functie van zelfredzaamheidsproblemen van een bewoner, enz.).

Deze premie bedraagt 50% van de kosten (facturen) met een maximum van 1.250 euro (indien de premie kleiner zou zijn dan 600 euro, is er geen uitbetaling!). De facturen mogen op de aanvraagdatum niet ouder zijn dan 1 jaar.

Binnen een termijn van 10 jaar kunnen max. 3 aanvragen worden ingediend. Ze mogen nooit betrekking hebben op éénzelfde aanpassing, zelfs niet voor een andere woning. Dit wil zeggen dat je slechts 1 keer een aanvraag kan indienen voor technische installaties of hulpmiddelen en 1 keer voor verbouwing voor de toegankelijkheid.

Deze vergoeding is cumuleerbaar met de Vlaamse renovatiepremie of de Vlaamse aanpassingspremie.

Wie?

De premie wordt verleend (door de Vlaamse Gemeenschap) aan de aanvrager die een woning aanpast voor een inwonend bejaard (+ 65 jaar – tot 31.03.2008 was de leeftijdsgrens 60 jaar) gezinslid indien het belastbaar inkomen van dit gezinslid (samen met dat van zijn eventuele partner) lager is dan 26.570 + 1.390 euro per persoon ten laste (elk gehandicapt familielid is één persoon ten laste extra!). Men kijkt naar het inkomen van 3 jaar voor aanvraagdatum (in 2009 geldt het inkomen van 2006).

Indien de aanvraag gebeurt in functie van een huurwoning, dan moet de huurovereenkomst van minimum 3 jaar afgesloten zijn met een sociaal verhuurkantoor en ze moet betrekking hebben op een hoofdverblijfplaats.

Zowel de verhuurder als de bewoner kan onder deze voorwaarden een aanvraag indienen.

De bejaarde moet tevens beschikken over een medisch attest waaruit blijkt dat hij of zij voor de activiteiten van het dagelijkse leven een specifieke uitrusting nodig heeft welke in de woning (het niet geïndexeerd kadastraal inkomen is kleiner dan 1.200 euro) is geïntegreerd.

Hoe?

Een aanvraag wordt gericht aan de provinciale bureau van het Bestuur voor de huisvesting.

Men dient hiervoor de aanvraagformulieren te gebruiken, die ter beschikking zijn op internet of in de stedenbouwkundige dienst van de gemeenten.

Waar?

- Provinciaal bureau - Bestuur voor de huisvesting (inlichtingen + aanvraag) www.bouwenenwonen.be (doorklikken via verbouwen en vervolgens steunmaatregelen)
- Agentschap Wonen Vlaanderen:
  - Wonen Vlaams-Brabant
    Blijde inkomststraat 105, 3000 Leuven
    tel.: (016) 24 97 77
  - Wonen Antwerpen
    Lange Kievitstraat 111-113, 2018 Antwerpen
    tel.: (03) 224 61 16
  - Wonen Limburg
    Koningin Astridlaan 50, bus 7, 3500 Hasselt
    tel.: (011) 74 22 00
  - Wonen West-Vlaanderen
    Werkhuisstraat 9, 8000 Brugge
    tel.: (050) 44 28 80
  - Wonen Oost-Vlaanderen
    Gebroeders Van Eyckstraat 4-6, 9000 Gent
    tel.: (09) 265 45 11
- Gemeente - sociale dienst (inlichtingen + bijstand) (telefoongids OCMW ofwel Gouden Gids nr. 7620)

Aandachtspunt geneesheer:

Om recht te hebben op deze premie, dient betrokken persoon te beschikken over een medisch attest waaruit blijkt dat hij of zij voor de activiteiten van het dagelijkse leven moet beschikken over een specifieke uitrusting die in de woning geïntegreerd is.

Verbeteringspremie (BVR 18.12.1992)

Naast deze oude regelgeving, die verder van toepassing blijft, bestaat ondertussen de nieuwe Vlaamse renovatiepremie. Aangezien beide premies niet cumuleerbaar zijn, is het goed om eerst na te gaan welke premie in de specifieke situatie het meest voordelig is.

Wat?

Wanneer men zijn woning verbetert of verbouwt, kan men hiervoor een tussenkomst krijgen.

Per bouwonderdeel waarop de verbeteringswerkzaamheden betrekking hebben, is een vast premiebedrag voorzien. U moet facturen kunnen voorleggen voor een bedrag (inclusief btw) dat minstens het dubbele is van de premie. Bijvoorbeeld: als u facturen voorlegt voor dakwerken, moet het factuurbedrag inclusief btw hiervan minstens **2.500 euro** bedragen aangezien de premie voor dat onderdeel 1.250 euro bedraagt.

Het bedrag van de verbeteringspremie wordt als volgt vastgesteld per bouwonderdeel:

1) voor de dakwerken (1): **1.250 euro**

2) voor het buitenschrijnwerk (2): **1.250 euro**

3) voor de sanitaire installatie: **750 euro**

4) voor de elektrische installatie: **750 euro**

5) voor de gevelwerken: **1.500 euro**

6) voor het behandelen van optrekkend muurvocht: **750 euro**

7) voor de werkzaamheden om de risico's op CO-intoxicatie te verhelpen (3):
   - de plaatsing van een waterverwarmingstoestel met gesloten verbrandingsruimte: **250 euro**
   - de plaatsting van een verwarmingstoestel met gesloten verbrandingsruimte: **250 euro**
   - de installatie van of omschakeling naar centrale verwarming: **1.000 euro**
   - het bouwen, verbouwen, herstellen of aanpassen van een rookkanaal: **500 euro**

8) voor de verbouwingswerken om overbewoning te verhelpen: **50%** van het bedrag van de voorgelegde facturen, btw inbegrepen, afgerond tot op het lagere tiental. De premie bedraagt maximum **1.250 euro**, en minimum **600 euro**.

Voor verbouwingswerkzaamheden geldt dat voor minstens **1.200 euro** (inclusief btw) aan facturen moet kunnen voorgelegd worden.

---

(1) Bij gevelwerken en dakwerken wordt rekening gehouden met isolatie.

(2) Bij buitenschrijnwerk is dubbele beglazing een voorwaarde bij het installeren van nieuwe vensters.

(3) Maximum 3 toestellen

Wie?

De verhuurder en zijn eventuele partner mogen hoogstens € 53.140 inkomen hebben. De verhuurder stelt de woning na de renovatiewerken minimum 9 jaar ter beschikking van een sociaal verhuurkantoor.

De bewoner of de huurder (huurovereenkomsten als hoofdverblijfplaats langer dan 3 jaar) kan een premie aanvragen indien het netto belastbaar inkomen van het 3e jaar voor de aanvraag kleiner was dan 26.570 euro, te verhogen met 1.390 euro per persoon ten laste (kinderen <18 jaar, of kinderen >18 jaar waar kinderbijslag of wezenbijslag voor betaald wordt en andere inwonende personen met een handicap van +66%)

Men kijkt naar het inkomen van 3 jaar voor aanvraagdatum (in 2009 geldt het inkomen van 2006).

Het K.I. van de woning is kleiner dan 1.200 euro en de woning moet minstens 20 jaar oud zijn.

Waar?

- Provinciaal bureau - Bestuur voor de huisvesting (inlichtingen + aanvraag) www.bouwenenwonen.be (doorklikken via verbouwen en vervolgens steunmaatregelen)
- Agentschap Wonen Vlaanderen:
  - Wonen Vlaams-Brabant
    Blijde inkomststraat 105, 3000 Leuven
    tel.: (016) 24 97 77
  - Wonen Antwerpen
    Lange Kievitstraat 111-113, 2018 Antwerpen
    tel.: (03) 224 61 16
  - Wonen Limburg
    Koningin Astridlaan 50, bus 7, 3500 Hasselt
    tel.: (011) 74 22 00
  - Wonen West-Vlaanderen
    Werkhuisstraat 9, 8000 Brugge
    tel.: (050) 44 28 80
  - Wonen Oost-Vlaanderen
    Gebroeders Van Eyckstraat 4-6, 9000 Gent
    tel.: (09) 265 45 11
- Gemeente - sociale dienst (inlichtingen + bijstand) (telefoongids OCMW ofwel Gouden Gids nr. 7620)

De Vlaamse renovatiepremie

(BVR 02.03.2007 – BS 21.03.2007; MB 09.03.2007 – BS 21.03.2007)

Wat?

De renovatiepremie wordt toegekend voor een algemene renovatie, dus voor structurele werkzaamheden die de toestand van de woning grondig verbeteren.

Kleinere ingrepen, die vooral gericht zijn op de verhoging van het comfort, worden mee gesubsidieerd, maar alleen als u ook grotere renovatiewerkzaamheden uitvoert. Het resultaat van de werkzaamheden is een structureel gezonde woning.

De premie bedraagt 30 % van de kostprijs, exclusief BTW en is beperkt tot maximaal 10.000 euro.

Hieronder volgt een overzicht van de subsidieerbare werkzaamheden:

- Ondergrondse constructies: funderingen, waterdicht maken en bestrijding kelderzwam;
- Muren: afbraak en heropbouw, isolatie, afwerking, vochtbestrijding, vernieuwing voegwerk en gevelreiniging, bepleistering binnenmuren, bestrijding huiszwam;
- Draagvloeren: afbraak en vervanging, bestrijding huiszwam en insecten, isolatie, vernieuwing dakgoten;
- Dak: afbraak en vervanging, bestrijding huiszwam en insecten, bedekking, dakgoten, dakramen, koepels, schouwen, isolatie, plafondafwerking binnenzijde;
- Buitenschrijnwerk: vernieuwing ramen en buitendeuren met hoogrendementsglas + afwerking – uitgezonderd rolluiken, vliegenramen, garagepoorten, veranda's, schilderwerken);
- Hoogrendementsbeglazing: volledige of gedeeltelijke vervanging, plaatsing isolerende beglazing, afwerking binnen en buiten
- Binnendeuren: deuren van minimum 93 cm in de leefruimten;
- Trappen : vernieuwing of veilig maken van trappen;
- Elektriciteit: gehele of gedeeltelijke vernieuwing – uitgezonderd verlichtingsarmaturen en verbruikstoestellen;
- Sanitaire installaties: vernieuwing en afwerking badkamer en toilet, 2e badkamer of toilet op een andere verdieping,– uitgezonderd bubbelbaden, badkameraccessoires en meubelen;
- Centrale verwarming met hoogrendementsketels: installatie, vervanging, uitbreiding of overschakeling op duurzame enrgiebronnnen – uitgezonderd onder meer accumulatoren;
- Herindelings- of uitbreidingswerken: leefruimten wonen, koken, slapen, sanitair (geen veranda).

Als een stedenbouwkundige vergunning vereist is en de aanstelling van een architect verplicht is, dan wordt het ereloon van de architect voor het aandeel van de subsidieerbare werkzaamheden mee in aanmerking genomen voor de berekening van de tegemoetkoming.

Wie?

De bewoner of de verhuurder van een woning.

De **bewoner** is een particulier (en, in voorkomend geval, de persoon met wie hij wettelijk of feitelijk samenwoont), die de woning op de aanvraagdatum zelf bewoont en waarvan het gezinsinkomen een bepaalde grens niet overschrijdt. Voor de alleenstaande is dit in 2009 37.340 euro. Voor het éénoudergezin of een kerngezin (wettelijk of feitelijk samenwonend) is dit 53.350 euro, te verhogen met 2.990 euro per persoon vanaf de tweede persoon ten laste. Er wordt gekeken naar het belastbaar inkomen van het derde jaar dat voorafgaat aan de aanvraagdatum. Voor renovatiepremies die worden aangevraagd in 2009 wordt dus het belastbaar inkomen van 2006 in aanmerking genomen.

De bewoner mag, naast de woning waarvoor de renovatiepremie wordt aangevraagd, geen andere woning volledig in volle eigendom of volledig in vruchtgebruik (gehad) hebben op de aanvraagdatum en tijdens de periode van drie jaar die daaraan voorafgaat.

De **verhuurder** is een particulier, die de woning op de aanvraagdatum verhuurt aan een sociaal verhuurkantoor voor de duur van minstens negen jaar. Voor hem/haar geldt geen inkomensgrens.

- De woning waarvoor de renovatiepremie wordt aangevraagd, moet minstens 25 jaar oud zijn en gelegen in het Vlaamse Gewest.
- De totale kostprijs van de werkzaamheden die in aanmerking kunnen worden genomen, moet minstens 10.000 euro bedragen, exclusief btw. De facturen mogen niet dateren van voor 1 januari 2006, noch van meer dan drie jaar voor de aanvraagdatum.

Hoe?

De aanvraag wordt ingediend bij de dienst van het agentschap Wonen-Vlaanderen in de provincie, na de werken. Hiervoor gebruik men het aanvraagformulier en de verzamellijst van facturen van de provincie. Deze documenten kan men downloaden op www.bouwenenwonen.be of zijn te verkrijgen bij de bouwdienst van elke gemeente of stad. Let op: deze documenten zijn verschillend voor bewoners en verhuurders.

De renovatiepremie wordt berekend op basis van voorgelegde facturen. Deze facturen moeten betrekking hebben op werkzaamheden die uitgevoerd zijn door een geregistreerde aannemer of op de aankoop van materialen of uitrustingsgoederen die door de aanvrager zelf zijn verwerkt of geplaatst.

Belangrijk: sommige facturen kunnen geweigerd worden. Daarom is het aangeraden om alle geldige facturen die binnen deze periode vallen, bij de aanvraag te voegen. Op die manier kan u maximaal gebruik maken van de renovatiepremie.

Als het weigeren van sommige facturen tot gevolg heeft dat het vereiste minimumbedrag van 10.000 euro niet bereikt wordt, dan zal u gevraagd worden of u akkoord gaat met een overheveling naar een onderzoek op het recht naar de verbeteringspremie. Beide premies zijn niet cumuleerbaar.

Waar?

- Provinciaal bureau - Bestuur voor de huisvesting (inlichtingen + aanvraag) www.bouwenenwonen.be (doorklikken via verbouwen en vervolgens steunmaatregelen)
- Agentschap Wonen Vlaanderen:
  - Wonen Vlaams-Brabant
    Blijde inkomststraat 105, 3000 Leuven
    tel.: (016) 24 97 77

- Wonen Antwerpen
  Lange Kievitstraat 111-113 , 2018 Antwerpen
  tel.: (03) 224 61 16
- Wonen Limburg
  Koningin Astridlaan 50, bus 7, 3500 Hasselt
  tel.: (011) 74 22 00
- Wonen West-Vlaanderen
  Werkhuisstraat 9, 8000 Brugge
  tel.: (050) 44 28 80
- Wonen Oost-Vlaanderen
  Gebroeders Van Eyckstraat 4-6, 9000 Gent
  tel.: (09) 265 45 11

– Gemeente - sociale dienst (inlichtingen + bijstand)

III.20. Tegemoetkoming in de huurprijs voor woonbehoeftige huurders

(BVR 02.02.2007 – BS 09.03.2007; MB 12.04.2007 – BS 25.04.2007)

In de loop van 2007 is de installatiepremie en de individuele huursubsidie geïntegreerd in de nieuwe regelgeving "tegemoetkoming in de huurprijs voor woonbehoeftige huurders". Aanvragen na 01.05.2007 worden afgehandeld in de nieuwe regelgeving.

Wat?

Op 01.05.2007 is het nieuwe huursubsidiestelsel in werking getreden. De oude installatiepremie is nu geïntegreerd in de startfase van deze nieuwe tegemoetkoming.

De tegemoetkoming in de huurprijs ondersteunt mensen met een laag inkomen die verhuizen van een slechte, onaangepaste woning naar een goede, aangepaste woning. Ook wie verhuist van een private huurwoning naar een woning verhuurd door een sociaal verhuurkantoor, kan de tegemoetkoming aanvragen.

De tegemoetkoming in de huurprijs bestaat uit twee delen: enerzijds is er een maandelijkse huursubsidie, anderzijds een eenmalige installatiepremie.

De eenmalige installatiepremie is gelijk aan drie keer het bedrag van de maandelijkse huursubsidie van het eerste jaar (zie tabel).

Opgelet: wie dakloos was en van het ocmw al een installatiepremie heeft ontvangen voor de nieuwe huurwoning, dan heeft men geen recht meer op een nieuwe installatiepremie.

De huursubsidie wordt bepaald op basis van het inkomen. Ze wordt maximaal gedurende 9 jaar uitbetaald en neemt af in de loop van die periode.

Overzicht bedragen huursubsidie voor 2009:

Het inkomen van het 3e jaar voor aanvraagdatum was maximum ... *	**De tegemoetkoming voor de respectievelijke jaren is ...** **			
	Jaar 1 & 2	Jaar 3 & 4	Jaar 5 & 6	Jaar 7, 8 & 9 ***
15.530 euro	100 euro	80 euro	60 euro	60 euro
13.230 euro	150 euro	120 euro	90 euro	60 euro
9.610 euro	200 euro	160 euro	120 euro	60 euro

* als het inkomen het jaar voorafgaand aan de aanvraag boven het maximumbedrag ligt, dan krijgt men slechts 2 jaar de huursubsidie

** bejaarden of personen met een handicap, die zelf huurder zijn (dus geen inwonende personen die bejaard of gehandicapt zijn) ontvangen levenslang of zolang ze de woning bewonen de huursubsidie van jaar 1 & 2

*** in jaar 7, 8 & 9 kijkt men naar het inkomen van 3 jaar na de aanvraagdatum. Indien dit hoger is als het maximumbedrag krijgt men slechts 30 euro ipv 60 euro.

Zowel de oude woning die men verlaat als de nieuwe woning moeten zich in het Vlaams Gewest bevinden. De nieuwe woning moet zonder gebreken zijn en aangepast aan de gezinssamenstelling.

De maximale huurprijs van de nieuwe huurwoning bedraagt 520 euro voor aanvragen in 2009. Dit maximum mag verhoogd worden met 7% per persoon ten laste, tot de vierde persoon ten laste (dus met een maximale verhoging van 28%, ook al heeft u meer dan vier personen ten laste).

Kamers en gesubsidieerde sociale huurwoningen zijn uitgesloten voor deze tegemoetkoming.

Er zijn 3 mogelijkheden om in aanmerking te komen voor de tegemoetkoming:

- Men neemt een conforme woning in huur nadat men een woning of kamer verlaten heeft, die onbewoonbaar of overbewoond verklaard is, of die een bepaalde graad van mankementen had of men komt van een woonsituatie die gezondheidsrisico's of veiligheidsrisico's vertoonde. Men was permanente campingbewoner of dakloos.
- De huurder of een gezinslid is minstens 65 jaar of erkend als persoon met een handicap en men verhuist naar een aangepaste huurwoning.
- Men huurt een woning van een erkend sociaal verhuurkantoor (geen voorwaarden wat betreft de verlaten woning).

Men kan de tegemoetkoming in de huurprijs slechts één keer toegewezen krijgen.

Als men al een huursubsidie heeft ontvangen op basis van de oude huursubsidie, komt men niet meer in aanmerking voor een tegemoetkoming in de huurprijs. Als men toen echter enkel een installatiepremie heeft ontvangen, komt men wel nog in aanmerking.

Wie?

Personen die een onaangepaste woonsituatie in het Vlaamse Gewest verlaten zoals hierboven beschreven en die voldoen aan de inkomensvoorwaarde en de eigendomsvoorwaarde.

Voor aanvragen in 2009 mag de som van het aan de personenbelasting inkomen, alsook van de niet- belastbare vervangingsinkomsten van de huurder en van de inwonende gezinsleden, niet meer bedragen dan 15.530 euro. Dit maximum mag verhoogd worden met 1.390 euro per persoon ten laste.

Er wordt gekeken naar het inkomen van het derde jaar dat voorafgaat aan de aanvraagdatum.

Bij de aanvraag moet men ook op erewoord verklaren of het inkomen van het jaar vóór de aanvraagdatum al dan niet meer bedraagt dan het maximumbedrag.

De huurder en de inwonende gezinsleden mogen op de aanvraagdatum en tijdens de drie jaar die daaraan voorafgaan geen woning volledig in volle eigendom of volledig in vruchtgebruik hebben (gehad).

Hierop zijn enkele uitzonderingen voor het verlaten van onbewoonbare, ongeschikt verklaarde of overbevolkte woningen of woningen met gezondheids- of veiligheidsrisico. Of de woning is/wordt gesloopt of onteigend. Of de eigenaar (of vruchtgebruiker) kan ten gevolge van een wettelijke regeling of van een uitvoerbare rechterlijke beslissing niet beschikken over de woning.

Hoe?

Men dient een aanvraag voor een tegemoetkoming in de huurprijs in bij de dienst van het agentschap Wonen-Vlaanderen met het aanvraagformulier van de provincie waarin de nieuwe huurwoning zich bevindt. Let op: als de nieuwe huurwoning verhuurd wordt door een sociaal verhuurkantoor, moet men daarvoor een speciaal aanvraagformulier gebruiken.

De aanvraagformulieren zijn te bekomen bij het gemeentebestuur of bij de ROHM afdeling van de provincie of te downloaden op www.bouwenenwonen.be (huren, sociale maatregelen).

De aanvraag moet aangetekend ingediend worden ten laatste 6 maanden nadat de nieuwe woning betrokken is, maar de aanvraag kan ten vroegste 9 maanden voor het betrekken van de nieuwe huurwoning al ingediend worden.

Binnen een maand nadat de aanvraag is ingediend, krijgt men een ontvangstmelding van het agentschap Wonen-Vlaanderen. Als het dossier onvolledig is, wordt men daar binnen dezelfde termijn van op de hoogte gebracht.

Vanaf de vervollediging van het dossier heeft Wonen-Vlaanderen maximaal 3 maanden de tijd om een beslissing te nemen. Als het agentschap binnen die termijn geen beslissing heeft genomen of als men niet akkoord gaat met de beslissing van het agentschap, kan men beroep aantekenen.

De huursubsidie wordt een eerste keer uitbetaald binnen de 4 maanden nadat de aanvraag is goedgekeurd (of een beslissing in beroep is genomen).

De eenmalige installatiepremie wordt uitbetaald samen met de eerste huursubsidie. Nadien zal de huursubsidie om de 3 maanden uitbetaald worden.

Als men een woning huurt van een sociaal verhuurkantoor, dan worden zowel de installatiepremie als de huursubsidie gestort op rekening van dit sociaal verhuurkantoor. Het sociaal verhuurkantoor zal vervolgens de installatiepremie doorgeven, en de huursubsidie rechtstreeks in mindering brengen van de huurprijs.

Waar?

- Provinciaal bureau - Bestuur voor de huisvesting (inlichtingen + aanvraag) www.bouwenenwonen.be (doorklikken via verbouwen en vervolgens steunmaatregelen)
- Agentschap Wonen Vlaanderen:
  - Wonen Vlaams-Brabant
    Blijde inkomststraat 105, 3000 Leuven
    tel.: (016) 24 97 77
  - Wonen Antwerpen
    Lange Kievitstraat 111-113, 2018 Antwerpen
    tel.: (03) 224 61 16
  - Wonen Limburg
    Koningin Astridlaan 50, bus 7, 3500 Hasselt
    tel.: (011) 74 22 00

- Wonen West-Vlaanderen
  Werkhuisstraat 9, 8000 Brugge
  tel.: (050) 44 29 07
- Wonen Oost-Vlaanderen
  Gebroeders Van Eyckstraat 4-6, 9000 Gent
  tel.: (09) 265 45 11

– Ziekenfonds - dienst maatschappelijk werk (inlichtingen + bijstand) (Gouden Gids nr. 6990, www.cm.be; e-mail: dmw@cm.be)
– Gemeente - sociale dienst (inlichtingen + bijstand) (telefoongids OCMW ofwel Gouden Gids nr. 7620)

III.21. Sociaal telefoontarief - Sociaal GSM-tarief

Wet 13/06/2005 (BS 20/06/2005)) KB 20.07.2006, aanvraagprocedure (BS 08.08.2006)

Wat?

Tariefverminderingen die door alle operatoren toegepast worden op het standaardtarief.
De begunstigde van het sociaal tarief mag slechts over één telefoon- of GSM-aansluiting met sociaal tarief beschikken en er mag maar één begunstigde zijn per huishouden.

Tariefvermindering voor bejaarde begunstigden, begunstigden met een handicap, gehoorgestoorde personen en de personen bij wie een laryngectomie werd uitgevoerd en de militaire oorlogsblinden:

De operatoren dienen volgende tariefverminderingen toe te passen op hun standaardtarief:

- aansluitingskosten op een vaste locatie: 50% van het normale tarief
- abonnementsgeld en gesprekskosten die moeten betaald worden:
  - aan dezelfde aanbieder: 8,40 euro per maand op abonnementsgeld en 3,10 euro per maand op de gesprekskosten.
  - aan verschillende aanbieders: 11,5 euro per maand op de gesprekskosten. Het is de aanbieder die de gesprekskosten factureert die de korting moet toestaan.

Concreet voor de operatoren Base – Mobistar – Proximus

1) Base:

- postpaid (tariefplan met factuur): elke maand 12 euro korting op de factuur (verder reguliere beltegoeden volgens tariefplan), belminuten kosten 0,15 & 0,20 euro (basecontact of niet)
- prepaid (tariefplan zonder factuur): elke maand 3,10 euro extra beltegoed (herladen vanaf 5 euro, en met de reguliere bonussen), belminuten kosten 0,25 euro

2) Mobistar:

- abonnees genieten van een maandelijkse korting op hun factuur van 12 euro (geldig voor alle abonnementen, behalve voor het My5-abonnement waarop een korting van 8,10 euro van toepassing is: 5 euro voor de abonnementskosten en 3,10 euro geldig voor oproepen, sms, mms, ...).
- tempoklanten genieten automatisch van 3,1 euro extra belwaarde per maand op hun simkaart

3) Proximus:

- Smileklanten (tarief op maandelijkse factuur) krijgen 12 euro korting op de maandelijkse factuur. Dit tarief is verenigbaar met alle tarieven voor abonnees, uitgezonderd voor Smile 5. Alle gebruiksmodaliteiten van het gekozen tariefplan blijven geldig.

- Pay&Goklanten (Pay&Go kaart) krijgen maandelijks een Pay&Gokrediet van 3,10 euro op hun kaart (toegelaten voor elk soort gebruik of tariefplan in Pay&Go)

Tariefvermindering voor personen met leefloon.

Voor personen met leefloon bestaat de verstrekking van een sociaal tarief uit het ter beschikking stellen van een voorafbetaalde kaart met een waarde van 3,10 euro per maand. De verbindingen die door middel van de kaart tot stand worden gebracht, worden tegen het normale tarief aangerekend.

De begunstigde krijgt voor een vaste telefoonlijn een kaart met een code. Deze code wordt voor het draaien van het te contacteren telefoonnummer ingegeven in het telefoontoestel, hetzij thuis (als abonnee), hetzij in een openbare telefooncel. De operator herkent de code en past de tariefvermindering automatisch toe tot het maandelijkse voordeel bereikt is.

De houder van een GSM-kaart krijgt maandelijks het krediet op zijn kaart gezet (vb. Mobistar: de Tempokaart).

Wie?

het gewone sociaal tarief

Personen met een handicap: Een titularis van een lijn, die
- ten volle 18 jaar oud is én
- voldoet aan de inkomstenvoorwaarde (zie verder) én
- voor ten minste 66% mindervalide is én
- alleen woont of samenwoont, hetzij met ten hoogste 2 personen waarmee de titularis niet verwant is, hetzij met bloed- of aanverwanten van de eerste of de tweede graad (gelijk welk aantal)

Noot: Als 66% mindervalide wordt beschouwd:
- de persoon die bij administratieve/gerechtelijke beslissing minstens 66% blijvend fysisch of psychisch gehandicapt of arbeidsongeschikt werd verklaard.
- Z.I.V.-invaliden (na 1 jaar primaire, zowel werknemers als zelfstandigen)
- de persoon met een handicap bij wie in het kader van de inkomstenvervangende tegemoetkoming een vermindering van het verdienvermogen tot één derde of minder is vastgesteld.
- de persoon met een handicap bij wie, in het kader van de tegemoetkoming aan personen met een handicap, een vermindering van de graad van zelfredzaamheid van minstens 9 punten is vastgesteld.

Personen ouder dan 65 jaar: een titularis van een lijn die
- voldoet aan de inkomstenvoorwaarde (zie verder) en
- de leeftijd van 65 jaar ten volle bereikt heeft **en**
- alleen woont **of** samenwoont met één of meer personen die ten volle 60 jaar oud zijn en eventueel samenwoont met kinderen en kleinkinderen die het einde van de leerplicht niet bereikt hebben of tenminste 66 % gehandicapt zijn. Kleinkinderen moeten bovendien wees zijn van vader en moeder of bij gerechtelijke beslissing aan de grootouders zijn toevertrouwd.

Of woont in een hotel, een rusthuis, bejaardenflat of in een andere vorm van gemeenschapsleven **en** beschikt over een individueel telefoonabonnement dat in hoofde van de titularis gebruikt wordt.

Inkomstenvoorwaarde voor doelgroepen bejaarden en arbeidsongeschikten: Het bruto belastbaar inkomen van de begunstigde, gecumuleerd met het bruto belastbaar inkomen van de personen met wie hij eventueel samen woont, mag niet meer bedragen dan het grensbedrag dat geldt voor rechthebbenden op de verhoogde tegemoetkoming ZIV. Dit is 14.624,70 EUR, te vermeerderen met 2.707,43 EUR per persoon ten laste (index 01.09.2008).

Personen gerechtigd op het leefloon: Zij moeten over een beslissing beschikken die hen het leefloon toekent. Voor hen is er geen inkomstenonderzoek in het kader van het sociaal telefoontarief.

Sociaal tarief voor personen met gehoorstoornis of laryngectomie:

Personen die:
- hetzij minstens een gehoorverlies hebben van 70 dB voor het beste oor (volgens de classificatie van het Internationaal Bureau voor Audiphonologie);
- hetzij een laryngectomie hebben ondergaan.

Ook de ouders of grootouders kunnen het voordeel genieten, indien hun kind of kleinkind dat bij hen inwoont voldoet aan één van de bovenvermelde handicaps.

Een medisch attest dat de doofheid bevestigt en een bewijs van de aankoop van een voor doven goedgekeurd telefoontoestel bewijst de handicap bij de telefoonoperator.

Indien voornoemd toestel niet door de operator werd geleverd, moet hem een aankoopbewijs worden voorgelegd.
Voorbeeld: onder de naam 'Alto' biedt Belgacom een toestel voor gehoor- en spraakgestoorden aan: de Minitel Dialoog, een teksttelefoon. Het bestaat uit een beeldscherm en toetsenbord en is direct aangesloten op de telefoonlijn. De gesprekspartner beschikt over eenzelfde combinatie. Bij een inkomende oproep kan de gebruiker hieromtrent via de Teleflash-Fasttel (in optie) worden gealarmeerd door een sterke lichtflits. het volstaat dan om de Minitel in te schakelen; de boodschap van de oproeper verschijnt nu op het scherm.

Indien het om een inwonend (klein-)kind gaat, een bewijs van gezinssamenstelling voorleggen bij de telefoonoperator, afgeleverd door het gemeentebestuur.

Wie niet over een medisch attest beschikt:

1. Een formulier opvragen bij de leverancier;
2. Bij de gemeente worden
   - het **formulier 3+4 en formulier 6** (nodig voor een aanvraag van attesten bij de Federale Overheidsdienst Sociale Zekerheid) en
   - het **attest gezinssamenstelling** afgehaald;
3. - **Het medisch attest** wordt ingevuld door de geneesheer - specialist ORL (specialist neus-keel-oren).
   - **De formulieren 3+4 en formulier 6** worden eveneens ingevuld door de specialist ORL (specialist neus- keel-oren) *of* door de behandelend geneesheer.

4. De (ingevulde) medische formulieren en het aanvraagformulier worden verstuurd naar de Federale Overheidsdienst Sociale Zekerheid - dienst attesten, Zwarte Lievevrouwstraat 3c te 1000 Brussel.
5. Er volgt een onderzoek door de geneesheer van de Federale Overheidsdienst Sociale Zekerheid.
6. De aanvrager krijgt na onderzoek door de Federale Overheidsdienst Sociale Zekerheid de nodige attesten terug.
7. Nu kan de aanvrager
   - de ontvangen attesten (van de Federale Overheidsdienst Sociale Zekerheid),
   - samen met het aanvraagformulier,
   - het attest gezinssamenstelling en
   - het bewijs van aankoop van een goedgekeurd doventoestel afgeven bij de leverancier.

Hoe?

De aanvraag voor sociaal tarief wordt overgemaakt aan de telefoonoperator, maar het recht op sociaal tarief wordt onderzocht door de diensten van het BIPT (Belgisch Instituut voor Post- en telecommunicatie).

Stap	Handeling
1	Iedere persoon die aan de voorwaarden voldoet om het sociale telefoontarief te genieten en die dat tarief wenst te genieten, dient daartoe een aanvraag in bij de operator van zijn keuze. Dit kan eenvoudig per telefonisch contact, met opgave van naam, telefoonnummer en rijksregisternummer van de aanvrager.
2	De operator stuurt die aanvraag elektronisch en dadelijk door naar het Instituut.
3	Het BIPT doet zijn onderzoek en maakt gebruik van enkele centrale databanken (o.m. sociale zekerheid), die gegevens bevatten over de aanvrager. Er zijn 3 mogelijkheden: 1. Er zijn onvoldoende gegevens beschikbaar: Het Instituut stelt onmiddellijk de operator en de aanvrager daarvan op de hoogte en verzoekt die laatste de gepaste bewijsstukken die het opsomt eraan te verstrekken; 2. Men voldoet niet aan de voorwaarden: Het Instituut stelt de betrokken operator daarvan op de hoogte en motiveert aan de aanvrager waarom het sociale telefoontarief hem door de operator niet kan worden toegekend; 3. De aanvrager voldoet aan de voorwaarden. Het Instituut laat de operator weten vanaf welk moment hij het sociale telefoontarief daadwerkelijk zal toepassen. In voorkomend geval laat het Instituut ook de operator, bij wie de aanvrager voordien het sociale telefoontarief genoot, weten vanaf welk moment die laatste het voormelde tarief niet langer zal verstrekken. In principe wordt het sociaal tarief toegepast vanaf de eerstvolgende factuurvervaldag na datum van de aanvraag (zo staat in de wet vermeld).

Concrete aanvraag voor klanten van:

- Proximus: inschrijven
  - via de eigen gsm op het gratis nummer 6000 of op het nummer 078 05 6000 (lokaal tarief);
  - per fax op het nummer 0800 14 252;
  - bij het Proximus-verkooppunt in de buurt.

- Mobistar: inschrijven
  - bij het Mobistarverkooppunt in de buurt
  - telefonisch op het gratis GSM-nummer 5000 (tempoklanten nummer 5100) of gewoon nummer aan normaal tarief 0495 95 95 00
  - schriftelijk (naam, adres, geboortedatum) per fax op nummer 0800 97 606 of naar Mobistarn afdeling back office, Kolonel Bourgstraat 149, 1140 Brussel
- Base: inschrijven bij de Base-shop in de buurt

Minimum dienstverlening telefoon

Sinds begin 1997 bestaat er een recht op een minimale dienst, *zelfs in* geval van niet-betaling door de abonnee.

De minimale gewaarborgde diensten zijn:
- de mogelijkheid om door een andere abonnee te worden opgeroepen (met uitzondering van oproepen met betaling van de gesprekskosten door de opgeroepen persoon);
- de mogelijkheid om de noodnummers en andere kosteloze nummers te vormen.

Het reductieplan voor blinden, van belgacom

(vroeger servicekaart)

Er wordt korting van maximaal 4 oproepen per maand naar de nationale inlichtingendienst toegekend, met een vast toestel van Belgacom. De voorwaarde om de korting te kunnen krijgen is het kunnen voorleggen van een algemeen attest van het de Federale Overheidsdienst Sociale Zekerheid, waarop vermeld staat dat betrokkene volledig blind is. Indien betrokkene niet over het bedoelde attest beschikt, volstaat het ook om een kopie van de nationale verminderingskaart voor het openbaar vervoer voor te leggen.

Er moet meegedeeld worden aan welk telefoonnummer de vermindering moet worden toegekend. Vanaf de eerste van de maand daarop gaat de korting in en ze blijft geldig voor een duur van 2 jaar.
Na die 2 jaar moet het reductieplan opnieuw aangevraagd worden.
Informatie hierover kan bekomen worden bij Belgacom op het gratis nummer 0800-91133

Waar?

- GSM-operatoren en telefoonmaatschappijen (Gouden Gids nr. 4782 - 4785)
- BIPT: www.bipt.be Mail: STTS@bipt.be
- Ziekenfonds - dienst maatschappelijk werk (inlichtingen + bijstand) (Gouden Gids nr 6990, www.cm.be; e-mail: dmw@cm.be).
- Gemeente - sociale dienst (inlichtingen + bijstand) (telefoongids OCMW ofwel Gouden Gids infopagina's publieke instellingen)

- Federale Overheidsdienst Sociale Zekerheid - medische dienst (aanvraag onderzoek bij het ontbreken van een geldig attest)
  Zwarte Lievevrouwstraat 3c, 1000 Brussel
  Tel.: (centrale) (02) 509 81 11 ; Contactcenter 02/5078789

III.22. Maximumtarief voor aardgas en elektriciteit voor residentieel beschermde klanten

- Sociale maximumprijs gas en elektriciteit
- Minimumlevering aardgas en elektriciteit

Sociale maximumprijs voor residentiëel beschermde klanten voor gas en elektriciteit

(elektriciteit: M.B. 30.03.2007 - B.S. 06.07.2007;
gas: MB 30.03.2007 – BS 19.06.2007)

Wat?

Voor de gezinnen en personen die genieten van verlaagde energieprijzen, het vroegere "specifiek sociaal tarief", liggen de tarieven een stuk lager dan de normale energieprijzen en zijn vast bepaald.

Het sociaal tarief bevat geen forfaitaire kosten of abonnementsgelden en wordt uitgedrukt in een bedrag in euro/kWh.

De leveranciers van gas en elektriciteit verzekeren de bevoorrading van de in aanmerking komende klanten tegen de sociale maximumprijzen vastgesteld overeenkomstig de tarieven opgelegd door de overheid.

Concrete prijzen

De sociale maximumprijs is berekend op basis van de laagste commerciële tarieven per geografisch gebied.Dit bedrag wordt door de federale energieregulator CREG vastgelegd, telkens voor de komende zes maanden.

Om de leveranciers toe te laten de toegestane korting te recupereren werd een fonds opgericht waarin elke gebruiker een kleine bijdrage levert (verrekend in de verbruiksfactuur).

Wie?

Iedere residentiële verbruiker, die kan bewijzen dat hijzelf, of een andere persoon die onder hetzelfde dak leeft, beschikt over een beslissing tot toekenning van:

1. het leefloon;
2. het gewaarborgd inkomen voor bejaarden (GIB) of de inkomensgarantie voor ouderen (IGO);
3. een tegemoetkoming mindervaliden met een minimum invaliditeit van 65 % en/of hulp van derden (Wet van 27.06.69 - oudste stelsel);
4. een tegemoetkoming hulp van derde krachtens de Wet van 27.06.69;
5. de inkomensvervangende tegemoetkoming en/of de integratietegemoetkoming voor personen met een handicap categorie II, III, IV, V krachtens de Wet van 27.02.1987;

6. de tegemoetkoming voor hulp aan bejaarden krachtens de Wet van 27.02.1987;
7. financiële steun van het O.C.M.W. aan personen, ingeschreven in het vreemdelingenregister met een machtiging tot onbeperkt verblijf (geen recht op leefloon t.g.v. nationaliteit)
8. een uitkering van het O.C.M.W. in afwachting van een hierboven bedoeld vervangingsinkomen.

Het tarief is eveneens van toepassing op huurders van sociale woonmaatschappijen, die eventueel voorzien in een collectieve installatie.

Uitzondering:
Er is geen recht op het sociaal tarief indien de aansluiting betrekking heeft op :
- tweede verblijf
- gemeenschappelijke delen van een appartement
- bij professionele verbruiker
- bij een tijdelijke aansluiting.

Het bewijs van samenwonen en het attest dat het recht tot de toekenning verschaft moet jaarlijks voorgelegd worden.

Hoe?

In principe ontvangt de gas- en/of elektriciteitsleverancier automatisch het attest van de overheid, waaruit blijkt dat ze het maximumtarief moeten toepassen. *Enkel wanneer de leverancier geen duidelijke link heeft tussen rechthebbende en gebruiker van het gezin, die de factuur betaalt, kan het zijn dat betrokkene zelf zijn aanvraag moet indienen.*

Wanneer het voordeel niet automatisch wordt toegekend (vb. het recht heeft betrekking op een inwonend gezinslid) dan kan de aanvraag schriftelijk of persoonlijk worden ingediend bij de gas- en elektriciteitsmaatschappij.

De aanvraag dient vergezeld te zijn van één van de volgende bewijsstukken:
- attest van het OCMW waaruit blijkt dat zij gedurende minimaal 1 maand die de aanvraag voorafgaat het leefloon hebben uitgekeerd;
- een speciaal attest van de FOD Sociale Zekerheid, dat wordt aangevraagd door de persoon met een handicap die een inkomensvervangende tegemoetkoming, een integratietegemoetkoming cat. II, III, IV of V geniet of een tegemoetkoming hulp aan bejaarden geniet. De gebruiker moet vervolgens het attest aan zijn leverancier bezorgen.
- kopie van de roze kaart die jaarlijks door RVP wordt afgeleverd aan de genieters van een IGO of GIB..

Wanneer een gebruiker een ander tarief wenst dan de sociale maximumprijs, dan moet de residentieel beschermde klant hiertoe een aangetekend schrijven richten aan de leverancier, waarin hij/zij verklaart dat men geen gebruik wenst te maken van de sociale maximumprijs. De leverancier rekent dan het door betrokkene gekozen commercieel tarief aan. Het ongedaan maken van deze vraag kan alleen door middel van een (nieuw) aangetekend schrijven.

Wat te doen indien men nog geen officieel attest heeft gekregen?

Diegenen die een aanvraag hebben gedaan voor het verkrijgen van de inkomensvervangende tegemoetkoming, de integratietegemoetkoming, de tegemoetkoming voor hulp aan bejaarden of voor de inkomensgarantie voor ouderen, maar nog geen officiële kennisgeving hebben gekregen, dienen een attest voor te leggen van het gemeentehuis waaruit blijkt dat ze een geldige aanvraag hebben ingediend.

Wanneer bij een verbruiker, die hoort tot één van de hierboven vermelde sociale categorieën, een vermogenbegrenzer van 10 Ampère geplaatst wordt, wordt het specifiek sociaal tarief automatisch toegepast (Dan moet dus geen aanvraag ingediend worden).

Minimumlevering van aardgas en elektriciteit.

Gas: B.V.R. 20.06.2003 - B.S. 11.08.2003, laatst gewijzigd bij BVR 07.03.2008 - BS 21.05.2008;
elektriciteit: B.V.R. 31.01.2003 - B.S. 21.03.2003, laatst gewijzigd bij BVR 07.03.2008 – BS 21.05.2008

Wat?

Het plaatsen van een budgetmeter voor gas of elektriciteit (of stroombegrenzer voor elektriciteit).

Elk persoon, die tot de groep van beschermde residentiële afnemers behoort, betaalt geen onkosten, die verbonden zijn aan de gevolgen van wanbetaling (administratie, plaatsing van budgetmeter, enz.). Voor de niet-beschermde klant is alleen het plaatsen van een elektriciteitsstroombegrenzer gratis.

Beschermde residentiële afnemers zijn de huisgezinnen waarin minstens 1 persoon gedomicilieerd is, die tot een onderstaande doelgroep behoort.
- Personen met verhoogde tegemoetkoming voor gezondheidszorgen
- Personen met een minnelijke of gerechtelijke aanzuiveringsregeling in het kader van de wet op de collectieve schuldenregeling
- Personen met budgetbegeleiding inzake energielevering door een OCMW
- Rechthebbenden op het specifiek sociaal tarief.
- Indien een budgetmeter wordt geplaatst, wordt deze budgetmeter door de klant opgeladen in een door de netbeheerder ter beschikking gesteld systeem. Als het opgeladen krediet is opgebruikt, schakelt de budgetmeter over op een minimale levering, dit is in Vlaanderen 10 Ampère op 230 Volt voor elektriciteit en een hulpkrediet ter waarde van 250 kWh voor aardgas. De plaatsing van een budgetmeter gebeurt kosteloos.
- De budgetmeter wordt door de netbeheerder zodanig ingesteld dat een hulpkrediet ter waarde van 50 kWh tegen het sociaal tarief ter beschikking gesteld wordt.
- De wetgever voorziet dat ieder abonnee het recht heeft op een minimale en ononderbroken levering van elektriciteit, gas en water voor *huishoudelijk gebruik* om, volgens de geldende levensstandaard, menswaardig te kunnen leven. De levering kan enkel worden afgesloten in geval van gevaar, of bij klaarblijke-

lijke onwil of fraude van de abonnee. In de periode van december tot en met februari (uitzonderlijk uitgebreid tot november en maart) kan bij 'klaarblijkelijke onwil' geen stroom afgesloten worden.

Hoe?

De budgetmeter wordt geplaatst en opgevolgd door de netbeheerder. Aanleiding van de ingebruikneming van een budgetmeter kan zowel op aangeven van de leverancier als van de gebruiker zelf. Wanneer de leverancier wanbetaling vaststelt (of de gebruiker vraagt spontaan het gebruik van een budgetmeter) dan schakelt hij de netbeheerder in om de levering minimaal te waarborgen (indien de leverancier de klant uitsluit wordt de netbeheerder automatisch ook leverancier tot de gebruiker zijn betalingssituatie regulariseert of een andere leverancier vindt).

De leverancier kan in onderstaande situaties de plaatsing van een budgetmeter aanvragen:

1° de gebruiker vraagt de plaatsing van een budgetmeter;

2° de gebruiker heeft binnen 15 kalenderdagen na de verzending van de ingebrekestelling niet schriftelijk meegedeeld welke regeling hij wil treffen voor de betaling van de openstaande elektriciteitsfactuur;

3° de gebruiker heeft binnen 15 kalenderdagen nadat hij schriftelijk heeft meegedeeld welke regeling hij wil treffen voor de betaling van de openstaande elektriciteitsfactuur zijn vervallen factuur niet betaald, of geen afbetalingsplan aanvaard;

4° de gebruiker komt, na de aanvaarding van een afbetalingsplan, zijn afbetalingsverplichtingen niet na.

De netbeheerder is ertoe gehouden om binnen 60 kalenderdagen na ontvangst van deze aanvraag een budgetmeter te plaatsen bij de gebruiker

De Vlaamse regering bepaalt de procedure die de leveranciers moeten volgen bij wanbetaling van een abonnee.

De procedure omvat minstens de volgende elementen:

Versturen van een herinneringsbrief (na de vervaldatum van de factuur) en indien geen reactie, een ingebrekestelling 15 dagen later

Deze brief omvat:
- Adres en telefoonnummer van zijn bevoegde dienst;
- een aanmaning tot betaling en
- een voorstel om, bij betalingsmoeilijkheden, een afbetalingsplan op te maken samen met een van de volgende partijen:
  - de houder van de leveringsvergunning;
  - het OCMW;
  - een erkende schuldbemiddelaar.
- De mogelijkheid tot opzeg van het contract door de houder van de leveringsvergunning
- De procedure voor plaatsing van budgetmeters en procedure tot mimale levering

- De procedure voor het afsluiten van de aansluiting en uitschakelen van de stroombegrenzer
- De voordelen van beschermde klanten

De distributeur kan maatregelen treffen.

De distributeur is ertoe gehouden een stroombegrenzer te plaatsen bij iedereen die erom verzoekt.

Enkel in geval van *'klaarblijkelijke onwil'* of van *'fraude'* kan de distributeur een verzoek richten naar een *'lokale adviescommissie'* om de elektriciteitsvoorziening volledig af te sluiten.

Waar?

- Plaatselijk kantoor gas- of elektriciteitsmaatschappij (inlichtingen + aanvraag) (Gouden Gids nr 8545),
- Ziekenfonds - dienst maatschappelijk werk (inlichtingen + bijstand) (Gouden Gids nr 6990, www.cm.be; e-mail: dmw@cm.be),
- Gemeente - sociale dienst (inlichtingen + bijstand) (telefoongids OCMW ofwel Gouden Gids infopagina's publieke instellingen).

III.23. Vrijstelling saneringsbijdrage bij de waterfactuur

(Decreet houdende bepalingen tot begeleiding van de begroting 2001: 22.12.2000 - BS 30.12.2000)

Wat?

Het Vlaams Gewest heeft een belasting ingesteld op het leidingwaterverbruik. Personen met een laag inkomen kunnen van deze belasting worden vrijgesteld.

Vrijstelling heffing op waterverontreiniging bij eigen waterwinning: ook hier kunnen onderstaande attesten gebruikt worden voor een vrijstelling (eveneens een aanvraag binnen 3 maanden na het ontvangen van het heffingsbiljet).

Wie?

De heffingsplichtige, m.a.w. de persoon op wiens naam het abonnement bij de watermaatschappij is geregistreerd, waarbij hij of een gezinslid op 1 januari van het heffingsjaar geniet van één van de volgende vervangingsinkomens:
- het gewaarborgd inkomen voor bejaarden, of de inkomstengarantieuitkering voor ouderen
- het leefloon, of het levensminimum (voor personen die geen leefloon kunnen krijgen)
- tegemoetkoming Hulp aan Bejaarden
- de inkomensvervangende en/of een integratietegemoetkoming voor personen met een handicap?

Hoe?

Vanaf 2008 is de vrijstellingsregeling grondig gewijzigd.

Het doel van deze wijzigingen is zoveel als mogelijk alle gezinnen die recht hebben op vrijstelling, zonder administratieve overlast, de vrijstelling automatisch en rechtstreeks toe te kennen.

Tevens verviel de voorwaarde dat het contract op naam moet staan van de rechthebbende. Vanaf 2008 volstaat het dat het contract op naam staat van een gezinslid, waartoe ook de rechthebbende behoort. Dit betekent dat er voor het kunnen genieten van de vrijstelling geen overname meer moet gebeuren en evenmin attesten van verlengd minderjarigheid moeten worden voorgelegd.

Voor toepassing van deze nieuwe regeling worden de gegevens over de gezinstoestand, zoals ze zijn opgenomen in het Rijksregister op 1 januari in aanmerking genomen.

De vrijstelling via de factuur of compensatie kan enkel bekomen worden op uw domicilieplaats en dit voor zover één van uw gezinsleden op 1 januari van het facturatiejaar voldoet aan één van de volgende voorwaarden (zie Wie?):
- het leefloon of het levensminimum krijgen van het OCMW
- het gewaarborgd inkomen voor bejaarden of de inkomensgarantie voor ouderen krijgen

- de inkomensvervangende tegemoetkoming en/of de tegemoetkoming voor personen met een handicap en/of de tegemoetkoming hulp aan bejaarden krijgen, toegekend door de Federale Overheidsdienst Sociale Zekerheid.

Indien u hiervoor in aanmerking komt. zal u normaal automatisch recht genieten, ofwel door de vrijstelling rechtstreeks op uw drinkwaterfactuur vrijgesteld, ofwel door een compensatie die rechtstreeks aan u zal worden uitbetaald.

Opmerkingen:
- Het blijft mogelijk dat U niet automatisch kan worden vrijgesteld. Mocht U een attest thuis toegestuurd krijgen, bezorg dat dan direct aan uw waterbedrijf. Op basis hiervan wordt de vrijstelling op een volgende factuur herrekend of wordt u een compensatie uitbetaald.
- De heffingsplichtige die op het ogenblik van de aanvraag nog geen geldige beslissing heeft op IGO (inkomensgarantieuitkering voor ouderen) of op een tegemoetkoming aan personen met een handicap (de aanvraag was al wel gebeurd), of degene die reeds recht heeft maar geen afdoend bewijs kan voorleggen, dient een aanvraag voor vrijstelling in te dienen binnen de drie maanden na ontvangst en dient in de aanvraag daarvan melding te maken. Het bewijsstuk dient zo snel mogelijk te worden nagestuurd. In dit geval moet de betaling van de heffing voorlopig niet gebeuren. Mocht de uiteindelijke beslissing tot vrijstelling toch negatief zijn, dan zal de Vlaamse Milieumaatschappij een nieuwe aanmaning tot betaling toesturen.
- Voor gezinnen aan wie het water niet rechtstreeks wordt gefactureerd (bvb. Bewoners van appartementsgebouwen met gemeenschappelijke watermeter) wordt een compensatie uitgekeerd. Voor het uitbetalen van de compensatie zal u worden gecontacteerd.

Waar?

- www.vmm.be
  VMM - Algemeen directeur, Postbus 53, 9320 Erembodegem
  A. Van de Maelestraat 96, 9320 Erembodegem
  Tel. 053/72 64 45, fax 053/71 10 78
  Mail: info@vmm.be
- Watermaatschappij (inlichtingen + Witte Gids)
  AWW
  Mechelsesteenweg 64
  2018 ANTWERPEN
  Tel.: 03-244 05 00
  Fax: 03-244 05 99
- Aquafin
  Dijkstraat 8
  2630 Aartselaar (België)
  Tel. 03 450 45 11
  Fax. 03 458 30 20
  E-mail: info@aquafin.be
  Web: www.aquafin.be
- Ziekenfonds - Dienst Maatschappelijk Werk (inlichtingen en hulp bij aanvraag) (Gouden Gids nr 6990, www.cm.be; e-mail: dmw@cm.be).

III.24. Voorzieningen openbaar vervoer

- **tariefvoordelen NMBS**
  - + 65-jarigen
  - gerechtigden op verhoogde tegemoetkoming (in de ziekteverzekering)
  - nationale verminderingskaart (personen met een visuele handicap)
  - kaart kosteloze begeleider
  - voorrangskaart voor het bezetten van een zitplaats
- **tariefvoordelen De Lijn**
  - gratis vervoer personen met een handicap
  - gratis vervoer + 65-jarigen
  - kaart voor de begeleider
  - vermindering lijnkaarten voor gerechtigden verhoogde tegemoetkoming
  - vervoersgarantiekaart voor gerechtigden gewaarborgd inkomen voor bejaarden

1. Tariefvoordelen NMBS
(K.B. 25.08.97 - B.S. 29.10.97)

A. Algemene maatregel voor +65-jarigen: seniorenbiljet

+65-Jarigen betalen in 2° klasse slechts 4 EUR voor een heen- en terugreis op dezelfde dag tussen twee Belgische stations.

Dit aanbod is maar geldig op werkdagen vanaf 9u.01.

In de weekends en op feestdagen:
- is het biljet geldig, maar zonder uurbeperking
- is het biljet niet geldig in het hoogseizoen. Dit is tussen 15 mei en 15 september en tijdens het paasweekend en het OHH-weekend.

B. Rechthebbende op de verhoogde ZIV-verzekeringstegemoetkoming

Wat? Wie?

Rechthebbenden op de verhoogde ZIV-verzekeringstegemoetkoming (zie II.29.) en hun personen ten laste kunnen een reductiekaart bekomen die hen recht geeft op 50 % van de volle prijs voor enkele biljetten 2de klasse. Deze vermindering kan niet gecumuleerd worden met andere kortingen.

Hoe?

Om deze reductiekaart te bekomen, dient U een attest van het ziekenfonds voor te leggen waaruit het recht op verhoogde ZIV-verzekeringstegemoetkoming blijkt. Deze attesten worden op verzoek van het lid vanuit het ziekenfonds toegestuurd. Het attest blijft slecht 3 maanden na uitreiking geldig.

Op de verminderingskaarten, wordt **verplicht** een pasfoto aangebracht: hierdoor wordt frauduleus gebruik tegengegaan en wordt de controle op de trein enigszins vergemakkelijkt.
De kaarten worden gratis afgeleverd.

Beperkte geldigheid van de verminderingskaarten:

Voor de personen, 65 jaar en ouder, zal de geldigheid van de nieuwe verminderingskaart 5 jaar bedragen. De periode van 5 jaar vangt aan op de datum van aflevering van de kaart.

Voor de personen, minder dan 65 jaar, zal de geldigheid van de nieuwe verminderingskaart 1 jaar bedragen. De periode van 1 jaar vangt aan op de datum van aflevering van de kaart (voorheen was de einddatum steeds bepaald op 31-12 van het jaar).

Waar?

- Station (inlichtingen en aanvraag)
- Ziekenfonds - dienst maatschappelijk werk (inlichtingen + bijstand) (Gouden Gids nr 6990, www.cm.be; e-mail: dmw@cm.be)

C. Personen met een visuele handicap

Wat?

Personen met een visuele handicap (minstens 90 %) kunnen een nationale verminderingskaart bekomen voor het openbaar vervoer (trein, tram, bus - 2e klasse). Deze kaart geeft recht op gratis vervoer voor personen met een visuele handicap en voor de geleidehond. Deze kaart is sinds 01.04.2005 cumuleerbaar met de kaart "kosteloos begeleider".

Wie?

Personen met een visuele handicap van minstens 90 %.

Hoe?

De aanvraag (formulieren verkrijgbaar bij de gemeentelijke administratie) dient gericht aan de Federale Overheidsdienst Sociale Zekerheid - Dienst Attesten, Zwarte Lievevrouwstraat 3c, 1000 Brussel.

Waar?

- Gemeente (formulieren)
- NMBS (inlichtingen) (nr 9000 – openbaar vervoer)
- Ziekenfonds - dienst maatschappelijk werk (inlichtingen + bijstand) (Gouden Gids nr 6990, www.cm.be; e-mail: dmw@cm.be)
- Federale Overheidsdienst Sociale Zekerheid - Dienst Attesten
  Zwarte Lievevrouwstraat 3c, 1000 Brussel (inlichtingen)

Opmerking:

Bijzondere tariefmaatregelen gelden:
- bij internationaal vervoer spoorwegen.

D. Kaart "Kosteloze begeleider"

Wat?

Personen met één van de hierna vermelde handicaps, hebben recht op een kaart **"Kosteloze begeleider"** waarmee ze samen met een begeleider mogen reizen, op vertoon van één enkel vervoerbewijs.

Wie?

Personen:
- met een vermindering van zelfredzaamheid met tenminste 12 punten volgens de handleiding voor de evaluatie van de graad van zelfredzaamheid;
- met een blijvende invaliditeit of arbeidsongeschiktheid van minstens 80 %;
- met een blijvende invaliditeit die rechtstreeks toe te schrijven is aan de onderste ledematen en die tenminste 50 % bedraagt;
- met een gehele verlamming of amputatie van de bovenste ledematen;
- die een integratietegemoetkoming categorie III, IV of V genieten.

Hoe?

Deze kaart dient schriftelijk te worden aangevraagd in een station naar keuze of op onderstaand adres: NMBS Directie Reizigers - bureau RZ 021 sectie 13/5, Hallepoortlaan 40, 1060 Brussel.

De aanvragen voor deze kaarten moeten vergezeld zijn van een attest afgeleverd door één van de hieronder vermelde instellingen:
- de Bestuursdirectie van de uitkeringen aan personen met een handicap (Dienst Attesten) van de Federale Overheidsdienst Sociale Zekerheid;
- de rechtbanken die een invaliditeit erkend hebben;
- de verzekeringsinstellingen die een vergoeding uitkeren op basis van een erkende invaliditeitsgraad;
- het Fonds voor Arbeidsongevallen;
- het Fonds voor Beroepsziektes;
- de erkende voorzorgskassen voor mijnwerkers die een vergoeding uitbetalen op basis van een erkend invaliditeitspercentage;
- de administratie van de pensioenen van de Federale Overheidsdienst Financiën voor de personen die een pensioen genieten op basis van een erkend invaliditeitspercentage;
- de instellingen die een verhoogde kinderbijslag uitbetalen;
- de officiële instellingen van de lidstaten van de Europese Unie die een vergoeding uitbetalen en waarvan de gelijkwaardigheid van het getuigschrift werd erkend;

E. *Voorrangskaart voor het bezetten van een zitplaats in de treinen*

Wat?

Met een bijzondere voorrangskaart voor het bezetten van een zitplaats in de treinen zijn bejaarde of gehandicapte personen zeker dat zij een zitplaats hebben in de trein. In iedere wagon zijn er namelijk plaatsen voorzien voor houders van een dergelijke kaart. Deze kaart geeft geen recht op prijsverminderingen.

De plaatsen worden voorzien van een specifiek kenteken.

Wie?

Gehandicapte of bejaarde personen die niet rechtstaand kunnen reizen in de trein. Er zijn geen specifieke medische eisen.

Hoe?

Betrokkene dient een schriftelijke aanvraag en een medisch attest in met de vermelding van de redenen van de aanvraag en de vermelding van de periode (max. 5 jaar) waarvoor de aanvraag wordt ingediend. Je vindt het aanvraagdocument in de "Gids voor de reiziger met beperkte mobiliteit" die in ieder station gratis ter beschikking ligt.

Indien je voldoet aan de voorwaarden word je uitgenodigd om je kaart af te halen in het station van uw keuze, in het bezit van een recente pasfoto. Je betaalt 4,20 euro administratiekosten.

Waar?

- NMBS-station (aanvraag en inlichtingen)
  NMBS Directie Reizigers
  Bureau RZ 021 - sectie 27
  Hallepoortlaan 40, 1060 Brussel

2. Tariefvoordelen bij De Lijn

A. *Gratis vervoer voor personen met een handicap*

- Alle personen met een handicap, ingeschreven bij het Vlaams Agentschap (II.31).
  De personen met een handicap, jonger dan 65 jaar) die nog niet zijn ingeschreven bij het Vlaams Agentschap (m.a.w.: nog nooit een zorgvraag hebben gesteld aan het Vlaams Agentschap en hiervoor een positieve beslissing hebben gekregen), maar wel zorgen nodig hebben, kunnen zich uiteraard laten inschrijven. De volledige inschrijvingsprocedure wordt doorlopen.

- Alle personen met een handicap, die een tegemoetkoming aan gehandicapten krijgen (zie II.5, II.6 en II.7) en gedomicilieerd zijn in Vlaanderen,

krijgen automatisch een gratis abonnement toegestuurd voor De Lijn (trams en bussen), dat drie jaar geldig is..
Bij verlies kan (maximum 3X in 12 maanden en tegen betaling) een duplicaat worden bekomen.
Bestaande (betaalde) abonnementen kunnen terug ingeleverd worden (de Lijn betaalt de resterende looptijd terug).

B. Gratis vervoer voor +65-jarigen; de '65+ kaart'

Alle Vlamingen, ouder dan 65 jaar, krijgen automatisch een Omnipass 65+ toegestuurd dat hun recht geeft om gratis gebruik te maken van alle bussen en trams van De Lijn. De kaart is ook geldig in Brussel en Wallonië (De Lijn, MIVB & TEC).

De Omnipas 65+ is geldig tot en met 31 december 2012. Daarna ontvangt men automatisch een nieuw abonnement. Hij is een vervoerbewijs op naam en is dus strikt persoonlijk: alleen de houder mag het gebruiken. De controleurs en chauffeurs controleren regelmatig de geldigheid van de vervoerbewijzen. Bij elke controle moet men de Omnipas 65+ en identiteitskaart tonen.

De nieuwe Omnipas 65+, geldig vanaf 1 januari 2008, moet niet meer ontwaard worden in de ontwaarders. Dit wil zeggen dat men gewoon kan opstappen zoals de andere abonnees. Ook op de voertuigen van de MIVB en TEC moet men de Omnipas 65+ niet ontwaarden.

Wie de Omnipas 65+ niet heeft gekregen in de maand van haar/zijn verjaardag, contacteert best zo snel mogelijk de dienst Abonnementen van De Lijn.

Ook bij verlies of diefstal van de Omnipas 65+ neemt men voor een duplicaat (tegen betaling) contact op met de dienst Abonnementen.

Bestaande (betaalde) abonnementen kunnen terug ingeleverd worden (De Lijn betaalt de resterende looptijd terug).

C. De kaart voor de begeleider

Wat?

Bij De Lijn kunnen de personen met een handicap die niet alleen kunnen reizen met voertuigen van De Lijn de kaart voor begeleider gratis bekomen. De persoon die hen vergezelt, kan daarmee gratis reizen met tram en bus, ongeacht de persoon met een handicap betalend reiziger is of niet (vb. kind jonger dan 6 jaar).

De 'kaart voor begeleider' is strikt persoonlijk en 2 jaar geldig.

Wie?

1. Wonen in:
   - het Vlaams Gewest
   - het Brussels Hoofdstedelijk Gewest
   - in de gemeenten Edingen, Komen, Moeskroen en Vloesberg

2. medische voorwaarde
   - ofwel een visuele handicap van méér dan 75 %
   - ofwel een handicap aan de bovenste ledematen van méér dan 75 %
   - ofwel een handicap aan de onderste ledematen van méér dan 50 %
   - ofwel een mentale handicap van tenminste 66 %
   - ofwel een vermindering van zelfredzaamheid van tenminste 12 punten (of ongeschikt van 80 %)
   - ofwel als oorlogsinvalide of -slachtoffer met een kaart van 75 % vermindering en met de vermelding 'begeleider toegelaten'
   - ofwel iemand met een polio of senso-motorische handicap welke begeleiding nodig hebben bij het op- en afstappen (de ingediende aanvragen hiervoor worden afzonderlijk onderzocht).

De personen met een kaart "kosteloze begeleider" van de NMBS kunnen deze kaart ook gebruiken bij De Lijn, TEC of MIVB. Zij hoeven dus geen kaart aan te vragen bij De Lijn.

Hoe?

Deze kaart voor begeleider dient schriftelijk te worden aangevraagd bij De Lijn samen met:
een attest van de graad van handicap of een doktersattest van een geneesheer-specialist waaruit handicap en percentage blijkt en waarin wordt verklaard dat de gehandicapte begeleiding nodig heeft bij het op- en afstappen.

Daarnaast dienen volgende gegevens vermeld:
- naam
- adres
- geboortedatum

en dient een recente pasfoto bij de aanvraag te worden gevoegd.

Aandachtspunten voor de arts:

De persoon met een handicap die niet beschikt over een attest van een officiële instantie, heeft een attest nodig van een geneesheer-specialist, dat de graad en aard van handicap bevestigt en waarin tevens wordt verklaard dat de gehandicapte begeleiding nodig heeft bij het op- en afstappen.

D. Personen met een visuele handicap.

De personen met een visuele handicap mogen gratis reizen op vertoon van de " Nationale verminderingskaart op het openbaar vervoer ", uitgereikt door de Federale Overheidsdienst Sociale Zekerheid.

E. Rechthebbende op de verhoogde ZIV- verzekeringstegemoetkoming (met een reductiekaart van de NMBS (zie 1B))

- Vermindering bij aankoop van een lijnkaart - 'Lijnkaart%;
- Vermindering bij aankoop van Buzzy Pazz of Omnipas.

Wat? Wie?

1. Lijnkaart %:

Rechthebbenden op de verhoogde ZIV-verzekeringstegemoetkoming (zie II.18.) en hun personen ten laste, kunnen een reductiekaart bekomen die hen recht geeft op een vermindering bij aankoop van een lijnkaart. Deze vermindering kan niet gecumuleerd worden met andere kortingen.

De 'Lijnkaart %' is goedkoper dan de klassieke Lijnkaart (6 euro i.p.v. 8 euro).

'De Lijnkaart %' is te koop in de voorverkooppunten van de Lijn of op het voertuig bij de chauffeur. Als u uw kaart vooraf koopt, betaalt u minstens 25 % minder.

2. Buzzy Pass – Omnipass:

Personen, die in het bezit zijn van een reductiekaart (afgeleverd door de NMBS), kunnen bij De Lijn een Buzzy Pazz (jongeren tot 25 jaar) of een Omnipas (personen vanaf 25 jaar) van 12 maanden kopen aan de prijs van 25 euro.

Deze passen zijn geldig op het hele net en op al de voertuigen van De Lijn: bussen, belbussen, trams en kusttram.

Gerechtigden op IGO, GIB, leefloon (of andere financiële hulp van het OCMW) kunnen met een attest van RVP, respectievelijk OCMW, het goedkoop abonnement aanvragen zonder voorlegging van de reductiekaart.

Hoe?

Om deze reductiekaart te bekomen, dient een aanvraagformulier (te verkrijgen in het station (NMBS) of eventueel bij uw ziekenfonds) te worden ingevuld en afgegeven in het station, samen met een speciaal attest inzake het recht op VT dat op gewoon verzoek door het ziekenfonds wordt afgeleverd.

Waar?

- Station (inlichtingen en aanvraag)
- Ziekenfonds - dienst maatschappelijk werk (inlichtingen + bijstand) (Gouden Gids nr 6990, www.cm.be; e-mail: dmw@cm.be - nr. 2400).

F. DINA-abonnement (indien nummerplaat auto wordt ingeleverd)

Wie (wegens ziekte of handicap of om een andere reden) een wagen uit het verkeer haalt door zijn/haar nummerplaat in te leveren bij de Dienst voor Inschrijving van de Voertuigen (DIV), kan bij De Lijn een gratis DINA-abonnement (Dienst Inruilen Nummerplaat voor Abonnement) aanvragen. Als de nummerplaat van de enige personenwagen binnen het gezin wordt geschrapt, kan men een DINA-abonnement voor alle gezinsleden aanvragen. In dat geval mag geen enkel gezinslid nog een auto ter beschikking hebben, ook geen bedrijfs- of leasingwagen. Als men een wagen wegdoet, maar nog één of meerdere wagens in het gezin heeft, dan mag men 1 gezinslid aanduiden voor het gratis abonnement.

Als de aanvraag wordt goedgekeurd, krijgt men een DINA-abonnement in de vorm van een gratis Buzzy Pazz (voor personen tot en met 24 jaar) of Omnipas (voor personen vanaf 25 jaar) die voor 12 maanden geldig is. De Buzzy Pazz of Omnipas kan twee maal worden verlengd.

G. Derdebetalersysteem: sommige steden/gemeenten betaalt voor de reiziger

Wat?

Heel wat steden en gemeenten betalen geheel of gedeeltelijk de vervoerkosten van hun inwoners, reizigers op hun grondgebied of werknemers. De kortingen of gratis abonnementen in het kader van derdebetalersystemen worden automatisch toegekend.

Er bestaan zes verschillende systemen:
- Systeem 1: procentuele korting op abonnementen
- Systeem 2: korting op Lijnkaarten
- Systeem 3: korting op biljetten
- Systeem 4: gratis netabonnement voor bepaalde leeftijdscategorie(ën)
- Systeem 5: gratis openbaar vervoer binnen de gemeente.

Welke steden/gemeenten?

De lijst van steden en gemeenten die een korting toekennen kan geraadpleegd worden op volgende site:
'http://www.delijn.be/u_bent/overheid/index/htm
(kies derdebetalersystemen)

III.25. Parkeerkaart (parkeerplaatsen voor personen met een handicap) / Vrijstelling dragen van een veiligheidsgordel

(MB 07.05.99 - BS 21.05.99 en MB 26.09.2005 - BS 03.10.2005)

A. Parkeerkaart / parkeerplaatsen voor personen met een handicap

Wat?

Een parkeerkaart geeft aan personen met een handicap de gelegenheid om voor onbeperkte duur te parkeren (op plaatsen waar anders de parkeertijd beperkt is) of om te parkeren op de daarvoor speciaal voorziene parkings.

De parkeerkaart stelt de gehandicapte *niet vrij van betalen!* Een aantal gemeenten laten het gratis parkeren wel toe, evenals de NMBS op zijn parkings. Indien je twijfelt (en het staat niet op de parkeermeters vermeld), vraag het dan aan de politie (en vermijdt zodoende onnodige boetes).

De blauwe kaarten (afgeleverd sinds juli 1991) blijven geldig tot vervaldatum. Sinds 1 januari 2000 worden, bij nieuwe aanvragen, de nieuwe 'Europese parkeerkaarten' (met foto) afgeleverd.

De nieuwe kaart van Europees model wordt in alle landen van de Europese Unie erkend en is ook geldig in enkele andere landen. |M + Bij de Touring Wegenhulp redactie of website kan je een overzicht krijgen van de parkeerfaciliteiten in het buitenland (website: www.touring.be)|M*

Parkeerplaatsen voor personen met een handicap

In het Staatsblad van 7 mei 1999 verscheen de omzendbrief van minister Durant betreffende het voorbehouden van parkeerplaatsen voor personen met een handicap. (Deze werd aangevuld met de omzendbrief van de federale overheidsdienst mobiliteit en vervoer van 3 april 2001 en van 25 april 2003)

1. voorbehouden parkeerplaatsen op de openbare weg
   - aanbeveling voor drie (i.p.v. één) gereserveerde plaatsen per 50 voorziene plaatsen op parkeerterreinen
   - gereserveerde plaatsen bij of op hoogstens 50 meter van gebouwen waarin diensten zijn gevestigd die zich o.a. richten naar personen met een handicap.
   - de Wet van 17 juli 1975 (KB 909/05/77) bevat een lijst van openbare gebouwen die toegankelijk moeten zijn en waar voorbehouden parkeerplaatsen (1 per 25) moeten zijn.
2. Parkeerplaatsen in nabijheid van de woning of van de werkplaats (op aanvraag!!!)
   - het bezit van een parkeerkaart is vereist,
   - de werk- of woonplaats beschikt niet over een eigen parking (garage),
   - de aanvrager bezit een voertuig of wordt vervoerd door iemand die bij hem

inwoont
- deze speciaal aangevraagde parkeerplaatsen zijn wel te gebruiken door alle personen met een parkeerkaart (er is dus geen individueel recht).

3. Parkeerverbod ter hoogte van de woning van een persoon met een handicap. Voor personen met een handicap die frequent vervoerd worden door anderen die niet bij hem inwonen, kan er een aanvraag gebeuren voor een parkeerverbod ter hoogte van de woning zodat het in- en uitstappen vergemakkelijkt wordt.

4. Politietoezicht
In de nieuwe categorisering van de zware overtredingen "per graad", zal het niet in acht nemen van deze regel, dus het onrechtmatig bezetten van een dergelijke plaats, als een zware overtreding van de eerste graad worden beschouwd.
De controles dienen niet alleen te gebeuren op de openbare weg, maar ook op openbare plaatsen (bv. grootwarenhuizen)).
Bevoegde personen kunnen eventueel overgaan tot de verplaatsing van voertuigen in overtreding, rekening houdend met de richtlijnen van de plaatselijke parketten.

Gemeenten die GEEN, of maar een gedeeltelijke VRIJSTELLING VAN PARKEERGELD geven aan houders van een parkeerkaart voor parkeermeters en/of afgesloten parkings van de gemeente (dus niet privéparkings):

Lijst laatst bijgewerkt op 14.04.2008 – bron: FOD Sociale Zekerheid, Directiegeneraal Personen met een handicap, Gehandicaptenbeleid:

GEMEENTE/STAD	PARKEERMETERS	AFGESLOTEN PARKING DIE AFHANGT VAN DE GEMEENTE* (MET SLAGBOOM, ONDERGRONDSE, ...)
9300 Aalst	Gratis	Overal betalen
4430 Ans	Enkel vrijstelling op voorbehouden plaatsen	Niet aanwezig
6700 Aarlen	Gratis	Overal betalen
7800 Ath	Gratis	Overal betalen
7000 Bergen	Gratis	Overal betalen
9290 Berlare	Enkel vrijstelling op voorbehouden plaatsen	Niet aanwezig
9120 Beveren	Enkel vrijstelling op voorbehouden plaatsen	Niet aanwezig
3740 Bilzen	Niet aanwezig	Betalen (maar de eerste 2 uren zijn gratis)
3960 Bree	Gratis	Overal betalen
8000 Brugge	Gratis	Overal betalen
5590 Ciney	Enkel vrijstelling op voorbehouden plaatsen	Niet aanwezig
8340 Damme	Enkel vrijstelling op voorbehouden plaatsen	Niet aanwezig
1050 Elsene	Gratis	Overal betalen

1140 Evere	Gratis	Overal betalen
9000 Gent	Gratis	Overal betalen
3150 Haacht	Enkel vrijstelling op voorbehouden plaatsen	Niet aanwezig
3550 Heusden- Zolder	Overal betalen	Niet aanwezig
4720 Kelmis	Enkel vrijstelling op voorbehouden plaatsen	Niet aanwezig
8300 Knokke-Heist	Overal betalen	Overal betalen
8670 Koksijde	Gratis	Overal betalen
8500 Kortrijk	Gratis	Overal betalen
7900 Leuze-En- Hainaut	Gratis	Enkel vrijstelling op voorbehouden plaatsen
3630 Maaseik	Gratis	Overal betalen
3630 Maasmechelen	Enkel vrijstelling op voorbehouden plaatsen	Niet aanwezig
2800 Mechelen	Gratis	Overal betalen
8430 Middelkerke	Overal betalen	Overal betalen
5000 Namen	Gratis	Overal betalen
8400 Oostende	Gratis	Overal betalen
9100 Sint Niklaas	Gratis	Overal betalen
3700 Tongeren	Enkel vrijstelling op voorbehouden plaatsen	Overal betalen
1180 Ukkel	Gratis	Overal betalen
1300 Waver	Enkel vrijstelling op voorbehouden plaatsen	Overal betalen

Wie?

- De parkeerkaart is strikt persoonlijk.
- De kaart mag slechts gebruikt worden wanneer de titularis vervoerd wordt in het voertuig dat geparkeerd wordt of wanneer hij het voertuig zelf bestuurt.
- Volgende personen met een handicap kunnen een aanvraag indienen:
  - personen met een blijvende invaliditeit van minimum 80 %;
  - personen met een blijvende vermindering van de graad van zelfredzaamheid van tenminste 12 punten (zie integratietegemoetkoming (II.6.) of tegemoetkoming hulp aan ouderen (III.2.);
  - personen met een blijvende invaliditeit van minstens 50 % - (rechtstreeks toe te schrijven) aan de onderste ledematen;
  - personen die volledig verlamd zijn aan de bovenste ledematen of bij wie deze geamputeerd zijn;
  - de burgerlijke en militaire oorlogsinvaliden met minstens 50 % oorlogsinvaliditeit.
  - ten minste 2 punten behalen op het criterium 'verplaatsingmogelijkheden' op de schaal van zelfredzaamheid (mensen met grote moeilijkheden om zich te verplaatsen)

Álle aanvragers worden medisch gecontroleerd op basis van een oproep voor medisch onderzoek.

Teneinde misbruiken in te dijken, kan de politie strenger controleren op oneigenlijk gebruik van de voorbehouden parkeerplaatsen. De politiediensten kunnen immers sinds begin 2002 een lijst opvragen van kaartnummers die uit omloop zouden moeten zijn, bijvoorbeeld omdat de gerechtigde inmiddels overleden is.

Specifieke regeling voor kinderen (in werking sinds 13/10/2005)

Voor kinderen die voldoen aan:
- criterium van ten minste 2 punten voor de categorie 'mobiliteit en verplaatsingen' pijler 2.3, nieuwe regelgeving voor bijkomende kinderbijslag of
- criterium van ten minste 2 punten voor de categorie 'verplaatsing' van de handleiding evaluatie zelfredzaamheid van de 2de bijlage van KB 03.05.1991 (=oude regelgeving bijkomende kinderbijlsag)

De kaart moet aangevraagd worden bij de FOD Sociale Zekerheid (zie 'waar?'), zoals voor volwassenen.

Hoe?

Alle aanvragen (ook aanvragen om hernieuwingen) moeten, samen met een recente pasfoto, ingediend worden aan de hand van het formulier aanvraag van de speciale (Europese) parkeerkaart, en waarbij tevens een attest wordt gevoegd (van een gerechtelijke of administratieve overheid) dat een voldoende graad van invaliditeit vermeldt. Indien de graad van invaliditeit reeds werd vastgesteld door de FOD Sociale Zekerheid naar aanleiding van een ander onderzoek, hoeft er geen attest te worden bijgevoegd. De aanvraagformulieren zijn te bekomen op het gemeentehuis, dat tevens de aanvraag elektronisch registreert bij de overheid.

Wanneer men geen attest heeft, moet de aanvrager steeds een onderzoek ondergaan bij de controledokter van Federale Overheidsdienst Sociale Zekerheid.

Dit medisch onderzoek moet eveneens aangevraagd worden via het gemeentehuis.

In het kader van de administratieve vereenvoudiging werd de procedure bij de FOD Sociale Zekerheid aangepast. Wanneer een persoon op basis van het laatste attest voldoet aan de voorwaarden voor het verkrijgen van een parkeerkaart, en in zoverre betrokkene nog geen parkeerkaart heeft, wordt een brief gevoegd bij het originele 'algemeen attest'. Aan personen, die reeds een aanvraag voor de parkeerkaart indienden wordt gemeld dat de parkeerkaart zal bezorgd worden (het aanmaken duurt even). Aan de andere personen wordt het aanvraagformulier bezorgd dat ingevuld kan teruggestuurd worden.

De eigenaar van de kaart kan een duplicaat ervan bekomen op dezelfde wijze als voor een eerste aanvraag, wanneer zij verloren, gestolen, vernietigd, beschadigd of onleesbaar is.

De beschadigde of onleesbare kaart moet ten laatste bij de aflevering van de nieuwe kaart teruggestuurd worden. Indien de kaart gestolen is, moet een verklaring opgesteld door een bevoegde overheid hierover bij de aanvraag om hernieuwing gevoegd worden.

Bij een adreswijziging is het aangeraden, alvorens de oude kaart met de aanvraag van een aangepaste kaart mee te sturen, een kopie te maken van de oude kaart en deze te laten wettigen, zodat men geen weken zonder kaart hoeft te zitten.

NIEUW: Kaarten die na 30.09.2005 worden afgeleverd zijn van onbepaalde duur. Wanneer de medische erkenning beperkt is in tijd, wordt die termijn overgenomen.

Beroepsprocedure (Programmawet 24.12.2002)

Er is een beroepsprocedure mogelijk (tegen de beslissing van de Federale Overheidsdienst Sociale Zekerheid die geen handicap, of een onvoldoende handicap toekent) bij de arbeidsrechtbank.

Betrokkene laat, binnen de drie maanden, schriftelijk aan de bevoegde arbeidsrechtbank weten dat hij niet akkoord gaat met de genomen beslissing en om welke redenen.

Bij het bezwaarschrift voegt men tevens een door de behandelend geneesheer ingevuld formulier 3+4 (zoals bij de oorspronkelijke aanvraag), eventueel aangevuld met recente medische verslagen die de handicap aantonen.

Waar?

- Gemeentehuis (aanvraagformulieren)
- Federale Overheidsdienst Sociale Zekerheid
  Dienst Attesten
  Administratief Centrum Kruidtuin
  Kruidtuinlaan 50 bus 105, 1000 Brussel
  tel.: (02) 507 87 99 (centrale) (aanvraag (niet voor oorlogsinvaliden) + inlichtingen)
- Administratie der pensioenen,
  Financietoren, bus 31, Kruidtuinlaan 50 te 1010 Brussel
  tel.: (02) 210 36 11 (aanvraag voor oorlogsinvaliden, militairen of vrijgestelden en voor militaire invaliden in vredestijd)
- Ministerie van Sociale Zekerheid, Volksgezondheid en Leefmilieu
  Bestuur der oorlogsgetroffenen
  Luchtscheepvaartsquare 31, 1070 Brussel
  tel.: (02) 522 78 60 (aanvraag voor burgerlijke oorlogsinvaliden)
- Ziekenfonds - dienst maatschappelijk werk (inlichtingen + bijstand) (Gouden Gids nr 6990, www.cm.be; e-mail: dmw@cm.be)

B. Vrijstelling dragen van veiligheidsgordel in de auto

Wat?

Personen met een handicap, die een auto besturen of als passagier meereizen, kunnen op basis van gewichtige 'medische tegenindicaties' vrijgesteld worden voor het dragen van een autogordel, zowel voor als achterin.

Een medisch attest is vereist.

Wie?

Personen met een handicap waarbij gewichtige medische tegenindicaties bestaan voor het dragen van een autogordel.

Welke de tegenindicatie is, maakt de behandelende geneesheer uit.

Hoe?

Een vrijstellingsbewijs dient aangevraagd bij het Ministerie van Verkeer en Infrastructuur. De aanvraag dient vergezeld van een medisch attest.

Waar?

- Directoraat-Generaal Mobiliteit en verkeersveiligheid
  City Atrium
  Vooruitgangsstraat 56
  1210 Brussel

III.26. Overzichtsschema - vrijstellingen en verminderingen

	Benaming	Voordeel	Leeftijd	Handicap	Medisch attest	Financieel
1	Sociaal tarief TV-kabel (II.23)	Vermindering		Sommige maatschappijen geven korting voor de kabel indien men een officieel attest van 80% (of 12/18 punten) kan voorleggen		
2	Sociaal GSM- en telefoontarief (III.21)	Vermindering op aansluitingskosten, abonnementsgeld en gesprekskosten	Vanaf 65 jaar Vanaf 18 jaar	66%	officieel attest	bruto-jaarinkomen van het gezin niet hoger dan het grensbedrag om in de ziekteverzekering van de 'verhoogde tegemoetkoming' (VT) inzake geneeskundige verzorging te kunnen genieten
3	Inkomstenbelasting (II.15)	- gehandicapt kind ten laste telt dubbel - anderen : verhoging van de belastingvrije som		66% op 1 januari van het aanslagjaar. Handicap moet ontstaan en vastgesteld zijn vóór de leeftijd van 65 jaar	officieel attest, speciale procedure mogelijk om alsnog na 65 jaar een voor 65 jaar bestaande aandoening te laten attesteren	
4	Onroerende voorheffing + successierechten (II.15)	Vermindering van de belasting		66% op 1 januari van het aanslagjaar. De handicap moet ontstaan en vastgesteld zijn vóór de leeftijd van 65 jaar	officieel attest, speciale procedure mogelijk om alsnog na 65 jaar een voor 65 jaar bestaande aandoening te laten attesteren	
5	Speciale parkeerkaart (III.25)	Parkeerfaciliteiten voor gehandicapten		- 80% (12 punten) - 50% blijvende invaliditeit rechtstreeks toe te schrijven aan onderste ledematen - volledige verlamming of amputatie van bovenste ledematen - minimum 2 punten O.L.	officieel attest	

	Benaming	Voordeel	Leeftijd	Handicap	Medisch attest	Financieel
6	Verkeersbelasting / inverkeerstellingsbelasting / BTW bij aankoop auto (II.16)	- vrijstelling - BTW tarief van 6% bij herstelling en onderhoud van auto		- 50% uitsluitend te wijten aan aandoening onderste ledematen - volledige blindheid - volledig verlamming of amputatie bovenste ledematen (of amputatie beide handen vanaf de pols)	officieel attest met specifiëring handicap	
7	Maximumtarief gas en electriciteit (III.22)	Vrijstelling vast recht en verlaagd verbruikstarief	Werkelijk genot van 'bijstandsuitkering': - leefloon - gewaarborgd inkomen voor bejaarden - inkomensgarantie voor ouderen - tegemoetkoming minder-validen 65% (of hulp van derden (oude wetgeving) - Inkomensvervangende tegemoetkoming en/of Integratietegemoetkoming categorie II/III/IV/V - Tegemoetkoming Hulp aan Bejaarden			
8	Vrijstelling saneringsbijdrage bij de waterfactuur (III.23)	Vrijstelling	Werkelijk genot van 'bijstandsuitkering': - leefloon of gelijkgestelde steun OCMW - gewaarborgd inkomen voor bejaarden - inkomengarantie voor ouderen - Inkomensvervangende tegemoetkoming, integratietegemoetkoming of tegemoetkoming voor hulp aan bejaarden			
9	Huisvestingspremies van het Vlaams Gewest (III.19-20)	- huurtegemoetkoming	65 jaar, tenzij gehandicapt of bij het verlaten van een ongezonde woning	66% (indien aanvraag wegens handicap)	Officieel attest	gezamenlijk belastbaar inkomen van 3 jaar terug mag een bepaald bedrag niet overschrijden
		- Aanpassingspremie		doktersattest waaruit de noodzaak blijkt van aanpassing woning		
		- Verbeteringspremie, renovatiepremie				

	Benaming	Voordeel	Leeftijd	Handicap	Medisch attest	Financieel
10	Openbaar vervoer verminderingskaart NMBS(verhoogde tegemoetkoming) (III.24)	50% vermindering NMBS en DE LIJN voor gerechtigde en personen ten laste				Personen met verhoogde tegemoetkoming (VT) in de ziekteverzekering en hun PTL
11	Openbaar vervoer De Lijn (III.25)	Gratis vervoer DE LIJN	65 jaar			
12	Openbaar vervoer NMBS (bejaarden) (III.24)	NMBS (biljet 4 euro H/T) - werkdag : vanaf 9 u- niet op feestdag of weekend tussen 16/05 - 13/09 + verlengd weekend van Pasen	Vanaf 65 jaar			
13	Kaart voor begeleider (DE LIJN) (III.24)	Begeleider reist gratis met DE LIJN		- 75% (visueel of bovenste ledematen) - 75% onderste ledematen - 66% mentale handicap	Officieel attest of attest geneesheer-specialist	
14	Verwarmingstoelage sociaal stookoliefonds (III.18)	Bij hoge stookolieprijzen een toelage in de aankoop van brandstof om het huis te verwarmen *Geen cumul met forfaitaire vermindering verwarming*				- Beperkt inkomen of gerechtigd zijn op verhoogde tegemoetkoming
15	Forfaitaire vermindering voor verwarming (IV.39)	Tegemoetkoming in verwarmingsinkomen s voor gezinnen met bescheiden inkomen *Geen cumul sociaal verwarmingsfonds of sociale maximumprijs gas en elektriciteit*				Gezamenlijk gezinsinkomen < 26.000 euro

III.27. Katz-schaal

(K.B. 03.07.1996 gewijzigd door K.B. 13.10.2004, B.S. 29.10.2004; Verordening 28.07.2003- 'RVT/ROB/DVC' gewijzigd door Verordening 13.09.2004, B.S. 03.12.2004 en Verordening 18.10.2004 - Verordening 24.04.2006 – BS 30.11.2006)

Wat?

De Katz-schaal heeft als bedoeling aan de hand van een aantal variabelen (wassen, eten, kleden, zich verplaatsen, ...) de graad van verzorgingsbehoefte (afhankelijkheidsgraad) of de graad van autonomie (zelfredzaamheid) te meten.

Naast de Katz-schaal zijn er andere (specifiekere en uitgebreidere) schalen ontworpen, voornamelijk in functie van de thuiszorg:
- de **Weckx-schaal** (coördinatie thuiszorg) en
- de **BEL-schaal** (Gezins- en Bejaardenhulp & 'BEL-35' zorgverzekering).

Wie?

De federale overheid past de Katz-schaal (of de afgeleide) toe om de tegemoetkoming bij opname in rustoord of bij thuisverzorging toe te kennen.

De Vlaamse overheid past een afgeleide van deze schaal toe bij de coördinatie van de thuiszorg. (De BEL- schaal)

Hoe?

De Katz-schaal meet de fysische afhankelijkheid van een bepaald persoon.

Hoe de Katz-schaal invullen?

De Katz-schaal hanteert zes basiscriteria:
1. zich wassen (laagste variabele)
2. zich kleden
3. transfer en verplaatsingen
4. toiletbezoek
5. continentie
6. eten (hoogste variabele).

Deze volgorde spruit voort uit onderzoeksresultaten die bewezen hebben dat de patiënten eerst te maken hebben met een beperking om zich te wassen, nadien met het zich kleden, enz... M.a.w. indien men hulp nodig heeft bij het kleden, heeft men eveneens hulp nodig bij het zich wassen. Hulp nodig hebben bij het zich verplaatsen, betekent bijna automatisch eveneens hulp nodig hebben bij het zich kleden en het zich wassen, enz...

Om het aantal punten te bepalen (het fysische functieverlies) dient voor ieder criterium het functioneringsniveau te worden bepaald (d.w.z. per criterium worden punten gegeven overeenkomstig het functioneringsniveau. Tenslotte bekijkt men welke variabele de hoogste score heeft bekomen. Deze hoogste score komt overeen met de Katz-score (de punten worden dus niet opgeteld!!). De Katz-score kan dus variëren van 0 tot maximum 6 punten (Katz) of van 1 tot maximum 7 punten (Weckx-schaal).

Er wordt rekening gehouden met locomotorische en andere beperkingen (bijvoorbeeld ook cardiorespiratoire aandoeningen, psychische aandoeningen, ...), ongeacht de oorsprong en onafhankelijk van de verleende zorg.

De puntenindeling per functioneringsniveaus:
1. volledig zelfstandig (= 0 punten op schaal Katz),
2. beperkte hulp nodig (= 1 punt op schaal Katz),
3. uitgebreide hulp van derden (van 1 punt laagste variabele (wassen) tot 6 punten hoogste variabele (eten); schaal Katz,
4. volledige afhankelijkheid van derden (identieke quotatie als in 3, van 1 tot 6 punten.

Het betreft hier echter enkel fysische factoren, welke niet voldoende bleken voor het vaststellen van de zorgbehoefte van een persoon in bijvoorbeeld een thuiszorgsituatie. Specifiek voor **thuiszorgsituaties** werden er dan ook andere schalen ontworpen, gebaseerd op de Katz-schaal. Dankzij deze uitgebreidere schalen kan men beter inschatten welke professionele hulp (maatschappelijk werk, thuisverzorging, gezins- en ouderenhulp, ...) een bepaald persoon nodig heeft. Naast de oorspronkelijk Katz- schaal worden er een aantal factoren aan toegevoegd. De Weckx-score (welke wordt gebruikt voor de thuiszorg coördinatie) beoordeelt naast de fysische afhankelijkheid (Katz-schaal, maar met hogere puntenindeling) ook een score voor:
- de psychische afhankelijkheid (oriëntatie in tijd en ruimte en de rusteloosheidsgraad) (men neemt de hoogste score = 0, 2 of 3 punten),
- de sociale context:
- de woonsituatie (= hulp onder zelfde dak) (0, 1 of 2 punten)
- de aanwezigheid van mantelzorg (hulp niet onder hetzelfde dak) (0, 1 of 2 punten)
- het comfort (de sanitaire uitrusting) (0, 1 of 2 punten).

Zodoende krijgen we dus vijf eindscores die worden opgeteld om te komen tot het eindresultaat:
1. Katz-score (6 variabelen - 4 functieniveaus, maximum 7 punten)
2. score psychische afhankelijkheid (variabelen oriëntatie en rusteloosheid - 3 functieniveaus)
3. score woonsituatie (1 viarabele - 3 functieniveaus)
4. score mantelzorg (1 variabele - 3 functieniveaus)
5. score comfort (1 variabele - 3 functieniveaus).

BEL-profielschaal

Bij de diensten Gezins- en Bejaardenhulp wordt gebruik gemaakt van de BEL-profielschaal of "Basis Eerste Lijns"-profielschaal. Met deze schaal wil men niet alleen een beeld krijgen van de meest zorgbehoevende persoon maar ze moet juist de ontsporing van een cliëntsysteem kunnen duiden. De BEL- profielschaal omvat 3 delen:

1. Een sociaal onderzoek bestaande uit
   - de samenstelling van het gezin,
   - de inkomsten + uitgaven (i.v.m. ziekte)

2. Gegevens inzake het cliëntsysteem:
   a) Cliëntsysteem
      - samenwonend/alleenwonend
      - aanwezigheid kinderen/leeftijd
      - aanwezigheid v. andere personen

   b) Kwaliteit van de familiale/sociale relaties

   c) Woonsituatie
      - woning al dan niet aangepast
      - onderhoudstoestand
      - beschikbaarheid huish. materiaal
      - sanitair
      - toiletvoorziening
      - verwarmingsmogelijkheden
      - aanwezigheid huisdieren

   d) Aanwezigheid van:
      - mantelzorg,
      - andere professionele hulp,
      - commerciële hulp.

3. Een foto van de cliënt.

Via 27 items worden de activiteiten dagelijks leven (ADL) of met andere woorden de zelfredzaamheid van de cliënt in het dagelijkse leven nagegaan.

Quotering van de 27 hieronderstaande items:
Ieder item wordt gekwoteerd als volgt:
0 punten (geen zorgbehoefte/komt niet voor)
1 punt (enige zorgbehoefte/komt nu en dan voor)
2 punten (meer zorgbehoefte/komt meestal voor)
3 punten (veel zorgbeh./komt voortdurend voor).

A. HUISHOUDELIJKE ADL (fysisch, psychisch disfunctioneren, niet geleerd of niet willen)
- onderhoud
- was
- strijk
- boodschappen
- maaltijden bereiden
- organisatie huishoudelijk werk

B. LICHAMELIJKE ADL (Fysisch niet kunnen)
- wassen
- kleden
- verplaatsen
- toiletbezoek
- incontinentie
- eten

C. SOCIALE ADL (fysisch, psychisch disfunctioneren, niet geleerd of niet willen)
- sociaal verlies
- trouw aan therapie + gezondheidsregels
- veiligheid in en om huis
- administratie
- financiele verrichtingen
- *+indien gezinshulp*
- hygiënische verzorging kinderen
- opvang kinderen

D. GEESTELIJKE GEZONDHEID) (psychisch disfunctioneren)
- desoriëntatie in tijd
- desoriëntatie in ruimte
- desoriëntatie in personen
- niet doelgericht gedrag
- storend gedrag
- initiatiefloos gedrag
- neerslachtige stemming
- angstige stemming

III.28. Thuiszorg

- Thuiszorg: betrokken diensten en voorzieningen, de 'eerstelijns gezondheidszorg', SEL samenwerkingsinitiatieven eerste lijnsgezondheidszorg, GDT Geïntegreerde diensten voor thuisverzorging
- opvang thuis van zieke kinderen
- beroepsloopbaanonderbreking voor de thuisverzorging van zware zieken
- ouderschapsverlof
- expertisecentra "dementie"
- patiëntenrechten
- anti-discriminatiewet
- euthanasie

Thuiszorg; betrokken diensten en voorzieningen, SEL, SIT, GDT

(Decreet 14.07.98 - B.S. 05.09.98, laatst gewijzigd bij Decreet 13.07.2007 - B.S. 06.09.2007; B.V.R. 18.12.1998 – laatst gewijzigd door het B.V.R. 12.12.2008 – B.S. 14.01.2009)

Wat?

Thuiszorg is de zorg (of zijn de diensten) die door familie, mantelzorgers (vrijwilligers) of door diverse professionele diensten aan huis wordt aangeboden waardoor het voor de betrokkene mogelijk is om een opname (bv. ziekenhuis of bejaardentehuis) te vermijden ofwel in te korten.

Daarenboven zijn er heel wat financiële tegemoetkomingen die het financieel mogelijk moeten maken om op deze diensten beroep te kunnen doen.

De georganiseerde thuiszorg heeft tot doel bij te dragen tot het behoud, de ondersteuning en/of het herstel van de zelfzorg en/of de mantelzorg, dit door het aanbieden en realiseren van de nodige zorg, op maat van de behoefte.

Opgelet: Naast de voorzieningen - opgenomen in het 'decreet thuiszorg' - die voor iedereen toegankelijk zijn, heeft men ook nog specifieke diensten voor specifieke doelgroepen zoals de 'diensten voor personen met een handicap, bejaarden ...'! Hier heeft men ook dagcentra, kortverblijfmogelijkheden enz.

De specifieke diensten werden respectievelijk opgenomen in deel II (personen met een handicap) en in deel III (bejaarden/ouderen).

Eerstelijnsgezondheidszorg

Eerstelijnsgezondheidszorg staat in voor de eerste deskundige opvang van gebruikers die zich aanbieden of naar haar verwezen worden, ook voor de behandeling en de continue begeleiding, en voor het voorkomen van het ontstaan of het verergeren van gezondheidsproblemen. De toegang tot het zorgaanbod verloopt bij voorkeur via de eerstelijnsgezondheidszorg.

De eerstelijnsgezondheidszorg wordt beschouwd als een deel van de gezondheidszorg welke zowel door huisartsen, verpleegkundigen als door paramedici wordt verleend. Andere deskundige personen of instanties vergemakkelijken deze zorg.

Fundamenteel in het Vlaams zorglandschap is de *centrale plaats van de gebruiker* met zijn rechtmatige noden en behoeften. De zorg moet hieraan beantwoorden en de verschillende zorgvormen moeten naadloos op elkaar zijn afgestemd en een adequaat antwoord bieden op de evoluerende noden en behoeften.

Binnen de eerstelijnsgezondheidszorg treedt de huisarts op als centrale begeleider van de gebruiker doorheen het gezondheidszorgaanbod, en dit van bij de geboorte tot het overlijden. De toegankelijkheid van het globaal medisch dossier en het doorgeven ervan is hierbij een belangrijke kwaliteitsverhogende randvoorwaarde.

Multidisciplinaire samenwerking tussen de zorgaanbieders, mantelzorgers en vrijwilligers wordt geconcretiseerd in een zorgplan in overleg met en op vraag van de gebruiker. Hierin worden minstens de taakafspraken tussen de zorgaanbieders, mantelzorgers en vrijwilligers genoteerd.

Een zorgplan is een dynamisch instrument dat regelmatig dient te worden aangepast aan de evolutie in functie van de graad van verminderd zelfzorgvermogen en in functie van de evoluerende beschikbaarheid van zelfzorg, mantelzorg en professionele hulp.

Bij zwaardere zorgvormen zal in veel gevallen een geschreven zorgplan aangewezen zijn.

Het Protocol van 25 juli 2001 (BS 25/09/2001) met betrekking tot de eerstelijnszorg, dat werd afgesloten tussen de Federale regering en de gemeenschapsregeringen, beschrijft de engagementen van de betrokken overheden.

Het doel van dit protocol is een betere zorgverlening binnen de eerstelijnsgezondheidszorg aan te bieden. Daarbij wordt uitgegaan van het principe dat de zorg zich moet aanpassen aan de gebruiker en niet omgekeerd.

De eerstelijnszorg wordt gekenmerkt door twee soorten activiteiten: gebruikersgebonden activiteiten en activiteiten die eerder organisatorisch van aard zijn.

- *Gebruikersgebonden activiteiten* situeren zich doorgaans op het niveau van de praktijkvoering, waar het individueel contact tussen de gebruiker en de verstrekker plaatsvindt en, zonodig, multidisciplinair overleg tussen verschillende zorgaanbieders rond de gebruiker kan plaatsgrijpen.
  Ondersteuning van deze activiteiten wordt mogelijk gemaakt door erkenning en subsidiëring van samenwerkingsverbanden op niveau van de praktijkvoering, partnerorganisaties en Samenwerkingsinitiatieven EersteLijnsgezondheidszorg (SEL).
- Activiteiten die eerder *organisatorisch* van aard zijn, betreffen het afstemmen van de zorg op de noden van de zorg- en hulpvragers in het algemeen en het onderling afstemmen van de werkingen van de verschillende zorgaanbieders, het organiseren van navorming, het uitwerken van communicatiemodellen, het verlenen van informatie, enzovoort. Hiervoor is het nodig de verschillende zorgaanbieders van een bepaald werkgebied te groeperen. Deze activiteiten zijn gesitueerd op het niveau van de samenwerkingsinitiatieven eerstelijnsgezondheidszorg die eveneens kunnen ondersteund worden door partnerorganisaties.

Samenwerkingsinitiatieven Eerste Lijnsgezondheidszorg (SEL's).
(Decreet 03.03.2004 - BS 20.04.2004; BVR SEL's, nog te verschijnen in 2009)

De Samenwerkingsinitiatieven Eerste Lijnsgezondheidszorg (SEL's) vormen de hoeksteen van dit decreet. Deze samenwerkingsinitiatieven richten zich vooral op de organisatorische activiteiten eigen aan de eerstelijnsgezondheidszorg.
In die zin beogen zij de samenwerking te bevorderen tussen alle zorgaanbieders actief in de eerstelijnszorg, tussen de zorgaanbieders en gebruikers, mantelzorgers en vrijwilligers en tussen de organisaties, diensten en personen met een meer gespecialiseerd zorgaanbod.

SEL's zijn verenigingen die onder meer aan volgende kenmerken moeten beantwoorden:

- minstens de diensten voor gezinszorg, de huisartsen, de locale dienstencentra, de openbare centra voor maatschappelijk welzijn, de rusthuizen ongeacht ze RVT bedden hebben, de verpleegkundigen en vroedvrouwen, en de ziekenfondsdiensten vertegenwoordigen;
- de samenwerking tussen de zorgaanbieders(1) bevorderen;
- structureel samenwerken met thuisvervangende voorzieningen;
- activiteiten registreren;
- multidisciplinaire en gebruikersgerichte samenwerking organiseren en ondersteunen (o.a. taakafspraken, zorgplan, evaluatie zelfredzaamheid).
- initiatieven nemen om het zorgaanbod af te stemmen op de noden;
- het informeren van de bevolking over het zorgaanbod;
- het fungeren als een neutraal aanspreekpunt.

Een essentieel element om tot een effectieve en efficiënte organisatie van de eerste lijn te komen, is een sluitende indeling van het Vlaamse Gewest en het Brusselse Hoofdstedelijke Gewest in zorgregio's (Decreet 23.05.2003). De indeling moet zodanig zijn dat er blinde vlekken' noch overlappingen' bestaan. Bij het bepalen van de zorgregio's moet rekening worden gehouden met een referentiekader dat uitgaat van sociaal- geografische realiteiten.

Het is de bedoeling dat ook de preventieve netwerken, met name de LOGO's (LOcoregionaal Gezondheidsoverleg en Organisatie) zich in de toekomst afstemmen op deze indeling in zorgregio's zodat hun werkingsgebied samenvalt met dat van enkele SEL's.

De taak van het SEL beantwoordt eveneens aan opdracht van de geïntegreerde dienst voor thuisverzorging (GDT), zoals bepaald in art 9 van het K.B. van 8 juli 2002. Deze afstemming maakt het mogelijk dat de SEL het takenpakket van de

(1) De term zorgaanbieder is een overkoepelend begrip dat zowel de zorgverstrekkers omvat als niet zorgverstrekkers.Sommige zorgaanbieders bieden activiteiten aan die niet medisch van aard zijn, maar naar de eerstelijnsgezondheidszorg toe wel faciliterend werken, zoals: centra voor algemeen welzijnswerk, diensten voor gezinszorg, locale dienstencentra, dagverzorgingscentra, centra voor kortverblijf, diensten voor oppashulp, rusthuizen), O.C.M.W.'s, uitleendiensten voor hulpmiddelen, diensten voor maaltijdbedeling, klusjesdiensten, ziekenfondsdiensten enzovoort.Anderen bieden naast ondersteunende diensten ook bepaalde activiteiten aan met een medisch karakter, bijvoorbeeld de centra voor leerlingenbegeleiding (CLB).

GDT realiseert, zodat een erkende SEL eveneens kan erkend worden als GDT. Daardoor kan de entiteit GDT' volledig samenvallen met de entiteit SEL'. Dit voorkomt dat er in Vlaanderen nieuwe structuren moeten worden opgericht.

De GDT organiseert regelmatig multidisciplinair zorgoverleg tussen de verschillende partners in een moeilijke thuiszorgsituatie. In principe coördineert het regionaal dienstencentrum of het OCMW het zorgoverleg, maar waar het niet gebeurt zorgt het SEL dat een eventuele vraag wordt opgevangen. Alle betrokken hulpverleners en eventueel de patiënt of zijn vertegenwoordiger en/of de mantelzorger(s) worden samengebracht om de thuiszorg te bespreken en te optimaliseren. Er wordt een zorgenplan of behandelingsplan afgesproken.

Het kan gaan om ernstig zorgafhankelijke personen, om patienten in persisterende vegetatieve status (coma-/subcomapatiënten), om patiënten die ernstig psychisch ziek zijn (chronische en complexe psychiatrische problematiek) of om palliatieve patiënten (ontvangen het forfait voor palliatieve thuispatiënten).

De GDT en de deelnemende professionele partners ontvangen forfaitaire vergoedingen van de ziekteverzekering voor dit overleg.

De patiënt geeft zijn akkoord voor het overleg en heeft het recht om deel te nemen.

Met het oog op een vereenvoudiging en vermindering van de structuren worden alle in het bovenvermelde protocol bedoelde opdrachten van de geïntegreerde diensten voor thuisverzorging, uitgevoerd door de SEL's en worden de taken van de reeds bestaande samenwerkingsinitiatieven in de thuisverzorging (SIT's) eveneens opgenomen door de SEL's. Ze zijn meestal georganiseerd op arrondissementeel niveau (Limburg en Oost-Vlaanderen provinciaal).

Einde 2008 ligt een vernieuwd thuizorgdecreet klaar, waarin alle thuiszorgdiensten worden versterkt in hun opdracht. OCMW's en regionale dienstencentra (RDC) worden expliciet belast met de uitvoering van het individueel patientenoverleg. De SIT-erkenningen worden SEL-erkenningen. Ze worden gevraagd de ruimere omkadering van de samenwerking in thuiszorg te organiseren en te sturen. Deze versterking van de organisatie van de thuiszorg zal ook verder worden uitgewerkt in het BVR aangaande eerstelijnsgezondheidszorg dat de erkenning van de SEL's regelt en het SIT-besluit opheft in de loop van 2009. Er worden 15 nieuwe Samenwerkingsinitiatieven eerstelijnsgezondheidszorg (SEL's) gestart. Tot die datum krijgen de bestaande samenwerkingsinitiatieven thuiszorg of SIT's de tijd om zich om te vormen. De SEL's zullen de samenwerking nog meer bevorderen tussen de verschillende zorgverstrekkers in de eerste lijn (artsen, verpleegkundigen, kinesitherapeuten, apothekers, verzorgenden) en zij zullen multidisciplinaire zorgtrajecten opstarten. De ziekenhuizen krijgen nu een officiële gesprekspartner die per zorgregio de zorgverstrekkers, de verenigingen van mantelzorgers en patiënten en de vrijwilligersorganisaties uit de eerste lijn vertegenwoordigt.

A. Materiële ondersteuning

Dienst voor Gezinszorg (zie I.26): (= nieuwe benaming voor de vroegere diensten 'Gezins- en Bejaardenhulp' en de 'Poetsdiensten')

Een dienst voor gezinszorg moet ten minste volgende werkzaamheden verrichten:
1° het aanbieden van persoonsverzorging;
2° het aanbieden van huishoudelijke hulp;
3° het aanbieden van algemene psychosociale en pedagogische ondersteuning en begeleiding, die met deze persoonsverzorging en huishoudelijke hulp verband houden.

B. Tijdelijke opvangmogelijkheden

1. Dagverzorgingscentrum (MB 30.04.99-BS 04.06.99) (zie III.39),

Een dagverzorgingscentrum heeft als opdracht de gebruiker, in daartoe bestemde lokalen, zonder overnachting, dagverzorging, alsmede geheel of gedeeltelijk de gebruikelijke gezinsverzorging en huishoudelijke verzorging te bieden.

Het dient ten minste volgende werkzaamheden te verrichten:
1° het aanbieden van hygiënische en verpleegkundige hulp- en dienstverlening;
2° het aanbieden van activering, ondersteuning en revalidatie;
3° het organiseren van animatie en creatieve ontspanning;
4° het aanbieden van psychosociale ondersteuning.

Sinds 1 januari 2000 kan het RIZIV dagforfaits toekennen voor zwaar zorgbehoevenden die gebruik maken van een dagverzorgingscentrum. Om voor deze bijkomende financiering in aanmerking te komen, moet het dagverzorgingscentrum over een bijzondere erkenning beschikken.

In 2008 werd een voorstel tot tussenkomst voor verplaatsingskosten van patiënten van en naar een dagverzorgingscentrum besproken. Het gaat om een voorstel van 0,60 euro per km, met een max. van 30 km per dag (heen en terug). De patiënt zou een factuur indienen bij zijn ziekenfonds (naar analogie met het vervoer voor dialyse). Indien de instelling het vervoer organiseert, zou zij niet meer dan 0.60 euro per km mogen aanrekenen aan de patiënt. Dit voorstel is nog niet verschenen in het Belgisch Staatsblad en dus nog niet in uitvoering.

2. Centrum voor Kortverblijf (MB 04.05.2006 - BS 06.07.2006 & 07.07.2006) (zie ook III.39):

Een centrum voor kortverblijf heeft als opdracht de gebruiker, in daartoe bestemde lokalen, 's nachts of gedurende een beperkte periode, verblijf, alsmede geheel of gedeeltelijk, de gebruikelijke gezinsverzorging en huishoudelijke verzorging te bieden.

Een centrum voor kortverblijf dient ten minste volgende werkzaamheden te verrichten:
1° het aanbieden van verblijf;
2° het aanbieden van hygiënische en verpleegkundige hulp- en dienstverlening;
3° het aanbieden van activering, ondersteuning en revalidatie;
4° het organiseren van animatie en creatieve ontspanning;
5° het aanbieden van psychosociale ondersteuning.

3. Dienst voor Oppashulp (MB 30.04.99-BS 04.06.99 gewijzigd bij M.B. 04.05.2006 – B.S. 06.07.2006):

Een dienst voor oppashulp heeft als opdracht de vraag naar en het aanbod van oppashulp te coördineren in samenwerking met vrijwilligers en met één van de hogergenoemde diensten.

Contacteer uw ziekenfonds om kennis te maken met de dienst voor oppashulp.

C. Ondersteuning

1. Regionaal Dienstencentrum

Dient ten minste volgende werkzaamheden te verrichten:

1° het beschikken over of toegang hebben tot een geactualiseerde databank over op zijn minst alle erkende voorzieningen van de regio en over sociale tegemoetkomingen en dit met het oog op het verstrekken van informatie aan de gebruiker en zijn mantelzorgers;

2° het in specifieke zorgsituaties geven van advies over materiële hulp en immateriële hulp- en dienstverlening;

3° het organiseren van informatie- en/of vormingscursussen voor mantelzorgers;

4° het organiseren van informatie- en/of vormingscursussen voor vrijwilligers;

5° het organiseren van voorlichtingsscursussen voor gebruikers;

6° het op elkaar afstemmen van de vraag naar en het aanbod van vrijwilligerszorg;

7° het verrichten van ten minste drie van de hieronder opgesomde werkzaamheden:

   a) het uitlenen van personenalarmtoestellen (zie III.34.);
   b) het organiseren van een alarmcentrale;
   c) het uitlenen van en het verstrekken van advies over verschillende soorten hulpmiddelen voor de gebruiker of ter ondersteuning van specifieke thuiszorgsituaties;
   d) het geven van advies over aanpassingen van de woning en over technologie;
   e) het aanbieden van ergotherapeutische begeleiding;
   f) het organiseren van activiteiten voor specifieke doelgroepen.

In het nieuwe woonzorgdecreet worden de in 7° werkzaamheden allemaal verplichte opdrachten en moet men mobiliteit bevorderen van gebruikers in thuiszorg. Bovendien krijgt het regionaal dienstencentrum expliciet de opdracht om het multidisciplinair overleg voor gebruikers met een langdurig ernstig verminderd zelfzorgvermogen te coördineren, als bij de hulp- en dienstverlening aan die gebruikers, naast mantelzorg, ook verschillende professionele zorgverleners uit de thuiszorg of vrijwilligers betrokken zijn. Die coördinatie omvat het bieden van organisatorische en administratieve ondersteuning, het voorzitten van het overleg en het bewaken van de voortgangscontrole van het overleg. Ze verloopt op basis van een samenwerkingsverband met een samenwerkingsinitiatief eerstelijnsgezondheidszorg.

Wat betreft het advies inzake woningaanpassing kan het centrum gebruikers begeleiden bij de aanpassing van hun woning. Die begeleiding kan bestaan in advies over een of meer mogelijke uitvoerders van de aanpassingswerkzaamheden, de begeleiding bij de uitvoering van die werkzaamheden en bij de praktische en administratieve formaliteiten die met de aanpassing van de woning gepaard gaan.

Het nieuwe woonzorgdecreet is in november 2008 goedgekeurd door de Vlaamse regering, de behandeling in het parlement wordt afgerond omstreeks de jaarwisseling.

Je kan bij het Ministerie van de Vlaamse Gemeenschap, afdeling Welzijnszorg, Markiesstraat 1 te Brussel een lijst opvragen van de erkende dienstencentra.

2. Lokaal Dienstencentrum

Dit is een voorziening die als opdracht heeft voor de lokale bewoners volgende werkzaamheden te verrichten:
1° het organiseren van activiteiten van algemeen informatieve aard;
2° het organiseren van activiteiten van recreatieve aard;
3° het organiseren van activiteiten van algemeen vormende aard;
4° het aanbieden van hygiënische zorg;
5° het verrichten van ten minste vier van de hieronder opgesomde werkzaamheden:
   a) het aanbieden van warme maaltijden;
   b) het aanbieden van hulp bij het uitvoeren van boodschappen
   c) het aanbieden van hulp bij huishoudelijke klussen, dit wil zeggen het organiseren, het ondersteunen of opvolgen van kleine praktische taken in verband met het huishouden of het huis;
   d) het aanbieden van buurthulp, dit wil zeggen het organiseren, ondersteunen en opvolgen van activiteiten en initiatieven die het sociaal netwerk, de communicatie en het veiligheidsgevoel versterken;
   e) het nemen of ondersteunen van initiatieven die de mobiliteit van de lokale bewoners tot stand brengen of verhogen;
   f) het uitlenen van personenalarmtoestellen;
   g) het organiseren van een personenalarmcentrale;
   h) het organiseren van activiteiten voor specifieke doelgroepen.

In het nieuwe woonzorgdecreet van 2009 wordt de opdracht 5° a), b) d) en e) een verplichte opdracht.

Daarentegen is 5° f) & g) nu een optionele mogelijkheid, h) is niet meer vermeld en in Brussel-Hoofdstad kan men eveneens een zorgoverleg in thuiszorg organiseren (wegens tekort aan regionale dienstencentra in die regio). In principe zijn deze opdrachten nu toebedeeld aan de regionale dienstencentra (focus op thuiszorg en zelfstandig wonen) en ligt de focus bij de locale dienstencentra eerder algemeen op zorg voor het sociale netwerk (preventie vereenzaming).

Je kan bij het Ministerie van de Vlaamse Gemeenschap, afdeling Welzijnszorg, Markiesstraat 1 te Brussel, een lijst opvragen van de erkende dienstencentra.

3. Vereniging van gebruikers en mantelzorgers:

Een vereniging van gebruikers en mantelzorgers heeft als opdracht de gebruikers en hun mantelzorgers te ondersteunen en hun gemeenschappelijke belangen te onderkennen en te behartigen.

Een vereniging van gebruikers en mantelzorgers dient ten minste volgende werkzaamheden te verrichten:
1° actief en regelmatig overleg plegen met de aangesloten leden;
2° het geven van informatie en advies over onderwerpen inzake welzijnsvoorzieningen in de thuiszorg;
3° het geven van informatie over de rechten en de plichten van de gebruikers en

de mantelzorgers;
4° het inventariseren van de problemen van de gebruikers en de mantelzorgers;
5° het signaleren van probleemsituaties aan de overheid.

In het nieuwe woonzorgdecreet van 2009 informeert de vereniging haar leden door middel van een informatieblad of andere publicatie (punt 2° en 3° staat niet meer expliciet vermeld). Ze organiseert ook initiatieven tot contact tussen gebruikers en mantelzorgers en ze doet aan belangenverdediging van gebruikers en mantelzorgers.

Aanspreekpunten van de erkende mantelzorgverenigingen:
- Mantelzorgvereniging Ziekenzorg CM VZW: Tel.: 078 15 50 20 (mantelzorgtelefoon, elke woensdag 14-20 u)
- Steunpunt Thuiszorg VZW (socmut): Tel.: 02 515 03 94
- Werkgroep Thuisverzorgers: Tel.: 016 22 73 37
- Ons Zorgnetwerk VZW (KVLV): Tel.: 016 24 49 49

D. Andere professionele diensten (zorgen)

die als thuiszorg worden aangeboden zijn o.a.:
- de huisarts
- thuisverpleging (= taken van verpleging) (bv. Wit-Gele Kruis)
- opvang thuis van zieke kinderen (zie verder)
- begeleiding door een dienst maatschappelijk werk van een ziekenfonds (ondersteuning van de zieke of bejaarde persoon door de thuisverzorger, voorzieningen, coördinatie thuiszorg, bemiddeling, ...)
- kraamzorg (kraamhulp aan huis voor, tijdens en na de zwangerschap)
- poetsdienst (onderhoud woning)
- klusjesdienst (kleine herstellingen, onderhoud) (PWA's; zie II.11.E.b)
- warme maaltijdendienst.

Maar ook:
- (semi-)commerciële diensten (PWA's, dienstenbanen, boodschappen aan huis, ...),
- vervoer (arts, ziekenhuis, winkel, ...) (zie II.61.).

E. Mogelijke financiële tussenkomsten

- verhoogde tegemoetkoming ZIV voor geneeskundige zorgen (zie III.14.),
- de bijkomende verhoogde kinderbijslag (zie II.2. + II.3.),
- de hulp van derden (ZIV) (zie I.10.),
- de zorgverzekeringstegemoetkoming (zie II.14.),
- de integratietegemoetkoming en de tegemoetkoming hulp aan bejaarden (zie II.6. + II.7.),

Maar ook:
- de tussenkomsten voor de aankoop van hulpmiddelen (zie II.32.),
- de aanpassingspremie woning (zie III.19.),
- gemeentelijke of provinciale tussenkomsten
- Aanvullende financiële tussenkomsten via sommige ziekenfondsen.

Tenslotte is er nog het ouderschapsverlof (zie verder), de palliatieve thuiszorg (+ het palliatief verlof) (zie verder in dit hoofdstuk).

Wie ?

Thuiswonende chronisch zieke personen, personen met een handicap of ouderen welke nood hebben aan verpleegzorgen, hulp bij het huishouden of andere diensten. Zieken, personen met een handicap, ouderen kunnen soms de opname in een verzorgingsinstelling vermijden of inkorten door beroep te doen op deze thuiszorgdiensten.

Beroepsloopbaanonderbreking voor de thuisverzorging van zware zieken

(KB 10.08.1998 - BS 08.09.1998; K.B. 04.06.1999 – B.S. 26.06.1999; K.B. 19.01.2005 – B.S. 28.01.2005; K.B. 15.07.2005 - B.S. 28.07.2005)

Stilaan begint men mantelzorgers te honoreren. Tot op heden konden zij enkel een beroepsloopbaanonderbreking nemen, maar daarnaast biedt de zorgverzekering nu ook een premie voor mantelzorgers (zie III.17.), en biedt het Vlaams Agentschap voor Personen met een Handicap de mogelijkheid om een mantelzorger in dienst te nemen via het persoonlijke assistentiebudget (zie II.31.)! (zie ook I.23 tijdkrediet).

In geval van verzorging van een persoon die met de thuisverzorger samenwoont of van een familielid van de tweede graad en welke lijdt aan een zware ziekte, heeft men recht op een beroepsloopbaanonderbreking.

Onder zware ziekte wordt verstaan: 'Elke ziekte of medische ingreep die door de behandelende arts als dusdanig wordt beschouwd en waarbij de arts oordeelt dat elke vorm van sociale, familiale of emotionele bijstand of verzorging noodzakelijk is voor het herstel'.

Voor de thuisverzorging van een terminaal ziekte kan men beroep doen op 'palliatief verlof' (zie I.40).

Wie?

In principe heeft iedere werknemer/ambtenaar het recht op een onderbreking van 12 maanden per patiënt (of maximum 24 maanden bij vermindering van de prestaties). Deze loopbaanonderbreking kan dus (met telkens, al dan niet aaneensluitende, periodes van 1-3 maanden) zowel voltijds als deeltijds (niet noodzakelijk in kleine ondernemingen met minder dan 10 werknemers) worden opgenomen.

In tegenstelling met de meeste andere vormen van loopbaanonderbreking is de werkgever in het geval van een onderbreking voor de thuisverzorging van een persoon met een zware ziekte dus **niet verplicht** om de werknemer te vervangen voor een onderbreking van minder dan drie maanden.

Indien de aangevraagde periode 3 maanden bedraagt, of indien de werknemer, na 2 maanden onderbreking of vermindering van de arbeidsprestaties, een verlenging vraagt, moet de betrokken werknemer wel vervangen worden door een vergoede volledige werkloze.

De vergoeding:

	< 50 jaar	=50 jaar
Volledige onderbreking	726,85 euro	726,85 euro
Halftijdse onderbreking	363,42 euro	616,45 euro
1/5 onderbreking	123,29 euro	246,58 euro

(index 01.09.2008)

Hoe?

De werknemer, ambtenaar licht de werkgever schriftelijk in (aangetekend of door overhandiging mits attest van ontvangst) over de gewenste periode van loopbaanonderbreking en hij of zij brengt tevens de nodige bewijzen aan om de aangehaalde reden tot schorsing te staven (medisch attest, gezinssamenstelling, verwantschap, ...).

Het recht gaat ten vroegste in 7 dagen na kennisgeving aan de werkgever, tenzij hij instemt met een vroegere aanvatting. Zo nodig kan de werkgever nog maximaal 7 dagen uitstel vragen. Bij iedere verlenging dient dezelfde procedure worden toegepast.

Palliatief verlof: (Zie I.41)

(Herstelwet 22 januari 1985 artikelen 100bis en 102bis)

De meeste ernstig zieken verkiezen om de laatste levensfase in de eigen, vertrouwde omgeving door te brengen. Voor het thuis verzorgen van een terminaal zieke (deze persoon hoeft niet noodzakelijk een familielid te zijn) bestaat momenteel de mogelijkheid om palliatief verlof te nemen.

Expertisecentra "dementie"

Bij instanties en personen, betrokken bij de thuiszorg voor dementerende personen, werden meerdere noden vastgesteld, zoals onder meer de nood aan coördinatie en afstemming van de zorg, de nood aan ondersteuning van de familie op diverse vlakken, de nood aan toezicht en continuïteit van de zorg, de nood aan aangepaste vorming van de mantelzorgers, vrijwilligers en professionele zorgverleners en de negatieve impact van een eenzijdige beeldvorming omtrent dementie.

Om aan die noden tegemoet te komen hebben negen Vlaamse expertisecentra zich bereid verklaard om te komen tot een onderlinge functionele samenwerking in verband met de realisatie van acties ter ondersteuning van de zorg voor dementerende personen en hun omgeving. Dit samenwerkingsverband wordt door de Vlaamse overheid financieel ondersteund.

Per provincie is minstens 1 expertisecentrum actief.
Het telefoonnummer 070-22 47 77 brengt u automatisch bij het dichtstbijgelegen Expertisecentrum Dementie. E-mail: info@dementie.be Website: 'www.dementie.be'.

De wet op de patiëntenrechten

Wet van 22 augustus 2002 inzake de patiëntenrechten (B.S. 26.09.2002) gewijzigd door de Wet van 24.11.2004 - B.S. 17.10.2005; wet 13.12.2006 – BS 22.12.2006, art 61-64.

(K.B. 01.04.2003 - B.S.13.05.2003; Samenstelling en de werking van de Federale Commissie 'Rechten van de Patiënt'; KB 02.02.2007 kostprijs kopie patiëntendossier; KB 15.02.2007 – art 11, vertegenwoordiging patiënt bij klachtrecht; KB 21.04.2007 – art 17*novies* informatieverstrekking in ziekenhuizen)

Hierbij volgt een kort overzicht van de voornaamste aspecten uit de wet:

1. Toepassingsgebied

Iedere beroepsbeoefenaar van een gezondheidsberoep is verplicht de bepalingen van de Patiëntenrechtenwet na te leven in de mate waarin de patiënt hieraan zijn medewerking verleent en binnen de perken van zijn wettelijke bevoegdheden.

2. Het recht op kwaliteitsvolle dienstverstrekking

De patiënt heeft, met eerbiediging van zijn menselijke waardigheid en zijn zelfbeschikking en zonder enig onderscheid op welke grond ook, tegenover de beroepsbeoefenaar recht op kwaliteitsvolle dienstverlening die beantwoordt aan zijn behoeften.

3. Het recht op vrije keuze

De patiënt heeft recht op vrije keuze van beroepsbeoefenaar en recht op wijziging van die keuze, tenzij beperkingen opgelegd krachtens de wet.
- De vrije keuze van arts houdt niet in dat er een aanvaardigngsplicht zou zijn voor de arts. Behalve in noodgevallen kan de arts steeds weigeren verzorging te verstrekken.
- De vrije keuze van de arts is niet van toepassing inzake de controle en preventieve geneeskunde.

4. Recht op informatie

De patiënt heeft recht op alle hem betreffende informatie die nodig is om inzicht te krijgen in zijn gezondheidstoestand en de vermoedelijke evolutie ervan. De informatie wordt niet aan de patiënt verstrekt als hij dat uitdrukkelijk wenst (recht op niet-weten).

De beroepsbeoefenaar mag enkel informatie achterhouden wanneer dit ernstig nadeel zou opleveren voor de gezondheid van de patiënt of van derden. In dat geval moet hij een collega-beroepsbeoefenaar raadplegen maar de uiteindelijke beslissing blijft bij de behandelende arts. Op schriftelijk verzoek van de patiënt mag de informatie worden meegedeeld aan een door hem aangewezen vertrouwenspersoon.

De communicatie met de patiënt geschiedt in een duidelijke taal (maar niet noodzakelijk in de taal van de patiënt. In openbare ziekenhuizen is wel de taalwetgeving van toepassing). De patiënt kan vragen om schriftelijke bevestiging van de informatie.

In de wet op de ziekenhuizen is informatieverstrekking over de rechtsverhoudingen tussen het ziekenhuis en de betrokken zorgverstrekkers opgenomen. Deze staat ook beschreven in een onthaalbrochure en de eventueel aangeboden website. Bovendien is de verstrekking van geïndividualiseerde informatie eveneens vastgelegd.

5. Recht op geven van toestemming (na geïnformeerd te zijn) of op weigering van interventie

De patiënt heeft het recht om - eens geïnformeerd (o.a. ook over de financiële weerslag zoals de honorarie, de remgelden, de supplementen en het al dan niet geconventioneerd zijn van de zorgverstrekker) - voorafgaandelijk en vrij toe te stemmen (impliciet of expliciet) in iedere tussenkomst van de beroepsbeoefenaar. Schriftelijke toestemming kan op verzoek van de patiënt of van de beroepsbeoefenaar en met de instemming van de andere partij.

Een voorafgaandelijke schriftelijke weigering van een welomschreven interventie moet worden geëerbiedigd. Als er bij een spoedgeval geen duidelijkheid bestaat over de wil van de patiënt handelt de beroepsbeoefenaar in het belang van de patiënt.

6. Inzage in het patiëntendossier - afschrift van het dossier

De patiënt heeft recht op een zorgvuldig bijhouden en veilig bewaard patiëntendossier. Hij heeft recht op inzage in dat dossier (binnen de 15 dagen). De persoonlijke notities en gegevens die betrekking hebben op derden zijn van het recht op inzage uitgesloten. Op zijn verzoek kan de patiënt zich laten bijstaan door een vertrouwenspersoon. Indien de vertrouwenspersoon een beroepsbeoefenaar is, heeft deze wel inzagerecht in de persoonlijke notities.

De patiënt heeft tegen kostprijs ook recht op een afschrift van het geheel of een gedeelte van het dossier. Na het overlijden van de patiënt hebben de naaste verwanten onder strikte voorwaarden inzage in diens dossier.

De patiënt mag per gekopieerde pagina tekst maximaal een bedraag van 0,10 euro worden aangerekend. Inzake medische beeldvorming ag hem maximaal 5 euro per gekopieerd beeld worden gevraagd. Voor gegevens via een digitale drager mag in totaal maximaal 10 euro worden aangerekend.

In het totaal mag maximaal een bedrag van 25 euro worden gevraagd (K.B. 02.02.2007 – B.S. 07.03.2007).

In bovenstaande prijzen zijn afgeleide kosten inbegrepen, vb. administratiekost of verzendingskost.

7. Recht op bescherming van de persoonlijke levenssfeer.

De patiënt heeft recht op bescherming van de persoonlijke levenssfeer. Behoudens akkoord van de patiënt, kunnen enkel de personen waarvan de aanwezigheid is verantwoord in het kader van de dienstverstrekking van de beroepsbeoefenaar, aanwezig zijn bij de zorg, de onderzoeken en de behandelingen.

8. Klachtrecht

De in het ziekenhuis opgenomen patiënt heeft het recht een klacht over de uitoefening van zijn rechten (m.a.w. enkel over zijn relatie met de beroepsbeoefenaar zelf en dus niet over het ziekenhuis) in te dienen bij de bevoegde ombudsfunctie. Om te worden erkend moet ieder ziekenhuis beschikken over een ombudsfunctie.

Voor klachten i.v.m. beroepsbeoefenaars buiten het ziekenhuis, kan de patiënt voorlopig terecht bij zijn ziekenfonds.

9. De vertegenwoordiging van de onbekwame patiënt

Minderjarige patiënten worden vertegenwoordigd door hun ouders. Zij worden betrokken bij de uitoefening van hun rechten in verhouding tot hun leeftijd en hun maturiteit. Als zij daartoe in staat worden geacht, oefenen zijn hun rechten zelfstandig uit.

Meerderjarige patiënten die vallen onder een wettelijk geregeld beschermingsstatuut worden vertegenwoordigd door hun voogd. Andere meerderjarige patiënten, die (tijdelijk) niet in staat zijn hun recht zelf uit te oefenen, laten zich vertegenwoordigen door een vooraf aangeduid persoon. Bij het ontbreken hiervan worden deze rechten behartigt door – in volgorde – de partner, een meerderjarig kind, een ouder, een meerderjarige broer of zus. Als laatste mogelijkheid treedt een multidisciplinair team van beroepsbeoefenaars in hun plaats op.

De meerderjarige broer of zus kunnen dit recht niet opnemen in geval van een klachtenprocedure. De overige personen, zoals hierboven benoemd, kunnen dat wel, en zonder de opgegeven volgorde in acht te nemen.

10. Medische informatie aan verzekeraars

De arts van de verzekerde kan, op verzoek van de verzekerde, geneeskundige verklaringen afleveren die voor het sluiten of het uitvoeren van de overeenkomst nodig zijn. De verklaringen mogen uitsluitend aan de adviserende arts van de verzekeraar worden bezorgd. Deze mag de verzekeraar geen infomatie geven die niet pertinent is of andere personen dan de verzekerde betreft. Het medisch onderzoek kan slechts steunen op de voorgeschiedenis van de gezondheidstoestand van de verzekerde en niet op technieken om de **toekomstige** gezondheidssituatie te bepalen.

11. Recht op voortzetting van de behandeling en pijnbestrijding

De beoefenaars van geneeskunde mogen, wetens en zonder wettige reden in hunnen hoofde, een in uitvoering zijnde behandeling niet onderbreken zonder vooraf alle maatregelen te hebben getroffen om de continuïteit van de zorgen te verzekeren door een ander beoefenaar die diezelfde wettelijke kwalificatie heeft. De continuïteit van de zorg omvat tevens de palliatieve verzorging en de behandeling van de pijn van de patiënt.

Federale Commissie 'Rechten van de Patiënt'

De Commissie heeft volgende taken in verband met de patiëntenrechten:
- De patiëntenrechten opvolgen en evalueren,
- de Minister daaromtrent te adviseren en
- de specifieke ombudsfuncties oprichten, evalueren en eventuele klachten omtrent hun werking behandelen.

Anti-discriminatiewet

Wet 25.02.2003. - B.S. 17.03.2003; Opgeheven en vervangen door Wet 10/05/2007 – B.S. 30.05.2007 (Wet ter bestrijding van bepaalde vormen van discriminatie)

In de aangelegenheden die onder deze wet vallen, is elke vorm van discriminatie verboden.

Voor de toepassing van deze titel wordt onder discriminatie verstaan :
- directe discriminatie;
- indirecte discriminatie;
- opdracht tot discrimineren (tenzij 'positieve actie' waarvoor de rechtvaardigingsgronden tijdelijk en in functie van een aangetoonde doelstelling aanvaard zijn en waarbij andermans rechten niet beperkt worden);
- intimidatie;
- een weigering om redelijke aanpassingen te treffen ten voordele van een persoon met een handicap.

Deze wet is zowel in de overheidssector als in de particuliere sector, met inbegrip van overheidsinstanties, op alle personen van toepassing met betrekking tot :

1° de toegang tot en het aanbod van goederen en diensten die publiekelijk beschikbaar zijn;

2° de sociale bescherming, met inbegrip van de sociale zekerheid en de gezondheidszorg;

3° de sociale voordelen;

4° de aanvullende regelingen voor sociale zekerheid;

5° de arbeidsbetrekkingen (uitgezonderd de elementen die geregeld zijn in de wet op het welzijn van de werknemers dd 04.08.1996);

6° de vermelding in een officieel stuk of in een proces-verbaal;

7° het lidmaatschap van of de betrokkenheid bij een werkgevers- of werknemersorganisatie of enige organisatie waarvan de leden een bepaald beroep uitoefenen, waaronder de voordelen die deze organisaties bieden;

8° de toegang tot en de deelname aan, alsook elke andere uitoefening van een economische, sociale, culturele of politieke activiteit toegankelijk voor het publiek.

Een direct onderscheid op grond van leeftijd, seksuele geaardheid, geloof of levensbeschouwing of een handicap kan uitsluitend gerechtvaardigd worden op grond van wezenlijke en bepalende beroepsvereisten (De rechter onderzoekt in elk concreet geval of een bepaald kenmerk een wezenlijke en bepalend beroepsvereiste vormt).

Redelijke aanpassingen in functie van handicap zijn passende maatregelen die in een concrete situatie en naargelang de behoefte worden getroffen om een persoon met een handicap in staat te stellen toegang te hebben, deel te nemen, te genieten van sociale bescherming en sociale voordelen, tenzij deze maatregelen een onevenredige belasting vormen voor de persoon die deze maatregelen moet treffen. Wanneer die belasting in voldoende mate wordt gecompenseerd door bestaande maatregelen van de overheid, mag zij niet als onevenredig worden beschouwd.

De wet voorziet een regeling tot schadevergoeding en strafrechtelijke maatregelen wanneer de discriminatie is aangetoond. Ze regelt ook bescherming voor wie een klacht indient of optreedt als getuige. Bij vermoeden tot discriminatie moet de verweerder aantonen dat er geen discriinatie is geweest.

Het slachtoffer of zijn vertegenwoordiger kan zelf klacht indienen, maar dit kan ook met zijn/haar toestemming gebeuren door onder meer vakbonden, het Centrum voor gelijkheid van kansen en voor racismebestrijding of door openbare diensten of verenigingen met rechtspersoonlijkheid die opkomen voor de rechten van de mens of bestrijding van discriminatie.

Vlaams decreet

(decreet 10.07.2008 – BS 23.09.2008)

De Vlaamse regering heeft een kader voor gelijke kansen- en gelijke behandelingsbeleid uitgevaardigd. Het legt het kader vast voor een Vlaams beleid voor gelijke kansen en voor de bestrijding van discriminatie met betrekking tot de bevoegdheden voor de Vlaamse overheid.

Inhoudelijk is deze regelgeving te vergelijken met de federale antidiscriminatieregelgeving.

Het toepassingsgebied omvat toegang tot arbeid, beroepsopleiding, beroepskeuzevoorlichtingen, arbeidsbemiddeling en wedertewerkstelling, gezondheidszorg, onderwijs, publieke goederen en diensten (inclusief huisvesting), sociale voordelen en deelname aan economische, sociale, culturele of politieke activiteiten buiten de privésfeer.

Slachtoffers kunnen een schadevergoeding vorderen nadat hij/zij discriminatie liet vaststellen door de rechtbank.

Euthanasie

(Wet 28.05.2002 - B.S. 22.06.2002; K.B. 2.04.2003 -B.S. 13.05.2003; K.B. 27.04.2007 B.S. 07.06.2007)

Wat?

Sinds 23 september 2002 is in België de wet op euthanasie van kracht.
Euthanasie is het wetens en willens beëindigen van het leven, op verzoek van de patiënt.
Hulp bij zelfdoding, pijnbestrijding en het stopzetten van een behandeling vallen niet onder deze definitie.

Door en voor wie?

Enkel een arts mag euthanasie toepassen. Als hij de wettelijke voorwaarden strikt naleeft, begaat hij geen misdrijf en is hij bijgevolg niet strafbaar.

Euthanasie kan worden gevraagd door een meerderjarige die niet onder voogdij staat.
De aanvrager *'moet zich bevinden in een medisch uitzichtloze toestand van aanhoudend en ondraaglijk fysiek of psychisch lijden dat niet kan gelenigd worden en dat het gevolg is van een ernstige en ongeneeslijke, door ongeval of ziekte veroorzaakte aandoening.'*

Wie een verzoek tot euthanasie indient, moet bovendien op dat moment volledig bewust zijn. Niemand kan een verzoek doen in de plaats van de betrokkene. In een voorafgaande schriftelijke wilsverklaring kan men wel vragen om niet meer in leven te worden gehouden op het moment dat men niet meer bij bewustzijn is.

Hoe?

Een verzoek tot euthanasie moet schriftelijk gebeuren, vrijwillig en overwogen zijn, verschillende keren herhaald worden en los staan van elke druk.
Een voorafgaande wilsverklaring kan door elke gezonde of zieke meerderjarige worden opgesteld, mits respect voor de gestelde voorwaarden. De wilsverklaring mag bovendien niet ouder zijn dan vijf jaar.

In het Koninklijk Besluit van 2 april 2003 (B.S. 13.05.2003) wordt vastgesteld op welke wijze de wilsverklaring wordt opgesteld, herbevestigd, herzien of ingetrokken en in het Koninklijk Besluit van 27 april 2007 (B.S. 07.06.2007) de wijze waarop de wilsverklaring inzake euthanasie wordt geregistreerd en via de diensten van het Rijksregister aan de betrokken artsen wordt meegedeeld.

Bij een verzoek tot euthanasie moet de arts nagaan of de wettelijke voorwaarden zijn vervuld en de dialoog aangaan met de patiënt. Hij moet voldoende informatie geven over de gezondheidstoestand en levensverwachting, over de kansen van eventuele behandelingen en de mogelijkheden van palliatieve zorg. Blijkt er geen andere redelijke oplossing dan euthanasie mogelijk, moet de arts een collega raadplegen en het verzoek bespreken met het verplegend team en - als de patiënt dit wil - met familieleden of vertrouwenspersonen.

Is het overlijden van de patiënt niet nakend, moet het oordeel van een tweede arts worden gevraagd en is er een maand tijd nodig tussen het verzoek tot en de uitvoering van de euthanasie.

Heeft een arts de euthanasie uitgevoerd, moet hij daarvan binnen de vier dagen op de voorgeschreven manier aangifte doen bij de Federale Controle- en Evaluatiecommissie. Deze onderzoekt of alle wettelijke verplichtingen zijn gerespecteerd. Bij twijfel kan het dossier worden overgemaakt aan het gerecht.

Waar?

- Ziekenfonds - dienst maatschappelijk werk (inlichtingen + bijstand + coördinatie + aanvraag premie) (Gouden Gids nr 6990, www.cm.be; e-mail: dmw@cm.be).
- Gemeente of OCMW - sociale dienst (inlichtingen + bijstand + aanvraag) (zie telefoongids OCMW ofwel Gouden Gids infopagina's publieke instellingen).
- Huisarts (inlichtingen).
- Werkgroep Thuisverzorgers, Groeneweg 151, 3001 Heverlee, tel.: (016) 22 73 37.

III.29. Thuisverpleging

(K.B. 18.06.90 - B.S. 26.07.1990; gewijzigd door K.B. 13.07.2006 - B.S. 07.08.2006; aangevuld door K.B. 21.04.2007 – B.S. 14.05.2007)

- lijst van technische prestaties die door de verpleegkundigen verricht mogen worden,
- lijst van de handelingen die door een geneesheer aan de verpleegkundigen kunnen worden toevertrouwd.

Wat?

Een aantal organisaties (bv. Wit-Gele Kruis) of zelfstandige verpleegkundigen komen de nodige verpleegzorgen aan huis geven.

Deze verpleegzorgen kunnen bestaan uit:
1. **individuele verstrekkingen (nomenclatuurprestaties)** zoals inspuitingen, lavementen, blaassonderingen of spoelingen, wondverzorging, plaatsen van een maagsonde, ...
2. **specifieke technische verstrekkingen**, vnl. in het kader van palliatieve zorgen zoals bv. het plaatsen van een infuus,
3. **toiletten.** De patiënten moeten *minimum* 2 punten scoren inzake 'afhankelijkheid wassen' op de Katz- schaal (zie III.27.).
   Volgende patiënten komen in aanmerking voor een **dagelijks** toilet (verricht door een verpleegkundige):
   - patiënten die in aanmerking komen voor een forfait A, B of C (zie punt 4),
   - incontinentiepatiënten (+ minimum 2 punten op de Katz-score voor wassen + kleden,
   - dementerende patiënten (+ minimum 2 punten op de Katz-score voor wassen + kleden,
   - patiënten die 4 punten scoren op de Katz-schaal voor wassen en kleden.

   (zie ook *'aandachtspunten artsen'*)
4. **forfait verstrekkingen.** Naargelang het behaalde aantal punten op de Katz-score (zie II.35) zal een forfaitair honoraria worden uitgekeerd, verschillend naargelang de graad van onafhankelijkheid (forfait A, forfait B of forfait C).
   Opmerking:
   - bij ieder forfait hoort minstens één toilet,
   - voor het C-forfait moet betrokkene minstens 23 of 24 scoren op de Katz-schaal **en** moet de verpleegkundige er minimum 2 huisbezoeken per dag afleggen.

Thuisverplegingsdiensten werken vaak met referentieverpleegkundigen in hun team. Zij zijn gespecialiseerd in een specifiek zorgterrein, vb. wondzorg, psychiatrie, palliatieve zorg, diabetes, stomazorg, ... en stellen hun kennis ter beschikking van de patient (in functie van opvolging en/of een leertraject) en van de collega's-zorgverstrekkers. Zo wordt de referentieverpleegkundige voor diabetes ingeschakeld voor een leertraject met de diabetespatiënt waarin de patiënt inzichten verwerft in correcte leef- en verzorgingsregels.

Voor wondzorg en voor diabetologie bestaan specifieke erkenningen. In ruil voor de opvolging van een individueel anamnesedossier en specifieke verstrekkingen wordt een bijkomende vergoeding betaald.

Wie?

Zieken, personen met een handicap, ouderen kunnen soms de opname in een verzorgingsinstelling vermijden of inkorten door beroep te doen op o.a. thuisverpleging.

Betoelaging?

De verpleegkundigen worden door het ziekenfonds betaald hetzij per prestatie, hetzij met een vast dagbedrag (afhankelijk van de hulpbehoevendheid - zie Katzschaal II.35.). De verzorgde betaalt het remgeld.

Voor volgende prestaties heeft men een doktersvoorschrift nodig: diabetesvoorlichting en –begeleiding, wondverzorging, hechtingen verwijderen, compressietherapie (steunkousen of drukverband), inspuitingen, verzorging van incontinentie (sondage, blaasspoeling, irrigaties), stoma verzorgen, lavementen, zalf of oogdruppels /oogzalf aanbrengen, poortsysteem spoelen, sondevoeding toedienen.

Aandachtspunt artsen:

1. Indien door een *beslissing van de adviserend geneesheer* een lager forfait wordt toegekend, blijft deze beslissing minstens 6 maanden geldig, **tenzij** een verergering van de afhankelijkheid kan gestaafd worden met een uitgebreid medisch verslag.
2. *Dementerende patiënten* moeten een medische attestatie hebben van hun huisarts (modelformulier zie Verordening 05.05.97 - B.S. 29.07.97).

Waar?

- Organisaties voor thuisverpleging (bv. Wit-Gele Kruis) (inlichtingen + aanvraag) (Gouden Gids nr 965).
- Ziekenfonds - dienst maatschappelijk werk (inlichtingen + bijstand + coördinatie + aanvraag premie) (Gouden Gids nr 6990, www.cm.be; e-mail: dmw@cm.be).

III.30. Dienst voor gezinszorg en aanvullende hulp (het vroegere Gezins- en bejaardenhulp)

(Decreet 14.07.1998 - B.S. 05.09.1998; B.V.R. 18.12.1998 - B.S. 30.03.1999; M.B. 10.02.2003 - B.S. 07.05.2003 en M.B. 29.06.2007 – B.S. 20.07.2007)

Wat?

GEZINSZORG (het vroegere Gezins- en bejaardenhulp) wordt, op vraag van de mogelijke gebruikers, geboden in het natuurlijk thuismilieu, op voorwaarde dat de draagkracht van de mogelijke gebruiker of van zijn omgeving (hetzij wegens geestelijke of lichamelijk ongeschiktheid, hetzij wegens bijzondere sociale omstandigheden) niet voldoende is om de lasten van de persoonsverzorging (lichaamsverzorging) of van de huishoudelijke taken te dragen.

De gezinszorg kan zowel een preventief als een herstellend, verzorgend of palliatief karakter hebben. Ze kan ondersteunen, aanvullend of vervangend zijn.

Bij het bieden van gezinszorg wordt steeds zoveel mogelijk een beroep gedaan op de zelfzorg en de zelfredzaamheid van de gebruiker en zijn omgeving en wordt de zelfredzaamheid van de gebruiker en zijn omgeving gevrijwaard, ondersteund en gestimuleerd.

Steeds wordt bijzondere aandacht besteed aan gebruikers die langdurige of intensieve hulp- en dienstverlening nodig hebben en aan gebruikers die een verhoogd risico lopen op verminderde welzijnskansen.

Taken gezinszorg:

1. Persoonsverzorging: hulp bij de activiteiten van het dagelijkse leven (1);
2. Huishoudelijke hulp- en dienstverlening (2);
3. Psycho-sociale ondersteuning (3);
4. Algemene pedagogische ondersteuning (bij opvoeding, financieel beheer, ...).

In principe is het aantal uren hulp niet gelimiteerd de eerste dertien weken. Vanaf de veertiende week is de hulp beperkt tot 32 uren per gezin en per week. Ook hier kan eventueel van afgeweken worden in uitzonderlijke gevallen.

Aangezien de diensten gezinszorg ieder jaar een vast aantal uren krijgen toegewezen, zijn zij soms verplicht om keuzes te maken waardoor zij niet altijd alle hulp kunnen geven die wenselijk is (wat soms problemen kan geven naar het einde van het jaar).

---

(1) Hulp bij bewegen en verplaatsen, hulp bij aan- en uitkleden, hulp bij het wassen, hulp bij eten en drinken, toezicht bij rusteloze cliënten, stervenden, ...

(2) Boodschappen, was en strijk, onderhoud, ...

(3) Actief en meelevend luisteren, opmerken van psycho-sociale moeilijkheden zoals rouwverwerking, vereenzaming, depressie, stress, ...

Wie?

Een huisgezin waar problemen zijn met de uitvoering van de huishoudelijke taken vanwege ziekte (eventueel ook na een bevalling), handicap of ouderdom, kan beroep doen op één van de bestaande diensten gezins- en bejaardenhulp.

De diensten gezins- en bejaardenhulp hanteren de BEL-schaal (zie Katz-schaal III.27.) om de graad van zorgbehoefte te evalueren.

Vaststelling van de bijdrage voor de gebruiker van gezinszorg

(M.B. 26.07.2001 - B.S. 12.12.2001 gewijzigd door MB 23.12.04 - BS 18.01.05 en M.B. 29.06.2007 – B.S. 20.07.2007)

De bijdrage is afhankelijk van:
1. het maandelijks 'netto-inkomen' (= bestaansmiddelen - lasten)
2. de gezinssamenstelling
3. de BEL-score (= afhankelijkheidsmeting - zie ook II.52) van de gebruiker (uitgezonderd voor de gebruiker van kraamzorg)
4. de duur van de hulp- en dienstverlening
5. de intensiteit van de hulp- en dienstverlening.

De berekening van het maandelijkse 'netto-inkomen'

Het netto-inkomen wordt bepaald door de 'bestaansmiddelen, verminderd met de lasten'. Voor het Ministrieel Besluit van 29 juni 2007 moesten de berekende netto-inkomens verhoogd worden met 25% alvorens te delen om het maandbedrag te kennen. Deze voorafgandelijke verhoging is weggevallen sinds 1 september 2007!

De inkomens van volgende personen worden in rekening gebracht:
– de eigen inkomsten (van de hulpvrager - deze met de hoogste BEL- score)
– de inkomsten van alle andere inwonende gezinsleden van DEZELFDE generatie, bv. partner of bijwonende zus/broer (dus niet de inkomsten van de andere generaties die inwonen!).

Bestaansmiddelen

Welke bestaansmiddelen worden meegeteld?	Welke bestaansmiddelen tellen NIET mee?
– de netto beroepsinkomsten (erg verminderd inkomen wordt meteen in rekening gebracht)	– de wettelijke gezinsbijlagen,
– de roerende inkomsten (interesten van belegde kapitalen),	– studiebeurzen
– de inkomsten uit onroerende goederen ['belastingbrief' ofwel 'som van alle geïndexeerde KI's - KI eigen woning (indien niet verhuurd) gedeeld door 12]. Indien de eigen woning verhuurd wordt en men huurt een andere woning met een lager KI, houdt men enkel rekening met het verschil van KI tussen beide woningen	– premies en/of toelagen voor thuiszorg en mantelzorg (toegekend door de overheid - lokaal, provinciaal, Vlaamse gemeenschapscommissie - of door de ziekenfondsen).
– ALLE sociale uitkeringen (gemiddelde van de laatste drie maanden)	Eventuele toelagen voor pleegzorg

– andere inkomens (lijfrenten, levensverzekering, ongevallenvergoeding, onderhoudsgelden ...) Onderhoudsgelden moeten voor de ontvangende partij opgeteld worden bij het inkomen. Voor de betalende partij wordt het niet als inkomen beschouwd en moet het afgetrokken worden van het netto maandinkomen!	

Welke lasten worden afgetrokken?

Facultatief (door betrokkene te expliciteren) kan het berekende netto-inkomen worden verminderd door de aftrek van alle uitzonderlijke **'medische en farmaceutische' onkosten** (gedaan gedurende de periode van de verleende gezinszorg), waarvoor geen tussenkomst is vanuit een andere instantie en die op een abnormale wijze het gezins-budget belasten.

Er mag echter geen rekening worden gehouden met de aankoop van kleine hoeveelheden geneesmiddelen of farmaceutische producten die in ieder gezin steeds voorhanden zijn, noch met occasionele doktersbezoeken.

De invloed van de gezinssamenstelling?

Voor het toekennen van de gezinscode wordt uitgegaan van de feitelijke toestand op het moment van de aanvraag.

Stap	Handeling	
1	Men vertrekt van een basiscode:	
	ALS de hulpvrager	DAN...
	alleenstaande is EN alleen woont	Is de basiscode = '1 punt'
	Niet alleenstaande is of niet alleen woont	Is de basiscode = '2 punten'
2	Voor gerechtigden die niet samenwonen met een andere generatie of voor gerechtigden die meer dan 65 % arbeidsongeschikt erkend zijn: Eén bijkomend codepunt - per persoon - per item waaraan wordt voldaan:	
Items:		
1. Ieder ongeboren kind vanaf de 6° maand zwangerschap, 2. Ieder geplaatst kind (instelling, internaat) waarbij de ouders instaan voor de verblijfskosten, 3. Iedere persoon (kind of volwassene) die: – in dezelfde woning verblijft en er gemeenschappelijk leeft, – en die over geen eigen inkomsten beschikt (uitgezonderd partner) 4. Iedere persoon met een invaliditeitspercentage > 65%		

Afwijkingen van de bijdrageschaal

Verplichte kortingen

Bijlage II van het besluit behandelt de kortingen die verplicht moeten worden toegepast op de bijdrageschalen (opgenomen in bijlage I). De minimumbijdrage bedraagt echter 0,50 euro per uur!

Volgende verplichte kortingen worden automatisch toegekend aan personen die minimum 35 punten scoren op de BELschaal:
- deze personen krijgen automatisch een korting van 0,65 euro/uur
- indien het aantal gepresteerde uren gezinszorg daarenboven meer dan 60 uren per maand bedraagt, wordt er een bijkomende korting van 0,35 euro/uur toegekend
- indien de hulpverlening (ongeacht het aantal uren hulpverlening) langer dan een jaar duurt wordt er een bijkomende korting gegeven van 0,25 euro/uur.

De gecumuleerde korting kan dus oplopen tot 1,25 euro per uur indien men meer dan 35 punten scoort op de BEL-schaal en men meer dan 60 uur hulp heeft en men reeds langer dan één jaar hulp geniet. Het minimum bedrag per uur, na de kortingen, bedraagt wel 0,50 euro!

Facultatieve toeslagen

In een aantal gevallen mag de te betalen bijdrage worden verhoogd (facultatief per dienst - niet individueel!!):
- de dienst die wijkwerking organiseert mag een toeslag vragen van 5% (indien deze toeslag wordt gevraagd dient zij van toeassing te zijn voor alle gebruikers woonachtig in de betrokken regio),
- max. + 30% voor prestaties verleend op zaterdag, en voor prestaties tussen 20 uur en 7 uur, (buiten zon- en feestdagen),
- max. 60% voor prestaties op zon- en feestdagen.

Ieder dossier wordt jaarlijks herzien.

Documenten

Volgende bewijsstukken worden gevraagd:
- een attest gezinssamenstelling (uittreksel uit het bevolkingsregister, bewijs van woonst of een ondertekende verklaring),
- alle stukken ter staving van
  - de inkomsten (bij weigering moet de maximumbijdrage worden genomen),
  - de lasten,
- officieel attest i.v.m. invaliditeit, arbeidsongeschiktheid > 65 % (Periode van geldigheid!).

Voor iedere aanvraag wordt een Bel-score opgemaakt.

De Vlaamse Gemeenschap en de ondergeschikte besturen verlenen subsidies. - Ook sommige ziekenfondsen komen tussen ter ondersteuning van de thuiszorg.

Waar?

- Diensten gezinszorg (inlichtingen + aanvraag) (Gouden Gids nr. 7620).
- Gemeente, OCMW - sociale dienst (inlichtingen + bijstand + aanvraag) (zie telefoongids OCMW ofwel Gouden Gids infopagina's publieke instellingen).

- Ziekenfonds - dienst maatschappelijk werk (inlichtingen + bijstand + coördinatie + aanvraag premie) (Gouden Gids nr 6990, www.cm.be; e-mail: dmw@cm.be).

III.31. Poetsdienst - dienst voor logistieke hulp

Wat?

De dienst voor logistieke hulp heeft als doel schoonmaakhulp en eventueel karweihulp te bieden aan personen met verminderde zelfredzaamheid.

Wie?

Een huisgezin dat wegens ziekte (eventueel ook na bevalling), handicap of ouderdom niet in staat is de schoonmaak te doen, kan beroep doen op een poetsdienst. De prijs is afhankelijk van de inkomsten.

De meeste diensten bieden enkel hulp aan bejaarden met een beperkt inkomen.

Wie door zijn inkomen een 'normale' uurprijs betaalt komt meestal niet in aanmerking omdat de beschikbare middelen voor de poetsdiensten beperkt zijn.

Denk eveneens aan de PWA's (II.11.E) en aan de dienstencheques (III.32.).

Betoelaging?

- De VDAB neemt een deel van de loonkosten ten laste.
- De cliënten betalen een bedrag per uur.

Waar?

- Poetsdiensten (inlichtingen + aanvraag) (Gouden Gids 7620 en infopagina's publieke instellingen).
- Gemeente, OCMW - sociale dienst (inlichtingen + bijstand + aanvraag) (zie telefoongids OCMW ofwel Gouden Gidsinfopagina's publieke instellingen).
- Ziekenfonds - dienst maatschappelijk werk (inlichtingen + bijstand + coördinatie + aanvraag premie) (Gouden Gids nr 6990, www.cm.be; e-mail: dmw@cm.be).

III.32. Dienstencheques

Ondernemingen voor het aanbieden van thuishulp van huishoudelijke aard, die gefinancierd wordt door de dienstencheques
(B.V.R. 14.03.2003 - B.S.28.04.2003;
K.B. 13.07.2007 – B.S. 01.08.2007)

Wat?

Het betreft thuishulp van huishoudelijke aard: m.a.w. hulp aan huis in de vorm van huishoudelijke activiteiten die kunnen bestaan uit:
- het schoonmaken van de woning met inbegrip van de ramen
- het wassen en strijken van het huishoudlinnen (strijken kan ook extern door een dienst) , met inbegrip van verstelwerk van het te strijken linnen
- kleine occasionele naaiwerken (thuis of extern door een dienst)
- het doen van de boodschappen (dagelijkse benodigdheden)
- het bereiden van maaltijden;
- **vervoer van personen met beperkte mobiliteit** (mindervaliden, als dusdanig erkend door het Vlaams Agentschap voor Personen met een Handicap of het " Agence wallonne pour l'Intégration des personnes handicapées " of de " Service bruxellois francophone des personnes handicapées " of de " Dienststelle der Deutschsprachigen Gemeinschaft für Personen mit einer Behinderung sowie für die besondere soziale Fürsorge " **met daartoe speciaal uitgeruste voertuigen, waarvoor de Federale Overheidsdienst Mobiliteit en Vervoer een attest heeft afgeleverd.**
  (De bejaarden die een tegemoetkoming voor hulp aan bejaarden genieten en de personen van minstens 60 jaar die prestaties genieten verstrekt door een door de bevoegde overheid erkende dienst voor gezinszorg worden met mindervaliden gelijkgesteld, maar enkel voor het vervoer van de erkende personen met een handicap is een aangepast voertuig met attest vereist). Sinds 01.11.2008 worden personen met recht op een inkomensvervangende tegemoetkoming, een integratietegemoetkoming, een tegemoetkoming hulp aan bejaarden of met een erkenning van minstens 7 punten op de zelfredzaamheidsschaal van de integratietegemoetkoming ook erkend als mindervalide. Kinderen met bijkomende kinderbijslag omwille van hun handicap worden eveneens erkend.

De dienstencheque kost 7,50 euro en is 8 maanden geldig.

Dienstencheques zijn aftrekbaar van de belastingen. Er is een forfaitaire belastingvermindering van 30% van toepassing, beperkt tot 2.400 euro. Cheques die gekocht worden aan 7,50 euro per stuk kosten, na belastingaftrek 5,25 euro.

Personen, die geen belastinge betalen en bijgevolg niet kunnen genieten van belastingvermindering, kunnen sinds 2008 dezelfde korting verkrijgen door middel van een belastingkrediet (het bedrag wordt door de fiscus terugbetaalt als het niet met de belastingen kan verrekend worden).

Men kan maximaal 750 cheques per jaar gebruiken. Personen, die erkend zijn als mindervalide zoals hierboven beschreven, en sommige éénoudergezinnen kunnen 2000 cheques per jaar gebruiken.

Wie ?

Deze huishoudelijke hulp kan worden uitgevoerd door erkende ondernemingen die erkend zijn om activiteiten in het kader van thuishulp van huishoudelijke aard te verrichten;

De onderneming die thuishulp van huishoudelijke aard verricht is gehouden aan de klant een kwaliteitsdienstverlening aan te bieden, die het respect voor de menswaardigheid, de persoonlijke levenssfeer, de ideologische, filosofische of godsdienstige overtuigingen, het klachtenrecht, de informatie aan en de inspraak van de gebruiker waarborgt, en die rekening houdt met de sociale leefsituatie van de klant.

De meeste diensten voor gezinszorg, sommige sociale werkplaatsen en sommige interimbureaus bieden dienstenbanen aan.

Hoe ?

De gebruiker kan, met financiële steun van de overheid, een prestatie van thuishulp van huishoudelijke aard vergoeden met behulp van dienstencheques.

De dienstencheque is een betaalmiddel uitgegeven door Sodexo.

Het laat een gebruiker toe buurtdiensten te betalen aan een werknemer van een erkende onderneming.

Men moet zich inschrijven en de cheques bestellen bij Sodexo. De inschrijving is gratis en kan eventueel on line gebeuren (www.dienstencheques.be).

Men verkrijgt na inschrijving een inschrijvingsnummer dat men nodig heeft om de cheques te bestellen (minstens 10 cheques per bestelling). Men betaalt de dienstverlener met één cheque per geleverd werkuur.

Waar?

- Voor informatie over de inschrijving kunt u terecht
  - bij het Plaatselijk Werkgelegenheidsagentschap of
  - bij de Lokale Werkwinkel;
  - www.dienstencheques-rva.be;
  - bij de erkende ondernemingen: de meeste diensten gezinszorg en andere diensten, die dienstenbanen aanbieden
- De inschrijvingsaanvraag moet verstuurd worden naar:
  Sodexo - Cel Dienstencheque
  Charles Lemairestraat 1
  1160 Brussel
  Infolijn tel. 02/547 54 95
  Fax 02/547 54 96

III.33. Warme maaltijden

Wat?

Een aantal OCMW's of lokale dienstencentra (zie I.23. 'Thuiszorg) organiseren voor zorgbehoevende personen warme maaltijden aan huis tegen een kostprijs die meestal in verhouding staat met het inkomen van de betrokkene.

Sommige traiteurs brengen ook maaltijden aan huis aan een matige prijs.

Wie?

Personen die wegens ziekte, handicap of ouderdom zelf niet (of moeilijk) kunnen koken, kunnen beroep doen op de dienst warme maaltijden van het OCMW (of uiteraard van een privé traiteur).

Betoelaging?

De diensten warme maaltijden ingericht door openbare besturen (OCMW's) kunnen gesubsidieerd worden door het Bijzonder Fonds voor Maatschappelijk Welzijn.

Waar?

- Gemeente, OCMW - sociale dienst (inlichtingen + bijstand + aanvraag) (zie telefoongids OCMW ofwel Gouden Gids infopagina's publieke instellingen).
- Traiteurs (Gouden Gids nr 1940).
- Ziekenfonds - dienst maatschappelijk werk (inlichtingen + bijstand + coördinatie + aanvraag premie) (Gouden Gids nr 6990, www.cm.be; e-mail: dmw@cm.be).

III.34. Hulpmiddelen in de thuiszorg

- (Personen-)alarmsystemen
- Thuiszorgwinkel/uitleenwinkel

(Personen)alarmsystemen

Wat?

Er bestaan een aantal alarmsystemen op de markt waardoor zieken of bejaarden op een eenvoudige en vlugge wijze een aantal personen (of een centrale) kunnen oproepen indien er problemen zijn (bv. onwel worden of val). Het geeft aan betrokkene een veiliger gevoel.

Er komen steeds meer gedifferentieerde alarmsystemen op de markt, afgestemd op de noden van de zorgbehoevende persoon. Dit gaat van eenvoudige GSM-toestellen met grote oproeptoetsen en alarmknop, de zogenaamde senioren-GSM (vb. Emporia) tot zuivere personenalarmsystemen, die op het lichaam aangebracht blijven en die automatisch alarm slaan wanneer een dementerende persoon buiten zijn virtueel afgebakende zone treedt. Er zijn ook systemen waarbij de medische situatie van de patiënt elektronisch opgevolgd kan worden door de huisarts.

In 2007 startte de Vlaamse Overheid met het gebruik van bijkomende functionaliteiten aan het alarmsysteem aan te moedigen. Onder meer koolmonoxidedetectie, valdetectie en bewegingsdetectie.

Wie?

Zieken of ouderen (die vaak alleen zijn) kunnen een alarmsysteem aanvragen waardoor zij in geval van nood vlug iemand kunnen bereiken.

Waar?

- Sommige ziekenfondsen bieden meerdere systemen aan tegen betaalbare prijzen.
- Thuiszorgwinkels/mediotheken (Gouden Gids nr. 5600 Orthopedisten)
- Regionale dienstencentra (bijstand + aanvraag)
  Voor de regionale dienstencentra, verbonden aan CM, kan u terecht in de gewone CM-contactpunten
- Lokale dienstencentra (bijstand + aanvraag)
- Een lijst met de erkende dienstencentra is te bekomen bij het:
  Vlaams Agentschap Zorg en Gezondheid,
  team Eerstelijn & Thuiszorg, Ellipsgebouw,
  Koning Albert II laan 35, bus 33, 1030 Brussel
  www.zorg-en-gezondheid.be
- Gemeente, OCMW - sociale dienst (inlichtingen + bijstand + aanvraag) (zie telefoongids OCMW ofwel Gouden Gids infopagina's publieke instellingen).
- Ziekenfonds - dienst maatschappelijk werk (inlichtingen + bijstand + coördinatie) (Gouden Gids nr 6990, www.cm.be; e-mail: dmw@cm.be).

Thuiszorgwinkel en uitleenwinkel

Wat?

Hulpmiddelen in de thuiszorg zijn van essentieel belang voor het comfort van de zieke en zijn verzorgers wanneer het om zwaar zorgbehoevenden gaat. Een aangepaste omgeving in functie van de zelfredzaamheidsverbetering en het verlichten van de zorgtaken helpt mensen om de thuiszorg kwaliteitsvoller en langer mogelijk te maken. Naast de inzet van de hulp van professionele diensten, vrijwillers en mantelzorgers, zijn inzet van hulpmiddelen bepalend bij het realiseren of behoud van thuiszorg.

De tegemoetkomingen voor hulpmiddelen voor bejaarden zijn veel beperkter dan voor personen met een handicap. Indien zij voor de 65-jarige leeftijd geen gebruik maakten van de ondersteuning van het Vlaams Agentschap van Personen met een Handicap, kunnen zij immers geen beroep doen op het uitgebreide aanbod van tegemoetkomingen in hulpmiddelen van het Agentschap. *De zorgverzekering is in Vlaanderen hoofdzakelijk van start gegaan om deze leemte voor de groep bejaarden op te vangen.*

Personen, die reeds voor 65 jaar gebruik maakten van de tegemoetkomingen van het Vlaams Agentschap, behouden dit recht na 65 jaar.

De bejaarden, die na 65 jaar zorgafhankelijk worden, kunnen alleen beroep doen op het reguliere koopaanbod (thuiszorgwinkels/mediotheken) of op alternatieve huurcircuits.

De thuiszorgwinkel biedt aan iedereen een koopaanbod van een uitgebreid gamma hulpmiddelen om zich in het dagelijks leven of bij de verzorging beter te behelpen. Denk maar aan een voorgevormd bestek of speciale drinkbekers, een toiletstoel, een hoog-laag verzorgingsbed, rolstoelen, bedtafel, enz.

Sommige hulpmiddelen zijn zeer duur. Bovendien is de levensverwachting soms vrij kort zodat aankoop in vele gezinnen onmogelijk of niet realistisch is.

De uitleenwinkels of andere circuits (vb. sommige apothekers) ontlenen het dure materiaal. Men betaalt dan alleen een huurprijs voor de periode dat men het materiaal nodig heeft.

Sommige hulpmiddelen of onderdelen er van zijn hygiënisch materiaal, dat niet verhuurd wordt. Vb. de matrasbeschermer bij een ontleend bed.

We hebben het in dit deel niet gehad over de revalidatiehulpmiddelen, die voorzien zijn in de nomenclatuur van het RIZIV zoals breukbanden, rolstoelen, enz. (zie deel II.32.). Het RIZIV- aanbod op vlak van revalidatie is voor bejaarden wel toegankelijk, maar in de voorwaarden wordt soms onderscheid gemaakt met de actieve leeftijd, vb. op vlak van hernieuwingstermijn.

Wie?

De thuiszorgwinkels zijn toegankelijk voor iedereen. Zo ook de uitleenwinkels uit het commerciële circuit (vb. apotheken, die uitleenmateriaal aanbieden).

De uitleenwinkels van ziekenfondsen en van het rode kruis vereisen ofwel uitlsuitend lidmaatschap, ofwel betaalt men als niet-lid een duurdere huurprijs.

De ziekenfondsen organiseren de uitleenwinkel met de aanvullende verzekering (dit is gefinancierd in solidariteit door het lidgeld). Lid zijn (vaak ook met een carensperiode voor nieuwe leden) is dan ook voorwaarde om gebruik te kunnen maken van dit kwaliteitsvol en zeer betaalbaar aanbod.

Waar?

- Thuiszorgwinkels/mediotheken (Gouden Gids nr. 5600 Orthopedisten)
- Het Rode Kruis, Motstraat 40, 2800 Mechelen - tel. 015 44 33 22 - info@rodekruis.be
- Regionale dienstencentra (bijstand + aanvraag)
  Voor de regionale dienstencentra, verbonden aan CM, kan u terecht in de gewone CM-contactpunten
- Lokale dienstencentra (bijstand + aanvraag)
- Een lijst met de erkende dienstencentra is te bekomen bij het:
  Vlaams Agentschap Zorg en Gezondheid,
  team Eerstelijn & Thuiszorg, Ellipsgebouw,
  Koning Albert II laan 35, bus 33, 1030 Brussel
  www.zorg-en-gezondheid.be
- Info over hulpmiddelen: www.vlibank.be
- Ziekenfonds - dienst maatschappelijk werk (inlichtingen + bijstand + coördinatie) (Gouden Gids nr 6990, www.cm.be; e-mail: dmw@cm.be).

III.35. Lokaal dienstencentrum

(M.B. 30.04.1999 – B.S. 04.06.1999)

Wat?

Dienstencentra opgericht in een wijk van ouderen, willen de zelfstandigheid van deze ouderen verhogen door de diensten die zij aanbieden. Hierdoor kunnen de ouderen langer zelfstandig blijven wonen. Diensten die worden aangeboden zijn o.a. wasserette, pedicure, enz... Een gemeente kan één gesubsidieerd dienstencentrum oprichten per schijf van 1.000 bejaarden (een eerste vanaf 1.000 bejaarden).

De centra zijn erkend en betoelaagd door de Vlaamse overheid. Ze moeten activiteiten van algemene informatieve, recreatieve en vormende aard aanbieden met het oog op het versterken van sociale contacten en het bestrijden van eenzaamheid. Zij moeten initiatieven nemen om hulp bij activiteiten van het dagelijkse leven dichter bij hen te brengen en onder meer hygiënische zorg. warme maaltijden, enz.

Wie?

Ouderen woonachtig in een wijk waarin een dienstencentrum werd opgericht of bejaarden woonachtig in een serviceflat (zie III.38.).

Betoelaging?

1) Vlaamse Gemeenschap: werkingstoelage.
2) Provinciebestuur/gemeentebestuur: komen gedeeltelijk tussen in de bouw-, inrichtings- en werkingskosten.
3) De gebruikers betalen de diensten waarvan zij gebruik maken.

Waar?

- Gemeente - sociale dienst (inlichtingen + bijstand) (zie telefoongids OCMW ofwel Gouden Gids nr. 7620).

III.36. Het thuiszorgaanbod van het ziekenfonds

Wat?

De **dienst maatschappelijk werk van een** ziekenfonds, heeft een specifieke opdracht naar de doelgroepen chronisch zieke personen, personen met een handicap en zorgbehoevende bejaarden. Naar aanleiding van de overheveling van de overheidsbevoegdheid voor deze diensten naar het 'woonzorgdecreet', zal in 2009 voor deze een naamsverandering doorgevoerd worden. Voortaan is deze dienst een volwaardige thuiszorgdienst met een uitgesproken opdracht in het kader van psycho-sociale hulpverlening en toeleiding naar sociale rechten voor de groep zorgbehoevende bejaarden, chronisch zieken en personen met een handicap. De diensten noemen voortaan 'dienst maatschappelijk werk van het ziekenfonds', kort omschreven als dienst maatschappelijk werk (bij CM de oude benaming) of DMW.

Zij bieden informatie, advies en begeleiding wanneer men vragen heeft over sociale rechten naar aanleiding van een aandoening of situatie van zorgafhanelijkheid, over de organisatie van de thuiszorg of over andere problemen, die zich op sociaal vlak kunnen voordoen wanneer iemand chronisch ziek, gehandicapt of zorgbehoevend is.

De kerntaken van deze dienst zijn dan ook vraagverheldering en begeleiding bij het zoeken naar oplossingen of rechten als mensen in een thuiszorgsituatie (dreigen) terecht (te) komen.

De maatschappelijk werker van deze dienst is zeer deskundig op vlak van sociale rechten in verband met handicap en ziek zijn. Hij/zij kent de thuiszorgsector en de hulpmiddelensector zeer goed en is getraind om mensen te helpen bij de aanpak van hun persoonlijke problemen.

Het is zijn/haar taak om in gesprek ondersteuning te bieden wanneer de thuiszorg te zwaar wordt. Zo zal hij/zij, wanneer de thuiszorg te zwaar wordt, samen met de betrokkene(n) uitzoeken op welke punten de zorg kan ontlast worden. Dit kan door eventueel bijkomend professionele diensten in te schakelen, of het netwerk rond de client te onderzoeken en na te gaan of bijkomend mantelzorg kan aangesproken worden. Het kan ook door vrijwilligers in te schakelen om tijd vrij te maken voor de mantelzorger. Of gewoon door erkenning en ondersteuning te bieden aan de verzorgende, die nood heeft aan het uitklaren van zijn/haar taak, die soms zeer zwaar is en waarvoor hij/zij meestal nooit opgeleid werd. Wie in financiële nood komt omwille van te hoge medische kosten kan ook terecht bij deze dienst. Vaak ligt een oplossing verscholen in het aanspreken van bijkomende rechten zodat de financiële last draaglijker wordt.

Verder is deze dienst erkend als indicatiesteller voor de zorgverzekering, waarbij men de patient zijn zorgbehoefte bepaalt volgens de BEL-schaal, waarop 35 punten moeten gehaald worden om in aanmerking te komen voor de zorgverzekering (zie ook II.14.).

De diensten maatschappelijk werk zijn ook erkend als multidisciplinair team voor het Vlaams Agentschap voor Personen met een Handicap inzake onderzoek van de zorgvraag aan het Vlaams Agentschap. Dit kan gaan om een vraag naar opvang in een instelling van het Vlaams Agentschap, opvang van vb. een thuisbegeleidingsdienst, een hulpmiddelenvraag, een aanvraag voor het verkrijgen van een persoonlijke assistentiebudget, enz.

De **regionale dienstencentra in de ziekenfondsen** bieden informatie en vorming aan mensen, die met thuiszorg geconfronteerd worden. Deze informatie, veelal telefonisch aangeboden, is bedoeld om de mensen op weg te helpen om zelf aan de slag te gaan. Meer en meer gaat men gekende thuiszorgsituaties pro-actief benaderen en zo veel mogelijk de informatie spontaan aanbieden op het moment dat men ze nodig heeft.

Of de informatie wordt in vormingspakketten aangeboden aan groepen (vb. mensen uit nieuwe thuiszorgsituaties krijgen vorming over dientverlening in de thuiszorg, of mantelzorgers van dementerende personen krijgen in groep ondersteuning om de dagelijkse problemen waar ze mee geconfronteerd worden het hoofd te bieden).

Wanneer mensen nood hebben aan een advies op maat, worden ze doorverwezen naar andere meer gespecialiseerde diensten. Het regionaal dienstencentrum staat ook in voor de verdeling van de personenalarmsystemen, die aangeboden worden in de thuiszorg. Zij organiseren meestal ook een dienst voor thuisoppas.

De ziekenfondsen hebben ook een thuizorgaanbod in hun **diensten en voordelen** pakket (gefinancierd in solidariteit door de ledenbijdragen).

Zo bieden ze een waaier van financiële tussenkomsten aan in de thuiszorg. Het kan gaan om tussenkomst in kortverblijf, in de kost van een woningadvies (om de woning aan te passen in functie van de zorgbehoefte), in de kosten van gezinszorg, enz.

Het is een kerntaak van de ziekenfondsen om aanvullende dienstverlening en hulp te bieden aan chronisch zieken en zorgbehoevende personen. Vraag bij uw ziekenfonds welke voordelen voorzien zijn in het kader van thuiszorg.

Wie?

Leden van het ziekenfonds, die geconfronteerd worden met thuisverzorging van een chronisch zieke of zorgbehoevend persoon.

Om gebruik te maken van de diensten en voordelen moet men in orde zijn met de ledenbijdrage.

Hoe?

Contacteer uw ziekenfonds.

Dit kan het best door een afspraak te maken voor een rustig gesprek of door gebruik te maken van de plaatselijke zitdag van de consulent of de dienst maatschapppelijk werk (voor een uitgebreid en persoonlijk advies zal men veelal een nieuwe afspraak maken voor een rustiger moment, cfr. afspraak).

Indien nodig komt de maatschappelijk werk(st)er op huisbezoek.

Men kan ook telefonisch contact nemen met het Regionaal Dienstencentrum van het ziekenfonds voor algemene informatie.

Waar?

- www.cm.be
  (thuiszorgaanbod en plaatselijke contactpunten)
- Dienst maatschappelijk werk (inlichtingen, bijstand en zorgbegeleiding), e-mail: dmw@cm.be
- Regionaal dienstencentrum
- De consulent van het ziekenfonds

III.37. Woningen voor ouderen

(B.V.R. 12.10.07 –B.S. 31.10.07; B.V.R. 14.03.08 – B.S. 21.03.08)

Wat?

Gemeentebesturen kunnen door een bouwmaatschappij voor sociale woningen een aantal woningen speciaal laten inrichten en reserveren voor ouderen met een lichte handicap. Deze speciaal aangepaste woningen hebben als doel dat de ouderen langer zelfstandig kunnen blijven leven, daar waar door de onaangepastheid van de eigen woning dit niet meer mogelijk zou zijn.

Wie?

Ouderen met een lichte handicap (d.w.z. geen hulp nodig van derden) welke zelfstandig kunnen blijven wonen dankzij een aangepaste woning welke kan gehuurd of aangekocht worden.

Betoelaging?

1) Vlaamse Gemeenschap d.m.v. renteloze leningen
2) De bewoner betaalt een huurprijs. De bewoners kunnen eventueel beroep doen op het OCMW indien zij over onvoldoende financiële middelen beschikken.

Waar?

- Gemeente - sociale dienst (aanvraag, inlichtingen + bijstand + aanvraag financiële steun) (zie telefoongids OCMW ofwel Gouden Gids nr. 7620).
- Huisarts (inlichtingen + bijstand).

III.38. Serviceflats

Wat?

Serviceflats zijn speciale woongelegenheden voor ouderen (met afzonderlijke leefruimte, kookruimte, slaapruimte, toiletruimte en badgelegenheid), welke over een oproepsysteem beschikken dat 24 uur op 24 uur door iemand ter plaatse of uit de onmiddellijk omgeving dient beantwoord te worden.

Het dienstencentrum (zie III.36.) verbonden aan deze serviceflats biedt een aantal bijkomende diensten aan de ouderen, diensten waar zij gebruik van kunnen maken indien nodig en indien zij het wensen en dit naargelang de behoefte (zelfredzaamheid) op dat ogenblik.

Wie?

Ouderen die voor zichzelf kunnen instaan, maar die zich thuis niet meer alleen kunnen behelpen en toch zelfstandig willen blijven leven, kunnen beroep doen op de mogelijkheden geboden door serviceflats (namelijk het voorziene oproepsysteem en de aangeboden diensten).

Betoelaging?

1) De Vlaamse Gemeenschap betaalt een deel van de kosten voor de bouw en inrichting (erkende serviceflats, niet voor de privé-initiatieven).
2) De bewoners betalen een huurprijs en zij betalen eveneens voor de diensten waar zij gebruik van maken. In sommige private initiatieven kan men de serviceflat aankopen en zelf bewonen of verhuren.

De bewoners kunnen eventueel beroep doen op het OCMW indien zij over onvoldoende financiële middelen beschikken.

Waar?

- Gemeente - sociale dienst (inlichtingen + bijstand + aanvraag financiële ondersteuning) (telefoongids OCMW, ofwel Gouden Gids nr. 7620).
- Ziekenfonds - dienst maatschappelijk werk (inlichtingen + bijstand) (Gouden Gids nr. 6990, www.cm.be; e-mail: dmw@cm.be).
- Huisarts (inlichtingen + bijstand).

III.39. Kortverblijf bejaarden / dagverzorgingscentra

1. Kortverblijf

(B.V.R. 18.12.98 – B.S. 30.03.99)

Wat?

Kortverblijf is enkele dagen of enkele weken dag- en nachtopvang in een zorgvoorziening.

Sommige rustoorden en particuliere initiatieven nemen ouderen op voor een beperkte periode. Deze opvang is hoofdzakelijk bedoeld ter ontlasting van het thuismilieu (mantelzorg) waarin de bejaarde verblijft. Dit kan voor 1 nacht, enkele dagen of meerdere dagen/weken naargelang de behoefte in de thuissituatie.

Sommige instanties overwegen een omvorming naar 'zorghotels' waar alle opvang van tijdelijke aard terecht kan (dagopvang, nachtopvang, dag- en nachtopvang, kortverblijf ter ondersteuning van de thuiszorg, herstelverlof als tussenstap tussen acute zorgbehandeling (ziekenhuis of revalidatie) en zelfstandig functioneren thuis, enz.

Wie?

Zorgafhankelijke personen.

Kostprijs?

De hotelprijs voor het kortverblijf is meestal deze van de instelling (vb. dagprijs van het rustoord). Hierbij komen bijkomende kosten zoals die opgenomen zijn in het verblijfscontract (medische kosten, kapper, enz.).

Sommige ziekenfondsen geven een tussenkomst bij kortverblijf in het kader van hun beleid om thuiszorg ook financieel te ondersteunen.

Waar?

- Huisarts (inlichtingen).
- Ziekenfonds - dienst maatschappelijk werk (inlichtingen + bijstand) (Gouden Gids nr. 6990, www.cm.be; e-mail: dmw@cm.be).
- Rusthuizen (inlichtingen + aanvraag indien voorzien) (Gouden Gids 1015).

2. Dagverzorgingscentra

(B.V.R. 03.12.96 - B.S. 25.01.97)

Wat ?

Het dagcentrum is bedoeld om de mantelzorg thuis langer te kunnen realiseren.

Men kan de zorgbehoevende inschrijven bij een dagcentrum om velerlei redenen. Bijvoorbeeld om de thuisverzorger tijd te geven om andere activiteiten te doen (winkelen, vrije tijd, werken, enz.) of om betrokkene, die eventueel nog alleen woont, een dagactiviteit (en -structuur) aan te bieden.

Betrokkene moet zorgbehoevend zijn (vb. persoon met mobiliteitsproblemen, met beginnende dementie, rolstoelpatienten, enz.).

Wanneer betrokkene tijdens de dagverzorging ziek wordt kan hij meestal tijdelijk opgenomen blijven in de instelling (vb. in het kader van kortverblijf).

Deze centra moeten de volgende diensten aanbieden:
1. hygiënische en verpleegkundige zorgen;
2. activering, ondersteuning en revalidatie (kiné, ...);
3. animatie en creatieve ontspanning;
4. psychosociale ondersteuning.

Het dagverzorgingscentrum dient zich ook te richten tot personen met verminderde welzijnskansen.

De voorziening is gelegen in een bebouwde kom. Indien het dagverzorgingscentrum deel uitmaakt van een erkend rusthuis kan hiervan afgeweken worden.

Er moet aangepast vervoer aangeboden worden voor de bewoners uit de regio, waarbij de gebruikers thuis opgehaald en terug naar hun woning gebracht worden.

Kostprijs?

Er wordt een dagprijs aangerekend (ongeveer 12 tot 15 euro per dag), eventueel verhoogd met een vergoeding voor vervoer van en naar het dagcentrum.

Sommige ziekenfondsen geven een tussenkomst bij dagopvang in het kader van hun beleid om thuiszorg ook financieel te ondersteunen.

Wie ?

Ouderen (60 jaar of ouder) die verzorging nodig hebben.

Waar ?

- Ziekenfonds - dienst maatschappelijk werk (inlichtingen + bijstand) (Gouden Gids nr. 6990, www.cm.be; e-mail: dmw@cm.be).

III.40. Rust- en verzorgingstehuis (RVT)

BVR 17.07.1985 – BS (vaststelling van de normen om als rustoord of RVT door de Vlaamse Gemeenschap erkend te worden) 30.08.1985, laatst aangepast bij BVR 26.09.2008 – BS 22.12.2008
MB 14.02.2007 – BS 26.03.2007 (bepaling van de samenstelling van de dagprijs)
(+ Terugvordering door het OCMW)
(M.B. 19.10.2004 - B.S. 05.11.2004 en Verordening 15.03.2004 - B.S. 17.05.2004)

Wat?

Het rust- en verzorgingstehuis (RVT) is een tussenvorm tussen ziekenhuis en rusthuis. De bedoeling van een RVT is personen met een handicap (ouderen) die, nadat alle mogelijke diagnostiek, therapie en revalidatie is toegepast (en geen verdere verbetering meer mogelijk is) en voor wie de terugkeer naar huis onmogelijk is, een aangepaste opvang te geven in een thuisvervangend milieu. De nadruk wordt gelegd op het huiselijk karakter. Elke bewoner dient zijn eigen huisarts te behouden.

Wie?

Ouderen/personen met een handicap met een zeer grote zorgenbehoefte, dit wil zeggen behorende tot:

- Categorie B: dit wil zeggen
  - Fysisch afhankelijk bij het wassen, kleden en bij transfer en verplaatsen, en/of bij toiletbezoek; of
  - Psychisch afhankelijk, gedesoriënteerd in tijd en ruimte en afhankelijk bij het wassen en/of kleden.
- Categorie C: dit wil zeggen
  - Fysisch afhankelijk zijn zij die hulp nodig hebben:
    - én bij het zich wassen en kleden
    - én bij het transfer en verplaatsen en bij toiletbezoek
    - én wegens incontinentie en/of om te eten.
  - Psychisch afhankelijk zijn zij die hulp nodig hebben:
    - en wegens desoriëntatie in tijd en ruimte
    - en bij het zich wassen en kleden
    - en wegens incontinentie, en
    - bij transfer en verplaatsen en/of bij het eten en/of bij toiletbezoek.
- Categorie Cdementen: Indien de bejaarde reeds recht heeft op categorie C, en bijkomend nog hulp nodig heeft wegens desorientatie in tijd en ruimte, krijgt hij forfait Cd (Cdementen) toegekend.
- Categorie Cc: Comapatiënten

De categoriebepaling gebeurt aan de hand van de KATZ-schaal: zie III.27.

Betoelaging?

1) De tegemoetkoming door het ziekenfonds aan het RVT wordt bepaald op basis van het aantal aangerekende dagen tijdens het voorbije jaar (referentieperiode)

voor alle verblijvenden volgens de diverse afhankelijkheidscategorieën en van het aantal effectieve verblijfsdagen voor de andere patiënten. Het totaal aantal van die dagen, vermeerderd met 3 %, is het quotum aan dagen waarvoor het RVT een volledige tegemoetkoming krijgt.
Voor de resterende kalenderdagen van de factureringsperiode, die boven dat quotum liggen, krijgt de instelling maar een partiële tegemoetkoming vanuit het ziekenfonds.

Deze tegemoetkoming bekostigt de volgende zorgenverlening:
1° de verzorging verleend door verpleegkundigen
2° kinesitherapie, ergotherapie en/of logopedie
3° personeel dat taken inzake reactivering, revalidatie en sociale reïntegratie vervult
4° de bijstand in het dagelijks leven verleend door verzorgingspersoneel (hulp bij eten, wassen, ...), voor het behoud van hun zelfredzaamheid en levenskwaliteit
5° verzorgingsmateriaal (verbanden, compressen, ...)

De limitatieve lijst van het verzorgingsmateriaal dat in het forfait van de RVT's en de centra voor dagverzorging is begrepen is in het verzekeringscomité van het RIZIV goedgekeurd. De lijst is ter beschikking in de ziekenfondsen.

2) De Vlaamse Gemeenschap neemt 60 % van de bouw- en inrich-tingskosten voor haar rekening.

3) De bewoner betaalt de huisvestingsdagprijs (in te schatten tussen 40,00 euro en 55,00 euro/dag). De huisvestingsdagprijs omvat minimaal de logements- en hotelkost, evenals de onderleggers en het onderhoud van bedlinnen. Incontinentiemateriaal mag aangerekend worden als hiervan melding is gemaakt op het toetredingsformulier.
De instelling mag geen supplement aanrekenen voor het ter beschikking stellen van gewone rolstoelen, krukken of loophulpmiddelen (looprekken).

Verder heeft elke Vlaamse RVT-bewoner recht op een tegemoetkoming van de Zorgverzekering ten bedrage van 125 euro per maand. De Brusselse inwoner heeft hierop slechts recht indien hij aangesloten is bij een Vlaamse Zorgverzekeringskas en in een door Vlaanderen erkende voorziening verblijft (zie I.17).

Heeft iemand onvoldoende eigen middelen, dan wordt hij/zij ondersteund door het OCMW. In dat geval garandeert het OCMW een maandelijks zakgeld van minimum 84,47 euro.

Terugvordering door het OCMW:

Financiële hulp door het OCMW om deze hotelkosten te betalen kan worden teruggevorderd bij echtgenoten en gewezen echtgenoten (beperkt tot het bedrag van het onderhoudsgeld), bij de ouders (voor opgenomen personen die na hun burgerlijke meerderjarigheid nog gezinsbijslagen ontvangen) of bij de kinderen. De kinderen kunnen enkel worden aangesproken indien de ouders zijn opgenomen in een instelling.

Beperkingen: Bij kinderen die hun netto-inkomen lager is dan 20.335,35 euro + 2.846,95 euro per persoon ten laste (bedragen op 01.09.2008) kan het OCMW **niet** terugvorderen. Boven deze grens wordt slechts stapsgewijs teruggevorderd. Wie een inkomen heeft dat net boven deze grens uitkomt zal slechts een klein deel betalen. Daarenboven kan elk kind slechts maximaal worden aangesproken voor zijn eigen kindsdeel (m.a.w. indien er 3 kinderen zijn, kan per kind maximum 1/3 van de totale som worden teruggevorderd en dit op voorwaarde dat het inkomen hoger is dan supra beschreven grens!).

Niet alle OCMW's vorderen echter (de gehele som) terug. Voor verdere informatie neem je het best contact op met het OCMW van je woonplaats.

Goed om weten:

In het **toetredingsformulier** staat de samenstelling van de dagprijs vermeld, evenals de diensten en leveringen, die afzonderlijk worden aangerekend tegen marktconforme prijzen. Een aantal prijsonderdelen werden bij MB van 14.02.2007vastgelegd in dagprijs of als extra aan te rekenen kost. Zo maakt de kost voor incontinentiemateriaal deel uit van de dagprijs.

De voorziening moet op eenvoudig verzoek de bewijsstukken kunnen voorleggen die de uitgaven rechtvaardigen.

Ook een eventuele waarborgsom en de mogelijke aanwending er van is duidelijk opgegeven in het toetredingsformulier (het geld staat op een geblokkeerde rekening en de opbrengst er van is voor de bewoner).

Men vermeldt ook de regeling en tarieven voor niet gebruikte leveringen en diensten, tegen marktconforme prijzen, vb. bij tijdelijke afwezigheid of overlijden. Deze regeling slaat minstens op de terugbetaling van de kostprijs van de maaltijden.

Beëindiging van de overeenkomst:

De opzeg door een bewoner is 30 dagen, deze door de instelling is 60 dagen. Bij de eerste 30 dagen van een opname is de opzegtermijn slechts 7 dagen.

Indien tijdens de opzegperiode de woongelegenheid ontruimd wordt en opnieuw bewoond wordt door een ander persoon, dan kan men de dagprijs slechts aanrekenen tot de dag voor de wederingebruikname.

Bij **overlijden** heeft men 5 dagen de tijd om de kamer te ontruimen (langer indien anders overeengekomen). Gedurende die termijn kan enkel de dagprijs, verminderd met de bedragen van de niet-gebruikte leveringen en diensten, verder aangerekend worden. Indien de ontruiming niet op tijd gebeurt, dan mag de instelling dit zelf doen en kosten aanrekenen.

Waar?

- Rust- en verzorgingstehuizen (inlichtingen + inschrijving) (Gouden Gids nr 1015).
- Huisarts (inlichtingen + bijstand).

- Ziekenfonds - dienst maatschappelijk werk; adviserend geneesheer (inlichtingen + bijstand) (Gouden Gids nr 6990,
  www.cm.be; e-mail: dmw@cm.be).
- Gemeente - sociale dienst (financiële bijstand) (telefoongids OCMW ofwel Gouden Gids infopagina's publieke instellingen)

III.41. Rustoord voor bejaarden (ROB)

BVR 17.07.1985 – BS (vaststelling van de normen om als rustoord of RVT door de Vlaamse Gemeenschap erkend te worden) 30.08.1985, laatst aangepast bij BVR 09.02.2007 – BS 30.03.2007
MB 14.02.2007 – BS 26.03.2007 (bepaling van de samenstelling van de dagprijs)
(Terugvordering door het OCMW: M.B. 19.10.2004 - B.S. 05.11.2004 en verordening 15.03.2004 - B.S. 17.05.2004)

Wat?

De rustoorden voor bejaarden pogen (personen met een handicap) ouderen een thuisvervangend milieu te bezorgen indien de mogelijkheden inzake thuiszorg onvoldoende zijn om thuis te kunnen blijven. Een bewonersraad is verplicht.

Opgelet:

- Er zijn 'erkende' en 'niet-erkende' rustoorden.
  De inrichtingen die zonder erkend te zijn als rustoord voor bejaarden, de woonplaats of de gewone verblijfplaats van bejaarden zijn, worden geregistreerd.
  Voor een geregistreerde inrichting wordt het bedrag van de forfaitaire tegemoetkoming beperkt per rechthebbende, en op voorwaarde dat die inrichting bewijst dat ze over verpleegkundigen (minstens 1/4- tijds per 30 opgenomen rechthebbenden) beschikt. Als die norm niet wordt gehaald, kan geen enkele tegemoetkoming worden toegekend.

Wie?

Ouderen met een zorgbehoevendheid van categorie 0 tot en met C (KATZ-schaal: zie III.28) kunnen terecht in een rustoord voor bejaarden.

Categorie 0: dit wil zeggen:
- fysisch volledig onafhankelijk en niet dement.

Categorie A: dit wil zeggen:
- fysisch afhankelijk bij het wassen en/of het kleden of
- psychisch afhankelijk, gedesoriënteerd in tijd en ruimte en fysisch volledig onafhankelijk.

Categorie B: dit wil zeggen:
- fysisch afhankelijk bij het wassen, kleden en zich verplaatsen, en/of naar het toilet te gaan;
- psychisch afhankelijk, gedesoriënteerd in tijd en ruimte en afhankelijk bij het wassen en/of het kleden.

Categorie C: dit wil zeggen:
- fysisch afhankelijk zijn zij die hulp nodig hebben:
  - en bij het zich wassen en kleden;
  - en bij het zich verplaatsen en naar het toilet gaan;
  - en om te eten of wegens incontinentie.

- psychisch afhankelijk zijn zij die hulp nodig hebben:
  - en wegens desoriëntatie in tijd en ruimte;
  - en bij het zich wassen en kleden;
  - en wegens incontinentie.

Categorie Cdementen: Indien de bejaarde reeds recht heeft op categorie C, en bijkomend nog hulp nodig heeft wegens desoriëntatie in tijd en ruimte, krijgt hij forfait Cd (Cdementen) toegekend.

Betoelaging?

1) De tegemoetkoming door het ziekenfonds aan het ROB wordt bepaald op basis van het aantal aangerekende dagen tijdens het voorbije jaar (referentieperiode) voor alle verblijvenden volgens de diverse afhankelijkheidscategorieën en van het aantal effectieve verblijfsdagen voor de andere patiënten. Het totaal aantal van die dagen, vermeerderd met 3 %, is het quotum aan dagen waarvoor het ROB een volledige tegemoetkoming krijgt.
   Voor de resterende kalenderdagen van de factureringsperiode, die boven dat quotum liggen, krijgt de instelling maar een partiële tegemoetkoming vanuit het ziekenfonds.

   Deze tegemoetkoming bekostigt de volgende zorgenverlening:
   1° de verzorging verleend door verpleegkundigen
   2° personeel dat taken inzake reactivering, revalidatie en sociale reïntegratie vervult (voor B, C en Cd patiënten)
   3° de bijstand in het dagelijks leven verleend door verzorgingspersoneel (hulp bij eten, wassen, ...), voor het behoud van hun zelfredzaamheid en levenskwaliteit
   4° verzorgingsmaterieel (ontsmettingsmiddelen, verbanden, steriele compressen, alcohol, ether en injectiemateriaal).

   Opmerking:
   - Onderleggers en het onderhoud van het bedlinnen mogen nooit als extrakost aan de betrokkene aangerekend worden door de instellingen die een ZIV-forfait krijgen (meer informatie hierover is te verkrijgen bij het ziekenfonds).
   - Incontinentiemateriaal is ofwel:
     - in de huisvestingsdagprijs inbegrepen;
     - apart aangerekend aan de rechthebbende.

     (zoals vermeld in het opnamecontract);
   - er mag geen supplement aangerekend worden voor gebruik van standaardrolwagen, looprek of krukken.

2) De Vlaamse Gemeenschap betaalt 60 % van de bouw- en inrichtingskosten.

3) De patiënt betaalt voor zijn hotelkosten meestal tussen de 40,00 euro en de 55,00 euro/dag.

   De instelling mag geen supplement aanrekenen voor het ter beschikking stellen van gewone rolstoelen, krukken of loophulpmiddelen (looprekken).

Verder heeft elke Vlaamse ROB-bewoner recht op een tegemoetkoming van de Zorgverzekering ten bedrage van 125 euro per maand. De Brusselse inwoner heeft hierop onder dezelfde zorgafhankelijke omstandigheden slechts recht indien hij aangesloten is bij een Vlaamse Zorgverzekeringskas en in een door Vlaanderen erkende voorziening verblijft (zie III.17).
Heeft iemand onvoldoende eigen middelen, dan wordt hij/zij eventueel ondersteund door het OCMW. In dat geval garandeert het OCMW een maandelijks zakgeld van minimum 84,47 euro.

Terugvordering door het OCMW

Financiële hulp door het OCMW om deze hotelkosten te betalen kan worden teruggevorderd bij echtgenoten en gewezen echtgenoten (beperkt tot het bedrag van het onderhoudsgeld), bij de ouders (voor opgenomen personen die na hun burgerlijke meerderjarigheid nog gezinsbijslagen ontvangen) of bij de kinderen.

De kinderen kunnen enkel worden aangesproken indien de ouders zijn opgenomen in een instelling.

Beperkingen: Bij kinderen die hun netto-inkomen lager is dan 20.335,35 euro + 2.846,95 euro per persoon ten laste (bedragen op 01.09.2008) kan het OCMW **niet** terugvorderen. Boven deze grens wordt slechts stapsgewijs teruggevorderd. Wie een inkomen heeft dat net boven deze grens uitkomt zal slechts een klein deel betalen. Daarenboven kan elk kind slechts maximaal worden aangesproken voor zijn eigen kindsdeel (m.a.w. indien er 3 kinderen zijn, kan per kind maximum 1/3 van de totale som worden teruggevorderd en dit op voorwaarde dat het inkomen hoger is dan supra beschreven grens!).

Niet alle OCMW's vorderen echter (de gehele som) terug. Voor verdere informatie neem je het best contact op met het OCMW van je woonplaats.

Goed om weten:

In het **toetredingsformulier** staat de samenstelling van de dagprijs vermeld, evenals de diensten en leveringen, die afzonderlijk worden aangerekend tegen marktconforme prijzen. Een aantal prijsonderdelen werden bij MB van 14.02.2007vastgelegd in dagprijs of als extra aan te rekenen kost. Zo maakt de kost voor incontinentiemateriaal deel uit van de dagprijs.

De voorziening moet op eenvoudig verzoek de bewijsstukken kunnen voorleggen die de uitgaven rechtvaardigen.

Ook een eventuele waarborgsom en de mogelijke aanwending er van is duidelijk opgegeven in het toetredingsformulier (het geld staat op een geblokkeerde rekening en de opbrengst er van is voor de bewoner).

Men vermeldt ook de regeling en tarieven voor niet gebruikte leveringen en diensten, tegen marktconforme prijzen, vb. bij tijdelijke afwezigheid of overlijden. Deze regeling slaat minstens op de terugbetaling van de kostprijs van de maaltijden.

Beëindiging van de overeenkomst:

De opzeg door een bewoner is 30 dagen, deze door de instelling is 60 dagen. Bij de eerste 30 dagen van een opname is de opzegtermijn slechts 7 dagen.

Indien tijdens de opzegperiode de woongelegenheid ontruimd wordt en opnieuw bewoond wordt door een ander persoon, dan kan men de dagprijs slechts aanrekenen tot de dag voor de wederingebruikname.

Bij **overlijden** heeft men 5 dagen de tijd om de kamer te ontruimen (langer indien anders overeengekomen). Gedurende die termijn kan enkel de dagprijs, verminderd met de bedragen van de niet-gebruikte leveringen en diensten, verder aangerekend worden. Indien de ontruiming niet op tijd gebeurt, dan mag de instelling dit zelf doen en kosten aanrekenen.

Waar?

- Rust- en verzorgingstehuizen (inlichtingen + inschrijving) (Gouden Gids nr 1015).
- Huisarts (inlichtingen + bijstand).
- Ziekenfonds - dienst maatschappelijk werk; adviserend geneesheer (inlichtingen + bijstand) (Gouden Gids nr 6990, www.cm.be; e-mail: dmw@cm.be).
- Gemeente - sociale dienst (financiële bijstand) (telefoongids OCMW ofwel Gouden Gids infopagina's publieke instellingen)

III.42. Psychiatrisch verzorgingstehuizen (PVT's)
(K.B. 10.07.1990 – 26.07.1990)

Wat?

Bestaande psychiatrische ziekenhuizen (of gedeelten van psychiatrische ziekenhuizen) kunnen een bijzondere erkenning krijgen als psychiatrisch verzorgingstehuis voor de opvang van:
- personen met een langdurige en gestabiliseerde psychische stoornis
- personen met een mentale handicap.

Wie?

Het psychiatrisch verzorgingtehuis is bestemd voor:

1) personen met een langdurige en gestabiliseerde psychische stoornis, welke:
   - geen medische behandeling in een ziekenhuis nodig hebben,
   - geen ononderbroken psychiatrisch toezicht nodig hebben,
   - niet in aanmerking komen voor opname in een rust- en verzorgingstehuis omwille van de psychische toestand,
   - niet in aanmerking komen voor beschut wonen (zie II.49.).

2) personen met een mentale handicap welke:
   - geen medische behandeling in een ziekenhuis nodig hebben,
   - geen ononderbroken psychiatrisch toezicht nodig hebben,
   - nood hebben aan continue begeleiding,
   - niet in aanmerking komen voor opname in een medisch-pedagogische instelling,
   - niet in aanmerking komen voor beschut wonen (zie II.49.).

Het beheer dient er over te waken dat de bewoners maandelijks over minimaal 170,86 euro beschikken, uitsluitend voor persoonlijke doeleinden (niet bestemd voor onkosten i.v.m. kleding, medicatie, incontinentie- of verzorgingsmateriaal, ...). (bedrag 01.09.2008).

Betoelaging?

De Federale Overheidsdienst Volksgezondheid komt tussen in de dagprijs voor de verblijfskosten.

De ZIV geeft forfaitaire tegemoetkomingen. Het forfaitair dagbedrag dat door de ziekteverzekering wordt betaald aan het psychiatrisch verzorgingstehuis en dekt volgende geneeskundige verstrekkingen:
- verpleegzorgen, kinesitherapie- en logopedieverstrekkingen,
- de geneeskundige verstrekkingen verleend door psychiaters en neuropsychiaters, uitgevoerd in het PVT,
- de bijstand in de handelingen van het dagelijks leven en voor reactivatie,
- functionele revalidatie en sociale reïntegratie, inclusief ergotherapie.

Het te betalen persoonlijk aandeel varieert naargelang de prijszetting van de instelling. Dit persoonlijk aandeel is de opnemingsprijs verminderd met de tegemoetkoming van de Staat (FOD Volksgezondheid) en verminderd met de tegemoetkoming van de ziekteverzekering (FOD Sociale Zekerheid).

De rechthebbende betaalt per verblijfdag aan het psychiatrisch verzorgingstehuis een forfaitair bedrag van 1,20 euro ter dekking van zowel het persoonlijk aandeel van de vergoedbare als de kost van de niet-vergoedbare farmaceutische specialiteiten.

Verder heeft elke Vlaamse PVT-bewoner recht op een tegemoetkoming van de Zorgverzekering ten bedrage van 125 euro per maand (vanaf 01.03.2009: 130 euro). De Brusselse inwoner heeft hierop slechts recht indien hij aangesloten is bij een Vlaamse Zorgverzekeringskas (zie III.17).

Waar?

- Ziekenfonds - adviserend geneesheer; dienst maatschappelijk werk (inlichtingen + bijstand) (Gouden Gids nr 6990, www.cm.be; e-mail: dmw@cm.be).
- Huisarts (inlichtingen + bijstand).
- Kliniek-psychiatrie (inlichtingen) (Gouden Gids nr 990).

III.43. Minder Mobielen Centrale

Wat?

In gans het Vlaamse land bestaan er Minder Mobielen Centrales welke als doel hebben bejaarden, personen met een handicap of zieke personen te vervoeren.

Meer dan 200 Vlaamse gemeenten (m.a.w. meer dan 64 % van de gemeenten) beschikken momenteel over een dergelijke dienst met bijna 3.000 vrijwilligers chauffeurs.

De chauffeurs zijn vrijwilligers die op aanvraag en tegen een kleine kostenvergoeding het transport verzorgen van de betrokken persoon naar de winkel, familie, dokter, ziekenhuis, ... Jaarlijks betaalt men 7,00 euro voor het lidmaatschap (de verzekering burgerlijke aansprakelijkheid inbegrepen). Per rit betaalt men voor al de gereden kilometers + 0,30 euro/km. (omniumverzekering + onkosten chauffeur) en in een aantal centrales + 0,50 euro administratiekosten.

Gebruik van dienstencheques (K.B. 31.03.2004; K.B. 05.03.2006)

De dienstencheques mogen ook gebruikt worden voor de betaling van de prestaties door de Minder Mobielen Centrale voor het begeleid vervoer van personen met beperkte mobiliteit met daartoe speciaal uitgeruste voertuigen (waarvoor de Federale Overheidsdienst Mobiliteit en Vervoer een attest heeft afgeleverd).

Wie?

Zieken, ouderen, personen met een handicap
1. van wie het inkomen lager is dan tweemaal het leefloon (zie IV.6.),
2. en voor wie het zeer moeilijk is om het openbaar vervoer te gebruiken of die geen openbaar vervoer in de buurt hebben, kunnen beroep doen op de Minder Mobielen Centrale tegen een vaste prijs per km. Jaarlijks betaalt men 7,00 euro voor het lidmaatschap (verzekering burgerlijke aansprakelijkheid inbegrepen). Per rit betaalt men voor al de gereden kilometers + 0,30 euro/km. (omniumverzekering + onkosten chauffeur) en in een aantal centrales + 0,50 euro administratiekosten.
   (Zie ook 'Wat?' - Gebruik van dienstencheques)

Waar?

- Ziekenfondsen - dienst maatschappelijk werk (Gouden Gids nr 6990, www.cm.be; e-mail: dmw@cm.be)
- Taxistop Gent
  Onderbergen 51 b, 9000 Gent
  tel.: (09) 223 23 10
  http://www.taxistop.be/1/1mmc.htm
- OCMW - sociale dienst (een aantal gemeenten organiseren zelf een Minder Mobielen Centrale)

III.44. Rusthuis infofoon

Wat?

Minister W. Demeester heeft de Rusthuis Infofoon opgericht waar in Vlaanderen sinds 23.09.1993 iedereen telefonisch terecht kan voor:
- klachten in verband met rusthuizen,
- vragen of problemen inzake rusthuizen.

Navraag leerde ons dat volgende informatie kan verkregen worden:
- een overzicht van de erkende rusthuizen (van de gewenste regio),
- een bijkomende informatie betreffende prijs of comfortvoorzieningen in een bepaald rusthuis

Over het aantal vrije plaatsen in een rusthuis, of over de wachtlijsten in een rusthuis kan geen informatie gegeven worden, en ook niet over de niet-erkende rusthuizen.

Er wordt ook niet bemiddeld bij het zoeken van een rusthuis. Indien mogelijk, wordt doorverwezen naar een externe organisatie die wel bemiddelend optreedt.

Indien kleinere klachten bij de 'Rusthuis Infofoon' terecht komen, wordt er met het betrokken rusthuis contact opgenomen en bemiddeld (bijvoorbeeld; afspraken bezoekuren,...).

Ernstige klachten worden doorgegeven aan de inspectie, die dan een onderzoek kan starten.

Waar?

- Deze Infofoon is elke voormiddag bereikbaar op het nummer: 078/15.25.25. In de namiddag heeft men de mogelijkheid om via een automatisch antwoordapparaat zijn telefoonnummer in te spreken, zodat de dienst nadien zelf terug contact kan opnemen.
- Ministerie van de Vlaamse gemeenschap.
IVA Zorg en Gezondheid
Afdeling Residentiële en Gespecialiseerde zorg
Rusthuis- Infofoon
Koning Albert II- laan 35, bus 33 ,1030 Brussel
Tel: 078-15 25 25
Fax:02-553 36 05

III.45. A) Ombudsdienst pensioenen
B) Beleidsorganisaties voor ouderen

A) Ombudsdienst Pensioenen

Wat?

De Ombudsdienst Pensioenen behandelt klachten over de wettelijke pensioenen die toegekend of betaald worden door de federale pensioeninstellingen voor werknemers, zelfstandigen en ambtenaren. De klachten kunnen gaan over de vaststelling van het pensioen, de betaling en het bedrag van het pensioen. Men kan er ook terecht met klachten over de werking en de dienstverlening van die pensioendiensten.

De Ombudsdienst is niet bevoegd om informatie te geven over de pensioenen.

De Ombudsdienst Pensioenen werkt in tweede lijn. Dit wil zeggen dat de klagers eerst hun probleem moeten aankaarten bij de bevoegde pensioendienst. Indien dit niet tot een oplossing leidt, kunnen zij een klacht indienen bij de Ombudsdienst Pensioenen.

Hoe? Waar?

Men kan een klacht indienen op volgende wijze:

- Schriftelijk:
  per brief: Ombudsdienst Pensioenen
  WTC III Simon Bolivarlaan 30 bus 5
  1000 Brussel
  Per fax: 02/274.19.99
  Per e-mail: ombud.pen@skynet.be
- Via de website www.ombudsmanpensioenen.be
- Mondeling op het kantoor van de Ombudsdienst Pensioenen, bij voorkeur na afspraak op het telefoonnummer 02/274.19.80
- Sommige steden (vb. Gent) hebben ook een ombudsfunctie ter beschikking (informatie bij de stad)

B) Lijst beleidsorganisaties - ouderen

- Neos, netwerk van ondernemende senioren
  Tweekerkenstraat 29, 1000 Brussel
  tel. (02) 238.04.91 fax (02)238.04.95
  www.neosvzw.be - info@neosvzw.be
- CD&V Senioren
  Wetstraat 89, 1040 Brussel
  tel. (02) 238.38.13 - fax (02)238.38.21
  www.senioren.@cdenv.be
- OKRA, trefpunt 55 +
  Aëropolis Haachtsesteenweg 579, 1031 Schaarbeek
  tel. (02) 246.44.41 fax(02)246.44.42
  www.okra.be
- Seniorenraad Landelijke Beweging
  Diestsevest 40, 3000 Leuven
  tel. (016) 28.60.30 - fax (016) 28.60.29
  www.landelijkegilden.be
- Vlaams Ouderen Overleg Komitee VZW - Vlaams Ouderen Raad
  Koloniënstraat 18-24 bus 7, 1000 Brussel
  tel. (02) 209.34.51 of 52
  info@vlaams-ook.be of info@vlaamse-ouderenraad.be
- Impact vzw
  Maastrichtersteenweg 254, 3500 Hasselt
  tel.: (011) 23 68 28 - fax (011) 23 21 04
- Vlaams verbond voor gepensioneerden
  Carnotstraat 47 bus 1, 2060 Antwerpen
  tel.: (03) 233 50 72 - fax (03) 234 22 11
  www.vvvg.be - info@vvvg.be
- Verbond der Verzorgingsinstellingen VVI
  Guimardstraat 1
  1040 Brussel
  Tel.: 02/511.80.08 - fax (02) 513.52.69
- Vereniging van Vlaamse Dienstencentra
  Langemeersstraat 6
  8500 Kortrijk
  tel.: (056) 24 42 00
  www.dienstencentra.org
- Brusselse welzijns- en gezondheidsraad
  Leopold II-laan 204bus 1, 1080 Brussel
  tel.: (02) 414 12 40 - fax (02) 414 17 19
  www.bwr.be

- Vlaams steunpunt voor vrijwilligerswerk
  Amerikalei 164
  2000 Antwerpen
  Tel.: (03) 218 59 01 - fax (03) 218 45 23
- Seniorencentrum (Brussel) Leopoldstraat 25 100 Brussel
  Tel. (02) 210.04.60 fax (02) 210 04 70
  e-mail: info@seniorencentrum-brussel.be
  web: www.seniorencentrum-brussel.be
- ABVV-Senioren, Hoogstraat 42 1000 Brussel
  Tel. (02) 289 01 30
  Fax (02) 289 01 89
  web: www.abvv-senioren.be
- ACLVB-Senioren, Koning Albertlaan 95,9000 Gent
  Tel. (09) 222 57 51
  Fax (09) 221 04 74
  web: www.aclvb.be
- GOSA, Grootouders- en Seniorenactie Gezinsbond
  Troonstraat 125 1050 Brussel
  Tel. (02) 507 89 45
  Fax (02) 507 89 49
  web: www.gezinsbond.be
- Fedos Federatie Onafhankelijke Senioren
  Warmoesstraat 13, 1210 Brussel
  tel. 02/218 27 19
  info@fedos.be

IV. Inkomensverhogende en uitgavenverlagende maatregelen voor lage inkomensgroepen

(Vervangingskomens of voorzieningen voor lage inkomens

IV.1. Gewaarborgde kinderbijslag

(Wet 20.07.1971 - B.S. 07.08.1971; KB 07.11.2000; BS 22.11.2000)

Wat?

Ouders die geen recht openen voor hun kinderen op kinderbijslag vanuit de regeling werknemers of zelfstandigen of vanuit een buitenlandse regeling, hebben voor hun kinderen toch recht op een gewaarborgde kinderbijslag (zowel op kinderbijslag als op leeftijdsbijslag, als op kraamgeld). Ook de schoolpremie en het forfaitair bedrag dat aan ouders voor geplaatste kinderen wordt uitgekeerd als de ouders contact houden met het kind (cfr. werknemers en zelfstandigen) is in deze regeling van toepassing.

Voor kinderen met een handicap is een speciale regeling van toepassing. Zij vragen de kinderbijslag aan bij het Provinciaal Bureau van het RKW en genieten de kinderbijslag uit het stelsel van werknemers.

Bedrag op 01.09.2008:

	< 6 jaar	6 tot 11 jaar	12 tot 18 jaar	> 18 jaar
Eerste kind	125,86	154,84	170,13	182,15
Tweede kind	180,65	209,63	224,92	236,94
Vanaf het derde kind	234,04	264,02	279,31	291,33
Vanaf het derde kind in een eenoudergezin	251,64	280,62	295,91	307,93

Vaste uitkering voor de persoon die de gewaarborgde kinderbijslag kreeg onmiddellijk vóór het kind in een instelling geplaatst werd: € 55,96.

Wie?

- Aanvragen die aan volgende voorwaarden voldoen:
  - geen andere rechten op kinderbijslag;
  - het gezinsinkomen ligt onder € 3.753,37 per jaar voor een gezin met 1 kind. Dit bedrag is te verhogen met 20% per kind vanaf het 2de kind;
  - het kind verblijft in België;
  - de natuurlijke persoon van wie het kind ten laste is, dient voor de aanvraag minstens 5 jaar werkelijk in België te verblijven;
- de normale voorwaarden (leeftijdsgrens, ...) van de wet op kinderbijslagen dienen eveneens voldaan;
- de aanvraag gebeurt bij de Rijksdienst voor Kinderbijslag voor Werknemers (RKW), Trierstraat 70, 1000 Brussel, tel.: (02) 237 21 11.

In 2006 sprak het Arbitragehof zich uit over de eventuele discriminatie van een als belg geboren kind van vreemde ouders, die illegaal in het land verblijven. Daar het recht op gewaarborgde kinderbijslag uitgesloten is door het (illegaal) statuut van de ouders, stelde men de rechten van het kind in vraag. Het Arbitragehof beschouwt dit niet als discriminerend omdat de regelgeving van het OCMW de gevolgen opvangt (het OCMW moet immers voorzien in het onderhoud van het Belgisch kind, waarbij het moet rekening houden met het feit dat voor het kind geen recht bestaat op kinderbijslag).

Waar?

- RKW (Rijksdienst voor Kinderbijslag Werknemers) (inlichtingen + aanvraag)
  Trierstraat 70, 1000 Brussel
  tel.: (02) 237 23 40 of (0800) 944 34
  info@rkw-onafts.fgov.be
  http://www.rkw.be
- Ziekenfonds - dienst maatschappelijk werk (inlichtingen + bijstand) (Gouden Gids nr. 6990, www.cm.be; e-mail: dmw@cm.be)
- Gemeente - sociale dienst (inlichtingen + bijstand) (telefoongids: OCMW, ofwel Gouden Gids nr. 7620).

IV.2. Bijkomende kinderbijslag voor kinderen met een handicap

(Wet kinderbijslag 19.12.1939, art. 47, BS 22.12.1939)

1. Regeling voor kinderen geboren vóór of op 01.01.1993 (vanaf 01.05.2009 overgangsregeling naar de nieuwe regeling, cfr. punt 2)

Wat?

Kinderen die arbeidsongeschikt worden bevonden (niet meer naar school kunnen gaan) en nog gerechtigd zijn op de gewone kinderbijslag, hebben eventueel recht tot hun 21 jaar op de gewone kinderbijslag en op een bijkomende kinderbijslag evenredig met hun graad van zelfredzaamheid (zie verder: percentage handicap). Zijn/haar zelfredzaamheid wordt vergeleken met deze van een kind van dezelfde leeftijd dat niet gehandicapt is, en aan de hand van de officiële Belgische schaal. In verhouding tot het verlies aan zelfredzaamheid wordt de kinderbijslag verhoogd met een bepaald bedrag.

Er bestaan 3 categorieën (1) van zelfredzaamheid. Afhankelijk van deze graad van zelfredzaamheid (of behoefte aan andermans hulp) onderscheidt men:
- categorie 1 (van 0 tot 3 punten) (gewone kinderbijslag + 375,22 euro),
- categorie 2 (van 4 tot 6 punten) (gewone kinderbijslag + 410,73 euro),
- categorie 3 (van 7 tot 9 punten) (gewone kinderbijslag + 439,07 euro).

(bedragen op 01.09.2008, laatste indexaanpassing)

Wie?

Kinderen jonger dan 21 jaar die:
- minimum 66 % arbeidsongeschikt of geestelijk ongeschikt zijn;
- een verminderde graad van zelfredzaamheid hebben;
- niet werken (of gewerkt hebben) met uitzondering van een tewerkstelling in een beschutte werkplaats,
- recht hebben op de gewone bijslag.

Chronisch zieke kinderen: (KB 29/04/99 - BS 18/05/99 ed. 1)

Sinds juli 1999 kan een bijkomend percentage van 15 of 20 % worden toegekend aan sommige chronisch zieke kinderen. Kinderen met een ongeschiktheid van tenminste 45% volgens de Officiële Belgische Schaal (OBSI) kunnen hierdoor misschien in aanmerking komen voor de verhoogde kinderbijslag!

---

(1) De categorie (het aantal punten) wordt vastgesteld door de medische dienst van de Federale Overheidsdienst Sociale Zekerheid (voor de berekening, zie 'aandachtspunten artsen'.

Het is dus belangrijk dat ouders die menen, in samenspraak met hun behandelende arts, dat hun kind beantwoordt aan onderstaande criteria en door een eventuele vermeerdering van het percentage ongeschiktheid in aanmerking zouden komen voor een verhoogde kinderbijslag (m.a.w. + 66% bekomen), een aanvraag om herziening indienen.

Er wordt namelijk bijkomend (bovenop het percentage volgens de OBSI) een percentagevermeerdering toegekend van 20 pct. voor de aandoeningen die aan al de vijf hiernavolgende voorwaarden voldoen en een percentagevermeerdering van 15 pct. voor de aandoeningen die aan vier van de vijf hiernavolgende voorwaarden voldoen:

a) de aandoeningen moeten, ondanks de beschikbare therapie, gepaard gaan met ernstige klinische verschijnselen;
b) de therapie dient, wanneer degelijk en volledig toegepast, complex en zwaar belastend te zijn voor het kind en zijn omgeving;
c) de algemene toestand dient gekenmerkt te zijn door een wankele stabiliteit en is bedreigd door tussentijdse complicaties;
d) ondanks een blijvende, nauwgezette, regelmatig bijgestuurde en intensieve therapie zal er een progressieve chronische aantasting van verschillende orgaansystemen optreden.
e) de levensverwachting wordt beïnvloed.

Hoe?

a. Een schriftelijke aanvraag richten aan de kinderbijslagkas (de gerechtigde ontvangt dan medische documenten).
b. De ontvangen medische documenten dienen ingevuld door de behandelde arts (zie ook aandachtspunten arts) en dan teruggestuurd naar de kinderbijslagkas.
c. Nadien wordt het kind opgeroepen door de medische dienst van de Federale Overheidsdienst Sociale Zekerheid voor onderzoek.
d. Na het medisch onderzoek volgt een dubbele beslissing;
   1. *medische beslissing* vanuit de Federale Overheidsdienst Sociale Zekerheid (hierop vindt men het vastgestelde percentage handicap),
   2. *administratieve beslissing* vanuit de kinderbijslagkas (met vermelding van:
      - toekenningsperiode,
      - categorie zelfredzaamheid).

Beroepsprocedure

- Indien men beroep wil aantekenen (op medisch of op administratief vlak) is dit enkel mogelijk tegen de administratieve beslissing (zie "Hoe? d.").
- Het beroep wordt ingesteld bij de arbeidsrechtbank. Er bestaat geen termijn om in beroep te gaan.

Herziening

- Op basis van nieuwe medische gegevens kan betrokkene een aanvraag voor herziening doen (zelfde procedure als voor een eerste aanvraag!).

- Ambtshalve herziening: de kinderbijslagkas kan eveneens een nieuw onderzoek aanvragen bij de Federale Overheidsdienst Sociale Zekerheid.
  - Indien een hogere categorie wordt toegekend, dan gaat de beslissing in vanaf het ogenblik van verergering,
  - Indien een lagere categorie wordt toegekend, dan gaat de beslissing in vanaf de 1ste dag van de maand volgend op de beslissing (men kan hiertegen in beroep gaan; zie beroepsprocedure)

Aandachtspunt voor artsen:

A) Percentage handicap

Dit percentage wordt vastgesteld aan de hand van:
1) de OBSI (officiële Belgische schaal ter bepaling van de graad van invaliditeit) en/of
2) een lijst van aandoeningen.

Evaluatie van kinderen uit het buitengewoon onderwijs, type 2:

De artikelen 665 tot 669 van de OBSI die rekening houden met een aantal factoren, waaronder het intelligentiequotiënt, worden gebruikt voor de evaluatie van kinderen met een mentale handicap.

Een IQ-test heeft nooit een absolute waarde maar moet geïnterpreteerd worden in zijn context (anamnese, persoonlijkheid van het kind, socio-economische status van het gezin, culturele achtergrond, onderwijs, geassocieerde handicaps, enz.).

Daarnaast doet de Federale Overheidsdienst Sociale Zekerheid voor een evaluatie beroep op een aantal bestaande wetenschappelijke werken en/of onderrichtingen (de resolutie WHA 29.35 van de Wereldgezondheidsorganisatie, Genève 1980; een werk over atypische pervasieve ontwikkelingsstoornissen en andere). (Vragen + Antwoorden - Kamer van Volksvertegenwoordigers - Vraag nr. 236 van 14.05.96)

B) Vaststelling categorie

De vaststelling van de categorie gebeurt aan de hand van een zelfredzaamheidsschaal. Er wordt rekening gehouden met zes factoren:
1. het gedrag
2. de communicatie
3. de lichaamsverzorging
4. de verplaatsing
5. de lichaamsbeheersing in bepaalde situaties en de handigheid
6. de aanpassing aan de omgeving.

Voor elke factor worden punten toegekend:
- nul punten indien er een normale geschiktheid is in vergelijking met een niet gehandicapt kind van dezelfde leeftijd
- één punt indien de activiteit wordt verricht met de nodige moeilijkheden, maar zonder hulp van een derde (eventueel wel met de nodige apparatuur)
- twee punten indien de activiteit wordt verricht met grote moeilijkheden en met de hulp van een derde op de moeilijke momenten

- drie punten indien het kind onbekwaam is om de activiteit te verrichten en het kind voortdurend hulp nodig heeft.

De drie hoogste scores worden opgeteld om het totaal aantal punten te kennen.

C) Formulieren in te vullen door de arts:

Het medisch verslag (te voegen bij de aanvraag voor verhoogde kinderbijslag).
Het formulier bestaat uit drie luiken:

1. Algemene inlichtingen + diagnose + aantal punten zelfredzaamheid
2. Onderzoek inzake:
   A: de motoriek
   B: het gezicht
   C: het gehoor
   D: de psyche
   E: chronische ziektes
3. Evaluatie graad van zelfredzaamheid (zie punt B.)

2. Nieuwe regeling voor kinderen geboren vanaf 02.01.1993

(vanaf 01.05.2009 zullen alle kinderen met bijkomende kinderbijslag deze regeling kunnen aanvragen)

Wat?

Voor kinderen geboren na 01.01.1993 is er vanaf 01.05.2003 een nieuw evaluatiesysteem met daaraan gekoppeld nieuwe rechten.

In een later stadium zou deze regeling worden uitgebreid naar alle leeftijdscategorieën.

In het nieuwe systeem verdwijnt het "alles of niets" effect uit het oude systeem (66 % of niets) en is er een globale evaluatie waarbij niet alleen rekening wordt gehouden met de lichamelijke of mentale aandoening maar ook met de weerslag van de aandoening op het functioneren van het kind met name ook voor de inspanningen die het gezin moet leveren om met deze aandoening om te gaan.

Wie?

Kinderen met een handicap of met een ernstige chronische ziekte - geboren na 01.01.1993 - en met een minimum van 4 punten op de eerste pijler (ongeschiktheid van minstens 66 % volgens OBSI) of met een totaalscore van minimum 6 punten op de 3 pijlers samen, komen in aanmerking voor een verhoogde kinderbijslag.

Bij het ter perse gaan van deze uitgave wordt aan een uitbreiding gewerkt, die deze nieuwe regeling openstelt voor alle kinderen met een handicap, dus ook deze die ouder zijn dan 16 jaar. Men voorziet een overgangsmaatregel waarbij een laattijdige herziening uit de oude regelgeving geen nadeel oplevert als het nieuwe systeem gunstiger is of omgekeerd. Een positief resultaat wordt met terugwerkende kracht betaalt en een eventueel negatief resultaat wordt niet teruggevor-

derd. Zo hoeft niet iedereen meteen een herziening aan te vragen, maar kan men wachten tot de ambtshalve herziening zich aandient. Een medische herziening is omslachtig. Het gaat om kinderen die ouder zijn dan 16 jaar, sommigen dus aan het einde van het recht op bijkomende kinderbijslag. Hopelijk wordt niet iedereen verplicht om voor een beperkte periode nog een herziening uit te voeren.

2.1. Evaluatie op basis van drie pijlers

Een eerste pijler (P1) blijft de ongeschiktheid van het kind. Afhankelijk van het percentage ongeschiktheid kan hier maximaal 6 punten gescoord worden: van 25 tot 49 % wordt 1 punt toegekend, van 50 tot 65 % worden 2 punten toegekend, tussen 66 en 79 % 4 punten en vanaf 80 % 6 punten.

De tweede pijler (P2) meet de activiteiten en participatie van het kind. Op 4 items kunnen telkens tussen 0 en 3 punten gescoord worden: de weerslag op het leren en opleidingskansen van het kind, de communicatie, de mobiliteit en de zelfverzorging met inbegrip van de preventieve en curatieve behandelingen die het kind moet krijgen. Hiervoor kunnen dus maximaal 12 punten gescoord worden.

Een derde pijler (P3) heeft aandacht voor de belasting van het gezin: de behandelingen thuis, de verplaatsingen voor medisch toezicht en behandelingen en de aanpassingen van de leefomgeving en de leefgewoontes binnen het gezin. Ook hier worden telkens tussen 0 en 3 punten toegekend en worden dus maximaal 9 punten toegekend. Het is de bedoeling het belang van deze pijler te benadrukken: men gaat dan ook het puntenaantal verdubbelen, waardoor P3 even belangrijk wordt als P1 en P2 samen.

Alhoewel de controle zal gebeuren door een controlearts, gaat het hier niet enkel over een medische evaluatie (o.a. te staven door middel van rapporten van huisartsen en specialisten), maar gaat het grootste gewicht naar activiteiten en participatie van het kind en naar de familiale belasting door de situatie van het betrokken kind. Naast de vragenlijsten (gerelateerd aan de ouderdom van het kind) kunnen ook verslagen van maatschappelijk werkers hierover duidelijkheid brengen.

Schematisch voorgesteld geeft dat :

KIND							GEZIN				
Ongeschiktheid (P1)		Activiteit en Participatie (P2)	0	1	2	3	Familiale Belasting (P3)	0	1	2	3
25 - 49 %	1	Leren, opleiding en sociale integratie					Opvolging van de behandeling thuis				
50 - 65 %	2	Communicatie					Verplaatsing voor medisch toezichten behandeling				
66 - 79 %	4	Mobiliteit en verplaatsing					Aanpassing van het leefmilieu en de leefwijze				
80 - 100 %	6	Zelfverzorging									
Score		Totaalscore					Totaalscore				
Maximaal aantal punten : P1 = max. 6 punten P2 = max. 12 punten P3 = 9 x 2 = max. 18 punten											

Men gaat er van uit dat kinderen die een score 6 halen in aanmerking komen. Daarbij wordt gesteld dat kinderen die 4 scoren op P1 (wat overeenstemt met 66 %) ook in het systeem zullen blijven.

Er worden 6 categorieën voorzien: 6 tot 8 punten, 9 tot 11 punten, 12 tot 14 punten, 15 tot 17 punten, 18 tot 20 punten en boven de 20 punten. Kinderen die geen 6 punten in het totaal halen maar op de eerste pijler 4 of 5 scoren, krijgen een vergoeding die gelijk is aan deze van cat. 1.

2.2. Bedragen

Er worden aan de verschillende categorieën maandbedragen toegekend:

Minstens 4 punten op Pijler 1	€ 73,14
6-8 punten in totaal en geen 4 punten op Pijler 1	€ 97,41
9-11 punten in totaal en geen 4 punten op Pijler 1	€ 227,31
minstens 4 punten op Pijler 1 en 6-8 punten in totaal	€ 375,22
12-14 punten in totaal	€ 375,22
15-17 punten in totaal	€ 426,65
18-20 punten in totaal	€ 457,13
meer dan 20 punten in totaal	€ 487,60

(bedragen op 01.09.2008)

Hoe?

Aanvragen en beroepsprocedure

Stap 1: Men vraagt de aanvraagformulieren aan bij het kinderbijslagfonds.

Stap 2: Men ontvangt:

1) een aanvraag tot medische vaststelling. Dit formulier is reeds ingevuld door het kinderbijslagfonds.
2) een medisch formulier om door de behandelende geneesheer te laten invullen.
3) een medisch-sociaal bundel. Dit mag worden ingevuld door de dokter, een maatschappelijk werker of door betrokkene.

Wordt dit formulier niet ingevuld, dan gaat de aanvraag gewoon door. De bedoeling van het formulier is de controlearts te helpen in zijn controle functie.

Verworven rechten, zoals ze bestonden bij de overgang voor wie na 01.01.1996 geboren is:

Kinderen die in het systeem voor 01.05.2003 een uitkering ontvangen blijven gerechtigd op dit bedrag tot 3 jaar na de ambtshalve herziening in de nieuwe regeling indien hen in het nieuwe systeem een lager recht is toegekend.

Als het nieuwe systeem voordeliger is, wordt het definitief toegepast en vanaf 01.05.2003 (maximum 3 jaar terugwerkende kracht).

Het kinderbijslagfonds vraagt tijdig een nieuwe evaluatie om te bepalen of er recht is op een toeslag in het oude of het nieuwe systeem.

Het is dus aan te raden om zelf geen herziening te vragen. Immers, wanneer het oude systeem financieel voordeliger blijkt, dan heb je er alle belang bij om de termijn van 3 jaar verdere uitbetaling van het oude bedrag uit te stellen. Als het nieuwe systeem voordeliger is, dan zal men dit met terugwerkende kracht invoeren vanaf 01.05.2003 (tenzij de herziening na 01.05.2006 gebeurt, want men gaat maximum 3 jaar terug).

Deze gunstige overgangsmaatregel had tot doel te voorkomen dat de medische diensten overstelpt worden met aanvragen tot herzieningen.

Enige uitzondering: dossiers die in het oude systeem definitief of voor onbepaalde tijd beslist zijn en waarbij men meent voordeel te hebben in het nieuwe systeem moeten zelf een herziening vragen omdat het kinderbijslagfonds voor die dossiers geen ambtshalve herziening plant.

De periode van verworven rechten is uitdovend (maximum 3 jaar)

De nieuwe groep gerechtigden, geboren tussen 01.01.1993 en 02.01.1996, krijgt geen overgangsmaatregel omdat ondertussen de grote financiële verschillen tussen de oude en de nieuwe regelgeving zijn weggewerkt (bedragen werden verhoogd op 01.05.2006).

Waar?

- RKW (Rijksdienst voor Kinderbijslag Werknemers) (inlichtingen)
  Trierstraat 70, 1040 Brussel
  Tel.: (02) 237.23 40 of 0800/944 34
  info@rkw-onafts.fgov.be
  http://www.rkw.be
- RSVZ (Rijksinstituut voor Sociale Verzekeringen der Zelfstandigen (inlichtingen)
  Jan Jacobsplein 6, 1000 Brussel
  Tel.: (02) 246 42 11 info@rsvz-inasti.fgov.be
- Kinderbijslagkassen (inlichtingen + aanvraag) (Gouden Gids nr. 530)
- Ziekenfonds - dienst maatschappelijk werk (inlichtingen + bijstand) (Gouden Gids nr. 6990, www.cm.be; e-mail: dmw@cm.be)
- Federale Overheidsdienst Sociale Zekerheid - medische dienst (vaststelling van het aantal punten)
  Tel.: (centrale) (02)509.85.43 of (02)509.84.51 (permanentie: 8u30 tot 12u00)
  E-mail: HandiN@minsoc.fed.be
- Verenigingen voor personen met een handicap (inlichtingen + bijstand)
  bv. KVG, A. Goemaerelei 66, 2018 Antwerpen, tel.: (03) 216.29.90

IV.3. Verlengde kinderbijslag voor personen met een handicap

Personen met een handicap, geboren vóór 01.07.1966

Wat?

Een aantal personen met een handicap blijven onbeperkt recht behouden op kinderbijslag (ook na 21 jaar) en dit tot bij overlijden. Men noemt dit de verlengde kinderbijslag. Het bedrag van de verlengde bijslag is € 124,63 voor de oudste persoon met een handicap; € 198,48 voor de (eventuele) tweede; 270,18 vanaf het derde kind met een handicap. Indien het om kinderen van een éénoudergezin (1) gaat wordt het bedrag verhoogd met 21,22 euro.

Diegenen die aan de hieronder opgesomde voorwaarden voldoen en geen kinderbijslag meer ontvangen, kunnen ten allen tijde in beroep gaan bij de arbeidsrechtbank. Men neemt hiervoor best contact op met een sociale dienst.

De verlengde kinderbijslag kan gecumuleerd worden met een loon uit een beschutte werkplaats (zie II.11.D), een invaliditeitsuitkering, een werkloosheidsuitkering (verworven vanuit tewerkstelling in een beschutte werkplaats), integratietegemoetkomingen aan personen met een handicap (zie II.5., 6. en 7.) of met het gewaarborgd inkomen of de inkomensgarantie voor ouderen (zie III.12.).

De verlengde bijslag is niet cumuleerbaar met de inkomensvervangende tegemoetkoming.

Wie?

Kinderen met een handicap die de leeftijd van 21 jaar bereikt hadden vóór 01.07.87 (m.a.w. geboren voor 1 juli 1966) en die op de leeftijd van 14 jaar
- volledig (100 %) arbeidsongeschikt erkend waren of
- minstens 66 % lichamelijk of geestelijk ongeschikt waren en tewerkgesteld in een beschutte werkplaats

Waar?

- RKW (Rijksdienst voor Kinderbijslag Werknemers) (inlichtingen)
  Trierstraat 70
  1040 Brussel, tel.: (02) 237 23 40 of (0800) 944 34
  info@rkw-onafts.fgov.be
  http://www.rkw.be
- RSVZ (Rijksinstituut voor Sociale Verzekeringen der Zelfstandigen (inlichtingen)
  Jan Jacobsplein 6, 1000 Brussel
  Tel.: (02) 546 42 11
  info@rsvz-inasti.fgov.be
- Kinderbijslagkassen (inlichtingen + aanvraag) (Gouden Gids nr. 530)

---

(1) Sommige specifieke gezinssituaties worden gelijkgesteld met een éénoudergezin, vb. éénouder, kind en een inwonende grootvader

- Federale Overheidsdienst Sociale Zekerheid - medische dienst (vaststelling van de ernst van de handicap), tel.: (02)509.85.43 of (02)509.84.51 (permanentie: 8u30 tot 12u00)
  E-mail: HandiN@minsoc.fed.be
- Ziekenfonds - dienst maatschappelijk werk (inlichtingen + bijstand) (Gouden Gids nr.6990, www.cm.be; e-mail: dmw@cm.be)
- Verenigingen voor personen met een handicap (inlichtingen + bijstand) bv. KVG, A. Goemaerelei 66, 2018 Antwerpen, tel.: (03) 216 29 90

IV.4. Verhoogde kinderbijslag voor kinderen van arbeidsongeschikte werknemers / zelfstandigen

Wat?

Arbeidsongeschikte werknemers en zelfstandigen (chronisch ziek of persoon met een handicap) hebben onder bepaalde voorwaarden recht op hogere kinderbijslagen.

Bedragen vanaf: 01.09.2008:
1ste kind = 174,75 euro + leeftijdsbijslag
2de kind = 180,65 euro + leeftijdsbijslag
3de + volgende = 235,04 euro + leeftijdsbijslag
3de + volgende van éénoudergezin (1) = 251,64 euro + leeftijdsbijslag

Wie?

- De werknemers/zelfstandigen dienen 66 % arbeidsongeschikt te zijn door:
  - ziekte
  - arbeidsongeval
  - beroepsziekte
  - bevallingsrust met moederschapsuitkering
  - ongeval zonder recht op uitkeringen.

De **personen met een handicap** (met integratietegemoetkoming categorie II of hoger, ofwel erkend als invalide mijnwerker) kunnen **vanaf de eerste maand** arbeidsongeschiktheid recht hebben op een hogere kinderbijslag.

Andere arbeidsongeschikte werknemers kunnen **vanaf de 7de maand** arbeidsongeschiktheid aanspraak maken op een hogere kinderbijslag.

Het totaal bedrag van vervangingsinkomsten en inkomsten uit arbeid (toegelaten activiteit en/of activiteit van de echtgenoot of partner) mag niet hoger liggen dan (index 01.09.2008):
- 2.060,91 euro indien de rechthebbende of bijslagtrekkende alleen woont met kinderen
- 2.131,19 euro indien de rechthebbende en partner samenwonen met kinderen.

Alle inkomens tellen mee!!
De inkomsten uit zelfstandige arbeid: netto winst vermenigvuldigd met 100/80

Hoe?

De aanvraag gebeurt in principe automatisch.

(1) Sommige specifieke gezinssituaties worden gelijkgesteld met een éénoudergezin, vb. éénouder, kind en een inwonende grootvader

Waar?

- RKW (Rijksdienst voor Kinderbijslag) (inlichtingen)
  Trierstraat 70, 1040 Brussel
  tel.: (02) 237 23.40 of (0800) 944 34
  info@rkw-onafts.fgov.be
  www.rkw.be
- RSVZ (Rijksinstituut voor Sociale Verzekeringen der Zelfstandigen (inlichtingen)
  Jan Jacobsplein 6, 1000 Brussel
  Tel.: 02 246 42 11 info@rsvz-inasti.fgov.be
  info@rsvz-inasti.fgov.be
- Kinderbijslagkassen (inlichtingen + aanvraag) (Gouden Gids nr. 530)
- Ziekenfonds - dienst maatschappelijk werk (inlichtingen + bijstand) (Gouden Gids nr. 6990, www.cm.be; e-mail: dmw@cm.be)
- Verenigingen voor personen met een handicap (inlichtingen + bijstand)
  bvb. KVG, A. Goemaerelei 66, 2018 Antwerpen, tel.: (03) 216 29 90; post@kvg.be

IV.5. Verhoogde kinderbijslag voor kinderen van gepensioneerden

Wat?

Gepensioneerden met ouderdomspensioen, die minstens sedert 6 maanden voor hun pensioen recht hadden op kinderbijslag, hebben onder bepaalde voorwaarden recht op hogere kinderbijslagen voor hun gerechtigde kinderen vanaf hun pensionering.

Bedragen op 01.09.2008:
- 1e kind + 42,46 euro,
- 2e kind + 26,32 euro,
- vanaf 3e kind + 4,62 euro per maand.

(plus eventueel de opleg voor éénoudergezin)

Wie?

Gepensioneerden met ouderdomspensioen, die minstens sedert 6 maanden voor hun pensioen recht hadden op kinderbijslag, en waarvan het totaal van de inkomsten niet groter is dan 2.131,19 euro per maand voor een koppel of 2.060,91 euro voor een bijslagtrekkende die alleen woont met kinderen.

Alle inkomens tellen mee!!

Hoe?

De gepensioneerde moet zelf contact opnemen met de betrokken kinderbijslagkas (die de kinderbijslag uitbetaalde voor de pensionering) om deze verhoogde kinderbijslag aan te vragen!!!

Waar?

- RKW (Rijksdienst voor Kinderbijslag) (inlichtingen)
  Trierstraat 70, 1040 Brussel
  tel.: (02) 237 23 40 of (0800)944 34
  info@rkw-onafts.fgov.be
  http://www.rkw.be
- Kinderbijslagkassen (inlichtingen + aanvraag) (Gouden Gids nr. 530)
- Ziekenfonds - dienst maatschappelijk werk (inlichtingen + bijstand) (Gouden Gids nr. 6990, www.cm.be; e-mail: dmw@cm.be)
- Gemeente - sociale dienst (inlichtingen + bijstand) (telefoongids: OCMW of Gouden Gids nr. 7620)

IV.6. Leefloon – Schuldbemiddeling

a. leefloon (Wet inzake het recht op maatschappelijke integratie van 26.05.2002 – BS 31.07.2002)
b. schuldbemiddeling (Wet op het consumentenkrediet 12.06.1991; erkende schuldbemiddelaars Decreet 24.07.96 -B.S. 05.10.96, BVR 25.03.97 - B.S. 30.05.97)
c. specifieke hulp voor onderhoudsgeld (programmawet 09.07.2004 - B.S. 15.07.2004; wet 08.07.1976 Hfdst. IV, afd 4 art. 68 quinquies)

a. Leefloon

Wat?

De Wet inzake het recht op maatschappelijke integratie van 26 mei 2002. Die wet vervangt de oude bestaansminimumwet van 1974.

Net zoals de oude bestaansminimumwet, voorziet de nieuwe wet in een uitkering voor mensen die geen inkomen hebben. Die uitkering heet leefloon.

De samenwonende echtgenoten of partners hebben elk een individueel recht op een leefloon.

De vreemdelingen ingeschreven in het bevolkingsregister hebben ook recht op maatschappelijke integratie.

De nieuwe wet geeft bijzondere aandacht aan wie jonger is dan 25 jaar. Er zijn verschillende trajecten mogelijk die het OCMW samen met de betrokkene zal afwegen: een betaalde job, een geïndividualiseerd project maatschappelijke integratie gericht op arbeid, opleiding, scholing of studie.

Wanneer men geniet van een geïndividualiseerd project voor maatschappelijke integratie, ontvangt men een leefloon. Indien uw gezondheid, uw familiale of persoonlijke situatie het niet mogelijk maken om te werken, of in afwachting van een job, kunt u eveneens van het OCMW een leefloon ontvangen. Het OCMW zal uw situatie beoordelen en op basis daarvan een beslissing nemen.

Voorwaarden:

- de nationaliteit: Belg, staatloze, erkende vluchteling, onderdaan van een andere lidstaat van de Europese Unie of vreemdeling ingeschreven in het bevolkingsregister.
- leeftijd: minstens 18 jaar of gehuwd, zwanger of kind ten laste
- gewoonlijk en permanent verblijf in België
- geen inkomsten of lager dan het bedrag van het leefloon
- werkbereidheid (tenzij gezondheids - of billijkheidsredenen
- rechten op andere uitkeringen (ook onderhoudsgeld) moeten, worden uitgeput.

Maandbedragen: (index 01.09.2008)

- samenwonend met één of meerdere personen, maar geen personen ten laste heeft: **474,37 euro**
- alleenwonend: **711,56 euro**
- gezinssituatie, een partner of één of meerdere kinderen ten laste: **948,74 euro**

Hoe?

Het best is rechtstreeks naar het OCMW te gaan om er een maatschappelijke werker te ontmoeten. Als dit onmogelijk is, kunt men zich laten vertegenwoordigen.

In dat geval moet die persoon schriftelijk door u zijn aangewezen om de aanvraag in uw plaats in te dienen.

Het OCMW doet een sociaal onderzoek.
Men gaat na of betrokkene aan de voorwaarden voldoet. Men moet alle nodige inlichtingen geven.
Het leefloon wordt in principe voor onbeperkte duur toegekend.
Het OCMW gaat ten minste één maal per jaar na of de situatie van betrokkene niet veranderd is.
Indien de situatie verandert, moet het OCMW daarover ingelicht worden.
Het OCMW kan het leefloon terugvorderen wanneer achteraf blijkt dat men er geen recht op had.

Indien men dringende materiële hulp nodig heeft, dan kan alleen de voorzitter van het OCMW onmiddellijk helpen. De maatschappelijk werker zal betrokkene informeren over wat men hiervoor moet doen.

Als men een aanvraag om steun doet, is het belangrijk dat men van het OCMW een 'ontvangstbewijs' krijgt. Met dit document kan men later bewijzen op welke datum de aanvraag werd gedaan. Dit ontvangstbewijs moet bewaard worden, ook al wordt de aanvraag geweigerd.

Indien men het ontvangstbewijs toch niet ontvangt, stuurt men best een aangetekende brief aan het OCMW: 'bij deze bevestig ik dat ik aanwezig was tijden het spreekuur op ../../.... om er .... (soort hulp of leefloon) aan te vragen. De brief kan ook afgegeven worden op het OCMW om met datum te laten aftekenen voor ontvangst.

Voor een aanvraag voor het leefloon heeft men het recht om gehoord te worden door de raad voor Maatschappelijk Welzijn vooraleer de beslissing over de aanvraag wordt genomen. Men kan zich laten bijstaan of vertegenwoordigen als dit schriftelijk werd gevraagd. Dit recht is niet voorzien voor een aanvraag om maatschappelijke dienstverlening, maar men mag het altijd vragen.

Binnen de 30 kalenderdagen vanaf de dag waarop de aanvraag werd ingediend, moet de Raad voor Maatschappelijk Welzijn een beslissing nemen.

Is de beslissing genomen, dan moet het OCMW binnen de 8 dagen het resultaat laten weten. Dit gebeurt met een brief, die aangetekend wordt opgestuurd of die aan betrokkene wordt overhandigd. Men tekent dan een ontvangstbewijs.

Het OCMW kan de aanvraag goedkeuren, maar ook weigeren. Bij een weigering van de aanvraag moet het OCMW de redenen duidelijk en schriftelijk vermelden waarom geen leefloon of maatschappelijke hulp wordt gegeven.

Beroep

Wie niet akkoord gaat met de beslissing van het OCMW, kan een beroep instellen bij de arbeidsrechtbank. Het adres van de rechtbank wordt vermeld op keerzijde van de beslissing van het OCMW. De procedure is gratis.

Men kan zich laten vertegenwoordigen:
- ofwel door een advocaat
- ofwel door een afgevaardigde van een maatschappelijke organisatie
- ofwel door een familielid of iemand die u kent

Het indienen van een beroep schorst de beslissing van het OCMW niet.

Pas op: beroep moet ingediend worden binnen de drie maanden nadat de beslissing van het OCMW werd ontvangen.

b. Schuldbemiddeling

Wat?

De openbare centra voor maatschappelijk welzijn (OCMW's) en de door de Vlaamse regering erkende centra voor algemeen welzijnswerk, met uitzondering van de centra voor tele-onthaal kunnen onder bepaalde voorwaarden een erkenning aanvragen als schuldbemiddelaar.

De rol van schuldbemiddelaar kan ook opgenomen worden door een advocaat, een gerechtsdeurwaarder, een notaris.

Indien de schuldenlast overmatig groot is, dan kan de rechtbank een schuldbemiddelaar aanstellen in het kader van de collectieve schuldenregeling. In dat geval worden de schuldeisers in de mate van het mogelijke evenredig uitbetaald, maar wordt de schuldenaar ook beschermd tegen het buitensporig aangroeien van de intrestenlast, wat vaak de oorzaak is dat mensen nooit van hun overmatige schuldenlast afkomen.

Wat?

Deze instellingen richten zich tot personen met problemen tengevolge van een schuldenlast die geheel of ten dele uit één of meer kredietovereenkomsten voortvloeit.

Het doel van de overeenkomst tot schuldbemiddeling bestaat erin genoemde personen te helpen hun financieel evenwicht te herstellen en hun schulden af te betalen op een menswaardige wijze.

De instellingen kunnen slechts de werkelijk gemaakte, aan de schuldbemiddelingsprocedure verbonden, kosten (met een maximum van 90,28 euro) verhalen op de aanvragers. Er mag in geen enkel geval teruggevorderd worden van personen die een inkomen genieten dat niet hoger is dan het leefloon.

c. Specifieke hulp voor onderhoudsgeld

(Art. 68quinquies van de Organieke Wet van 08.07.1976, ingevoegd bij de Programmawet van 09.07.2004 - BS 15.07.2004; KB 05.12.2004 - BS 13.12.2004, uitvoering art. 68 quinquies)

Wat?

Bij de start van het leefloon had de wetgever voorzien in een verhoogd leefloonbedrag voor alleenstaanden met een alimentatieplicht. Deze maatregel werd geschrapt omdat hij discriminerend zou zijn. In ruil daarvoor is er nu voor de leefloongerechtigden de financiële hulp gekomen voor het betalen van onderhoudsgeld.

Het OCMW betaalt maandelijks op een vaste datum of dag een tussenkomst in onderhoudsgeld van 50%, met een maximum van 1.100 euro per jaar (contant, postassignatie, overschrijving of per cheque).

Het is een vorm van specifieke hulp en er mogen op dit bedrag geen inhoudingen gebeuren voor administratie- of onderzoekskosten.

Wie?

Wie aan de volgende voorwaarden voldoet heeft recht op hulp van het OCMW voor het betalen van onderhoudsgeld ten gunste van kinderen.

- De onderhoudsplichtige heeft recht op leefloon of gelijkwaardige financiële hulp
- De onderhoudsplicht is verschuldigd op basis van een uitvoerbare gerechtelijke beslissing (afgedwongen van de natuurlijke vader/de wettelijke vader), een uitvoerbare schikking of een overeenkomst bij echtscheiding met onderlinge toestemming (bewijs aan OCMW te overhandigen)
- Het kind woont in België
- De onderhoudsplichtige levert het bewijs van betaling van dat onderhoudsgeld

Hoe?

De aanvraag gebeurt bij het OCMW van uw woonplaats.

Waar?

- Het OCMW van uw woonplaats
- Vlaams Centrum schuldbemiddeling (informatie): www.centrumschuldbemiddeling.be
- Verbruikersatelјee (info aan verbruikers met specifieke aandacht voor financieel kwetsbaren, ook krediet en schulden): www.verbruikersateljee.be

IV.7. Dienst voor alimentatievorderingen – DAVO

Wat?

Het opeisen van alimentatie bij onderhoudsplichtigen die niet, te laat of onvolledig betalen aan de onderhoudsgerechtigde.

1) Maandelijks bedrag van onderhoudsgeld en achterstallen invorderen in naam en voor rekening van de onderhoudsgerechtigden.

2) De toekenning van voorschotten op het onderhoudsgeld. Het voorschot bedraagt maandelijks maximum 175 euro per persoon per maand en kan nooit hoger zijn dan het in te vorderen bedrag.

Vroeger was dit een bevoegdheid van de OCMW's, maar vanaf 01.10.2005 werd dit geleidelijk overgenomen door de **Dienst voor alimentatievorderingen bij de Federale Overheidsdienst Financiën (DAVO).**

Kosten:

De dienst eist 10% extra bij de onderhoudsplichtige en betaalt 5% minder op het in te vorderen onderhoudsgeld aan de onderhoudsgerechtigde.

Wie?

De onderhoudsgerechtigde, die in België woont en die alimentatie te goed heeft van een onderhoudsplichtige, die in België woont of er zijn inkomen verwerft.

De onderhoudsplichtige heeft minstens 2 keer niet of onvolledig betaald gedurende 12 maanden voor de aanvraag en de alimentatie werd vastgesteld in een uitvoerbare gerechtelijke beslissing of authentieke akte.

Voor invordering van onderhoudsgeld en achterstallen is geen inkomensgrens van toepassing en is de regelgeving van toepassing op alimentatiegerechtigde kinderen, de echtgenoot of de samenwonende.

Voor de betaling van voorschotten mag het inkomen van de aanvrager in 2009 niet hoger zijn dan 1.271 euro + 61 euro per persoon ten laste en is de regelgeving enkel van toepassing op alimentatiegerechtigde kinderen.

Hoe?

De aanvraag dient te gebeuren met een (vrij ingewikkeld) aanvraagformulier bij de dienst alimentatievorderingen, die gevestigd is bij het domeinkantoor van de belastingdienst, die voor uw regio verantwoordelijk is. Bel naar 0800/12 302.

Het formulier ligt er ter beschikking of het is te downloaden op internet (www.minfin.fgov.be)

Waar?

- FOD Financiën
  Administratie van het kadaster, registratie en domeinen (adres in uw buurt)
- Info tel. 0800/12 302, e-mail: davo.centraal@minfin.fed.be

IV.8. Uitkeringen wegens arbeidsongeschiktheid

(ziekte- en invaliditeitsverzekering)
(Verordening van 16.4.97 - B.S. 26.11.97, 1e editie)
(OPENBARE DIENST - VASTBENOEMDE AMBTENAREN
(K.B. 18.01.74, art. 15 + K.B. 13.11.67, artikel 11)

Eveneens behandeling van volgende onderwerpen:
- Laattijdige ziekteaangifte (zie primaire arbeidsongeschiktheid, "Hoe?")
- Verzaking terugvordering 'ten onrechte uitgekeerde uitkeringen' (MB 20.04.99 - BS 08.07.99)
- Hulp van derden ziekteverzekering (zie primaire arbeidsongeschiktheid en invaliditeit)
- Toegelaten arbeid voor arbeidsongeschikte werknemers en zelfstandigen + financiële cumulregeling
- Voor zelfstandigen:
  - Mindervalide zelfstandigen: recht op kleine risico's
  - Gelijkstelling van 'ziekteperiodes' met 'periodes beroepsbezigheid'
  - Vrijstelling van bijdragen voor zelfstandigen
  - Faillissementsverzekering en behoud van rechten inzake sociale zekerheid
- Inhoudingen op de ziektevergoedingen
- Grenzen loonbeslag en loonsoverdracht

1. De primaire arbeidsongeschiktheid = 1e jaar (+ hulp van derden ziekteverzekering)

Wat? Wie?

Wie zijn beroepsinkomen of zijn werkloosheidsuitkeringen verliest wegens ziekte of ongeval, heeft onder strikte voorwaarden recht op ziekteuitkeringen.

Werknemers en zelfstandigen die arbeidsongeschikt worden, en alle beroepsactiviteiten stopzetten, kunnen door de adviserend geneesheer van het ziekenfonds in staat van primaire arbeidsongeschiktheid (1e jaar arbeidsongeschiktheid) erkend worden. De adviserend geneesheer stelt tevens de duur ervan vast.
Werknemers hun verdienvermogen is verminderd met twee derde of meer (1).
Zelfstandigen zijn arbeidsongeschikt als ze hun beroepsbezigheid niet meer kunnen uitoefenen en als ze bovendien geen andere beroepsbezigheid uitoefenen.

Door deze erkenning krijgt men recht op uitkeringen ter vervanging van het loon of inkomen. Werknemers ontvangen een dagbedrag, (in de 6-dagenweek is dit een vergoeding voor elke dag van maandag tot en met zaterdag) onmiddellijk na het gewaarborgd loon van de werkgever. Voor zelfstandigen gaat het recht in vanaf de 2° maand ziekte. (zie ook progressieve tewerkstelling; tewerkstellingsmaatregelen II.11.).

(1) Tussen de 1ste en 6de maand wordt gekeken naar de mogelijkheden inzake het eigenlijke beroep. Vanaf de 7de maand wordt vergeleken met personen met dezelfde opleiding op de algemene arbeidsmarkt.

Bedrag uitkeringen (01.09.2008 laatste indexaanpassing):

Opgelet: Bij de primaire arbeidsongeschiktheid (1° jaar uitkering) geldt een automatische inhouding van 11,11 procent inzake de 'bedrijfsvoorheffing', **bij invaliditeitsuitkeringen (= vanaf het 2e jaar) wordt nooit bedrijfsvoorheffing ingehouden**.

A. WERKNEMERS

Voor **werknemers** bedragen de uitkeringen wegens primaire arbeidsongeschiktheid 60 % van het brutoloon voor een arbeidsongeschiktheid die aanvat na 01.01.2007 max. 70,46 euro per dag. Ze zijn afhankelijk van het loon waarop sociale zekerheid werd betaald. Vanaf de 7° ziektemaand gelden de minimumuitkeringen, die eveneens van toepassing zijn voor de invaliditeitsuitkeringen (zie verder in dit hoofdstuk).

Een werkloze, die arbeidsongeschikt wordt ontvangt gedurende de eerste 6 maanden arbeidsongeschiktheid het bedrag van zijn werkloosheidsuitkering.

Opgelet: Sinds 01.01.2009 worden ook samenwonenden uitbetaald aan 60% bij primaire arbeidsongeschiktheid (max. uitkering = 71,02 euro/dag voor primaire arbeidsongeschiktheid die start na 01.01.2009 – 70,46 euro/dag voor primaire ongeschiktheid die eerder begon).

Gedurende de periode van moederschapsbescherming (zie I.4.), d.w.z.;
- periode van moederschapsrust (15 weken, 16 weken na een moeilijke zwangerschap of 17 weken voor een meerling), 82% van het onbegrensd brutoloon tot de 31e dag, 75% van het begrensd brutoloon na 31 kalenderdagen;
- periode van borstvoeding (tot max. 5 maanden na de bevalling), geldt volgende regeling:
  - bij volledige arbeidsongeschiktheid of werkverwijdering = 60% van het verloren loon
  - bij aangepast werk met loonverlies = bijpassing loon tot max. 75% van het verloren loon
  - bij het volledig stopzetten van 1 van de 2 verschillende activiteiten in loondienst = 60% van het verloren loon in de stopgezette activiteit met een maximum van '75 % van het vroegere loon (beide activiteiten) MIN het loon van de verdergezette activiteit'.
- Periode van vaderschapsverlof (3 dagen klein verlet + 7 dagen vergoed door de Z.I.V., op te nemen binnen de 30 dagen na bevalling, 82 % van het begrensd gederfde loon).
- Periode van adoptieverlof (3 dagen gewaarborgd loon + periode vergoed door Z.I.V.)
- Er kan ook op voorafgaand verzoek bij de adviserende geneesheer een toelating bekomen worden om het werk deeltijds te mogen hervatten (zie hiervoor onder 'invaliditeit').

Overzicht van de primaire uitkeringen voor werknemers (op 01.01.2009, index 01.09.2008)

	% van het verloren brutoloon	minimum/dag (*)		maximum/dag (*)	
		Regelmatig werknemer	Niet regelmatig werknemer (***)	Arbeidsongeschikt ...	
				voor 01.01.2009	Vanaf 01.01.2009
- met personen ten laste	60 %	46,89 euro	36,49 euro	70,46 euro	71,02 euro
- alleenstaanden (**)	60 %	37,52 euro	27,37 euro	70,46 euro	71,02 euro
- samenwonenden (**)	60 %	31,85 euro	27,37 euro	70,46 euro	71,02 euro

(*) Maxima geldig na 30 dagen arbeidsongeschiktheid, minima vanaf de 7e maand arbeidsongeschiktheid en indien men al of niet voldoet aan de criteria van regelmatig werknemer

(**) Is gelijkgesteld met alleenstaande: de samenwonende persoon waarvan de partner een inkomen heeft dat geheel of gedeeltelijk uit beroepsinkomen bestaat dat hoger is dan 805,06 euro per maand en niet hoger is dan 1.362,49 euro per maand bruto (bedragen index 01.09.2008)

(***) Een niet regelmatig werknemer is een werknemer die onvoldoende werkvolume en/of onvoldoende loon kan aantonen bij aanvang van de arbeidsongeschiktheid (voorwaarden zie invaliditeitsuitkeringen)

B. ZELFSTANDIGEN

Voor **zelfstandigen** zijn de uitkeringen forfaitair maar variëren de uitkeringen volgens gezinslast:

– met gezinslast 44,54 euro per dag
– alleenstaande 33,61 euro per dag (nieuwe categorie op 01.01.2007)
– samenwonende 28,92 euro per dag

Het bedrag van de uitkeringen is afhankelijk van het feit of de gerechtigde al dan niet gezinshoofd is, m.a.w. of de samenwonende persoon een inkomen heeft hoger of lager dan 805,06 euro per maand.

Tijdens de periode van moederschapsbescherming geldt een specifieke regeling (zie I.4.).

Een zelfstandige kan onder bepaalde voorwaarden toelating krijgen van de adviserend geneesheer om het werk deeltijds te hervatten (zie hiervoor onder 'invaliditeit').

Overzicht van de primaire uitkeringen voor zelfstandigen (bedragen index 01.09.2008, toepassing vanaf 01.10.2008)

	forfaitair bedrag, per dag	ten vroegste ...
primaire arbeidsongeschiktheid		
– met personen ten laste – alleenstaande – samenwonende	44,54 euro 33,61 euro 28,92 euro	na 1 maand arbeidsongeschiktheid

Hulp van derden ZIV tijdens de primaire arbeidsongeschiktheid (2 KB's 11/07/2000 - B.S. 24/08/2000)

Er wordt een forfaitaire verhoging van de uitkering, nl. 12,73 euro per dag (index 01.09.2008) toegekend vanaf de 4e maand arbeidsongeschiktheid. Dit geldt zowel voor loontrekkende als voor zelfstandigen.

De uitbetaling van de hulp van derden wordt echter geschorst in perioden van:
- Gevangenschap of internering (uitgezonderd wie onder elektronisch toezicht is geplaatst - parlementaire vraag 03.01.2005)
- Vanaf de 1e dag van de 3e maand ziekenhuisverpleging indien de hospitalisatie plaatsvindt gedurende een ononderbroken periode van meer dan 2 maanden (weekendontslag in het kader van thuisverzorging wordt niet beschouwd als onderbreking; ontslagen van minder dan 30 dagen onderbreken de schorsingen niet). Gelijkgesteld met hospitalisatie: dag-/nachthospitalisatie, RVT, PVT, revalidatiecentrum met ZIV- overeenkomst.

Om in aanmerking te kunnen komen voor deze verhoogde uitkering moet de gerechtigde minstens 11 punten scoren op de zelfredzaamheidsschaal (M.B. 30.07.87 - B.S. 06.08.87). De meting gebeurt als volgt:
6 items (verplaatsing, eten en bereiding van maaltijden, persoonlijke hygiëne en kleding, onderhoud van de woning - huishoudelijke taken, toezicht, sociaal contact) worden onderzocht, waarbij voor elk item van 0 (geen moeilijkheden) tot 3 punten (onmogelijk zonder hulp van derde of aangepaste omgeving) worden gegeven (max. = 18 punten) naargelang de graad van afhankelijkheid.

De hulp van derden is niet belastbaar. De hulp van derden kan, mits de nodige medische motivering, met twee jaar terugwerkende kracht worden aangevraagd.

Overzicht van de uitkeringen 'hulp van derden' gedurende het eerste jaar ziekte (index 01.09.2008)

voor werknemers en zelfstandigen

	forfaitair bedrag, per dag	**vanaf**
gedurende de periode van de primair arbeidsongeschiktheid		
– voor alle gerechtigden (met of zonder personen ten laste)	12,73 euro	4e maand

Hoe?

1. aangifte (+ laattijdige ziekteaangifte),
2. kennisgeving van de beslissing van de adviserend geneesheer (erkenning van arbeidsongeschiktheid),
3. controle door adviserend geneesheer (geneeskundig onderzoek),
4. betaling
5. einde arbeidsongeschiktheid.

1. *Aangifte*

Om erkend te kunnen worden, moet het ziekenfonds van de arbeidsongeschiktheid verwittigd worden door middel van een formulier 'getuigschrift van arbeidsongeschiktheid'. (1)

Dit moet per post (datumstempel is bewijs) gebeuren binnen volgende gestelde termijnen (zie ook laattijdige aangifte): algemene regel binnen de 48 uur maar in geval men gewaarborgd loon ontvangt:
- 14 dagen voor wie een contract heeft als arbeider
- 28 dagen voor wie een contract heeft als bediende
- 28 dagen voor wie als zelfstandige werkt

Wie niet (meer) aan het werk is bij aanvang van de arbeidsongeschiktheidheeft slechts 48 uur de tijd voor de aangifte. Dit geldt bv. voor
- werklozen;
- interimarissen op het einde van het contract;
- personen in proefperiode;
- aangiften na ziekenhuisopname;
- bij hervalling na een werkhervatting!

Uitzonderingen:

1. een aangifte van arbeidsongeval geldt tevens als aangifte voor het ziekenfonds;
2. indien de werkgever beroep doet op een 'erkende dienst voor geneeskundige controle', gebeurt de aangifte (indien nodig) door de controlerend geneesheer (komt heel weinig voor).
   Betrokkene moet dus zelf geen aangifte doen;
3. tijdens de ganse duur van een opname in een verplegingsinrichting (ziekenhuis) en tijdens de periode van moederschapsbescherming is men automatisch, zonder aangifte, erkend als arbeidsongeschikt (indien men na deze periode nog arbeidsongeschikt blijft moet men uiteraard wel een aangifte doen - binnen de 2 dagen !!);
4. de adviserend geneesheer kan individueel beslissen dat een aangifte reeds moet gebeuren op de eerste dag van de ongeschiktheid (in principe wanneer iemand 4 keer uitkeringsgerechtigde was in een periode van 6 maanden).

Belangrijk:

Van zodra de aangifte van arbeidsongeschiktheid is verstuurd, mag betrokkene het huis niet meer verlaten (m.a.w. hij of zij moet ter beschikking blijven op het opgegeven adres) tot aan de ontvangst van de 'kennisgeving van de beslissing van de adviserend geneesheer' (max. 5 kalenderdagen na de aangifte van arbeidsongeschiktheid - 7 dagen in geval van laattijdige aangifte).

---

(1) In een periode van moederschapsbescherming is er vrijstelling van aangifte (een attest van de werkgever is wel nodig (zie I.5.)).

Laattijdige ziekteaangifte (werknemers: Verordening 20 juni 2001, BS 18 juli 2001; zelfstandigen: KB 29.05.2002, BS 29.06.2002)

1. Er geldt voor iedere werknemer die, bij de aanvang van zijn arbeidsongeschiktheid, verbonden is door een arbeidsovereenkomst voor arbeider of bediende, een termijn van aangifte tot de veertiende, respectievelijk de achtentwintigste kalenderdag, te rekenen vanaf de aanvang van de arbeidsongeschiktheid. Voor zelfstandigen bestaat dezelfde regeling, voor hen geldt een termijn van 28 dagen.
2. Bij een laattijdige ziekteaangifte worden de uitkeringen volledig toegekend vanaf de eerste werkdag die volgt op de dag van toezending van het getuigschrift van arbeidsongeschiktheid.
   De uitkeringen voor de periode laattijdigheid worden uitbetaald, echter met een sanctie van 10 procent vermindering op deze laattijdige uitkeringen.
   In behartigenswaardige situaties kan deze sanctie echter worden opgeheven voor zover het bedrag van de sanctie minstens 25,00 euro bedraagt.
   Onder behartigenswaardige situaties moet worden verstaan:
   - de situaties waarin de gerechtigde zijn arbeidsongeschiktheid niet kon aangeven ten gevolge van overmacht,
   - de situaties waarin de sociale en financiële toestand van het gezin van de gerechtigde als moeilijk kan worden beschouwd, met andere woorden, de gezinnen met een inkomen dat lager ligt dan de inkomensgrens die van toepassing is voor de 'verhoogde tegemoetkoming' (14.624,70 euro, te verhogen met 2.707,42 euro per samenwonend persoon, bedrag 01.09.2008).

2. Kennisgeving van de beslissing van de adviserend geneesheer (erkenning van arbeidsongeschiktheid)

Enkele dagen na de aangifte stuurt het ziekenfonds een pakketje formulieren op met:
- een erkenning van arbeidsongeschiktheid (kennisgeving van de beslissing van de adviserende geneesheer);
- een inlichtingsblad (in te vullen door betrokkene);
- een nieuw formulier van arbeidsongeschiktheid te gebruiken bij een volgende ziekte.

Vanaf 01.01.2007 zullen alle gegevens, die de werkgever of werkloosheidsinstelling moet aanbrengen, elektronisch en rechtstreeks tussen beide partijen doorgegeven worden.

3. Controle door adviserend geneesheer (geneeskundig onderzoek),

De betrokkene kan ter controle worden opgeroepen.

Indien hij/zij zich niet kan verplaatsen moeten de redenen hiervoor onmiddellijk worden overgemaakt aan de adviserend geneesheer EN moet betrokkene zich gedurende 5 kalenderdagen op het opgegeven adres ter beschikking houden. Verandering van woonst, gedurende een periode van arbeidsongeschiktheid, moet binnen de 2 dagen worden gemeld aan de adviserend geneesheer (ziekenfonds).

Opgelet: Na 6 maanden arbeidsongeschiktheid is de adviserend geneesheer verplicht om rekening houden met de mogelijkheden die betrokkene nog heeft - op de algemene arbeidsmarkt - om te werken (rekening houdende met de vooropleiding en vroegere werkervaringen - de eerste 6 maanden wordt enkel gekeken naar het laatste werk van betrokkene en niet naar de algemene arbeidsmarkt).

Hierdoor gebeurt het vaak dat personen na 6 maanden ziekte terug arbeidsgeschikt worden bevonden, alhoewel de reden van arbeidsongeschiktheid nog steeds bestaat (bv. verpleegster met rugklachten die haar job als verzorgende niet meer kan uitoefenen, maar eventueel wel administratief werk zou kunnen doen).

4. Betaling

De primaire ongeschiktheidsuitkering wordt, in zoverre de uitkering reeds verschuldigd is, voor de eerste maal uitbetaald binnen 30 dagen na ontvangst van de aangifte van arbeidsongeschiktheid. Daarna betaalt men uiterlijk binnen de eerste 5 dagen van de maand, volgend op de maand waarvan een uitkering verschuldigd is (KB 22.10.2006). In praktijk wordt de primaire arbeidsongeschiktheid halfmaandelijks betaald.

Verzaking terugvordering 'ten onrechte uitgekeerde uitkeringen' (MB 20.04.99 - BS 08.07.99)

De sociaal verzekerde in een behartenswaardige toestand, aan wie een beslissing tot terugvordering van het onverschuldigde bedrag werd betekend, kan een verzoek tot verzaking indienen bij de verzekeringsinstelling.

Het dossier moet alle nuttige aanwijzingen bevatten waarmee de goede of kwade trouw van de sociaal verzekerde kan worden aangetoond. De behartigenswaardigheid wordt bepaald op basis van het gezinsinkomen van de gerechtigde.

Onder gezinsinkomen moet het geheel van de belastbare bruto-inkomsten worden verstaan, vóór elke aftrek of vermindering, van iedere persoon die deel uitmaakt van het gezin van de gerechtigde.

Wanneer het gezinsinkomen de bovendrempel overschrijdt, die gelijk is aan 150 % van de inkomensgrenzen om aanspraak te kunnen maken op de 'verhoogde tegemoetkoming', wordt er geen enkele verzaking aan terugvordering toegekend.

Om in aanmerking genomen te kunnen worden, moet de aanvraag tot verzaking ingediend zijn binnen de drie maanden te rekenen vanaf de dag die volgt op het verstrijken van de beroepstermijn of vanaf de dag waarop de rechterlijke beslissing in kracht van gewijsde is getreden en mag er geen 'kwade trouw' zijn vanwege de betrokkene.

De procedure tot verzaking is evenwel niet van toepassing voor de volgende categorieën van onverschuldigde bedragen:

1° de bedragen van minder dan - of gelijk aan 248 euro;

2° de bedragen die overeenstemmen met de uitkeringen, die werden betaald na de werkhervatting of na de hervatting van de gecontroleerde werkloosheid, en dit te rekenen vanaf de datum van de hervatting of van het einde van de ongeschiktheid.

3° de bedragen die betrekking hebben op een niet toegelaten activiteit,

4° de bedragen voor de terugvordering waarvan het ziekenfonds gesubrogeerd is in de rechten van de sociaal verzekerde (schuld bij een andere instelling van de sociale zekerheid, die gerecupereerd wordt via het ziekenfonds).

In 2008 werd bepaald dat verzaking wordt toegekend wanneer het gezinsinkomen lager is dan de inkomensgrens van de verhoogde tegemoetkoming (VT - zie IV.28), bij een inkomen > 150% VT-grens wordt verzaking nooit toegestaan (MB 17.07.2008 – BS 22.08.2008, goedkeuring verordening 17.03.1999).

5. Einde arbeidsongeschiktheid.

Indien bij een geneeskundig onderzoek de adviserend geneesheer of de controlegeneesheer beslist om een einde te stellen aan de arbeidsongeschiktheid (zie ook punt 3 'opgelet'), geven zij aan betrokkene - tegen bewijs van ontvangst (1) - een formulier 'einde arbeidsongeschiktheid' (2) af.

Wie zelf initiatief neemt om het werk te hervatten laat zijn werkgever (of de werkloosheidsuitkeringsinstelling) aan het ziekenfonds melden dat hij terug aan het werk gaat. Om terugbetalingen te voorkomen kan betrokkene zelf telefonisch of via de website van het ziekenfonds zijn werkhervatting aangeven.

2. De invaliditeit = vanaf 2e jaar (+ 'hulp van derden' ziekteverzekering)

Wat? Wie?

Na een erkende periode van primaire arbeidsongeschiktheid (twaalf maanden) kan de Geneeskundige Raad voor Invaliditeit van het RIZIV, op voorstel van de adviserend geneesheer, de arbeidsongeschikte erkennen als invalide en hem op invaliditeit plaatsen (3). De geneeskundige raad bepaalt de duur ervan. Door deze erkenning heeft betrokkene recht op invaliditeitsuitkeringen.

Het bedrag van de uitkeringen is afhankelijk van het feit of de gerechtigde al dan niet gezinshoofd is en men al dan niet de hoedanigheid heeft van regelmatig werknemer of in aanmerking komt voor hulp van derde.

Voor het bepalen of er gezinslast is, kan er volgend schema gebruikt worden.

(1) De betrokkene tekent enkel voor ontvangst en NIET 'voor akkoord' !! Indien betrokkene weigert te tekenen, wordt hem dit formulier aangetekend opgestuurd, met hetzelfde resultaat.

(2) Tegen een beslissing van de adviserend geneesheer kan men in beroep gaan (ook indien men het formulier 'einde arbeidsongeschiktheid' tekent voor ontvangst).

(3) Voor zelfstandigen wordt gekeken naar eender welke beroepsbezigheid (in het 1[e] jaar werd rekening gehouden met de laatste beroepsbezigheid als zelfstandige).

Heeft de arbeidsongeschikte een ... (1)

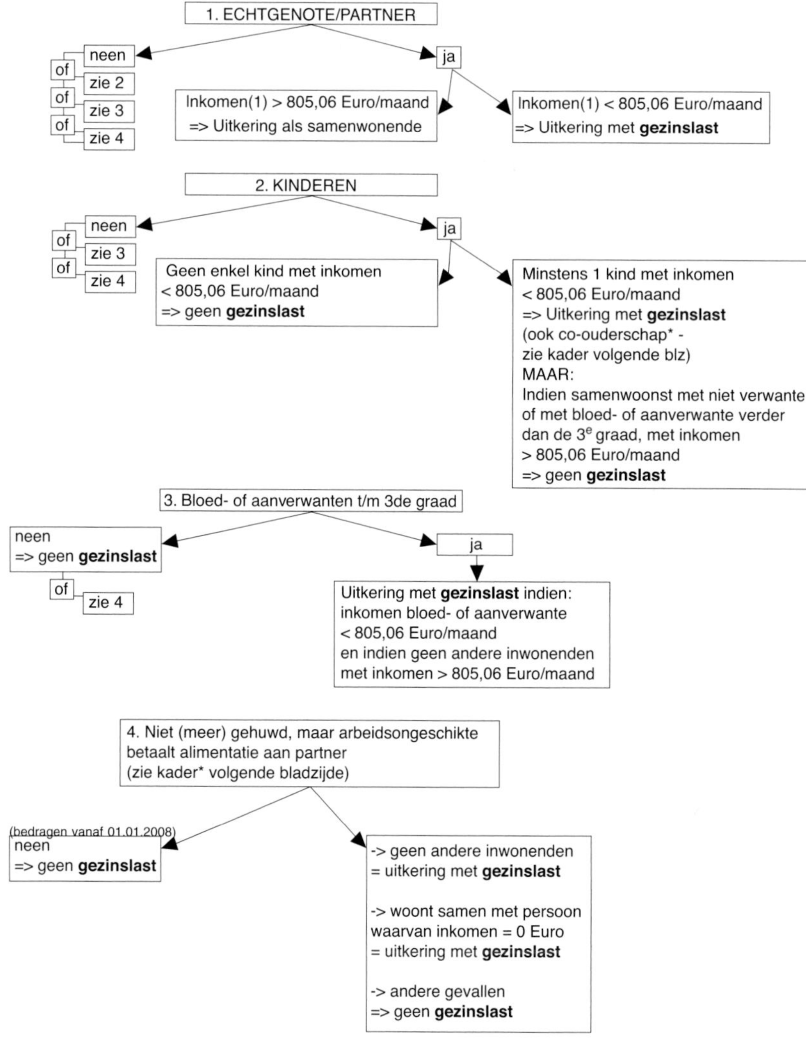

(1) Het gaat steeds om bruto belastbare inkomsten voor werknemers. Voor zelfstandigen neemt men de netto-winst, vermenigvuldigd met 100 / 80

- Opmerking bij het schema
  - Ofwel:
    - onderhoudsgeld voor partner (KB 19/04/1999 - BS 29/04/1999) betalen volgens
      - gerechtelijke akte
      - notariële akte
      - onderhandse akte die neergelegd is bij de Griffie
      - gemachtigd zijn om sommen te innen.

    Het moet om minstens 111,60 euro per maand gaan
  - Ofwel:
    - co-ouderschap: de periode waarover het kind samenwoont met de titularis moet een gemiddelde van 2 kalenderdagen per week bereiken. Dit gemiddelde kan bepaald worden op maandbasis, tot zelfs jaarbasis, naargelang de verblijfscyclus die door de rechter beslist werd of die in de notariële akte terug te vinden is (kind aanwezig in de woning, ook al is het kind niet de gehele dag daadwerkelijk aanwezig). Het statuut 'met personen ten laste' geldt dan voor alle dagen van de week (Arrest Hof van cassatie 07.10.2002, overgenomen door RIZIV).

Uitzondering bij de hoedanigheid 'met gezinslast', geldig tot uiterlijk 31.12.2008:

Bij wijze van overgangsmaatregel blijft de hoedanigheid 'met gezinslast' bestaan voor arbeidsongeschikte personen, waarvan de persoon ten laste de inkomensgrens overschreden heeft naar aanleiding van de verhoging van de ZIV-uitkering voor zelfstandigen, in zoverre hun situatie verder volledig dezelfde blijft. Op 01.01.2006 werd de inkomenssituatie van arbeidsongeschikte zelfstandigen, die hun zaak hebben stopgezet, verbeterd. Hierdoor werd de inkomensgrens voor personen ten laste overschreden. In situaties waar beide partners arbeidsongeschikt zijn leidde dit tot een inkomensvermindering in plaats van een inkomensverhoging. Vandaar deze overgangsmaatregel. (KB 23.12.2005)

Eens bepaald is of betrokkene met gezinslast, als alleenwonende of als samenwonende zal vergoed worden, kunnen we aan de hand van het volgende schema de grootte van de ziektevergoeding gaan bepalen.

Let wel, dit schema geeft percentages weer.

Met gezinslast	65%
Alleenwonend (*)	53%
Samenwonend	40%

(*) Is gelijkgesteld met alleenstaande: de samenwonende persoon waarvan de partner een inkomen heeft dat geheel of gedeeltelijk uit beroepsinkomen bestaat dat hoger is dan 805,06 euro per maand en niet hoger is dan 1.362,49 euro per maand bruto (bedragen index 01.09.2008)

Er moet echter steeds rekening gehouden een aantal voorafgaande opmerkingen:
- er zijn vastgelegde minima en maxima grenzen;
- er zijn regelmatig werknemers en niet regelmatig werknemers (zie verder)

Minimum- en maximumbedragen van de invaliditeitsuitkeringen voor werknemers (vanaf het tweede jaar arbeidsongeschiktheid) (bedragen index 01.09.2008).

Regelmatige werknemers hebben recht op:

Maximum.-daguitkering invaliditeit:

– met gezinslast en arbeidsongeschikt voor 01.10.1974	48,69 euro
– met gezinslast en arbeidsongeschikt vanaf 01.10.1974 en voor 01.09.1993	71,15 euro
– met gezinslast en arbeidsongeschikt vanaf 01.09.1993 en voor 01.09.2002	69,76 euro
– met gezinslast, en arbeidsongeschikt vanaf 01.09.2002 en invalide geworden voor 01.04.2004	68,39 euro
– met gezinslast en invalide geworden vanaf 01.04.2004 en voor 01.01.2005	74,09 euro
– met gezinslast en invalide geworden vanaf 01.01.2005 en voor 01.01.2007	75,57 euro
– met gezinslast en invalide geworden vanaf 01.01.2007 en voor 01.01.2009	76,33 euro
– met gezinslast en invalide geworden vanaf 01.01.2009	76,94 euro
– zonder gezinslast en arbeidsongeschikt voor 01.10.1974	32,58 euro
– zonder gezinslast en arbeidsongeschikt vanaf 01.10.1974 en voor 01.09.1993	47,44 euro
– zonder gezinslast en arbeidsongeschikt vanaf 01.09.1993 en voor 01.09.2002	46,51 euro
– zonder gezinslast en arbeidsongeschikt vanaf 01.09.2002 en invalide geworden voor 01.04.2004	45,59 euro
– alleenstaande en invalide geworden vanaf 01.04.2004 en voor 01.01.2005	60,41 euro
– alleenstaande en invalide geworden vanaf 01.01.2005 en voor 01.01.2007	61,62 euro
– alleenstaande en invalide geworden vanaf 01.01.2007 en voor 01.01.2009	62,24 euro
– alleenstaande en invalide geworden vanaf 01.01.2009	62,73 euro
– samenwonende en invalide geworden vanaf 01.04.2004 en voor 01.01.2005	45,59 euro
– samenwonende en invalide geworden vanaf 01.01.2005 en voor 01.01.2007	46,51 euro
– samenwonende en invalide geworden vanaf 01.01.2007 en voor 01.01.2009	46,97 euro
– samenwonende en invalide geworden vanaf 01.01.2009	47,35 euro

Minimumdaguitkeringen invaliditeit:

- 46,89 euro per dag of 1.219,19 euro per maand voor personen met gezinslast;
- 37,52 euro per dag of 975,52 euro per maand voor alleenstaanden;
- 31,85 euro per dag of 828,10 euro per maand voor samenwonenden.

'Regelmatige' werknemers zijn werknemers die gelijktijdig voldoen aan de volgende voorwaarden:

- bij de aanvang van de invaliditeit ten minste 21 jaar zijn of, indien jonger, gerechtigde zijn met personen ten laste;
- bij de aanvang van de arbeidsongeschiktheid ten minste 6 maand uitkeringsgerechtigde zijn en een voldoende beroepsloopbaan hebben (ten minste 120 arbeids- of gelijkgestelde dagen of 400 uren)
- met uitsluiting van gecontroleerde onvrijwillige werkloosheid;

- in het kalenderjaar voor de aanvang van de arbeidsongeschiktheid ten minste 34 arbeids- of gelijkgestelde dagen of uren bewijzen. (Voor diegenen die nog geen volledig kalenderjaar uitkeringsgerechtigd zijn, begint de referteperiode de dag waarop ze uitkeringsgerechtigde worden en stopt het de dag voor de aanvang van de arbeidsongeschiktheid);
- gedurende de referteperiode een voldoende hoog dagloon bereiken. (Dit bedrag wordt jaarlijks bepaalt en varieert volgens leeftijd. Het bedraagt 53,36 euro per dag vanaf 21 jaar).

Niet-regelmatige werknemers hebben recht op:

Minimum-daguitkering invaliditeit aan gerechtigden die NIET de hoedanigheid van regelmatig werknemer hebben

Meer concreet kan hierbij gedacht worden aan de volgende personen:
- schoolverlaters;
- personen die enkel werkloos geweest zijn;
- personen die geen voldoende werkvolume en of geen voldoende loon kunnen aantonen:
  - met gezinslast 36,49 euro
  - zonder gezinslast 27,37 euro

Overzicht van de uitkeringen invaliditeit voor werknemers (op 01.09.2008)

Arbeidsongeschikt ...	% van het verloren bruto-loon	maximum/dag in euro								Minimum/dag in euro
		Invaliditeit aangevat...								
		Voor 01.10.1974	Vanaf 01.10.1974 + voor 01.09.1993	Vanaf 01.09.1993 + voor 01.09.2002	Vanaf 01.09.2002 + voor 01.04.2004	vanaf 01.04.2004 + voor 01.01.2005	vanaf 01.01.2005 + voor 01.01.2007	Vanaf 01.01.2007 + voor 01.01.2009	Vanaf 01.01.2009	
regelmatige werknemers										
- met personen ten laste	65%	48,6 9	71,15	69,76	68,39	74,09	75,57	76,33	76,94	46,89
- alleenstaanden	53%	32,5 8	47,44	46,51	45,59	60,41	61,62	62,24	62,73	37,52
- samenwonenden	40%	32,5 8	47,44	46,51	45,59	45,59	46,51	46,97	47,35	31,85
niet-regelmatige werknemers										
- met personen ten laste	65%	48,6 9	71,15	69,76	68,39	74,09	75,57	76,33	76,94	36,49
- alleenstaanden	53%	32,5 8	47,44	46,51	45,59	60,41	61,62	62,24	62,73	27,37
- samenwonenden	40%	32,5 8	47,44	46,51	45,59	45,59	46,51	46,97	47,35	27,37

Bedragen van de invaliditeitsuitkeringen voor zelfstandigen (vanaf het tweede jaar arbeidsongeschiktheid) (bedragen index 01.09.2008).

Op 01.01.2007 werd de hoedanigheid 'zonder gezinslast' opgesplitst in 'alleenstaanden' en 'samenwonenden'.

Overzicht:

	forfaitair bedrag, per dag	vanaf
zonder stopzetting bedrijf		
– met personen ten laste – alleenstaande – samenwonende	44,54 euro 33,64 euro 28,92 euro	na 12 maanden
met stopzetting bedrijf		
– met personen ten laste – alleenstaande – samenwonende	46,89 euro 33,64 euro 31,85 euro	na 12 maanden

Hulp van derden ZIV vanaf invaliditeit

(K.B. 04.11.63, art. 48, 8ste + art. 229, § 1, 5de):

Uitkeringsgerechtigden kunnen een aanvraag voor hulp van derden indienen (niet tijdens hospitalisatie!!). *Het bedrag van de uitkering is in 2006-2007 hervormd.*

Indien deze hulp van derden wordt toegekend:
Krijgen alle gerechtigden een forfaitaire vergoeding van 12,73 euro per dag, 330,98 euro/maand (index 01.09.2008).

Overgangsmaatregel voor de gerechtigden die nadeel hebben door het nieuwe systeem: voor hen blijft voorlopig de oude regeling van toepassing (dit zijn de samenwonende en alleenstaande invaliden, waarvan het verschil tussen 65% uitkering en 40 of 53% uitkering groter is dan 12,73 euro, zij behouden hun oude recht hulp van derden). ***Dit is een uitkering van een gerechtigde met gezinslast in plaats van 12,73 euro/dag).***

De uitbetaling van de hulp van derden wordt echter geschorst in perioden van:
- Gevangenschap of internering (uitgezonderd wie onder elektronisch toezicht is geplaatst - parlementaire vraag 03.01.2005)
- Vanaf de 1e dag van de 3e maand ziekenhuisverpleging indien de hospitalisatie plaatsvindt gedurende een ononderbroken periode van meer dan 2 maanden (weekendontslag in het kader van thuisverzorging wordt niet beschouwd als onderbreking; ontslagen van minder dan 30 dagen onderbreken de schorsingen niet).
- Gelijkgesteld met hospitalisatie: dag-/nachthospitalisatie, RVT, PVT, revalidatiecentrum met ZIV-overeenkomst.

Om in aanmerking te kunnen komen voor deze verhoogde uitkering moet de gerechtigde minstens 11 punten scoren op de zelfredzaamheidsschaal (M.B. 30.07.87 - B.S. 06.08.87).

De meting gebeurt als volgt: 6 items (verplaatsing, eten en bereiding van maaltijden, persoonlijke hygiëne en kleding, onderhoud van de woning - huishoudelijke taken, toezicht, sociaal contact) worden onderzocht waarbij voor elk item van 0 (geen moeilijkheden) tot 3 punten (onmogelijk zonder hulp van derde of aangepaste omgeving) worden gegeven (max. = 18 punten) naargelang de graad van afhankelijkheid.

De hulp van derden is niet belastbaar. De hulp van derden kan, mits de nodige medische motivering, met terugwerkende kracht van ten hoogste twee jaar worden toegekend.

Uitkeringen 'hulp van derden' vanaf het tweede jaar van de arbeidsongeschiktheid

Op 01.09.2008:

	Vergoeding, per maand	Na
Werknemers		
– met personen ten laste	330,98 euro	12 maanden
– alleenstaanden – samenwonenden	Uitkering van 53 naar 65 % (*) of 330,98 euro Uitkering van 40 naar 65 % (*) of 330,98 euro	12 maanden
Zelfstandigen, met of zonder stopzetting bedrijf		
Alle invaliden	330,98 euro	12 maanden

(*) Alleenstaanden en samenwonenden hebben een forfaitaire verhoging of ontvangen hetzelfde vergoedingspercentage als deze van een gezinshoofd indien dat voordeliger is (zie overgangsmaatregel hierboven).

Toegelaten arbeid

(GEDEELTELIJKE TOESTAAN CUMUL LOON MET ZIEKTEUITKERING) (ook vaak progressieve tewerkstelling of deeltijdse tewerkstelling genoemd) (Wet 14.07.94, art. 100 § 2) (zelfst.: K.B. 17-11-2000; BS 7-12-2000)

Wat?

Arbeidsongeschikte werknemers en zelfstandigen kunnen van de adviserend geneesheer (van het ziekenfonds) toelating krijgen om een beroepsbezigheid (deeltijds of aangepast aan de ziekte) uit te oefenen met behoud van hun erkenning als arbeidsongeschikte en met (gedeeltelijk) behoud van hun ziekteuitkering om zich op termijn terug volledig te kunnen inschakelen in het normale arbeidscircuit.

Iedere activiteit met een economische meerwaarde wordt beschouwd als tewerkstelling. Daarom moet voor onbezoldigde activiteit ook een toelating gevraagd worden.

Gewone huishoudelijke taken, gewone deelname aan verenigingsleven en sociale contacten buiten georganiseerd verband worden niet beschouwd als tewerkstelling. Bij twijfel altijd eerst de adviserend geneesheer raadplegen om na te gaan of een toestemming vereist is.

Vrijwilligerswerk:

Voor vrijwilligerswerk moet in principe geen toelating gevraagd worden in zoverre de adviserend geneesheer oordeelt dat het werk verenigbaar is met de aandoening en in zoverre aan alle voorwaarden uit de wet op vrijwilligerswerk is voldaan (onder meer een maximum vergoeding € 30,22 per dag en 1.208,72 per jaar in 2009).

Het is aan te raden om ook voor vrijwilligerswerk overleg te plegen met de adviserend geneesheer zodat hij tijdig kan reageren indien hij het uitgevoerde werk niet als vrijwilligerswerk beschouwt. In dat geval beschouwt men de activiteit immers als niet toegelaten arbeid.

De gevolgen bij het verrichten van niet toegelaten arbeid zijn fenomenaal groot. Men is verplicht om alle vergoedingen van de dagen, waarin men niet toegelaten arbeid heeft verricht, terug te betalen. Bovendien riskeert men vanaf de vaststelling arbeidsgeschikt te worden beschouwd, zodat men niet langer arbeidsongeschikt erkend blijft.

Wie? Voorwaarden ?

Arbeidsongeschikte werknemers of zelfstandigen
- die een beroepsbezigheid willen uitoefenen (deeltijds of aangepast aan de ziekte) en zodoende terug op de arbeidsmarkt willen komen
- met een voorafgaandelijke toelating van de adviserend geneesheer (ziekenfonds) en
- uit geneeskundig oogpunt een vermindering van het verdienvermogen behouden voor tenminste 50 %

Hoe?

De arbeidsongeschikte gerechtigde doet een (mondelinge) aanvraag bij de adviserend geneesheer (van het ziekenfonds) welke de duur, de periode en de toegelaten arbeid zal bepalen.

Werknemers: De werkgever neemt contact op met de sociale inspectie, zeker bij onregelmatige uren die niet op voorhand kunnen vastgelegd worden.

Zelfstandigen: De adviserend geneesheer mag aan de zelfstandige de toelating geven de beroepsbezigheid - die hij uitoefende op het ogenblik waarop de arbeidsongeschiktheid een aanvang nam - deeltijds te hervatten na het verstrijken van het tijdvak van niet vergoedbare arbeidsongeschiktheid (1° maand ziekte). Deze toelating mag niet slaan op een tijdvak langer dan 6 maanden, met maximale verlenging tot 18 maanden.

Indien betrokkene de toelating krijgt van de Geneeskundige Raad voor Invaliditeit (GRI – RIZIV) kan sinds 21.05.2007 het werk hervatten voor onbepaalde tijd (in plaats van maximum 18 maanden).

Voor een hervatting van **andere activiteiten** is de maximumperiode van 6 maanden, één keer verlengbaar met 6 maanden zodat men meer tijd krijgt om zich te heroriënteren op de arbeidsmarkt (toepassing vanaf 21.05.2007).

Binnen eenzelfde arbeidsongeschiktheid kan men slechts één maal beroep doen op deze maatregel.

Cumul met de uitkeringen ?

De inkomsten uit 'toegelaten arbeid' kunnen gedeeltelijk gecumuleerd worden met de uitkeringen.

Het maandloon wordt omgerekend naar een dagbedrag in de zesdagenweek. Een eerste schijf van dit dagbedrag kan volledig gecumuleerd worden (11,04 euro/dag), een 2° schijf slechts voor 75% (van 11,0401 tot 22,08 euro/dag), een 3° schijf voor 50% (van 22,0801 tot 33,12 euro/dag) en een 4° schijf voor 25% (vanaf 33,1201 euro/dag). De rest wordt in mindering gebracht van het dagbedrag ziekte- of invaliditeitsvergoeding waarop betrokkene recht heeft indien hij niet werkt.

Voorbeeld:
Maandloon omgezet in een dagbedrag voor deeltijdse tewerkstelling = 50,19 euro
Dagbedrag invaliditeitsuitkering = 44,70 euro

Berekening cumul:
Vrijstelling 1e, 2e, 3e en 4e schijf van 50,19 euro = 11,04 + 8,28 + 5,52 + 4,27 = 29,11 euro
Rest arbeidsinkomen: 50,19 - 29,11 = 21,08 euro
Rest invaliditeitsuitkering: 44,70 – 21,08 = 23,62 euro
Te vermeerderen met het verdiende loon (dagelijks totaal 73,81 euro in plaats van 44,70 euro)

Besluit:
Met een dagloon van 50,19 euro wint men dagelijks 29,11 euro

Bovendien is progressieve tewerkstelling een veilige manier om de (resterende) arbeidsmogelijkheden te verkennen indien hierover onzekerheid bestaat.

De zelfstandigen:

Wie **eender welke werkzaamheid** hervat:
- eerste 6 maanden: behoud van uitkering
- de volgende 6 maanden: de uitkering wordt met 10 % verminderd.

Wie **dezelfde werkzaamheid** hervat:
- eerste 6 maanden: behoud van uitkering
- van 7 tot 18 maanden (of indien toelating GRI tot 31.12 van het 3e jaar dat volgt op jet jaar waarin de werkhervatting gestart is): de uitkering wordt met 10 % verminderd
- na 31.12 van het 3e jaar na het jaar van werkhervatting: de beroepsinkomsten worden in aanmerking genomen. Wie meer dan 19.721,56 euro beroepsinkomsten verwerft krijgt geen invaliditeitsuitkering meer. Wie meer dan 17.149,19 euro aan beroepsinkomsten verwerft, maar minder dan 19.721,56 euro, ziet de invaliditeitsuitkering verminderen met het % dat 17.149,19 euro overschrijdt.

Opmerking:

Inkomsten uit tewerkstelling in het kader van sociale en beroepsreclassering, uitbetaald door de Fondsen voor personen met een handicap (Vlaams Agentschap, AWIPH en het Duitse Fonds) zijn volledig cumuleerbaar met ZIV-uitkeringen.

Arbeidsongeschikte zelfstandigen: recht op kleine risico's

Nieuwe zelfstandigen en gepensioneerde zelfstandigen met een inkomensgarantie voor ouderen genoten al sinds 01.07.2006 altijd van de kleine risico's (ook als ze niet arbeidsongeschikt zijn). De andere zelfstandigen kregen vanaf 01.01.2008 ook dezelfde rechten als de werknemers. Vanaf dan worden de kleine risico's aan zelfstandigen eveneens automatisch toegekend, waarbij het onderscheid in rechten op geneeskundige verstrekkingen verdwijnt tussen gewoon verzekerden en zelfstandigen.

Arbeidsongeschikte zelfstandigen: sociale zekerheidsbijdragen:
– Gelijkstelling van ziekteperiodes met beroepsbezigheidsperiodes
– Vrijstelling van bijdragen - zelfstandigen (in hoofdberoep) wegens financiële moeilijkheden

a) Gelijkstelling van ziekteperiodes met beroepsbezigheidsperiodes

De zelfstandige (deze hoedanigheid > 90 dagen) die zijn activiteit volledig stopzet (ook geen verderzetting van de activiteit door een derde op zijn naam!), kan op basis van een erkende arbeidsongeschiktheid (>66%) een tijdelijke of definitieve gelijkstelling bekomen wegens ziekte.

Betrokkene blijft dan in regel voor de sociale zekerheid zonder betaling van bijdragen aan zijn sociaal verzekeringfonds.
De periodes van gelijkstelling tellen mee voor het verwerven van pensioenrechten.

De aanvraag dient gericht aan de sociale verzekeringskas, of aan de Rijksdienst Sociale Verzekeringskas voor Zelfstandigen, samen met het bewijs van de erkenning van de arbeidsongeschiktheid (> 66%).
Het BTW nr. + het handelsregister op eigen naam moeten geschrapt worden (bij aanvraag definitieve gelijkstelling). Voor een tijdelijke gelijkstelling volstaat het om een nul-aangifte per kwartaal te doen bij het sociaal verzekeringsfonds.

b) Vrijstelling van bijdragen - zelfstandigen (in hoofdberoep) wegens financiële moeilijkheden

Zelfstandigen die wegens ernstige financiële moeilijkheden vrijstelling van het betalen van hun sociale bijdragen willen bekomen, kunnen daarvoor een aanvraag indienen.

Dit gebeurt aangetekend of door het ter plaatse neerleggen van een verzoekschrift) bij de sociale verzekeringskas waaraan de bijdragen waarvoor de vrijstelling wordt gevraagd, verschuldigd zijn (K.B. 09.12.94 - B.S. 08.02.95).

De sociale verzekeringskas registreert de aanvraag en stuurt deze automatisch door naar de RSVZ.

De commissie voor vrijstelling van sociale bijdragen zal, via het aan betrokkene toegestuurde inlichtingenformulier, de behoeftigheid onderzoeken. Het is dan ook belangrijk om zoveel mogelijk bewijsstukken mee te sturen om de noodzaak te staven (leningen, schulden, gezondheidstoestand, ...) van betrokkene en van de andere gezinsleden.

De commissie kan zowel vrijstelling verlenen van de bijdragen als voor de intresten en kosten van het jaar vóór de aanvraag tot en met het jaar na de datum van beslissing.

Opgelet: door deze vrijstelling vervallen de pensioenrechten voor de periode van vrijstelling. De rechten inzake ziekteverzekering en de kinderbijslagrechten blijven daarentegen behouden.

Tegen de uitspraak van de commissie is geen beroep mogelijk.

Faillissementsverzekering (K.B. 18.11.96; K.B. 06.07.97; M.B. 23.07.97 - B.S. 02.08.97)

Zelfstandigen zijn via hun wettelijk verplichte bijdragen verzekerd in geval van faillissement.

Voorwaarden:

- de gefailleerde zelfstandige, zaakvoerder, bestuurder of werkende vennoot van een handelsvennootschap, die niet geniet van eigen of afgeleide sociale zekerheidsrechten als persoon ten laste, dient een aanvraag in (per aangetekend schrijven of door een ter plaatse neer te leggen verzoekschrift) bij de sociale verzekeringskas waar hij het laatst was aangesloten;
- de gefailleerde was minimum 1 jaar zelfstandige in hoofdberoep;
- hij heeft geen beroepsactiviteit en geen recht op rustpensioen of andere vervangingsuitkeringen;
- hij is niet veroordeeld wegens bankbreuk.

Welke rechten ?

Eénmaal in de loopbaan kan de verzekering volgende rechten openen op:

- een financiële uitkering (1.158,09 euro met personen ten laste: 873,81 euro zonder ptl) gedurende maximaal 12 maanden (bedragen 01.09.2008).
- behoud van recht op kinderbijslag en gezondheidszorgen gedurende maximaal één jaar, mits de aanvraag wordt ingediend bij het sociaal verzekeringsfonds voor het einde van het kwartaal dat op het faillissement volgt.

Inhoudingen op de ziektevergoedingen
- pensioeninhoudingen
- bedrijfsvoorheffing

Pensioeninhoudingen

Er wordt op de hogere ziektevergoedingen een inhouding ten bedrage van 3,5 % verricht. Er gebeurt geen inhouding indien de uitkering niet hoger is dan 53,00 euro per dag voor gerechtigden met gezinslast en 44,00 euro voor gerechtigden zonder gezinslast. Vanaf een dagbedrag van 53,01 euro voor gezinshoofden en 44,01 euro voor niet-gezinshoofden gebeurt de inhouding volledig. Indien het dagbedrag tussen de voornoemde bedragen ligt gebeurt een gedeeltelijke inhouding die echter nooit het dagbedrag onder de 54,92 euro voor gezinshoofden en 45,60 euro voor niet-gezinshoofden mag doen dalen.

Bedrijfsvoorheffing

Op de primaire arbeidsongeschiktheid (1e jaar ziekte-uitkering) wordt een bedrijfsvoorheffing van 11,11 % ingehouden. Op de invaliditeitsuitkeringen wordt geen bedrijfsvoorheffing ingehouden.

Grenzen loonbeslag en loonsoverdracht
(Wet 24/03/2000 - BS 04/05/2000; KB 06/12/2000 - 14/12/2000)

Bij eventuele schuldvorderingen van derden (bank, ...) kan maar een gedeelte van het inkomen worden opgeëist om de schuldeisers terug te betalen. Leefloon, gezinsbijslagen, wezenpensioenen, tegemoetkomingen aan personen met een handicap, het gewaarborgd inkomen voor bejaarden, inkomensgarantie voor ouderen en bedragen die worden uitgekeerd als vergoeding voor de behoefte aan andermands hulp komen echter niet voor beslag in aanmerking.

Opmerking: Wat betreft onderhoudsgeld zijn er GEEN grenzen. Het volledige loon komt in aanmerking voor loonsoverdracht.

Er wordt een onderscheid gemaakt tussen inkomen uit arbeid en vervangingsinkomen. Indien de inkomens gedeeltelijk bestaan uit vervangingsinkomen en gedeeltelijk uit inkomen uit arbeid, worden de bedragen toegepast die geldig zijn voor "inkomen uit arbeid".

Inkomen uit arbeid of inkomen uit arbeid + vervangingsinkomen	
Maandelijks nettoinkomen: Bedragen te verminderen met 58 euro per kind ten laste (1).	Maximaal loonbeslag
< 981 euro	Niets
Van 981,01 euro tot 1.054 euro	20% van deze schijf (of max. 14,60 euro)
Van 1.054,01 euro tot 1.162 euro	30% van deze schijf (of max. 32,40 euro)
Van 1.162,01 euro tot 1.271 euro	40% van deze schijf (of max. 43,60 euro)
> 1.271,01 euro	Volledig

(bedragen op 01.01.2009)

(1) kind ten laste is elke persoon, jonger dan 25 jaar, of een verlengd minderjarig persoon met verwantschap in de eerste graad of met een band als zorgouder, en, waarvan de nettobestaansmiddelen een bepaalde grens niet overschrijden (in aanslagjaar 2009 respectievelijk € 2.700, € 3.910 + € 4.960 bij een samenwonende ouder, een alleenstaande ouder of een aleenstaande ouder met een handicap). Kind ten laste moet men met een aangifteformulier melden bij de beslaglegger en kan onder meer aangetoond worden met een bewijs van het ziekenfonds waaruit blijkt dat het kind bij betrokkene als persoon ten laste is ingeschreven; een bewijs van domiciliëring waaruit blijkt dat het kind op hetzelfde adres is ingeschreven; een gerechtelijk stuk waaruit blijkt dat betrokkene zijn onderhoudsverplichtingen nakomt tegenover het kind; rekeninguittreksels waaruit blijkt dat betrokkene op regelmatige basis stortingen uitvoert voor de bijdrage in het onderhoud van het kind voor een bedrag dat hoger is dan de gevraagde verhoging van het niet voor beslag vatbare bedrag. (KB 27.12.2004 - BS 31.12.2004)

Enkel vervangingsinkomen	
Maandelijks nettoinkomen Bedragen te verhogen met 58 euro per kind ten laste. (1)	Maximaal loonbeslag
< 981 euro	Niets
Van 981,01 euro tot 1.054 euro	20% van deze schijf (of max. 14,60 euro)
Van 1.054,01 euro tot 1.271 euro	40% van deze schijf (of max. 86,80 euro)
> 1.271,01 euro	Volledig

(bedragen op 01.01.2009)

Waar?

- Uitkeringen: ziekenfonds - loket of adviserend geneesheer (inlichtingen + bijstand) (Gouden Gids nr 6990, www.cm.be; e-mail: dmw@cm.be).
- Vrijstelling van bijdragen zelfstandigen: de Sociale Verzekeringskas.

Aandachtspunten voor de arts:

- Laattijdige ziekteaangifte (zie supra)
- Toegelaten arbeid (zie II.11.B)
- Werkhervatting tijdens een periode van erkende arbeidsongeschiktheid zonder toelating van de adviserend geneesheer tijdens een periode van erkende arbeidsongeschiktheid; *Beperken van de terugvordering* en behoud van recht in alle takken van de sociale zekerheid:
  Artikel 100, §2 van de gecoördineerde Wet van 14.07.94 bepaalt dat de werknemer die een vooraf toegelaten arbeid hervat onder bepaalde voorwaarden arbeidsongeschikt erkend wordt als hij vanuit een geneeskundig oogpunt een vermindering van zijn vermogen van ten minste 50% behoudt.
- Artikel 101, eerste lid bepaalt dat de als arbeidsongeschikt erkende werknemer, die arbeid heeft verricht zonder de in artikel 100, §2 bedoelde voorafgaandelijk toelating, maar die vanuit een geneeskundig oogpunt een vermindering van zijn vermogen van ten minste 50% behouden heeft, en op voorwaarde dat de uitgeoefende activiteit verenigbaar is met zijn gezondheidstoestand, de uitkeringen die hij ontving voor de dagen of de periode tijdens welke hij niet toegelaten arbeid heeft verricht, moet terugbetalen.

---

(1) kind ten laste is elke persoon, jonger dan 25 jaar, of een verlengd minderjarig persoon met verwantschap in de eerste graad of met een band als zorgouder, en, waarvan de nettobestaansmiddelen een bepaalde grens niet overschrijden (in aanslagjaar 2008 respectievelijk € 2.660, € 3.840 + € 4.870 bij een samenwonende ouder, een alleenstaande ouder of een gehandicapt kind) . Kind ten laste moet men met een aangifteformulier melden bij de beslaglegger en kan onder meer aangetoond worden met een bewijs van het ziekenfonds waaruit blijkt dat het kind bij betrokkene als persoon ten laste is ingeschreven; een bewijs van domiciliëring waaruit blijkt dat het kind op hetzelfde adres is ingeschreven; een gerechtelijk stuk waaruit blijkt dat betrokkene zijn onderhoudsverplichtingen nakomt tegenover het kind; rekeninguittreksels waaruit blijkt dat betrokkene op regelmatige basis stortingen uitvoert voor de bijdrage in het onderhoud van het kind voor een bedrag dat hoger is dan de gevraagde verhoging van het niet voor beslag vatbare bedrag. (KB 27.12.2004 - BS 31.12.2004)

- Artikel 101, tweede lid bepaalt dat hij nochtans wordt geacht arbeidsongeschikt te zijn gebleven en de dagen, waarvoor de uitkeringen wegens arbeidsongeschiktheid worden teruggevorderd ingevolge het eerste lid, worden aanzien als dagen waarop een uitkering is toegekend om de rechten van de gerechtigde en van de personen te zijnen laste op de prestaties van de sociale zekerheid te bepalen.
- Artikel 101, derde lid bepaalt:
  "Behoudens in geval van bedrieglijk opzet, kan het Beheerscomité van de Dienst voor Uitkeringen in behartigenswaardige gevallen geheel of gedeeltelijk afzien van de in het eerste lid vermelde terugvordering".

IV.9. Arbeidsongevallen

(Privésector: Wet 10.04.71 - B.S. 24.04.71, recente wijzigingen bij de Koninklijke Besluiten van 03.07.2005; 30.09.2005; 05.03.2006 en wetten van 27.12.2004; 11.07.2005; 13.07.2006;
Openbare sector: Wet 03.07.67)

Wat??

Werknemers in loonverband welke een erkend arbeidsongeval of een ongeval op de weg van en naar het werk (Wet 20.05.98 - B.S. 01.08.98) hebben opgelopen, kunnen hiervoor een schadevergoeding ontvangen. Een ongeval is een plotse gebeurtenis die een kwetsuur, een arbeidsongeschiktheid of de dood heeft veroorzaakt.

Arbeidsongeschiktheid wordt erkend indien betrokkene niet meer of niet meer op dezelfde wijze zijn werk als vóór het ongeval kan uitvoeren, dus niet meer hetzelfde verdienvermogen heeft. (1)

Vanaf 2006 zijn alle letsels, die aanvaard worden als arbeidsongeval, in een codelijst beschreven (KB 24.02.2005, gewijzigd bij KB 30.09.2005). Andere letsels wijzen op een beroepsziekte.

De uitkeringen voor arbeidsongevallen worden berekend op basis van het gemiddelde dagelijkse loon dat overeenstemt met 1/365ste van het basissalaris (= complete salaris waarop de werknemer recht heeft tijdens het jaar dat de dag van het arbeidsongeval voorafgaat). Het basisloon is beperkt tot een maximumbedrag (2).

Voor de berekening van het basisloon zijn er specifieke bepalingen voor slachtoffers die nog geen jaar in dienst of in dezelfde functie zijn, en voor gepensioneerden die nog bijverdienen. Het basisloon voor tijdelijke arbeidsongeschiktheid verschilt van dat voor vergoeding van de blijvende ongeschiktheid. Het vakantiegeld is er niet in opgenomen. Daarnaast kunnen beide basislonen van elkaar verschillen in geval van deeltijdse arbeid en/of minderjarige slachtoffers en leerlingen.

Overzicht van de uitkeringen:

a) Bij overlijden:
- begrafeniskosten (30 x gemiddeld dagloon)
- rente aan:
  - de overlevende echtgeno(o)t(e) = 30% basisloon (2);
  - kinderen:
    - erkende of geadopteerde kinderen van de getroffene of van de echtgenoot, wees van vader of moeder = elk 15% basisloon (tesamen max. 45% van het basisloon);

(1) Opgelet: de 'arbeidsongevallenvergoeding' is belastingsvrij, indien ze geen daadwerkelijk verlies van inkomsten vergoedt (Wet 19/07/2000 - B.S. 04/08/2000)

(2) Basisloon = loon van de laatste 12 maanden vóór het ongeval (beperkt tot 36.809,73 euro) per jaar (vanaf 01.01.2009). Voor leerlingen of minderjarige werknemers mag het echter niet minder bedragen dan 5.948,76 euro.)

- erkende of geadopteerde kinderen van de getroffene of van de echtgenoot, wees van vader én moeder = elk 20% basisloon (tesamen max. 60% van het basisloon);
  (niet erkende kinderen hebben ook recht wanneer de gerechtelijke vaststelling van de afstamming vaststaat)

• In bepaalde gevallen (onder hetzelfde dak wonen of geen andere rechthebbenden, ...) kunnen eventueel ook andere personen aanspraak maken op een rente (van 15-20%), met name:
  - de vader en de moeder van de getroffene (zonder echtgenoot of kinderen) = elk 20% van het basisloon; indien de getroffene een echtgenoot nalaat wordt de rente voor deze personen beperkt tot 15% van het basisloon; indien vader en moeder overleden: bloedverwanten in de opgaande lijn van de overleden ouder)
  - de kleinkinderen;
  - de broers en de zusters. (indien geen andere rechthebbenden)

b) Bij arbeidsongeschiktheid:
– tijdelijke volledige ongeschiktheid:
  • dag van het ongeval: het volledig dagloon wordt gewaarborgd;
  • vanaf tweede dag: 90% van gemiddeld dagloon;
– tijdelijke gedeeltelijke ongeschiktheid: vergoeding volgens percentage ongeschiktheid of verschil tussen het loon vóór het ongeval en het loon na de wedertewerkstelling;
– blijvende ongeschiktheid; (vastgelegd door consolidatie)
  • vergoeding volgens toegekend percentage (medische + economisch %) ongeschiktheid van 1 tot 100%. Het toegekende percentage wordt vermenigvuldigd met het basissalaris. (1)
    Opmerking: de vergoeding wordt verminderd met de helft indien het percentage tussen 1% en 5% ligt en met 1/4e indien het percentage tussen 5% en 10% ligt. De vergoeding kan reeds ingaan 120 dagen voor datum VOLLEDIGE aanvraag!!);
    Vanaf de pensioenleeftijd (65 jaar of vanaf de datum van aanvaarding van het pensioen) valt het economisch % weg. Men krijgt dan een vast % of bedrag i.p.v. een berekening op basis van het loon. Indien de blijvende arbeidsongeschiktheid meer dan 19% bedraagt en de herzieningstermijn verstreken is, dan kan men vragen dat maximum een derde van de waarde van de rente in kapitaal wordt uitbetaald. Men moet die aanvraag rechtvaardigen (het geld moet bv. dienen om een handelszaak te kopen of om de eigen woning in te richten). Men kan die aanvraag indienen op om het even welk ogenblik na het verstrijken van de herzieningstermijn.
  • eventueel bijkomende forfaitaire vergoeding voor hulp van derden: wie hulp van een andere persoon nodig heeft bij het verrichten van de gewone handelingen uit het dagelijkse leven (toilet maken, eten, zich verplaatsen, enz.), kan een aanvullende vergoeding aanvragen, namelijk de zogenoemde vergoeding voor hulp van derden. Het jaarlijks maximumbedrag van deze vergoeding is gelijk aan 12 maal het gewaarborgd gemiddeld minimum maandinko-

(1) Er wordt geen indexering meer toegepast indien het een vergoeding betreft voor een blijvende arbeidsongeschiktheid tot 19% (Programmawet 22.12.2003, art. 57-61).

men. Dit inkomen wordt door de Nationale Arbeidsraad vastgesteld (bij collectieve arbeidsovereenkomst op 01.01.2009 een maandbedrag van 1.387,49 euro).
Deze vergoeding voor hulp van derden wordt niet meer betaald vanaf de 91ste dag ononderbroken opneming in een ziekenhuis.
Deze vergoeding is geen belastbaar inkomen. Deze vergoeding is geen belastbaar inkomen.

- er bestaat ook een recht op een bijkomende vergoeding bij tijdelijke verergeringen. Het ongeschiktheidspercentage moet vóór de tijdelijke verergering wel minstens 10% bedragen.

Geneeskundige verstrekkingen

In principe worden de terugbetalingen, voor kosten die te maken hebben met het arbeidsongeval, gebaseerd op de terugbetaling binnen het RIZIV (de ziekenfondsen).

Voor langdurige kine-behandelingen wordt er een specifieke regeling uitgewerkt.
- Geneesmiddelen worden volledig terugbetaald; Er is een gemotiveerd voorschrift nodig voor magistrale bereidingen en specialiteiten.
  Sommige geneesmiddelen, die nog niet zijn geregistreerd of die niet worden terugbetaald door het ziekenfonds, worden enkel terugbetaald op basis van een motivatie van de behandelende geneesheer.
- Verblijf in een RVT, ROB of PVT wordt op dezelfde wijze ('tegemoetkoming voor verzorging en bijstand in het dagelijks leven') als die van de ZIV vergoed;
- Bij niet in die nomenclatuur opgenomen geneeskundige verstrekkingen is de vergoeding gelijk aan de werkelijke kost. De prijs moet redelijk en vergelijkbaar zijn met in de nomenclatuur voorziene zorgen; voorafgaandelijke toestemming is dan vereist;
- Gebruik van prothese, orthopedisch toestel of hulpmiddelen;
- Voorafgaandelijke toestemming is niet vereist:
  - voor dringende medische hulp;
  - als reeds vaststaat dat de nood van die zorg noodzakelijk is en het gevolg is van het ongeval.

Er zijn ook specifieke regels van het ogenblik dat de ongeschiktheid een bestendig karakter vertoont en vanaf de kennisgeving, door de verzekeraar of het FAO, van de bewezenverklaring.

Alle reiskosten in functie van behandeling of onderzoek worden door de verzekeraar vergoed.

Aanvullende toelagen: deze hebben als doel om in zekere mate de waardevermindering van de renten/vergoedingen te compenseren (en zodoende de normale loonstijgingen te volgen); de renten/vergoedingen worden vergeleken met een norm die ieder jaar opnieuw wordt bepaald.

Werkhervatting:

In 2006 zijn de wetteksten aangepast om maatregelen uit te werken die de werkhervatting stimuleren, hetzij door herscholing te ondersteunen, hetzij door mogelijkheden voor aangepast werk of werkpostaanpassingen te laten onderzoeken

door de raadsgeneesheer van de verzekering. Bovendien worden mogelijkheden uitgewerkt om te voorkomen dat een mislukte werkhervatting tot inkomensverlies leidt (zonder die maatregelen verliest men voordelen en inkomsten als men hervalt nadat men een minder goed betaald werk aanvaard heeft). Deze maatregelen moeten nog concrete uitvoeringsbesluiten krijgen.

Wie?

– Werknemers onderworpen aan de sociale zekerheid (1):
  - werknemers met een arbeidsovereenkomst (ook de betaalde sportbeoefenaars)
  - leerlingen onder leercontract
  - diverse categoriën van personen die geen arbeidsovereenkomst hebben, maar wel prestaties verrichten tegen bezoldiging, onder gezag van een persoon of die arbeid verrichten in omstandigheden vergelijkbaar met een arbeidsovereenkomst.

– Gelijkgestelden:
  - werknemers met occasionele arbeid;
  - huispersoneel dat niet inwoont;
  - bepaalde personen met een bijberoep;
  - fruit- en groenteplukkers (max. 25 arbeidsdagen/jaar)
  - onbezoldigde stagiars, leerlingen en studenten (cfr. schoolopleiding) (2), ingevoerd bij KB 13.06.2007

Hoe?

De werknemer dient zijn werkgever onmiddellijk op de hoogte te brengen. Indien het ongeval aanleiding kan geven tot toepassing van de arbeidsongevallenwet, dient de werkgever hiervan binnen vastgestelde termijn aangifte te doen:

– Aan de inspecteur arbeidsveiligheid:
  - binnen 10 werkdagen vanaf de dag die volgt op die van het ongeval,

  of
  - binnen de twee dagen vanaf de dag die volgt op die van het ongeval, bij zeer ernstig (arbeidsongeschiktheid van vermoedelijk minstens 30 dagen) of dodelijk ongeval op de arbeidsplaats zelf. Bij dodelijk ongeval of met te voorziene bestendige AO van minstens 25% onmiddellijk telefonisch of elektronisch contact opnemen.

– Aan de verzekeraar (of via het portaal sociale zekerheid): binnen 8 kalenderdagen, en onmiddellijk bij een ernstig ongeval met dodelijke afloop of bij abnormale omstandigheden (explosie, brand of elektriciteitspanne);

– Aan de bedrijfsgeneeskundige dienst: binnen 10 werkdagen.

---

(1) Militairen, rijkswachters en personen in dienst van de NMBS vallen niet onder de toepassing van deze regeling!

(2) Uitgezonderd ongevallen van en naar het werk en tijdelijke arbeidsongeschiktheid

Wanneer iemand een ongeval overkomt en letsels zich pas later manifesteren, dan kan er nog steeds een aangifte gebeuren. Het oorzakelijk verband moet echter bewezen worden. Getuigen zijn hier dus zeker belangrijk.

Indien een werkgever weigert een ongeval aan te geven, of hij is niet verzekerd tegen arbeidsongevallen, dan verwittigt men zo snel mogelijk het Fonds voor Arbeidsongevallen, opdat het een onderzoek zou kunnen instellen.

Werknemers uit de openbare sector (provinciale en gemeentelijke diensten inbegrepen) doen hun aanvraag bij hun directe werkgever.

Medisch onderzoek en consolidering:

In principe kiest betrokkene zelf een behandelend geneesheer, behalve wanneer de werkgever of zijn verzekeraar een georganiseerde geneeskundige dienst heeft.

De beslissing van de verzekeraar:
Bij aanvaarding van het arbeidsongeval gaat de verzekeraar eerst tijdelijke arbeidsongeschiktheid vergoeden. Wanneer de letsels niet meer evolueren 'consolideert' men het arbeidsongeval. Men bepaalt of er al dan niet blijvende letsels aanwezig zijn en men bepaalt in voorkomend geval de fysische en sociaal- economische ongeschiktheid.

Het resultaat is
- Volledige genezing, dus geen blijvende letsels; of
- Blijvende letsels, dus blijvende ongeschiktheid.

De beslissing wordt per brief meegedeeld indien de arbeidsongeschiktheid langer duurt dan 7 dagen. Indien de tijdelijke arbeidsongeschiktheid meer dan 30 dagen duurt, dan bevestigt men de genezing door een medisch attest.

'Consolidering' van blijvende letsels gebeurt in een bekrachtigingsprocedure waarbij de verzekeraar een voorstel doet aan betrokkene en zijn behandelend geneesheer en waarbij beide partijen eventueel discussiëren over de eindbeslissing. Sinds 01.09.2006 kan men bij onenigheid beroep doen op een dokter van het Fonds voor Arbeidsongevallen om bemiddelend op te treden, indien de geëiste graad van arbeidsongeschiktheid minstens 25% bedraagt.

Herziening:

Na de consolidering begint de herzieningstermijn, die gedurende 3 jaar loopt. Men kan zowel tijdelijke verergering als blijvende verergering aanvragen. Na de herzieningstermijn wordt de vastgestelde arbeidsongeschiktheid definitief. Toch is het later nog mogelijk om een herziening te vragen voor tijdelijke of blijvende verergering indien de letsels ernstiger worden dan 10% arbeidsongeschiktheid. Aan te vragen bij de verzekeraar, behalve voor de ongevallen die gebeurd zijn voor 01.01.1988 (dan dient men de aanvraag te richten aan het Fonds voor arbeidsongevallen).

Beroep:

Wie niet akkoord gaat met de beslissing van de verzekeraar, en zijn standpunt bevestigd ziet door een behandelend geneesheer, kan het geschil bij de arbeidsrechtbank aanhangig maken. Dit kan door middel van een dagvaarding of met akkoord van de verzekeraar om op vrijwillige basis te verschijnen.

De rechtbank zal dan, eventueel na een medische expertise, het arbeidsongeval bij vonnis regelen.
Wie bij een vakbond aangesloten is kan zich laten bijstaan door de juridische dienst van de vakbond.

Aandacht:

- De werkgevers genieten van de zogenaamde 'immuniteit' (dat wil zeggen: hij kan in principe niet verantwoordelijk gesteld worden voor een ongeval), behalve wanneer hij nalatig is door een zwaarwichtige overtreding te begaan door wettelijke en reglementaire overtredingen betreffende het welzijn van de werknemers te negeren en wanneer hij zelfs na waarschuwing en opgelegde passende maatregelen van de arbeidsinspectie toch nog de werknemers aan de risico's van een arbeidsongeval heeft blootgesteld.
- Bij twijfel over de tenlasteneming zal de verzekering of het FAO (Fonds voor Arbeidsongevallen) het ziekenfonds binnen 30 dagen hiervan op de hoogte brengen zodat deze de nodige vergoedingen als voorschot kan uitkeren. Het is geraadzaam om als rechthebbende zelf contact op te nemen met het ziekenfonds voor het einde van het gewaarborgd loon (d.i. 14 dagen voor arbeiders en 28 dagen voor bedienden) om eventuele ongemakken (bv. laattijdige aangifte, ...) en/of achterstallige betalingen te vermijden.

RSZ-afhoudingen en belastingen

- RSZ wordt afgehouden (niet op de vergoeding 'hulp van derden')
- Op de wettelijke vergoedingen wegens blijvende ongeschiktheid wordt een bedrijfsvoorheffing afgehouden op het gedeelte van de rente dat belastbaar is. Die voorheffing is 11,22%.
- De tijdelijke arbeidsongevallenvergoeding is altijd belastbaar.
- De arbeidsongevallenvergoeding voor blijvende arbeidsongeschiktheid is belastingsvrij indien ze geen daadwerkelijk verlies van inkomsten vergoedt (Wet 19/07/2000 - BS 04/08/2000).
  De wet gaat ervan uit dat er geen inkomstenverlies is wanneer de invaliditeitsgraad niet hoger is dan 20%.
- De vergoeding voor het gedeelte boven 20%, kan geheel of gedeeltelijk belastingsvrij zijn op voorwaarde dat men kan aantonen dat er geen inkomstenverlies was (men heeft bv. zijn functie terug opgenomen zonder loonverlies), en de uitkering dus ook niet diende ter compensatie van een geleden inkomstenverlies. Ook als men een rust- of overlevingspensioen geniet of als men ouder is dan 65 jaar zijn de uitkeringen belastingvrij.
- Vergoedingen voor hulp aan derden zijn altijd volledig vrijgesteld.

Waar?

- Fonds voor Arbeidsongevallen - IDALIE
  Troonstraat 100, 1050 Brussel
  tel.: (02) 506 84 11
  fax.: (02) 506 84 15
  www.fao.fgov.be

- Ziekenfonds - dienst maatschappelijk werk (inlichtingen + bijstand) (Gouden Gids nr. 6990, www.cm.be; e-mail: dmw@cm.be)
- Gemeente - sociale dienst (inlichtingen + bijstand) (telefoongids: OCMW ofwel Gouden Gids nr. 7620)
- In de meeste grootsteden houdt het Fonds voor arbeidsongevallen een maandelijkse zitdag. Gegevens op te vragen bij de stadsdiensten of te raadplegen op de website.

IV.10. Beroepsziekten

(Wet 03.06.70 - B.S. 27.08.70, laatst gewijzigd bij Wetten 13.07.2006 & 19.07.2006; KB 17.07.1974; KB 28.03.1969; KB 26.09.1996; ...; KB 04.05.2006)

Wat?

Werknemers in loonverband (of zelfstandigen die het bewijs leveren dat zij hun ziekte opliepen tijdens een periode als werknemer in loonverband) welke een erkende beroepsziekte hebben opgelopen ten gevolge van de door hen uitgeoefende functie, kunnen hiervoor een schadevergoeding (1) ontvangen.

De publieke sector (ambtenaren, provinciale en plaatselijke overheidsdiensten) hebben een ander stelsel voor beroepsziekteverzekering. Men heeft in 2006 de principiële beslissing genomen om de mogelijkheid te onderzoeken om beide sectoren te harmoniseren. Bovendien onderzoekt men een piste om zelfstandigen, mits een beperkte bijdrage, eveneens toe te laten in het systeem.

Een beroepsziekte wordt soms zeer lang na de blootstelling aan het risico duidelijk. Men hanteert een lijstsysteem (een lijst met vergoedbare beroepsziekten) (2) en een 'open' systeem (andere beroepsziekten, die niet vermeld staan in de lijst).

Er bestaat een fundamenteel verschil tussen het lijstsysteem en het open systeem. In het lijstsysteem geldt er een wettelijk vermoeden van oorzakelijk verband tussen de ziekte en de blootstelling aan het beroepsrisico van die ziekte. In het open systeem rust de bewijslast met betrekking tot het oorzakelijk verband volledig op de aanvrager. Men erkent slechts een beroepsrisico in het open systeem indien de blootstelling aan de schadelijke invloed inherent is aan de beroepsuitoefening en ' beduidend groter ' is dan de blootstelling van de bevolking in het algemeen, en, indien deze blootstelling volgens algemeen aanvaarde medische inzichten, van aard is om de ziekte te veroorzaken (de blootstelling is dus ernstiger dan bij de arbeidsgerelateerde ziekten, zie verder).

Nieuw, de arbeidsgerelateerde ziekten:

Een rugletsel bij verpleegkundigen werd in principe niet als beroepsziekte aanvaard omdat er onvoldoende wetenschappelijke argumenten zijn om rugpijn en degeneratief ruglijden in het algemeen (met inbegrip van discushernia en ischias) te beschouwen als ziekten, veroorzaakt door dynamische en/of statische belasting van de wervelzuil. Derhalve werd de aandoening niet opgenomen in het lijstsysteem en was het in de praktijk vrijwel onmogelijk om in het open systeem te laten besluiten tot een rechtstreeks en determinerend oorzakelijk verband tussen de beroepsuitoefening en de ziekte.

---

(1) De vergoedingen beroepsziekte en uitkeringen verleend door andere sociale zekerheids- en voorzorgsregelingen (behalve pensioenen) worden, behoudens de in die regelingen voorziene beperkingen (bv. ziekteuitkeringen) of uitsluitingen (bv. tegemoetkomingen aan personen met een handicap) onbeperkt gecumuleerd.

(2) Lijst der beroepsziekten: zie K.B. 28.03.69 - B.S. 04.04.69, laatst gewijzigd door K.B. 27.12.2004 - B.S. 09.02.2005, aan te vragen bij het Fonds voor Beroepsziekten of te consulteren http://www.fbz.fgov.be

Voor dit soort aandoeningen is nu de mogelijkheid tot erkenning van arbeidsgerelateerde ziekten ingevoerd (Wet houdende diverse bepalingen 13.07.2006, van toepassing sinds 01.03.2007). Dit zijn ziekten waarvan het oorzakelijk verband slechts gedeeltelijk aantoonbaar is, de blootstelling moet slechts 'groter zijn' dan die van de bevolking in het algemeen. In een K.B. van 17.05.2007, BS 07.03.2007 voorziet men een preventieprogramma voor mensen met lage rugpijn ten gevolge van het manueel hanteren van lasten of mechanische trillingen op het werk, waarbij de nadruk ligt op revalidatie en reïntegratie in het werkmilieu (eventueel na werkverwijdering). Men voorziet slechts beperkte schadevergoeding door tussenkomst bij geneeskundige verstrekkingen en vergoeding van verplaatsingen naar het revalidatiecentrum. De aanvraag dient te gebeuren door de preventieadviseur-arbeidsgeneesheer, tussen 4 weken en maximum 3 maanden arbeidsongeschiktheid ten gevolge van de aandoening of na een chirurgische ingreep (zelfde aanvraagperiode). Wie gedurende het laatste jaar in totaal 4 weken arbeidsongeschikt was om dezelfde redden kan al na 1 week de aanvraag starten.

Het recht op een beroepsherinschakelingsprogramma:

Het Fonds heeft sinds de Wet van 13.07.2006 de uitdrukkelijke opdracht om de werkhervattingmogelijkheden te (laten) onderzoeken en te begeleiden. Er worden ook allerlei beschermende maatregelen onderzocht om werkhervatting aan te moedigen, vb. door behoud van loon te waarborgen bij de aanvaarding van aangepast werk. Hiervoor moeten nog nieuwe uitvoeringsbesluiten verschijnen.

Wanneer een persoon met een beroepsziekte de beroepsactiviteit, die aanleiding tot de ziekte was, definitief moet stopzetten, dan
- onderzoekt men –indien gewenst- de mogelijkheden tot beroepsherscholing, waarvan de kosten voor onderzoek en de eventuele herscholing ten laste komt van het Fonds;
- is betrokkene verplicht om bij elke gezondheidsbeoordeling door een preventieadviseur- arbeidsgeneesheer of in het kader van een herscholingsonderzoek melding te maken van de te mijden beroepsrisico's (op straf van eventueel verlies van vergoedingen bij verergering of herval);
- is elke werkgever verplicht om rekening te houden met de te mijden risico's (op straf van betaling van de schadeloosstellingen ten gevolge van verergering, herval of overlijden) (KB 01.07.2006).

Het Fonds voor Beroepsziekten vervult ook een preventieve opdracht op de werkvloer door middel van:
- het voorkomen van ziekten of van de verergering ervan (vb. het revalidatieprogramma dat tot februari 2007 verlengd werd ten gunste van verzorgend personeel met lage rugpijn)
- verwijdering uit het schadelijk milieu (tijdelijk of blijvend, vb. zwangere vrouwen)
- het vaccineren van bedreigde groepen (Het F.B.Z. vergoedt de vaccinatie tegen hepatitis B bij het verplegend personeel; de vaccinatie tegen griep bij de personen die door het Fonds schadeloos gesteld worden voor respiratoire of hartaandoeningen)
- onderzoek van beroepsrisico's
- studie van (nieuwe) beroepsziekten

– informatieverstrekking over de beroepsziekten

De uitkeringen voor beroepsziekten worden berekend op basis van het gemiddelde dagelijkse loon dat overeenstemt met 1/365ste van het basissalaris (= complete salaris waarop de werknemer recht heeft tijdens de 4 trimesters voor het trimester van de dag van de erkenning van de beroepsziekte). Het basisloon is beperkt tot een maximumbedrag (1).

Overzicht van de uitkeringen:

a) Bij overlijden

- begrafeniskosten aan wie de kosten van de begrafenis heeft gedragen: (30 x gemiddeld dagloon MIN de tussenkomst van het ziekenfonds (zie I.18.) en de overbrengingskosten naar de begraafplaats
- rente aan de overlevende echtgeno(o)t(e) (forfaitair bedrag van 3.901,82 euro/jaar op 01.01.2009 indien genieter van overlevings- of rustpensioen (2), 30% basisloon indien niet pensioengerechtigd)
- De overlevende echtgenoot die uit de echt of van tafel en bed gescheiden is en die een onderhoudsgeld genoot ten laste van de overledene, heeft ook recht op een jaarlijkse vergoeding, die maximaal het onderhoudsgeld bedraagt.
- rente aan kinderen (zolang er recht is op kinderbijslag (3)):
- wettelijke (erkende/geadopteerde) kinderen (1 ouder leeft nog), (15% basisloon per kind met een max. van 45% voor alle kinderen samen)
- wettelijke (erkende/geadopteerde) kinderen (beide ouders overleden), natuurlijke kinderen (niet erkend door overleden moeder), (20% basisloon per kind met een max. van 60% voor alle kinderen samen)
- in bepaalde uitzonderlijke gevallen (onder hetzelfde dak wonen, geen andere rechthebbenden, voordeel halen uit het loon van de overledene, ...) kunnen eventueel ook andere personen aanspraak maken op een rente (van 15-20% basisloon), met name:
  - de ouders (adoptanten),
  - de kleinkinderen,
  - broers en zusters.

---

(1) Basisloon = loon van de laatste 4 trimesters vóór de medische vaststelling van de beroepsziekte beperkt tot 36.809,73 euro per jaar (bedrag 01.01.2009). Voor leerlingen of minderjarige werknemers mag het echter niet minder bedragen dan 5.948,76 euro.

(2) Dit percentage wordt eventueel verhoogd met 1 tot 3% op 65-jarige leeftijd

(3) Kinderen met een handicap behouden eventueel deze rente, ook al ontvangen zij geen kinderbijslag meer.

b) Bij arbeidsongeschiktheid
– Uitkeringen;
- tijdelijke ongeschiktheid (minstens 15 dagen)
  - bij volledige tijdelijke ongeschiktheid: dagelijkse vergoeding, berekent op 90% van het basisloon,
  - bij gedeeltelijke tijdelijke ongeschiktheid, bv. bij een gedeeltelijke werkhervatting na een volledige tijdelijke ongeschiktheid, wordt een vergoeding (eventueel geplafonneerd) toegekend voor het geleden loonverlies.
  Wanneer een getroffene omwille van een beroepsziekte in een verplegings- of verzorgingsinstelling wordt opgenomen, kan hij, voor de periode van opneming, vragen de hem voor deze ziekte toegekende graad van ongeschiktheid te brengen tot 100% tijdelijke of blijvende arbeidongeschiktheid. Op het einde van de opneming wordt, hetzij een nieuwe beslissing van het Fonds het anders bepaalt, de oorspronkelijke graad van ongeschiktheid automatisch terug toegekend. (Wet houdende sociale bepalingen 22.02.98 - B.S. 03.03.98)
- blijvende ongeschiktheid:
  - vergoeding volgens toegekend percentage ongeschiktheid (medisch + economisch %) (2) van 1 tot 100% (deze vergoeding kan reeds ingaan 120 dagen voor datum VOLLEDIGE aanvraag!!). De vergoeding wordt verminderd met 50% bij een ongeschiktheidspercentage beneden de 5%, en met 25% bij een ongeschiktheid van 5 tot 9%. Vanaf de pensioenleeftijd (65 jaar of vanaf de datum van aanvaarding van het pensioen) valt het economisch % weg. Men krijgt dan een vast % of een bedrag i.p.v. een berekening op basis van het loon. Opgelet: het economische % valt evenwel niet weg als er een % van 100% was toegekend.
  - eventueel bijkomende vergoeding voor hulp van derde (1). De vergoeding is voltijds (forfaitair bedrag: 18.785,32 euro per jaar op 01.01.2009) of halftijds (halve bedrag) naargelang de ernst van de zorgafhankelijkheid.
- Tussenkomst in het remgeld voor geneeskundige verzorging (niet voor medicatie categorie D) (2);
- Aanvullende toelagen: deze hebben als doel om in zekere mate de waardevermindering van de renten/vergoedingen te compenseren (en zodoende de normale loonstijgingen te volgen); de renten/vergoedingen worden vergeleken met een norm die ieder jaar opnieuw wordt bepaald; (3)
- Tussenkomst in de kosten en vergoedingen voor het volgen van een beroepsherscholing (indien het Fonds het nuttig acht, betaalt gedurende de herscholingsperiode de voordelen voor volledige blijvende arbeidsongeschiktheid;
- Tussenkomst in verplaatsingsonkosten bij de behandeling van de beroepsziekte voor vervoer met de ziekenwagen als de geneesheer van het Fonds vooraf zijn akkoord gaf. Voor ander vervoer betaalt het Fonds een forfaitair

(1) De 'hulp van derde' is niet belastbaar en er gebeuren geen inhoudingen voor de sociale zekerheid
(2) De gezondheidszorgen bij slachtoffers van een in België wettelijk erkende beroepsziekte, worden door de ziekteverzekering ten laste genomen tot beloop van het ZIV-tarief. Enkel het persoonlijk aandeel van de zieke (remgelden en tenlasteneming van personen die niet gerechtigd zijn op de ZIV) wordt door het Fonds voor Beroepsziekten vergoed. Voor verstrekkingen van geneeskundige verzorging die niet voorzien zijn in de regeling van de ZIV werd voor het Fonds voor Beroepsziekten een specifieke nomenclatuur (terugbetalingsnormen) opgesteld (K.B. 28.06.83 - B.S. 30.06.83).
(3) Wet van 16.07.74 - K.B. 17.07.74 (B.S. 24.07.74)

bedrag van 0,70 € per dag bij tijdelijke lichamelijke arbeidsongeschiktheid. Bij definitieve arbeidsongeschiktheid betaalt het Fonds 20 € per maand aan wie minstens 66% arbeidsongeschikt is (KB 22.06.2006).

c) Bij tijdelijke verwijdering
- Heeft men recht op de vergoeding als tijdelijke volledig arbeidsongeschikte (= 90% van het basisloon). Het recht gaat ten vroegste 365 dagen vóór de datum van de aanvraag in.
  Voor zwangere werkneemsters is de retroactiviteit beperkt tot de periode tussen het begin van de zwangerschap en het begin van de 7 weken (= 9 weken indien een meerling verwacht wordt) die voorafgaan aan de vermoedelijke datum van bevalling, dat zij aanspraak kunnen maken op de vergoeding als tijdelijk volledig ongeschikte (m.a.w. op 90% van het basisloon). Nadien worden zij vergoed door het ziekenfonds (zie I.4.).

RSZ-afhoudingen en belastingen

- RSZ wordt afgehouden (niet op de vergoeding 'hulp van derden')
- Op de wettelijke vergoedingen wegens blijvende ongeschiktheid wordt een bedrijfsvoorheffing afgehouden op het gedeelte van de rente dat belastbaar is. Die voorheffing bedraagt 11,22%.
- De beroepsziektenvergoeding is belastingsvrij indien ze geen daadwerkelijk verlies van inkomsten vergoedt (Wet 19/07/2000 - BS 04/08/2000).
  De wet gaat ervan uit dat er geen inkomstenverlies is wanneer de invaliditeitsgraad niet hoger is dan 20%.
- Indien het percentage hoger is dan 20%, dan kan de uitkering toch geheel of gedeeltelijk belastingsvrij zijn op voorwaarde dat men kan aantonen dat er geen inkomstenverlies was (men heeft bv. zijn functie terug opgenomen zonder loonverlies), en de uitkering dus ook niet diende ter compensatie van een geleden inkomstenverlies.
  De bepalingen van de Wet van 19 juli 2000 traden in werking vanaf het aanslagjaar 1999, inkomsten 1998.

Wie?

1. werknemers onderworpen aan de sociale zekerheid
2. personen werkzaam in een familie-onderneming voor zover zij door een arbeidsovereenkomst zijn verbonden
3. personen die ingevolge lichamelijke arbeidsongeschiktheid of werkloosheid een vakherscholing of scholing volgen, die krachtens een wet werd opgericht
4. leerjongens, leermeisjes en stagiairs, ook als zij geen loon ontvangen welke blootgesteld (1) geweest zijn aan het beroepsrisico van een beroepsziekte die voorkomt op de lijst der beroepsziekten EN door deze beroepsziekte zijn aangetast.

(1) Op schriftelijk verzoek van de arbeidsgeneesheer of van het Comité voor preventie en bescherming op het werk kan het Fonds advies verstrekken in verband met de blootstelling

Personen uit de openbare sector vallen niet onder de toepassing van deze regeling.

Hoe?

Bij arbeidsongeschiktheid moet in elk geval ook tijdig een aangifte van ziekte gebeuren bij het ziekenfonds!! (zie I.3.)

De betrokkene kan dan zijn aanvraag tot schadeloosstelling (volledig en correct samengesteld, m.a.w. ***de aanvraag is volledig vanaf het ogenblik dat de formulieren 501 en 503 volledig ingevuld bij beroepsziekten zijn toegekomen - ook bij een herzieningsaanvraag!!***) aangetekend richten aan het Fonds voor Beroepsziekten. De aanvraag kan ook gebeuren via de adviserend geneesheer van het ziekenfonds of via de bedrijfsgeneeskundige dienst.

Het Fonds beperkt het onderzoek tot de aandoening waarvoor de aanvraag werd ingediend (KB 04.05.2006).

N.B.: werknemers uit de openbare sector (provinciale en plaatselijke overheidsdiensten) dienen hun aanvraag rechtstreeks in bij hun directe werkgever.

Opmerking:
1) De volledige beroepsloopbaan (zowel binnen- als buitenland) dient altijd opgegeven;
2) De erkenning beroepsziekte kan ook nog worden aangevraagd na de pensioenleeftijd;
3) De eerste betaling na de betekening van een beslissing gebeurt binnen 60 dagen (achterstallige bedragen binnen 120 dagen);
4) Bij overlijden start de overlevingsrente voor de weduwe de eerstvolgende maand na overlijden, de gewone vergoeding loopt tot het einde van de maand van overlijden.

Waar?

- De betrokkene dient zijn aanvraag tot schadeloosstelling aangetekend te richten aan het Fonds voor Beroepsziekten (of via de medisch adviseur van het ziekenfonds of bedrijfsgeneeskundige dienst)
  Sterrenkundelaan 1, 1210 Brussel
  tel.: (02) 226 62 11 - fax (02) 219 19 33.
- Ziekenfonds - dienst maatschappelijk werk of adviserend geneesheer (inlichtingen + bijstand) (Gouden Gids nr. 6990,
  www.cm.be; e-mail: dmw@cm.be).

Aandachtspunten voor de arts:
(M.B. 06.12.96 - B.S. 07.02.97).

Aanvraag en herziening

- ***Bij arbeidsongeschiktheid moet in elk geval ook tijdig een aangifte van ziekte gebeuren bij het ziekenfonds!! (zie I.3.)***

De aanvragen om schadeloosstelling en de aanvragen om herziening moeten bij het Fonds voor de beroepsziekten ingediend worden door middel van het wit formulier dat samengesteld is uit een administratief (501) en uit een medisch deel (503). Het recht begint maar te lopen vanaf het moment dat de aanvraag volledig is!

Wanneer een getroffene omwille van een beroepsziekte in een verplegings- of verzorgingsinstelling wordt opgenomen, kan hij, voor de periode van opneming, vragen de hem voor deze ziekte toegekende graad van ongeschiktheid te brengen tot 100% tijdelijke of blijvende arbeidsongeschiktheid. Op het einde van de opneming wordt, hetzij een nieuwe beslissing van het Fonds het anders bepaald, de oorspronkelijke graad van ongeschiktheid automatisch terug toegekend. (Wet houdende sociale bepalingen 22.02.98 - B.S. 03.03.98).

Tussenkomst voor geneeskundige verzorging

Tussenkomst in het remgeld voor geneeskundige verzorging (niet voor medicatie categorie D)

- Voor de honoraria van de geneesheer wordt een 'getuigschrift G.Z.2' ingevuld door de arts zelf. Hij duidt er de nomenclatuurnummers en datum van de verstrekking op aan, aangevuld met een verklaring dat de verleende verzorging specifiek is voor de behandeling van de B.Z.
- Voor de geneesmiddelen dienen zowel de behandelende arts als de apotheker een 'getuigschrift G.Z.1' in te vullen naast het gebruikelijke voorschrift. Hierbij dient een specifieke verklaring gevoegd dat de verleende verzorging de behandeling van de B.Z. betreft.
- Voor paramedische verzorging (verpleging, kiné) dienen zowel de voorschrijvende arts als de zorgverstrekker een 'getuigschrift G.Z.3' in te vullen, zodat de betrokkene het persoonlijk aandeel bij het FBZ terug kan vorderen.
- De kosten van sommige vaccins en gammaglobulines De aanvragen voor terugbetaling van de kosten voor verstrekkingen van geneeskundige verzorging, opgenomen in het Koninklijk Besluit van 28 juni 1983 tot vaststelling van een specifieke nomenclatuur voor verstrekkingen van geneeskundige verzorging inzake beroepsziekteverzekering (sommige vaccins en gammaglobulines), kunnen bij het Fonds voor de beroepsziekten ingediend worden door middel van het geel formulier dat samengesteld is uit een administratief (511) en uit een medisch deel (513).

Tijdelijke verwijdering wegens zwangerschap

De aanvragen om ***tijdelijke verwijdering uit het risico van beroepsziekte wegens zwangerschap*** worden bij het Fonds voor de beroepsziekten ingediend door middel van het ***roze formulier*** dat samengesteld is uit een administratief (521) en uit een medisch deel (523).

IV.11. Inkomensvervangende tegemoetkoming (IVT)

Wet van 27.02.87 betreffende de tegemoetkomingen aan personen met een handicap, laatst gewijzigd door bij KB 27.04.2007 (BS 12.06.2007);
KB van 06.07.1987 laatst gewijzigd door het KB van 20.05.2008 (BS 04.06.2008)
KB van 22.05.2003 betreffende de procedure (BS 27.06.2003), laatst gewijzigd door het KB van 16.04.2008 (BS 19.05.2008)

Wat?

De inkomensvervangende tegemoetkoming is een uitkering die zijn grond vindt in een beperking van het verdienvermogen. Ze kan ook aangevraagd worden als voorschot op een uitkering (bv. na verkeersongeval in afwachting van de gerechtelijke uitspraak) of op sociale uitkeringen betreffende de ziekte en invaliditeit, de werkloosheid, de arbeidsongevallen, de beroepsziekten, de gezinsbijslagen, de rust- en overlevingspensioenen en de inkomstengarantie-uitkering voor ouderen.

Het is een bijstandsuitkering, dus bedoeld voor mensen die niet over (voldoende) eigen middelen beschikken om in hun levensonderhoud te voorzien. Een bijstandsuitkering is altijd afhankelijk van een inkomensonderzoek.

Een aanvraag voor een inkomensvervangende tegemoetkoming geldt tevens als aanvraag voor een integratietegemoetkoming (zie IV.12.).

Het **basisbedrag** is afhankelijk van de gezinssituatie, vertaalt in een bepaalde categorie. De gezinssituatie wordt vastgesteld op basis van de inschrijving in het bevolkingsregister, tenzij men anders kan bewijzen!!).

Er zijn drie categorieën:
1° categorie A: de personen met een handicap die niet behoren tot categorie B noch tot categorie C
2° categorie B: de personen met een handicap die:
- ofwel alleen wonen;
- ofwel sedert ten minste 3 maanden dag en nacht in een verzorgingsinstelling verblijven en die niet tot categorie C behoren

3° categorie C: de personen met handicap die:
- ofwel een huishouden (1) vormen (2)
- ofwel één of meerdere kinderen ten laste (3) hebben

---

(1) Onder 'huishouden' verstaat men elke samenwoning van twee personen die geen bloed- of aanverwant zijn in de eerste, tweede of derde graad.

(2) Personen die in een instelling verblijven en thuis gedomicilieerd blijven kunnen blijven aanspraak maken op categorie C indien ze op dat adres een 'huishouden' vormen

(3) kind ten laste: ofwel de persoon, jonger dan 25 jaar voor wie de persoon met een handicap of de persoon met wie hij een huishouden vormt kinderbijslag ontvangt of een onderhoudsgeld ontvangt dat bij vonnis is vastgesteld of dat bepaald is in een overeenkomst in het kader van een procedure tot echtscheiding met onderlinge toestemming, ofwel de persoon jonger dan 25 jaar voor wie de persoon met een handicap onderhoudsgeld betaalt dat bij vonnis is vastgesteld of dat bepaald is in een overeenkomst in het kader van een procedure tot echtscheiding met onderlinge toestemming.

Er kan per huishouden slechts één persoon zijn die het bedrag van de inkomstenvervangende tegemoetkoming ontvangt dat met categorie C overeenstemt. Maken beide partners aanspraak op een IVT dan krijgt elk van hen maximaal het bedrag van categorie B toegekend.

De maximum bedragen van de inkomensvervangende tegemoetkoming: (index 01.09.2008)

Categorie volgens gezinssituatie	Jaarbedrag	Maandbedrag
Categorie A: restcategorie ('samenwonenden')	5.695,31	474,61
Categorie B: alleenwonenden en bewoners van een instelling	8.542,97	711,91
Categorie C: gerechtigden met personen ten laste	11.390,62	949,22

Wie?

De inkomensvervangende tegemoetkoming wordt toegekend aan de persoon met een handicap van wie is vastgesteld dat zijn lichamelijk of psychische toestand zijn verdienvermogen heeft verminderd tot één derde of minder van wat een valide persoon door één of ander beroep op de algemene arbeidsmarkt kan verdienen. Beschutte tewerkstelling wordt niet tot die algemene arbeidsmarkt gerekend.

Men kan in principe een tegemoetkoming bekomen vanaf de leeftijd van 21 jaar (1).

Hiervoor kan men de aanvraag indienen vanaf het moment dat men 20 jaar is geworden. Uitzonderlijk kan reeds een tegemoetkoming worden bekomen vóór de leeftijd van 21 jaar indien:
- betrokkene gehuwd is (geweest),
- de aanvrager kinderen ten laste heeft of
- de handicap ontstond nadat de kinderbijslag is weggevallen (bv. jongere die werkt op 18 jaar en dan gehandicapt wordt).

De aanvraag kan ingediend worden tot de dag vóór de 65ste verjaardag van de persoon met een handicap

Men dient de Belgische nationaliteit te hebben of gelijkgesteld (2). Bovendien moeten de aanvragers bestendig en daadwerkelijk in België verblijven (ingeschreven zijn in het bevolkings- of vreemdelingenregister). Een verblijf van max. 90 kalenderdagen/jaar in het buitenland is toegelaten. Een langere periode kan enkel onder specifieke voorwaarden en mits voorafgaandelijke toelating.

(1) Om een betere overgang mogelijk te maken van het stelsel van de 'bijkomende kinderbijslag voor kinderen met een handicap' (zie IV.3.) naar het stelsel voor tegemoetkomingen aan volwassen gehandicapten gaat het recht niet in vanaf de maand volgend op de aanvraag, maar gaat het recht in vanaf de leeftijd van 21 jaar, op voorwaarde dat de aanvraag om een tegemoetkoming werd ingediend uiterlijk zes maand na de 21ste verjaardag!

(2) Gelijkgesteld zijn personen die in België hun werkelijke verblijfplaats hebben en Europeaan zijn, Marokkaan of Algerijn of Tunesiër die een band heeft met de Belgische Sociale Zekerheid, staatloos zijn volgens het Verdrag van staatlozen dat is goedgekeurd door de wet van 12 mei 1960, erkend vluchteling zijn of niet tot deze categorieën behoren, maar tot 21 jaar de verhoging van de kinderbijslag genoten hebben als kind met een handicap, personen met een andere nationaliteit die ingeschreven staan in het bevolkingsregister (niet vreemdelingenregister).

Een verblijf in het buitenland om beroepsredenen wordt gelijkgesteld met een bestendig en daadwerkelijk verblijf in België **maar men moet wel in België ingeschreven blijven.**

Het bedrag van de tegemoetkoming wordt gedeeltelijk verminderd met het bedrag van het inkomen van de persoon met een handicap, van zijn echtgenoot of van de partner met wie hij een huishouden vormt (zie berekening).

Berekening

1. Bepaling van de categorie IVT (zie "Wat?")

2. Bepaling van het refertejaar van de inkomsten.

Het refertejaar van de in aanmerking te nemen inkomsten zijn deze van het jaar van de uitwerkingsdatum van de aanvraag - 2. Bij voorbeeld: voor een aanvraag met uitwerkingsdatum 01.05.2008 komen de inkomsten van 2006 in aanmerking. Indien de inkomsten van 2007 echter 20% afwijken van de inkomsten van 2006 dan wordt er rekening gehouden met de inkomsten van 2007.

In principe is het in aanmerking te nemen inkomen dat van X-2 (X = jaar van uitwerking).
Uitzondering: In geval van wijziging categorie IVT (zie 'Wat') wordt er rekening gehouden met het actuele inkomen, omgerekend op jaarbasis.

3. Uitsplitsing van de inkomsten:
   - Wat zijn de inkomsten van de persoon waarmee de persoon met handicap een huishouden vormt?
   - Wat zijn de inkomsten van de persoon met een handicap?

Deze inkomsten gaan we verder opdelen in:

A. Inkomsten die vatbaar zijn voor vrijstellingen
   - inkomsten uit arbeid
   - vervangingsinkomsten
   - andere inkomsten

B. Inkomsten die niet vatbaar zijn voor vrijstellingen:
   - verlengde kinderbijslag (zie II.1)
   - verzekeringsvergoeding: kapitaal voor invaliditeit vermenigvuldigd met een vastgesteld coëfficiënt volgens de leeftijd op het moment van het ongeval.

4. Toekenning van de vrijstellingen
   a) op het inkomen van de partner mag er maximaal € 2.847,66 vrijstelling worden toegekend
   b) op het arbeidsinkomen van de persoon met een handicap mag een vrijstelling worden toegekend van:
      - 50% op de inkomsten tussen 0 – 4.329,61 euro
      - 25% op de inkomsten tussen 4.329,62 en 6.494,41 euro.

      Vanaf 6.494,42 euro wordt alles in mindering gebracht.
   c) op de andere inkomsten van de persoon met handicap mag er een vrijstelling van € 609,50 worden toegekend.

- Op het aanslagbiljet wordt soms een fictief inkomen onder de naam huwelijksquotient toegekend aan de partner. Hierop mag het abattement op het inkomen van de partner echter niet toegekend worden.
- Soms hebben de partners samen belastbare inkomsten (bv. uitonroerende goederen). Dit gezamenlijk inkomen mag in twee gelijke delen gesplitst worden en over de beide echtgenoten worden verdeeld om daarop het abattement op het inkomen van de partner te kunnen toekennen (bv. het kadastraal inkomen van een woning die verhuurd wordt).

5. Bepaling van het bedrag van de Inkomsten vervangende tegemoetkoming:

Basisbedrag (volgens de categorie) verminderd met de inkomsten die zijn overgebleven na het toekennen van de vrijstellingen.

Voorbeeld 1:

Gegevens:
Een persoon met een handicap is gehuwd, uit het medisch onderzoek is gebleken dat zij voldoet aan de bij wet gestelde voorwaarde m.b.t. de IVT (verminderd verdienvermogen). Haar partner is sinds jaren werkloos. Zijzelf heeft geen inkomsten. Mevrouw doet een aanvraag op 15 oktober 2008.

De inkomsten van het referentiejaar 2006 bestonden uit:
- Inkomsten van de persoon met wie de persoon met handicap een huishouden vormt: werkloosheidsvergoeding: 8.924 euro
- de persoon met handicap heeft geen inkomsten

Beslissing:

1. Motief van de beslissing:
   Aanvraag om inkomensvervangende tegemoetkoming van 15.10.2008.
   Betrokkene behoort tot de categorie C.
2. Medische grondslag:
   Inkomensvervangende tegemoetkoming: betrokkene vervult de medische voorwaarden.
3. Berekening
   a) Inkomen

Beschrijving	**Bedragen**	**Aftrekbaar bedrag**	**In aanmerking te nemen**
Inkomen persoon met een handicap:			
– uit arbeid	0 €	50% 0 – 4.329,61 € 25% 4.329,62 – 6.494,41 €	0 € 0 €
– overige inkomsten	0 €	609,50 €	0 €
Inkomen partner:	8.924 €	maximum 2.847,66 €	6.076,34(1)
Totaal in aanmerking te nemen inkomen:			
Basisbedrag IVT	11.390,62 €	6.076,34 € (1)	5.314,28 € (2)
Bedrag IVT waarop de persoon met een handicap aanspraak kan maken:			5.314,28 € (2)

Er is recht op een IVT van € 5.314,28 per jaar.

Voorbeeld 2:

Gegevens:
Bij een koppel waar beide partners een handicap hebben, is uit het medisch onderzoek gebleken dat zij beiden voldoen aan de bij wet gestelde voorwaarde m.b.t. de IVT (verminderd verdienvermogen). De man en vrouw krijgen het leefloon van het OCMW. Man en vrouw doen een aanvraag op 15 oktober 2008.

Dossier van de vrouw:

Beslissing:

1. Motief van de beslissing:
   Aanvraag om inkomensvervangende tegemoetkoming van 15.10.2008
   Betrokkene behoort tot de categorie C
2. Medische grondslag:
   Inkomensvervangende tegemoetkoming: betrokkene vervult de medische voorwaarden.
3. Berekening
   a) Inkomen
      Geen inkomsten in rekening te brengen (leefloon valt immers weg als men recht heeft op IVT)

Beschrijving	**Bedragen**	**Aftrekbaar bedrag**	**In aanmerking te nemen**
Inkomen persoon met een handicap:			
– uit arbeid	0 €	50% 0 – 4.329,61 € 25% 4.329,62 – 6.494,41 €	0 € 0 €
– overige inkomsten	0 €	Maximum 609,50 €	0 €
Inkomen partner:	0 €	maximum 2.847,66 €	0 € (1)
Totaal in aanmerking te nemen inkomen:			
Basisbedrag IVT	11.390,62 €	0 € (1)	11.390,62 € (2)
Bedrag IVT waarop de persoon met een handicap aanspraak kan maken:			11.390,72 € (2)

MAAR: bij 2 X categorie C in één huishouden is IVT geplafoneerd op bedrag van categorie B!
Beiden hebben in dit voorbeeld recht op een IVT. Hierdoor heeft elke partner slechts maximaal recht op € 8.542,97 per jaar, het bedrag van categorie B.

Dossier van de man:

idem aan dat van de partner

Hoe?

Elke aanvraag wordt on-line door de gemeente aan de F.O.D. Sociale Zekerheid overgemaakt. Op het geautomatiseerd elektronisch document noteert de burgemeester het rijksregisternummer van de aanvrager en specificeert hij om welke aanvraag het gaat.

Hij ontvangt op zijn beurt op elektronische wijze een ontvangstbewijs, formulier 102, het formulier betreffende de inkomsten (form 100) en in voorkomend geval, de medisch getuigschriften (form. 3+4, indien van toepassing 5 en 6). Dit geeft hij mee met de aanvrager.

Het recht gaat in de 1° van de maand volgend op de aanvraag (indien positieve beslissing).
Wanneer de aanvraag rechtstreeks ingediend wordt bij de FOD Sociale Zekerheid, stelt deze de betrokkene schriftelijk in kennis van de ter zake te vervullen formaliteiten.

In geval en op voorwaarde dat de betrokkene binnen 3 maanden na de verzendingsdatum van de brief aan de dienst een aanvraag indient bij het gemeentebestuur, wordt als datum van de indiening beschouwd:
- de datum van de aangetekende zending, indien de aanvrager zijn brief aangekend heeft verstuurd
- de datum van ontvangst van de brief bij de dienst indien de betrokkene zijn brief bij gewone post heeft verstuurd.

De aanvrager krijgt één maand de tijd om alle stukken ingevuld terug te sturen aan de FOD.

Welke formulier bestaan er en wie moet ze invullen ?

Alle formulieren hebben een nummer en kunnen daardoor goed uit mekaar gehouden worden.

benoeming van het formulier	**Wie moet het formulier invullen?**
elektronische aanvraag	de bediende van de gemeente
ontvangstbewijs	de bediende van de gemeente
3+4	de behandelende geneesheer
5	de oogarts
6	de Neus-, Keel-, Oorarts
102	de instelling waar de persoon met een handicap eventueel verblijft
100	de mindervalide (samen met de maatschappelijk werker)

Indien de persoon met een handicap en/of de persoon waarmee hij een huishouden vormt geen aanslagbiljet in hun bezit hebben, of het inkomen van het jaar voor de aanvraag wijkt met meer dan 20% af van het inkomen van het 2de jaar voorafgaand aan de uitwerkingsdatum van de aanvraag, dan moet dit duidelijk genoteerd worden op formulier 100. De dienst mindervaliden zal dan zelf het inkomen bij de controle van belastingen opvragen.

Hoe verloopt de aanvraag verder ?

De behandeling van het dossier kent 2 luiken: Het medisch onderzoek en het administratief onderzoek.

Opgelet:
Het onderzoek gebeurt enkel indien het gezinsinkomen onder een bepaalde grens blijft.

Indien het gezinsinkomen te hoog is wordt er enkel een medisch onderzoek uitgevoerd *op uitdrukkelijke vraag van de aanvrager,* i.f.v. het afleveren van attesten die nodig zijn om andere voordelen aan te vragen!!!

Het medisch onderzoek:

Sinds 1 januari 2008 is de wijze waarop het medisch onderzoek gedaan wordt deels gewijzigd wat betreft oproeping voor medische controle en medisch onderzoek op stuk. Aanvragen van voor 1 januari 2008 worden nog op de oude wijze behandeld waarbij de aanvrager in principe altijd op medisch controle komt. Enkel in een aantal specifieke situaties was het mogelijk om een onderzoek op stukken te krijgen.

Aanvragen vanaf 1 januari 2008 worden op volgende wijze behandeld:

1. Een aangeduide arts of multidisciplinair team onderzoekt het verminderde verdienvermogen of verminderde zelfredzaamheid van de persoon met een handicap;

2. Als deze het nodig achten worden er extra gegevens opgevraagd bij de aanvrager. Deze heeft 1 maand de tijd om de gegevens aan te leveren;

3. Als het nodig geacht wordt dan wordt de persoon met een handicap opgeroepen voor medische controle;

4. Na het medisch onderzoek, al dan niet met oproeping voor medische controle, worden de medische attesten toegestuurd indien er voldaan is aan de m inimale medische voorwaarden

Het is dus aangewezen de arts erop te wijzen dat deze er voor moet zorgen dat het medisch luik zo compleet mogelijk wordt ingevuld en eventueel wordt aangevuld met andere medische en sociale verslagen. Verduidelijking met informatie over de concrete beperkingen ten gevolge van de handicap zijn zeer verhelderend.

Het administratief onderzoek:

1. Indien nodig vraagt de dienst om bijkomende inlichtingen of bewijsstukken.
2. Indien de aanvrager het aanslagbiljet van de personeninkomsten niet heeft toegevoegd, dan wordt het formulier 100 ter controle naar de administratie der belastingen gestuurd.
3. Je ontvangt de administratieve beslissing.

Uitbetaling:

De uitbetaling gebeurt maandelijks op een bankrekening waarvan de gerechtigde (mede-)titularis is (een volmacht is niet voldoende). De eerste betaling geschiedt omstreeks de 25ste van de maand volgend op de betekening van de positieve beslissing. Ook de eventuele achterstallen worden in de maand na de betekening uitbetaald.

Na overlijden worden de vervallen en nog niet uitbetaalde termijnen:
- aan de partner uitbetaald (tot en met maand van overlijden) en
- bij het ontbreken van een partner, uitbetaald (tot de maand **voor** het overlijden) aan één van de rechthebbenden in volgende orde: de kinderen met wie hij samenleefde, de vader en moeder met wie hij samenleefde en bij ontbreken van de hiervoorgenoemden aan bepaalde andere rechthebbenden (bv. andere personen met wie betrokkene samenleefde, of personen die financieel tussenkwa-

men voor verpleegzorgen of voor de begrafeniskosten), maar dit *enkel op aangetekend verzoek binnen de 6 maanden.* (Deze aanvraag gebeurt via het formulier 191 dat te bekomen is op het gemeentehuis.)

Herziening

Een nieuwe aanvraag kan door de persoon met een handicap zelf bij de gemeente worden ingediend als hij/zij denkt recht te hebben op een hogere vergoeding, en de Federale Overheidsdienst Sociale Zekerheid de herziening niet zelf reeds doorvoerde.
Hierbij moeten we een onderscheid maken tussen medische en een louter administratieve herziening. De aanvraag wordt steeds zoals bij een eerste aanvraag door de gemeente aan de FOD Sociale Zekerheid op elektronische wijze overgemaakt.

In geval van een administratieve herziening wordt enkel een formulier 102 en het formulier 100 door de Federale Overheidsdienst Sociale Zekerheid in Brussel online via de gemeente met de aanvrager meegegeven.

De ingangsdatum van de aanvraag op initiatief van de persoon met een handicap is steeds de 1ste dag van de maand volgend op de aanvraag.

Indien echter uit het administratief onderzoek blijkt dat er een stijging van de inkomsten met meer dan 20% is en dit niet binnen de 3 maanden werd gemeld, dan gaat de nieuwe beslissing in vanaf de maand volgend op de stijging van de inkomsten. Er kan dus een terugvordering door veroorzaakt worden!

Een daling van de inkomsten met meer dan 20% noodzaakt tot het indienen van een nieuwe aanvraag.

Vraag best eerst raad alvorens een herzieningsaanvraag in te dienen.

– **Ambtshalve herziening** of **geprogrammeerde administratieve herziening**

Dit zijn herzieningen die opgestart worden door de FOD zelf. De uitwerkingsdatum kan heel verschillend zijn en is door heel wat factoren beïnvloedbaar.

De FOD start een herziening als:
- Het zelf een wijziging vaststelt in de kruispuntbank voor sociale zekerheid, die de uitkering kan beïnvloeden;
- Betrokkene een wijziging heeft gemeld en de dienst heeft geoordeeld dat de wijziging de uitkering kan beïnvloeden (deze herziening kan ook op latere datum ambtshalve gepland zijn ten gevolge van een opgegeven wijziging);
- In een vorige beslissing een herziening vooropgesteld werd;
- Het tijd is om de door de wet voorziene 5-jaarlijkse herziening uit te voeren.

Een wijziging ten gevolge van gewijzigde burgerlijke staat, gezinssamenstelling of ontslag of opname in een instelling gaat altijd in vanaf de datum van wijziging.

Een wijziging ten gevolge van een ambtshalve geplande herziening (vb. vooraf geplande medische herziening), vaststelling arbeidsgeschiktheid of verbeterde zelfredzaamheid of ten gevolge van de 5- jaarlijkse herziening gaat altijd in na de kennisgeving van de beslissing.

Een wijziging ten gevolge van gewijzigde nationaliteit- en verblijfsvoorwaarden, gewijzigde gezinslast of gewijzigd inkomen (20% verschil) krijgt een gunstige ingangsdatum voor het nieuwe recht als de wijziging spontaan gemeld werd binnen 3 maand. In dat geval zal een verhoogde uitkering meteen na de wijzigingsdatum ingaan en een verlaagde uitkering pas na de nieuwe beslissing, zodat betrokkene altijd voordeel doet (sneller een verhoogd bedrag en later een verlaagd bedrag).

Gouden tip: ook al kan de wijziging ambtshalve vastgesteld worden via de kruispuntbank voor sociale zekerheid, meldt iedere wijziging binnen 3 maand aan de administratie. Dit kan per gewone brief of via de gemeente (zelfde procedure als bij een gewone aanvraag). Dit valt nooit nadelig uit!

Terugvordering

Ten onrechte uitbetaalde tegemoetkomingen kunnen teruggevorderd worden.

Indien de persoon met een handicap verder gerechtigd is op een tegemoetkoming wordt er 10% van de tegemoetkoming ingehouden tot de volledige schuld is terugbetaald.
Betrokkene kan binnen de 3 maanden na de beslissing tot terugvordering een aanvraag tot verzaking aan de terugvordering indienen.

Een speciale commissie oordeelt over de aangevoerde redenen en indien het gaat om een behartigenswaardige situatie wordt de terugvordering kwijtgescholden.
Indien het terug te vorderen bedrag beneden de 400,36 euro ligt (index 01.09.2008), wordt er automatisch afgezien van de terugvordering.

Wanneer de aanvraag tot verzaking binnen de 3 maanden na kennisgeving van de beslissing tot terugvordering ingediend is, wordt de terugvordering geschorst tot de commissie uitspraak heeft gedaan.

Bij een laattijdige aanvraag wordt de terugvordering zolang voortgezet tot de uitspraak er is. Indien de commissie beslist dat de schuld niet moet terugbetaald worden, stopt de inhouding met 10%. Het reeds terugbetaalde is echter niet meer recupereerbaar.

Beroepsprocedure

Indien men niet akkoord gaat met de beslissing van de Federale Overheidsdienst Sociale Zekerheid, dan kan men binnen de 3 maanden (art. 19 van de wet 27.02.1987) na betekening van de beslissing beroep aantekenen door middel van een aangetekend schrijven naar de griffie arbeidsrechtbank van de woonplaats. Men vraagt eveneens de gerechtelijke intresten.

Volgens een belangrijke uitspraak van:
1) Cassatie dd. 30.10.2000: heeft de rechter weldegelijk de bevoegdheid om rekening te houden met wijzigingen die werden vastgesteld gedurende de procedure (deskundigenverslag geneesheer-expert, ...). Dit heeft voor gevolg dat de rechter kan beslissen over een wijziging inzake medische beoordeling, en dat de persoon met een handicap dus niet meer verplicht wordt om in deze gevallen zelf een herziening aan te vragen (die nooit tijdig kon worden ingediend en dus inkomensverlies als gevolg had);
2) Arbitraghof dd. 26.10.2005: heeft wie gerechtigd is op een pro deo advocaat,

eveneens recht op bijstand van een medisch expert, die wordt vergoed in het kader van de pro deo voorziening (arrest 160/2005) – ondertussen is deze maatregel in het gerechtelijk wetboek in geschreven

Bij niet-ontvankelijkverklaring door de rechtbank wordt het beroep beschouwd als een nieuwe aanvraag.

Waar?

- Gemeentehuis (aanvraag)
- F.O.D. Sociale Zekerheid
  dienst tegemoetkomingen aan personen met een handicap
  Administratief Centrum Kruidtuin, Finance Tower
  Kruidtuinlaan 50, bus 1, 1000 Brussel
  tel.: Contactcenter 02/507 87 99
  fax: 02/509 81 85
  of mailen naar contactcenter: HandiN@minsoc.fed.be
- Ziekenfonds - dienst maatschappelijk werk (inlichtingen + bijstand) (Gouden Gids nr. 6990, www.cm.be; e-mail: dmw@cm.be)
- Verenigingen voor Gehandicapten (inlichtingen + bijstand)
  bv. KVG, A. Goemaerelei 66, 2018 Antwerpen, tel.: (03) 216 29 90

IV.12. Integratietegemoetkoming (IT)

Wet van 27.02.87 betreffende de tegemoetkomingen aan personen met een handicap laatst gewijzigd bij KB 27.04.2007 (BS 12.06.2007);
KB van 06.07.1987, laatst gewijzigd bij KB 20.05.2008 (BS 04.06.2008)
KB van 22.05.2003 betreffende de procedure (BS 27.06.2003), laatst gewijzigd bij KB 16.04.2008 (BS 19.05.2008)

Wat?

De integratietegemoetkoming is bestemd voor personen met een handicap die omwille van hun beperkte zelfredzaamheid bijkomende kosten hebben.

Het is een bijstandsuitkering, dus bedoeld voor mensen die niet over (voldoende) eigen middelen beschikken om in hun levensonderhoud te voorzien. Een bijstandsuitkering is altijd afhankelijk van een inkomensonderzoek.

De beperking van de zelfredzaamheid wordt nagegaan op 6 domeinen:
- verplaatsingsmogelijkheden,
- mogelijkheid om zijn voedsel te nuttigen of te bereiden,
- mogelijkheid om voor zijn persoonlijke hygiëne in te staan en zich te kleden,
- mogelijkheid om zijn woning te onderhouden en huishoudelijk werk te verrichten,
- mogelijkheid om te leven zonder toezicht, bewust te zijn van gevaar en gevaar te kunnen vermijden,
- mogelijkheid tot communicatie en sociaal contact.

Elk van deze factoren wordt voor elke persoon met een handicap vanuit zijn specifieke handicap en situatie bekeken. Dit heeft voor gevolg dat b.v. de rubriek 'verplaatsingen' voor een gehoorgestoorde ondermeer moet geïnspireerd worden bij moeilijkheden die hij of zij ondervindt bij openbaar vervoer of verkeerssituaties (getoeter auto, gierende remmen, gesproken aankondigingen, enz.).

Voor elk van die zes domeinen worden er van 0 tot 3 punten gegeven naargelang de graad van zelfredzaamheid afneemt:
- 0 punten = geen moeilijkheden, geen bijzondere inspanning, geen hulpmiddelen,
- 1 punt = beperkte moeilijkheden of bijkomende inspanning, of beroep op bijzondere hulpmiddelen,
- 2 punten = grote moeilijkheden, grote bijkomende inspanning, of uitgebreid beroep doen op bijzondere hulpmiddelen,
- 3 punten = onmogelijk zonder hulp van derden of onmogelijk zonder opvang in een aangepaste voorziening of onmogelijk zonder volledig aangepaste omgeving.

Naargelang de afhankelijkheidsgraad van de gehandicapte onderscheidt men categorieën (zie ook aandachtspunt artsen):
- categorie I (7-8 punten) = 1.061,26 euro,
- categorie II (9-11 punten) = 3.616,37 euro,
- categorie III (12-14 punten) = 5.778,51 euro,
- categorie IV (15-16 punten) = 8.418,56 euro.

– categorie V (17-18 punten) = 9.550,33 euro.
(bedragen op 01.09.2008).

Wie?

De integratietegemoetkoming is bestemd voor de personen met een handicap die omwille van hun *beperkte zelfredzaamheid* bijkomende kosten hebben om zich te integreren of hiertoe op bijzondere voorzieningen beroep moeten doen.

De integratietegemoetkoming wordt afzonderlijk van de inkomensvervangende tegemoetkoming geëvalueerd. Het is immers zeer goed mogelijk dat een persoon met een handicap wiens verdienvermogen niet of weinig aangetast is, tegenover belangrijke problemen op het vlak van zelfredzaamheid komt te staan en omgekeerd.

Men kan in principe een tegemoetkoming bekomen vanaf de leeftijd van 21 jaar (1). Hiervoor kan men de aanvraag indienen vanaf het moment dat men 20 jaar is geworden (of vroeger:
- indien betrokkene gehuwd is (geweest),
- indien de aanvrager kinderen ten laste heeft, of
- indien de handicap ontstond nadat de kinderbijslag is weggevallen (bv. jongere die werkt op 18 jaar en dan gehandicapt wordt))

en tot de dag voor de 65ste verjaardag.

Men dient de Belgische nationaliteit te hebben, of gelijkgesteld. Zie ook IV.11. aanvraag Inkomensvervangende tegemoetkoming.

Bovendien moeten de aanvragers bestendig en daadwerkelijk in België verblijven (ingeschreven zijn in het bevolkings- of vreemdelingenregister). Een verblijf van max. 90 kalenderdagen/jaar in het buitenland is toegelaten. Een langere periode kan enkel onder specifieke voorwaarden en mits voorafgaandelijke toelating.

Het bedrag van de tegemoetkoming wordt (gedeeltelijk) verminderd met het bedrag van het inkomen van de persoon met een handicap, van zijn echtgenoot of partner met wie hij een huishouden vormt (zie berekening).

Berekening

1. Bepaling van de categorie (zie deel IV.11 IVT)
2. Bepaling van het refertejaar van de inkomsten (zelfde bepalingen als bij IVT). Het refertejaar van de in aanmerking te nemen inkomsten zijn deze van het jaar van de uitwerkingsdatum van de aanvraag -2. Bij voorbeeld: voor een aanvraag met uitwerkingsdatum 01.05.2008 komen de inkomsten van 2006 in aanmerking. Indien de inkomsten van 2007 echter 20% afwijken van de inkomsten van 2006 dan wordt er rekening gehouden met de inkomsten van 2007.

(1) Om een betere overgang mogelijk te maken van het stelsel van de 'verhoogde kinderbijslag voor gehandicapte kinderen' (zie IV.2.) naar het stelsel voor tegemoetkomingen aan volwassen gehandicapten gaat het recht niet in vanaf de maand volgend op de aanvraag, maar gaat het recht in vanaf de leeftijd van 21 jaar, op voorwaarde dat de aanvraag om een tegemoetkoming werd ingediend uiterlijk zes maand na de 21ste verjaardag!

Normaliter is het in aanmerking te nemen inkomen dat van X- 2.
Uitzondering: In geval van wijziging categorie IVT (zie 'Wat') wordt er rekening gehouden met het actuele inkomen, omgerekend op jaarbasis.

3. Uitsplitsing van de inkomsten
   - Wat zijn de inkomsten van de persoon waarmee de persoon met een handicap een huishouden vormt?
   - Wat zijn de inkomsten van de persoon met een handicap?

   Deze inkomsten gaan we verder opdelen in:

A. Inkomsten die vatbaar zijn voor vrijstellingen
- inkomsten uit arbeid
- vervangingsinkomsten
- andere inkomsten

B. Inkomsten die niet vatbaar zijn voor vrijstellingen:
- verzekeringsvergoeding: kapitaal voor beperking van de zelfredzaamheid, vermenigvuldigd met een vastgesteld coëfficiënt volgens de leeftijd op het moment van het ongeval.

4. Toekenning van de vrijstellingen

   a) op het inkomen van de partner:
      Er is een vrijstelling van 19.935,68 euro. Van het gedeelte dat dit bedrag (eventueel) overschrijdt wordt de helft van de integratietegemoetkoming afgetrokken.

   b) op het arbeidsinkomen van de persoon met een handicap mag een vrijstelling van 19.935,68 euro worden toegekend. De helft van het gedeelte dat dit bedrag (eventueel) overschrijdt wordt van de integratietegemoetkoming afgetrokken.

   c) op de vervangingsinkomen van de persoon met een handicap:
      indien de arbeidsvrijstelling niet meer dan € 17.087,73 is: € 2.847,55
      indien de arbeidsvrijstelling hoger is dan € 17.087,73: €2.847,55 - (arbeidsvrijstelling - 17.087,73)

   d) op de andere inkomsten:
      categorievrijstelling:
      A: € 5.366,31 - (arbeidsvrijstelling + vrijstelling vervangingsinkomen)
      B: € 8.049,46 - (arbeidsvrijstelling + vrijstelling vervangingsinkomen)
      C: € 10.732,61 - (arbeidsvrijstelling + vrijstelling vervangingsinkomen)

Voorbeeld:

Gegevens:
Een gehuwde persoon met een handicap heeft een ziektevergoeding en werkt deeltijds in het stelsel van toegelaten arbeid in het kader van de ziekteverzekering (belastbaar inkomen 2007 van de persoon met een handicap is 12.747,01 euro; te weten, 4.814,67 euro uit arbeid en 7.932,34 euro ziektevergoeding).
Zijn partner had in 2007 een belastbaar inkomen van 3.940,66 euro.
Betrokkene doet zijn aanvraag om integratietegemoetkoming op 25.09.2009.

Beslissing:

Motief van de beslissing:
Aanvraag om inkomstenvervangende- en integratietegemoetkoming van 25.09.2009.
Betrokkene behoort tot de categorie C.

Medische grondslag van de beslissing:
Integratietegemoetkoming: ingevolge een gebrek aan of vermindering van de zelfredzaamdheid behoort de aanvrager tot categorie 3.

Berekening van de integratietegemoetkoming:

Stap	Beschrijving	Bedragen	Aftrekbaar bedrag	In aanmerking te nemen
1	Inkomen persoon met een handicap:			
	– uit arbeid	4.814,67 €	Maximum 19.935,68 €	0 €
	– uit vervangingsinkomen	7.932,34 €	Maximum 2.847,55 € *	5.084,79 € (1)
	– overige inkomsten	0 €		0 €
2	Categorievrijstelling (niet op het inkomen van de partner want PmH heeft categorie 3)	5.084,79 € (1)	10.732,61 € - (vrijst.bedrag arbeid + vervang. inkomen): 10.732,61 - (4.814,67 + 2.847,55) = 3.070,39 €	3.070,39 €
3	Inkomen partner:	3.940,66 €	Maximum 19.935,68 €	0 €
4	**Totaal in aanmerking te nemen inkomen:**			3.070,39 € (2)
5	Basisbedrag IT	5.778,51 €	3.070,39 € (2)	2.708,12 € (3)
Bedrag IT waarop de persoon met een handicap aanspraak kan maken:				2.708,12 € (3)

* deze vrijstelling kan alleen als de arbeidsvrijstelling kleiner is dan 17.087,73 €, zo niet, kan nog slechts de verschilregel met de maximumvrijstelling worden toegepast

Hoe?

Elke aanvraag wordt on-line door de gemeente aan de F.O.D. Sociale Zekerheid overgemaakt. Op het geautomatiseerd elektronisch document noteert de burgemeester het rijksregisternummer van de aanvrager en specificeert hij om welke aanvraag het gaat.

Hij ontvangt op zijn beurt op elektronische wijze een ontvangstbewijs het formulier 102, het formulier betreffende de inkomsten (form 100) en in voorkomend geval, de medisch getuigschriften (form. 3+4, indien van toepassing 5 en 6). Dit geeft hij mee met de aanvrager.

De aanvrager krijgt één maand de tijd om alle stukken ingevuld terug te sturen aan de FOD Sociale Zekerheid.

Welke formulieren bestaan er en wie moet ze invullen ?

Benaming van het formulier	Wie moet het formulier invullen?
elektronische aanvraag	de bediende van de gemeente
ontvangstbewijs	de bediende van de gemeente
3+4	de behandelende geneesheer
5	de oogarts
6	de Neus-, Keel-, Oorarts
102	de instelling waar de persoon met een handicap eventueel verblijft
100	de persoon met een handicap (samen met de maatschappelijk werker)

Indien de persoon met een handicap en/of de persoon waarmee hij een huishouden vormt geen aanslagbiljet in hun bezit hebben, of het inkomen van het jaar voor de aanvraag wijkt met meer dan 20% af van het inkomen van het 2de jaar voorafgaand aan de uitwerkingsdatum van de aanvraag, dan moet dit duidelijk genoteerd worden op het formulier 100. De dienst mindervaliden zal dan zelf het inkomen bij de controle van belastingen opvragen.

Hoe verloopt de aanvraag verder ?

De behandeling van het dossier kent 2 luiken: Het medisch onderzoek en het administratief onderzoek.

Opgelet:
Het onderzoek gebeurt enkel indien het gezinsinkomen onder een bepaalde grens blijft.
Indien het gezinsinkomen te hoog is wordt er enkel een medisch onderzoek uitgevoerd *op uitdrukkelijke vraag van de aanvrager,* i.f.v. het afleveren van attesten die nodig zijn om andere voordelen aan te vragen!!!

Het medisch onderzoek:

Sinds 1 januari 2008 is de wijze waarop het medisch onderzoek gedaan wordt deels gewijzigd wat betreft oproeping voor medische controle en medisch onderzoek op stuk. Aanvragen van voor 1 januari 2008 worden nog op de oude wijze behandeld waarbij de aanvrager in principe altijd op medisch controle komt. Enkel in een aantal specifieke situaties was het mogelijk om een onderzoek op stukken te krijgen.

Aanvragen vanaf 1 januari 2008 worden op volgende wijze behandeld:

1. een aangeduide arts of multidisciplinair team onderzoekt het verminderde verdienvermogen of verminderde zelfredzaamheid van de persoon met een handicap;
2. Als deze het nodig achten worden er extra gegevens opgevraagd bij de aanvrager. Deze heeft 1 maand de tijd om de gegevens aan te leveren;
3. Als het nodig geacht wordt dan wordt de persoon met een handicap opgeroepen voor medische controle;

4. Na het medisch onderzoek, al dan niet met oproeping voor medische controle, worden de medische attesten toegestuurd indien er voldaan is aan de m inimale medische voorwaarden

Het is dus aangewezen de arts erop te wijzen dat deze ervoor moet zorgen dat het medisch luik zo compleet mogelijk wordt ingevuld en eventueel wordt aangevuld met andere medische en sociale verslagen.

Het administratief onderzoek:

1. Indien nodig vraagt de dienst om bijkomende inlichtingen of bewijsstukken.
2. Indien de aanvrager het aanslagbiljet van de personeninkomsten niet heeft toegevoegd, dan wordt het formulier 100 ter controle naar de administratie der belastingen gestuurd. Is het aanslagbiljet niet toegevoegd, dan wordt het formulier 100 ter controle naar de administratie der belastingen gestuurd.
3. Je ontvangt de administratieve beslissing.

Uitbetaling:

De uitbetaling gebeurt maandelijks op een bankrekening waarvan de gerechtigde (mede-)titularis is (een volmacht is niet voldoende). De eerste betaling geschiedt omstreeks de 25ste van de maand volgend op de betekening van de positieve beslissing. Ook de eventuele achterstallen worden in de maand na de betekening uitbetaald.

Wie dag en nacht opgenomen is in een verzorgingsinstelling waarvoor de Federale overheid een tegemoetkoming betaalt (vb. het OCMW betaalt een deel van de hotelkost van het verblijf in een rusthuis omdat betrokkene zijn eigen middelen ontoereikend zijn), dan gaat tijdens dit verblijf de uitkering met 28 % verminderd worden nadat betrokkene er 3 opeenvolgende maanden verblijft (voorheen was dit 33%).

Betrokkene krijgt een volledige integratietegemoetkoming voor de totale periode van niet-verblijf (vb. vakantie-opvang thuis) indien het om een periode van minstens 75 dagen in een zelfde kalenderjaar gaat.

Na overlijden worden de vervallen en nog niet uitbetaalde termijnen:
- aan de partner uitbetaald (tot en met maand van overlijden) en
- bij het ontbreken van een partner, uitbetaald (tot de maand **voor** het overlijden) aan één van de rechthebbenden in volgende orde: de kinderen met wie hij samenleefde, de vader en moeder met wie hij samenleefde en bij ontbreken van de hiervoorgenoemden aan bepaalde andere rechthebbenden (bv.andere personen met wie betrokkene samenleefde, of personen die financieel tussenkwamen voor verpleegzorgen of voor de begrafeniskosten), maar dit *enkel op aangetekend verzoek binnen de 6 maanden.* (Deze aanvraag gebeurt via het formulier 191 dat te bekomen is op het gemeentehuis.)

Herziening

Een nieuwe aanvraag kan door de persoon met een handicap zelf bij de gemeente worden ingediend als hij/zij denkt recht te hebben op een hogere vergoeding, en de Federale Overheidsdienst Sociale Zekerheid de herziening niet zelf reeds doorvoerde.

Hierbij moeten we een onderscheid maken tussen medische en een louter administratieve herziening. De aanvraag wordt steeds zoals bij een eerste aanvraag door de gemeente aan de FOD Sociale Zekerheid op elektronische wijze overgemaakt.
In geval van een administratieve herziening wordt enkel een formulier 102 en het formulier 100 door de Federale Overheidsdienst Sociale Zekerheid in Brussel online via de gemeente met de aanvrager meegegeven.

De ingangsdatum van de aanvraag op initiatief van de persoon met een handicap is steeds de 1ste dag van de maand volgend op de aanvraag.
Indien echter uit het administratief onderzoek blijkt dat er een stijging van de inkomsten met meer dan 20% is en dit niet binnen de 3 maanden werd gemeld, dan gaat de nieuwe beslissing in vanaf de maand volgend op de stijging van de inkomsten. Er kan dus een terugvordering door veroorzaakt worden!

Een daling van de inkomsten met meer dan 20% noodzaakt tot het indienen van een nieuwe aanvraag.
Vraag best eerst raad alvorens een herzieningsaanvraag in te dienen.

Ambtshalve herziening of geprogrammeerde administratieve herziening

Dit zijn herzieningen die door de FOD zelf worden opgestart. De uitwerkingsdatum kan heel verschillend zijn en wordt door heel wat factoren beïnvloed.

De FOD start een herziening als:
- Het zelf een wijziging vaststelt in de kruispuntbank voor sociale zekerheid, die de uitkering kan beïnvloeden;
- Betrokkene een wijziging heeft gemeld en de dienst heeft geoordeeld dat de wijziging de uitkering kan beïnvloeden (deze herziening kan ook op latere datum ambtshalve gepland zijn ten gevolge van een opgegeven wijziging);
- In een vorige beslissing een herziening vooropgesteld werd;
- Als het tijd is om de door de wet voorziene 5-jaarlijkse herziening uit te voeren.

Een wijziging ten gevolge van gewijzigde burgerlijke staat, gezinssamenstelling of ontslag of opname in een instelling gaat altijd in vanaf de datum van wijziging.

Een wijziging ten gevolge van een ambtshalve geplande herziening (vb. vooraf geplande medische herziening), vaststelling arbeidsgeschiktheid of verbeterde zelfredzaamheid of ten gevolge van de 5- jaarlijkse herziening gaat altijd in na de kennisgeving van de beslissing.

Een wijziging ten gevolge van gewijzigde nationaliteit- en verblijfsvoorwaarden, gewijzigde gezinslast of gewijzigd inkomen (20% verschil) krijgt een gunstige ingangsdatum voor het nieuwe recht als de wijziging spontaan gemeld werd binnen 3 maand. In dat geval zal een verhoogde uitkering meteen na de wijzigingsdatum ingaan en een verlaagde uitkering pas na de nieuwe beslissing, zodat betrokkene altijd voordeel doet (sneller een verhoogd bedrag en later een verlaagd bedrag).

Gouden tip: ook al kan de wijziging ambtshalve vastgesteld worden via de kruispuntbank voor sociale zekerheid, meldt iedere wijziging binnen 3 maand aan de administratie. Dit kan per gewone brief of via de gemeente (zelfde procedure als bij een gewone aanvraag). Dit valt nooit nadelig uit!

Terugvordering

Ten onrechte uitbetaalde tegemoetkomingen kunnen teruggevorderd worden.

Indien de persoon met een handicap verder gerechtigd is op een tegemoetkoming wordt er 10% van de tegemoetkoming ingehouden tot de volledige schuld is terugbetaald.

Betrokkene kan binnen de 3 maanden na de beslissing tot terugvordering kan betrokkene een aanvraag tot verzaking aan de terugvordering indienen.

Een speciale commissie oordeelt over de aangevoerde redenen en indien het gaat om een behartigenswaardige situatie wordt de terugvordering kwijtgescholden.

Indien het terug te vorderen bedrag beneden de 384,81 euro ligt (index 01.01.2008), wordt er automatisch afgezien van de terugvordering.

Wanneer de aanvraag tot verzaking ingediend binnen de 3 maanden na kennisgeving van de beslissing tot terugvordering, wordt de terugvordering geschorst tot de minister uitspraak heeft gedaan.

Bij een laattijdige aanvraag wordt de terugvordering zolang voortgezet tot de uitspraak er is. Indien de commissie beslist dat de schuld niet moet terugbetaald worden, stopt de inhouding met 10%. Het reeds terugbetaalde is echter niet meer recupereerbaar.

Beroepsprocedure

Indien men niet akkoord gaat met de beslissing van de Federale Overheidsdienst Sociale Zekerheid, dan kan men binnen de 3 maanden (art. 19 van de wet 27.02.1987) na betekening beroep aantekenen door middel van een aangetekend schrijven naar de griffie arbeidsrechtbank van de woonplaats. Men vraagt eveneens de gerechtelijke intresten.

Volgens een belangrijke uitspraak van Cassatie (dd. 30.10.2000) heeft de rechter weldegelijk de bevoegdheid om rekening te houden met wijzigingen die werden vastgesteld gedurende de procedure (deskundigenverslag geneesheer-expert, ...). Dit heeft voor gevolg dat de rechter kan beslissen over een wijziging inzake medische beoordeling, en dat de persoon met een handicap dus niet meer verplicht wordt om in deze gevallen zelf een herziening aan te vragen (die nooit tijdig kon worden ingediend en dus inkomensverlies als gevolg had).

Bij niet-ontvankelijkverklaring door de rechtbank wordt het beroep beschouwd als een nieuwe aanvraag (Programmawet 24.12.2002).

Bij Arrest 160/2005 heeft het Arbitragehof op 26.10.2005 beslist dat een gerechtigde op pro deo bijstand ook recht heeft op bijstand van een medisch expert in het kader van de pro deomaatregel.

Waar?

- Gemeentehuis (aanvraag)
- F.O.D. Sociale Zekerheid
  Directie-generaal Personen met een handicap
  Administratief Centrum Kruidtuin, Finance Tower,

Kruidtuinlaan 50, bus 1, 1000 Brussel
tel.: Contactcenter 02/507 87 99
fax: 02/509 81 85
of mailen naar contactcenter: HandiN@minsoc.fed.be

- Ziekenfonds - dienst maatschappelijk werk (inlichtingen + bijstand) (Gouden Gids nr. 6990, www.cm.be; e-mail: dmw@cm.be)
- Verenigingen voor personen met een handicap (inlichtingen + bijstand) bv. KVG, A. Goemaerelei 66, 2018 Antwerpen, tel.: (03) 216 29 90

Aandachtspunten voor de arts:

Formulier 3+4: (in te vullen door de huisarts) geneeskundig getuigschrift en concrete gegevens over zelfredzaamheid.

Aan de hand van dit formulier wordt uitgemaakt of de persoon met een handicap zelfredzaam is of niet en in welke mate.

Elk van de verschillende items wordt voor elke persoon met een handicap vanuit zijn specifieke handicap en situatie bekeken. Dit heeft voor gevolg dat bv. de rubriek 'verplaatsingen' voor een gehoorgestoorde ondermeer moet geïnspireerd worden bij moeilijkheden die hij of zij ondervindt bij openbaar vervoer of verkeerssituaties (getoeter auto, gierende remmen, gesproken aankondigingen, enz.).

Op het formulier 3+4 beschrijft de behandelende geneesheer de toestand van de patiënt. Hij moet geen punten meer toekennen in het kader van de zelfredzaamheid maar moet wel per item beschrijven wat de patiënt wel en niet meer kan doen van dagelijkse activiteiten.
Zo kan bv. ook ter staving ingeroepen worden: de inspanning en de pijn die nodig is om een bepaalde activiteit uit te oefenen, de mogelijke bijkomende en naastliggende problemen bij de uitvoering van een activiteit.
M.a.w. een zeer grote inleving is noodzakelijk (liefst aangevuld met een diepgaand gesprek) om een zo juist en zo volledig mogelijk beeld te krijgen van de leefwereld en de mogelijkheden van de persoon met een handicap.

Het is dus van zeer groot belang om de beperkingen zo concreet en objectief mogelijk toe te lichten in het formulier 3+4.

Opmerking

Het kan soms nuttig zijn om bij de aanvraag bijkomend een gemotiveerd verslag van een maatschappelijk werker (van het ziekenfonds) of van een psycholoog mee te sturen.

IV.13. Tegemoetkoming hulp aan bejaarden (THAB)

Wet van 27.02.87 betreffende de tegemoetkomingen aan personen met een handicap, laatst gewijzigd bij KB 27.04.2007 (BS 12.06.2007);
KB van 05.03.1990, laatst gewijzigd bij KB 09.05.2007 (BS 22.06.2007)
KB van 22.05.2003 betreffende de procedure (BS 27.06.2003), laatst gewijzigd bij KB 16.04.2008 (BS 19.05.2008)

Wat?

De tegemoetkoming hulp aan ouderen is een financiële tegemoetkoming voor ouderen (+ 65 jaar) met een verminderde graad van zelfredzaamheid.

Ook ouderen die reeds een inkomensvervangende (zie IV.11.) en/of integratietegemoetkoming (zie IV.12.) hebben, kunnen ter vervanging hiervan eventueel aanspraak maken op de tegemoetkoming hulp aan bejaarden, indien deze tegemoetkoming voordeliger zou zijn.

Het is een bijstandsuitkering, dus bedoeld voor mensen die niet over (voldoende) eigen middelen beschikken om in hun levensonderhoud te voorzien. Een bijstandsuitkering is altijd afhankelijk van een inkomensonderzoek.

De financiële tegemoetkoming heeft als doelstelling de ouderen te vergoeden voor de meerkost die zij hebben vanwege de verminderde graad van zelfredzaamheid. Naargelang de afhankelijkheidsgraad van de gehandicapte onderscheidt men 5 categorieën:
(zie ook aandachtspunten artsen)

- categorie I (7-8 punten) = max. 906,91 euro/jaar,
- categorie II (9-11 punten) = max 3.461,89 euro/jaar,
- categorie III (12-14 punten) = max. 4.209,10 euro/jaar,
- categorie IV (15-16 punten) = max. 4.956,09 euro/jaar,
- categorie V (17-18 punten) = max. 6.087,86 euro/jaar.

(Bedragen: index 01.09.2008)

Wie?

Ouderen (+ 65 jaar) die een verminderde graad van zelfredzaamheid (minstens 7 punten) hebben en nog geen ofwel een minder voordelige inkomensvervangende en/of integratietegemoetkoming hebben, kunnen een tegemoetkoming hulp aan bejaarden aanvragen.

Men dient de Belgische nationaliteit te hebben of gelijkgesteld ((1)). Bovendien moeten de aanvragers bestendig en daadwerkelijk in België verblijven (ingeschreven zijn in het bevolkings- of vreemdelingenregister). Een verblijf van max. 90 kalenderdagen/jaar in het buitenland is toegelaten. Een langere periode kan enkel onder specifieke voorwaarden en mits voorafgaandelijke toelating.

(1) Gelijkgesteld zijn personen die in België hun werkelijke verblijfplaats hebben en Europeaan zijn, Marokkaan of Algerijn of Tunesiër die een band heeft met de Belgische Sociale Zekerheid, staatloos zijn volgens het Verdrag van staatlozen dat is goedgekeurd door de wet van 12 mei 1960, erkend vluchteling zijn of niet tot deze categorieën behoren, maar tot 21 jaar de verhoging van de kinderbijslag genoten hebben als kind met een handicap, personen met een andere nationaliteit die ingeschreven staan in het bevolkingsregister (niet vreemdelingenregister).

Het bedrag van de tegemoetkoming wordt gedeeltelijk verminderd met het bedrag van het inkomen van de persoon met een handicap, van zijn echtgenoot of van de partner met wie hij een huishouden vormt voor zover die inkomens de vrijgestelde bedragen overschrijden (zie berekening).

Het bedrag van de tegemoetkoming voor hulp aan bejaarden is afhankelijk van:

1. De graad van zelfredzaamheid (de categorie; I, II, III, IV of V) (zie "Wat?")
2. De toegekende categorie met een inkomstengrens eraan gekoppeld
   Er zijn drie categorieën:
   1° categorie A: de bejaarden met een handicap die niet behoren tot categorie B noch tot categorie C.
   Inkomstengrens: € 11.037,47
   2° categorie B: de bejaarden met een handicap die:
   - ofwel alleen wonen;
   - ofwel sedert ten minste 3 maanden dag en nacht in een verzorgingsinstelling verblijven en die niet tot categorie C behoren.

   Inkomstengrens: € 11.037,47
   3° categorie C: de bejaarden met handicap die:
   - ofwel een huishouden (1) vormen (2)
   - ofwel één of meerdere kinderen ten laste (3) hebben

   Inkomstengrens: € 13.792,25
   (bedragen: index 01.09.2008)
3. Het inkomen:
   Al het reëel inkomen (al dan niet belastbaar) van de persoon met een handicap en de eventuele persoon waarmee de persoon met handicap een huishouden vormt.
   - *Inkomsten die niet worden meegeteld zijn:* de gezinsbijslagen, openbare en private bijstandsuitkeringen, onderhoudsgelden betaald door de kinderen, tegemoetkomingen aan gehandicapte partner, vergoedingen aan de partner in het kader van de PWA's, (aanvullend) vakantiegeld van een pensioenkas, renten van frontstrepen, gevangenschap of van een nationale orde
   - Indien in een huishouden voor beide partners een aanvraag ingediend wordt, wordt het totaal inkomen voor de helft toegekend aan iedere partner (m.a.w. totaal inkomen gedeeld door 2) en ook de inkomstengrens van categorie C wordt gedeeld door 2.

---

(1) Onder 'huishouden' verstaat men elke samenwoning van twee personen die geen bloed- of aanverwant zijn in de eerste, tweede of derde graad.

(2) Personen die in een instelling verblijven en thuis gedomicilieerd blijven kunnen aanspraak blijven maken op categorie C indien ze op dat adres een 'huishouden' vormen

(3) een kind ten laste is: ofwel de persoon, jonger dan 25 jaar voor wie de persoon met een handicap of de persoon met wie hij een huishouden vormt kinderbijslag ontvangt of een onderhoudsgeld ontvangt dat bij vonnis is vastgesteld of dat bepaald is in een overeenkomst in het kader van een procedure tot echtscheiding met onderlinge toestemming, ofwel de persoon jonger dan 25 jaar voor wie de persoon met een handicap onderhoudsgeld betaalt dat bij vonnis is vastgesteld of dat bepaald is in een overeenkomst in het kader van een procedure tot echtscheiding met onderlinge toestemming.

Soorten inkomsten

1. inkomen of rente uit kapitaal, **uitgekeerd ter vergoeding van verminderde zelfredzaamheid** (1)
2. het beroepsinkomen (indien er nog beroepsinkomen is op het ogenblik van de aanvraag) van het 2de jaar voor de ingangsdatum van de aangevraagde tegemoetkoming (2).
3. 90% het pensioeninkomen (3) (ook buitenlands); er wordt echter geen rekening gehouden met schorsingen door sanctie: in deze gevallen wordt rekening gehouden met een theoretisch pensioen.
4. inkomen van onroerende goederen (4) in volle eigendom of in vruchtgebruik;
   a) bebouwde: som K.I.'s bebouwde goederen (- max. 1.500 euro + 250 euro/ kind ten laste). De eventuele rest x 3 wordt in rekening gebracht
   b) onbebouwde: som K.I.'s onbebouwd mag, indien er geen bebouwde goederen zijn, verminderd worden met 60 euro. De rest x 9.
5. roerende inkomsten;
   6% van het kapitaal (al dan niet belegd!!) (zie ook punt 5 'afstand van')
6. afstand gedurende de laatste 10 jaar vóór de aanvraag:
   - Afstand onder bezwarende titel (verkoop) of bij bedrijfsafstand:
     De geschatte waarde van het goed mag verminderd worden met 125 euro per maand tussen de verkoop en de ingangsdatum van de tegemoetkoming (= verleving). De rest wordt aangerekend à rato van 6 %.
   - Afstand om niets (schenking)
     De geschatte waarde van het goed wordt aangerekend aan 6 %. Hier mag er geen verleving op toegekend worden.

Opgelet:
Indien afstand wordt gedaan van een goed, waarvan men vruchtgebruik of naakte eigendom heeft, dan wordt de verkoopwaarde eerst vermenigvuldigd met de volgende coëfficiënt:

Leeftijd (oudste) aanvrager op datum verkoop	Coëfficiënt bij vruchtgebruik	Coëfficënt bij naakte eigendom
20 jaar en minder	72%	28%
20 < 30	68%	32%
30 < 40	64%	36%
40 < 50	56%	44%
50 < 55	52%	48%
55 < 60	44%	56%
60 < 65	38%	62%
65 < 70	32%	68%
70 < 75	24%	76%

(1) Een uitkering in kapitaal wordt omgerekend naar een jaarlijkse lijfrente (%/leeftijdsjaar op ogenblik van het ontstaan van de handicap).

(2) Voor toegelaten beroepsactiviteit na pensionering wordt rekening gehouden met de inkomsten op jaarbasis.

(3) Gewaarborgd inkomen vanaf 01.06.2001 vervangen door de inkomensgarantie uitkering voor ouderen, en extra legale pensioenen worden aan 100% meegeteld.

(4) Onroerende goederen in het buitenland: K.I.'s worden berekend volgens de in het buitenland geldende wetgeving.

75 < 80	16%	84%
80 en meer	8%	92%

Berekening

1. Bepaling van het maximumbedrag van de tegemoetkoming volgens de categorie (I, II, III, IV of V) (zie "Wat?")
2. berekening van de bestaansmiddelen (zie hoger)
   a) huidige uitkeringen van de **aanvrager** i.f.v. de verminderde zelfredzaamheid (1) die uitbetaald worden vanuit een andere reglementering dan de tegemoetkoming aan personen met een handicap (huidig bedrag/jaarbasis)
   b) beroepsinkomsten van **de persoon met handicap en van de eventuele persoon waarmee de persoon met een handicap een huishouden vormt.**
   c) pensioenen van de persoon met een handicap en de eventuele persoon waarmee de persoon met handicap een huishouden vormt.
   d) inkomen uit onroerende goederen
      - bebouwde
      - onbebouwde
   e) roerende kapitalen
   f) (bedrijfs-) afstand

Voorbeeld:

Gegevens:
Een gehuwde persoon met een handicap van 68 jaar, dient op 05.09.2009 een aanvraag THAB in.

Hij geniet een Belgisch rustpensioen van 1.090,43 euro per maand en een buitenlands rustpensioen van 61,80 euro per maand. Hij woont samen met zijn vrouw, die geen eigen inkomsten heeft, in hun eigen woonhuis met KI 872,59 euro. Daarnaast heeft hij nog een stukje grond (KI 49,58 euro).

Op 21.03.2001 verkocht hij grond voor 14.873,61 euro.

Beslissing:

1. Motief van de beslissing
   - aanvraag om tegemoetkoming hulp aan bejaarden van 05.09.2009
   - betrokkene behoort tot de categorie C.
2. Medische grondslag van de beslissing: medische beslissing dd 08.12.2009. Ingevolge het gebrek aan of de vermindering van de zelfredzaamheid, behoort betrokkene tot categorie 5 voor de tegemoetkoming hulp aan bejaarden.
3. Berekening
   a) Berekening van het pensioen in aanmerking te nemen op 01.10.2009

(1) Een uitkering in kapitaal wordt opgerekend naar een jaarlijkse lijfrente (%/leeftijdsjaar op ogenblik van het ontstaan van de handicap).

BESCHRIJVING	BEDRAGEN
Pensioen in privesector	€ 13.085,16
Buitenlands pensioen	€ 741,60
Totaal bedrag van het pensioen	€ 13.826,76
In aanmerking te nemen voor de berekening van de tegemoetkoming = 90% van het totaal bedrag.	€ 12.444,08

b) Totaal der inkomsten

BESCHRIJVING	BEDRAGEN
Pensioen in aanmerking te nemen	€ 12.444,08
Inkomsten uit onroerende goederen: Onroerende bebouwde goederen: Woonhuis: KI € 872,59 - Abattement op het woonhuis € 1.500 = 0 Onroerende onbebouwde goederen: KI € 49,58 te vermenigvuldigen met coëfficient 9	€ 446,22
Afstand onder bezwarende titel dd 21.03.2001 van een perceel grond in volle eigendom voor de som van € 14.873,61 Verleving: 01.04.2001 tot 01.10.2009 = 102 maanden à € 125 = € 12.750 14.873,61 - 12.750 = € 2.123,61 à 6%	€ 127,42
Totaal der inkomsten (verrekening pensioen + onroerende + afstand)	€ 13.017,72
Geïndexeerde vrijstelling	€ 13.792,25
Totaal der inkomsten in rekening te brengen	€ 0

c) Berekening van de tegemoetkoming

BESCHRIJVING	BEDRAG
Maximumbedrag van de tegemoetkoming voor categorie 5	€ 6.087,86
Af te trekken inkomsten in rekening te brengen	€ 0
Toe te kennen tegemoetkoming	€ 6.087,86

Opmerking:

Wanneer 2 gehuwde partners beiden een tegemoetkoming hulp aan bejaarden aanvragen worden de inkomsten (bij de berekening) gedeeld door twee. De inkomstengrens wordt in die situatie de helft van de categorie C.

Hoe?

Elke aanvraag wordt on-line door de gemeente aan de Federale Overheidsdienst Sociale Zekerheid (FODSZ) overgemaakt. Op het geautomatiseerd elektronisch document noteert de burgemeester het rijksregisternummer van de aanvrager en specificeert hij om welke aanvraag het gaat.

Hij ontvangt op zijn beurt op elektronische wijze een ontvangstbewijs, het formulier betreffende de inkomsten (form 101) en in voorkomend geval, de medisch getuigschriften (form. 3+4, 5 en 6). Dit geeft hij mee met de aanvrager.

De aanvrager krijgt één maand de tijd om alle stukken ingevuld terug te sturen aan de Federale Overheidsdienst.

Welke formulier bestaan er en wie moet ze invullen ?

Alle formulieren hebben een nummer en kunnen daardoor goed uit mekaar gehouden worden.

nummer van het formulier	Wie moet het formulier invullen?
elektronische aanvraag	de bediende van de gemeente
3+4	de behandelende geneesheer
5	de oogarts
6	de Neus-, Keel-, Oorarts
101	de persoon met een handicap (samen met de maatschappelijk werker)

Hoe verloopt de aanvraag verder ?

De behandeling van het dossier kent 2 luiken: Het medisch onderzoek en het administratief onderzoek.

Het medisch onderzoek:

Sinds januari 2008 is de wijze waarop het medisch onderzoek gedaan wordt deels gewijzigd wat betreft oproeping voor medische controle en medisch onderzoek op stuk. Aanvragen van voor 1 januari 2008 worden nog op de oude wijze behandeld waarbij de aanvrager in principe altijd op medisch controle komt. Enkel in een aantal specifieke situaties was het mogelijk om een onderzoek op stukken te krijgen.

Aanvragen vanaf 1 januari 2008 worden op volgende wijze behandeld:

1. een aangeduide arts of multidisciplinair team onderzoekt het verminderde verdienvermogen of verminderde zelfredzaamheid van de persoon met een handicap;

2. Als deze het nodig achten worden er extra gegevens opgevraagd bij de aanvrager. Deze heeft 1 maand de tijd om de gegevens aan te leveren;

3. Als het nodig geacht wordt dan wordt de persoon met een handicap opgeroepen voor medische controle;

4. Na het medisch onderzoek, al dan niet met oproeping voor medische controle, worden de medische attesten toegestuurd indien er voldaan is aan de m inimale medische voorwaarden

Het is dus aangewezen de arts erop te wijzen dat deze ervoor moet zorgen dat het medisch luik zo compleet mogelijk wordt ingevuld en eventueel wordt aangevuld met andere medische en sociale verslagen.

Het administratief onderzoek:

1. Indien nodig vraagt de dienst om bijkomende inlichtingen of bewijsstukken.
2. Je ontvangt de administratieve beslissing.

Uitbetaling:

De uitbetaling gebeurt maandelijks op een bankrekening waarvan de gerechtigde (mede-)eigenaar is (een volmacht is niet voldoende). De eerste betaling geschiedt omstreeks de 25ste van de maand volgend op de betekening van de positieve beslissing. (Eventuele achterstallen worden eveneens betaald in de loop van de maand na betekening van de beslissing.

Na overlijden worden de vervallen en nog niet uitbetaalde termijnen:
- aan de partner uitbetaald (tot en met maand van overlijden) en
- bij het ontbreken van een partner, uitbetaald (tot de maand **voor** het overlijden) aan één van de rechthebbenden in volgende orde: de kinderen met wie hij samenleefde, de vader en moeder met wie hij samenleefde en bij ontbreken van de hiervoorgenoemden aan bepaalde andere rechthebbenden (bv. andere personen met wie betrokkene samenleefde, of personen die financieel tussenkwamen voor verpleegzorgen of voor de begrafeniskosten), maar dit *enkel op aangetekend verzoek binnen de 6 maanden.* (Deze aanvraag gebeurt via het formulier 191 dat te bekomen is op het gemeentehuis.)

Herziening

- Een nieuwe aanvraag kan door de persoon met een handicap zelf bij de gemeente worden ingediend indien hij/zij denkt recht te hebben op een hogere vergoeding (zelfde procedure als bij eerste aanvraag) en de F.O.D. Sociale Zekerheid de herziening niet zelf reeds doorvoerde.
  Hierbij moeten we een onderscheid maken tussen een medische en een louter administratieve herziening. De medische herziening verloopt identiek zoals een eerste aanvraag (zie supra). In geval van een administratieve herziening wordt enkel een formulier 101 ter invulling meegegeven. Het aanvraagformulier wordt zoals bij een eerste aanvraag door de gemeente online aan de FOD Sociale Zekerheid overgemaakt.

De ingangsdatum van de aanvraag op initiatief van de persoon met een handicap is normaal de 1ste dag van de maand volgend op de aanvraag.

Indien echter uit het administratief onderzoek blijkt dat er een stijging van de inkomsten met meer dan 10% is en dit niet binnen de 3 maanden werd gemeld, dan gaat de nieuwe beslissing in vanaf de maand volgend op de stijging van de inkomsten. Er kan dus een terugvordering door veroorzaakt worden!

Een daling van de inkomsten met meer dan 10% noodzaakt tot het indienen van een nieuwe aanvraag.
Vraag best eerst raad alvorens een herzieningsaanvraag in te dienen.

Ambtshalve herziening of geprogrammeerde administratieve herziening

Dit zijn herzieningen die door de FOD zelf worden opgestart. De uitwerkingsdatum kan heel verschillend zijn en wordt door heel wat factoren beïnvloed.

De FOD start een herziening als:
- Het zelf een wijziging vaststelt in de kruispuntbank voor sociale zekerheid, die de uitkering kan beïnvloeden;

- Betrokkene een wijziging heeft gemeld en de dienst heeft geoordeeld dat de wijziging de uitkering kan beïnvloeden (deze herziening kan ook op latere datum ambtshalve gepland zijn ten gevolge van een opgegeven wijziging);
- In een vorige beslissing een herziening vooropgesteld werd;
- Het tijd is om de door de wet voorziene 5-jaarlijkse herziening uit te voeren.

Een wijziging ten gevolge van gewijzigde burgerlijke staat, gezinssamenstelling of ontslag of opname in een instelling gaat altijd in vanaf de datum van wijziging.

Een wijziging ten gevolge van een ambtshalve geplande herziening (vb. vooraf geplande medische herziening), vaststelling arbeidsgeschiktheid of verbeterde zelfredzaamheid of ten gevolge van de 5- jaarlijkse herziening gaat altijd in na de kennisgeving van de beslissing.

Een wijziging ten gevolge van gewijzigde nationaliteit- en verblijfsvoorwaarden, gewijzigde gezinslast of gewijzigd inkomen (10% verschil) krijgt een gunstige ingangsdatum voor het nieuwe recht als de wijziging spontaan gemeld werd binnen 3 maand. In dat geval zal een verhoogde uitkering meteen na de wijzigingsdatum ingaan en een verlaagde uitkering pas na de nieuwe beslissing, zodat betrokkene altijd voordeel doet (sneller een verhoogd bedrag en later een verlaagd bedrag).

Gouden tip: ook al kan de wijziging ambtshalve vastgesteld worden via de kruispuntbank voor sociale zekerheid, meldt iedere wijziging binnen 3 maand aan de administratie. Dit kan per gewone brief of via de gemeente (zelfde procedure als bij een gewone aanvraag). Dit valt nooit nadelig uit!

Terugvordering

Ten onrechte uitbetaalde tegemoetkomingen kunnen teruggevorderd worden. Indien de persoon met een handicap verder gerechtigd is op een tegemoetkoming wordt er 10% van de tegemoetkoming ingehouden tot de volledige schuld is terugbetaald.

Binnen de 3 maanden na de beslissing tot terugvordering kan betrokkene een aanvraag tot verzaking aan de terugvordering indienen.
Een speciale commissie oordeelt over de aangevoerde redenen en indien het gaat om een behartigenswaardige situatie wordt de terugvordering kwijtgescholden.

Indien het terug te vorderen bedrag beneden de 392,52 euro ligt (index 01.01.2008), wordt er automatisch afgezien van de terugvordering.
Wanneer de aanvraag tot verzaking ingediend binnen de 3 maanden na kennisgeving van de beslissing tot terugvordering, wordt de terugvordering geschorst tot de minister uitspraak heeft gedaan.

Bij een laattijdige aanvraag wordt de terugvordering zolang voortgezet tot de uitspraak er is. Indien de commissie beslist dat de schuld niet moet terugbetaald worden, stopt de inhouding met 10%. Het reeds terugbetaalde is echter niet meer recupereerbaar.

Beroepsprocedure

Indien men niet akkoord gaat met de beslissing van de Federale Overheidsdienst Sociale Zekerheid, dan kan men binnen de 3 maanden (art. 19 van de wet 27.02.1987) na betekening van de beslissing beroep aantekenen door middel van een aangetekend schrijven naar de griffie van de arbeidsrechtbank van de woonplaats. Men vraagt tegelijkertijd gerechtelijke intresten.

Volgens een recente belangrijke uitspraak van Cassatie (dd. 30.10.2000) heeft de rechter weldegelijk de bevoegdheid om rekening te houden met wijzigingen die werden vastgesteld gedurende de procedure (deskundigenverslag geneesheer-expert, ...). Dit heeft voor gevolg dat de rechter kan beslissen over een wijziging (verhoging) van categorie, en dat de persoon met een handicap dus niet meer verplicht wordt om in deze gevallen zelf een herziening aan te vragen (die nooit tijdig kon worden ingediend en dus inkomensverlies als gevolg had).

Bij niet-ontvankelijkverklaring door de rechtbank wordt het beroep beschouwd als een nieuwe aanvraag (Programmawet 24.12.2002).

Personen, die in aanmerking komen voor pro deo bijstand van de rechtbank, kunnen vragen om zich te laten bijstaan door een geneesheer in de beroepsprocedure, ongeacht of betrokkene kiest voor een pro deo advocaat of niet (kosten worden vergoed in het kader van de pro deo procedure).

Waar?

- Gemeentehuis (formulieren)
- F.O.D. Sociale Zekerheid
  Directie-generaal Personen met een handicap
  Administratief Centrum Kruidtuin, Finance Tower,
  Kruidtuinlaan 50, bus 1, 1000 Brussel
  Tel.: Contactcenter 02/507 87 99
  Fax: 02/509 81 85
  of mailen naar contactcenter: HandiN@minsoc.fed.be
- Ziekenfonds - dienst maatschappelijk werk (inlichtingen + bijstand) (Gouden Gids nr. 6990, www.cm.be; e-mail: dmw@cm.be),
- Verenigingen voor personen met een handicap (inlichtingen + bijstand)
  bv. KVG, A. Goemaerelei 66, 2018 Antwerpen, tel.: (03) 216 29 90

Aandachtspunten voor de arts:

Formulier 3+4: (in te vullen door de huisarts) geneeskundig getuigschrift en concrete gegevens over zelfredzaamheid.
Aan de hand van dit formulier wordt uitgemaakt of de bejaarde zelfredzaam is of niet en in welke mate.

Volgende 6 items worden behandeld:
- verplaatsingsmogelijkheden
- mogelijkheden om zijn voeding te nuttigen of te bereiden
- mogelijkheden om voor zijn persoonlijke hygiëne in te staan en zich te kleden
- mogelijkheid om de woning te onderhouden en huishoudelijk werk te verrichten
- mogelijkheden om te leven zonder toezicht, bewust te zijn van het gevaar en het gevaar te kunnen vermijden
- mogelijkheden tot communicatie en sociaal contact.

Elk van de verschillende items wordt voor elke persoon met een handicap vanuit zijn specifieke handicap en situatie bekeken. Dit heeft voor gevolg dat bv. de rubriek 'verplaatsingen' voor een gehoorgestoorde ondermeer moet geïnspireerd worden bij moeilijkheden die hij of zij ondervindt bij openbaar vervoer of verkeerssituaties (getoeter auto, gierende remmen, gesproken aankondigingen, enz.).

Op het formulier 3+4 beschrijft de behandelende geneesheer de toestand van de patiënt. Hij moet geen punten meer toekennen in het kader van de zelfredzaamheid maar moet wel per item beschrijven wat de patiënt wel en niet meer kan doen bij dagelijkse activiteiten.

Zo kan bv. ook ter staving ingeroepen worden: de inspanning en de pijn die nodig is om een bepaalde activiteit uit te oefenen, de mogelijke bijkomende en naastliggende problemen bij de uitvoering van een activiteit. Het is de wetsdokter die de score van de beperking van de zelfredzaamheid toekent.

M.a.w. een zeer grote inleving is noodzakelijk (liefst aangevuld met een diepgaand gesprek) om een zo juist en zo volledig mogelijk beeld te krijgen van de leefwereld en de mogelijkheden van de persoon met een handicap.

Het is dus van zeer groot belang om de beperkingen zo concreet en objectief mogelijk toe te lichten in het formulier 3+4.

Opmerking

Het kan soms nuttig zijn om bij de aanvraag bijkomend een gemotiveerd verslag van een maatschappelijk werker (van het ziekenfonds) of van een psycholoog mee te sturen.

IV.14. Inkomensgarantie voor ouderen (IGO) - gewaarborgd inkomen voor bejaarden (GIB, 'verworven' rechten)

- Inkomensgarantie voor ouderen (IGO) (ter vervanging van het gewaarborgd inkomen voor bejaarden)
- Gewaarborgd inkomen voor bejaarden (W. 01.04.69; K.B. 29.04.69; K.B. 17.09.2000 - B.S. 27.09.2000)
- Forfaitaire bijzondere verwarmingstoelage (K.B. 18.03.99)

Inkomensgarantie voor ouderen (IGO)

(Ter vervanging van het Gewaarborgd Inkomen voor Bejaarden (GIB)).

Wet 22 maart 2001; BS 29 maart 2001
KB 23 mei 2001; BS 31 mei 2001; KB 5 juni 2004 - BS 21 juni 2004

De inkomensgarantie voor ouderen (IGO) vervangt het 'Gewaarborgd Inkomen voor Bejaarden' en wordt toegekend aan pensioengerechtigde ouderen die niet over voldoende eigen bestaansmiddelen beschikken.

De inkomensgarantie bestaat uit een forfaitair bedrag per jaar dat verschilt naargelang men samenwonende of alleenstaande is. De samenwonende krijgt het basisbedrag. Dit basisbedrag wordt met 1,5 vermenigvuldigd voor de alleenstaande.

Een belangrijke vernieuwing is de gelijke behandeling inzake leeftijd en burgerlijke staat:
- De minimumleeftijd is, zowel voor mannen als voor vrouwen, vastgesteld op 65 jaar vanaf 01.01.2009.
- Van zodra meerdere personen dezelfde hoofdverblijfplaats delen, zullen zij voortaan - indien zij allen aan de leeftijdsvoorwaarde voldoen - individueel aanspraak kunnen maken. Bij een gehuwd gezin worden man en vrouw als twee gelijkwaardige individuen beschouwd en krijgen zij voortaan ieder afzonderlijk hetzelfde basisbedrag.

Een andere vernieuwing bestaat uit de soepelere 'inkomensaanrekening' indien men bv. de enige gezinswoning verkoopt om o.a. de kosten van de rusthuisopname te betalen.

Meer dan 60.000 ouderen met een Gewaarborgd Inkomen voor Bejaarden (vnl. gehuwden en alleenstaanden) werden in 2001 automatisch opgenomen in het nieuwe stelsel en kregen hierdoor een verhoging van hun uitkering met + 2%. Een 25.000-tal personen bleven in het oude stelsel GIB omdat dit voor hen voordeliger was.

Het Gewaarborgd Inkomen voor Bejaarden is een uitdovend recht.

Wie?

De leeftijdsvoorwaarde

Om recht te verkrijgen moet de aanvrager ten minste 65 jaar zijn.
Dit geldt zowel voor mannen als voor vrouwen.

De nationaliteitsvoorwaarde en verblijfsvoorwaarde

De aanvrager moet tot één van de volgende categorieën behoren:
- Belg;
- Onder de verordening (EEG) 1408/71 en 574/72 van de Raad van de Europese Gemeenschappen vallen;
- Staatloos of persoon van onbepaalde nationaliteit;
- Erkende vluchteling;
- Onderdanen van een land waarmee België terzake een wederkerigheidsovereenkomst heeft afgesloten of het bestaan van een feitelijke wederkerigheid erkend heeft;
- Van buitenlandse nationaliteit, op voorwaarde dat een recht op rust- of overlevingspensioen krachtens een Belgische regeling werd geopend.

De gerechtigde moet zijn hoofdverblijplaats in België hebben en moet er ook daadwerkelijk en bestendig verblijven. Een minimumduur van verblijf is niet vereist.

Met daadwerkelijk en bestendig verblijf in België wordt gelijkgesteld, op voorwaarde dat de RVP voorafgaandelijk op de hoogte werd gebracht:
- het verblijf in het buitenland gedurende **minder dan 30** al dan niet opeenvolgende dagen per kalenderjaar. Bij overschrijding van deze periode wordt de uitbetaling van de inkomensgarantie geschorst voor elke kalendermaand tijdens dewelke de gerechtigde niet ononderbroken in België verblijft.
- het verblijf in het buitenland gedurende **30 of meer** al dan niet opeenvolgende dagen, ingevolge een toevallige of tijdelijke opname in een ziekenhuis of een andere instelling voor zorgenverstrekking.
- het verblijf in het buitenland gedurende **30** al of niet opeenvolgende dagen per kalenderjaar of langer, voor zover uitzonderlijke omstandigheden dit verblijf wettigen en op voorwaarde dat het beheerscomité van de Rijksdienst voor pensioenen hiertoe de toelating heeft gegeven.

De Rijksdienst doet een steekproefgewijze controle op het bestendig en daadwerkelijk verblijf.

Het bedrag van de IGO aan index 01.09.2008:

Vanaf 01.09.2008		
	Per jaar	Per maand
Samenwonende	7.087,22 euro	590,60 euro
Alleenstaande	10.630,83 euro	885,90 euro

Bij de toekenning van het IGO wordt van deze bedragen het niet vrijgesteld gedeelte van de bestaansmiddelen afgetrokken.

Met bestaansmiddelen wordt het inkomen bedoeld. Als inkomen wordt onder meer de beroeps- en andere inkomsten, interest op kapitalen, fictieve inkomsten van onroerende goederen, pensioenen enz. bedoeld, al dan niet gedeeltelijk vrijgesteld.

Gaat het om een alleenstaande, dan wordt enkel rekening gehouden met zijn persoonlijke inkomsten.

Gaat het om een samenwonende, dan wordt zowel het met de inkomsten van de aanvrager als met de inkomsten van de met de aanvrager samenwonende personen rekening gehouden.

De gezinssituatie

Het begrip alleenstaande

De alleenstaande is de persoon die zijn hoofdverblijfplaats niet met een ander persoon deelt.

De volgende personen worden eveneens niet geacht dezelfde hoofdverblijfplaats te delen met de aanvrager, ook al wonen ze samen met de aanvrager:

- de minderjarige kinderen;
- de meerderjarige kinderen waarvoor kinderbijslag wordt genoten;
- bloed- of aanverwanten in rechte neergaande lijn (kinderen, kleinkinderen, schoonkinderen)
- de personen die in hetzelfde rusthuis, rust- en verzorgingstehuis of psychiatrisch verzorgingstehuis als de aanvrager zijn opgenomen.

Sinds mei 2004 kunnen ouders die inwonen bij kinderen of kleinkinderen of omgekeerd, beschouwd worden als alleenstaande. Met het inkomen van bloed-en aanverwanten in rechte neergaande lijn wordt geen rekening gehouden. Wie meent in aanmerking te komen, dient een aanvraag in in de gemeente waar men woont.

Het begrip samenwonende

De samenwonende is de persoon die dezelfde hoofdverblijfplaats deelt met één of meerdere personen.

Worden geacht dezelfde hoofdverblijfplaats te delen, de aanvrager en elke andere persoon die gewoonlijk met hem op dezelfde plaats verblijft.

Dit gewoonlijk verblijf blijkt hetzij uit:
- de inschrijving in de bevolkingsregisters van de gemeente waar de verblijfplaats is gevestigd;
- ieder ambtelijk of administratief stuk dat op een werkelijk verblijf op eenzelfde adres duidt.

De meest voorkomende situatie van samenwoonst is de al dan niet gehuwde 'partnerrelatie' waarvan of de man of de vrouw, ofwel beiden de leeftijdsvoorwaarde vervullen om de IGO te verkrijgen, en bij wie geen andere personen inwonen.

- Indien bv. enkel de man aan de leeftijdsvoorwaarde voldoet, kan hem, na onderzoek van zijn bestaansmiddelen en die van zijn echtgenote (de persoon die met hem dezelfde hoofdverblijfplaats deelt) het volledige of gedeeltelijke basisbedrag toegekend worden.

- Voldoen beide echtgenoten aan de leeftijdsvoorwaarden, dan wordt, indien zij beiden een aanvraag hebben ingediend, na onderzoek en aftrek van het niet vrijgestelde gedeelte van de bestaansmiddelen en de pensioenen, aan elk apart het volledige of gedeeltelijke basisbedrag toegekend.

In beide gevallen zal bij elke berekening de helft van het totaal van de bestaansmiddelen en de pensioenen in aanmerking genomen worden.

Dezelfde regel geldt wanneer twee of meerdere personen al of niet van hetzelfde geslacht, een feitelijk gezin vormen.

Sinds 1 januari 2005 hebben personen die in een religieuze of lekengemeenschap leven recht op het IGO basisbedrag zonder dat met het inkomen van de andere leden van de gemeenschap wordt rekening gehouden.

De berekening:

A) Inkomens waarmee geen rekening wordt gehouden:

Bij het berekenen van de bestaansmiddelen, zowel voor de aanvrager als voor de personen met wie hij dezelfde hoofdverblijfplaats heeft, wordt geen rekening gehouden met:

- De **gezinsbijslag** toegekend krachtens een Belgische regeling;
- De **uitkeringen of elke tussenkomst** die verband houden met **openbare of private bijstand** (verleend door O.C.M.W.'s, liefdadigheidsinstellingen of de zorgverzekering in Vlaanderen);
- De **onderhoudsgelden tussen ascendenten en descendenten**(ongeacht of zij door een vonnis of vrijwillig verleend worden);
- De **frontstrepen- en gevangenschapsrenten**, alsmede de renten verbonden aan een **nationale orde**op grond van een oorlogsfeit;
- **De tegemoetkomingen, uitbetaald in het raam van de wetten betreffende de gebrekkigen en verminkten, gecoördineerd bij Koninklijk Besluit van 3 februari 1961, en van de Wet van 27 juni 1969, betreffende het toekennen van tegemoetkomingen aan mindervaliden**;
- **De tegemoetkomingen uitbetaald in het raam van de Wet van 27 februari 1987 betreffende de tegemoetkomingen aan gehandicapten;**
- **vergoedingen betaald door Duitsland bij wijze van schadevergoeding voor gevangenhouding tijdens WO II**
- De **verwarmingstoelage**, toegekend aan bepaalde rechthebbenden op een pensioen ten laste van de werknemersregeling.

B) Inkomens die gedeeltelijk in rekening worden gebracht:

– **Het beroepsinkomen**

Als de aanvrager en/of een met de aanvrager samenwonende persoon een beroepsbezigheid	Dan ...
als werknemer uitoefent	wordt 3/4 van het brutoloon aangerekend
als zelfstandige uitoefent	worden de bedrijfsinkomsten (*), van het kalenderjaar dat voorafgaat aan het jaar waarin de beslissing ingaat, aangerekend(*) = nettobelastbaar inkomen vastgesteld door de belastingsadministratie
als zelfstandige begint of hervat	wordt rekening gehouden met het door de aanvrager aangegeven inkomen (dat later kan verbeterd worden na de door de belastingsadministratie verstrekte inlichtingen).
of stopzet	wordt geen rekening meer gehouden met die inkomsten vanaf de eerste dag van de maand die volgt op deze van de stopzetting

– **Pensioenen**

De **pensioenen** van de aanvrager en/of van iedere persoon met wie hij dezelfde hoofdverblijfplaats deelt, worden slechts in aanmerking genomen voor **90 %van het werkelijk betaald bedrag, ook al werd het pensioenbedrag verminderd wegens vervroeging**;

Het pensioen dat in mindering gebracht wordt op het bedrag van de IGO, wordt vooraf tevens verminderd met het bedrag van de bij een rechterlijke beslissing vastgestelde en effectief betaalde onderhoudsgelden.

– **KI van bebouwde onroerende goederen**

Op het globaal **kadastraal inkomen van de bebouwde onroerende goederen** die de aanvrager en/of iedere persoon die met hem dezelfde hoofdverblijfplaats deelt, in volle eigendom of in vruchtgebruik bezitten, wordt een bedrag van **743,68 euro** in mindering gebracht. Dit bedrag wordt met 123,95 euro verhoogd voor elk kind waarvoor de aanvrager of ieder persoon waarmee hij dezelfde hoofdverblijfplaats deelt, kinderbijslag geniet (het saldo wordt vermenigvuldigd **met 3**);

– **KI van onbebouwde onroerende goederen**

Indien de aanvrager of de personen waarmee hij dezelfde hoofdverblijfplaats deelt samen uitsluitend de volle eigendom of het vruchtgebruik hebben van **onbebouwde onroerende goederen**, wordt de som van die kadastrale inkomens verminderd met 29,75 euro (het saldo wordt eveneens vermenigvuldigd met 3);

– **Roerende kapitalen**

Er geldt een gedeeltelijke vrijstelling voor al dan niet belegde roerende kapitalen en de opbrengsten van de afstanden(*) door het feit dat er slechts het volgende wordt van aangerekend:

- De eerste schijf tot 6.200 euro wordt volledig vrijgesteld
- 4% van de schijf tussen 6.200 euro en 18.600 euro;
- 10% boven de schijf van 18.600 euro;

(*) Vooraleer deze aanrekening gebeurt op de verkoopwaarde bij afstand onder bezwarende titel, dient eerst de gedeeltelijke vrijstelling van 37.200 euro te worden toegepast!!!

Als zowel de aanvrager, als één of meerdere personen die met hem samenwonen, een beroepsactiviteit uitoefenen, dan worden de inkomsten opgeteld.

– Afstand onder bezwarende titel / afstand om niet (schenking)

Naar aanleiding van een arrest van 16.03.2005 van het Arbitragehof wordt de regelgeving omtrent afstand voortaan anders geïnterpreteerd. Het is niet meer de afstand die sinds 10 jaar voor de IGO- leeftijd uitgevoerd werd die meetelt, maar de afstand die sinds 10 jaar voor de ingangsdatum IGO uitgevoerd werd die meetelt.

Een forfaitair inkomen, overeenstemmend met de verkoopwaarde van de goederen op het ogenblik van de afstand, wordt in aanmerking genomen, wanneer die afstand gebeurd is minder dan 10 jaar vóór de ingangsdatum van de IGO-beslissing.

Het gaat om afstanden van de aanvrager en van de personen die met hem dezelfde hoofdverblijfplaats delen.

Het kan gaan over zowel een **afstand onder bezwarende titel als om een schenking**.

Verrekening bij afstand

De verkoopwaarde van de afgestane roerende en onroerende goederen, waarvan de aanvrager of iedere persoon die met hem dezelfde hoofdverblijfplaats deelt, eigenaar of vruchtgebruiker in onverdeeldheid is, wordt vermenigvuldigd met een breuk die de belangrijkheid van de **zakelijke rechten** uitdrukt.

- Bij **volle eigendom** wordt in beginsel rekening gehouden met **100 % van de verkoopwaarde**; betreft het een volle eigendom in onverdeeldheid (bv. 25 %), dan wordt slechts met dat deel (vb. een vierde) van de verkoopwaarde rekening gehouden;
- Bij **vruchtgebruik** daarentegen wordt **steeds met 40 %** van de verkoopwaarde rekening gehouden, ongeacht de leeftijd van de vruchtgebruiker op het ogenblik van de afstand;
- De waarde van de **naakte eigendom** steeds gelijk zijn aan **60 %** van de verkoopwaarde;

Bij afstand onder bezwarende titel van roerende of onroerende goederen, worden de **persoonlijke schulden** van de aanvrager en / of van iedere persoon die met hem dezelfde hoofdverblijfplaats deelt, afgetrokken van de verkoopwaarde van de afgestane goederen op het ogenblik van de afstand, op voorwaarde dat:

- het persoonlijke schulden betreft van de aanvrager en / of van iedere persoon die met hem dezelfde hoofdverblijfplaats deelt, dus schulden die door ten minste één van hen persoonlijk aangegaan zijn; het volstaat niet dat iemand zich borg heeft gesteld voor de schuld van een derde;

- De schulden moeten aangegaan zijn vóór de afstand van de goederen;
- De schulden moeten terugbetaald zijn met de opbrengst van de afstand.

Aan deze drie voorwaarden moet gelijktijdig voldaan zijn, en het komt de aanvrager of de perso(o)n(en) met wie de aanvrager dezelfde hoofdverblijfplaats deelt toe het bewijs hiervan te leveren.

Bij **afstand onder bezwarenden titel van het enige woonhuis** of van **het enige onbebouwde onroerend goed** van de aanvrager en/of van iedere persoon met wie hij dezelfde hoofdverblijfplaats deelt (dit wil zeggen dat zij geen ander bebouwd onroerend goed mogen bezitten), wordt de **eerste schijf van 37.200 euro** vrijgesteld. In overeenstemming met de geldende interpretatie terzake is het niet vereist dat dit huis ook effectief wordt bewoond door de aanvrager en/of de personen met wie hij dezelfde hoofdverblijfplaats deelt.

Bovendien wordt in deze gevallen door de administratie automatisch jaarlijks van de verkoopwaarde een bedrag ("abattement") afgetrokken van:

- 1.250 euro, indien de aanvrager een inkomensgarantie verwerft op basis van het basisbedrag (dit wil zeggen wanneer hij zijn hoofdverblijfplaats deelt met één of meer andere personen);
- 2.000 euro, indien hij een inkomensgarantie verwerft op basis van het met 50 % verhoogd basisbedrag (wanneer hij zijn hoofdverblijfplaats niet deelt met één of meerdere personen.

Dit aftrekbaar bedrag wordt berekend in verhouding tot het aantal maanden begrepen tussen de eerste van de maand die volgt op de datum van de afstand en de ingangsdatum van de IGO.

Hoger vermelde vrijstellingen zijn niet van toepassing in geval van afstand om niet (schenking)!!!

Op de al dan niet belegde roerende kapitalen uit de afstand wordt, na aftrek van de verschillende vrijstellingen, rekening gehouden met:
- **0%** voor de eerste schijf tot **6.200 euro**
- **4%** van de schijf gelegen tussen **6.200 euro** en **18.600 euro** - dus op een maximumbedrag van 12.400,25 euro
- **10%** van de kapitalen, die boven die schijf gelegen zijn.

Deze berekeningswijze geldt ook voor liggende gelden, aandelen obligaties enz.

C) Algemene vrijstelling op eindresultaat berekening

Op de som van al de in aanmerking genomen inkomsten worden nog volgende bijkomende abattementen toegepast:
- 625 euro als het om een samenwonende gaat;
- 1.000 euro als het om een alleenstaande gaat.

De herziening

De herziening op aanvraag

De gerechtigde op de IGO is verplicht aangifte te doen zodra nieuwe gegevens het bedrag van de in aanmerking te nemen bestaansmiddelen verhogen.

De beslissing op deze aangifte gaat in vanaf de eerste dag van de maand die volgt op de feiten.

- De gerechtigde op de IGO mag steeds een nieuwe aanvraag indienen, wanneer er zich volgens hem wijzigingen voordoen die de toekenning of de verhoging van de IGO kunnen rechtvaardigen.
- **Opgelet:**
- Een nieuwe aanvraag kan slechts gegrond worden verklaard op basis van:
- nieuwe bewijselementen die vroeger niet aan de administratieve overheid of aan het bevoegde rechtscollege werden voorgelegd;
- een wijziging van een wettelijke of reglementaire bepaling.
- Het verzoekschrift bij de arbeidsrechtbank of het hoger beroep bij het arbeidshof inzake een beslissing over een IGO geldt als nieuwe aanvraag om IGO indien het wegens laattijdigheid onontvankelijk wordt verklaard.
- De nieuwe beslissing gaat in de eerste dag van de maand volgend op die waarin de nieuwe aanvraag werd ingediend.

De ambtshalve herziening

De Rijksdienst zal van ambtswege het recht op IGO (her)berekenen, wanneer hij kennis neemt van één van volgende gebeurtenissen:

- Het aantal personen dat op dezelfde hoofdverblijfplaats is ingeschreven, wijzigt, en deze wijziging is **niet** het gevolg van het overlijden van de gerechtigde of van een persoon die met hem dezelfde hoofdverblijfplaats deelt.
  Bij wijziging in de gezinssamenstelling zal een onderzoek naar de bestaansmiddelen moeten gebeuren in de gevallen waarin één of meerdere personen dezelfde hoofdverblijfplaats gaan delen met een IGO - gerechtigde.
- De gerechtigde, die dezelfde hoofdverblijfplaats deelt met één of meerdere andere personen, overlijdt, én minstens één van die andere personen is in het genot van een inkomensgarantie (indien geen enkele van de andere personen in het genot is van een IGO, **dan dooft het recht immers uit.**)
  Is ook aan de tweede voorwaarde voldaan, dan zal een herziening van ambtswege gebeuren; **om het de Rijksdienst mogelijk te maken om terugvorderbare voorschotten uit te betalen, worden - in een eerste stadium - de bestaansmiddelen van de overledene geacht voor een gelijk deel toe te behoren aan elk van de langstlevende** personen **die dezelfde hoofdverblijfplaats met de overledene deelden.**
  Dit terugvorderbaar voorschot kan evenwel aangepast worden, indien de langstlevende gerechtigde bijvoorbeeld kan aantonen dat hij onterfd werd door de overledene.
  Na de definitieve vereffening van de erfenis, wat bij betwisting een hele tijd kan aanslepen, gaat de Rijksdienst over naar een nieuw onderzoek van de inkomensgarantie van de langstlevende gerechtigden, waarbij rekening wordt gehouden met de werkelijk uit de nalatenschap ontvangen goederen, die zich bij hun **als ongewijzigd beschouwde** bestaansmiddelen en persoonlijke pensioenen zullen voegen, evenals bij die van de andere personen die dezelfde hoofdverblijfplaats delen. Wanneer echter de langstlevende gerechtigden en de personen die met hen dezelfde hoofdverblijfplaats delen aantonen dat zij geen enkel goed uit de nalatenschap toebedeeld kregen, of de nalatenschap verwier-

pen, kan in hun hoofde een **definitieve beslissing** genomen worden, waarbij geen rekening wordt gehouden met de goederen van de overledene.
- De bestaansmiddelen wijzigen: bedoeld wordt een wijziging in de bestaansmiddelen, niet aangegeven door de gerechtigde, of één van de personen die dezelfde hoofdverblijfplaats delen.
  Een terugvordering kan het gevolg zijn van dit ambtshalve onderzoek.
- Het bedrag van het pensioen wijzigt als gevolg van een nieuwe toekenningbeslissing: in dit geval wordt de IGO herberekend, zonder nieuw onderzoek naar de bestaansmiddelen.

Afgeleid recht:

Sinds 01.07.2006 genieten **zelfstandigen**, die IGO-gerechtigde zijn, automatisch het recht op de kleine risico's voor de geneeskundige verstrekkingen in de ziekteverzekering (vraag informatie bij uw ziekenfonds).

Hoe aanvragen ?

Eerste aanvraag

De inkomensgarantie wordt toegekend op aanvraag van de betrokkene.

De aanvraag wordt zoals in de pensioenreglementering door betrokkene persoonlijk of door volmachtdrager ingediend hetzij:
- bij het gemeentebestuur, waar de gerechtigde zijn hoofdverblijfplaats heeft; (*)
- bij de Rijksdienst voor pensioenen.

De burgemeester mag niet weigeren de aanvraag in ontvangst te nemen en moet een ontvangstbewijs afleveren).

Tevens geldt **een pensioenaanvraag ten laste van elke Belgische verplichte pensioenregeling (werknemers, zelfstandigen) als aanvraag om IGO** op voorwaarde dat:
- de aanvrager aan de leeftijdsvoorwaarden voldoet, en
- het bedrag van de pensioenen de toekenning van de IGO niet verhindert.

Omgekeerd geldt de **aanvraag om IGO ook als aanvraag om pensioen** in een wettelijke Belgische pensioenregeling, wanneer de aanvraag melding maakt van beroepsarbeid die onder de werkingssfeer van een van die regelingen valt of wanneer, tijdens het onderzoek van de aanvraag om IGO, dergelijke beroepsarbeid wordt vastgesteld.

De toekenning van de IGO heeft **uitwerking:**
- **de eerste van de maand volgend op de aanvraag** of op het feit dat aanleiding geeft tot herziening van de bestaansmiddelen,
- én ten vroegste de eerste dag van de maand die volgt op de maand waarin aan de leeftijdsvoorwaarde is voldaan.

De ambtshalve toekenning

Zodra volgende categorieën van personen voldoen aan de leeftijdsvoorwaarde (zie leeftijdsvoorwaarde) gaat de Rijksdienst over tot ambtshalve onderzoek van de rechten op de IGO, als ze het genot hebben van:

- een tegemoetkoming aan gehandicapten;
- een leefloon;
- personen die een (al dan niet vervroegd) wettelijk pensioen genieten, als werknemer of als zelfstandige.

Bij ambtshalve toekenning gaat het recht op IGO in de eerste van de maand volgend op die waarin aan de leeftijdsvoorwaarde voldaan wordt.

Feitelijk gescheiden echtgenoten

In geval van feitelijke scheiding, waar het gezinsbedrag van het gewaarborgd inkomen op de datum van de inwerkingtreding van de nieuwe wet in gelijke delen aan elk van de echtgenoten werd uitbetaald, werd de vergelijking tussen de bedragen GI en IGO uitgevoerd. Indien de toekenning van de IGO voordeliger blijkt, werd dit laatste toegekend:

- aan het verhoogd basisbedrag, aan de beide echtgenoten of aan de echtgenoot die zijn hoofdverblijfplaats **niet** met een andere persoon deelt;
- aan het basisbedrag, aan beide echtgenoten of aan de echtgenoot die zijn hoofdverblijfplaats met een andere persoon deelt, dit zonder onderzoek naar de bestaansmiddelen.

Op het bedrag van de IGO (basisbedrag of verhoogd basisbedrag) wordt steeds 50 % van het totaal van de oorspronkelijke bestaansmiddelen in mindering gebracht.

Blijkt dat één van de feitelijk gescheiden levende echtgenoten niet aan de leeftijdsvoorwaarden voldoet, dan wordt:

- het gewaarborgd inkomen voor bejaarden van de gerechtigde op het gezinsbedrag omgezet naar een IGO aan het basisbedrag (samenwonend) of aan het verhoogd basisbedrag (alleenstaande);
- de helft van het gezinsbedrag van het gewaarborgd inkomen verder betaald aan de andere echtgenoot tot deze aan de leeftijdsvoorwaarden voldoet.

Beroep

Beroep wordt ingesteld bij de arbeidsrechtbank, binnen de drie maanden na kennisgeving van de beslissing.

Het in beroep gaan werkt niet schorsend.

Voorschotten

- De RVP kan voorschotten uitbetalen wanneer uit het onderzoek van de rechten, zowel administratief als gerechtelijk, blijkt dat er nog geen definitieve beslissing kan genomen worden.
- De RVP stelt het bedrag van de voorschotten vast op grond van de bewijsstukken waarover hij beschikt.
- Met een mededeling, die niet vatbaar is voor beroep, stelt de RVP de gerechtigde ervan in kennis dat voorschotten zullen worden uitbetaald.

Uitbetaling

Zoals het pensioen en het gewaarborgd inkomen voor bejaarden, is de IGO verworven per twaalfden en betaalbaar per maand.

De betaling geschiedt door middel van postassignaties of op vraag van betrokkene, op een bankrekening. In beide gevallen steeds de zesde van de maand.

In geval van **overlijden** van de betrokkene is, voor wat betreft de betaling van de **vervallen en niet- uitbetaalde termijnen** in van de pensioenregeling en de regeling gewaarborgd inkomen afwijkende bepalingen voorzien Deze termijnen worden **uitsluitend**, en **enkel op aanvraag**, betaald aan de persoon die de begrafeniskosten heeft betaald of in de verplegingskosten is tussengekomen.

De IGO is niet vatbaar voor overdracht of beslag.

Het bedrag dat een OCMW kan opeisen, mag bovendien niet hoger zijn dan 3/4 van de IGO.

Het 'gewaarborgd inkomen voor bejaarden'

(Kan niet meer worden aangevraagd, enkel bestaande rechten van voor 1.06.2001 toegekend, kunnen worden behouden! Wij vermelden kort de grote principes.)

Wat?

Het gewaarborgd inkomen werd maar toegekend na een streng onderzoek van de bestaansmiddelen van de aanvrager en van de eventuele echtgeno(o)t(e).

Bij feitelijke scheiding van minder dan 10 jaar (met bewijs van afzonderlijke domiciliëring) wordt - gedurende deze 10 jaren - steeds met de bestaansmiddelen van beide echtgenoten rekening gehouden. Pas vanaf 10 jaren feitelijke scheiding wordt enkel het inkomen van de aanvrager in aanmerking genomen.

Het bezit van een enig woonhuis is dikwijls geen beletsel voor toekenning: het kadastraal inkomen van de woning is immers tot een bepaald bedrag vrijgesteld als bestaansmiddel.

Het pensioenbedrag wordt maar voor 90% in rekening gebracht. Vanaf 1.09.2000 wordt een pensioen dat verminderd werd wegens vervroeging niet meer fictief omgerekend naar een onverminderd pensioen. Men houdt voortaan rekening met het werkelijk bedrag dat men ontvangt min 10 % vrijstelling uiteraard. De aanvulling van het gewaarborgd inkomen wordt daardoor aanzienlijk groter.

Velen, vooral zelfstandigegepensioneerden gerechtigd op gewaarborgd inkomen hebben hier baat mee.

Gronden alsmede kapitaalbezit worden aangerekend als inkomen.

Bedragen aan index 01.09.2008:
- gehuwde: 10.799,04 euro/jaar (899,92 euro/maand)
- alleenwonende: 8.098,92 euro/jaar (674,91 euro/maand)

Het gewaarborgd inkomen is bedoeld als een soort bestaansminimum voor wie geen of een te laag pensioen heeft.

Men hoeft geen bijdragen betaald te hebben: het is volledig ten laste van de staat. Het wordt ook niet teruggevorderd van kinderen of familieleden. De aanvrager dient wel zijn hoofdverblijfplaats in België te hebben. Een verblijf in het buitenland van minder dan 30 kalenderdagen op jaarbasis is geen beletsel voor de uitbetaling ervan.

Afgeleid recht:

Sinds 01.07.2006 genieten **zelfstandigen**, die GIB-gerechtigde zijn, automatisch het recht op de kleine risico's voor de geneeskundige verstrekkingen in de ziekteverzekering (vraag informatie bij uw ziekenfonds).

De forfaitaire bijzondere verwarmingstoelage

KB van 18.03.99 tot uitvoering van art. 22bis van de wet van 01.04.69 (gewaarborgd inkomen voor bejaarden - GIB)

Wat?

Bejaarden die genieten van het gewaarborgd inkomen voor bejaarden krijgen, bijkomend, jaarlijks een vast bedrag dat dient als tussenkomst voor de uitgaven inzake verwarming. In 2008 is dit bedrag 66,10 euro voor gezinnen en 49,58 euro voor alleenstaanden.

Wie? Hoe?

De toelage wordt automatisch toegekend aan personen die in de maand februari gerechtigd zijn op de uitbetaling van het GIB. Een aanvraag indienen is dus overbodig.

Personen die een ouderdomsrentebijslag of een weduwerentebijslag krijgen hebben geen recht.

Waar?

- De gemeente waar de aanvrager zijn hoofdverblijfplaats heeft (aanvraag).
- De gewestelijke bureaus van de Rijksdienst voor Pensioenen.
- Rijksdienst voor Pensioenen, centraal bestuur (inlichtingen):
  Zuidertoren, Baraplein, 1060 Brussel
  Groene lijn: 0800/50246
  Contact Center: 02/529.30.02
- Dienstverlening door ziekenfondsen: pensioendienst, dienst maatschappelijk werk (Gouden Gids nr. 6990, www.cm.be; e-mail: dmw@cm.be) (inlichtingen + bijstand).
- Ombudsdienst Pensioenen (zie III.45)

IV.15. Rustpensioen werknemers

(Voor informatie inzake 'cumulatie met toegelaten arbeid'; zie IV.23)

Wat?

Het pensioen waarborgt een vervangingsinkomen berekend in functie van de lonen, die men verdiend heeft tijdens de loopbaan. Er gelden echter maximumlonen vanaf 1981 die de pensioenberekening beperken tot deze loongrens. De loongrenzen worden jaarlijks aangepast en tweejaarlijks welvaartsvast gemaakt. Voor 2007 is deze loongrens vastgesteld op 44.994,88 € op jaarbasis. De lonen worden bij de pensioenberekening omgerekend naar de index van toepassing op de ingangsdatum van het pensioen. Het pensioen bedraagt 75% van de gemiddelde lonen voor een gezinspensioen. Dit wordt toegekend aan gehuwden waarvan de echtgeno(o)t(e) geen eigen pensioen heeft noch een vervangingsinkomen of een tewerkstelling boven de toegelaten grenzen. In alle andere gevallen wordt het pensioen berekend aan 60%.

Een loopbaan is volledig na 45 jaar voor mannen evenals voor vrouwen en dit vanaf 01.01.2009.

Jaren werkloosheid, ziekte of militaire dienst tellen mee voor het pensioen als een gelijkgestelde periode. Zij worden in regel berekend aan het laatst verdiende loon voorafgaand aan de periode van werkloosheid en ziekte. Perioden van niet tewerkstelling zoals bv. studiejaren kunnen meetellen voor het pensioen als men ervoor bijbetaalt en dit binnen de 10 jaren na het einde van de studies. Voor wie afgestudeerd is voor 1.01.1991 liep de mogelijkheid tot regularisatie af op 31.12.2000. Het moet tevens gaan om studieperioden vanaf de twintigste verjaardag en in het kader van voltijds dagonderwijs. Een aanvraag dient gericht aan de Rijksdienst voor Pensioenen, dienst regularisaties. De kostprijs is vrij hoog : 1.259,38 € per studiejaar dat men wenst te regulariseren. (index 01.09.2008) De bijdrage is fiscaal aftrekbaar.

Gepensioneerden kunnen nog een toegelaten beroepsactiviteit uitoefenen. Hiervan dient aangifte gedaan op officiële formulieren, te bekomen bij de gemeente. Indien het inkomen uit bijverdienen een bepaalde inkomstengrens niet te boven gaat, blijft het pensioen volledig uitbetaald. Vanaf 2002 werden de grenzen gevoelig verhoogd voor wie na de wettelijke pensioenleeftijd gaat bijverdienen. Dit werd herhaald in 2006, 2007 en 2008. Vanaf 1.01.2006 wordt de aangifteplicht afgeschaft voor wie de volle leeftijd van 65 jaar heeft bereikt en voor wie het niet de eerste betaling van zijn pensioen is. En voor zover het gaat om een gerechtigde op rust – en /of overlevingspensioen als werknemer, ambtenaar of zelfstandige met een bijverdienste als werknemer.

Het pensioen is niet te cumuleren met een sociale uitkering zoals ziekte- of werkloosheidsuitkering of een vergoeding wegens loopbaanonderbreking of tijdkrediet. De pensioenaanvraag dient te gebeuren in de gemeente van de woonplaats van de aanvrager, d.w.z. ten vroegste vanaf 59 jaar. Maar de aanvraag kan ook geldig worden ingediend bij de Rijksdienst voor Pensioenen door de betrokkene zelf. Het betreft zowel de gewestelijke bureaus als de centrale zetel in Brussel. De aanvrager krijgt een ontvangstbewijs met vermelding van datum van de aanvraag.

Het pensioen wordt ambtshalve toegekend aan gerechtigden op vervangingsinkomen, dus zonder dat een aanvraag nodig is. En dit enkel indien zij hun pensioen op de wettelijke pensionleeftijd laten ingaan.

Dit geldt ook voor werknemers die op de wettelijke pensioenleeftijd (65 jaar) met pensioen gaan.

Zij ontvangen een jaar voor op voorhand een brief van de Rijksdienst voor Pensioenen. Hierin wordt vermeld dat een pensioendossier werd geopend.

Wie echter met vervroegd pensioen gaat vanaf 60 jaar - of wie na de wettelijke pensioenleeftijd nog blijft werken en aldus later op pensioen gaat - zal nog altijd een aanvraag moeten doen. De pensioentoekenning evenals de uitbetaling ervan gebeurt door de Rijksdienst van Pensioenen (RVP). Indien men niet akkoord is met de beslissing kan men binnen de drie maanden na kennisgeving in beroep gaan bij de arbeidsrechtbank.

Wie?

Om recht te hebben op pensioen dient men de pensioengerechtigde leeftijd te bereiken. Zowel mannen als vrouwen kunnen het tijdstip van pensionering kiezen doch ten vroegste vanaf 60 jaar. Om van dit vervroegd pensioen gebruik te maken, dient men te voldoen aan strenge loopbaanvoorwaarden. Mannelijke bruggepensioneerden kunnen pas op 65 jaar met pensioen. Ook voor vrouwelijke bruggepensioneerden is er geen mogelijkheid voor vervroegd pensioen. Ook voor hen dient de wettelijke rustpensioenleeftijd als ingangsdatum voor het pensioen: 65 jaar vanaf 01.01.2009. Werklozen en invaliden - mannen en vrouwen - kunnen vanaf 60 jaar met pensioen, mits beantwoordend aan de loopbaanvoorwaarden.

Ook voor vrouwen wordt de loopbaanbreuk opgetrokken tot 45 jaren en de pensioenleeftijd tot 65 jaar. Dit gebeurt geleidelijk in een overgangsperiode van 13 jaar. Deze begon op 01.07.97 om te eindigen in het jaar 2009. Vanaf 2009 geldt zowel voor vrouwen als voor mannen 45 jaren voor een volledige loopbaan en een 65-jarige pensioenleeftijd. De wettelijke gelijkheid van man en vrouw, ingezet met de pensioenhervorming van 1997, is vanaf 2009 gerealiseerd .

De pensioenleeftijd blijft flexibel. Dit laat mannen en vrouwen de keuze om vanaf 60 jaar met vervroegd pensioen te gaan. Maar dit kan alleen op voorwaarde dat men voldoende loopbaanjaren bewijst. Het gaat om 35 loopbaanjaren. Dit hoeven niet noodzakelijk werknemersjaren te zijn. Er wordt rekening gehouden met jaren gewerkt in andere regimes bv. zelfstandigenstelsel of ambtenaren of een buitenlandse tewerkstelling. Opdat een loopbaanjaar meetelt in deze optelsom dient minstens een derde tewerkstelling (of gelijkstelling door bv. ziekte of werkloosheid) bewezen te zijn: deze bewijsvoering is per stelsel wettelijk vastgelegd.

Voorbeeld: Wie in 2009 met pensioen gaat en geen 35 loopbaanjaren bewijst, kan geen vervroegd pensioen opnemen vanaf 60 jaar. Zowel vrouwen als mannen dienen hun pensioen dus uit te stellen tot 65 jaar. Of tot op het ogenblik dat zij de vereiste loopbaanjaren bewijzen na hun zestigste.

Voor gerechtigden op brugpensioen blijft de pensioenleeftijd 65 jaar. Van vrouwelijke bruggepensioneerden wordt de pensioenleeftijd vanaf 2009 ook opgetrokken tot 65 jaar. Hun rechten op werkloosheidsuitkering na 60 jaar en de aanvulling van de werkgever dienen tegelijkertijd door te lopen.

Als compensatie voor het geheel van besparingsmaatregelen in de pensioenhervorming van 1997 worden lage lonen bij de pensioenberekening automatisch opgetrokken tot het minimumloon. De wetgever spreekt hier van de toepassing van het minimumjaarrecht. En dit voor zover een loopbaanjaar minstens een derde tewerkstelling (of gelijkstelling bv. bij ziekte) omvat. De optrekking gebeurt tot het volledige minimumloon of proportioneel in verhouding tot de bewezen dagen. Bovendien moeten minstens 15 jaren werknemersloopbaan bewezen zijn en mag het normaal berekend pensioenbedrag een bepaald plafond niet overschrijden om het voordeel van het minimumloon bekomen. Dit minimumjaarloon wordt regelmatig verhoogd en volgt ook elke indexaanpassing.

Bovendien worden de pensioenrechten ook aangepast aan diverse systemen van deeltijds werk en flexibele uitgroeibanen. De dagen tewerkstelling als deeltijds werkende, evenals de gelijkgestelde dagen zoals werkloosheidsdagen waarvoor men een halve daguitkering krijgt, worden immers altijd omgerekend naar voltijdse prestaties voor de pensioenberekening.

Bij **vrijwillig deeltijds werken**, is het van geen belang of men alle dagen 4 uren in de week werkt, of 2 of 3 dagen voltijds in de week. Elke deeltijdse prestatie dient immers omgerekend naar voltijdse prestaties. Zo worden bijvoorbeeld de 312 dagen tewerkstelling van 4 uren per dag omgerekend naar 156 voltijdse dagen. Dit laat toe eventueel bijkomende dagen gelijkstelling zoals werkloosheid mee op te nemen in een loopbaanjaar.

Bij deeltijdse tewerkstelling is de hoogte van het verdiende loon bepalend voor de pensioenberekening: deeltijds werken tijdens de loopbaan telt immers als een volwaardig loopbaanjaar voor 1/45. Enkel het verdiende loon maakt het verschil.

Ook voor **werkzoekenden die deeltijds werken om aan de werkloosheid te ontsnappen,** maar beschikbaar blijven voor voltijds werk en daarom in de werkloosheidsreglementering **het statuut hebben van 'werkzoekenden met behoud van rechten'**, werd naar een oplossing gezocht. Men onderscheidt volgende categoriën:

1. Deeltijds werkenden **met inkomstengarantie** (een supplement vanuit de RVA toegekend op het loon): de perioden van niet tewerkstelling in dit statuut krijgen zij bijgeteld in hun pensioenberekening als gelijkgestelde dagen. Met andere woorden hun pensioenberekening kent geen nadeel van dit deeltijds werken: het is alsof zij voltijds werken en dit onbeperkt in tijd, zolang zij dit statuut bezitten.
2. Deeltijds werkenden **zonder inkomstengarantie** krijgen niet onbeperkt doch voor maximaal 1.560 dagen gelijkstelling bij, toe te kennen in verhouding tot hun deeltijds werken. Wie bijvoorbeeld 156 dagen werkt, kan in principe gedurende 10 jaren (10 x 156 = 1560) deze gelijkstelling bij krijgen. Dan zijn de rechten in dit statuut uitgeput. Die gelijkgestelde dagen worden berekend op het minimumloon.

Vanaf 1985 tot en met 2001 kenden we het stelsel van beroepsloopbaanonderbreking of vermindering. Dit houdt het volgende in voor de pensioenberekening.

Bij **deeltijdse loopbaanonderbreking** - gewaarborgd door een onderbrekingsuitkering, uitbetaald door de RVA - maakt de pensioenwetgeving een onderscheid tussen plus-50 jarigen en min-50-jarigen.

De personen **ouder dan 50 jaar** met een deeltijdse loopbaanonderbreking krijgen een pensioenberekening alsof zij voltijds werken De periodes van niet - tewerkstelling worden immers gelijkgesteld met tewerkstelling. Zij kunnen dit statuut behouden tot aan hun pensioenleeftijd. Indien zij echter voordien hun werk hervatten en na enkele jaren weer overstappen op deeltijdse loopbaanonderbreking, dan wordt hun pensioen berekend als een min 50 - jarige.

De personen **jonger dan 50 jaar** *met een deeltijdse loopbaanonderbreking, gewaarborgd door een onderbrekingsuitkering, kregen tot 1.07.1997 een pensioenberekening enkel op basis van hun deeltijds werk. Vanaf die datum krijgen zij een gunstiger statuut in de pensioenberekening, analoog met dit van de* **voltijdse loopbaanonderbreking.**

Dit houdt in dat een periode van 12 maanden (voltijdse of deeltijdse) loopbaanonderbreking meetelt voor het pensioen. Eventueel verlengd met 24 maanden indien kinderen ten laste jonger dan 6 jaar. Perioden van loopbaanonderbreking die niet onder die voorwaarden vallen, tellen niet mee voor het pensioen, tenzij men ervoor betaalt. Deze regularisatiebijdrage is gelijk aan 7,5% van het laatst verdiende bruto-loon. Een aanvraag hiervoor dient binnen de 3 maanden vanaf de periode van loopbaanonderbreking gericht aan de Rijksdienst voor Pensioenen. Deze gunstige regeling voor deeltijdse loopbaanonderbreking voor min 50 - jarigen, telt maar voor periodes van onderbreking gelegen na 1.07.1997.

Sinds 2002 werd de wet op de beroepsloopbaanonderbreking of -vermindering vervangen door een stelsel van tijdkrediet. En dit bij CAO nr 77. Bis en ter.

Tijdkrediet houdt in:
volledige schorsing van de arbeidsprestaties of vermindering ervan tot een halftijdse prestatie.En dit gedurende 1 jaar maximaal uit te breiden bij CAO naar 5 jaar. Naast de mogelijkheid tot een vermindering van de loopbaan met 1/5 gedurende minimum 6 maanden tot maximum 60 maanden over de ganse loopbaan. De RVA betaalt voor deze periodes van niet tewerkstelling een onderbrekingsuitkering. Een basisvoorwaarde opdat deze perioden worden meegeteld voor het pensioen is immers het gerechtigd zijn op deze uitkering.

Wat betreft pensioenen wordt voor loopbaanjaren vanaf 1.06.2007 door het Generatiepact volgend onderscheid gemaakt **voor perioden van voltijds tijdskrediet**. Enkel bij het inroepen van wettelijke bepaalde motieven, bekomt betrokkene van de RVA voor maximaal 36 maanden een onderbrekingsuitkering.Wettelijke motieven zijn : het nemen van voltijds tijdskrediet voor de opvoeding of adoptie van een kind jonger dan 8 jaar, voor medische bijstand van familieleden tot de tweede graad, voor palliatieve verzorging van een ongeneeslijk zieke en voor het volgen van bijscholing waarvan het aantal uren wettelijk is vastgelegd. Deze periodes voltijds tijdskrediet zijn voor maximaal 36 maanden gelijkgesteld voor het pensioen. In alle andere gevallen beperkt het Generatiepact het voltijds tijdskrediet mét onderbrekingsuitkeringen tot maximaal 12 maanden en dit vanaf 1.06.2007. En dus ook de periode die meetelt voor het pensioen.. Deze regeling geldt zowel voor plus als min 50 jarigen.

Het Generatiepact sleutelde ook aan het voltijds tijdskrediet voor wie met zijn loon aan het maximum loonplafond zit, dat gehanteerd wordt voor de pensioenberekening. Voor de loopbaanjaren vanaf 01.01.2007 wordt bij voltijds tijdkrediet - én voor zover men tenminste 58 jaar oud is - dit loonplafond voorlopig niet meer aan de welvaart aangepast. Eenzelfde maatregel is voorzien - voor wie tenminste 58 jaar oud is - voor de perioden van volledige werkloosheid en voltijds brugpensioen. Wie effectief werkt of op ziekte- of invaliditeitsuitkering gerechtigd is, behoudt daarentegen de tweejaarlijkse welvaartsaanpassingen van het loonplafond in zijn pensioenberekening.

Bij halftijdse prestaties in tijdkrediet **worden voor min 50-jarigen** maximaal 36 maanden gratis gelijkgesteld **voor het pensioen**. Er is geen vrijwillige regularisatie mogelijk voor de resterende 24 maanden. Bovendien is de spreiding van de gelijkstelling van het halftijds tijdkrediet niet opgenomen in de wet zoals dat voor de loopbaanonderbreking wel het geval was. Een werknemer die aldus halftijds tijdkrediet gedurende vijf jaar verkrijgt, krijgt slechts de eerste drie jaar gelijkstelling. Dit is een gratis gelijkstelling van 3 maal 6 maanden of een totaal van 18 maanden.

De vermindering met 1/5 **voor min 50-jarigen**geeft recht op een gratis gelijkstelling voor een maximale periode van 60 maanden over gans de loopbaan.

Deze 60 maanden kunnen volledig verkregen worden bovenop de hogergenoemde 36 maanden

De periode van volledige schorsing én halftijds krediet worden wél samengeteld om de periode van 36 maanden te bepalen.

Voor werknemers ouder dan 50 jaar geldt bij de halvering van de tewerkstelling en de loopbaanvermindering met 1/5 de gratis gelijkstelling in principe tot aan de pensioenleeftijd.

En dit ongeacht de perioden loopbaanonderbreking en tijdkrediet die voor de 50ste verjaardag gelegen zijn.

Wie vanaf 1.07.1997 deeltijds werkt in het kader van een **erkende regeling** voor **arbeidsherverdeling**, krijgt ook een gunstig statuut in de pensioenen. Zij krijgen immers ook een aantal dagen gelijkstelling toegekend van maximaal 624 dagen - berekend op het minimumloon - bijkomend bij hun deeltijdse prestaties. Aldus wordt hun pensioen berekend voor die periode alsof zij voltijds werken. Het gaat uiteraard ook maar voor periodes gelegen na 1.07.1997.

Voor vijftigplussers die onvrijwillig werkloos zijn of recht hebben op ziekte-uitkering werd een gunstige regeling uitgewerkt voor het pensioen bij werkhervatting. Indien zij een job aannemen aan een lager loon dan voordien hetzij deeltijds, hetzij voltijds. En dit voor zover zij minstens 20 jaar als werknemer bewijzen. Die gunstige regeling houdt in dat zij een pensioenberekening behouden op hun laatste loon verdiend voor hun ziekte of werkloosheid indien dit voordeliger is. Dit is echter maar van toepassing voor loopbaanjaren vanaf 1.07.2000. Een gelijkaardige gunstige regeling is van toepassing bij werkhervatting aan een lager loon voor deeltijds werkzoekenden met of zonder inkomensgarantie uitkering.

Voor loopbaanjaren vanaf 1.01.2004 - werd een zelfde gunstige regeling getroffen voor werknemers ouder dan 50 jaar die na ontslag een deeltijdse of voltijdse job aannemen aan een lager loon dan voorheen. Het gaat om oudere ontslagen werknemers, meestal in opzegperiode, die nog niet uitkeringsgerechtigd zijn en dus niet thuishoren in een van de vorige statuten. Zij dienen ook 20 jaar als werknemer te bewijzen.

Het Generatiepact versoepelde het recht op het minimumpensioen als werknemer bij deeltijdse arbeid. Het minimumpensioen wordt maar toegekend bij bewijs van volledige of minstens twee derde loopbaan. Voor pensioenen met ingangsdatum 1.10.2006 wordt ook de deeltijdse tewerkstelling meegeteld om aan die voorwaarde te voldoen. Om het recht te berekenen worden de deeltijdse prestaties naar voltijdse omgerekend.

Voorbeeld

Een mevrouw werkte 10 jaar voltijds en 25 jaar halftijds. Dit is in totaal 35 jaren en meer dan 2/3 loopbaan. Bij de berekening van haar minimumpensioen worden de 25 jaren halftijds omgerekend naar 12,5 jaren voltijdse jaren.Te samen met de 10 jaar voltijds bekomt zij 22,5/45 van het bedrag van het minimumpensioen.

Bedragen minimumpensioen werknemer bij volledige loopbaan (index 01.09.2008)

Gezinssituatie	per jaar	per maand
Als gezin	14.629,39 euro	1.219,61 euro
Als alleenstaande	11.707,19 euro	975,60 euro
Overlevingspensioen	11.523,12 euro	960,26 euro

Het Generatiepact wil ook het langer werken stimuleren door het toekennen van een pensioenbonus. Dit kan ten vroegste voor pensioenen met ingang 01.01.2007. En wel in volgende voorwaarden:voor de jaren waarin men langer werkt vanaf zijn 62 jaar of voor wie verder werkt met een loopbaan van minstens 44 loopbaanjaren om de 45 jaar rond te maken. De pensioenbonus bedraagt 2,1224 euro per gewerkte dag (index 01.09.2008). Deze bedraagt dus maximaal 662,18 euro bruto per jaar dat men langer werkt. (312 is het maximaal aantal dagen tewerkstelling in een loopbaanjaar). Deze bonus komt bovenop het normale pensioenbedrag.

Aanvraag raming pensioen:

Sinds 1 juli 2006 werd de Infodienst Pensioenen afgeschaft. Deze dienst waarbinnen de 3 grote pensioenadministraties samenwerkten, deed een raming van het pensioen vanaf 55 jaar, ook voor gemengde loopbanen.Voortaan gelden volgende mogelijkheden voor ramingen van het pensioenbedrag.

In uitvoering van het Generatiepact ontvangt vanaf juni 2006 iedere werknemer die in België woont en 55 jaar wordt automatisch een globaal overzicht van zijn individuele pensioenrekening met opgave van zijn werknemersloopbaan.Te samen met een pensioenberekening van de RVP op 55 jaar en met een raming tot 60-65 jaar. Deze ramingen zijn enkel informatief, en hebben geen enkele rechtskracht. Bedoeling is ze op termijn te herhalen.

Op de website van de RVP www.kenuwpensioen.be kan iedereen een simulatie krijgen van zijn toekomstig pensioen door zelf een aantal gegevens in te vullen.

De centrale en gewestelijke diensten van de RVP staan ter beschikking voor elke informatie betreffende de werknemersloopbaan.

De VZW CIMIRe geeft op aanvraag iedere gerechtigde een globaal overzicht van zijn werknemersloopbaan www.cimire.fgov.be.

Waar?

- De gemeente waar de aanvrager zijn hoofdverblijfplaats heeft (aanvraag).
- Gewestelijke bureaus van de Rijksdienst voor Pensioenen.
- Rijksdienst voor Pensioenen, centraal bestuur (inlichtingen):
  Zuidertoren, Baraplein, 1060 Brussel
  Gratis groene lijn: 0800/50246
  Contact Center: 02/529.30.02
- Dienstverlening door mutualiteiten: pensioendienst, dienst maatschappelijk werk (Gouden Gids nr. 6990, www.cm.be; e-mail: dmw@cm.be) (inlichtingen + bijstand).
- Uittreksel individuele pensioenrekening: vanaf 1.09.2003 aan te vragen bij: CI-MIRe vzw RVP, Zuidertoren Baraplein 1060 Brussel
- Ombudsdienst Pensioenen (zie III.45)

IV.16. Rustpensioen bij scheiding werknemers

(Voor informatie inzake 'cumulatie met toegelaten arbeid'; zie IV.23)

Wat?

Zowel voor het pensioen na echtscheiding als bij feitelijke scheiding wordt een aanvraag ingediend bij het gemeentebestuur waar men zijn hoofdverblijfplaats heeft. Betrokkene kan dit ook persoonlijk aanvragen bij de Rijksdienst voor Pensioenen. De aanvraag gebeurt dus zoals een gewoon rustpensioen. Zoals voor elke gepensioneerde, geldt ook hier de mogelijkheid om nog een toegelaten beroepsactiviteit uit te oefenen. Het pensioen is niet te cumuleren met een andere sociale uitkering, tenzij met een overlevingspensioen tot een zekere grens.

Wie?

Bij echtscheiding - tengevolge van een vonnis overgeschreven in de registers van de burgerlijke stand - kan zowel man als vrouw een rustpensioen als echtgescheidene aanvragen. Dit kan bekomen worden zoals een gewoon rustpensioen ten vroegste vanaf de 60-jarige leeftijd.

Vervroegd pensioen is gekoppeld aan het bewijs van voldoende loopbaanjaren (zie verder). Het pensioen wordt berekend in hoofde van de loopbaan en lonen (in aanmerking genomen voor 62,5 %) als werknemer van de ex-echtgeno(o)t(e) én in verhouding tot de jaren huwelijk. Het is bedoeld voor de echtgenoot die geen beroepsactiviteit uitoefende tijdens het huwelijk (zoals huisvrouwen) of die slechts een beperkt inkomen verdiende uit bv. deeltijdse arbeid. Voorwaarden tot bekomen van dit pensioen zijn bv. niet hertrouwd zijn of niet ontzet zijn uit de ouderlijke macht.

Bij feitelijke scheiding - echtgenoten wonen elk officieel op een afzonderlijke verblijfplaats volgens inschrijving in het bevolkingsregister doch zijn nog wettelijk gehuwd - kan zowel man als vrouw de helft van het gezinspensioen van de andere echtgenoot opvragen. En dit van zodra deze zelf gerechtigd is op rustpensioen als werknemer. In praktijk zullen vooral huisvrouwen hier baat mee hebben of de echtgenoot met een beperkt eigen rustpensioen. Hier geldt eveneens de voorwaarde dat men bv. niet ontzet is uit de ouderlijke macht. Eenzelfde regeling geldt bij scheiding van tafel en bed.

Ook hier dient er rekening mee gehouden dat de pensioenleeftijd voor vrouwen vanaf 01.01.2009 wordt opgetrokken tot 65 jaar en de loopbaan tot 45 jaar. We verwijzen hiervoor naar punt III.3. Rustpensioen werknemers. Het vervroegd pensioen opnemen vanaf 60 jaar zal eveneens gebonden zijn aan loopbaanvoorwaarden. De jaren die men opvraagt op basis van echtscheiding tellen niet mee om aan de loopbaanvoorwaarden voor vervroegd pensioen te voldoen.

In tegenstelling tot het gewone rustpensioen worden bij toekenning van een pensioen op basis van echtscheiding de lage lonen niet opgetrokken tot het minimumjaarloon. De jaren tellen eveneens niet mee voor toekenning van het minimumpensioen als werknemer.

Waar?

- De gemeente waar de aanvrager zijn hoofdverblijfplaats heeft (aanvraag).
- Gewestelijke bureaus van de Rijksdienst voor Pensioenen.
- Rijksdienst voor Pensioenen, centraal bestuur (inlichtingen):
  Zuidertoren, Baraplein, 1060 Brussel
  Gratis groene lijn: 0800/50246
  Contact Center: 02/529.30.02
- Dienstverlening door ziekenfondsen: pensioendienst, dienst maatschappelijk werk (Gouden Gids nr. 6990, www.cm.be; e-mail: dmw@cm.be) (inlichtingen + bijstand).
- Ombudsdienst Pensioenen (zie III.45)

IV.17. Rustpensioen zelfstandigen

(Voor informatie inzake 'cumulatie met toegelaten arbeid'; zie IV. 23)

Wat?

Het pensioen waarborgt een vervangingsinkomen, berekend op een voor iedereen gelijke forfaitaire basis voor de loopbaanjaren, gelegen vóór 01.01.84. Na 01.01.84 wordt het beroepsinkomen waarop sociale bijdragen werden ingehouden, als referentie genomen voor pensioenberekening.

Een loopbaan is volledig na 45 jaar voor mannen en momenteel 44 jaar voor vrouwen (zie verder). Jaren werkloosheid, ziekte en militaire dienst tellen mee voor het pensioen. Het gezinspensioen wordt berekend aan 75 % van het inkomen voor gehuwden indien de echtgeno(o)t(e) zelf geen pensioen heeft of een ander vervangingsinkomen of nog werkt boven de grenzen van toegelaten arbeid..In alle andere gevallen wordt het pensioen berekend aan 60 %.

Perioden van niet tewerkstelling zoals bv. studiejaren kunnen meetellen voor het pensioen als men ervoor bijbetaalt. Het moet tevens gaan om studieperioden vanaf de twintigste verjaardag en in het kader van voltijds dagonderwijs.

Gepensioneerde zelfstandigen kunnen binnen de grenzen van toegelaten arbeid nog een beroepsactiviteit verder zetten. Vanaf 2002 werden de toegelaten inkomstengrenzen verruimd voor wie de wettelijke pensioenleeftijd bereikt heeft en nog wil bijverdienen.
Dit werd herhaald in 2006 én 2007.

Men moet arbeid aangeven op officiële formulieren, die te bekomen zijn bij de gemeente. Het niet meer aangeven van een toegelaten arbeid als men ten volle 65 jaar is, zoals de regeling werknemers, is ook voor gerechtigden op een zelfstandigen pensioen een feit. Tenzij het om de eerste betaling van het pensioen gaat.

Het pensioen is niet te cumuleren met een sociale uitkering zoals ziekte- of werkloosheidsuitkering of een vergoeding wegens loopbaanonderbreking.

De pensioenaanvraag moet gebeuren in de gemeente waar men zijn hoofdverblijfplaats heeft. Ten vroegste één jaar voor de gekozen ingangsdatum. Dit wil zeggen ten vroegste vanaf 59 jaar. Vanaf 2004 wordt het pensioen ambtshalve toegekend op de wettelijke pensioenleeftijd. (zie verder) De pensioentoekenning gebeurt door het Rijksinstituut voor Sociale Verzekeringen voor Zelfstandigen (RSVZ). De uitbetaling gebeurt door de Rijksdienst voor Pensioenen (RVP). Zelfstandigen die niet gerechtigd zijn op zelfstandigenpensioen kunnen altijd de renten opvragen van stortingen die betrekking hebben op de jaren vóór 31 december 1983 en dit bij de sociale verzekeringskas waar men was aangesloten. Men noemt dit het onvoorwaardelijk pensioen.

Indien men niet akkoord is met de pensioenbeslissing kan men binnen de drie maanden na de kennisgeving in beroep gaan bij de arbeidsrechtbank.

Aanvraag raming pensioen.

Wanneer men 55 jaar is, kan men het rustpensioen als zelfstandige laten ramen. Dit gebeurt door de Rijksdienst voor Sociale Verzekeringen voor Zelfstandigen. (RSVZ) Een aanvraagformulier ligt ter beschikking in de gemeente of in de kantoren van het RSVZ. Of u kan het downloaden van de website van het RSVZ www.rsvz-inasti.be. De raming is louter informatief en heeft geen enkel rechtsgeldig karakter. Het jaar waarin men 55 jaar wordt krijgt men automatisch een pensioenraming van het RSVZ.

Ook wie aanspraak kan maken op een zelfstandigen pensioen, kan gebruik maken van de simulatietool: www.kenuwpensioen.be

Wie?

Om recht te hebben op een pensioen dient men de pensioengerechtigde leeftijd te bereiken. Voor mannen is dit nog steeds bepaald op 65 jaar, voor vrouwen wordt dit 65 jaar vanaf 01.01.2009.

Vanaf 2003 wordt het pensioen ambsthalve toegekend zonder aanvraag indien de gerechtigde een vervangingsinkomen geniet. En dit op de normale wettelijke pensioenleeftijd (65 jaar of 64). Vanaf 2004 geldt de automatische toekenning voor alle zelfstandigen op de wettelijke pensioenleeftijd. Wie met vervroegd pensioen gaat, dient nog altijd een aanvraag te doen. Dit is ook zo voor wie zijn pensioen na de wettelijke pensioenleeftijd opneemt.

Mannen en vrouwen kunnen vanaf 60 jaar vervroegd met pensioen. Vanaf 01.07.1997 is dit gebonden aan het bewijs van voldoende loopbaanjaren. Bij vervroegd pensioen verliezen zij nog steeds een percentage van hun pensioen per jaar vervroeging. Zelfstandigen die vervroegd met pensioen gaan verliezen blijvend 5 % per jaar vervroeging. Het Generatiepact brengt hierin verandering voor wie vanaf 1.01.2007 met pensioen gaat. Hoe ouder men is op het ogenblik van pensionering, hoe minder men verliest op het pensioenbedrag. Dit gebeurt als volgt:

Leeftijd	% verlies voor mannen en vrouwen vanaf 01.01.2009
60 jaar	25
61 jaar	18
62 jaar	12
63 jaar	7
64 jaar	3

Vanaf 2009 wordt de pensioenleeftijd voor man en vrouw gelijk gebracht op 65 jaar. Vanaf nu gelden dezelfde verminderingspercentages voor man en vrouw.

Zelfstandigen met vervroegd pensioen dat ingaat vanaf 01.01.2009, krijgen geen vermindering meer op hun pensioen op voorwaarde dat zij 42 loopbaanjaren bewijzen. Dit kunnen jaren uit gemengde tewerkstelling zijn.

Ook voor vrouwen wordt de loopbaanbreuk opgetrokken tot 45 jaren en de pensioenleeftijd tot 65 jaar. Dit gebeurde geleidelijk aan in een overgangsperiode van 13 jaar. Deze begon op 01.07.97 om te eindigen in het jaar 2009. Vanaf 2009 geldt zowel voor vrouwen als voor mannen 45 jaren voor een volledige loopbaan en een 65-jarige pensioenleeftijd.

De pensioenleeftijd blijft flexibel. Dit laat mannen en vrouwen de keuze om vanaf 60 jaar met vervroegd pensioen te gaan op voorwaarde dat voldoende loopbaanjaren bewezen worden. Men moet 35 loopbaanjaren bewijzen. Dit hoeven niet noodzakelijk jaren als zelfstandige te zijn. Er wordt rekening gehouden met jaren gewerkt in andere regimes zoals het werknemersstelsel of ambtenarenstelsel. Het moet echter wel gaan om loopbaanjaren van minstens een derde tewerkstelling of gelijkstelling, in de wet nauwkeurig vastgelegd per stelsel.

Voorbeeld: Wie in 2009 met pensioen gaat en geen 35 loopbaanjaren bewijst, kan geen vervroegd pensioen opnemen op 60 jaar. Vrouwen en mannen dienen hun pensioen dus uit te stellen tot 65 jaar. Tenzij men de vereiste loopbaanjaren bewijst na zijn zestigste.

Ter compensatie van de besparingsmaatregelen worden extra maatregelen voorzien voor wie in de overgangsperiode - 1.07.1997 / 31.12.2009 - met pensioen gaat. Onder welbepaalde voorwaarden kan men aanspraak maken op extra loopbaanjaren of op een forfaitaire pensioenbijslag. Beide maatregelen worden automatisch toegepast bij de pensioenberekening.

Het Generatiepact voorziet in een gelijkaardige pensioenbonus als voor werknemers, voor wie langer werkt. Bedoeld wordt: blijven werken vanaf 62 jaar. Of bij een beroepsloopbaan van 44 loopbaanjaren. Langer blijven werken om de 45 jaar rond te maken. Het wordt ten vroegste toegekend voor pensioenen die ingaan op 1.01.2007. Het bedraagt 165,54 euro per kwartaal. Dit is 662,18 euro bruto voor een volledig jaar gewerkt vanaf 62 jaar (index 01.09.2008).

De zelfstandigen hebben recht op een wettelijk minimum pensioen. Zoals voor de werknemers wordt dit maar toegekend bij bewijs van een volledige of minstens twee derde loopbaan. Bij gemengde loopbaan tellen de werknemersjaren mee om aan die loopbaanvoorwaarden te voldoen. De jongste jaren werden die bedragen regelmatig en gevoelig verhoogd.

Bedragen minimumpensioen zelfstandigen bij volledige loopbaan (bedragen geldig op 01.09.2008)

Pensioen	per jaar	per maand
Als gezin	13.897,12 euro/jaar	1.158,09 euro/maand
Als alleenstaande en overleving	10.485,68 euro/jaar	873,81 euro/maand

Waar?

- RSVZ Hoofdbureau:
  Jan Jacobsplein 6 1000 Brussel tel 02/546 42 11
- Het sociale verzekeringsfonds waarbij de zelfstandige is aangesloten (inlichtingen).
- Dienstverlening door ziekenfondsen: pensioendienst, dienst maatschappelijk werk (Gouden Gids nr. 6990, www.cm.be; e-mail: dmw@cm.be) (inlichtingen + bijstand).
- Ombudsdienst Pensioenen (zie III.45)

IV.18. Rustpensioen bij scheiding zelfstandigen

(Voor informatie inzake 'cumulatie met toegelaten arbeid'; zie IV. 23)

Wat?

Zowel het pensioen na echtscheiding als bij feitelijke scheiding dient men aan te vragen bij het gemeentebestuur waar men zijn hoofdverblijfplaats heeft. De aanvraag gebeurt dus zoals een gewoon rustpensioen. Zoals voor elke gepensioneerde geldt ook hier de mogelijkheid om nog een toegelaten beroepsactiviteit uit te oefenen. Het pensioen is niet te cumuleren met een andere sociale uitkering tenzij met een overlevingspensioen tot een zekere grens.

Wie?

Bij echtscheiding - tengevolge van een vonnis overgeschreven in de registers van de burgerlijke stand - kan zowel man als vrouw een rustpensioen als echtgescheidene aanvragen. Dit kan verkregen worden zoals een gewoon rustpensioen. Het kan vervroegd ingaan vanaf 60 jaar met bewijs van voldoende loopbaanjaren, doch met behoud van verminderingspercentage per jaar vervroeging. Tenzij na bewijs van 42 loopbaanjaren vanaf 2009. Het Generatiepact voorziet andere verminderingspercentages voor pensioenen die ingaan vanaf 01.01.2007. Wij verwijzen hiervoor naar de tabel in het vorige hoofdstuk: III.5.Rustpensioen voor zelfstandigen. Het pensioen wordt berekend in functie van de bewezen loopbaan als zelfstandige van de ex- echtgeno(o)t(e) én in verhouding tot de jaren huwelijk. Er wordt met 62,5 % van het inkomen rekening gehouden. In praktijk is het pensioen als echtgeno(o)t(e) die geen beroepsactiviteit uitoefende tijdens het huwelijk zoals huisvrouwen of slechts een beperkt inkomen verdiende uit bv. deeltijdse arbeid.

Voorwaarden tot bekomen van dit pensioen zijn bv. niet hertrouwd zijn of niet ontzet zijn uit de ouderlijke macht. Bij feitelijke scheiding (echtgenoten wonen elk officieel op een afzonderlijke verblijfplaats volgens inschrijving in het bevolkinsgsregister doch zijn nog wettelijk gehuwd) kan zowel man of vrouw de helft van het gezinspensioen van de andere echtgenoot opvragen en dit op het ogenblik dat de ex-echtgeno(o)t(e) de normale pensioengerechtigde leeftijd bereikt of gerechtigd is op een vervroegd rustpensioen. In praktijk zullen vooral huisvrouwen of de echtgeno(o)t(e) met een beperkt eigen rustpensioen hier baat mee hebben. Eenzelfde regeling geldt bij scheiding van tafel en bed.

Ook hier dient men er rekening mee te houden dat de pensioenleeftijd voor vrouwen tijdens de overgangsperiode 1997-2009 geleidelijk wordt opgetrokken tot 65 jaar en de loopbaan tot 45 jaren (zie III.5. Rustpensioen voor zelfstandigen). Het vervroegd pensioen vanaf 60 jaar is eveneens gebonden aan loopbaanvoorwaarden.

Waar?

- De gemeente waar de aanvrager zijn hoofdverblijfplaats heeft (aanvraag).
- Gewestelijke bureaus van de Rijksdienst voor Sociale Verzekeringen voor Zelfstandigen.

- Centraal bureau van de Rijksdienst voor Sociale Verzekeringen voor Zelfstandigen:
  Jan Jacobsplein 6, 1060 Brussel
  tel.: (02) 546 42 11
- Het sociaal verzekeringsfonds waarbij de zelfstandige is aangesloten (inlichtingen).
- Dienstverlening door ziekenfondsen: pensioendienst, dienst maatschappelijk werk (Gouden Gids nr. 6990, www.cm.be; e-mail: dmw@cm.be) (inlichtingen + bijstand).
- Ombudsdienst Pensioenen (zie III.45)

IV.19. Rustpensioen ambtenaren

(Voor informatie inzake 'cumulatie met toegelaten arbeid'; zie IV. 23)

Wat?

Het pensioen waarborgt een vervangingsinkomen en wordt voor ambtenaren beschouwd als een uitgesteld loon. Dit verklaart de gunstige berekening van de overheidspensioenen in vergelijking met de werknemers.

De berekening gebeurt op de gemiddelde wedde van de laatste vijf jaar tewerkstelling. Een loopbaan voor een doorsnee ambtenaar is volledig na 45 jaren dienst. En wordt dan in regel berekend aan 75 % van de gemiddelde lonen verdiend tijdens de vijf laatste jarentewerkstelling. Het stelsel kent een minimumpensioen én een maximumpensioen.

Gepensioneerde ambtenaren kunnen nog een toegelaten arbeid uitoefenen. Mits vooraf aan te geven aan de pensioendienst op officiële formulieren. Sinds 2006 is er geen aangifteplicht meer nodig voor wie ten volle 65 jaar oud is. Tenzij voor het jaar waarin het pensioen ingaat.

Indien het inkomen uit bijverdienen een bepaalde inkomstengrens niet te boven gaat, blijft het pensioen volledig uitbetaald.

Het rustpensioen is niet te cumuleren met sociale uitkering, doch wel met een ziekteuitkering.

Vanaf 01.01.93 kunnen ambtenaren welke gepensioneerd worden wegens lichamelijke ongeschiktheid ten gevolge van een zware handicap opgelopen tijdens de loopbaan, onder bepaalde voorwaarden aanspraak maken op een forfaitaire toeslag. Hetzelfde geldt voor wie vanaf die datum ambtshalve op pensioen wordt gesteld - wegens ziekte vóór zijn pensionering - wegens gelijkaardige zware handicap. Voorwaarde is het bewijs van een verminderde zelfredzaamheid van minstens 12 punten (zelfde puntentelling als deze voor de tegemoetkoming voor hulp aan bejaarden, zie III.2). De toekenning gebeurt door de Administratie van Pensioenen. De pensioenaanvraag dient aangevraagd bij de administratie waar de ambtenaar het laatst is tewerkgesteld.

De pensioentoekenning gebeurt door de Pensioendienst voor de Overheidssector (PDOS) Victor Hortaplein 40 bus 30, 1060 Brussel. De uitbetaling gebeurt door de Centrale Dienst der Vaste Uitgaven (CDVU) - Federale Overheidsdienst Financiën.

Binnen de drie maanden na de toekenning van de pensioenbeslissing kan er beroep aangetekend worden door de betrokkene bij de rechtbank van eerste aanleg als hij niet akkoord gaat met de beslissing.

Wie?

De reglementering inzake het rustpensioen van de openbare sector is van toepassing op het vastbenoemd personeel van praktisch alle openbare diensten. De pensioenleeftijd is vastgesteld op 65 jaar zowel voor mannen als vrouwen. Het rustpensioen kan vervroegd ingaan vanaf 60 jaar. Op deze pensioenleeftijd bestaan tal van uitzonderingen welke onder bepaalde voorwaarden een vroegere pensioenleeftijd toekennen zoals bv. voor militairen en onderwijzend personeel.

Wie als contractueel is tewerkgesteld in de overheidssector volgt voor de pensioenregeling de regeling van de werknemers. Bij een latere vaste benoeming kunnen deze prestaties echter meegerekend worden in het ambtenarenpensioen.

Sinds 1.01.2001 wordt het verder werken na 60 jaar aangemoedigd door het geven van een pensioensupplement voor ieder jaar dat men langer werkt dan 60 jaar.

Aanvraag raming pensioen.

Vanaf 55 jaar kan men een aanvraag indienen via de gemeente of tijdens de lokale zitdagen van de PDOS om een berekening van de pensioenrechten te bekomen. De aanvraagformulieren liggen daar ter beschikking. Het gaat om een voorlopige berekening zonder dat hieraan enige rechtskracht is gekoppeld.

De raming gebeurt door de diensten van de PDOS. De formulieren kan men ook downloaden van hun website. Een simulatietool www.kenuwpensioen.be staat hier ook voor iedereen ter beschikking om een raming van het pensioen voor de ambtenaren te bekomen, op basis van gegevens die men zelf inbrengt.

Waar?

- Gewestelijke inlichtingenbureaus van het openbare ambt.
- FOD Financiën - (inlichtingen),
  Pensioendienst voor de Overheidssector Victor Hortaplein 40 bus 30, 1060 Brussel tel.: 02/558 60 00 www.pdos.fgov.be
- CDVU: Centrale dienst voor uitbetalingen Kunstlaan 30 1040 Brussel tel 02/ 237.03.11 www.cdvupensioen.fgov.be
- Dienstverlening door ziekenfondsen: pensioendienst, dienst maatschappelijk werk (Gouden Gids nr. 6990, www.cm.be; e-mail: dmw@cm.be) (inlichtingen + bijstand).
- Ombudsdienst Pensioenen (zie III.45)

IV.20. Overlevingspensioen werknemers

(Voor informatie inzake 'cumulatie met toegelaten arbeid'; zie IV. 23)

Wat?

Het overlevingspensioen waarborgt een vervangingsinkomen, berekend in functie van de verdiende lonen binnen de wettelijk vastgelegde loopbaan.

Zoals voor een rustpensioen is een toegelaten arbeid mogelijk.

Een overlevingspensioen is in principe niet te cumuleren met een ander vervangingsinkomen. Het Generatiepact voorziet echter in een beperkte cumulatiemogelijkheid tussen een overlevingspensioen als werknemer en een vergoeding werkloosheid, ziekte en een aanvullende vergoeding bij brugpensioen. En dit voor een periode van maximaal 12 kalendermaanden. Cumul is dus toch mogelijk onder volgende voorwaarden: het overlevingspensioen wordt verminderd tot het basisbedrag van de inkomensgarantie voor ouderen (zie III 12:Inkomensgarantie voor ouderen). En, indien de sociale vergoeding niet voor een volledige kalendermaand wordt toegekend, wordt de vergoeding in aanmerking genomen als loon voor bepaling van de grens van toegelaten arbeid (zie III 11: Grenzen toegelaten arbeid gepensioneerden). De cumulregeling is van toepassing vanaf 1.01.2007. Wie werkloos is of ziekte uitkering geniet en weduwe of weduwnaar wordt (of omgekeerd) kan gedurende maximaal 12 maanden zijn uitkering cumuleren met een verminderd overlevingspensioen. Indien het onverminderd overlevingspensioen echter voordeliger is, kan men zijn uitkering – zoals het steeds kon – nog altijd laten schorsen. Cumul kan, maar moet niet.

Het overlevingspensioen is wèl te combineren met een persoonlijk rustpensioen tot een maximumplafond met name 110 % van het overlevingspensioen.

Het overlevingspensioen wordt aangevraagd in de gemeente waar men zijn hoofdverblijfplaats heeft. Bij aanvraag binnen de 12 maanden na het overlijden heeft men recht op het overlevingspensioen vanaf de maand van overlijden.

Indien de overleden echtgeno(o)t(e) reeds gepensioneerd was, dient geen nieuwe aanvraag te gebeuren. De Rijksdienst voor Pensioenen dient verwittigd van het overlijden door middel van een overlijdensattest. In dit geval heeft men recht op overlevingspensioen de maand volgend op het overlijden.

Wie?

Zowel man als vrouw kan bij overlijden wederzijds rechten op overlevingspensioen hebben.

De weduwe of weduwnaar moet minstens 45 jaar oud zijn om gerechtigd te zijn op overlevingspensioen. Van deze leeftijdsvoorwaarde wordt afgeweken in volgende situaties:
- de weduwe/weduwnaar heeft minstens één kind ten laste
- of is blijvend arbeidsongeschikt voor minstens 66 %
- de echtgenoot heeft minstens 20 jaar als ondergrondse mijnwerker gewerkt.

Bovendien moet men minstens één jaar gehuwd zijn op het ogenblik van het overlijden opdat het overlevingspensioen toegekend wordt. Ook hier wordt van afgeweken indien:

- uit het huwelijk een kind geboren werd of geboren wordt binnen de 300 dagen na het overlijden;
- er een kind ten laste is bij overlijden waarvoor één van de echtgenoten kinderbijslag ontving;
- het overlijden het gevolg is van een ongeval overkomen na het huwelijk of van een beroepsziekte opgelopen of verergerd na het huwelijk.

Wie zich niet in de voorwaarden bevindt om overlevingspensioen te ontvangen, kan recht hebben op de uitbetaling van het overlevingspensioen voor een periode van maximaal 12 maanden. Men noemt dit het in tijd beperkt overlevingspensioen. Het dient te worden aangevraagd zoals een gewoon overlevingspensioen. Het in tijd beperkt pensioen wordt niet meer uitbetaald bij hertrouwen.

Ook hier dient men ermee rekening te houden dat de pensioenberekening voor vrouwen geleidelijk aan tijdens de overgangsperiode 1997-2009 wordt opgetrokken tot 45 loopbaanjaren (zie IV.15. Rustpensioen werknemers). Bij de berekening van een overlevingspensioen in hoofde van een overleden echtgenote dient hiermee rekening gehouden evenals met de optrekking van de rustpensioenleeftijd voor vrouwen tot 65 jaar vanaf 2009. Ook hier worden de lage lonen in welbepaalde voorwaarden verhoogd tot het minimumloon in verhouding tot de bewezen loopbaan.

Cumul eigen rustpensioen met een overlevingspensioen.

Wie recht heeft op een overlevingspensioen en zelf met pensioen gaat, kan het eigen rustpensioen tot op zekere hoogte cumuleren met het overlevingspensioen.

Het cumulatieplafond wordt als volgt berekend.
het jaarbedrag van het overlevingspensioen x de omgekeerde loopbaanbreuk x 110 % (of vermenigvuldigd met 1,1). Het rustpensioen wordt altijd uitbetaald. Het overlevingspensioen wordt met vermindering uitbetaald: van het met 10 % verhoogde overlevingspensioen wordt het rustpensioen in mindering gebracht. Wat rest is het uitbetaalbaar overlevingspensioen.

Een voorbeeld:
Het overlevingspensioen bedraagt 7.932,59 euro op jaarbasis voor 40/45 loopbaanjaren. Op 65 jarige leeftijd vraagt de weduwe haar eigen rustpensioen aan voor 15 jaren tewerkstelling: dit komt neer op 3.718,40 euro per jaar.
Het cumulatieplafond bedraagt: 7.932,59 euro x 45/40 x 1.1 = 9.816,58 euro.
Van dit bedrag wordt het rustpensioen in mindering gebracht: 9.816,58 euro - 3.781,40 euro = 6.098,18 euro.

Besluit: de weduwe ontvangt integraal haar eigen rustpensioen ten bedrage van 3.718,40 euro en daarnaast een verminderd overlevingspensioen voor een jaarbedrag van 6.098,18 euro.

Waar?

- De gemeente waar de aanvrager zijn hoofdverblijfplaats heeft (aanvraag).
- Gewestelijke bureaus van de Rijksdienst voor pensioenen.

- Rijksdienst voor Pensioenen, centraal bestuur (inlichtingen):
  Zuidertoren, Baraplein, 1060 Brussel
  Groene lijn: 0800/50246
  Contact Center: 02/529.30.02
- Dienstverlening door ziekenfondsen: pensioendienst, dienst maatschappelijk werk (Gouden Gids nr. 6990, www.cm.be; e-mail: dmw@cm.be) (inlichtingen + bijstand).
- Ombudsdienst Pensioenen (zie III.45)

IV.21. Overlevingspensioen zelfstandigen

(Voor informatie inzake 'cumulatie met toegelaten arbeid'; zie IV.23)

Wat?

Het overlevingspensioen waarborgt een vervangingsinkomen berekend op basis van een forfaitair bedrag en het aangegeven beroepsinkomen vanaf 01.01.84 en dit binnen een wettelijke vastgelegde loopbaanperiode.

Zoals voor een rustpensioen is een toegelaten arbeid mogelijk.

Een overlevingspensioen is niet te cumuleren met een ander vervangingsinkomen. Het Generatiepact voorziet vanaf 01.01.2007 een beperkte cumulatiemogelijkheid tussen een overlevingspensioen zelfstandigen met een uitkering werkloosheid of ziekte of aanvullende vergoeding bij brugpensioen zoals voor werknemers (zie III. 8 Overlevingspensioen werknemers).

Het overlevingspensioen is wèl te combineren met een persoonlijk rustpensioen tot een maximumplafond met name 110 % van het overlevingspensioen.

Het overlevingspensioen wordt aangevraagd in de gemeente waar men zijn hoofdverblijfplaats heeft. Bij aanvraag binnen de 12 maanden na het overlijden heeft men recht op het overlevingspensioen vanaf de maand van overlijden.

Indien de overleden echtgeno(o)t(e) reeds met pensioen was, dient geen nieuwe aanvraag te gebeuren. De Rijksdienst voor Pensioenen dient verwittigd van het overlijden door middel van een overlijdensattest. In dit geval heeft men recht op overlevingspensioen de maand volgend op het overlijden.

Wie?

Zowel man als vrouw kan bij overlijden wederzijds rechten op overlevingspensioen hebben.

De weduwe of weduwnaar moet minstens 45 jaar oud zijn om gerechtigd te zijn op overlevingspensioen. Van deze leeftijdsvoorwaarde wordt afgeweken in volgende situaties:
- de weduwe / weduwnaar heeft minstens één kind ten laste
- of is blijvend arbeidsongeschikt voor minstens 66 %
- de echtgenoot heeft minstens 20 jaar als ondergrondse mijnwerker gewerkt.

Bovendien moet men minstens één jaar gehuwd zijn op het ogenblik van het overlijden opdat het overlevingspensioen toegekend wordt. Ook hier wordt van afgeweken indien:
- uit het huwelijk een kind geboren werd of geboren wordt binnen de 300 dagen na het overlijden;
- er een kind ten laste is bij overlijden waarvoor één van de echtgenoten kinderbijslag ontving;
- het overlijden het gevolg is van een ongeval overkomen na het huwelijk of van een beroepsziekte opgelopen of verergerd na het huwelijk.

Wie zich niet in de voorwaarden bevindt om overlevingspensioen te ontvangen, kan recht hebben op de uitbetaling van het overlevingspensioen voor een periode van maximaal 12 maanden. Men noemt dit het in tijd beperkt overlevingspensioen. Het wordt aangevraagd zoals een gewoon overlevingspensioen.

Hertrouwen schorst de uitbetaling van het overlevingspensioen. Het in tijd beperkt pensioen ten belope van 12 maanden wordt niet meer uitbetaald bij hertrouwen.

Ook hier dient men ermee rekening te houden dat de pensioenberekening voor vrouwen geleidelijk aan tijdens de overgangsperiode 1997-2009 wordt opgetrokken tot 45 loopbaanjaren (zie IV.17. Rustpensioen zelfstandigen). Bij de berekening van een overlevingspensioen in hoofde van een overleden echtgenote dient hiermee rekening gehouden evenals met de optrekking van de rustpensioenleeftijd voor vrouwen tot 65 jaar vanaf 2009.

Cumul eigen rustpensioen met een overlevingspensioen.

Wie recht heeft op een eigen rustpensioen op de pensioenleeftijd kan dit in zekere mate combineren met het overlevingspensioen. Het rustpensioen wordt altijd uitbetaald. Het cumulatieplafond met het overlevingspensioen wordt als volgt bepaald: het jaarbedrag van het overlevingspensioen x de omgekeerde loopbaanbreuk x 1,1. Eens dit plafond vastgesteld, wordt het rustpensioen hierop in mindering gebracht: wat overblijft is het verminderd, doch uitbetaalbaar overlevingspensioen. Voor een concreet voorbeeld verwijzen we naar het hoofdstuk: III.8 Overlevingspensioen werknemers.

Waar?

- De gemeente waar de aanvrager zijn hoofdverblijfplaats heeft (aanvraag).
- Gewestelijke bureaus van de Rijksdienst voor Sociale Verzekering voor Zelfstandigen.
- De Rijksdienst voor Sociale Verzekeringen voor Zelfstandigen; centraal bureau: Jan Jacobsplein 6, 1060 Brussel
  tel.: (02) 546 42 11 (inlichtingen)
- Het sociale verzekeringsfonds waarbij de zelfstandige is aangesloten (inlichtingen)
- Dienstverlening door ziekenfondsen: pensioendienst, dienst maatschappelijk werk (Gouden Gids nr. 6990, www.cm.be; e-mail: dmw@cm.be) (inlichtingen + bijstand)
- Ombudsdienst Pensioenen (zie III.45)

IV.22. Overlevingspensioen ambtenaren

(Voor informatie inzake 'cumulatie met toegelaten arbeid', zie IV. 23)

Wat?

Het overlevingspensioen waarborgt een vervangingsinkomen bij overlijden van de echtgeno(o)t(e).

Zoals voor een rustpensioen is een toegelaten arbeid mogelijk.

Het overlevingspensioen is in principe niet te cumuleren met een ander vervangingsinkomen. Het Generatiepact maakt echter een beperkte cumul mogelijk van het overlevingspensioen als ambtenaar met een ziekte- of werkloosheidsuitkering en aanvullende vergoeding bij brugpensioen gedurende maximaal 12 kalendermaanden. Cumul is mogelijk onder volgende voorwaarden : het overlevingspensioen wordt verminderd tot het basisbedrag van de inkomensgarantie voor ouderen. (zie III 12 : inkomensgarantie voor ouderen). En, indien de sociale vergoeding niet voor een volledige kalendermaand wordt toegekend, wordt de vergoeding in aanmerking genomen als loon voor bepaling van de grens van toegelaten arbeid. (zie III : Grenzen toegelaten arbeid gepensioneerden). De regeling is van toepassing vanaf 1.01.2007. Wie werkloos is of ziekte uitkering geniet en weduwe of weduwnaar wordt (of omgekeerd) kan gedurende maximaal 12 maanden zijn uitkering cumuleren met een verminderd overlevingspensioen.Indien het onverminderd overlevingspensioen echter voordeliger is, kan men zijn uitkering – zoals het steeds kon – nog altijd laten schorsen. Cumul kan, maar moet niet.

Het overlevingspensioen is wèl te combineren met een persoonlijk rustpensioen tot een maximumplafond. Het rust- en overlevingspensioen mag 55 % van de maximumwedde verbonden aan de laatste graad van de overledene, niet overschrijden. Bij de overschrijding gebeurt de vermindering op het overlevingspensioen.

De aanvraag om overlevingspensioen wordt gericht aan de administratie waar de overledene is tewerkgesteld. Indien reeds gepensioneerd, moet het overlijden schriftelijk worden meegedeeld aan de uitbetalingsdienst met bijvoeging van een uittreksel uit de overlijdensakte.

Ten gunste van de langstlevende echtgenoot - niet uit de echt of van tafel en bed gescheiden - en bij gebreke van deze persoon ten gunste van erfgenamen in rechte lijn, wordt een begrafenisvergoeding uitbetaald. In laatste instantie kunnen ook diegenen welke werkelijk de kosten hebben betaald bij ontstentenis van hogergenoemde een aanvraag indienen bij het Ministerie van Financiën - Administratie van Pensioenen.

Het overlevingspensioen gaat in de maand volgend op het overlijden indien de aanvraag werd ingediend binnen de 12 maanden na het overlijden. Zo niet gaat het in de maand volgend op de aanvraag.

In tegenstelling tot de regeling voor zelfstandigen en werknemers heeft men na echtscheiding geen recht op een rustpensioen als echtgescheidene in functie van de loopbaan van de gewezen echtgeno(o)t(e). Wèl blijft men na echtscheiding recht hebben op overlevingspensioen van de ex-echtgeno(o)t(e) en dit in functie van de huwelijksjaren.

Wie?

Zowel man als vrouw kunnen bij overlijden wederzijds recht op overlevingspensioen hebben.

In tegenstelling tot de werknemers of zelfstandigen wordt in de overheidssector geen leeftijdsvoorwaarde gesteld om gerechtigd te zijn op overlevingspensioen. Wel gelden volgende voorwaarden. Het huwelijk moet minstens één jaar geduurd hebben op het ogenblik van het overlijden. Hiervan wordt afgeweken indien:
- uit het huwelijk een kind geboren wordt binnen de 300 dagen na het overlijden;
- er een kind ten laste is bij het overlijden waarvoor één van de echtgenoten kinderbijslag ontving;
- het overlijden het gevolg is van een ongeval overkomen na het huwelijk of t.g.v. beroepsziekte overkomen na datum van het huwelijk.

Cumul eigen rustpensioen met een overlevingspensioen.

Zoals voor de andere stelsels is er hier eveneens een cumulbeperking zij het met toepassing van specifieke regels eigen aan het openbaar ambt Ook in deze regeling wordt het rustpensioen bij voorrang en onverminderd uitbetaald. Het bepalen van het cumulatieplafond gebeurt als volgt: het totale bedrag van het rustpensioen en het overlevingspensioen wordt beperkt tot 55 % van de maximumwedde van de weddeschaal verbonden aan de laatste graad van de overledene. Bij overschrijding van deze grens wordt de vermindering toegepast op het overlevingspensioen.

Waar?

- Gewestelijke inlichtingenbureaus van het openbaar ambt.
- Pensioendienst voor de Overheidssector (PDOS)
  Victor hortaplein 40, bus 30, 1060 Brussel
  tel.: 022/558 60 00
- Dienstverlening door ziekenfondsen: pensioendienst, dienst maatschappelijk werk (Gouden Gids nr. 6990, www.cm.be; e-mail: dmw@cm.be) (inlichtingen + bijstand).
- Ombudsdienst Pensioenen (zie III.45)

IV.23. Grenzen toegelaten arbeid gepensioneerden voor 2008

Wat?

Gepensioneerden kunnen bijverdienen én toch hun pensioen behouden. Onder **strikte voorwaarden** natuurlijk.

Het pensioen behouden kan zolang zij per jaar niet méér verdienen dan een bepaald bedrag, dat jaarlijks bij wet wordt vastgelegd en regelmatig iets wordt verhoogd.
Bovendien dient elke activiteit *vooraf aangegeven.*
Ook de werkgever is hiertoe verplicht.

Voor alle duidelijkheid: het gaat hier om een toegelaten arbeid waarvoor men een belastbaar inkomen ontvangt. Met andere woorden: het gaat niet om onbezoldigd vrijwilligerswerk. Dit moet men niet aangeven.

Weduwen en weduwnaars jonger dan 65 jaar en uitsluitend gerechtigd op overlevingspensioen vormen een eerste groep met eigen grenzen om bij te verdienen. *Zie tabel categorie 1.* Dikwijls hebben zij immers nog kinderlast en dito kosten waardoor arbeid buitenshuis - meestal deeltijds - noodzakelijk is. En ook aangewezen om de eigen pensioenrechten te blijven opbouwen.

Vanaf 2002 jaar voert de minister ook een **onderscheid** in tussen gepensioneerden die **vervroegd** of op de **normale wettelijke leeftijd** met pensioen gaan. Deze laatsten krijgen een forse verhoging van de toegelaten grenzen tot bijverdienen. Dit werd meermaals herhaald de voorbije jaren.

Het Generatiepact schaft de aangifteplicht af vanaf 1.1.2006 voor wie ouder is dan 65 jaar en een werknemers-, ambtenaren- of zelfstandigenpensioen (rust en/of overlevingspensioen) ontvangt én bijverdient als werknemer. Behalve als het gaat om de eerste uitbetaling van het pensioen: dan moet deze 65 jarige nog een aangifte doen om te kunnen nagaan of hij al of niet stopt met werken. Voor heel wat mensen blijft de aangifteplicht bestaan: de echtgenote van een gerechtigde met pensioen, ook als is die echtgenote al 65 jaar en al wie met vervroegd pensioen gaat.

Normale pensioenleeftijd: 65 jaar voor mannen en vrouwen vanaf 01.01.2009 *zie tabel volgende bladzijde 'categorie 3'*

Tabel Toegelaten inkomstengrenzen voor 2008.

1. Weduwen en weduwnaars, uitsluitend recht op overlevingspensioen én jonger dan 65 jaar. *Categorie 1*

	Jaargrens (behoud pensioen)	Jaargrens (schorsing pensioen)
Tewerkstelling als werknemer (1)	zonder kinderlast: € 17.280 met kinderlast: € 21.600	zonder kinderlast: € 19.872 met kinderlast: € 24.840
Tewerkstelling als zelfstandige (2)	zonder kinderlast: 13.824 € met kinderlast: € 17.280	zonder kinderlast: € 15.897 met kinderlast: € 19.872

2. Rustgepensioneerden en gerechtigden op overlevingspensioen met pensioen voor * **de wettelijke pensioenleeftijd.** *Categorie 2*

	Jaargrens (behoud pensioen)	Jaargrens (schorsing pensioen)
Tewerkstelling als werknemer	zonder kinderlast: € 7.421,57 met kinderlast: € 11.132,37	zonder kinderlast: € 8.534,80 met kinderlast € 12.802,22
Tewerkstelling als zelfstandige	zonder kinderlast: € 5. 937,26 met kinderlast: € 8.905,89	zonder kinderlast: € 6.827,85 met kinderlast: € 10.241,77

3. Rustgepensioneerden en gerechtigden op overlevingspensioen met pensioen na * de wettelijke pensioenleeftijd. *Categorie 3*

	Jaargrens (behoud pensioen)	Jaargrens (schorsing pensioen)
Tewerkstelling als werknemer	zonder kinderlast: € 21.436,50 met kinderlast: € 26.075,00	zonder kinderlast: € 24.651,97 met kinderlast: € 29.986,25
Tewerkstelling als zelfstandige	zonder kinderlast: € 17.149,19 met kinderlast: € 20.859,97	zonder kinderlast: € 19.721,56 met kinderlast: € 23.988,96

* De wettelijke pensioenleeftijd is 65 jaar voor werknemers en zelfstandigen (uitgezonderd voor zeevarenden, mijnwerkers en het vliegend personeel van de burgerluchtvaart.).

Ook in de openbare sector is de leeftijd 65 jaar voor mannen én vrouwen. (uitgezonderd bv militairen)

(1) Het gaat om een tewerkstelling als werknemer, mandaat, ambt of post. Het betreft het bruto beroepsinkomen.

(2) Voor zelfstandigen geldt het netto- inkomen.na aftrek bedrijfsverliezen.

Enkele voorbeelden:

Voorbeeld 1. Meneer Peeters ging op 65-jarige leeftijd met pensioen in 2008 op de normale pensioenleeftijd. Hij heeft geen kinderen ten laste. Hij verdient bij als werknemer.

Zolang zijn jaarinkomen lager is dan € 21.436,50 per jaar, behoudt hij zijn volledig pensioen. Is dit hoger dan € 24.651,97 (grens 15 % hoger dan € 21.436,50) dan wordt het pensioen geschorst voor het hele jaar.

Ligt zijn verdienste tussen beide bedragen in, dan wordt nagegaan met welk % hij de laagste grens van € 21.436,50 overschrijdt. Is dit bv met 10 %, dan wordt zijn pensioen voor het hele jaar met 10 % verminderd.

Voorbeeld 2. Mevrouw Verleysen ging op 01.01.2008 met vervroegd pensioen op 60 jaar. Zij werkt nog deeltijds als bediende. Heeft geen kinderen ten laste. Verdient zij per jaar minder dan € 7.421,57 behoudt zij het volledig pensioen. Boven de € 8.543,80 wordt het pensioen voor het hele jaar geschorst. Een verdienste tussen beide bedragen in leidt ook hier tot een proportionele vermindering van het pensioen. Eens zij echter de normale pensioenleeftijd bereikt, kan ook zij bijverdienen zoals de heer Peeters in voorbeeld 1.

Let wel op: *het jaar waarin men op pensioen gaat,* wordt de toegelaten grens berekend in verhouding tot de maanden dat men effectief pensioen trekt. Indien Mevrouw Verleysen op 01.07.2008 met pensioen ging en dus 6 maanden pensioengerechtigd is in 2008, dan is het bijverdienen in 2008 beperkt tot 6/12 van de grens van € 7.451,57 enz. Vanaf 2009 telt dan de volledige jaargrens.

Hoe?

Een officieel formulier 'Model 74' werd afgeleverd bij de pensioentoekenning (maakt deel uit van het beslissingsbundel dat men ontvangt). Het formulier kan ook verkregen worden bij de gemeentelijke administratie. Of afgehaald van de websites van de drie pensioeninstellingen.

Ambtenaren krijgen ook een officieel aangifteformulier, 'Cumulatieverklaring' genoemd en kunnen altijd terecht bij hun uitbetalinginstelling, met name het CDVU.

Men doet aangifte bij aangetekend schrijven.

- Bij de RVP: voor wie een pensioen als werknemer heeft of www.rvponp.fgov.be
- bij het RSVZ : voor gerechtigden met zelfstandigen pensioen of www.rsvzinasti.be
- bij het CDVU : voor de gepensioneerde ambtenaren. www.cdvu.fgov.be en www.PDOS.fgov.be

Ook de werkgever moet de arbeid aangeven.

IV.24. Sociale huurwoningen

(BVR 12.10.2007 - BS 07.12.2007; M.B. 21.12.2007 – B.S. 18.01.2008; M.B. 14.03.2008 – B.S. 21.03.2008, M.B. 30.07.2008 – B.S. 10.09.2008)
(BVR 10.10.2008 - BS 27.11.2008)

1. Huren bij sociale huisvestingsmaatschappijen (SHM), Vlaamse Maatschappij voor Sociaal Wonen (VMSW)

Wat?

Sociale huisvesting wil aan gezinnen met een laag inkomen de mogelijkheid geven om tegen betaalbare prijzen een aangepaste en gezonde woning te huren.

De sociale huisvesting voorziet eveneens een aantal specifieke voordelen voor personen met een handicap, evenals voor gezinnen met lage inkomens (zie 'Wie?').

Sinds 2008 is er een nieuwe berekeningswijze voor de huurprijs.
(Tot en met 2010 geldt er een overgangsregeling. Vanaf 2011 zal de berekening van de sociale huurprijs volledig veranderen. Het inkomen, de gezinssituatie en de kwaliteit van uw woning zullen dan centraal staan).

In functie van het aantal personen ten laste wordt er een korting gegeven op de basishuurprijs.

Als 1 persoon ten laste tellen mee:
- kinderen die minderjarig zijn of waarvoor kinderbijslag betaald wordt en waarvan beide ouders in de woning wonen;
- gehandicapte kinderen die minderjarig zijn of waarvoor kinderbijslag betaald wordt en waarvan slechts één ouder in de woning woont;
- **gehandicapten** (+66 % arbeidsongeschikt).

Als 2 personen ten laste tellen mee:
- **gehandicapte kinderen** die minderjarig zijn of waarvoor kinderbijslag betaald wordt en waarvan beide ouders in de woning wonen;
- **gehandicapte kinderen** die minderjarig zijn of waarvoor kinderbijslag betaald wordt en waarvan slechts één ouder in de woning woont, die het volledige hoederecht heeft.

Als 1/2 persoon ten laste tellen mee:
- kinderen die minderjarig zijn of waarvoor kinderbijslag wordt betaald en waarvan slechts één ouder in de woning woont.

Per persoon ten laste wordt een korting van 15,00 euro gegeven (voor kinderen met handicap dus 2 X 15 euro = 30 euro) op de basishuurprijs en 7,5 euro voor een 1/2 persoon ten laste.

Wie?

Kandidaat-huurders (of hun gezinsleden) **getroffen door een handicap** hebben absolute voorrang indien de beschikbare woning een aangepaste woning voor hun handicap is (bv. rolwagengebruiker).

De sociale huurwoningen zijn bedoeld voor alle meerderjarige personen die beantwoorden aan de toelatingsvoorwaarden nl.:

1. geen woning of bouwgrond in eigendom of in vruchtgebruik hebben (naakte eigendom is geen probleem).
   Van de eigendomsvoorwaarde kan in bepaalde omstandigheden worden afgeweken: indien
   - de woning in mede-eigendom is van een kandidaat-huurder, waarvoor de echtscheiding wordt ingeleid of de wettelijke samenwoning beëindigd wordt;
   - de woning, waarvan de bewoner minstens **65 jaar oud** is, maakt officieel het voorwerp uit van een besluit tot onteigening, onbewoonbaar-/ ongeschiktheidsverklaring;
   - de aanvrager **gehandicapt** is en ingeschreven voor een ADL-woning (Activiteiten van het Dagelijks Leven). Deze woningen zijn specifiek aangepast voor mensen met een bepaalde handicap.

   Let op: niet om het even welke verklaring over onbewoonbare, ongeschikte of onaangepaste woningen geeft automatisch recht op een afwijking.
   De eigendomswoning moet steeds uiterlijk 1 jaar na de toewijzing van de sociale huurwoning worden verkocht of aan de VMSW worden verhuurd (met uitzondering uiteraard van de onteigende woning).

2. een gezinsinkomen hebben dat lager was (drie jaar voor de toewijzing) dan (cijfers voor 2008: inkomsten 2005):
   - alleenstaande (zonder personen ten laste): 17.900 euro
   - alleenstaande gehandicapte (zonder personen ten laste): 19.400 euro
   - andere aanvragers: 26.850 euro + 1.500 euro per kind ten laste.

Opgelet: Voor de berekening van het inkomen **wordt er geen rekening gehouden met het inkomen** van:
- de inwonende ongehuwde kinderen jonger dan 25 j.
- de inwonende familieleden tot de 2de graad die ernstig gehandicapt zijn of + 65 j. Het inkomen van de andere inwonende ascendenten wordt voor 50% meegerekend.
- **Uitkeringen die bedoeld zijn om specifieke kosten te vergoeden (bv. hulp van derden, integratietegemoetkoming) worden eveneens niet in aanmerking genomen.** Let op: sommige maatschappijen nemen -ten onrechte- deze inkomsten wel in aanmerking als ze vermeld staan op de afgeleverde inkomensbewijzen! Zo nodig bezwaar aantekenen!
Indien er drie jaar voor de toewijzing geen inkomen was, wordt gekeken naar het eerste jaar dat er wel inkomsten zijn (het 2de, 1ste voorafgaandelijk jaar of naar het huidige inkomen).
Indien het inkomen drie jaar voor de toewijzing te hoog was maar in het jaar van de toewijzing lager is dan de respectievelijke grenzen, dan is de kandidaat-huurder toch toelaatbaar (B.Vl.Reg. 08.03.95 - B.S. 23.06.95).

3. Taal- en inburgeringsbereidheid.

   Sinds 2007 moet iedereen zijn taalkennis aantonen met een getuigschrift of diploma uit een door Vlaanderen of Nederland erkende onderwijsinstellling of met een document waaruit blijkt dat men het nederlands beheerst van niveau A.1 Breaktrough van het Europees referentiekader voor vreemde talen of met een verklaring van het Huis van het Nederlands dat de taalkennis heeft onderzocht.

   Anderen zullen een cursus nederlands moeten volgen. Wie om medische redenen blijvend onmogelijk kan voldoen aan deze vereiste wordt vrijgesteld na voorlegging van een medisch attest.
   Er zijn ook tijdelijke opschortingen mogelijk bij bevalling, huwelijk, ...

   Wie verplicht inburgeraar is moet een attest voorleggen dat hij de inburgeringscursus heeft gevolgd of dat hij bereid is hem te volgen.

Hoe?

De kandidaat-huurders schrijven zich in in een register. De toewijzing van een woning gebeurt steeds op basis van de chronologische lijst van de in aanmerking te nemen kandidaten. Indien er verschillende maatschappijen zijn, dan kan de kandidaat vragen om zijn kandidatuur eveneens door te sturen naar de andere maatschappijen.

De toewijzing door de VMSW gebeurt volgens prioriteiten, onder meer:

1. Kandidaat-huurders (of hun gezinsleden) **getroffen door een handicap** hebben absolute voorrang indien de beschikbare woning een aangepaste woning voor hun handicap is (bv. rolwagengebruiker)!!
2. Kandidaat-huurders die gelijk kregen bij een beroep tegen onterechte toewijzing
3. Wettelijke herhuisvesting tgv een speciaal huisvestingsprogramma
4. Specifieke voorrangregels o.a.: lage inkomens, inwoners van de gemeente,... (zie 'Wie?') (40% zijn voorbehouden voor deze groep)
5. Een herhuisvesting door dezelfde huisvestingsmaatschappij naar aanleiding van een gewijzigde gezinssamenstelling
6. Campingbewoners en bewoners van een onteigende/onbewoonbaar/ongeschikt verklaarde woning

Beroep

Een kandidaat-huurder die zich benadeeld voelt door een toewijzing van een woning, kan bij aangetekend schrijven verhaal aantekenen bij de commissaris van de betrokken huisvestingsmaatschappij.

Waar?

- Sociale huisvestingsmaatschappijen VMSW: (inlichtingen en inschrijving).
  De hoofdzetel van de VMSW ligt aan de Koloniënstraat 40 te 1000 Brussel.
  Tel. (02) 505 45 45
  www.vmsw.be (Vlaamse Maatschappij voor Sociaal Wonen)

2. Andere initiatieven omtrent sociaal huren:

Een sociaal verhuurkantoor verhuurt woningen en appartementen aan wie deze het meest dringend nodig heeft en aan wie de laagste inkomsten heeft. Het kantoor huurt kwaliteitsvolle privéwoningen om deze op lange termijn (9 jaar) te verhuren. Sociale verhuurkantoren:
www.sociaalverhuurkantoor.be

Bij de huurdersbonden (www.huurdersbond.be) kunnen private en sociale (kandidaat-)huurders terecht voor huuradvies en - informatie. De sociale verhuurkantoren huren woningen op de private markt en verhuren ze onder aan kansarme en financieel kwetsbare bewoners. Zij koppelen dit aan huurdersbegeleiding en lokale netwerkvorming.

Het Vlaams Overleg Bewonersbelangen (VOB) is een overlegplatform voor de nieuwe wooninitiatieven (huurdersbonden, sociale verhuurkantoren, woonwinkels en woonwijzers, opbouwwerk- en welzijnswerkprojecten rond huisvesting) en is door de Vlaamse Gemeenschap erkend als overleg- en ondersteuningscentrum voor de huurdersbonden en de sociale verhuurkantoren.

Het VOB verstrekt informatie over de sociale verhuurkantoren (www.vob-vzw.be).

Voor betaalbare woonmogelijkheden in de Vlaamse rand van Brussel kan men zich informeren bij Vlabinvest: www.vlabinvest.be.

Tenslotte kunnen gemeenten en OCMW's woningen beschikbaar hebben voor noodgevallen.

IV.25. Verzekering gewaarborgd wonen

Wat?

De 'Verzekering Gewaarborgd Wonen' is een kosteloze verzekering ter ondersteuning van mensen die een hypothecaire lening sloten om een eigen woning in Vlaanderen te bouwen, te kopen of te renoveren.
Deze steunmaatregel geldt niet voor woningen in Brussel of in Wallonië!

De verzekering helpt de lener tijdelijk (max. 36 maandelijkse tegemoetkomingen) een deel van de lening af te betalen wanneer die plots zonder werk valt (en inkomensverlies lijdt) door onvrijwillig ontslag, een ongeval of ziekte.

De verzekeraar is **ETHIAS.**

Deze verzekering werd stopgezet sinds 1 augustus 2008. Afgesloten polissen blijven gewoon geldig.

De Vlaamse overheid betaalde de volledige premie voor deze verzekering voor wie dit aanvroeg en aan de voorwaarden voldeed. Ondanks het gratis karakter ervan had de verzekering bij de doelgroep maar een matig succes, met slechts 4.200 polissen per jaar.

De Vlaamse overheid startte echter op 1 april 2009 opnieuw met een gratis verzekering gewaarborgd wonen via verzekeraar Ethias.

De nieuwe verzekering gewaarborgd wonen is gratis en geldt voor alle bouwers, kopers en verbouwers die onvrijwillig werkloos of arbeidsongeschikt worden.

Er is geen inkomensgrens meer maar de verkoopswaarde van de woning mag niet hoger zijn dan +/- 300.000 euro.

De tegemoetkoming loopt gedurende maximaal 3 jaar en bedraagt het eerste jaar maximaal 500 euro per maand. Nadien zakt de tussenkomst tot 300 euro per maand.

Meer informatie is terug te vinden op de website
www.verzekeringgewaarborgdwonen.be.

Hoe vult u het aanvraagformulier in?

Individuele, concrete vragen over het invullen van de aanvraag kan men aan Ethias stellen op het telefoonnummer 011-28 22 43 of tel.: 011- 28 22 47, iedere werkdag van 9u tot 12 u en van 13u tot 17u.

Waar?

- info van de Vlaamse gemeenschap 0800-30201,
  www.bouwenenwonen.be
- ETHIAS (vroeger OMOB)
  Prins-Bisschopssingel 73, 3500 Hasselt
  Tel. 011/28 22 84/86/87

(aansluiting verzekering tegen inkomensverlies)

IV.26. Aanpassings- en verbeteringspremie of renovatiepremie woning

- aanpassingspremie voor bejaarden
- verbeteringspremie (oude regelgeving, nog van toepassing)
- Vlaamse renovatiepremie (nieuwe regelgeving)

Aanpassingspremie voor 'bejaarden'

(B.V.R. 18.12.92 - B.S. 31.03.93, aangepast door B.V.R. 28.11.2003 - B.S. 31.12.2003, M.B. 04.12.2003 - B.S. 31.12.2003, M.B. 27.09.2007 - BS 08.10.2007)

De aanpassingspremie voor 'bejaarden' en 'personen met een handicap' werd in 2007 gereduceerd tot een aanpassingspremie voor bejaarden. Omdat personen met een handicap, die niet bejaard zijn, voor woningaanpassing ondersteund worden door het Vlaams Agentschap voor Personen met een Handicap, is het niet langer mogelijk om beide tegemoetkomingen te cumuleren. Bejaarden daarentegen, kunnen blijven gebruik maken van deze tegemoetkomingen om hun woningaanpassing te realiseren.

Wat?

Wanneer men zijn woning wil aanpassen ten gunste van een bejaard (+ 65) gezinslid, dan kan hiervoor een tussenkomst (aanpassingspremie) worden aangevraagd als de kostprijs van de werken minimum 1.200 euro bedraagt.

De werken beogen ofwel technische installaties en hulpmiddelen (inrichting aangepaste badkamer of toiletruimte, plaatsen van handgrepen of steunmiddelen, automatisering rolluiken of toegangsdeur, plaatsen traplift, enz.), ofwel verbouwingswerkzaamheden om voldoende ruimte te creëren of om trappen of vloeren beter beloopbaar te maken (aanbreng hellend vlak, verhoging/verlaging vloer om niveauverschillen tussen kamers weg te werken, inrichting slaapkamer of badkamer op het gelijkvloers in functie van zelfredzaamheidsproblemen van een bewoner, enz.).

Deze premie bedraagt 50% van de kosten (facturen) met een maximum van 1.250 euro (indien de premie kleiner zou zijn dan 600 euro, is er geen uitbetaling!). De facturen mogen op de aanvraagdatum niet ouder zijn dan 1 jaar.

Binnen een termijn van 10 jaar kunnen max. 3 aanvragen worden ingediend. Ze mogen nooit betrekking hebben op éénzelfde aanpassing, zelfs niet voor een andere woning. Dit wil zeggen dat je slechts 1 keer een aanvraag kan indienen voor technische installaties of hulpmiddelen en 1 keer voor verbouwing voor de toegankelijkheid.

Deze vergoeding is cumuleerbaar met de Vlaamse renovatiepremie of de Vlaamse aanpassingspremie.

Wie?

De premie wordt verleend (door de Vlaamse Gemeenschap) aan de aanvrager die een woning aanpast voor een inwonend bejaard (+ 65 jaar – tot 31.03.2008 was de leeftijdsgrens 60 jaar) gezinslid indien het belastbaar inkomen van dit gezinslid (samen met dat van zijn eventuele partner) lager is dan 26.570 + 1.390 euro per persoon ten laste (elk gehandicapt familielid is één persoon ten laste extra!). Men kijkt naar het inkomen van 3 jaar voor aanvraagdatum (in 2009 geldt het inkomen van 2006).

Indien de aanvraag gebeurt in functie van een huurwoning, dan moet de huurovereenkomst van minimum 3 jaar afgesloten zijn met een sociaal verhuurkantoor en ze moet betrekking hebben op een hoofdverblijfplaats.

Zowel de verhuurder als de bewoner kan onder deze voorwaarden een aanvraag indienen.

De bejaarde moet tevens beschikken over een medisch attest waaruit blijkt dat hij of zij voor de activiteiten van het dagelijkse leven een specifieke uitrusting nodig heeft welke in de woning (het niet geïndexeerd kadastraal inkomen is kleiner dan 1.200 euro) is geïntegreerd.

Hoe?

Een aanvraag wordt gericht aan de provinciale bureau van het Bestuur voor de huisvesting.

Men dient hiervoor de aanvraagformulieren te gebruiken, die ter beschikking zijn op internet of in de stedenbouwkundige dienst van de gemeenten.

Waar?

- Provinciaal bureau - Bestuur voor de huisvesting (inlichtingen + aanvraag) www.bouwenenwonen.be (doorklikken via verbouwen en vervolgens steunmaatregelen)
- Agentschap Wonen Vlaanderen:
  - Wonen Vlaams-Brabant
    Blijde inkomststraat 105, 3000 Leuven
    tel.: (016) 24 97 77
  - Wonen Antwerpen
    Lange Kievitstraat 111-113, 2018 Antwerpen
    tel.: (03) 224 61 16
  - Wonen Limburg
    Koningin Astridlaan 50, bus 7, 3500 Hasselt
    tel.: (011) 74 22 00
  - Wonen West-Vlaanderen
    Werkhuisstraat 9, 8000 Brugge
    tel.: (050) 44 28 80
  - Wonen Oost-Vlaanderen
    Gebroeders Van Eyckstraat 4-6, 9000 Gent
    tel.: (09) 265 45 11
- Gemeente - sociale dienst (inlichtingen + bijstand) (telefoongids OCMW ofwel Gouden Gids nr. 7620)

Aandachtspunt geneesheer:

Om recht te hebben op deze premie, dient betrokken persoon te beschikken over een medisch attest waaruit blijkt dat hij of zij voor de activiteiten van het dagelijkse leven moet beschikken over een specifieke uitrusting die in de woning geïntegreerd is.

Verbeteringspremie

Naast deze oude regelgeving, die verder van toepassing blijft, bestaat ondertussen de nieuwe Vlaamse renovatiepremie. Aangezien beide premies niet cumuleerbaar zijn, is het goed om eerst na te gaan welke premie in de specifieke situatie het meest voordelig is.

Wat?

Wanneer men zijn woning verbetert of verbouwt, kan men hiervoor een tussenkomst krijgen.

Per bouwonderdeel waarop de verbeteringswerkzaamheden betrekking hebben, is een vast premiebedrag voorzien. U moet facturen kunnen voorleggen voor een bedrag (inclusief btw) dat minstens het dubbele is van de premie. Bijvoorbeeld: als u facturen voorlegt voor dakwerken, moet het factuurbedrag inclusief btw hiervan minstens **2.500 euro** bedragen aangezien de premie voor dat onderdeel 1.250 euro bedraagt.

Het bedrag van de verbeteringspremie wordt als volgt vastgesteld per bouwonderdeel:

1) voor de dakwerken (1): **1.250 euro**
2) voor het buitenschrijnwerk (2): **1.250 euro**
3) voor de sanitaire installatie: **750 euro**
4) voor de elektrische installatie: **750 euro**
5) voor de gevelwerken (1): **1.500 euro**
6) voor het behandelen van optrekkend muurvocht: **750 euro**
7) voor de werkzaamheden om de risico's op CO-intoxicatie te verhelpen (3):
   - de plaatsing van een waterverwarmingstoestel met gesloten verbrandingsruimte: **250 euro**
   - de plaatsting van een verwarmingstoestel met gesloten verbrandingsruimte: **250 euro**
   - de installatie van of omschakeling naar centrale verwarming: **1.000 euro**
   - het bouwen, verbouwen, herstellen of aanpassen van een rookkanaal: **500 euro**
8) voor de verbouwingswerken om overbewoning te verhelpen: **50%**van het bedrag van de voorgelegde facturen, btw inbegrepen, afgerond tot op het lagere tiental. De premie bedraagt maximum **1.250 euro**, en minimum **600 euro**.

(1) Bij gevelwerken en dakwerken wordt rekening gehouden met isolatie.
(2) Bij buitenschrijnwerk is dubbele beglazing een voorwaarde bij het installeren van nieuwe vensters.
(3) Maximum 3 toestellen

Voor verbouwingswerkzaamheden geldt dat voor minstens **1.200 euro** (inclusief btw) aan facturen moet kunnen voorgelegd worden.

Wie?

De verhuurder en zijn eventuele partner mogen hoogstens € 53.140 inkomen hebben. De verhuurder stelt de woning na de renovatiewerken minimum 9 jaar ter beschikking van een sociaal verhuurkantoor.

De bewoner of de huurder (huurovereenkomsten als hoofdverblijfplaats, langer dan 3 jaar) kan een premie aanvragen indien het netto belastbaar inkomen van het 3de jaar voor de aanvraag kleiner was dan 26.570 euro, te verhogen met 1.390 euro per persoon ten laste (kinderen <18 jaar of kinderen >18 jaar waar kinderbijslag of wezenbijslag voor betaald wordt en andere inwonende personen met een handicap van +66%)

Men kijkt naar het inkomen van 3 jaar voor aanvraagdatum (in 2009 geldt het inkomen van 2006).

Het K.I. van de woning is kleiner dan 1.200 euro en de woning moet minstens 20 jaar oud zijn.

Waar?

- Provinciaal bureau - Bestuur voor de huisvesting (inlichtingen + aanvraag) www.bouwenenwonen.be (doorklikken via verbouwen en vervolgens steunmaatregelen)
- Agentschap Wonen Vlaanderen:
  - Wonen Vlaams-Brabant
    Blijde inkomststraat 105, 3000 Leuven
    tel.: (016) 24 97 77
  - Wonen Antwerpen
    Lange Kievitstraat 111-113, 2018 Antwerpen
    tel.: (03) 224 61 16
  - Wonen Limburg
    Koningin Astridlaan 50, bus 7, 3500 Hasselt
    tel.: (011) 74 22 00
  - Wonen West-Vlaanderen
    Werkhuisstraat 9, 8000 Brugge
    tel.: (050) 44 28 80
  - Wonen Oost-Vlaanderen
    Gebroeders Van Eyckstraat 4-6, 9000 Gent
    tel.: (09) 265 45 11
- Gemeente - sociale dienst (inlichtingen + bijstand) (telefoongids OCMW ofwel Gouden Gids nr. 7620)

De Vlaamse renovatiepremie

(BVR 02.03.2007 – BS 21.03.2007; MB 09.03.2007 – BS 21.03.2007)

Wat?

De renovatiepremie wordt toegekend voor een algemene renovatie, dus voor structurele werkzaamheden die de toestand van de woning grondig verbeteren.

Kleinere ingrepen, die vooral gericht zijn op de verhoging van het comfort, worden mee gesubsidieerd, maar alleen als u ook grotere renovatiewerkzaamheden uitvoert. Het resultaat van de werkzaamheden is een structureel gezonde woning.

De premie bedraagt 30 % van de kostprijs, exclusief BTW en is beperkt tot maximaal 10.000 euro.

Hieronder volgt een overzicht van de subsidieerbare werkzaamheden:

- Ondergrondse constructies: funderingen, waterdicht maken en bestrijding kelderzwam;
- Muren: afbraak en heropbouw, isolatie, afwerking, vochtbestrijding, vernieuwing voegwerk en gevelreiniging, bepleistering binnenmuren, bestrijding huiszwam;
- Draagvloeren: afbraak en vervanging, bestrijding huiszwam en insecten, isolatie, vernieuwing dakgoten;
- Dak: afbraak en vervanging, bestrijding huiszwam en insecten, bedekking, dakgoten, dakramen, koepels, schouwen, isolatie, plafondafwerking binnenzijde;
- Buitenschrijnwerk: vernieuwing ramen en buitendeuren met hoogrendementsglas + afwerking – uitgezonderd rolluiken, vliegenramen, garagepoorten, veranda's, schilderwerken);
- Hoogrendementsbeglazing: volledige of gedeeltelijke vervanging, plaatsing isolerende beglazing, afwerking binnen en buiten
- Binnendeuren: deuren van minimum 93 cm in de leefruimten;
- Trappen : vernieuwing of veilig maken van trappen;
- Elektriciteit: gehele of gedeeltelijke vernieuwing – uitgezonderd verlichtingsarmaturen en verbruikstoestellen;
- Sanitaire installaties: vernieuwing en afwerking badkamer en toilet, 2e badkamer of toilet op een andere verdieping,– uitgezonderd bubbelbaden, badkameraccessoires en meubelen;
- Centrale verwarming met hoogrendementsketels: installatie, vervanging, uitbreiding of overschakeling op duurzame enrgiebronnnen – uitgezonderd onder meer accumulatoren;
- Herindelings- of uitbreidingswerken: leefruimten wonen, koken, slapen, sanitair (geen veranda).

Als een stedenbouwkundige vergunning vereist is en de aanstelling van een architect verplicht is, dan wordt het ereloon van de architect voor het aandeel van de subsidieerbare werkzaamheden mee in aanmerking genomen voor de berekening van de tegemoetkoming.

Wie?

De bewoner of de verhuurder van een woning.

De bewoner is een particulier (en, in voorkomend geval, de persoon met wie hij wettelijk of feitelijk samenwoont), die de woning op de aanvraagdatum zelf bewoont en waarvan het gezinsinkomen een bepaalde grens niet overschrijdt. Voor de alleenstaande is dit in 2009 37.340 euro. Voor het éénoudergezin of een kerngezin (wettelijk of feitelijk samenwonend) is dit 53.350 euro, te verhogen met 2.990 euro per persoon vanaf de tweede persoon ten laste. Er wordt gekeken naar het belastbaar inkomen van het derde jaar dat voorafgaat aan de aanvraagdatum. Voor renovatiepremies die worden aangevraagd in 2009 wordt dus het belastbaar inkomen van 2006 in aanmerking genomen.

De bewoner mag, naast de woning waarvoor de renovatiepremie wordt aangevraagd, geen andere woning volledig in volle eigendom of volledig in vruchtgebruik (gehad) hebben op de aanvraagdatum en tijdens de periode van drie jaar die daaraan voorafgaat.

De verhuurder is een particulier, die de woning op de aanvraagdatum verhuurt aan een sociaal verhuurkantoor voor de duur van minstens negen jaar. Voor hem/haar geldt geen inkomensgrens.

De woning waarvoor de renovatiepremie wordt aangevraagd, moet minstens 25 jaar oud zijn en gelegen in het Vlaamse Gewest.

De totale kostprijs van de werkzaamheden die in aanmerking kunnen worden genomen, moet minstens 10.000 euro bedragen, exclusief btw. De facturen mogen niet dateren van voor 1 januari 2006, noch van meer dan drie jaar voor de aanvraagdatum.

Hoe?

De aanvraag wordt ingediend bij de dienst van het agentschap Wonen-Vlaanderen in de provincie, na de werken. Hiervoor gebruik men het aanvraagformulier en de verzamellijst van facturen van de provincie. Deze documenten kan men downloaden op
www.bouwenenwonen.be of zijn te verkrijgen bij de bouwdienst van elke gemeente of stad. Let op: deze documenten zijn verschillend voor bewoners en verhuurders.

De renovatiepremie wordt berekend op basis van voorgelegde facturen. Deze facturen moeten betrekking hebben op werkzaamheden die uitgevoerd zijn door een geregistreerde aannemer of op de aankoop van materialen of uitrustingsgoederen die door de aanvrager zelf zijn verwerkt of geplaatst.

Belangrijk: sommige facturen kunnen geweigerd worden. Daarom is het aangeraden om alle geldige facturen die binnen deze periode vallen, bij de aanvraag te voegen. Op die manier kan u maximaal gebruik maken van de renovatiepremie.

Als het weigeren van sommige facturen tot gevolg heeft dat het vereiste minimumbedrag van 10.000 euro niet bereikt wordt, dan zal u gevraagd worden of u akkoord gaat met een overheveling naar een onderzoek op het recht naar de verbeteringspremie. Beide premies zijn niet cumuleerbaar.

Waar?

- Provinciaal bureau - Bestuur voor de huisvesting (inlichtingen + aanvraag) www.bouwenenwonen.be (doorklikken via verbouwen en vervolgens steunmaatregelen)
- Agentschap Wonen Vlaanderen:

- Wonen Vlaams-Brabant
  Blijde inkomststraat 105, 3000 Leuven
  tel.: (016) 24 97 77
- Wonen Antwerpen
  Lange Kievitstraat 111-113, 2018 Antwerpen
  tel.: (03) 224 61 16
- Wonen Limburg
  Koningin Astridlaan 50, bus 7, 3500 Hasselt
  tel.: (011) 74 22 00
- Wonen West-Vlaanderen
  Werkhuisstraat 9, 8000 Brugge
  tel.: (050) 44 28 80
- WonenOost-Vlaanderen
  Gebroeders Van Eyckstraat 4-6, 9000 Gent
  tel.: (09) 265 45 11

– Gemeente - sociale dienst (inlichtingen + bijstand)

IV.27. Tegemoetkoming in de huurprijs voor woonbehoeftige huurders

(BVR 02.02.2007 – BS 09.03.2007; MB 12.04.2007 – BS 25.04.2007)

In de loop van 2007 is de installatiepremie en de individuele huursubsidie geïntegreerd in de nieuwe regelgeving "tegemoetkoming in de huurprijs voor woonbehoeftige huurders". Aanvragen na 01.05.2007 worden afgehandeld in de nieuwe regelgeving.

Wat?

Op 01.05.2007 is het nieuwe huursubsidiestelsel in werking getreden. De oude installatiepremie is nu geïntegreerd in de startfase van deze nieuwe tegemoetkoming.

De tegemoetkoming in de huurprijs ondersteunt mensen met een laag inkomen die verhuizen van een slechte, onaangepaste woning naar een goede, aangepaste woning. Ook wie verhuist van een private huurwoning naar een woning verhuurd door een sociaal verhuurkantoor, kan de tegemoetkoming aanvragen.

De tegemoetkoming in de huurprijs bestaat uit twee delen: enerzijds is er een maandelijkse huursubsidie, anderzijds een eenmalige installatiepremie.

De eenmalige installatiepremie is gelijk aan drie keer het bedrag van de maandelijkse huursubsidie van het eerste jaar (zie tabel).

Opgelet: wie dakloos was en van het ocmw al een installatiepremie heeft ontvangen voor de nieuwe huurwoning, dan heeft men geen recht meer op een nieuwe installatiepremie.

De huursubsidie wordt bepaald op basis van het inkomen. Ze wordt maximaal gedurende 9 jaar uitbetaald en neemt af in de loop van die periode.

Overzicht bedragen huursibsidie voor 2009:

Het inkomen van het 3e jaar voor aanvraagdatum was maximum ... *	**De tegemoetkoming voor de respectievelijke jaren is ...** **			
	Jaar 1 & 2	Jaar 3 & 4	Jaar 5 & 6	Jaar 7, 8 & 9 ***
15.530 euro	100 euro	80 euro	60 euro	60 euro
13.230 euro	150 euro	120 euro	90 euro	60 euro
9.610 euro	200 euro	160 euro	120 euro	60 euro

* als het inkomen het jaar voorafgaand aan de aanvraag boven het maximumbedrag ligt, dan krijgt men slechts 2 jaar de huursubsidie

** bejaarden of personen met een handicap, die zelf huurder zijn (dus geen inwonende personen die bejaard of gehandicapt zijn) ontvangen levenslang of zolang ze de woning bewonen de huursubsidie van jaar 1 & 2

*** in jaar 7, 8 & 9 kijkt men naar het inkomen van 3 jaar na de aanvraagdatum. Indien dit hoger is als het maximumbedrag krijgt men slechts 30 euro ipv 60 euro.

Zowel de oude woning die men verlaat als de nieuwe woning moeten zich in het Vlaams Gewest bevinden. De nieuwe woning moet zonder gebreken zijn en aangepast aan de gezinssamenstelling.

De maximale huurprijs van de nieuwe huurwoning bedraagt 520 euro voor aanvragen in 2009. Dit maximum mag verhoogd worden met 7% per persoon ten laste, tot de vierde persoon ten laste (dus met een maximale verhoging van 28%, ook al heeft u meer dan vier personen ten laste).

Kamers en gesubsidieerde sociale huurwoningen zijn uitgesloten voor deze tegemoetkoming.

Er zijn 3 mogelijkheden om in aanmerking te komen voor de tegemoetkoming:

Men neemt een conforme woning in huur nadat men een woning of kamer verlaten heeft, die onbewoonbaar of overbewoond verklaard is, of die een bepaalde graad van mankementen had of men komt van een woonsituatie die gezondheidsrisico's of veiligheidsrisico's vertoonde. Men was permanente campingbewoner of dakloos.

De huurder of een gezinslid is minstens 65 jaar of erkend als persoon met een handicap en men verhuist naar een aangepaste huurwoning.

Men huurt een woning van een erkend sociaal verhuurkantoor (geen voorwaarden wat betreft de verlaten woning).

Men kan de tegemoetkoming in de huurprijs slechts één keer toegewezen krijgen.

Als men al een huursubsidie heeft ontvangen op basis van de oude huursubsidie, komt men niet meer in aanmerking voor een tegemoetkoming in de huurprijs. Als men toen echter enkel een installatiepremie heeft ontvangen, komt men wel nog in aanmerking.

Wie?

Personen die een onaangepaste woonsituatie in het Vlaamse Gewest verlaten zoals hierboven beschreven en die voldoen aan de inkomensvoorwaarde en de eigendomsvoorwaarde.

Voor aanvragen in 2009 mag de som van het aan de personenbelasting inkomen, alsook van de niet-belastbare vervangingsinkomsten van de huurder en van de inwonende gezinsleden, niet meer bedragen dan 15.530 euro. Dit maximum mag verhoogd worden met 1.390 euro per persoon ten laste.

Er wordt gekeken naar het inkomen van het derde jaar dat voorafgaat aan de aanvraagdatum.

Bij de aanvraag moet men ook op erewoord verklaren of het inkomen van het jaar vóór de aanvraagdatum al dan niet meer bedraagt dan het maximumbedrag.

De huurder en de inwonende gezinsleden mogen op de aanvraagdatum en tijdens de drie jaar die daaraan voorafgaan geen woning volledig in volle eigendom of volledig in vruchtgebruik hebben (gehad).

Hierop zijn enkele uitzonderingen voor het verlaten van onbewoonbare, ongeschikt verklaarde of overbevolkte woningen of woningen met gezondheids- of veiligheidsrisico. Of de woning is/wordt gesloopt of onteigend. Of de eigenaar (of vruchtgebruiker) kan ten gevolge van een wettelijke regeling of van een uitvoerbare rechterlijke beslissing niet beschikken over de woning.

Hoe?

Men dient een aanvraag voor een tegemoetkoming in de huurprijs in bij de dienst van het Agentschap Wonen-Vlaanderen met het aanvraagformulier van de provincie waarin de nieuwe huurwoning zich bevindt. Let op: als de nieuwe huurwoning verhuurd wordt door een sociaal verhuurkantoor, moet men daarvoor een speciaal aanvraagformulier gebruiken.

De aanvraagformulieren zijn te bekomen bij het gemeentebestuur of bij de ROHM afdeling van de provincie of te downloaden op www.bouwenenwonen.be (huren, sociale maatregelen).

De aanvraag moet aangetekend ingediend worden ten laatste 6 maanden nadat de nieuwe woning betrokken is, maar de aanvraag kan ten vroegste 9 maanden voor het betrekken van de nieuwe huurwoning al ingediend worden.

Binnen een maand nadat de aanvraag is ingediend, krijgt men een ontvangstmelding van het Agentschap Wonen-Vlaanderen. Als het dossier onvolledig is, wordt men daar binnen dezelfde termijn van op de hoogte gebracht.

Vanaf de vervollediging van het dossier heeft Wonen-Vlaanderen maximaal 3 maanden de tijd om een beslissing te nemen. Als het agentschap binnen die termijn geen beslissing heeft genomen of als men niet akkoord gaat met de beslissing van het agentschap, kan men beroep aantekenen.

De huursubsidie wordt een eerste keer uitbetaald binnen de 4 maanden nadat de aanvraag is goedgekeurd (of een beslissing in beroep is genomen).

De eenmalige installatiepremie wordt uitbetaald samen met de eerste huursubsidie. Nadien zal de huursubsidie om de 3 maanden uitbetaald worden.

Als men een woning huurt van een sociaal verhuurkantoor, dan worden zowel de installatiepremie als de huursubsidie gestort op rekening van dit sociaal verhuurkantoor. Het sociaal verhuurkantoor zal vervolgens de installatiepremie doorgeven, en de huursubsidie rechtstreeks in mindering brengen van de huurprijs.

Waar?

- Provinciaal bureau - Bestuur voor de huisvesting (inlichtingen + aanvraag)

- Agentschap Wonen Vlaanderen:
  - Wonen Vlaams-Brabant
    Blijde inkomststraat 103-105, 3000 Leuven
    tel.: (016) 24 97 77
  - Wonen Antwerpen
    Lange Kievitstraat 111-113, 2018 Antwerpen
    tel.: (03) 224 61 14

- Wonen Limburg
  Koningin Astridlaan 50, bus 1, 3500 Hasselt
  tel.: (011) 74 22 00
- Wonen West-Vlaanderen
  Werkhuisstraat 9, 8000 Brugge
  tel.: (050) 44 29 07
- Wonen Oost-Vlaanderen
  Gebroeders Van Eyckstraat 4-6, 9000 Gent
  tel.: (09) 265 45 11

– Ziekenfonds - dienst maatschappelijk werk (inlichtingen + bijstand) (Gouden Gids nr. 6990, www.cm.be; e-mail: dmw@cm.be)
– Gemeente - sociale dienst (inlichtingen + bijstand) (telefoongids OCMW ofwel Gouden Gids nr. 7620)

IV.28. Verhoogde tegemoetkoming ziekteverzekering - Regeling betalende derde voor ambulante behandeling - Medisch Huis

A. Verhoogde tegemoetkoming – ziekteverzekering (Gecoördineerde Wet 14.07.94, art. 37 § 1 en 19; K.B. 16.04.97 - nieuwe categorieën, K.B. 08.08.97 – inkomensvoorwaarden, laatst aangepast bij Programmawet 27.12.2006 – statuut OMNIO)
(K.B.'s 03.09.2000 - B.S. 29.09.2000 - terugwerkende kracht)
(K.B. 31.05.2001 - B.S. 23.06.2001)
B. Regeling betalende derde voor ambulante behandeling
C. Medische huizen

A. verhoogde tegemoetkoming- ziekteverzekering

Wat?

De rechthebbenden (= gerechtigden en hun personen ten laste) op de **verhoogde tegemoetkoming** hebben automatisch recht op een aantal voordelen:
- Een hogere tussenkomst voor bepaalde prestaties (m.a.w. men betaalt minder voor geneeskundige verstrekkingen);
- Een kleiner persoonlijk aandeel in de ligdagprijs bij hospitalisatie;
- Een kleiner persoonlijk aandeel voor bepaalde geneesmiddelen (B + C medicatie);
- Recht op de 'sociale MAF' (zie IV.29.);
- Recht op de 'regeling betalende derde' (m.a.w. de betrokkene moet niets voorschieten, alles wordt door de zorgverstrekker rechtstreeks met het ziekenfonds geregeld op voorwaarde dat de zorgverstrekker dit zelf wil!);
- Verbod op het aanrekenen van ereloonsupplementen in twee- en meerpersoonskamers, ook voor niet- geconventioneerde artsen
- Recht op een aantal andere verminderingen (sociaal telefoontarief, vermindering openbaar vervoer) (zie overzicht II.29);
- Eventueel een aantal provinciale of gemeentelijke voordelen (te bevragen bij de gemeente en/of provincie)
- Een aantal specifieke voordelen in uw ziekenfonds (plaatselijk te bevragen)

Wie?

Volgende personen komen in aanmerking zonder inkomensonderzoek:
- weduwen/weduwnaars, invaliden, gepensioneerden, wezen met bescheiden inkomen;
- ambtenaren op disponibiliteit (> 1 jaar ziek), met bescheiden inkomen;
- personen met gewaarborgd inkomen voor bejaarden / inkomensgarantie voor ouderen of rentebijslagen;
- personen met één van de tegemoetkomingen aan personen met een handicap (oud of nieuw stelsel) (II.5 + 6);

- kinderen erkend voor bijkomende kinderbijslag voor kinderen met een handicap (II.2) mits 66% arbeidsongeschiktheid (= minstens 4 punten op de eerste pijler voor kinderen, geboren na 01.01.1993 of geboren tot 01.01.1993 en erkend voor bijkomende kinderbijslag) (1);
- leefloonbegunstigden of OCMW-steuntrekkers (dit is niet het leefloon!) van het OCMW (> 3 maand ononderbroken; indien onderbroken > 6 maand in periode van één jaar) (IV.6);

en in voorkomend geval hun partner en de personen ten laste.

Zij krijgen de verhoogde tegemoetkoming op basis van hun statuut (bijstandsuitkering), uitgerekend de kinderen met 66% arbeidsongeschiktheid, die sinds 2008 een absoluut recht verkregen

Volgende personen komen in aanmerking met inkomensonderzoek:
- langdurig (+ 1 jaar) volledig werklozen, ouder dan 50 jaar, (gedurende de periode van arbeidshervatting van ten hoogste 28 dagen of de periode van arbeidsongeschiktheid wordt men verder beschouwd als werkloze);
- personen met de hoedanigheid van 'mindervalide' in de ziekteverzekering, met bescheiden inkomen;
- personen met het statuut 'verblijvende in België' in de ziekteverzekering;
- personen met het statuut OMNIO (= gezinnen met bescheiden inkomen);

die voldoen aan de inkomensvoorwaarde;

en in voorkomend geval hun partner en de personen ten laste.

Opmerking:
- (KB 03.09.2000 - BS 29.09.2000) De opname van één van de echtgenoten in een 'rustoord voor bejaarden' of in een 'rust en verzorgingstehuis' wordt vanaf de eerste dag van het verblijf gelijkgesteld aan een feitelijke scheiding. Na één jaar feitelijke scheiding wordt de persoon die opgenomen is, niet meer geteld als gezinslid voor de berekening van het recht op een verhoogde tegemoetkoming. Hierdoor moet men terug bekijken of er al dan niet (nog) recht is op een 'verhoogde tegemoetkoming'.
- De weduwnaar of weduwe van een gerechtigde op de verhoogde tegemoetkoming heeft recht op de verhoogde tegemoetkoming tot het einde van het tweede kalenderkwartaal dat volgt op dat waarin hun echtgenoot of echtgenote is overleden. Nadien moeten ze aantonen dat ze voldoen aan de gestelde voorwaarden om verder recht te kunnen hebben.
- Een wijziging van statuut of van inkomsten, die aanleiding kunnen geven tot het verlies van de verhoogde tegemoetkoming, dienen gemeld binnen de dertig dagen vanaf de wijziging!

---

(1) Sinds 2007 komen sommige kinderen, die voor de bijkomende kinderbijslag geen 66% arbeidsongeschiktheid hebben, toch in aanmerking voor de verhoogde tegemoetkoming. Dit recht wordt automatisch onderzocht wanneer de rechten op de bijkomende kinderbijslag worden bepaald. Het gaat om enkele zeer ernstige aandoeningen die mits een dure verzorging een hogere arbeidsongeschiktheid vermijden, vb. sommige mucopatiënten. (zie ook II.2. of IV.2., chronisch zieke kinderen, K.B. 29.04.99)

Inkomensvoorwaarde

- Voor de leefloonbegunstigden (steuntrekkers), de rechthebbenden op een tegemoetkoming aan personen met een handicap, op de inkomensgarantie voor ouderen of op het gewaarborgd inkomen voor ouderen (of rentebijslag), gelden de inkomensvoorwaarden van de betreffende voorziening.

  Een attest van de betrokken instelling dat men rechthebbende is op één van die voorzieningen is voldoende.

- Voor de:
  - weduwen/weduwnaars, invaliden, gepensioneerden, wezen;
  - ambtenaren op disponibiliteit (> 1 jaar ziek);
  - rechthebbenden (gerechtigden of hun personen ten laste) op bijkomende kinderbijslag voor kinderen met een handicap;
  - landurig werklozen;
  - personen met de hoedanigheid van 'mindervalide' in de ziekteverzekering;
  - personen met het statuut 'verblijvende in België' in de ziekteverzekering;

  mag het gezinsinkomen niet hoger zijn dan 14.624,70 euro bruto + 2.707,42 euro per persoon ten laste (de respectievelijke kinderen, de niet-gerechtigde echtgeno(o)t(e) of partner) ingeschreven op het boekje van de aanvrager *of van zijn echtgeno(o)t(e) of partner indien deze zelf een boekje heeft* (m.a.w. titularis is).

- Voor de personen met het statuut Omnio mag het gezinsinkomen van 2007 niet hoger zijn dan 14.339,94 euro bruto + 2.654,70 euro per persoon ten laste (gezamenlijke inkomen van alle gezinsleden, die op 1 januari van 2009 op hetzelfde adres gedomicileerd zijn).

(bedragen op 01.09.2008).

Opgelet:
Inkomsten uit zelfstandige activiteit worden met 100/80 vermenigvuldigd.

Ook buitenlandse inkomens tellen mee.

De inkomens van volgende personen tellen mee voor de berekening:
- inkomens van de gerechtigde
- inkomens van de gerechtigde echtgeno(o)t(e) of partner,
- inkomens van de personen ten laste (de respectievelijke kinderen, de niet gerechtigde echtgeno(o)t(e) of partner) **ingeschreven op het boekje van de aanvrager of van zijn echtgeno(o)t(e) of partner**.

Opmerkingen:
- (KB 03.09.2000 - BS 29.09.2000) De opname van één van de echtgenoten in een 'rustoord voor bejaarden' of in een 'rust en verzorgingstehuis' wordt vanaf de eerste dag van het verblijf gelijkgesteld aan een feitelijke scheiding. Na één jaar feitelijke scheiding wordt de persoon die opgenomen is, niet meer geteld als gezinslid voor de berekening van het recht op een verhoogde tegemoetkoming. Hierdoor moet men terug bekijken of er al dan niet (nog) recht is op een 'verhoogde tegemoetkoming'.
- als er verschillende partners mogelijk zijn, dan telt er maar één partner mee. De echtgeno(o)t(e) of huishoud(st)er hebben hierbij altijd voorrang op andere samenwonenden,

- familie tot en met de derde graad wordt niet beschouwd als partner tenzij de persoon die ingeschreven is als huishoud(st)er,
- indien de aanvrager persoon ten laste (kind) is van de gerechtigde (ouder), dan tellen de gerechtigde en diens echtgeno(o)t(e) of partner en de personen ten laste van de gerechtigde mee als persoon ten laste voor de berekening,
- Een wijziging van statuut of van inkomsten, die aanleiding kunnen geven tot het verlies van de verhoogde tegemoetkoming, dienen gemeld binnen de dertig dagen vanaf de wijziging!

De volgende inkomens tellen mee voor de berekening:
- het **geïndexeerd kadastraal inkomen** van het **eigen** woonhuis verminderd met 1.150 euro (aanvrager) + 192 euro per persoon ten laste en partner (of eventueel gerechtigde indien aanvrager persoon ten laste is) (bedrag jaar 2009),
- de andere **belastbare inkomens uit roerende of onroerende goederen** van de hierboven opgesomde personen, zoals vermeld op het aanslagbiljet van de belastingen *(bijgevolg: inkomsten uit verhuur van particuliere woningen telt niet mee, wel de huurinkomsten van handelspanden),*
- een percentage (afhankelijk van de leeftijd op de datum van betaling) van de **pensioenen, rentes, kapitalen, afkoopwaarden of spaartegoeden,** uitgekeerd in de loop van de laatste 10 jaar, die op de één of andere manier werden belast (bepaalde renten inzake arbeidsongevallen en beroepsziekten zijn **niet** belastbaar - zie Arbeidsongevallen - beroepsziekten)! (1)
  De uitgekeerde bedragen tellen mee voor:
  1,0% indien leeftijd van betrokkene op het ogenblik van betaling = 40 jaar,
  1,5% indien leeftijd van betrokkene op het ogenblik van betaling 41-46 jaar;
  2,0% indien leeftijd van betrokkene op het ogenblik van betaling 46-50 jaar;
  2,5% indien leeftijd van betrokkene op het ogenblik van betaling 51-55 jaar;
  3,0% indien leeftijd van betrokkene op het ogenblik van betaling 56-58 jaar;
  3,5% indien leeftijd van betrokkene op het ogenblik van betaling 59-60 jaar;
  4,0% indien leeftijd van betrokkene op het ogenblik van betaling 61-62 jaar;
  4,5% indien leeftijd van betrokkene op het ogenblik van betaling 63-64 jaar;
  5,0% indien leeftijd van betrokkene op het ogenblik van betaling = 65 jaar;

B.v.: Aanvraag verhoogde tegemoetkoming op 01.07.2008 door een invalide.
- Geboortedatum aanvrager 02.04.1943.
- Een levensverzekering werd afgekocht op 07.10.1999: 49.603,17 euro
- Leeftijd aanvrager in 1999: 56 jaar (m.a.w. = 3%)
- Meegeteld inkomen: 49.603,17 x 3% = 1.488,09 euro/jaar (periode '99-2008, dus vanaf 2009 telt deze afkoopwaarde niet meer mee!).

Hoe?

Bij het ziekenfonds dient de aanvrager een verklaring op eer te ondertekenen.

(1) Dit inkomen dient wel te worden aangegeven, maar wordt NIET in rekening gebracht !!

Voor diegenen die aan de inkomensvoorwaarde moeten voldoen en dus hun inkomen moeten bewijzen, dient de laatste berekeningsnota van de personenbelasting (= aanslagjaar voor het jaar van de aanvraag) en een recent strookje of bankuittreksel of een ander document dat het maandelijkse inkomen bewijst, als bewijsstuk bijgevoegd te worden. (Het recht kan worden ingetrokken indien het inkomen wijzigt.)

De aanvragers die hun inkomen niet hoeven te bewijzen, daar zij al gerechtigd zijn op een andere voorziening waar het inkomen al werd nagekeken, moeten de nodige bewijsstukken toevoegen die hun recht aantonen op het leefloon, op steun van het O.C.M.W., op het gewaarborgd inkomen voor bejaarden / inkomensgarantie voor ouderen, op rentebijslag of op een tegemoetkoming aan personen met een handicap. (Zolang er recht is op één van deze voorzieningen kan het recht op verhoogde tegemoetkoming niet worden ingetrokken.)

Het recht Omnio gaat in op de eerste dag van het kwartaal waarin het aanvraagdossier volledig is.

Opmerking:

Met het Koninklijk Besluit van 3 september 2001 dient de verklaring op erewoord ingediend binnen de drie maanden vanaf de dag waarop de gerechtigde de hoedanigheid verwerft van gepensioneerde, weduwnaar of weduwe, wees of invalide (voorheen ging het recht maar in vanaf de aanvraagdatum zelf, en was er geen terugwerkende kracht mogelijk).

Diegenen die een aanvraag hebben ingediend voor bijkomende kinderbijslag of voor een tegemoetkoming aan personen met een handicap, hebben nog drie maanden tijd, na ontvangst van de positieve beslissing in verband met hun aanvraag voor bijkomende kinderbijslag of voor een tegemoetkoming aan personen met een handicap, om een aanvraag voor verhoogde tegemoetkoming in te dienen. Het voordeel van de verhoogde tegemoetkoming gaat in, met terugwerkende kracht, vanaf de datum dat de positieve beslissing inzake de kinderbijslag of de tegemoetkoming ingaat.

Waar?

- Ziekenfonds (loket) (inlichtingen + aanvraag) (Gouden Gids nr 6990, www.cm.be; e-mail: dmw@cm.be).

B. Regeling betalende derde voor ambulante raadplegingen

In principe wordt het volledige bedrag voor de verstrekking eerst rechtstreeks door de patiënt aan de verstrekker betaald. Hij ontvangt hiervoor een getuigschrift voor verstrekte hulp waarmee hij via het ziekenfonds de gehele of gedeeltelijke terugbetaling kan krijgen.

Om de toegang tot de zorgverlening te verbeteren kan in een aantal situaties het bedrag ten laste van de ziekteverzekering door de verstrekker rechtstreeks aan het ziekenfonds gefactureerd worden en betaalt de patiënt enkel zijn persoonlijke bijdrage. Dit is de zogeheten regeling betalende derde.

Deze regeling geldt altijd voor hospitalisaties en voor terugbetaalbare geneesmiddelen.

In principe is het systeem verboden voor raadplegingen, huisbezoeken en adviezen van huisartsen en specialisten in de ambulante zorg.

Voor rechthebbenden met een verhoogde tegemoetkoming en hun personen ten laste, werklozen sedert ten minste 6 maanden en hun personen ten laste, rechthebbenden op bijkomende kinderbijslag en hun personen ten laste of personen die zich in een individuele financiële noodsituatie bevinden kan de regeling betalende derde wel worden toegepast. Het is de zorgverlener die de regeling toestaat. De regeling is dus niet afdwingbaar!

In 2007 heeft het RIZIV de administratieve procedure vereenvoudigd om het gebruik van het systeem aan te moedigen zodat verstrekkers de betaling sneller ontvangen. CM gaat in 2009 op zoek naar middelen tot betere bekendmaking en eenvoudiger procedures voor de zorgverstrekker bij deze maatregel zodat de maatregel voor alle partijen gekend en aantrekkelijker wordt.

C. Medische huizen

Wat?

Medische huizen zijn ontstaan met het oog op een volledig financieel toegankelijke gezondheidszorg voor de meest kwetsbaren.

De zorg bestaat uit algemene geneeskunde (huisartsenpraktijk), kinesitherapie en/of verpleegkunde (te vergelijken met een groepspraktijk). De gebruiker verbindt er zich toe gebruik te maken van het volledige zorgaanbod van het medisch huis, ook al wijzigt dit op een bepaald moment (vb. uitbreiding met bijkomende zorg). Enige uitzondering hierop zijn patiënten, die voor een bepaald zorgonderdeel (kinesitherapie of verpleegkundige zorg) reeds in een andere zorgstructuur zijn ingeschreven, waar deze behandeling is voorzien (vb. verblijf in RVT).

Voor het Medisch Huis is een forfaitair betalingssysteem ingevoerd waarbij het rechtstreeks door het ziekenfonds betaald wordt op basis van het aantal ingeschreven rechthebbenden. Voor een vast forfaitair bedrag verbindt het medisch huis zich er toe om aan de patiënten gratis verzorging te verstrekken. Dit is alle verstrekkingen, die in de nomenclatuur van geneeskundige verstrekkingen zijn opgenomen. Technische verstrekkingen zijn niet door de forfaitaire vergoeding gedekt.

Betrokkene krijgt dan automatisch een globaal medisch dossier en komt -zo nodig- in aanmerking voor de diabetespas (cfr. voorwaarden diabetespas).

Wie?

De rechthebbende moet binnen de omschreven regio van het medisch huis wonen en hij/zij moet in regel zijn met het ziekenfonds. Na ondertekening van de aansluiting bij het Medisch Huis moet betrokkene zich wenden tot de zorgverleners van het Medisch Huis.

Hoe?

De rechthebbende en de vertegenwoordiger van het medisch huis ondertekenen een in drievoud opgemaakt document 'inschrijving van de rechthebbende', waarin de overeenkomst inhoudelijk wordt beschreven. Dit is onder meer een beschrijving van het zorgaanbod en van het geografisch gebied. Een eventuele wijziging in het zorgaanbod wordt aan betrokkene meegedeeld.

De ondertekening van het document gebeurt voor een kind, jonger dan 14 jaar, door zijn/haar wettelijke vertegenwoordiger. De rechthebbende krijgt 1 ondertekend exemplaar van het document.

De inschrijving geldt per persoon. Gezinsleden van een rechthebbende zijn dus niet verplicht zich eveneens in te schrijven in het medisch huis.

Wanneer de rechthebbende verhuist of de geografische omschrijving wijzigt zodat betrokkene zich moet aansluiten bij een ander medisch huis, wordt de overdracht gerealiseerd door middel van een mutatie- aanvraag. Een wijziging van ziekenfonds wordt administratief geregeld tussen ziekenfonds en medisch huis.

Rechthebbende of het medisch huis kan de overeenkomst opzeggen. De opzegging kan rechtstreeks aan het medisch huis gebeuren of via het ziekenfonds. Ze krijgt uitvoering op het einde van een kwartaal en de mededeling moet minstens 1 maand voor het einde van het kwartaal gebeuren. Men ondertekent dan een drievoudig document "kennisgeving van einde inschrijving".

Wanneer het medisch huis zelf de overeenkomst opzegt, gebeurt dit op dezelfde wijze, maar worden automatisch alle gezinsleden mee uitgeschreven uit de overeenkomst. Indien de rechthebbende het document niet wil tekenen, moet het medisch huis de overeenkomst per aangetekend schrijven opzeggen. Het ziekenfonds kan eventueel vragen aan het medisch huis om de opzegging van de overeenkomst te motiveren.

Waar?

- Ziekenfonds (loket) (inlichtingen + aanvraag) (Gouden Gids nr 6990, www.cm.be; e-mail: dmw@cm.be).

IV.29. Maximumfactuur (MAF)

(Wet 05.06.2002 - BS 04.07.2002 laatst aangepast bij Programmawet 27.12.2005 - BS 30.12.2005)

Wat?

De maximumfactuur wil voor alle gezinnen het totaal aan remgelden voor geneeskundige verstrekkingen plafonneren tot een bepaald bedrag volgens financiële draagkracht. Gezinnen krijgen een snelle terugbetaling van wat ze boven het plafond aan remgelden hebben betaald (enkel bepaalde officiële remgelden, o.a. niet van toepassing voor medicatie D, ...!).

Vanaf 01/01/2006 is de fiscale maximumfactuur geïntegreerd in de inkomensmaximumfactuur. Men krijgt een snelle terugbetaling en een belangrijke administratieve vereenvoudiging.

Concreet:
Er bestaan 3 MAF-systemen:

1. De sociale MAF voor gezinnen die behoren tot een sociale categorie (*)
2. De inkomens MAF voor de andere gezinnen
3. De individuele bescherming van kinderen en zorgbehoevenden, ongeacht het gezinsinkomen

(*) Zie volgend hoofdstuk 'Wie?'

De inkomensgrenzen en remgeldplafonds:

Inkomensgrenzen 2009	Remgeldplafonds
Gerechtigden op de sociale MAF	450 euro
Inkomen tot 16.114,10 euro	450 euro
Inkomen Tss. 16.114,11 - 24.772,41 euro	650 euro
Inkomen Tss. 24.772,42 - 33.430,75 euro	1.000 euro
Inkomen Tss. 33.430,76 - 41.728,30 euro	1.400 euro
Inkomen vanaf 41.728,31 euro	1.800 euro

De inkomensgrenzen worden gekoppeld aan de evolutie van het indexcijfer (jaarlijkse aanpassing). De remgeldplafonds worden niet geïndexeerd. Dit leidt op termijn tot een voordeliger plafond (door de gestegen levensduurte en het geïndexeerde inkomen bereikt men sneller het niet-geïndexeerde plafond).

Het uitgangspunt is het feitelijk gezin. Inkomens en kosten worden in de regel gedeeld op niveau van het feitelijk gezin. Een feitelijk gezin wordt gevormd door de personen die samen onder één dak leven. Er wordt geen onderscheid gemaakt tussen samenwonenden en gehuwden.

Op deze gezinsnotie zijn een aantal nuances aangebracht om ongewenste neveneffecten te vermijden. Zo mag door de samenvoeging van inkomens geen ontmoediging ontstaan om bijvoorbeeld een zorgbehoevende ouder of een volwassene met een handicap in een gezin op te nemen, vandaar de individuele bescherming van zorgbehoevenden (zie verder in de tekst). Gezinsplaatsing wordt gelijkgesteld met deze zorgbehoevenden.

Wie recht heeft op de sociale MAF en deel uitmaakt van een uitgebreid gezin wordt samen met zijn eventuele partner en personen ten laste ook beschouwd als een apart gezin.

Voor kinderen, tot en met 18 jaar, wordt voorzien in een bijzondere individuele bescherming: ongeacht het inkomen van het gezin. De onkosten mogen met tussenkomst van het ziekenfonds voor een kind nooit boven de 650 euro per jaar oplopen. Voor sommige kinderen met een handicap is die grens op 450 euro bepaald.

Wie?

De MAF is in principe een gezinsrecht (uitzondering is de bescherming van het kind en de zorgbehoevende).

1. De sociale MAF:

Voor de sociale MAF is het in aanmerking genomen gezin samengesteld uit de rechthebbende, zijn echtgenoot of partner en hun personen ten laste. Zij moeten samen minimum 450 euro remgeld bereiken in de zogenaamde 'MAF-teller' (het ziekenfonds telt alle remgelden samen, die in aanmerking komen voor de bepaling van de maximumfactuur).

De sociale MAF wordt toegekend aan alle leden van het gezin waarvan één van de rechthebbenden behoort tot een sociale categorie gedurende 1 dag tijdens het betreffende kalenderjaar (1):

- Rechthebbenden met verhoogde tegemoetkoming bij het ziekenfonds, verkregen op basis van:
  - inkomensonderzoek
  - leefloon
  - gelijkstelling leefloon
  - inkomensgarantie voor ouderen of gewaarborgd inkomen voor bejaarden (niet de rechthebbenden met een tegemoetkoming aan personen met een handicapt of geen kind met verhoogde kinderbijslag wegens handicap)
- Rechthebbenden met een tegemoetkoming aan personen met een handicap
  - inkomensvervangende tegemoetkoming
  - integratietegemoetkoming
  - tegemoetkoming voor hulp aan bejaarden
  - tegemoetkoming door de Wet van 27.06.1969
  - tegemoetkoming door KB van 24.12.1974
    (geen rechthebbenden met tegemoetkoming aan personen met een handicap categorie III of hoger met gezinslast, waarbij de echtgenoot of partner een inkomen heeft)

---

(1) - Uitzondering: het kind dat verhoogde tegemoetkoming verkrijgt omwille van bijkomende kinderbijslag heeft een persoonlijke sociale MAF, maar geeft dat recht niet door aan de rest van het gezin.- De sociale MAF wordt alleen toegekend aan betrokkene, zijn eventuele partner en zijn personen ten laste.

2. De inkomens MAF:

Men neemt het feitelijk gezin in aanmerking.

Het feitelijk gezin zijn alle personen die onder één dak wonen op 01.01 van het betrokken jaar zoals blijkt uit de informatie van het Rijksregister van de natuurlijke personen ('domicilie'), totaal uitgaven versus totaal inkomens op 1 adres.

Alleenstaanden worden beschouwd als een feitelijk gezin.

Uitzondering: eerste inschrijving in Rijksregister, gemeenschap, zorgbehoevende, niet-ingeschreven in het Rijksregister, personen met referentie- of OCMW-adres.

Het inkomen van het 3e kalenderjaar voor het jaar van de te verrekenen remgelden (MAF-jaar) wordt vergeleken met de inkomensgrenzen van het MAF-jaar. Het overeenstemmende remgeldplafond wordt daar toegekend (zie tabel).

Het ziekenfonds doet een inkomensonderzoek in twee situaties:
a) indien het RIZIV **onvoldoende gegevens** bekomen heeft van de fiscale administratie;
b) ingeval behartenswaardigheid (*): Voor gezinnen met remgeldplafond van 450 of 650 euro: indien het inkomen van een gezin een beduidende vermindering heeft ondergaan t.o.v. het door de fiscus opgegeven referte-inkomen. Hiertoe zal het betrokken gezin een verklaring op eer onderschrijven. De inkomens die in beschouwing worden genomen zijn de inkomens op datum onderschrijving van de verklaring op eer. Het betreft de bruto-belastbare inkomens. Indien de behartenswaardigheid in het volgende kalenderjaar wordt gevraagd dan neemt men het totale jaarinkomen van het MAF-jaar.

(*): behartenswaardig:
- indien beroepsactiviteit werd stopgezet;
- van bijdragen vrijgesteld zijn in het raam van het sociaal statuut van de zelfstandigen voor een periode van meer dan een kwartaal;
- gecontroleerd volledig werkloos sedert ten minste zes maanden;
- arbeidsongeschikt sedert ten minste zes maanden

3. Individuele bescherming van kinderen en zorgbehoevenden:

- Kinderen tot en met 18 jaar worden een individuele bescherming toegekend, ongeacht het gezinsinkomen (grensbedrag remgeld = 650 euro). (1)
  Indien één of meer kinderen tot een gezin met een laag of bescheiden inkomen of met een sociale categorie behoren, dient de individuele bescherming niet ingeroepen te worden.
- Zorgbehoevenden met een erkenning voor 'chronisch zieke' in het ziekenfonds kunnen in de loop van het jaar met hun personen ten laste en hun partner uit het feitelijk gezin stappen (grensbedrag in functie van het inkomen van het nieuwe feitelijke gezin).
  Indien een zorgbehoevende reeds behoort tot een sociale categorie is het niet interessant om uit het feitelijk gezin te stappen.
  Chronisch zieken zijn:

(1) Overgangsmaatregel bij invoering van de MAF: kinderen met een handicap die in 2002 recht op bijkomende kinderbijslag hadden genieten de bescherming vanaf 450 euro.

- rechthebbenden met thuiszorgverpleging forfait B of C (tijdens het kalenderjaar dat vooraf gaat aan het jaar waarin de MAF is toegekend de instemming hebben verkregen van de adviserend geneesheer voor ten minste 3 maanden verpleegkundige verzorging met betaling van het forfaitair honorarium B of C)
- rechthebbenden met kiné voor E-pathologie (tijdens het kalenderjaar voorafgaand aan het jaar waarin de MAF is toegekend een toestemming van de adviserend geneesheer hebben verkregen voor ten minste 6 maanden behandeling voor E-pathologie)
- rechthebbenden met een medisch attest voor integratietegemoetkoming categorie III, IV en V, uitgegeven door de Federale Overheidsdienst Sociale Zekerheid: minstens 12 punten voor zelfredzaamheidsproblemen (KB 05.03.1990, art. 3)
- rechthebbenden met een medisch attest voor tegemoetkoming voor hulp aan bejaarden categorie III, IV en V, uitgegeven door de Federale Overheidsdienst Sociale Zekerheid: minstens 12 punten voor zelfredzaamheidsproblemen (KB 06.07.1987, art. 5)
- rechthebbenden met een tegemoetkoming voor hulp van derden, toegekend op basis van de Wet van 27.06.1969 betreffende de tegemoetkoming mindervaliden
- rechthebbenden met een uitkering of forfait voor hulp van derden, uitbetaald door het ziekenfonds in het kader van primaire of invaliditeitsuitkering
- rechthebbenden, die gedurende minstens 120 dagen opgenomen waren in een ziekenhuis tijdens de referentieperiode, die bestaat uit 2 kalenderjaren die voorafgaan aan het jaar waarin de MAF is toegekend

Hoe?

Op basis van de gegevens die beschikbaar zijn voor de sociale MAF betalen de ziekenfondsen de remgelden boven 450 euro terug aan de gezinnen die behoren tot de sociale categorieën.

Voor de andere gezinnen gaan de ziekenfondsen in de loop van het kalenderjaar na wanneer gezinnen boven de drempel van 450 euro zijn gegaan. Voor die gezinnen gebeurt een inkomensonderzoek. Wanneer het remgeldplafond is bereikt, betaalt het ziekenfonds meteen de remgelden terug (tot het einde van het kalenderjaar).

In geval van behartenswaardigheid kunnen gezinnen met laag remgeldplafond vragen om een - achteraf gecontroleerde - verklaring op erewoord af te leggen. Het ziekenfonds zal op basis van deze gegevens overgaan tot een terugbetaling van wat werd betaald aan remgelden boven de 450 euro indien het nieuwe inkomen onder de grens van 16.114,10 euro is.

Het persoonlijk aandeel waarmee rekening gehouden wordt:

Het persoonlijk aandeel, waarmee rekening wordt gehouden is maximaal het verschil tussen 100% verzekeringstegemoetkomingsbasis ('wettelijke tarief') en de verzekeringstegemoetkoming ('tegemoetkoming van het ziekenfonds'). Indien men minder betaalde dan de 100% verzekeringstegemoetkomingsbasis dan telt slechts het werkelijk betaald persoonlijk aandeel.

Tenlasteneming in een andere Belgische of buitenlandse reglementering van (een deel van) het persoonlijk aandeel wordt ook niet opgenomen in de remgeldteller.

Volgende persoonlijke aandelen komen in aanmerking:
- Gewone geneeskundige hulp:
  - bezoeken en raadplegingen van algemeen geneeskundigen en geneesheer-specialisten
  - verpleegkundige hulp
  - kinesitherapeutenhulp
  - technische verstrekkingen voor diagnose en behandeling
  - tandheelkundige hulp
- Specifieke geneeskundige hulp van geneesheer-specialisten, apothekers en licentiaten in de wetenschappen
- Geneesmiddelen:
  - ambulant verstrekte geneesmiddelen van de categorie A, B en C en magistrale bereidingen
  - farmaceutisch forfait per opnamedag in een algemeen ziekenhuis of psychiatrisch ziekenhuis
- Opname in een ziekenhuis:
  - het persoonlijk aandeel in de ligdagprijs:
    - onbeperkt in een algemeen ziekenhuis
      tot de 365e dag in een psychiatrisch ziekenhuis
  - het forfait van € 27,27 per opname
  - het forfait van € 16,40 voor technische prestaties
  - het farmaceutisch dagforfait van € 0,62 of € 0,70 of € 0,80
  - persoonlijk aandeel bij implantaten
  - persoonlijk aandeel bij endoscopisch en viscerosynthesemateriaal
- Revalidatie en logopedie
- Psychiatrische verzorgingstehuizen: bepaalde persoonlijke aandelen
- Moedermelk, dieetvoeding voor bijzonder medisch gebruik en parenterale voeding
- Palliatieve verzorging door een multidisciplinair begeleidingsteam

Waar?

- Ziekenfonds (Gouden Gids nr 6990, www.cm.be; e-mail: dmw@cm.be)
  - loket (inlichtingen + eventueel attest voor ander ziekenfonds)
  - dienst maatschappelijk werk (inlichtingen + bijstand)
- OCMW: attest leefloon dient afgegeven aan het ziekenfonds (loket) (telefoongids OCMW ofwel Gouden Gids infopagina's publieke instellingen)
- Federale Overheidsdienst Sociale Zekerheid, Directie-generaal Personen met een handicap: attest inkomensvervangende tegemoetkoming, integratietegemoetkoming, tegemoetkoming voor hulp aan bejaarden, de inkomensgarantie voor ouderen of het gewaarborgd inkomen voor bejaarden af te geven aan het ziekenfonds
  Administratief Centrum Kruidtuin, Finance Tower,
  Kruidtuinlaan 30, bus 1, 1000 Brussel
  tel.: (centrale) (02) 507 87 99
  fax: (02) 509 81 85
  HandiN@minsoc.fed.be
  www.handicap.fgov.be
- Uitbetalingsinstelling werkloosheid (syndicaat of hulpkas): attest langdurige werkloosheid

IV.30. Bijzonder solidariteitsfonds

(Wet houdende sociale bepalingen 24.12.99 - BS 31.12.99);
(K.B. 26/02/2001 - BS 28/02/2001; Programmawet 08.04.2003 - BS 17.04.2003; KB 04.02.2004 - BS 20.02.2004; Wet 27.04.2005 - BS 20.05.2005)

Wat?

Het bijzonder solidariteitsfonds is een fonds van het RIZIV (de ziekenfondsen) dat als doel heeft om dure verstrekkingen, die normaal niet terugbetaalbaar zijn, toch te vergoeden indien zij aan een aantal criteria beantwoorden. Het gaat om verstrekkingen die (nog) niet in het verzekeringspakket zitten of die er wel inzitten, maar waarbij de verzekerde niet voldoet aan bepaalde (medische) criteria voor tussenkomst.

A) Voor de verstrekkingen in het binnenland:

1. Tussenkomst bij zeldzame indicaties:

Het gaat om specifieke situaties die uitzonderlijk zijn omdat er behoefte bestaat aan de inzet van een verstrekking die op zich niet zeldzaam hoeft te zijn, maar waarbij het uitzonderlijk is dat voor de concrete aandoening een beroep moet worden gedaan op die verstrekking.
Bovendien moet deze verstrekking voldoen aan de volgende voorwaarden:
- Ze is duur;
- Ze heeft een wetenschappelijke waarde en doeltreffendheid die door de gezaghebbende medische instanties in ruime mate wordt erkend;
- Ze is uit de experimentele fase;
- Ze behandelt een aandoening die de vitale functies van betrokkene bedreigt;
- Er bestaat geen alternatieve behandeling op medisch-sociaal vlak inzake diagnose of therapie in het kader van de bestaande nomenclatuur

De verstrekking wordt voorgeschreven door een geneesheer-specialist die gespecialiseerd is in de behandeling van de betrokken aandoening (en hij is gemachtigd om in België geneeskunde uit te oefenen).

2. Tussenkomst voor zeldzame aandoeningen die een specifieke behandeling vereist:

Het gaat om situaties die uitzonderlijk zijn omdat de aandoening zeldzaam is en de behandeling zeer specifiek (dus niet voorzien in de nomenclatuur voor de gegeven aandoening). Algemeen wordt aangenomen dat een zelfzame aandoening niet meer dan één persoon op 2.000 treft.
Bovendien moet deze verstrekking voldoen aan de volgende voorwaarden:
- Ze is duur;
- Ze wordt door de gezaghebbende medische instanties aangeduid als de specifieke fysiopathologische aanpak van de zeldzame aandoening;
- Ze behandelt een aandoening die de vitale functies van betrokkene bedreigt;

- Er bestaat geen therapeutisch alternatief in het kader van de bestaande nomenclatuur

De verstrekking wordt voorgeschreven door een geneesheer-specialist die gespecialiseerd is in de behandeling van de betrokken aandoening (en hij is gemachtigd om in België geneeskunde uit te oefenen).

3. Tussenkomst bij een zeldzame aandoening die een continue en complexe verzorging vereist:

Het gaat om situaties die uitzonderlijk zijn omdat de aandoening zeldzaam is en de behandeling uitzonderlijk intensief en complex (dus niet voorzien in de nomenclatuur voor de gegeven aandoening). Het gaat concreet om uitzonderlijk dure verzorging.
Deze verzorging moet voldoen aan de volgende voorwaarden:
- Ze is duur in haar totaliteit;
- Ze heeft betrekking op een bedreiging van de vitale functies van betrokkene, die een rechtstreeks en specifiek gevolg is van de zeldzame aandoening;
- Er bestaat geen therapeutisch alternatief in het kader van de bestaande nomenclatuur

De complexe verzorging wordt voorgeschreven in het raam van een behandelingsplan door een geneesheer- specialist die gespecialiseerd is in de behandeling van de betrokken aandoening (en is gemachtigd om in België geneeskunde uit te oefenen).

4. Tussenkomst bij innovatieve medische technieken:

Het gaat om specifieke situaties die uitzonderlijk zijn omdat nieuwe medische technologie voor de behandeling van de specifieke aandoening een meerwaarde heeft tegenover de bestaande technieken. Het College Geneesheren-Directeuren kan gedurende een beperkte periode (maximum 2 jaar) tussenkomst verlenen in de kosten van nieuwe medische hulpmiddelen en verstrekkingen, die innovatieve medische technieken zijn. Het RIZIV legt een lijst aan van medische hulpmiddelen en verstrekkingen, die in aanmerking komen voor deze tegemoetkoming. De tussenkomst is dus selectief en tijdelijk. Geneesmiddelen worden hiervan uitgesloten!
Bovendien moeten deze medische hulpmiddelen en verstrekkingen voldoen aan de volgende voorwaarden:
- Ze zijn duur;
- Ze zijn zeldzaam;
- Ze worden door gezaghebbende medische instanties beschouwd als de aangewezen wijze voor het behandelen van een bedreiging van de vitale functies van betrokkene;
- Ze zijn uit de experimentele fase;
- Bij een kosten/baten-afweging hebben ze een belangrijke en aangetoonde meerwaarde;
- Bij de bevoegde technische raad werd een aanvraag ingediend om de medische meerwaarde te evalueren en/of om de tegemoetkoming van de verplichte verzekering in de kosten van deze verstrekkingen te verkrijgen.

De verstrekking wordt voorgeschreven door een geneesheer-specialist die gespecialiseerd is in de behandeling van de betrokken aandoening (en is gemachtigd om in België geneeskunde uit te oefenen).

5. Tussenkomst voor chronisch zieke kinderen:

Voor kinderen (tot en met 18 jaar) die lijden aan kanker, gedialyseerde nierinsufficiëntie of kinderen met een andere levensbedreigende ziekte die een continue verzorging vereist kan men bij het BSF de terugbetaling vragen vanaf 650 euro extra kosten die verband houden met de medische behandeling en die niet terugbetaald worden door het ziekenfonds.

Wanneer de drempel van € 650 bereikt is, blijft de terugbetaling doorlopen tot en met het eerstvolgende jaar na het jaar waarin deze drempel niet bereikt is.

De tussenkomst heeft betrekking op de kosten voor verzorging die ambulant of in het ziekenhuis verstrekt worden (zelfs verzorging in het buitenland als deze zorg in eigen land niet binnen een redelijke termijn kan verleend worden). Het gaat om persoonlijke aandelen, die niet in de MAF worden opgenomen (MAF: I.10) en om medicatie D, Cx + Cs (vb. verbandmateriaal, ontsmettingsmiddelen, kleine instrumenten, sonden, toestellen, enz.). Verder worden ook medische hulpmiddelen in aanmerking genomen.

Medische kosten, die terugbetaald worden in het kader van de nomenclatuur (terugbetaling door het ziekenfonds) en aangerekende supplementen komen niet in aanmerking voor deze voorziening.
In praktijk zal dit meestal gaan over dure behandelingen of verzorging (medicatie D). Het RIZIV zal bij medicatiekosten nagaan of de doelmatigheid van de aangebrachte onkosten bewezen is.

De geneeskundige verstrekkingen moeten voldoen aan volgende voorwaarden:
- ze beantwoorden aan een indicatie die voor betrokkene op medisch sociaal vlak absoluut is (m.a.w. er is geen therapeutisch alternatief);
- ze bezitten een wetenschappelijke waarde en doeltreffendheid die door de gezaghebbende medische instanties in ruime mate erkend wordt;
- ze zijn het experimenteel stadium voorbij;

De verstrekkingen zijn voorgeschreven door een behandelend geneesheer, die gemachtigd is om in België geneeskunde uit te oefenen.

B) Voor de verstrekkingen in het buitenland:

Een aanvraag kan ook worden ingediend tot vergoeding van de kosten van de rechthebbende voor in het buitenland verleende geneeskundige verstrekkingen, reis- en verblijfskosten (eventueel ook reis- en verblijfskosten voor een begeleidend persoon indien de noodzaak is aangetoond).

Er is geen tussenkomst mogelijk voor supplementen of persoonlijke aandelen.

Voorwaarden:
- Het moet om behartenswaardige situaties gaan. Uit vonnissen van de rechtbanken blijkt dat een ruime interpretatie mogelijk is.

- De belangrijkste drempel is de vereiste toestemming van de adviserend geneesheer voor zorgverlening in het buitenland. Hij oordeelt op basis van een inschatting van de noodzaak, die gemotiveerd wordt vanuit de technische onmogelijkheid om dezelfde zorg in eigen land te krijgen.

De zorg moet voorgeschreven zijn door een deskundig Belgisch arts.

Wie?

Personen die:
- ofwel een dure en levensnoodzakelijke geneeskundige verstrekking dienen te ondergaan welke niet terugbetaalbaar is door het ziekenfonds
- ofwel een dure en levensnoodzakelijke verzorging dienen te ondergaan welke niet terugbetaalbaar is door het ziekenfonds
- ofwel een duur en levensnoodzakelijk geneesmiddel dienen te gebruiken dat niet terugbetaald wordt door het ziekenfonds
- ofwel een geneeskundige verstrekking dienen te ondergaan in het buitenland
- ofwel jonger zijn dan 19 jaar en meer dan 6 maanden ernstig chronisch ziek zijn en meer dan 650 euro niet terugbetaalbare medische onkosten hebben,

kunnen beroep doen op het bijzonder solidartiteitsfonds om een tegemoetkoming in de onkosten te kunnen bekomen.

Hoe?

A) Inzake verstrekkingen

De aanvraag wordt ingediend bij de adviserend geneesheer van het ziekenfonds met een ter post aangetekende brief of op gelijk welke andere manier die toelaat de datum van indiening met zekerheid vast te stellen.

De adviserend geneesheer kan ook zelf initiatief nemen om een aanvraag te starten.

De aanvraag om tegemoetkoming moet volgende stukken omvatten:
1. een voorschrift dat is opgemaakt door een geneesheer en waarbij een omstandig geneeskundig verslag is gevoegd dat alle inlichtingen bevat die toelaten te besluiten of de gevraagde verstrekking voldoet aan de voorwaarden.
2. Een omstandig bestek of een gedetailleerde factuur met de kosten, opgemaakt door de zorgverlener(s).
   NB: voor de aanvragen betreffende de implantaten zijn de volgende documenten nodig:
   - een afleveringscertificaat van de ziekenhuisapotheker
   - een fotokopie van de firmafactuur
3. De verklaring op erewoord (standaardformulier) en waarin de rechthebbende:
   - bevestigt dat hij, in verband met de verstrekkingen waarvoor hij een tegemoetkoming vraagt, zijn rechten heeft uitgeput in andere wetgeving en geen rechten kan doen gelden in een individueel of collectief verzekeringscontract (vb. hospitalisatieverzekering);
   - meedeelt ten belope van welk bedrag hij, in voorkomend geval, rechten kan doen gelden krachtens andere rechten (vb. verzekering);

- bepaalt of hij de vergoedingen in het raam van het Bijzonder solidariteitsfonds, al of niet zal innen. De rechthebbende kan via een verklaring op eer de begunstigde aanduiden.

Onmiddellijk na ontvangst van de aanvraag om tegemoetkoming gaat de adviserend geneesheer van het ziekenfonds na of de gevraagde verstrekking in aanmerking komt.

De junctionele epidermolysis bullosa en de dystrofische epidermolysis bullosa zijn zeldzame aandoeningen die continue verzorging noodzaken. De adviserend geneesheer kan, indien de aanvraag betrekking heeft op één van deze aandoeningen, zelf een tegemoetkoming in de kosten toekennen. Hij beslist over de toekenning van de tegemoetkoming en stelt het bedrag ervan vast.

De adviserend geneesheer van het ziekenfonds moet, nadat hij de eventueel ontbrekende stukken heeft verzameld, de aanvraag met zijn advies en het inlichtingsblad aan het College van Geneesheren-Directeurs toe sturen binnen een termijn van dertig dagen na de dag van de door de rechthebbende ingediende aanvraag.

B) Inzake medische onkosten zonder ziekenfondstussenkomst voor kinderen tot en met 18 jaar:

De aanvraag verloopt in 3 fasen:

- Een principiële aanvraag:
  Zodra 650 euro onkosten bereikt zijn kan men de aanvraag starten met volgende documenten: de precieze diagnose; een omstandig medisch verslag van de behandelend geneesheer (niet bij dialyse); een lijst van soorten/typen geneeskundige zorgen waarvan kosten zullen ingediend worden
  Het College van Geneesheren-Directeurs neemt een principiële beslissing.
- de aanvraag om tegemoetkoming, met volgende documenten:
  een behandelingsplan (uitgebreid, dat dient als voorschrift); voorschriften van verstrekkingen, die niet vernoemd werden in het behandelingsplan; een samenvattende lijst van de onkosten; de bewijzen van elke betaling
  Het CGD beslist en stelt het bedrag van de eventuele tegemoetkoming vast.
- de aanvraag om verlenging, met volgende documenten:
  Na 3 maanden kan een verlenging aangevraagd worden. Een behandelingsplan is niet meer noodzakelijk, tenzij er wijzigingen te melden zijn. De aanvraag tot verlenging bevat de individuele voorschriften, de samenvattende kostenstaat en de bewijzen van betaling.
  De adviserend geneesheer kan meteen voorschotten uitbetalen, het CGD behandeld nadien de aanvraag tot verlenging.

C) Behandeling in het buitenland

De aanvraag om tegemoetkoming van de verzekering in de kosten van verstrekkingen en de reis- en verblijfskosten moet, om ontvankelijk te zijn, de elementen bevatten waaruit het behartigenswaardig karakter ervan blijkt.

De aanvraag om verzorging in het buitenland te krijgen moet vooraf gebeuren.

Wat de reiskosten en eventueel de verblijfskosten van de vergezellende persoon betreft, moet, behalve indien het een patiënt van minder dan 18 jaar betreft, een medisch getuigschrift worden bijgevoegd dat de noodzaak tot vergezellen motiveert.

Bij de aanvraag wordt de verklaring op erewoord gevoegd waarin de rechthebbende bevestigt dat hij geen andere rechten kan doen gelden of waarin hij meedeelt ten belope van welk bedrag hij rechten kan doen gelden krachtens die andere voorziening.

In een aanvraag voor geneeskundige verstrekkingen voor het buitenland dient het aanvraagbundel uitgebreid te worden met:

- een raming van de kosten
  - medische kosten
  - transportkosten
  - verblijfskosten
- een omstandig medisch verslag
  - van het ziekenhuis in België (een Belgische arts schrift de behandeling voor en motiveert ze)
  - van het behandelend ziekenhuis in het buitenland (niet vereist maar wenselijk vanuit praktische overwegingen)
- de elementen waaruit het behartigenswaardig karakter ervan blijkt
- de volledig ingevulde verklaring op erewoord
- het advies van de adviserend geneesheer
- het standaardformulier
- het formulier E112 (Europese Gemeenschap) of de toestemming van de adviserend geneesheer
- eventueel het medisch getuigschrift dat het vergezellen motiveert (behalve indien de patiënt jonger is dan 18 jaar).

De adviserend geneesheer stuurt de aanvraag door binnen een termijn van dertig dagen te rekenen vanaf de dag na de indiening van de aanvraag door de rechthebbende, vergezeld van:

- de schatting van het persoonlijk aandeel ten laste van de rechthebbende
- het inlichtingenblad
- de verantwoordingsstukken voor een aanvraag betreffende reeds gemaakte onkosten

De adviserend geneesheer heeft het recht om in bepaalde situaties de aanvraag niet door te sturen naar het RIZIV (situaties waarin duidelijk is dat de gevraagde tussenkomsten niet in aanmerking komen voor tussenkomst, vb. verjaarde verstrekkingen, zorgen in het buitenland waarvoor geen voorafgaande toelating verkregen is, enz.)

Uitbetaling ?

A) Kosten geneeskundige verstrekkingen

1. Beslissing op basis van een factuur

Het ziekenfonds betaalt aan de rechthebbende of aan de zorgverlener het toegekend bedrag binnen een termijn van 14 dagen na de beslissing van de adviserend geneesheer van de verzekeringsinstelling of na de ontvangst van de kennisgeving van de beslissing van het College van Geneesheren-Directeurs.

2. Beslissing op basis van een bestek

Het ziekenfonds betaalt aan de rechthebbende of aan de zorgverlener het toegekend bedrag slechts na de beslissing van de adviserend geneesheer van de verzekeringsinstelling of na de ontvangst van de kennisgeving van de beslissing die het College van Geneesheren-Directeurs treft omtrent de met het bestek corresponderende factuur, binnen een termijn van 14 dagen.

3. Voorschot op basis van een bestek

Als het College van Geneesheren-Directeurs of de adviserend geneesheer van de verzekeringsinstelling een rechthebbende reeds de vergoeding van een continue behandeling op basis van een factuur heeft toegekend, kan eventueel aan die rechthebbende, op basis van een bestek, een voorschot worden toegekend voor de voortzetting van de behandeling. Zodra de rechthebbende de met het bestek corresponderende factuur in zijn bezit heeft, bezorgt hij ze aan de adviserend geneesheer van de verzekeringsinstelling.

B) Kosten behandeling, reis- en verblijfskosten in het buitenland

De tegemoetkoming wordt door het College van Geneesheren-Directeurs op basis van de bewijsstukken als volgt vastgesteld, waarbij de toegekende vergoeding evenwel niet hoger mag liggen dan de werkelijke kosten:

1° voor het aandeel ten laste van de rechthebbende op basis van een berekeningsdossier dat is aangelegd door de verzekeringsinstelling;

2° wat de reiskosten betreft:
   a) als er met een gemeenschappelijke vervoermiddel wordt gereisd, worden de werkelijke reiskosten vergoed
   b) als er met een ander vervoermiddel wordt gereisd, worden de reiskosten vergoed tegen 0,2 euro per kilometer;
   c) als, voor noodzakelijke medische reden, de reis met een ziekenwagen of een ander gemedicaliseerd vervoermiddel wordt gedaan, worden de werkelijke reiskosten vergoed.

   De tegemoetkoming mag enkel betrekking hebben op de afstand die de rechthebbende en, in voorkomend geval, de persoon die hem moet vergezellen, moet afleggen om zich van de gewone verblijfsplaats van de rechthebbende te verplaatsen naar de plaats van de behandeling met het goedkoopste vervoermiddel dat, rekening houdende met zijn gezondheidstoestand, door de rechthebbende kan worden gebruikt;

3° wat de verblijfskosten betreft:
   de verblijfskosten van de rechthebbende en van de persoon die hem eventueel moet vergezellen, en de kosten die voortvloeien uit de overnachting die noodzakelijk is tijdens de onder 2° bedoelde verplaatsing, worden vergoed op grond van de werkelijke prijs met een maximum van 27,27 euro per persoon en per overnachting.

Waar?

- Ziekenfonds - dienst maatschappelijk werk; adviserend geneesheer (inlichtingen, bijstand + aanvraag) (Gouden Gids nr 6990, www.cm.be; e-mail: dmw@cm.be).

IV.31. Zorgverzekering

(Decreet 30.03.99 - BS 28.05.99, gewijzigd door het M.B. 29.08.2008. – B.S. 15.10.2008)
(handleiding - MB 06.01.2006 - BS 04.04.2006))

Wat?

De Zorgverzekering heeft als bedoeling tegemoet te komen in de niet-medische kosten van zeer zwaar zorgbehoevende personen thuis of in het rusthuis (o.a kosten voor gezinshulp, oppasdienst, dagverzorging, kortverblijf, serviceflat, rustoord ...).

Ook voor de hulp die familie, vrienden en bekenden in thuiszorgsituaties bieden - de zogenaamde mantelzorg - is de vergoeding bedoeld.

Wie kan, moet aansluiten ?

Iedere Vlaming, ouder dan 25 jaar, moet zich verplicht aansluiten bij een Zorgkas. Elke aangeslotene moet jaarlijks een bijdrage betalen voor 30 april.

Deze bijdrage is vastgesteld op :
- 10 euro voor de rechthebbenden (op 1 januari van het jaar voorafgaand aan het jaar van de betaling van de bijdrage) op verhoogde tegemoetkoming voor geneeskundige verstrekkingen (zie IV.28.) (dus de personen die op 1 januari 2008 recht hadden op de verhoogde tegemoetkoming betalen 10 euro voor 2009) en
- 25 euro voor de andere personen.

Niet-betaling, onvolledige betaling of laattijdige betaling heeft een schorsing van mogelijke tegemoetkomingen tot gevolg en opeenvolgende niet-betaling heeft een administratieve boete tot gevolg, met de achterstallige betalingen bovenop.

De boete:

Laattijdige betaling is een betaling, die op de rekening van de zorgkas komt na 30.04 van het jaar waarin ze moet betaald worden. Na 3 keer onvolledig, laattijdig of niet betalen krijgt men van het Zorgfonds een administratieve boete van 250 euro opgelegd (voor rechthebbende op verhoogde tegemoetkoming en voor gerechtigde met Omnio statuut is dit slechts 100 euro). Bovendien worden de achterstallige bijdragen meegeïnd. De boete kan desnoods geïnd worden met een dwangbevel.

Stel dat men 2 keer te laat betaald heeft en een derde betaling niet uitvoert, dan krijgt men, naast de eventuele schorsing van uitkeringen, ook een boete. Het niet of te laat betalen moet niet aansluitend gebeuren en een laattijdige betaling geldt altijd als aanzuivering van de oudste achterstallige bijdrage.

Na 5 jaar correct betalen tellen oude laattijdige betalingen niet meer mee.

Begin 2009 ligt een wetsontwerp klaar dat de boete afschaft voor laattijdige betalingen.

De schorsing:

Voor elk jaar dat de betaling op 31.12 van het jaar, waarin ze moest betaald zijn, ontbrekend of onvolledig was, zal de tegemoetkoming bij zorgbehoevendheid vier maanden worden opgeschort nadat de niet betaalde bijdragen zijn aangezuiverd.

Voorbeeld: men betaalde twee jaar geen bijdrage, dan zal men, wanneer men zorgbehoevend wordt, eerst de niet betaalde bijdragen moeten aanzuiveren. Pas daarna begint de wachttijd te lopen en wordt de schorsing omwille van 2 laattijdige bijdragen, bijgeteld vooraleer er een tegemoetkoming vanuit de zorgverzekering uitgekeerd wordt. Hierdoor krijgt men een wachttijd van minimum 12 maanden in plaats van 3 maanden (de wachttijd verlengt naarmate men wacht met de aanzuivering van de achterstallige bijdragen). Dit is een verlies van minimum 1.000 euro.

Als inwoner van het Brussels Hoofdstedelijk Gewest is de aansluiting niet verplicht. Per jaar dat men had kunnen aansluiten, maar dat niet heeft gedaan, loopt men echter een wachttijd van vier maanden op. Een inwoner van Brussel kan een eventuele boete ontlopen door de zorgkas op te zeggen, maar hij kan betaalde bijdragen niet terugkrijgen.

Overzicht van de verplichtingen tot aansluiting:

Sociaal verzekerd(1) Inwonend	**In België**	**In een ander Europees land**
Vlaanderen	Sociaal verzekerde: verplicht personen ten laste: verplicht	Sociaal verzekerde: geen recht personen ten laste: verplicht
Brussel	Sociaal verzekerde: vrij te kiezen personen ten laste: vrij te kiezen	Sociaal verzekerde: geen recht personen ten laste: vrij te kiezen
Ander Europees land	Sociaal verzekerde: verplicht personen ten laste: geen recht	Sociaal verzekerde: geen recht personen ten laste: geen recht

Wie heeft recht op een uitkering ?

De mantel- en thuiszorgpremie:
- Zwaar zorgbehoevende personen in de thuiszorg.

De premie voor residentiële zorg:
- Rusthuisbewoners die verblijven in rustoorden en rust- en verzorgingstehuizen die erkend zijn door de Vlaamse Overheid of hiermee gelijkgesteld.
- Personen die in een psychiatrisch verzorgingstehuis verblijven

Wie is zorgbehoevend ?

Men dient een attest in dat bewijst dat men zwaar zorgbehoevend is. Volgende attesten komen hiervoor in aanmerking:

(1) Sociaal verzekerd zijn wil zeggen dat men een band heeft met de sociale zekerheid van het land, vb. door te werken of door gerechtigd te zijn op een RSZ-uitkering, vb. Werkloosheids- of invaliditeitsuitkering.

Voor personen die thuis (of in een serviceflat) wonen;

- minstens score B op de Katz-schaal in de thuisverpleging
- minstens score 35 op de BEL-profielschaal van de gezinszorg (zie I.25)
- minstens score 15 bij de Tegemoetkoming voor Hulp aan Bejaarden, Integratie-tegemoetkoming of Hulp van derden (Wet 27-06-1969) vanuit de Federale Overheidsdienst Sociale Zekerheid. De score van minstens 15 punten is gelijk aan categorie IV of categorie V.
- Kinderen met bijkomende kinderbijslag: een attest van minstens 7 punten op de schaal van zelfredzaamheid uit hoofde van het kind (zie IV.2.)
- Kinderen geboren na 01.01.1993 met bijkomende kinderbijslag: een attest met minstens score 18 uit hoofde van het kind (zie IV.2.)
- Bij verlenging na 3 jaar tegemoetkoming voor mantelzorg op basis van een attest BEL-profielschaal: attest kiné E-tarief (ernstige aandoeningen)

Voor personen die opgenomen zijn in een instelling;

- attest van verblijf in een psychiatrisch verzorgingstehuis (PVT) (zie I.33.).
- attest van verblijf in een erkend rusthuis (ROB of RVT)

Wat indien geen van bovenstaande attesten voorhanden is?

Indien men geen van bovenstaande attesten kan voorleggen, dan moet er een onderzoek gebeuren naar de graad van zorgbehoevendheid. In dit geval bezorgt de zorgkas een lijst van diensten uit de regio die gemachtigd zijn om dit onderzoek te verrichten. Het gaat om de Centra Algemeen Welzijnswerk in het kader van het ziekenfonds (o.a. de CAW diensten maatschappelijk werk van de CM), de diensten voor gezinszorg (Familiehulp, Familiezorg, Landelijke Thuiszorg ...) of de OCMW's. Iemand van die diensten zal op basis van een bepaalde schaal (de BEL-profielschaal) de zorgafhankelijkheid inschatten.

Bij een verergering van de zelfredzaamheidsproblemen kan men na een negatieve inschaling (geen 35 punten op de BEL-schaal) een herziening vragen. Indien het nieuwe onderzoek binnen 6 maanden na een vorig onderzoek wordt aangevraagd, dan moet dit door dezelfde organisatie (persoon) worden uitgevoerd om bij een positief resultaat rechtsgeldig te kunnen zijn.

De uitkering zelf?

Er zijn twee uitkeringen:

1. Mantel- en thuiszorgpremie (vanaf 01.07.2008: € 125)
   Er is geen recht op één van deze premies voor de perioden waarin men:
   - van het Vlaams Agentschap voor Personen met een Handicap een persoonlijke assistentiebudget (PAB) krijgt, of
   - verblijft in een voltijds regime in een door het Vlaams Agentschap voor Personen met een Handicap erkende residentiële voorziening, namelijk:
     - een tehuis niet-werkenden;
     - internaat (voltijds verblijf is in een schema van 10 op 14 dagen verblijf in een internaat);
     - tehuis werkenden of in een
     - centrum voor observatie, oriëntering en medische, psychologische en pedagogische behandeling.

Het Zorgfonds deelt aan de zorgkassen mee welke van hun aangeslotenen geen recht hebben op een tenlasteneming.
Men heeft wel recht op een mantel- en thuiszorg-premie (als er een lopend dossier is voor mantel- en thuiszorg op 31 augustus en als betrokkene voldoet aan alle andere voorwaarden om een tenlasteneming te kunnen verkrijgen):
- gedurende één maand indien betrokkene gedurende meer dan dertig dagen uit de voorziening afwezig was,
- gedurende twee maanden als betrokkene gedurende meer dan honderd dagen uit de voorziening afwezig was,

in de periode van 1 september van het voorgaande jaar tot en met 31 augustus.

Het Zorgfonds deelt aan de zorgkassen eveneens mee welke van hun aangeslotenen in de periode van 1 september van het voorgaande jaar tot en met 31 augustus, meer dan dertig dagen of meer dan honderd dagen, uit deze voorziening afwezig zijn geweest.
De betrokkene of zijn vertegenwoordiger verklaart op het aanvraagformulier dat er een verblijft is in een voorziening of dat men op de wachtlijst staat.
Als de betrokkene pas na zijn aanvraag in een dergelijke voorziening gaat verblijven, dan moet hij of zijn vertegenwoordiger dat aan de zorgkas melden.

2. Residentiële premie (€ 125/maand)
De rustoorden moeten erkend zijn door de (Vlaamse of andere) overheid Dit zijn quasi alle rusthuizen en verzorgingstehuizen.. (woonzorgcentra)
De uitkering aan personen in een RVT, ROB of PVT wordt in principe niet per circulaire cheque betaalt, tenzij betrokkene er zelf en uitdrukkelijk om vraagt.

Hoe?

De aanvraag voor een tussenkomst wordt ingediend bij de zorgkas waarbij de gebruiker is aangesloten. Bij een positieve beslissing start het recht op uitkering pas na 3 maanden carenstijd, te rekenen vanaf de 1e van de maand volgend op de aanvraagdatum.

De zorgkas beslist over de tenlastenemingen binnen een termijn van zestig dagen na indiening van de aanvraag. De beslissing moet, op straffe van nietigheid, met redenen worden omkleed.

Bij een herziening kan deze termijn eventueel verlengd worden tot 90 dagen.

Wanneer een aanvraag bijkomende kinderbijslag lopende is en geen geldig attest voorhanden is, dan kan de beslissing uitgesteld worden tot het attest ter beschikking is (langer dan 90 dagen).

Beroep

De gebruiker kan bezwaar aantekenen tegen de voorgenomen beslissing van de zorgkas, binnen de 30 dagen (Vlaams Agentschap Zorg en Gezondheid, Koning Albert II-laan, 33, bus 35, 1030 Brussel).

De persoon, die een administratieve boete krijgt ten gevolge van laattijdige, onvolledige of niet betaling van bijdragen kan met een geijkt formuliern en binnen de maand na aanmaning, bezwaar indienen.

Waar?

- Elke landsbond van ziekenfondsen richtte een zorgkas op. Daarnaast kunt u ook terecht bij de erkende zorgkas van een paar private verzekeringsmaatschappijen of bij de Vlaamse Zorgkas. Kiest u zelf geen zorgkas, dan wordt u door het Vlaams Zorgfonds ambtshalve aangesloten bij de Vlaamse Zorgkas, die door de OCMW's wordt vertegenwoordigd.
- Ziekenfonds (loket of dienst maatschappelijk werk) (Gouden Gids nr. 6990, www.cm.be; e-mail: dmw@cm.be).
- www.cm.be (diensten en voordelen)
- www.vlaamsezorgverzekering.be

IV.32. Financiële steun voor ernstig zieke personen

A) Financiële steun van het OCMW
B) Tussenkomsten vanuit de ziekteverzekering, zorgverzekering, Fonds voor beroepsziekten en hulpfonds in het kader van ziekenfondswerking
C) Financiële steun van de kankerfondsen

A) Financiële steun van het OCMW

Wat?

Het OCMW is niet alleen bevoegd voor uitbetaling van het leefloon, maar kan daarnaast ook financiële hulp bieden op terreinen waar het leefloon ontoereikend is of niet van toepassing is.

Er kan financiële hulp geboden worden in bijkomende verwarmingskosten, in de verblijfskosten voor aangepaste opvang (vb. bejaardentehuis), enz., maar er kan tevens in hoogoplopende medische onkosten hulp geboden worden.

Wie?

Alle personen die in geldnood komen door de hoog oplopende medische onkosten.

Sommige OCMW's hanteren de inkomensgrens van leefloon als grens om financiële hulp te overwegen. Dat is niet correct want de medische onkosten kunnen zodanig uit verhouding zijn met het inkomen dat gewone bescheiden inkomens eveneens de onkosten niet kunnen dragen.

Iedereen heeft het recht op een financieel onderzoek waarbij de medische kost wordt bekeken in verhouding tot het (beperkt) inkomen.

Hoe?

Een aanvraag indienen bij het voor de woonplaats verantwoordelijk OCMW. Alle onkostenbewijzen en inkomensbewijzen voorleggen.

Net als bij het leefloon is het OCMW verplicht om de vraag schriftelijk en gemotiveerd te beantwoorden.

Men kan beroep aantekenen tegen deze beslissing, maar in tegenstelling tot het leefloon bestaan voor financiële hulp geen vaste normen. De rechter kan dan onderzoeken of het OCMW redelijk geoordeeld heeft.

Waar?

- OCMW (Gouden Gids nr)
- Ziekenfonds (Gouden Gids nr 6990, www.cm.be; e-mail: dmw@cm.be)

B) Tussenkomsten vanuit de ziekteverzekering, zorgverzekering, beroepsziekte en hulpfonds in het kader van de ziekenfondswerking

- Het derde betalers systeem (zie VI.28)
  Het derdebetalerssysteem is het principe volgens dewelke de patiënt enkel datgene betaalt wat het ziekenfonds niet terugbetaalt (het zogenaamde remgeld). Dit systeem is dus de mogelijkheid voor sommige personen om niet het totale bedrag van sommige prestaties te hoeven betalen. De patiënt betaalt dus enkel het persoonlijk aandeel (remgeld).
  Het ziekenfonds betaalt hun deel ten laste rechtstreeks terug aan de medische hulpverlener (dokter, apotheker, ziekenhuis, tandarts...). Zo moet de patiënt op het moment van de betaling enkel zijn persoonlijk aandeel betalen. De medische hulpverleners moeten door de administratieve beslommeringen wat langer op hun geld wachten maar ze kunnen hier toe bereid zijn wegens sociale redenen.
  De volgende categorieën van mensen kunnen genieten van het systeem van de derde betaler :
  - De begunstigden van de garantie van inkomsten voor oudere personen.
  - De begunstigden van het inkomen van integratie (leefloon).
  - De begunstigden van een verhoogde tegemoetkoming.
  - De begunstigden van een tegemoetkoming voor gehandicapten.
  - De volledige werklozen (6 opeenvolgende maanden).

  Voor de ziekenhuizen en de apothekers is het systeem van de derde betaler verplicht voor iedereen. Maar de andere medische hulpverleners zijn vrij dit systeem te gebruiken.
  Voor verdere inlichtingen kunt u contact opnemen met uw ziekenfonds.
- Globaal Medisch Dossier (GMD) (zie I.13)
- De Maximumfactuur (MAF)(zie I.15)
- De verhoogde tussenkomst en OMNIO (zie IV.28)
- Uitkering aan derden (zie I.3)
- Chronische ziekten (zie I.17)
- Bijzonder solidariteitsfonds (zie I.16)
- De Vlaamse Zorgverzekering (zie II.14)
- Fonds voor beroepsziekte (zie I.2)
- Hulpfondsen in het kader van ziekenfondswerking

Wat?

Sommige ziekenfondsen hebben ten behoeve van leden in financiële nood hulpfondsen ter beschikking. Deze fondsen zijn uitsluitend bedoeld voor acute financiële noodsituaties tengevolge van ziekte en/of handicap omwille van hoge medische kosten.

Onder medische kosten kan eventueel ook bedoeld worden: hulpmiddelen, huishoudelijke hulp om de thuiszorg te ondersteunen, ... Deze fondsen zijn residuair en de grootte van de tussenkomst wordt bepaald door de totale situatie en wordt per individuele situatie beoordeeld.

Bij de Christelijke Ziekenfondsen zijn deze tussenkomsten afhankelijk van een grondig financieel onderzoek, waarbij familiale solidariteit en de aansprakelijkheid van het OCMW eerst uitgeput worden. Men houdt de fondsen ter beschikking voor situaties, waarvoor elders geen oplossing voorhanden is.

Men helpt hierdoor mensen, die dure maar noodzakelijke zorg nodig hebben, en waarvoor geen eigen middelen voorhanden zijn.

De tussenkomst kan gegeven worden onder de vorm van een gift of als voorschot.

Wie?

Leden die in regel zijn met hun bijdragen aan een ziekenfonds dat deze tussenkomst overweegt.

Hoe?

Het OCMW heeft in het kader van zijn opdracht ook een plicht om gezondheidszorgen te betalen voor wie zelf onvoldoende financiële middelen heeft. Het kan naast leefloon bijkomende financiële hulp geven om de gezondheidszorgen te betalen. Zelfs wie (iets) meer inkomen heeft dan de strikte leefloongrenzen kan eisen van het OCMW dat een aanvraagdossier opgemaakt en behandeld wordt.

Het ziekenfonds treedt op als alle andere middelen uitgeput zijn (eigen middelen, familiale solidariteit, OCMW).

Men neemt contact op met de dienst maatschappelijk werk van het ziekenfonds en informeert naar de eventuele mogelijkheid om hulp te krijgen.

De aanvrager is bereid een financieel onderzoek te laten uitvoeren en laat toe dat de noodzaak bevraagd wordt bij de deskundigen ter zake binnen de organisatie (adviserend geneesheer voor de beoordeling van de doelmatigheid van de gevraagde verzorging, juridische dienst om eventueel ziekenhuisrekeningen na te kijken en zo nodig op te treden, enz.).

De maatschappelijk werker verzamelt de gegevens en volgt het dossier op.

Waar?

- De dienst maatschappelijk werk van uw ziekenfonds.

C) Financiële steun voor kankerpatiënten

Wat?

De 'Stichting tegen kanker' (STK) en de 'Vlaamse Liga tegen Kanker' (VLK) geven financiële steun aan kankerpatiënten met een beperkt inkomen.

Het betreft een financiële steun in kosten die specifiek veroorzaakt worden door een kankeraandoening en die er voor zorgen dat betrokkene in financiële nood komt.

Alle kosten (medische en niet-medische) veroorzaakt door de kankeraandoening kunnen in aanmerking genomen worden (uitgezonderd kosten voor alternatieve behandelingen). Begrafeniskosten komen niet in aanmerking.

Andere activiteiten van deze organisaties:

Beide organisaties hebben een infolijn. De beller kan er (anoniem) terecht voor deskundig advies en een bemoedigend gesprek, voor informatie over wetenschappelijke, medische, psychologische en sociale aspecten van kanker.

Bij de VLK wordt de telefoon beantwoord door sociaal werkers, elke werkdag van 9u tot 17u. Voor erg specifieke medische vragen kunnen zij doorverbinden met een arts-kankerspecialist van wacht: 'Vlaamse kankertelefoon: 078/150 151'.

Bij de STK treft men professionelen uit de gezondheidszorg aan (arts, psycholoog en verpleegkundige), ze bemannen de lijn op weekdagen tussen 9u en 13u en op maandag tussen 9u en 19u: 'De kankerfoon: 0800/15 802'.

Er zijn tal van andere initiatieven op vlak van preventie, fondsenwerving, praatgroepen, belangenbehartiging van de groep kankerpatiënten, inloophuizen, enz. En niet te vergeten de individuele steun en opvang en de workshops 'verzorging en make-up' die in sommige ziekenhuizen wordt aangeboden. Dit zijn door schoonheidsspecialisten begeleidde sessies, die kankerpatiënten een goede huidverzorging en het gebruik van make-up aanleren om de nevenwerkingen van de behandelingen enigszins op te vangen.

Wie?

1. Tussenkomsten door de 'Vlaamse liga tegen Kanker' (voorwaarden vanaf 1 april 2008 t.e.m. 31 maart 2009)

Om in aanmerking te komen voor financiële steun van het Sociaal Fonds van de Vlaamse Liga tegen Kanker, wordt rekening gehouden met twee elementen: het equivalent inkomen van het gezin en de medische kosten.

Equivalent inkomen (EI)

Om de inkomensgrens te bepalen, houden we rekening met het **equivalent inkomen van het gezin** en niet met het reële inkomen. Deze inkomensgrenzen worden elk jaar aan de gezondheidsindex aangepast.

Formule: het equivalent inkomen is het volledig beschikbare netto-inkomen (incl. kinderbijslag, alimentatie, sociale tegemoetkomingen, huurinkomsten,...) gedeeld door een coëfficiënt gebaseerd op de gezinssituatie (+ 0,3 per extra gezinslid).

M.a.w. voor een koppel met één kind; 1 + 2 X 0,3 = 1,6.

Om in aanmerking te komen voor steun, mag het reële inkomen dus niet meer bedragen dan:
- 1498 euro/maand voor een alleenstaande
- 1947 euro/maand voor een koppel of voor een alleenstaande met 1 kind ten laste
- 2396 euro/maand voor een koppel met één kind

- 2845 euro/maand voor een koppel met twee kinderen
- 3294 euro/maand voor een koppel met drie kinderen

Worden niet als gezinslid beschouwd:

1. Een kind dat nog thuis gedomicilieerd is met een eigen inkomen (of vervangingsinkomen).
2. Elke andere inwonende persoon, behalve de partner, die een eigen inkomen (of vervangingsinkomen) heeft (vb. inwonende grootouder). Hun inkomen wordt dan ook niet bij het maandelijkse netto-gezinsinkomen gerekend.

Medische oplegkosten.

Naast de inkomstenvoorwaarde moet er eveneens een minimum zijn aan medische oplegkosten :

- 0% bedragen van het reëel inkomen voor een 'equivalent inkomen' < 748 euro
- 5% bedragen van het reëel inkomen voor een 'equivalent inkomen' tussen 748 en 898 euro,
- 7,5% bedragen van het reëel inkomen voor een 'equivalent inkomen' tussen 898,01 en 1.048 euro,
- 10% bedragen van het reëel inkomen voor een 'equivalent inkomen' tussen 1.048,01 en 1.198 euro,
- 12,5% bedragen van het reëel inkomen voor een 'equivalent inkomen' tussen 1.198,01 en 1.348 euro,
- 15% bedragen van het reëel inkomen voor een 'equivalent inkomen' tussen 1.348,01 en 1.498 euro.
- Boven de 1.498 euro 'equivalent inkomen' worden geen tussenkomsten gegeven.

Bijvoorbeeld: Een koppel met één kind en een reëel netto-inkomen van 1.488,09 euro (dus onder de toegelaten grens van 2.396 euro) heeft een equivalent inkomen van 1.488 euro: 1,6 = 929,60 euro. M.a.w. de medische oplegkosten moeten minimaal 7,5 % bedragen van het reëel inkomen of hoger zijn dan 111,61 euro (7,5% van 1.488,09 euro).

Mogelijke uitkering:

Wie minder dan 898 euro equivalent inkomen heeft, krijgt maximum een vierde van de medische kosten op jaarbasis terug.

Wie boven de 898 euro equivalent inkomen heeft, krijgt maximum een zesde terug.

Het minimum uitgekeerde bedrag is 125 euro op jaarbasis, het maximumbedrag 1250 euro.

De financiële steun wordt éénmaal per jaar toegekend.

Er wordt tenslotte voor de grootte van de steun ook rekening gehouden met het bezit van een woning of hypothecaire lasten en met de vaste maandelijkse uitgaven (Studiekosten, leningen, medische schulden, medische kosten voor andere gezinsleden).

Algemene opmerking:

De aanvraag moet gebeuren voor het overlijden van de patiënt(e).

Het schriftelijk of telefonisch doorgeven van de identificatiegegevens en aandoening volstaan.

Na overlijden kan de uitkering alleen uitbetaald worden aan de inwonende partner of inwonende familieleden.

Kosten voor alternatieve behandeling komen niet in aanmerking.

De steun geldt enkel voor patiënten met domicilie in Vlaanderen.

De behandeling moet in België gebeuren, behalve wanneer op basis van een medisch attest de behandeling in België niet mogelijk blijkt te zijn.

2. Tussenkomsten door de 'Stichting tegen Kanker'

Er wordt maximaal 2 maal per jaar een tussenkomst betaald die varieert naargelang de samenstelling van het dossier.

Het minimumbedrag van een tussenkomst is 125 euro en het maximumbedrag is 1000 euro (per jaar).

- Het netto gezinsinkomen mag de bovengrens niet overschrijden (bedragen van vóór het eventuele overlijden van de patiënt) : (nieuwe grenzen!) 1100 euro netto/maand per dossier + 200 euro per persoon ten laste.
- Om te kunnen genieten van een tussenkomst zijn er, naast de inkomensgrens, nog enkele bijkomende voorwaarden :
- De patiënt moet ingeschreven zijn in het bevolkingsregister.
- Het aanvraagformulier moet ingevuld worden door een maatschappelijk assistent, bij voorkeur van het ziekenfonds, eventueel van het OCMW of het ziekenhuis.
- Een dossier kan ten laatste tot 6 maand na het overlijden van de patiënt ingediend worden, voor zover er samenwonende erfgenamen zijn.
- Alvorens zich tot de Stichting te wenden moeten eerst alle andere mogelijke instanties voor financiële ondersteuning gecontacteerd worden (OCMW, Ziekenfonds, Ministerie van Sociale Zaken, het Bijzonder Solidariteitsfonds,...).
- Er wordt rekening gehouden met de medische kosten die aan de aandoening verbonden zijn gedurende een periode van maximum 12 maanden voorafgaand aan de aanvraag. Dit is dus niet noodzakelijk gelijk aan een kalenderjaar.
- Bij een hospitalisatie geldt enkel de tussenkomst voor de medische kosten die gemaakt zijn bij het gebruik van een gemeenschappelijke kamer.
  Supplementen voor een één- en tweepersoonskamer komen niet in aanmerking.

De tussenkomst wordt enkel aan de patiënt of aan een inwonende erfgenaam betaald en niet aan eisende instanties, behalve als er een schuldbemiddeling werd aangegaan bij een erkende dienst (te bewijzen via een attest).

Hoe?

Voorafgaandelijke opmerking:
Jaarlijks is maar één tussenkomst mogelijk vanuit beide organisaties.

De aanvraag dient te gebeuren aan de hand van een aanvraagformulier:

'Aanvraagformulier voor financiële steun' - VLK of 'Sociaal en Financieel Onderzoek' - STK. Beide organisaties hebben ook hun eigen standaardformulier 'Medisch attest', door de behandelend geneesheer in te vullen en onder gesloten omslag te versturen.

Dit formulier dient vergezeld te zijn van de nodige bewijsstukken (gezinssamenstelling, bewijs van inkomsten en medische uitgaven, ...) en ondertekend te worden (door een sociale dienst of een dienst maatschappelijk werk en door de patiënt of een familielid van de patiënt.

Waar?

- Vlaamse Liga tegen Kanker - sociale dienst (inlichtingen + aanvraag + bijstand)
  Koningsstraat 217, 1210 Brussel
  tel.: (sociale dienst) (02) 227 69 71 - fax (02) 223 22 00
  Kankertelefoon: (070) 22 21 11(078)150 151
  http://www.tegenkanker.be
  e-mail: vl.liga@tegenkanker.be
- Stichting Tegen Kanker, Leuvensesteenweg 479-493, 1030
  Brussel, tel.: (02) 733 68 68
  http://www.kanker.be
- Ziekenfonds - dienst maatschappelijk werk (inlichtingen + bijstand) (Gouden Gids nr 6990, www.cm.be; e-mail: dmw@cm.be).

Verenigingen *(Ook al zijn sommige adressen Franstalig, ze zijn evenzeer toegankelijk voor de Nederlandstalige patiënten)*

- **Allô Maman Bobo - Enfants du cancer**
  Rue de la Fontaine 252
  4100 Seraing
  Tel.: 04 223 34 75
  Website: users.swing.be/asbl
  E-mail: info@winnaarsvanjustine.com
- **Stichting De winnaars van Justine**
  Boulevard Janson 12
  6000 Charleroi
  Tel.: 0473 71 44 27
  Website: www.20coeursdejustine.be/public/index.asp?lg=n
  E-mail:info@winnaarsvanjustine.com
- **Fonds d'Aide Médicale Urgente**
  Square de Meeûs 29
  1000 Bruxelles
  Tel.: 02 547 58 01
- **Fonds Georges Kamp asbl - F.G.K.**
  4 drève du Bois des Aulnes
  1410 Waterloo
  Tel.: 02 354 69 41
  GSM: 0478 90 70 32
  Fax: 02 351 41 67
  E-mail: fgk@skynet.be

- **Jennifer asbl**
  Vieux Chemin de Genappe 7
  1340 Ottignies
  Tel.: 010 41 25 83
  GSM: 0475 40 03 51
  Fax: 010 41 25 83
  Website: www.jennifer-asbl.be
  E-mail: jennifer.asbl@belgacom.be
- **Jour après Jour asbl**
  Drève de la Charte 19
  1083 Bruxelles
  Tel.: 0473 94 52 23 (secretariaat) - 0475 64 54 42
  Fax: 02 420 30 73
  Website: www.jourapresjour.be
  E-mail: info@jourapresjour.be
- **Sofhea**
  Sociaal Fonds voor Hematologische Aandoeningen
  Sociale Zetel
  Herestraat 49
  3000 Leuven
  Voorzitter Marc Boogaerts
  Secretariaat Nelly Mestdagh
  Tel.: 016 34 68 90
  Fax: 016 34 68 92
  Website: www.uzleuven.be/diensten/hematologie/sofhea
- **Wonderfonds**
  Het Wonderfonds heeft tot doel alleenstaande ouders met een levensbedreigende ziekte op allerhande manieren te helpen.
  Jan Frans Willemsstraat 69
  2530 Boechout
  Mevrouw Anneke Geerts
  Tel.: 0475 39 05 54
  Website: http://www.wonderfonds.be/
  E-mail: info@wonderfonds.be

IV.33. Sociale maximumprijs voor aardgas en elektriciteit voor residentieel beschermde klanten

(elektriciteit: MB 30.03.2007 - BS 06.07.2007;
gas: MB 30.03.2007 – BS 19.06.2007)

Wat?

Voor de gezinnen en personen die genieten van verlaagde energieprijzen, het vroegere "specifiek sociaal tarief", liggen de tarieven een stuk lager dan de normale energieprijzen en zijn vast bepaald.

Het sociaal tarief bevat geen forfaitaire kosten of abonnementsgelden en wordt uitgedrukt in een bedrag in euro/kWh.

De leveranciers van gas en elektriciteit verzekeren de bevoorrading van de in aanmerking komende klanten tegen de sociale maximumprijzen vastgesteld overeenkomstig de tarieven opgelegd door de overheid.

Concrete prijzen

De sociale maximumprijs is berekend op basis van de laagste commerciële tarieven per geografisch gebied. Dit bedrag wordt door de federale energieregulator CREG vastgelegd, telkens voor de komende zes maanden.

Om de leveranciers toe te laten de toegestane korting te recupereren werd een fonds opgericht waarin elke gebruiker een kleine bijdrage levert (verrekend in de verbruiksfactuur).

Wie?

Iedere residentiële verbruiker, die kan bewijzen dat hijzelf, of een andere persoon die onder hetzelfde dak leeft, beschikt over een beslissing tot toekenning van:

1. het leefloon;
2. het gewaarborgd inkomen voor bejaarden (GIB) of de inkomensgarantie voor ouderen (IGO);
3. een tegemoetkoming mindervaliden met een minimum invaliditeit van 65 % en/of hulp van derden (Wet van 27.06.69 - oudste stelsel);
4. een tegemoetkoming hulp van derde krachtens de Wet van 27.06.69;
5. de inkomensvervangende tegemoetkoming en/of de integratietegemoetkoming voor personen met een handicap categorie II, III, IV, V krachtens de Wet van 27.02.1987;
6. de tegemoetkoming voor hulp aan bejaarden krachtens de Wet van 27.02.1987;
7. financiële steun van het O.C.M.W. aan personen, ingeschreven in het vreemdelingenregister met een machtiging tot onbeperkt verblijf (geen recht op leefloon t.g.v. nationaliteit)
8. een uitkering van het O.C.M.W. in afwachting van een hierboven bedoeld vervangingsinkomen.

Het tarief is eveneens van toepassing op huurders van sociale woonmaatschappijen, die eventueel voorzien in een collectieve installatie.

Uitzondering: Er is geen recht op het sociaal tarief indien de aansluiting betrekking heeft op :
- tweede verblijf
- gemeenschappelijke delen van een appartement
- bij professionele verbruiker
- bij een tijdelijke aansluiting.

Het bewijs van samenwonen en het attest dat het recht tot de toekenning verschaft moet jaarlijks voorgelegd worden.

Hoe?

In principe ontvangt de gas- en/of elektriciteitsleverancier automatisch het attest van de overheid, waaruit blijkt dat ze het maximumtarief moeten toepassen. *Enkel wanneer de leverancier geen duidelijke link heeft tussen rechthebbende en gebruiker van het gezin, die de factuur betaalt, kan het zijn dat betrokkene zelf zijn aanvraag moet indienen.*

Wanneer het voordeel niet automatisch wordt toegekend (vb. het recht heeft betrekking op een inwonend gezinslid) dan kan de aanvraag schriftelijk of persoonlijk worden ingediend bij de gas- en elektriciteitsmaatschappij. De aanvraag dient vergezeld te zijn van één van de volgende bewijsstukken:
- attest van het OCMW waaruit blijkt dat zij gedurende minimaal 1 maand die de aanvraag voorafgaat het leefloon hebben uitgekeerd;
- een speciaal attest van de FOD Sociale Zekerheid, dat wordt aangevraagd door de persoon met een handicap die een inkomensvervangende tegemoetkoming, een integratietegemoetkoming cat. II, III, IV of V geniet of een tegemoetkoming hulp aan bejaarden geniet. De gebruiker moet vervolgens het attest aan zijn leverancier bezorgen.
- kopie van de roze kaart die jaarlijks door RVP wordt afgeleverd aan de rechthebbende van een IGO of GIB.

Wanneer een residentieel beschermde klant een ander tarief wenst dan de sociale maximumprijs, dan moet hij/zij hiertoe een aangetekend schrijven richten aan de leverancier, waarin hij/zij verklaart dat men geen gebruik wenst te maken van de sociale maximumprijs. De leverancier rekent dan het door betrokkene gekozen comercieel tarief aan. Het ongedaan maken van deze vraag kan alleen door middel van een (nieuw) aangetekend schrijven.

Wat te doen indien men nog geen officieel attest heeft gekregen?

Diegenen die een aanvraag hebben gedaan voor het verkrijgen van de inkomensvervangende tegemoetkoming, de integratietegemoetkoming, de tegemoetkoming voor hulp aan bejaarden of voor de inkomensgarantie voor ouderen, maar nog geen officiële kennisgeving hebben gekregen, dienen een attest voor te leggen van het gemeentehuis waaruit blijkt dat ze een geldige aanvraag hebben ingediend.

Wanneer bij een verbruiker, die hoort tot één van de hierboven vermelde sociale categorieën, een vermogenbegrenzer van 10 Ampère geplaatst wordt, wordt het specifiek sociaal tarief automatisch toegepast (Dan moet dus geen aanvraag ingediend worden).

Minimale levering van aardgas en elektriciteit (cfr. IV.36)

Waar?

- Kantoor elektriciteitsmaatschappij/gasmaatschappij (inlichtingen + aanvraag) (Gouden Gids nr 2678),
- Ziekenfonds - dienst maatschappelijk werk (inlichtingen + bijstand) (Gouden Gids nr 6990, www.cm.be; e-mail: dmw@cm.be),
- Gemeente - sociale dienst (inlichtingen + bijstand) (telefoongids OCMW ofwel Gouden Gids infopagina's publieke instellingen).

IV.34. Sociaal telefoontarief - sociaal GSM-tarief

Wet 13/06/2005 (BS 20/06/2005) KB 20.07.2006, aanvraagprocedure (BS 08.08.2006)

Wat?

Tariefverminderingen die door alle operatoren moeten toegepast worden op het standaardtarief.
De begunstigde van het sociaal tarief mag slechts over één telefoon- of GSM-aansluiting met sociaal tarief beschikken en er mag maar één begunstigde zijn per huishouden.

1. Tariefvermindering voor bejaarde begunstigden, begunstigden met een handicap, gehoorgestoorde personen en de personen bij wie een laryngectomie werd uitgevoerd en de militaire oorlogsblinden:

De operatoren dienen volgende tariefverminderingen toe te passen op hun standaardtarief:
- aansluitingskosten op een vaste locatie: 50% van het normale tarief
- abonnementsgeld en gesprekskosten die moeten betaald worden:
  - aan dezelfde aanbieder: 8,40 euro per maand op abonnementsgeld en 3,10 euro per maand op de gesprekskosten.
  - aan verschillende aanbieders: 11,5 euro per maand op de gesprekskosten. Het is de aanbieder die de gesprekskosten factureert die de korting moet toestaan.

Concreet voor de operatoren Base – Mobistar – Proximus

1) Base:

- postpaid (tariefplan met factuur): elke maand 12 euro korting op de factuur (verder reguliere beltegoeden volgens tariefplan), belminuten kosten 0,15 & 0,20 euro (basecontact of niet)
- prepaid (tariefplan zonder factuur): elke maand 3,10 euro extra beltegoed (herladen vanaf 5 euro, en met de reguliere bonussen), belminuten kosten 0,25 euro

2) Mobistar:

- abonnees genieten van een maandelijkse korting op hun factuur van 12 euro (geldig voor alle abonnementen, behalve voor het My5-abonnement waarop een korting van 8,10 euro van toepassing is: 5 euro voor de abonnementskosten en 3,10 euro geldig voor oproepen, sms, mms, ...).
- tempoklanten genieten automatisch van 3,1 euro extra belwaarde per maand op hun simkaart

3) Proximus:

- Smileklanten (tarief op maandelijkse factuur) krijgen 12 euro korting op de maandelijkse factuur. Dit tarief is verenigbaar met alle tarieven voor abonnees, uitgezonderd voor Smile 5. Alle gebruiksmodaliteiten van het gekozen tariefplan blijven geldig.

- Pay&Goklanten (Pay&Go kaart) krijgen maandelijks een Pay&Gokrediet van 3,10 euro op hun kaart (toegelaten voor elk soort gebruik of tariefplan in Pay&Go)

2. Tariefvermindering voor personen met leefloon:
   Voor personen met leefloon bestaat de verstrekking van een sociaal tarief uit het ter beschikking stellen van een voorafbetaalde kaart met een waarde van 3,10 euro per maand. De verbindingen die door middel van de kaart tot stand worden gebracht, worden tegen het normale tarief aangerekend.
   De begunstigde krijgt voor een vaste telefoonlijn een kaart met een code. Deze code wordt voor het draaien van het te contacteren telefoonnummer ingegeven in het telefoontoestel, hetzij thuis (als abonnee), hetzij in een openbare telefooncel. De operator herkent de code en past de tariefvermindering automatisch toe tot het maandelijkse voordeel bereikt is.
   De houder van een GSM-kaart krijgt maandelijks het krediet op zijn kaart gezet (vb. Mobistar: de Tempokaart).

Wie?

het gewone sociaal tarief

Personen met een handicap: Een titularis van een lijn, die
- ten volle 18 jaar oud is én
- voldoet aan de inkomstenvoorwaarde (zie verder) én
- voor ten minste 66% mindervalide is én
- alleen woont of samenwoont, hetzij met ten hoogste 2 personen waarmee de titularis niet verwant is, hetzij met bloed- of aanverwanten van de eerste of de tweede graad (gelijk welk aantal)

Noot: Als 66% mindervalide wordt beschouwd:
- de persoon die bij administratieve/gerechtelijke beslissing minstens 66% blijvend fysisch of psychisch gehandicapt of arbeidsongeschikt werd verklaard.
- Z.I.V.-invaliden (na 1 jaar primaire, zowel werknemers als zelfstandigen)
- de persoon met een handicap bij wie in het kader van de inkomstenvervangende tegemoetkoming een vermindering van het verdienvermogen tot één derde of minder is vastgesteld.
- de persoon met een handicap bij wie, in het kader van de tegemoetkoming aan personen met een handicap, een vermindering van de graad van zelfredzaamheid van minstens 9 punten is vastgesteld.

Personen ouder dan 65 jaar: een titularis van een lijn die
- voldoet aan de inkomstenvoorwaarde (zie verder) en
- de leeftijd van 65 jaar ten volle bereikt heeft **en**
- alleen woont **of** samenwoont met één of meer personen die ten volle 60 jaar oud zijn en eventueel samenwoont met kinderen en kleinkinderen die het einde van de leerplicht niet bereikt hebben of tenminste 66 % gehandicapt zijn. Kleinkinderen moeten bovendien wees zijn van vader en moeder of bij gerechtelijke beslissing aan de grootouders zijn toevertrouwd.

Of woont in een hotel, een rusthuis, bejaardenflat of in een andere vorm van gemeenschapsleven **en** beschikt over een individueel telefoonabonnement dat in hoofde van de titularis gebruikt wordt.

- **Inkomstenvoorwaarde voor doelgroepen bejaarden en arbeidsongeschikten:** Het bruto belastbaar inkomen van de begunstigde, gecumuleerd met het bruto belastbaar inkomen van de personen met wie hij eventueel samen woont, mag niet meer bedragen dan het grensbedrag dat geldt voor rechthebbenden op de verhoogde tegemoetkoming ZIV. Dit is 14.624,70 EUR, te vermeerderen met 2.707,43 EUR per persoon ten laste (index 01.09.2008).
- **Personen gerechtigd op het leefloon:** Zij moeten over een beslissing beschikken die hen het leefloon toekent. Voor hen is er geen inkomstenonderzoek in het kader van het sociaal telefoontarief.

Sociaal tarief voor personen met gehoorstoornis of laryngectomie:

Personen die:

- hetzij minstens een gehoorverlies hebben van 70 dB voor het beste oor (volgens de classificatie van het Internationaal Bureau voor Audiphonologie);
- hetzij een laryngectomie hebben ondergaan.

Ook de ouders of grootouders kunnen het voordeel genieten, indien hun kind of kleinkind dat bij hen inwoont voldoet aan één van de bovenvermelde handicaps.

Een medisch attest dat de doofheid bevestigt en een bewijs van de aankoop van een voor doven goedgekeurd telefoontoestel bewijst de handicap bij de telefoonoperator.

Indien voornoemd toestel niet door de operator werd geleverd, moet hem een aankoopbewijs worden voorgelegd.

Voorbeeld: onder de naam 'Alto' biedt Belgacom een toestel voor gehoor- en spraakgestoorden aan: de Minitel Dialoog, een teksttelefoon. Het bestaat uit een beeldscherm en toetsenbord en is direct aangesloten op de telefoonlijn. De gesprekspartner beschikt over eenzelfde combinatie. Bij een inkomende oproep kan de gebruiker hieromtrent via de Teleflash-Fasttel (in optie) worden gealarmeerd door een sterke lichtflits. het volstaat dan om de Minitel in te schakelen; de boodschap van de oproeper verschijnt nu op het scherm.

Indien het om een inwonend (klein-)kind gaat, een bewijs van gezinssamenstelling voorleggen bij de telefoonoperator, afgeleverd door het gemeentebestuur.

Wie niet over een medisch attest beschikt:

1. Een formulier opvragen bij de leverancier;
2. Bij de gemeente worden
   - het **formulier 3+4 en formulier 6** (nodig voor een aanvraag van attesten bij de Federale Overheidsdienst Sociale Zekerheid) en
   - het **attest gezinssamenstelling** afgehaald;
3. - **Het medisch attest** wordt ingevuld door de geneesheer - specialist ORL (specialist neus-keel-oren).
   - **De formulieren 3+4 en formulier 6** worden eveneens ingevuld door de specialist ORL (specialist neus-keel-oren) *of* door de behandelend geneesheer.
4. De (ingevulde) medische formulieren en het aanvraagformulier worden verstuurd naar de Federale Overheidsdienst Sociale Zekerheid - dienst attesten,

Zwarte Lievevrouwstraat 3c te 1000 Brussel.
5. Er volgt een onderzoek door de geneesheer van de Federale Overheidsdienst Sociale Zekerheid.
6. De aanvrager krijgt na onderzoek door de Federale Overheidsdienst Sociale Zekerheid de nodige attesten terug.
7. Nu kan de aanvrager
   - de ontvangen attesten (van de Federale Overheidsdienst Sociale Zekerheid),
   - samen met het aanvraagformulier,
   - het attest gezinssamenstelling en
   - het bewijs van aankoop van een goedgekeurd doventoestel afgeven bij de leverancier.

Hoe?

De aanvraag voor sociaal tarief wordt overgemaakt aan de tekefoonoperator, maar het recht op sociaal tarief wordt onderzocht door de diensten van het BIPT (Belgisch Instituut voor Post- en telecommunicatie).

Stap	Handeling
1	Iedere persoon die aan de voorwaarden voldoet om het sociale telefoontarief te genieten en die dat tarief wenst te genieten, dient daartoe een aanvraag in bij de operator van zijn keuze. Dit kan eenvoudig per telefonisch contact, met opgave van naam, telefoonnummer en rijksregisternummer van de aanvrager.
2	De operator stuurt die aanvraag elektronisch en dadelijk door naar het Instituut.
3	Het BIPT doet zijn onderzoek en maakt gebruik van enkele centrale databanken (o.m. sociale zekerheid), die gegevens bevatten over de aanvrager. Er zijn 3 mogelijkheden: 1. Er zijn onvoldoende gegevens beschikbaar: Het Instituut stelt onmiddellijk de operator en de aanvrager daarvan op de hoogte en verzoekt die laatste de gepaste bewijsstukken die het opsomt eraan te verstrekken; 2. Men voldoet niet aan de voorwaarden: Het Instituut stelt de betrokken operator daarvan op de hoogte en motiveert aan de aanvrager waarom het sociale telefoontarief hem door de operator niet kan worden toegekend; 3. De aanvrager voldoet aan de voorwaarden. Het Instituut laat de operator weten vanaf welk moment hij het sociale telefoontarief daadwerkelijk zal toepassen. In voorkomend geval laat het Instituut ook de operator, bij wie de aanvrager voordien het sociale telefoontarief genoot, weten vanaf welk moment die laatste het voormelde tarief niet langer zal verstrekken. In principe wordt het sociaal tarief toegepast vanaf de eerstvolgende factuurvervaldag na datum van de aanvraag (zo staat in de wet vermeld).

Concrete aanvraag voor klanten van:

- Proximus: inschrijven
  - via de eigen gsm op het gratis nummer 6000 of op het nummer 078 05 6000 (lokaal tarief);
  - per fax op het nummer 0800 14 252;
  - bij het Proximus-verkooppunt in de buurt.

- Mobistar: inschrijven
  - bij het Mobistarverkooppunt in de buurt
  - telefonisch op het gratis GSM-nummer 5000 (tempoklanten nummer 5100) of gewoon nummer aan normaal tarief 0495 95 95 00
  - schriftelijk (naam, adres, geboortedatum) per fax op nummer 0800 97 606 of naar Mobistarn afdeling back office, Kolonel Bourgstraat 149, 1140 Brussel
- Base: inschrijven bij de Base-shop in de buurt

Waar?

- GSM-operatoren en telefoonmaatschappijen (Gouden Gids nr. 8545)
- Ziekenfonds - dienst maatschappelijk werk (inlichtingen + bijstand) (Gouden Gids nr 6990, www.cm.be; e-mail: dmw@cm.be).
- Gemeente - sociale dienst (inlichtingen + bijstand) (telefoongids OCMW ofwel Gouden Gids infopagina's publieke instellingen)
- Federale Overheidsdienst Sociale Zekerheid - medische dienst (aanvraag onderzoek bij het ontbreken van een geldig attest)
  Zwarte Lievevrouwstraat 3c, 1000 Brussel
  Tel.: Contactcenter 02/5078789

IV.35. Vrijstelling saneringsbijdrage bij de waterfactuur

(Decreet houdende bepalingen tot begeleiding van de begroting 2001 22.12.2000 - BS 30.12.2000)

Wat?

Het Vlaams Gewest heeft een belasting ingesteld op het leidingwaterverbruik.

Personen met een laag inkomen kunnen van deze belasting worden vrijgesteld.

Vrijstelling heffing op waterverontreiniging bij eigen waterwinning: ook hier kunnen onderstaande attesten gebruikt worden voor een vrijstelling (eveneens een aanvraag binnen 3 maanden na het ontvangen van het heffingsbiljet).

Wie?

De heffingsplichtige, m.a.w. de persoon op wiens naam het abonnement bij de watermaatschappij is geregistreerd, waarbij hij of een gezinslid op 1 januari van het heffingsjaar geniet van één van de volgende vervangingsinkomens:
- het gewaarborgd inkomen voor bejaarden, of de inkomstengarantieuitkering voor ouderen
- het leefloon, of het levensminimum (voor personen die geen leefloon kunnen krijgen)
- tegemoetkoming Hulp aan Bejaarden
- de inkomensvervangende en/of een integratietegemoetkoming voor personen met een handicap.

Hoe?

Vanaf 2008 is de vrijstellingsregeling grondig gewijzigd.

Het doel van deze wijzigingen is zoveel als mogelijk alle gezinnen die recht hebben op vrijstelling, zonder administratieve overlast, de vrijstelling automatisch en rechtstreeks toe te kennen.

Tevens verviel de voorwaarde dat het contract op naam moet staan van de rechthebbende. Vanaf 2008 volstaat het dat het contract op naam staat van een gezinslid, waartoe ook de rechthebbende behoort. Dit betekent dat er voor het kunnen genieten van de vrijstelling geen overname meer moet gebeuren en evenmin attesten van verlengd minderjarigheid moeten worden voorgelegd.

Voor toepassing van deze nieuwe regeling worden de gegevens over de gezinstoestand, zoals ze zijn opgenomen in het Rijksregister op 1 januari in aanmerking genomen.

De vrijstelling via de factuur of compensatie kan enkel bekomen worden op uw domicilieplaats en dit voor zover één van uw gezinsleden op 1 januari van het facturatiejaar voldoet aan één van de volgende voorwaarden (zie Wie?):
- het leefloon of het levensminimum krijgen van het OCMW
- het gewaarborgd inkomen voor bejaarden of de inkomensgarantie voor ouderen krijgen

- de inkomensvervangende tegemoetkoming en/of de tegemoetkoming voor personen met een handicap en/of de tegemoetkoming hulp aan bejaarden krijgen, toegekend door de Federale Overheidsdienst Sociale Zekerheid.

Indien u hiervoor in aanmerking komt. zal u normaal **automatisch** recht genieten, ofwel door de vrijstelling rechtstreeks op uw drinkwaterfactuur vrijgesteld, ofwel door een compensatie die rechtstreeks aan u zal worden uitbetaald.

Opmerkingen:
- Het blijft mogelijk dat U niet automatisch kan worden vrijgesteld. Mocht U een attest thuis toegestuurd krijgen, bezorg dat dan direct aan uw waterbedrijf. Op basis hiervan wordt de vrijstelling op een volgende factuur herrekend of wordt u een compensatie uitbetaald.
- De heffingsplichtige die op het ogenblik van de aanvraag nog geen geldige beslissing heeft op IGO (inkomensgarantieuitkering voor ouderen) of op een tegemoetkoming aan personen met een handicap (de aanvraag was al wel gebeurd), of degene die reeds recht heeft maar geen afdoend bewijs kan voorleggen, dient een aanvraag voor vrijstelling in te dienen binnen de drie maanden na ontvangst en dient in de aanvraag daarvan melding te maken. Het bewijsstuk dient zo snel mogelijk te worden nagestuurd. In dit geval moet de betaling van de heffing voorlopig niet gebeuren. Mocht de uiteindelijke beslissing tot vrijstelling toch negatief zijn, dan zal de Vlaamse Milieumaatschappij een nieuwe aanmaning tot betaling toesturen.
- Voor gezinnen aan wie het water niet rechtstreeks wordt gefactureerd (bvb. Bewoners van appartementsgebouwen met gemeenschappelijke watermeter) wordt een compensatie uitgekeerd.

Voor het uitbetalen van de compensatie zal u worden gecontacteerd.

Waar?

- www.vmm.be
VMM – Algemeen directeur, Postbus 53, 9320 Erembodegem
A. Van de Maelestraat 96, 9320 Erembodegem
Tel. 053/72 64 45, fax 053/71 10 78
Mail: info@vmm.be
- Watermaatschappij (inlichtingen + Witte Gids)
- AWW
Mechelsesteenweg 64
2018 ANTWERPEN
Tel.: 03-244 05 00
Fax: 03-244 05 99
- Aquafin
Dijkstraat 8
2630 Aartselaar (België)
Tel. 03 450 45 11
Fax. 03 458 30 20
E-mail: info@aquafin.be
Web: www.aquafin.be
- Ziekenfonds - Dienst Maatschappelijk Werk (inlichtingen en hulp bij aanvraag) (Gouden Gids nr 6990, www.cm.be; e-mail: dmw@cm.be).

IV.36. Minimumlevering van elektriciteit, aardgas, water en telefoon

(Decreet van 20.12.96 - BS 08.02.97;
Gas: B.V.R. 20.06.2003 - B.S. 11.08.2003, laatst gewijzigd bij BVR 07.03.2008 - BS 21.05.2008;
Elektriciteit: B.V.R. 31.01.2003 - B.S. 21.03.2003, laatst gewijzigd bij BVR 07.03.2008 – BS 21.05.2008
Water: Decreet 24.05.02 - BS 23.07.2002)

Wat?

Het Decreet voorziet dat ieder abonnee het recht heeft op een minimale en ononbroken levering van elektriciteit, gas en water voor *huishoudelijk gebruik* om, volgens de geldende levensstandaard, menswaardig te kunnen leven. De levering kan enkel worden afgesloten in geval van gevaar, of bij klaarblijkelijke onwil of fraude van de abonnee.
In de periode van december tot en met februari (uitzonderlijk uitgebreid tot november en maart) kan bij 'klaarblijkelijke onwil' geen stroom afgesloten worden.

Voor de *waterverdeling* heeft men beslist om jaarlijks 15.000 liter drinkwater ter beschikking te stellen per gezinslid (volgens de gegevens gekend bij het Rijksregister) - anderzijds werd ook de waterprijs opgetrokken.

Voor *elektriciteit* heeft men de minimale levering vastgesteld op 10 Ampère op 230 Volt. Voor gas heeft men de minimale levering vastgesteld op 250 kWh.

De Vlaamse regering bepaalde eveneens de procedure die de distributeurs moeten volgen bij wanbetaling van een abonnee.

De procedure omvat minstens de volgende elementen:
1. de versturing van een herinneringsbrief (na de vervaldatum van de factuur) en indien geen reactie, een ingebrekestelling 15 dagen later;
2. de mogelijkheid van een stroombegrenzer aanbieden;
3. een voorstel tot afbetalingsplan door de distributeur;
4. de regeling voor een sociale begeleiding door het OCMW of de door de abonnee gekozen erkende schuldbemiddelaar;
5. de wijze waarop de minimale levering van elektriciteit, gas en water wordt verzekerd.

Het Decreet voorziet eveneens dat *iedere abonnee* de distributeur *vrijwillig* (schriftelijk) kan vragen om de levering van elektriciteit, gas en water voor huishoudelijk gebruik *te beperken* tot de minimale hoeveelheid.

Hoe?

Er is in iedere gemeente een lokale adviescommissie aan het werk, die zetelt in het OCMW en die advies uitbrengt omtrent de geschillen met de 'slechte' betalers, alvorens de voorzieningen mogen afsluiten.

Ze brengt binnen 14 kalenderdagen na ontvangst van het verzoek en na een onderzoek, een gemotiveerd advies uit over het verzoek van de leverancier om de minimumlevering van elektriciteit, gas of water af te sluiten wegens klaarblijkelijke onwil of fraude van de abonnee of over het verzoek tot heraansluiting van de abonnee na een weigering van de leverancier om hem weer aan te sluiten na regularisatie van de onbetaalde rekeningen.

Indien de adviescommissie niet op tijd een advies uitbrengt wordt het verzoek van een leverancier om te mogen afsluiten geacht negatief te zijn en wordt het verzoek tot heraansluiting van een abonnee geacht positief te zijn.

Het positief advies na verzoek tot heraansluiting van een abonnee is dwingend voor de leverancier.

Minimumlevering van aardgas en elektriciteit.

Gas: B.V.R. 20.06.2003 - B.S. 11.08.2003, laatst gewijzigd bij BVR 07.03.2008 - BS 21.05.2008;
elektriciteit: B.V.R. 31.01.2003 - B.S. 21.03.2003, laatst gewijzigd bij BVR 07.03.2008 – BS 21.05.2008

Wat?

Het plaatsen van een budgetmeter voor gas of elektriciteit (of stroombegrenzer voor elektriciteit).

Elk persoon, die tot de groep van beschermde residentiële afnemers behoort, betaalt geen onkosten, die verbonden zijn aan de gevolgen van wanbetaling (administratie, plaatsing van budgetmeter, enz.). Voor de niet-beschermde klant is alleen het plaatsen van een elektriciteitsstroombegrenzer gratis.

Beschermde residentiële afnemers zijn de huisgezinnen waarin minstens 1 persoon gedomicilieerd is, die tot een onderstaande doelgroep behoort.
- Personen met verhoogde tegemoetkoming voor gezondheidszorgen
- Personen met een minnelijke of gerechtelijke aanzuiveringsregeling in het kader van de wet op de collectieve schuldenregeling
- Personen met budgetbegeleiding inzake energielevering door een OCMW
- Rechthebbenden op het specifiek sociaal tarief.

Indien een budgetmeter wordt geplaatst, wordt deze budgetmeter door de klant opgeladen in een door de netbeheerder ter beschikking gesteld systeem. Als het opgeladen krediet is opgebruikt, schakelt de budgetmeter over op een minimale levering, dit is in Vlaanderen 10 Ampère op 230 Volt voor elektriciteit en een hulpkrediet ter waarde van 250 kWh voor aardgas. De plaatsing van een budgetmeter gebeurt sinds 2006 kosteloos.

De budgetmeter wordt door de netbeheerder zodanig ingesteld dat een hulpkrediet ter waarde van 50 kWh tegen het sociaal tarief ter beschikking gesteld wordt.

De wetgever voorziet dat ieder abonnee het recht heeft op een minimale en ononderbroken levering van elektriciteit, gas en water voor *huishoudelijk gebruik* om, volgens de geldende levensstandaard, menswaardig te kunnen leven. De levering kan enkel worden afgesloten in geval van gevaar, of bij klaarblijkelijke onwil of fraude van de abonnee. In de periode van december tot en met februari (uitzonderlijk uitgebreid tot november en maart) kan bij 'klaarblijkelijke onwil' geen stroom afgesloten worden.

Hoe?

De budgetmeter wordt geplaatst en opgevolgd door de netbeheerder. Aanleiding van de ingebruikneming van een budgetmeter kan zowel op aangeven van de leverancier als van de gebruiker zelf. Wanneer de leverancier wanbetaling vaststelt (of de gebruiker vraagt spontaan het gebruik van een budgetmeter) dan schakelt hij de netbeheerder in om de levering minimaal te waarborgen (indien de leverancier de klant uitsluit wordt de netbeheerder automatisch ook leverancier tot de gebruiker zijn betalingssituatie regulariseert of een andere leverancier vindt).

De leverancier kan in onderstaande situaties de plaatsing van een budgetmeter aanvragen:

1° de gebruiker vraagt de plaatsing van een budgetmeter;

2° de gebruiker heeft binnen 15 kalenderdagen na de verzending van de ingebrekestelling niet schriftelijk meegedeeld welke regeling hij wil treffen voor de betaling van de openstaande elektriciteitsfactuur;

3° de gebruiker heeft binnen 15 kalenderdagen nadat hij schriftelijk heeft meegedeeld welke regeling hij wil treffen voor de betaling van de openstaande elektriciteitsfactuur zijn vervallen factuur niet betaald, of geen afbetalingsplan aanvaard;

4° de gebruiker komt, na de aanvaarding van een afbetalingsplan, zijn afbetalingsverplichtingen niet na.

De netbeheerder is ertoe gehouden om binnen 60 kalenderdagen na ontvangst van deze aanvraag een budgetmeter te plaatsen bij de gebruiker

De Vlaamse regering bepaalt de procedure die de leveranciers moeten volgen bij wanbetaling van een abonnee.

De procedure omvat minstens de volgende elementen:

Versturen van een herinneringsbrief (na de vervaldatum van de factuur) en indien geen reactie, een ingebrekestelling 15 dagen later

Deze brief omvat:
- Adres en telefoonnummer van zijn bevoegde dienst;
- een aanmaning tot betaling en
- een voorstel om, bij betalingsmoeilijkheden, een afbetalingsplan op te maken samen met een van de volgende partijen:
  - de houder van de leveringsvergunning;
  - het OCMW;
  - een erkende schuldbemiddelaar.
- De mogelijkheid tot opzeg van het contract door de houder van de leveringsvergunning
- De procedure voor plaatsing van budgetmeters en procedure tot mimale levering

- De procedure voor het afsluiten van de aansluiting en uitschakelen van de stroombegrenzer
- De voordelen van beschermde klanten

De distributeur kan maatregelen treffen.
De distributeur is ertoe gehouden een stroombegrenzer te plaatsen bij iedereen die erom verzoekt.

Enkel in geval van *'klaarblijkelijke onwil'* of van *'fraude'* kan de distributeur een verzoek richten naar een *'lokale adviescommissie'* om de elektriciteitsvoorziening volledig af te sluiten.

Minimum dienstverlening telefoon

Sinds begin 1997 bestaat er een recht op een minimale dienst, *zelfs in* geval van niet-betaling door de abonnee.

De minimale gewaarborgde diensten zijn:
- de mogelijkheid om door een andere abonnee te worden opgeroepen (met uitzondering van oproepen met betaling van de gesprekskosten door de opgeroepen persoon);
- de mogelijkheid om de noodnummers en andere kosteloze nummers te vormen.

Waar?

- Kantoor elektriciteitsmaatschappij (inlichtingen + aanvraag) (Gouden Gids nr 8545),
- Kantoor gasmaatschappij (inlichtingen + aanvraag) (Gouden Gids nr 8545),
- GSM- en telefoonoperatoren (Gouden Gids nr 4782-4785)
- Ziekenfonds - dienst maatschappelijk werk (inlichtingen + bijstand) (Gouden Gids nr 6990, www.cm.be; e-mail: dmw@cm.be),
- Gemeente - sociale dienst (inlichtingen + bijstand) (telefoongids OCMW ofwel infopagina's publieke instellingen Witte Gids).
- FOD Sociale Zekerheid – Directie-generaal Personen met een handicap, medische dienst (aanvraag onderzoek bij het ontbreken van een geldig attest)
  Administratief Centrum Kruidtuin, Finance Tower,
  Kruidtuinlaan 50, bus 1, 1000 Brussel
  Tel.: Contactcenter (02) 507 87 99

IV.37. Voorzieningen openbaar vervoer

- tariefvoordelen NMBS
  - + 65-jarigen
  - gerechtigden op verhoogde tegemoetkoming (in de ziekteverzekering)
  - nationale verminderingskaart (personen met een visuele handicap)
  - kaart kosteloze begeleider
  - voorrangskaart voor het bezetten van een zitplaats
- tariefvoordelen De Lijn
  - gratis vervoer personen met een handicap
  - gratis vervoer + 65-jarigen
  - kaart voor de begeleider
  - vermindering lijnkaarten voor gerechtigden verhoogde tegemoetkoming
  - vervoersgarantiekaart voor gerechtigden gewaarborgd inkomen voor bejaarden

1. Tariefvoordelen NMBS
(K.B. 25.08.97 - B.S. 29.10.97)

A. Algemene maatregel voor +65-jarigen: seniorenbiljet

+65-Jarigen betalen in 2° klasse slechts 3 EUR voor een heen- en terugreis op dezelfde dag tussen twee Belgische stations.

Dit aanbod is maar geldig op werkdagen vanaf 9 u. 01.

In de weekends en op feestdagen:
- is het biljet geldig, maar zonder uurbeperking
- is het biljet niet geldig in het hoogseizoen. Dit is tussen 15 mei en 15 september en tijdens het paasweekend en het OHH-weekend.

B. Rechthebbende op de verhoogde ZIV-verzekeringstegemoetkoming

Wat? Wie?

Rechthebbenden op de verhoogde ZIV-verzekeringstegemoetkoming (zie II.29.) en hun personen ten laste kunnen een reductiekaart bekomen die hen recht geeft op 50 % van de volle prijs voor enkele biljetten 2de klasse. Deze vermindering kan niet gecumuleerd worden met andere kortingen.

Hoe?

Om deze reductiekaart te bekomen, dient U een attest van het ziekenfonds voor te leggen waaruit het recht op verhoogde ZIV-verzekeringstegemoetkoming blijkt. Deze attesten worden op verzoek van het lid vanuit het ziekenfonds toegestuurd. Het attest blijft slecht 3 maanden geldig na uitreiking.

Op de verminderingskaarten, wordt **verplicht** een pasfoto aangebracht: hierdoor wordt frauduleus gebruik tegengegaan en wordt de controle op de trein enigszins vergemakkelijkt.

De kaarten worden gratis afgeleverd.

Beperkte geldigheid van de verminderingskaarten:

Voor de personen, 65 jaar en ouder, zal de geldigheid van de nieuwe verminderingskaart 5 jaar bedragen. De periode van 5 jaar vangt aan op de datum van aflevering van de kaart.

Voor de personen, minder dan 65 jaar, zal de geldigheid van de nieuwe verminderingskaart 1 jaar bedragen. De periode van 1 jaar vangt aan op de datum van aflevering van de kaart (voorheen was de einddatum steeds bepaald op 31-12 van het jaar).

Waar?

- Station (inlichtingen en aanvraag)
- Ziekenfonds - dienst maatschappelijk werk (inlichtingen + bijstand) (Gouden Gids nr 6990, www.cm.be; e-mail: dmw@cm.be).

C. Personen met een visuele handicap

Wat?

Personen met een visuele handicap (minstens 90 %) kunnen een nationale verminderingskaart bekomen voor het openbaar vervoer (trein, tram, bus - 2e klasse). Deze kaart geeft recht op gratis vervoer voor personen met een visuele handicap en voor de geleidehond. Deze kaart is sinds 01.04.2005 cumuleerbaar met de kaart "kosteloos begeleider".

Wie?

Personen met een visuele handicap van minstens 90 %.

Hoe?

De aanvraag (formulieren verkrijgbaar bij de gemeentelijke administratie) dient gericht aan de Federale Overheidsdienst Sociale Zekerheid - Dienst Attesten, Zwarte Lievevrouwstraat 3c, 1000 Brussel.

Waar?

- Gemeente (formulieren) (Witte Gids)
- NMBS (inlichtingen) (nr 9000 - openbaar vervoer)
- Ziekenfonds - dienst maatschappelijk werk (inlichtingen + bijstand) (Gouden Gids nr 6990, www.cm.be; e-mail: dmw@cm.be)

- Federale Overheidsdienst Sociale Zekerheid - Dienst Attesten
  Zwarte Lievevrouwstraat 3c, 1000 Brussel (inlichtingen)

Opmerking:
Bijzondere tariefmaatregelen gelden:
- bij internationaal vervoer spoorwegen.

D. Kaart "Kosteloze begeleider"

Wat?

Personen met één van de hierna vermelde handicaps, hebben recht op een kaart **"Kosteloze begeleider"** waarmee ze samen met een begeleider mogen reizen, op vertoon van één enkel vervoerbewijs.

Wie?

Personen:
- met een vermindering van zelfredzaamheid met tenminste 12 punten volgens de handleiding voor de evaluatie van de graad van zelfredzaamheid;
- met een blijvende invaliditeit of arbeidsongeschiktheid van minstens 80 %;
- met een blijvende invaliditeit die rechtstreeks toe te schrijven is aan de onderste ledematen en die tenminste 50 % bedraagt;
- met een gehele verlamming of amputatie van de bovenste ledematen;
- die een integratietegemoetkoming categorie III, IV of V genieten.

Hoe?

Deze kaart dient schriftelijk te worden aangevraagd in een station naar keuze of op onderstaand adres: NMBS Directie Reizigers - bureau RZ 021 sectie 13/5, Hallepoortlaan 40, 1060 Brussel.

De aanvragen voor deze kaarten moeten vergezeld zijn van een attest afgeleverd door één van de hieronder vermelde instellingen:
- de Bestuursdirectie van de uitkeringen aan personen met een handicap (Dienst Attesten) van de Federale Overheidsdienst Sociale Zekerheid;
- de rechtbanken die een invaliditeit erkend hebben;
- de verzekeringsinstellingen die een vergoeding uitkeren op basis van een erkende invaliditeitsgraad;
- het Fonds voor Arbeidsongevallen;
- het Fonds voor Beroepsziektes;
- de erkende voorzorgskassen voor mijnwerkers die een vergoeding uitbetalen op basis van een erkend invaliditeitspercentage;
- de administratie van de pensioenen van de Federale Overheidsdienst Financiën voor de personen die een pensioen genieten op basis van een erkend invaliditeitspercentage;
- de instellingen die een verhoogde kinderbijslag uitbetalen;

- de officiële instellingen van de lidstaten van de Europese Unie die een vergoeding uitbetalen en waarvan de gelijkwaardigheid van het getuigschrift werd erkend;

E. *Voorrangskaart voor het bezetten van een zitplaats in de treinen*

Wat?

Met een bijzondere voorrangskaart voor het bezetten van een zitplaats in de treinen zijn bejaarde of gehandicapte personen zeker dat zij een zitplaats hebben in de trein. In iedere wagon zijn er namelijk plaatsen voorzien voor houders van een dergelijke kaart. Deze kaart geeft geen recht op prijsverminderingen.

De plaatsen worden voorzien van een specifiek kenteken.

Wie?

Gehandicapte of bejaarde personen die niet rechtstaand kunnen reizen in de trein. Er zijn geen specifieke medische eisen.

Hoe?

Betrokkene dient een schriftelijke aanvraag en een medisch attest in met de vermelding van de redenen van de aanvraag en de vermelding van de periode (max. 5 jaar) waarvoor de aanvraag wordt ingediend. Je vindt het aanvraagdocument in de "Gids voor de reiziger met beperkte mobiliteit" die in ieder station gratis ter beschikking ligt.

Indien je voldoet aan de voorwaarden word je uitgenodigd om je kaart af te halen in het station van uw keuze, in het bezit van een recente pasfoto. Je betaalt 4,20 euro administratiekosten.

Waar?

- NMBS-station (aanvraag en inlichtingen)
  NMBS Directie Reizigers
  Bureau RZ 021 - sectie 27
  Hallepoortlaan 40, 1060 Brussel

2. Tariefvoordelen bij De Lijn

A. *Gratis vervoer voor personen met een handicap*

- Alle personen met een handicap, ingeschreven bij het Vlaams Agentschap (II.31).
  De personen met een handicap, jonger dan 65 jaar) die nog niet zijn ingeschreven bij het Vlaams Agentschap (m.a.w.: nog nooit een zorgvraag hebben ge-

steld aan het Vlaams Agentschap en hiervoor een positieve beslissing hebben gekregen), maar wel zorgen nodig hebben, kunnen zich uiteraard laten inschrijven. De volledige inschrijvingsprocedure wordt doorlopen.
- Alle personen met een handicap, die een tegemoetkoming aan gehandicapten krijgen (zie IV.11., IV.12. en IV.13.) en gedomicilieerd zijn in Vlaanderen, krijgen automatisch een gratis abonnement toegestuurd voor De Lijn (trams en bussen), dat drie jaar geldig is..

Bij verlies kan (maximum 3X in 12 maanden en tegen betaling) een duplicaat worden bekomen.
Bestaande (betaalde) abonnementen kunnen terug ingeleverd worden (de Lijn betaalt de resterende looptijd terug).

B. Gratis vervoer voor +65-jarigen; de '65+ kaart'

Alle Vlamingen, ouder dan 65 jaar, krijgen automatisch een Omnipass 65+ toegestuurd dat hun recht geeft om gratis gebruik te maken van alle bussen en trams van De Lijn. De kaart is ook geldig in Brussel en Wallonië (De Lijn, MIVB & TEC).

De Omnipas 65+ is geldig tot en met 31 december 2012. Daarna ontvangt men automatisch een nieuw abonnement. Hij is een vervoerbewijs op naam en is dus strikt persoonlijk: alleen de houder mag het gebruiken. De controleurs en chauffeurs controleren regelmatig de geldigheid van de vervoerbewijzen. Bij elke controle moet men de Omnipas 65+ en identiteitskaart tonen.

De nieuwe Omnipas 65+, geldig vanaf 1 januari 2008, moet niet meer ontwaard worden in de ontwaarders. Dit wil zeggen dat men gewoon kan opstappen zoals de andere abonnees. Ook op de voertuigen van de MIVB en TEC moet men de Omnipas 65+ niet ontwaarden.

Wie de Omnipas 65+ niet heeft gekregen in de maand van haar/zijn verjaardag, contacteert best zo snel mogelijk de dienst Abonnementen van De Lijn.

Ook bij verlies of diefstal van de Omnipas 65+ neemt men voor een duplicaat (tegen betaling) contact op met de dienst Abonnementen.

Bestaande (betaalde) abonnementen kunnen terug ingeleverd worden (De Lijn betaalt de resterende looptijd terug).

C. De kaart voor de begeleider

Wat?

Bij De Lijn kunnen de personen met een handicap die niet alleen kunnen reizen met voertuigen van De Lijn de kaart voor begeleider gratis bekomen. De persoon die hen vergezelt, kan daarmee gratis reizen met tram en bus, ongeacht de persoon met een handicap betalend reiziger is of niet (vb. kind jonger dan 6 jaar).

De 'kaart voor begeleider' is strikt persoonlijk en 2 jaar geldig.

Wie?

1. Wonen in:
   - het Vlaams Gewest
   - het Brussels Hoofdstedelijk Gewest
   - in de gemeenten Edingen, Komen, Moeskroen en Vloesberg
2. medische voorwaarde
   - ofwel een visuele handicap van méér dan 75 %
   - ofwel een handicap aan de bovenste ledematen van méér dan 75 %
   - ofwel een handicap aan de onderste ledematen van méér dan 50 %
   - ofwel een mentale handicap van tenminste 66 %
   - ofwel een vermindering van zelfredzaamheid van tenminste 12 punten (of ongeschikt van 80 %)
   - ofwel als oorlogsinvalide of -slachtoffer met een kaart van 75 % vermindering en met de vermelding 'begeleider toegelaten'
   - ofwel iemand met een polio of senso-motorische handicap welke begeleiding nodig heeft bij het op- en afstappen (de ingediende aanvragen hiervoor worden afzonderlijk onderzocht)

De personen met een kaart "kosteloze begeleider" van de NMBS kunnen deze kaart ook gebruiken bij De Lijn, TEC of MIVB. Zij hoeven dus geen kaart aan te vragen bij De Lijn.

Hoe?

Deze kaart voor begeleider dient schriftelijk te worden aangevraagd bij De Lijn samen met:
- een attest van de graad van handicap of
- een doktersattest van een geneesheer-specialist waaruit handicap en percentage blijkt en waarin wordt verklaard dat de gehandicapte begeleiding nodig heeft bij het op- en afstappen.

Daarnaast dienen volgende gegevens vermeld:
- naam
- adres
- geboortedatum

en dient een recente pasfoto bij de aanvraag te worden gevoegd.

Aandachtspunten voor de arts:

De persoon met een handicap die niet beschikt over een attest van een officiële instantie, heeft een attest nodig van een geneesheer-specialist, dat de graad en aard van handicap bevestigt en waarin tevens wordt verklaard dat de gehandicapte begeleiding nodig heeft bij het op- en afstappen.

D. Personen met een visuele handicap.

De personen met een visuele handicap mogen gratis reizen op vertoon van de " Nationale verminderingskaart op het openbaar vervoer ", uitgereikt door de Federale Overheidsdienst Sociale Zekerheid.

E. Rechthebbende op de verhoogde ZIV- verzekeringstegemoetkoming (met een reductiekaart van de NMBS (zie 1B))

- Vermindering bij aankoop van een lijnkaart - 'Lijnkaart%;
- Vermindering bij aankoop van Buzzy Pazz of Omnipas.

Wat? Wie?

1. Lijnkaart %:

Rechthebbenden op de verhoogde ZIV-verzekeringstegemoetkoming (zie IV.28.) en hun personen ten laste, kunnen een reductiekaart bekomen die hen recht geeft op een vermindering bij aankoop van een lijnkaart (= lijnkaart%). Deze vermindering kan niet gecumuleerd worden met andere kortingen.

De 'Lijnkaart %' is goedkoper dan de klassieke Lijnkaart (6 euro i.p.v. 8 euro).

'De Lijnkaart %' is te koop in de voorverkooppunten van de Lijn of op het voertuig bij de chauffeur. Als u uw kaart vooraf koopt, betaalt u minstens 25 % minder.

2. Buzzy Pass – Omnipass:

Personen, die in het bezit zijn van een reductiekaart (afgeleverd door de NMBS), kunnen bij De Lijn een Buzzy Pazz (jongeren tot 25 jaar) of een Omnipas (personen vanaf 25 jaar) van 12 maanden kopen aan de prijs van 25 euro.

Deze passen zijn geldig op het hele net en op al de voertuigen van De Lijn: bussen, belbussen, trams en kusttram.

Gerechtigden op IGO, GIB, leefloon (of andere financiële hulp van het OCMW) kunnen met een attest van RVP, respectievelijk OCMW, het goedkoop abonnement aanvragen zonder voorlegging van de reductiekaart.

Hoe?

Om deze reductiekaart te bekomen, dient een aanvraagformulier (te verkrijgen in het station (NMBS) of eventueel bij uw ziekenfonds) te worden ingevuld en afgegeven in het station, samen met een speciaal attest inzake het recht op VT dat op gewoon verzoek door het ziekenfonds wordt afgeleverd.

Waar?

- Station (inlichtingen en aanvraag)
- Ziekenfonds - dienst maatschappelijk werk (inlichtingen + bijstand) (Gouden Gids nr 6990, www.cm.be; e-mail: dmw@cm.be).

F. DINA-abonnement (indien nummerplaat auto wordt ingeleverd)

Wie (wegens ziekte of handicap of om een andere reden) een wagen uit het verkeer haalt door zijn/haar nummerplaat in te leveren bij de Dienst voor Inschrijving van de Voertuigen (DIV), kan bij De Lijn een gratis DINA-abonnement (Dienst

Inruilen Nummerplaat voor Abonnement) aanvragen. Als de nummerplaat van de enige personenwagen binnen het gezin wordt geschrapt, kan men een DINA-abonnement voor alle gezinsleden aanvragen. In dat geval mag geen enkel gezinslid nog een auto ter beschikking hebben, ook geen bedrijfs- of leasingwagen. Als men een wagen wegdoet, maar nog één of meerdere wagens in het gezin heeft, dan mag men 1 gezinslid aanduiden voor het gratis abonnement.

Als de aanvraag wordt goedgekeurd, krijgt men een DINA-abonnement in de vorm van een gratis Buzzy Pazz (voor personen tot en met 24 jaar) of Omnipas (voor personen vanaf 25 jaar) die voor 12 maanden geldig is. De Buzzy Pazz of Omnipas kan twee maal worden verlengd.

G. Derdebetalersysteem: sommige steden/gemeenten betaalt voor de reiziger

Wat?

Heel wat steden en gemeenten betalen geheel of gedeeltelijk de vervoerkosten van hun inwoners, reizigers op hun grondgebied of werknemers. De kortingen of gratis abonnementen in het kader van derdebetalersystemen worden automatisch toegekend.

Er bestaan zes verschillende systemen:

- Systeem 1: procentuele korting op abonnementen
- Systeem 2: korting op Lijnkaarten
- Systeem 3: korting op biljetten
- Systeem 4: gratis netabonnement voor bepaalde leeftijdscategorie(ën)
- Systeem 5: gratis openbaar vervoer binnen de gemeente.

Welke steden/gemeenten?

De lijst van steden en gemeenten die een korting toekennen kan geraadpleegd worden op volgende site: 'http://www.delijn.be/u_bent/overheid/derdebetaler-systeem_per_stad_gemeente.htm?ComponentId=817& SourcePageId=4400'

IV.38. Het sociaal verwarmingsfonds

(Programmawet 27.12.2004 - BS 31.12.2004; KB 09.01.2005 - BS 13.01.2005; progr.wet 12.2008, art 249 e.v.; KB 12.2008 reeds vertaald in een omzendbrief aan de OCMW's, die de vernieuwde regelgeving toepassen vanaf 01.01.2009)

Wat?

De maatregel wil aan personen met een laag inkomen een verwarmingstoelage toekennen als compensatie voor de opeenvolgende prijsverhogingen van de huisbrandolie. De uitgekeerde toelagen worden gefinancierd door het sociaal verwarmingsfonds, dat gespijsd wordt door een bijdrage op alle petroleumproducten voor de verwarming, ten laste van de verbruikers van deze producten.

Sinds 1 januari 2009 gaat het om een tussenkomst in de aankoop van huisbrandolie (bulk of pomp), verwarmingspetroleum of bulkpropaangas die aangekocht zijn tijdens het gehele jaar. De brandstof wordt uitsluitend gebruikt om de individuele of gezinswoning te verwarmen, waar men zijn hoofdverblijf heeft. De maximumtussenkomst is beperkt naargelang de overschrijding van de drempelwaarde. Er is geen interventiedrempel meer om te voorkomen dat er maanden zijn dat de prijs onder de interventiedrempel zakt en de doelgroep geen aanspraak meer kan maken op de verwarmingstoelage.

Er wordt slechts één verwarmingstoelage toegekend voor éénzelfde huishouden.

De toekenning van een verwarmingstoelage voor stookolie in bulk sluit de toekenning van een toelage voor stookolie aan de pomp uit, en omgekeerd.

Er wordt geen cumul toegestaan met de forfaitaire vermindering voor verwarming.

huisbrandolie in bulk of bulkpropaangas		
Prijs per liter, vermeld op factuur: in euro	Toelage per liter:	Max. toelage in euro*:
lager dan 0,930	14 cent	210
Vanaf 0,9300 en < 0,9550	15 cent	225
Vanaf 0,9550 en < 0,9800	16 cent	240
Vanaf 0,9800 en < 1,005	17 cent	255
Vanaf 1,005 en < 1,030	18 cent	270
Vanaf 1,030 en < 1,055	19 cent	285
Vanaf 1,055	20 cent	300
Voor huisbrandolie of verwarmingspetroleum aan de pomp:		
Er geldt een forfaitaire toelage van 210 euro. Één aankoopbewijs is voldoende om de forfaitaire toelage uitgekeerd te krijgen.		

* De maximumtoelage geldt per jaar en het totale bedrag van de toelage is gebonden aan een maximumgrens van 1500 liter per jaar en voor een totaalbedrag van 300 euro per jaar en per gezin.

Appartementen: wanneer de factuur meerdere woonsten betreft, worden de per woonst aan te reken liters berekend met de volgende formule:

Het totaal aantal liter in aanmerking komende brandstof, vermeld op de factuur	X	$\frac{1}{\text{Het aantal woonsten in het gebouw waar de factuur betrekking op heeft}}$

Wie?

Categorie 1: personen met recht op de verhoogde tegemoetkoming (inclusief deze met Omniostatuut) maar waarvan het totaal jaarlijks bruto belastbaar inkomen niet hoger is dan 14.624,70 euro, verhoogd met 2.707,42 euro per persoon ten laste.

Categorie 2: personen met een laag inkomen, d.w.z. mensen waarvan het totaal jaarlijks bruto belastbaar inkomen niet hoger is dan 14.624,70 euro, verhoogd met 2.707,42 euro per persoon ten laste.

Categorie 3: personen met schuldenoverlast, d.w.z. mensen met een schuldbemiddeling in het kader van de wet op het consumentenkrediet of een gerechtelijke collectieve schuldenregeling, en die de verwarmingsfactuur niet kunnen betalen.

De facturen van de periode van 01.09.2008 tot 31.12.2008 kunnen nog ingediend worden door de voormalige categorie 4: Personen met een jaarlijks belastbaar gezinsinkomen dat lager of gelijk was aan 23.281,93 euro (mechanisme maximum-factuur).
Deze groep, die sinds 2008 was toegevoegd als 'bovencategorie' met een nog redelijk bescheiden inkomen en een lagere toelage, is sinds 01.01.2009 geschrapt van de doelgroepen die via deze procedure geholpen worden. Deze 4e categorie is sindsdien overgeheveld naar de FOD Economie (zie IV.39).

Hoe?

De openbare centra voor maatschappelijk welzijn hebben de taak het recht op de verwarmingstoelage te onderzoeken en toe te kennen.

Betrokkene levert zijn factu(u)r(en) binnen 60 dagen na factuurdatum af bij het OCMW dat voor zijn woonplaats bevoegd is.

Het gaat op basis van een sociaal onderzoek na of alle voorwaarden vervuld zijn (inkomsten of VT- gerechtigde, brandstof voor individueel gebruik, prijs is hoger dan de drempelwaarde, leveringsadres is de hoofdverblijfplaats).

Het OCMW neemt zijn beslissing binnen 30 dagen vanaf de aanvraagdatum en betaalt de toelage binnen 15 dagen, te rekenen vanaf de beslissing.

Bewijsstukken bij de aanvraag:

- Voor alle aanvragen: De factuur van de brandstof (bij meerdere woongelegenheden in één gebouw een bewijs van de beheerder dat het aantal huishoudens vermeldt waarop de factuur betrekking heeft) en de identiteitskaart;
- Voor gerechtigden met verhoogde tegemoetkoming: Het OCMW gaat via een informaticatoepassing na of er recht is op de verhoogde tegemoetkoming of het OMNIO-statuut. Het kan ook zijn dat de gegevens bij de FOD Financiën opgevraagd zullen worden. Bij gebrek aan gegevens over het inkomen wordt er aan de aanvrager gevraagd zelf het bewijs te leveren;

- Voor andere gerechtigden: De inkomensgegevens worden rechtstreeks opgevraagd bij de FOD Financiën. Indien dit niet mogelijk is, wordt er aan de aanvrager gevraagd het bewijs te leveren van het inkomen.
- Voor de gerechtigden met een schuldbemiddelingsregel: bewijs van schuldbemiddeling volgens wet 12.06.1991 of van collectieve schuldbemiddeling.
  Het OCMW onderzoekt of betrokken gezin inderdaad de verwarmingsfactuur niet kan betalen.
- Opmerking:
  Bij KB van 20.01.2006, aangepast bij KB 05.10.2006, is een wettelijk kader gecreëerd om leveranciers toe te laten om binnen de aangegeven grenzen huisbrandolie op afbetaling te leveren. Het is de bedoeling van de overheid dat voldoende leveranciers (en goed verspreid in het land) deze mogelijkheid aanbieden, maar het is geen verplichting.
  Alle klanten kunnen desgewenst gebruik maken van die mogelijkheid.

Beroep

Er is binnen 30 dagen na beslissing of na antwoordtermijn beroep mogelijk:
- wanneer men niet akkoord gaat met de beslissing
- wanneer één der organen van het OCMW één maand, te rekenen van de ontvangst van het verzoek, heeft laten verstrijken zonder een beslissing te nemen.

Waar?

- Informatie: gratis telefoonnummer: 0800/90.929
- www.verwarmingsfonds.be
- OCMW van de woonplaats van de aanvrager (Witte Gids of Gouden Gids infopagina's publieke instellingen)
- Dienst maatschappelijk werk van het ziekenfonds (Gouden Gids nr 6990, www.cm.be; e-mail: dmw@cm.be)

IV.39. Forfaitaire vermindering voor verwarming

(Programmawet 08.06.2008 - BS 16.06.2008)

Wat?

Vanaf 2009 voorziet de overheid een forfaitaire vermindering voor gezinnen, die zich hoofdzakelijk verwarmen met aardgas, elektriciteit, huisbrandolie, mazout, bulkpropaangas of lamppetroleum type C. In 2009 bedraagt de vermindering 105 euro.
Er wordt 1 forfaitaire vermindering per gezin per jaar toegekend (ook al heeft men eventueel meerdere verblijven).

Wie?

Gezinnen met een bescheiden inkomen, die niet genieten van een andere sociale energiemaatregel.
Het belastbaar inkomen van alle gezinsleden samen (= iedereen met dezelfde domiciliëring) mag niet hoger zijn dan 26.000 euro per jaar (dit bedrag wordt jaarlijks geïndexeerd).
Men mag niet genieten van de sociale maximumprijs voor gas en elektriciteit (zie IV.33.) of van een toelage van het sociaal verwarmingsfonds (zie IV.38.).

Hoe?

Wie een aanvraag indient voor 30 juni 2009 moet aan de inkomensvoorwaarden voldoen voor het aanslagjaar 2007 (inkomsten 2006), wie vanaf 1 juli 2009 een aanvraag indient moet rekening houden met de resultaten van aanslagjaar 2008 (inkomsten 2007).

Op het ogenblik van de jaarlijkse afrekening ontvangt ieder Belgisch gezin, dat niet van de sociale maximumprijs geniet, **automatisch** een **aanvraagformulier via zijn elektriciteitsleverancier**. Wie denkt in aanmerking te komen vult dit formulier in.

Het aanvraagformulier wordt binnen de 60 dagen na ontvangst teruggestuurd naar: **Energiekorting,** North Gate III, Koning Albert II-laan 16, 1000 Brussel

Men zal controleren of de aanvrager aan alle voorwaarden voldoet. Deze controle gebeurt automatisch. Men moet geen enkel ander document ter rechtvaardiging opsturen (bv. aanslagbiljet, documenten van energieleveranciers, ...).

Het bedrag van de vermindering wordt binnen een termijn van 4 maanden na ontvangst van de aanvraag overgeschreven op de bankrekening of overgemaakt met een postassignatie aan wie niet over een bankrekening beschikt.

Waar?

- Voor meer informatie over de forfaitaire verminderingen kan men het Contact Center van de FOD Economie contacteren:
  Telefoon (groen nummer): 0800 120 33
  Fax (groen nummer): 0800 120 57
  E-mail: info.eco@economie.fgov.be
  Website: http://economie.fgov.be

IV.40. Onbeperkt uitstel van fiscale schulden

(KB 25.02.2005 - BS 15.03.2005)

Wat?

Sedert 2005 kan de Gewestelijk Directeur Invordering der Directe Belastingen een onbeperkt uitstel toestaan van de invordering van personenbelasting. Dat betekent dat deze schulden (inclusief nalatigheidsintresten, belastingverhoging en boetes) niet meer gevorderd worden.

Het is een buitengewone gunstmaatregel, die niet lichtzinnig wordt toegekend. Dit kan alleen voor schulden van natuurlijke personen.

De personenbelasting, waarvoor deze maatregel kan gevraagd worden wordt niet meer betwist (dus er is geen bezwaarschrift in onderzoek), zelfs de eventuele belastingverhogingen, boetes of nalatigheidsintresten worden niet betwist. Ze is ook definitief (dus de maatregel kan niet ingeroepen worden voor voorheffingen).

BTW-inning of verkeersbelasting en personenbelasting ten gevolge van de vaststelling van fraude zijn eveneens uitgesloten van deze maatregel.

Andere mogelijkheden (die altijd bestaan hebben): aan de fiscus uitstel van betaling vragen of vragen dat de nalatigheidsintresten worden geschrapt)

Opmerking: wie naast fiscale schulden ook andere schulden heeft kiest beter voor een collectieve schuldenregeling.

Wie?

- Personen die 'ongelukkig en ter goeder trouw' handelen. Dit zijn personen die niet meer in staat zijn om op duurzame wijze hun schulden te betalen en die hun onvermogen niet bewerkstelligd hebben (dit is wanneer men een schuldenoverlast heeft of wanneer men het onvermogen om te betalen niet zelf heeft bewerkstelligd);
- En men heeft de laatste 5 jaar geen toepassing van deze maatregel verkregen;
- En men volgt de voorwaarden op, vermeld in de beslissing van de Gewestelijk Directeur Invordering, inzonderheid de betaling van een bepaald bedrag binnen een gestelde termijn.

Hoe?

Het aangetekend verstuurd verzoek aan de Gewestelijk Directeur Invordering moet gemotiveerd zijn en bewijsstukken bevatten (vermogenssituatie, inkomsten en uitgaven). Hiervoor bestaan model- verzoekschriften, die kunnen gedownload worden van internet (FOD Financien) of die kunnen aangevraagd worden bij de Ontvanger der Directe Belastingen.

Vervolgens krijgt men een ontvangstbewijs toegestuurd.

Binnen 6 maand na ontvangst van het verzoek ontvangt men een gemotiveerde beslissing.

Het onbeperkt uitstel is verkregen van zodra de voorwaarden, gesteld in de beslissing, inzonderheid van de betaling(en) binnen de opgelegde termijn, zijn nageleefd.

Vanaf de indiening van het verzoek tot het definitief worden van de beslissing worden alle vervolgingen opgeschort (het betekenen van een dwangbevel om de verjaring te stuiten, het inhouden van eventuele terugbetalingen, bewarend beslag leggen of de wettelijke hypotheek inschrijven kan wel).

Binnen 6 maanden na het verzoek ontvangt men een gemotiveerde beslissing per aangetekende brief. Bij een positieve beslissing vraagt men om meteen een bepaalde som in schijven te betalen. Deze som kan variëren van een symbolisch bedrag tot een groter bedrag, al naargelang de situatie van betrokkene. Na het vervullen van deze voorwaarde wordt het onbeperkt uitstel toegekend.

Opmerking: de beslissing wordt vernietigd als men onjuiste informatie heeft verstrekt, als blijkt dat men toch het onvermogen heeft bewerkstelligd of als men de voorwaarden in de beslissing niet naleeft.

Beroep

Men kan binnen de maand vanaf de kennisgeving van de beslissing beroep aantekenen bij de 'beroepscommissie inzake het onbeperkt uitstel van de invordering' (Koning Albert II-laan 33 bus 40, 1030 Brussel). Uitspraak en gemotiveerde beslissing volgt binnen 3 maanden na ontvangst van het beroep.

Waar?

- Bij de Gewestelijk Directeur Invordering van de directe belastingen van de woonplaats (Witte Gids: FOD Financien).

Bibliografie

Agten, J. - Asselberghs, L.
OCMW zakboekje
Kluwer

Baeyens, J.P.
Voorzieningen voor ouderen in België (in het bijzonder Vlaanderen)
Handboek ouder worden, afl. 10, 1993

Bijnens, L.
Het nieuwe Vlaams Fonds voor de sociale integratie van personen met een handicap: hoe en wat?
VIBEG-ECHO'S

Bracke, P.
Het bos en de bomen ...
Een overzicht van de voorzieningen voor personen met een handicap!
Handiscoop

Christelijke Ziekenfonds
Bram roeit met eigen riemen door de ziekteverzekering
LCM, 1996

Christelijk Ziekenfonds / DMW
Officieuse coördinaties wetgeving gehandicapten

Fetoc (Federatie Tewerkstellingsbevorderende Opleidingscentra VZW)
Maatregelen ter bevordering van de tewerkstelling van personen met een handicap
Fetoc, september 1993

GESERBU
Sociale Bundel

Gids in de geestelijke gezondheidszorg
Similes-Christelijke Mutualiteiten - Cera Foundation

Gids voor gezinnen
Vlaamse Gemeenschap
april 1997

Godemont, M.
Gezinsverpleging zonder grenzen
Psyche 2, jaargang 5 - juni 1993

Jonckheere, R.
Verslagboek studiedag 24 april 1993, Faculteit psychologie - Leuven
Thuiszorg: ja, maar ... Algemeen overzicht van bestaande voorzieningen voor mentaal gehandicapten en psychisch zieken
Similar Vlaanderen, 1993

KVG
Kan ik U helpen dokter?
Uitgave van KVG

KVG-Vorming
Vlaams Fonds

Lammertyn, F.
De Welzijnszorg in de Vlaamse Gemeenschap
Voorzieningen en overheidsbeleid
Studie in opdracht van de Gemeenschapsminister van Welzijn en Gezin naar aanleiding van het Vlaams Welzijnscongres
Kluwer - Leuven, oktober 1990

Lenssens, J.
Ambulante hulpverlening binnen de gehandicaptenzorg 1990

MEDI-IUS
Kwartaaltijdschrift

Put, J.
Praktijkboek Sociale Zekerheid voor de Onderneming en de sociale adviseur
Ced. Samsom

Samoy, E.
Beroepsopleidingen voor personen met een handicap
Hoger Instituut voor de Arbeid - K.U. Leuven, 1993

Staatssecretaris Volksgezondheid en Gehandicaptenbeleid
Handigids
Overzicht van de nationale voorzieningen
Marmelade

Van der Haeghen, M.
Beroepsherscholingen en Tewerkstellingsbevorderende Maatregelen in de Ziekte- en Invaliditeitsverzekering
LCM-Dienst Maatschappelijk Werk, 1995

Wegwijs in ...
De steun bij indienstnemingen: verminderingen van de arbeidskost
Ministerie vanTewerkstelling en Arbeid, uitgave 1997

Werkmap - Dienst Maatschappelijk werk
Uitgave van de Landsbond der Christelijke Ziekenfondsen

X.
Studie van de verschillende vormen van instellingen en diensten ten opzichte van de toepassing van de wetgeving betreffende de tegemoetkomingen aan gehandicapten
Federale Overheidsdienst Sociale Zekerheid, Algemene Directie van de Gezinsbijslag en Uitkeringen aan Gehandicapten - Gehandicaptenbeleid

Ysebaert, C. - Asselberghs, L.
Instellingen - Zakboekje
Kluwer

Conceptnota VESOC, Inclusief beleid voor mensen met een arbeidshandicap

Trefwoorden

A

C

H

I

O

R

S

T

U

V

Z

Adressen

Gespecialiseerde Trajectbepalings- en Begeleidingsdiensten Vlaanderen :

GTB Vlaanderen: http://www.gtb-vlaanderen.be/

Antwerpen - Regio Antwerpen
info.ant@gtb-vlaanderen.be
Deurnestraat 208, 2640 Mortsel
03/740.36.20
03/830.66.31

Antwerpen - Regio Mechelen
H. Consciencestraat 7, 2800 Mechelen
015/28.15.80
015/28.15.99

Antwerpen - Regio Turnhout
Stationstraat 80-82, 2300 Turnhout
014/63.11.02
014/88.20.02

Limburg
www.atblimburg.be
info.lim@gtb-vlaanderen.be
Europalaan 74 bus 1.1, 3600 Genk
089/32.10.50
089/32.10.59

Oost-Vlaanderen
www.atbovl.be
info.ovl@gtb-vlaanderen.be
Minnemeers 2, 9000 Gent
09/269.46.80
09/269.46.99

Vlaams Brabant / Brussel
www.atb-brabant.be
info.vlbr@gtb-vlaanderen.be
Kapucijnenvoer 10, 3000 Leuven
016/20.15.99
016/22.10.18

West-Vlaanderen
www.atb-wvl.be
info.wvl@gtb-vlaanderen.be
Stationsdreef 83, 8800 Roeselare
051/25.32.25
051/25.32.27

Belgische Confederatie van Blinden en Slechtzienden vzw
Georges Henrilaan 278
1200 Sint-Lambrechts-Woluwe
tel.: (02) 732 53 24 – fax: (02) 735 64 53

Belgische Multiple Sclerose Liga – Vlaamse Gemeenschap vzw
Boemerangstraat 4
3900 Overpelt
tel.: (011) 80 89 80 – fax: (011) 66 22 38

Belgische Vereniging voor Strijd tegen Mucoviscidose B.V.S.M.
Joseph Borlélaan 12
1160 Brussel (Oudergem)
tel.: (02) 675 57 69 – fax: (02) 675 58 99
http://www.muco.be
info@muco.be

Belgische Vereniging voor Verlamden – VZW – B.V.V.
Charles Demeerstraat 105-107
1020 Brussel
tel.: (02) 421 69 65 – fax: (02) 421 69 60

Blindenzorg Licht en Liefde
Kunstlaan 24, bus 21
1000 Brussel
tel.: (02) 286 52 50 – fax : (02) 230 45 21

Brailleliga vzw
Engelandstraat 57
1060 Brussel
tel.: (02) 533 32 11 – fax: (02) 537 64 26

Brusselse Welzijns- en Gezondheidsraad vzw
Leopold II-laan 204 bus 1
1080 Brussel
tel.: (02) 414 15 85 - fax (02) 414 17 19
e-mail: info@bwr.be

CAS – Aangepast Sporten

Provincie Antwerpen
CASPA - Huis van de Sport
Boomgaardstraat 22, bus 1
2600 Antwerpen
tel. (03) 240 62 70 - fax (03) 240 62 99

Provincie Oost-Vlaanderen
Zuiderlaan 13
9000 Gent
T.a.v. Datrien De Clercq
tel: 09-243 12 42; fax: 09-243 12 49
E-mail: katrien.de.clercq@oost-vlaanderen.be

Provincie West-Vlaanderen
Doornstraat 114
8200 Sint-Andries
tel: 050-40 76 86 - fax: (050) 40 76 87

Provincie Vlaams-Brabant
Wijgmaalsesteenweg 178
3020 Herent
tel: 016-22 42 43

Provincie Limburg
Universiteitslan 1
3500 Hasselt
CAS ; t.a.v. dhr. Ronny Wasiak
Tel.: 011-23 72 60; fax: 011-23 72 10

CARA-Centrum voor aanpassing van het rijden der gehandicapte automobilisten
Haachtsesteenweg 1405
1130 Brussel (Haren)
tel.: (02) 244 15 11 – fax: (02) 216 43 42
e-mail : CARA@bivv.be

Centraal tolkenbureau: C.A.B. (VZW)
Dendermondsesteenweg 449
9070 Destelbergen
(doven-)tel.: (09) 228 28 08 – fax: (09) 228 18 14
in dringende gevallen (na 18 uur en in het weekend):
GSM (+ fax) : (0476) 28 91 75
e-mail: tolkaanvraag@cabvlaanderen.be (welzijn);
onderwijs@cabvlaanderen.be (onderwijs)

Centrale wachtlijsten

1) Stichting Welzijnszorg Antwerpen, Centrale Wachtlijstwerking & Secretariaat ROG
   Boomgaardstraat 22
   2600 Berchem
   tel. (03) 240 61 61 - fax (03) 240 68 68
   greet.smeyers@welzijn.provant.be
2) Provincie Vlaams-Brabant, Welzijn en Volksgezondheid, Secretariaat centrale wachtlijst
   Provincieplein 1
   3010 Leuven
   tel. (016) 26 73 06 - fax (016) 26 73 01
   gehandicapten@vlaamsbrabant.be
3) Provincie Limburg, Provinciale Sectie Personen met een Handicap, Secretariaat centrale wachtlijst
   Universiteitslaan 1
   3500 Hasselt
   tel. (011) 23 72 27 - fax (011) 68 32 64
   mclaessens@limburg.be
4) Provincie Oost-Vlaanderen, Centrale Wachtlijstwerking
   Dienst Welzijn PAC Het Zuid
   Woodrow Wilsonplein 2
   9000 Gent
   tel. (09) 267 75 28 - fax (09) 267 75 99
   kristien.boterbergh@oost-vlaanderen.be
5) Provincie West-Vlaanderen, Dienst Welzijn, Secretariaat centrale wachtlijstwerking
   Koning Leopold III-laan 41
   8200 sint-Andries
   tel. (050) 34 85 63 - fax (050) 34 98 72
   cwl@west-vlaanderen.be

Centrale Welzijnsraad
Markiesstraat 1
1000 Brussel
tel.: (02) 553 33 35

Centra voor Ontwikkelingsstoornissen
1) Antwerpen:
Doornstraat 331
2610 Wilrijk
tel.: (03) 828 38 00
2) Gent:
De Pintelaan 185
gebouw K5, 3e verdieping
9000 Gent
tel.: (09) 240 57 48
3) Leuven:
Kapucijnenvoer 33
3000 Leuven
tel.: (016) 33 75 08
4) Brussel:
Laarbeekstraat 101
1090 Jette
tel: (02) 477 56 95

Centra voor Relatievorming en Zwangerschapsproblemen
Brabant: tel. (016) 33 69 54
Limburg: tel. (089) 86 86 56
Oost-Vlaanderen: tel. (016) 33 69 54 (= Leuven)
West-Vlaanderen: tel. (056) 24 56 22
Antwerpen: tel. (03) 247 88 43
info@crz.be
www.crz.be

Centrum voor Actuele Gezinsplanning (zwangerschapsproblemen) (CAG)
Lindenbaan 2C
2520 Ranst
tel.: (03) 225 08 02

Cultuur voor Doven vzw
Informatie- en documentatiecentrum
Dendermondsesteenweg 449A
9070 Destelbergen
tel.: (09) 228 59 79 – fax: (09) 238 39 23

CD&V-Senioren
Wetstraat 89, 1040 Brussel
tel.: (02) 238 38 13 - fax (02) 238 38 21
e-mail: senioren@cdenv.be

Directie van de studie der arbeidsproblemen van de Administratie van de Werkgelegenheid van het Ministerie van Tewerkstelling en Arbeid
Ernest Blerotstraat 1

1070 Brussel
tel.: (02) 233 41 11 - fax (02) 233 48 60
wea@mct.fgov.be

Expertisecentra Dementie Vlaanderen :
Secretariaat: p/a Sint Bavostraat 29 te 2610 Wilrijk
Het telefoonnummer 070-22 47 77 brengt u automatisch bij het dichtstbijgelegen Expertisecentrum Dementie. Website: 'www.dementie.be'
info@dementie.be

Familiehulp Nationaal
Koningsstraat 306
1210 Brussel
tel.: (02) 227 40 10 – fax: (02) 227 40 39

Federatie Consultatiebureaus voor personen met een handicap
p/a Pasteurlaan 2
9000 Gent
tel.: (09) 264 92 59 - fax (09) 264 92 70

Federatie van Revalidatiecenta voor mentaal en psychisch gehandicapten
Groot Begijnhof 47
9110 Gent (Sint-Amandsberg)
tel.: (09) 228 21 67 - fax (09) 229 13 80

Federatie van Revalidatiecentra voor spraak- en gehoorgestoorden
Sint-Lievenspoorstraat 129
9000 Gent
tel. (09) 268 26 26 - fax (09) 234 14 55

Federatie van Vlaamse Doven en Slechthorenden - Fevlado vzw
Coupure rechts 314, 9000 Gent
tel.: (09) 329 63 36 - fax (09) 234 14 55
e-mail: fevlado@pandora.be

Federatie van Vlaamse Dovenverenigingen
- Fevlado-Passage vzw (dienstverlening voor doven, slechthorenden, doofgewordenen, hun omgeving en geïnteresseerden)
  Coupure rechts 314, 9000 Gent
  tel.: (09) 224 46 76 - fax (09) 329 07 47
  e-mail: fevladopassage@pandora.be
- Fevlado-Diversus vzw (vormingsdienst met oog voor gebarentaal)
  Coupure rechts 314, 9000 Gent
  tel.: (09) 228 59 79 - fax (09) 329 07 47
  e-mail: fevladodiversus@pandora.be

Federatie van Vlaams Simileskringen vzw
Groeneweg 151
3001 Heverlee
tel.: (016) 23 23 82 – fax: (016) 23 88 18
similes@scarlet.be

Federatie van diensten voor Geestelijke Gezondheidszorg vzw
Residentie Servaes
Martelaarslaan 204 B
9000 Gent
tel.: (09) 233 50 99 – fax: (09) 233 35 89
fdgg@fdgg.be

Federatie Palliatieve Zorg Vlaanderen
J. Vandervekenstraat 158
1780 Wemmel
tel.: (02) 456 82 00 – fax : (02) 461 24 41
fed.pal.zorg.vl@skynet.be

Fonds voor Arbeidsongevallen
Troonstraat 100
1050 Brussel
tel.: (02) 506 84 11

Fonds voor Beroepsziekten
Sterrenkundelaan 1
1210 Brussel
tel.: (02) 226 62 11

Gemengde Commissie Rustoorden en RVT
Markiesstraat 1
1000 Brussel 1
tel.: (02) 507 36 23

Gelijke Rechten voor Iedere Persoon met een Handicap (GRIP)
Koningsstraat 136
1000 Brussel
tel. (02) 214 27 60 - fax (02) 214 27 65
info@gripvzw.be

Hoofdbestuur BTW, Registratie en Domeinen
Federale Overheidsdienst Financien
Koning Albert II laan 33 bus 50
1030 Brussel
tel.: (02) 336 35 98 en (02) 336 28 53

Hoge Raad voor Personen met een Handicap
Zwarte Lievevrouwstraat 3C
1000 Brussel
tel. (02) 509 82 78

Impact vzw
Maastrichtersteenweg 254
3500 Hasselt
tel. (011) 23 68 28 - fax (011) 23 21 04

Julie RENSON-stichting
Lombardijestraat 35
1060 Brussel
tel.: (02) 538 94 76 – fax (02) 534 38 64

Katholieke Vereniging voor Gehandicapten – Nationaal Secretariaat
Arthur Goemaerelei 66
2018 Antwerpen 1
tel.: (03) 216 29 90
e-mail : post@kvg.be
Internet: http://www.kvg.be

KBG (Kristelijke Beweging van Gepensioneerden)
Haachtsesteenweg 579, postbus 40
1031 Brussel
tel.: (02) 246 44 41
www.kbg.be

Kind & Gezin
Hallepoortlaan 27
1060 Brussel
tel.: (02) 533 12 11 – fax: (02) 534 13 82

Klachtencommissie voor Bejaarden
Kammenstraat 18
2000 Antwerpen
tel. – fax : (03) 231 66 15 (dinsdag en donderdag van 14 tot 17 uur)

Koninklijke Maatschappij voor Blinden (KMB)
Durletstraat 43
2018 Antwerpen
tel.: (03) 248 54 78 - fax (03) 248 08 63

Liga tegen Kanker (Vlaamse)
Koningsstraat 217
1210 Brussel
tel.: (02) 227 69 71 – fax : (02) 223 22 00
Kankertelefoon : (078) 15 01 51

Federale Overheidsdienst Financiën
Administratie van Pensioenen ambtenaren
Victor Hortalaan 40 bus 30
1060 Brussel
tel.: (02) 788 51 56
Infolijn FOD Financiën (02) 33 66 999
Dienst voor Alimentatievorderingen (DAVO) 0800/12302

Federale Overheidsdienst Sociale Zekerheid
Zwarte Lievevrouwstraat 3 C
1000 Brussel
tel.: (centrale) (02) 509 81 11

Federale Overheidsdienst Tewerkstelling en Arbeid
Belliardstraat 51
1040 Brussel
tel.: (02) 233 47 24

Federale Overheidsdienst Mobiliteit en Vervoer
Directoraat-generaal Mobiliteit en Verkeersveiligheid
Vooruitgangstraat 56
1210 Brussel
tel. (02) 277 31 11

Ministerie van de Vlaamse Gemeenschap
Departement Onderwijs
Afdeling "Beleidsvoorbereiding basisscholen"
Koning ALbert II-laan 15
1210 Brussel
tel.: (02) 553 92 47
(Luc Van Beeumen)
1210 Brussel
tel.: (02) 553 92 36
(hulpmiddelen voor in schoolverband – gehandicapten)

MODEM
Doornstraat 331
2610 Wilrijk
tel.: (03) 825 80 13
modem@stichtingkinsbergen

Nationale Vereniging voor Hulp aan Verstandelijk Gehandicapten – N.V. H.V.G.
Albert Giraudlaan 24
1030 Brussel
tel.: (02) 247 60 10 – fax: (02) 219 90 61
http://users.skynet.be/anahm.nvhvg
secretariaat@nvhvg.be

NEOS Netwerk van Ondernemende Senioren
Tweekerkenstraat 29
1000 Brussel
tel. (02) 238 04 91
www.neosvzw.be
info@neosvzw.be

NMBS
Directie Reizigers Centrale Klantendienst RZ042-S1316
Hallepoortlaan 40
1060 Brussel
tel. 528 21 39
klantendienst@nmbs.be

Ombudsdienst NMBS
Kantersteen 4
1000 Brussel
tel.: (02) 525 40 00 – fax: (02) 525 40 10
www.b-rail.be/ombudsman/N

OOK Ouderen Overleg Komitee vzw
Koningsstraat 136
1000 Brussel
tel. (02) 209 34 51
info@vlaams-ook.be

Parkinsonvereniging vzw
Zeedijk 286
8400 Oostende
tel.: (059) 70 51 81 – fax: (059) 50 00 89
parkinson@bzio.be

Pensioendienst voor de Overheidssector (PDOS)
Victor Hortaplein 40, bus 30
1060 Brussel
tel. (02) 558 60 00 - fax (02) 558 60 10
info@pdos.fgov.be

Pluralistisch Platform Gehandicaptenzorg
Diksmuidelaan 50
2600 Antwerpen (Berchem)
tel.: (03) 366 04 81

Provinciale Afdelingen Vlaams Fonds
1) Antwerpen:
Potvlietlaan 5
2600 Berchem
tel.: (03) 270 34 40 – fax : (03) 270 34 41
2) Limburg:
Ilgatlaan 7
3500 Hasselt
tel.: (011) 27 43 54 – fax : (011) 28 51 09
3) Oost-Vlaanderen:
Kortrijksesteenweg 788, 9000 Gent
tel.: (09) 269 23 11 – fax : (09) 269 23 39
4) Vlaams-Brabant:
Brouwersstraat 3
3000 Leuven
tel.: (016) 31 12 11 – fax : (016) 31 12 29
5) West-Vlaanderen:
Magdalenastraat 20 – Residentie "Iris", 8200 Brugge
tel.: (050) 40 67 11 – fax : (050) 39 36 80
6) Fonds voor het Duitstalige landsgedeelte
'Dienststelle für Personen mit Behinderung'
(Office des personnes handicapées)
Aachner Strasse, 69-71
4780 Sankt Vith
tel.: (080) 22 91 11

Provinciale diensten van het bestuur huisvesting
1) Antwerpen:
Copernicuslaan 1 bus 19, 2018 Antwerpen
tel.: (03) 224 60 32
rohm.ant@lin.vlaanderen.be
2) Limburg:
Koningin Astridlaan 50 bus 7, 3500 Hasselt
tel.: (011) 74 21 00
rohm.limb@lin.vlaanderen.be
3) Oost-Vlaanderen:
Gebroeders Van Eyckstraat 4-6, 9000 Gent
tel.: (09) 265 45 11
rohm.ovl@lin.vlaanderen.be

4) Vlaams-Brabant:
   Blijde Inkomststraat 103-105, 3000 Leuven
   tel.: (016) 24 98 18
   rohm.vbr@lin.vlaanderen.be
5) West-Vlaanderen:
   Werkhuisstraat 9, 8000 Brugge
   tel.: (050) 44 28 11
   rohm.wvl@lin.vlaanderen.be
6) Ministerie van de Vlaamse Gemeenschap:
   Directoraat-generaal ROHM
   arhom@lin.vlaanderen.be
   tel.: (02) 553 83 11

Voor het kopen of huren van een sociale woning in de openbare sector richt men zich tot de

7) Vlaamse Huisvestingsmaatschappij:
   Koloniënstraat 40, 1000 Brussel
   tel.: (02) 505 45 45 – (02) 505 42 00
   e-mail: info@vhm.be

Provinciale Nazorgdienst voor Doven Oost-Vlaanderen vzw
Oost-Vlaanderen vzw
Van Den Heckestraat 43
9050 Ledeberg
tel.: (09) 231 96 08 – fax: (09) 231 85 64

Provinciale Nazorgdienst voor Volwassen Doven en Slechthorenden
West-Vlaanderen vzw
Polderstraat 74
8310 Sint-Kruis
tel.: (050) 35 33 84 – fax: (050) 36 33 03

Psychiatrische gezinsverpleging te Geel
Dr. Sanodreef 4
2440 Geel
tel.: (014) 57 91 98

Rijksdienst voor Pensioenen, Centraal bestuur
Zuidertoren
Baraplein
1060 Brussel
tel.: (02) 529 30 02

RIZIV
Tervurenlaan 211
1150 Brussel
tel.: (02) 739 71 11

RKW (Rijksdienst voor Kinderbijslag voor Werknemers)
Trierstraat 70
1040 Brussel
tel.: (02) 237 21 11

RSVZ (Rijksinstituut voor Sociale Verzekeringen der Zelfstandigen)
Jan Jacobsplein 6
1000 Brussel
tel.: (02) 507 62 11

Rusthuis Infofoon
tel.: (078) 15 25 25

RVA
Keizerslaan 7
1000 Brussel
tel.: (02) 515 45 80

Seniorenraad Landelijke Beweging
Diestsevest 40
3000 Leuven
tel.: (016) 28 60 30 - fax (016) 28 60 29
www.landelijkegilden.be

Similes Federatie
Groeneweg 151
3001 Leuven (Heverlee)
tel.: (016) 23 23 82
e-mail: similes@scarlet.be

Slachtofferhulp Vlaanderen VZW

Steunpunt Algemeen Welzijnswerk
Dismuidelaan 50
2600 Berchem
tel. (03) 366 15 40 - fax (03) 366 11 58

Antwerpen
Antwerpen (2020) – Lodewijk De Raetstraat 13
tel.: (03) 247 88 30
Herentals (2200) – Hikstraat 47
tel.: (014) 23 02 42
Willebroek (2830) – G. Gezellestraat 54
tel.: (03) 886 28 10

Vlaams-Brabant
Brussel (1000) – Groot Eiland 84
tel.: (02) 514 40 25
Leuven (3000) – Lepelstraat 9
tel.: (016) 27 04 00

Limburg
Hasselt (3500) – Rozenstraat 28
tel.: (011) 28 46 49

Oost-Vlaanderen
Dendermonde (9200) – O.L.V.-Kerkplein 30
tel.: (052) 25 99 55
Gent (9000) – Visserij 153
tel.: (09) 225 42 29
Ronse (9600) – O. Ponettestraat 87
tel.: 055 20 83 32

West-Vlaanderen
Brugge (8000) – Garenmarkt 3
tel.: (050) 47 10 47
Ieper (8900) – H. Cartonstraat 10
tel.: (057) 20 51 86
Kortrijk (8500) – Groeningestraat 28
tel.: (056) 21 12 30

Stichting tegen kanker
Leuvensesteenweg 479
1030 Brussel
(02) 736 99 99
info@cancer.be
www.kanker.be

Taxistop Gent
Maria Hendrikaplein 65 B
9000 Gent
tel.: (070) 22 22 92

Tehuizen voor kortverblijf van gehandicapten
a) Mentaal gehandicapten
″Monnikenheide″
Monnikendreef 3
2980 Zoersel
tel.: (03) 311 77 67
b) Mentaal (maar ook fysich) gehandicapten
Opvanghuis Oranje
Fort Lapin 23
8000 Brugge
tel.: (050) 33 05 17
c) Fysisch gehandicapten
″De Heide″
Industriepark 6
9220 Merelbeke

Toegankelijkheidsbureau vzw
(Aangepast (ver-)bouwen – gehandicapten)
VZW Toegankelijkheidsburau
Gemeentehuis Kermt
Belgiëplein 1
3510 Hasselt – Kermt
tel.: (011) 87 41 38 - fax (011) 87 41 39
info@toegankelijkheidsbureau.be

Centrum voor Toegankelijkheid
Provincie Antwerpen (Mevr. Declerck)
Boomgaardstraat 22, bus 101
2600 Berchem
tel.: (03) 240 56 47 – fax : (03) 240 61 62

Trefpunt zelfhulp Leuven
E. Van Evenstraat 2 C

3000 Leuven
tel.: (016) 23 65 07
http://www.zelfhulp.be

Verbond der Verzorgingsinstellingen (VVI)
Guimardstraat 1
1040 Brussel
tel. (02) 511 80 08 - fax (02) 513 52 69

Verbond Voorzieningen voor Jeugd- en Gehandicaptenzorg (VVJG)
Guimardstraat 1
1040 Brussel 4 (Etterbeek)
tel.: (02) 511 44 70 - fax (02) 513 85 14
e-mail: post@vvjg.be

Verenigingen voor gehandicapten
bv. KVG
A. Goemaerelei 66
2018 Antwerpen
tel.: (03) 216 29 90

Vereniging voor Infantiele Encefalopathie
Hof van Tichelen 44, bus 4
2020 Antwerpen
tel.: (03) 830 20 05

Verkeersslachtoffers vzw
Ontmijnersstraat 87, bus 2
8370 Blankenberge
tel. (050) 41 67 72

Vereniging van Vlaamse Dienstencentra
De Zonnewijzer
Langemeersstraat 6
8500 Kortrijk
tel.: (056) 24 42 00
www.dienstencentra.org

Vertrouwensartscentra
Er is één centrum in elke Vlaamse provincie.

1) *Antwerpen*
   Albert Grisartstraat 21
   2018 Antwerpen 1
   tel.: (03) 230 41 90 - fax: (03) 230 45 52
   E-mail: info@vkantwerpen.be
2) *Limburg*
   Boerenkrijgsingel 30
   3500 Hasselt
   tel.: (011) 27 46 72 - fax: (011) 27 27 80
   E-mail: vklimburg@pi.be
3) *Vlaams-Brabant*
   J. Lipsiusstraat 71
   3000 Leuven
   tel.: (016) 30 17 30 - fax: (016) 30 17 31

E-mail: vk.vlaams-brabant@uz.leuven.be
4) *Oost-Vlaanderen*
Brugsesteenweg 274a
9000 Gent
tel.: (09) 216 73 30 - fax: (09) 216 73 39
E-mail: info@vkgent.be
5) *West-Vlaanderen*
Blankenbergsesteenweg 112
8000 Brugge
tel.: (050) 34 57 57 - fax: (050) 33 37 08
E-mail: info@vertrouwenscentrumwvl@.be

Vlaams Alzheimer Liga
Stationstraat 60-62
2300 Turnhout
tel.: (014) 43 50 60 – fax: (014) 43 76 54

Vlaams Ouderen Overlegkomitee (OOK)
Koningsstraat 136
1000 Brussel
tel.: (02) 209 34 51
e-mail: info@vlaams-ook.be
www.vlaams-ook.be

Vlaamse Federatie Gehandicapte jongeren
Sint-Jansstraat 32-38
1000 Brussel 1
tel.: (02) 515 02 62
http://www.vfg.be
vfg@socmut.be

Vlaamse Federatie van Verzorgenden vzw
Hamerstraat 19
1000 Brussel
tel.: (02) 217 68 94 – fax: (02) 223 15 93

Vlaamse Federatie van Beschutte Werkplaatsen
Goossensvest 34
3300 Tienen
tel.: (016) 82 76 40 – fax: (016) 82 76 39
E-mail: info@vlab.be

Vlaams Gebruikersoverleg voor Personen met een Handicap (VGPH)
(vertegenwoordiging van gebruikers in het ROG)
Nationaal contact:
Ann de Martelaer
tel.: (0476) 92 76 16
post@vgph.be
www.vgph.be

Vlaamse Hoge Raad voor de Derde Leeftijd
Markiesstraat 1
1000 Brussel 1
tel.: (02) 553 33 46

Vlaamse Liga tegen Epilepsie vzw
Albertlaan 49
1190 Brussel
tel.: (02) 344 32 63 – fax: (02) 346 11 93

Vlaamse Liga voor Gehandicaptensport vzw
Huis van de Sport
Zuiderlaan 13
900 Gent
tel.: (09) 242 11 70
e-mail: vlgvzw@skynet.be

Vlaamse Vereniging Autisme – V.V.A. (Algemeen secretariaat)
Groot Begijnhof 14
9040 Gent
tel.: (078) 15 22 52
http://www.autismevlaanderen.be
vva@autismevlaanderen.be

Vlaamse Vereniging Neuromusculaire aandoeningen (spierziekten) – NEMA vzw
Helbeekplein 1, bus 25
3500 Hasselt
tel.: (011) 72 31 87
www.nema.be
secretariaat@nema.be

Vlaamse Vereniging voor Hulp aan Verstandelijk Gehandicapten
Albert Giraudlaan 24
1030 Brussel
tel.: (02) 219 88 00 – fax: (02) 219 90 61
http://users.skynet.be/anahm.vvhvg.htm
e-mail: secretariaat@vvhg.be

Vlaams Agentschap voor Personen met een Handicap
Sterrenkundelaan 30
1210 Brussel
tel.: (02) 225 84 11 - fax : (02) 225 84 04
Internet: http://www.vaph.be
E-mail: informatie@vlafo.be
PAB: tel.: 0800 97 907 (gratis); e-mail: pab@vlafo.be

- Antennepunt Brussel
  Sterrenkundelaan 30 / lokaal 004, 1210 Brussel
  Tel. (02) 225 84 62
- Provinciale Afdeling Vlaams-Brabant
  Brouwersstraat 3, 3000 Leuven
  Tel. (016) 31 12 11
- Provinciale Afdeling Antwerpen
  Potvlietlaan 5, 2600 Berchem
  Tel. (03) 270 34 40
- Provinciale Afdeling Limburg
  Ilgatlaan 7, 3500 Hasselt
  Tel. (011) 27 43 54

- Provinciale Afdeling Oost-Vlaanderen
  Kortrijksesteenweg 788, 9000 Gent
  Tel. (09) 269 23 11
- Provinciale Afdeling West-Vlaanderen
  Magdalenastraat 20, 8200 Brugge
  Tel. (050) 40 67 11

Vlaams Steunpunt voor Vrijwilligerswerk
Amerikalei 164
2000 Antwerpen
tel.: (03) 218 59 01 - fax: (03) 218 45 23
e-mail: info@vsvw.be

Vlaamse Federatie van Centra voor Kraamzorg
Redingenstraat 27
3000 Leuven
tel.: (016) 20 77 40 - fax: (016) 23 28 77

Vlaams Meldpunt Verzekeringen en Handicap
Katholieke Vereniging voor Gehandicapten
Arthur Goemaerelei 66
2018 Antwerpen 1
tel.: (03) 216 29 90 - fax: (03) 272 58 89
e-mail: post@kvg.be
Internet: http://www.kvg.be

Vlaams Verbond voor Gepensioneerden
Carnotstraat 47, bus 1
2060 Antwerpen
tel.: (03) 233 50 72 - fax: (03) 234 22 11
info@vvvg.be
www.vvvg.be

Vormingsinstituut voor Begeleiding van Gehandicapten
Tiensesteenweg 63
3010 Leuven (Kessel-Lo)
tel.: (016) 23 51 21 – fax: (016) 23 09 93
e-mail: info@vibeg.be

Vormingswerk voor en met Mentaal Gehandicapten
Groot Begijnhof 10
9040 Gent
tel.: (09) 228 96 98 – fax: (09) 228 96 98

Ziekenfondsen (hoofdzetels)
* Hulpkas voor Ziekte- en Invaliditeitsverzekering
  Troonstraat 30 A
  1000 Brussel
  tel.: (02) 229 35 00
* Kas der Geneeskundige Verzorging NMBS
  Frankrijkstraat 85
  1060 Brussel
  tel.: (02) 526 35 28

* Landsbond Beroeps- en Onafhankelijke Mutualiteiten
  Sint-Huibrechtstraat 19
  1150 Brussel
  tel.: (02) 778 92 11
* Landsbond der Christelijke Mutualiteiten
  Haachtsesteenweg 579, postbus 40
  1031 Brussel
  tel.: (02) 246 41 11
* Landsbond van Liberale Mutualiteiten
  Livornostraat 25
  1050 Brussel
  tel.: (02) 542 86 00
* Landsbond van de Neutrale Ziekenfondsverbonden
  Charleroisesteenweg 145
  1060 Brussel
  tel.: (02) 538 83 00
* Nationaal Verbond van Socialistische Mutualiteiten
  Sint-Jansstraat 32-38
  1000 Brussel
  tel.: (02) 515 02 11

Ziekenzorg Nationaal LCM-ziekenzorg
Haachtsesteenweg 579 postbus 40, 1031 Brussel – tel.: (02) 246 41 11

Internetadressen
Federale instellingen van openbaar nut met (onder meer) sociale bevoegdheden

Naam van de instelling	URL van de site
Belgische Portaalsite	http://www.belgium.be/nl/
FOD Werkgelegenheid Arbeid & Sociaal overleg (wetgeving over werkloosheid en arbeidsrecht)	http://www.meta.fgov.be/
Ministerie van Middenstand en Landbouw (wetgeving over zelfstandigen)	http://www.ecosubsibru.be/
Federale overheidsdienst Personeel en organisatie (vroeger Ministerie van Ambtenarenzaken) (wetgeving betreffende het overheidspersoneel)	http://www.p-o.be/
Federale Overheidsdiensten Financiën (wetgeving betreffende de pensioenen van het overheidspersoneel en fiscale wetgeving): 1) PDOS (pensioendienst voor de overheidssector) 2) fiscale wetgeving	• http://ap.fgov.be (Administratie der pensioenen) • http://minfin.fgov.be/
Controledienst voor de ziekenfondsen en de landsbonden van ziekenfondsen (CDZ)	users.skynet.be/ocm.cdz
Dienst voor de overzeese sociale zekerheid (DOSZ)	http://www.dosz.fgov.be/
Fonds voor arbeidsongevallen (FAO)	www.fao.fgov.be
Fonds voor de beroepsziekten (FBZ)	http://www.fmp-fbz.fgov.be/
Hulp- en Voorzorgskas voor Zeevarenden	http://www.hvkz-cspm.fgov.be/
Kruispuntbank van de sociale zekerheid (KSZ)	http://www.ksz-bcss.fgov.be/
Nationaal instituut voor oorlogsinvaliden, oud-strijders en oorlogsslachtoffers	http://www.niooo.be/ (verleent bijstand aan oorlogsinvaliden, oud-strijders en oorlogsslachtoffers en verleent steun aan verenigingen die de belangen van die personen behartigen)
Nationale arbeidsraad (collectieve arbeidsovereenkomsten, adviezen, ...)	http://www.cnt-nar.be/
Rijksdienst voor arbeidsvoorziening (RVA)	http://www.rva.fgov.be/
Rijksdienst voor jaarlijkse vakantie (RJV)	http://www.onva-rjv.fgov.be/
Rijksdienst voor pensioenen (RVP) (werknemerspensioenen)	http://www.onprvp.fgov.be/
Rijksdienst voor sociale zekerheid (RSZ)	http://www.socialsecurity.be/ (portaalsite waarop werkgevers administratieve formaliteiten kunnen vervullen)
Rijksdienst voor sociale zekerheid van de provinciale en plaatselijke overheidsdiensten (RSZ-PPO)	http://rszppo.fgov.be/
Rijksinstituut voor ziekte- en invaliditeitsverzekering (RIZIV)	http://riziv.fgov.be/

Andere sites van het ministerie van Sociale Zaken, Volksgezondheid en Leefmilieu

Naam van de site	URL van de site
Koepelsite (overzichtsite) van de Federale Overheidsdienst Sociale Zekerheid,	http://socialsecurity.fgov.be/
Vlaams Agentschap Personen met een handicap	http://www.vaph.be/
Oorlogsslachtoffers	http://www.warvictims.fgov.be
Vragen over volksgezondheid	http://www.health.fgov.be/

Federale overheidsinstellingen

De federale regering on line	http://belgium.fgov.be/	Portaalsite die informatie over het federale België verstrekt
Parlement	• http://www.fed-parl.be/ • http://www.dekamer.be/ • http://www.senaat.be/	• Gemeenschappelijk site van de Kamer en de Senaat • Kamer van Volksvertegenwoordigers • Senaat
Federaal Ombudsman	http://www.federaalombudsman.be/	Site van de federale ombudslui
Dienst voor de administratieve vereenvoudiging	http://www.vereenvoudiging.fgov.be/	Site voor administratieve vereenvoudiging
Ministerie van Economische Zaken	http://www.mineco.fgov.be/protection_consumer/home_nl.htm	Pagina's over de bescherming van de consument
Ministerie van Buitenlandse Zaken, Buitenlandse Handel en Ontwikkelingssamenwerking	http://diplobel.fgov.be/	Bevat links naar de Belgische ambassades en internationale organisaties
Federaal Planbureau	http://www.plan.be/	Instelling die economische voorspellingen maakt
Commissie voor de bescherming van de persoonlijke levenssfeer	http://privacycommission.be	Informatie over de commissie en over de regelgeving terzake
Nationaal instituut voor statistiek	http://statbel.fgov.be/	Officiële federale organisatie die statistieken maakt
Arbitragehof	http://www.arbitrage.be/	Deze site bevat onder meer arresten van dit Hof
Hof van Cassatie	http://www.cass.be/	Deze site bevat onder meer arresten van dit Hof
Raad van State	http://www.raadvst-consetat.be	Deze site bevat onder meer de arresten van de Raad
Ministerie van Justitie	http://www.just.fgov.be/	Site van het ministerie
Belgisch Staatsblad	http://www.ejustice.just.fgov.be/cgi/welcome.pl	De officiële Belgische publicatie

Niet-federale overheidsinstellingen

Instellingen die bevoegd zijn op sociaal vlak (in ruime zin)	
VDAB (Vlaamse Dienst voor Arbeidsbemiddeling en Beroepsopleiding)	http://www.vdab.be/
BGDA (Brusselse Gewestelijke dienst voor Arbeidsbemiddeling)	http://www.actiris.be/
Forem (Formation professionnelle et Emploi de la région wallonne et de la communauté germanophone de Belgique), het equivalent van de VDAB, maar in de Franse Gemeenschap	http://www.leforem.be/
SERV (Sociaal-Economische Raad van Vlaanderen)	http://www.serv.be/
K&G (Kind en Gezin)	http://www.kindengezin.be/
ONE (Office de la naissance et de l'enfance), het equivalent van K&G, maar in Wallonië	http://www.one.be/
Vlaamse Zorgverzekering	http://www.vlaamsezorgverzekering.be/
Portaalsites van overheden	
Vlaamse Gemeenschap	http://www.vlaanderen.be
Franse Gemeenschap	http://www.cfwb.be/
Duitstalige Gemeenschap	http://www.euregio.net/rdg
Vlaamse Gemeenschapscommissie (Brussel)	http://www.vgc.be
Franse Gemeenschapscommissie (Brussel)	http://www.cocof.be/
Brussels Hoofdstedelijk Gewest	http://www.brussel.irisnet.be/
Waals Gewest	http://www.wallonie.be

Ziekenfondsen

Landsbonden van ziekenfondsen	
Landsbond van Christelijke Mutualiteiten	http://www.cm.be/
Landsbond van de Neutrale Ziekenfondsen	http://www.neutrale-ziekenfondsen.be/
Landsbond van Socialistische mutualiteiten	http://www.socmut.be/
Landsbond van Liberale Mutualiteiten	http://www.mut400.be/
Landsbond van Onafhankelijke Ziekenfondsen	http://www.mloz.be/
De volledige lijst van alle ziekenfondsen vindt u op http://www.riziv.fgov.be/)	

Instellingen en verenigingen voor personen met een handicap

AWIPH (Agence wallonne pour l'intégration des personnes handicapées):	http://www.awiph.be/
Vlaams Agentschap Personen met een Handicap	http://www.vaph.be/

Beroepsorganisaties

Organisaties die vertegenwoordigd zijn in de Nationale Arbeidsraad (NA)	
Algemeen Belgisch Vakverbond (ABVV)	http://www.abvv.be/
Algemeen Christelijk Vakverbond (ACV)	http://www.acv-csc.be/
Algemene Centrale der Liberale Vakbonden van België (ACLVB)	http://www.aclvb.be/
Verbond van Belgische Ondernemingen (VBO)	http://www.vbo-feb.be/
Organisatie voor Zelfstandige ondernemers	http://www.unizo.be/
Union des Classes Moyennes	http://www.ucm.be/

Rechtspraak

- Arbitragehof
  http://ftp.arbitrage.be/
- Arbitragehof (Arresten via het Belgisch Staatsblad)
  http://www.just.fgov.be/html/nd2_w3.htm
- Hof van Cassatie
  http://www.cass.be
- Kruispuntbank van de wetgeving
  www.belgiumlex.be
- Raad van State
  http://www.raadvst-consetat.be/
- Parlementaire documenten
  http://www.dekamer.be/documenten.html

Bibliotheken

- Bibliotheek van de FOD Justitie
  http://www.cass.be/cgi_bib/bibn.pl
- Aleph catalogus Universiteit Gent
  http://lib.ugent.be/catalogi.html
- Faculteit Rechten - bibliotheek
  http://www.law.rug.ac.be/biblio/
- Universiteitsbibliotheek KU Leuven
  http://www.bib.kuleuven.be
- Universiteitsbibliotheek Gent
  http://www.lib.ugent.be/
- Koninklijke Bibliotheek van België
  http://www.kbr.be/

ABONNEMENTSKAART

Port betaald door geadresseerde

Uitgeverij VANDEN BROELE
Stationslaan 23
B-8200 Brugge

Abonnementskaart

Stuur of fax deze kaart naar :
Uitgeverij VANDEN BROELE
Stationslaan 23, B-8200 Brugge
Tel.: (050) 642 800
Fax : (050) 642 808

Naam : ....

Straat : .... Nr. .... Bus ....

Postcode .... Plaats ....

Tel. .... Fax ....

BTW BE | | | | | | | | | |

Ja, ik wens mij te abonneren voor minstens twee edities, op de jaarlijks herwerkte uitgave van de "Sociale Landkaart".
Ik ontvang dan de jaarlijks herwerkte editie met een korting van 20 % op de vastgestelde verkoopprijs.

2009

Handtekening